U0903257

西藏年鉴 2013

西藏年鉴编辑委员会

西藏人民出版社

图书在版编目（CIP）数据
西藏年鉴. 2013/《西藏年鉴》编辑委员会编. --拉萨：西藏人民出版社，2014.5
ISBN 978-7-223-04322-9
Ⅰ. ①西… Ⅱ. ①西… Ⅲ. ①西藏-2013-年鉴Ⅳ. ①Z527.5
中国版本图书馆CIP数据核字（2014）第074181号

西藏年鉴（2013）

主　　办	西藏自治区人民政府办公厅 西藏自治区地方志办公室
编　　者	西藏年鉴编辑委员会
责任编辑	晋美旺扎　张慧霞　吉普·次旦央宗　银珠桑毛
设　　计	王景远
出版发行	西藏人民出版社
印　　刷	西藏福利印刷厂
成品尺寸	889×1194　1/16
插　　图	880幅
字　　数	1200千字
版　　次	2014年5月第1版
印　　次	2014年第1次印刷
印　　数	01-5000册
书　　号	ISBN 978-7-223-04322-9
定　　价	498.00元

编 辑 说 明

一、《西藏年鉴》由西藏自治区人民政府办公厅和地方志办公室主办，自2000年开始每年出版，是大型综合性、权威性、史料性年刊。《西藏年鉴》（2013）坚持以马克思列宁主义、毛泽东思想和邓小平建设中国特色社会主义理论为指导，坚持为西藏改革开放、全面构建和谐小康社会、实践新时期跨越式发展战略目标服务的办刊方针，由《西藏年鉴》编辑部编辑、西藏人民出版社出版。

二、《西藏年鉴》（2013）翔实、全面、系统、客观地记载了2012年西藏自治区政治、经济、文化、社会等各方面的发展状况。为各级领导了解区情，实施科学决策提供依据，为各行业、各部门、各单位查询资料，为国内外各界人士了解、认识、研究西藏提供可靠的信息，也是西藏自治区精神文明建设和对外宣传的窗口。对西藏与各省、市、自治区进行社会、经济、科技发展等方面的合作交流、实现经济快速发展将起到极大地促进作用。

三、《西藏年鉴》（2013）分特载、西藏综述、政治（包括党委、人大、政府、政协、群众团体和工商联、法制）、军事、经济（包括发展和改革、商务，财税、金融、保险、证监，管理与监督，农牧业、林业、水利，交通、民航、邮政、通信，国土资源、城乡建设、旅游，气象、地震、电力、石油销售，环境保护、地矿勘查）社会事业（科技、教育、文化、广电传媒，卫生、计划生育、体育，民政、人力资源和社会保障）、市地县（区、市）、大事记、统计资料、发展风貌图片彩版宣传等九个篇目。

四、《西藏年鉴》（2013）采用分类编辑法，由篇目、类目、部（门）目、条目组成。篇目下设类目，类目下部（门）目，部（门）目下设若干条目。条目标题统一使用黑体字加【 】表示。彩版单独标页，便于查阅。

五、《西藏年鉴》（2013）所用稿件均由自治区各部、委、办、厅、局、地县（区、市）及驻藏部队负责撰写，并经撰写单位领导审核。所用综合性资料、数据，一律截至2012年底。年鉴中的“统计资料”由自治区统计局提供，正文中的数据由各单位提供。数据一般以现行价格计算。本卷“统计资料”，因统计口径等原因，有关部门所用数据与“统计资料”中的数据不尽一致，采用时请予注意。

六、《西藏年鉴》的编辑、出版、发行，得到了各级领导、各企事业单位和广大读者的大力支持，在此表示衷心感谢。有极少数单位因特殊原因，本期没有刊载。

欢迎广大读者对本书的编辑工作提出宝贵意见，以便把《西藏年鉴》编得更好。

编 者

2013年10月

《西藏年鉴》编辑委员会

目 录

特 载

第一篇　西藏综述

第二篇　政治

第三篇　军事

第四篇　经济

第五篇 社会事业

第六篇 地（市）、县（区、市）

第七篇 政府2013年大事记

第八篇 统计资料

MAIN CONTENTS

Special Preface

Chapter 1 Tibet Summary

Chapter 2 Politic

Chapter 3 Mititary Affairs

Chapter 4 Economic

Chapter 5 Affairs

Chapter 6 Regions Cities Districts Counties

Chapter 7 Important Events

Chapter 8 Statistical Data

西藏自治区政区图

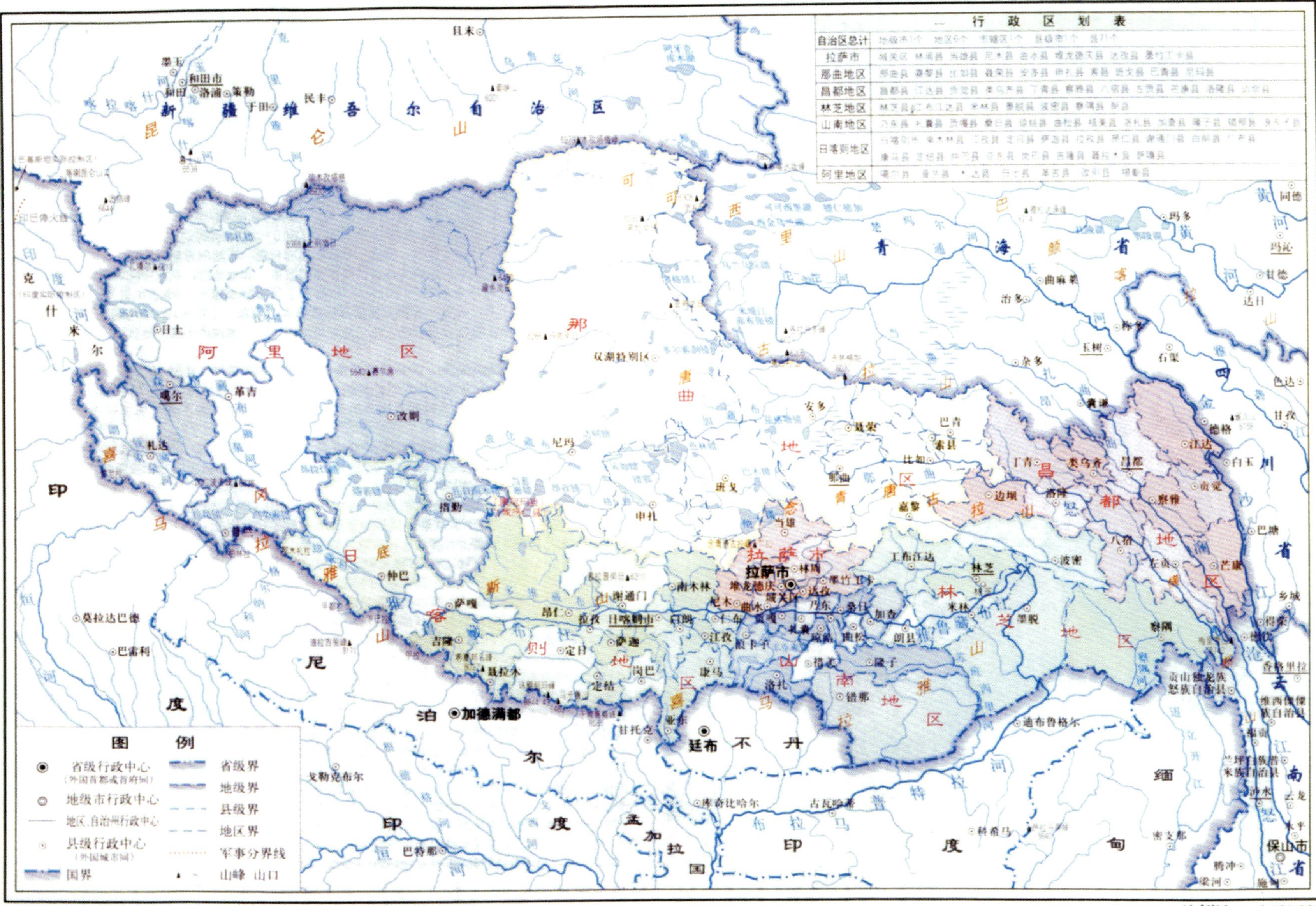

行政区划表

自治区总计	地级市1个 地区6个 市辖区1个 县级市1个 县71个
拉萨市	城关区 林周县 当雄县 尼木县 曲水县 堆龙德庆县 达孜县 墨竹工卡县
那曲地区	那曲县 嘉黎县 比如县 聂荣县 安多县 申扎县 索县 班戈县 巴青县 尼玛县
昌都地区	昌都县 江达县 贡觉县 类乌齐县 丁青县 察雅县 八宿县 左贡县 芒康县 洛隆县 边坝县
林芝地区	林芝县 工布江达县 米林县 墨脱县 波密县 察隅县 朗县
山南地区	乃东县 扎囊县 贡嘎县 桑日县 琼结县 曲松县 措美县 洛扎县 加查县 隆子县 错那县 浪卡子县
日喀则地区	日喀则市 南木林县 江孜县 定日县 萨迦县 拉孜县 昂仁县 谢通门县 白朗县 仁布县 康马县 定结县 仲巴县 亚东县 吉隆县 聂拉木县 萨嘎县 岗巴县
阿里地区	噶尔县 普兰县 札达县 日土县 革吉县 改则县 措勤县

西藏自治区人民代表大会常务委员会

2012年3月9日上午，中共中央总书记、国家主席、中央军委主席胡锦涛参加十一届全国人大五次会议西藏代表团的审议时，同代表们亲切交谈

2012年3月9日上午，中共中央总书记、国家主席、中央军委主席胡锦涛参加十一届全国人大五次会议西藏代表团审议并发表重要讲话

2012年3月11日，西藏代表团审议关于修改刑事诉讼法的决定草案等

自治区九届人大五次会议会场

2012年1月9日，自治治九届人大五次会议在拉萨开幕，自治区常委书记陈全国，自治区党委副书记、人大常委会主任向巴平措、自治区政协主席帕巴拉·格列朗杰，全国人大常委会委员、全国人大民族宗教委员会副主任委员列确在主席台前排

自治区党委书记陈全国参加自治区九届人大五次会议日喀则代表团分组审议时与代表亲切交谈

在自治区九届人大五次会议上，自治区人大常委会主任向巴平措作常委会工作报告

2012年11月21日，自治区人大机关传达贯彻党的十八大精神

2012年9月29日，自治区党委副书记、人大常委会主任向巴平措在措美县调研创先争优强基惠民活动，看望慰问自治区人大机关驻村工作队的同志们

2012年11月8日，自治区人大常委会副主任尼玛次仁、赵正修等领导为第二批驻村工作队举行欢送仪式

2012年5月15日，在比利时首都布鲁塞尔，全国人大代表、西藏自治区党委副书记、人大常委会主任、西藏代表团团长向巴平措（左二）会见比利时外交部秘书长阿顿（右一）

2012年5月15日，在比利时首都布鲁塞尔，全国人大代表、西藏自治区党委副书记、人大常委会主任、西藏代表团团长向巴平措（右）会见比利时外交部秘书长阿顿（左）并亲切交谈

2012年1月8日，全国政协副主席、自治区政协主席帕巴拉·格列朗杰主持第九届西藏自治区委员会第五次会议

2012年1月8日，自治区党委书记陈全国亲切看望出席区政协九届五次会议的委员并参加中共界小组讨论

自治区党委副书记、自治区人大常委会主任向巴平措参加区政协九届五次会议农业界小组讨论

自治区党委副书记、自治区主席白玛赤林参加区政协九届五次会议经济界小组讨论

自治区政协副主席巴桑顿珠在政协第九届西藏自治区委员会第五次会议上作常委会工作报告

自治区政协举行各族各界迎2012年春节、藏历水龙新年茶话会

八届区纪委二次全会召开

西藏自治区党员干部廉政教育基地揭牌仪式

区党委常委、纪委书记金书波看望贡嘎县东拉乡吉琼村村民

区党委常委、纪委书记金书波与群众共谋发展

区纪委副书记、监察厅厅长、预防腐败局局长贡嘎为群众送去国旗

2012年9月4日，公安部在西藏召开全国公安机关东西合作素质强警行动计划总结暨深化素质强警交流合作会议

2012年9月4日，公安部政治部在拉萨举行支持西藏公安教育训练工作签字仪式

2012年7月9日，自治区党委常委、政法委常务副书记、政府常务副主席洛桑江村慰问“参加全区公安机关强化公安基础加强社会防控工作会议”代表

自治区领导与参加全国公安英模代表表彰大会的西藏公安英模代表亲切合影

西藏人大代表参观拉萨市公安局便民警务站

全区政法干警核心价值观实践活动暨岗位大练兵活动在拉萨开展

区党委常委、政法委书记、区常务副主席邓小刚（前排左二），自治区副主席李昭（左三）调研拉萨监狱工作

区司法厅召开全区司法行政系统政法干警核心价值观教育实践活动暨岗位大练兵活动动员大会

第六次全区法制宣传教育工作会议在拉萨召开

司法厅召开干部大会学习党的十八大精神

司法厅组织开展法制宣传教育和法律援助活动

岗位大练兵之监狱劳教系统女干警风采

自治区党委书记陈全国看望慰问消防部队

自治区主席洛桑江村检查消防工作

消防官兵义务擦洗街道护栏

消防官兵向僧人示范初期火灾扑救方法

消防官兵向中小学生讲解地震救援装备知识

消防官兵走进农牧区宣传消防知识

消防官兵开展石油化工火灾扑救演练

消防官兵救助被埋压人员

消防官兵成功扑救拉萨“5·9”圣祥木材市场火灾

林芝消防成功处置“12·8”液化气槽车侧翻事故

西藏自治区供销合作社成立仪式

“尼泊尔海关管理研修班”在拉萨开班

自治区党委常委、区常务副主席秦宜智在商务厅听取工作汇报

2012年6月27日，印度驻华大使苏杰生与自治区商务厅领导座谈

2012年12月26日，驻尼泊尔大使杨厚兰出席中国援尼泊尔沙拉公路项目交接仪式

厅党组书记谭永寿

厅长边巴

欢庆“十八大”惠民生、促消费活动启动仪式

活羊出口

商务厅庆七一迎十八大暨表彰大会

自治区常务副书记郝鹏，区党委常委、拉萨市委书记齐扎拉等领导高度评价税收宣传工作

自治区副主席宫蒲光肯定纳税服务工作

自治区国税局机关学习贯彻党的十八大精神专题宣讲报告会

关心基层税务人

深入开展廉政教育

2012年11月23日，国家开发银行西藏分行与中国银行西藏分行全面业务合作协议签约仪式在拉萨举行，标志着双方通过同业合作，实现优势互补，共同推动西藏自治区金融事业发展迈出新步伐

2012年3月7日，国家开发银行西藏分行与拉萨市波林卡便民警务站开展“警民合作，共创和谐”活动，走访拉萨市波林卡便民警务站，共同推进社会治安综合治理

2013年3月5日，国家开发银行西藏分行开展“学习雷锋活动日”活动，弘扬“助人为乐、团结友爱”优良传统，引导青年员工健康成长

2013年8月24日，国家开发银行西藏分行第二党支部与拉萨市柳梧新区管委会党支部开展“创先争优、结对共建”活动，以党建为指引，推动双方业务合作

中国农业发展银行西藏自治区分行

自治区党委书记陈全国（右二）、人大常委会主任白玛赤林（右四）、中国农业发展银行行长郑晖（右三）在西藏分行行长张勇（右一）陪同下，在西藏分行检查指导工作

西藏分行全体员工深入学习党的十八大会议精神

为确保全区粮食安全，西藏分行行长张勇深入企业调研

员工在街头宣传金融知识

丰富多彩的文体活动

自治区副主席多吉泽仁莅临工行区分行指导工作

中国工商银行副行长张红力参加工行区分行2012年党员领导干部民主生活会

工行区分行邀请拉萨市委党校讲师宣讲十八大精神

中国工商银行魏国雄首席风险官到工行区分行指导工作

工行区分行引资168万元为阿里地区札达县曲松乡进行路面硬化

工行区分行在林芝地区设立第一家营业机构

在西藏自治区首届金融工作会议上工行区分行荣获先进集体荣誉称号

中国农业银行西藏自治区分行

中国农业银行党委副书记、监事长车迎新赴墨脱县工作调研

自治区副主席多吉泽仁和行长米玛旺堆在农行业务宣传点视察

金淑萍同志先进事迹农行系统专场报告会

农行西藏分行积极履行社会责任

农行西藏分行举办2013年新产品推介会

农行西藏分行网点荣获"良好银行机构"称号

农行西藏分行与藏木水电站项目银团贷款签约仪式

农行西藏分行召开第一届第二次职工代表大会

中国银行西藏分行与西藏警官高等专科学校签署战略合作协议

中国银行西藏自治区分行发行“大美西藏卡”

中国银行西藏分行向阿里先遣乡政府赠送爱心车

中国银行柳梧支行隆重开业

中国银行西藏自治区分行新办公楼“中银广场”设计图

中国银行西藏自治区分行举办系列活动庆祝中国银行成立100周年

2012年8月总行副行长胡哲一莅临西藏区分行调研

建行西藏区分行新春团拜会上各位行领导为大家献上新年贺词

建行西藏区分行行长韩文贞携工作组到海拔5200米的驻村点慰问困难群众

建行西藏区分行与西藏银行战略合作协议签字仪式

第一批驻村工作组整装待发，戴上洁白的哈达准备奔赴各驻村点

建行西藏区分行个人助业贷款及财富贷产品宣讲会

拉萨柳梧支行在欢乐的氛围里顺利开业

建行西藏区分行报刊亭签字合作仪式

建行西藏区分行参加“政风行风”热线活动的代表在直播现场

建行西藏区分行举行金融IC卡发放仪式

建行西藏区分行举办水力发电项目专题研讨会

2012年11月建行西藏区分行举行惠民购物卡发卡仪式现场

区党委常委、拉萨市委书记齐扎拉，区党委常委、纪检委书记金书波看望西藏银行学雷锋志愿者

自治区政协副主席、西藏银行董事长白玛才旺出席年度工作会议

西藏银行与日喀则行署举行政银合作协议签字仪式

西藏银行行长孙健慰问强基惠民驻村点群众

参加西藏银行业中小企业信贷产品推介会

西藏银行深入开展核心价值观教育，继续着力弘扬老西藏精神

副行长田伟与创先争优强基惠民驻村工作地残疾群众亲切交谈

西藏银行慰问警务站值班民警

军民共建协议签订仪式

积极开展学雷锋志愿活动

积极履行社会责任，为困难群众献爱心

区党委书记陈全国会见中国保险监督管理委员会主席项俊波

西藏自治区人民政府和中国保险监督管理委员会签订加快推进西藏跨越式发展和长治久安合作备忘录

人保财险西藏分公司党委书记、总经理孙国新在现场理赔

平安保险西藏分公司拉鲁湿地环保活动

中国人寿西藏分公司驻村工作队队员救助当地群众

安邦保险驻村工作队

2012年8月27日，中国保监会主席、党委书记项俊波在人保财险西藏分公司考察调研

人保财险西藏分公司与西藏自治区财政厅于2012年10月18日共同举行全区城乡居民和在编僧尼团体意外伤害险签字仪式现场

2012年3月28日，人保财险西藏分公司党委书记、总经理孙国新荣获“首届感动山南十大人物”称号，现场接受记者采访

2012年4月27日全区强基惠民驻村工作队团体人身意外伤害保险签订仪式

2012年5月23日，人保财险西藏分公司党委书记、总经理孙国新在山南地区琼结县慰问当地藏族农牧民

2012年12月1日PICC保险服务卡发放启动仪式

中国人寿保险股份有限公司西藏分公司

自治区副主席多吉泽仁出席中国人寿西藏分公司成立五周年庆祝大会并作重要讲话

中国人寿西藏分公司新办公大楼在柳梧新区举行奠基仪式，自治区副主席多吉泽仁等领导为大楼奠基

中国人寿日喀则地区分公司揭牌仪式

中国人寿西藏分公司党委书记、总经理李爽

中国人寿西藏分公司保险宣传服务走进社区

中国人寿西藏分公司成立五周年庆祝大会现场

中国人寿西藏分公司团员青年看望慰问曲珍孤儿院的孩子们

安邦财产保险股份有限公司西藏分公司

安邦西藏分公司开展保险宣传咨询活动

工作会议

周例会

培训

安邦保险企业文化墙

西南培训中心

中国平安财产保险股份有限公司西藏分公司

中国平安财产保险股份有限公司西藏分公司总经理吴琦为西区获奖单位颁奖

客服大厅

平安保险交通安全知识讲座

平安保险云南激励游

山南中心支公司开业揭牌

向灾区捐款

自治区党委常务副书记吴英杰等领导在天路股份公司视察指导工作

自治区党委副书记、自治区常务副主席、区政法委书记邓小刚莅临西藏天路制氧厂督查维稳安保工作

区党委常委、自治区常务副主席丁业现在西藏林芝毛纺厂开展调研

自治区国资委书记次成甲措为基层农牧民群众宣讲党的政策

自治区国资委主任余和平赴驻村工作点走访调研

自治区国资委驻那曲比如县达列村工作队为困难家庭、五保户发放慰问品

全区食品药品监管暨党风廉政建设工作电视电话会议

自治区食品药品监督管理局局长王寿碧和2012年全国“十大药监之星”荣誉称号获得者达娃卓玛合影留念

2012年11月28日，全区餐饮服务食品安全快速检测设备配发仪式在拉萨举行

2012年9月11日，全区“安全用药健康你我”大型主题宣传活动在拉萨启动

拉萨海关 西藏出入境检验检疫局举行合作备忘录签署仪式

拉萨海关党组书记、关长王文喜

中尼海关第25轮会晤

举行西藏人民海关建立50周年庆祝活动

驻扎青村工作队为村民发放电视等设备

狮泉河海关学雷锋志愿服务队开展“爱心校园行”行动

农业部部长韩长赋在拉萨市调研

拉萨河土著鱼类增殖放流

向农牧民发放科教资料

自治区农牧厅强基础惠民生驻村工作队向当地农牧民群众讲解新旧社会对比照片

青贮玉米

青稞酒加工

藏鸡苗

人工种草

2012年7月30日，西藏自治区林业厅揭牌仪式在拉萨举行

2012年6月2日，国家林业局驻成都专员办与西藏自治区林业局第十次联席会议在林芝召开

自治区林业厅厅长雷桂龙赴日喀则地区亚东县调研

2012年4月9日，西藏森林资源连续清查总结表彰暨二类调查启动会在拉萨召开

2012年4月13日，西藏自治区野生动物保护协会第二届换届会议在拉萨召开

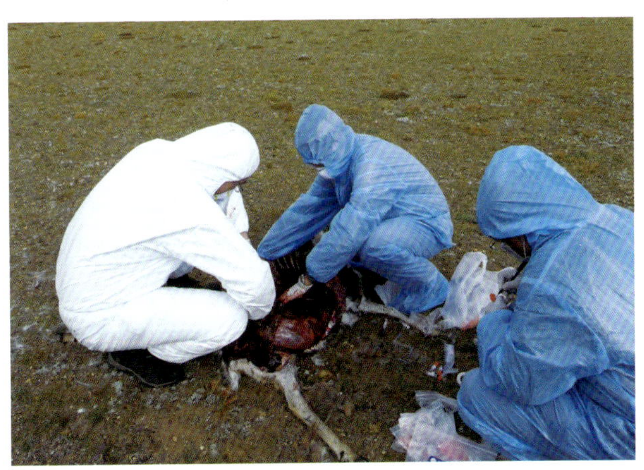

2012年9月，国家林业局疫源疫病监测总站、长春野生动物疫病防控中心、军事医学科学院军事兽医研究所专家赴那曲就死亡藏羚羊进行现场采样

2012年9月25日，西藏自治区水利工作会议在拉萨召开

城市防洪堤工程

小型农田水利重点县小水塘项目

解决西藏寺庙饮水

山南雅砻灌区

旁多枢纽工程年内实现首台机组发电

开工典礼

雪天的施工现场

截流

TBM设备施工

工程全貌

防渗墙夜间施工

泄洪兼导流洞出口

效果图

交通运输部部长杨传堂接见西藏道班工人

交通运输部副部长何建中在藏督查生产安全

滇藏公路芒康段

拉贡机场机场高速公路

林芝通县油路

农村公路——赳荣芹桥　（旺杰次仁摄）

青藏公路——进出藏客货运输主通道

中尼公路大竹卡至日喀则段

交通运输厅党委书记葛玉涛视察执法总队信息化建设

西藏交通综合执法总队工作会议胜利召开

工作人员接听96169投诉服务热线

为乘客提供周到的服务

慰问驻村工作队

设置失物招领柜受到群众好评

西藏交通综合执法总队查获的非法超限运输车辆

全国铁路总工会副主席黄永斌视察拉萨站

自治区党委副书记、区常务副主席、政法委书记邓小刚视察拉萨站

拉萨站举行“雪域天路战春运 安全服务树形象”活动启动仪式

拉萨站组织运输西藏先天性心脏病儿童到北京就医

学雷锋小组

拉萨站荣获全国文明单位

党组书记、总经理杜卫红到日喀则局调研指导工作

西藏邮政公司一届一次职工代表大会胜利召开，标志着西藏邮政公司省级职工代表大会制度建立

西藏邮政公司全面推进"报刊进寺庙"工作

喜迎十八大 西藏邮政员工演讲比赛

邮政职工职业技能大比武

西藏自治区邮政公司驻村工作队向村民捐赠物资

中国移动西藏公司

2012年5月22日，自治区党委常委、宣传部部长董云虎在公司调研

2012年2月22日，自治区副主席董明俊在公司视察

2012年5月17日，公司举行首届总经理接待日活动

2012年6月7日，中国移动系统内第11批援藏干部到藏工作

2012年5月10日，公司召开渠道合作伙伴表彰大会

2012年12月7日，公司庆祝彩铃用户突破100万举行雪域高原无线音乐盛典

2012年10月30日，公司与中石油达成深度战略合作

2012年8月3日，网络部举行十八大应急通信保障演练

公司举行中秋晚会

中国移动西藏公司加大对驻村点物资援助力度

指导牧民使用手机服务

中国移动实现珠峰大本营3G网络全覆盖

民航西南地区管理局局长周毅洲视察工作

民航西藏区局局长李汉成局长慰问驻村人员

2012年6月7日，促进西藏民航跨越式发展座谈会签字仪式

十八大代表回藏

2012年1月15日，厦航首航

2012年9月26日重航首航

庆祝林芝机场2012年旅客吞吐量突破20万人次

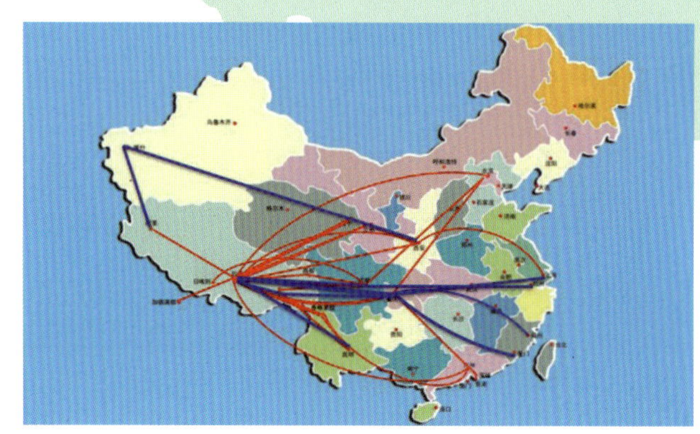
2012年航线图

"5·19"中国旅游日分会场

国内旅游交易会西藏展馆

"5·19"中国旅游日

布达拉宫

雅鲁藏布大峡谷

自治区党委书记陈全国会见中国气象局党组书记、局长郑国光

中国气象局党组书记、局长郑国光向自治区领导赠送卫星图

2012年全区气象局长会议

2012年西南区域气象中心局长联席会

2012年全区气象部门地县级电子政务培训班

西藏自治区区首届气象行业综合气象观测业务技能竞赛

特　载

政府工作报告

——2013年1月24日在西藏自治区第十届人民代表大会第一次会议上

自治区主席　白玛赤林

各位代表：

本届政府从2008年至今五年届满。现在，我代表自治区人民政府向大会报告工作，请各位代表审议，并请政协各位委员提出意见。

过去五年工作回顾

本届政府履职的五年，在党中央、国务院的坚强领导下，在自治区党委的正确领导和自治区人大、政协的监督支持下，我们高举中国特色社会主义伟大旗帜，以邓小平理论、“三个代表”重要思想、科学发展观为指导，认真贯彻党的十七大、十八大和中央第四、第五次西藏工作座谈会精神，认真落实自治区第七、第八次党代会和九届人大的部署，坚定不移走有中国特色、西藏特点的发展路子，着力推动跨越式发展，强力维护社会稳定，全力保障改善民生，大力保护生态环境，“十一五”规划圆满完成，“十二五”规划进展顺利，为全面建成小康社会奠定了坚实基础。

这五年，是极不寻常、极不平凡的五年。面对拉萨“3·14”事件、各种自然灾害、国际金融危机、国内经济增长放缓等重大挑战和严峻考验，我们突出科学发展主题和加快转变经济发展方式主线，坚持以人为本、统筹兼顾，在攻克重重困难中不断提高驾驭市场经济和应对复杂局面的能力，着力推进经济社会全面协调可持续发展，保持了跨越式发展的良好态势，保持了社会大局持续和谐稳定。

——经济增长速度和质量效益同步提升。我们努力转变经济发展方式，促进速度和结构质量效益相统一。地区生产总值连续突破400、500、600、700亿元，年均增长12%；人均GDP突破2万元；社会消费品零售总额突破250亿元，年均增长17%；公共财政预算收入连续突破30、50、80亿元，税收达到153.56亿元；农牧民人均纯收入达到5719元，比2007年翻了一番多，年均增长15%；城镇居民人均可支配收入达到18028元，比2007年增长62%，年均增长10.2%；三次产业结构从2007年16.1：28.8：55.1调整为11.5：34.5：54.0。

——政府调控和市场配置资源协同发力。我们准确把握经济形势和发展的阶段性特征，及时出台保增长的针对性措施，实现平稳较快发展。安排资金260亿元，扩大投资、刺激消费；完善税制，落实结构性减税政策；物价涨幅控制在目标范围以内。支持3家民营企业成功上市，西藏市场主体超过12万户。

——基础设施建设和产业发展齐头并进。我们不断破解瓶颈制约，夯实产业基础，内生动力持续增强。青藏直流联网工程投入运行、结束了西藏电网孤网运行的历史，拉萨至贡嘎机场高速公路建成通车、结束了西藏没有高等级公路的历史。142个产业项目建设取得重大进展。建工、矿业、旅游、藏药、商贸等九大集团相继组建。2012年主要产业园区完成税收26.5亿元，比2007年增长28倍。

——民生改善和社会事业全面推进。我们始终注重以改善民生为重点的社会建设，每年承诺为西藏各族人民办好惠民利民的实事好事。“两基”目标全面实现，在全国率先实现学前至高中阶段15年免费教育。县乡医疗卫生机构补充卫生人员2845人，基层医疗设备和常用药品基本配齐。公共文化服务体系基本健全。城乡居民社会保障制度实现全覆盖。西藏高校毕业生基本实现全就业。40%的拉萨市居民用上了暖气、结束了西藏没有集中供暖的历史。城乡居民收入大幅提高，农牧民安居工程和

“八到农家”工程深入实施，城乡面貌发生深刻变化。

——社会大局持续和谐稳定。我们在推进经济发展的同时，着力强化维稳工作、构建维护稳定长效机制。依法果断处置“3·14”事件，迅速恢复正常社会秩序。坚持抓早抓小抓快抓好，制定实施强基惠民干部驻村、加强和创新寺庙管理、推行城镇网格化管理等十个方面维稳措施，努力做到没有缝隙、没有盲区、没有空白点，西藏社会大局进入持续和谐稳定的新阶段。

五年来，重点抓了十个方面的工作：

一、强农惠农富农，农牧区面貌显著改善

累计投入“三农”资金475.8亿元，比上个五年增长2.4倍。农牧业综合生产能力稳步提高，落实粮食、良种等补贴资金14.29亿元，粮食总产保持在92万吨以上，牲畜出栏率保持在30%以上。农牧区生产生活条件大幅改善，88.7%的农牧户住上了安居房，解决了173万人的安全饮水问题、67万农牧民的用电问题，乡镇和行政村公路通达率分别提高到99.7%和94.2%，农牧区移动互联网覆盖率达到65%，实现了村村通电话、乡乡通宽带，广播电视人口综合覆盖率分别提高到93.38%和94.51%，41.27万农牧户实现“户户通”、1787座寺庙实现“寺寺通”，乡镇通邮率达到90.18%，完成2500个行政村人居环境建设。西藏农牧民专业合作组织达939家。培训农牧民66万人次。按2300元的新标准，扶贫对象减少24.8万人。投放涉农贷款205.73亿元，涉农保险实现全覆盖。

二、扩大投资消费，经济发展动力更加强劲

全社会固定资产投资累计完成近2400亿元，比上个五年增长1.3倍多，其中完成国家投资1727亿元。“188项目”全部完成。“226项目”落实投资650亿元。五年新增油路4341公里，县通油路率达到84.9%。拉日铁路建设进展顺利。川藏铁路拉林段项目建议书获国家发改委批复。区内支线航空网络基本建成。西藏电力装机规模达到116.26万千瓦。新增和改善灌溉面积160多万亩。城乡消费水平分别比2007年增长34.3%和40.6%。家电家具下乡销售额累计达到9.12亿元，落实补助1.87亿元；升级改造5个农产品批发市场和17个县级农贸市场。汽车、住房、旅游、餐饮、休闲等消费日趋旺盛。

三、强化政策引导，内生发展能力不断增强

按照提升一产、壮大二产、做强三产的要求，加大扶持力度，特色优势产业加快发展。7个特色农牧业产业带初步形成，建设农业标准化示范区20个，培育地市级以上农牧业产业化龙头企业80家。和谐矿区建设积极推进，地质找矿工作取得重大进展。2012年，西藏工业完成增加值57亿元，比2007年翻了近一番；接待国内外游客1100万人次，旅游总收入132亿元。建筑、新型建材、藏医药、高原特色食品、信息、能源、民族手工业等产业快速发展。

四、突出共建共享，各族群众物质文化生活水平全面提升

社会事业全面进步。教育水平明显提高，劳动人口人均受教育年限达到8.1年，义务教育年生均补助标准提高到2500元。科技创新大力推进，科技富民强县专项行动覆盖47个县（市、区）。卫生事业加快发展，建设了290个标准化县乡医疗卫生机构，实现了“一村一卫生室”的目标，卫生应急应对能力不断提升。对城乡居民实施免费健康体检，对1032名先心病儿童实行免费救治。孕产妇和婴儿死亡率分别由2007年的254.6/10万、27.10‰下降到2012年的176.12/10万和24.84‰。

社会主义文化不断繁荣。以“爱国、团结、和谐、发展、文明”为主题的社会主义核心价值观教育活动扎实推进。文化惠民工程深入实施，基层文化设施不断完善，县级综合文化活动中心、文化信息资源共享工程、农家书屋、寺庙书屋和农村电影放映实现全覆盖。“十一五”文物维修保护工程竣工。8个国家级和自治区级文化产业示范基地建成，培育扶持51支民间艺术团，文化产业市场主体达455家。西藏和平解放60周年百幅唐卡工程取得重大进展。大型史诗音乐剧《文成公主》舞台剧在北京成功首演。新闻出版产品和艺术创作成果丰硕。全民健身活动全面推进。

千方百计扩大就业，覆盖城乡居民的社会保障体系全面建立。实现了西藏高校应届毕业生全就业、往届毕业生基本就业，城镇新增就业10.1万人，城镇登记失业率控制在2.7%以内，动态消除了城镇零就业家庭。3次上调最低工资标准。基本养老、医疗和工伤、生育、失业、新农保、城居保制度实现全覆盖，并率先在全国实现自治区级统筹。为全部城乡居民、在编僧尼和援藏干部购买了团体人身意外伤害保险。城镇职工、居民和农牧民医疗费用年度最高报销额分别达到22万元、14万元、13万元。农牧民免费医疗补助标准提高到每人每年300元。企业退休人员月人均养老金提高到2704元。

社会救助体系基本建立。城乡低保实现应保尽保，低保标准分别提高到每月400元、每年1600元。建立社会救助和保障标准与物价上涨挂钩的联动机制，向39.5万名困难群众发放价格临时补贴。五保集中供养标准提高到2400元。建立了孤儿基本生活保障和困难群众教育、住房、司法等救助制度。保障房建设管理和使用不断加强，建成保障房5.99万套。建设各级救灾物资储备仓库111个。

统计服务科学决策、促进国民经济和社会发展的作用进一步显现。社会科学、文学艺术等事业和审计、质监、气象、人防、老龄等工作都取得新成绩。残疾人事业加快发展。双拥共建共保活动深入开展，军政军民鱼水关系更加巩固。

五、加强和创新社会管理，社会局势更加安定和谐

按照党中央“强基固本、争取人心”、“下好先手棋、打好主动仗”

的重要指示精神，牢固树立稳定压倒一切的思想，把维护稳定作为硬任务和第一责任，坚持抓早抓小抓快抓好，强化各项维稳措施，深入开展反分裂斗争。以开展创先争优强基惠民活动为有力抓手，派工作队驻村；以干部驻寺常态化为主要内容，加强和创新寺庙管理；以便民服务、维稳处突为首要职能，推行城市网格化管理；以强化拉萨、昌都、那曲、日喀则、“两边一线”等重点地区、重点部位管控为有效途径，实现维稳措施全覆盖；以加强新兴媒体管理、信息情报工作和应急机制建设为关键举措，提高预知预防能力；以加强学校管理和青少年思想政治教育为工作重点，培养合格的社会主义建设者和接班人；以开展严打整治行动为重要载体，加强社会治安综合治理；以开展新旧西藏对比教育为重要手段，筑牢维护稳定的思想基础；以维护稳定为硬任务和第一责任，建立维稳工作责任制和责任追究制，坚决粉碎敌对势力和十四世达赖集团一切分裂渗透破坏图谋，确保了党的十八大、西藏和平解放60周年、每年“三节”、“两会”、三月敏感期等一系列重大活动和敏感时段的安定祥和，确保了西藏社会大局持续和谐稳定。人民调解、司法调解、行政调解等综合作用充分发挥。流动人口培训、就业、居住、子女就学等问题逐步解决。城市社区管理制度逐步健全，农村社区建设顺利推进。基层政权和基层政法基础设施建设得到加强。严格食品药品监管，加强交通、消防等重点领域安全监管，安全生产形势持续好转。

六、切实加强民族团结，平等团结互助和谐的社会主义民族关系日益巩固发展

全面贯彻党的民族政策，坚持和完善民族区域自治制度，牢牢把握各民族共同团结奋斗、共同繁荣发展的主题，推动各民族交往交流，促进各民族和睦相处、和衷共济、和谐发展，少数民族干部培养使用力度加大，藏语言文字工作不断加强，边境地区和人口较少民族聚居区发展加快。深入推进民族团结宣传教育，每年9月集中开展民族团结宣传月活动。广泛开展民族团结进步创建活动，坚持每年召开一次民族团结进步表彰大会，举办庆祝“3·28”百万农奴解放纪念日活动，营造了民族团结的好氛围。

七、重视做好宗教工作，促进了藏传佛教与社会主义社会相适应

全面贯彻党的宗教工作基本方针和国家管理宗教事务的法律法规，依法保护正常宗教活动，维护宗教团体、宗教活动场所以及宗教界人士和信教群众的合法权益。把寺庙作为基本的社会组织，把广大僧尼作为公民和朋友，在西藏1787座寺庙实施“六建”，实现了寺庙管委会（专职特派员）全覆盖和干部驻寺常态化。深入开展“六个一”活动，推进寺庙“九有”、“一覆盖”，使广大僧尼切身感受到党和政府的关怀与温暖。深化“一个创建”，强化“一个教育”，实施“一个工程”，充分调动了广大僧尼爱国守法的积极性。改进和规范宗教事务管理，把依法管理、社会管理和民主管理落到实处。

八、坚持保护建设并重，生态环境持续良好

《西藏生态安全屏障保护与建设规划》全面推进。草原生态保护补助奖励机制在全国率先启动并全面推行，森林生态效益补偿范围扩大，水生态补偿试点启动。生态补偿年均达35亿元，200万农牧民受益。退耕还林、退牧还草取得阶段性成果，治理沙化、水土流失面积13万多公顷。天然林保护二期工程顺利启动。植树造林390万亩，封山育林767万亩。在全国率先启动生态功能保护区建设，实施6个国家级保护区规范化建设，新建8个自治区级湿地保护区。规划环评和项目环评不断加强。资源开发环境监管和环境监测能力显著增强。污染防治和辐射环境管理大力推进，重点区域环境综合整治成效显著，主要污染物排放总量目标顺利实现。

九、不断深化改革开放，经济社会发展更具活力

草场承包经营责任制不断完善，农村集体土地确权登记颁证工作进展顺利，农村水电、兽医管理体制改革深入推进，曲水农村改革试验区启动实施，集体林权制度主体改革试点全面完成，粮食流通体制改革取得新进展。自治区监管的国企改制目标全面实现，西藏国有企业上缴税金比2007年增长87.44%。政府投资项目审批权限进一步下放，清理调整行政审批项目261个，行政收费全面取消。西藏航空、西藏银行成功组建，西藏信托恢复开办业务。财政改革成效明显，税费改革稳步推进，推动发展、改善民生、维护稳定的保障支撑能力显著增强。国开行、农发行、工行、邮储银行在藏设立分行，2012年末各项贷款余额比2007年末增长2倍。新一轮政府机构改革全面完成，双湖县批准成立。事业单位分类改革稳步推进。医药、文化、水利等体制改革顺利推进。口岸基础设施建设力度加大。2012年西藏进出口贸易总额突破30亿美元，5年年均增长30.4%。招商引资389.21亿元。制定出台一系列支持非公有制经济发展的政策措施，非公有制经济实现快发展大发展，从业人员达56.1万人，上缴税收份额超过90%。

中央第五次西藏工作座谈会，确立了新时期西藏工作指导思想，丰富和发展了党的治藏方略，树立了党的西藏工作新的里程碑。会议确定的政策措施得到认真落实，五年来中央累计向西藏投入3338亿元。援藏资金稳定增长机制基本形成，五年落实援藏资金125.49亿元，比上个五年增长1.77倍。

十、坚持为民务实清廉，政府自身建设不断加强

加快转变政府职能，经济调节、市场监管、社会管理、公共服务能力和水平不断提升。依法行政全面推进，行政监察和执法监督力度加大，颁布政府规章和规范性文件37件。“十二五”规划纲要和70个专项规划颁布实施，主体功能区规划编制完成。政务公开和电子政务建设加快推进。自治区发展咨询委员会的决策咨询作用充分发挥。认真办理人大代表建议1479件、政协委员提案1507件，办复率达到100%。源头治理腐败工作成效显著。扎实开展深入学习实践科学发展观活动，全面开展创先争优强基惠民活动和基层组织建设年活动，进一步密切了与人民群众的血肉联系。

过去五年，我们成功举办了庆祝西藏民主改革50周年、西藏和平解放60周年、西藏百万农奴解放纪念日等重大活动，西藏各族人民在隆重喜庆的氛围中，凝聚了人心、鼓舞了斗志。面对北京奥运这一百年盛事，我们积极配合、全力支持、精心组织，北京奥运火炬成功登顶珠峰、圣城之旅安全圆满。面对汶川大地震这一重大灾难，西藏各族人民及时伸出援助之手，行动之快、捐款数额之大、参与面之广，为西藏历史罕见。面对“9·18”亚东地震，我们迅速组织抢险救灾，最短时间内抢修基本公共服务设施，最短时间内恢复了灾区正常生产生活秩序，恢复重建基本完成，灾区群众切身感受到了党和政府的温暖。

刚刚过去的2012年，我们在自治区党委的坚强领导下，按照中央稳中求进的工作总基调，抓住难得机遇，加强综合调控，狠抓投资消费，大力发展特色产业，加快发展社会事业，积极建设文化强区，深入推进改革开放，经济社会实现了又好又快发展。西藏生产总值达到701.03亿元，比2011年增长11.8%；公共财政预算收入86.58亿元，增长58.1%；全社会固定资产投资710亿元，增长29.3%；社会消费品零售总额255亿元，增长16.3%；农牧民人均纯收入和城镇居民人均可支配收入分别增长16.6%、11.3%；居民消费价格增长3.5%；城镇登记失业率控制在2.6%以内。

各位代表，本届政府所取得的成绩，是党中央、国务院亲切关怀和全国人民无私支援的结果，是自治区党委正确领导的结果，是西藏各族人民艰苦奋斗的结果，得益于历届自治区政府打下的良好基础，离不开自治区人大、政协的监督和支持。在此，我代表本届政府，向西藏各族人民和驻藏人民解放军、武警官兵以及各族各界爱国人士，向为西藏的革命和建设作出贡献的老领导、老党员、老同志，向所有关心和支持西藏现代化建设的港澳台同胞、海外侨胞以及外国朋友，表示衷心的感谢和崇高的敬意！

在推进西藏跨越式发展和长治久安、全面建设小康社会的生动实践中，我们深切体会到：坚持中国共产党的领导是我们做好西藏工作的根本保证。在西藏改革发展稳定的每一个关键时期，党中央、国务院都专门研究西藏问题，及时召开西藏工作座谈会，明方向、指路子、绘蓝图，开创了“一个转折点、三个里程碑”的光辉实践；在每一个关键阶段，自治区党委都作出专门部署，促跨越、保稳定、惠民生、护生态，推动西藏站在了新的历史起点上。邓小平理论、“三个代表”重要思想、科学发展观是指导我们做好西藏工作的强大思想武器。在西藏就是要始终坚持用这一马克思主义理论创新的最新成果武装头脑、指导实践，紧扣科学发展主题和加快转变经济发展方式主线，坚定不移地走有中国特色、西藏特点的发展路子，把符合中央要求、立足西藏实际、顺应人民期待作为衡量所有工作的标准，努力推进跨越式发展和长治久安。中央关心、全国支援同西藏各族干部群众艰苦奋斗相结合，是我们做好西藏工作的重要保障。中央关心、全国支援始终是我们事业的强大后盾，各族干部群众继承和发扬“老西藏精神”，自力更生、艰苦创业始终是我们推进跨越式发展和长治久安的基本立足点，必须始终不渝地坚持和弘扬。

在具体工作实践中，必须把解放思想作为做好一切工作的前提。坚持与时俱进、开拓创新、求真务实，坚决破除一切妨碍科学发展的思想观念和体制机制弊端，坚定不移走改革开放之路。必须把发展作为解决西藏所有问题的关键。用发展的眼光、发展的思路、发展的办法解决发展中的问题，进一步转变发展方式，不断推动西藏在科学发展的轨道上实现跨越式发展。必须把维护稳定作为压倒一切的硬任务。坚持强基固本、争取人心，下好先手棋、打好主动仗，谋长久之策、行固本之举，深入持久地开展反分裂斗争，不断加强和创新社会管理，推动和谐社会建设，维护社会大局和谐稳定。必须把改善民生作为我们工作的出发点和落脚点。坚持为人民服务的宗旨，突出群众主体地位，依靠群众、相信群众，以城乡居民生产生活条件改善和收入增加为重点，不断提高居民生活质量和水平，实现好、维护好、发展好最广大人民的根本利益。必须把民族团结作为西藏繁荣发展的坚强基石。坚持民族区域自治制度，高举维护民族团结的旗帜，促进各民族交往交流交融，使各民族始终做到同呼吸、共命运、心连心，共同致力于创造西藏更加幸福美好的未来。必须把保持生态环境良好作为我们的重要职责。坚持保护与开发互促共进，为人民创造良好的生产生活环境，确保生态环境良好，努力构建国家重要的生态安全屏障。

在看到成绩的同时，我们也清醒地认识到：从长远看，西藏主要依靠投资拉动经济增长的方式难以持续，需要我们加快转变经济发展方式；城乡发展不平衡、区域发展不协调的状况依然存在，需要我们加大统筹协调力度；农牧民持续增收的难度越来越大，与全国平均水平的差距在拉大，需要我们千方百计拓展增收渠道；社会就业观念亟需转变，就业任务仍然十分艰巨，需要我们进一步加大工作力度；特色优势产业规模小、层次低，发展的内生动力不足，需要我们下大力气扶持培育；各级政府的思想观念、行政方式、工作作风等还不能完全适应发展稳定的新要求和人民群众的新期待，需要我们进一步解放思想、深化改革，不断加强自身建设。这些困难和挑战，大多是改革发展过程中出现的阶段性问题，需要我

们继续用改革发展的办法认真加以解决。同时，由于十四世达赖集团在国际敌对势力支持下一刻也没有停止渗透破坏活动，西藏还存在着各族人民同以十四世达赖集团为代表的分裂势力之间的特殊矛盾，我们同十四世达赖集团的斗争是长期的、尖锐的、复杂的，有时甚至是激烈的，反对分裂、维护稳定任务十分艰巨。

今后五年工作建议

今后五年，是西藏全面建成小康社会的攻坚时期，是继续追赶全国发展步伐的关键时期。党的十八大对未来五年乃至更长时期党和国家全局工作作出了新的战略部署，具有重大的现实意义和深远的历史意义，为我们进一步做好西藏工作指明了前进方向。我们一定要认真学习、全面贯彻，紧紧围绕坚持和发展中国特色社会主义，进一步坚定道路自信、理论自信、制度自信，把思想统一到党的十八大精神上来，把力量凝聚到实现党的十八大确定的各项任务上来，把行动统一到自治区党委关于贯彻党的十八大精神的工作部署上来，团结一心，攻坚克难，为加快推进跨越式发展和长治久安，与全国一道全面建成小康社会顽强拼搏、艰苦奋斗、不懈努力。

今后五年政府工作的总体要求是：高举中国特色社会主义伟大旗帜，以邓小平理论、“三个代表”重要思想、科学发展观为指导，深入贯彻落实党的十八大精神，认真贯彻落实习近平总书记在十八届一中全会上的重要讲话等一系列重要讲话精神，贯彻落实中央关于西藏工作的指导方针和决策部署，贯彻落实中央第五次西藏工作座谈会精神，贯彻落实自治区第八次党代会精神，坚持中国共产党领导，坚持社会主义制度，坚持民族区域自治制度，坚持走有中国特色、西藏特点的发展路子，按照党中央明确的“一个中心”、“两件大事”、“四个确保”，抓好社会持续和谐稳定，推动有质量有效益的发展，切实保障和改善民生，进一步深化改革开放，推动跨越式发展和长治久安，努力建设富裕西藏、和谐西藏、幸福西藏、法治西藏、文明西藏、美丽西藏。

今后五年的主要预期目标是：经济建设、政治建设、文化建设、社会建设和生态文明建设协调发展。西藏生产总值年均增长12%以上，公共财政预算收入年均增长15%以上，全社会固定资产投资年均增长15%以上，城镇登记失业率控制在4%以内，城镇居民人均可支配收入年均增长7.5%以上，农牧民人均纯收入年均增长13%以上、与全国平均水平的差距显著缩小。基本公共服务能力显著提高，基础设施建设取得重大进展，生态环境进一步改善，各民族团结和谐，社会大局持续稳定，为全面建成小康社会打下决定性意义的基础。

一、加快转变经济发展方式，推动经济跨越式发展

切实把推动发展的立足点转到提高质量和效益上来，以扩大投资消费需求、壮大特色优势产业、促进城乡一体化为重点，加快形成新的经济发展方式，推动更有质量、更有效率、更加公平、更可持续发展。

巩固发展投资消费协调拉动经济增长的良好格局。积极争取中央投资，引导和鼓励社会投资，用好援藏项目资金，不断扩大各类投资规模。突出重大项目投资拉动作用，努力构建综合交通运输、综合能源、现代通讯、水利保障体系，力争到2017年新增公路通车里程20000公里以上，拉林铁路建成通车，区内航空网络健全完善，电力装机容量达到260万千瓦以上。充分发挥流通促进消费的功能，以培育农村消费、扩大服务消费为重点，建立健全城乡商贸流通体系，着力发展服务型消费，巩固和提升旅游、住房、汽车等消费热点，改善消费环境，推动消费结构升级，提升城市消费水平，力争社会消费品零售总额年均增长15%以上。

推动特色优势产业快速发展。着力提升一产、壮大二产、做强三产，大力发展实体经济，突出抓好特色优势产业，大力发展现代服务业，做大做强园区经济，建设高原特色农畜产品基地和产业带，加快推进西电东送接续能源基地和西藏优势矿产资源格尔木精深加工基地建设，努力打造国家重要的战略资源储备基地、高原特色农产品基地和世界旅游目的地。力争到2017年粮食产量稳定在100万吨以上、畜牧业占农牧业总产值的比重达到60%以上、农牧业产业化经营率达到40%以上，工业增加值占地区生产总值比重达到20%以上，接待国内外旅客突破2000万人次。实施创新驱动发展战略，加快科技创新、转移和转化，着力构建以企业为主体、市场为导向、产学研相结合的技术创新体系，充分发挥科技创新对产业建设的促进作用。

加快推进城乡发展一体化。加大统筹城乡发展力度，推动城镇化和农业现代化相互协调、同步发展。加大统筹区域协调发展力度，支持边境地区、贫困地区、昌都等相对落后地区加快发展，大力推进以拉萨市为中心的城镇体系建设，积极稳妥发展小城镇，有序推进农牧业转移人口市民化，力争到2017年城镇化率达到35%以上。着力改善农牧区生产生活条件，加大强农惠农富农力度，继续推进水、电、路、气、讯、邮、广播电视、优美环境等进村入户，不断改善农牧区面貌。着力保持农牧民收入持续较快增长。打好新一轮扶贫攻坚战，力争到2017年低收入人口占农牧区总人口的比例降至10%以下。着力增强农牧民主体意识、市场意识和创业意识，牢固树立劳动光荣、勤劳致富的观念，引导农牧民形成科学文明健康的生活方式。

二、深化改革扩大开放，构建更具活力的科学发展机制

着力深化重点领域的体制机制改革，为经济社会发展注入动力活力。坚持尊重市场规律，更大程度更广范围发挥市场在资源配置中的基础性作用，大力推进重点领域和关键环节改革。继续深化国有企业改革和收入分配制度改革，稳步推进事业单位分类改革，全面推进医药卫生体制改革，积极推进文化体制改革。加快形成科学有效的社会管理体制，完善社会保障体系，健全基层公共服务和社会管理网络。着力激发各类市场主体发展新活力，放心放开放宽放胆放手发展非公有制经济，力争非公有制经济增加值、上缴税收年均分别增长15%以上。增多做强金融主体，提升完善地方金融机构功能，加强基层金融机构服务网点建设。加快担保体系建设。积极培育和选择后备企业资源，支持上市公司再融资。

着力推进对内对外开放，提升开放型经济水平。加强区域性合作与交流，加快融入内地经济大循环，逐步提升西藏在全国经济发展布局与产业分工中的战略地位。积极推进南亚贸易陆路大通道建设，加大边贸市场、出口基地基础设施建设和改造力度，加快发展边境贸易，着重提高自产产品出口能力。配合国家总体外交，增强外事外宣工作的针对性和有效性。积极做好侨务工作，扩大境外藏胞爱国统一战线。

三、提升基本公共服务水平，持续增进民生福祉

加快形成政府主导、覆盖城乡、可持续的基本公共服务体系，在学有所教、劳有所得、病有所医、老有所养、住有所居上持续取得新进展。坚持优先发展教育，推进义务教育均衡发展，推动教育资源重点向农牧区、边境和人口较少民族聚居区倾斜，力争到2017年，学前教育毛入园率达到60%、小学入学率达到99.5%、初中毛入学率达到99%、高中入学率达到80%以上；强化人力资源开发，做好人才工作。着力提高人民健康水平，完善城乡医疗卫生设施和功能，加强医疗卫生人才队伍建设；巩固和完善以免费医疗为基础的农牧区医疗制度，为群众提供安全有效方便价廉的公共卫生和基本医疗服务；健全全民健康体检制度；推动全民健身运动深入开展；提高出生人口素质，促进人口长期均衡发展。努力实现更高质量的就业，贯彻劳动者自主就业、市场调节就业、政府促进就业和鼓励创业的方针，鼓励多渠道多形式就业，促进创业带动就业，动态消除零就业家庭；引导高校毕业生到企业、基层就业，鼓励自主创业，确保西藏高校应届毕业生全就业；加强职业技能培训，提升劳动者就业创业能力，每年新增城镇就业2万人以上、农牧区劳动力转移45万人次以上。统筹推进城乡社会保障体系建设，落实广覆盖、保基本、多层次、可持续的方针，进一步扩大社会保险覆盖范围，稳步提高社会保险待遇水平，尽快做到能转移、可接续、好衔接，到2017年各险种参保率达到95%以上；积极发展社会福利事业，农村五保集中供养率达到50%以上；加大残疾人就业扶持力度，继续做好优抚工作。

四、切实加强文化建设，推动文化大发展大繁荣

加强社会主义核心价值体系建设，深入开展中国特色社会主义宣传教育，深入开展以“爱国、团结、和谐、发展、文明”为主题的核心价值观教育。推进重点文化惠民工程，用社会主义先进文化占领城乡文化阵地，大力开展科技、文化、卫生、法律、宗教服务“五下乡”活动，实现公共文化服务体系全覆盖，提高公共文化产品生产供给能力。加快文化产业发展，加强文化精品创作，完善文化管理体制和文化生产经营机制，培育文化企业和文化市场，力争到2017年文化产业增加值占生产总值的比重达到3%以上、逐步成为西藏新的特色支柱产业。加大文物和非物质文化遗产的保护力度，努力建设中华民族特色文化保护地。加快实施“西新工程”，推进党报党刊“村村通”、“寺寺通”和广播电视“户户通”、“寺寺通”，确保党中央的声音形象在西藏120多万平方公里的辽阔疆域上听得到看得到，敌对势力和十四世达赖集团的声音形象听不到看不到，确保意识形态和文化领域绝对安全。加强涉藏外宣工作，在国内外树立客观真实、欣欣向荣、团结和谐新西藏的良好形象。

五、维护社会和谐稳定，努力推进西藏长治久安

坚持“强基固本、争取人心”、“下好先手棋、打好主动仗”坚持抓早抓小抓快抓好，深入开展反分裂斗争，继续完善落实好十个方面的维稳措施，构建维护稳定的长效机制。进一步深化强基惠民干部驻村工作，筑牢城乡稳定的社会根基；进一步加强和创新寺庙管理，确保寺庙和谐稳定；进一步强化延伸城镇网格化管理，实现西藏网格化管理全覆盖；进一步严格宗教事务管理，维护藏传佛教正常秩序；进一步强化重点地区、重点部位、重点人员的管控，确保没有缝隙、没有盲区、没有空白点；进一步强化新兴媒体管理，确保信息网络安全；进一步强化信息情报工作和应急机制建设，确保遇有情况能够在第一时间果断处置；进一步强化社会治安综合治理，确保社会面和谐稳定；进一步健全完善维稳机制，形成党政军警民协调联动的群防群治维稳格局；进一步强化维稳责任，确保中央的部署和自治区的要求落到实处，努力实现大事不出、中事不出、力争小事也不出，确保西藏社会大局全面稳定、持续稳定、长期稳定。

六、认真做好民族宗教工作，促进民族和睦宗教和顺

全面正确贯彻落实党的民族政策，坚持民族区域自治制度。深入开展民族团结宣传教育和民族团结进步创建活动，每年召开一次民族团结进步表彰大会。加大对人口较少民族聚居区发展的扶持力度。全面贯彻党的宗教工作基本方针，完善宗教事务管理法规体系。发挥宗教界人士和信教群众在促进经济社会发展、维护社会和谐稳定中的积极作用。继续推进寺庙管理创新，构建寺庙管理长效机制。发挥好佛教协会和西藏佛学院的作用，积极引导藏传佛教与社会主义

社会相适应。

七、积极倡导生态文明，着力构建生态安全屏障

树立尊重自然、顺应自然、保护自然的生态文明理念，把生态文明建设放在突出地位，融入经济建设、文化建设、社会建设等各方面。坚持节约资源和保护环境的基本国策，努力建设生态环境优美、生态经济发达、生态家园舒适、人与自然和谐相处的生态强区。加大西藏生态安全屏障保护与建设规划、主体功能区战略的实施力度。健全生态补偿机制。严守耕地保护红线，严格土地用途管制。加快城镇生活垃圾和污水处理设施建设，开展重点区域和农村环境综合整治。鼓励推广应用节能环保的新工艺、新技术、新设备、新材料，扎实推进节能、节水、节地、节材工作。加大植树造林、封山育林力度，力争到2017年森林覆盖率达到13%以上。加强气象防灾减灾体系建设和应对气候变化监测服务预警能力建设，强化环境监测和执法监管，建立健全生态环境保护责任追究制度和环境损害赔偿制度。

八、把人民放在心中最高位置，努力建设人民满意的政府

坚持为民务实清廉，与西藏各族人民共同团结奋斗，创造更加美好生活，是我们始终不渝的奋斗目标。坚持为民宗旨。着力解决群众最直接、最关心、最现实的利益问题，努力让各族人民享有更好的教育、更稳定的工作、更满意的收入、更可靠的社会保障、更高水平的医疗卫生服务、更舒适的居住条件、更优美的环境，让人民过上更好生活。坚持群众路线。坚决执行中央关于改进工作作风、密切联系群众的“八项规定”及自治区党委提出的“约法十章”，着力解决脱离群众、形式主义、官僚主义等问题。突出群众主体地位，做到问政于民、问需于民、问计于民，不断提高做好新形势下群众工作的能力，进一步密切与群众的血肉联系。坚持依法行政。加强政府立法工作，严格依法办事，强化执法监督，深入开展法制宣传教育，提高各级政府运用法治思维和法治方式深化改革、推动发展、化解矛盾、维护稳定能力，切实把政府管理工作纳入规范化、法制化轨道，建设法治政府。坚持廉洁行政。严格执行党风廉政建设责任制，大力加强执法监督和行政效能监察，切实纠正各种不正之风，着力解决发生在群众身边的腐败问题。严格要求、严格教育、严格管理、严格监督政府机关工作人员特别是领导干部，努力建设高素质的公务员队伍。坚持实干兴藏。牢记“空谈误国、实干兴邦”，大兴求真务实之风，脚踏实地、埋头苦干，察实情、讲实话、鼓实劲、出实招、干实事，说了就干、干就干成、干就干好，坚决杜绝浮在上面、空喊口号、坐而论道，确保各项工作落到实处、见到实效。坚持转变政府职能。深化行政审批制度改革，继续简政放权，推动政府职能向创造良好发展环境、提供优质公共服务、维护社会公平正义转变，加快建设职能科学、结构优化、廉洁高效、人民满意的学习型、服务型、创新型、务实型政府。

同时，大力支持国防和军队建设。加强国防教育，增强国防意识，着力推进军警民融合式发展，支持驻藏人民解放军、武警、边防、消防、公安、民兵预备役部队建设，推动国防建设与经济社会发展良性互动。

2013年工作重点

今年西藏经济社会发展主要预期目标是：西藏生产总值增长12%以上，公共财政预算收入增长15%以上，城镇登记失业率控制在2.5%以内，居民消费价格涨幅控制在3.5%左右，城镇居民人均可支配收入增长8%以上，农牧民人均纯收入增长13%以上。

建议重点抓好以下几个方面工作：

一、扎实推进重点基础设施建设

加快落实“十二五”规划项目，做好中期评估和调整，确保年度落实国家投资380亿元以上，全社会固定资产投资增长18%以上。加快交通运输建设。公路方面，加快推进国省干线、通县油路、经济干线、边防公路、农村公路建设，新增公路通车里程5000公里以上，行政村通路率达到98%；铁路方面，加快拉日铁路沿线配套设施建设，力争拉日铁路建成通车、拉林铁路开工建设，加快川藏铁路昌都段前期工作；航空方面，重点实施贡嘎机场、林芝机场改扩建和邦达机场飞行区改造工程，力争那曲机场开工建设，拉萨机场前期工作全面启动，大力发展区内支线航空网络，增加国内航线航班，力争旅客吞吐量达到270万人次、货邮吞吐量达到1.8万吨以上。加快综合能源建设。加快推进“西电东送”接续能源基地建设，积极推进川藏铁路配套供电工程；加快推进多布、藏木、果多等水电站建设，推进阿里并网光伏电站、那曲风能电站建设；加快推进昌都电网与四川电网联网工程，加快完善电网骨干网架和城镇配电网，大力推进无电地区电力建设和农网升级改造，推进主电网向农牧区延伸，基本实现用电人口全覆盖。加快水利设施建设。推进安全饮水、区域防洪、节水灌溉、水源保护、水利骨干工程和特殊地区水利工程建设，开工建设拉洛水利枢纽及配套灌区工程，加快推进旁多水利枢纽工程建设，扎实开展澎波灌区等项目前期工作；建设高标准基本农田10万亩，改造中低产田14.5万亩。加快现代通讯建设。推进移动网广覆盖和宽带通信工程，完善党政专网通信基础设施，建立区地县三级应急通信体系，加强邮政基础设施建设，力争97.5%的乡镇通光缆、实现乡镇邮政网点全覆盖。

二、扎实推进特色优势产业发展

按照提升一产、壮大二产、做强三产的发展思路，着力建设特色优势产业大区，努力将资源优势转化为经济优势。着力提升农牧业。抓好特色农牧业产业带、农畜产品基地、“一江三河”流域现代农牧业示范基地建设，推进尼洋河流域国家级可持续发展试验区建设。加快实施粮食增产行动计划，确保粮食产量达到95万吨以上、力争达到100万吨，蔬菜产量达到80万吨以上，保证粮食特别是青稞安全和重要农产品供给；推动畜牧业大发展，开展畜禽标准化规模养殖示范创建活动，加大畜禽良种体系建设力度，力争肉、奶产量分别达到31.2万吨和35万吨,畜牧业占农牧业总产值的比重达到50%以上；大力推进农牧业产业化经营，调整优化农牧业结构，推进农副产品深加工，重点扶持24家国家级、自治区级龙头企业，力争农牧业产业化经营率达到36.5%。加快发展新型工业。着力发展园区经济，加快推进拉萨经济技术开发区、青藏铁路那曲物流中心、格尔木藏青工业园、昌都经济技术开发区等产业园区建设；着力壮大企业规模，集中力量培育一批规模大、效益好、市场前景广、竞争力带动力强的大企业集团；着力打造优势矿产业、能源产业、藏医药业、高原特色食品业、民族手工业等优势产业，推动企业技术改造，力争工业增加值达到70亿元左右、增长20%以上。做大做强服务业。加快发展旅游业，加大宣传力度，改善交通条件，提高管理服务水平，拉长产业链条，打响“世界屋脊、神奇西藏”特色品牌，力争全年接待国内外游客1260万人次、增长20%以上；加快发展文化产业，建设拉萨文化旅游产业园区，推出大型实景演出《文成公主》，实施好“百幅唐卡”创作工程；加快发展商贸物流业，推进城乡市场体系建设，推进农牧区商业网点建设，落实好家电家具下乡和家电、汽车以旧换新政策，扩大城乡居民消费，力争社会消费品零售总额突破300亿元；加快发展金融保险业，增多做强金融主体，用好用活西藏金融保险机构特殊优惠政策，最大限度地缩小银行存贷差，为经济发展提供资金支持；积极稳妥地发展房地产业，完善支持规范房地产发展的相关政策，完善贷款、购房、落户、入学、就业等配套政策，促进房地产市场健康发展；积极发展总部经济、电子商务、物流配送等现代服务业，努力培育新的经济增长点。推进科技创新。大力实施人才强区战略，对接落实好中央支持西藏的12项国家重点人才工程，启动实施高端人才培养计划；深入实施青稞产业、藏药产业、金牦牛等八大重大科技专项，推进拉萨、日喀则农牧业国家级科技园区、成果转化基地建设。

三、扎实推进改革开放

着力深化重点领域和关键环节改革。全面开展农村土地承包经营权确权登记颁证工作，稳步推进农村基本经营制度创新；深化财税体制改革，搞好营改增、资源税改革试点；加快国有企业改革，健全现代企业制度；继续深化医疗卫生体制改革，巩固完善以免费医疗为基础的农牧区医疗制度。着力扩大对内对外开放。加强与内地特别是对口援藏省市、中央企业的交流合作，实现优势互补、互利共赢；加强与周边省区的交流合作，加快融入大西南经济圈；加强与南亚各国的交流合作，加强边境口岸建设，积极推进吉隆口岸跨境经济合作区建设，推动对外贸易稳定增长；抓好那曲综合保税区申建工作，不断扩大引进外资规模，力争实际利用外资2亿美元以上。着力优化发展环境。在加快交通、能源、通讯等基础设施建设的同时，着力优化软环境，坚持简政放权，加快转变政府职能，大幅度下放审批权限，大力简化审批程序，今年自治区各有关部门的审批事项原则上要减少50%，最大限度地下放权力、打造政策环境梯度差，吸引国内外客商来藏投资兴业。

四、扎实推进民生改善工作

办好惠及西藏各族人民的“十件实事”。加快实施安居工程。筹措资金8.75亿元，解决剩余52035户农牧民安居房建设，确保46.03万户农牧民全部住进安全适用的房屋；推进城镇保障性住房建设，完成4.3万套建设任务；推进拉萨市城市供暖工程，确保实现拉萨市居民供暖全覆盖。着力改善农牧区条件。加快“八到农家”工程，解决所有农牧民饮水安全问题、所有行政村通达问题，乡镇油路通畅率达到60%，建成农村沼气1.5万户，完成广播电视“户户通”8.4万户，广播、电视人口综合覆盖率达到94.4%、95.5%，电话普及率达到96.8%，行政村通邮率达到91.6%，完成1000个行政村人居环境建设。千方百计扩大就业。实施更加积极的就业政策，确保西藏高校应届毕业生全就业、往届毕业生基本就业，城镇新增就业2.2万人以上，动态消除零就业家庭；培训农牧民12万人次以上，转移农牧区富余劳动力45.5万人以上。努力稳控物价。完善价格应急协调机制，把居民消费价格涨幅控制在全国平均水平以下。健全社会保障体系。加快构建覆盖城乡居民的社会保障体系和社会救助体系，全面落实劳动合同制度，确保非公有制经济组织和农民工劳动合同签订率达到85%以上；做好社会保险基金征缴、监管、发放和社会保险关系转移接续工作，提高农民工、城乡居民、非公有制经济组织及其从业人员参保率，各险种参保率达到93%以上；完善新型农村社会养老保险制度，力争农村五保集中供养率达到40%左右；加强儿童福利院建设，确保西藏分散供养的4588名孤儿得到有效救助。优先发展教育。加强城乡薄弱学校、职业教育实验实训基地建设，推进中小学校、中等职业学校标准化建设，推进农牧区幼儿园建设、配强相应的师资力量；大力推进“双语”教育，巩固提高学生入学率，学前教育毛入园率达到50%，小学适龄儿童入学率达到99.4%，初中毛入学率达到98.7%，高中毛入学率达到75%；完善15年教育“三包”政策，年生均补助标准提高到2700元；稳步推行内地西藏班各项改革，鼓励高校积极调整专业结构。强化医疗卫生保障。力争开工建设自治区疾控中心、儿童医院、全科医师临床培养基地，实现县县有标准化医院、乡乡有卫生院、村村有卫生室、街道有社区卫生服务中心，实施好27个农村急救体系建设；继续为城乡居民进行免费健康体检，全面完成先心病患儿免费救治；开展重特大疾病医疗救助工作，探索适合西藏的医疗救助

一站式即时结算。推进文化惠民。力争地市博物馆、群艺馆和图书馆全面开工建设，加快推进543个乡镇综合文化站和23个民间艺术团排练场建设，完成589个文化信息资源共享工程乡镇基层点建设；开展好第一次全国可移动文物普查，做好芒康盐井申报世界文化遗产工作，抓好西藏重点文物保护维修工程；大力推进城乡社区服务设施建设。加强扶贫开发。全面实施到户帮扶，使8万户、38万人得到项目全覆盖，力争12.8万贫困人口稳定脱贫。抓好防灾减灾和安全生产。认真做好防灾减灾工作，严格落实安全生产责任制，确保安全生产事故起数和死亡人数“双下降”，坚决遏制重特大安全事故发生。同时，加强对广大僧尼的关爱，进一步落实利寺惠僧政策，巩固完善各项保险措施，开展好在编僧尼免费健康体检，在寺庙领袖像、国旗、报纸、文化书屋全覆盖的基础上，力争今年实现所有寺庙通路、通水、通电、通讯、通广播电视，改善寺庙公共服务和僧尼修行条件。

五、扎实推进社会和谐稳定

认真贯彻落实自治区党委、政府各项维稳措施，突出抓好第二批干部驻村工作，加强和创新寺庙管理，提升城镇网格化管理水平，加强手机、固定电话和互联网管理，加强信息情报和应急处置机制建设，巩固发展民族团结，深入开展新旧西藏对比教育，深入揭批十四世达赖集团的“三性”分裂本质，加强社会治安综合治理，确保实现“三不出”（大事不出、中事不出、力争小事也不出），确保社会大局持续稳定、长期稳定、全面稳定。加强信访和人民调解工作，及时妥善调处人民内部矛盾。加强安全生产监管，有效防范和坚决遏制重特大安全事故。

六、扎实推进城镇化

坚持走集约、智能、绿色、低碳的新型城镇化道路。加快完善城镇发展规划布局。坚持科学规划、合理布局，加快构建以拉萨市为中心，以地区所在地为支点，以县城、边境城镇、特色文化旅游城镇为网络的城镇体系，提高产业和人口集聚能力。有序推进农牧业转移人口市民化。积极探索解决户籍、土地、财税、住房、教育、社会保障等涉及农牧业转移人口进城落户的问题，力争城镇化率达到25%以上。着力提高城市建设和管理科学化水平。加强城市历史文化保护，完善城市基础设施，改善人居环境质量，使城市更加宜居、宜业、宜商、宜游。大力发展县域经济。引导资金、项目、人才向县域流动，集中打造一批基础条件好、带动能力强的中心县城和经济强县。

同时，加强生态环境保护。完成《生态西藏建设规划纲要》编制；积极争取调整珠峰、羌塘、雅江中游河谷等国家级自然保护区范围和功能，争取湖泊、湿地、大江大河生态效益补偿；努力扩大国家重点生态功能区转移支付范围；开展矿产、水电等资源开发生态补偿机制试点，落实好草原生态保护补助奖励和森林生态效益补偿政策；完成贡嘎机场-拉萨-林芝区域环境综合整治项目；加大重点资源开发、重点项目建设和重要区域的环境保护监管力度；加快实施重点节能减排工程，全面落实主要污染物总量控制目标责任制。大力支持工青妇等人民团体工作。组织实施好第三次经济普查。

各位代表，党的十八大开启了中国特色社会主义事业新的伟大征程。让我们更加紧密团结在以习近平同志为总书记的党中央周围，高举中国特色社会主义伟大旗帜，以邓小平理论、“三个代表”重要思想、科学发展观为指导，认真贯彻落实党的十八大精神，在自治区党委的坚强领导下，团结一致、凝心聚力，求真务实、开拓进取，努力建设富裕和谐幸福法治文明美丽的社会主义新西藏，奋力推进跨越式发展和长治久安，为与全国一道全面建成小康社会而努力奋斗！

第一篇 西藏综述

西藏自治区概况

地 理

【名称由来】根据考古发现，早在距今5万年以前，西藏就有人类活动。今日西藏境内的某些高海拔地区甚至“无人区”也是古代人类生存的场所。7世纪吐蕃政权建立，并统一了青藏高原。藏语称西藏为“播”，所以唐时期称西藏为“吐蕃”、“吐番”，“蕃”或“番”在汉唐之时的西北方言中读音同“播”，是藏语西藏的音译。元明时称西藏为乌斯藏，由于在祖国的西边称“西藏”，“西”表示在祖国的方位，“藏”是乌斯藏的略写。西藏全称西藏自治区，是中华人民共和国的五个省级自治区之一。1965年8月经全国人民代表大会常务委员会第十五次会议批准于9月1日正式成立西藏自治区。

【世界屋脊】西藏是世界上最高的青藏高原的主体部分，美丽富饶的西藏平均海拔高度在4000米以上，素有“世界屋脊”之称。由于西藏冰川分布广泛，高山常年积雪，也被成为雪域高原，水资源丰富。由于亚洲重要的河流大都发源于此，有“亚洲的水塔之称”，是“名山之宗、江河之源”。远古时期，青藏地区是一片汪洋大海，在距今三千万年前，在亚欧板块与印度板块的巨大碰撞下，发生了“喜马拉雅运动”，隆起了世界最年轻的高原——青藏高原。西藏是地球上平均海拔最高、地壳厚度最大、隆起形成时间最晚、最年轻的高原，是除南极和北极之外世界最冷的地方，也称为“世界的第三极”。这里的自然景观世界独有，地形地貌千姿百态。西藏高原群山连绵，峰峦叠嶂，雪峰林立，既有白雪皑皑的高山，绿草如茵的宽阔草原和清澈见底的河流湖泊，也有争奇斗艳的万种花卉和郁郁葱葱的原始森林及十分丰富的野生动植物资源，更有那幽深的藏传佛教、令人神往的圣湖、神山和充满神秘色彩的喇嘛寺庙、世界独有的高原自然风光和民俗民风。

【位置与面积】西藏自治区地处祖国的西南边疆，南起北纬26° 52’，北到北纬36° 32’，西起东经78° 24’，东至东经90° 06’。东西长约1900千米，南北宽约1000千米。面积约122万多平方千米，占全国总面积的1/8，仅次于新疆维吾尔自治区，居全国第二位。北与新疆维吾尔自治区、青海省毗邻，东隔金沙江和四川相望，东南部在横断山区和云南省相连，西部和南部与印度、尼泊尔、不丹、缅甸等国以及克什米尔地区接壤，边境线长约4000千米，是中国西南边陲的重要门户。

【地形与山脉】西藏平均海拔4000米以上，地形可分为三个阶梯，藏北高原平均海拔4500米以上，位于昆仑山、唐古拉山和冈底斯山、念青唐古拉山之间，占全自治区面积的2/3。藏南谷地平均海拔在3500米左右，在冈底斯山和喜马拉雅山之间，即雅鲁藏布江及其支流流经的地方。藏东高山峡谷区平均海拔3500米以下，为一系列由东西走向逐渐转为南北走向的高山深谷，系横断山脉的一部分。总的特点是西北高东南低。西藏地形的主要特征表现为：高原辽阔，群山巍峨，平原狭长，峡谷深邃，冰川广布。

西藏有许多著名的大山，从走向来看主要有两组，一组是近东西走向的，从南向北依次为喜马拉雅山、冈底斯山、念青唐古拉山、昆仑山；另一组是近南北走向的横断山脉。在这些巨大的山脉之间，又有许多分支山脉，使西藏成为一个"山脉的海洋"。

喜马拉雅山脉巍峨蜿蜒于西藏高原最南缘，由许多平行的山脉组成，山脉的走向自西段的西北——东南向，到东段转为东西向，并向南突出，呈一弧形。山脉全长约2450千米，宽约200-300千米，平均海拔在6000米以上，超过7000米的高峰有50多座，超过8000米的山峰有10座。海拔8844.43米的世界第一高峰珠穆朗玛峰就耸立在喜马拉雅山中国和尼泊尔的边界上。

【河流与湖泊】西藏河流众多，境内河流流域面积大于1万平方公里的有20余条，大于2000平方公里的有100条以上。西藏外流水系主要包括雅鲁藏布江、金沙江、澜沧江、怒江、狮泉河、朋曲、察隅曲等，流域面积约58.88万平方公里，约占西藏总面积的49%。

雅鲁藏布江是世界上海拔最高的大河之一，全长2506公里，流经23个县和珞瑜地区，流域面积23.92万多平方公里。发源于西藏南部桑木张以西喜马拉雅山北麓的杰马央宗冰川。雅鲁藏布江水能蕴藏量仅次于长江，居全国第二位，流量居全国第四位。

西藏高原以湖泊众多闻名于世，全区大小湖泊共1500多个，湖泊总面积约2.4万平方公里，占全国湖泊总面积的30%以上，其中面积超过100平方公里的湖泊有47个。面积1000平方公里以上的西藏三大湖泊纳木错、色林错、扎日南木错均分布于藏北。著名的羊卓雍错在藏南。

气　候

【气候特点】夏秋季多夜雨，冬季干燥多风，气压低含氧少，由于日照多辐射强，冬季白天仍暖意洋洋，晚间气温才将至零下。其主要特点表现为：空气稀薄，含氧量少；光照充足，辐射强烈；气温偏低，年温差小；干湿分明。

【气候评价】2012年，西藏地区38个站年平均气温为5.1℃，较常年偏高0.4℃，属正常年。就四季而言，大部分地区冬季和夏季气温偏高，且冬季气温偏高显著，是2001年以来我们连续送走的第12暖冬。春季气温正常，秋季气温正常或偏低。年内全区有8个站月平均气温创历史新高，察隅站9月平均气温创历史同期新低；2012年全区平均年降水量为436.4毫米，与常年相比属正常年份。冬、春季大部分地区降水偏少，夏季降水基本正常，秋季大部分地区降水正常或偏少。年内10个站月降水量创历史新高，泽当、贡嘎5月份降水总量为历史新低；2012年全区各地日照时数多寡不一。年内不同区域出现了雪灾、风灾、洪涝、泥石流、冰雹、雷电等灾害性天气，给农牧业生产、交通运输及人民生命财产造成较大影响。

气温　2012年全区各地年平均气温在-1.8～11.8℃之间，与常年相比，阿里地区大部、那曲地区中东部、拉萨市大部以及左贡、类乌齐、浪卡子、加查、贡嘎气温偏高0.5℃以上，其中拉萨、墨竹工卡和比如偏高1.0～1.1℃。其它地区气温基本正常。狮泉河、日喀则等9个站年内月平均气温在不同月份创历史同期新高，察隅站9月平均气温创历史新低。

降水量　2012年全区各地年降水量在48～919毫米之间，与常年相比，芒康偏多3成，狮泉河、日喀则偏少3成，其它各地降水量正常。那曲、林芝等10个站年内在不同月份创月降水量历史极值，5月份泽当、贡嘎降水量为历史新低。

日照　2012年，全区各地年日照时数为1564～3602小时，与常年相比，阿里地区、那曲地区大部以及林芝、当雄、墨竹工卡偏少28～345小时，其中阿里地区和林芝、墨竹工卡偏少109小时以上；丁青、洛隆、错那、比如和米林日照正常；其它地区偏多24～329小时，其中尼木、泽当和定日偏多达239小时以上。

【气压】西藏气压年平均大都在625百帕以下，仅为海平面气压的一半。空气平均为海平面空气密度的60%-70%。由于空气稀薄，含尘量少，高原天空分外碧蓝，在白云的衬托下景色分外艳丽。西藏高原空气含氧量比海平面减少35%-40%，水的沸点大部分地区也降至84-87℃。

行政区划

西藏自治区是中华人民共和国的五个自治区之一，是一个以藏族为主的民族自治区。西藏现行的行政区划分为1个地级市，6个地区和74个县（市、区）。其中，拉萨市辖7个县和1个县级城关区；林芝地区辖7个县，行署设在八一镇；昌都地区辖11个县，行署设在昌都镇；山南地区辖12个县，行署设在泽当镇；日喀则地区辖17个县和1个县级市，行署设在日喀则市；那曲地区辖11个县，行署设在那曲镇；阿里地区辖7个县，行署设在狮泉河镇。拉萨市是西藏自治区首府所在地，是全区政治、经济、文化的中心。

人口和民族

【人口】2012年，全区常住人口总数达307.62万人，其中男性人口为156.89万人，女性人口为150.73万人。

【民族】西藏是藏民族的发源地和聚居区，藏族遍布西藏各地，是西藏自治区人口最多的民族。除藏族外，西藏还有汉族、回族、门巴族、珞巴族、纳西族、蒙古族、怒族、傈僳族、土族、独龙族、满族、白族、布依族、维吾尔族、苗族、彝族、壮族、夏尔巴人、僜人及其他民族。

自然资源

【地热资源】西藏的地热蕴藏量居全国第一位。三江（怒江、金沙江、澜沧江）构造带、雅鲁藏布江断裂带和那曲至尼木断裂带均为水热活动的最有利地区，已发现温泉、沸泉、间歇喷泉、热水河、放热地面等各种形迹的地热显示区600多处，估算总热流量为每秒55万大卡，相当于标准煤约240万吨／年所释放的热量。当雄县境内的羊八井地热田是目前中国最大的高温湿蒸气热田，也是世界已获开发利用的大型地热田之一。

【光照资源】西藏太阳能辐射强，光能丰富，西藏的太阳年总辐射值达140-200千卡/平方厘米，是中国东部沿海地区的1倍以上。西藏丰富的光照资源，补偿了由于高海拔所引起的气温低的不足，使西藏许多农作物的分布上限成为世界同类作物分布的最高限。青稞、春小麦分别在海拔4750米和4400米的高度种植成功。另外，充足的光照和日照时间，使作物的光合作用强化，而较大的昼夜温差，可使作物夜间的呼吸作用微弱，有利于农作物的有机质的积累。因此，西藏又成为全国小麦和青稞的高产区之一。太阳能的开发利用，对于改善西藏的能源构成，缓和能源紧张状况具有重要的意义。

【水资源】西藏的水资源相当丰富，据统计，全区水资源总量4482亿立方米（不含地下水），按全区人口和耕地计算，人均占有水量和亩均占有水量均居全国首位。西藏各河流径流量大小相当悬殊，雅鲁藏布江是区内最大的河流，平均年径流量仅次于长江、珠江、黑龙江，居全国第四位。西藏的年径流深度从藏东南向藏西北递减。西藏的广大农区雨量较少，春播、冬播都要进行灌溉，灌溉是保证农作物稳产、高产的基本条件，而西藏充足的水资源（特别是外流区）为西藏农业的稳定发展创造了极为有利的条件。西藏南部和东南部河流水量充沛，河床大，蕴藏着极为丰富的水力资源。西藏的水能资源理论蕴藏量为2.01亿千瓦，占全国水能理论蕴藏量的15.83%。其中可开发的水能资源为5660万千瓦，占全国可开发的水能资源的17.1%。居全国首位。雅鲁藏布江是西藏水能资源最丰富的一条河流，理论蕴藏量为1.13亿千瓦，占全区理论水能蕴藏量的56.22%，其中可开发量为4837.14万千瓦，占全区可开发量的80.96%。特别是雅鲁藏布江的峡谷地形很多适合建筑水坝，拦洪蓄水。

【风力资源】西藏是全国大风（≥8级或17米/秒）最多的地区之一。高原地区年平均大风日数多达100–150天，最多可达200天，比同纬度中国东部地区（5–25天）多4–30倍，是全国大风日数最多、范围最大的地区。小型风力发电机具有移动方便的特点，风能对流动性大的牧区是最合适的能源类型。随着风能进一步开发利用，草场的大量牛粪就可作为有机肥料，增加地力，促进牧草的生长，推动牧业生产的良性发展。

【森林资源】西藏多类型原始森林是青藏高原乃至全国森林资源的重要组成部分。根据和平解放以来多次调查统计，有林地面积约60666667公顷，全区森林覆盖率为9.84%。西藏森林分布很不均匀，绝大部分森林分布在藏东南地区，活立木总蓄量20.84亿立方米，居全国第一位，藏东南林区是全国第二大林区--西南林区的主要组成部分之一。西藏森林植被组成部分古老、特有种多。成林树种属西藏和喜马拉雅特有种的就有14种和3个变种，如西藏红豆杉、林芝云杉、墨脱冷杉、察隅冷杉、长叶云杉、喜马拉雅红杉、西藏冷杉、喜马拉雅长叶松、乔松、巨柏、西藏柏木、垂枝柏等。西藏森林资源大部分保持完好，具有很高的科研价值和良好的生态、社会、经济效益。

【植物资源】西藏高原生态环境复杂多样，为各类植物的生存提供了有利的条件，是一个巨大的植物王国。据统计，全区高等植物种类约6400余种，隶属于270余科和1500余属。裸子植物在全世界共有12种，西藏就分布有7种；被子植物有15科33属120种。野生药用植物有1000多种，比较有名的有藏红花、雪莲、冬虫夏草、贝母、胡黄连、大黄、天麻、三七、党参、秦艽、丹参、灵芝、鸡血藤等。

【动物资源】西藏有哺乳动物142种，鸟类488种，爬行类55种，两栖类45种，鱼类68种，昆虫2305种。其中一些是中国特有的珍贵动物，在世界上亦市稀有的。西藏的野生动物资源有：兽类33种，主要有孟加拉虎、雪豹、金钱豹、云豹、金猫、兔猫、小灵猫、果子狸、黑熊、小熊猫、红腹松鼠、赤狐、藏狐、长尾叶猴、熊猴、野牛、野牦牛、马麝、林麝、白唇鹿、扭角羚、藏原羚、藏羚羊、岩羊、野驴、盘羊等。另外还有数量众多的鸟类和鱼类资源。其中白唇鹿、野牦牛、雪豹等被列为世界珍品。西藏是野生动物的乐园，藏北大草原的野生动物可与非洲大草原比美。西藏的家养动物有绵羊、山羊、猪、牦牛、黄牛、犏牛、马、驴、骡、犬、鸡、兔等。

【矿产资源】西藏已发现矿产101种，各矿床、矿点2000多处，在全国已发现的160余种矿产资源中，西藏就有99种。已探明储量的矿藏有30多种，其中储量居全国前十位的有：铬、铜、火山灰、菱镁矿、云母、硼、砷、泥炭、钼。在矿产资源中，具有重要经济意义和开发价值，在全国占优势的矿种有铬、铜，釉硼为主的盐类矿产、地热等。铬铁矿居全国首位，锂的远景储量居世界前列，铜的远景储量列全国第二，石膏的储量居全国第二，已探明硼矿、菱镁矿、重晶石、砷的储量居全国第三位。此外，石油也是潜在的优势资源。

【草地资源】作为中国五大牧区之一，西藏拥有8207万公顷草原，其中可利用草地7077万公顷。畜牧业是西藏主要的产业，占全自治区国民收入的1/3强。西藏草场分为8个大类，16个亚类，38个主要草场型。高山草甸草场是西藏面积最大、质量较好的草场，是区内草场中的一个主要类型。主要分布在那曲地区东部，昌都与拉萨地区北部，山南地区南部，日喀则地区北部和西部以及阿里地区西部山体中、上部位也有一定数量。约占西藏面积1/2的藏北草原是西藏主要的草原，面积约为60万平方千米，当地人成为“羌塘”。

自然灾害

【雪灾】2012年1–4月，日喀则地区先后有14个县遭受暴雪天气影响，造成人员伤亡、房屋倒塌、交通中断、牲畜死亡等较为严重的损失。

1月1–2日，日喀则地区聂拉木县出现特大暴雪，降雪量达到25.2mm。强降雪导致道路积雪结冰，聂拉木至樟木段公路中断。

2月，日喀则地区大部遭受暴风雪天气。据区民政厅信息快报：暴风雪灾害共造成昂仁、吉隆、聂拉木、仲巴、定结、康马、拉孜、谢通门、萨嘎、岗巴、亚东、萨迦、定日13个县的87个乡（镇）390个村（居）委会15953户74115人受灾。因灾死亡3人，伤病83人，转移安置3257人，倒塌损坏民房2082间（其中，倒塌336间，严重损坏535间，中度损坏836间，轻度损坏375间）。死亡大小牲畜32946头（只、匹）。

4月上旬，强降雪导致日喀则地区南木林县嘎布村和吉龙村受灾，死亡牲畜182只（头）。

【风灾】2012年2月，日喀则地区、那曲地区的部分地方以及拉萨、贡嘎等地出现大风、扬沙天气，对民航客运、电力设施、房屋建筑、畜牧业等造成较大影响。

2月8-10日，贡嘎机场18个航班返航和取消，600多名旅客滞留；江孜—日喀则110KV输电线路两座铁塔被大风刮倒，造成日喀则供电片区大部分用户停电；定结县多处屋顶被风吹翻，“9·18”地震救灾帐篷大部分被风吹跑；帕里气象站采暖房玻璃被大风吹坏并发生漏水；聂拉木气象局2个百叶箱被大风掀倒损坏；定日县100多块铁皮房顶被吹掉，1羊圈倒塌，12只羊死亡。强风天气还造成那曲地区1135间房屋、421间暖棚、98个畜圈、17座蔬菜大棚、580平米玻璃房、10座铁皮房、9座水井房、28顶帐篷、3座大门、1处电信基站不同程度受损；67处电线被吹断；5512头（只、匹）牲畜死亡；1.33万公顷草场被吹坏。申扎县和比如县5人被冻伤。

11月24日，拉孜县遭遇大风天气，最大风速达到33.2米/秒。大风天气损坏房屋14间。

【洪涝、泥石流和山体滑坡】2012年4-9月，西藏中、东部的大部分地区由于强降水天气影响，先后发生了洪涝、泥石流和山体滑坡等灾害。据不完全统计：

4月27日-5月4日，日喀则地区聂拉木县出现持续性降水天气，致使5月1-4日318国道聂拉木至樟木段707大桥附近发生四次山体塌方，导致全线交通、通信中断，大量旅客、车辆滞留。

6月份，拉萨市109国道羊八井路段多处出现山体滑坡，过往车辆受阻；河水上涨使宁中乡堆林村拉曲河近100米河堤被冲垮；尼木县城至续迈乡约500米路段被泥石流掩埋。山南地区扎囊县、琼结县、隆子县和浪卡子镇农田受灾91.1公顷。288户1380人受灾，损坏房屋114间、倒塌1间，冲毁水渠、防洪坝0.7公里，牲畜死亡962头（只），部分乡村路段被冲毁。日喀则地区南木林县458.4公顷农田受灾，部分农田基础设施和房屋遭受不同程度的损坏。昌都地区芒康县30.1公顷农作物受灾。林芝地区受灾农田100.5公顷，冲毁电力线路约300米、水渠507米，冲毁4根电线杆，11根电杆受损，冲垮路基205米，200米输水管道断裂，山体滑坡约20处，损坏桥梁1座，公路受损670米，还有部分民房、温室大棚和耕地被淹没。

7月份，拉萨市曲水县、堆龙德庆县和尼木县农田受灾面积约38.6公顷，林地0.8公顷，冲毁防洪堤850米、水渠155米，损毁水渠进水口21处，1座简易农桥等设施被冲毁，3000米乡村道路及21间房屋受损，318国道部分路段因路面积水交通受阻，牲畜死亡303只。山南地区隆子县、贡嘎县、琼结县、错那县、加查县、措美县和浪卡子县农田受灾面积355.2公顷，淹没林草地1.7公顷，冲毁水渠5940米、冲毁水渠管道7处40根、饮水管6根，水渠取水口8处，防洪坝24处（长1144米），冲毁道路350米，倒塌房屋22间，损坏水磨坊1座，损毁公路3790米，损毁暖圈4个700多平方米，33只山羊被洪水冲走、失踪牲畜893只，牲畜死亡174头（只）。日喀则地区江孜县、昂仁县冲毁农田58.3公顷，33.3公顷草场被淹没，600米长的水坝全部冲走，损毁房屋4间。失踪绵羊371只，死亡145只。昌都地区边坝县因河水上涨，一电站厂区被淹没，冲毁进厂路52米，厂房进水12cm，水轮机层进水60cm，电缆沟进水，部分设备烧毁。持续的降水导致川藏公路芒康县境内海通沟路段发生泥石流，泥石流堆积物累积超过5万方，近400米道路被掩埋或冲毁。昌都县和江达县6.85公顷农田受灾，37间房屋受损，3处49余米涵桥和堡坎基础设施垮塌或被冲毁，冲毁乡村道路500多米。林芝地区察隅县古拉乡至县城公路段及竹瓦根镇多处发生泥石流，造成道路被碎石、泥石流覆盖长达101.5米，路面蓄积约165立方米。泥石流使竹瓦根镇扎拉村7户30人受灾，损毁房屋1间，冲毁农田0.7公顷，省道201线漫水长约100米，水泥路淤泥最深达50公分，水深30公分。

8月份，日喀则地区江孜县2间房屋倒塌。山南地区贡嘎县和浪卡子县4.2公顷农田受灾，其中绝收1公顷，重灾3.2公顷，冲毁防洪坝1410米、进水口3处、乡村公路0.06公里，倒塌房屋4间。昌都地区丁青县强降水引发泥石流，7户民房被淹，冲毁农田10.7公顷；丁青县至桑多乡公路有2处塌方，桑多乡政府院内积水50cm左右，住宿楼、食堂、办公楼、厕所等均被水淹，造成不同程度损坏。林芝地区持续性降水天气使八一镇永久村河道挡墙被水冲出缺口，造成较为严重的洪涝灾害。受灾人口共计43户198人，耕地1.8公顷，菜地0.8公顷，失踪各类牲畜439头（只）。

9月份，山南地区浪卡子县和贡嘎县242户1481人受灾，受灾农田20.6公顷，冲毁防洪坝6处总长560米、公路6处总长1100米。日喀则地区樟木口岸至友谊桥路段发生滑坡，滑坡面长40米、宽7米，部分路段中断。江孜县31.5公顷农田受灾，其中绝收5.5公顷，冲毁防洪堤坝53米、水渠1020米及部分机耕道路。林芝地区察隅县57户210余人受灾，冲毁道路7处1210米，垮塌路基113米，淹没桥梁1座，乡村道路多处塌方交通受阻，电站取水口被泥沙堵塞，供电中断，上察隅饮水中断。波密县倾多镇亚龙片区曲西村草场、砂石厂被淹没，周边木桥均被冲毁，曲西村下游两座木桥被冲毁。

【雹灾、雷电】2012年夏季（6-8月）拉萨市、山南地区、日喀则地区和昌都地区部分县乡出现短时雷电、冰雹天气，造成冲毁农田、房屋受损、人畜伤亡等损失。

6月，冰雹导致拉萨市曲水县300公顷农田受损，其中11公顷农田绝收，556棵桃树幼果损坏，涉及31户138人。山南地区桑日县和贡嘎县受灾农田153公顷农田受损，死亡18只山羊、失踪30只山羊，部分牲畜受伤。3处公路被冲毁（总长约40米），冲毁水渠2处（约2公里）。日喀则市曲布雄乡273公顷农田受灾，其中绝收22公顷，重灾145公顷，轻灾106公顷，牲畜死亡167头（只）。昌都地区类乌齐县气象局个别观测设备受损。

6月份，拉萨市尼木县小学供电线路遭雷击，3台电视、2台电脑，2台DVD播放器被烧毁。昌都地区丁青县2名放牧人员遭雷击身亡。

7月份，山南地区曲松县、琼结县、浪卡子县和隆子县受灾农田47.06公顷，其中绝收2.45公顷、重灾1.7公顷、轻灾11.7公顷，冲毁100米饮水管，道路瘫痪4公里。加查县因雷击死亡2头牦牛。日喀则地区昂仁县、江孜县、萨迦县、江孜县197.5公顷农田受灾，41.9公顷农田绝收，牲畜死亡137头（只），冲毁水渠560米、防洪坝270多米，损坏房屋11间。

8月，冰雹导致拉萨市尼木县3.9公顷农田受灾，绝收0.07公顷。日喀则地区昂仁县、江孜县153.6公顷农田受灾，27头(只)大小牲畜被冲走，死亡牲畜20头（只），2间房屋受损，冲毁水渠8处。山南地区贡嘎县20.9公顷农田受灾；浪卡子县118户402人受灾，35.9公顷农田受灾；隆子县42公顷农作物绝收。雷电天气导致昌都地区丁青县1户民房被损坏，屋中部分家电和家具受到不同程度损坏。

【其它灾情】1月16日，林芝县八一镇毕日神山发生森林火灾，过火面积0.09公顷，受灾面积0.009公顷。

1月23日，波密县政府后山发生森林火灾，29日火势得到基本控制。

5月份，日喀则市边雄乡4公顷草场和0.3公顷防护林受到蝗虫危害。

7月份，昌都地区洛隆县出现旱情，农田受灾面积902公顷，其中重灾380公顷，轻灾522公顷。

自治区经济社会发展情况

【年度综述】初步核算，2012年，实现全区生产总值（GDP）701.03亿元，按可比价格计算，比上年增长11.8%。其中：第一产业增加值80.41亿元，增长3.4%；第二产业增加值241.65亿元，增长14.4%；第三产业增加值378.98亿元，增长12.0%。人均地区生产总值22936元，增长10.4%。

在全区生产总值中，第一、二、三产业增加值所占比重分别为11.5%、34.5%、54.0%，与上年相比，第一产业比重下降0.8个百分点，第二产业持平，第三产业提高0.8个百分点。

全区居民消费价格总水平比上年上涨3.5%。其中：城市上涨3.6%，农村上涨3.4%。服务项目价格上涨2.0%，消费品价格上涨3.9%。从居民消费价格构成大类看，食品类、烟酒及用品类、衣着类、家庭设备用品及维修服务类、医疗保健及个人用品类、交通和通讯类、娱乐教育文化用品及服务类和居住类，分别比上年上涨6.9%、1.5%、4.3%、1.5%、0.9%、1.2%、0.3%和1.4%。商品零售价格上涨2.9%。农业生产资料价格上涨1.6%。工业品出厂价格下降0.3%。

【农牧业】全年农作物种植面积243.95千公顷，比上年增加2.52千公顷。其中：青稞面积118.26千公顷，比上年减少0.16公顷；小麦面积37.73千公顷，增加0.13千公顷;油菜籽面积23.89千公顷，减少0.03千公顷;蔬菜面积23.72千公顷，增加1.32千公顷。全年实现粮食总产量94.89万吨，比上年增长1.2%；油菜籽6.30万吨，下降0.5%；蔬菜65.59万吨，增长9.1%。年末牲畜存栏总数2056.31万头（只、匹），比上年末减少128.9万头（只、匹）。其中：牛624.92万头，减少19.96万头；羊1352.46万只，减少106.49万只。全年猪牛羊肉产量达28.95万吨，比上年增长4.6%；奶类产量31.69万吨，增长1.1%。

【工业和建筑业】全年全部工业实现增加值55.11亿元，比上年增长14.7%。规模以上工业企业实现增加值42.83亿元，比上年增长15.1%。其中：轻工业实现增加值11.32亿元，增长9.1%；重工业实现增加值31.51亿元，增长17.3%。国有及国有控股企业全年实现增加值21.50亿元，比上年增长8.8%。按登记注册类型分，国有企业实现增加值14.33亿元，增长10.0%；集体企业实现增加值0.57亿元，增长4.9%；股份制企业实现增加值20.96亿元，增长22.0%；外商及港澳台企业实现增加值2.47亿元，增长7.6%；其他经济类型企业实现增加值4.49亿元，增长8.4%。

全年规模以上工业企业实现利润总额13.07亿元，比上年增长3.4%。其中：外商及港澳台企业实现利润1.53亿元，增长59.5%；其他经济类型企业实现利润2.15亿元，增长21.0%；集体企业实现利润0.27亿元，增长22.9%；股份制企业实现利润13.80亿元，增长53.1%。规模以上工业企业产品销售率102.2%。

全年规模以上工业企业完成水泥产量286.67万吨，比上年增长23.1%；发电量19.57亿千瓦时，下降9.6%；啤酒17.52万吨，下降3.5%；中成药（藏医药）1346吨，增长24.8%；自来水11535万吨，增长9.6%；瓶（罐）装饮用水8.77万吨，增长6.1%；铬矿石12.35万吨，增长12.4%。

全年建筑业实现增加值186.54亿元，比上年增长14.3%。

【固定资产投资】全年全社会完成固定资产投资总额709.98亿元，比上年增长29.3%。其中：民间投资219.09亿

元，增长72.8%。

按产业分：第一产业32.03亿元，比上年增长4.4%；第二产业222.82亿元，增长47.9%；第三产业455.13亿元，增长23.7%。按经济类型分：国有经济完成投资473.01亿元，比上年增长15.5%；集体经济完成投资14.74亿元，增长2.1倍；其他各种经济类型完成投资99.48亿元，增长28.7%；个体经济完成投资32.04亿元，增长48.5%。按城乡分：城镇完成投资606.93亿元，比上年增长26.2%；农村完成投资103.05亿元，增长50.6%。

在城镇固定资产投资中，农、林、牧、渔业投资完成22.45亿元，增长11.0%；采矿业投资完成41.17亿元，增长2.0倍；制造业投资完成43.10亿元，增长28.2%；电力、燃气及水的生产和供应业投资完成85.70亿元，增长39.4%；建筑业投资完成25.51亿元，下降20.5%；交通运输、仓储和邮政业投资完成132.24亿元，下降7.9%；信息传输、计算机服务和软件业投资完成13.05亿元，增长1.1倍；批发和零售业投资完成14.65亿元，增长3.2倍；住宿和餐饮业投资完成24.95亿元，增长91.5%；金融业投资完成2.58亿元，增长3.4倍；房地产业投资完成17.56亿元，下降1.3%；租赁和商务服务业投资完成10.12亿元，增长4.4倍；科学研究、技术服务和地质勘查业投资完成2.56亿元，增长1.1倍；水利、环境和公共设施管理业投资完成45.03亿元，增长1.5%；居民服务和其他服务业投资完成4.91亿元，增长2.4倍；教育投资完成19.66亿元，增长4.5%；卫生、社会保障和社会福利业投资完成8.52亿元，增长13.9%；文化、体育和娱乐业投资完成14.25亿元，增长24.3%；公共管理和社会组织投资完成72.06亿元，增长67.2%。

全年房地产开发投资6.87亿元，比上年增长33.8%。房地产开发施工房屋面积47.33万平方米，比上年下降2.9%；竣工房屋面积9.23万平方米，下降57.5%；商品房销售面积22.50万平方米，增长18.5%。

【国内贸易】全年社会消费品零售总额254.64亿元，比上年增长16.3%。分地域看，城镇消费品零售额211.79亿元，增长18.3%；乡村消费品零售额42.85亿元，增长7.2%。分行业看，批发和零售业零售额212.28亿元，增长14.7%；住宿和餐饮业零售额42.36亿元，增长24.7%。

在限额以上批发和零售业零售额中，增长较快的有：石油及制品类增长18.9%，中西药类增长45.2%，化妆品类增长85.2%，服装、鞋帽、针纺织品类增长27.4%。

【对外贸易】全年进出口总额342397万美元，比上年增长1.5倍。其中：出口总额335501万美元，增长1.8倍；进口总额6896万美元，下降60.7%。

在进出口贸易中，边境小额贸易实现进出口总额168648万美元，比上年增长81.3%，占进出口贸易总额的49.3%。其中：出口167739万美元，增长81.5%；进口909万美元，增长48.3%。

全年对亚洲进出口266240万美元，比上年增长1.6倍；对欧洲进出口30229万美元，增长26.0%；对北美洲进出口22347万美元，增长1.5倍；对大洋洲进出口2210万美元，增长3.6倍。

全年合同利用外商直接投资39353万美元，实际利用外商直接投资17402万美元，全年审批利用外商直接投资项目2家。

【交通、邮电和旅游】全年完成货运量1144万吨，比上年增长9.6%。其中：公路运输完成1042万吨，增长6.4%；铁路运输完成84.6万吨，增长74.0%；航空运输完成1.65万吨，增长36.4%；管道运输完成15.74万吨，增长5.6%。全年客运总量4052.76万人次，增长2.9%，其中：公路运输完成3739万人次，增长2.2%；铁路运输完成92.03万人次，下降4.0%；航空运输完成221.73万人次，增长21.1%。

年末公路总通车里程65198公里，比上年增加2090公里，其中：有铺装路面总里程8896公里，增加2267公里。

年末全区民用汽车拥有量达到27.38万辆，比上年末增长6.2%。

全年完成邮电业务总量34.14亿元，比上年增长27.3%。其中：邮政业务总量1.43亿元，增长4.4%；电信业务总量32.98亿元，增长28.5%。年末局用交换机总容量126.20万门。年末固定电话用户40.52万户，其中：城市电话用户39.10万户，乡村电话用户1.40万户。新增移动电话交换机117万门，总容量达342万门。新增移动电话用户39.09万户，年末达到235.49万户。年末全区固定及移动电话用户总数达到276万户，比上年末增加39.1万户。电话普及率达到92部/百人。

全年接待国内外旅游者1058.39万人次，比上年增长21.7%。其中：接待国内旅游者1038.89万人次,增长23.3%；接待入境旅游者19.49万人次，下降28.0%。旅游总收入126.48亿元，增长30.3%；旅游外汇收入10570万美元，下降18.5%。

【财政、金融和保险】全年完成地方财政收入95.71亿元，按同比口径计算，比上年增长48.3%。其中：一般预算收入86.58亿元，增长58.1%。

全年地方财政支出929.74亿元，按同比口径计算，比上年增长19.9%。其中：一般预算支出905.34亿元，增长19.4%。在一般预算支出中，社会保障和就业支出62.16亿元，增长7.8%；教育支出91.71亿元，下降17.9%；医疗卫生支出35.80亿元，增长1.4%；环保支出23.44亿元，增长46.1%。

年末全部金融机构本外币各项存款余额2054.25亿元，比上年末增长23.7%。其中：个人储蓄存款403.96亿元，增长25.7%。全部金融机构本外币各项贷款余额664.05亿元，增长62.3%。

全年保险公司保费收入9.54亿元，比上年增长25.5%。其中：财产险保费收入6.52亿元，比上年增长13.7%，其中机动车辆险保费收入4.26亿元，增长17.7%；人寿险保费收入0.98亿元，增长25.4%;意外险保费收入1.27亿元，增长1.9倍；健康险保费收入0.77亿元，增长18.0%。全年共支付各类赔款4.05亿元，比上年增长21.2%。

【教育、科学技术】全区普通高等教育院校6所，年内招生10605人，其中：研究生473人，普通本专科10132人；在校生34531人，其中：研究生1079人，普通本专科33452人；毕业生8808人，其中：研究生228人，普通本专科8580人。中等职业学校6所，招生7901人，在校生18291人，毕业生9350人。中学122所，其中：高级中学22所，完全中学8所，初级中学92所，高中招生17529人，在校生47825人，毕业生13286人；初中招生43424人，在校生130266人，毕业生46578人。小学857所，招生51552人，在校生292016人，毕业生47537人。特殊学校招生150人，在校生420人。年末幼儿园在园幼儿61495人，比上年增加19744人。全区小学学龄儿童入学率达99.4%，比上年提高0.05个百分点。

2012年西藏气象系统共有137个自动气象站，其中：有人值守气象台站39个，无人值守气象站98个。天气雷达站7个，其中：多普勒雷达站4个，数字化雷达站3个。地震监测台站（点）共21个，其中试运行19个。水文监测站34个，水位监测站56个。

【文化、卫生和体育】年末全区共有各类文化机构393个，其中，艺术事业67个，群众文化事业320个。公共图书馆4个，群众艺术馆8个，其他文化事业2个。年末全区共有电视台2座，广播电视台6座，广播电台1座。广播、电视人口综合覆盖率分别达93.38%和94.51%。出版报纸205720千印张，各类杂志1705千册，图书1925万册。

年末全区共有卫生机构1390个，其中：医院、卫生院798个，疾病预防控制中心（卫生防治机构）81个，妇幼保健院、所、站57个。实有病床床位9850张，其中：医院9392张。卫生技术人员13600人，其中：执业/执业（助理）医师7500人。每千人病床数和卫生技术人员数分别达到了3.28张和4.53人。

年末全区共有健身路径器材358套、农民体育健身工程1000个。我区运动员在国际国内各种竞技体育比赛中共取得金牌5枚、银牌8枚、铜牌5枚。本年度认证社会体育指导员399人，其中：一级体育指导员54人；二级体育指导员85人；三级体育指导员260人。全年销售体育彩票2.4亿元，筹集体育彩票公益金6601万元。

【人口、人民生活和社会保障】根据人口抽样调查资料推算，年末全区常住人口总数为308万人，比上年净增加4.7万人。其中城镇人口70万人，占总人口的22.75%；乡村人口238万人，占总人口的77.25%。人口出生率为15.48‰，死亡率为5.21‰，自然增长率为10.27‰。

全区城镇居民人均可支配收入达18028元，比上年增长11.3%；农牧民人均纯收入5719元，增长16.6%。通过推进新农村建设、实施安居工程，年末已有40.83万户、181.22万农牧民住上了宽敞明亮的新房。2012年年末城镇居民人均居住面积36.14平方米，农牧民人均居住面积达到29.58平方米。

到2012年底，全区参加企业职工基本养老保险人数为12.22万人，城镇居民社会养老保险人数为6.9万人（含寺庙僧尼2.32万人），新农保人数为130.69万人，工伤保险人数为12.39万人，失业保险人数为11.33万人，生育保险人数为16.99万人；全区参加城镇职工基本医疗保险人数为26.63万人，参加居民基本医疗保险人数为22.57万人（含寺庙僧尼2.32万人）。

全区城镇居民共有47690人享受政府最低生活保障，发放低保救助金14906万元。农村居民有32.9万人享受政府最低生活保障，发放低保救助金25230万元。年末全区各类社会福利机构共有277个，公办儿童福利院10所，民办儿童福利院3所，集中收养4544人；供养五保户3429人，其中孤残儿童1115人。全年销售社会福利彩票3.1亿元，筹集社会福利公益金1.1亿元。

【矿产资源、安全生产】2012年度全年新发现矿产8处，重点评价2处，具有开发价值的矿床1处。有6种矿新增储量，实施地质勘探项目122项，完成了钻探实物工作量208974米。

全年共发生各类安全事故924起，比上年下降23.45%；死亡356人，上升5.64%；直接财产损失1533.33万元。

注：1. 本公报数据均为初步统计数，正式数据以《西藏统计年鉴·2013》为准。

2. 对外贸易、交通、邮电、旅游、财政、金融、保险、教育、科技、气象、环保、文化、卫生、体育、社会福利和保障、资源、安全生产方面的数据均由自治区有关部门提供。

3. GDP、各产业增加值绝对数按现价计算，增长速度按可比价计算。

第二篇 政治

中国共产党西藏自治区委员会

自治区纪检（监察）工作

【加强监督检查，推动中央和区党委重大决策部署的贯彻落实】一是加强对党的纯洁性建设决策部署落实情况的监督检查。研究制定《关于对共产党员和公务员出境参加达赖集团“法会”等分裂活动的处分规定（试行）》，及时成立“2·29”专项工作小组，加强对参加境外“时轮金刚大法会”回流人员的教育管控工作，对46名出境参加“法会”的党员干部、国家公职人员给予了党纪政纪处理。下发《关于进一步严肃政治纪律切实做好出境参加“法会”回流人员管控教育工作的通知》、《关于严禁党员干部和公职人员出境参加达赖集团“法会”等分裂活动的紧急通知》，严禁党员干部和公职人员出境参加达赖集团“法会”等分裂活动。二是加强对维护和执行政治纪律情况的监督检查，严肃处理极个别党员干部违反政治纪律，对党中央决定阳奉阴违、说三道四，造成恶劣影响的违纪行为。加强教育宣传，全区各级党员干部坚决拥护党中央对薄熙来严重违纪案的审查和处理决定。三是加强对维护社会稳定政策措施落实情况的监督检查。各级纪检监察机关和广大纪检监察干部坚持把维护稳定工作放在首要位置，始终战斗在第一线，全力以赴做好维护稳定工作。区纪委、监察厅在藏历年、“3·14”、萨嘎达瓦节、党的十八大召开前等重要时段、敏感节点，及时下发《关于严肃纪律加强维护稳定各项工作监督检查的紧急通知》、《关于切实加强作风建设严肃工作纪律的紧急通知》等一系列通知，要求各级各部门严肃维稳纪律，抓好维稳工作。一年来，由区纪委常委和厅级干部带队，先后派出多个检查组和督导组，深入重点地区、重点部位、重点领域，督促维稳“十项”措施的落实，确保稳定方面不出任何问题。认真贯彻落实《领导干部在维护稳定工作中失职渎职行为责任追究暂行规定》，对个别地市、部门的失职渎职人员给予就地免职处理，并在全区进行通报，在新闻媒体上曝光。四是加强对贯彻落实中央第五次西藏工作座谈会精神情况监督检查，将中央和区党委关于金融政策、草场保护、干部待遇、维护稳定4个方面的政策措施落实情况作为今年监督检查的重点，组织开展了三次专项检查和一次以维护稳定、草场保护、招投标治理为重点检查内容的综合性监督检查，检查涵盖7个地市和40多家区直部门，共督促落实各项政策措施78项，发现问题79个，提出工作意见和建议42条。专门下发整改建议函，有针对性地提出19个整改问题和4条工作建议。五是加强对转变经济发展方式决策部署落实情况的监督检查，在中央确定的7项主要检查内容基础上，将加快产业机构调整和促进区域经济协调发展工作推进情况一并纳入监督检查范围，确定了9个方面的监督检查重点。7地市和各任务牵头部门先后组织开展监督检查160人次，自查排查11轮，发现影响和制约科学发展、跨越式发展的突出问题387个，提出意见和建议113条。积极配合中央第十检查组在藏的检查工作，根据中央检查组整改通知要求，及时下发整改通知，细化分解任务，明确11家整改牵头单位和60余家协办单位，落实整改责任，确保整改取得实效。

【不断开拓创新，创先争优强基惠民活动深入开展】全区5451个工作队、2万多名工作队员紧紧围绕五项任务，履职尽责创先进，立足岗位争优秀，蹲守一线强基础，艰苦奋斗惠民生，全区深入开展创先争优强基础惠民生活动进展顺利，取得了阶段性成效。一是基层组织建设得到加强，党的执政根基进一步夯实。全区所有驻村工作队帮助驻在村（居）培养入党积极分子128130名，新发展党员17906名，确定“三培养”对象48889名，协助村（居）“两委”建立和完善村务党务公开、党风廉政建设等规章制度

52389条，推进了农牧区基层组织规范化、制度化建设，夯实了党在基层的组织基础。二是全力维护社会稳定，长治久安大局进一步巩固。全区所有驻村工作队共召开维稳宣讲大会61390场次，群众受教育面100%；化解和妥善处理各类社会矛盾13402起，妥善解决上访事件4099次，处置群体冲突7134次；协助村（居）“两委”做好边境等重点领域人员管控59869人次。三是全面开展感恩教育，群众党恩意识进一步增强。驻村工作队共发放宣传材料880580份、领袖像808349张、国旗593737面，统一制作发放新旧社会对比展板81套、挂图6163套；召开感恩教育大会86320场次，政策宣讲会269360场次，群众受教育面100%；开展专题讲座23974场次。四是努力寻找致富门路，群众增收渠道进一步拓宽。驻村工作队共撰写调研报告13224份，帮助理清发展思路17226条，制定、完善和实施发展规划27798条；组织劳务输出563939人次，创收83077.7万元。五是扎实办实事解难事，党群干群关系进一步融洽。为农牧民群众办实事好事100861件，投入资金12亿元；组织农牧民外出参观学习19192人次；走访慰问困难群众611750人次，发放慰问金总计1.244亿元。强化督促检查，自治区创先争优强基础惠民生活动领导小组对驻村工作情况开展了三次大的检查，历时3个月时间，共检查七个地市74个县（市、区、特别区）452个驻村工作队工作情况。强化舆论宣传，组织媒体对扎西平措、次登卓玛、王建、李芬玉、其梅、阿旺卓嘎、李江龙等英模人物先进事迹进行了深入宣传报道，组织全区先进事迹报告会、英模人物先进事迹报告会，出版《驻村英雄谱》。举办《驻村之歌》主题晚会，举办驻村图片展览，在报纸、电视台、广播、网络、手机短信上积极宣传驻村工作，创造了西藏宣传量和宣传规模历史之最，开创了西藏网络媒体宣传的先河。

【采取有力措施，认真开展工程建设领域突出问题专项治理和公务用车专项治理工作】全区各级各部门共排查项目数828个，排查企业数301家。全区各级治工办共派出200余人次，对388712.66万元的194个项目（标段）招标投标活动进行了现场监督，对16个在招投标环节出现违纪违规的项目（涉及资金14380.35万元）中标结果给予了废标处理，并依纪依规对有关企业和部门负责人给予处理。对干部职工周转房、旁多水利枢纽工程、拉萨市纳金大桥等一批涉及民生的重点项目进行全程跟踪检查，及时纠正存在的问题，推动项目顺利实施。自治区治工办直接受理案件线索7起，累计办结5起，转办案件2起，基本做到件件有着落，事事有回音。坚持以人为本、执政为民，接待反映“双拖欠”问题的农牧民11人（次），协调解决拖欠民工工资和工程款365万元。巩固治理成果，制定《西藏自治区工程建设领域项目信息公开和诚信体系建设工作实施方案》，明确工作总体目标、任务要求和时间步骤，完成区级软件平台建设的初步设计和应用培训工作，及时主动发布和公开建设项目信息19920条，公开信用信息1521条，其中公开从业单位和从业人员不良行为记录信息65条，信用信息成果得到有效应用。坚持纠建并举，推进制度建设，全区各级治工办和业务主管部门共制定出台和修订各类规章制度146项，其中新建96项，修订39项，废止11项。

认真开展全区公务用车专项治理工作，围绕“总量减少、费用下降、管理规范”的治理目标，稳步推进各阶段工作。做好数据报表上报工作，确定全区党政机关实有公务车辆数和违规车辆数。全区实有各类公务车辆12203辆，认定违规车辆2859辆，其中超编车辆1698辆，超标车辆1149辆，违规车辆12辆。自治区公车治理工作领导小组领导专程赴京就我区违规车辆处理意见向中央公车治理办作专题汇报，积极争取违规车辆认定和处理上的政策倾斜。多方征求意见，研究制定公车管理办法，对《西藏自治区本级行政事业单位公务车辆配备使用管理办法》及《西藏自治区在职省级领导干部公务车辆配备使用管理办法》进行修订，并以区党委办公厅名义下发执行。加强工作纪律，严格违规车辆处理程序，将违规车辆分级分批进行处理，截止目前，全区共处理超编车辆1716辆，超标车323辆，拍卖超标车辆、超编车辆及更新车辆金额达3222.34万元；另有778辆超标车已向中央公车治理办提出申请继续留用。同时，自治区公车治理办对在公车治理期间未经批准擅自购车的违规行为进行清查，清理纠正了一批超标违规车。

【坚决查办违纪违法案件，保持惩治腐败的强劲势头】全区各级纪检监察机关共接受群众来信来访和电话举报554件（次），初核274件，立案100件，结案101件（含遗留案件），给予党纪处分66人，政纪处分70人，其中，地厅级2人，县处级22人，乡科级27人，其他人员24人，移送司法机关8人，组织处理16人，挽回经济损失1431.88万元。查处了涉案人数众多、涉案金额巨大的“6·15”案等一批区内有影响的重大案件。在严肃查处违纪违法案件的同时，认真开展诫勉谈话，努力做好教育、挽救和保护干部工作。狠抓案件质量，提高执纪水平，案件审理工作水平不断提高。加强信访举报案件办理和信访监督工作，切实做好来访接待和突出信访问题处理，成功解决处理了一批疑难复杂信访案件，维护了群众合法利益，促进社会和谐稳定。贯彻落实《中国共产党纪律检查机关案件监督管理工作规则（试行）》，加强和改进案件监督管理工作，查办案件工作进一步规范。

【认真落实《工作规划》和我区《实施办法》，惩治和预防腐败体系建设取得阶段性成果】对落实《工作规划》和《实施办法》年度任务进行分解，把24项惩防体系年度重点任务作为2012年反腐倡廉工作任务一同分解到区直有关单位，同时明确了4项今年必须完成的阶段性任务。下发催办函，及时了解工作进展情况，督促相关部门按时完成任务。按照中央纪委惩防体系建设领导小组办公室《关于报送党的十七大以来惩治和预防腐败体系建设有关资料的通知》要求，对近五年来的有关惩防体系建设方面的文件、领导批示、图片、统计表等资料进行认真清理汇总，上报反映我区惩防体系建设工作特色的专题材料、年度惩防体系建设自查工作报告、惩防体系建设工作框架及体制机制制度目录、推进惩治和预防腐败体系建设工作有关数据统计表等。强化调查研究，完成全区惩治和预防腐败体系基本框架设计，初步提出并建立起了《西藏自治区惩治和预防腐败体系基本框架》，《框架》设计基本涵盖了惩治和预防腐败的各个方面，将作为我区加强反腐倡廉制度建设的重要依据。

【认真开展执法监察和纠风工作，一些损害群众切身利益的突出问题得到较好解决】全区各级纪检监察机关在加快水利改革发展、环境保护、土地卫片、征地拆迁、节能减排以及规范基层执法方面共开展执法监察1429余次，发现违法违规问题365个，纠正违法违规问题364个，提出监察建议10项，立案2件，结案2件，给予党纪政纪处分1人。区监察厅自主立项2次，发现违法违规问题159个，纠正违法违规问题159个。督促水利法律法规和改革发展目标任务的落实，开展两轮全区水利改革发展综合监督检查工作。深入开展整治违法排污企业保障群众健康环保专项行动，配合区环保厅等部门，重点对30个县（区、市）进行了环保督查。加强对2011年度土地卫片执法检查，加强对征地拆迁工作监督检查，开展全区“万家企业节能低碳行动”企业节能目标责任评价考核。严格落实安全生产事故责任追究，加大安全生产责任事故调查处理力度，全区各级监察机关参加安全生产责任事故调查处理19起，已办结16起。深入开展重特大安全生产事故责任追究落实情况专项检查。认真开展“决胜十八大维稳安保攻坚战”专项督查，对6个地（市）23个县（区、市）的安全生产进行督查检查，确保我区在“十八大”期间安全形势总体稳定。配合自治区安委会认真开展“打非治违”专项行动，全区各级纪检监察机关配合各级安委会组织开展各类专项检查1200多次，排查治理隐患5672处，责令“三停”单位128家，行政处罚120多万元，关闭取缔非法生产经营单位21家，拘留25人，有效地打击了安全生产领域非法违法行为。坚决查处“高考移民”，切实维护广大考生合法权益，今年全区共取消67名考生的高考报名资格,限报3人。加强对草场保护政策措施执行情况的监督检查，会同农牧、财政、审计、环保等部门，深入3个地区15个县（市）、24个乡（镇）、22个村（居）进行监督检查，发现问题79个，提出意见建议42条。

扎实推进了纠风工作任务落实，取得明显成效。以民主评议为载体，扎实推进政风行风建设。制定《西藏自治区政风行风考评办法》、《2012年民主评议政风行风工作实施方案》，对旅游、人社、教育、卫生、金融5个系统的政风行风评议工作进行安排部署。认真开展区（中）直5个系统15个单位的民主测评工作，15个单位均达到了合格等次。努力办好“政风行风热线”，全年共安排29家上线单位，其中藏语播出26期，共播出55期，受理听众热线电话948个，派专人解决问题17件。

【加强教育监督，促进领导干部廉洁自律】组织委厅和自治区党校师资力量，对1000多名党员干部进行党风党纪教育和廉洁从政教育。利用西藏自治区监狱开展警示教育，1000余名党员干部接受了警示教育。发放《领导干部廉洁从政教育读本》3000余本，教育引导党员干部时刻绷紧拒腐防变这根弦。组织观看党内教育参考片《苏联亡党亡国20年祭—俄罗斯人在诉说》，进一步增强党员干部坚定共产主义、中国特色社会主义理想的信心和决心。西藏自治区党员干部廉政教育基地正式揭牌并投入使用。140多个单位的参观团队前往参观，参观人数近6000人次。成功拍摄并在全国公映集革命传统教育、理想信念教育、爱国主义教育、民族团结教育和勤政廉政教育为一身的廉政文化作品--电影《先遣连》，该片获得了2012年全国“五个一工程”奖和中美电影节金天使奖。完成影片的藏语翻译、配音、合成制作工作，组织全区广大基层干部群众观看影片。不断增强纪检监察工作的影响力，营造浓厚的反腐倡廉舆论氛围，在省级以上新闻媒体刊播反腐倡廉新闻稿件209篇。联合西藏电视台拍摄《廉风拂高原》电视专题片，翔实反映十七大以来我区反腐倡廉工作取得的丰硕成果。制定《关于加强反腐倡廉网络舆情信息工作实施意见》、《关于反腐倡廉网络舆情信息和网络评论报送的办法》、《西藏自治区纪委监察厅反腐倡廉舆情应对预案》，积极开展网络舆情的收集、整理、研判和处置工作。

全面总结近两年来我区党风廉政建设责任制落实情况，按照新修订的《西藏自治区关于实行党风廉政建设责任制的规定的实施办法》要求，完成全区2012-2014年党风廉政建设责任书的签订工作。认真贯彻落实领导干部有关事项报告有关规定，强化对2012年领导干部报告个人有关事项的规范工作。进一步加强领导干部廉政档案管理，规范领导干部廉政情况年度考核工作。重申严禁领导干部大操大办有关规定，下发《关于重申禁止领导干部借婚丧喜庆事宜大操大办的通知》，坚决遏制大操大办歪风。不断深化和拓展巡视工作，加强巡视成果转化，全年共完成对9个县、3所高校、3个内地办事处的巡视，完成对3个地区、15个县、6个区直单位的巡视回访。

【努力推进改革创新，不断拓宽从源头上防治腐败的工作领域】积极推行行政审批制度改革，制定《西藏自治区行政审批项目目录》和《行政审批目录管理办法》，全部取消行政审批收费，行政审批行为进一步规范。加强沟通协调，自治区行政服务中心和公共资源交易中心建设稳步推进。落实自治区关于进一步加强和改进政府采购监督工作的意见、政府采购方式变更管理暂行办法、政府采购工作规定等制度，对某国有企业大宗商品采购工作进行现场监督。认真执行自治区企业承包投资项目核准实施办法、备案实施办法和审批实施办法，督促有关部门进一步加强投资体制改革。

积极开展领导干部问责工作。深化行政管理体制改革，认真开展政府绩效管理工作。加强对交通运输厅党务公开工作联系点工作的指导。加强对日喀则地区、拉萨市城关区和日喀则地区江孜县三个中央在我区的党的地方组织党务公开工作联系点工作的调研指导。乃东县县委权力公开透明运行试点工作深入开展。积极做好法规制度建设工作，起草了《领导干部在维护稳定工作中失职渎职行为责任追究暂行规定》、《西藏自治区关于对共产党员和国家公职人员出境参加2012年达赖"时轮金刚大法会"的处理意见》、《西藏自治区关于对共产党员和公务员出境参加达赖集团"法会"等分裂活动的处分规定（试行）》等法规规定。深入推进基层党风廉政建设，制定下发《西藏自治区2012年农牧区基层党风廉政建设工作要点》，编印《党员领导干部廉政手册》5万余册，发放到全区乡科级及以上党员领导干部手中。积极开展《农村基层干部廉洁履行职责若干规定（试行）》的学习教育，向全区村级组织发放《规定》挂图5251套，把《规定》的学习纳入党员干部教育培训总体规划，列入各级党校、行政学院的教学计划，推进《规定》的全面贯彻落实。编辑印制《农牧区基层党风廉政建设文件汇编》，指导驻村工作队开展农牧区基层党风廉政建设工作。高等院校、城市社区、非公有制经济组织和新社会组织党风廉政建设得到进一步加强。下发《关于加强和改进自治区区管国有企业纪检监察组织建设的意见》，进一步建立健全自治区区管国有企业纪检监察组织，为推进自治区区管国有企业纪检监察组织建设提供了有效保障。

在做好党风廉政建设和反腐败工作的同时，更加注重纪检监察机关自身建设，一批作风正、能力强、工作业绩突出的干部得到提拔任用。进一步抓好县级纪检监察机关组织建设和干部队伍建设，努力争取中央纪委和自治区编办的大力支持，为全区74个县（市、区）解决了事业编制180名，充实了县级纪检监察机关工作力量。下发《关于印发〈关于加强乡（镇、街道）纪检组织建设的实施意见〉的通知》，规范乡（镇、街道）纪检组织建设。全区74个县（市、区）纪委都已按要求设立了常委会，692个乡（镇）基本上按照要求设立了纪委，配备了专职纪检干部。在牵头抓好创先争优强基惠民活动的同时，广大纪检监察干部积极参与到强基惠民活动中，涌现出了阿旺卓嘎、其梅等先进典型，中央纪委、人力资源和社会保障部、监察部追授其梅同志为"全国纪检监察系统先进工作者"荣誉称号，自治区党委追授其梅、阿旺卓嘎同志为"全区优秀共产党员"荣誉称号，自治区党委、自治区人民政府在全区开展了向其梅、阿旺卓嘎学习活动。各级纪检监察机关和广大纪检监察干部在全区掀起了学习其梅、阿旺卓嘎等优秀纪检监察干部先进事迹的热潮。加强教育培训工作，全年派出多批干部参加各类培训班，增强能力素质。各级纪检监察机关领导多次深入驻村点走访慰问老党员、贫困群众，全区广大纪检监察干部积极开展领导干部"助孤"捐资活动。

【领导名录】

区党委常委、纪委书记：金书波
区纪委副书记、监察厅厅长、
预防腐败局局长：贡嘎
区纪委副书记：张秋生、杨宏勇
区纪委副书记、监察厅副厅长：
拉巴次仁、孔原
区纪委常委、监察厅副厅长：
李潮明、巴桑卓玛
区纪委常委、办公厅主任：王刚
区纪委常委、监察厅副厅长：李亚群
区预防腐败局副局长：张乐群

自治区组织工作

【着力加强领导班子建设，党在西藏的执政能力不断增强】一是换届工作卓有成效。坚持"好报告、好班子、好风气"目标要求，落实发扬民主、推进改革、严肃纪律三项关键举措，精心组织市县乡人大、政府和市县政协换届，领导班子结构进一步优化、整体功能进一步增强。积极做好自治区人大代表、政协委员及我区出席全国"两会"的人大代表、政协委员提名等有关工作。二是领导班子更加坚强有力。坚持德才兼备、以德为先用人标准，把反分裂斗争中的立场、表现作为识别和使用干部的首要依据，大力选拔政治立场坚定、同党和人民一条心的干部。统筹全区干部资源，对党政正职领导干部实行重点配备管理，集中对山南、林芝等5个地市的党政正职进行调整，693个乡镇（街道）党政正职全部实现"一藏一汉"的配备格局。集中对全区地厅级领导班子、领导干部进行考核，调整充实地厅级领导班子80多个，提拔使用211人，平职调整380人。树立正确用人导向，提拔使用5800余名表现优秀的驻村驻寺干部，占驻村驻寺干部的21%，其中地厅级30余名、县处级干部600余名；遴选23名具有市县区委书记、县长经历的干部进入区直部门领导班子。加强后干部队伍建设，建立5500多名地厅级、县处级后备干部储备，保证了党的事业后继有人。三是反分裂斗争领导力量得到加强。逐级成立抓发展、保稳定两套工作班子，形成抓两件大事的长效机制。在地市配备正地级常务副书记、在援藏干部担任县委书记的46个县配备正县级常务副书记，协助书记分管党建、维稳工作。加强寺庙领导和管理力量，选拔16名厅级干部担任重点寺庙管委会的主要领导，充实232名县级干部、1894名科级干部进入寺管会班子，选派6575名干部、2600多名干警到寺管会工作。

【着力加大教育培训力度，干部队伍素质整体提升】一是培训渠道不断拓宽。强化各级党校、行政学院的主阵地作用,充分发挥部门、行业培训机构职能，依托对口支援优势，积极开展人才和智力培训，推广网络培训、远程教育、电化教育，基本建立起全覆盖、多层次、广渠道的培训体系。注重把优质培训资源向基层倾斜，通过往下送、对口援、向外派等多种形式，加大了基层干部教育培训的力度。全年共选调培训各级各类干部2.03万余人次，培训基层干部1.5万余人次。二是培训内容更为丰富。本着干什么训什么、缺什么补什么的原则，在加强党性教育、分裂斗争教育和廉洁教育的同时，开展社会管理、舆情引导、危机处理、现代服务业、生态环境保护、文化体制改革与文化建设、民生和社会保障等方面的专题培训、新知识培训，广大干部领导科学发展、驾驭复杂局面、维护社会稳定的能力得到提高。三是培训重点更加突出。着力提高领导干部履职履新能力，培训新任领导班子正职和新进领导班子成员428人。突出县处级以上干部和基层干部培训，举办乡镇（街道）党委委员培训、边境县领导干部培训、区（中）直单位公务员初任培训等11个班次。

【着力加强干部监督，干部作风切实改进】一是换届纪律风清气正。在市县乡人大、政府、政协换届工作中，坚持把严肃换届纪律贯穿始终，大力宣传、严格执行“5个严禁、17个不准和5个一律”的纪律要求，实现了“零上访、零举报、零违纪”。从中纪委、中组部换届风气调研督导情况看，我区换届纪律知晓率、换届风气满意度、严肃换届纪律工作满意度、治理拉票效果满意度分别取得了100%和100分、99.96分、100分的好成绩。二是干部作风监督有力。围绕落实区党委、政府重大工作部署，积极建立健全干部经常性管理监督机制，重点监督地县党政“一把手”和执法执纪、管人管钱管物关键岗位的干部，对全区县（市、区）委书记、县（市、区）长外出请假进行了严格审核把关。三是专项督导确保责任落实。积极组织协调有关部门，抽调得力干部，组成10个督导组赴7个地市开展维稳督查，加强出境参加“法会”回流人员教育管控专项督导，促进了维稳责任落实。四是驻村工作彰显干部风气。5451个驻村工作队、2.1万余名干部蹲守基层、埋头苦干，与农牧区群众同吃、同住、同学习、同劳动，面对面听心声、手拉手解难题，在联系服务群众和艰苦复杂环境中“接地气、增底气”，砥砺了品质、转变了作风。

【着力推进基层党组织建设，基层基础更加牢靠】一是基层组织建设年活动成效突出。基层党组织分类定级、整改提高、晋位升级取得重要成果，整顿后进党组织1030个，3395个一般党组织实现晋位升级，先进基层党组织达到44.19%，调整充实村居党支部书记1320名。二是组织覆盖不断扩大。成立了自治区非公有制经济组织党工委和自治区社会组织党工委，新建基层党组织1822个，50%的规模以上非公有制企业、53.6%的新社会组织建立党组织。三是基层力量不断加强。狠抓“带头人”队伍建设，选拔100名优秀村居党支部书记中担任乡镇领导职务，选派2730名优秀机关干部到村居担任党支部书记或“第一书记”，选派429名大学生村官担任村居党支部书记，选派2782名党建工作指导员帮助基层工作。从优秀军人中接收5000人、大学毕业生中招考13400人、高校毕业生中考录546名大学生村官，全部充实到乡村基层，基层干部队伍得到有力加强。四是党建载体不断创新。农牧区“领头雁”、社区党组织社会管理和服务群众能力提升、机关党员干部素质提升、国有企业党组织政治核心作用等“六大工程”深入实施，效果良好。深化创先争优活动，解决影响和制约科学发展的突出问题近6000个，为群众办实事好事11.5万余件。集中解决村居干部待遇偏低、基层党组织经费偏少、场所阵地偏小等问题，基层基础保障水平进一步提高。五是党的执政力量不断壮大。制定下发《2013—2015年发展农牧民党员工作规划》、《2013—2015年高校发展党员工作规划》等，培养入党积极分子4.6万名，新发展党员2.5万名，实现了连续5年发展党员超万名。大力推进村居党组织书记、新党员、大学生村官党员、党员创业就业技能4项培训工程，积极实施基层党员增强党性、提高能力“双育”计划，培训党员63.5万余人次。农村党员干部现代远程教育加快推进，教育站点已覆盖所有县（市、区）、乡镇（街道）和82.3%的村居。扎实开展党员公开承诺、无职党员设岗定责、党员先锋岗创建、党员志愿服务等活动，党员队伍生机活力进一步增强。六是党内激励关怀帮扶工作深入开展。落实激励帮扶资金136万元，发放慰问金690余万元。再次提高“三老”人员生活补贴标准，兑现补贴4382万元。七是党建责任有效落实。签订《2012—2014年基层党建工作责任书》，逐步开展基层党建工作“联述联评联考”，强化了各级党委书记联动抓基层党建工作的责任。

【着力加强人才队伍建设，人才兴藏战略深入实施】一是人才政策有效贯彻。配合中组部召开西藏人才工作座谈会，确定我区人才工作目标、任务和措施。制定下发《关于贯彻落实西藏人才工作座谈会精神的实施意见》和《关于贯彻落实〈中央人才工作协调小组关于国家人才发展规划重大人才工程为西藏提供重点支持的意见〉任务分工方案》，明确每一项工程的牵头单位和对接单位，确保中央政策支持得到有效贯彻落实。研究制定《西藏自治区人才宣传工作方案》，重点宣传普及和贯彻落实10个方面的科学人才观理念，营造有利于人才成长的良好环境。二是人才培养深入推进。深入实施人才素质提升、特色优势产业人才培养等7大人才工程，搭建人才培养成长平台，引领和带动人才工作发展。选派19名“西部之光”访问学者赴内地学习研修，接收17名“博士服务团”成员到我区工作。三是人才规划体系基本完善。颁布实施专业技术人才、企业经营管理人才、农村实用人才、高技能人才、科技人才等专项规划，各地（市）、县（市、区）也制定了本地人才发展规划，全区上下基本形成衔接配套的人才发展规划体系。

【着力加强对口支援干部工作，援藏干部服务管理水平进一步提高】一是切实抓好援藏干部教育。进一步深化援藏干部创先争优活动，及时组织十八大精神专题学习，继续办好援藏干部课堂，开展向周广智、张宇同志学习活动，引导广大援藏干部学先进、作贡献，打造学习型援藏干部队伍。召开两次援藏干部领队会，在《援藏工作简报》上创办“省委书记论援藏工作”专栏，加强工作交流，促进水平提升。二是切实加强援藏干部管理。认真贯彻《对口支援西藏干部和人才管理办法》，研究制定具体实施细则，推进援藏干部精细化管理，严格请销假制度，保持了较高在藏率在岗率。贯彻落实《援藏干部考核办法》，对援藏时间满一年半的910名援藏干部进行中期考核。强化考核结果运用，共推荐55名优秀援藏干部，提拔使用5人。召开中央部委援藏干部为拉萨市发展稳定建言献策座谈会，进一步发挥人才智力援藏的优势和作用。三是切实做好援藏干部轮换协调工作。加强与派出省市、部委、企业沟通协调，认真编制第七批援藏干部需求计划，做好安全、宣传、民航等单位的援藏干部数量追加以及企业援藏干部选派、短期援藏干部轮换等工作。四是切实做好援藏干部服务工作。开发“援藏干部信息管理系统”，完成6批4800多名援藏干部信息采集录入。切实落实好周末谈心、在藏年度体检等制度，研发、习练“高原保健增氧功”，确保援藏干部身心健康。

【着力加强机构编制保障，党的执政资源配置更加优化】一是乡镇机构改革成效明显。研究提出开展乡镇机构改革进一步加强乡镇组织和政权建设的意见，周密部署，精心指导，确保了机构改革的顺利进行。乡镇领导职数设置更加合理，内设机构和事业机构进一步健全，普遍开展设岗定责工作，乡镇职能切实转变，基层政权有力加强。二是机构编制资源配置进一步优化。认真贯彻落实陈全国书记“编制要向稳定和第一线倾斜，有限的人员应该调控好”的重要批示要求，坚持从严掌握、区别对待、保证重点、有减有增的原则，加强机构编制动态调整。加强维稳能力建设，设立城区便民警务站，调整加强政法力量，理顺交警管理体制，扎实做好中央编办为我区下达的第二批政法专项编制分配落实工作。创新寺庙管理，成立区地县三级宗教工作领导小组和寺庙管理机构。强化基层政权建设，为县乡两级适当增加行政编制和事业编制，新组建43个县政协，加强基层纪检监察力量。着力加强和改善民生，调整加强交通、扶贫、教育、水利等部门机构编制。加强机构编制监督检查，杜绝违规违纪行为。事业单位登记管理进一步加强。三是事业单位分类改革稳步推进。成立事业单位分类改革工作领导小组及其办公室，加强对改革工作的组织领导。加强对事业单位改革有关问题的分析研究，提出分类推进事业单位改革的初步思路。开展事业单位清理规范，整合撤销部分职能划转或减弱的事业单位，核减收回了部分事业编制。四是向中编办争取机构编制力度加大。加强与中编办的沟通汇报衔接，争取增加行政编制3420名、政法专项编制1596名；确认我区新增事业编制101239名，弥补了我区行政编制的不足，大大提高了公共服务和社会管理水平。

自治区宣传思想工作

【新闻宣传传播力和引导力全面提升】大力宣传西藏科学发展、跨越式发展的巨大成就。大力宣传创先争优强基础惠民生、寺庙创新管理、城镇网格化管理、依法依规管理宗教事务、民族团结进步创建活动、寺庙法制主宣传教育活动等重大政策举措。大力开展维稳宣传，为全区实现“三不出”目标提供了有力的思想舆论支持。大力开展民生宣传，开辟《十件实事暖人心》等藏汉语专题专栏。成立自治区新闻报道策划小组，使中央媒体主动正面宣传西藏力度明显加大，中央媒体全年刊播正面宣传西藏的各类稿件3042篇，同比增长43%。制定实施《关于进一步加强和改进自治区重要会议和领导公务活动新闻报道的规定》。扎实开展“走转改”活动，积极推动新闻媒体和记者采写“短、实、新”的报道。加强新闻传播体系建设，设立西藏电视台驻六地区记者站，推动成立光明日报驻藏记者站；制定了《应对突发公共事件新闻宣传工作预案》。

【文化建设繁荣发展】一是组织起草了区党委贯彻十七届六中全会精神的《实施意见》和文化改革发展《“十二五”规划纲要》，明确了文化建设的指导思想、目标任务和政策举措。二是大力实施文化惠民工程，各族群众的基本文化权益得到有效保障。三是摄制播出新闻专题片《西藏新画卷》，完成《魅力西藏成就展》在自治区驻京办展出，大型史诗音乐剧《文成公主》在国家大剧院成功首演，拍摄制作《雪域丹青》等近20部广播影视剧，电视剧《热巴情》在央视八套成功播出，成功举办《雪域颂歌》、央视“激情广场·爱国歌曲大家唱”西藏那曲篇等大型文化活动20多个，组织送戏下乡800场次、群众性文化活动近1万场次，均为历史之最。广播节目译制量首次突破1万小时大关，电影年译制量达70部，电视节目年译制量达2100小时。四是电影《先遣连》等20余部文艺作品获全国大奖，电视剧《一路格桑花》等37部作品获奖。五是出台《文化产业发展专项资金管理暂行办法》、《文化产业统计方案》等配套政策。第一批文艺创作扶持奖励项目61个，扶持资金达1100余万元。自治区文化产业发展专项资金规模扩大到每年5000万元，22个文化产业项目获扶持，补助资金近3000万元。拉萨文化旅游创意园区、山南雅砻文化大观源、西藏出版文化产业园等项目陆续启动。组团参加第八届深圳“文博会”，签订项目9个，意向投资额达8.78亿元。西藏传媒集团成功组建，西藏电视台体制机制改革开始启动，西藏人民出版总社暨国家藏文出版基地筹建、西藏新华书店改制抓紧进行。六是启动实施“西藏和平解放60年百幅唐卡”工程；在北京、天津成功举办“首届西藏唐卡博览会”。

【精神文明建设扎实推进】首次开展全区弘扬“老西藏精神”先进典型，西藏“格桑梅朵杯□美德少年”和文明便民警务站、文明交警评选活动；全面启动实施“三关爱”志愿服务活动，大力推动学雷锋活动常态化；开展第三届自治区道德模范评选表彰活动和第三批自治区文明单位、文明村镇和第四批自治区文明户评选表彰活

动。以“爱国、团结、和谐、发展、文明”为主题的核心价值观家喻户晓，深入人心，印发藏汉文《宣讲提纲》7万份，组织各级宣讲团和驻村驻寺工作队，深入各地各单位和内地西藏班宣讲1400场次，直接听众达97万多人次。

【互联网宣传和管理切实加强】紧紧围绕区党委、政府重大决策，采取多种报道形式，丰富网上报道内容，努力形成网上舆论强势。中国西藏新闻网和中国西藏之声网等重点网站全年累计发布稿件近20万篇次、图片30余万张。完成中国西藏之声网新平台建设，实现西藏人民广播电台4套节目和《西藏新闻联播》卫视节目在线收看和即时点播。创办西藏手机报，实现传统媒体与新兴媒体的融合。全面落实手机、固定电话和网络实名制，实时对网上涉藏舆情进行收集、研判和有效处置，及时协调国新办删除负面信息。组建区地县三级互联网信息办公室，健全机构队伍，统筹网络宣传管理，积极推进西藏互联网管控指挥中心平台建设，统筹网络宣传管理。

【对外宣传积极主动】出台加强新形势下涉藏外宣工作的《实施意见》。全年举办新闻发布会55场。首次在美国《纽约时报》、《华盛顿邮报》刊发西藏专版，先后在美国《侨报》等11家海外华文媒体推出528个专版，刊发稿件2000篇；在尼泊尔《人民周报》刊发40多期专栏文章。全年共接待外国政要、记者等187批609人次赴藏参观访问、采访考察和文化交流，共有179批466名人大代表、藏学家、宗教界人士等赴30多个国家开展学术交流和友好访问。成功举办“2012波兰·中国西藏文化周”。拍摄完成《众生之巅》等4集外宣纪录片，推出边境外宣刊物《喜马拉雅故事》。

【文化市场综合执法力度不断加大】全面扎实推进机构组建、队伍组建、制度建设、基础建设、业务建设，制订规范自治区文化市场行政执法文书30余种；加大执法力度，出动执法人员39437人（次），出动车辆11690车（次），检查营业点和营业单位32310家（次），查处违法物品286831件。其中，取缔无证经营“黑网吧”1家，黑游戏厅1家，涉赌游戏厅1家，非法铃声下载点21家，查处违规经营网吧13家，整顿违规销售广播电视地面接收设备商家49家，查缴非法卫星接收设备568套，收缴盗版光碟259711张、盗版图书2097本（册）、反动音像制品等政治类非法光碟7767张，查缴赌博机14台，查获复制、销售政治类非法出版物窝点6个，取缔流动摊贩98个、非法游商171个，查缴违禁画像（唐卡）294幅，查获利用互联网下载、传播反动低俗歌曲和其它有害信息的行为127宗，删除违法歌曲12391首、有害信息1860条，依法取缔了达赖集团在那曲镇和比如县建立的12处非法念经场所。在2012年度全国文化市场综合行政执法表彰会上，拉萨市文化市场综合执法支队获先进单位称号，林芝支队支队长陈蓉、昌都支队支队长李金湘获先进个人称号，林芝支队侦办的“雪域情演艺中心举办有国家禁止内容的营业性演出案”、拉萨支队侦办的“5·30未经批准擅自从事音像制品制作业务案”入选全国重大案件及办案单位。

自治区统一战线工作

【深入推进“同心”工程】加强“同心”教育。高举爱国主义、社会主义旗帜，坚持围绕学习贯彻党的十八大精神，及时向各族各界人士通报中央和全区经济工作会议、全国和全区“两会”、全区八届二次和三次全会等重要会议精神，深入开展以“重温历史·同心同行”为主题的民族团结教育活动，教育引导他们坚持正确的政治方向，增进对党执政兴国、治藏稳藏兴藏的认同，与党在思想上同心同德、目标上同心同向、行动上同心同行。深化“同心”实践。围绕维护祖国统一和民族团结、反对分裂这条主线，积极开展同心活动。推动构建“同心·共铸中国心西藏行”活动长效机制，协调组织80多名内地医疗专家深入那曲、山南等农牧区义诊巡诊、培训医护人员，捐赠药品、器械价值140余万元，500多名高原先心病儿童得到有效救治；与上海共同组织并免费培训我区同心活动医护人员。

【大力倡导并开展民族团结活动】牢牢把握各民族共同团结奋斗、共同繁荣发展的主题，不断深化民族团结进步创建活动，让民族团结进基层群众、进机关学校。5月隆重召开全区民族团结进步表彰大会，2012年起每年拿出1200万元用于表彰民族团结进步模范集体和先进个人，全年表彰区地县三级模范集体838个、先进个人1319名。西藏华泰龙矿业开发有限公司被中央宣传部、中央统战部、国家民委授予“全国民族团结进步创建活动示范企业”。争取少数民族发展项目资金2.8亿元、安排建设项目458个，大力实施“兴边富民”行动，扶持人口较少民族发展。

【促进经济社会跨越式发展】支持引导党外人士围绕经济发展建言献策。紧紧围绕我区科学发展这一主题、加快经济发展方式转变这一主线、扩大内需这一战略重点和经济社会发展中的重大问题，开展调查研究，积极建言献策，更好地为区党委、政府科学决策提供服务。促进非公有制经济健康发展。贯彻全区非公经济发展大会精神，坚持放心放开放宽放胆放手，有力促进了非公经济大发展快发展。2012年全区非公经济市场主体达11.86万户，注册资本436.67亿元，从业人员56.1万人，上缴税收142.8亿元，市场主体和上缴税收分别占全区总量的95.4%和93%。加强对工商联工作的指导，顺利完成区地县三级工商联换届工作。成立自治区非公经济组织党工委，着力做好党的组织和工作“两个覆盖”、培训非公党工委干部（党组书记）和党建指导员“两支队伍”等工作，在区（中）直单位聘请300名老干部和领导干部对规模以上非公企业一对一指导，新组建16个党支部和2个非公企业党委，新发展135名党员。支持党外知识分子发挥作用。健全机制、建立平台，充分发挥党外知识分子、留学人员的专业优势，鼓励他们立足岗位、自主创新，为推动我区经济科学发展主动作为、贡献力量。

【加强和创新寺庙管理】一是大力推进“六建”工作。两次召开全区寺庙管理工作会议，扎实推动寺庙“六建”工作，实现了驻寺机构全覆盖。以西藏社会主义学院为主体，举办24个班次的寺管会干部培训班，培训寺管会干部1500余人（次），有力提高了驻寺干部的综合素质和业务水平。二是关心关爱僧尼。深入开展“六个一”活动，驻寺干部人均走访慰问所联系的僧人及家庭3次以上，慰问物资和慰问金折合人民币达1900多万元，帮助解决了一大批实际困难。扎实推进“一个覆盖”，把全区寺庙在编僧尼全部纳入社会保障体系，自治区财政补贴2600多万元，实现了全区29233名在编僧尼医疗保险、养老保险、最低生活保障和人身意外伤害团体险全覆盖，并每年免费为僧尼进行一次健康体检。三是全面实施“九有”工程。自治区财政下拨1.03亿元，实现了领袖像、国旗、报纸、文化书屋全覆盖，通路1299座、通电1178座、通水1310座、通讯1751座、通广播电视971座，极大地改善了僧尼的修行和生活环境。四是开展和谐模范寺庙创建活动。先后召开第一、二届自治区和谐模范寺庙暨爱国守法先进僧尼表彰大会，对模范寺庙和先进僧尼进行了大张旗鼓地表彰，极大地激发了广大僧尼参与和谐寺庙创建活动的热情。区地县三级全年先后评选表彰和谐模范寺庙1369座（次）、爱国守法先进僧尼53976人（次），发放奖金近9700万元。五是开展法制宣传主题教育活动。编写教材、录制光盘、组织爱国宗教界人士深入寺庙宣讲，实现了以弘扬历代高僧大德“爱国爱教、遵规守法、弃恶扬善、崇尚和谐、祈求和平”为主题的法制宣传教育活动全覆盖，全区各地市、县区及寺庙共巡回宣讲3091次，发放资料50844份，参加僧尼643255人次，撰写心得体会31768篇。组织10名高僧大德在西藏卫视藏语阐释藏传佛教教规教义，组织和邀请十一世班禅及区内57名高僧大德召开藏传佛教教规教义阐释座谈会，在《西藏日报》开辟了主题教育活动心得摘登专版，有力揭露了十四世达赖集团利用宗教祸藏乱教的本质。六是依法依规管理宗教事务。严格落实寺庙数量和规模、僧尼人数、宗教活动“三个不增加”，强调各地严禁增加、扩建新的宗教活动场所和吸收新僧。严格对传统宗教活动管理与审批，在全区杜绝“宗教搭台、经贸唱戏”之举。加强和规范活佛转世管理，制定出台藏传佛教活佛转世管理办法实施细则，举办活佛转世管理工作培训班，进一步规范我区活佛转世教育培养等工作。坚决抵御和防范校园宗教渗透，配合教育部门营造健康向上的校园环境和社会环境。

【加强党外代表人士队伍建设】完善政策机制。制定出台了自治区加强新形势下党外代表人士队伍建设的实施意见和五年培训规划，建立党外人士考察、评价、监督和激励机制，建立健全党外干部培养选拔任用、监督管理机制，进一步完善党外代表人士队伍建设政策体系和工作长效机制。做好换届党外人士安排工作。提前谋划、精心组织，做好我区三级人大、政府、政协换届和党外干部配备工作，一批党外代表人士走向新岗位，十届区政协委员在九届基础上新增130余名，新增党外委员重点向民族宗教界爱国人士等倾斜。完成全区43个县政协机构的组建工作，实现了全区政协组织全覆盖。开展教育培训。大力实施“三百工程”，着力培养100名政治上靠得住、宗教上有造诣、品德上能服众的宗教界爱国人士，着力培养100名在科研、教育、文化、卫生等领域有较大影响、贡献突出的党外知识分子代表人士，着力培养100名有经营头脑、有经济实力、有发展潜力的非公经济领军人物。加快西藏社会主义学院改扩建工作，研究出台加强社会主义学院建设的意见，全年举办27期各类培训班、培训人员1900余人次。加快推进西藏佛学院三期建设项目，做好办学、管理各项工作。

【加强境外藏胞工作】召开全区境外藏胞工作会议，下发加强境外藏胞工作的意见和境外藏胞回国审批接待管理办法，挂牌成立自治区侨联，境外藏胞工作和侨务工作迈上了新的台阶。加强对外联系联络，先后组团赴德国、瑞士、比利时、美国、加拿大开展工作，组织昌都地区民族艺术团赴尼泊尔进行慰问演出。

自治区政法工作

【加强组织领导，完善工作机制】自治区党委高度重视全区维护稳定工作，陈全国书记多次就政法维稳综治工作作出重要批示指示，亲自安排部署、亲临一线指导督查。郝鹏常务副书记牵头统一指挥维稳工作专班，协调党政军警各方面力量分工负责、密切配合。4月，区党委进一步调整加强了区党委政法委领导班子，由区党委常委邓小刚同志兼任区党委政法委书记，并充实加强了区维护稳定工作领导小组和维稳指挥部领导力量，实现了区维稳办和区维稳指挥部办公室合署办公，维稳工作的领导体制和工作机制更加顺畅，指挥体系更加完善、高效，形成了一级抓一级、层层抓落实的指挥和责任体系。

【精心组织攻坚，全力应对挑战】坚持总体上严密布防和重点敏感时段高度戒备相结合，分阶段做好维稳工作，确保了“三大节日”、3月敏感期、“萨嘎达瓦”宗教活动、拉萨雪顿节、国庆节、“燃灯节”宗教活动等敏感时段的持续稳定。成功处置拉萨“5·27”点火自杀事件，坚决粉碎了达赖集团的分裂破坏图谋。把维护党的十八大期间全区社会局势稳定作为重中之重、工作核心和首要任务，在区党委、政府的坚强领导下，在“党的十八大召开期间自治区维护稳定工作领导小组”的统筹组织下，按照“大战三十天、确保‘三不出’”的总要求，组织动员全区上下团结一心、攻坚克难，以空前的重视程度、有力的组织领导、过硬的维稳举措，夺取了十八大维稳安保攻坚战的全面胜利。

【狠抓关键环节，强化防范控制】一是严密全局管控。积极稳慎地调整拉萨市军警执勤方式，实现了维稳力量的有效整合。继续实施巡防、天网、技防、护城河“四大工程”，强化“环拉萨、进出藏、出入境”三道防线，对邻省藏区重点人员进藏进行严格控制把关。二是突出防控重点。始终坚持拱卫拉萨安全，高度关注昌都、那曲、日喀则等重点地区，主动治理那曲比如县、昌都江达县等敌社情复杂的重点县乡，切实消除影响全局稳定的重大隐患。对中心城镇复杂敏感区域、人员密集场所和重要旅游景点严格落实安检措施。三是看牢“两边一线”。以防偷渡、反“闯关”为重点，在尚未设立派出所的边境乡镇全部设立边防派出所，在可通行的边境通道上全部设立边防检查站，在进出边境管理区的道路上增设二线检查站，在边境行政村实行“一村一警”。四是管好重点人群。成立涉稳重点人信息化动态查控中心，制定《西藏自治区涉稳重点人管控工作暂行办法》，对涉稳重点人进行信息化动态查控和每日调度。严格落实“两个一律”的要求，对参加“法会”人员不漏一人地落实了管控教育措施。持续推进对社会流动从事宗教活动人员的集中清理整顿工作，逐一落实劝返或就地安置措施。同时，对无固定住所、无正当职业、无固定收入、无正当理由在区内滞留的邻省藏区人员，逐一排查登记，并有组织的劝返回原籍。五是深入开展打击整治专项行动。根据公安部和自治区党委的统一部署，主动出击、突出重点，打掉幕后、铲除毒瘤，坚决消灭达赖集团可能在区内实施渗透破坏活动的条件和土壤，全区刑事、治安案件发案数大幅下降，打击整治地下和非法组织成效显著，并组派了由7名地厅级干部带队的专项督导组深入各地市进行了为期7个多月的督导检查，确保了打击整治专项行动取得重大战果。六是切实强化情报信息工作。制定了《西藏自治区重要维稳情报奖励办法（试行）》，对2012以来在全区维稳情报工作中贡献突出的单位和个人奖励350万元，加强专业情报力量和群众性信息员队伍建设，努力获取行动性、预警性、内幕性、深层次情报信息，为现实斗争提供了有力的情报支撑。

【完善长效机制，严格责任追究】制定下发了《关于实施重大事项社会稳定风险评估的指导意见》、《领导干部维护稳定工作失职渎职责任追究暂行规定》、《关于严密防范和处置自焚行为的意见》等制度办法，对完善维稳经费保障机制、规范维稳戒备等级等相关工作进行了研究部署。严格实行维稳工作责任制和责任追究制，按照“三个无论”的要求，对维稳工作制度执行不严、措施落实不到位的单位和个人依法依规进行了责任追究和严肃处理。

【明确目标、突出重点，深入推进加强和创新社会管理工作】深入贯彻落实区党委、政府《关于加强和创新社会管理的实施意见》和全国社会管理创新综合试点工作座谈会精神，扎实推进拉萨、林芝两地（市）社会管理创新综合试点工作，提升了社会管理能力和水平。一是实现了城镇网格化管理全覆盖。便民警务站建设取得重大进展，全区698个便民警务站全部建成使用并开展工作。二是加强和创新寺庙管理。向宗教活动场所派驻了驻寺民警。公安边防部门按照“一寺一警”的要求向边境寺庙派驻警力。三是加强流动人口服务管理工作。成立全区流动人口服务管理信息化建设领导小组，推行《居（暂）住证》、《身份证》“三证制”管理措施，大力提升流动人口公共服务和社会保障能力。四是着力提升公共管理水平。对各类重点单位、人员密集场所和水、气、油、通讯等民生领域加强安全隐患排查，加大道路交通、消防安全、食品安全等方面的依法监管力度，全年交通、火灾事故与上年同期相比均有明显下降。五是加强新兴媒体管理。基本完成电话、手机、互联网用户真实身份登记工作，删除封堵网上各类有害信息。六是加强群防群治力量建设。依靠街道、社区、乡镇基层组织，稳步壮大“护厂队、护校队、护村队、护寺队”和“红袖标”等群防群治力量。七是持续深化平安建设。深入开展平安社区、平安校园、平安单位、平安寺庙、平安家庭、平安铁道线等基础平安创建活动，平安建设参与率和创建水平进一步提高。强化目标考核、落实综治责任，综治覆盖面不断拓展，社会治安秩序总体良好，各族群众的满意度和安全感进一步提高。

【围绕中心、服务大局，圆满完成了各项工作任务】2012年，各级政法机关不断完善立体化社会治安防控体系，强化司法基本保障，为西藏跨越式发展和长治久安创造良好的法治环境。法院机关认真履行审判职能，探索建立以人为本的和谐司法方式，出台了《保障非公有制经济又好又快发展的指导意见》等意见。检察机关严格履行法律监督职能，把查办农牧区合作医疗领域职务犯罪专项活动作为重点，加大力度立案侦查各类职务犯罪案件。公安机关深入推进信息化建设、执法规范化建设，始终保持严打高压态势，整治重点地区治安隐患，出台户籍管理便民利民措施，落实了大中专毕业生新政策。公安现役部队强化边境管控、消防执法、安全警卫、反恐特侦等工作，在打击犯罪、维护稳定中发挥了突出作用。国家安全机关紧盯境内、关注境外，有效整合情报单位的资源，强化搜集研判共享处置，及时预警重大敌情，跟踪查控危险分子，编报各类情报信息，做到了耳聪目明、预知预防。司法行政机关狠抓监狱劳教场所管理和人犯教育改造，加强人民调解、安置帮教和社区矫正试点，大力推进法律援助和法律服务工作，成功召开第六次全区法制宣传教育工作会议，对“六五”普法工作进行了全面部署。

【严格管理、夯实基础，不断加强政法能力建设】各级党委政法委和政法各部门以提高政法队伍综合能力素质为目标，以深入开展各项学习教育活动和创先争优活动为载体，以加强基础设施建设为保障，政法队伍的政治思想水平、政法业务素质进一步提高。

自治区党校（行政学院）工作

【扎实开展创先争优强基础惠民生活动】校院驻村工作队紧紧围绕“五项目标任务”，按照校委要求，针对瓦根村、波嘎村、邦达村、加桑卡村、强白村五个村认真开展调查研究，科学制定实施方案，狠抓工作落实，不断创新和丰富活动载体，着力为群众办一些摸得着看得见的实事好事，圆满完成了第一批工作任务。形成调研记录近10万字，撰写民情日志50篇，记录驻村工作大事记近20万字。完成了一户一卡登记，为208户家庭建立了详细的台账；全面推进基层党组织建设，修定和完善14项规章制度，着力推进基层党的工作科学化、民主化、规范化，发展党员20名，培养入党积极分子15名，举办首期农牧民党员培训班，培训党员50人，自筹资金建立新旧西藏对比展览室，近3000人次参观了展览；注重排查矛盾纠纷，强化联防，加强外出人员和僧尼的管理，建立治安巡逻岗，与每家每户签订了维稳责任书，构筑“村村是堡垒、人人是哨兵”的维护稳定、反对分裂联防网络，不断建立健全维稳工作的长效机制；通过“青年沙龙”、举办扫盲培训班、故事会和交一个农民朋友等活动深入开展民族团结创建活动；围绕“算富帐、感党恩、要稳定、求发展”主题教育，充分发挥党校理论宣讲优势，紧扣“七个宣讲点”和党的富民惠民政策、宗教政策、有关法律法规等内容进行宣讲，入户率及宣讲面达100%，受教育群众3000余人次；落实人居环境改造、通村通寺公路、安全饮水、奶牛养殖以及乡政府办公用车、乡小学食堂建设等项目15项，总投资1061.4万元。

【积极发挥西藏党员干部廉政教育基地功能】在区党委的高度重视和亲切关怀下，西藏自治区党员干部廉政教育基地经过近3年的筹备和建设于4月18日正式揭牌开展。截至目前，已接待参观团体140余批，5400余人次。其中省级党员领导干部8人次，地厅级领导干部550人次，县处级党员领导干部1500人次，科级及以下党员干部3442人次。7月24日的西藏日报进行了专版报道。西藏自治区党员干部廉政教育基地为全区深入开展反腐倡廉宣传教育搭建了新平台，提供了新场所，对于进一步增强党员干部廉洁从政意识、推进惩治和预防腐败体系建设发挥了重要作用。

【提高培训质量，教学的中心地位进一步突出】全年共举办各类班次26期，培训轮训学员1536人，其中计划内班次12期，培训644人，计划外班次14期，培训892人；党校办班19期，培训1182人；行政学院办班7期，培训354人。

【加强教学交流，探索党校教育教学规律】创办《教学动态》。召开研究式教学研讨会。开展部门间学科专业的整合，实现学科专业间教学研讨的常态化，整合了校院特色教学资源。开展服务教学需求，强化特色教材建设。选购《中国特色西藏特点发展路子研究》、《中国共产党西藏宗教工作研究》、《乡村巨变——西藏山南勒布门巴民族乡调查报告》等，推动校院教材体系建设。

【狠抓办学质量，学历教育规范推进】中函西藏分院认真做好收尾工作。严格考务管理，狠抓考风考纪，认真整理学员档案，保证档案建设的规范性、完整性。努力站好党校函授教育最后一班岗，毕业本专科学员达22893人次。研究生教育坚持国家标准，突出党校特色，坚持规范化办学，狠抓教学质量和学风建设，在考试、教学、班主任队伍建设等方面推动标准化管理，取得较好成绩。顺利完成中央党校西藏分院在职研究生和区党委党校在职研究生毕业论文答辩，参加答辩的中央党校西藏分院2009级法学理论专业19名学员全部顺利通过答辩。参加答辩的区党委党校2009级在职研究生班120名学员，115人参加答辩，5人未参加答辩，其中108人通过了答辩，7人未通过答辩。加强教务教学管理力度，规范办好在职研究生教育，组织相关科目专家、学者编写区党委党校在职研究生教学大纲和教学计划。认真组织2012级在职研究生报名和考试工作，报名区党委党校在职研究生347名，录取205人；报名中央党校在职研究33人，录取22人。

自治区党史研究（地方志）工作

【党史工作深入推进】

1、扎实有效地开展党史研究和宣传。认真整理江泽民、胡锦涛、习近平、李岚清、黄菊、贾庆林、贺国强、李长春等中央领导同志视察西藏时的图片及文字说明，并制作了影集，共收集整理图片176张，文字说明1万余字，为大力宣传中央关心西藏提供了大量珍贵历史资料。积极参与谭冠三同志纪念馆的筹划工作，征集资料160余份、图片600余张、实物50余件，筛选出布展图片470余张，配文达8万余字。与北京相关印刷公司、中央文献研究室协作完成了《中国共产党西藏历史图志》的制作、质检、运输等任务。

2、积极认真地完成区党委交办的任务。积极参与区党委宣传“西藏和平解放60周年重大题材‘百幅唐卡’绘画项目历史部分创作内容细化方案”的修改补充工作，并圆满完成了承担的任务。核实、修改、补充了历届中共西藏自治区委员会名单（1951年1月至2012年7月）。起草了区党委党史研究室《关于西藏爱国革命历史文化发掘工程有关内容的建议》。与西藏电视台共同筹划并联合拍摄了反映西藏革命、建设和改革光辉历程的4集电视专题片《光辉的历程》，在西藏电视台卫星频道播出后受到社会普遍好评。参与并完成了《和平解放西藏与执行协议的历史记录》一书的相关撰写、修改、校对、版式设计等工作，形成近110万字、上下两册的书稿，现已进入出版阶段。起草了原中共西藏工委副书记周仁山同志诞辰100周年纪念文章——《为西藏革命和建设鞠躬尽瘁的忠诚战士》。

3、切实做好党史资料的征集管理工作。专门拜访区教育厅原副主任、著名爱国统战人士、84岁高龄的强俄巴·多吉欧珠，了解上世纪40年代在拉萨河坝林附近修建的“刘公亭”的地址、原貌及相关情况。派出有关人员看望慰问原十八军老战士、首批进藏女兵娜喜同志，征集到许多十八军特别是女战士进军西藏的图片、实物资料。继续为党史研究室图片资料库建库搜集资料，从已搜集、扫描的45800余幅（件）图片、档案、文件资料中，整理、归类出图片、档案资料9068幅（件）。

4、积极完成中央党史研究室和中央文献研究室下达的专项任务。（1）按照中央文献研究室通知要求，就党的十六大以来全区组织开展党的文献编辑工作的基本情况、基本做法、基本成果、存在问题以及下一步的选题规划，收集保存的建国以来党和国家主要领导人在指导西藏工作中形成的有关主要文献资料，西藏贯彻落实中央办公厅《关于进一步做好省（自治区、直辖市）中央和国家机关党的文献编辑工作的意见》（中办厅字〔2011〕8号）的基本情况、主要措施，对进一步做好地方党的文献编辑工作的建议、意见等4个方面进行了汇总，并上报中央文献研究室。（2）根据中央党史研究室科研管理部通知及中央党史研究室2011年11月下发的《关于报送有关材料的通知》（中史厅发〔2011〕22号），对已上报的《2011年西藏党史工作总结》进行了补充修改，并再次上报。同时，上报了《2011年西藏党史工作主要成果》。这两份材料在今年初召开的全国党史研究室主任会议上被作为交流材料。（3）根据中央党史研究室科研管理部通知，修改并上报了2011年曾经报送的关于全国党史资政工作会议的经验总结及典型经验材料。这份材料被全国党史资政工作会议确定为大会典型交流材料。（4）完成了中共党史人物研究会《中共党史人物研究现状》调查表“基本情况、编撰成果、经验交流、业务联系”等调查项目近万字的统计、填写、上报工作。（5）起草并完成了《西藏组织开展党史学习教育和党史宣传活动有关情况的报告》，并上报中央党史研究室。（6）根据中央党史研究室办公厅《关于收集地方党史资料的通知》（中史厅文〔2011〕22号）要求，认真统计西藏区、地（市）党史机构成立以来编辑出版的党史著作、音像资料，并报送中央党史研究室图书馆。（7）根据中央党史研究室《关于做好党史资料征集三年规划等几项工作的通知》（中史电〔2012〕4号）要求，认真填写并上报了《党史研究室资料征编项目开展情况表》、《现存征集资料情况表》。（8）根据中央党史研究室通知，搜集、整理、填写并报送全国党史领军人物西藏推荐人物表相关资料。（9）根据中央党史研究室、国家旅游局《关于组织编撰中国红色旅游系列丛书的通知》（中史发〔2012〕7号）要求，协同区旅游局整理西藏红色旅游概况、历史和红色景区资料（含文字、图片、电子地图），报送中央党史研究室宣传教育局。

5、积极参与各类学术研讨活动。向中央党史研究室宣传局报送了车明怀同志的《论党史文化引领时代的作用和文化党史的社会普适意义》、杨付静同志的《西藏爱国主义教育中的党史文化内涵》。车明怀同志的《关于西藏革命和建设进程中党的执政能力的历史思考》、《西藏和平解放60年来党领导西藏革命和建设的丰功伟绩》，汪德军同志的《简略回顾党中央关于西藏和平解放的重大方针政策在西藏的成功实践——纪念西藏和平解放60周年》，汪德军、尚拥军两位同志合著的《中国共产党西藏组织建设的光辉历程——纪念中国共产党建党90周年》等4篇文章入选区社科院献礼丛书《纪念中国共产党建党90周年、西藏和平解放60周年、辛亥革命100周年论文集》。2012藏历新年期间，室主要领导带队，利用节日放假时间在拉萨集中编改《西藏和平解放与执行协议的历史纪录》，杨付静同志的《1959年之前西藏局部叛乱综述》一文收录其中。根据室主要领导安排，杨付静同志参加了全国党史系统资政工作经验交流大会并作大会交流发言，同时参加了西藏社科系列高职评审会议和全区哲学社会科学界联合会第一次代表会议。

【中国共产党西藏历史纪念馆筹建工作进展顺利】圆满完成项目的可行性研究报告和设计方案，顺利通过国家发改委专家咨询组评审。最终选定中国中轻国际工程有限公司的建筑设计方案。经国家发改委专家咨询组和投资司的反复论证与研究，11月该项目最终确定总投资21380万元、总建筑面积24460平方米。完成项目水电气具体接口设计工作。圆满完成项目《布展大纲》、《展品细目表》等。顺利完成各类审批手续的办理。

【地方志工作】1、牢固树立精品意识，稳步有序地开展志稿审查、总编和出版印刷工作。（1）认真做好志稿审查工作。复审了《西藏自治区志·民俗志》，约50多万字；终审了《西藏自治区志·共青团志》、《西藏自治区志·国民经济综合志》、《西藏自治区志·检察志》3部志稿，约300多万字；验收了《仁布县志》、《仲巴县志》、《吉隆县志》、《白朗县志》、《噶尔县志》、《类乌齐县志》、《定日县志》等7部县志志稿，总字数约500多万。（2）扎实做好志稿总编工作。组织专家学者先后对《西藏自治区志·共青团志》、《西藏自治区志·水利志》、《西藏自治区志·政区建置志》、《八宿县志》等4部志稿进行了总编，总编字数近400万；总编了《贡嘎县志》、《措美县志》，总字数约150万。（3）积极做好志书出版印刷前各项工作。志稿完成总编后，及时将电子版送交出版社编辑排版，对出版印刷工作提出具体要求。全年共出版印刷了《西藏自治区志·检验检疫志》、《西藏自治区志·文物志》、《西藏自治区志·共青团志》、《那曲地区志》、《申扎县志》、《八宿县志》、《林周县志》等7部志书，总字数约700多万。

2、充分发挥督促与沟通协调作用，积极开展各类培训活动。6月21日至30日，上海市地方志办公室在上海为日喀则地区举办了地方志业务培训班，区地方志办公室和日喀则地区地方志办公室、日喀则地区尚未完成首轮修志任务的、进度比较缓慢的11个县共12人参加了培训。培训期间，上海市地方志办公室的专家学者给学员们详细讲解地方志志稿编纂技巧、组织协调和管理方式，以及年鉴编辑、操作流程及共性问题的处理与技巧等。同时组织专家学者分别对《亚东县志》（验收稿）、《拉孜县志》（终审稿）、《萨迦县志》（终审稿）、《定日县志》（验收稿）等4部县志志稿进行评议，提出了宝贵的修改意见和建议。7月6日，区国税局在拉萨举办《西藏自治区志·税务志》续修编纂人员培训班，经我们努力争取和积极协调，中指组办公室联络处处长张英聘应邀出席开班典礼并给学员们授课，区地方志办公室、国税局、教育厅等部门约30余人参加了培训。7月25日至26日，堆龙德庆县举办《堆龙德庆县志》（2001年——2010年）编纂人员培训班，区地方志办公室派出3名同志参加培训班，就县志续修的意义、应把握的原则、注意事项、与前志如何衔接及技术处理等方面作了为期一天的专题辅导，堆龙德庆县县直46个单位的60余名业务骨干参加了培训。

3、认真完成中指组交办的任务。及时完成了中指组今年下达的方志成果统计、《中国地方志年鉴2012年》（西藏部分）等材料的上报工作，上报材料总字数约3.2万。

【各种期刊编发工作不断改进】积极进行文章资料征集，精选优秀文章和重要史料，继续做好《西藏党史资料》、《西藏地方志》刊物的编辑出版工作，提高刊物质量和水平，通过刊物进行史志宣传教育和党史、地方志工作交流。全年共编发《西藏党史资料》期刊4期，刊登文章60余篇，选用图片20余张，达30余万字；编发《西藏地方志》期刊4期，刊登文章65篇，选用图片20余张，近28万字。全年收集《西藏党史资料》稿件80余篇，《西藏地方志》稿件50余篇。全年共编发3期《西藏党史工作简讯》，其中第31期上的部分内容被中央党史研究室《中央党史工作简讯》采用。还制作了《西藏党史工作简讯》（2006年——2011年）合订本。

自治区保密工作

【保密工作得到进一步加强】2012年，区党委保密办、区国家保密局充分发挥综合协调和监督管理职能，认真贯彻落实中央保密办、国家保密局工作部署和区党委领导、区党委保密委员会领导的重要批示精神，及时召开有关会议，安排部署工作，狠抓工作落实，进一步加强对全区保密工作的日常管理和业务指导，努力推动全区保密工作开展，确保国家秘密安全。

【保密工作制度进一步完善】认真贯彻执行新修订的《中华人民共和国保守国家秘密法》，着力加强各项保密制度建设，使保密工作有规可依、有章可循，提高了保密工作制度化、规范化水平。制定《计算机网络信息系统安全保密管理办法》，严格保密措施，加强了计算机网络管理，提高了保密技术防范水平。制定《涉密载体销毁管理制度》确保了涉密载体销毁安全有序。指导有关地（市）、区（中）直部门制定了一系列保密管理规章制度。

【保密宣传教育效果明显】1. 举办全区计算机网络保密管理培训班。6月初，在拉萨举办全区计算机网络保密管理培训班。全区7地（市）保密局和114家区（中）直单位保密委员会（领导小组）办公室负责人和计算机网络技术人员共238人参加了培训。2. 组织全区保密专（兼）职干部赴南京大学国家保密学院培训。12月上旬，组织7地（市）分管保密工作副秘书长和保密局干部、部分县保密兼职干部、部分区（中）直单位保密兼职干部共35人，赴南京大学国家保密学院集中培训。通过集中培训和学习考察，大家学到了知识、开阔了眼界、拓宽了思路、增进了交流，对提高自身素质能力、提高工作水平起到了促进作用。3. 普及保密知识和技能。对区党委宣传部、区党委政法委等27家单位3000余人进行了保密知识讲座。做好《保密工作》杂志的征订、征稿、通联工作。2012年度全区共征订《保密工作》杂志2922份。

【保密检查工作扎实有效开展】1. 组织开展计算机网络保密管理专项检查。3月至6月，对区（中）直82家单位计算机网络保密管理情况进行了专项检查，共检查涉密计算机网络34个，抽查计算机523台。2. 开展全区网络清理检查。按照中央办公厅、国务院办公厅《关于加强网络失泄密防范工作的通知》和中央保密办、国家保密局《关于集中开展网络清理检查工作的通知》要求，认真落实陈全国书记等自治区领导同志重要批示精神，在全区组织开展了为期1个月的网络清理检查工作。在各地（市）、各部门自查的基础上，抽调区党委办公厅、政府办公厅、公安厅、工信厅、外宣办等相关部门人员组成三个检查组赴18个区（中）直单位和林芝、那曲2个地区进行抽查。3. 开展涉密科研项目和国家考试保密检查。根据国家保密局统一部署，开展了涉密科研项目、国家考试保密检查。

【保密技术防范能力明显提升】1. 开展涉密网络和涉密单机的统计报备工作。针对涉密网络和涉密计算机数量不清、密级不准等情况，深入到区（中）直部门开展报备工作指导，对108家单位涉密网络和涉密计算机进行了实地统计报备，登记造册。对各地（市）、区（中）直单位互联网计算机进行了统计备案。2. 完成全区涉密计算机违规连接互联网集中监控平台与保密技术专用防护系统建设的方案设计、经费申请、招投标工作。在前期充分调研、反复论证的基础上，结合我区实际，起草了《西藏自治区涉密计算机违规连接互联网集中监控平台与保密技术专用防护系统建设方案》，主要包括组织领导、项目概述、实施程序、系统功能以及经费预算等内容。积极协调区财政厅，落实了建设经费。在区政府采购办的指导下，完成了项目的招投标等工作，正式进入实施阶段。3. 启动了全区保密综合业务信息系统建设。成立了我区保密系统信息化工作领导小组，统筹规划和指导我区保密系统信息化建设工作。按照国家保密局工作进度安排，制定了我区网络终端接入方案，落实了IP地址、线路接入、安全防护策略配置等，实现区国家保密局保密综合业务网终端接入全国保密综合业务网。4. 加强保密技术设备装备。积极争取国家保密局的支持，为我局落实了保密技术检查平台（车）项目经费，目前已完成保密技术检查平台车辆的购置、改装工作。购置了保密技术演示设备、保密检查检测工具，保密技术防范和检查能力不断提高。

【分级保护工作有较大拓展】 1. 积极推进测评工作。完成了9个涉密广域网西藏接入节点的现场检测和报告撰写工作。开展现场检测18次，召开内部工作会及现场检测启动会16次，填写现场检测记录表9份300余页，撰写检测报告9份700余页。2. 加强对涉密网的检查指导。审核了区人民检察院涉密信息系统、区党校涉密信息系统、区水利系统政务内网、区组织部大组工网四个涉密网络的分级保护方案。对区外事侨务办公室办公内网、区教育考试院评卷内网、西藏日报社采编内网进行了现场检查，并提出了分级保护改造指导意见。3. 推进自治区保密科技测评分中心建设。加大协调力度，向自治区财政申请了测评中心攻防实验室建设、测评工具购置等专项经费，已完成该项目的实施工作。

【保密行政管理力度进一步加大】 1. 建立保密工作分类分片督导机制。调整充实了区（中）直单位保密协作组，实行分类指导，建立健全工作制度，明确活动内容和要求。加强了对地（市）、县保密工作的指导，在教育培训、装备配备、技术服务等方面加大对基层保密部门的支持力度。

2. 加强国家统一考试保密监督管理。参与区教育考试院、区司法厅、区财政厅、区住建厅等单位组织的各类全国统一考试监督管理，参与试卷押运，按照国家统一考试保密要求，加强监督力度，严格考试保密环节，确保各类考试安全保密。3. 做好保密服务保障工作。一是做好党的十八大西藏代表团保密服务工作。对西藏代表团工作计算机进行了保密技术检查，配备保密产品。二是做好自治区重要会议、大型活动安全保密服务。全年共参与50余次重要会议手机信号屏蔽器安装工作，安装屏蔽器300台次。三是做好重要场所保密技术检测。4. 认真开展密级鉴定工作。共出具鉴定意见17份。5. 严肃查处失泄密和严重违规事件。按照国家保密局要求，调查处理涉嫌泄密案4起，进行党政纪处理人员4名，内部通报批评4人。

【涉密载体销毁中心发挥重要作用】 2012年，涉密载体销毁中心为60家区（中）直重要涉密部门和拉萨、那曲等地（市）提供涉密载体销毁服务。共销毁涉密纸介质载体150余吨。销毁中心出车总计205趟，安全行驶两万多公里。同时推进涉密载体销毁中心建设，对销毁中心办公区、生活区功能进行了完善，设立了绿化带，安装了防护栏。督促日喀则、山南、林芝、昌都地区建立了销毁中心（管理中心），落实了人员编制、办公场所。

西藏自治区人民代表大会常务委员会

【立法工作】2012年，自治区九届人大常委会坚持中国特色社会主义法律体系形成的基本经验，准确把握地方立法的新特点，牢固树立质量第一、需求导向、与时俱进的理念，更加注重地方立法的针对性、操作性和实施的有效性，坚持服务科学发展、服务民生、服务社会管理，继续在制定配套性法规、突出地方特色、提高立法质量上狠下功夫。一年来，共审议通过地方性法规和作出具有法规性质的决议、决定11件，其中制定7件、修订2件，批准拉萨市人大常委会报批法规1件，初审1件法规。具体情况是：紧紧围绕保证国家法律实施，重点开展实施性立法。审议通过《西藏自治区实施<中华人民共和国统计法>办法》，修订《西藏自治区实施<中华人民共和国防震减灾法>办法》、《西藏自治区实施<中华人民共和国村民委员会组织法>办法》，作出《自治区人大常委会关于自治区第十届人民代表大会代表名额分配和选举问题的决定》，确保与上位法衔接配套。正确行使自治权力，着力推进符合西藏实际的自主性立法。制定《西藏自治区城乡规划条例》、《西藏自治区邮政条例》，审查批准《拉萨市民族团结进步条例》，依法保障各族人民自主管理本地区本民族事务，更好地服务全区经济社会健康协调可持续发展。着眼经济社会发展需要，积极探索先行先试性立法。根据建设生态西藏需要，在尚无上位法和可借鉴经验不多的情况下，积极探索、勇于创新，制定《西藏自治区气候资源条例》，细化气候资源监测、评价和区划规定，强调合理开发和保护气候资源，促进经济社会与生态环境协调发展。坚持科学立法民主立法，努力提高立法质量。立法前组织深入调研、科学论证，对分歧较大的问题反复调研、反复论证，重视发挥专家咨询作用，最大限度地取得共识。对涉及人民群众切身利益、社会普遍关注的重要法规草案，注重广泛听取人大代表、基层单位和人民群众意见。充分发挥自治区人大常委会在立法工作中的主导作用，认真执行立法技术规范，坚持人大专门委员会、常委会工作委员会提前介入法规草案起草工作，主任会议协调立法工作并研究法规草案，常委会会议加大审议力度。通过的法规经过两次以上主任会议研究和两次以上常委会会议审议。

【监督工作】2012年，自治区九届人大常委会着眼服务全区工作大局，紧扣经济社会发展主题主线，抓住带有普遍性和倾向性的突出问题，强化法律监督和工作监督。一年来，听取和审议自治区“一府两院”专项工作报告5个，计划执行情况和决算、预算、审计报告6个，对6部法律法规进行执法检查，开展2次专题询问、16次专题调研。具体情况是：加强法律监督，促进依法行政、公正司法。先后对选举法及其实施细则、道路交通安全法及道路交通安全条例、审计法、招投标法等法律法规进行执法检查，全面了解贯彻实施情况，针对存在问题，就加强和改进相关工作、规范行政行为提出明确意见。定期听取自治区高级人民法院和人民检察院工作汇报，加强对审判工作和检察工作的监督，支持“两院”依法独立行使职权。针对审判工作和检察工作面临的新情况新问题，持续抓好关于加强和改进人民法院民事执行工作的决定、加强检察机关法律监督工作的决定的贯彻落实，进一步推进社会矛盾化解、社会管理创新、公正廉洁执法。认真贯彻执行规范性文件备案审查条例，对拉萨市人民政府报送的4件规范性文件进行备案审查。积极组织培训，指导县人大常委会开展备案审查工作。加强工作监督，促进科学发展、民生改善。听取审议自治区人民政府《关于“十二五”支持西藏经济社会发展建设项目规划方案226个项目进展情况的汇报》，深入分析我区经济发展面临的机遇和挑战，督促有关方面“提升一产、壮大二产、做强三产”，确保中央和自治区关于转方式、调结构、促增长决策部署的落实。听取审议全区扶贫开发工作情况报告，强调认真贯彻落实中央扶贫开发工作会议精神，抓住难得的历史机遇，努力实现贫困地区经济社会发展水平快速提高和贫困人口收入差距显著缩小。听取审议计划、预算、决算和审计报告，审查调整预算、批准决算。定期调研分析经济运行情况和一般性转移支付资金使用情况，把握全区经济社会发展态势，要求自治区人民政府妥善处理经济运行中的主要矛盾和矛盾的主要方向，促进财政支出结构优化和公共服务能力的提高。听取审议就业再就业工作和保障性住房建设管理情况报告，结合专题调研情况，要求各级政府及有关部门按照区党委的总体目标要求，认真研究解决工作中存在的问题，完善政策措施，加大推进力度，确保就业再就业工作和保障性住房建设取得实实在在的成效。深入开展“中华环保世纪行——西藏行”活动，强化检查重点工程、交通干线、旅游景区（点）、城乡社区环境保护与建设情况，督促有关地方和部门正确处理经济发展与环境保护的关系，限期整改检查中发现的问题，着力促进绿色发展、循环发展、低碳发展。完善监督方式，增强监督实效。在审议报告前，有针对性地开展专题调研或执法检查，全面了解情况，找准问题症结所在，使审议更富有针对性，提出的意见建议更切合实际。就保障性住房建设、就业再就业工作开展专题询问，常委会组成人员、有关专门委员会、工作委员会认真调研、精心准备，政府有关部门高度重视、积极配合，主要负责同志到会听取意见、回答询问，形成人大与政府良性互动，共同推进有关工作深入开展。同时，对常委会审议意见，跟踪检查整改落实情况，一抓到底、务求实效。自治区“一府两院”高度重视常委会组成人员审议意见，及时研究整改措施，组织力量抓好落实，绝大多数问题得到解决，形成了党委统一领导下的人大与“一府两院”分工负责、同心同向、步调一致，奋力推进跨越式发展和长治久安的良好工作格局。

【代表工作】2012年，常委会深入贯彻中央〔2005〕9号文件和代表法，进一步加大代表工作力度，代表作用得到有效发挥。一是支持和保障代表依法履职。组织在藏全国人大代表参加全国人大举办的专题学习、视察、调研；在自治区党校、行政学院和有关省市举办自治区人大代表各级人大干部培训班；组织40余名基层农牧民代表赴内地省市学习考察，开阔视野、学习经验，进一步增强对伟大祖国的认同感、对中华民族的认同感、对中华文化的认同感和对中国特色社会主义道路的认同感；指导各级人大机关培训市、县、乡人大代表2400余人次，有效提高了代表履职能力。定期寄送常委会公报、《人民西藏》藏汉文期刊和有关工作资料，积极为代表知情知政服务。二是认真开展闭会期间代表活动。代表列席常委会和专委会会议逐步规范化、制度化，参与立法调研、执法检查等活动的代表人数逐步增多，人大工作的民主基础进一步扩大。落实代表联系选举单位和选民制度，指导加强“代表之家”建设，代表同人民群众的联系日益密切。先后组织在藏全国人大代表、自治区人大代表开展经济发展、重大项目建设、灾后重建等视察、调研活动，有针对性地向自治区人民政府及有关部门提出意见建议。人大各地区工作委员会和拉萨市人大常委会也适时组织代表视察调研40批720余人次，找问题、提建议、抓督办，推动当地经济社会发展。三是扎实办理代表建议。坚持统筹协调与分类指导相结合，分配任务与明确要求相结合，全面督办与重点督办相结合，限时答复与注重实效相结合。代表大会结束后，常委会及时召开代表建议交办会，统一交办代表建议，定期听取审议建议办理情况报告。2012年，在全国率先开展代表建议办理情况集中检查活动，对本届人大一次会议至四次会议期间代表所提建议办理情况进行“回头看”，指导承办单位对承诺拟在3年内解决的574件代表建议进行自查。对其中的40件建议，组成两个检查组进行重点检查，听取承办单位以及提出建议代表的意见，实地查看办理情况，促进相关工作落实。常委会认为，自治区人民政府及相关部门对代表建议办理工作高度重视，认真分解任务、明确责任主体，规范程序、加强督促，指导各承办单位及时办理并答复代表。代表对议案和建议办理满意或基本满意率达90%以上。四是切实搞好换届选举。根据新修改的选举法及其实施细则，2012年西藏自治区首次实行城乡按相同人口比例选举人大代表。为搞好市县乡人大换届选举，常委会认真贯彻落实区党委决策部署，及时成立全区市县乡人大换届选举工作领导小组，分别作出县乡两级人民代表大会换届选举时间和各县代表名额分配的决定，举办培训会议和选举法专题讲座。广泛开展宣传活动，印发藏汉文换届选举宣传资料5万余册，通过媒体和设立换届选举咨询点等方式，保护好、引导好、发挥好人民群众的政治热情。遵循坚持党的领导、充分发扬民主、严格依法办事的基本原则，组成11个调研组，了解情况、纠正偏差，总结经验、以点带面，保证换届选举工作开展。截止2013年1月初，全区四级人大代表换届选举工作圆满完成，县乡人大换届选举选民登记率达97%以上，参选率达94%以上，选举产生新一届四级人大代表34244名，依法选举产生5400多名地方国家机关领导人员。这次换届选举，提高了基层人大代表特别是一线工人、农牧民、专业技术人员代表比例，妇女代表具有更加广泛的代表性，充分体现了人民当家作主。

【维护稳定】2012年，常委会充分发挥人大优势，坚决反对分裂，维护社会和谐稳定。一是认真履行维护稳定的政治责任。坚持从全区工作大局出发，把推动中央和区党委维稳决策部署的贯彻落实作为履行立法、监督、决定等职能的重要内容。支持和监督自治区“一府两院”开展维护社会稳定工作，对加强和创新寺庙管理工作进行专题调研，要求进一步推进和谐西藏、法治西藏建设。组织全国人大代表、自治区人大代表和拉萨市人大代表对拉萨市部分公安派出所、便民警务站、特警屯兵点进行视察，督促抓好维稳措施的落实。部分常委会领导根据区党委工作部署，长期在重点地区、重点寺庙开展工作，为确保大局稳定作出了重要贡献。结合西藏百万农奴解放纪念日，召开座谈会，进行新旧西藏对比，畅谈在党的领导下西藏的政治进步与各族人民当家作主的生动风采。二是有力助推社会管理创新。专题调研城市社区居委会建设情况，督促加强社区组织建设，进一步发挥好城市社区居委会作为基层群众性自治组织作用。对流动人口服务管理条例进行执法检查，督促有关部门完善服务措施，健全社会化服务管理网络，回应多元诉求，提供多样服务，推进社会管理创新。专题调研城市民族工作开展情况，听取基层干部群众意见建议，促进依法依规开展新形势下的城市民族工作。高度关注我区经济社会生活中出现的矛盾和问题，受理人民群众来信来访116批（件）305人次，加大交办和督办力度，切实维护人民群众合法权益，化解社会矛盾，促进社会和谐。三是积极开展涉藏议会外事工作。听取政府关于全区外事工作情况报告，推动做好周边国家、重点国家、重点人物的工作，加强同友好国际组织的交流与合作，加大对境外藏胞在内的海外华人华侨工作力度。统筹国际国内两个大局，采取“走出去”与“请进来”相结合的方式，组团出访欧洲议会、比利时、意大利、俄罗斯、荷兰等国家和国际组织，接待外国来华访藏团，积极开展涉藏议会外事工作，广泛接触西方重点国家议员、政要、专家学者以及侨领侨胞、留学生等，正面交流、坦诚沟通，介绍西藏发展成就，理直气壮地阐述我在涉藏问题上的原则立场，直面外方重点关注的问题，有理有据有力地揭露十四世达赖集团和境外敌对势力制造的各种谣言，促使西方有关方面对涉藏问题的认识和行为发生积极转变，国际社会涉藏舆论一边倒的情况有所改善。

【领导人名录】

主　任：向巴平措

副主任：尼玛次仁、张跃平、桑顶·多吉帕姆·德庆曲珍、次仁、嘎玛、周春来、宋善礼、赵正修、阿登、新杂·单增曲扎、马如龙、多吉、武金辉

西藏自治区人民政府

自治区外事侨务工作

【庆祝西藏外事机构成立60周年】自治区外办先后于2012年8月29日、9月17日在北京和拉萨举办“纪念西藏外事机构成立60周年座谈会”、“西藏外事机构成立60周年庆祝大会暨西藏自治区外事侨务办公室揭牌仪式”。国务委员戴秉国、外交部部长杨洁篪分别为我区外事机构成立60周年题词。国务委员戴秉国的题词是：“六十年成就显著，新时期再攀高峰”。杨洁篪外长的题词：“发扬成绩，不断开创外事工作新局面；扎实进取，坚持服务西藏跨越式发展”。自治区党委书记陈全国，自治区主席白玛赤林发来贺信，向60年来西藏外事事业所取得的辉煌成就表示热烈祝贺，向为西藏外事事业做出突出贡献的老同志和全区外事系统广大干部表示亲切慰问。自治区常务副主席吴英杰，外交部部长助理张明、中联部部长助理贺钧、国务院侨办副主任马儒沛、国务院港澳办副司长周骏、中国藏学研究中心副总干事郑堆等代表国家相关部委和自治区党委、政府出席拉萨庆祝大会并为自治区外事侨务办公室揭牌。中共中央对外联络部，中国驻尼泊尔大使馆、全国27个省（区、市）共37个外事侨务机构及各地市发来贺电贺信贺辞。

【设立侨务机构，努力打造侨务亮点品牌】9月17日，与庆祝西藏外事机构成立60周年活动一同举行了西藏自治区外事侨务办公室揭牌仪式，该办侨务机构正式成立，结束了西藏没有专门侨务机构的历史，西藏侨务工作站在新的发展起点上。在揭牌仪式上，举行了“侨爱工程—送温暖医疗队”项目启动仪式，自治区常务副主席吴英杰、国侨办副主任马儒沛等领导出席了启动仪式。医疗队在日喀则地区人民医院作“先天性心脏病诊治”、“儿科临床用药”讲座，到重症病房进行查房，并与医院就加强双方技术合作、医疗人员技能培训进行交流。随后，医疗队赴该办驻村点--吉隆县吉隆镇吉普村、乃--开展义诊活动。医疗队热情服务态度和无私奉献精神，受到当地村民高度赞誉。

根据国侨办侨务工作发展纲要（2011—2015年），积极做好我区侨务工作规划，明确了我区侨务工作发展的方向和目标，为做好侨务工作迈出坚实步伐。大力推进侨情调研工作，逐步掌握境外藏胞情况，做到底数清、情况明。认真做好华侨华人和境外藏胞工作，努力拓宽视野和渠道，不断探索加强侨务工作新思路和新方法，积极发挥华侨华人在涉藏国际斗争中的正面作用和影响。着重整合海外华侨华人资源，结合侨情区情，努力打造涉侨亮点品牌，为我区群众谋福祉。着力加强侨务工作队伍建设，着力培养一支全面掌握侨务工作政策方针和业务技能的干部队伍，为侨务工作不断发展提供动力。

【稳步实施“请进来，走出去”】“请进来，走出去”，是我区配合国家总体涉藏外交外宣大局的重要方面，也是树立西藏对外良好形象、让世界客观认识西藏的重要手段。2012年，我区接待访藏官方团组20批113人次、民间友好团组3批36人次。

“走出去”方面，全区因公出国（境）团组234批607人次，其中省级领导4批5人次。重点推动时任区党委副书记、区人大常委会主任向巴平措等领导同志和专家学者等出访。深化与港澳地区交往，增进联络，公务访港澳团组达71批185人次，其中自治区政协副主席、佛协西藏分会会长珠康□土登克珠、自治区人大副主任桑顶□多吉帕姆□德庆曲珍随团出席在香港举办的第三届世界佛教论坛。

【积极开展民间对外友好交流】充分利用友城友协民间对外交往渠道，积极开展公共外交。通过友城关系积极探寻在经济、文化、科技等领域合作的契合点。拉萨市与俄罗斯卡尔梅克共和国埃利斯塔市、以色列贝特谢梅什市开展交流，加强同美国科罗拉多州博尔德市间的交往，巩固交流成果。林芝地区与尼泊尔博克拉市建立友城关系后，与尼泊尔喜马拉雅协会、阿尼哥协会等友好组织的交往得到加强，尼对华友好民间基础得到进一步巩固。由国家相关部委和驻外使馆分别在波兰、尼泊尔、泰国等地举办的“中国西藏文化周”、“尼泊尔—中国友谊周”“欢乐春节”、“喜迎藏历新年”“尼中民间关系论坛”等活动中，充分展示藏民族文化魅力，宣介我对外和平友好理念，取得较好成效。

【着力做好周边国家工作】在对尼方面，配合国家外交工作大局，不断深化援尼工作和对尼务实交流与合作，着力巩固并加深同尼的传统友谊。充分发挥业已建立的地方官员会晤机制作用，注重开展与尼交往，积极开展政治、经济、文化、旅游、警务等领域的务实交流与合作。扎实落实我区援尼北部项目，协调相关部门实施好援尼沙拉公路、热索桥等建设项目。

稳妥开展对印度、不丹工作。全年接待印官方香客16批769人次、民间香客595批17949人次。通过接待印驻华大使访藏，推动我区代表团访印。

开展对中印、中不边界边境领土主权归属调研，为边界谈判提供依据。及时妥善处理多起我边民越线从事生产活动被抓扣等案件。

【进一步加强外事系统能力建设】以西藏自治区外事侨务办公室挂牌为契机，进行内设机构职能重组，增设侨务处、邻国事务处等处，切实解决了职权交叉、职能不明的问题，提高了工作效率。干部培训按照分级分类，拓宽培训渠道、丰富培训形式，派员参加各类培训班、派干部到外交部、国侨办、驻外使领馆挂职及岗位实践、选派4名干部到国外留学深造。在“创先争优强基础惠民生”活动中，先后派出四个工作队16人开展驻村工作，制订《强基惠民驻村工作“心”字诀》统一思想、提高认识。办主要领导多次赴吉隆县、岗巴县驻村点看望慰问工作队、实地了解驻在村情况。通过多种渠道筹集资金，完成多个惠民项目，千方百计解决了基层人民群众生产生活突出困难，增强了与农牧民的血肉联系。2名工作队员受到自治区活动办表彰，3名工作队员受到县活动办表彰。

【领导名录】

党组书记、副主任：格桑

党组副书记、主任：巨建华

党组成员、副主任：刘耀华 杨晓坤 旺拉 张林生 甘世光

副巡视员：塔尔嘎

自治区民族宗教工作

【做好第四届全国少数民族文艺会演的协调、筹备、参演等各项工作】经国务院批准，由国家民委牵头、文化部、广电总局和北京市人民政府共同主办，北京市民委、文化局和广电局等单位承办的第四届全国少数民族文艺会演于2012年6月6日至7月6日在北京举行。我区参演剧目《魅力西藏》分别在6月29日、30日在北京天桥剧场公演，7月1日赴北京通州区进行慰问演出；《金色家园》分别在7月1日、2日在北京国家话剧院剧场公演。西藏代表团的五场演出受到了首都观众的热烈欢迎和评审专家的高度评价和充分肯定。西藏代表团荣获“优秀组织奖”，参演剧目《魅力西藏》和新编藏戏《金色家园》双双获得剧目“金奖”，且获得41项单项奖。

【积极开展民族团结进步创建活动，打牢民族团结进步事业的工作基础】评选“拉萨市城关区扎细社区居委会”等9家单位为自治区级民族团结进步创建活动（试点）单位，起草制定《西藏自治区民族团结进步创建活动（试点）2010年—2013年实施方案》。广泛开展“民族团结月”活动，通过举办民族知识竞赛、召开各族各界代表座谈会、开展民族团结进步模范评选表彰、悬挂宣传横幅、演讲比赛等多种方式，民族团结进步创建工作开展有序。成立了“西藏自治区开展民族团结进步模范创建评选活动领导小组”。2012年，区、地、县三级共表彰模范集体838个、模范个人1319名。

【积极推进2012年兴边富民行动，全面实施边境、人口较少民族地区农牧民安居工程建设】2012年，国家民委、财政部和自治区财政厅调度共安排我区少数民族发展资金（含兴边富民行动和人口较少民族发展资金）28699万元,468个项目。主要用于：一是边境地区和区内人口较少民族地区基础设施、教科文卫、生产发展、实用技术培训等安排资金18639万元，安排建设项目459个。二是用于兴边富民行动安居工程建设资金6460万元，安排3800户，解决了边境地区和人口较少民族群众的住房。三是安排边境地区村容村貌和人居环境整治1200万元。四是安排特色村寨建设试点项目6个，下达资金600万元。五是2012年兴边富民扶持特色产业发展项目资金1800万，已于11月下达投资。所有资金我们均严格按照项目资金管理办法，由财政审核后核拨到项目点上，做到了专款专用，保证了资金的合理使用。安排的资金项目极大地改善了边境地区、人口较少民族地区农牧民群众行路难、饮水难、上学难、照明难、就医难、增收难等困难。这些资金集中用于边境地区和区内人口较少民族聚居区的交通、水利、能源、特色产业、住房改造等基础设施建设，使边境地区和区内人口较少民族聚居区的经济社会事业有了长足的发展。

【着力开展民贸及民族特需产品的扶持工作，推动民族特需商品定点生产企业稳步向前】2012年6月11至22日，对拉萨、山南、日喀则、林芝四个地（市）十三个县24家民贸定点企业进行了调研，在抽查调研的基础上，对全区部分民族特需商品定点生产企业进行了调整，对新增企业进行了认真考察论证。11月7日，召开了2012年度少数民族特需商品生产定点企业技术改造补助资金专题评审会。对康曲民族经济文化发展有限公司、西藏藏医学院藏药厂、西藏蓝雪工贸有限公司、奇正玉妥藏药产业集团有限责任公司、西藏唐杰工艺品有限责任公司、西藏龙凤地毯加工有限公司、西藏邦锦梅朵工贸有限公司、拉萨市彩泉福利民族手工业有限公司申报的项目进行了评审。同日，召开了2012年度少数民族特需商品生产定点企业技术改造贷款财政贴息资金专题评审会。对西藏金哈达药业有限公司、亚美民族手工业产品有限责任公司、日

喀则得勒棉宗藏香有限公司3家企业贷款贴息项目进行了评审。制定并出台《西藏自治区民族用品生产贷款利差补贴管理办法》，进一步规范了民族用品生产贷款贴息工作，保证少数民族特需商品定点企业健康发展。

【带好“民”字头，全力打造少数民族特色村寨】根据国家民委要求，开展了以“三特”（即特色民居改造、特色产业培育、特色文化传承）为主要内容的少数民族特色村寨保护与发展的试点工作。按照优中择优的原则，严格实地考察、论证，6个特色村寨建设试点项目顺利实施，共安排资金1300万元。由我委重点扶持发展的太昭民俗风情区，已成为工布江达县旅游景点中十分亮丽的品牌，被评为国家4A级旅游景区。尼木县吞巴村以其藏文的发源地、西藏造纸业的诞生地和民族文化保护传承地而享誉区内外。

【加强寺庙建设，深入推动佛事和顺、宗教和睦】切实加强寺庙“六建”工作，打牢寺庙管理组织这一基础工作；认真落实寺庙“九有”工程、“六个一”活动、“两保一低”全覆盖及免费体检等惠寺惠僧政策，全力做好争取人心工作；积极开展弘扬历代高僧大德“爱国爱教、遵规守法、弃恶扬善、崇尚和谐、祈求和平”主题的法制宣传教育活动的组织筹备、动员部署及实施工作，充分发挥宗教界爱国人士在教育管理服务中的独特优势作用，进一步增强了广大僧尼爱国热情和遵规守法意识；协助自治区宗教工作领导小组办公室开展全区首届和谐模范寺庙暨爱国守法先进僧尼表彰活动。目前，区、地、县三级联动，先后评选表彰县级和谐模范寺庙491座、爱国守法先进僧尼13965名，地市级和谐模范寺庙143座、爱国守法先进僧尼8967名，自治区级和谐模范寺庙59座、爱国守法先进僧尼6774名，极大地激发了广大僧尼争先为社会和谐稳定作贡献的积极性。

【举办穆斯林赴沙特朝觐人员培训】2012年8月27日至28日，在拉萨大清真寺举办了首期全区穆斯林赴沙特朝觐人员行前教育培训班。讲解了《中国穆斯林出国朝觐报名排列办法（试行）》及国家宗教局《关于转发中国伊协〈关于中国朝觐团行李检查与托运工作的意见〉的通知》和《中国朝觐团赞目赞目水“三统一”实施细则》。并邀请区安全厅和区出入境检验检疫局讲解当前国际形势、行程安全、出入境规定、外事纪律、朝觐国相关法律法规、出入境检验检疫、朝觐知识等，进一步规范了我区穆斯林朝觐工作，提高穆斯林在赴沙特朝觐期间自我管理和抵制渗透能力。

【举办重点寺庙管委会僧尼主任、副主任培训班】2012年4月在那曲地区举办了2012年第一期重点寺庙管委会僧尼主任副主任培训班，2012年6月在山南地区举办了2012年第二期重点寺庙管委会僧尼主任、副主任培训班，安排年底赴内地参观考察。参训人员对党的民族宗教政策有了明确的认识和理解，进一步了解和熟悉了民族宗教工作，掌握了理论知识和政策界限，提高了管理能力和服务能力以及实际操作能力；2012年10月8日至11日，举办全区地（市）、县民宗干部培训班；2012年12月底，举办全区重点寺庙管委会干部培训班，紧紧结合党的十八大相关内容，进一步加强寺管会干部综合素质，提高寺庙管理工作能力，为加强和创新寺庙管理工作奠定良好基础。

自治区扶贫（农业综合）开发工作

【扶贫资金投入】2012年，按照全区扶贫开发工作会议提出的“自治区财政扶贫开发支出预算每年递增30%，地（市）和县（市、区）按不低于上年地方财政收入2%的比例安排扶贫开发投资”的要求，自治区财政安排资金20000万元，较上年增长34%；各地（市）县按不低于上年地方财政收2%的比例共安排地县财政扶贫资金8376万元，比计划增加了906万元。至此，全区扶贫开发总投入达133454万元，其中，中央财政扶贫发展资金76990万元，以工代赈资金9100万元，少数民族发展资金22020万元，绩效考评奖励资金1300万元，科技扶贫资金250万元，灾后重建资金200万元，扶贫统计监测资金15万元，项目管理费1579万元；自治区配套20000万元，自治区劳动力转移资金2000万元。

【项目管理实施】2012年，由自治区扶贫办安排扶贫资金91034万元，其中：中央财政资金78334万元，自治区财政资金12700万元（包括劳动力转移专项资金2000万元）；实施各类扶贫开发项目1419个。扶贫开发工作在项目管理实施过程中，创新机制，做到了项目早审查、资金早下达、项目建设早开工、项目区群众早受益。2012年西藏自治区扶贫办实施的扶贫开发项目，在国务院扶贫办组织进行的绩效考评中评定为B级，获得奖励资金1200万元，在全国通报表扬。

【扶贫开发成效】2012年，西藏扶贫开发工作实现了两大转变，即从区域帮扶转向到户帮扶、从基础设施建设转向产业发展。按照年初提出的资金到户率要达到60%的要求，实施到户帮扶，落实到户项目788个，到户帮扶资金58040万元，项目覆盖7.88万户37.5万人，到户率达到63%；全年安排整乡推进项目两批358个，国家投资19487万元；安排产业扶贫项目898个，国家投资46584万元；扶贫项目受益群众10.8万户58.45万人，项目区群众人均纯收入增加1030元，特别是80个整乡推进扶贫乡（镇）的农牧民人均纯收入增速高于全区平均水平的3个百分点。年人均纯收入低于2300元以下的低收入人口，减少了13.5万人。

【两项制度有效衔接】依据农牧民年人均纯收入2300元的新扶贫标准，在全区开展了两项制度有效衔接工作，按照“一审二评三公示”的工作要求，准确识别出了2011年底全区低收入人口，并根据家庭有无劳动力和年收入状况，划分出了扶贫户、扶贫低保户、低保户、五保户4类群体。根据贫困户发展需求，按照“缺什么补什么”的原则，积极实施到户帮扶，户均扶持标准为一万元。如，到户生产资料扶持扶持项目，全年购置拖拉机就达3293台。

【贫困户安居】针对全区建档立卡贫困户，2012年共安排贫困户安居8723户，国家投资21807.5万元，其中中央财政扶贫资金14000万元，自治区财政安排7807.5万元；使5万多贫困群众住上了安全适用新房。

【整乡推进】在全区7个地市、66个县80个乡镇实施整乡推进扶贫，安排整乡推进项目358个，国家投资19487万元，整合资金66102万元。同时，完成2013年度179个整乡推进扶贫规划审查审批工作。

【产业扶贫】全年共安排五批产业扶贫项目1006个，国家投资53056万元（含培训800万元）。产业扶贫开发项目主要以依托当地的优势资源，开发一些短平快项目，如，奶牛养殖、花卉种植、农畜产品加工等，做到了当年投资，当年受益。

【连片开发】对“县为单位、整合资金、整村推进、连片开发”试点项目县进行奖励。在左贡、尼木、错那县安排“县为单位、整合资金、整村推进、连片开发”试点项目奖励资金各200万元，共安排实施6个项目，国家投资600万元；对拉萨市6个村、山南地区3个村安排互助资金奖励资金200万元。

【溜索改吊桥】在西藏自治区的4地市20个县共安排溜索改吊桥84条，到2012年，除墨脱、察隅因交通不便不能按时完成建设任务外，其余县市进一步加大了对溜索改桥项目建设力度，预计在2013年全面完成溜改建设任务，西藏正式结束“溜索时代”。

【劳动力转移项目】按照“巩固、扩大、提高”的原则，全年共安排自治区财政劳动力转移项目专项资金2000万元，共安排项目38个；这些项目包括采石采砂，特色产业建设等，是贫困群众得到实惠最多的项目，倍受农牧民推崇。

【扶贫绩效考核】在对考评验收结果进行综合分析、总体评价的基础上，共评选出区中直先进单位17个，地（市）、县A、B等级单位18个，对考核评为A、B级的3个地市、15个县按照考核办法给予了奖励。安排项目，奖励资金3100万元，共安排奖励项目56个。

【科技扶贫】全年向国家申报科技扶贫综合试点项目3个，山南地区隆子县黑青稞生产基地建设项目通过了国务院扶贫办的评估论证。国家投资250万元，自治区配套50万元。

【灾后重建】西藏自治区是一个自然灾害易发、多发区，各种自然灾害交替出现。经自治区扶贫办积极向国务院扶贫办汇报争取，并多方协调，全年共安排灾后重建资金200万元；实施灾后重建项目4个。

【项目管理费】全年国家共下达项目管理费1579万元，自治区配套200万元。为确保基层一线扶贫开发工作的正常开展，提高扶贫资金使用效益，区扶贫办加大了县级财政扶贫开发项目管理费的分配力度，县级扶贫办的管理经费比例提高到84.6%。

【扶贫直通车行动计划】西藏自2011年起，在全区5451个行政村派驻了驻村工作组，成为全区扶贫开发的一支新生力量。为积极响应区党委号召和驻村工作组为民办实事行动，自治区扶贫办、区纪检委联合实施了“创先争优强基础惠民生扶贫开发直通车行动计划”。2012年，驻村工作队上报项目476个，实际实施达到834个。

自治区人民政府驻北京办事处

【明确思路、提升能力，切实发挥职能作用】加强硬件建设，提升服务能力。根据自治区党委、政府领导指示，组织精干力量加班加点对办事处大殿进行装修改造，工程于全国“两会”前顺利完工并投入使用。根据《区政府办公厅关于清退长租房的通知》精神，办事处与四合院承租方进行了多次磋商谈判，最终达成了《长租房提前清退协议》。目前，四合院接待用房改造工程已经峻工。根据自治区党委领导指示，办事处会同自治区党委办公厅、政府办公厅、区党委宣传部等部门，将前院和中院正殿改造成“魅力西藏”展厅。此外，珠穆朗玛宾馆西跨院维修工程、喜马拉雅宾馆接待楼全面装修改造工程和西藏大厦餐厅、客房局部维修保养工程顺利完成。

发挥“桥梁”、“纽带”作用，认真履行服务职能。坚持服务西藏自治区发展稳定、服务首都繁荣安全、服务广大干部群众现实需要的原则，积极主动拓展服务职能，努力提供优质高效服务。一是巩固和拓展接待服务工作领域。细化落实《接待工作规则》，突出亲情化、个性化、规范化服务，努力为自治区省、地级领导在京政务活动提供车辆接送、食宿安排、证件办理和联络协调等保障工作。二是拓宽医疗联络工作平台。积极主动地为我区各级领导和普通群众提供医疗联络、医疗费代付、报告单代领、药品代购代煎和医院送餐等个性化服务。邀请9家医院的14名专家进藏考察，举办医疗保健知识讲座，开展巡诊义诊活动。三是提升经联工作水平，加大信息工作力度。积极向自治区党委办公厅、政府办公厅、区党委和政府门户网站报送信息。截至目前，向《党办信息》、《政办信息》报送信息4225条；向自治区党委门户网站信息报送595条；向自治区政府门户网站信息报送234条。根据区政府办公厅信息采用情况通报统计，除七地市外，在全区各厅局和驻外办事处中，办事处信息采用数量位居第一；办事处办公室被自治区党委办公厅、政府办公厅评选为“全区信访工作先进集体”。

【丰富载体、注重实效，深入推进精神文明建设】深入开展“凝神聚力服务西藏”主题作风建设活动。4—7月，以副处级以上干部为重点，在全体干部职工中深入开展“凝神聚力服务西藏”主题作风建设活动；活动分动员部署、学习提高，自查自纠、边整边改，建章立制、巩固成果等阶段进行，通过主题作风建设活动，办事处机关作风进一步改进，服务能力进一步提高，成效明显。陈全国书记和邓小刚同志作出重要批示，对办事处主题作风建设活动给予充分肯定。

深入开展精神文明建设活动。隆重举办庆祝建党91周年表彰暨唱响“七一”演唱会，表彰19名优秀共产党员、9名优秀党务工作者和5个先进基层党组织。开展“庆祝建党91周年、喜迎党的十八大”书画摄影展等活动。组织办事处系统干部职工为区内孤残儿童捐款10万余元。在与文明共建单位—北京市房山区长阳镇张家场村签订文明共建协议的基础上，双方进一步建立了定期联系、重大活动相互通报等工作制度，共同组织开展了“城乡统筹、文明先行”主题社会实践活动，还走访了张家场村“两委”班子，向张家场村捐赠了健身器材。大力开展“向雷锋同志学习”系列活动，组织干部职工观看《先遣连》《唐卡》《人民的好儿女》等影片，参加“感受文化艺术魅力”系列讲座，举办演讲比赛和“摄影基础知识”专题讲座。办事处被首都精神文明建设委员会评选为“首都文明单位”；被中央国家机关精神文明建设协调领导小组办公室评选为“中央国家机关文明单位”。郝鹏同志、董云虎同志分别对办事处精神文明建设工作作出重要批示，给予充分肯定。

深入开展“五不让”岗位练兵和效能建设年活动。结合办事处工作性质和服务需要，深化“五不让”岗位练兵活动，教育引导干部职工增强宗旨意识、服务意识和责任意识，提高岗位技能。完善并认真执行《办事处绩效考核管理办法》，建立科学合理、行之有效的工作评价和奖惩机制，深入开展“提高效率、降低能耗”主题教育活动，提高了干部职工的工作积极性和工作效率，营造了创先争优、干事创业的良好氛围。

自治区人民政府驻上海办事处

【深入开展基层建设年活动，不断推动“创先争优强基础惠民生”工作向前迈进】一是加强机关的基层组织建设，强化党支部的主体作用，完善支部的规章制度，配强支部的领导班子，督促检查支部的计划制定、落实情况；二是加强驻村点基层组织建设，帮助所驻村加强制度建设，为所驻村的村委会、村党总支、村民小组等制定了村务公开、村规民约、成员职责等职责、制度近20项，为村委会配置了电脑、传真机、打印机等设施；三是扎实开展“创先争优强基础惠民生”活动，2012年来，办事处党委高度重视驻村工作，主要领导前后两次到驻村点检查指导驻村工作，看望慰问驻村队员。紧紧围绕区强基办确定的五项任务，克服单位人员少、所驻村路途远、交通不便等困难，在做好加强基层组织建设、进行感恩教育、做好维稳工作的同时，积极争取有关部门的支持，为所驻村争取落实了道路建设、水渠建设、养殖项目、学习考察等资金近128.4万元，争取上海企业家资助所驻村子女上学、困难户救助等资金近25万元，正在协调的资金52万元，组织村组干部到拉萨、泽当等地考察学习，为村里建起了花椒基地等一批助推乡村经济发展的项目，办事处自身也向所驻村投入各项资金近40万元，得到了当地政府的肯定，受到了群众的欢迎。四是认真搞好驻村工作队的轮换工作。

【认真搞好离退休人员管理服务和跨省安置工作】离退休人员管理服务是一项系统工程，人员多、居住分散、点多线长、人员构成复杂，稍有不慎，便会引起上访等群体性事件。为此，驻沪办党委高度重视，从加强制度建设、明确人员职责、严肃责任追究等入手，精心组织，认真安排，科学部署，取得了较好的成效。

【加强机关作风建设，全面提升办事处的服务能力和水平】办事处党委在2011年全面建立健全规章制度的基础上，2012年狠抓了机关作风建设，进一步完善了上下班签到制、每月公布考勤情况并与工资挂钩、组织了“学习办事处规章制度竞赛”、推行政务公开、党务公开等，从而进一步推动了办事处机关作风建设，促进了办事处制度化、规范化建设。

2012年自治区党委、区政府先后派出考核组、巡视组、审计组来办事处检查指导工作，为办事处加强机关作风建设、规范办事程序、提高工作效率、建强基层组织、搞好管理工作等指明了方向，必将推动办事处各项工作再上一个新的台阶。

【全面加强信息编制报送和经济联络工作】根据2011年西安召开的驻内地办事处主任联席会议精神，为更好地服务于西藏经济社会发展的需要，切实提高《沪办信息》的质量，不断提高采用率，驻沪办党委高度重视信息搜集、编发、报送工作。2012年不断拓展信息来源的渠道、借鉴兄弟办事处和内地省市区、大中型企业驻沪办事机构的好经验、好做法，紧紧围绕自治区的中心工作，注重信息工作的时效性、加大信息工作的针对性，把信息工作列入重要的议事日程，取得了较好成绩。截止2012年11月底共发送528期，专题信息84期，信息采用率稳步提高。

经济联络尤其是招商引资工作，是加快自我发展，增强造血功能，实现西藏经济跨越式发展的有效途经。2012年，办事处经联处积极开展各种形式宣传西藏、展示西藏、服务西藏工作，主动同自治区发改委、工商联、拉萨招商局、林芝商务局、山南经合局、上海合交办联系，加强经济联络工作。在办事处领导的亲自参与下，积极引荐上海东圣集团、苏州水盟商贸、上海水盟实业公司进藏兴业；成功组织了上海CEO俱乐部20家企业的企业家在拉萨与西藏工商及西藏部分企业家举行联欢活动，自治区工商联领导高度重视此次活动，工商联阿沛晋源主席参加了此次活动；与区发改委联系积极组织联络邀请西藏各县市主要领导来上海参加“上海第二届百家市、县长与上海百家大中型企业交流见面洽谈会”；积极推荐西藏金牦牛白酒、那曲大古矿泉水参加“上海对口支援地区农特产采购对接会”；积极帮助西藏金牦牛白酒的研发和销售，参与西藏藏泉白酒在上海的营销进行策划活动。此外，参加上海永大环境科技公司为日喀则捐助210万元的空气净化设备的签约、启动仪式，代表西藏受援单位对永大公司无私援助表示感谢；组织策划全国道德楷模顾泉雄同志为共康中学师生作“做一个有责任的人”为主体的报告会，为藏族学生送上了藏历新年礼物，收到共康中学师生的热烈好评。

【**进一步强化办事处“双服务”职能，充分发挥办事处的窗口、桥梁、纽带作用**】2012年，办事处认真落实接待工作的要求，完善接待制度，在接待工作中，认真按照接待规则办事，耐心细致、热情周到，做到了无机场误接误送、无耽误领导会议、无误车误餐、无交通事故的发生，并保持了和机场、车站、宾馆、酒店等单位的良好关系，建立了上海及周边饭店、宾馆、景区的数据资料，为搞好今后的接待工作奠定了一定的基础。加强了与内地西藏班校的联系，驻沪办主任戚素坤亲自到江西南昌十七中、山东济南西藏中学、上海共康中学、上海市行政管理学校等学校看望慰问师生；协助上海市社保局系统干部进藏考察；协助上海市CEO俱乐部企业负责人考察进藏考察；协助上海市卫生系统领导、专家进藏考察、落实援藏事宜等，较好地完成了各项接待任务。

自治区人民政府驻成都办事处

【**接待服务工作**】2012年，办事处紧紧围绕“以经济建设为中心，接待服务为重点”的工作方针，狠抓软硬件设施和综合配套服务系统建设，强化职工服务意识教育和职业技能培训工作，狠抓服务质量和管理水平的提高。全年共接待进出藏客人30万人次，其中省部级领导7400人次，团队475个，车辆安全行驶30余万公里，出色完成了各项接待服务任务。

天驰接待服务中心积极拓宽经营思路，扎实做好经营工作，坚持“一切以宾客为中心”的服务宗旨，继续加大员工培训力度，努力营造团结、向上的团队，确保了各项工作的完成。

天湖宾馆加强配套服务设施建设，强化员工培训，不断创新管理理念和方式，着力提升宾馆服务质量。圆满完成了全国糖酒会、西博会、西藏教育工作会议等会议承办及西藏内地班师生进出藏中转的接待服务工作。全年接待宾客11万余人次。

2102年，圣地阳光宾馆对42间客房的硬件设施进行了更新改造，投入15万元用于员工培训，确保了宾馆的可持续发展。全年接待宾客9万余人次。

成办医院以创建国家“三乙”医院为契机，全面加强软硬件建设，进一步完善医院科学管理的长效机制，各项工取得了较好成绩。2012年共申报讨论通过了持续血液净化治疗等新业务、新技术44项。目前医院已达到了成都市“120”急救医疗网络建设标准，成为成都市“120”急救网络医院。全年医院实现收入2.38亿元，门诊81268人次。

【**管理服务工作**】全面贯彻执行中央、自治区有关老干部工作的各项方针政策，努力实现“让上级组织放心，让老同志满意”的总体目标。坚持老同志列席相关会议制度、阅文制度、情况通报制度、组织生活制度，坚持定期走访制度，组织离退休老同志年度体检和上门巡诊制度，认真落实老干部的政治、生活待遇，切实解决老同志生活中的实际问题和困难。全年共为老同志订阅各类报刊学习资料30余种，组织老同志学习40余次，上门走访慰问老同志共计800余人次，开展上门巡诊2000余人次。

认真开展信息收集、整理、上报工作。遵循及时、准确、全面的原则，不断拓展信息工作的广度和深度，努力提高上报信息的质量和采用率。全年共收集、传递、处理和上报信息458期7313条，得到自治区党办、政办的充分肯定，为领导及时掌握情况，制定方针政策提供了信息基础。

严格执行社会保障有关政策和规定，努力提高管理服务水平。全年共征收养老保险金344万元、失业保险金37万元；发放养老金806万元、失业保险金4000元、一次性丧葬费、抚恤金5.85万元、一次性生活补助金25.28万元。对符合托底条件的12名原十八军老战士、抗美援朝老同志执行了托底发放，月增发基本养老金6000元，充分体现了自治区党委对老同志的关心与关怀。

按照干部保健工作职责，精心开展医疗保健服务，努力提高保健工作质量，为西藏在蓉各级领导提供了较好的医疗服务，继续加大与四川省卫生厅保健处及华西医院、口腔医院、附二院等相关医院之间的协调沟通，目前已在华西医院、口腔医院、华西医院附属二院以及省市级大医院建立了“绿色通道”，极大地方便了西藏病员在成都的医疗就诊。全年共完成各级领导在成办医院体检、会诊、出入院、探视等各项协调服务共计2100余人次，其中省级领导280人次。

【**驻村工作**】2012年，在自治区党委、政府的正确领导下，西藏成办驻村工作队充分发扬“老西藏精神”，大力宣传党的方针政策，一心一意为基层办实事、解难事，想群众之所想，急群众之所急，先后为驻点村争取并投入资金642万元，驻村工作赢得了群众的高度信任和衷心拥护，被自治区党委、政府授予2012年“全区创先争优强基础惠民生活动优秀组织单位”荣誉称号，驻谢通门县许贵村工作队被授予“全区创先争优强基础惠民生活动先进驻村（居）工作队”，1人被授予“全区创先争优强基础惠民生活动先进驻村（居）工作队员”荣誉称号。

自治区人民政府驻西安办事处

【加强经济信息联络，发挥“窗口”和“纽带”作用】西安办事处积极发挥对外联络的“窗口”和经济联络的“桥梁”作用，创新工作思路，强化信息工作，积极加强与驻地经济组织的联系，有力地推动了经济协作。一是加强经济联络。按照自治区政府《关于加强自治区人民政府驻内地办事处招商引资和经济联络工作的意见》精神，主动协调陕西正肥集团在藏投资建养猪场、有关单位在西安开设藏医门诊部等工作。积极宣传优惠政策，推介招商引资项目，促进我区对外经济协作和经贸交流。二是做好信息报送工作。以服务区内经济社会发展为中心,积极收集和报送了有参考价值的政治、经济、科技和有关政策等信息148期，提供了驻地和内地其它省、市、区经济社会发展的新情况、新经验，为区党委、政府决策提供参考依据。

【提高思想认识，做好离退休人员的服务管理工作】一是加大了慰问工作力度。坚持平时慰问和“三节”慰问相结合，基本完成了陕西、宁夏、山西、河南、甘肃等五省区从未慰问人员的慰问工作。二是认真开展安置工作。完成了自治区老干局和人社厅累计下达46人的安置任务。三是继续落实住房补贴兑现工作。通过核实档案、与原单位联系，核实了5名退休工人的房补问题。四是认真做好日常服务管理工作。做好离退休人员的来电、来函、来访，建立健全了来信登记回复制度和来访接待制度。加强了对“空巢”“独居”和经济困难离退休人员的服务管理。五是以落实离退休老同志的“两项待遇”为重点，各干休所党组织充分发挥基层党组织的战斗堡垒作用，认真组织离退休老同志学习党的十八大精神和传达中央和自治区的文件会议精神；做好“双高期”老同志的各项服务保障工作，开展了定期巡诊和健康体检，做到了经常深入老同志家中，问寒问暖，帮助他们排忧解难，还推出了定期上门服务探访等一系列特色化服务，得到住所老同志的一致好评。六是社保工作按照区企事业单位社会统筹的政策规定，做好了机关在职、退休职工的医疗保险统筹，核报医疗费用；做好了原珠宾、招待所关闭后无法移交当地的退休职工的管理和退转军人的社会保障等工作。

【增强服务意识，为进出藏人员提供良好的接待服务】一是接待服务能力不断提高。继续增强服务意识，提升服务质量，努力实现接待人性化、服务热情化，为我区干部职工在西安出差休假、开会学习、办事就医提供较为满意的服务。完成了来陕西学习考察、参加各种会议的领导、团队以及区内进出藏人员的接待服务，共接待省厅级领导及其他人员200余人次。二是规范接待管理。为降低成本、节约开支，针对接待车辆使用成本高问题，办事处积极协调有关部门办理了8张ETC证，降低了车辆过桥、走高速等通行费。协调中石油办理加油卡，施行一车一卡制，从制度上规范燃油的使用，有效降低了车辆燃料费。

自治区人民政府驻格尔木办事处

【扎实开展创先争优强基础惠民生活动】围绕区党委提出的总体要求和“五项工作任务”，认真履职，结合驻在村实际积极开展自选动作，重点在解决人畜安全饮水、改建沙石道路、改变村容村貌和与外界的通讯联络、资助困难学生等方面做了大量的工作。投入近40万元用于支持驻村工作队开展工作。积极帮助解决驻村工作队员亲属在工作生活中遇到的困难和问题，解除了驻村工作队员的后顾之忧，使他们全身心投入到驻村工作中。已有3名优秀驻村干部被提拔到领导岗位上工作，1名驻村干部受到自治区级的表彰。

【积极开展与当地党政组织、驻军部队和铁路部门交流与合作】不断加大协调服务力度，积极依法化解矛盾纠纷，全力为基地单位的生产经营和发展营造良好的社会氛围。积极与格尔木市委、市政府，总后青藏兵站部，青藏铁路公司格尔木车务段等单位加强联系、相互走访，就共同关心的格尔木基地改革发展和藏青工业园区建设等问题相互交流探讨，达成共识。在进一步密切与当地党政组织和军地关系的同时，也为基地企事业单位的发展、基地规划发展和藏青工业园区的建设营造了良好的氛围。

【高度重视和全力支持配合藏青工业园区筹建办开展工作】结合藏青工业园区建设前景，结合基地发展规划设想向基地各单位明确提出了“切实加强各单位土地管理”的建议。要求各单位做好土地的管理工作，切实履行好“守土有责”的义务，为藏青工业园区的建设，为基地和谐稳定和发展履职尽责。同时，为藏青工业园区筹建办公室搜集整理了内容涉及当地相关政策、法规及园区运作过程中的程序等60余份资料；与格尔木市政府协调取得了藏青工业园土地坐标图，确定了园区建设用地的位置和准确面积，为藏青工业园的前期规划奠定了基础；经与海西州国土局、格尔木市国土局历时两个多月的协调，争取到园区用地的相关优惠政策，经我办多方的协调、了解、考察，起草了藏青工业园区《招商引资予以优惠的相关政策规定（草案）》，为园区今后招商引资工作打下坚实的基础。同时积极协调为基地8条铁路专用线减免铁路技术服务费累计达1000多万元；协调为基地企业单位延缓缴纳土地使用税累计3000多万元；经协调圆满解决了当地政府因规划欲强拆基地部分单位房屋的事宜；协调解决了基地单位修建商业综合大楼手续审批，使项目得到了顺利落实；协调解决了藏格烟草转运站因业务变更单位整体上撤，其土地内部变更等有关事宜；积极协调青藏铁路公司车务段为我区加急上运秋种备耕农用化肥46000吨，缓解了区

内农耕生产的燃眉之急；积极为藏青工业园区的筹建收集格尔木周边省市有关金属冶炼所需的水、电、气、煤等能源精准数据和区内矿种的储量数据，为区党委、政府和相关部门决策提供了依据；高度重视青藏公路保通工作，2012年度经青藏公路运往区内的各类物资达135万吨，保证了35万辆车次的顺利通行。

中国人民政治协商会议西藏自治区委员会

【全体委员会议】九届五次会议。2012年1月8日至12日，自治区政协九届五次会议在拉萨举行。共有委员474人，出席会议委员372人。全国政协副主席、自治区政协主席帕巴拉·格列朗杰主持开幕会并作闭幕主持讲话。会议审议通过政协第九届西藏自治区委员会第五次会议议程；听取和审议政协第九届西藏自治区委员会常务委员会工作报告；听取和审议政协第九届西藏自治区委员会常务委员会关于政协九届四次会议以来提案工作情况的报告；列席第九届西藏自治区人民代表大会第五次会议，听取并讨论政府工作报告及其他有关报告；学习中共十七届六中全会、自治区第八次党代会、全区经济工作会议精神；审议通过政协第九届西藏自治区委员会关于常务委员会工作报告的决议；审议通过政协第九届西藏自治区委员会提案委员会关于政协九届五次会议提案审查情况的报告；审议通过政协第九届西藏自治区委员会第五次会议政治决议；人事事项。增选公保扎西为自治区九届政协副主席。区政协副主席巴桑顿珠作常委会工作报告及闭幕讲话。区政协副主席金毅明作提案工作报告。

【常务委员会会议】第18次会议。1月4日至5日在拉萨召开。会议审议通过政协第九届西藏自治区委员会第五次会议议程；审议通过政协第九届西藏自治区委员会常务委员会工作报告及报告人；审议通过政协第九届西藏自治区委员会常务委员会关于政协九届四次会议以来提案工作情况的报告及报告人；审议通过政协第九届西藏自治区委员会第五次会议秘书长、副秘书长名单；听取区政协各专门委员会工作情况报告；人事事项。

第19次会议。1月10日在拉萨举行。会议审议通过政协第九届西藏自治区委员会第五次会议关于常务委员会工作报告的决议（草案）；审议通过政协第九届西藏自治区委员会提案委员会关于政协九届五次会议提案审查情况的报告（草案）；审议通过政协第九届西藏自治区委员会第五次会议政治决议（草案）；听取有关人事事项的说明；审议通过候选人名单；审议通过选举办法；审议通过总监票人、监票人名单。

第20次会议。7月23日，政协第九届西藏自治区委员会常务委员会第二十次会议在拉萨召开。会议审议通过了政协第九届西藏自治区委员会常务委员会第二十次会议议程；会议传达了中共中央办公厅、国务院办公厅《关于加强人民政协提案办理工作的意见》；传达了区党委八届二次全委会精神；区党委常委、自治区常务副主席洛桑江村作了关于2012年上半年全区经济社会发展运行情况的通报。

【专门委员会工作】提案委员会。五年来，共提交提案1746件，经审查立案1672件。九届政协的五年中，提案办理答复共1668件，占立案总数的99.76%。其中，已经解决或采纳的共886件、占53.1％；列入计划拟解决或拟采纳的共567件、占34%。；用作参考的共215件、占12.9%。1、以科学发展观为指导，促进提案数量稳步增加，质量不断提高。2、全面落实提案工作条例，健全建立提案工作制度体系。五年来，组织修订了《政协西藏自治区委员会提案工作条例》，建立了《关于开展区政协专门委员会提案工作的暂行办法》、《政协西藏自治区委员会提案审查工作细则》，《提案工作表彰办法》，《重点提案产生办法》、等规章制度。3、加强提案办理工作，形成人民政协履行职能的整体合力。五年来，围绕水资源开发利用、推进能源有序开发利用、发展藏医药事业、推进旅游业发展等提案、开展联合视察、考察、调研20余次，召开提案办理协商会、重点提案办理落实情况座谈会27次。五年中，本届政协先后召开了两次提案工作表彰会，社会反响很好，有效地推动了提案办理工作。4、以优质服务为抓手，不断提高服务工作水平。五年来，组织委员就提案涉及的诸如食品安全、小城镇建设、水利建设、有关宗教问题组织了10多次专题调研，为提出高质量的提案创造条件。5、及时总结，借鉴先进经验，提升提案工作科学化水平。通过参加五次西部提案工作联席会、两次全国提案工作研讨会，与18个省（区、市）政协分别进行了交流，参与了辽宁省政协举办的提案工作论文大赛，并获得了二等奖。

民族和宗教委员会。1、积极开展主题教育活动，进一步推动思想作风建设。2、深入开展调研活动，发挥专委会主体作用。3、开展视察考察活动。4、围绕中心、服务大局、积极开展好各项工作。

社会法制外事委员会。1、围绕中心、深入调研。五年来，专委会本着围绕中心、突出重点、量力而行的原则，先后多次深入拉萨、日喀则、山南、林芝、阿里等相关专区及市、县（乡）开展视察调研。调研内容涉及社区建设、流动人口管理、口岸建设与边贸发展、新农村建设、城市道路交通建设情况、老城保护与发展、惠民政策落实情况等，共形成调研报告8份，提案2份，建议2个，得到了自治区领导的好评。2、加强交流，注重创新。3、2011年6月，在拉萨成功举办了西部十二省区政协社法委工作研讨会。4、积极配合普法宣传，努力推进政协法制工作。5、加强对外交往，推动外事工作。6、为进一步做好睦邻友好，以邻为伴，宣传政协民主监督，参政议政的工作，每年按惯例邀请了尼泊尔驻拉萨总领事馆主要官员旁听全委会。“请进来”接待了瑞士联邦议会财经委员会主席、国家安全委员会访藏代表团。7、专委会配合全国政协外事委，接待了越南祖国阵线委员会和罗马尼亚参议院外事委员会外事委员会代表团。8、“走出去工作”。中国西藏自治区政协代表团成功访问了美国、英国、意大利、韩国、瑞士、法国。9、应全国政协港澳台侨委员会办公室与“港区省级政协委员联谊会”以及“澳门中华总商会”邀请，专委会参加了香港、澳门联合举办港情、澳情研习班。

文史资料学习委员会。一、文史资料工作取得新进展1、坚持正确的原则和方针。2、突出重点，广征精编，求真存实。五年来，共征集各类史料40余篇，50多万字。完成汉文版1—22辑《西藏文史资料选辑》合订本（3卷）和藏文版1—26辑《西藏文史资料选辑》合订本（10卷）的出版发行。这两套合订本作为西藏政协成立50周年大庆献礼，馈赠重要部门和相关人士。出版发行《格龙·洛桑旦增自传》、《平息1959年西藏武装叛乱纪实》、《昌都强巴林寺及历代帕巴拉传略》、《雪域天使》、《藏族风俗一百例》、《邦达仓史料》、《日喀则主要寺庙简史》等7本汉文版文史资料；翻译出版了藏文版《平息1959年西藏武装叛乱纪实》、《德格地方简史》。3、贯彻精神、理清思路、定好政策，明确任务。草拟了《政协西藏自治区委员会关于贯彻<政协全国委员会关于加强文史资料工作的意见>的实施意见》和《西藏政协文史资料选题协作规划提纲》两个文件。二、成功举办委员培训班。政协九届西藏自治区委员会共有委员482名，成功举办了三期政协西藏自治区委员会委员培训班，来自七地市254名新任委员参加了培训。2008年拉萨发生3·14事件后，紧紧围绕西藏主权归属等重大问题进行培训，2009和2010年两期培训班我们紧紧围绕西藏民主改革50周年、西藏百万农奴翻身解放纪念日和中央召开的第五次西藏工作座谈会精神为主线。2012年，针对自治区43个新建县政协组织，新机构、新领导班子的实际，为使其尽快进入角色，有效运行，配合区党委组织部举办了43个新建县政协主席、副主席办公室主任85人参加的培训班。

科教文卫体委员会。1、突出重点，深入开展专题调研。2、专委会组织本界别政协委员先后撰写了关于科技、教育、文化、卫生、体育等方面的提案296件，其中，重点提案13件，其中：专委会集体提案28件，关于建立西藏自治区妇幼医院的提案；关于建立良好的地质勘查工作环境，加快摸清我区矿产资源家底等8件提案被定为重点提案，向常委会报告年度工作总结5份，工作简报40期。3、组织委员赴外省区学习考察。4、加强专委会自身建设，提供高效优质服务5、加强协调关系，做好相关工作。

人口经济资源环境委员会。1、坚持围绕中心、服务大局，积极为促进我区跨越式发展和长治久安建言献策。2、精心组织委员视察，着力推动保险事业发展和重点项目建设。3、借助全国政协力量，为编制我区“十二五”规划建言献策。4、利用国家平台，大力宣传西藏发展成就。5、坚持生态环境保护优先，为构建国家生态安全屏障贡献力量。

群众团体、工商联

自治区总工会

【年度综述】2012年，西藏经济继续保持了快速发展的势头，全区生产总值701亿元，比上年增长12%；城镇居民人均可支配收入达到18056元，农牧民人均纯收入达到5645元，分别比2011年增长15.1%、11.5%。1、认真学习宣传党的十八大精神，加强职工教育，促进职工队伍稳定。组织机关及下属单位干部职工集中收看党的十八大开幕盛况，组织中心学习组认真学习胡锦涛同志所作的报告，谈认识，谈体会，加深对党的十八大精神的理解。同时制定了工会系统学习、宣传、贯彻党的十八大精神意见，提出明确要求，推动十八大精神的学习宣传贯彻工作。按照自治区党委的统一部署，抽调16名干部组成十八大精神宣讲工作组，深入到53家企业开展宣讲活动，期间还积极开展慰问帮扶服务困难群众工作，为企业和职工排忧解难，让广大职工真切地感受到党和政府的关怀和温暖。2、围绕工作大局，团结动员职工为经济发展做贡献。全年举办餐饮业从业人员、气象行业职工天气预报技能比赛，移动公司参加全国岗位创新技能大赛选拔赛，各项赛事中七地市均派出业务尖子参加比赛，各级工会68家企业、近三万名职工参与竞赛。自治区总工会联合相关部门组织18名职工参加了第四届全国职工职业技能大赛和卫生系统职工岗位创新技能大赛，特别是在西南片区职工技能大赛中，西藏工会选送的参赛选手获得西南片区工种决赛总分第一，3名参赛选手分别获得提名奖，一名获得“全国优秀服务师”称号。各基层工会开展各类技能培训班22期，参加培训的职工达两千余人，开展技术比赛、劳动竞赛技术培训44次，职工参与人数1.9万人，职工提出合理化建议132件；表彰“五一劳动奖章”获得者12人，3家企事业单位获得“五一劳动奖状”称号，10个班组获得工人先锋号称号；扎实开展安康杯竞赛活动，全区165家企业、3.3万名职工参与竞赛。3、按照自治区党委、政府和全总的部署，“三大节日”前夕积极开展各项活动，慰问25283人（户），投入慰问金1532.2万元，其中，慰问困难职工7764人（户）、农民工16700人（户）、劳模177人、节日在岗职工642人，走访企业940家，困难企业850家。4、全区各级工会困难职工帮扶中心为全区8075名在档困难职工及其他原因造成特殊困难的职工（困难农民工），提供“生活救助、金秋助学、就业援助、医疗救助、信访接待、法律援助”六大帮扶救助服务，全年共投入帮扶专项资金1802万元。5、积极推进“两个普遍”，全区工会新建工会组织312家，发展会员1.4万人，其中发展农民工会员1.1万人；通过开展工资集体协商“要约行动月”活动，174家企业建立了工资集体协商制度，覆盖职工1.7万人，工资协商建制率和质量进一步提高。

【自治区总工会八届五次全委（扩大）会议】2月9日在拉萨召开。会议主要任务是深入学习党的十七届五中、六中全会精神，贯彻落实《中央书记处关于工会工作的几点意见》和自治区第八次党代会及全总十五届六次执委会精神，认真总结2011年全区工会工作，研究部署2012年工作任务。自治区副主席董明俊出席会议并讲话。他说在自治区党委坚强领导、政府的大力支持、全总的有力指导下，全区各级工会紧紧围绕自治区工作中心，服务大局，坚持把促进发展作为第一要务，坚持把维护职工队伍稳定作为第一政治责任，坚持把保障和改善民生作为一切工作的出发点和落脚点，坚持把提升工会干部的素质作为开展工作的着力点，为推动西藏跨越式发展和长治久安做出了重要贡献。他要求，各级工会要始终把拓宽工会发展道路作为不懈追求；始终把促进经济发展作为根本任务；始终把维护社会稳定作为重大责任；始终把践行核心价值体系作为自觉行动；始终把加强自身建设作为重要保证，这“五个始终”是全区各级工会2012年要把握和贯彻的重点。自治区总工会党组书记、常务副主席董春德作工作报告。七地（市）工会和部分产业（系统）工会负责同志就2011年工作情况进行交流发言。

【西藏工会送温暖活动20周年、帮扶中心建设10周年座谈暨表彰大会】1月5日在拉萨隆重召开。自治区副主席董明俊出席大会并作重要讲话。董明俊充分肯定了20年来全区工会送温暖活动和帮扶工作所取得的成效，对今后工会帮扶工作提出了“三个着力”的要求。一是要着力于改善民生，发挥工会组织贴近基层、贴近职工的优势，提高服务能力，完善服务手段，拓展服务领域，形成服务体系，使工会帮扶工作更好地体现重视民生、关注民生、保障民生、改善民生的要求。二是要着力于构建和谐社会，要以主动人文关怀为基础，以和谐劳动关系为主线，以健全维权机制为保障，建立健全科学有效的利益协调机制、诉求表达机制、矛盾调处机制和权益保障机制，最大限度地保护和调动发挥广大职工的积极性、创造性。三是要着力于提高质量和水平，深入研究新时期工会帮扶工作领域、内容、方式、环境的新变化，准确把握广大职工群众的新期待，在总结经验、探索规律的基础上，理出工作思路，改进工作方式，完善工作机制，提高工作水平，确保工作实效。董春德同志宣读了《西藏自治区总工会关于表彰西藏工会“送温暖活动20周年、困难职工帮扶中心建设10周年”先进单位、先进集体、先进个人的决定》。13家单位被授予“工会送温暖活动20周年先进单位”称号；30名同志被授予“工会送温暖活动20周年先进个人”称号；2家单位被授予“工会困难职工帮扶中心建设10周年先进集体”称号；9名同志被授予“工会帮扶工作先进个人”称号。受表彰的单位和个人代表进行了经验交流。会上，自治区总工会兑现了2012年“三大节日”送温暖资金210.4万元，受益职工7455户。

【自治区总工会“全国劳模荣誉金”发放仪式】1月18日，在拉萨举行。自治区党委常委、组织部部长尹德明，自治区人大副主任尼玛次仁，自治区政府副主席董明俊，自治区政协副主席、总工会主席央金出席，并为劳模代表敬献哈达、发放荣誉金。仪式由央金同志主持。自治区党委常委、组织部部长尹德明在发放仪式上发表讲话时强调，劳动模范是在革命、建设和改革的历史进程中涌现出来的人民群众的杰出代表。一代又一代劳动模范始终站在时代前列，积极投身革命、建设和改革的洪流，为国家、为民族建立了伟大历史功勋，铸就了爱岗敬业、争创一流，艰苦奋斗、勇于创新，淡泊名利、甘于奉献的伟大劳模精神。他们不愧为民族的精英、国家的栋梁、社会的中坚、人民的楷模。他希望广大劳模要在推动科学发展上创佳绩，在维护社会和谐稳定上立新功，在服务群众上作贡献。各族各界劳模代表纷纷表示，在新的历史时期要充分发挥劳模的带头作用，在平凡的本职岗位上创造新的佳绩。

【自治区总工会积极开拓渠道 促进困难职工子女就业】就业再就业工作是党和政府保障改善民生的重要工作。自治区总工会紧紧围绕中心、服务大局，多年来持续努力，不断把服务职工就业再就业工作作为工会工作的重要抓手做实做好。为进一步协助党委政府做好就业再就业工作，推动工会“面对面、心贴心、实打实服务职工在基层”活动落到实处，自治区总工会想方设法，积极开拓渠道，全力促进困难职工子女就业。举办技能培训班，促进待业职工子女就业。2012年，全区各级工会累计投入资金近185万元，培训6400余人，开展了驾驶、民族手工艺、藏毯编织、餐饮服务等技能培训，提高了部分劳动者的技能水平，拓宽了未就业职工子女的就业渠道。区总工会积极协助有关部门开展“春暖行动”，组织未就业职工子女参加招聘会，并做好宣传服务工作，提升求职人员面试水平，指导求职人员保障劳动权益。自治区总工会还为拉萨啤酒厂、顺丰快递西藏公司等企业推荐40余名职工子女就业。目前大部分人员工作情况良好，部分人员已经成为企业骨干。

【西藏自治区庆祝“五一”国际劳动节暨全国五一劳动奖状、奖章和全国工人先锋号表彰大会】4月27日，在拉萨人民会堂隆重举行。自治区党委书记陈全国，自治区党委副书记、人大常委会主任向巴平措，自治区党委副书记、常务副主席吴英杰，自治区党委常委、纪检委书记金书波，自治区党委常委、组织部部长梁田庚，自治区副主席董明俊，自治区政协副主席、总工会主席央金，自治区党委秘书长王瑞连出席大会。自治区党委常委、组织部部长梁田庚代表自治区党委、政府讲话，自治区副主席董明俊主持大会。自治区政协副主席、总工会主席央金宣读《中华全国总工会关于表彰全国五一劳动奖状、全国五一劳动奖章和全国工人先锋号的决定》。梁田庚在讲话中指出，劳模精神是我们伟大民族精神的重要体现，要认真落实陈全国书记关于工会工作的一系列指示精神，扩大工会组织在非公经济组织中的覆盖面，积极动员全区广大职工在实现跨越式发展和社会长治久安贡献力量。要大力弘扬劳模精神，倡导勤奋劳动、诚实劳动、创新劳动的社会新风尚。要广泛凝聚智慧力量，充分发挥推动发展、维护稳定、促进和谐的主力军作用。要推进素质提升工程，着力建设知识型、技能型和复合型职工队伍。要切实维护合法权益，努力解决职工群众最关心、最直接、最现实的利益问题。会议向受表彰的3家全国五一劳动奖状、13家全国五一劳动奖章和10个全国工人先锋号代表颁奖。中铁五局集团拉日铁路指挥部、自治区气象局分别代表先进集体和先进个人发言。参加大会自治区领导与2012年全国五一劳动奖状、奖章及全国工人先锋号荣誉称号的个人和集体代表合影留念。自治区（中）直单位有关负责人、各产业（系统）干部职工代表220余人参加了大会。

【第14个“西藏工会农民工就业培训基地”揭牌】11月26日下午，西藏工会就业培训基地揭牌暨技能培训开班仪式在拉萨达孜工业园区吞柏古藏香有限公司隆重举行。农民工就业培训基地的建立，旨在积极发挥工会的组织网络优势，开辟工会培训工作新渠道，帮助农牧民工及其家庭待业子女实现从“耕者有其田”到“业者有其技”的转变，将传承发扬民族手工艺与促进农牧民工就业相结合，将输血帮扶与造血帮扶相结合，精心为他们搭建培训平台，努力为他们打造就业创业的“金钥匙”，以实际行动贯彻落实党的十八大精神。西藏吞柏古藏香有限公司是西藏工会农民工就业培训基地第14个成员单位。揭牌仪式上，拉萨市达孜县副县长、学院代表、培训师代表、吞柏古藏香公司张志勇总经理作了发言。此次唐卡培训班、藏香制作培训班和布艺培训班，自治区总工会共投入培训资金83.7万元。揭牌仪式上，区、地、县三级工会在现场签定了农民工技能培训合作协议书，达孜县总工会与西藏吞柏古藏香有限公司签定了农民工技能培训合同书。

共青团西藏自治区委员会

【青少年思想引导普遍深入】围绕迎接学习宣传贯彻党的十八大、纪念中国共青团成立90周年、西藏共青团建团60周年，广泛开展“爱党、爱国、爱社会主义”，“同在一片蓝天下、共育民族团结花”，“学雷锋、见行动”，“红领巾心向党”，“百名青联委员牵手千名青少年”等主题教育实践活动350余场次，覆盖青少年60余万人次。举办40场“与信仰对话—科学发展新成就千场校园报告会”，覆盖青年师生1.9万余人。编辑出版《西藏自治区志□共青团志》，开通“西藏青年移动阅读平台”，开设“青春牵手新西藏”电视报纸广播专栏，加强全区共青团官方和专项微博建设，制作播出“高原青春的旗帜”专题片，举办“喜迎十八大 青春传成长”青少年微博大赛。推动227个基层团组织编写使用《青年思想引导手册》。深入实施青年马克思主义者培养工程，共培训大学生骨干、高校团学干部3000余人次。以“各族青少年民族团结进步”为主题，组织青年农牧民致富带头人、优秀青年学生、藏传佛教青年代表200余人赴内地发达省（市）和港澳地区学习考察。以项目化形式，创建西藏自治区青少年研究中心，开展“西藏反分裂斗争中青少年思想行为及共青团工作对策思考”课题研究。

【团的基层组织和基层工作夯实活跃】与区党委组织部联合制定《关于加强新形势下基层党建带团建实施意见》，为基层团建在工作领导、组织建设、干部配备、干部培训、资金保障等方面作出了制度性安排。巩固692个乡镇（街道）团委和5453个村（居）级团组织建设。积极推进乡镇实体化“大团委”建设，新建1111个直属团组织和133个农村专业合作组织团组织。新增非公有制企业建团110家。指导建立四川团省委驻藏团工委和江苏西藏商会团委。采取各种形式培训基层团干部3244人、少先队辅导员3100人。下发《关于贯彻落实〈共青团中央 财政部关于进一步支持和推动共青团基层组织建设和基层工作的意见〉的通知》，指导督促各级团组织全口径强化基层组织建设工作经费财力保障，以自治区财政直补形式为692个乡镇（街道）团委各解决2万元工作经费并纳入自治区预算。落实团中央167万元专项经费，支持乡镇（街道）共青团工作。成功召开西藏自治区第五次少先队代表大会。制定《关于进一步加强西藏自治区少先队辅导员队伍建设的实施意见》，加强少先队辅导员专业化、职业化建设，配备自治区和部分地（市）少先队总辅导员。推动西藏大学、西藏民族学院在教育学、民族学下设置“少年儿童组织与思想意识教育”二级学科并纳入研究生招生计划。狠抓团干部队伍建设，组织动员3000余名专兼职团干部积极参与创先争优强基惠民、基层组

织建设年、维护社会稳定等各项工作，进一步锤炼团干部求真务实、真抓实干作风。在驻村工作中，团区委和三个驻村工作队协调争取资金435万元，为改善当地群众生产生活条件作出了积极贡献。

【**服务青少年成长成才扎实有效**】首次编制《西藏自治区“十二五”时期共青团和青少年事业发展规划》，为全面履行服务青少年职能提供有力政策支撑。协调落实287万元培训2967名农牧区青年，转移就业率21.3%。新建35家“青年就业创业见习基地”，417人留用就业。联合金融机构发放贷款246万元，带动就业127人。创新开展全区“成才杯”大学生创业计划大赛。募集资金774万元，援建希望小学、奖励资助优秀贫困学生圆梦大学。深化实施大学生志愿服务西部计划。为赴藏博士服务团提供有效服务。结对3125名农民工子女，建设131个关爱基地，深化“青春热流□心手相牵--共青团关爱农民工子女志愿服务行动”。总投资4750万元的自治区实践教育基地项目建设已通过终验，即将正式启用，各地市青少年活动阵地功能作用日益凸显。

【**青少年维权工作持续深入**】制定实施《西藏团区委参与加强和创新社会管理工作意见》。广泛开展“共青团与人大代表、政协委员面对面活动”。认真履行预防专项组组长单位职责，制定工作细则，强化联动机制，深化重点青少年群体帮教工作。编发20万册《西藏自治区青少年法律知识读本》和《西藏自治区未成年人自护知识读本》，组织8万余名青少年参与“青春与法同行”—青少年法律大课堂活动。建设区、地两级青少年警示教育基地。积极推进平安志愿者队伍建设。

【**传统品牌全面推进**】青年文明号、保护母亲河、青年志愿者、青年安全生产示范岗、共青团系统对口扶贫等工作规范开展。《西藏青年报》汉文版成功改扩版，宣传格局焕然一新。西藏青旅积极融入全区旅游产业大发展格局，为服务全团中心工作作出新贡献。各级青学联和少先队组织规模逐年壮大，结构不断优化，作用进一步发挥。青企协、青书协、青科协等青年社会组织党建工作进一步加强。

自治区妇女联合会

【**强化教育引领，为维护社会和谐稳定作贡献**】凝聚广大妇女群众的力量，共同维护社会和谐稳定，是实现西藏跨越式发展的根本保障。2012年，始终把维护和促进社会和谐稳定作为首要的政治任务，充分发挥妇联组织的政治优势、组织优势、工作优势，着力开展宣传教育。一是强化思想引领。全区各级妇联组织以迎接、庆祝党的十八大召开为契机，结合开展创先争优强基惠民活动，多形式宣传党的富民惠农政策，设立新旧西藏对比展室，组织丰富多彩的活动等，大力宣传在党的领导下，西藏的巨大变化和各族妇女的新生活，深入开展反分裂思想教育，引导广大妇女群众认清达赖集团的反动本质，将妇女群众凝聚在党的周围。加强以“爱国、团结、和谐、发展、文明”为主题的社会主义核心价值观教育，用党的最新理论成果统一妇女群众思想。组织各族各界妇女收看十八大开幕式，聆听胡锦涛同志所作的工作报告，畅谈自己的感受和体会，载歌载舞，歌颂今天的幸福生活，表达对党的无限深情和热爱。二是举办成就展。围绕西藏妇女儿童幸福生活这一主题，参加了中国妇女儿童十年发展成就展。制作了《雪域盛开格桑花》宣传片，在十天的展期里，西藏展厅吸引了国内外各界人士几万人次前来参观，他们中既有党和国家领导人，“两会”代表委员们，中央国家机关干部、首都高校大学生以及各界群众，各国驻华大使等。我区的展览得到了组委会的充分肯定，他们认为西藏展厅有很强的视觉冲击力、宣传面广，在此次展览中我们荣获了优秀组织奖和优秀策划设计奖。发行了《西藏妇女》（汉、藏文版）4期1200册，并在基层和驻村建立了“农家书屋”，向国内外展示了在中国共产党的坚强领导下，西藏各族妇女在政治、经济、文化、社会及婚姻家庭生活方面发生的翻天覆地的变化，也告知了基层百姓，从而激励广大妇女群众为我区跨越式发展和长治久安贡献力量，并让国内外更多人了解了真实的西藏。三是开展尼姑培训。寺庙尼姑是一个容易受到达赖集团裹挟的特殊妇女群体，我们以“宣传党的宗教政策、促进社会和谐稳定”为主题，举办全区第六期尼姑培训班，对来自拉萨、日喀则、山南3个地市、20个县、28座寺庙的28名尼姑代表进行了培训，组织免费体检，带领她们赴北京、山西等地和拉萨市区参观考察。通过培训，使尼姑明辨是非、开阔眼界、爱国爱教，从而带动全区僧尼增强了对祖国的认同感和对中华民族的归属感，减少了不和谐因素。自治区党委常务副书记郝鹏亲自批示，给予高度肯定。各地还通过多种形式，如山南的“乡村夜话”、拉萨、林芝的“巾帼志愿者”、日喀则的妇女文艺宣传队等，进村入户，座谈聊天，扶贫慰问，送温暖，颂党恩，引导妇女群众跟党走、做党的好女儿。

【**服务妇女儿童维权**】首先注重源头维权。各级妇联积极参与政府部门和相关行业关于文化教育、卫生事业、妇幼保健等政策、规划的修改，仅自治区妇联就参与包括我区职工生育保险办法、“六五”普法等近20部涉及妇女儿童权益的法规政策的修改，促进了法规政策的完善，从源头上维护妇女儿童权益。其次，制定实施妇联系统普法规划，借助“三八”维权周等活动，开展广泛宣传，举办维权培训讲座和知识竞赛。加强信访工作，层层落实领导信访接待日制度，进一步完善信访工作网络，对来信来访及时予以调解和心理疏导，采取多种方式，着力化解矛盾纠纷，全区共接待来信来访300余件，结案满意率达到98%，积极参与法院陪审工作，并协调城关区法院建立了全区首家妇女维权合议庭，使维权工作得到了延伸。阿里地区妇联还积极协调地区司法处，建立了妇女儿童维权法律援助室，逐步构建社会化维权格局。三是注重加强对未成年人的思想教育，以家庭教育为依托，开展宣传教育、节日慰问、重点帮扶等系列活动，起草《西藏自治区“十二五”家庭教育规划》，在家教学会中成立了党支部，规范管理，保证发展方向。各地举办各类家长培训班27期，2000多名家长接受了培训，广泛普及家教知识和科学的家教方法，强化了爱国主义教育，深受广大家长和儿童的欢迎。

【着力服务妇女儿童民生，强化组织保障】服务妇女民生，是妇联组织做好妇女群众工作的出发点和落脚点。各级妇联组织紧紧抓住开展创先争优强基惠民活动的契机，发挥优势、整合资源，共争取落实项目资金2000多万元，为基层兴修水利、修建房屋、助贫帮困、植树造林，为当地百姓办实事好事400多件。继续发展妇联公益品牌项目，推进“母亲水窖”工作，完成了一批水窖项目的验收和今年在拉萨、山南、昌都七个预定项目的评审、立项、实施及资金拨付工作，并进一步争取和得到全国妇基会及地方配套资金共400万元的项目支持。“春蕾计划”得到新的发展，共争取落实资金321万元，用于兴建春蕾学校、资助贫困学生，协调海南省“成美慈善基金会”捐助的60万元善款，就资助了日喀则职业学校100名女生。“两癌”检查项目加大了筛查和帮助治疗的工作力度，及时对筛查出的60名患病妇女解决了每人一万元的国家下拨专项救助基金。

【帮助一批先心病儿童获得了新生】西藏是先天性心脏病的高发地区，由于经济和医疗条件的制约，许多先心病患儿错过了治疗时机。自治区妇联以救助我区先心病儿童为己任，联系中华慈善总会，协助中国人民解放军总医院等多家部队医院医疗队多次赴藏筛查，并推动此项工作纳入了自治区“十二五”卫生事业发展规划。今年，我们仍然主动作为，在各地妇联的配合下，对拉萨、日喀则、那曲、山南、昌都、阿里等地的1万多名儿童进行先心病筛查，组织194名先心病儿童进京接受免费治疗，并得到时任中央总书记胡锦涛同志的看望，引起了社会的强烈反响和广泛关注。

【妇女小额担保财政贴息工作取得新成效】为解决妇女发展资金困难问题，自治区妇联将落实妇女小额担保贷款财政贴息等系列惠民政策作为推动西藏妇女创业就业、保障和改善妇女民生的重点工作来抓。联合财政、金融等部门在拉萨完成试点工作的基础上，不断研究探索、修改完善政策，协助自治区政府下发了《关于开展城乡妇女小额担保财政贴息贷款工作意见的通知》，既藏政办发[2012]39号政策文件，成立了专项工作领导小组，为推动此项工作，自治区妇联又推出“十项措施”。截止目前，已累计发放贷款464.5万元，惠及107名创业妇女，并可得到中央财政贴息12万元。拉萨市政府出台了实施细则。各地积极行动，上月28号，日喀则地区继拉萨市之后启动了此项工作，为妇女现场发贷110万元。它标志着全区妇女小额担保财政贴息贷款工作又迈出了新的一步。

自治区工商业联合会（总商会）

【年度综述】2012年，全区非公经济市场主体达到12万多户（其中：个体工商户11万多户，私营企业1万多户，外商投资企业208家），已占全区各类市场主体的95.4%，注册资金436.67亿元，从业人员56.1万人。非公有制经济税收总量达到142.8亿元（全区税收收入153.5亿元），占全区税收的比重由2011年的78.36%上升到93%。全区非公经济呈现出发展速度不断加快、生产规模不断扩大、经营领域不断拓宽、产业结构不断优化、经济总量不断提升的良好态势。非公经济日益成为经济发展的重要支撑、财政税收的重要来源、扩大就业的重要渠道，在繁荣经济、改善民生、增加就业、维护稳定等方面发挥了重要作用。

【服务非公经济迈上新台阶】2012年，区工商联围绕贯彻落实区党委15、19号文件精神，抓住贯彻落实全区非公大会部署这条主线，服务非公经济大发展快发展这个大局，充分发挥工商联优势作用，当好政府联系、服务、管理非公经济的助手，服务力度越来越大，服务范围越来越广，服务手段越来越多，服务效果越来越好。

积极推进非公大会精神贯彻落实，支持非公企业发展，积极开展调查研究工作、商贸活动，、招商引资活动，积极搭建融资上市平台，努力构建和谐劳动关系，不断加强人才培训服务、政策信息服务，不断加大宣传工作力度，不断加强维护稳定工作。

【思想政治工作不断加强】不断探索新形势下非公经济人士成长规律，与区党委统战部联合下发《非公经济代表人士思想政治工作意见》，一手抓服务支持，一手抓教育引导，思想政治工作取得新进展。

进一步强化学习教育，进一步加强实践教育，进一步加大政治推荐力度。

【自身建设迈上新台阶】进一步加强工商联组织建设和机关建设。全区7地市工商联组织明确为独立正县级群团机关。全区设工商联的县（市区）从6个增加到15个，专兼职人员从70人增加到150余人。各地市基本明确力争尽快实现县级工商联组织全覆盖。区工商联机关又有部分干部职工职级得到提升。11月份，区工商联机关首次召开了工作务虚会，认真总结工作经验、谋划新一年的工作，进一步健全了机关工作制度，增强职能处室议事、谋事、做事的责任感和主动性。共召开十次办公会议、情况通报会议，密切了机关与兼职领导、执（常）委的沟通联系，兼职领导的作用得到进一步发挥。

进一步优化会员结构。会员队伍中，有影响力、有领头羊作用的非公有制企业不断增加，实现了多元化发展，增强了广泛性、代表性。目前，全区工商联会员3151个（其中企业会员646家，个人会员2485人，团体会员22家）；企业会员资产总额533118万元；个体工商户资产总额55133万元；企业从业人员51970人；个体从业人员41646人。

进一步加强行业商会建设和管理。在区党委、政府的亲切关怀下，自治区总商会于2011年1月正式挂牌成立，各地（市）商会正在积极筹建中，全区行业商会、异地商会不断发展。目前，工商联作为业务主管单位，我们制定了《西藏自治区商（协）会章程》、《西藏自治区商（协）会管理办法》。完成登记成立了4家异地商会；正在筹备成立西藏浙江商会、西藏云南大理商会；完成登记成立了4家协（商）会，正在筹备成立西藏藏医药健康产业协会、西藏新能源行业商会。近日，区商务厅正式发函，明确西藏烹饪协会、美容美发化妆品协会、民族手工业协会、再生业协会4家协会归口自治区总商会管理。

进一步抓好换届工作。在区党委、政府的高度重视下，在全国工商联和区党委统战部的指导帮助下，2012年5月，区工商联召开了第五次会员代表大会，选举产生了新一届工商联（总商会）领导班子，一大批优秀的非公经济人士被吸收加入工商联队伍，区工商联第五届执委会执委达到90名，常委达到41名，总商会理事达到101名，常务理事达到40名。对新任工商联（总商会）兼职领导进行培训。目前，全区7个地（市）工商联已基本完成换届工作。

进一步加强强基惠民活动。按照区党委统一部署，派出的两个驻村工作队出色完成了第一批驻村任务。2012年，两个工作队走访贫困户、普通群众2200余人次；开展集中宣讲12场（次），发放宣传资料1200余份，宣讲覆盖率达100%。编发《简报》131期，撰写调研报告4篇，先后组织27名青年和党员参加驾驶、烹饪、种养植等技术。累计为驻点村投入各类资金200多万元，为驻村点帮助解决各类实际困难50多个，包括修路、建面粉加工坊、榨油坊、建馒头店和修建饮水灌溉工程等，受到了各级党委政府的肯定和农牧民群众的好评。两个驻村工作队及部分队员被评为各级先进。

【非公党建工作成效明显】逐步健全非公党建工作机构。5月份，区党委正式批准成立区非公党工委，明确了成员单位和办公室设置，明确了非公党建工作领导体制和工作机构。目前，全区已有5地市、2个县成立了非公党工委，1个地区成立了非公党建工作领导小组，负责非公党建工作，全区非公党建工作体系逐步形成。非公党工委由区党委领导担任书记，区工商联党组书记任常务副书记，区党委、政府有关部门主要负责人和区工商联党组成员为成员，并责成区工商承担非公党工委办公室的工作。这一开展非公党建工作的组织规格和工作格局，在全国范围前所未有。

认真开展非公党建调研工作。2012年6月，区工商联联合有关部门，组织4个调研组共20余人，历时近一个月，深入全区七地市、38个县（市、区）、160余家企业，开展大排查、大摸底活动，进一步做到了企业总数清、经营状况清、职工情况清、业主情况清、党员情况清、组织建设清。

不断建强非公党建工作队伍。全年举办2期非公组织党组织书记培训班，培训350人次。召开了“全区选派非公有制企业党建工作指导员大会”，从77个区（中）直党政机关单位的干部和离退休人员中，选派300名党建工作指导员到规模以上非公企业和规模较大的非公企业，重点帮助做好扩大组织覆盖、扩大工作覆盖、完善工作机制、加强队伍建设、规范党建工作、促进经济发展等“六项工作”。11月15日召开了对接会，帮助指导员与企业进行对接，按计划落实了第一批党建指导员及时进驻企业开展工作。

逐步壮大非公经济组织党员队伍。积极开展把企业技术骨干培养成为入党积极分子、把入党积极分子培养成为技术骨干的“双培工程”，新发展了150名党员，新组建了16个党支部和2个非公企业党委。截止目前，全区非公经济组织成立党组织173家，党员4405人。在区工商联129家会员企业中已有26家建立了工会组织，5家建立了团组织，5家建立妇女组织。指导西藏宏绩集团、西藏江苏商会、西藏宏发建筑工程有限公司等将原有的党员活动室升级改造为党员服务站，逐步形成了硬件设施不断完善、规章制度比较健全、职能作用充分发挥的党员服务站网络。

自治区文学艺术界联合会

【文艺期刊】由西藏文联主办的西藏文艺期刊《西藏文艺》(藏文)、《西藏文学》（汉文）、《邦锦梅朵》（藏文）、《西藏人文地理》（汉文）和内刊《西藏文联通讯》五个文艺期刊始终坚持“把握方向、办出特色、提高质量、扩大发行”的办刊宗旨，牢牢把握社会主义先进文化的前进方向，传播和谐理念，培育和谐精神，营造和谐氛围，回应时代呼唤，注重把好政治关、质量关和效益关，根据读者群的变化在办刊内容和形式上积极进行探索，受到广大读者欢迎。《西藏文学》和《西藏文艺》编辑部分别推出“喜迎党的十八大”专刊和专栏，《西藏文艺》编辑部还推出“纪念毛泽东同志在延安文艺座谈会上发表讲话七十周年”专刊，在全区报刊表彰大会上，《西藏文艺》编辑部获全区优秀期刊奖，顿珠多吉同志获优秀编辑奖。

【创先争优、强基惠民，重点解决基层的实际问题】注重加强“两委”班子和基层党员队伍建设，召集“两委”班子成员会议、村党支部、村民大会50余次；举行升国旗仪式，举办新旧西藏对比图片展，深入开展“算富帐、感党恩、要稳定、求发展”教育，教育引导群众认清达赖集团的真实面目，筑牢反对分裂、维护稳定的思想防线；申请上报项目20余项，其中人畜饮水、灌溉水渠、村小学建设、基站铁塔、技术培训等已经实施和正在实施的10余项，涉及资金近500万元；西藏文联党员、驻村队员自发为生活困难村民捐款8000多元，筹集资金购买价值3万多元的各类生活用品，发放慰问金47960元，为驻在村免费配备太阳能卫星电视接收器，为151户979名村民拍摄“合家欢”照和证件证。帮助村民改变落后生活方式，特别是驻八宿县叶巴村成立“爱卫会”并在全村开展卫生检查的做法，得到了自治区党委常委、自治区纪委书记金书波同志的重要批示。驻叶巴村工作队被昌都地区评为先进工作队。

【履行职责、加强管理，文联自身建设成效明显】进一步加强基础设施建设，职工经济适用房修建、分配工作完成；在文联院内安装增压泵，解决了办公楼、周转房三楼以上用水难问题；文联院内绿化工程完成；新装一批监控设备，实现监控全覆盖；在自治区党委宣传部、区编办的支持下，为十个文艺家协会增加5名事业编制，解决了10名正县级和10名副县级领导职数；在机关内部树立想干事、能干事、干成事的导向，在事业单位、协会中创新人员使用和管理办法，对工作表现突出的同志予以提拔聘用，对各部室、各协会工作人员进行调整充实；加强机关党的建设，实现了机关党委和各支部顺利换届。

中国佛教协会西藏分会

【坚持“政治上坚定过硬”】理论学习制度化，提高思想觉悟。积极组织宗教界人士和干部职工集体收听收看党的十八大报告；坚持周二、四下午学习制度，联系工作实际，把全面学和重点学结合起来，坚持学以致用、用以促学，采取听辅导、写心得、谈体会、出专栏等形式学习宣传党的十八大精神和自治区党委八届三次全委扩大会议精神，开展“爱国、团结、和谐、发展、文明”为主题的核心价值观教育，学习《宗教政策法规读本》、《宗教政策法规文件选编》、《宗教团体教规制度汇编》、《加强和创新寺庙管理工作文件汇编》。通过学习，深刻认识到中国共产党在中国西藏历史发展进程和中华民族伟大复兴中的伟大领导地位和关键作用，不断打牢与党团结合作的思想政治基础，拥护党的领导、维护党的权威、自觉接受党的领导，在政治上、思想上、行动上与党中央和区党委保持高度一致，在大是大非面前认识不含混、态度不暧昧、行动不动摇，旗帜鲜明、立场坚定地同一切分裂破坏活动进行坚决斗争。

主动发挥优势，积极服务大局。围绕自治区党委、政府的重大决策部署，发挥宗教界人士在寺庙、僧尼和信教群众有影响的优势和作用，教育引导广大僧众深刻认识寺庙“六建”、“六个一”、“九有”、医疗保险、养老保险等惠寺惠僧政策，是保护宗教信仰自由，维护宗教正常秩序的重要举措，积极配合寺管会工作，主动参与加强和创新寺庙管理的活动，助推加强寺庙管理政策措施的贯彻落实；撰写《倡议书》，在《西藏日报》刊登，并以藏汉文印发各地市佛协。各地市佛协组织宗教界人士座谈、举行和谐寺庙创建活动签名仪式积极响应《倡议书》；遵照自治区开展弘扬藏传佛教历代高僧大德“爱国爱教、遵规守法、弃恶扬善、崇尚和谐、祈求和平”为主题的法制宣传教育，组织撰写了《宗喀巴大师的爱国爱教事迹》。针对甘、青、川藏区出现极个别僧尼自焚事件，撰写《珍惜暇满人身》，根据区党委统战部的安排，区政协副主席珠康·土登克珠、宗洛·向巴克珠等10位高僧大德在西藏电视台《对话》栏目对教义教规进行阐释，得到了僧尼和信教群众的好评。

维稳工作常态化，促进宗教和谐。维护稳定是硬任务，是第一责任。始终绷紧维稳这根弦，强化维稳责任，提高“小事也是事”，确保“小事也不出”的理念，形成了宗教界人士和干部职工积极主动参与维稳工作的良好氛围，建立了书记总负责、秘书长和一名副会长具体抓、一级抓一级、层层抓落实的维稳工作机制。为进一步加强机关安保力量，7月份聘请了2名有安保资质的保安，挤出2万元资金为其购买衣物、设备。在敏感节点、时段，精心组织，周密部署，广泛动员，加强领导带班制度，门卫值班制度，加强对外来人员登记制度和重点人口管理，排除安全隐患，看好自己的门、管好自己的人、守好自己的阵地，机关大院和印经院至今没有出过任何问题。

加强宣传工作，扩大对外交流。按照国家宗教局和区党委统战部、民宗委、外宣办等有关部门的安排，副会长直孔穷仓·洛桑强巴、副秘书长木雅·曲吉建才等宗教界代表人士出访瑞士和巴西，实事求是地介绍在中国共产党领导下，在社会主义祖国大家庭中西藏所发生的翻天覆地变化，全面贯彻执行党的宗教信仰自由政策的真实情况，在涉藏宣传工作中发挥了积极作用。按照中国佛教协会的安排，以自治区人大常务委员会副主任桑顶·多吉帕姆□德庆曲珍、区政协副主席珠康·土登克珠带队的西藏宗教界代表人士一行8人参加了在香港举行的第三届世界佛教论坛，珠康·土登克珠会长作了《三大语系谈佛教》的专题发言，展示了西藏佛教界的精神风貌；按照区党委统战部安排，接待了以中国佛教协会副会长、上海佛教协会会长、上海玉佛禅寺方丈觉醒法师为团长的参访团，切实增强了藏沪两地佛教界慈善事业的交流，促进了两地佛教文化的繁荣与发展，谱写了藏沪佛教界友好往来的篇章。

【坚持“活动上特色丰富”】加强培养教育，造就宗教人才。始终把培养爱国爱教的宗教人才作为首要任务来抓，全力以赴做好西藏佛学院经师推荐等工作；圆满完成2012年格西拉让巴学位立宗答辩和颁证仪式，2013年藏传佛教学经僧人晋升格西拉让巴学位预考工作，对56名格西拉让巴建立资料库；按照《西藏自治区藏传佛教活动场所经师资格评定和聘任办法》的规定，为进一步推进格西拉让巴晋升学位考评工作的公开、公平、公正，在寺庙推荐的基础上，对7名经师进行了严格政审、全面考核，聘任为格西拉让巴学位晋升考评经师；全程协助中国藏语系高级佛学院在藏调研及第十届高级学衔班考试招生工作；

珠康会长等50余人参加中国藏语系高级佛学院藏传佛教学衔工作指导委员会评审会议和拓然巴辩经考试、论文答辩、学衔授予及经师评聘辩经考试、经师资格授予等活动。

做好教务工作，满足信众需求。坚持按照佛协章程办事，依法指导、开展宗教活动，进行显密宗的传法、护法、弘法；协助统战部、民宗委（局）圆满完成经政府批准活佛的寻访、认定、坐床、受戒事宜；不断推进印经院工作，积极与拉萨市和尼木县协调，开展抢救《丹珠尔》大藏经的木刻板制作工作，建立藏传佛教典籍用品展销部，提前筹备印经院搬迁安置地及后续生产印刷工作；继续印制和发行《甘珠尔》大藏经，满足信众需求；继续办好《西藏佛教》刊物，向有关地区寺庙书屋赠送《西藏佛教》八套（每套51册），积极宣传党的民族宗教政策，传承和弘扬佛教文化。

加强主题宣讲，“引导相适应”。会长珠康·土登克珠在拉萨市藏传佛教寺庙宗教执事人员主题教育专题培训班，为238名寺管会主任、常务副主任、堪布、经师，为桑耶寺90名僧人，利用视频网络为山南地区及12个县僧尼和驻寺干部做了题为《学习和弘扬藏传佛教历代高僧大德“爱国爱教、遵规守法、弃恶扬善、崇尚和谐、祈求和平”的优良传统，争做合格僧尼》的专题讲座；会长珠康·土登克珠、副会长直贡穷仓·洛桑强巴等宗教界人士先后深入拉萨市曲水县、达孜县、堆龙德庆县、墨竹工卡县、那曲地区安多县、比如县的36座寺庙770多名僧尼和90多名寺管会干部进行了《积极推动宗教与社会主义社会相适应》专题讲座；副会长直贡穷仓▯洛桑强巴应邀赴青海省玉树州参加活动并在巴麦寺、尼宗寺进行了“积极推动藏传佛教与社会主义社会相适应”为主题的宣讲。各地（市）佛协特别是那曲、山南、日喀则宗教界人士，多次深入重点寺庙和农牧区进行专题宣讲。宣讲立足宣传党的政策，从利教、利寺、利僧角度阐释宗教理论，深刻解读“爱国爱教、遵规守法、弃恶扬善、崇尚和谐、祈求和平”的丰富内涵，运用大量史实证明西藏自古以来就是祖国不可分割的一部分，藏族人民永远是祖国大家庭中的重要一员。活动反应强烈、成效显著，提高了广大僧尼规范自己行为的自觉性，增强了为宗教和谐、社会稳定作贡献的积极性。

援助西藏
发展基金会

【工作开展情况】2012年，援藏基金会开展的四大工程共筹集落实援藏资金26164多万元，落实各类援助项目905个，其中“光明工程”实施项目255个，筹集落实资金13869多万元；“育人工程”实施项目240个，筹集落实资金3314多万元；“公益工程”实施项目 289个，筹集落实资金7517多万元；“阳光工程”实施项目121个，筹集落实资金1464多万元。向自治区残联无偿提供了总面积600多亩的日喀则边雄培训育人基地，用于支持发展西藏自治区残疾人事业。

尤其是自治区第八次党代会以来，在自治区党委、政府的亲切关怀和大力支持下，基金会的工作有了进一步的发展，两年来共筹措落实资金3655万多元，落实项目81个，2270多名白内障患者重见光明。为西藏仲巴县吉玛乡和亚热乡中心小学等19所偏远乡级中心小学新建了19座太阳能光伏电站；向林周县中学等8所基层中小学配备了教学电脑、投影机等现代化的教学设备，改善了当地的教学设施，向日喀则地区仲巴县吉玛乡、昌都洛隆县康沙镇达隆村、那曲地区罗马镇和山南地区隆子县岗坚村等捐赠太阳能户用系统1235套，困扰农牧民群众多年来照明难的心结得到了彻底的解决，受益人数达到22623多人。这不仅解决了受益群众照明难的实际问题，也对周围的环境保护起到了良好的促进作用，同时为维护稳定、构建和谐社会起到了积极的促进作用。

援藏基金会还积极资助开发西藏自治区的藏医药业和旅游业，发挥了积极作用。这些不附加任何条件的无偿援助项目遍布西藏自治区及青海、四川、云南和甘肃省的部分藏族地区，领域涉及文教、卫生、扶贫救灾、科技、经济及生态保护等等。

西藏残疾人联合会

【召开全区残疾人事业会议和工作会议】4月25日，圆满召开首届全区残疾人事业会议和残联工作会议，总结回顾“十一五”时期和2011年残疾人工作，安排部署“十二五”时期和2012年残疾人工作任务，为促进残疾人事业在新的起点上加快发展，指明了方向，明确了目标。

【完善政策法规体系】积极配合国家和自治区两级人大，开展《残疾人保障法》执法检查工作；开展《西藏自治区实施<中华人民共和国残疾人保障法>办法》修订工作，已完成送审稿；成立残疾人“两个体系”建设领导小组，起草《西藏自治区关于加快推进残疾人社会保障体系和服务体系建设的实施意见》；贯彻落实《西藏自治区实施<残疾人就业条例>办法》，起草完成《西藏自治区残疾人就业保障金征缴管理暂行办法》、《西藏自治区残疾人就业保障金使用管理办法》。

【积极争取，加大经费投入】随着西藏自治区残疾人事业的不断发展，自治区党委、政府更加高度重视残疾人事业发展，进一步加大了对残疾人事业的经费投入力度，为各项残疾人工作的开展提供了强有力的经费保障。2012年，共争取地方财政和中央财政资金2598.02万元。其中，康复工作经费578.91万元，就业、扶贫经费844.36万元，文化体育经费140.25万元，教育、托养等其他业务经费1034.5万元，有力促进了残疾人工作快速开展。

【扎实开展业务工作】康复工作。制定《关于印发<西藏自治区残疾人康复“十二五”实施方案>9项康复工作实施方案的通知》、《西藏自治区残疾儿童康复救助“七彩梦行动计划”实施方案》等文件，积极开展各项康复服务工作；成立“三星白内障手术中心”和“三星盲人定向行走训练中心”；继续实施康复人才培养百千万工程、贫困残疾儿童抢救性康复工程、贫困肢体残疾儿童矫治手术工程、百万贫困白内障复明工程。全年共为3612名残疾人提供康复服务，康复训练13382人次。

教育工作。继续开展残疾人特殊教育和残疾儿童随班就读工作，保障残疾学生和残疾家庭子女接受教育；组织开展首届特殊教育骨干教师培训工作，为拉萨、山南、日喀则地区培训20名特教教师；利用18万元彩票公益金，在拉萨和日喀则特校开展“彩票公益金助学项目”，资助60名残疾学生；组织开展“交通银行特教园丁奖”和“交通银行残疾大学生励志奖”评选活动。

就业工作。建立全区残疾人就业信息网，开展信息系统管理人员培训，完成残疾人就业基础数据录入工作；积极开展“就业援助月”活动，认真做好各类残疾人就业服务工作。全年职业登记699人，职业指导599人，职业介绍500人，就业回访218人，入户调查161户，实名制录入746人；大力开展缝纫、唐卡绘画、理发、房屋彩绘、电脑、盲人按摩、盲人电脑、哈达编制、卡垫编织、刺绣等十种残疾人职业培训，培训残疾人269人，提高了残疾人就业能力；为拓宽残疾人就业渠道，举办1次大型招聘会、15次专场招聘会，各用人单位招录残疾人170名；建立残疾人就业扶贫基地，14名残疾人实现集中就业、稳定就业，自主生产哈达，并充分发挥辐射能动作用，带动地（市）残疾人在哈达销售中实现就业；大力开展“残疾人生计项目”，扶持59名残疾人自主创业；开展公益性岗位安置残疾人就业工作，安置27名残疾人。到年底，共有271名残疾人实现就业。

扶贫工作。起草《西藏自治区贯彻<农村残疾人扶贫纲要（2011-2020年）>实施办法》；投资3万元，兴建一座残疾人洗车厂；落实62.28万元农村贫困残疾人实用技术培训资金，积极开展农村贫困残疾人实用技术培训工作;落实600万元中央财政补贴资金，为1000户贫困残疾人家庭进行危房改造，比2011年增加800户。

托养工作。下发《西藏自治区“阳光家园计划——智力、精神和重度残疾人托养服务项目”（2012-2015年）实施方案》，落实中央财政补贴资金469万元，居家托养照料残疾人7816人，比2011年增加4806名。

组织联络（宣文）工作。继续开展残疾人状况监测工作，组派3个工作组，深入拉萨、阿里、日喀则等偏远农牧区开展残疾人状况调研；积极开展内容丰富、形式多样的宣传活动，大力宣传党和国家关于残疾人的一系列优惠政策，大力宣传残疾人的良好精神风貌，大力宣传中华民族扶弱助残的传统美德，营造扶残助残的良好社会风尚；积极开展慰问贫困残疾人活动，发放慰问金近10万元；成立“区残联党员爱心基金会”，开展“献爱心活动”，募集爱心捐款23650元；注册成立肢体残疾人协会、聋人协会、盲人协会，初步开展残疾人协会工作；组织成立盲童艺术团，丰富盲人精神文化生活，填补我区没有残疾人艺术团的空白；成立“预防和处置残疾人信访突发问题或群体性事件领导小组”，完善工作预案，做好残疾人信访工作，接受并处理残疾群众来信来访6起，办复率达100%，维护了残疾人的合法权益；加快推进残疾人证换发工作，共办理49224本残疾人证，比2011年多换发10344本；落实42.54万元残疾人机动轮椅车燃油补贴经费，为1636名残疾人发放补贴；落实70万元无障碍设施改造资金，为200户贫困残疾人家庭进行无障碍改造。

信息化建设和残疾人事业统计工作。投入资金77万元，改善办公设备，促进残疾人事业信息化建设；加大残疾人工作信息宣传力度，信息量有了大幅度增长，信息质量显著提升，公开发布信息72条，中国残联网采用65条，在各类新闻媒体上积极刊登关于残疾人工作的新闻报道，扩大残疾人工作影响面；加强残疾人事业统计工作人员培训，培训37人；编印《西藏自治区残疾人基本信息调查表》，在全区5451个行政村着手开展残疾人基本信息调查统计工作，推进残疾人事业统计工作规范化。

【基础设施建设】全面开展阿里、那曲残疾人综合服务中心和自治区、拉萨、山南、林芝、日喀则、昌都“残疾人托养服务中心”及自治区残联机关办公楼等残疾人事业“十二五”规划建设项目前期准备工作，改善为残疾人服务的条件。完成自治区级托养服务中心和47个县综合服务中心项目奠基仪式。

【对口受援工作和残疾人慈善事业】积极协调开展全国残联系统第二次对口援藏工作，全年共落实受援资金650万元；落实400万元注册资金，成立西藏自治区残疾人福利基金会，开展残疾人福利工作，募集款物70余万元，推动了残疾人慈善事业发展。

【涉外项目和区内外交流工作】召开区残联与国际助残组织合作项目中期回顾会议，为后期合作奠定良好基础；与国际助残组织合作实施《残疾人康复服务第四期项目》，与德国盲文组织合作实施《第四期助盲项目》，落实与广东中山大学眼科中心的合作项目，做好德国助盲项目捐赠工作，推动残疾人事业发展。

【“强基础惠民生活动”和扶贫工作】按照自治区党委的统一部署，会党组高度重视、周密部署，成立“自治区残联强基础惠民生活动领导小组”，以“促发展、促稳定、促民生，抓党建、感党恩、夯实基层基础工作”为主题，扎实开展强基础惠民生活动。2012年，驻村工作队在岗率100%，克服重重困难，认真履行工作职责，积极深入农户搞调研，走村串户摸实情，真心实意听民意，全心全力办实事，受到基层党委、政府和农牧民群众的高度赞扬。在中国残联和自治区财政厅、水利厅、强基办等的大力支持下，共落实扶贫资金177.8万元，用于建强基层组织，修建生产生活基础设施，帮助农牧民拓宽增收渠道，提高群众生活水平。

法　制

自治区审判工作

【年度综述】 2012年，全区各级法院共受理各类案件24572件，结案23835件，收、结案同比分别上升10.1%、10.3%，综合结案率97%，为我区改革发展稳定提供了有力司法保障。

【旗帜鲜明反分裂，全力以赴保稳定】 一是突出重点抓稳定。调整充实了全区法院维稳工作领导小组，由一名主要领导牵头成立维稳工作专班，下设维稳指挥组、应急处突组、安全保卫组、重大敏感案件审理指导组等9个工作小组，形成了分工明确、责任明确，各包一方、各司其职，一级抓一级、层层抓落实的维稳领导机制。建立完善定期分析研判、适时强化部署、全程督促检查、严格责任追究的常态维稳工作机制，2012年区高级法院召开维稳工作例会37次，召开全区法院维稳视频会议5次，向各级法院下发做好维稳工作的紧急通知29件，由院领导带队6次分赴各地（市）法院突击检查维稳工作，确保了全区法院无论是审判执行工作，还是队伍管理，无论是值班备勤工作，还是内部安全防范，均未出现任何问题。坚持针锋相对、主动出击，全面深化打击整治专项行动，进一步完善与公安、检察机关日常信息联络机制和重大案件信息通报制度，指导拉萨、昌都、那曲等维稳重点地区法院精心做好“4·08”、“5·27”等大要案的审理工作，提前介入、快审快判，突出重点、精准打击，有力地维护了国家安全。坚持协调配合、整体联动，全力打好维护稳定的主动仗、整体仗、配合仗，党的十八大、3月敏感期、重大民俗宗教活动期间，全区法院全警动员、全力以赴投入维稳实战，共出动人员7.02万人次、车辆1.93万台次、经费2245.32万元参与维稳中心工作，始终做到了精力不分散、力度不减弱、工作不动摇、责任不放松。

二是创新管理增和谐。认真做好涉法涉诉信访工作，通过院庭长接访、法官带案下访、领导包案化解、信访救助等措施，妥善解决涉案当事人的合法诉求，坚决防止发生影响社会稳定的重大信访问题，2012年接待来信来访1342人次，同比下降12.9%，党的十八大和全国“两会”期间全区法院未发生一起进京访案件。加大矛盾纠纷排查化解力度，坚决防止非对抗性矛盾转化为对抗性矛盾、民事案件转化为刑事案件、个案问题转化为群体性问题，立案前排查化解各类矛盾纠纷6053件。扎实开展法律进寺庙、进农牧区、进社区、进机关、进单位、进企业、进学校活动，营造人人学法、尊法、用法、守法的良好氛围，全年共开展各类法制宣传活动3577场次，发放宣传资料14.8万份，受教育群众23.6万人。

【服务大局促发展，司法为民惠民生】 紧紧围绕“保稳定、促增长、控物价、抓改革、扩开放、惠民生”的总体部署，牢牢把握“稳中求快”的工作总基调，坚持刑民并举、审执并重，能动司法、调解优先，依法化解社会矛盾、协调社会关系、规范社会行为，促进社会公平正义，努力为经济社会发展营造良好的法治环境。

一是加大打击犯罪力度，推动社会治安形势持续好转。坚持严打方针不动摇，依法严厉惩处危害国家安全、涉枪涉爆、非法组织、偷越国边境、暴力犯罪、侵财犯罪等各类犯罪行为，共审结各类刑事案件1071件，判处罪犯1236人，同比分别下降7.2%、4.3%，其中被判处五年以上刑罚的283人，发生在那曲巴青县“9·21”故意杀人案等一批重大恶性案件得到有效处置。认真贯彻落实宽严相济刑事政策，对未成年犯、初犯、偶犯、过失犯，依法从轻、减轻或者免予刑事处罚，对罪犯中改造较好的依法进行减刑、假释，做到宽严相济，罚当其罪，最大限度地减少对立面，共对273名罪犯判处缓刑、拘役、管制等轻缓刑，裁定减刑假释1426人。

二是加大矛盾纠纷化解力度，依法调节经济社会关系。紧紧围绕“提升一产、壮大二产、做强三产”和发展实体经济、壮大民营经济，出台《保障非公有制经济又好又快发展的指导意见》等司法保障意见，坚持平等保护原则，加大司法保障力度，共审结各类民商事案件10171件，结案标的额15.6亿元，同比分别上升16.1%、13.9%。坚持保障行政相对人的合法权益与支持行政机关依法行政并重，妥善化解各类行政争议，共审结行政诉讼和国家赔偿案件41件。坚持调解优先、调判结合，把诉讼调解贯穿于案件立案、审理、执行的各个环节，贯穿于一审、二审、再审、执行、申诉和信访的全过程，努力实现定分止争、案结事了，全区法院民商事案件调撤结案率达76.9%。扎实开展建立健全诉讼与非诉讼相衔接的矛盾纠纷解决机制试点工作，积极推动人民调解、行政调解、司法调解“三位一体”的大调解体系建设，全区法院通过“观摩庭审”、“以案代训”等形式培训人民调解员1309人次，指导调处纠纷2169件。

三是加大民生司法力度，不断满足人民群众司法需求。推动立案信访窗口标准化建设，实行诉讼指导、立案审查、立案调解、查询咨询、材料收转、判后答疑、信访接待、司法救助等“一站式”服务，健全首问负责、服务承诺、办案公开、文明接待等制度，努力营造环境温馨、服务温馨、方式温馨的和谐诉讼氛围。加大“车载流动法庭”巡回审理、上门服务力度，把法庭开在田间地头上，开在老百姓身边，就地审理、就地调解、就地执行、就地普法，方便群众诉讼，减轻群众负担，全区法院“车载流动法庭”巡回审判3185场次，办理案件3307件。高度重视民生案件审判工作，共审结劳务合同和劳动争议案件1127件，为当事人追回工资3394万元。认真落实司法救助的相关规定，为当事人减、免诉讼费137.65万元，为刑事被害人、信访和执行特困群体发放救助基金374.61万元。加大司法公开，保障司法民主，人民陪审员共参与审理案件342件。

四是加大执行案件攻坚力度，切实维护宪法法律权威。制定《关于贯彻落实<自治区人大常委会关于加强和改进人民法院民事执行工作的决定>的意见》，进一步完善“党委领导、人大监督、政府支持、法院主办、各界配合”的执行工作机制，强力推进执行联动机制、威慑机制、惩戒机制建设，深入开展反规避执行活动、党政机关执行人民法院生效判决和裁定积案专项清理活动，通过指定执行、交叉执行、联合执行、提级执行、突击执行等有效措施，共执结执行案件2373件，执结标的额3.1亿元，同比分别上升33.3%、14.8%，有力地维护了当事人的胜诉权益。

【创先争优强基层，重心下移固根基】 一是以开展创先争优强基惠民活动为有力抓手，着力提升驻村工作水平。按照区党委开展创先争优强基惠民活动的要求，第一批驻村工作队共从全区三级法院抽调593名干警进驻234个村开展工作，加强组织领导，开展经常性的督促检查，防止驻村工作挂空挡、走形式。坚持夯实党的执政基础与锻炼党员干部队伍相结合，主动倾听群众呼声、把握群众需求、反映人民愿望，与当地群众同吃同住、同甘共苦，打成一片、融为一体，进一步密切了与人民群众的血肉联系。把解决实际问题放在驻村工作的突出位置，统筹推进驻村“五大任务”，区高级法院每年压缩行政经费100万元为人民群众办实事、做好事、解难事，2012年全区法院协调落实资金6754.3万元，办实事536个，密切了与人民群众的血肉联系。

二是以落实“十二五”规划和援藏计划为有效途径，着力提升法院基层基础工作水平。牢固树立抓项目就是抓发展的理念，主动跑办、加大协调、全力抓好法院“十二五”项目建设，全年共协调落实“十二五”项目8个，落实投资7310万元。积极争取最高人民法院在林芝召开了全国法院援藏工作经验交流会，各级法院均成立主要领导带队的工作组前往援藏法院衔接落实援藏计划，共协调落实援藏资金6013.2万元，有力地推进了西藏法院建设。

自治区检察工作

【年度综述】2012年，在自治区党委和最高人民检察院的坚强领导下，全区检察机关紧紧围绕保障党的十八大胜利召开，全面履行职责，积极服务发展稳定大局，为维护社会和谐稳定、保障人民幸福安康、服务经济社会发展做出了新贡献。

【维护社会和谐稳定】一是深入开展反分裂斗争，严厉打击危害国家安全犯罪。认真贯彻落实区党委、高检院的部署要求，想稳定、干稳定、抓稳定，以“三不出”为目标，坚持“四抓”，做到“三不留”，最大限度地发挥检察机关在维护社会稳定中的作用，确保了十八大等敏感节点的稳定。在办理危安案件中，坚持政策引导执法，着眼国际国内两个大局，充分考虑案件的示范效应、攀比效应和放大效应，积极配合有关部门侦办了一系列重大敏感复杂案件，依法惩处了一些严重暴力犯罪分子，帮助教育了一些被裹挟、蛊惑、不明真相的轻微违法人员，维护了全区大局稳定。二是依法打击各类刑事犯罪，全面贯彻宽严相济刑事政策。全年共批准逮捕各类刑事犯罪嫌疑人1531人，提起公诉1443人。正确适用宽严相济刑事政策，做到区别对待、宽严适度，一手抓打击保稳定、一手抓宽缓促和谐。对犯罪情节轻微、社会危害不大的人员，依法决定不批捕216人、不起诉118人。三是积极参加专项治理，全力确保重点部位稳定。有力配合有关部门，加强对“两边一线”和“法会”回流人员、刑释解教等重点人员的监控管理，投入经费6463.05万元，派出干警84200人次，出动车辆8200台次，对21个边境县、40个边境通道、240公里铁路实施了有效管控。四是积极参与创先争优强基惠民活动，坚持群众工作与检察工作相结合，深入开展向群众问需、问计、问效活动，以有限职责、无限服务的理念，拓宽联系和服务群众渠道，着力维护人民群众合法权益和社会公平正义，从源头上防范社会矛盾。坚持主动参与、积极作为，参与农村、寺庙社会治安防控体系建设，配合村委会、寺管会，加强对村庄、寺庙及周边安全和治安突出问题的集中整治。着力搭建群众工作平台，通过驻村接访、公开听证、答询等形式，延伸执法办案职能，拓展检察工作领域，着力维护基层社会稳定。共派出956名干警驻进239个村（居委会），走村串户接访17333次，解决群众涉访问题1164个。用心办好群众控告申诉案件，共接待群众来信来访205件次，及时妥善处理集体访、告急访4次，化解矛盾纠纷3674起，排查清理各类涉检信访积案3件，已办结和息诉3件。

【提升办案质量与水平】一是认真学习贯彻修订后“两法”。采取邀请专家授课、知识竞赛、模拟演练、参加视频培训等形式，在全区检察机关有计划有步骤地开展全员系统培训和针对性专项培训，选派100余名公诉、反贪、监所等业务骨干赴内地检察机关进行办案实践锻炼和考察学习、专项培训；二是执法水平与办案能力进一步提高。以突出查办大案要案和严肃查办侵害人民群众切身利益案件为重点，切实加强查办和预防职务犯罪工作，共立案侦查贪污贿赂、渎职侵权等职务犯罪案件31件36人，为国家挽回经济损失1555.34万元，其中，查办大案24件、要案2人。结合办案深入开展预防职务犯罪工作，发出检察建议6件，向社会提供行贿犯罪档案查询92次，开展警示教育85次，对20个重大公共投资项目开展专项预防。三是诉讼监督工作有了新进步。加强刑事立案监督，督促侦查机关立案10件；加强刑事审判监督，依法对认为有错误的刑事裁判提出抗诉2件；加强刑罚执行和监管活动监督，依法纠正违法减刑、假释、暂予监外执行31人；加强民事审判和行政诉讼活动监督，依法对认为有错误的民事行政裁判提出抗诉7件，对人民法院正确的民事行政裁判主动做好当事人服判息诉工作，共息诉18件；2012年，共向侦查、审判、司法行政等部门发出检察建议114件。

【队伍建设和基层院建设】一是深入开展核心价值观教育实践活动。以掀起向金淑萍同志先进事迹学习热潮为载体，在全区深入开展政法干警核心价值观和以“爱国、团结、和谐、发展、文明”为主题的核心价值观教育实践活动。金淑萍同志先进事迹报告团先后在区内开展巡回报告23场，听众达31000余人，赴浙江、湖南、海南、云南4个省作巡回报告，所到各地反响强烈，报告团还受到区党委和高检院主要领导同志亲切接见。二是切实加强领导班子建设。以分市院和基层院领导班子换届工作为契机，注重从一线培养选拔干部，一大批立场坚定、年富力强的干部走上领导岗位，各级院领导班子得到加强。三是大力实施人才强检工程。强化人才引进工作，从区外高校招录大学毕业生75名；强化检校合作，继续加强与北京师范大学、西北政法大学合作，培养高学历人才；强化司法考试培训，在林芝举办司法考试培训班，有35人通过司法考试。四是扎实推进分市院和县（区）院建设。全区有6个检察院新建、改建或扩建了办案用房、专业技术用房和周转房20856平方米，分市院和基层院人均业务经费进一步提高，采购并发放科技装备共计5058.91万元，切实提升了分市院和基层院“执法规范化、管理科学化、队伍专业化、保障现代化”建设水平。

【受援工作取得新成效】一是抓好检察业务受援，共有18名业务骨干来藏开展个案指导、挂职锻炼、帮助工作，17名专家来藏授课、开展业务巡讲、工作交流。二是抓好教育受援，共选派35名干警赴内地参加司法统一考试培训，定向培养研究生20人，分类培训323人。三是抓好资金项目受援，共争取援藏项目资金2940.16万元，国家检察官学院西藏分院在国家发改委审批正式立项并获建设资金5592万元，通过集中资金办大事、解难题，使检察装备、办公和基础设施得到改善。四是抓好人才智力受援，共选派26名业务骨干赴区外参加岗位实践锻炼，与援藏单位加强科技协作，共享优势资源。

自治区公安工作

【圆满完成重大安保任务】一是圆满完成党的十八大安保任务。全区公安机关超前谋划、提前部署，全警动员、全力以赴，大力加强便民警务站、公安检查站、安检站建设，加强重点部位防控，严格城镇网格化管理，深入开展打击整治专项行动，为党的十八大胜利召开创造了和谐稳定的社会环境。二是全力做好“三大节日”、全国全区“两会”等期间各项安防工作。按照自治区党委、政府总体部署，保持严打整治、严管严控高压态势；突出严打整治专项行动，集中整治人民群众反映强烈的治安问题；突出加强安全生产监管，及时消除道路交通安全隐患、消防安全隐患，为各族群众欢度元旦、春节、藏历新年营造了良好的社会环境，确保了“萨嘎达瓦”等大型民俗宗教活动期间全区社会稳定。

【深入开展打击整治专项行动】一是打击刑事犯罪取得新成效。组织开展了“侦破命案”、“打黑除恶”、“打击多发性侵财犯罪”、“打拐”等专项行动，全区共立刑事案件3771起，破2968起。抓获犯罪嫌疑人2169名，挽回经济损失2790.69万余元。立破毒品案件99起，抓获犯罪嫌疑人149名，缴获毒品22415.02克、易制毒化学品15036.95克。组织开展破案会战，共立经济犯罪案件285起，破案137起，涉案金额13.84亿元，挽回经济损失1736万元。二是社会治安整治取得新进步。全区公安机关110报警服务台有效接警89157起，处置报警88552起。共受理治安案件5891起，查处5521起。集中开展了社会治安“春季行动”、“打非治违”、缉枪治爆、“打四黑除四害”、打击盗窃破坏电力、电信、广播电视设施等专项行动，共出动警力13万余人次，开展清理检查6.5万余次，及时消除了安全隐患。三是安全生产监管迈上新台阶。查纠交通违规行为110225起，调解交通事故纠纷590起，全区发生交通事故679起，死亡326人，受伤825人，直接财产损失953万元。排查整治火灾隐患119446处，执行火灾扑救185起，抢险救援182起、社会救助204起，抢救疏散被困人员651人。

【大力加强公安基层基础建设】一是加强基层实战处突力量建设。按“一乡一所”标准，设立公安派出所，结合维稳实际工作需要和便民服务工作需要，设立便民警务站、公安检查站和公安特警队，不断夯实公安基础工作，提升加强和创新社会管理工作能力水平。第一，大力推进派出所建设。按照自治区党委、政府有关要求，大力推进全区公安派出所建设，基本实现“一乡一所”建设目标。第二，便民警务站建设卓有成效。在自治区党委、政府的大力支持下，全区便民警务站建设取得明显成效，并在维护稳定的进程中发挥了积极作用。2012年，便民警务站组织民警巡逻17万余人次，检查物品360万余件，受理群众求助14.3万余人次，开展法制宣传5万余次。第三，公安检查站工作进一步规范化。为进一步加强和改进公安检查站工作，自治区公安厅研究制定了《公安检查站工作规范》，公安检查站发挥了环藏、环拉萨“护城河”安保圈的屏障作用。二是加强群防群治力量建设。通过依靠街道、社区、乡镇基层组织，建立健全了“护厂队、护校队、护村队、护寺队、护院队”等“红袖标”群防力量，开创了社会管理综合治理的新局面。三是加强实有人口管理服务。采取上门采集信息，送证上门、缩短制证时间等方式方便群众办理身份证，全年办理第二代居民身份证55万张，基本完成16周岁以上户籍人口第二代居民身份证制发任务。四是加强服务群众工作。深入开展“创先争优、强基础、惠民生”驻村活动，积极派出驻村工作队，走访群众19万余人次，协助基层组织完成建设项目372个，协调落实建设资金5093.877万，开展宣传活动3200次，发放宣传资料16万余份，发展党员1561名，顺利完成第一批干部驻村任务。五是加强行业公安工作。铁路公安机关强化路地联防联控和巡线检查，检查旅客130万人、行李247万余件，查获危险物品24904件，发现整改线路安全隐患723起，办理案件66起，抓获违法犯罪嫌疑人23名。民航公安机关全力保障航班安全起落，检查旅客215.2万人、行李247万件，查出违禁品545件，破获刑事案件12起，抓获犯罪嫌疑人17人。森林公安机关办理案件27起，抓获犯罪嫌疑人16名，处罚85人，收缴林木117.28立方米。拉萨海关缉私局侦办刑事案件6起、违法违规案件29起，案值327.35万元。

【强力推进公安队伍建设】一是公安队伍力量发展壮大。坚持警力下沉，新招录民警全部配备到基层实战部门，有效充实加强了基层队伍力量建设。二是教育培训工作深入扎实。深入开展人民警察核心价值观教育、“三访三评”、大走访、“大教育、大培训”、“岗位大练兵”等活动，采取岗前培训、在岗培训、实战培训、函授教育、送教上门、以老带新、民警自学等方式，培养了一批警务实战技能战术教官和业务骨干，有效提高了基层民警运用法律政策能力、群众工作等能力。积极协调内地高校驻藏函授教育站扩大招生规模，为推动我区公安工作和队伍建设实现跨越式发展注入了强劲动力。三是纪律作风建设不断加强。层层签订党风廉政建设责任书，建立健全“聘请特邀监督员”、惩治和预防民警违纪违法联席会议等监督制度，会同区纠风办通过西藏人民广播电台“阳光热线”节目公开解答群众热点问题，主动接受社会监督。查处违法违纪案件34起60人。

【对口援助工作成效显著】一是智力援助，优化了西藏公安队伍建设。智力援助推进和加强了西藏公安队伍建设，增强了公安队伍的内在潜力，推动了西藏公安工作健康发展，智力援助结合“请进来”、“走出去”的方式，丰富了新形势下公安工作理念，对提升西藏公安队伍的整体素质和战斗力发挥了积极的作用。二是资金援助，缓解了西藏公安经费不足。对口援藏工作开展以来，公安部和对口援藏省市公安机关在资金方面进行了无私的援助，在一定程度上缓解了西藏各级公安机关办案经费、行政业务经费不足的问题。三是装备援助，提升了西藏公安机关实战能力。物资装备援助缓解了西藏公安机关警用装备紧缺的现状，有力地改善西藏各级公安机关特别是偏远地区基层公安机关民警警用装备的配备。各种警用装备、警用车辆、警用器械的援助提高了西藏各级公安机关侦查破案能力和工作效率，极大地提升了西藏公安机关的实战能力。四是项目援助，改善了西藏公安机关基础建设。自援藏工作开展以来，一批批援藏项目的建设并投入运营，增强了西藏公安机关基础设施建设和配套水平，进一步改善了民警的工作条件和住宿条件，有利于凝聚警心。五是对口援助，增进了与内地公安机关的交流与合作。对口援助工作开展以来，对口援藏省市公安机关和西藏各级公安机关在平等协商互利互惠的原则上，搭建援藏工作平台，促进公安工作互访交流，建立良好合作关系，增进了深厚的友谊。

自治区司法行政工作

【维护稳定各项工作成效明显】2012年，区司法厅党委严格落实厅领导联系点制度和“四级”维稳督察制度，积极加强值班备勤和内部安全保卫工作，确保了厅系统“三不出”。围绕3月敏感期、党的十八大召开等重点时段的维稳工作，全区各级司法行政机关及全体干部职工克服麻痹思想和松懈厌战情绪，发扬连续作战的作风，认真落实各级党委、政府（行署）以及厅党委的部署和要求，充分发挥教育改造、法制宣传、人民调解等司法行政职能作用，积极参与当地巡线护路、巡逻执勤等社会面维稳工作并取得了良好成效，已成为一支重要的维稳力量。

【监狱、劳教工作成绩显著】全区各监狱劳教机关牢固树立安全稳定“首位意识”，坚持监管工作“首要标准”，紧紧围绕“四无”目标，强化监所管理，认真落实各项安全防范措施，进一步加强防控和处置突发事件能力建设，确保了监所持续安全稳定。一是进一步加强狱（所）情分析研判和狱（所）内侦查工作。厅党委、各狱（所）、各监区（中队）层层定期召开狱（所）情分析研判会，及时研究解决监管改造和教育工作中存在的问题、困难和隐患。认真开展安全隐患百日排查整治活动，努力从源头上防控违禁物品和不良信息流入监所。二是采取各种有力措施，积极加强了对监所涉稳重点人员的管控教育。三是完成了重点狱（所）探视场所安全改造、设备更新、监区（中队）金属隔离网墙以及AB门建设任务，有效缓解了监狱劳教场所物防设施落后、技防能力薄弱的现状。四是各狱（所）进一步完善处置突发事件预案，联合驻狱武警部队进行了21次专项演练，参加演练干警达2000余人次，有效提升了应急处突能力。五是各监狱将在押人员亲属集中探视改为常态化探视，既方便了在押人员亲属探监，又有利于防范群体性涉稳事件的发生。六是认真落实特殊敏感时段刑释解教重点人员必接必送措施，确保了无缝对接，消除了可能发生的维稳安全隐患。

【普法依法治理工作深入推进】着眼于维护社会稳定，全区各级普法机构认真开展“法律七进”工作，提高了全民法律素质。切实加强对重点人群、重点对象的法制宣传教育，促进了敏感时段全社会的和谐稳定。积极配合各级民宗部门、寺庙管委会和驻寺工作组，广泛开展了以“爱国爱教、遵纪守法、弃恶扬善、崇尚和谐、祈求和平”为主题的寺庙法制宣传教育活动。2012年8月，成功组织召开全区第六次法制宣传教育工作会议。据不完全统计，2012年全区各级普法机构共组织开展专项法制宣传教育活动260余场次，发放张贴宣传图片11万余张、各类法制宣传资料70万余

份；针对重点地区、特殊人群开展法制宣传120余场次，开展校园周边整治法制宣传70余场次；扎实开展“法治县（市、区）”、“民主法治示范村”创建活动。拉萨市达孜县章多乡章多村等7个村（居委会）被司法部、民政部评为第五批“全国民主法治示范村”。

【人民调解、安置帮教、社区矫正试点工作稳步开展】为促进社会和谐稳定，认真开展矛盾纠纷“大排查大调解”专项活动，积极探索建立由司法行政机关牵头，各部门和社会各界整体联动的“大调解”机制，初步形成了依托基层、多方参与、警民联调、诉调衔接的工作格局；建立健全矛盾纠纷包案、包村、包人调处责任机制，集中力量解决重点区域、重点领域、重点人群的矛盾纠纷。2012年，全区各级人民调解组织共调解各类矛盾纠纷案件4472起，调处成功率为95.6%，有8人荣获司法部“全国人民调解能手”荣誉称号。切实做好刑释解教人员安置帮教工作，严格衔接措施，确保了无缝对接。

【法律援助工作稳步推进】注重发挥法律援助在维护社会公平正义、救助弱势群体方面的积极作用，进一步落实法律援助便民措施，降低法律援助门槛，扩大法律援助覆盖面。2012年，全区各级法律援助机构共办理法律援助案件1822件，同比增长23.4%。提供法律咨询12000余人次。积极推广使用法律援助管理信息系统和中央专项彩票公益金法律援助案件管理系统。2012年，全区各级法律援助机构共办理彩票公益金法律援助案件508件，同比办案数量增加117%，办案资金增加161%。“1+1”法律援助志愿者活动成效显著，为化解矛盾纠纷、维护社会和谐稳定发挥了积极作用。

【法律服务工作健康发展】2012年，全区新批准设立律师事务所3家，增发律师执业证书22本。注重规范对律师办理涉法涉诉、重大群体性、敏感性案件的指导。2012年，全区律师共办理各类案件2436件，咨询和代写法律文书2473件，担任机关和企事业单位法律顾问592家；公证机关共办理各类公证9563件，公证涉及财产标的额达22.75亿元。注重加强法律服务工作者的思想政治建设和职业道德建设

认真履行法制建设职能，强化对规范性文件的法律审查，通过与自治区人大和政府法制办协调，将《西藏自治区法律援助条例》列入自治区2013年立法规划，《西藏自治区司法鉴定管理条例》列入全区“十二五”立法规划。协同自治区质量技术监督部门研究制定了《西藏司法鉴定机构认证认可工作实施方案》，为进一步加强司法鉴定质量建设奠定了良好基础。2012年，全区面向社会服务的10家司法鉴定机构共办案383件，鉴定意见采信率达100%，被投诉率为0。此外，顺利完成了2012年度国家司法考试的全国统一考试、试点考试的报名、资格审查、办理资格证各项考务工作，全区共有1903人报名参考，通过率达到21%，较2011年上升了3%。

【队伍整体素质得到提高】深入开展政法干警核心价值观教育实践活动、岗位大练兵活动、监狱劳教系统基层基础建设年活动等学习教育专项活动，并收到了良好成效。扎实推进党风廉政建设责任制的落实，党风廉政建设和反腐败斗争稳步推进。通过积极开展警务督察工作，进一步规范干警执法执纪行为，树立了司法行政队伍的良好形象。认真贯彻执行《干部选拔任用条例》和四项监督制度，扎实做好干部选拔任用工作。2012年，厅系统选拔任用处级干部74名，科级干部220名，为司法行政工作的改革发展提供了坚强的组织保证和人才支撑。进一步加大司法行政队伍培训力度，通过“请进来、送出去”等多种方式，全年共培训业务骨干430余人次。

【深入开展“创先争优强基础惠民生”活动】根据自治区党委、政府的统一部署，厅系统选调32名同志组成8个工作队于2011年11月进驻昌都地区贡觉、八宿两县8个自然村开展驻村工作。一年来，工作队积极为当地群众争取项目资金1260万元，已落实736.5万元，自筹资金近100万元，为当地群众办实事、解难事100余件，受到了各级政府和当地群众的好评。其中，区司法厅被评为自治区级优秀组织单位；厅机关派驻贡觉县相皮乡麦东村工作队被评为自治区级先进驻村工作队；6人被评为自治区级先进驻村队员，14人被评为地区级先进驻村队员。同时，全区各地（市）司法处（局）也结合自身实际，认真组织、扎实开展强基惠民活动，并收到良好成效。

【信访积案排查和涉稳重点人管控工作有序开展】认真做好群众来访接待工作，及时妥善处理群众诉求，确保了全系统未出现缠访闹访、越级上访、进京上访事件。同时，对本单位、本部门的重点信访案件和陈年积案进行认真清理，实行领导包案，责任到人，妥善处理，坚决防止因信访问题处置不当引发的重大案件和群体性事件。认真开展涉稳重点人管控工作，厅党委及时成立了涉稳重点人管控工作领导小组及办公室，研究制定了《司法厅涉稳重点人管控工作实施方案》，建立了《司法厅涉稳重点人数据信息》和管控责任人花名册，层层签订了管控责任书，明确了“一对一、人盯人”的管控措施，确保了重点人员不脱管、不失控。

【受援工作沟通对接进展顺利】2012年4月5日至24日，按照司法部办公厅《关于做好援藏规划沟通对接工作的通知》(司办通〔2011〕96号)要求，厅党委成立了受援工作衔接协调领导小组，分赴全国17个省（市）司法厅（局），就“十二五”期间的对口支援工作进行了沟通协调，达成援助意向的项目资金共计4947.85万元。截至2012年11月底，有关对口援助单位选派援藏干部10人次，培训各级干部87人次。同时，各单位、各部门也积极加强与对口援助单位的沟通协调，落实了部分物资、资金和人才援藏项目，有力地促进了司法行政工作的发展。

第三篇 军 事

西藏军区

【召开西藏军区第九次党代表大会】 5月5～8日，中国共产党西藏军区第九次党代表大会在拉萨召开。郎友良同志代表中国共产党西藏军区第八届委员会作了题为《高举中国特色社会主义伟大旗帜努力开创军区部队建设科学发展新局面》的工作报告，全面回顾了过去5年的奋斗历程，实事求是地肯定了部队建设的主要成绩和发展进步，分析了存在的问题，从理论与实践的结合上总结了经验，明确了今后5年建设的奋斗目标和主要任务，对加强西藏军区部队党的建设提出了要求。大会审议并通过了郎友良同志代表西藏军区第八届党委所作的工作报告和西藏军区党的纪律检查委员会向大会提交的书面工作报告；选举产生了中国共产党西藏军区第九届委员会、中国共产党西藏军区纪律检查委员会和出席成都军区党代表会议代表。成都军区副政委刘长银到会指导，西藏自治区党委书记、西藏军区党委第一书记陈全国作为代表出席会议，西藏军区机关部分党员干部列席了会议。

【开展“讲政治、顾大局、守纪律”学习教育活动】 2～4月，为进一步加强部队党的建设，巩固深化思想作风建设成果，加强各级党委班子和机关思想政治建设，西藏军区组织全区部队开展“讲政治、顾大局、守纪律”学习教育活动。期间，制定并下发了《团以上党委机关开展“讲政治、顾大局、守纪律”学习教育活动实施意见》，从2月22日开始利用6个工作日，组织西藏军区党委机关结合第一季度党委中心组理论学习，区分动员部署、理论学习、辅导授课、分析检查、小结讲评五个步骤进行了“讲政治、顾大局、守纪律”集中学习教育活动。团以上单位集中学习教育，于4月中旬前全部完成。各级党委充分利用党日活动，把学习教育活动作为贯穿全年的政治任务紧抓不放，着眼落实高举旗帜、听党指挥的根本政治要求，下功夫解决存在的突出问题，确保了学习教育活动取得扎实成效，有力促进了部队各项建设和工作。

【开展“条令学习月”活动】 3月，西藏军区区分学习动员、对照检查、规范整改、总结验收四个阶段和首长机关、基层分队两个层次，利用一个月时间在全区部队深入开展“条令学习月”活动。活动以共同条令学习规范为重点，突出解决条令法规意识不强、领导机关管理不严、“六个管好”不严格、安全基础不牢固、能力素质不高等问题。

【组织拟退役士兵公开考录西藏自治区乡镇公务员和基层人民警察】 根据西藏自治区党委、政府的统一安排部署，经请示军区同意，从2012年9月上旬开始，在西藏军区“拟退役士兵公开考录自治区乡镇公务员和基层人民警察工作领导小组”的领导下，依据《西藏自治区2012年接收驻藏部队转业军官和从拟退役士兵中考录乡镇公务员和基层人民警察工作实施方案》，按照“个人申请、资格审查、组织参考、录取报到”的程序，严密组织全区部队拟退役士兵参加考录。截止11月10日，此项工作安全顺利圆满完成，全区部队共2330名退役士兵被录取为西藏自治区乡镇公务员和基层人民警察并安全报到。

【开展“军车交通安全年”活动】 4～12月，西藏军区区分集中学习、作风整顿、强化管理、典型引导、检查督导、总结提高六个步骤组织实施“军车安全年”活动，主要对交通法规意识强不强、特权思想有没有、组织纪律观念牢不牢、形象意识好不好四个方面进行整顿，并组织对军车牌证和特种车使用管理情况进行清查，共出动车辆180台次、人员1110人次，检查外出军车1500台次、军人500人次，查处违规军人80人次、军车300台次。

【开展外出军人军车遵章守纪集中专项整治】 7月20日至8月10日，西藏军区在拉萨市开展外出军人军车遵章守纪集中专项整治。专项整治采取增加执勤兵力、频率和点位的方式，以拉萨市出入主要通道、繁华街道、餐馆娱乐场所、旅游景点以及机场、车站等公共区域为重点，大力纠治外出军人军车违纪违规行为，重点纠治外出军人不遵守公共秩序，不讲礼貌，违反纪律，酗酒滋事，打架斗殴，对外乱交往，涉足地方不健康场所，军容不整，不守公德等；外出军车特权思想严重，交通法规意识淡薄，开“英雄车”、“霸王车”，闯红灯、走逆行、乱停乱放，无证驾驶、酒后开车、私自出车，擅自带车旅游和超防区行驶，以及乱装滥用警灯警报器，不服从交警指挥等。

【组织征兵工作业务培训】10月15～17日，西藏军区组织60余人在拉萨开展征兵工作业务培训。培训采取理论学习、专题辅导、座谈讨论、结业考核的方式进行，西藏自治区公安厅，西藏军区司令部、后勤部、总医院等职能部门负责人分别作授课和对口辅导，重点学习了征兵工作流程规范、体检政审政策规定、第四次全国应征青年体格状况调查实施方案、心理检测和网上预征报名操作方法等7项内容，各级征兵工作人员进一步掌握了征兵工作相关政策规定、组织实施程序和方法，明确了职责要求，为今冬征兵工作顺利展开奠定了基础。

【尼泊尔军队参谋部长拉纳中将率中高级官员研讨班到拉萨参访】4月27日，尼泊尔军队参谋部长拉纳中将率中高级官员研讨班到拉萨参访，西藏军区政委郎友良中将会见并宴请代表团。郎友良在会见时对尼泊尔代表团到西藏拉萨参观访问表示热烈欢迎，回顾了中尼友好交往历史，强调指出近年来中尼两国、两军友好关系始终健康稳定发展，介绍了西藏军区基本情况和自治区经济社会发展有关情况，感谢并赞赏尼方坚定支持中方在涉藏问题上的立场，希望双方进一步加强合作并对中尼边境进行有效管控，防范和打击“藏独”分子“暴力闯关”、“和平挺进”等渗透破坏活动，如期在边境举行会谈会晤，定期会谈协商边防事务，进一步加强边境管控、维护边防安全稳定、开展军事交流。拉纳对中方热情接待表示感谢，回顾了去年郎政委率领西藏军区边防代表团访尼时的情景，重申尼泊尔坚定奉行一个中国政策，决不允许任何势力利用尼领土从事反华活动，提出双方要加强交流、密切合作，进一步密切联系、增进友谊。会见结束后，郎友良宴请了代表团一行，双方互赠礼品。代表团还听取了西藏自治区民宗委关于民族宗教有关问题情况介绍，参观了布达拉宫和拉萨城市建设风貌。整个活动安全、顺利、圆满，受到外宾及工作组充分肯定，达到了展示形象、增进了解、深化合作的目的。

【印度边防代表团到西藏军区参观访问】7月10～11日，印军北部军区师长查万少将率代表团一行7人到访拉萨，先后参观西藏军区某部，游览了布达拉宫及拉萨市容。期间，西藏军区副司令员党恩成与印军代表团进行了会见，回顾了中印两国两军交往历史，介绍了西藏军区和西藏经济社会发展情况，指出了保持中印边境地区和平与稳定对于两国合作友好发展关系具有的战略意义，希望印方与中方一样，遵守两国政府达成的共识和签署的文件，不断加强合作与交流，共同维护中印边境地区稳定。查万少将感谢西藏军区热情接待，对两国两军关系发展表示肯定，希望双方不断加强交流与合作，共同维护边境地区的和平与稳定。会见结束后，党恩成宴请了代表团一行，双方互赠礼品。

【军地联创共建地方基层党支部活动】2012年，西藏军区认真贯彻党中央关于“部队要配合地方做好巩固基层政权工作”指示精神，积极协调地方深入开展了军地联创共建地方基层党支部活动。西藏军区政治部联合自治区组织部下发《关于深入开展军地联创共建地方基层党支部活动的意见（试行）》，按照党委统揽专项抓、军地协力共同抓、分管领导具体抓、职能部门牵头抓、其他部门配合抓的要求，组织部队各级党委（支部）与地方基层党支部签订联创共建协议书，安排390名优秀党委（支部）书记与地方基层党支部书记结对帮带，筹资450余万元启动40余项“党建工程”和“惠民工程”，帮助培训地方基层党员、骨干211次3678人，协调地方基层党支部成员深入群众宣讲辅导880多场次，帮助地方基层党支部解决群众饮水、用电、交通、上学等具体困难530多件，95个联创共建地方基层党支部分别被评为地（市）、县（区）级先进党支部，3个村党支部被确定为自治区先进党支部建设示范点，有力推动了西藏地方基层党组织建设，促进了驻地经济和社会发展稳定。地方党委政府领导给予充分肯定，称这项活动“充分体现了部队高度的政治责任感和使命感，体现了对地方基层组织建设的高度重视和关心支持，体现了军政军民团结、军民一家亲的深情厚意，使我们深受感动、倍受鼓舞”。

【深入开展学雷锋活动】3月，西藏军区突出讲政治、强能力、树形象、做贡献要求，深入开展了“3·5”学雷锋活动。先后组织学雷锋标兵现场辅导60余场，开展“学习雷锋为什么，立足本职学什么”主题讨论270余次，印发《雷锋名言、雷锋故事、雷锋日记》口袋书，开展唱雷锋歌曲、读红色经典活动，组织观看《雷锋》、《离开雷锋的日子》等影片，运用政工网、军旅电视、军营广播、板报橱窗等媒介，全面兴起“学雷锋、讲政治、见行动”热潮。大力弘扬雷锋“钉子”精神，组织“四会”优秀政治教员比武竞赛，持续掀起岗位练兵热潮，积极营造比学赶帮超的浓厚氛围。针对社会个别道德缺失现象，围绕“雷锋精神是否已经过时”展开辨析讨论，引导官兵正确看待消极现象，自觉发扬助人为乐精神。3月5日，组织万余名官兵深入市区、农村、牧区和寺庙，积极为群众义务巡诊、科技培训、扶贫帮困，出动官兵和民兵预备役人员5700余人次、车辆200余台次，帮助群众兴修水利、突击春耕，以实际行动传承雷锋精神、践行人民军队宗旨。西藏军区开展学雷锋活动做法被总政《政治工作通讯》和军区《政工简报》转发。

【组织开展“从严治军大讨论”活动】9月初至年底，为进一步打牢部队安全稳定基础，西藏军区在全区部队开展“从严治军大讨论”活动。活动采取自下而上方式，按照思想发动、群众辩析、总结讲评三个步骤组织展开，分别于9月7日、10月29日分别组织了“从严治军大家谈”电视会议。通过讨论活动，实现了西藏军区党委“凝聚从严治军共识，确保规章制度落实，促进官兵遵章守纪从高压向自觉转变，推动全区部队持续安全稳定”的目的。

【开展庆祝西藏军区成立60周年系列活动】2012年是西藏军区成立60周年，西藏军区组织开展庆祝成立60周年系列活动。指导文工团编排了大型文艺晚会《雪域军魂铸丰碑》，成都军区副政委刘长银、宣传李素芝事迹中央新闻采访团、自治区党政军警主要领导以及驻拉萨片部队官兵和各界群众代表观看，受到一致好评。组织专人历时3个多月，通过撰写脚本、收集资料、制作样本（片）、集中审改等步骤，制作完成了纪念画册《永恒记忆》、专题纪录片《雪域辉煌60年》和大型电视文献片《雪域军魂》，集中展现了西藏军区60年来科学发展的建设成就，全面反映了军区部队官兵扎根高原、献身国防的精神风貌。

【完成第五批离退休职工移交政府安置工作】12月11～25日，按照国家民政部、总后勤部《关于下达第五批军队无军籍退休退职职工移交安置计划的通知》精神，西藏军区后勤部与西藏自治区民政厅共同组织了第五批无军籍离、退休职工移交安置工作。为确保移交安置工作顺利圆满，西藏军区先后组织对退休职工档案进行再一次整理完善，对民政厅数据库遗漏信息进行了补充，并会同西藏自治区民政厅对第五批退休移交职工花名册进行了去向审定。经军地双方共同努力，圆满完成移交离、退休职工204人，其中离休职工4人、退休职工183人、代青藏兵站部移交退休职工17人。

【拉萨市民兵训练基地二期工程开建】拉萨警备区积极协调拉萨市地方财政投资3400万元建设拉萨市民兵训练基地二期工程。该工程由拉萨市住建局、水利局组织实施，4月24日开工，年底竣工，建成后交付警备区使用管理。训练基地包含综合楼、食堂、观摩台、救灾物资仓库和地下手枪射击馆、塑胶跑道操场、室外靶场、体能训练场、队列训练场、单兵战术训练场、心理训练场、反恐训练场、400米障碍场等设施。二期工程建成后能同时满足300名驻训民兵训练、生活需要，观摩台能容纳3000人观摩演示活动，将有效提升拉萨市民兵训练保障能力和训练水平。

【举办“三会一活动”】8月1～2日，日喀则军分区首次组织举办“三会一活动”(地委议军会、人武部第一书记述职会、民兵工作会、民兵比武竞赛活动)，日喀则地区党政军领导、地区18县（市）委书记、人武部部长，地区驻军（警）单位领导和民兵代表共400余人参会。会上，全面总结回顾了8年来地区民兵工作取得的成绩和存在的问题，部署了当前和今后一个时期民兵工作的主要任务，表彰奖励了民兵工作先进单位和个人，地区民兵工作先进代表作了交流发言，18个县（市）委书记逐一进行述职，现场办公研究解决阻碍地区民兵建设发展的4类18个突出问题，奖励在比武竞赛中取得优异成绩单位和民兵个人。通过组织开展“三会一活动”，着力解决影响和制约地区国防后备力量建设发展的“瓶颈”问题，进一步推进民兵工作迈上规范化、制度化轨道。

【开展迎接、学习、贯彻十八精神系列活动】2012年，山南军分区部队积极营造“迎接十八大、学习十八大、贯彻十八大”的浓厚政治氛围。十八大召开前，开展以“身在边关心向党、再创佳绩迎盛会”为主题的“四个一”配合活动（1次“党旗引领我成长”演讲比赛、1次“履行使命建功业”板报评比、1次“红色经典大家唱”歌咏活动、1次革命题材电影展播）。大会召开中，集中组织官兵收听收看十八大盛况，第一时间学习了解大会主要精神。派出生产团部分官兵到克松居委会，与干部群众一同观看大会开幕。开展在哨位、战位上宣誓使命，重温入党誓词，参观战斗遗址等活动。大会闭幕后，丰富学习贯彻十八大精神灯箱内容，利用军营广播宣传大会精神。军分区党委中心组带机关科以上干部，召开专题会议，集中学习党的报告、相关决议和十八届一中全会公报，研究制定军分区部队深入学习贯彻落实十八大精神的12项措施，拟制下发了《关于初步兴起学习宣传贯彻十八大精神热潮的通知》，编印“十八大精神百题问答”，制定下发了《关于认真学习贯彻党的十八大精神的措施》。组织“学报告、悟精髓、展风采”主题研讨、文艺创作、演讲、知识竞赛等活动；分区政工网开设十八大专栏，设置学习资料、理论书籍、影片赏析、军旅论坛等4个栏目。

【与地方基层党支部开展联创共建】2012年，山南军分区党委在深入开展“军地协作创先、军民共建争优”活动基础上，精心确定36个地方基层党支部开展“联创共建”活动。全年，军分区参与联创共建的部（分）队为地方基层党支部上党课20课时以上，组织形势政策专题报告共43场次，利用“3.14”、“萨嘎达瓦”节等敏感时节和拉萨发生“5.27”自焚事件等时机，深入进行反分裂教育，结合部队党委（支部）正副书记培训，同步培训地方基层党支部正副书记和党务工作者18名，增强了基层组织自身建设能力。帮助共建单位制作组织生活七项制度流程图28幅，规范完善党务公开栏、村务公开栏23块，协调健全村规民约、村委班子成员基本职责、党风廉政建设等规章制度挂图145幅，基层组织建设规范化水平进一步提升。派出13名官兵担任校外辅导员，帮助修整完善村学习室8间，购买党报党刊、农业技术等图书500余本。组织群众参观部队温室大棚，面对面、手把手教授种养殖技术，分区门诊所和各级卫生队（所、室）先后与13所乡村卫生院结成帮建对子，提高了联建乡（村）医疗服务水平。

【“墨脱戍边模范营”进驻墨脱50周年重大先进典型宣传】2012年，是西藏军区某部进驻墨脱50周年，也是被中央军委授予荣誉称号20周年。林芝军分区党委紧紧围绕某部“弘扬老西藏精神、忠实履行历史使命”的先进事迹展开重大典型宣传，前后参与组织刊发图文稿件122篇、电视新闻4条，其中各级媒体头版头条3篇、一版稿件26篇、专栏1个、其他版面稿件95篇，推出3个整版稿件，300余家全国全军主要网络媒体刊登转载新闻近2万篇，参加新华网、人民网、中国军事网嘉宾现场访谈3场。7月6日，总政主任李继耐在解放军报内参专送件《西藏军区某部，进驻雪域孤岛50年成为西南边关“铁门闩”》文件上作出重要批示并给予高度肯定，成都军区、西藏军区首长相继对宣传活动作出重要指示，亲自审定典型宣传方案，为高标准高质量地搞好系列宣传工作打下良好的基础。9月6日，先进事迹座谈会在北京召开，16家新闻单位35名新闻界人员参加座谈。9月8～12日，数十家新闻媒体和网络全面展开宣传报道，这是该部继1992年被中央军委授予荣誉称号后，又一次被总部确立为重大宣传典型。

【组织民兵文艺队活跃牧区宣传群众】2012年，那曲军分区针对驻地群众普遍信教、易被分裂势力利用等特点，投入40余万元，积极协调那曲地委、行署，组建了11支370人的民兵文艺队，把党的民族宗教和惠民政策编成《颂党恩》、快板《三个离不开》、说唱《逛新城》等群众喜闻乐见的节目，深入牧区、学校、寺庙演出70余场次，4万余名群众、学生和僧尼观看演出。宣传过程中，文艺小分队把揭批达赖集团搬上舞台，让群众在了解事实真相中认清其反动本质。比如县民兵文艺小分队将1959年、1969年“东三县”武装叛乱和1989年、2008年拉萨打砸抢烧事件编成评书《血腥的慈悲》，让群众在铁的事实面前认清达赖集团慈悲的虚伪和分裂的本质。巴青县民兵文艺小分队把1959年被叛匪残忍挖去双眼，仍想方设法将情报送到部队的“草原英雄”布德的英雄事迹，改编成“说唱剧”在牧区传唱，引导广大群众与分裂分子作坚决斗争。民兵文艺队在演出之余，广泛开展“破陋习、树新风”活动，向群众宣传科学知识、传授致富经验，举办科技讲座，将3000多盘种养殖技术光碟送到农牧民手中，使他们掌握了绒山羊养殖、“藏青3号”青稞和大棚蔬菜种植等实用技术。为农牧民送医送药，播放《健康常识》影视片，普及健康卫生知识，倡导卫生、健康的文明生活方式。积极开展优秀影视片播放活动，以丰富多彩的文化生活淡化他们对宗教的依赖。广大农牧群众自觉由参加佛事活动向从事生产经营转移、由信赖宗教向依靠科技致富转移、由信教保平安向依靠卫生知识保健康转移。《那曲军分区组建牧区民兵文艺队宣传凝聚群众》被新华社国内动态清样第317期刊发，受到军委和两级军区主要首长的充分肯定。

【开展预任军官任免暨授装活动】9月24日，预备役混成旅召集159名预任军官，分机关、分队两个层次，在拉萨、林芝、山南、日喀则4个地区，组织预任军官任免暨授装活动，明确各级预任军官职责和军地双重领导制度，进一步增强了预任军官光荣感和责任感，为预备役部队正规化建设奠定了基础。

【组织官兵、老干部到地震灾后安置点参观见学】5月22日，西藏军区驻川办事处为深化“赞颂科学发展成就，忠实履行历史使命”主题教育效果，组织280名官兵、老干部前往都江堰市虹口乡参观灾后重建工程。参观人员游览了新虹口的秀丽风光，并深入瓦子坪安置点看望慰问受灾群众，亲身感受灾后重建的伟大成果。通过观看虹口乡灾后重建展厅和重建资料片，官兵、老干部见证了虹口在全国人民大力支持下迅速恢复重建取得的惊天巨变，深刻感受到党一心一意为老百姓谋福祉的实际举措，纷纷表示将坚定信念跟党走，继承和发扬革命传统，继续为灾后重建工作贡献自己的力量。

【举办“忠实履使命，青春献军营”主题演讲比赛】7月20日，为庆祝建军85周年，丰富活跃基层文化生活，激励广大官兵以优异成绩迎接党的十八大召开，西藏军区驻川办事处以“忠实履使命，青春献军营”为主题举办演讲比赛。参赛官兵紧紧围绕主题，结合岗位实际，以身边人、身边事为线索，写兵事、说兵理，用朴实而富有感染力的语言从不同角度、不同层面，赞颂了办事处正规化建设取得的新成就和官兵、老干部、职工的良好精神风貌。此次比赛，丰富了教育形式，拓宽了教育渠道，有效增强了教育的吸引力和感召力，进一步深化了官兵对科学发展成就的理解认同，夯实了履职尽责的思想根基，为主题教育活动深入开展奠定了坚实基础。

【顺利完成“三甲”医院评审工作】1月11日，西藏军区总医院召开了全院大会，对全院工作人员进行动员教育，成立医院等级评审工作领导小组和等级评审工作办公室，建立评审办公室周例会制度，编写、下发了切合医院实际的《军队三级综合医院等级评审迎评工作应知应会手册》。5月22～23日，军区医院等级评审专家指导组一行12人到医院进行医院等级评审工作督导检查。11月1～5日，总部医院等级评审专家组20人到医院进行现场评审，经专家一致认定，评审合格。

【制剂中心顺利通过验收】6月，西藏军区总医院制剂中心顺利通过总部及军区联合验收，取得生产许可证和制剂批准文号。2010年10月，制剂中心完成竣工，投入经费4000多万元。制剂中心建成后，先后请总后药检所对设备进行了验收，四川省仪器药品检验所进行了净化检测，西藏自治区质量监督局对环境进行了验收，总后对三层共挤输液用膜进行了检测。2011年8月，接受军区初验，逐步开展洁净、灭菌、过滤、灌封等各项验证工作，制定岗位职责、操作规程和制度，完善检测设备购置、安装和检定工作。

【顺利完成高原康胶囊I期临床试验】9月24日，经总后卫生部批准，西藏军区总医院自主研发的抗急性高原反应药物高原康胶囊正式进入I期临床试验，先后完成了单次给药递增、多次给药递增、饮食影响的临床试验，共

有9组88名志愿者参加了试验。试验进展十分顺利，为高原康胶囊申报军队特需药品打下了坚实的基础。

【组织“为兵便民流动医院”巡诊】 1月22日，西藏军区总医院组织“为兵便民流动医院”，历时30余天，行程近万公里，巡诊林周、那曲、班戈、双湖、尼玛、改则、革吉、狮泉河、日土、札达、萨嘎、拉孜、日喀则等数十地县（镇）。流动医院包括呼吸、心内、肝胆、普外、神经、妇产、口腔、皮肤、检验、特诊、放射、胸外、泌尿、感染病、眼耳鼻喉、心理咨询在内的19个专科36名医护人员，配备野战手术车、放射车、发电车、药品车等各类特种车8辆，携带移动式数字X射线成像系统、便携式B超、心电图、呼吸机、麻醉机等设备9台，累计巡诊18700余人次，进行B超、心电图、透视照片等各类辅助检查9850余项，开展心理辅导、先心病防治、妇幼保健常识宣讲44次，受益人数7090余人。为急重疑难病人开具免费医疗便条296张，沿途为军地卫勤单位检修设备69台，回访总医院免费救治先心病患者59人，实施先心病普查6400余人次，免费发放各类药品和手术耗材价值近百万元。

【重大典型宣传】 2012年，西藏军区副司令员兼总医院院长李素芝再次被中宣部、总政治部确定为全国全军重大典型予以广泛宣传。驻京58家媒体集体进藏采访、收集李素芝先进事迹材料，在中央电视台、新华社、人民日报、光明日报等多家主流媒体集中报道。西藏自治区、西藏军区党委也再次作出“关于开展向李素芝同志学习的决定”。11月，李素芝当选2012年度“践行当代革命军人核心价值观新闻人物”，并于12月28日在北京中国剧院出席颁奖活动。11月29日，以李素芝为原型的电影《一家人》开拍。该电影主要反映李素芝带领医疗队到西藏偏远地区为藏区百姓免费义诊、送医送药、宣传党的政策方针、维护民族团结的先进事迹。

【医技大楼投入使用】 12月底，西藏军区总医院医技楼投入使用。医技大楼于2010年10月开工建设，建设规模13769平方米，投资5464万元，地下2层、地上5层。2011年8月，医技大楼土建工程完工并通过验收。2012年3月，医技大楼装饰安装工程开工，由国基建设集团有限公司承接，包括装饰安装工程、消防系统、电梯采购安装、供暖系统设备采购安装工程。2012年12月完工。

武警部队西藏自治区总队

【年度综述】 2012年，西藏总队坚持“抓基层不放松、打基础不懈怠、保稳定不动摇”工作思路和“任务完成好、内部不出事、稳中求发展”建设目标，认真落实“十二五”规划，精心谋划“两个稳定”，决战决胜“五大战役”，以执勤处突维稳为中心的各项任务完成圆满，全面建设取得新的发展进步。

【抓首位固根本，思想政治建设取得成效】 突出抓好主题主线重大战略思想，牢牢把握稳中求进工作总基调，紧紧围绕迎接保卫贯彻党的十八大这一头等政治任务，2012年举办两级党委机关理论学习网上集训4期，邀请地方专家、领导授课8场次，编印理论小册子17000余份，官兵高举旗帜、听党指挥的政治信念更加坚定。有序推进“赞颂科学发展成就，忠实履行职责使命”主题教育活动。持续推进营区政治文化环境、警史馆和荣誉室建设，积极开展雪域高原特色警营文化活动，通过派出文化工作服务队、举办节日文艺汇演和军事体育比赛、开展“雪域忠诚颂”文化长廊展评、拓展政工信息网功能等，官兵精神文化需求得到极大提高。

【抓中心谋打赢，遂行任务能力实现新跃升】 深入贯彻总部及四省藏区维稳工作会议精神，建立健全维稳协作机制，加强西藏重点地区和敏感部位防范，及时修订12类专项行动方案，“三节两会”、“3·14”敏感期备勤、萨嘎达瓦和雪顿节维稳、党的十八大安保、年度维稳取得全面胜利。坚持按纲施训、科学组训，走开基地化、集约化、模块化、合成化训练路子，依托区域训练基地抓好藏区干部处突维稳和预提指挥士官培训，严密组织各单位竞赛式野外驻训、总部“卫士—12”演习和反劫机检验性考核评估。大力加强“四防一体化”建设，以“五防”为重点，狠抓制度落实和专勤专训，积极开展“声纳兵、雷达兵”执勤试点，探索目标撤收和减员增效办法，认真组织200多名中队干部执勤技能网上考核，成功处置有碍目标安全事件5起，整治硬隐患21处，拉萨支队三中队被武警部队表彰为“执勤标兵中队”。

【抓经常打基础，基层全面建设呈现新面貌】 认真学习贯彻武警党委1号文件精神，结合实际研究制定20条具体贯彻落实意见。5月份，召开总队基层建设工作会议，研究部署按照主题主线抓基层的重要问题，从顶层设计上确保基层建设健康发展。开展千名基层干部《纲要》培训、“七长”集训、党委（支部）书记和预任基层主官培训，全面加强党支部“三个能力”建设。两级机关派出150个工作组深入基层指导帮建，帮助解决实际问题22个，重点帮建的4个支队党委、21个中队党支部均有不同幅度进步，4个单位被全军和武警部队表彰为“创先争优”先进单位。

【抓建管重效益，现代后勤建设迈出新步伐】 推行公务卡强制结算、机关办公用品集中采购、大队集中办伙、士官工资卡集中管理。持续开展“七节”活动，推行基层生活标准化管理，逐步完善资产管理、消耗性费用控制、公务卡支付结算、区域联合采购、医院全成本核算管理机制。以在建工程、附属配套、机关及直属队建设规划为标志的总队营房“三项建设”任务推进平稳。扎实推进区域训练基地、引智工程、成都新老兵中转基地、警史馆、文化活动中心等重点工程建设，严格工程监管，落实责任追究。

【自治区领导检查指导】2012年 1月20日，自治区党委书记陈全国深入总队基层中队检查指导工作、看望慰问官兵，勉励官兵继续发扬连续作战的作风，再接再厉，为党和人民站好岗、尽好责，圆满完成上级赋予的各项任务，为西藏经济跨越式发展和社会长治久安做出更大的贡献。

2012年 1月21日，自治区党委副书记、主席白玛赤林深入总队驻山南部队视察检查指导工作、看望慰问官兵，对部队维护地区社会稳定和经济持续发展所作出的贡献给予充分肯定。

【王建平检查指导】2012年 2月20日至22日，武警部队王建平司令员率工作组赴藏视察调研。王司令员一行工作组听取了总队工作汇报后，深入武警驻拉萨部队基层单位，视察调研年度工作展开和维稳处突准备情况，亲切看望慰问一线官兵，并就部队建设作重要指示。

【专题教育】2012年 2月至3月，总队开展“赞颂科学发展成就、忠实履行职责使命，永远做党和人民的忠诚卫士”主题教育活动。教育坚持把理论武装、思想引导和系列实践活动贯穿始终，坚持团以上领导上大课、基层干部上小课、班排抓讨论，推动了教育扎实有效开展。

【野外驻训】2012年3月至4月，总队组织部队机动至日喀则南木林县进行野外驻训，全面提升部队野外条件下正规化建设水平和常态化条件下“冷启动”能力、提高野战条件下的信息传递力、机动到位力和指挥决策力。

【“武警世纪林”绿化工程】2012年4月19至24日，总队组织驻拉萨部队出动兵力、车辆，在曲水县协荣村机场高速路北侧开展植树造林活动，平整土地近90亩，植树6000余株。

【演习】2012年5月，根据武警部队统一部署和遂行维稳任务需要，驻藏武警维稳部队组织兵力参加武警部队“卫士——12演习”。演习以处置西藏地区的闹事事件为主线，在拉萨等5个方向同时展开，全面提高了部队处置突发事件的能力。

8月，针对西藏地区可能发生的恐怖暴力犯罪事件，总队组织部队进行“高原卫士——2012”反恐怖演习。演习以处置恐怖暴力事件为背景，重点对应急响应、快速机动等四个阶段和核心区域封控、解救人质等五项任务进行演练，进一步提高了部队处置恐怖暴力犯罪事件的能力。

【“助孤”捐款】2012年7月19日，根据自治区统一部署，总队机关开展“助孤”捐款活动。总队机关全体官兵200余人参加捐款，共捐助124万元。

【雪域警营文化】2012年7月10日，总队围绕“赞颂科学发展新成就、迎接党的十八大胜利召开”，建成集书法、绘画、摄影为一体的《雪域忠诚颂》文化长廊，先后接待自治区党政机关、各界群众和部队官兵5000余人参观。

7月25日，总队在西藏大学体育馆举行《雪域忠诚颂》歌舞晚会，自治区党政军警领导和总队2500余名官兵观看演出。

9月28日，总队首场音乐晚会《秋之韵》在机关礼堂举行。

【郭伯雄视察】2012年7月12日，中共中央政治局委员、中央军委副主席郭伯雄在西藏视察工作期间，先后深入林芝地区支队看望慰问官兵，莅临总队机关接见驻藏武警部队团以上领导合影留念，勉励官兵要大力弘扬老西藏精神，紧紧围绕贯彻国防和军队建设主题主线，努力开创部队建设科学发展新局面，为维护西藏社会稳定、促进西藏经济建设、保护西藏各族人民安居乐业不断作出积极贡献，以优异成绩迎接党的十八大胜利召开。

【警卫勤务】2012年7月，中共中央政治局常委李长春一行到西藏视察工作，总队根据自治区统一部署，圆满完成住地警卫、专机警卫、武装随卫、活动现场警卫、路线警卫等任务。

7月至8月，全国政协委员、中国佛教协会副会长、第十一世班禅额尔德尼□确吉杰布在藏修习佛学、考察参观，总队根据自治区安排部署，提前谋划、精心组织，圆满完成第十一世班禅在藏期间的警卫任务。

【引智工程】根据《驻藏区武警基层部队农副业生产引智实施方案》，总队驻青藏铁路沿线2个中队和那曲支队6个条件艰苦的中队建成10座生态温室和7栋保温猪舍；驻海拔4000米以上4个艰苦地区支队的基层中队建成生态温室16座，保温猪舍14栋；驻海拔3000至4000米基层中队建成温室大棚41座；改造各单位2011年已建成的日光温室35座，保温猪舍41栋。

【慰问武警爱民学校】2012年9月10日，第28个教师节之际，总队在日喀则江孜武警爱民学校隆重举行捐赠食堂设备及图书仪式，在2010年筹集47万元援建学校食堂的基础上，再次捐赠价值13万元的食堂设备和图书。

【宣布命令】2012年10月28日，总队召开宣布命令大会，武警部队王长河副政委宣读国务院、中央军委命令和总政治部通知，任命郭毅力为西藏总队司令员，郭毅力司令员、汪象华政委高配为正军职。

【党的十八大安保】2012年11月，党的十八大召开期间，驻藏武警部队先后投入重兵维稳执勤，确保了党的十八大召开期间西藏社会安全稳定。

【学习贯彻党的十八大精神】2012年11月8日，党的十八大在北京召开，总队组织部队集中收看党的十八大盛况；23日，总队召开电视会议，传达党的十八大精神，党的十八大代表、总队政治委员汪象华作辅导报告。随后，总队党委作出安排部署，把学习贯彻党的十八大精神作为当前和今后一个时期的重要政治任务，迅速在部队掀起学习贯彻十八大精神的热潮。

【退役士兵考录乡镇公务员】根据西藏自治区党委、政府统一部署，西藏总队1700余名服满现役士兵成功考录自治区乡镇公务员和基层人民警察。

西藏公安边防总队

【以履行维稳职能为第一责任，边境防控工作战果卓著】总队始终把维稳作为第一责任，严格按照“两个一律”和“一个不能进、一个不能出”要求，及时研究部署边境防控工作。新上点多个一线单位，逐步实现边境全线设防；突出防自焚专项斗争，不断提升应急处突能力；集中开展专项整治行动，成功侦破多个特大案件；建立涉藏边境维稳区域警务协作机制，严密防范和打击分裂破坏活动，圆满完成党的十八大等重大安保任务，实现了“三无”、“三不出”目标。自治区党委陈全国书记肯定：边防工作很好。时任自治区党委常务副书记郝鹏同志指出：公安边防总队落实区党委决策坚决有力，工作很有成效，应予以充分肯定。并在总队《十八大边境防控安保工作总结》上批示：十八大期间，边境防控安保工作扎实有效，做得很好，为全区稳定做出重要贡献，向广大边防官兵表示慰问和感谢。自治区党委常委、政法委书记邓小刚就总队专项整治行动作出批示：对专项工作取得的新进展予以充分肯定。望继续努力，力争取得重大突破。

【巩固发挥创建活动效能，强力推进部队党的建设】总队党委始终把班子建设作为部队建设龙头，持续深化创建活动，强力推进党的建设引领部队全面发展，做到了“六个讲”：一讲政治。全区部队旗帜鲜明反分裂、目标一致打“藏独”，确保了“打得赢，不变质”。二讲学习。全面深化“三学”活动，建强学习型班子，知识转化为能力在遂行任务中凸显。三讲团结。各级班子都能在思想上同心、目标上同向、工作上同干，干事创业氛围浓厚。四讲原则。严格执行《党委议事规则》、《党委决定重大事项票决制》，认真落实党委务虚制，稳步推行党务公开，集体领导坚强有力。五讲勤政。总队常委35人次赴一线调研，为基层解决困难和问题72件，工作作风更加务实。六讲廉洁。狠抓反腐倡廉教育，巩固“一岗双责”，队伍内部纯洁稳定。党建成效还体现在公安部边防管理局“海口会议”、“上海座谈会”精神的深入贯彻落实，成功召开总队创建活动山南现场会，“四个基本”、“三个重点突破”有序推进，创建活动引领作用日益凸显。公安部孟宏伟副部长在《西藏总队62个新建单位组建“上点”工作凸显创建活动效能》上批示：西藏边防总队这项工作抓得很好，要总结经验，深化创建。

【以创新社会服务管理为载体，爱民固边战略持续深化】总队进一步完善全覆盖走访、全方位评议、高标准整改长效机制，深化“开门评警”和“三访三评”大走访活动。依托警务室建立调解平台103个，依托警官兼任村官工作建立调解组织96个。选派144名民警进驻136座边境寺庙，开展“六建”、“六个一”、“九有”工作。精选156名党员骨干组成14个驻村工作队，深入开展创先争优强基惠民活动。通过指导帮建，创建爱民固边模范村283个，占边防辖区行政村总数40%。中央政治局委员、中央政法委书记孟建柱批示：望进一步总结成功经验，丰富拓展爱民固边战略内涵，密切与群众的联系，为边境地区的安全与稳定作出更大的贡献。公安部副部长孟宏伟批示：西藏边防总队驻村驻寺工作在短时间里取得很突出的成绩，辖区无一寺一人闹事，群众基础得到增强，同志们付出了极大的牺牲。

【着力提高边检服务水平，服务西藏经济社会发展】2012年，总队召开陆地口岸提服现场会，升级改造拉萨边检站执勤现场，组建拉萨边检站“格桑花”女子旅检科，打造西藏特色边检服务品牌。推进边检提服工作常态化，研究制定20项具体措施，开展落实《提服三年规划》冲刺攻坚活动。严格落实口岸反恐维稳风险评估机制，建立健全边检等级管控安保体系。严格口岸限定区域管理，在聂拉木三道拐设立进出限定区域检查点。加大对边检站职业文化建设的指导力度，形成了聂拉木、亚东、普兰边检站等具有地域特色和时代特征的职业文化建设特色品牌。加大岗位练兵力度，全面提升检查员业务水平。总队各边防检查站服务西藏经济社会发展的能力不断提升。自治区党委常委、政府常务副主席、提服领导小组组长秦宜智在总队《2012年度提高边检服务水平工作开展情况的报告》上批示：过去一年，各项工作都有新的进展，新的一年希望围绕边防安全、吉隆口岸对第三方开放和提高边检服务水平扎实工作，再创佳绩！

【“三个规范化建设”扎实推进，各项业务工作迈上新台阶】总队党委着眼全局，狠抓“三个规范化建设”，确保了各项公安边防工作稳步开展。制定完善总队“三个规范化”建设实施方案和机关（基层）正规化管理检查验收标准，落实“一点一图一方案”要求，督促各单位抓好“三个规范化”建设示范选点工作。集中开展“条令条例学习月”和安全隐患大排查活动；分5个片区对200余名骨干集中开展了经常性管理培训工作。上半年，共进行条令条例学习285次，排查整改各类安全隐患136处，官兵条令和纪律意识普遍增强，部队内部安全稳定。执法、执勤规范化建设方面，开展各类执法培训19期，参训人员达624人；修订完善了《西藏边防总队执法执勤手册》和《西藏自治区边境管理条例（修订草案）》；向基层单位下拨专项经费196万元用于全区部队执法功能区域改造；为边防派出所配备“执勤五小件”和“科技三小件”，保障了基层执法装备统一齐全。

【强化后勤服务职能作用，完善高原后勤保障体系】按照“创新发展理念、提升管理效益，提升保障水平”的总方针，加强部队后勤建设。充分发挥“双重领导、双重关怀、双重保障”优势，拓宽经费保障渠道，公安业务经费保障率达100%。争取自治区财政解决公安业务、执勤补助、护边联防、边境应急指挥系统建设、新建单位物资购置等经费25926.2万元。全面启动“十二五”项目建设。完成总队及4个支队级单位指挥中心、32个新增编单位建设和67个基层单位改扩建项目，坚持做到“建设一个、配套一个、合格一个”。落实“三个第一”，为11个单位修建高效节能日光温室，完成8个单位净化水设备安装和12个制氧站建设，初步完成成都经济适用房建设方案。同时，后勤规范化建设持续推进，拟制了《西藏边防总队基本建设审计实施细则》，对4个支队级单位预算编制及执行情况、10个基建项目结算进行了审计；加强与中石油、中石化等单位的联系沟通，指导部队因地制宜推进油料保障社会化改革；组织开展第15期司训工作，应用新教材对80余名驾驶员进行了培训；对支队级单位财务人员进行了公务卡推广应用和财务业务知识培训。

【领导名录】
党委书记、总队长：高万海（副军职）
党委副书记、政治委员：伏鹏（副军职）
副总队长：柯昌明（正师职）
格　桑（副师职）
王世红（副师职）
邱　敏（副师职）
副政治委员：刘政文（正师职）
司令部参谋长：熊焰（副师职）
政治部主任：彭瑞明（副师职）
后勤部部长：黄清水（副师职）

西藏公安消防总队

【年度综述】2012年，西藏公安消防总队紧密结合西藏区情特点，创新工作思路，改进工作措施，推动消防工作和部队建设取得新成效，为西藏跨越式发展和长治久安创造了良好的消防安全环境。全年，全区共发生火灾192起，死亡6人，受伤3人，直接财产损失611.4万元，同比上年，除直接财产损失上升15%外，火灾起数、亡人数、伤人数分别下降22%、40%、57%。

【创造性贯彻国务院46号文件】提请自治区人民政府出台贯彻意见，将《意见》细化为12个大项、77个小项目标任务，落实到7地（市）行署（政府）、33个政府职能部门和公安机关、消防部门，以考核性目标推进任务完成。全力实施“十二五”规划。自治区和 7地市100%编制消防工作发展规划。争取自治区一次性解决消防部队“十一五”建设项目超支经费和“十二五”规划项目资金缺口。深入贯彻财防330号文件。协调自治区财政厅出台《西藏武警消防部队地方消防经费保障机制》，颁布《西藏公安消防部队业务装备配备标准》，足额落实地方消防经费，提高支队、特勤大中队和县级、寺庙消防大队基本支出保障标准，同比增长17%和19%。严格执行公安部党委12号文件。100%配齐支队、大（中）队政治主官并任书记，总队、支队两级纪委书记均由副政治委员担任；100%选拔优秀年轻干部进入支队级党委班子；100%完成离退休干部移交安置工作，全区消防部队干部队伍管理制度化、正规化水平明显提升。

【维稳处突】科学评估和应对全区消防勤务“五大风险”，严密落实维稳处突“五条措施”和“五个改进”，投入警力18.3万余人次、车辆3.19万余辆次，确保了4个维稳重点地市、12个重点寺庙、66个城镇中心广场维稳消防勤务安全，圆满完成了“三节”、雪顿节、燃灯节和党的十八大、三月敏感期等21个重大节点、17个敏感时段和33个佛事活动消防安保任务。

【防火灭火】打赢“清剿”火患战役和党的十八大消防安全保卫战，高效整治拉萨古城区重大火灾隐患，深入开展油气领域专项整治、消防安全“打非治违”等8个专项整治行动，排查单位7.7万家次，督改火灾隐患11.96万处，责令“三停”817家。依托派出所、便民警务站、驻村（居委会）工作队分城区、农牧区、寺庙区、边境口岸区实施“网格化”消防安全管理。严格落实“两快、三准确、四到位”战术措施，出动警力3342人次、车辆593辆次，成功处置“3·10”那曲地区客运站大巴火灾、“5·9”拉萨圣祥物资贸易责任有限公司木材市场火灾等各类火灾192起，疏散被困群众182人，抢救财产价值893.2万元。

【应急救援】着力解决综合应急救援缺机制、缺投入、缺保障、缺联动、缺训练的问题，将全区679个便民警务站纳入综合应急救援队伍建设体系，承担初期救援和维护现场秩序等职能。深入研究各类灾害的类型、特点、分布规律，不断完善复杂地质和高原气候条件下各类灾害处置预案，广泛开展跨区域地震灾害、化工装置泄漏爆炸等灾害救援演练。出动警力1816人次、车辆319辆次，圆满完成昌都“6·20”和林芝“12·08”液化气槽车事故救援等应急抢险任务186起，抢救被困人员338人，疏散被困人员107人，抢救财产价值464.8万元。

【为民助民】主动走访服务对象、服务行业、服务领域和人大代表、政协委员，征求办结落实意见建议95条。推出行政许可受理一次告知制、公布举报投诉电话及网络公众服务平台、设置群众接待来访日等6项便民利民措施。组织义务巡诊200余次，植树种树40万余株，清理社区、街道垃圾300余吨，向孤儿院、养老院等捐款229万元，总队245名个人荣获民族团结模范个人荣誉称号。

【农牧区和寺庙社会工作】总队5个驻村工作队常年驻扎农村牧区，全力落实自治区党委政府赋予的五项任务，组建“护村队”17个，投入500余万元，搭建牧场围栏48千米、新建村级公路6.8公里、建设水利工程15个，被自治区强基惠民办评为全区驻村工作先进单位。12个寺庙消防大队创新寺庙安全管理，普及消防安全知识，加强法制宣传教育，长期照顾孤寡老僧人6名，捐款6万余元帮助僧尼维修房屋、解决生活困难，帮扶国内外游客及老弱病残朝佛群众50余万人次。

【边境口岸消防安全守护】针对边境口岸、县区地处偏远、建筑耐火等级低、公共消防设施缺乏、火灾防控能力薄弱、紧邻边境发生火灾可能造成不良国际影响的实际，全力整治仓储区、商贸区和重点要害单位、易燃易爆场所、人员密集场所火灾隐患。加强边境口岸消防力量建设，配齐灭火和应急救援装备，开展多部门拉动演练，深入研究复杂地形条件下缺消防通道、缺消防设施、缺处置条件下的灭火救援处置措施，坚决确保边境消防安全。

【狠抓部队党的建设】按照“政治强、政令通、氛围好、有能力、得人心”标准，调整支队级党委班子12个，通过“双考”提拔任用6名正团职、26名副团职、22名正营职干部，营造了公开公正、有为有位、有位有为的干事创业氛围，受到各级党委政府、公安机关好评。狠抓部队基础建设。编制《西藏公安消防部队业务装备配备标准》，争取6682万元，购置各类消防车45辆、个人防护装备1.9万余件套，常规器材7251件套，抢险救援装备3029件套。落实《西藏自治区“十二五”公安消防总队基础设施项目发展规划》，累计投入资金3464万元，开工建设项目11个，完成建设规模1.45万平方米。投入2938万元启动总队支队两级作战指挥中心、信息中心建设，新组建投资少、抗干扰、效能高的单边带短波通信系统，实现全区消防部队应急通信的全覆盖、无盲区。狠抓部队能力建设。成功在山南地区召开西藏消防部队基层基础建设现场会，常态化开展岗位大练兵活动，分批次集中630余人次，开展干部晋职、灭火救援作战指挥系统应用、消防法律法规、公文写作等培训。“西藏古建筑灭火技术及装置”、文物建筑人工光源项目技术研究取得丰硕成果。深入开展“五个严查严管和整治”、“六个排查”和“六无”争创活动，推行官兵“十二个不准”行为规范和长途险路驾车“八要八不准”铁规，实现了“六无”目标，确保了部队安全稳定。

武警西藏森林总队

【履行职能使命有新作为】根据形势任务变化，组织形势教育，修订战备方案，组织了“绿色卫士—12”演习；狠抓新兵训练、专业训练和野外驻训，狠抓“三长”集训和士官集训，狠抓处突训练和应急演练，提高了部队实战能力。2012年，动用兵力6477人次，扑救森林火灾18起，完成了5个方向17个重要目标的守卫、守护等勤务，为西藏生态建设和社会稳定作出贡献。特别是昌都支队连续奋战45天，转场4200余公里，扑救8起森林火灾，发挥了灭火主力军作用。昌都支队被自治区评为维稳先进集体。

【思想政治工作有新成效】扎实开展“赞颂科学发展成就，忠实履行职责使命，永远做党和人民的忠诚卫士”和高原特殊使命教育活动，狠抓法律服务援助和“个别人”排查帮教工作，官兵政治可靠、思想稳定。开展了总队成立10周年和“建党91周年”庆祝活动，狠抓队歌创作、建立演出分队，召开了驻藏区森林部队政治工作研讨会，举办《为了雪域的绿色》汇报表演，受到与会代表好评。深入开展强基惠民和构建民族团结和谐村活动，为次角林村建立了“党员活动示范基地”，广泛开展了扶贫帮困、义务植树、便民服务等“学雷锋”实践活动，密切了警地关系。在中央级新闻媒体刊播稿件445篇，有力宣传了部队。

【基层建设水平有新提高】扎实组织政工主官《纲要》培训、“《纲要》学习月”和“三学”活动，按纲抓建的明白人增多。制定了总队贯彻落实《实施办法》细则，对4个层面38项工作进行了规范，对班务会、支委会、军人大会分析按纲建队形势进行了统一。深入开展“三帮一提高”活动，公正考评任用干部，严格党员教育管理，发挥士官骨干作用，“一个班子、三支队伍”建设成效明显。坚持每季度下发基层建设情况通报和问题整改通知单，定期讲评按纲抓建情况，促进了工作落实。涌现出了武警部队创先争优先进基层党组织——昌都中队党支部、森林部队标兵中队并记集体二等功——察隅县森林中队、第二届“绿色卫士”——梅建波等先进典型。

【依法从严治警有新进展】扎实组织防间保密和日常安全教育，深入开展“条令学习月”、安全倒计时、“迎盛会、严纪律、树形象、保安全”作风纪律教育整顿活动，逐级签订安全工作责任状，定期分析讲评安全工作，增强了官兵的安全防范意识。投入330余万元完善部队设施，正规化建设水平不断提高。认真组织安全检查和隐患排查，总结推广了安全工作“一二三四五六七”做法，制定了《安全管理工作实施细则》，重大节日、敏感节点实行封闭式管理，部队高度稳定和集中统一。总队连续5年、昌都支队连续8年被总部、指挥部表彰为安全工作“三无”单位。

【综合保障效益有新提升】着眼满足遂行任务需求，修订保障方案，维护保养装备，提高了后勤应急保障能力。积极争取地方财政支持，严格落实经费管理规定，搞好干部离任审计，集中采购大宗物资，提高了经费管理使用效益。狠抓农副业生产和营区绿化美化，安排官兵体检，诊治重大病号，营造了拴心留人的环境。组织炊事员、驾驶员培训，为后勤建设提供了人才支撑。投入870余万元解决了官兵吃水、营房漏水、取暖等问题。

【党委班子建设有新进步】紧紧围绕迎接保卫学习宣传十八大这条主线，扎实抓好班子理论武装，有11篇研究成果在军队刊物发表。认真贯彻民主集中制，集体研究决定大项工作、重大任务和敏感问题。在两级党委机关开展了“讲政治、顾大局、守纪律”学习教育活动，召开了专题民主生活会，持续治理“七个方面突出问题”，切实抓了经常性反腐倡廉教育和“党纪条规学习月”活动，党委班子的凝聚力、战斗力和公信度不断增强。

【领导名录】
总 队 长：谭尔林（大校）
政治委员：唐映慧（大校）
副总队长：焦连营（大校）
　　　　　刘继飞（大校）
　　　　　徐雄光（大校）
副政治委员：寇先敏（大校）
　　　　　王　勇（大校）
参 谋 长：杨春良（大校）
政治部主任：赵国清（大校）
后勤部部长：黄小平（上校）

西藏公安厅警卫局

【警卫勤务】2012年，警卫局始终坚持警卫执勤这个中心，不降低标准，不放松要求，收到了事半功倍的效果：2012年，先后完成中共中央政治局常委李长春赴藏调研考察，自治区人大九届五次会议，自治区政协九届五次会议，全国政协委员、全国佛教协会副会长班禅额尔德尼·确吉杰布在藏举行佛事活动和社会调研活动等勤务618批次，（一级警卫任务1批次，二级加强警卫任务1批次，二级警卫任务39批次，三级警卫任务4批次，其他勤务573批次，出动警力7734人次，出动警车854台次，制发证件17881证件）。

【队伍建设】一是强化领导班子建设，局党委坚持把理论中心组学习提上日程，常抓不懈，用创新的理论武装一班人的头脑，建立健全了决策制度和议事规则，完善党内民主生活制度，充分发扬民主，加强思想沟通，认真开展批评与自我批评，班子成员做到了以诚相待，大事讲原则，小事讲风格。同时，坚持民主集中制，凡涉及重大决策制定、重大任务部署、重要资金调和重要干部任免等重要事项，坚持局党委会议或局长办公会议讨论研究决定，不搞“一言堂”和个人专断。局党委坚持了正确的用人导向，始终按照德才兼备、以德为先的用人原则，真正给想干事的人以机会，给能干事的人以舞台，给干成事的人以激励。二是完善干部队伍建设，警卫局严格执行干部选拔任用规定，进一步完善干部考评办法和措施，建立并推行干部竞争激励机制，按照“团职领导干部考试与考核相结合”、“营以下干部量化考核”的任用要求，规范干部的选拔任用工作。同时加大警卫局机关干部培训和交流调配力度，多岗位培养锻炼干部，增强干部队伍的活力。警卫局始终坚持以人为本，严格落实休假制度，解决了干部子女入学、家属随军、干部转业安置、老干部移交地方等实际问题，为官兵办实事、解难事，营造了拴心留人的良好环境。三是加大反腐倡廉力度，按照《建立健全惩治和预防腐败体系2008-2012年工作规划》和《关于加强和改进公安边防消防警卫部队反腐倡廉建设的决定》的部署和要求，结合西藏警卫工作实际，研究贯彻落实的具体措施及办法，与各部门领导签订《2012年度西藏警卫局党风廉政建设责任书》和《五条禁令警令状》，将责任落实到每个部门、每名官兵；坚持不懈地开展党纪教育、反面典型警示教育和廉洁自律教育，不断提高党员干部，特别是领导干部拒腐防变的能力；严格落实述职述廉、廉政谈话、诫勉谈话、个人重大事项报告、经济责任审计等制度，加强对人、财、物管理使用等关键岗位的监督，充分发挥制度和监督在反腐倡廉建设中的作用。

【业务训练】一是加强思想政治建设。根据区党委政法委关于在全区公安机关开展核心价值观教育暨岗位大练兵活动的部署要求，警卫局积极开展核心价值观教育暨岗位大练兵活动，教育官兵牢固树立公安干警核心价值观和以“忠诚、奉献、责任、荣誉”为内容的公安警卫精神，利用每周一、三、五下午的时间，开展法律、法规和时势政策教育，组织官兵学习党委、政府、公安厅重要文件及会议精神，教育官兵树立宗旨意识，坚定理想信念，恪尽职守，以强有力的思想政治工作保证了部队的高度稳定和集中统一，确保警卫官兵能时刻经受住各种考验，永葆赤胆忠心的政治本色，能够做到召之即来、来之能战、战无不胜。同时，认真做好重大警卫任务期间的思想政治工作，坚持把专项教育、政治审查、思想分析和宣扬典型贯穿任务全过程，注重官兵思想、心理和现实问题的解决，发挥思想政治工作的服务保证作用。二是突出军事业务训练，警卫局以自治区政法委在全区政法系统开展岗位大练兵活动为契机，按照《公安警卫部队2012年度军事训练计划》规定的训练科目，组织开展以射击、搏击、队列、体能和警卫业务等为内容的军事训练。在训练中，采取灵活多样的方式教学，注重个人体能、92式手枪精度射击与速度射击、警卫搏击与防护、警卫队型和应急处突等方面模拟实战训练，切实提高参训官兵的军事素质和警卫业务技能，进一步提高了警卫执勤能力和水平，为确保警卫任务安全打下了坚实的基础。

【强基惠民】2012年，警卫局工作队对两个村174户、1146人进行了走访慰问和登记造册，做到了村情民意底数清、情况明；在单位经费紧张的情况下，通过申请项目和自筹资金的方式，争取各类经费120万余元，为村民修建了“磨面坊”、“网围栏”、“灌溉水渠”、“人畜饮水工程”，引进了“奶牛养殖”等项目，维护了社会稳定，解决了村民困难，帮助村民发家致富，受到了广大村民的积极拥护和支持。

自治区人民防空工作

【狠抓维稳工作确保了全年“三不出”】坚持以科学发展观为统领，按照自治区的统一部署和要求，牢固树立稳定压倒一切的思想，坚定不移抓发展，旗帜鲜明反分裂，多次召开专题会议研究和部署维护稳定工作，确保了全年大中小事“三不出”。一是调整了维护社会稳定工作领导小组，办主要领导任组长，部门领导具体抓，干部职工积极参与，强化责任落实。二是坚持把维稳工作纳入年度工作目标考核内容，做到维稳工作与其他工作同安排、同检查、同考核，层层有责任，人人有目标，有力地调动了全员参与的自觉性。三是保障维稳经费。办党组十分重视维稳工作，结合本办实际，落实了维稳值班经费。四是注重宣传教育。认真做好法律法规等各项宣传工作，利用学习、会议等途径组织干部职工学习上级维稳工作会议和文件精神，开展社会公德、家庭美德、职业道德为主要内容的法制和道德教育，开展“六五”普法考试，提高了全体干部职工的法律素质和法律意识。五是切实加强矛盾纠纷排查调处工作，做好情报信息工作，健全处置突发性和群体事件机制。六是注重单位内部安全，强化措施，强化日常管理。健全了值班带班制度，为确保安全和稳定，每逢节假日进行维稳工作部署，全年均实行24小时值班带班，所有人员24小时保持通信联络畅通，同时加强对值班情况的督促、检查。七是对租赁户和外来人员的建立人头档案，做到底数清，情况明，加强外来流动人员的管理，防范于未然。

【狠抓信息化建设提高应急指挥能力】组织编制了西藏自治区“十二五”人防信息化建设规划，启动了自治区、拉萨市、林芝地区、日喀则地区人防机动指挥所建设项目，完成了关于加强“202”工程信息化建设项目前期论证工作。区人防办与政府办公厅、西藏军区、空军拉萨指挥所及各地市人防办共同召开了全区人防系统信息化工作座谈会，会议就贯彻落实全国人防信息化集训精神做出了安排部署，统一了思想，明确了任务，为今后开展人防信息化建设奠定了基础。积极开展应急联络、空情预警接收等训练，完成了多次应急联络、空情预警接收演练，锻炼了队伍，搭建了平台，进一步提高了空情接收、应急通信的保障能力。加强防空警报设施的维护管理。与警报设备布点单位签订了社会化管理维护保障协议，完成对防空警报设施的社会化管理，完好率达到了98%。加强人防信息保障建设，预警报警能力显著提升。人防重点城市实现警报预警系统无线集成统控，建成了电声与电动、固定与机动、自动与手动相结合，以广播电视为补充的警报网络，警报鸣响率95%以上，音响覆盖率平均达到80%以上。

【狠抓人防工程建设实现跨越式发展】一是人防工程建设实现新突破。争取国家投资5000万元，着手开展拉萨市、林芝地区、日喀则地区人防骨干工程项目建设，林芝、日喀则人防骨干工程相继开工，2013年将投入使用，拉萨市骨干工程完成项目论证。三个骨干工程建设项目逐步建成，填补了我区重点方向无人防核心骨干工程的空白。二是结合民用建筑修建防空地下室取得新进展。吉诺花园、柳梧新区管理大楼、拉萨市政府大楼、神力广场等代表性工程先后纳入结建管理，新增结合民用建筑修建防空地下室面积超过“十一五”建设总面积，工程维护管理面积创历史新高，工程开发面积20000平方米，解决就业100人次，有力地支持服务经济建设，易地建设费收取工作稳步开展。2012年首次实现审批人防应急蔽难所12000平方米。三是落实国家和自治区财政投资开展了自治区人防办应急指挥中心项目建设，同时制定了内部信息化建设、设备安装及功能配备计划规划，预计2013年投入使用。

【狠抓人防宣传教育不断深化成果】一是广泛开展了人防知识进机关、进学校、进企（事）业、进社区（街道）、进网络等“五进”活动。二是充分利用广播、电视、报纸、手机短信等媒体进行宣传，7月26日，在西藏日报等报刊上整版刊登人防专栏，国防教育日、警报试鸣期间发送短信给电信和移动用户，向社会各界深入宣传人防知识。三是精心筹划组织圆满完成了“全面国防教育活动周”暨“9.15防空警报试鸣日”活动，使社会各界进一步加深了对人防的认识与了解。四是在拉萨市、日喀则市、林芝地区开展“三防知识”教育活动。通过与教育部门联合召开“三防”知识教育座谈会，举行“三防”知识教材发放仪式等，扩大在校中学生受教育成果。五是结合驻村工作深入开展“法律进乡村”和“提高农牧民法律素质培训”等活动，成立宣讲组走访村民300多户，2000余人次，发放宣传资料500余份，为农牧民群众普及法律法规，取得良好效果。六是组织全办干部职工进行了学法、用法考试。办领导带头，全办41名在家干部职工参加了2012年度学法、用法考试，参与率98%，合格率达100%，圆满完成了活动各项内容。

【狠抓人防行政执法加强依法管理】制定了《人防行政执法“十二五”工作计划》、《三防教育工作计划》、《宣传教育工作意见》等规章制度，收集整理了10年来的国家和我区人防相关的政策、法规，做好了制定《西藏自治区实施〈中华人民共和国人民防空法〉办法》、《西藏自治区结合民用建筑修建防空地下室规定》和《西藏自治区党委 政府 西藏军区关于推进西藏自治区人民防空建设融入经济社会发展体系的实施意见》的前期准备工作。同时，全年坚持深入各地（市）特别是人防重点城市开展人防执法检查，确保了人防行政执法做到有章可循、有法可依、违法必究。

【开展强基惠民活动为民办好事实事】区人防办创先争优强基惠民活动领导小组选派8名党员干部，赴昌都地区丁青县沙贡乡沙贡村、然强村开展创先争优强基惠民活动，认真抓好了“五项任务”落实。帮助建立健全农牧区维稳机制13条；完成驻在村工作调研记录5万字以上，开展专题调研7次，建立户情档案415户，为村民和绝对贫困户、“五保户”家庭累计送上慰问金、慰问品达6万余元，队员们自发捐款累计达8000余元。为两个村争取道路、桥梁项目两个（87万元），争取草场改良项目一个（1500亩、3000斤草种、6000米网围栏，计39万元），解决卫星电视接收设备80套（计20万元），协调解决驻村点光伏照明电源、衣被、帐篷等200多件套，协调当地新建扶贫安居房25套（计40余万元），累计金额达200余万元，为群众办实事解难事30余件。

【领导名录】

党组书记、副主任：杜 建 望

党组副书记、主任：伊西加措

党组成员、副主任：季 新 贵

第四篇 经 济

发展和改革、商务

自治区发展和改革工作

【年度综述】2012年，全区生产总值达到701.03亿元，增长11.8%。全社会固定资产投资增长29.3%，社会消费品零售总额增长16.3%。农牧民人均纯收入增长16.6%。城镇居民人均可支配收入增长11.6%，公共财政预算收入增长48.3%，城镇登记失业率控制在2.6%以内，进出口总额增长152.02%，居民消费价格涨幅控制在3.5%以内。保持了跨越式发展的势头，为同全国一道全面建成小康社会打下了坚实基础。

【内生发展动力不断增强】落实投资再创新高。自治区高度重视项目工作，主要领导亲力亲为，多次赴京汇报衔接。各地市各部门围绕落实“十二五”项目方案，完善投资争取与项目建设双联动机制，上下一心，全力攻关，确保了落实投资和项目建设顺利推进。落实国家投资再创新高。全年落实国家投资超过年度300亿元目标任务，比2011年增加27%。千方百计扩大消费，稳定消费预期，全年社会消费品零售总额完成254.64亿元，增长16.3%。对外贸易强劲增长，全年进出口总额超过30亿美元，实现翻番，增速列全国各省区市首位。利用外资取得新突破，合同利用外资3.94亿美元，实际利用外资1.74亿美元。

【民生保障能力显著提升】2012年，农牧民人均纯收入达到5719元，增长16.6%，连续十年保持两位数增长；城镇居民人均可支配收入达到18028元，增长11.3%。农牧区基础设施更加完备。解决了6.9万多户住房条件较差农牧民的安居问题，解决了30万人安全饮水问题，新增用电人口16.5万，新建农村户用沼气2.5万户，建制村公路通达率和乡镇通光缆率分别达到94.43%、96.7%，广播电视人口综合覆盖率达到93.38%和94.51%，完成1000个行政村农村人居环境建设和环境综合整治。续建新建保障房2.8万套。就学更有保障，完成了654所农村寄宿制学校改扩建，新建教师周转宿舍11万平方米。在全国率先实现了真正意义上的15年免费教育。全面落实农牧区义务教育学生营养改善计划，政策资金覆盖率均达到100%。就医更加方便。以免费医疗为基础的农牧区医疗制度继续保持农牧区人口全覆盖，建立了农牧区大病补充医疗保险和孕产妇住院医疗保险，取消了医疗救助起付线，率先在全国实现了城乡一体化和社会全覆盖。完成了3个区级、2个地级医疗机构改扩建，4个县级和42个乡镇卫生院标准化建设。就业更加充分，全区城镇新增就业2.5万人，城镇登记失业率控制在2.6%以内。农牧区富余劳动力转移就业突破90万人次，劳务创收18.8亿元，农牧民就业稳定性和收入不断提高。社会保障政策更加普惠，建立了寺庙僧尼社会养老保险制度，所有险种均实现自治区级统筹。连续8年调整企业退休职工基本养老金，调整后月人均达2704元，居全国前列。

【项目建设加快推动】多措并举，圆满完成了年度目标，确保年内在建项目达到180个。旁多水利枢纽、藏木电站、拉日铁路进展顺利，国道317线夏曲卡至那曲段、省道301线那曲至班戈油路完工正式通车；公安综合执法检查站、拉萨市教育城、西藏文化产业创意园等规划外项目相继开工建设。中国援尼“沙拉”公路竣工。林芝机场站坪改扩建工程已完成，西藏航油配送中心工程开工建设，那曲机场加紧开展前期论证工作；川藏铁路拉萨至林芝段项目建议书获得国家发展改革委批复；无电地区用电难问题基本解决，实现行政村通电率100%的目标，村村通广播电视工程加快推进；“9·18”地震灾后恢复重建顺利实施；农村公路建设力度加大，实现411个建制村通公路和15个乡通油路；拉萨城市供暖试点工程开通运行，实现40%的供暖目标；完成全区580个寺庙管委会中85%的综合业务用房建设，便民警务站1.12亿元投资全部到位，并全部建成投入使用。项目管理水平显著提高，研究制定《重大项目社会稳定风险评估实施办法》，印发《关于解决我区当前政府投资工程建设中带有普遍性问题的意见》和《西藏自治区招标投标管理办法》，配合国家发展改革委重大项目稽察办对全区130个项目进行了稽察，促进项目建设质量不断提高。

【产业结构进一步优化】第一产业生产效率不断提高、存量进一步优化。全年粮食产量达到94.89万吨，连续13年保持在90万吨以上；畜牧业占农牧业总产值的比重达到50%以上，牲畜出栏率达32%。第二产业比重增加1个百分点，工业快速发展的稳定性不断增强，后三个季度增速均高于经济增速，全年规模以上工业增加值达到42.8亿元，增长15.1%。以旅游业为龙头的第三产业加快发展，比重继续稳定在53%，全年接待国内外游客1058万人次，旅游收入实现126亿元，旅游总收入增幅首次高于旅游接待人次增幅。非公有制经济步入快速发展新阶段，藏医药业、能源产业、优势矿产业、建筑业、高原特色食品业、民族手工业等企业达到1982家。拉萨国家级经济技术开发区、达孜工业园、青藏铁路那曲物流中心分别入驻企业639、64、57家。非公有制经济上缴税收总量达到143亿元，占整体税收的比重上升至93%。国有企业发展势头不断趋好。文化产业加快发展，新建成103个乡（镇）基层点和近500个村基层点。拉萨市文化旅游创意产业园区、山南雅砻文化大观园等项目相继开工。科技支撑能力进一步增强。

【生态环保基础逐步强化】《西藏生态安全屏障保护与建设规划（2008—2030年）》十大工程，截至目前到位投资40亿元，治理草原鼠虫毒草害3284万亩，使5050万亩天然草场得到保护与恢复。完成森林重点火险区综合治理733.16万公顷。实施了6个国家级保护区规范化建设。开工建设6个湿地保护工程。在全区47个县建设饲草饲料基地120万亩，治理沙化土地102.4万亩和水土流失面积150平方公里。草场承包责任制深入落实，草场承包面积占草场总面积的80%以上，占利用草地面积的98%。全区完成植树造林和封山育林108.6万亩，其中植树造林56.8万亩，封山育林51.8万亩。在全国率先开展生态功能保护区建设工作。严格环境准入制度，严控“两高一资”市场准入。更加重视节能减排，自治区8家规模以上工业企业列入“国家万家企业节能低碳行动”名单。加强对48家重点监控企业和90家监督企业的日常监管，督促关闭或限期整改28家选矿企业。实施了11个节能项目建设，推广100万只高效照明产品。拉萨市与全国同步发布PM2.5等新指标空气质量日报，全区主要城镇环境空气质量良好。13个县城垃圾填埋场开工建设。完成主要污染物排放年度目标任务。

【改革开放进一步深化】全面启动农村集体土地确权登记发证制度。集体林权体制改革试点主体工作基本完成。曲水县农村改革试验区启动实施。乡财县管、部门预算、政府采购改革稳步推进。提高个体工商户增值税、营业税起征点，调整增值税小规模纳税人征收标准。清理了127项行政事业收费项目。纳入改制计划的223家企业改制面达到100%。西藏盛源、西藏能投、兴贸公司等组建成立。中国农业发展银行西藏分行成立，西藏银行正式营业，国有粮食企业改革启动实施，加快组建粮食产业集团公司。供销合作社各项工作全面启动。医药卫生体制改革取得阶段性成果，在自治区第二人民医院启动事业单位岗位管理试点工作，基层医疗机构全部实行国家基本药物制度。积极稳妥扩大工资集体协商覆盖范围。自治区第14次调整月最低工资标准，连续8次调高企业退休人员基本养老金水平。科技、教育、文化体制改革继续深化，12.9%的事业单位、30%的人员实行了聘用制。积极稳妥推进资源性产品价格改革，年内建立价格调节基金制度。合作开放全面加强，已有12个中央国家部委召开了系统援藏工作会议，自治区与援藏省（市）和中央骨干企业签订17项战略合作协议。编制完成了自治区援藏总体规划，全年落实援藏投资39.53亿元，项目1095个。落实招商引资项目502个，实际到位资金125.71亿元。

【调控能力逐渐增强】根据阶段性经济运行态势和宏观环境面临的形势，在全面掌握全区各行业领域季度经济运行情况的基础上，每个季度末及时总结全区经济运行情况，及时提出并落实调控措施，确保经济保持平稳较快发展。确保要素保障，电、油、气、运、物调节有力，青藏直流联网工程稳定运行，有力缓解藏中电网供电压力。针对昌都、阿里电力供应紧张局面，协调援建了昌都应急电厂，全部机组投产发电，加快阿里并网光伏电站审批，计划投产5000千瓦。加强物资储备和成品油、液化气、粮食供需平衡。协调中航油集团和相关部门，将航油进销差价从3800元/吨降为800元/吨，满足了执飞西藏航线飞机的用油需求，执飞西藏航线的航空公司增至7家，开辟航线37条，通达城市22个。

【领导名录】

党组书记、副主任：普布次仁
区政府党组成员、主任：纪国刚
党组成员、副主任：罗杰、马菁林、王念东、孙本拉
党组成员、纪检组长：平措
副巡视员：次仁多吉、冯祖春

自治区粮食工作

【粮食市场和价格继续保持基本稳定】一是加强市场监测和供求分析，全力保供稳价。密切关注粮食市场供求和价格变化情况，加强粮食市场动态监测、分析，为粮食宏观调控提供了可靠信息支撑。认真落实保供稳价措施，积极组织粮食投放市场，充实库存，保证供给，粮食市场总体保持了平稳有序的良好运行态势。继续加强粮食产销合作，截至2012年底，全区国有粮食企业已代理国内粮油知名

品牌29个，商品粮库存4000万公斤，保障了供应需要。二是认真抓好粮食收购，促农持续增收。继续完善青稞最低收购价制度，2012年青稞最低收购价比上年提高31%。引导和鼓励各类粮食经营主体积极收购农民余粮，促农增收，掌握粮源。2012年全区各类粮食经营者收购粮食4400万公斤，同比增加1400万公斤，其中：国有粮食企业收购1595万公斤。继续开展收购资格审核和年检工作，加大收购市场专项检查，确保收购工作顺利开展。三是加强统计调研，服务粮食调控。认真履行全社会粮食流通统计职能，做好粮油供需平衡调查，有效服务粮食调控工作。开展了粮食产需情况的专项调研，为确保我区粮食安全特别是青稞安全提供了决策参考。

【粮食援藏工作取得实质性进展】国家粮食局出台了《关于全国粮食系统支持西藏粮食流通工作跨越式发展的实施意见》，建立援藏工作机制，明确了援藏政策措施。粮食援藏工作会议成功召开，初步落实农户科学储粮、粮食质量安全检验监测体系、粮食应急供应加工等项目，投资约6800万元。自治区、各地市粮食局积极作为，狠抓投资争取与项目落实工作，国家粮食局两次赴藏考察，并与四川省粮食局、成都粮科所向林周县、达孜县捐赠了260套农户科学储粮仓，农户科学储粮工程在我区开始启动；江苏、安徽等10多个省市先后赴藏考察调研，在项目、资金、人才培训、干部挂职等方面进一步达成共识，截至2012年底，已到位资金940多万元，援藏工作顺利推进，成效明显，得到了自治区党委、政府的充分肯定。

【国有粮食企业改革迈出新步伐】按照自治区第八次党代会关于"加快国有企业改革重组，健全现代企业制度"的总体部署，出台了《关于深化区直国有粮食企业改革的意见》，并向自治区政府上报了《西藏金谷粮食产业集团有限责任公司组建方案》，按照"产权清晰、权责明确、政企分开、管理科学"的总要求，组建粮食产业集团有限公司，建立现代企业制度，改革迈出重大步伐。在农发行等有关部门的大力支持下，"老账"有望尽快剥离上划。在自治区财政厅的大力支持下，落实了转机建制资金1000万元，支持我区国有粮食企业的改革发展。

【储粮安全基础不断巩固】一是落实项目，基础设施建设不断加强。在自治区发展改革委的大力支持下，基本完成了投资2275万元的拉萨、格尔木国库和隆子等4个自治区储备粮代储库改扩建项目；当雄等4个自治区储备粮代储库改扩建项目、35个边远易灾重点乡镇粮库建设项目前期工作已完成，力争纳入2013年自治区投资计划。在自治区财政厅的支持下，全区仓储设施维修工作力度持续加大，完成了投资604.50万元的7个自治区储备粮代储库维修任务，落实1210.44万元资金用于全区66个边远易灾乡镇粮食仓库仓储设施维修改造，储粮环境有效改善。二是保质保量，认真开展自治区储备粮轮换工作。完成了2011年度自治区储备粮轮换任务，积极做好2012年度轮换工作。三是健全制度，储粮管理进一步规范。制定下发了自治区储备粮损失损耗处理办法和自治区储备粮管理考核奖惩暂行办法，储粮管理工作进一步规范。联合自治区有关部门对全区29个自治区储备粮代储库储备粮管理情况进行了全面检查和严格考核，评选出先进管理和代储单位11个。同时，认真开展粮食行业安全生产领域"打非治违"专项行动和"危仓险库"专项调查，消除安全隐患。

【依法行政取得实效】一是广泛宣传，粮食政策法规深入人心。广泛宣传粮食法律法规，努力营造依法管粮的良好环境。拉萨国库组织拉萨市中小学生开展了爱粮节粮实践教育活动，进一步提高了学生爱粮节粮意识。二是健全协作工作机制，粮食流通监督检查深入推进。拉萨、山南、日喀则、那曲、阿里五地市建立了本级粮食流通监督检查工作部门协作机制，组织召开了本级粮食流通监督检查工作联席会议。加大粮食市场检查力度，有效确保了全年我区粮食市场正常秩序。2012年，自治区和拉萨等五地市落实粮食流通监督检查专项经费55万元，提供了执法保障。开展了2012年全区国有粮食企业粮食库存例行检查，对粮食库存做到了底数清、情况明。各地市建立了粮食流通监督检查工作日志制度，截至2012年底，我区粮食经营企业762户，建立监督检查信息档案企业649户，为监管工作奠定了基础。三是完善措施，加强粮食质量监管。在国家粮食局的支持下，完成了490万元的自治区粮油中心化验室、山南和日喀则地区化验室粮食质量安全监测能力项目建设。出台了储粮化学药剂使用等管理办法，推进了质量监管制度建设。加强国有粮食企业库存粮油质量普查，严把粮食出入库质量关，确保了储粮质量和消费安全。

【统筹兼顾，维稳措施全面落实】

始终把维护稳定作为硬任务和第一责任，不折不扣落实自治区党委、政府出台的十个方面维稳措施，健全工作机制，强化责任追究，突出关键部位，加强严管严控和督促检查，狠抓措施落实。进一步严明政治纪律，严格工作要求，扎实做好排查摸底、教育引导工作，强化源头管理和逐级督导，筑牢反对分裂、维护稳定的政治防线和坚实基础，确保了全年局直系统全面、持续稳定和"三不出"工作目标的实现。

自治区商务工作

【年度综述】2012年，西藏自治区商务系统以科学发展观为统领，认真贯彻落实中央第五次西藏工作座谈会和自治区第八次党代会以及党的十八大精神，按照"稳中求快"的总要求，砥砺奋进，团结拼搏，坚持不懈地促消费、调结构、惠民生、扩开放、保稳定、抓发展，商务工作实现新的重大突破，成效显著。

【商贸流通业快速发展，消费拉动经

济增长的能力大幅提升】积极落实中央和自治区扩内需、促消费、惠民生政策措施，进一步激活城乡消费市场。大力推进城镇商贸服务设施建设，全区188个社区新增便利店、超市、洗衣店、早餐店900个。拉萨市首家家政服务网络中心新增加盟企业150家，早餐示范工程、再生资源回收体系建设稳步推进。新建和改造"万村千乡"农家店2000家、商品配送中心33个、乡镇商贸中心35个；新建县级农贸市场5个、重点乡镇农贸市场1个，城乡市场体系建设和商品流通网络不断完善。"家电家具下乡"政策效果明显，全年销售家电家具下乡产品202841台（件），销售金额32456.15万元，兑付补贴资金6266.27万元，建立266个家电备案网点和211个销售网点。汽车、房地产、旅游等消费热点保持增长态势，餐饮、住宿等假日休闲消费能力进一步增强。仓储物流业水平不断提升，网上购物等新型消费热点正在形成，商贸流通业快速发展。2012年社会消费品零售总额实现258亿元，同比增长18.2%，继续保持18%增速。

【进出口规模不断扩大，发展水平整体提高】按照"积极发展边境贸易、壮大自产产品出口、鼓励边民互市贸易、稳定一般贸易"的工作思路，大力建设边贸市场和出口商品基地，积极扩大边境贸易和自产产品出口，加强服务和政策引导，对外贸易水平整体提高，外贸进出口快速增长，贸易方式和贸易市场实现多元化，贸易结构进一步优化。2012年，外贸进出口总额实现34.24亿美元，同比增长152.04%。其中：出口33.55亿美元，同比增长183.61%；进口0.69亿美元，同比减少60.71%。边境小额贸易进出口总额实现16.86亿美元，同比增长81.28%，占进出口总额的49.24%。自产产品出口3911万美元，同比增长33.16%占出口总额的1.16%，主要产品有鲜苹果、摩托车及其配件、未梳脱脂剪羊毛、鲜或冷藏蒜头等。全年实现边民互市贸易6.5亿元，同比增长10.2%。活畜出口55万只（头、匹）。其中，亚东乃堆拉边贸市场实现交易额6602.35万元，同比增长43.2%。全区进出口额在1000万美元以上的企业达到44家，进出口额超1亿美元的企业达到9家。与我区有贸易往来的国家和地区达到153家。

【商务惠民工程扎实推进，商务领域服务民生、保障民生、改善民生能力得以提升】碘盐推广力度不断加大。一是指导自治区盐业总公司召开了年度会议，对2011年的盐业工作进行了全面总结，对2012年的市场供应、企业管理、碘盐配送等工作进行了安排部署。二是根据自治区市场情况和2012年国家食盐计划衔接情况，编制并向各地（市）下达了全区食盐计划任务。全年碘盐配送17309吨，农牧区碘盐配送率、覆盖率继续保持100%和95%。三是根据国家碘含量标准调整要求，结合我区碘缺乏危害防治需要，就西藏地方食用盐碘含量标准与区卫生厅、质监局等单位进行了沟通，指导企业加强与内地生产企业的计划衔接，认真做好新旧标准转换期的产品生产、供应工作。四是组织开展了全区食盐市场专项检查，共查处假冒食盐 3.4吨。2012年8月31日，自治区人民政府召开了全区碘盐推广先进集体和先进个人表彰大会，有65个先进集体、122个先进个人受到了表彰。

家电家具下乡惠民政策效果显著。创造性实施家电家具下乡工作，增加下乡产品品种，提高地方补贴标准，创新补贴方式，加强质量监管，家电家具下乡政策惠民成效十分显著。全年销售家电家具下乡产品202841台（件），销售金额32456.15万元，兑付补贴资金6266.27万元。

商品储备与市场监测。突出调控重点，完善储备制度，肉糖茶等重要商品收储和投放以及市场监测工作扎实有效。不断完善了应急商品投放网络，细化应急预案体系，加强应急商品数据库企业承储情况的监测检查，确保关键时刻储备商品调得出、用得上。截止2012年底，大型生活必需品监测样本企业14家，监测商品17大类53种。2012年全区生活必需品货源充足，调运途径通畅，市场运行平稳，消费环境得到改善；成品油批发企业7家，加油站252座。其中，中石油西藏销售分公司系统加油站118座（不含区外3座），中石化西藏销售分公司13座，社会加油站121座。2012年全区购进成品油78.38万吨，销售成品油73.88万吨，12月底库存成品油9.65万吨；购进液化气4.01万吨，销售液化气3.81万吨，12月底库存液化气0.27万吨。成品油市场货源充裕、运行平稳。

市场整规工作加强。突出了对食品药品安全、保护知识产权、打击商业欺诈、诚信体系建设等重点，积极开展生猪屠宰、碘盐、边销茶等各项专项整治，累计出动检查人员2000人次，检查市场主体1000家（户），处理违法违规案件10起，取缔无证经营户10家。

【口岸工作实现重大突破，沿边开放步伐加快】充分发挥区位优势，不断加大沿边开放力度，加强口岸和边贸市场基础设施建设，樟木、普兰、吉隆、亚东等口岸以及边贸市场建设和整治工作稳步推进。樟木口岸基础设施更加完善，通关环境进一步优化，贸易量快速增长。吉隆口岸基础设施建设全面加强，中尼跨境经济合作区建设前期工作已经启动。"十二五"口岸重点项目建设全面推进，2012年全年共投资6936.6万元，在樟木、拉萨航空港、亚东、吉隆等口岸实施了联检设施、口岸国门等基础设施建设项目，通关能力及口岸功能进一步提升。2012年全区各口岸出入境人员总计157.2万人（次），其中：旅客13.4万人（次），边民143.8万人（次）。出入境各类运输工具412.86万架（辆）次。进出口货运量17.47吨，进出口货运值18.28亿美元。

【利用外资水平和规模提升，对外交流与合作稳步推进】利用外资水平和规模提升。积极调整利用外资结构，创新引资方式，狠抓大项目落地，全年实际利用外资达到1.74亿美元，是去年的2.7倍。外资主要来自尼泊尔、香港、日本、美国、英国、韩国等国家和地区。外商投资领域主要包括制造业、旅游服务业、餐饮娱乐业、建筑业、房地产业和运输业等。外商直接投资，实现了西藏投资主体多元化，带来了技术、管理、和人才创新，促进了多种所有制经济发展。特别是香格里拉大酒店、华泰龙甲玛多金属铜矿、瑞吉酒店等一批较大外资项目的落地，为西藏特色产业发展注入了活力。开发区建设与发展实现新突破。拉萨国家级经济技术开发区坚持“壮大二产”的发展思路，加大对外招商引资力度，已形成藏药、农副产品加工、高新技术等多个产业群雏形。成为西藏自治区“二产抓重点”的重要突破口。2012年，拉萨国家级经济技术开发区新增注册企业357家，新增注册资金99.5亿元，新增固定资产投资19.26亿元；实现税收28.19亿元，同比增长104%。

对外交流与合作稳步推进。全年实施政府间国际多双边无偿援助项目5个,资金为312.71美元。争取澳大利亚、新西兰发展合作奖学金项目资金37.03万美元。援助项目涉及扶贫开发、医疗卫生、教育、新能源开发利用等广泛领域。受援项目的实施，为我区改善农牧区生产生活条件、促进社会事业进步发挥了积极作用。积极实施“走出去”战略，大力支持西藏企业开展对外工程承包、劳务合作，到境外投资办实业。2012年，全年审批2家非公企业赴尼泊尔投资建厂，投资总额为128.4万美元。西藏宏绩（集团）有限公司承建的国家重大成套援助项目尼泊尔沙拉公路已竣工并通过终验。

展会平台作用增强,招商引资力度加大。按照“压缩数量、提高质量、突出实效”的原则，整合展会资源，充分利用中国进出口商品交易会、青海藏毯国际展览会、中国国际投资贸易洽谈会、中国西部国际博览会等展会平台，加强项目、产品推荐和招商，有效地宣传了西藏，为区内企业提供了广阔的展示平台，促进了经贸合作。全年完成11个展会的组织参展，现场销售产品127万元，签订销售协议4820万元，出口成交1090万美元。签订招商引资项目合同3个，协议3个、意向协议11个，协议金额达到67亿元。

【着眼重点，整体推进，商务科学发展基础不断夯实】一是积极推进规划编制，多方争取资金项目支持，规划、资金、项目支撑有力的局面形成“十二五”商务重点规划及建设项目有序推进。二是进一步推进对口援藏工作。商务部印发了《商务部关于西藏自治区商请支持商务工作的复函》，再次明确从7个方面加大支持和援助力度。成功召开了第2次部区合作协议年度会议，签署了《商务部 西藏自治区人民政府关于加快西藏城乡市场体系建设备忘录》。2012年，商务部安排内外贸专项资金23095万元，同比增长7.88%。三是开展政策和课题研究。配合商务部课题组开展了吉隆口岸跨境经济合作区调研论证，形成了《吉隆口岸跨境经济合作区可行性研究》。完成了《西藏自治区党委、政府关于促进商贸流通业加快发展的意见》初稿，在征求意见、修改完善后，已上报自治区政府，力争尽早出台实施。四是完成企业移交。2012年6月1日，商务厅与自治区国资委正式签订了国有企业整体划转移交协议，11家国有商贸流通企业整体移交工作全面完成。五是成立供销合作社。2012年2月28日，自治区供销合作社正式挂牌运行，开展了全区供销社基本现状调研。六是成功签署藏川商务合作协议。为全面贯彻落实中央第五次西藏工作座谈会精神和《西藏自治区人民政府 四川省人民政府战略合作框架协议》，2012年9月27日在第十三届中国西部国际博览会期间，四川省商务厅与西藏自治区商务厅于在成都成功签署商务合作协议。建立了更加紧密的合作机制，双方拟充分利用各自条件、优势和资源，加强在商务发展规划与战略研究、商贸流通、对外贸易、利用外资和开放平台建设、对外经济技术合作、人才培养交流等方面的合作，努力实现资源共享、优势互补、互利双赢，推动两省区商贸流通和对外经贸又好又快发展。七是商务自身建设得到加强，为商务事业发展提供有力保障。扎实推进商务系统党的建设，切实加强党的组织、思想、作风和领导班子建设。推进党风廉政建设和制度建设，完善内部管理制度，用制度管人、管事、管权，有效提高商务系统拒腐防变能力。全面加强干部队伍建设和行政能力建设，认真贯彻落实自治区“约法十章”，加快转变机关工作作风，提高懂实情、办实事、出实招的能力，提高沟通协调能力和依法行政能力。牢固树立稳定压倒一切的思想，扎实开展“创先争优、强基惠民”活动，抓好驻村工作，全面落实自治区各项维稳措施，确保“三不出”和“三无”，确保商务系统和谐稳定。

【领导名录】
党组书记、副厅长：谭永寿
党组副书记、厅长：边巴
党组成员、副厅长：帕巴群增、
　　吉桑顿珠、许波（援藏）、
　　周慧、白曼央宗
党组成员、纪检组长：王西平
副巡视员：尚进林

财税、金融、保险、证监

自治区财政工作

【年度综述】全区公共财政预算总财力为10,327,924万元，比年初预算增加3,660,176.5万元，增长54.9%，比变更预算财力增加914,786万元，增长9.7%。其中：公共财政预算收入完成865,823万元，为预算的178.6%，比上年增加318,176万元，增长58.1%。公共财政预算支出完成9,053,369万元，比上年决算支出增加1,472,284万元，增长19.4%。上解支出2,367万元。收支相抵并扣除结转下年支出1,271,976万元后，当年实现净结余212万元，其中地县净结余212万元。实现了收支平衡，略有结余。

【扩大基建投资规模】2012年，全区财政性基建资金累计到位1,990,987万元，比2011年增加321,417万元，增长19.3%。其中：落实前期经费基建垫款352,107万元，支持全区墨脱公路、拉萨城市供暖、村村通电“金太阳”工程、成都顺江苑基地、广播电视进寺庙、墨竹输变电工程等等重点项目建设；落实农村公路建设资金共计335,346.65万元，安排170,000万元用于宗教活动场所公路通达工程和2011、2012年农村公路缺口资金，安排165,346.65万元用于2012年农村公路规划内项目建设；落实保障性住房和棚户区改造资金196,590.54万元，支持新建廉租房1,200套、公共租赁住房5,000套、周转房2,640套，新增租赁住房补贴1,000户，完成了3,000户城市棚户区改造和671户林区棚户区改造任务，启动了第二批周转房5,549套建设计划和自治区一期、二期周转房供暖项目建设；落实资金36,911.15万元，支持“9·18地震”灾后恢复重建；落实资金35,634万元，批复41个中小河流治理规划项目和15个病险水库除险加固项目；落实资金1.5亿元，开展实施了“9·18”地震次生地质灾害应急勘查、隐患排查及灾害防治、樟木口岸特大型地质灾害防治工作；落实资金2,796.8万元，支持测绘事业发展，开展了西藏重点地区1:1万基础地理信息数据采集及成图、西藏基础地理信息系统建设、西藏平面控制网高程控制网等项目建设。

【完善产业扶持政策】落实产业与企业改革发展资金8,500万元，中小企业发展资金5,920万元，信息化建设资金9,711万元，外贸发展促进资金5,018.7万元，企业发展扶持激励资金7,124.23万元，支持优化产业结构，加快产业转型升级，不断提高大中型企业核心竞争力，支持小微企业特别是科技型小微企业发展。落实旅游产业发展资金13,500万元，实施一大批重点旅游项目开发、旅游景区景点配套设施建设项目，进一步优化了景区环境、提升了旅游服务质量。落实资金6,601万元，鼓励、支持、引导非公有制经济发展，保证各种所有制经济依法平等使用生产要素、公平参与市场竞争。

【推进生态文明建设】继续实施草原生态保护奖励机制，落实资金210,981万元，实施草场禁牧及草畜平衡面积达8.94亿亩。认真落实各项林业生态保护政策，落实森林生态效益补偿基金56,364万元，天然林保护工程资金9,611万元，退耕还林补助资金6,288万元，重点区域造林、林业有害生物防治、自然保护区保护等资金37,363万元。落实资金32,400万元，在54个县开展山洪灾害防治非工程措施项目。落实资金4,000万元，开展湿地保护试点工作。落实资金5,811.95万元，支持完成“一池三改一棚”户用沼气配套建设达17.5万座，惠及80余万农牧民。落实环境保护及污染物减排专项资金2,141万元，支持环境自动监测站点和监测网建设。落实资金4,731.3万元，开展27个城镇饮用水水源地环境综合整治工作。落实资金6,523万元，用于纳木错生态环境保护建设和城镇污水配套管网建设。完成100万只高效照明产品推广应用，免费供应农牧区10万只，兑现补助资金204.02万元。实施“金太阳”示范工程项目建设，投资10.24亿元，发放并安装15.36万套户用光伏发电系统，完成54座集中光伏电站建设，基本实现行政村通电率100%的目标。

【深入推进新农村建设】继续实施农牧民安居工程，落实资金115,947万元，将贫困户安居补助标准提高到2.5万元/户，完成69,517户农牧民安居工程建设和抗震加固任务，提前1年完成边境县农牧民安居工程建设任务，又有近34万农牧民住房的安全适用的住房。落实资金69,594万元，继续在1,000个村开展农村人居环境建设和环境综合整治工程。通过实施“八到农家”工程，新增安全饮水人口30万元，基本实现了行政村村村通电话，广播、电视覆盖率分别达到93.3%和94.5%。

【促进农牧民持续增收】落实农作物及牲畜良种补贴资金7,156万元，种粮农民化肥补贴10,000万元，测土配方施肥补贴资金1,790万元，粮食直补和农资综合补贴资金7,365.6万元，产粮大县奖励资金4,550万元，促进农牧业生产稳定发展。落实农机具购置补贴资金17,000万元，提高补贴标准，扩大补贴范围，进一步提高农业生产的机械化水平。落实资金30,917万元，继续开展涉农商业保险试点。落实农牧民技能培训补助资金5,929万元，培训农牧民达12.5万人次。预计2012年全区农牧民人均纯收入将达到5,645元，其中财政对农牧民群众的直接、间接补贴近2,200元/人。

【夯实农牧业发展基础】落实资金54,600万元，在29个粮食主产县及牧业县、22个非粮食主产县实施小型农田水利重点县建设和专项水利工程建设。落实农业综合开发资金42,758万元，在26个农业综合开发县治理土地49.28万亩（含草场），实施产业化经营项目28个，实施节水灌溉、林业生态示范、良种繁育、优势特色种养等农业综合开发项目12个。累计新增和改善灌溉面积17.16万亩，新增粮食958.37万公斤、油料143.53万公斤、蔬菜3万公斤、饲草3,030.9万公斤。落实防汛抗旱补助资金10,307万元，确保农牧业生产安全。落实资金16,480万元，重点支持公益性农业科研机构和高等学校开展青稞基因组计划、野生藏药材人工栽培等基础性、前沿性研究，实施农业科技成果转化项目11个、农业科技推广项目98个。落实资金6,400万元，支持发展农业生产经营服务组织390个，为6.8万户农牧民提供农牧业生产服务。落实资金18,500万元，大力发展以青稞、牦牛、藏药材为主导产业的现代农业。落实资金5,900万元，支持农业产业化及菜篮子工程建设。积极支持农牧业优势特色产业发展，投入资金20,000万元，扶持项目56个，项目区农牧民人均增收约600元。落实资金1,200万元，推进农村信息化服务网络建设。再度提高扶贫标准，将全区年人均纯收入2300元以下的农牧民纳入扶贫扶持范围。落实扶贫开发资金135,578万元，实施扶贫项目1,760个，在96个乡镇实施整乡推进扶贫，全区农牧民人均纯收入低于2,300元的低收入贫困人口由2010年的83.3万人，减少到2012年的58.5万人。

【推进农牧区综合改革】落实农村税费改革资金25,295 万元，农村综合服务保障经费15,080万元，村委会居委会兴办经济实体资金2,000万元，提高农牧区综合活动能力，推动农村实体经济发展，巩固农村综合改革的成果。以强基惠民驻村工作为契机，落实资金6,014万元，支持实施全区40个村开展以村容村貌整治和人居环境建设为重点的村级公益事业“一事一议”财政奖补工作。

【推进城乡社会保障体系建设】全区社会保障和就业支出621,640万元。城镇居民社会养老保险制度全面覆盖，建立了寺庙僧尼社会养老保险制度，企业退休职工基本养老金标准从月人均2,439元调整为2,704元，工伤、生育保险实现自治区级统筹。落实城乡居民和职工大额补充医疗保险2,433万元，孕产妇和新生儿商业保险945.22万元，驻村驻寺人员、城乡居民及援藏干部团体人身意外伤害保险4,383.9万元，社会保险体系得到进一步健全。完善社会救助体系，将城市低保标准从360元/月提高至400元/月，农村低保标准从年人均1,450元/年提高至1,600元/年，五保户供养标准从2,200元/年提高至2,400元/年。启动社会救助和保障标准与物价上涨挂钩联动机制，落实临时物价补贴资金3,947.74万元。三大节日期间，落实资金11,244.88万元，为城乡低保对象、国有企业离退休人员、优抚对象、五保户发放一次性生活补助。落实资金4.1亿元，确保全区自然灾害应急准备金维持20亿元的规模。安排救灾专款8,542.18万元，确保各地及时、有效、有序开展自然灾害救助和灾后重建工作，保障受灾群众的基本生产生活。落实资金3,552.25万元，做好孤儿基本生活经费保障工作。实施更加积极的就业政策，积极支持就业援藏工作，鼓励多渠道多形式就业，落实资金9.5亿元，确保新增人员的工资、公用经费的支出需求和自治区20,000个公益性岗位补贴资金及时足额兑现。落实资金1,223.2万元，对吸纳高校毕业生就业的企业进行奖励。

【坚持教育优先发展】全区教育支出917,101万元。全面落实学前补助、义务教育至高中阶段“三包”及城镇困难家庭子女助学金政策，二类区、三类区、四类区或边境县年生均标准分别达到2,400元、2,500元和2,600元，政策惠及近53万名学生，占学前、中小学在校生数的95%。落实资金6,849万元，实行城镇学前教育阶段公办学校免费教育、民办学校定额免费补助政策，免费标准为年生均3,600元。落实资金1.44亿元，启动农牧区义务教育阶段学生营养改善计划，政策惠及近24万名农牧区学生。继续实施高中阶段免费教育政策和高等教育师范及农牧林水地矿专业免费教育政策。着力改善教育基础办学条件，落实资金5.73亿元，支持农村义务教育薄弱学校改造、县级幼儿园维修改造及乡镇小学信息化设备购置、农牧区义务教育阶段学校太阳能学生澡堂建设等项目实施。落实资金8,552.26万元，大力发展职业教育，提高实训能力。落实资金1.92亿元，支持地方高校发展，提升办学水平，提升办学条件。加强教师队伍建设，落实教师培训经费3,019.1万元，提高师德水平和业务能力。

【深化医药卫生体制改革】全区医疗卫生支出358,043万元。落实资金7.23亿元，将农牧区医疗制度财政补助标准从年人均260元提高至300元。落实资金8,403万元，支持实施居民健康档案、健康教育、免疫规划等十一类国家基本公共卫生服务项目的开展。落实重大公共卫生专项资金15,509万元，提高公共卫生服务水平，加强疾病防治、妇幼卫生等工作。落实资金2,378.4万元，对患有先天性心脏病的儿童接受手术治疗发生的交通和生活费用等进行补助。落实基层医疗机构药品“零差率”销售财政补贴2,407.21万元，缓解农牧民群众购药用药支出压力。落实资金8,768万元，实施医疗救助28,244人（次）。落实资金1,500万元，支持基层医疗卫生技术人员队伍建设。落实资金1.8亿元，支持74个县医疗服务中心医疗设备配备，进一步改善县级医疗机构基础设施条件，提高医疗业务能力和水平。落实计生事业费5,593万元，加强计划生育管理，促进优生优育。

【推动文化大繁荣大发展】全区文化体育与传媒支出237,398万元。落实文化产业发展资金5,000万元，文化投资基金2,000万元，农牧区基层文化建设资金2,000万元，主流文化创作扶持资金1,300万元，推动我区文化产业又好又快发展，促进实现我区由文化资源大区向文化发展强区的战略转型目标。落实资金2,868.1万元，继续全面实施博物馆、图书馆、群艺馆、基层文化馆站免费开放政策。落实资金3,974万元，支持实施2,368个农家书屋和1787个寺庙书屋全覆盖。安排资金2.49亿元，支持广电事业发展，进一步提高节目质量，推进西新工程建设。落实资金2.02亿元，支持重点文物、寺庙及历史遗迹维修保护。

【支持科技事业发展】全区科学技术支出50,797万元。落实资金19,369万元，支持实施农牧业、特色资源、生态环境保护、藏医药研发、新能源等重大科技研究开发项目，推动科技和经济紧密结合。落实资金1.29亿元，支持西藏科技馆科普展教设备购置及配套设施建设。落实资金3,809万元，继续推行科技特派员制度，实施科技富民强县、科普惠农兴村工程，提升农业科技水平，科技对农牧业生产的贡献率达到43%。

【创新投入机制，促进社会和谐稳定】落实资金159,612万元，全力支持“创先争优、强基惠民”活动开展，加强基层社会管理和服务体系建设，夯实党在基层的执政基础和执政能力。落实资金91,454万元，支持创新寺庙管理和构建寺庙管理的长效机制，促进寺庙管理的规范化和法制化，及时兑现了和谐模范寺庙暨爱国守法先进僧尼表彰经费。强化政法经费投入，落实资金233,578万元，保障了各级政法部门办案、装备、基础设施及维护稳定经费需求。强化城市网格化管理和寺庙警务机构建设，落实资金22,030万元，为便民警务站和驻寺警务机构购置部门装备、单警装备、办公设备、交通工具干警服装。落实治安、消防辅警员工资13,806万元，充实基层维稳力量。加大青藏铁路护路联防经费投入，落实资金3,752万元，保障新增扩编人员经费及劳务、油料、通讯等各项补贴支出。

【坚持财力下沉，缓解基层政府压力】以缓解基层财政面临的主要矛盾为出发点，进一步完善自治区对下均衡性转移支付办法。2012年，自治区对下均衡性转移支付规模达到751,811万元，比上年增加189,485万元，增长34%。落实基层政权建设和西部政权建设资金20,840万元，支持乡镇“小食堂、小澡堂、小温室”建设，改善基层干部职工工作生活条件，提高基层政府公共服务和公共管理能力。落实资金40,000万元，支持地（市）所在城镇美化、绿化、亮化工作，提升重点城镇提供公共服务水平和吸纳就业能力。加大边境地区投入，落实边境地区专项转移支付资金16,550万元，支持边境地区公益事业和基础设施建设；落实“工作量”和“普惠性”边民补助18,441.6万元，调动边境群众参与边境管理工作的积极性和主动性。

自治区税务工作

【年度综述】2012年，西藏自治区国税系统深入学习贯彻党的十八大精神，坚持科学发展观，服从服务于经济社会发展大局，围绕服务科学发展、共建和谐税收的工作主题，按照“一个中心、两件大事、四个确保”的要求，恪守使命，充分发挥税收职能作用，为西藏经济社会发展和长治久安做出了积极贡献。组织收入实现新跨越。组织各项收入达到153.56亿元，同比增收56.93亿元，增长58.9%，首次实现年收入过百亿大关，相关信息被国务院采用，实现了历史性突破。职能作用发挥新成效。自觉服从、服务于全区经济社会发展大局，认真落实结构性减税政策。全区减免各项税收超过20亿元，办理出口货物退（免）税4000万元。税收环境营造新氛围。坚持依法行政，紧紧抓住强化征管和优化服务不放松，上下联动，内外并举，形成了依法征税、诚信纳税、协税护税的良好氛围。创先争优取得新进展。积极响应党中央、自治区党委的号召，扎实开展强基惠民驻村工作和基层组织建设年活动，取得了丰硕成果。队伍素质得到新提升。坚持党管干部、严管干部，开展大规模的干部教育培训，深化内控机制建设，稳步建设一支政治可靠、作风优良、业务精湛的税务干部队伍。

【收入完成情况】2012年，全区组织各项收入154.1亿元，同比增长58.5%，增收56.9亿元，其中：税务部门组织收入153.6亿元，同比增长58.9%，增收56.9亿元，完成年度计划的199%，超全年收入计划76.3亿元；海关代征增值税和消费税0.5亿元。

【税收收入特点】一是税收增长持续走高，增速有所回落。全区税务部门组织收入年内分别突破100亿元、150亿元，达到153.6亿元，同比增收56.9亿元，增收额超出2010年全区税务部门组织收入总额6.3亿元。二是中央级收入增长逾六成，占比进一步提高。中央级收入81.1亿元，同比增长64.4%，增收31.8亿元；地方级收入72.5亿元，同比增长53.1%，增收25.1亿元。三是月度间组织收入波动较大，四季度趋于平稳。月均组织收入12.8亿元，7月份组织收入达43.2亿元，是2月份组织收入总额的13倍，月度间组织收入差异较大；四季度月均组织收入略高于全年月平均值，月度间波动较小，组织收入趋稳。四是各征收单位均超额完成年度计划，两家单位收入翻一番。林芝地区局、拉萨经济技术开发区局和拉萨市局三家征收单位收入总量均在20亿元以上，林芝地区局和拉萨经济技术开发区组织收入同比翻一番。五是第三产业税收规模、占比创新高，租赁和商务服务业增幅高。全区第三、第二、第一产业分别实现税收122.8亿元、30.6亿元、0.2亿元，反映出我区“一产上水平、二产抓重点、三产大发展”经济发展模式在逐步实现。

【税收收入分析】一是经济较快发展促进税收增长。2012年，西藏实现生产总值701亿元，同比增长12%，连续20年保持两位数增长。全区固定资产投资增长20.1%，工业增加值同比增长

14.7%，社会消费品零售总额同比增长17.8%，进出口总额同比增长152.02%，接待国内外游客量同比增长20%。经济决定税收，全区经济的快速稳定发展为税收增长提供了基础。二是招商引资力度大，偶然性税收拉高税收水平。2012年，全区招商引资企业因股权转让等偶然性因素产生的税收达58.9亿元，同比增加28.2亿元。三是全区税务系统进一步加强税收管理，不断改进和提升纳税服务水平。全区税务系统坚持依法治税，加强税源管理，积极推进税收专业化管理，不断改进和提升纳税服务水平，积极开展信息管税工作，大力推广税控收款机，加大税务稽查力度，强化收入质量考核，有效保障税收收入及时足额入库。四是积极落实各项税收优惠政策，促进经济、民生持续向好发展。各级税务机关积极落实个人所得税费用扣除标准提高、个体工商户增值税和营业税起征点提高等优惠政策，大幅度减轻纳税人税收负担，促进全区经济、民生长期持续向好发展。

【税收法治】 全面规范税收执法程序，建立依法行政工作考核体系，确保依法履行职权，税收行政行为更加规范。加强税收规范性文件的制定管理，文件审查率、备案率、公告率均达到100%，从源头上规范税收行政行为。开展重大税务案件集体审理，有效防范执法风险，审理重大案件11件，结案率达到100%。规范税务行政处罚裁量权，完善对税收执法权的监督制约，加大执法督察力度，严格执法过错追究，税收执法不断趋向严格、规范、公正、文明。

【纳税服务】 提升纳税服务理念，规范纳税服务管理，拓展纳税服务方式，丰富税收宣传内容，加强纳税人权益保护。完善纳税服务工作制度，开展标准化、规范化建设，规范纳税服务行为。全面推行办税服务厅规范化建设，整合优化服务资源，积极探索建设全职能办税服务窗口。推进包括电话申报在内的多元化申报方式，增设办税服务网点，设置排队叫号机，开展“学习雷锋、耀我税徽”雷锋岗导税活动，简并报表资料，简化办税程序，减轻纳税人办税负担。积极推进办税服务厅、税务网站和12366纳税服务热线平台建设，12366纳税服务热线发送宣传短信79万余条，受理涉税咨询、投诉等6554人次。委托第三方开展纳税人满意度调查。加强注册税务师行业监管，注税行业发展更加规范。深入开展税收宣传和税收政策服务，实施政府信息公开，西藏纳税百强排行榜新闻发布会、“税收□发展□民生”座谈会等活动深受纳税人欢迎。

【税收征管】 树立风险管理理念，确立信息管税思路，创新管理方式，不断提高税收征管质量与效率。科学设置票种和式样，大力推行有奖发票，完善发票代开办法，推广应用税控收款机，建立发票查询系统，构建以票控税管理模式，通过票表比对，提取纳税申报异常数据1.3万余条，有效防止税款流失。不断完善税收综合管理系统，实现数据省级集中。开展数据清理，建立数据质量监控指标，拓展信息资源增值利用。构建财税库银横向联网缴税系统，推出POS刷卡缴税系统，刷卡缴税389笔，入库税款351万余元，实现税款申报、刷卡、缴款、入库同步完成。强化信息运维日常管理，金税三期广域网络、高清视频系统投入运行，推广应用各类业务系统40个，运维和技术支持不断得到加强，为税收工作提供了技术支撑。

【大企业税收管理】 建立定点联系大企业制度、落实企业风险管理，提供风险管理服务、安排税收自查和重点检查、督促企业落实《大企业税收风险管理指引》、切实提高数据分析能力。对600户企业按照行业类别和经济性质进行了初步分类，为下一步做好大企业的税收管理工作奠定了基础。借助综合征管系统的导入接口，依托征管系统后台数据库申报信息，加大数据分析和利用工作，切实提高大企业防范税收风险的水平。

【国际税收管理】 加大非居民税收管理力度，开展非居民税收分类管理，开展非居民企业转让股权、取得股息所得调研，完善非居民管理体系，研究跨境税源分布规律，识别并及时控制跨境税源风险，规范跨境纳税人投资、经营、财产类所得的税源监控。进一步做好税收协定执行工作，完善税收协定执行的审批、备案和统计，加强协定待遇的监管，落实税收协定的执行和优惠待遇，同时防范套取协定优惠或滥用协定等避税行为。做好“走出去”税收服务与管理工作，加强境外所得管理，完善企业境外所得的确认和征税、境外税收抵免、境外投资等“走出去”企业的具体管理措施。加强国际税收信息化建设，与工商部门建立信息交换机制，探索与银行、海关、商务和外汇管理等部门在企业资金账户、股权交易等方面的信息共享，强化跨境税源相关信息的整合利用，获取第三方信息，实施信息管税。积极开展反避税工作。积极参加举办反避税、特别纳税调整、大企业专业化管理、非居民税收、税收协定等培训，提升业务能力。

【税务稽查】 组织实施税收专项检查、专项整治和区域治理工作，整顿和规范税收秩序。重点开展了对成品油购销企业、资本交易项目、办理电子和服装及家具类产品出口退（免）税企业、房地产业和建筑安装业、采矿选矿、高收入者个人所得税、金融业、旅游业、烟草、服务业等行业的税收专项检查工作。运用税收综合征管系统数据平台及日常征管资料，查处一批涉税案件。2012年，各级税务稽查部门检查纳税户76户，查补入库各项税款3886万元，有效地堵塞了漏洞，促进了税收征管工作。

【信息化建设】 做好运维和技术支持工作，确保综合征管系统、财务管理系统、车购税管理系统、人事管理系统、防伪税控、稽核系统、协查系统、货运发票系统和税控收款系统、出口退税等系统运行正常稳定。定期检查机房等重要场所计算机类设备存在的问题和漏洞，发现潜在的风险，及时制定策略、采取措施，将风险降低到最小程度。积极做好金税三期工程广域网项目建设工作。有序开展实施省级网络与信息安全三期建设。

【教育培训】坚持大力提高干部素质，开展多层次、大规模干部教育培训。制定实施“十二五”时期干部教育培训改革发展规划，推进领导干部、专业骨干、基层干部“三支队伍”的教育培训，针对党的十八大召开，专门举办十八大精神学习讲座及培训班。2012年，举办各类培训班20期，培训731人次，参加税务总局的各类培训90期、165人次，参加“智力援西”培训班2期，争取“智力援藏”教学组赴藏讲学2个。

【纪检监察】全面落实党风廉政建设责任制和领导干部廉洁从政若干准则，加强惩治和预防腐败体系建设，推进内控机制和廉政文化建设。召开2012年全区税务系统队伍建设和党风廉政建设工作会议，研究明确当前和今后一个时期队伍建设和党风廉政建设的总体思路和工作措施。认真学习贯彻《廉政准则》，大力推进反腐倡廉建设，继续推进机关内控机制建设，努力构建大预防工作格局。认真贯彻落实《税收违法违纪行为处分规定》，进一步强化和规范税务人员执法行为。深入开展政风行风评议工作。深化党建和思想政治工作。全区税务系统建设一批廉政教育基地。

【政务管理】履行“参谋助手、信息反馈、督促检查、协调综合”职能，坚持服务领导、服务机关、服务基层，充分发挥参谋助手作用，围绕税收工作重点、热点和难点，开展综合调研和专题调研，深入挖掘和及时报送信息，信息工作质量和水平大步提高。开展“税法进市场、进机关、进学校、进军营、进农村、进牧区”活动，建立税收宣传教育基地，举办“高原税收杯”税企篮球友谊赛、赠送图书、共建税企诚信林等活动。加强工作落实情况的督促检查和实地督查，确保各项举措顺利实施。逐步实现档案管理的规范化、制度化和现代化。加强信息安全和保密工作，制定相关保密制度，编印信息安全和保密工作学习材料，举办保密知识专题讲座，开展安全保密检查工作。执行各项信访规定，进一步规范信访工作程序。加强政府信息公开工作，规范政务公开内容，拓宽政务公开渠道，完善西藏国税门户网站功能。

【财务管理】健全财务管理规章制度，强化预算管理、基建管理和资产管理，推行国库集中支付、零基预算和公务卡改革。坚持分配与管理并重、投入与绩效并重的理念，加强预算执行情况的分析，严肃预算执行刚性，及时掌握分析预算执行情况。严格落实最低保障线制度，加大向基层、向征管、向边远地区经费倾斜力度，确障基层国税机关正常工作运转。进一步规范政府采购工作，坚持依法采购，采购范围和规模不断拓展，采购质量和效率明显提高，2012年，完成采购项目62个，同比增加32个，完成采购资金5030.4万元，同比增加3429.9万元，节约资金262.52万元，节约率达5.28%。

【内部审计】加强税收执法督察；开展各项内部审计；做好“小金库”专项治理后续工作；开展领导干部经济责任审计；深入推行税收执法责任制；继续推进税收执法管理信息系统上线工作；加强督察审计成果运用；完善督察内审部门自身建设等。同时，2012年首次开展领导干部任中经济责任审计工作。推动税收收执法管理信息系统在我区的上线运行。加强督察内审人才队伍建设，有28名同志入选税收执法督察审计库、21名同志入选内部审计库。举办内部财务审计培训班，重点对人才库内财务审计人员进行了培训。

【强基惠民工作】全区各级税务机关积极响应自治区党委开展创先争优强基础惠民生活动的号召，克服困难，组成工作组、派出工作队，入驻西藏最基层、最艰苦的农牧区，与农牧民群众“同吃、同住、同劳动”，落实“坚强基层组织、维护社会稳定、寻找致富门路、进行感恩教育、办实事解难事”五项工作任务。据统计，全区税务系统每年选派289人组成或参加30余个工作队参加强基惠民工作。

【领导名录】

党组书记、局长：袁庆杰
党组成员、纪检组长：群培
党组成员、副局长：陈文通、格桑次仁、旺堆、杨承碧、袁继军
党组成员、总经济师：谢学忠
党组成员、总会计师：穷达
党组成员、总审计师：雷纪选
副巡视员：尼玛

中国人民银行拉萨中心支行

【年度综述】2012年，全区金融机构本外币各项存款余额2054.25亿元，同比增加391.75亿元，增长23.56%，同比多增26.09亿元。全区金融机构本外币各项贷款余额664.05亿元，比年初增长62.34%，高出全国近47个百分点，增速全国第一；增量较同期增加254.99亿元，同比多增147.76亿元，创历史第一；贷款增速比地区生产总值高50个百分点，领先全区主要经济指标，增量、增速创全区历史新高。

【继续抓好特殊优惠货币政策的贯彻落实，大力支持西藏经济社会跨越式发展】一是努力增加涉农贷款投放，积极支持农牧业产业结构调整。2012年，全区涉农贷款余额为88.56亿元，同比增加10.20亿元，增长13.01%。在充分调研的基础上，向自治区政府提出解决全区278个乡（镇）空白网点建设的建议，被自治区政府采纳。二是加大对重点建设项目的支持力度，确保我区重点项目顺利开工建设。2012年，全区基本建设项目及项目前期贷款余额为166.08亿元，同比增加75.77亿元，增83.90%，占新增贷款的29.71%，占全区信贷总量的25.01%。三是着力解决中小微企业贷款“两难”问题，拓宽中小企业融资渠道。2012年，全区中小微企业贷款余额为193.14亿元，

比年初增加88.46亿元，增长84.50%，增幅高于全区贷款22个百分点。四是大力发展消费信贷市场，为提高人民群众生活质量、扩大内需、促进经济发展方式转变提供支持。2012年，全区个人消费贷款余额77.8852亿元，比年初增加9.4635亿元，比年初增长13.83%。五是继续做好国家助学贷款、小额担保贷款、大学生“村官”创业富民的信贷支持、民族贸易和民族用品生产企业的信贷支持等各项工作。1—12月，全区累计发放助学贷款405.9万元，934名贫困学生得到资助。完善扶贫贴息贷款政策，不断扩大特殊优惠政策受益面，2012年，全区扶贫贴息贷款余额31.20亿元，同比增加9.28亿元，增长42.34%，全年累计发放扶贫贴息贷款26.21亿元，累计收回16.93亿元。农牧户担保基金贷款余额2242.75万元，使836户农牧民群众受益，有力地促进了农牧区、农牧民和农牧业发展。支持安居工程顺利实施，全年累计发放安居工程贷款3.06亿元，累计收回4.45亿元。

【着力营造依法合规的金融市场秩序】一是加强市场监督管理和监测分析。与辖内公安、工商等部门密切配合，关注非法黄金交易活动的清理和打击工作。坚持和完善金融市场监测分析报告制度，及时准确掌握辖内金融机构参与票据市场、黄金和外汇市场、理财产品的情况。二是稳步推进跨境贸易人民币结算工作。全年全区银行累计办理跨境人民币结算业务75.55亿元，较去年同期增加39.10亿元，增长1.07倍。

【强化金融管理职能，促进金融机构依法合规经营】2012年，人行拉萨中支党委进一步完善工作思路和举措，以“两综合、两管理”工作为抓手，加强对各金融机构的监督管理，提升了央行派出机构的依法履职能力和社会公信力，促进了金融机构认真执行特殊优惠金融政策和相关法规制度。

切实提高综合评价工作的质量和效果。进一步完善金融机构综合评级工作机制，修订相关管理办法，规范评价标准，充实评价内容，首次采用分项评价、综合评定的方式，完成了对辖内6家银行业金融机构的综合评价工作，并在全区及各商业银行总行通报了情况。各金融机构对综合评价工作高度重视，及时报送整改措施，部分金融机构以此为契机，加强精细化管理。此项举措实现了人民银行与金融机构的良性互动，更好地发挥了央行派出机构的政策指导作用。

增强综合执法检查工作的针对性和有效性。制定检查方案，扩充检查内容、规范检查程序、强化人员配备，进一步拓展检查工作的深度和广度。2012年对邮储银行区分行、中行区分行开展综合执法检查。检查内容涉及货币信贷、金融统计、金融稳定、反洗钱、支付结算、国库业务、外汇业务等多个方面，共发现各类问题110条，提出整改意见81项，对两家银行违反规定的行为实施处罚16.5万元。综合执法检查工作的开展促进了金融机构有效落实人民银行各项政策，有利于防范系统性金融风险，维护金融稳定，同时锻炼了干部队伍，提高了依法履职的能力。

深入推进开业管理工作。积极配合自治区有关部门做好西藏银行组建工作。受理西藏银行加入人民银行和外汇管理金融服务体系的申请，并指导、验收完成相关工作。多次就赋予西藏银行存款准备金优惠扶持政策事宜向人总行请示汇报和沟通协调，得到总行的大力支持，总行批复“对西藏银行执行与农村信用社相同的存款准备金率（现为14.5%）”等优惠扶持政策，为2012年5月22日西藏银行在拉萨市举行开业典礼、正式对外营业奠定坚实基础。加强对农发行西藏分行的开业辅导。组织召开农发行西藏分行筹建组开业辅导会议，对支付、科技、清算、发行、国库、货币政策、统计、外汇管理、会计财务、反洗钱、征信等业务逐项进行现场解答与业务指导。2012年8月8日，西藏首家政策性银行——中国农业发展银行西藏分行在拉萨正式揭牌成立。

【推进外汇重点领域改革，促进涉外经济发展】2012年外汇管理部门按照“减顺差、防风险、促改革”的总体目标，加强外汇管理与服务。全区外贸总额保持高速增长态势，涉外收支和银行结售汇持续增长，涉外收支和银行结售汇顺差有所下降。2012年，全区涉外收支总额达到17.6亿美元，同比增长96.5%。其中跨境人民币收支总额为13.1亿美元，同比增长133.9%；跨境外汇收支总额为4.5亿美元，同比增长33.8%；跨境外汇收支顺差额为2.1亿美元，同比增长6.2%。2012年全区实现外贸进出口总额34.24亿美元，同比增长1.52倍，实现翻番，增速列全国各省区市首位；银行结售汇顺差16753万美元，同比减少7913万美元，下降32.08%。

以推进外汇管理重点领域改革为突破口，促进贸易投资便利化。认真做好货物贸易改革的宣传动员、学习培训等工作，8月1日顺利实现与全国同步推广货物贸易外汇管理制度改革。我区95%的企业享受到相对宽松的外汇管理政策，企业往返银行、外汇局的“时间成本”大幅降低，银行办理贸易收付汇效率显著提高，留存单证成本大幅降低。改革的推广实施得到银行及企业的广泛好评，贸易便利化程度明显提升。2012年全区银行结售汇总额达4.74亿美元，同比增加6367万美元，增长15.53%；同时，稳步推进资本项下直接投资外汇管理政策改革。紧紧围绕外汇局工作部署，做好资本项下直接投资外汇管理政策改革推广工作。

以风险防范为出发点，狠抓日常监测和合规监管。强化外汇收支统计分析，做好边境地区货币流通监测工作。加大非现场监管工作力度，依托外汇综合服务平台实现对重要数据的全过程实时监测。其中，对中行日喀则地区分行经查违规为客户办理个人结汇业务行为给予20万元的经济处罚。规范银行从业行为。针对银行重申请、疏管理、部分问题屡查屡犯等现象，对银行规范业务操作作出明确要求，并组织对银行机构100多名外汇从业人员开展统一资格考试。

以改进服务为切入点，强化外汇管理服务地方经济发展职能。继续认真落实我区特殊优惠的外汇管理政策，做好经常项目、资本项目各项常规行政审批工作，有效履行外汇管理服务地方经济发展职能。在坚持推行经常项目、资本项目一站式、节假日无间断服务的基础上，改善外汇管理对外营业场所，增设服务柜台、宣传柜台和行政许可公示栏，为企业提供快捷、便利和全方位的服务。

【推进金融稳定、反洗钱和征信管理工作，积极构建良好的金融生态环境】2012年，人行拉萨中支更加注重发挥央行派出机构的影响力和协调力，更加注重加强与政府各相关部门、金融监管部门以及金融机构的协同配合，注重长效机制建设，努力营造和谐的金融生态环境。

切实维护区域金融安全稳定。一是开展金融稳健性评估工作。以银行业金融机构稳健性评估为重点，以科学借鉴、定性和定量评估相结合、突出地域特色为原则，制定了《西藏自治区银行业金融机构稳健性评估办法（暂行）》，分别对中行区分行和工行区分行开展了银行业金融机构稳健性现场评估。对于评估发现的主要风险与问题责令限期整改，确保了西藏银行业稳健平稳运行。二是落实重大事项报告制度。2012年，全区人民银行系统累计收到重大事项报告43项，内容涉及机构设置、人员变动、自然灾害、系统风险及案件等，使西藏自治区内各级人民银行对辖内金融机构的发展变化情况有了动态了解，掌握了工作主动权，为处置可能发生的风险赢得先机。三是加强金融稳定再贷款管理。累计收回金融稳定再贷款16,700.03万元，再贷款回收率达到74.8%。四是自办实体清理收尾工作有序推进，有效确保了中央银行资产安全。

不断提升反洗钱工作成效。一是进一步建立完善反洗钱工作联系单位制度，加强资金监测分析。有针对性设立了6个营业网点作为反洗钱工作联系行，联系点延伸到相关地区和口岸，为维护国家和社会的安全稳定发挥了积极作用。二是提高培训针对性，提升反洗钱工作水平。2012年，分别对西藏银行、建行西藏分行、人保财险西藏分公司开展了反洗钱专项培训工作，并以电视电话培训的形式有效扩大培训覆盖面，首次邀请了人总行及中国金融出版社的专家领导专程赴藏授课；成功举办了由人行七个地区（口岸）中支、拉萨市各银行业、证券业、保险业等15家金融机构100余人参加反洗钱业务培训，有效推动了“风险为本”反洗钱监管思路的转变与实践。

积极促进社会信用体系建设。一是机构信用代码推广应用工作顺利完成。二是征信系统建设成效显著，系统功能有效发挥。征信系统信息不断丰富，还采集了全区住房公积金缴存、企业环境违法、拖欠工资、全区“重合同、守信用企业”等非银行信息。2012年，企业征信系统累计查询6683次，个人征信系统累计查询约14万余次。三是社会信用体系建设有序推进。结合西藏实际，会同发改委起草了《西藏自治区社会信用体系建设工作方案》和《西藏自治区社会信用体系建设联席会议制度》，为推动我区社会信用体系建设奠定了良好基础。四是中小企业和农牧区信用体系建设稳步推进。2012年，已为全区2374户以前未与银行建立信贷关系的中小企业建立了信用档案。建立农户小额信用贷款档案43万户，建档面达92%以上，征信体系的覆盖面和影响力不断扩大。

【提高金融服务水平，服务社会民生、促进和谐稳定】2012年，人行拉萨中支认真贯彻落实中央有关加强和创新社会管理的精神，不断提高金融服务经济社会协调发展的能力和水平，央行派出机构的社会影响力明显增强。

加强金融服务设施建设，着力改善支付服务环境。一是加强支付系统风险管理。开展全区支付清算系统风险排查，确保全辖支付系统安全稳定运行，连续七年无重大事故发生。完成全辖ABS科目账户的检查清理工作和业务异常情况的处理，为二代支付系统和ACS系统上线做好了前期准备工作。二是加快银行卡受理环境建设。召开西藏银行卡产业发展工作第四次会议，草拟了《西藏自治区改善银行卡受理环境实施意见》，对加快二级地市银行卡受理环境建设奠定了基础。大力改善公务卡用卡环境，确保了公务卡在所有的POS上都能顺利刷卡消费。三是积极开展银行卡助农取款服务。研究深入开展银行卡助农取款服务的对策，支持农行以惠农卡为载体开展政府财政补助“一卡通”业务，将中央惠农惠牧补贴通过惠农卡发放，有序布放电子机具，推动农牧区助农取款服务工作发展。四是选取部分试点村作为改善农牧区支付环境的宣传点，大力开展银行卡助农取款服务宣传和“新农保”、“新农合”等惠农政策的宣传，逐步提升农牧民群众用卡意识。

加强国库管理，确保国库资金安全。一是积极推进国库各业务系统上线。国库会计数据集中系统于7月1日在西藏全辖成功上线，横向联网系统向3个地区推广，实现地市级全辖覆盖，银行卡刷卡缴税业务在拉萨市成功实现。二是夯实国库工作基础，防范国库资金风险。制定《西藏自治区国库会计管理基本规定实施细则（试行）》等14项制度办法，为国库业务正常有序开展提供了强有力的制度保障。加强柜面监督，严把支拨、退库关。加大对辖区国库开展实地业务检查力度，检查面达到57%，超规定检查面两倍。三是做好1982–1988年国库收款单催兑工作。拟定工作方案、分类统计、公告通知，派专人逐一上门核对，维护了债权人的利益。

加强货币发行管理，营造良好的用币环境。一是按照“早安排、早部署”的原则，科学、合理编制2012年发行基金调拨计划，顺利完成全年发行基金调运工作。2012年，共组织完成发行基金调运任务金33次，累计投放现金220.71亿元，回笼现金146.54亿元，现金净投放74.17亿元。二是加大残损人民币回收力度和销毁力度，切实提高流通中人民币的整洁度。三是积极开展反假货币工作。加大反假货币宣传和查处力度，维护人民群众的切身利益。

注重金融科技支撑，确保信息系统高效运行。完成系统推广、升级。根据总行科技司统一安排部署，组织完成了国库会计数据集中系统（TCBS）、业务网电子公文传输系统等8个信息系统部署及推广，人民币银行结算账户管理系统、财务系统等6个系统的升级改造工作。加强行业管理。督促辖区商业银行积极开展自动柜员机（ATM）受理金融IC卡改造工作。2012年，全区改造率达98.96%；完成对辖区商业银行机构POS终端的联网专项检查工作。稳步实施办公自动化系统在全区的推广。

【领导名录】

党委书记、行长：郭振海
党委委员、副行长：张伟、单曲、李隆仕
党委委员、工会主任：王学军
党委委员、纪委书记：赵正英
党委委员、副行长：洛桑占堆、廖凤华

中国银行业监督管理委员会西藏监管工作

【年度综述】2012年，西藏银监局以坚守风险底线为根本，以“四个高于、四个完成、两个确保”为工作目标，不断提高监管工作的针对性和有效性，促进了西藏银行业稳健运行和信贷增量的显著增加，有效信贷需求得到较好满足，有力支持和促进了西藏经济社会跨越式发展。截至2012年末，全区金融机构各项存款余额2054.25亿元，比2011年末增加391.75亿元，增长23.56%；各项贷款余额664.05亿元，比2011年末增加254.99亿元，增长62.34%，贷款增幅位列全国第一；存量存贷比由2011年末的24.6%提高到2012年末的32.33%，增量存贷比由2011年末的29.32%提高到2012年末的65.09%;不良贷款余额为4.31亿元，比2011年末减少3.34亿元，不良贷款率为0.65%，比2011年末下降1.24个百分点。

【优惠金融政策有效落实】西藏银监局在充分调研的基础上向财政部调研组提出了关于西藏银行业金融机构贷款综合费用补贴政策及涉农贷款增量奖励政策的调整建议并得到财政部的大力支持，有力引导了更多的金融资源向县域和农牧区倾斜。大力推动各总行对在藏分支机构实行差异化信贷管理和单独考核办法，差异化的信贷管理政策得到有效落实，进一步激发了辖内各银行分支机构更好地服务西藏经济发展的积极性和主动性。

【银行业机构体系不断完善】西藏银监局积极加强向银监会的汇报和各商业银行总行的沟通，加强指导、持续推动，西藏银行于2012年5月开业营运，喜圆西藏人民的百年银行梦想；中国农业发展银行西藏自治区分行于2012年8月正式挂牌成立；中国民生银行在西藏林芝地区发起设立林芝民生村镇银行已得到中国银监会的筹建批复。西藏银行业已从2003年的5家增加到9家。

【基层基础金融服务得到提升】全年，批复新设分支机构9个，完成迁址、改造银行网点22个，新设存取款一体机11台，新增ATM机42台，进一步提高了基层基础金融服务覆盖面。积极引导银行业金融机构创新推出了惠农卡、福农卡、商易通等助农取款业务，让农牧民足不出村就能享受到现代化金融服务；积极引导银行业金融机构创新发行“大美西藏旅游卡”、个人随薪贷和公积金龙卡及安装报亭式自助取款机，有效增强了银行卡的功能和在公共服务领域的运用。

【银行监管工作明显增强】一是增强了监管有效性。全年，共办理各类行政许可事项284件，对138名拟任高管进行了审核、考试和谈话。完成了辖内银行业分支机构非现场监管信息系统升级工作，及时进行风险预警提示和窗口指导。共组织17个检查组投入1172个工作日对46个分支机构开展现场检查23项，提出监管意见69条，切实增强了现场检查质效。重点关注西藏银行业务合规性、操作风险和公司治理情况，促使其提升整体运营管理水平和金融服务水平。二是提高了监管敏感度。健全信息调研工作机制，形成《西藏农牧区基础金融服务的调查与参考》等调研报告21份。完善信访应急工作机制，全年共受理群众来信（电）投诉35人次、监管业务咨询23次。不断强化上下联动、内部联动和内外联动，特别是与上海银监局一起对西藏银行的监管联动，进一步增强了监管工作效力。三是提升了银行内控力。坚持“维稳与案防同步、发展与防范并行”的原则，突出案防机制建设，进一步完善案件防控体系；突出监管检查，有效传导案防压力；突出案防内控执行力，严格要求辖内各机构加大制度执行力度，做好案件处理、舆情引导和维护稳定等工作，全面落实案防新规。

【经济发展中信贷支撑作用凸显】一是突出对基础设施的信贷支持。2012年，西藏银监局积极引导西藏银行业金融机构大力支持已开工的40个国家重点项目及全区其它基础设施项目，发放银团贷款29.85亿元，银团贷款余额56.27亿元，比年初增加47.25亿元。截至2012年末，西藏银行业金融机构基本项目及前期费用贷款余额166.42亿元，比年初增加77.39 亿元，增长86.93%。二是突出对“三农”的信贷支持。积极引导农行西藏分行继续坚定面向"三农"的市场定位，更好地支持西藏"三农"的发展。截至2012年末，涉农贷款余额90.65亿元，比年初增加10.17亿元，增长12.64%；安居工程贷款余额4.52 亿元；扶贫贴息贷款余额31.20亿元，比年初增加9.28亿元，增长42.31%。西藏农户贷款覆盖面达到95%以上，位列全国第一。三是突出对小微企业的信贷支持。分别于3月、12月先后组织召开拉萨市银企对接座谈会和银行业支持西藏非公经济跨越式发展座谈会，积极引导各银行业机构大力支持小微企业发展。截至2012年末，辖区已建立小微企业贷款专营机构（柜台）12个，已为593户小微企业提供了信贷支持，贷款余额达101.63亿元，较年初增加43.94亿元，增幅大大高于全国银行业平均贷款增幅和西藏GDP增幅。四是突出对特色产业的信贷支持。积极引导银行业金融机构不断创新产品和服务，重点支持了西藏农牧业特色产业经济实体1781户，累计发放贷款3.20亿元，贷款余额为3.70亿元，比年初增加1.70亿元，增长85%。

【领导名录】
党委书记、局长：扶明高
党委副书记、副局长：杨宝林
党委委员、副局长：宋丽霞
党委委员、纪委书记：余文楠
党委委员、副局长：赵霖
副巡视员：陈新民

国家开发银行西藏自治区分行

【年度综述】2012年，国家开发银行西藏分行各项贷款余额24.95亿元，较年初增加16.3亿元，较年初增长188.48%。不良贷款率仅为0.06%。全年累计回收本金4709.0万元，回收利息6293.0万元，全年本息回收率均实现双百。

【攻坚克难，实现四个突破】一是实现市政基础设施项目突破。在时间紧、任务重的情况下，向关系西藏民生的拉萨市集中供暖项目发放流动资金贷款6000万元；为支持西藏城市发展和基础设施建设，向拉萨市柳梧新区城市投资建设发展有限公司拉萨之窗项目、拉萨总部城项目发放贷款0.8亿元。二是实现昌都地区项目贷款发放突破。自2009年起，分行率先选择昌都地区作为开发性金融在西藏的试点合作地区。三年来，分行通过调研实践、开发性金融宣介和系统性融资规划编制等工作，与昌都有关部门建立起良好的合作机制。“达因卡”城中村改造项目1.8亿元的贷款发放，是加大对昌都地区的调研、开发和评审工作，构建银政合作体制、机制的具体体现。三是实现水利项目突破。为贯彻落实国家宏观经济政策，服务地方经济发展，分行将支持西藏水利项目建设作为融资重点支持领域加以推进，向西藏天路股份有限公司发放8000万元流动资金贷款，用于拉萨河景观整治项目建设，对于改善人文景观，增强防洪灌溉功能，推动经济发展和城市建设具有重要作用。四是实现“三农”项目突破。针对西藏雪灾频发，草场沙化等现象，向圣牛新希望农牧科技有限公司发放流动资金贷款6000万元，用于储备5万吨抗灾饲料建设，得到自治区有关部门的高度肯定。

【突出重点，确保四个加快】一是能源领域贷款发放加快，向藏木电站、尼洋河多布水电站等发放4.66亿元贷款，配合国家西藏能源接续地建设。二是矿产领域贷款发放加快，向西藏玉龙铜矿等发放3.64亿元贷款，配合国家西藏战略资源储备地建设。三是旅游领域贷款发放加快，向阿里神山圣湖旅游综合开发项目等发放1.04亿元贷款，配合国家西藏“世界旅游目的地建设”建设。四是基层民生金融贷款发放加快，向拉萨城关区亿鑫废旧回收项目等发放0.37亿余元，支持西藏中小企业发展；向西藏大学等高校贫困学子发放国家助学贷款300余万元，帮助解决上学难问题。

【强化措施，夯实四个加强】一是银政合作得到加强，与自治区党委宣传部沟通汇报分行支持西藏文化产业发展的思路、对策和建议；与拉萨市政府签订《开发性金融合作备忘录》，全面支持拉萨跨越式发展。二是规划先行得到加强，参与地区投融资规、文化产业等行业规划编制，开展华能澜沧江上游水电有限公司战略发展规划编制。三是党的建设得到加强，加强学习“十八大”会议精神和陈元董事长专著《政府与市场之间》。四是驻村工作得到加强，分行驻村工作队被西藏自治区，阿里地区和革吉县三级评为“先进驻村工作队”和“优秀组织集体”。

【稳扎稳打，维系两个保持】一是保持业务快速发展，增长势头强烈。西藏分行2012年底贷款余额为24.95亿元，比2012年初的8.65亿元增长了16.3亿元，增长1.88倍，比2011年初的3.89亿元增长了21亿元，增长5.4倍，比2010年初的2.145亿元增长了22.8亿元，增长10倍。二是保持不良贷款率连年下降，低位运行。2010年年初的不良贷款率为10.6%，2011年年初不良贷款率为6.4%，目前贷款不良率仅为0.06%。

中国农业发展银行西藏自治区分行

【年度综述】自2012年2月份开始筹建工作以来,在总行党委的正确领导和西藏自治区党委、政府的亲切关怀下，区分行积极贯彻农发行全国分行行长会议精神，克服高寒缺氧、人生地疏等重重困难，按期实现西藏分行挂牌成立，各项工作有力有序有效开展。

【砥砺勇气，开拓进取，按期高质完成筹建工作】一是坚持依靠总行党委和地方党政。在筹建工作中，郑行长就选址、人员招聘、业务开展等工作先后7次作出重要批示；总行各部门在走访党政、协调选址、人员招录、费用拨付、系统运行、文件传递、法律把关、宣传报道等各方面给予及时有力的关心、支持，确保筹建工作顺利推进。自治区党政高度重视筹建工作，区委区政府“一把手”亲自过问筹建事宜，明确相关部门的任务，落实1名党委副秘书长专职负责协调解决筹建过程中的问题和困难，并把农发行筹建工作列入党委政府2012年的重点工作事项写入文件，确保整个筹建工作畅通无阻。二是坚持阳光操作、公开透明。在筹建过程中，区分行始终坚持公开透明，让筹建在阳光下运行。在人员的招聘上，笔试、评卷全权委托拉萨市人才交流中心组织，严格按“公开、公平、公正”的原则录用人员，确保招聘人员的质量；在办公楼装修和物资采购上，坚持采取竞标方式，双人经办、货比三家，并经筹建组成员集体议定，确保装修和物品的高性价比。三是坚持勤俭节约、兼顾长远。牢固树立过“紧日子”的思想，在项目建设上勤俭节约，在资金使用上精打细算，让每一分钱都用在关键处、花在刀刃上，不搞贪大求洋的“形象工程”和劳民伤财的“政绩工程”，实现了发展、提升与务实的有机统一。同时，以超前眼光来确定装修方案、选购装修材质、保证装修质量。四是坚持制度先行，规范运作。在筹建工作中，区分行建立健全各项制度100余项，建立了相互制衡的内控机制，得到银监局的充分肯定，并及时向区分行颁发了《金融许可证》；历时半年，向人行申请加入牵涉14个部门、包括统计系统、征信管理系统、支付结算系统等10大项内容的金融管理服务体系。

【清仓查库，清资核贷，做好粮油贷款发放准备】区分行克服海拔高、路程远、面积大、条件苦等具体困难，积极主导、参与和推动完成全区粮食库存核查工作，摸清了全区粮食库存，为下一步粮食贷款业务接收、支持全区粮食收储工作打下了坚实基础。一是积极主动开展工作。分行挂牌以后，区分行及时对全区粮食清仓查库工作做出安排，主动将工作打算向自治区分管领导汇报，制定了库存检查方案，并协调区发改委、财政厅、粮食局、农行、西藏中央储备粮管理办公室和农发行联合下发了全区粮食库存核查的通知。二是无惧困难全程参与。西藏国土面积120余万平方公里，粮食库存分布在全区7个地区、27个县、99个企业的29个库点，共计286个仓（垛）。自9月6日起，区分行共计派出工作人员9人，克服海拔高、高寒缺氧、道路崎岖等重重困难，行程11000多公里，穿越平均海拔超过4500米的阿里、那曲无人区和“死亡路段”，耗时40余天完成全部查库工作；所查粮库平均海拔超过4000米，其中海拔最高的班戈粮食储备库，海拔超过4800米；清仓查库工作中多名同志出现高原反应、身体不适，其中1名员工重感冒，1名员工肺水肿，但经过治疗后仍然继续坚持工作。在清仓查库的基础上，区分行与区粮食局一道，对全区粮食财务挂账和农行贷款情况进行了核实。

【立足区情，紧盯项目，做好贷款前期准备工作】为尽快履行农发行职能、发挥农发行作用，区分行重点抓了以下几项工作：一是加强项目储备。由行领导带队，多次到区发改委、科技厅、国土资源厅、住房和城乡厅、交通运输厅、水利厅等部门调查了解情况，宣传农发行的职能作用、业务范围和政策优势，表达农发行支持地方项目、服务经济发展的意愿，得到了相关部门的理解和支持，已收集整理项目近20个，储备包括拉萨河整治、农牧民集中住房建设等项目在内的项目8个。二是加强项目衔接。对调查的贷款项目，积极加强与拉萨市有关部门的对接和联系，辅导相关部门完善贷款项目资料，并将工作进度适时向总行和自治区分管领导汇报，千方百计争取贷款项目早日落地。

【多措并举，强化培训，千方百计提高员工素质】为使员工队伍迅速适应工作需要，区分行将员工培训作为机构成立后的一项重要工作来抓，多措并举提高员工素质。一是“传帮带”。筹建组5名同志充分发挥“以老带新”的作用，在财务会计、客户信贷、综合办公等方面亲自为员工示范，“手把手”地提高员工的操作技能。二是“请进来”。在筹建期间，区分行得到了总行各部门的大力支持，特别是业务部门利用每一次进藏指导工作之机，为全行员工专题授课；邀请四川、青海等分行业务骨干分五批次进藏辅导员工计算机、信贷、客户、财务会计等相关知识。三是“走出去”。将全体新员工送到四川分行进行为期两个月的岗前集中培训；选派2名客户人员到总行进行为期3个月的客户和信贷知识学习；积极选派员工参加系统内培训。四是按照当地人行和银监局的要求，积极学习银行业监管知识、会计结算知识、反假币知识等，使员工具备区分行正式开业必须的各类技能。五是开通总行远程教育网，要求员工每天坚持学习相关业务知识，力争天天有进步有提高。

【领导目录】

党委书记、行长：张 勇

党委委员、副行长：阿才旦

党委委员、纪委书记：贾生甲

中国工商银行 西藏自治区分行

【年度综述】2012年，工商银行西藏自治区分行立足从开门创业到提速发展新阶段，紧紧围绕“确保安全经营”和“推进跨越发展”两件大事,认真“坚持四个不动摇”，严格“落实六抓举措”，持续推进各项工作顺利开展。

【各项业务稳步增长】截止2012年末，我行各项存款余额55.8亿元，较年初增加27.6亿元、增长97.5%；各项贷款余额83.1亿元，较年初增加63亿元、增长313.8%；全年实现中间业务收入843万元，较上年增加463万元、增长122%。

【服务能力不断增强】为积极支持西藏及拉萨市经济社会发展，不断提升综合金融服务能力，我行十分注重人才队伍建设、渠道建设和金融服务创新。目前，人员由开业之初的四十余人增加到百余人，物理网点由原来的一个，增加到两个，首次在拉萨以外的的地区林芝设立了支行。在拉萨市的网点布局日益优化，现已在拉萨市区建成了一个物理网点，五个离行及在行式自助银行网点。与此同时，我行不断创新金融服务，积极支持自治区及拉萨市重点项目。

【社会形象得到彰显】近年来，我行持续加大贷款投放力度，助力区域经济发展；不断延伸服务网络，提升金融服务能力；积极响应自治区党委创先争优强基惠民号召，派出工作组奔赴海拔4500多米的阿里地区扎达县曲松乡楚鲁松杰村开展驻村工作，认真落实“五项任务”。在2012年5月召开的自治区第一次金融工作会议上，我行获得了自治区人民政府授予的全区金融工作先进集体荣誉称号；7月，我行营业部连续第二次被评为“自治区银行业良好银行机构”；12月，我行被评为自治区创先争优强基础惠民生活动优秀组织单位；在自治区2012年民主评议行风测评中，我行在同业中名列第一。

中国农业银行
西藏自治区分行

【年度综述】2012年，全行各项存款、贷款、中间业务收入分别突破800亿、200亿、1亿元大关，增量再创历史新高，存款和区内实体贷款市场份额分别较年初提升0.12和0.28个百分点。

【大力发展主体业务，提升市场竞争力】大力拓展负债业务。积极开展对公存款和储蓄存款营销工作。以分层直管、高层互动、日常走访、专项营销活动等方式，确保负债业务平稳发展。

加强渠道建设，积极拓展中间业务收入。制定了《自助银行“四大工程”暨IC卡现金类自助设备受理环境改造工程推广督导考评实施方案》，完成了自助银行“4+1”工程的项目建设,开展“e路‘农’情 十年相伴”等营销宣传活动，大力拓展电话银行、手机银行、消息服务、网上银行、电子商务、智能支付终端等电子银行业务。不断完善信用卡产品服务，顺利完成我区助农取款POS商户推广应用，到年底全区已发展助农取款商户102户。持续做好基金、国债、银行理财产品等营销工作，个人理财及中间业务健康发展。完成了除阿里分行外其余各分行“传世之宝”实物黄金业务上线工作，同时成功开办存金通业务。

加快推进网点管理工作，加强“网点硬转+服务软转+客户满意度评价”策略，制定2012年网点布局规划，明确网点建设目标。财富管理中心成功开业，标志着我行客户管理和服务手段实现了历史性跨越。继续推行网点客户满意度调查，有效处理客户投诉，形成了营业网点晨会指引制度，不断完善神秘人暗访机制与客户满意度评价机制。总行对我行客户满意度评价比2011年提高6分，系统内排名前进一位。

扎实推进信息化建设。完成了BoEing系统、新版企业网银年费及批量代收付手续费自动扣收系统、“四大工程”之自助设备管理系统、贵宾增值服务系统、POS终端管理系统投产上线、推广和运维工作，有效提升我行信息化水平。完成了林芝、那曲分行机房达标工程建设，完成二级骨干网动态可扩展网络建设项目（MSTP）网络的改造，对全辖68个县支行进行第三期视频会议系统的建设和推广。

【持续深化服务“三农”工作，提升金融服务水平】农行西藏分行深入学习贯彻总行和自治区有关会议精神，坚持早安排、早部署，研究出台了《关于做好2012年金融服务“三农”工作的意见》和《关于进一步推进金融服务“三农”工作的意见》，在全区金融工作会议结束后，随即召开了全区农行金融服务“三农”工作会议，明确“三农”金融服务的指导思想、目标任务，并实施《2012年“三农”业务专项考核实施细则》，建立了2012年“三农”金融工作联系和督导机制，确保“三农”工作取得实效。全年累计发放涉农贷款594908万元，同比多投放137778万元。

全力做好农户金融服务工作。农行西藏分行以小额信用贷款授信额度的提高为契机，切实加大农牧户贷款投放力度，有效支持了农牧民发展生产和增收致富。《农牧户贷款证》发证面98.6%，使用率达到98%。全年新评定信用乡（镇）70个、信用村522个，有效地促进了农牧区的金融生态环境建设。

认真开展新时期信贷扶贫工作。按照《自治区贯彻〈中国农村扶贫开发纲要（2011－2020年）〉实施办法》等要求，进一步明确了新形势下我区扶贫贴息贷款的政策和管理。

大力支持农牧区特色产业发展。农行西藏分行按照走特色强区之路的要求，积极支持特色农畜产品、高原特色食品、特色藏药、青稞、牦牛、绒山羊、藏猪藏鸡等农牧业产业化企业，推进特色农牧业发展壮大。研究出台了《关于实施“十二五”期间农村产业金融业务“千百工程”的意见》，为全行涉农小企业培育优良法人客户营销、涉农各类组织跟踪管理工作打下了良好的基础。

着力做好民生金融服务工作。组织召开了金穗“惠农通”工程启动会议、全区农行农牧民财政补助资金代理业务现场会议，研究出台了《财政补助资金代理业务推广意见》，加强与各级人社、财政、卫生、农牧、林业等部门的合作，不断拓宽财政直补、“新农保”、“草场补贴”等业务代理范围，为中央惠农政策的落实打通金融服务渠道。

狠抓基础保障工作。持续创新金融产品，积极同财信担保公司等合作，开办“城乡妇女创业小额担保贴息贷款”。制定实施《营业所综合管理办法（试行）》，切实加强营业所管理。及时规范、指导各行农户贷款操作，健全贷款台账和贷款证影像资料入和维护工作，落实贷后检查和内外账核对，切实加强操作风险管理。

【夯实管理基础，全面提升风险防控能力】夯实全面风险管理基础，有效执行风险管理政策制度。在全辖推广应用风险管理工具方法。积极做好资产风险分类及减值测试等工作，各类风险管理系统的上线工作。组织风险分类专项检查，实施风险管理重点治理工作，继续做好对三农信贷产品的停复牌管理。

夯实信贷管理基础，规范信贷业务操作流程。出台了《2012年信贷政策指引》等政策制度，制订了《法人信贷业务操作规范》，切实贯彻限时办结制度，完善代后风险管理机制，加强重点领域风险防控。

夯实内控合规管理基础，防范合规风险，建立合规管理机制。制定了《2012年“基础管理提升年”活动实施方案》，突出抓好员工行为、信贷、财会、运营、科技五大领域的精细化管理，完成了合规文化建设活动情况的梳理工作，全行基础管理得到不断提升。制订了《2012年度检查计划》，统筹安排全年合规检查工作。深入开展“不规范经营”专项治理、案件风险排查等活动，完成2011年度分支机构完整年度内控评价工作，开展县支行内控主题建设评价活动，认真履行反洗钱工作义务。建立内外部检查发现问题整改台账和改督办制度，并针对内外部检查发现的薄弱环节，整章建制，进一步强化内控合规建设。

夯实财务会计管理基础，提升会计信息质量。全面推进资金管理体制改革，持续深化财务改革，完善财务集中管控体系，深化费用管理改革，完善费用配置机制。制定《财务集中管理实施细则》，完善财务集中管控体系，提升财务合规管理水平。加强固定资产管理，合理统筹配置全行固定资产指标。

夯实运营业务基础管理，继续加强制度建设，积极推广运营业务系统，切实提高运营管控能力和水平。完成“远程集中授权”建设，覆盖全区新一代营业网点200个，集中授权业务种类占比达60%。完成墨脱县支行新一代上线，结束了全辖最后一个县支行手工操作的历史。采取有效措施，开展了运营条线“基础管理提升”和“三化三铁”达标工作。

强化维稳和安全保卫工作。全面落实责任，及时调整了维稳工作和重大突发事件应急处置领导小组，全力以赴做好安全维稳工作。在党的十八大和全年敏感日、宗教节庆日等重要时段，制定实施信访维稳、信息技术、安全保卫、运营管理等应急处置预案，严格执行领导带班和值班制度。认真组织开展案件风险排查和尽职监督检查工作。稳步推进视频联网建设。2012年全辖8个视频监控中心建设全部完工并试运行。

中国银行西藏自治区分行

【年度综述】2012年，中国银行西藏自治区分行人民币存款余额386.78亿元，较年初新增78.49亿元。人民币贷款余额118.23亿元，较年初新增33.19亿元，余额首次突破百亿元大关。人均利润居全国中行前列。实现中间业务净收入5483万元，同比增加2088万元。国际结算和跨境人民币业务四大行市场份额持续保持在90%以上。

【创新步伐不断加快】积极开办新业务，首次叙做金融机构外币同业存放、远期结售汇、福费廷、票据转出、票据商务通等新业务。加大本地化、个性化应用研发力度，努力提高科技引领能力。投产财税库银项目。在全区率先开展了福农卡和小额助农取款业务。通过自主开发、引进移植等多种方式，全年产品创新达到34项。积极优化业务流程，实施后台业务同城集中，有效释放前台人力资源，提升后台运营效率。大力发展电子银行业务。

【发展基础更加巩固】合理配置资源，完善渠道网络布局，先后开展了昌都、开发区、柳梧等五个新网点建设工作，网点布局渐趋合理。加速自助设备布放，着手实施网点软件转型。分步推广服务流程导入，持续提升网点经营管理水平。通过“走出去、请进来”等不同形式，开展员工、网点主任和中层管理者培训，努力使全行每名员工都能够接受一次区外培训。牢固树立“稳定是第一责任”的大局意识，旗帜鲜明地维护祖国统一和民族团结。严格落实内控安保制度，高度重视枪支弹药管理，加大对安防基础设施投入和监控联网平台的升级改造力度。继续保持了零案件、零信访、无重大责任事故，无违反党风廉政纪律的良好发展态势，确保了一方平安。

【整体形象明显提升】全行各分分支机构、党团工会、运营服务、后勤保障、宣传机要等相关部门和员工，立足服务基层、服务客户，改进服务、改进作风，进一步提升了我行的品牌形象，总行和社会各界也通过不同形式进行感谢了和表扬。中国银行西藏分行以良好的形象展示和优异的经营业绩，得到了总行和自治区党委政府和广大客户的肯定。

【领导名录】
党委书记、行长：李瑞强
党委委员、副行长：贝西
党委委员、纪委书记：李俊武
党委委员、副行长：惠桂欣
党委委员、副行长：车献峰
党委委员、行长助理：代义刚
总稽核：强巴卓嘎
党委委员、行长助理：胡文勇

中国建设银行西藏自治区分行

【年度综述】2012年，是西藏区分行的发展之年、丰收之年，西藏区分行抓住了西藏经济跨越式发展的大好机遇，深入推进战略转型，深化组织机构改革，加强经营基础建设，牢牢把握“稳中求快”的工作要求，各项工作取得了新的突破。

【各项业务快速发展，经营指标提升明显】1. 存款：2012年，区分行全口径存款余额486.62亿元，比年初增长77.02亿元，增幅18.8%，完成全年计划的126%。一般性存款日均余额435.73亿元，比上年新增80.1亿元，完成计划的131.31%。值得一提的是，我行存款时点增长额列系统32位，日均增长额列系统31位，实现了历史的突破，个人存款增速列系统第一。2. 贷款：各项贷款余额161.44亿元，比年初新增46.83亿元，增幅40.8 %，列系统第一，也是西藏区分行贷款新增历年之最。3. 中间业务：实现中间业务净收入7637万元，比去年同期增长1939万元，增幅34.03%，完成全年计划的107.62%，增幅列系统第一。4. 经营利润：在消化特殊费用补贴调整的不利影响后，区分行实现税前利润8.6亿元，完成全年计划的126.47%；实现经济增加值5.03亿元，完成全年计划的130.3%。5. 资产质量：2012年，区分行不良贷款余额为1.78亿元，不良贷款率1.11%，较年初下降1.78个百分点，列系统内32位,比去年上升6位，摆脱长期垫底局面，达到历史最好水平。6. 战略业务：与区住建厅合作，独家、率先在区内发行了公积金龙卡IC卡，全年共发行金融IC卡25000张；私人银行业务形势喜人，AUM值500万元以上客户新增37户，完成总行计划的205.56%，增速系统第一;电子银行业务增长良好，个人网银、手机银行、企业网银新增活跃客户占比分别位列系统内第7位、第10位、第19位，保持同业领先。

【深入推进各项改革，体制机制不断完善】持续推进组织机构改革，强化条线对业务经营的组织管理职能，对拉萨城区行实施分类管理，并将部分对公账户按照行业、区域在各支行间进行调整，提高支行的专业化经营管理能力，建立起了客户分层管理机制。

深化资源配置和绩效考核制度改革，建立完善分条线、分类群人员绩效考核分配机制，强化条线部门对经营单位资源配置和绩效考核的主导作用；紧跟总行政策导向，资源配置向支持全行战略实施和具有长期效益的业务发展倾斜，考核政策充分体现效率优先、兼顾公平的原则，打破平均主义，实现多劳多得。

深入推进前后台分离，提前完成项目上线，简化流程、提高效率，缩短了客户等候时间，提升了客户体验。按照总行安排部署，网点综合化建设前期筹备工作顺利进行。

【基础建设成果显著，发展能力持续增强】物理渠道和电子渠道建设快速推进。2012年新增了拉萨开发区支行、柳梧支行、日喀则新区支行、昌都芒康支行共4个网点，完成了山南雅江支行等5个网点的装修，阿里分行筹建工作进展顺利。新建自助银行1个，新增自助设备61台，新增收单商户208家,新增EPOS终端177台,投入运营POS终端1449台。

客户基础有所改善。2012年，全行对公客户7568户，新增852户，完成全年计划93.83%；个人全量客户320976人，新增24972人，AUM值1万到300万个人客户新增10069人，完成计划的133.81%。

服务保障能力得到提升。推进网点规范化、标准化管理，开展了星级网点评选、复查和持续评价工作，顺利完成网点二代转型验收工作。切实加强案件防控，认真落实案件防控责任制，开展案件专项治理和排查，全面加强安全保卫工作，确保营运安全。

信息技术对业务的支撑得到强化。在保障全行各个应用系统稳定运行的前提下，建立技术支持服务管理办法，优化和规范了信息技术支持服务流程，提升了各类突发事件的处理和解决能力。

【推进人事制度改革，班子队伍建设不断加强】持续推进人力资源集中统一管理，强化人力资源系统管理能力，稳步推进员工绩效管理试点工作。完善干部管理机制，修订领导人员选拔任用提名办法、聘任管理办法，改革领导人员年度考核模式，加大对选人用人工作的监督力度。

调整优化中层领导队伍结构，全年平级调整7人次，提拔使用27人次，平级调整网点型支行负责人7人次，提拔使用10人次。加强专业技术人才队伍建设，向总行申报了二级专技人员一名，聘任28名七级专技人员。全年校园招聘56人，定向招聘79人，其中研究生26名，为历年人员招聘数量最多、学历最高的一年。

强化教育培训，以总行培训为依托，借助网络学习系统的推广运用，提升员工素质。对校园招聘员工首次采用下派二级分行锻炼作为辅助培训方式，督促导师制的落实。两大经营条线在客户经理队伍建设方面，创新方式方法，形成了体系化的培训模式，效果良好。全年区分行共举办培训225期，参训人员达6080人次，参加总行举办的学习培训673人次。

【争取总行支持政策，解决发展瓶颈制约问题】认真学习贯彻自治区金融工作会议精神，加强与总行的沟通报告，积极向总行争取特殊支持政策。针对经营发展中的新形势新问题，区分行及时组织相关部门开展调研，梳理制约我行发展的瓶颈问题，提出政策需求建议并向总行汇报。总行高度重视西藏区分行工作，派出工作组到区分行开展调研，最终形成下发《关于支持西藏区分行发展有关政策的批复》，从建立长效支援机制、落实信贷政策支持和扶持性财务政策方面给予了区分行特殊政策，特别是建立了总行层面援藏政策协调机制，为西藏分行的可持续发展奠定坚实基础。

【领导名录】
行长：韩文贞
副行长：严仕成
纪委书记：次仁顿珠
副行长：卢生、李振宇、查克健
党委委员：王曼村
风险总监：刘晓兰
巡视员罗：布桑珠
行长助理：武青勇

西藏银行股份有限公司

【年度综述】西藏银行自2010年6月开始筹备以来，圆满完成了前期考察、可行性研究、筹备、筹建等工作。于2012年初开展开业前准备、试营业等工作，5月22日正式挂牌营业。2012年是西藏银行起步之年。全行上下以科学发展观为指导，认真贯彻自治区党委、政府的决策部署，按照全区经济工作会议和金融工作会议精神，紧紧抓住业务发展、基础管理、风险防控、公司治理、党的建设等关键环节，锐意进取，扎实工作，各项工作取得了较好成绩。

【加强党组织建设，深入学习贯彻党的十八大精神】按照党中央关于加强企业党组织建设的要求，西藏银行高度重视党建工作，确立了党委在企业中的领导核心地位。一是经区党委批准，于2011年11月成立了西藏银行党委。党委成立后，立即组建了三个党支部。培养积极分子，补充新鲜血液。同时，成立了工会、共青团组织，努力为全体员工提供成长成才、维护权益的平台。二是成立了理论学习中心组，制定了年度学习计划。一年来，重点学习了党的十八大、十七届六中、七中全会、全国“两会”及区党委八届一次、二次会议，中央、自治区经济工作会议和全国全区金融工作会议等一系列会议精神；组织全行收看十八大开幕会和中央政治局委员会见中外记者会、专门邀请自治区十八大宣讲团成员来行宣讲，组织各支部学习胡锦涛同志所做的十八大报告，通过各种举措，提高了全行广大干部员工理论水平和政策水平，为西藏银行的发展打下理论基础。

【圆满完成开业准备工作】西藏银行于2011年12月30日获得了《金融许可证》，并于当日办理了《企业法人营业执照》、《税务登记证》和《组织机构代码证》等证件。同时，正式进入开业准备阶段。一是货币政策类、金融类、统计类、会计类、支付结算类、科技类等12大类42项开业申报材料获得人行批复。二是完成IT基础业务系统的搭建，并通过了中国银监会银行业信息科技风险管理高层指导委员会的验收。经过一段时间的开发测试后，各业务系统于4月7日正式上线。三是积极推进银行卡工作。重点完成了首次发卡技术标准符合性和安全性申报审核、银联成员机构入网审批、银行卡系统“本代本”测试、样卡磁道格式和芯片测试等工作。四是组织开展了信息系统应急、公关危机等方面的演练，确保了开业后安全运营。五是在系统正式上线后，为加快员工对系统操作的熟悉程度和进一步测试系统的运行情况，各条线开展了模拟操作、对内试营业等工作，为顺利对外办理业务打下了基础。六是西藏银行挂牌与开业同时进行，开业庆典于5月22日在拉萨隆重举行。

【积极拓宽业务，实现开业当年盈利】西藏银行开业以来，为实现“开好头、起好步，加快发展”的目标，坚持以客户为中心、以市场为导向，强化市场营销。在负债业务方面，出台了《西藏银行股份有限公司服务类中间业务定价管理办法（试行）》、《西藏银行股份有限公司人民币同业存款利率定价管理规定（试行）》；在资产业务方面，积极探索产品创新，出台了《西藏银行个人经营性物业抵押贷款管理暂行办法》、《个人快捷循环贷款管理暂行办法》。通过各项措施的实施，截止12月31日，各项存款余额达65.94亿元，各项贷款余额达43.26亿元，存贷比达到65.61%。实现税后利润0.18亿元，实现了开业当年盈利的目标。同时，加强贷款项目贷前审查和贷后检查工作，全年不良贷款为零。

【积极参与我区重点建设项目、中小企业及非公经济发展】西藏银行开业以来，始终把支持我区重点项目建设、中小企业和非公经济发展作为重要任务来抓。截止12月31日，我行向重点建设项目，累计发放贷款11.65亿元；向旅游、藏药、农牧产业建设等中小企业发放贷款21.86亿元，向非公经济等发放贷款10.02亿元，较好地支持了我区经济建设。

【建立组织架构，制定各项规章制度】一是完善法人治理结构。初步建立了股东大会、董事会、监事会和高级管理层“三会一层”的公司治理架构，制定了《西藏银行股东大会议事规则》、《西藏银行董事会议事规则》、《西藏银行监事会议事规则》等较为完善的议事制度和决策程序，明确了股东、董事、监事和高管人员的权力和义务，建立了以监事会为核心的监督机制。

二是组建工作机构。根据当前全行发展需要，成立了董监办、办公室、人力资源部、财务会计部、信息技术部、业务管理部、业务一部、业务二部、授信风险部、审计部、营业部等11个工作部门。

三是建章立制。根据西藏银行管理和业务发展需要，按照依法依规管企业的要求，借鉴同业先进管理方法，制定涵盖资金财务、运营管理、人力资源、产品研发、信息科技等方面的制度200余项。

【加强基础设施和网点建设】一是在拉萨市柳梧区启动了职工周转房的建设。二是日喀则分行建设土地已完成出让合同的签订。三是加紧实施贡嘎县支行办公网点改造装修工程。四是基本确定了林芝分行选址已。

【狠抓企业文化建设】一是借助各新闻媒体、板报、LED屏等媒介，全方位宣传西藏银行成立的意义及对西藏地方经济发展等方面的重要作用。二是创办了西藏银行内部刊物《藏行视界》。三是在全体员工中大力开展以银行为家的责任意识教育。四是开展了警示教育、国防教育、军地联谊、知识竞赛、演讲比赛、歌咏比赛和参加西藏银行业协会举办的体育比赛等活动。五是根据藏文使用规范要求，在前台服务上采用藏汉双语叫号，在各类凭证上印制藏汉双语。

【加强员工队伍建设】一是按照岗位需求和业务需求，加强员工队伍建设。目前，全行员工已达到124人。其中少数民族员工53人，占比44.54%。本科及研究生以上学历103人，占比89.9%。二是加强员工培训，不断提高业务技能。全年全行累计培训1000余人次，通过银行从业资格考试19人。三是初步探索建立了符合西藏银行实际的薪酬福利体系，完成了全行“五险一金”的开户，建立了员工的各项社保，解决了员工的后顾之忧。

【积极建立合作关系】经过沟通、协调，西藏银行与进出口银行成都分行、建设银行西藏分行签订了银银战略合作协议，与日喀则地区行署签订了银政战略合作协议。同时，西藏银行与交通银行在广泛深入交流的基础上，双方签署了全面支持协议、信息技术支持协议和人力资源支持协议。

【根据区党委部署，扎实开展强基惠民驻村工作】根据区党委关于开展创先争优强基础惠民生活动的部署，西藏银行派出优秀员工组成工作队进驻那曲地区香茂乡宗热格村，结合该村实际开展一系列工作。主要有：建党91周年之际，强化全村党员党性意识、教育宣传牧民群众“感党恩、听党话、跟党走”；开办汉语培训课，牧民群众对外交流能力明显提高；考察论证村公路、酸奶门市和人畜饮水工程改造等项目；走访学经回流人员，维护平安和谐的社会环境；对守护铁路值班进行巡查；帮助解决子女就业，提高困难家庭经济收入；帮助贫困家庭，累计发放物资和现金达30万元。驻村队员以个人名义向困难村民爱心捐款近万元。

以上工作，得到了区强基办的充分肯定，并获得了“优秀单位组织奖”，被那曲县委评为“先进驻村（居）工作队”，2名队员被评为“先进驻村（居）工作队员”称号。

【支持教育事业发展】为支持西藏教育事业的发展，给阴法唐基金捐赠10万元；并根据自治区人民检察院的倡议，捐赠0.64万元用作购买小学生警示教育读物。

西藏保险业监管工作

【年度综述】2012年，西藏保险业紧紧围绕党的十八大精神和中央推进西藏跨越式发展和长治久安的重要战略部署，以科学发展观为统领，按照“抓服务、严监管、防风险、促发展”的基本思路，开拓进取，总体表现为“业务规模保持快速增长，保险业总体实力增强，服务能力不断提高”的良好态势。

2012年，西藏产险公司实现保费收入8.3亿元，同比增长25.3%。与内地相比，受历史、自然环境等因素响影响，西藏保险业市场集中度较高，同时，随着民生险种的快速发展，车险比重进一步降低，较内地保险市场情况要好，符合产险业务健康发展的趋势。2012年，西藏人身险公司实现保费收入1.25亿元，同比增长27.2%，增速居全国第一位。从总体上看，2012年西藏人身险市场呈现“业务集中于拉萨，发展速度非常快”的特点。

【机构发展情况】截至2012年末，西藏保险市场共有省级分公司5家，其中，产险分公司4家，寿险分公司1家，他们分别是中国人民财产保险股份有限公司西藏自治区分公司、安邦财产保险股份有限公司西藏自治区分公司、中国平安财产保险股份有限公司西藏自治区分公司、中国人寿保险股份有限公司西藏自治区分公司和阳光财产保险股份有限公司西藏自治区分公司。全区还有中心支公司8家，支公司8家，营业部2家，营销服务部18家。截至2012年末，西藏保险业从业人员881人，同比增长14.27%。

【业务发展情况】2012年，西藏保险业实现原保费收入9.54亿元，同比增长25.52%，较全国平均水平高出17.51个百分点（全国增速为8.01%），增速保持全国第一位。

2012年，西藏产险业务实现原保费收入6.52亿元，同比增长13.73%，人身险业务实现原保险保费收入3.02亿元，同比增长61.64%，人身险业务增速保持全国第一位。

中国人民财产保险股份有限公司西藏分公司

【年度综述】2012年，中国人民财产保险股份有限公司西藏自治区分公司以科学发展观为统领，围绕“重塑人保形象、再创人保辉煌”新的发展战略，以经济建设为中心，以改善和保障民生为出发点和落脚点，按照总公司历年来的工作主基调不断转变发展方式，走出了一条具有中国特色、西藏特点的发展之路。现已成为我区历史最长、规模最大、偿付能力最强的保险公司，是“党委信得过、政府靠得住、人民群众满意”的国有保险公司。2012年，西藏人保保费收入突破7亿元大关；机构由成立之初的一个省级分公司发展到目前遍布全区7个地（市）26个分支机构，从业人员逾800人。承担风险责任7798亿元，共计支付理赔款3.3亿元。

【大额医疗补充保险】2012年，西藏人保共处理农牧民大额补充医疗保险案件107笔，共支付赔款总额384万元，其中达到农牧民大额补充医疗保险最高支付限额7万元的案件共计21笔。

【政策性涉农保险】目前，我区政策性涉农保险已拥有种植业、养殖业、能繁母猪、农房、农用机动车辆和农牧民大病补充医疗保险共计6个险种，基本实现了对农牧区重要生产、生活领域的覆盖，为西藏自治区“新农村”建设积极提供保险保障，起到了为各族群众生产生活保驾护航的作用。2012年，那曲地区发生特大雪灾，下辖各县大面积受灾，西藏人保赔付4287.14万元，为当地群众在第一时间恢复生产生活提供了坚实的资金保障，切实让他们享受到了政策性涉农保险的极大优惠。

【PICC保险服务卡】2012年，西藏人保通过多种方式向全区各行各业干部职工和农牧区群众发放藏汉双语的保险服务卡。该保险服务卡包含投保方式、理赔程序、保费优惠政策、新型保险业务等介绍，通过人性化设计，使客户更快捷了解保险业务，且每张服务卡都印有一名人民保险员的姓名和电话，客户如有任何疑问均可通过电话直接向保险员咨询。

【勇担社会责任】2012年，林芝地区波密县发生造成全部15名车上人员死亡的“7·18”特大交通事故后，西藏人保对不在保险责任的该事故支付通融赔款200万元，安抚了死者家属，及时帮助了西藏博达客运公司恢复运营。2010–2012年，西藏人保共对137笔案件进行通融赔付处理，涉及人伤，车辆等多个险种，赔款达到970余万元；做到了保险事故无纠纷，保险案件无上访、无重特大涉保社会群体事件发生，为营造“人民安居乐业、社会长治久安”做出了一定贡献。这种勇于担当的做法也得到了自治区党委、政府及社会各界的一致肯定和好评。2011年、2012年，自治区人民政府连续发文表彰西藏人保，并给予500万元奖励。这在全国是绝无仅有的，体现了区党委、政府对西藏人保的支持和关爱。

【孙国新总经理个人获奖情况】2012年被西藏自治区政府授予“全区金融先进个人”称号

2012年被中共山南地委授予“感动山南十大人物”称号

2012年被人保财险总公司授予“感动中国人保财险2012年度人物”称号

2012年被业界权威杂志《保险经理人》授予“中国年度十大保险经理人”（财产险A类）

【获奖情况】2012年5月8日，西藏人保出单管理中心荣获共青团中央“青年文明号”称号；随后，出单管理中心又被中华全国总工会授予“全国五一巾帼标兵岗”荣誉称号。

【领导名录】

党委书记、总经理：孙国新

副总经理：杜洪河 泽旺仁青 赵彬 扎西仁青

中国人寿保险股份有限公司西藏自治区分公司

【公司概况】中国人寿保险股份有限公司西藏自治区分公司成立于2007年5月28日，是西藏自治区首家也是目前唯一一家人寿保险公司，公司目前拥有4个分支机构（拉萨、山南、林芝、日喀则）共计近500名员工及营销员。

【年度综述】2012年，公司以科学发展观为统领，认真贯彻落实全区经济工作会议、金融工作会议和总公司工作会议精神，着力加强“六个能力”建设，较好完成了既定的各项任务目标。2012年，公司各项业务稳步推进，全年总保费突破1.24亿元，同比增长27.22%。

2012年，公司首创“国寿高原反应疾病保险”，填补了西藏旅游保险市场的空白。开创了“西藏自治区农牧区优生优育家庭意外伤害保险”，是西藏自治区计生委“救助贫困母亲”和“创建幸福家庭”项目的重要组成部分，在全国独一无二。年内，开创“西藏林芝地区农牧民保险”，运用保险机制对农牧民进行风险保障，为雪域高原的老百姓保驾护航。

2012年，公司完成了日喀则地区分公司的筹建，有效延伸了保险服务，扩大了保险覆盖面；充分发挥95519电话服务平台、客户联络系统作用，有效提高客户通知服务率，提升客户通知服务满意度；成功举办“中国人寿杯”第二届少年儿童绘画比赛及第一届有奖征文比赛，增进与客户的沟通交流，为提升“国寿1+N”服务品牌搭建了有效平台。

【队伍基础逐步夯实】一是积极引进援藏干部，大力培养在藏员工。在总公司的支持下，召开了系统援藏工作座谈会，抽调7名援藏干部进藏工作。提拔了17名在藏员工走上公司中层管理岗位和高级主管、主管岗位。二是继续实施“人才强司”战略,全年共招录新员工30人，为公司发展补充了新鲜血液。三是狠抓销售队伍建设。截至2012年12月底，在册销售人力达340人，较年初增加89人。四是强化教育培训工作，为队伍建设和销售工作提供支撑保障,全年共举办各层级培训班80余期。

【管理水平再上台阶】2012年，公司上下认真贯彻落实上级各项政策决定，执行力和工作效率有所提高,各项工作扎实推进。在综合管理方面，继续狠抓两个《议事规则》的贯彻落实，强化决策行为，发扬民主作风、坚持集体领导的工作环境得到进一步改善；加大维稳工作力度，强化工作措施，确保了安全稳定大局；加强品牌宣传，启动了志愿者计划，先后举办了办公楼奠基仪式、公司成立五周年庆祝大会、日喀则分公司成立庆典以及五周年系列营销活动，在国内、区内各大媒体集中投稿58篇。在财务管理方面，继续深化全面预算管理，充分发挥预算政策的导向作用和费用佣金政策的杠杆作用，促进公司各项经营目标的实现和可持续健康发展。在信息技术方面，推进了国寿e家系统正式上线，拓宽了展业手段。实施网络扁平，加强集中管控，确保了业务支撑。对内部门户网站进行改造，搭建了良好的信息平台。在新办公楼建设方面，先后完成了项目环评、规划许可、地质勘查、土建设计、土建部分招标代理单位的选取等工作。

【服务能力得到提升】一是完成了日喀则分公司的筹建工作，有效延伸了保险服务。二是积极主动地调整核保规则，建立灵活的沟通协调机制，及时发现和处理业务及发展中的各种问题，将服务前伸。三是加强回访工作，全年完成新单回访3781件。四是充分发挥95519电话服务平台、客户联络系统作用，有效提高客户通知服务率。五是成功举办第二届少年儿童绘画比赛及第一届有奖征文比赛，增进与客户的沟通交流。

【合规经营取得实效】抓好“三重一大”制度的落实，坚持集体讨论决策，做好大额物资集中采购、办公楼建设的监督工作，深入开展警示教育和主题教育活动。扎实开展内控评估，对123个控制措施进行了评估穿行测试。抓好反洗钱基础性工作，提高了履行反洗钱职责的工作质量。狠抓营销员风险预警和信用品质管理等关键环节，完成了全区个险销售人员信用评估和分级管理工作。同时，继续开展“诚信我为先”系列活动，认真做好财务业务数据真实性自查及发票使用情况自查，对分支机构开展了党委巡视和效能监察工作。全年共接受集团公司党委巡视检查以及税法执行情况检查等多项内外部检查，总体情况良好。

安邦财产保险股份有限公司西藏分公司

【公司概况】安邦保险集团是中国保险行业第8家集团公司，目前拥有财产险、寿险、健康险、资产管理、投资保险代理、保险经纪等多种业务，包括安邦财产保险股份有限公司、安邦人寿保险股份有限公司、和谐健康保险股份有限公司及安邦资产管理有限责任公司等7家子公司。

安邦一直秉承“一个客户，综合服务”的服务理念和“客户第一、速度第一”的业务方针，“以国际化为标准”的企业理念，积极引入国际化专业管理团队，谋求企业长期、稳定、和谐的发展。安邦集团化的发展将充分发挥综合运营的平台化优势，整合多种资源，为客户提供更专业、更全面、更多层次的全方位金融服务。

安邦保险崇尚“水文化”、“家文化”、“互联网文化”的企业文化；注重客户增值、员工增值、股东增值的价值理念；并在发展中积极承担社会责任，投身公益事业和慈善事业，成为卓越的企业公民。

安邦财产保险股份有限公司（以下简称“安邦产险”）是经营财产保险、人身保险等业务的全国性保险公司，于2004年6月9日获得中国保监会批准筹建，并于同年9月30日开业，于2006年3月入驻西藏。

【年度综述】截止2012年12月31日全区完成保费收入1,366万元。截止12月底市场份额达1.65%；综合成本率为136.03%；百元保费现金净流量为6元；赔付成本783万元；赔付率为57.32%。

【重大活动】

1、2012年安邦财险率先在西藏开通中小企业信用险。

2、2012年下半年推出“移动查勘”快速理赔绿色通道，5000元以下案件只要资料齐全，现场赔付。破解“理赔难”。

【重大承保】2012年9月24日承保的1笔建筑工程一切险，保费28万，保险金额6806.59万。

【重大赔付】

1、建筑公司在安邦财险投保的建筑工程施工人员团体人身意外伤害险出险，2012年8月安邦财险西藏分公司赔付61.47万元。

2、林芝地区察隅县　“2012-10-05 15:10，标的车停放在施工工地时因工地周围下暴雨、山体滑坡、泥石流导致挖机被水及泥土淹。”“经现场查勘确认事故真实性,操作人员有操作证，投保时按车架号、发动机号保险,并取得地区气象局气象证明及施工单位之施工证明。”已结案，赔付金额55万元整。

3、2012年10月15日，在安邦财险投保的挖掘机因停放工地下暴雨、山体滑坡、泥石流导致标的车被水及泥土淹。经现场查勘确认事故真实性，赔付金额55万。

【获奖情况】

安邦财险西藏分公司在人民银行拉萨中心支行对西藏辖区各金融机构2012年度反洗钱工作开展落实情况全面考评中荣获A级，在全区保险行业中排名第二。

中国平安财产保险股份有限公司西藏分公司

【公司简介】中国平安保险(集团)股份有限公司于1988年诞生于深圳蛇口，是中国第一家股份制保险企业，至今已发展成为融保险、银行、投资等金融业务为一体的整合、紧密、多元的综合金融服务集团。中国平安凭借在公司规模、销售额、利润、资产及市值等方面的优异表现第九度入围美国《福布斯》杂志公布的最新“全球上市公司2000强”排行榜榜单，名列全球第83位。

平安保险西藏分公司始终致力于传承平安的优秀服务体系和“客户至上，服务至上”的原则，不断加强员工队伍建设，提升客户服务品质，品牌美誉度不断提升，业务发展稳步前行。

平安产险西藏分公司成立于2007年4月8日，西藏分公司的成立标志着中国平安完成了分支机构的全国布局。从2007年起，西藏产险保费年均增幅达到60%。

【年度综述】2012年实现保费收入7832万，市场占有率从3.1%提高到10.5%。

【以社会责任为己任，积极参与各项社会公益活动和爱心善举，践行企业公民责任】从2009年开始，平安西藏分公司筹建落实的第一所希望小学“西藏林芝县八一镇平安希望小学”正式挂牌成立以来，又陆续在昌都、日喀则地区选址两所希望小学并已正式立项筹建；在拉萨“3·14”事件过后，公司及时制定特殊理赔政策，对遭受损失的平安客户支付人道援助性赔款达30多万元，并为此事件中的受害者积极捐款；在“5·12”汶川大地震灾情发生后，组织向灾区人民献血捐款活动，并购买了一批急缺药品物资空运至灾区，免费为西藏前往四川抗震救灾的救援人员无偿提供每人保额20万元的人身意外伤害保险，总保额达920万元的保险保障；“4·14”青海玉树地震，发起捐款活动并无偿赠送西藏救援小组人身意外伤害保险共计6680万元保额保障。2011年10月，西藏产险响应自治区号召，驻村工作队正式进驻日喀则市纳尔乡的德庆村和孜村，开展一系列帮扶活动，并获得日喀则市2012年度先进驻村工作队表彰。

中国平安全国统一客服热线：95511电销电话：4008-000-000转5中国平安西藏分公司拉萨本部地址：

拉萨市金珠中路33号西农集团办公楼　电话：0891-6825204

中国平安林芝中心支公司地址：

林芝地区八一镇新区和谐路电信大厦一楼　电话：0894-5885595

中国平安那曲支公司地址：

那曲地区那曲县拉萨南路9号常青汽修厂　电话：0896-3831369

中国平安日喀则支公司地址：

日喀则地区日喀则县扎德中路1号电话：0892-8835677

中国平安山南中心支公司地址：

山南地区泽当镇安徽大道3号电话：0893-7835011

中国平安昌都中心支公司（筹建）地址：昌都地区昌都县卧龙街

电话：0895-4828507

中国证监会西藏监管工作

【强化对上市公司的日常监管，提高公司规范运作水平和质量，夯实公司发展基础】 1、加强上市公司信息披露监管，及时审核公司重大临时公告并保持合理质疑，将媒体报道、市场热议、投资者信访与信息披露监管相结合，督促公司做好信息披露和说明，增强公司的透明度。

2、结合公司定期报告、临时公告分析和现场检查掌握的情况，对辖区上市公司进行风险分类，对公司风险点进行研判分析，以此确定高风险公司、次风险公司、关注类公司，以及应予关注的风险点和问题。集中主要力量，对高风险公司和高风险点采取有效措施，进行督导，及时化解辖区上市公司经营风险。

3、开展上市公司现场检查工作。截止2012年底，共对辖区7家上市公司实施了8家次现场检查，检查率达到80%。包括：4家公司2011年年报现场检查及其年审会计师事务所执业质量延伸检查；2家公司内控规范试点现场检查；1家公司并购重组及财务顾问督导情况现场检查；1家公司承诺履行情况检查。现场检查完成后，我局及时向会上市部上报了检查报告，并对公司及年审机构采取了相应的监管措施。

【完善公司治理】 2012年，通过开展辖区上市公司解决同业竞争、关联交易；内控规范试点总结及检查；推动主板公司实施内控规范；“倡导独立董事、监事会最佳实践”活动；上市公司承诺履行监管等工作，促进辖区上市公司不断提高公司治理水平。

1、解决同业竞争、关联交易工作。2012年，西藏辖区“解决同业竞争、减少关联交易专项活动重点公司”仅有1家公司存在关联交易事项。就公司关联交易和存在的风险,我局多次约见公司实际控制人和公司管理层谈话提醒，在年报现场检查中作为重点内容进行全面检查，同时向年审事务所发函提示其在年报审计中应予以重点关注，要求公司及实际控制人采取有效措施增强公司独立性，减少关联交易。

2、内控规范试点工作。一是内控规范试点总结。2012年1月，我局完成了辖区内控规范试点总结报告，全面总结了西藏辖区内控规范试点工作的开展情况、存在的问题以及下一步工作意见和建议。经过内控规范试点，公司在内控规范方面得到了显著的改善：业务流程更加清晰，内部信息沟通和传递更加通畅，一定程度上提高了工作效率和效果；公司员工对内控建设有了一定的认识和理解，对内控制度的执行力明显提高；公司各部门各岗位的职责更加明确。公司内部控制的改善，促进了公司治理水平的提升。二是内控规范试点公司检查工作。2012年7月，我局对辖区2家内控规范试点公司工作开展情况及效果进行了现场检查，同时对内控审计会计师事务所执业质量进行了延伸检查。

3、实施内控规范工作。推动辖区主板上市公司实施内控规范工作：认真学习长沙内控工作会议精神，统筹安排此项工作；制定工作方案，明确责任目标；下发通知，部署工作；收集方案，核实工作安排；组织培训，提高认识；收集阶段性工作进展报告，进行阶段性工作总结。通过前期工作，有效的促进了辖区主板上市公司实施内控规范工作的开展，为后期分类分批实施内控规范工作打下了坚实的基础。

4、倡导独立董事、监事会最佳实践活动。

【把握发展现状，促进公司做优做强】 在督促指导西藏同信证券加强基础性制度建设的基础上，积极引导、推动公司在目前市场低迷、经纪业务竞争日益加剧的大环境下，充分利用所在地区的区域特色和资源比较优势，通过成熟业务的复制推广和新业务的创新拓展，走出一条差异化竞争、特色发展的道路。从西藏的特殊性出发，积极帮助公司申请在全国和区域内增设营业网点。在获取新业务资格的基础上，积极支持公司参与西藏辖区资本市场的改革发展，在帮助、支持西藏资本市场主体培育、发展的同时，寻求新的经济增长点，促进自身的稳步发展，形成共同促进、共同发展的良性机制；推动公司实施增资扩股，扩大资本金规模，为申请新的业务资格和创新发展创造条件；积极协调、帮助公司争取地方政府财政、税收等优惠政策扶持，形成新的盈利点；帮助公司进行产品创新、服务创新和组织创新，拓展业务空间，增强盈利能力，转变发展模式，实现可持续发展。

【加强协调配合，协同做好专项工作】 根据《国务院关于清理整顿各类交易场所 切实防范金融风险的决定》（国发[2011]38号）及《国务院办公厅关于清理整顿各类交易场所的实施意见》（国办发[2012]37号）的总体工作部署和相关指导意见，按照局党委工作要求，机构处与自治区金融办、区工商局、区商务厅、西藏银监局等部门共同协作，在由自治区分管领导担任组长，该局主要领导担任副组长的“自治区清理整顿各类交易场所工作领导小组”（领导小组办公室设在西藏证监局）统筹安排下圆满完成区内各类交易场所的清理整顿工作。西藏自治区的清理整顿各类交易场所工作首批通过清理整顿各类交易场所部际联席会议检查验收。

认真组织开展辖区历史遗留股东超过200人的股份有限公司调查摸底工作。根据公众公司部《关于开展历史遗留股东超过200人的股份有限公司调查摸底工作有关事项的通知》要求，按照局党委工作部署，牵头组织开展辖区股东超过200人股份公司的调查摸底工作，及时报送调查情况，目前辖区无此情况。此项工作的开展既摸清了公司情况，也为规范和促进辖区资本市场持续健康发展，为场外市场建设打好基础。

持续推进投资者教育工作。为深入贯彻落实中国证监会投资者保护工作部署，按照局党委和会投资者保护局工作要求，我局联合证券业协会、辖区证券经营机构，立足辖区实际，牢牢把握投资者教育的重点，结合地方经济发展和投资者结构的特点，有针对性地开展了一系列投资者教育活动，进一步推动了辖区资本市场健康稳定发展。

【持续做好市场培育，结合区域经济发展的实际，不断壮大市场规模】一是制定了“十二五”期间推动西藏企业上市工作计划上报自治区政府，在政府及有关部门的大力扶持下，促进企业尽快解决各种上市障碍，满足上市条件，及早上市。二是收集整理了7家拟上市企业的资料，建立了拟上市企业数据库，以便于对拟上市企业动态跟踪、定向培育。三是多次走访拟上市企业，宣讲资本市场理论知识，了解企业基本情况及上市意愿，为企业提供专业服务。四是加强拟上市企业培育工作。参加拟上市企业的专题工作会议，对企业上市提出意见建议；与证券交易所共同考察企业，对企业上市提出具体的指导意见；协调证券交易所，开办第一期西藏拟上市企业及上市工作培训班，加大上市工作培训力度；帮促拟上市企业联系培训机构，加强拟上市企业专业知识培训。

管理与监督

自治区国有资产监管工作

【年度综述】2012年，全区国有及国有控股企业实现营业收入89.2亿元，同比增长16.99%；实现利润总额9.81亿元，同比增长32.65%；缴纳税金7.83亿元，同比增长12.48%。其中：区国资委所属企业资产总额138.46亿元、所有者权益89.69亿元，同比分别增长15.79%和20.69%；营业收入36.43亿元、利润总额5.94亿元、缴纳税金4.17亿元、职工人均年收入4.34万元，同比分别增长18.46%、27.78%、15.39%和16.04%，实现了四个同步增长，较好地处理了国家、企业、职工之间的利益关系，为实现“十二五”规划目标打下较为坚实的基础。

【加强企业管理，抓好生产经营】组织开展“管理质量效益年”活动，强化经济运行调控措施，提升企业经营管理水平。一是深入推进集约化经营、精益化管理。各企业加强成本分析和对标管理，认真查找短板，明确提升措施。拉萨饭店和西藏宾馆实施各环节精细化管理。高新建材集团严控采购成本、堵塞管理漏洞。西藏航空大力施行降本增效。二是各企业建立健全内控制度，优化管理流程，防范管理风险，提升管理效能。中兴商贸集团进一步健全管理制度，强化以制度管人、管事的工作机制。三是贯彻落实国家和自治区宏观调控政策，正确把握经济形势，抢抓商机，促进发展。区汽工贸公司深入研判宏观环境和市场状况，实现年度营收目标。四是坚持月度经济运行分析例会制度，加强市场形势研判和企业运行监测分析，协调解决生产经营中的困难和问题。帮助企业协调解决经济运行调节资金1.8亿元。

【促进转型升级，提高质量效益】引导企业走内生发展道路，加快推进传统产业技术改造和升级，推动企业发展转型。一是引导企业通过产学研相结合，促进技术进步和产业升级。西藏矿业组建了以博士为主体的研发团队，盐湖碳酸锂提纯技术取得阶段性成果。拉萨皮革公司加强与四川大学合作，提高皮革制作工艺。二是推动传统产业技术改造和升级，大力发展循环型经济、节约型经济。高新建材集团商品混凝土、余热发电、节能等一系列环保技术革新与应用成为企业新的经济增长点。拉萨饭店改扩建项目充分利用太阳能技术，减少电能消耗。三是以资源为依托，立足市场需求，谋划企业发展。西藏天路在巩固建筑业的基础上，大力发展建材业、矿产业，取得显著成效。区物资总公司以改制为契机，依托现有资源，形成企业转型发展思路。

【加强政策引导，深化国企改革】进一步加强对国有企业改革工作的组织领导，研究和完善配套政策，深入推进企业改革重组。一是注重规划引导，强化统筹协调，全区纳入改革范围的国有企业改制面达到100%。自治区国有企业改革工作领导小组召开第三次、四次全体会议和多次办公室专题会议，审议和推动解决改革中的重大问题。自治区国资委编制印发了《西藏自治区“十二五”时期国有企业改革和发展规划》、《2012年度国有企业改革工作指导意见》，明确了我区国有企业改革的顶层设计和阶段性改革目标、任务及措施。山南和林芝地区国资委在全力推进地区直属企业改革的同时，加强对县属国有企业改革工作的指导。二是注重优化政策环境，共同推进改革。在财政、人社、国土、工商等部门的大力支持下，出台了《关于加快推进西藏自治区国有企业改制的意见》、《关于支持自治区国有商贸流通企业改革发展政策和意见》、《西藏自治区国有企业改革发展专项资金管理办法》等一系列政策措施，企业改革发展环境进一步优化。自治区国资委加强与拉萨市人民政府的沟通和衔接，区直企业国有划拨土地作价出资政策全面落实。日喀则地区国资委积极争取地委、行署支持，出台了《关于改善投资环境促进企业发展的若干意见》，每年安排1000万元资金专项支持国有企业改革和发展。阿里地区国资委积极申报落实中小企业发展资金818万元。三是注重布局结构调整，引导国有资本向优势资源、优势产业和优势企业集中，推动企业集约化、规模化发展。西藏国盛国有资产投资控股有限公司、西藏能源投资有限公司、西藏甘露藏药股份有限公司挂牌成立，自治区旅游局、粮食局研究提出组建旅游集团、粮食集团方案。自治区商务厅11户商贸企业划转自治区国资委监管，改革重组工作全面启动。四是注重资本运作，促进实体经济发展。加大预上市公司扶持和培育力度，加快推进高争民爆、江南矿业等企业上市前期工作。积极开展西藏天路定向增发工作。

【加强战略合作，推动项目建设】 深化经济技术合作，增强企业可持续发展能力，推动自治区项目带动战略的实施。一是成功筹备召开中央企业援藏工作座谈会，国务院国资委与自治区人民政府签订了《合作备忘录》。编制并向国务院国资委上报《中央企业支持西藏经济社会发展总体规划》。拉萨市国资委积极寻求与央企、对口援藏省市企业的合作，助推地方经济发展。那曲地区国资委以合资、注资、兼并等方式引进5家企业，引进资金7000余万元。二是启动实施自治区国资委昌都发展战略，与昌都地区行署签署了《战略合作协议书》，积极推动区国资委监管企业与昌都地区在建材、矿业、能源、旅游等方面的合作，部分合作项目已取得实质性进展。三是抓好重点项目建设。日喀则、昌都水泥项目前期工作进展顺利。拉萨皮革公司牦牛革制品技术改造项目竣工投产。西藏宾馆阳光宴会厅项目竣工投入使用。高争建材股份公司高莲商混项目竣工投产，余热发电项目即将完成工程建设，水泥粉磨系统技术改造项目土建工程基本完成。高争集团阿里、昌都炸药仓库项目通过国家工信部验收。罗布莎铬铁矿八个矿体开采工程完成主体工程建设。厅宫铜矿、扎布耶锂资源二期、棚户区改造、林芝毛纺厂民族纺织加工改造等项目取得阶段性成绩。

【强化职能定位，完善监管体系】 区、地国资监管机构坚持依法履行出资人职责，创新监管方式，完善工作机制，国资监管体系不断完善。一是着力增强监管的前瞻性、针对性和有效性。在认真厘清监管事项的基础上，研究制定《自治区国资委监管企业重大事项审批、核准、审核上报、备案目录》和《自治区国资委监管企业报送资料目录》。二是完善国资监管法规体系。进一步健全风险防范、重大事项管理和企业领导人薪酬管理等一系列规章制度，推动国资监管制度化、规范化和体系化。三是着力加强国资监管基础工作。积极开展全区国家出资企业产权重新登记工作，加强国有资本经营预算管理、财务管理及统计评价工作。在考核的基础上，及时兑现薪酬，完善考核分配制度。认真开展监事会工作。深入开展法制宣传教育工作，区国资委被评为2006-2010年全区法制宣传教育先进集体。

【领导名录】

党委书记、副主任：次成甲措
党委副书记、主任：余和平
党委副书记、副主任（正厅级）：任万海
党委委员、副主任：刘来虎　江村
金思宇（援藏）田福利　王国新
党委委员、区纪委驻区国资委纪检组长：黄永清　张汝振

自治区工业和信息化工作

【年度综述】 2012年，全区实现工业增加值55.11亿元，同比增长14.7%，高于全区生产总值增速3.3个百分点，高于西部地区工业增速2.5个百分点。

【工业固定资产投资快速增长】 2012年，全区工业固定资产投资完成180.35亿元，比上年增长54.7%。"226项目"由我厅负责实施的18个大项目（共83个子项目）累计完成投资85亿元。83个子项中，竣工试生产22个、基本竣工13个、开工建设35个、加紧开展前期工作13个。落实2012年度国家重点产业振兴和技术改造项目31个、中央预算内补助资金8896万元。落实中药材生产扶持项目2个、补助资金250万元。

【以非公经济为主的实体经济发展迅猛】 全面落实全区非公经济发展大会精神，积极履行自治区非公有制经济（中小企业）发展工作领导小组办公室职责，全区非公经济发展大会召开以来，每年扶持非公经济项目数量、资金额度均占到扶持项目总数和资金总额的80%以上，把区党委有关扶持力度和扶持资金额度不低于50%的要求落到了实处。2012年，我厅共落实非公经济和中小企业扶持项目152个、补助资金2.02亿元。加强信用担保体系建设，11家担保公司累计为100多户中小企业提供了5.2亿元的贷款担保。截至2012年底，全区非公经济实体接近12万户，占全区各类市场主体的95%以上，非公经济上缴税收占全区税收总额的93%，累计吸纳社会就业56.1万人，以非公经济为主的实体经济呈现出企业规模不断扩大、经营领域不断拓宽、经济效益不断提高的良好态势。

【引导推进产业集聚发展】 全区已初步形成了"一区七园"的园区格局。为加强对工业园区（开发区）的统一管理，起草了《西藏自治区人民政府关于加快和规范工业园区建设和发展的指导意见》（代拟稿）与《西藏自治区工业园区管理办法》（代拟稿）。加快推进藏青工业园区筹建工作，起草完成《西藏自治区人民政府青海省人民政府关于共同建设格尔木藏青工业园区的合作框架协议》、签字仪式筹备工作方案及领导讲话，着

手实施规划论证等有关工作。2012年，全区工业园区实现工业增加值14.66亿元，占全区工业增加值的26.6%；上缴税金35亿元，比上年增加19亿元；园内企业实现利润11亿元，比上年增加7亿元；解决城乡就业10000余人，比上年增长35.1%。

【狠抓节能减排和科技成果转化】落实2012年清洁生产示范项目2个、科技成果转化项目2个、物联网发展项目2个，补助资金总额2350万元。强化产品质量管理和品牌培育，“西藏自治区工业企业质量品牌提升项目”通过工信部审核，藏泉酒业被评为全国“质量标杆”企业，藏缘青稞酒业等获批为全国品牌培育试点企业，拉萨啤酒等6家企业通过食品工业企业诚信管理体系现场评价及认证。推进标准体系建设，西藏藏毯生产技术标准获国家批准，《地理标志产品 西藏手工藏毯》地方标准启用，推荐2012年度地方标准制修订计划项目18个。

【突出加强工业行业管理】组织开展矿产行业准入审查和预核准8项，建材项目技术审查4项，民爆行业项目技术审查和审核验收6项。完成5家水泥生产企业化验室审核换证，完成2家重点用能企业能源审计审核工作。高度重视工业安全生产，狠抓民爆行业安全。扎实开展工业经济运行监测协调，加强工业经济预测、预警和预调、微调。积极开展民族手工业技能培训。荣获第六届中国工艺美术大师称号一人。

【着重提升无线电管理水平】自治区无线电管理机构、职能、人员编制全部顺利划转，各项工作持续稳定高效开展。全年常规监测超过1600小时，开展无线电安全保障专项工作58次，执行特殊保障任务8次，圆满完成了“两会”、“十八大”等敏感时期和重大活动无线电安全保障任务，促进维稳工作成效显著。

【扎实推进信息化建设和“两化”融合】电子政务（一期）工程项目可研报告已上报国家发改委，自治区电子商务工程建设项目前期工作正式启动。涉农信息服务能力显著提升，完成了农村综合信息服务站（二期）工程250个站点建设及290多人次的信息员培训。全区县级办公自动化系统和乡乡视频会议系统、自治区工程建设领域项目信息和信用信息公开共享信息平台建成运行。成功组织了全区首次重点领域网络与信息系统安全检查。落实企业两化融合专项资金60万元，实施了高争民爆公司信息化平台建设项目。对80家工业企业进行“两化”融合发展水平评估，组织9家企业参加全国“两化”融合成果展。

【积极推进产业对接合作】《西藏自治区产业转移指导目录》纳入全国产业转移指导目录。工信部召开了全国工业和信息化系统援藏工作会议，会前推动工信部出台了《工业和信息化部关于支持西藏工业、通信业和信息化跨越式发展的意见》。通过工信系统对口援藏改善了地市工信部门的一些工作条件，17个对口援藏省市与7地市工信局签订了对口支援协议，江苏泰州医药高新技术产业园区管委会与拉萨柳梧新区管委会、哈尔滨市工业和信息化局与仁布工业园区签订了园区合作协议；河北新奥集团（西藏新奥公司）与那曲物流中心签订了投资项目协议、西藏太阳光科技有限公司和湖北运银实业有限公司及东风汽车股份有限公司特种车事业部签订了太阳能电动汽车及新能源特种车战略合作协议，两个项目总投资共约23亿元。

【努力加强系统自身建设】扎实推进创先争优强基惠民活动，积极开展感恩教育，帮助亚东灾区群众清墟拆危、重建家园，为驻在村落实各类帮扶资金350余万元。制、修订机关规章制度20余项。办理人大建议和政协委员提案19件。加强干部职工的思想政治教育和培训。以贯彻落实党风廉政建设责任制为核心，深入推进厅机关反腐倡廉工作。维稳和综治工作扎实推进，全系统实现了“三不出”，为全区和谐稳定作出了积极贡献。

自治区审计工作

【年度综述】2012年，西藏自治区各级审计机关依法对199个单位（项目）进行审计或审计调查，查出违法违规等问题金额68.5亿元，提出健全和完善体制机制制度的意见和建议286条，促进有关部门完善规章制度46项，向有关部门移送案件线索和处理事项13起，审计工作在推进民主法治建设、保障民生改善、推动跨越式发展和长治久安、促进反腐倡廉和完善国家治理等方面取得了新成效。

【财政预算执行审计】一是着眼于强化预算管理，对自治区本级、部分地区和有关部门预（决）算执行情况进行审计，从预算管理层面提出了设立相应管理办法和完善配套制度等建议；探索构建财政审计大格局，组织对区直单位项目支出预算执行情况审计调查，揭示了项目资金管理使用中存在的共性问题，提出了进一步加强项目监督、将单位刚性支出和常规性项目支出纳入年初预算管理等意见；受自治区人民政府委托向人大常委会作了工作报告，自治区人大常委会对审计在查处财经领域中的问题，推进依法理财，提高资金使用效益，规范预算管理等方面发挥的作用给予了充分肯定。二是着眼于我区未设置县级审计机构的实际，积极探索地区审计局代行县级审计机构职能，向县人民政府和人大常委会提交“两个报告”的实践取得了实质性进展。

【固定资产投资审计】着眼于推进基础设施建设、促进优化投资结构，有重点地对公路、机场、水利、电力等投资项目进行审计，查出各类违法违规等问题金额14.1亿元，核减投资1521万元，查处了工程建设管理不规范、高估冒算、偷工减料、损失浪费等问题，提出的审计意见和建议得到有关部门采纳。

【专项资金审计】组织全区审计机关对社会保障资金进行了全面审计，对日喀则、阿里地区部分县农牧民安居工程政策落实和建设计划执行及资金管理使用情况，对农牧区医疗经费、农业综合开发项目资金、住房公积金等涉及民生的项目和资金进行了审计或审计调查。反映了各项社会保障资金总体安全、基金运行平稳的总体情况；关注了财政分配中民生投入、各项惠民政策措施落实情况及社会分配的均衡化和公平性；注重从政策执行过程和资金管理方面发现问题，提出调整政策及完善制度的意见和建议，促进社会和谐稳定。

【农业与资源环境审计】在对天然林资源保护工程专项资金、中央财政森林生态效益补偿资金审计中，关注了资源环保政策法规的贯彻执行情况，促进规范资源开发利用管理和环境保护工作；关注了资源环保资金的申拨、分配、使用和管理情况，依法处理了挤占挪用、损害群众利益等违法违规问题，促进规范资金管理和提高资金使用效益；关注了资源环境项目的建设和运营效果，揭示和查处了资源开发利用管理和环境保护工作中浪费资源、破坏环境等问题，全力维护国家资源环境安全，努力推进西藏生态环境建设。

【企业审计】始终将政府最为关注的国有资产质量和安全作为审计的目标，关注了企业转变经济增长方式、落实国家宏观经济政策、履行社会责任情况，揭示了企业贯彻落实宏观经济政策中存在的突出隐患和经济犯罪问题，通过探寻、分析问题产生的原因，从体制机制和制度层面提出建议，发挥服务作用和建设性功能，帮助企业提高决策管理水平和风险管控能力，促进了国有资产保值增值和企业的可持续发展。

【经济责任审计】采取经济责任审计与财政审计、专项资金审计、政府投资审计“三结合”的方式，审计对象由县委书记和县长同步交叉审计扩展到地厅级党政主要领导干部同步审计。通过对30名党政主要领导干部和国有企业领导人员经济责任审计，查出违法违规等问题金额10.6亿元，其中领导干部负领导责任3.4亿元、负主管责任4.6亿元，移送有关部门查处案件线索2起。重点关注了领导干部贯彻落实法律法规和宏观经济政策情况、重大经济决策情况、内控制度的建立和执行情况、廉洁自律情况等，在促进领导干部守法守纪、守规尽责的同时，推动了法治政府、责任政府和效能政府的建设。

【审计机关自身建设】以班子队伍建设为关键，以和谐稳定为基础，以质量、技术为保障，以制度、廉政为制约，不断推动审计事业科学发展。加强审计机关领导班子和干部队伍建设，提高了领导干部把握大局和审计队伍依法从审、规范行政的能力；把维护社会和谐稳定作为审计机关的重要政治责任，圆满实现了“三不出”工作目标；认真开展审计项目审理、质量检查和审计结果整改落实检查等工作，召开审计理论研究暨审计信息化建设座谈会，扎实推进审计理论研究，提升审计信息化建设水平，保障能力明显增强；严格执行审计纪律“八不准”和有关廉政规定，完善审计业务和机关行政管理制度，形成了按制度办事、用制度管人的良好风气。

自治区统计调查工作

【年度综述】2012年，在自治区党委、政府和国家统计局的坚强领导下，全区各级统计调查机构和广大统计人员以科学发展观为指导，紧紧围绕“三个提高”和“四大工程”建设，认真落实各项工作部署，积极推进企业一套表和统计方法制度改革，统计数据质量不断提高，统计服务水平进一步提升，全面完成了各项统计报表和统计调查任务，取得了令人满意的工作成绩。

【“两项主题活动”取得显著成效】扎实开展创先争优强基惠民活动。局、总队从讲政治、讲大局的高度出发，克服单位人员少、任务重等困难，精心组织安排，全力投身到创先争优强基础惠民生活动中。自活动开展以来两批驻村工作队成员主动深入基层，紧紧围绕五项任务开展工作，积极协调有关部门落实项目资金近120余万元解决群众实际困难。2月初，聂拉木县遭受强暴风雪自然灾害，局、总队驻聂拉木县亚来乡亚来村、土龙村工作队积极协同当地党委、政府和边防派出所参与救助被困游客，受到了自治区领导和被困游客的高度赞誉，中央电视台也进行了新闻报道。

深入开展基层组织建设年活动。局、总队高度重视开展基层组织建设年活动，切实加强对活动的组织领导，及时成立了活动领导小组及办公室。制订了《基层组织建设年实施方案》；组织开展了基层党组织分类定级工作；召开了纪念建党91周年座谈会，组织了新党员入党宣誓、老党员重温入党誓词等活动。6月29日，专门召开大会对2012年度先进党支部和优秀共产党员进行了表彰，引导基层党组织履职尽责、广大党员立足岗位学习先进、争当先进、赶超先进，充分发挥党支部的战斗堡垒作用和共产党员的先锋模范作用。

【统计调查工作迈上新台阶】企业一套表改革工作进展顺利。把推进以企业一套表为核心的“四大工程”建设作为2012年统计改革发展的头号工程。建立了联网直报工作应急值班制度，开网期间实行24小时值班制度，第一时间处理和解决企业联网直报工作的各种问题，确保了自治区443家联网直报单位及时上报数据，联网直报率得到了国家统计局的充分肯定。根据国家统计局的要求，认真执行企业一套表工作进度情况半月报制度，及时掌握和了解企业一套表工作进展情况，解决在一套表实施过程中遇到的问题和困难，确保企业一套表工作的稳步推进。

扎实开展各项常规统计及专项调查。在完成各项常规统计调查任务的基础上，组织开展了非制造业采购经理、服务业重点企业、2010—2011年度境外来藏工作专家统计、投入产出、2012年党风廉政建设和国有企业反腐倡廉民意调查、全国组织工作满意度调查、全区组织工作满意度调查、全区纳税人满意度调查等多项临时性调查和专项调查工作。

第六次全国人口普查资料开发工作成效明显。在各级党委、政府的领导和有关部门的配合下，各级普查机构精心组织、认真实施，在全面完成第六次全国人口普查数据审核、汇总与评估工作，获取高质量普查数据的基础上，编印了《西藏自治区2010年人口普查资料》系列丛书和相关普查资料，23个人口普查研究课题已通过评审，《迈向小康社会的中国人口（西藏卷）》正在编制当中。

第三次全国经济普查准备工作有条不紊进行。在认真总结前两次经济普查经验、听取各地（市）和相关专业处意见的基础上，根据《全国经济普查条例》的相关规定，编制了西藏第三次全国经济普查经费预算，积极开展了西藏第三次全国经济普查领导机构筹备、普查方案的编制和宣传等各项前期工作。

【统计方法制度改革取得新突破】修订完善了规模以下工业统计报表，增加了企业的生产效益和问卷调查情况，加大了指标的监测力度。研究建立和完善资源环境统计制度，为推进环保支出统计工作奠定基础。积极推进CPI手持数据采集工作。根据全国住户调查一体化工作的部署，初步制定了住户调查一体化工作流程。投入产出调查工作稳步推进。结合我区实际，研究探索建立符合西藏特点的统计指标体系，更好地反映我区经济社会综合发展情况，准确了解区域资源差异，掌握区域经济发展状况，为自治区党委、政府制定符合实际，科学发展的宏观政策提供真实可靠的统计服务。

【统计服务水平得到新提升】局、总队不断强化“用数据说话、为决策服务”意识。围绕经济社会发展的热点问题，组织人员积极开展重大课题研究，形成了《2012年一季度全区经济运行情况分析》专题报告，组织撰写了《“十二五”经济社会发展实现开门红》、《2011年社会经济发展专题报告》等统计课题研究报告；及时发布了2011年西藏自治区国民经济和社会发展统计公报；组织编印了《西藏统计月报》、《西部地区主要经济指标》、《西藏统计年鉴2012》等各类统计资料；定期召开了经济形势分析会和新闻发布会；深入分析西藏发展面临的困难和挑战，组织有关人员编辑了《西藏经济发展若干问题研究》一书，对西藏经济社会发展提出若干对策和建议。

【统计自身建设得到进一步加强】统计法制建设取得重大突破。配合自治区人大有关部门，推动《西藏自治区实施〈中华人民共和国统计法〉办法》（以下简称《实施办法》）的颁布实施。3月30日，九届西藏自治区人大常委会第二十七次会议审议通过了《实施办法》，并于6月1日起正式实施；组织编写了《实施办法》司法解释；制订了《实施办法》宣传工作方案；起草了《西藏自治区统计执法人员及证件管理办法》，进一步建立和完善了符合西藏自治区实际的执法流程及工作制度。

统计干部队伍建设不断加强。修改完善了干部职工出差、休假、事假、婚丧、生育等各项制度，进一步加强和规范干部管理工作。组织相关人员参加国家统计局、区党委组织部举办的各类培训、考察和学习锻炼，开展全区统计调查系统县处级干部及后备干部能力提升培训班，结合各项普查、调查开展各类业务培训，截止目前共培训干部355人（次），组织21人参加了统计从业资格考试，干部职工的理论水平和业务能力有了较大提升。2012年共向上级组织部门推荐3名副厅级干部，先后选拔任用了9名副处级以上干部、13名科级干部，大大激发了干部工作的积极性。

党风廉政建设迈上新台阶。认真完成2011年党政领导干部廉政情况年度考核工作，与各地（市）局、队签订了党风廉政建设责任书，下发了区统计局、调查总队《2012年党风廉政建设工作要点》和《关于做好关心干部健康 提高干部心理素质工作的意见》，及时贯彻落实国家统计局纪检监察局、区纪委、区强基办有关会议、文件精神，通过《拒腐防变每月一课》视频讲座和“三月学习雷锋好榜样宣传月”活动开展党风廉政宣传教育，不断增强党员干部廉洁从政意识，提高拒腐防变能力，为统计调查改革发展提供政治保障。

统计文化建设丰富多彩。按照年初吴英杰副书记、常务副主席赴区统计局、调查总队检查指导工作时关于做好统计文化建设的重要指示精神，先后组织召开了春节、藏历新年团拜会以及庆祝国际“三八”妇女节、西藏百万农奴解放纪念日和建党91周年座谈会。9月，举办了全区统计调查系统第二届统计文体活动，活动内容涵盖了文艺汇演、体育比赛等各项活动。文艺汇演以“寄情十八大 统计展风采”为主题,通过二十余个自编、自导、自演的精彩节目，为党的十八大献上了一份厚礼。西藏电视台等多家新闻媒体对第二届统计文化建设活动进行了宣传报道。通过举办一系列多姿多彩、富有成效的统计文化建设活动，讴歌了党领导西藏进行社会主义建设的伟大功绩，展现了全区统计调查人奋发向上的精神风貌，极大地增强和提高了统计调查系统的凝聚力和战斗力。

自治区工商行政管理工作

【年度综述】2012年，自治区工商局认真贯彻自治区党委、政府和国家工商总局的各项决策部署，主动担当，倾力作为，深化效能建设，践行“五个勇当”，在服务发展、监管市场、消费维权、依法行政、自身建设、非公党建等方面取得了显著成绩，圆满完成了年度各项任务。

【服务经济跨越式发展成绩突出】一是各类市场主体发展全面提速。制定优惠扶持措施，实行“零成本”注

册，促进了各类市场主体数量增加、规模扩大、质量提升。2012年，全区各类市场主体达到12.44万户，注册资本（金）877.17亿元，同比分别增长6.39%、28.77%。其中：内资企业（含私营企业）16161户，注册资本781.98亿元，同比分别增长15.83%、27.78%；个体工商户107074户，注册资金41.54亿元，同比分别增长4.89%、17.14%；外商投资企业208户，注册资本7.39亿美元。二是扶持特色优势产业、文化产业发展和重大项目建设措施有力。目前，全区从事藏医药业、能源产业、优势矿产业、建筑业、高原特色食品业、民族手工业等企业1982家，注册资本220.93亿元。文化产业繁荣发展，现全区登记注册文化企业455家，广告经营单位653家。提供“承包式、预约式、上门式”服务，西藏传媒集团、西藏国盛投资、西藏能源投资、新奥太阳能、和远矿业等大型企业集团组建成立，全区注册资本上亿元的企业达254家。帮助企业解决融资难题，办理股权出质登记52笔22.4亿元。拉萨经济技术开发区入驻企业639家，达孜工业园64家，青藏铁路那曲物流中心57家。三是实施品牌战略成效显著。加强西藏特色标识品牌保护，指导“海亮”、“优敏芭”、“雄巴拉曲”、“奇正藏药”等商标争创中国驰名商标。积极引导企业申请商标注册，2012年商标申请量734件，注册量422件，同比分别增长18.19%、22.32%。现全区注册商标总量3106件，其中：中国驰名商标9件、自治区著名商标53件、地理标志商标5件。四是服务新农村建设深入推进。到2012年底，全区登记注册农牧民专业合作社980户，出资总额7.67亿元，同比分别增长58.57%、44.81%；培育发展农牧民经纪人4459户，经纪业务量达6.85亿元；注册涉农商标1242件。开展“红盾护农”行动，查处农资违法案件8件，查获了一批价值数万元的假冒过期农资、化肥和农药，查扣借“家电下乡”名义销售不合格和假冒伪劣家电17台。

【整顿规范市场秩序成效明显】 2012年，全区工商系统共查处各类经济违法违章案件5376件，案值2129.39万元，罚没款479.36万元，有力维护了市场秩序。一是加强流通环节食品安全监管。紧扣食品添加剂、乳制品、“地沟油”、节日市场等重点，开展食品安全专项治理整顿，共查处食品违法案件947件，案值67.3万元；食品快速检测3569批（次），查缴假冒伪劣食品、不合格乳制品、假酒和假冒调味品共计8174公斤。目前共核发食品流通许可证15407户，创建“食品安全示范店”316户。二是加强竞争执法工作。全年共查处公平交易案件312件，案值332万元；开展“扫黄打非”专项行动，查缴盗版及“藏独”等反动音像制品和出版物81208张(册)，删除网络有害信息及图片8000余条（张），查缴非法卫星地面接收设施103套。三是加大打击商标侵权和虚假广告力度。开展了纪念《商标法》实施30周年活动，制定了《2012年打击侵犯知识产权和制售假冒伪劣商品重点工作安排及任务分工》，共查处商标侵权案件70件。召开了自治区整治虚假违法广告部门联席会议，约谈告诫广告媒体负责人4次，查处虚假违法广告案件52件，有效净化了广告市场秩序。四是打击传销取得阶段性成果。会同公安部门，查处了日喀则、林芝等地区农牧民到内地参与传销案件和山南外来务工人员参与“美国稀土”网络传销案件，解救遣返受骗群众190人，移送司法机关16人，行政处罚13人；对曾参与传销的637人建立名册档案，聘请打传联络员443人，建立“无传销社区、学校、乡镇”188个。五是加强市场主体准入监管。开展安全生产领域“打非治违”专项行动，查出证照不全或过期519户，责令变更登记161户；开通“网上年检”，参检企业11211户，参检率85.6%，参检合格率98.3%；制定了查处取缔无证无照经营工作责任追究、信息通报、督查督办和案件移送四项制度，查处无照经营案件974件。六是各类市场监管水平明显提升。加强旅游市场监管，查处旅游违法案件24件。开展电话用户真实身份登记工作，规范整顿电话业务代理网点301家。在土特产品市场专项整治中，查获国家明令禁止销售的红豆杉筷子等制成品7038件，野生保护动物藏羚羊角24件，假冒“三无”虫草藏宝鹿鞭25盒。同时，深入开展虫草市场、非法销售军服、取缔“黑网吧”、校园周边综合治理等专项执法行动，不断推进创新社会管理工作。

【消费维权和法制建设水平显著提升】 一是加快12315行政执法体系建设。全年共查处侵害消费者权益案件2055件，查处制售假冒伪劣商品案件933件；受理申诉举报1814起，为消费者挽回经济损失268.94万元。目前，全区共建立12315维权联络站（点）855个，维权联络员和志愿者1096名。二是全面提升依法行政水平。开展行政指导1500余次，案件回访66起，核审案件1700件，行政复议案件2起。狠抓“一月一法一考”工作，举办法律法规培训考试60余次，全系统95%的干部参加了培训考试。清理规范性文化72件，废止14件，修订11件。开展法制宣传活动116次，发放宣传资料12.6万份。三是开展创先争优强基惠民活动。围绕强基惠民“五项任务”，全系统21个驻村（居）工作队共走访群众40624人，召开群众座谈会516次，化解矛盾纠纷148起；开展感党恩宣传教育798次，发展培养党员和入党积极分子441名；制定村居长远发展规划25个，申报短、平、快项目90个，投入资金800多万元，为群众办实事好事691件；开展慰问7358人（次），发放慰问金43万元。

【非公党建工作全面推进】 一是非公党建工作机制不断建立完善。制定了《非公党建工作考核办法》，层层签订了工作责任书，形成了局党委统一领导、地（市）县局齐抓共管的非公党建工作机制。二是非公党组织组建力度进一步加大。2012年共选派党建指导员187人，建立党建联系点141个，培养入党积极分子278人，发展党员150人。现全区非公经济党组织289个，共有党员6073人。三是创先争优活动扎实推进。评选出“党员先锋岗”、“党员示范店”86个，推荐上报全区创先争优先进基层党组织和先进单位8个、优秀共产党员3名，组织非公党组织向困难群众献爱心捐款捐物达300余万元。

自治区质量技术监督工作

【**质量宏观管理**】出台了《西藏自治区人民政府关于实施质量振兴战略的意见》，对实施质量振兴战略作出了全面部署，标志着质量兴省（区）活动在自治区正式启动。建立全区质量工作联席会议制度，协调各有关部门开展了各具特色的质量振兴工作，各地（市）质量兴地（市）活动深入开展。紧紧围绕西藏特色产业发展，出台了《西藏自治区人民政府办公厅关于加强品牌建设工作的意见》，品牌建设不断加强。加强质量立法工作，颁布实施《西藏自治区产品质量监督管理办法》，启动了《西藏自治区气瓶监督管理办法》立法前期工作。加快质量诚信体系建设，推动企业开展质量诚信承诺活动，企业主体责任得到有效落实。广泛开展质量安全宣传活动，全系统组织开展宣传活动20多次，向群众发放宣传资料20000多份，协调媒体对质监工作进行了180多篇（次）的报道，为实施质量振兴战略营造了良好的舆论氛围。

【**产品质量安全监管**】集中开展质量安全风险排查整治工作，努力为党的十八大召开创造良好的质量安全环境，有效防范了系统性、行业性、区域性质量安全事故的发生。严把生产许可准入关，严格发证条件和程序，完成40家企业、41个产品的现场核查及换发证工作，依法注销9家食品生产企业9个产品的食品生产许可证。2012年，全区共有49家企业获得工业产品生产许可证，88家企业获得食品生产许可证，44家食品小作坊获得审查合格证。加强监督抽查工作，全年共抽查日用消费品、装饰装修材料、建筑材料、农业生产资料4大类工业产品602个批次样品，整体合格率达82.89%，同比提高0.22个百分点。

【**食品安全监管**】严格食品企业（小作坊）质量安全承诺制度，完善食品生产企业主体责任监督检查内容，全面实行乳制品质量安全主动报告制度，组织召开了食品风险研判会，全区生产加工领域食品质量水平明显提升。组织开展食品违法添加专项整治行动，出动执法人员1400多人（次），检查企业450家（次），未发现食品违法添加等违法行为。坚持按月开展食品安全监督抽查工作，共抽查乳制品、肉制品、饮用水、食用油等18类食品939个批次样品，整体合格率达92.44%，同比提高3.5个百分点。积极开展食品生产加工领域风险监测工作，抽取食品样品409个批次，问题检出率1.71%，对存在问题的企业及时依法采取了处置措施。

【**特种设备安全监察**】集中开展了气瓶、电梯、起重机械专项整治，出动安全监察人员3900余人（次），检查在用特种设备5150余台（次），消除安全隐患354处，继续保持特种设备“零事故”的良好态势。克服人手少、任务重的实际困难，统筹安排技术力量，累计检验特种设备3079台（套），报检率达98%，业务量同比增长29.3%。积极引进区外技术力量，启动了三类压力容器的检验工作。主动服务重点项目建设，为老虎嘴电站、拉日铁路等项目检验特种设备148台。

【**执法打假工作**】紧紧围绕“双打”和“质监利剑行动”，部署开展了农资、家电下乡产品、建材、汽配等一系列专项打假活动。共出动执法人员3402人次，当场处罚案件18起，立案查处案件20起，受理12365热线各类举报投诉39起，查处假冒伪劣货值177.6万元。研究制定了全区质监系统行政处罚裁量基准制度、行政处罚案件审理工作规则等规章制度，进一步规范了行政执法行为。

【**标准化工作**】争取自治区出台了《西藏自治区人民政府办公厅关于实施标准化发展战略的意见》，对实施标准化战略作出了具体部署。强化企业产品执行标准登记备案工作，累计登记344家企业的595个产品执行标准。紧密结合产业发展需要，认真开展地方标准制修订工作，新发布地方标准10项，全区地方标准总数达64项。加强标准化技术服务，免费向社会各类组织提供标准400余份。狠抓农业标准化示范区项目建设，曲水瓜果蔬菜、日喀则无公害春青稞等5个国家级农业标准化示范区建设进展顺利，完成第一批自治区级农业标准化示范区实地考核工作。组织西藏5100水资源控股有限公司、华新水泥（西藏）有限公司等8家重点企业开展了“标准化良好行为企业”试点创建工作。坚持上门指导、主动服务，全区第一批8家自治区级服务业标准化试点单位运行良好。加强地理标志产品保护工作，建立了全区地理标志产品资源库，汇总入库136个地方特色产品。启动了尼木藏香、仁布青稞酒、索多西辣椒地理标志产品申报工作，扎囊氆氇正式获得国家地理标志保护产品批准。

【**计量工作**】始终把民生计量监管摆在突出位置，深入实施“关注民生，计量惠民”工程，组织开展了加油站、电子计价秤、汽车衡等计量专项检查，检查相关计量器具2000多台，严查计量作弊违法行为，维护了群众的切身利益。狠抓计量器具周期检定，累计检定计量器具5713台（件），强检计量器具受检率达95%。完成区内41家中国石油、中国石化和私营加油站386支加油枪的统计及检定工作，启动了“诚信计量示范加油站”评选工作。

【**认证认可工作**】扎实开展资质认定工作，完成13家实验室资质认定审查工作，开展获证实验室专项监督检查，组织6家食品检验机构进行能力比对，规范了检验检测行为。加强强制性认证产品获证企业监管，为3家强制性认证产品获证企业建立了电子档案。推进食品农产品认证工作，全区已有食品安全管理体系认证企业11

家、无公害农产品获证企业2家、有机产品获证企业2家。

【自身建设】加强党的建设，狠抓思想政治教育，队伍凝聚力、战斗力进一步增强。深入开展创先争优强基础惠民生活动，筹集资金为驻村点办了一批看得见、摸得着、群众感受得到的实事，受到了群众好评。加强队伍建设，选拔任用干部132名（其中县处级干部29名、科级干部103名），累计培训干部130余人（次）。加强反腐倡廉建设，严格执行党风廉政建设责任制和"一岗双责"制度，有效防止了腐败问题的滋生。开展局机关质量管理体系建设，初步建立了一套科学规范的机关运行制度体系。加强技术能力建设，自治区质检中心和自治区高原特色产品检测中心（林芝）项目前期工作进展顺利。加强维稳工作，深入开展反分裂斗争，严格落实内部安保措施，实现了"三不出"的目标，保持了全区质监系统的全面稳定、持续稳定。

自治区食品药品监管工作

【餐饮服务、保健食品和化妆品监管情况】严把餐饮服务、保健食品、化妆品准入关。完成了1个保健食品注册初审，对符合要求的68家大型餐饮服务单位核发了《餐饮服务许可证》，对2家保健食品生产企业、6家经营企业核发了《保健食品卫生许可证》。同时，开展了对已取得相关许可餐饮服务单位和保健食品生产经营企业跟踪检查，确保食品安全。开展保健食品化妆品市场现状调研。在全区开展了螺旋藻、鱼油保健食品监督检查工作，共检查保健食品生产经营企业400家，未发现不合格产品。加强国产非特殊用途化妆品备案管理，在西藏日报刊登10期国产非特殊用途化妆品备案公告。加强了春节、藏历年、五一节前和高考期间餐饮服务食品安全监督检查，积极配合自治区人大开展了《食品安全法》执法监督检查。加强了餐饮服务食品安全风险管理，在西藏日报刊登1期食品安全预警公告。开展餐饮服务食品安全监督量化分级管理工作.制定工作方案，部署实施工作，对1238家餐饮服务单位实施了量化分级管理，其中：A级58家，B级475家，C级705家。

【药品、医疗器械安全监管情况】认真开展药品、医疗器械准入审评审批工作。2012年，共审核29个药品补充申请,审批藏医医疗机构制剂品种23个，核发各类许可证61张。4个品种获得药品批准文号，全区现有311个药品批准文号。1家藏药生产企业获得新版GMP认证证书，对1家中药饮片生产企业核发了《药品生产许可证》。对4家申请企业下发了筹建批复，对2家中药材批发企业核发了《药品经营许可证》，注销了1家企业《药品经营许可证》。对1家企业核发了《医疗器械经营企业许可证》，2家企业换发了《医疗器械经营企业许可证》。组织专家对藏医医疗机构申请的18个制剂品种进行了技术审评。

强化药品、医疗器械安全监管。督促企业实施新版GMP改造。开展药品生产企业摸底调查，对企业申报的实施新版GMP计划及实施中存在的困难和问题等进行了梳理，并召开了药品生产企业座谈会，明确实施新版GMP相关工作要求，要求企业针对自身情况，开展文件升级、人员培训及硬件改造等工作。加强药品经营企业监管。对35家申请GSP认证药品经营企业进行现场检查，对符合要求的32家核发了GSP认证证书。加强特殊药品监管。下发了《进一步加强含麻黄碱类复方制剂的监管的通知》，在全区开展了盐酸克伦特罗监督检查工作，督促药品经营企业严格按照有关要求经营含特殊药品复方制剂。加强基本药物质量监管。层层签订责任书，落实医改任务，推进药品电子监管，32家药品批发企业实现电子监管。加强藏药生产企业电子监管培训，督促企业实施生产线技术改造、入网等工作。

加强药品检验抽验。自治区食品药品监管局在总结2011年全区药品抽验执行情况的基础上，结合基本药物监管实际，制定了《西藏自治区2012年药品抽验工作计划》，对国家基本药物目录和西藏自治区基本药物目录中的59个品种进行抽样检验，合格率100%。自治区食品药品检验所加强检验检测工作，开展了医疗器械产品检测扩项工作，2012年检验各类检品1060批。

加强药品不良反应监测。健全重点监测与日常监测相结合的工作机制，对国家基本药物涉及的耳鼻喉3个品种病例报告进行了季度评价，对部分藏药不良反应病例报告进行了评估，将收集的2011年度200份药物滥用报告汇编成册进行分析。督促指导行政相对人落实《医疗器械不良事件检测工作指南（试行）》。2012年，共上报药品不良反应报告表288份、药物滥用报告表245份，评估藏药不良反应病例报告296份。

【严厉查处各种违法违规行为】健全稽查协作机制，开通了挂靠自治区食品药品稽查局的"12331"投诉举报电话。加大稽查执法力度，严厉查处制售假劣药品和利用互联网发布虚假药品信息、销售假劣药品等违法行为。对我区已审批的6家互联网药品信息网站进行了监督检查，未发现利用互联网发布虚假药品信息、销售假劣药品的违法行为。2012年，全系统共立案查处各类违法案件54起。移送工商部门违法广告30条，对违法广告涉及的产品，采取了暂停销售的行政强制措施。查处并销毁区外流入的铬超标胶囊剂药品20余万盒、不符合卫生要求各类食品共1451.1公斤。

【开展专项监督检查】药用胶囊质量安全专项监督检查。铬超标药用胶囊事件发生后，全系统按照国家食品药品监管局的统一部署，立即开展了药用胶囊质量安全专项监督检查工作。成立了药用胶囊质量安全专项监督检查工作和应急领导小组，制定了《西藏自治区开展药用胶囊质量安全专项监督检查工作方案》，对全区专项监督检查工作进行安排部署。全系统按照要求，在安排企业自查的基础上，通过开展现场监督检查和抽样检验等方式，在全区范围内彻底清查铬超标药用胶囊和区外流入的铬超标胶囊药品。为进一步加强监管，自治区食品药品监管局与胶囊剂药品生产企业签订了《胶囊剂药品批批检承诺书》，对全区4家胶囊剂药品生产企业使用的药用空心胶囊抽验8批，胶囊剂药品抽验12批，企业自检326批，封存区外流入的铬超标胶囊剂药品143个品种。我区药品、保健食品生产企业所生产和使用的胶囊检验结果全部合格，是全国没有铬超标药用胶囊生产和使用的三个省份之一。

药品生产流通领域集中整治。根据国家食品药品监管局《关于印发全国药品生产流通领域集中整治行动工作方案》要求，自治区食品药品监管局结合实际，制定了实施方案，并派出2个工作组赴七地（市）对全区药品生产批发企业进行了全覆盖现场监督检查。重点检查药品生产企业是否严格按照注册处方和工艺规程进行生产，原料来源把关是否严格；药品流通企业是否存在“走票”、“挂靠”等出租、转让证照等违法行为。对在监督检查中发现的问题，工作组要求立即整改。对未严格落实GSP相关规定的4家批发企业，收回了GSP认证证书，并要求重新提出认证申请。按照要求，七地（市）食品药品监管局对辖区内药品零售企业进行了全覆盖现场监督检查。通过开展药品生产流通领域集中整治，进一步规范了我区药品市场秩序。

医疗器械流通领域市场专项监督检查。为加强医疗器械监管，在全区开展了无菌和植入类医疗器械经营企业监督检查。重点检查环节包括经营场所和储存设施、条件是否符合要求，产品质量管理制度是否健全，特别是购销记录是否完整、规范。重点检查品种包括心脏起搏器、支架、导管、人工瓣膜、人工耳蜗、人工血管、人工晶体、人工髋关节、人工膝关节、骨板、骨钉等植（介）入类器械等，对在监督检查中发现问题的企业限期整改。

餐饮服务环节专项监督检查。全区食品药品监管部门共检查餐饮服务单位6229家，学校周边餐饮服务单位64家，旅游景区餐饮服务单位954家，查处无证经营单位70家，销毁不符合卫生要求的各类食品36个品种。

【促进食品医药产业健康发展】深入推进诚信体系建设，与全区行政相对人签订质量安全承诺书，强化企业第一责任人意识。加强藏药标准体系建设，通过与青海、甘肃等藏区监管部门和检验机构协作，起草藏药标准141个。开展国家药品标准中未收载藏药材、藏成药品种调查。完成《西藏自治区藏药材标准》审查、出版工作。加强政策研究，赴区外调研民族药监管情况，提出促进藏药产业发展意见。根据西藏自治区人民政府与四川省人民政府战略合作框架协议确定的工作任务，2012年5月，自治区食品药品监管局主要领导与四川省局召开了座谈会，签订了合作框架协议，明确了深化产业发展、促进监管工作、加强藏药研发等5个项目。开展冬虫夏草用于保健食品试点工作调研。2012年，国家食品药品监管局相关部门深入我区企业和虫草产地开展了冬虫夏草用于保健食品试点工作调研，在充分调研的基础上，自治区食品药品监管局提出了发挥我区冬虫夏草资源优势，提高附加值，促进行业发展的政策研究报告，为培育冬虫夏草特色保健食品奠定基础。

【技术支撑体系建设】开展自治区食品药品检验所实验业务用房建设项目前期工作。经共同努力，该项目通过了国家发改委咨询公司专家组现场审评，举行了项目奠基仪式。配备检验检测设备。自治区食品药品监管局从全区实际出发，积极向国家食品药品监管局争取，利用中央补助地方公共卫生专项资金为全区七地（市）和74个县食品药品监管部门配备了总价值581万元的餐饮服务食品安全快速检测设备，包括便携式检测箱、食用油检测仪、食品微生物检查箱等57种设备，可检测项目达95个。同时，申请国家食品药品监管局解决340.8万元资金用于区局信息网络建设，自治区财政解决946.65万元资金用于七地（市）局信息化建设。

【食品药品宣传工作】为认真贯彻落实全国食品药品监管系统新闻宣传工作会议，自治区食品药品监管局专门成立了新闻宣传工作领导小组，制定了《开展“全国十大药监之星”宣传活动实施方案》、《开展“食品药品安全走基层”系列报道活动实施方案》及《西藏食品药品监管精神》，通过学习宣传和系列报道活动，进一步激发广大干部职工投身食品药品监管事业的热情。加强“六五”普法工作。自治区食品药品监管局制定了全系统“六五”普法规划和“六五”普法检查评估实施方案，并结合全区开展的创先争优强基础惠民生活动这一有利条件，广泛开展了面向全社会特别是农牧区的食品药品安全宣传教育，普及食品药品安全知识，增强农牧民群众食品药品安全意识和防范能力。向全区五千余个驻村工作点免费发放《食品药品安全知识读本》（藏汉文）两万多本、食品药品相关法律法规文件汇编五千余份，由驻村点工作人员组织农牧民学习。同时，各地（市）食品药品监管局结合本地实际，制定了“六五”普法实施方案，并在各种宣传日和食品安全宣传周、药品安全宣传月期间，多形式、多渠道加大了食品药品安全和法律法规宣传力度，营造了人人关心、维护食品药品安全的良好氛围。

【对口受援工作】自治区食品药品监管局主要领导于2012年3月31日向国家食品药品监管局新任领导班子成员全面汇报了我区食品药品监管工作情况，请求国家食品药品监管局帮助解决人才队伍建设、完善藏药标准体系、加强监管体系建设等六个项目。国家食品药品监管局主要领导表示将一如既往地高度重视援藏工作，大力支持西藏食品药品监管事业发展。国家食品药品监管局于5月下发了《关于印发国家食品药品监管局2012年援藏工作计划的通知》，自治区食品药品监管局专门召开会议，研究部部署受援工作，逐项制定方案，积极配合做好实施工作。

【领导名录】
局　长：王寿碧
副局长：周文凯、董寿如、车明凤

自治区安全生产监管工作

【集中开展“打非治违”专项行动】 及时组织各地（市）、自治区相关部门从6月起，对辖区和行业部门内各类非法违规行为集中开展安全生产领域“打非治违”专项行动，进行了依法打击和整治。

周密安排部署。4月17日，召开全国集中开展安全生产领域“打非治违”专项行动分会场电视电话会议，对“打非治违”工作进行了再动员、再安排、再强调。4月24日，召开自治区安委会专题会议，研究制定“打非治违”工作目标、重点内容、部门职责、方法步骤、工作要求，成立了“打非治违”专项行动领导小组。七地（市）、自治区安委会有关成员单位结合地（市）、行业（领域）特点，制定了工作方案。同时，也成立了相应的领导机构。

严格督导企业自查自纠。全区各企业制定了自查自纠方案，建立了以整改内容、时限、责任人、目标为主要内容的档案登记，对存在问题制定整改方案，限期整改。6次检查道路交通、矿山、危险化学品、烟花爆竹、建筑施工、人员密集场所等企业15家，并对4家企业采取了停产整顿。截止2012年底，全区企业共自查自纠非法行为121起，查处“三违”行为1325起，违规行为整改率达86%。

积极开展联合执法。综合运用经济、法律和行政等手段，有计划、有步骤地对各类非法违规行为进行联合执法行动，依法开展了打击和整治。截止2012年底，全区共组织开展各类专项检查120多次，排查隐患9455处，整改8869处，整改率达93.8 %；排查治理重大事故隐患43处，整改销号33处，整改率76.7%，列入治理计划重大事故隐患9处，责令“三停”单位128家，行政处罚120多万元，关闭取缔非法生产经营单位21家，行政拘留25人。

【深化安全专项整治】 强化道路交通、建筑施工和消防火灾等领域专项整治为重点，着力推动安全监管重点领域“双下降”,促进安全生产形势持续稳定好转。

深入推进道路交通安全整治。切实加大道路交通安全监管工作力度，认真开展道路交通“双下降”专项整治行动和迎“十八大”道路交通百日大整治行动，进一步推进道路交通“双下降”专项整治各项工作目标任务的落实，确保“十八大”期间全区道路交通安全形势稳定。

深入开展建筑施工安全专项整治。依法依规，重点治理预防坍塌、高空坠落、物体打击、触电、起重机械事故行为，积极开展建筑施工领域安全专项整治。共组织各类检查6次，检查各类施工现场230个，提出各类整改建议和意见1500余条，现场整改率达90%以上，确保了全区建筑施工领域安全形势的稳定。

积极开展消防火灾安全专项整治。科学整治建筑物、工业设备装置、能源、交通枢纽、文物建筑、消防设施装备、违法违规行为等“七个专业”火灾隐患。按照城镇区、农牧区、寺庙区、边境口岸等“四个类区”划分，积极推进消防安全专项整治、油气领域消防安全专项整治和寺庙及旅游景区消防安全管理等3个专项整治。组织3个督导检查组分赴七地（市）开展了迎“十八大”消防安全督导检查行动，进一步确保了全区消防火灾形势的稳定。

【积极推进标准化和隐患排查治理建设工作】 标准化建设。按照工作任务、实施办法、工作分工、工作要求及相关优惠政策，确定10家矿山企业、中石油西藏公司拉萨市分公司35家加油站、拉萨市8家烟花爆竹批发企业进行安全生产标准化建设试点，要求2012年底前达到安全生产标准化三级以上水平。2012年底，试点企业已完成了企业自评，并向评审组织单位提交了评审申请书，力争年底前完成评审、考评、颁牌工作。同时，结合西藏实际，将拉萨市作为交通运输企业标准化建设试点，林芝地区作为旅游企业标准化建设试点，日喀则地区作为建筑施工企业标准化建设试点，山南区地区作为非煤矿山企业标准化建设试点。

隐患排查治理。已基本建成监测监控平台，拉萨、日喀则、山南三地（市）监控平台正在筹建之中，部分矿山企业监测监控平台和尾矿库在线监测系统也已基本建成。

【认真落实安全生产目标责任】 强化政府及部门安全生产“一岗双责”和企业主体责任、进一步推动安全生产目标责任的落实。2012年，全区共发生各类事故725起、死亡281人，与上年同期838起、死亡320人相比，起数减少113起、下降13.48%，死亡人数增加39人、上升16.12%。其中：一次死亡3-9人较大事故20起、死亡68人，与上年同期12起、死亡43人相比，增加8起25人，分别上升66.67%和58.14%；一次死亡10人以上的重大事故1起、死亡10人，与上年同期1起、死亡17人相比，事故起数持平，死亡人数减少7人、下降41.17%。

着力强化政府安全生产目标责任。把安全生产“一岗双责”制度、企业安全生产标准化建设等工作列入全年安全生产目标责任考评内容，把安全生产专项整治工作列入地（市）政府的综合绩效考评。同时，严格落实季度通报、挂牌督办、约谈诫勉、日常监督、综合督查、考核奖惩、责任追究和实行安全生产一票否决等制度，形成了一级抓一级、一级促一级，一级对一级负责的安全生产责任制格局。

进一步完善动态监控制度。坚持安全生产情况通报制度、事故查处督办制度、重大隐患挂牌督办制度，完善“月通报、年考核”制度。每季度把各地（市）安全生产形势和控制指标执行情况及时通报给地（市）、县（市、区）两级党委、政府的主要领导、分管领导和政府安委会成员单位，对安全生产形势严峻的地（市）和行业主管部门及时发出预警通知，强化日常监控跟踪。

严肃事故责任追究。组织安监、监察、公安、工会和行业主管部门，对1起重大事故、19起较大事故进行了调查和严肃处理，依法依规下发督办通知。同时，高度重视信访和举报案件的查处，进一步规范各类举报案件查处工作。2012年，限时办结群众来信来访、举报案件和督办件4件，均依法及时得到妥善处置，坚决做到把矛盾纠纷化解在萌芽状态。

【加强安全监管能力建设】加强执法专业装备建设。认真调研30个县安全监管部门监管执法专业装备建设项目情况，1200万元的建设计划已到位。认真调研7个地（市）、44个县安全监管部门监管执法专业装备建设项目情况，申请纳入2013年建设计划。

加强应急救援指挥中心建设规划和队伍建设。全区安全监管系统应急救援指挥中心建设规划和队伍建设工作正在拟定工作方案，并着手开展了相关前期工作。

【切实抓好对口援藏工作】2012年5月9日在林芝地区召开全国安全监管系统和部分中央企业支援西藏安全监管系统工作座谈会。国家安全监管总局相关司局及直属事业单位负责人、21个省（市）安全监管局领导和11个中央企业负责人出席了会议。此次会议在基础设施建设、交通执法车辆、专业监管装备、信息系统建设、应急救援能力建设、安全科学研究、专业人才培养、监管队伍建设、安全宣传教育等九个方面提出了一系列的援助措施，达成支援意向约30个，项目18个，资金约2000万元，初步搭建起了21个省（市）安全监管局和11个中央企业支援西藏安全监管系统工作的平台和交流协调机制，为构建对口支援西藏安全监管系统长效机制打下了坚实基础，是西藏安监事业发展史上的重要里程碑。

拉萨海关

【年度综述】2012年，西藏外贸进出口总值达34.24亿美元，增长152.02%，高出全国增长水平145个百分点，增幅居全国第一。进出口总值创历史新高，贸易顺差为32.86亿美元，增长228.6%。拉萨海关监管进出口货物17.4万吨，货值18.28亿美元，分别增长8.4%和61.41%。监管进出境运输工具 28009辆（架）次，监管进出境人员157668人次。全年税收入库6980.86万元，实际减免税款9820.81万元，减少50.85%。侦办刑事案件6起，案值111.23万元，查获冰毒、K粉等各类毒品82.94千克，伪麻黄碱等易制毒化学品509.87千克，红木1221.5千克等物品，抓获犯罪嫌疑人12人；立案调查行政案件32起，案值249.51万元。查获侵犯知识产权案件143起，案值105.9万元，罚没侵权货物14.4万件，分别增长48.9%、90%和364.5%。拉萨海关以科学发展观为指导，深入落实海关总署“把好国门、做好服务、防好风险、带好队伍”总体要求，积极实施“政治立关、业务兴关、管理强关”发展战略，努力打造“政治保卫型海关、服务型海关、效能型海关”，现代化“一流边关”事业在更高层次上得到推进，为西藏经济社会跨越式发展和长治久安做出了重要贡献。

【铸造“国门之盾”，打击走私实现新突破】认真落实“建铁军、办铁案、铸铁关”的关区缉私工作总体要求，始终保持打击走私高压态势，突出打私在关区全盘工作中特别重要的地位，按照总署统一部署，集关区之力开展“国门之盾”、“清洁珠峰”和“圣湖”专项行动。全年共侦办刑事案件6起，案值111.23万元；立案调查行政案件32起，案值249.51万元；查获冰毒和K粉等各类毒品82.95千克、伪麻黄碱等易制毒化学品509.87千克、红木1221.5千克等，抓获犯罪嫌疑人12人；查获反动宣传品、音像制品、违禁藏药、管制刀具等各类违禁品共计2.63万件；查获侵犯知识产权案件143起。我关获评自治区2012年度“扫黄打非”先进集体，狮泉河海关荣获国家野生生物保护“杰出卫士”称号。

【加强安全保卫，维护稳定夺取新胜利】切实履行政治保卫职责，全面落实中央和自治区关于维稳工作的决策部署，强化维稳安保各项措施，严格落实门卫制度、24小时值带班制度、值班检查制度、“零报告”制度和巡逻制度，落实安全工作责任制，定期进行安全检查，完善突发事件应急预案及安全事故应急预案，提高应急处置能力；借助反走私综合治理机制平台积极参与社会管理综合治理工作，确保了3月份、十八大前后、十八大召开期间等重要敏感期关区的安全稳定，实现了“三好”和“三不出”；开展“清洁珠峰”和“圣湖”行动，重点打击反动宣传品、濒危动植物及其制品、文物走私活动及侵权商品违法进出境行为，在加大业务一线查缉力度的同时，对非设关通道进行全面巡查和封堵，不留任何盲点，全年查获违禁印刷品2812件、音像制品37张、印度“达兰萨拉”藏药厂生产的违禁藏药23302粒(袋)、印有“藏政府达兰萨拉藏药厂”标识的装饰挂件74件、管制刀具74把，有力地维护了国家政治文化安全和我区社会局势稳定。

【深化业务改革，业务效能得到新提升】通关监管效能有新的提高。加强企业分类管理和风险管理，深化分类通关作业改革，着手开展关区无纸化通关作业改革各项准备工作。全年“双率”达到总署规定指标，查验效能不断提升。税收征管质量有新的提高。规范企业申报行为，开展“提高报关单质量”专项行动，报关质量明显提高，规范申报率达到94.33%。加强报关单审核，认真开展审价、归类、原产地审核、减免税管理等各项工作，税收征管工作质量和应收尽收水平不断提高。积极开展价格质疑和价格磋商，对1票进口货物成功补税51244元，创关区单票审价补税金额近10年来最高纪录。后续管理能力有新的提高。深入贯彻落实“由企及物”理念，推动风险分析由“分析商品”向“分析企业”转变，提高风险分析的针对性和有效性，提高稽查命中率。2012年共下达11起稽查、核查作业指令，涉及企业稽查货物总值

5641.45万美元，查发6家企业内控机制问题并下发了整改通知书和稽查建议书。全年对重点企业和商品下达布控指令1464条，布控率26.21%，实体布控有效率为51.23%。引入社会中介机构协助海关开展稽查核查工作，建立了社会中介机构参与海关稽查备选库。

【优化海关服务，促进发展取得新成绩关区】上下牢固树立“区兴我兴、区荣我荣”的意识，主动将海关工作纳入西藏经济社会发展全局，不断增强服务意识，优化服务举措，认真做好服务西藏“十二五”规划和“稳中求快”总体要求的各项工作，积极落实海关总署促进外贸增长的各项措施。

积极主动支持自治区争取“离区免税”政策和申建“综合保税区”。积极推进自治区秦宜智常务副主席和于广洲署长会见相关事项的落实，成立多个联络小组，分头负责配合自治区政府及相关部门开展那曲综合保税区申建、西藏“离区免税”政策争取、署区合作备忘录签署筹备三个方面工作。积极主动落实国家优惠政策。做好继续落实西藏进口自用物资关税返还政策有关工作，明确了关税返还流程和方式，全年完成涉及1000余份报关单的关税返还申请。停止收取报关单证明联打印费、报关单条码费及海关监管手续费等3项收费，切实减轻企业负担，增强企业竞争力。加强减免税审批，认真执行国家减免税政策，简化审批手续，全年共开具征免税证明23份，实际减免税货值 8736.87万美元，减少46.36%；实际减免税款 9820.81万元，减少50.85%。积极主动落实贸易便利化措施。认真筹备无纸通关作业改革，扩大“属地申报、口岸验放”便利通关模式适用企业范围。开展“创建优质服务热线工作室”主题活动，实现了关区12360热线后台藏、汉两种语言留言模式的转换，热线服务水平迈上新台阶。深化关检合作，签署《拉萨海关 西藏出入境检验检疫局关于加强关检合作的备忘录》，逐步落实“三个一”工作机制，着力搭建关检大通关平台。为我国政府捐赠尼泊尔物资、中尼经贸洽谈会出口物资及尼泊尔借道运输物资提供了高效便捷的通关服务。积极协调天津海关，圆满完成西藏航空公司飞机进口监管工作，对西藏航空公司乃至西藏经济社会的发展起到了积极的促进作用。积极主动发挥海关辅助决策作用。积极参与自治区口岸规划调研，对西藏口岸发展建设提出了科学合理的建议。充分发挥统计分析监测预警作用，根据西藏自治区外贸进出口态势、关区业务发展形势、进出口企业性质和商品结构等，加强外贸数据分析和调查研究，向自治区党委、政府报送《统计专报》13期和各类进出口简况信息数十条，为自治区政府决策和企业经营提供了及时高效的信息服务。积极主动开展扶贫帮困、强基惠民、捐资助学等工作。切实做好对日喀则地区聂拉木县琐作乡的定点扶贫工作，先后投入资金27.2万余元，建设了一批切合实际的扶贫项目，增强了当地经济的造血功能。积极响应自治区党委政府号召，积极宣传党的富民惠民政策，帮助群众寻找致富门路，认真解决群众最迫切需要解决的困难和问题。全年共向3个驻村点派出4批12个队45名队员，投入资金近200万元，帮助3个村开展和完成惠民项目10余项，6人被评为县级先进驻村工作队员，1人被评为自治区级先进驻村工作队员。对金钥匙希望小学开展捐资助学工作，联系青岛海关和临沂新程金锣肉制品集团有限公司共向希望小学捐资8万元，并捐赠了总价值4万余元的学习用品。向自治区红十字会转交用于社会公益事业的罚没侵权货物18950件。圆满完成第25轮中尼边境海关会晤工作，并与尼方代表团签署了合作备忘录。协助自治区商务厅成功举办了尼泊尔海关官员研修班，进一步强化了中尼双方海关的交流，增进了友谊。

【激发队伍活力，自身建设又有新进步】扎实推进“四好”单位创建活动，关区先进集体和个人不断涌现，拉萨海关荣获“自治区文明单位”称号。档案综合管理工作经总署复查评估达到“署特级”标准，被授予“海关档案综合管理复查评估特级单位”称号。西藏电子口岸建设不断推进，海关税费电子支付系统上线运行。

【领导目录】

党组书记、关长：王文喜

党组副书记、副关长兼缉私局局长：刘江

党组成员、纪检组长：薛文斌

党组成员、副关长：旺 加

党组成员、副关长兼政治部主任：王殿兴

党组成员、副关长：王捍洲

西藏出入境检验检疫工作

【业务数据统计】2012年共检验检疫货物2817批24229万美元，分别比2011年增长0.28%和减少14.3%；其中出境2405批22915万美元，分别减少3.76%和11.36%，入境412批1315万美元，分别增长32.9%和减少45.69%。查出不合格商品20批48万美元，均为出境。出入境货物通关2998批25156万美元，分别减少2.85%和10.96%。出入境人员查验126445人次，减少11.17%。进行健康检查1290人次，增长236.81%。进行艾滋病监测1276人次，增长243.01%。健康检查中发现病例52人次，增长420%。预防接种21人次，减少59.62%，均为出境。检疫汽车27458辆次，减少7.27%，飞机301架次，减少33.55%。出入境旅客行李检疫检查324138件，增长4.06%，检疫国际邮包4463件，增长57.09%。口岸服务行业从业人员体检429人次，减少12.63%，发现病例数40例，发放健康证405份。签发卫生许可证212份。签发原产地证34份，金额91.31万美元，分别增长41.67%和减少23.02%，其中普惠制原产地证28份，金额37.14万美元，亚太贸易协定原产地证5份，金额41.44万美元，一般原产地证1份，金额12.73万美元。

【严把进出口商品质量关】加大对口岸重点、敏感商品的专项整治力度。

针对樟木口岸出现部分出口上衣内填充纺织废料，部分童鞋质量低劣等情况，召集所有报检企业进行警示；对电器、童装等16种商品共111件，入境食品及化妆品9大类45种，出境食品及化妆品16大类75种等重点商品实施批批查验，质量不合格的一律不准进出口。

【严厉打击违法违规行为】持续不断开展打击假冒检验检疫证书行动，启用官方检疫证书分析及验证识别系统。同时对辖区内可能存在伪造、贩卖和使用检验检疫假证的不法行为进行风险排查，有效遏制了假冒检验检疫证书的生存空间。全年共查处代理报检公司瞒报漏报、高价低报158批次，货值588.7万元。

【开展口岸食品安全专项整治】樟木局、机场办在辖区内大力开展食品企业诚信承诺活动，重点检查了食品原材料进货渠道、外包装及贮存情况，没收了过期食品200余件，货值2194元。与口岸现有的170家食品经营单位全部签订《口岸食品质量安全承诺书》。对无证经营、卫生条件较差的8家餐饮单位采取了警告、限期整改措施。樟木对口岸食品经营单位实现了分级管理。

【西藏外来有害生物防控工作进入联防联控的新阶段】《西藏自治区人民政府关于进一步加强外来有害生物防控工作的意见》顺利出台，为防控工作提供了政策支撑。把实蝇监测重点放在传入风险较大的区域，共设置监测点120个，诱捕到各类实蝇4449头，未发现一类危险性有害生物。全年共截获禁止进境物3456批次，6174千克。邮检办首次从入境邮寄物中截获植物种子及动物制品。樟木局首次截获检疫性有害杂草法国野燕麦，亚东办首次诱捕到桔小实蝇，机场办首次截获四纹豆象。普兰局首次从入境旅客携带物中截获米象、鹰嘴豆象、豌豆象、四纹豆象等有害生物，有效维护了西藏农牧业和生态安全。还在普兰口岸成功查获三批非法偷运入境尼泊尔牛98头。依据国家有关法律规定对这些牛及时进行隔离检疫，并做出退运15头，其余全部扑杀、消毒、深度掩埋处理。上报《西藏口岸出入境生物危害情况调查》受到政府高度重视，新华社清样并报国家。

【卫生检疫工作进一步加强】不断加强口岸卫生检疫核心能力建设，组织开展了疟疾防控、新型冠状病毒防治等知识宣传。强化口岸反恐工作，做好口岸核生化突发事件应急演练，不断提高口岸风险预警分析能力。尼泊尔西部地区发生霍乱疫情后，对来自尼泊尔的入境人员和交通工具、货物、行李等严格检疫查验，加强医学巡查，制定防控预案。

【进出口食品安全在强化风险管理中得到有力保障】全面排查出口食品生产企业3家，口岸食品、化妆品经营单位76家存在的风险隐患。投入采样费7万多元，样品检测费15万余元，开展边境无标签食品化妆品抽采样和质量安全监测。共采样入境食品化妆品97种/488批，出境75种/239批。

【利用技术优势服务地方经济发展】全力扶持出口花卉企业，帮助解决企业在生产中遇到的政策、资金问题。与出口松茸企业签订质量安全承诺书，对2个重点项目和32个监控项目全部进行了农药残留监测和重金属监测，顺利出口鲜松茸17批次2吨，货值7万美元。减免相关检验检疫费用，帮助聂拉木县出口150余吨自产土豆。有序推进地理标志产品保护工作，完成对西藏曲玛弄冰川矿泉水、西藏藏药“卓攀林”牌两个地理标志保护产品的全面监督检查。

【提升服务水平促进外贸发展】积极回应尼泊尔官方对中尼贸易顺差问题的关注，最终形成了《尼泊尔柑橘输华植物卫生条件的议定书》并经总局授权于2012年7月4日在拉萨正式草签。为推动西南地区进出口货物通关便利化、建立检验检疫监管协作机制、构建区域疫情疫病联防联控协作机制、推动区域信息共享、提升检验检疫技术整体实力、加强文化建设交流与合作。2012年10月，与四川、重庆、广西、贵州、云南检验检疫局在成都签订《加强区域合作促进西南地区开放型经济加快发展合作备忘录》，共同营造“互通、互补、和谐、共赢”的局面。为支持地方经济发展、建设电子口岸、共同应对处置突发事件、促进边贸管理、加强关检文化合作，与拉萨海关签署合作备忘录，初步确定了9个合作项目。

【严格执行减免收费政策，让企业得到实惠】就支持西藏小型微型企业发展提出了六条便利措施，内容涵盖落实各项减免政策、签证规则知识普及、地理标志、认证认可、名牌战略等；在此基础上，还出台《西藏检验检疫局关于进一步促进外经贸发展若干措施》十二条；根据总局要求于2012年10月1日准时与全系统同步实施免收费政策，2012年第四季度共减免费用达90万元。

【科技兴检工作再上新台阶】2012年质检总局为西藏检验检疫局安排了900多万元仪器设备购置经费，有力支持了实验室基础建设。2012年完成6项科研课题的鉴定验收，审核并上报2013年质检总局科技支撑项目4项，其中两项通过总局评审，正式批复立项。参加深圳局立项的国家863科研项目《小反刍兽疫系列分子诊断试剂盒的应用研究》已经启动。申请立项的地方标准《地理保护产品 那曲冬虫夏草》、《江孜大蒜》现已发布。实验室建设和技术保障能力进一步加强，共接收检测样品3379批，检验项目3万多项，检出不合格商品158批。在食品中首次检出禁用食品添加剂苏丹红和吊白块。

【援藏受援工作迈出新步伐】2012年共接受援藏资金352万元。深圳局、江苏局以及山东青岛机场局各派出1名干部分别到樟木局和拉萨机场办事处援藏工作一年。西藏检验检疫局共派出3批22人次去内地兄弟局学习交流。中检集团西藏公司业务从小到大，前三季度营业额一举突破200万元大关。

【基础设施建设有了新进展】局综合实验大楼及职工周转房方案设计顺利通过总局审核。亚东办事处生活基地建设、樟木局综合实验楼、吉隆检验检疫机构工作生活设施、林芝办事处工作生活设施、那曲综合保税区机构及基本设施建设等工作正在紧张有序进行。

【强基惠民活动取得新成效】先后派出9批，74人次前往吉隆县驻村点。局党组成员身先士卒，纷纷亲自参与驻村工作。全年共落实惠民资金30万元，干部职工共捐赠物资42万余元，驻村工作得到自治区纪委书记金书波和吉隆县委的高度肯定。

撰稿人：郭雄

【领导人名录】

党组书记、局长：房成利

党组成员、副局长：丹增卓玛

王富晓 米玛次仁

党组成员、纪检组长：侯长立

自治区烟草专卖工作

【年度综述】截至2012年底，公司拥有总资产12.88亿元，其中，固定资产2.37亿元、流动资产8.77亿元，资产负债率为16.42%。共有从业人员719人（不包括那曲地区），其中聘用员工406人。

【专卖管理】卷烟打假 深入开展专项整治行动，加强对市场的日常监管，实现专项整治与日常监管相结合，继续与公安、工商等执法部门构建联合打假工作机制，推动打假工作取得新成效。全年查处各类涉烟违法案件322起，查获违法卷烟20232条，案值442万元，收缴制假烟机1台，公安机关抓获犯罪嫌疑人8人。4月28日，自治区局专卖稽查总队堆龙德庆县羊达检查站在当地公安派出所的协助下，破获1起特大非法配送高档假冒卷烟案件，查获假冒卷烟66.76万支，涉案金额达116.5万元，被列为部级督办案件。

专卖内管 2012年，自治区局以内管委派制为重点，全面落实《内部专卖管理监督工作规范》，制定《西藏自治区烟草行业内部专卖管理监督工作实施办法》，进一步明确监管职责，突出监管内容，完善内管工作流程，构建内部监管和内部规范经营有效机制。5月，国家局批复成立内部专卖管理监督处，增设专卖内管机构，充实人员，明确职责，构建内部监管长效机制。

严格规范 开展“天价烟”专项治理工作，与辖区零售客户签订协议，加强市场检查，确保不留死角。扎实推进“两项工作”，以推进公开招标为突破口，以完善制度规范程序为重点，全面落实“应招尽招，真招实招”工作要求。发挥“三项工作”管理委员会职能，进一步强化管理，规范流程，启动“两项工作”信息化平台建设。制定办事公开民主管理制度清理自查表，将涉及到自治区局（公司）各部门的已建立、建立中、未建立的规章制度分别进行了自查清理；进一步明确公开事项、内容和方式，听取员工意见并接受监督。

【经济效益】2012年，自治区烟草商业系统实现卷烟销售收入23.35亿元，同比增长13.08%。实现卷烟税利4.58亿元，同比增长30.11%，其中实现卷烟利润1.71亿元，同比增长3.01%。公司三项费用率为12.29%。

【卷烟经营】卷烟销售 2012年，自治区烟草商业系统共销售卷烟45.01亿支（9万箱），其中，销售一类烟11.2亿支（2.24万箱）、二类烟2.8亿支（0.56万箱）、三类烟15.48亿支（3.1万箱）、四类烟11亿支（2.2万箱）、五类烟4.4亿支（0.9万箱）、国外烟（含雪茄烟）0.28亿支（0.06万箱）。本地区销量居前三位的卷烟品牌是“云烟”、“白沙”、“天下秀”，销量分别为11.5亿支（2.3万箱）、6.4亿支（1.3万箱）、4.4亿支（0.9万箱）。

品牌培育 坚持以培育“532”、“461”知名品牌为重点，全面落实“营造环境、尊重市场、引导消费、增强能力”的工作要求，发挥市场营销对培育知名品牌的基础和引领作用。制定西藏烟草《品牌发展总体规划》、《品牌引进退出机制》，并分解到各年度落实品牌培育工作，针对“七匹狼（通运）”、“利群（阳光）”、“黄鹤楼（硬雅香）”、“娇子（功夫）”等品牌规格，结合西藏市场现状编制品牌培育目录及目标销量，制定营销策划活动实施方案。销售重点品牌卷烟33.5亿支（6.7万箱）。

网上订货 自治区公司通过加强对客户经理业务技能培训，帮助零售客户解决网上订货遇到的问题、指导网上订货客户熟练操作。按照“客户自愿、统一规范、稳步推进”的原则，加大对网上订货的宣传力度和技能培训指导，对有意向参加网上订货的客户，及时协调寻找解决方法，做到“成熟一户发展一户、入网一户成功一户”。全自治区辖区网上订货客户达1023户（阿里、那曲地区未开展），占城区零售客户的22.02%,网上订货成功率达84.17%。

物流建设 印发《西藏烟草2012年销售网络体系建设及管理方案》，截至2012年底，建成了全自治区统一的网络组织构架、业务流程、信息平台和服务标准。全年建设（租赁）10个县级营销网点，完成12个“珠峰”服务品牌卷烟示范店建设。

2012年，拉萨卷烟物流配送中心全部投入使用，该中心集卷烟仓储、分拣配送、打码到条、信息管理、现代物流等多功能为一体，具有年卷烟仓储、销售15万箱的功能，该中心主要负责西藏六地一市的卷烟配送工作。进一步节约成本、提高效率，山南地区公司、昌都地区公司、阿里地区公司先后撤销人口比较少且比较偏远的县级网点，改由地区或附近大县网点辐射配送，网建工作由地区向县级市场延伸再逐步从县到乡镇延伸。

工商协同营销 与浙江中烟、湖南中烟、甘肃烟草工业等工业企业共同召开品牌推广会，共同策划实施新品上市推广工作，将商业进销存信息按需实时提供给工业公司。根据“精确信息、精准投放、精细管理”的总体要求，逐步实现了信息采集系统、新商盟系统和精准营销管理系统的上线。实现了“中华”、“芙蓉王”为代表的高档品牌的“全覆盖、不断档、不积压、稳价格、促销售”的卷烟品牌精准营销工作目标。

【企业管理】 财务管理 严格控制各项成本费用，2012年费用率为11.9%，同比降低0.85个百分点。按照国家局统一部署，启动资金监管系统项目实施工作，完成了前期培训、基础资料收集汇总、协调相关银行、资金监管规则梳理、流程优化等关键工作，并进入正式运行阶段。公开招聘15名专业会计人员充实财会队伍。

贯标与对标工作。召开ISO9000质量管理体系试运行发布会，印发体系文件手册，举办全自治区系统ISO9000质量体系培训，开展第一次内部贯标审核。全面开展对标工作，搜集整理、对比分析相关数据，比对平均指标和先进指标，查找管理中的问题，分析主客观因素，寻求解决问题的办法。

信息化建设。结合西藏烟草实际，起草《西藏烟草软件资产管理办法》、《西藏烟草内部网站管理办法》和《西藏烟草信息化工作管理办法》，完成西藏烟草电子托盘卷烟扫码入库系统项目（RFID项目）、烟草行业调控信息支持系统西藏烟草项目、西藏烟草打码到条及订单采集系统项目和西藏烟草卷烟物流中心呼叫系统项目验收工作。

【体制改革】 2012年6月，国家局、总公司批复同意设立西藏自治区烟草公司拉萨市公司，作为中国烟草总公司西藏自治区公司的全资子公司，与拉萨市烟草专卖局合署办公，在西藏自治区烟草专卖局（公司）的组织、管理和指导下负责拉萨市辖区内卷烟营销和烟草专卖管理工作。

5月，经国家局批复同意成立物流管理处和内部专卖管理监督处，物流管理处负责电子商务发展规划的实施、商务平台的建设、卷烟工商交易的运行、卷烟经营决策管理系统的运行维护和技术支持，以及物流的规划、建设、管理、运行、信息化等方面工作；内部专卖管理监督处主要负责监督检查自治区内烟草专卖局的内部专卖管理监督工作，监督检查烟草系统内部烟草专卖品生产经营活动，负责自治区烟草专卖管理部门查处内部违法违规生产经营烟草专卖品案件的指导、协调工作等。

【领导名录】
局长、总经理、党委书记：杨桂选
副局长、副总经理、党委委员：蔡建文
副局长、纪检书记、党委委员：旺 啦
副总经理、党委委员、工会主席：乔建民
副局长、党委委员：岳远征
副巡视员：多布拉 张英

农牧业、森林、水利

自治区农牧工作

【年度综述】2012年，在政策扶持、科技服务、投入加大、气候有利等条件的综合作用下，全区农牧业生产形势好于去年，总体呈现出“生产形势喜人、丰收已成定局、工作亮点频现”的特点。一是农牧民增收在政策、科技、投入、生产经营的共同作用下，圆满完成年度目标。二是粮、油、菜、肉、奶等农牧业主要指标全面完成；三是以项目建设为抓手，农牧业投入大幅度增加，已落实投资达11.4亿元，比上年增长56.8%；四是以第三批自治区级农业产业化经营龙头企业授牌为标志，我区自治区级农业产业化经营迈出新步伐，龙头企业新增11家，达到24家；五是农牧区改革取得重点突破，可利用草场基本实现全承包。

【狠抓多措并举，农牧民收入快速增加】一是狠抓强农惠农富农政策落实。落实草原生态保护补助奖励资金200981万元，农机购置补贴资金1.7亿元，农作物良种繁育和良种推广补贴达3356.65万元，粮食直补和农资综合补贴7530万元，自治区财政化肥补贴9719万元以上，区地县三级采购常规农药补贴2195.66万元，能繁母猪补贴1470万元，牲畜良种补贴3640万元，基层动物防疫工作补助1573.68万元。二是加快特色产业发展。2012年投入10934万元，安排实施了优质无公害蔬菜、羊短期育肥、藏鸡养殖、绒山羊养殖、马铃薯种植等24个特色产业项目。三是狠抓蔬菜产业发展。以丰富市场供应、增加农牧民收入为目标，稳步扩大蔬菜种植面积。全区蔬菜种植面积达37.42万亩（含24万亩马铃薯），其中高效日光温室、大棚温室面积达到4.46万亩。蔬菜产业成了促进农牧民增收的新亮点。四是狠抓冬虫夏草采集管理。全区冬虫夏草产量达3.57万公斤，虫草收入达30亿元以上。五是开展了拓宽农牧民增收渠道专题调研，提出了增加农牧民收入的相关对策建议。2012年农牧民人均纯收入达5719元，增长16.6%。

【狠抓生产管理，种植业获得丰收】全区粮食产量达94.89万吨，油菜产量达到6.3万吨，蔬菜产量达到65.56万吨。一是落实农作物播种面积。全年落实各类农作物播种面积365万亩，其中：粮食作物种植面积达240万亩，青稞面积达到170万亩，占粮食播种面积的70%以上。二是抓农用生产物资的采购调运。全年采购调配各类农药964.04吨、化肥4.84万吨、种子3.6万吨，积造农家肥637万吨以上，有效保证了农业生产的需要。三是抓科技增产增效。在35个粮油主产县开展了高产创建示范活动，面积达70万亩；建立了8个国家级蔬菜标准园示范点；建立各级麦类作物良种繁育基地12.6万亩，油菜良种繁育基地0.2万亩；各类农作物推广补贴面积达238.01万亩，比上年增加13.29万亩；测土配方施肥示范面积达30万亩，比上年增加4万亩，每亩单产平均提高12%左右。四是农机化工作扎实推进，《西藏自治区人民政府关于加快农业机械化发展的意见》颁布实施，完成机耕面积205万亩、机播面积200万亩，机收面积170万亩。

【狠抓综合措施，畜牧业生产平稳发展】一是狠抓畜牧业生产管理。肉、奶产量分别达28.95万吨和31.69万吨，同比分别增长4.6%和1.08%；畜牧业占农牧业总产值的比重达到50%以上，牲畜出栏率达32%。二是狠抓重大动物疫病防控，扎实落实免疫监测、检疫监管、流行病学调查等各项综合性防控措施，及时有效处置了林芝波密县输入性牲畜口蹄疫疫情和配合林业部门处置了那曲地区野生动物不明原因死亡现象，确保了畜牧业健康发展。春、秋两季畜禽集中免疫全面完成，畜禽群体免疫密度达到98%，平均免疫抗体合格率达到76.2%，除亚洲I型口蹄疫外，全部达到国家规定要求。三是草原生态保护补助奖励机制工作深入推进，全面完成了2011年度草原生态保护补助奖励机制验收工作，选聘了3.04万名村级天然草原监督员，探索了补助奖励资金“一卡（折）通”兑现试点工作。兑现农牧民奖励资金达到13亿元左右。四是渔业资源保护力度加大，在拉萨河、尼洋河增殖放流异齿裂鳆鱼、黑斑原鮡等我区特有鱼类鱼苗共计125万尾；拉萨市出台了《拉萨市野生鱼类保护办法》，各县设立了渔业举报电话；林芝地区渔政执法支队挂牌成立，为加强渔业资源保护奠定了基础。五是全区第二次草原普查外业工作全面结束，第三次全区动物疫病普查工作业已进入实质性推进阶段，外业工作全面展开。

【狠抓建设管理，农牧业项目建设取得新成效】一是全面完成了《西藏农牧业特色产业“十二五”发展规划》等12个“十二五”专项规划和《西藏自治区农牧业种业发展规划（2011-2020年）》等重点规划的编制工作，为谋划“十二五”工作奠定了良好基础。二是项目建设资金到位理想。落实2012年投资达11.4亿元，是年初计划的1.3倍；其中落实规划内中央投资9.1亿元，比上年增长46.8%。2011和2012两年落实规划内中央投资达15.3亿元，占“十二五”规划投资的44.4%。三是积极组织申报了2013年投资计划，申请中央预算内基本建设项目17项，总投资14.8亿元，其中申请中央预算内投资12.7亿元。四是狠抓项目建设管理。通过召开座谈会、签订责任书、督促检查等综合措施的落实，不断加快项目建设进度。自治区共下达中央预算内投资8.1亿元，占到位投资的89%。

【狠抓科技支撑，促进农牧业增产增效】一是加强农牧民培训工作。重点开展了沼气技能、农牧业实用科技等方面的宣传普及和培训工作。全年培训农牧民达15万人次。二是坚持以种植业为主、兼顾畜牧业、重点向粮食大县倾斜的原则，中央下达我区2100万元在21个县实施了基层农技推广补助项目。三是农牧业科技促进年活动深入开展。制订印发了《西藏自治区农牧业科技促进年活动方案》，12个标志性活动有序推进。四是现代农业示范区建设取得新进展。曲水县才纳乡国家级现代农业示范区落实投资2000万元，并全面启动实施；白朗县嘎东镇国家级现代农业示范区规划编制完成，并已启动实施。五是农村薪柴替代工程扎实推进，新建农村户用沼气2.5万户，已累计完成农村户用沼气工程21万户，大中型沼气工程11个，养殖小区（联户）集中供沼气工程2个、乡村沼气服务网点538个。六是组织参加了第七届全国农民运动会，夺得了1枚金牌、2枚铜牌的好成绩，充分展示了我区农牧民群众的精神风貌。

【狠抓龙头带动，农业产业化经营发展态势良好】2012年乡镇企业总产值达到40亿元，同比增长4.7%；自治区级以上农业产业化龙头企业总产值达19.2亿元；农牧业产业化经营率达到35%。一是举办了第三批11家自治区级农业产业化经营龙头企业授牌仪式，我区农业产业化经营龙头企业队伍进一步发展壮大。二是在调研的基础上，起草了《西藏自治区人民政府关于进一步加快农牧业产业化龙头企业发展的实施意见》（代拟稿），对加快农牧业产业化发展将起到指导性作用。三是组织开展了第十届中国国际农产品交易会西藏代表团参展工作，“藏缘”青稞酒、“藏北”牦牛肉系列产品等10个产品荣获农交会“金奖”，现场销售额25万元，签订合同8笔，金额300万元，达成意向性协议15笔，金额650万元。四是加大农牧民专业合作经济组织扶持力度，制定了《农牧民专业合作社自治区级示范社认定管理暂行办法》，促进专业合作经济组织规范化发展。截至9月底，全区已注册的农牧民专业合作组织939家，入会农牧民达6.52万人，占全区农牧民的2.8%。

【狠抓执法监管和标准化生产，农产品质量安全工作深入开展】一是把住源头，狠抓农资打假专项治理。以“放心农资下乡、保障农牧业生产”为主题，在春秋两季集中开展了农资打假专项治理和宣传活动，全区共组织出动执法人员800多人次，检查各类农资经营主体218家，检查饲料加工企业、屠宰场、种养殖基地等18家。二是农牧业标准化工作扎实推进，新增农作物地方标准6个，认定无公害农产品基地1个、无公害农产品3个，完成岗巴羊产品地理标志保护登记工作。三是继续开展了蔬菜农药残留和猪肉“瘦肉精”例行监测工作。从抽检结果看，全区畜产品平均合格率在99%以上，蔬菜水果食用菌等农产品平均合格率在96%以上，水产品平均合格率为85%。

【狠抓改革创新，继续保持农牧业发展活力】一是全面完成了2011年度草场承包工作的自治区级验收，新增草场承包到户（联户）面积达4.7亿亩，累计草场承包面积约10.2亿亩，占草场总面积的80%以上，占可利用草场面积的98%。二是曲水县农村综合改革试验区已经全面启动，进展顺利。三是完成了《西藏“三农”政策体系研究》14个专题研究报告。四是“金农”工程扎实推进，“西藏农牧信息网”圆满完成升级改版工作。五是积极参与了自治区人大常委会关于深化农牧区改革专题调研工作，提出了进一步深化农牧区改革工作的政策建议。六是根据《西藏自治区人民政府四川省人民政府战略合作框架协议》精神，与四川省农业厅、畜牧食品局签订了农牧业合作协议，开启了两省区农牧业合作的新篇章。

【领导名录】

党组书记、副厅长: 朱春生
厅长、副书记：坚参
党组成员、副厅长: 彭毅龄 兰志明 杜杰 洪雪峰 辛盛鹏
党组成员、驻厅纪检组长: 周惠云
党组成员、总兽医师：次真
党组成员、总农艺师：高玲

自治区林业工作

【年度综述】2012年，在自治区党委、政府的坚强领导下，在国家林业局的大力支持下，全区林业工作按照“保护优先、积极建设”的总思路，以生态文明、美丽西藏建设为总目标，以改善生态、改善民生为总任务，各项工作扎实有序开展，且成效显著。全年共到位林业资金16亿多元，林业系统实现林业产值20亿元，带动农牧民增收8亿多元。

【造林绿化步伐继续加快】完成植树造林和封山育林1086487亩，其中：植树造林568141亩，封山育林518346亩。对2007-2010年重点区域生态公益林建设工作进行检查。完成2011年36.8万亩森林抚育试点任务和2.5万亩造林补贴试点任务。开展西藏自治区“绿盾2012”林业植物检疫执法检查行动。积极筹备、组织参加第八届中国花卉博览会。完成全区营造林管理信息系统建立和试运行。

【资源林政管理不断规范】下达全区木材生产计划146.881万立方米，占“十二五”期间年森林采伐限额210万立方米的69.94%。审核（批）占用征收林地项目31宗，占用征收林地面积163.05公顷，收取植被恢复费1530.85万元。启动开展森林资源二类调查，完成30个有林县的外业调查工作。完成全区林地区划落界小班数据入库和《西藏自治区林地保护利用规划（2010-2020年）》编制工作；全区65个县规划文本编制和规划图件制作进展顺利。完成国有林场危旧房改造671户。积极参加各种法制宣传教育活动，全面落实“六五”普法各项工作。

【生物多样性得到有效保护】开工建设桑桑等湿地保护与恢复工程5个；实施墨脱等野生动物疫源疫病监测站工程4个；竣工验收工布等自然保护区工程建设项目3个。积极与有关部门联动开展禁止非法采集、销售、运输、加工红豆杉专项行动，收效明显。落实野生动物肇事损失补偿自治区级财政负担经费4387.91万元（其中国家试点经费120万元）。进一步加大野生动物疫病防控工作，严格应急值守、日常监测、巡查和信息日报告制度。完成野生动物保护协会换届选举工作。稳步推进野生动物繁育和野生植物利用产业发展。

【退耕还林成果不断巩固】完成荒山荒地造林5万亩，封山育林7万亩；安排下达巩固退耕还林成果专项规划基本口粮田0.7万亩和后续产业等建设任务；落实退耕还林政策补助及完善政策补助资金3608万元。组织各工程县（市）对2008年度宜林荒山荒地造林任务保存情况、2011年度宜林荒山荒地造林和封山育林计划任务完成情况开展县级自查，并对造林保存、任务完成、资金使用等情况进行了省级复查。积极配合、协助国家林业局对2011年国家重点核查2003年度未达标的472亩生态林进行补查验收。联合自治区发改、财政、农牧、水利等部门组织各地（市）、工程县开展了巩固退耕还林成果县级自查、地（市）级复查工作。

【天保工程二期启动实施】组织召开工程一期总结和二期启动大会，认真总结一期成绩和经验教训，安排部署二期各项建设任务。制定了《西藏自治区天然林资源保护工程财政专项资金管理办法实施细则》，规范了天保工程资金管理。完成封山育林2.9万亩，人工造林0.4万亩。足额兑现森林管护事业费7660万元，对工程区1915万亩天然林进行了常年有效管护。按时上缴社会保险补助费16万元，拨付政社性补助20万元，职工养老保险和政策性社会性支出工作进展顺利。结合国家林业局2010年度天保工程实施情况核查结果通报和自治区审计厅2000-2010年天保工程专项资金审计报告中指出的问题，采取了切实可行的整改措施，整改工作成效明显。

【林业灾害得到有效防治】全年发生林火13起，其中一般森林火灾6起，较大森林火灾6起，重大森林火灾1起；过火面积181.8公顷，受害森林面积135.04公顷；1人死亡。发生各类案件26起,其中:野生动物刑事案件立8起,破8起；受理野生动物行政案件9起，查处9起；受理森林行政案件9起，查处

8起。完成林业有害生物防治任务230万亩，其中，虫害防治面积129万亩，病害防治面积70万亩，鼠（兔）害防治面积31万亩。办理《植物检疫要求书》125份，《出省植物检疫证》68份。

【领导名录】
党组书记、副厅长：布穷
党组副书记、厅长：雷桂龙
党组成员、副厅长：郭杰、黄采艺、索朗旺堆
党组成员、纪检组长：郭林豫

自治区水利工作

【年度综述】2012年,西藏自治区党委召开了全区水利工作会议，对加快水利改革发展进行了再动员、再安排、再部署，出台了关于完善基层水利服务体系、从土地出让收益中计提农田水利建设资金、加强水利公益性宣传、金融服务等配套意见。区、地、县三级财政普遍加大对水利建设的投入，其中，自治区财政垫资无电地区建设资金13.4亿元。昌都地区本级财政安排水利建设资金1.57亿元，林芝地区提取土地出让金2000万元。全区累计征收水土保持补偿和水土流失防治费1350万元、水资源费250万元。社会各界对水利工作更加关注、更加支持，水利改革发展的外部环境越来越好。全年落实水利投资45亿元，同比增长32.4％，再创历史新高。全年新建项目108个，续建项目72个，其中，国务院《“十二五”支持西藏经济社会发展建设项目规划方案》16个涉水项目，除水源工程因国家正在调整审批程序暂未落地，其它15个项目全部落地。旁多水利枢纽工程基本完成大坝填筑；中小河流治理项目开工83个项目，完工项目44个；拉洛水利枢纽及配套灌区可行性研究通过水利部审查，作开工准备；林周县澎波灌区松潘区北干渠、尼洋河综合开发更白子灌区准备开工。全年建成集中供水工程1445处，分散供水工程855处，解决了30万农村居民和农村学校师生的饮水安全；建设三级以上标准县城堤防45公里；新增和改善灌溉面积23.5万亩，新增灌溉饲草料地1.2万亩；水土保持治理面积及生态修复面积达515.95万公顷，病险水库除险加固恢复库容32.8万立方米。

【水利政策与法规】立法：完成了《西藏自治区实施<水法>办法》和《西藏自治区实施〈中华人民共和国水土保持法〉办法》的修订区外调研工作。《西藏自治区实施<水法>办法》通过自治区人大常委会一审，《西藏自治区实施〈中华人民共和国水土保持法〉办法》已通过自治区政府常务会议审议。

政策研究：与水利部发展研究中心合作，开展“西藏水资源生态补偿机制研究”和“西藏水价格构成体系”研究。完成《西藏水资源生态补偿机制研究》报告初稿。启动“西藏水价构成体系研究”区内调研工作，并完成初稿。与区党委农工办同开展了对昌都、林芝地区的调研活动，并起草了《昌都、林芝地区水利基本情况的调研报告》。协助自治区能源办起草了《西藏自治区人民政府办公厅关于加强水电资源管理规范水电项目前期工作程序的通知》，并已经自治区人民政府办公厅批准发布。

水法宣传：分别组织开展了3月22日的第二十届“世界水日”和二十五届“中国水周”宣传活动、5月12日的“中小河流治理、山洪灾防治害”的专题宣传和6月11日的“节约用水及节水型社会建设专题宣传”及“12·4”普法专题宣传。

【水资源管理】编制完成并申报了试点项目《拉萨市城市水资源实时监控与管理系统项目建议书（代可行性研究报告）》，项目概算总投资1199.48万元。完成了《西藏自治区“十二五”水资源保护规划》的编制和内审。代拟了《西藏自治区人民政府关于实行最严格水资源管理制度的意见》初稿。组织开展了《全国重要江河湖泊水功能区纳污能力核定和分阶段限排总量控制方案》的编制工作。《西藏自治区城镇饮用水水源地保障规划》中，开工建设昌都边坝县城饮用水源地项目。完成了2011年度6个和2012年度10个水资源论证项目的审查意见批复工作，全年征收水资源费148万元。

【水利规划】 流域综合规划：组织（配合）完成了湘河、尼洋河、雅鲁藏布江、金沙江、澜沧江、怒江、察隅曲、玉曲河等8条流域的综合规划编制工作。计划启动44条重要支流的流域综合规划编制工作，分三年时间编制完成。

专项规划：开展了《西藏自治区水中长期供求规划》、《西藏自治区灌溉发展规划》和《西藏自治区水资源保护规划》。《西藏自治区水中长期供求规划》完成规划任务书审查、规划大纲，相关指标测算工作。完成了《西藏自治区水中长期供求规划》（初稿）规划报告编制工作；开展《西藏自治区灌溉发展规划》编制工作，完成《西藏自治区灌溉发展规划大纲》。成立了《西藏自治区水资源保护规划》编制工作领导小组，完成《西藏自治区水资源保护规划大纲》。

【前期工作】国务院第161次常务会议通过的《“十二五”支持西藏经济社会发展建设项目规划方案》中涉及水利项目16项，其中15项已完成项目立项工作，14项已开工建设。

【基本建设】2012年落实水利投资45亿元，同比增长32.4％，再创历史新高。全年新建项目108个，续建项目72个，其中，国务院《“十二五”支持西藏经济社会发展建设项目规划方案》16个涉水项目，除水源工程因国家正在调整审批程序暂未落地，其它15个项目全部落地。旁多水利枢纽工程基本完成大坝填筑；中小河流治理项目开工83个项目，完工项目44个；拉洛水利枢纽

及配套灌区可行性研究通过水利部审查，作开工准备；林周县澎波灌区松潘区北干渠、尼洋河综合开发更白子灌区准备开工。

【防汛抗旱】2012年自治区政府、区防汛抗旱指挥部、区防办先后组织有关成员单位召开12次防汛抗旱会商会，编发防汛抗旱简报80期，以传真电报、便函等形式编发通知45期。全年自治区防汛抗旱指挥部共派出工作组11个58人次，赴七地（市）检查指导抢险救灾工作；各地（市）先后派出工作组32个231人次，分赴41个县开展汛前检查以及指导防汛抢险救灾等工作。全年下达中央应急度汛经费1200万元，用于查巴拉水库等应急加固、达孜县曲尼帕护岸水毁修复、洛扎县色乡堤防修复等，下达中央特大防汛补助经费2500万元，安排芒康县海通沟应急处置、江达县县城水毁修复、洛隆县中亦乡堤防修复、嘉黎县县城堤防水毁修复及察隅县水毁设施修复等。2012年全区共启动省级应急预案1次（Ⅲ级）、地（市）级应急预案2次（Ⅲ级）、县级应急预案5次（Ⅲ级）。全年共投入抢险人员10452人次，其中部队出动兵力410人次，投入抢险机械设备311台班。调拨铁丝45.2t，铅丝笼19.22万m^2，编织袋28.3万条，发电机、柴油机、水泵共19台、输水带280m等防汛抗旱物资。7地（市）共调拨铅丝笼2.02万m^2、铁丝215.3T、编织袋82.3万条、块石11.4万m^3、木桩1.33万根，旱地龙12T等防汛抗旱物资。

【防洪抗旱工程建设】完成了中小河流治理40个项目的概算批复，完工21个，正在建设的19个。完成了2010-2011年山洪灾害防治16个县的县级非工程措施建设任务，拟定了《西藏自治区山洪灾害防治县级非工程措施建设项目验收管理办法》、《西藏自治区山洪灾害防治县级非工程措施建设项目运行维护管理办法》，开展2012年山洪灾害防治36个县招投标工作。安排自治区级财政预算内乡村堤防“民办公助”专项资金2262万元，实施乡村堤防项目41个，建设乡村堤防总长95.8公里，受益人口3.05万人，保护耕地2.41万亩。

【农田水利】2012年完成小型农田水利投资4.70亿元，其中落实小农水财政补助资金4.06亿元：中央财政1.66亿元，自治区财政2.4亿元（含牧区试点重点县资金）。比2011年增加1.36亿元，小农资金投入年增长50.4%，其中中央增长22.1%，自治区增长达79.1%。新修和维修渠道1272.90公里、新修和维修水塘117座，库容54.15万立方米，建设机井9眼，新增和改善灌溉面积23.5万亩，其中农田20.9万亩、草场2.6万亩。可增产粮食627万公斤、饲草390万公斤。积极开展农田水利基本建设“雅江杯”评选评比工作，2012年我区的达孜、拉孜、隆子3个县获国家水利部表彰，被授“全国农田水利基本建设先进单位”荣誉称号。

【水土保持】 水土保持规划：完成西藏水土保持规划基本数据上报和西藏自治区国家级水土流失重点防治区划分工作。

水土流失综合治理：开展了全区水土流失综合治理项目的选点，提出了“十二五”水土流失综合治理项目计划调整意见。完成了西藏自治区首个水土流失综合治理示范工程曲水县茶巴朗水土流失综合治理示范工程建设，正在研究建后运行管理机制（运行经费、管理人员、管理机构等）。完成了西藏水土保持生态效益补偿机制专题研究典型区域调研，开展专题报告的起草等工作。

水土保持监测：开展并完成西藏水土保持监测网络第二期第三、四、五批工程建设，即阿里、山南水保监测分站网络仪器设备、12个县站、10个监测点及“一江两河”地区土壤侵蚀数据库建设，完成投资1044万元。

水土保持预防监督：完成了《西藏自治区实施<中华人民共和国水土保持法>办法》（修订草案）。出台了《西藏自治区水土保持方案编制资格证书备案管理办法》。举办了“西藏自治区水土保持监督执法人员持证上岗培训班”。建立了全区生产建设项目水土保持监督管理数据库。

【城乡供水】修改完善了农村饮水工程建后管理制度，与各地（市）签订了工作责任书，加大了农村饮水安全项目建设管理的监督检查力度。2012年完成人饮工程投资24460万元，解决了30万人的饮水安全问题，其中农村居民25万人，农村师生5万。配合相关部门完成了全区寺庙饮水安全工程的前期工作技术指导和审查，并上报自治区民宗委及有关部门，估算投资5.1亿。2012年自治区财政安排人饮配套补助维修资金450万元，对6个地区20个县，48个乡（镇）64个村的饮水工程进行了维修改造，受益人数达2.25万人。

【农村水电】2012年计划投资6.34亿元，开工建设无电地区电力建设规划2012年计划中央预算内投资项目24项，其中电站线路延伸11项，县级局域网4项，电源点9项。全年完成投资3.05亿元，完成3个线路工程和1个局域网工程，新解决和改善农牧区6万人的生产生活用电问题。全年投入资金4323万元，对全区30个县，57座电站进行维修和技改，总装机容量21200KW。投入资金26.78万元，在山南、林芝两地区开展电站运行人员和电工培训，受训人员493人。

【建设管理】出台《西藏水利工程项目建设管理制度汇编（2012版）》，收录18项制度。组织专门力量对“十一五”完工的106个项目进行验收。开展全区水利工程建设领域突出问题专项治理工作，会同自治区检察厅联合开展大规模大范围的水利工程建设综合监督检查2次，对全区389个在建项目进行现场检查，全年未发生一起质量和安全事故，新建项目未发现有“豆腐渣工程”和“烂摊子项目”。

举办了专门针对项目法人和基础水利工作人员的水利工程建设管理培训班，共90余人参加培训。为缓解我区严重缺乏水利工程监理或监理无证上岗的问题，我们取得水利部和淮委的支持，举办了全区水利工程监理员培训班，对560名从事我区水利工程监理工作的人员进行了培训，给495名考试合格的监理员发放了监理证书。开展“双清欠”专项行动，处理8起民工信访问题，追讨130多万元民工工资。开展了大中型水库迁移人口补偿研究工作，前往四川、云南、青海、甘肃四省就移民补偿工作进行调研，起草《水利水电工程建设征地补偿和迁移人口安置管理暂行办法（初稿）》，上报自治区人民政府。联合水电总院完成对扎曲果多水电站、尼洋河多布水电站迁移人口安置规划大纲审查工作。完成拉洛水利枢纽工程迁移人口安置规划大纲上报审核和下发《自治区人民政府对西藏拉洛水利枢纽及配套灌区工程禁止新增建设项目和迁入人口的通知》。

【领导名录】
党组书记、副厅长：李文汉
党组副书记、厅长：达娃扎西
党组成员、巡视员：扎西
党组成员、副厅长：骆涛、李克恭、扎西平措、郭永刚、巩同梁
党组成员、驻厅纪检组组长：张健明
党组成员、副厅长：阿松

西藏旁多水利枢纽管理

【工程概况】旁多水利枢纽工程是国家西部大开发十周年开工的23个重点项目之一，是西藏自治区“十一五”重点建设项目，也是西藏规模最大的水利枢纽工程。

旁多水利枢纽工程地处拉萨河流域中游，坝址位于西藏自治区林周县旁多乡下游约1.5公里，距拉萨市直线距离63公里。工程以灌溉、发电为主，兼顾防洪和供水，水库总库容12.3亿立方米，控制流域面积16370平方公里，占拉萨河流域面积的49.8%。工程主要由沥青混凝土心墙砂砾石坝、泄洪洞、导流洞、引水发电系统及灌溉输水洞等组成，为Ⅰ等大（1）型工程。工程控制灌溉面积65.28万亩，水电厂装设四台4万千瓦机组，总装机容量16万千瓦，多年设计平均发电量5.99亿千瓦时。工程总投资45.69亿元，建设总工期69个月。水库淹没占地56821亩，移民搬迁人口2176人。

【工程进展情况】旁多水利枢纽主体工程于2009年7月15日开工建设，2011年10月26日按期实现截流，2012年实现安全度汛，工程计划2013年9月底下闸蓄水，10月底首台机组发电。

大坝坝体填筑：2010年5月18日开工，目前已填筑至4076m高程，计划2014年5月31日完成坝体填筑。大坝基础处理：2009年9月28日开工，2012年4月18日防渗墙施工全部完成，12月19日帷幕灌浆工作全部完成。泄洪兼导流洞：2009年11月18日开工，2011年10月26日顺利过流，目前该建筑物按设计要求已正常发挥作用。泄洪洞：2010年9月4日开工，已于2012年9月4日实现贯通，目前正在进行混凝土衬砌，下闸蓄水前具备运用条件。发电厂房系统：2010年9月5日开工，目前发电引水洞进口闸室、洞身段和发电副厂房正在进行混凝土浇筑，已完成总工程量的90%以上，主厂房混凝土浇筑完毕、压力钢管安装完毕。灌溉输水洞：2011年6月1日开工，2013年6月10日，TBM设备开始掘进，已完成洞室开挖5176米（含支洞）。机电设备安装：蜗壳、厂房桥机已安装完毕，4号机组定子吊装到位。

旁多水利枢纽工程一期、二期建设征地和移民安置工作已经结束并顺利通过下闸蓄水阶段验收。

【工程建设中创造的世界第一】旁多水利枢纽工程海拔高，地质条件复杂，坝址处河床覆盖层深厚，两岸表层岩石破碎。工程技术含量高、施工难度大，至今已创造出多项世界第一：世界海拔最高库容最大的水库；世界最深大坝防渗墙；世界海拔最高、抗地震烈度最大大坝沥青心墙；世界海拔最高单台机组容量最大水电厂；世界海拔最高最长灌溉输水隧洞。一次性搬迁安置2000多藏民族人口也是国内工程建设中创造的世界第一。

【工程效益】旁多水利枢纽工程投入正常运行后，将满足下游受益区65.28万亩土地灌溉用水需求，增加粮食产量25.488万吨；多年平均发电量5.99亿度，并增加下游梯级电站年发电量1.1亿度；提高下游受益区两岸县、乡、村防洪标准10—20年；每年为拉萨市提供工业用水0.85亿立方米，供水保证率由现在的83%提高到99%。同时兼具生态保护、旅游等效益。

交通、邮政、通信、民航

自治区交通运输工作

【年度综述】2012年，全区公路总里程6.52万公里，7地（市）全部通了油路，74个县中63个县通了油路，693个乡镇通畅291个、通达400个，5454个建制村通畅792个，通达4280个。全区公路桥梁6452座170090.79延米，公路设养里程57549公里。全区民用车辆25.78万辆，营运车辆2万辆，开通客运班线365条。完成公路客运量和旅客周转量分别为3700万人次和23.2亿人公里，比上年增长2.19%和3.12%；公路货运量和货物周转量分别为1000万吨和27.9亿吨公里，比上年增长6.44%和2.86%。

【基础建设】全年完成交通基础设施投资101亿元，比上年增长18.8%，首次突破年度百亿大关，新增公路里程2068.568公里。国省干线建设扎实推进，续建新建国道219线区界至日土，国道318线通麦至105道班、102滑坡群整治等25个重点项目。农村公路建设全面提速，完成投资49.18亿元，比上年增长61%，411个建制村、387座寺庙通公路，15个乡镇通油路。边防公路建设进展顺利。项目前期工作进展迅速。“十二五”规划项目全部开展前期工作。规划内73个公路子项目中上报国家28个，批复10个，占项目总数的14%。落实国家年度投资96.3亿元，超额完成了自治区确定的投资任务。启动了7个规划外项目前期工作，完成项目方案的比选论证工作。

【公路运输】强化运输保障，突出民生优先原则。全年完成公路客运量和旅客周转量分别为3700万人次和23.2亿人公里，比上年增长2.19%和3.12%；公路货运量和货物周转量分别为1000万吨和27.9亿吨公里，比上年增长6.44%和2.86%。加大旅游客运车辆投入，加强旅游客运的规范化管理，提高了旅游运输工作整体水平；强化市场准入管理，加大行政执法力度，整顿经营管理秩序，主要班线客车基本实现滚动排班，客货运市场秩序得到规范。继续认真落实农村客运扶持优惠政策，积极开展农村客运试点工作。加强春运、黄金周等重大节日、重点时段的运输组织，增加运力储备，强化客运安全生产管理，及时化解线路运力紧张的矛盾，保证了旅客安全出行不滞留的服务承诺。

【行业管理】一是公路管养体制改革深入推进。科学核定公路养护经费，以事定费，提高经费使用效率，先后制定《全区公路养护系统大工区改革试点方案》、《西藏自治区公路养护职工就学补助政策》，在G109、S306、S303线全面推行大工区养护试点工作，启动公路养护一线补员工作，补录养护人员2088名，解决1693名养护职工子女就学问题。二是公路管养水平不断提高。日常养护和预防性养护得到加强，实施国道109线青藏公路等路面大中修工程和机场高速养护中心建设等专项工程，加强路政管理和文明执法。全区公路设养里程57549公里，国省干线油路优良率65.70%、MQI值72，砂石路优良率54.55%。自治区下拨养护经费比上年增长32.1%。三是强化公路应急体系建设，启动拉萨、日喀则两个地级应急物资储备中心建设，成功应对处置了海通沟特大泥石流等重大事故灾害，公路服务保障能力进一步提升。

【安全生产】以“安全生产年”活动和专项整治行动为主线，狠抓安全隐患排查，不断夯实安全工作基础，实现了建设领域和经营性水上运输无死亡事故，营运性旅客运输事故起数、人员伤亡“双下降”目标，西藏交通运输厅被自治区人民政府评为“2012年度安全生产先进单位”。一是强化监管。及时调整充实安全生产力量，工作到人，责任到人，围绕道路运输、项目施工、公路管养、治超监控以及汽车客运站、人员密集场所消防等重点场所、重点部位监督检查，检查企业70余家，现场整改隐患30余处。二是突出重点。认真开展道路交通“双下降”和道路交通百日大整治行动，坚持源头管理，推行动态监控技术，先后对拉萨至昌都、拉萨至阿里沿线的非法客运车辆进行集中整治，组织道路运输安全检查53次，检查车辆2250277台次，查处违法违章车辆15939台次，超载卸货1148.6吨。深入开展“平安工地”创建活动，认真落实公路施工企业安全生产许可证制度，加强对施工现场环境的勘察，加强防汛和安全警戒工作，强化民爆物资采购、贮存、使用。加大公路安保投入，完成公路安保投资6700万元，完成隐患处理1990.15公里。三是强化宣传，以“安全发展、科学发展”活动为主题，开展安全宣传、安全检查、预案演练、隐患整治等活动，认真组织安全生产宣传活动，活动期间悬挂横幅100余条，制作安全宣传栏30余期，制作宣传橱窗20余个，制作宣传展板30多块，发放宣传资料近10000份。

【科技与信息化】科技攻关引领交通科学发展，完成《西藏干线公路边坡锚固结构耐久性与维护关键技术研究》、《水分迁移对多年冻土路基稳定性的影响》课题研究，实施国家“十二五”科技支撑计划—《重大工程扰动区特大滑坡灾害防治技术研究与示范》课题的第四专题“川藏公路102道班滑坡群防治技术与示范”和交通部西部项目《川藏公路南线（西藏境）整治改建工程关键技术研究》科研工作。交通信息化建设有序实施，完成了西藏自治区交应急通信（二期）及应急信息发布系统工程的竣工验收。

【机构建设】深入推进公路养护机构改革，成立拉贡机场高速公路分局。积极推进运输体制改革，起草《西藏自治区交通运输管理体制改革方案》，完成地市道路运输管理机构划转、人员交接工作。在党的思想、组织、作风、廉政建设上抓得实、管得严。狠抓干部队伍建设和作风建设，交流39名县处级干部，提拔20名。深入开展强基惠民活动，选派112名干部驻村，帮扶项目111个，协调资金2.7亿元。

【领导名录】
厅党委书记、副厅长：葛裕涛
厅党委副书记、厅长：扎西江措
厅党委委员、副厅长：彭思义（援藏）
厅党委委员、副厅长：索朗群佩
厅党委委员、副厅长：李留丰
厅党委委员、驻交通运输厅
纪检组组长：古桑多吉
厅党委委员、副厅长：王锦河
厅党委委员、自治区，公路局党委书记、副局长（副厅级）：庞健
厅党委委员、自治区，公路局党委副书记、局长（副厅级）：占堆
西藏自治区交通运输厅副巡视员：汪玉芹

自治区交通综合执法总队

【年度综述】2012年交通执法总队不断创新工作思路，大力加强自身建设，扎实开展本职工作，稳步推进西藏公路治超和道路运输行业全面、协调、可持续发展，较好地完成了2012年的工作任务。

【加强党建工作，服务水平进一步提升】一是抓好了干部职工思想政治建设，制定了学习计划，不断提高干部职工的党性修养和业务素质，2012年执法总队共组织各类学习35天，8670人次。二是抓好了党员队伍建设，总队党委在积极做好党务工作的基础上，严格坚持发展党员工作的“十六字”方针，培养发展了9名党员，确定了17名入党积极分子。三是以强基础惠民生活动为契机，执法总队积极开展强基惠民工作。五个驻村工作组先后被评为自治区级、地区级、县级“先进工作队”，执法总队被昌都地委行署授予优秀组织奖。

【依法管理，交通综合执法工作取得新进展】一是开展培训，执法人员业务水平进一步提高。总队采取走出去、请进来的方式，聘请了交科院专家和交通运输厅、运输管理局执法经验丰富的业务骨干授课，先后举办了执法总队信息化建设路面采集系统培训、96169投诉服务电话工单系统培训、《行政强制法》培训、办公自动化系统培训、交通综合执法系统培训、执法总队第五期执法业务学习培训并先后两次与重庆交通行政执法总队开展了业务交流。

二是开展全区执法评议考核，执法队伍素质进一步提高。由总队法规科牵头，相关科室共同参与，认真开展了执法案卷自查自评工作，并参加了全区交通系统执法评议活动，各交通执法支队做到了法律、法规使用得当。执法总队量化了执法责任制，并将评议考核结果与支队、科室工作评定、公务员年度考评挂钩，进一步调动了执法人员依法行政的积极性和自觉性。

三是完善制度，执法工作进一步规范。总队先后出台了《西藏自治区道路交通运输车辆安全生产卫星定位监控系统管理办法（试行）实施办法》、《交通综合执法总队执法装备器材管理规定》、《交通综合执法总队周转房管理办法》、《交通综合执法总队环境卫生管理办法》、《交通综合执法总队办公电话管理规定》等制度。形成了用制度管人、用制度约束人的良好局面。执法总队进一步细化了行政处罚自由裁量基数，基本做到了同一违法行为处罚尺度一致。对处罚3000元以上的案件支队领导集体研究决定，并报总队审查备案，全年累计备案148宗。对5000元以上的重大行政处罚案件采取总队领导集体研究决定，并第一时间向交通运输厅法规处审查备案，累计备案行政执法案件103宗。

四是加强信息化建设，行政执法效率进一步提高。在区财政厅的高度重视下，投入760余万元，执法总队开发、应用了96169交通执法投诉平台、办公自动化系统、交通综合执法系统，并分别于2012年3月、11月全部投入使用，三套系统的投入使用极大地提高了执法工作效率，减少了劳动强度，节约了执法资源。

五是完善基础设施，职工工作生活环境进一步改善。在区财政厅、交通运输厅的大力支持下，执法总队积极筹措资金1139万元，完善了执法总队基层站点、职工周转房等基础设施的维修和建设，确保了交通执法各项工作的顺利开展。

六是抓好了维稳安全工作，应急处置能力有了新提高。执法总队结合自身实际，严格落实上级各项维稳工作会议精神和工作措施，总队及各支队制定了相应的应急预案，同时对本辖区及执法工作中存在的不稳定因素做到了底数清、情况明、防控措施得力。昌都支队高度重视敏感时段维稳工作，做到了24小时带班、值班，确保了一方平安，昌都支队被昌都地区评为安全生产先进单位。

七是加大执法力度，治理非法超限运输取得新成效。按照交通运输厅的总体部署，在厅运输处、法规处、安监处等部门的具体安排和大力支持下，总队针对我区交通运输市场突出问题，先后开展了“安全生产月活动”、“打非治违专项行动”、“道路交通‘双下降’专项整治”、“道路交通百日大整治行动”等活动。共纠正超限超载车辆40547台，卸载货物5530.5吨；那曲支队、格尔木支队结合辖区短途超载运输尤为突出的现象，深入砂石厂、矿点进行治超宣传，通过发放宣传资料，加大稽查力度，使辖区内短途超载现象得到了有效控制，保护了公路。

拉萨、日喀则支队积极配合区公路局针对318国道仁布大桥、年楚河大桥承载能力受限的实际情况，出动执法人员1025人次，24小时执勤，开展了为期75天的限载执法，保障了行

人、车辆和大桥的安全。

总队加大了对“两客一危”车辆的查处力度，严格落实凌晨2点至5点停车休息制度。林芝、阿里、日喀则支队还专门设立了司乘人员休息室，预防因疲劳驾驶引发的各类交通事故。

针对拉萨至阿里、拉萨至昌都非法营运车辆较多的实际情况，从拉萨、格尔木、那曲、林芝和昌都支队抽调精干执法人员，加大了拉孜检查站和通麦临时检查站的工作力度，同志们以高度的责任心，在近两个月的时间里共查处了非法营运车辆70余台，318、219国道非法营运现象明显减少。

2012年全区共出动执法人员56055人次，检查车辆478917台次，查处违法违章车辆33581台次，治理非法营运车辆1455台次，暂扣证件804本次，暂扣车辆739台次；查处假营运证、假资格证307本；全区共受理投诉电话5575次，受理来访举报711起，来信投诉23起，投诉反馈率达96.4%；接到群众咨询电话2732起，反馈率100%；召开协调会议126场次；走访道路运输企业（单位）386户。

自治区公路管理工作

【养护管理逐步规范，行业可持续发展能力不断提升】一是增加设养省道125.7公里，省道设养率达到88.71%，全区国省干线油路优良路率达65.70%，MQI值72，砂土路优良路率达54.55%，农村公路县道铺装路优良路率达到57.93%，MQI值63，砂土路优良路率达到43.13%，专用公路、乡道、村道优良路率达到30.10%；二是健全了养护管理目标考核机制，以国省干线公路互检形式分别对全区各养管单位进行了内外业检查考核，并按照《目标责任书》兑现了奖惩，进一步促进了养护管理的标准化和规范化；三是开展了国省干线公路普查工作，完成了16140公里外业数据的采集和录入，摸清了全区国、省公路网基本情况，为我区国、省干线公路网规划科学调整奠定基础；四是对全区国省干线铺装和简易铺装路面路况进行检测工作，累计检测里程6871公里，准确掌握了全区国省干线沥青路面技术状况及使用性能，培养了一批检测数据分析专业技术人员，对客观分析公路养护需求、科学编制公路养护预算具有重要意义。

【应急抢险成效显著，负责任行业形象得到广泛认可】一是公路应急保障体系建设已纳入自治区十二五规划，《关于加强西藏公路应急保障体系建设的意见》和《西藏公路应急装备物资储备中心布局方案》已经交通运输厅同意并批复，拉萨应急物资储备和应急处置中心已初具规模；二是按照“预防为主、有备无患”的要求，配备了急需的应急装备及物资，组建了700人的应急保障队伍，并将局属天顺公司纳入应急管理；三是不断完善规章制度，分级响应、反应迅速的应急机制初步形成；四是不等不靠，及时开展公路水雪毁抢险保通和恢复工作，清理坍方、泥石流29.8万立方米，清雪打冰283.7万立方米，救助受阻车辆5613辆，人员9757人，保障了国、省道及重要经济干线公路的基本畅通；五是全力应对公路突发事件，快速处置了后藏地区特大暴风雪、海通沟堰塞湖、樟木山体崩塌等重大险情和严重阻断公路事件，展示了养护职工和武警官兵迎难而上、能打硬仗的职业风采，树立了公路行业服务公众、扶危救困的正面形象。

【规范执法全面推进，依法行政迈出新的步伐】路政执法规范化管理全面推进，路政执法队伍整体素质不断提高，路产路权得到有效保护。一是规范了全区超限运输许可工作，明确了许可权限，统一了超限认定和运输监护标准，确定了审批条件和审批程序；二是进一步坚持超限卸载的工作原则，针对矿产品运输车辆短途超限超载上路行驶现象有所反弹的实际，重点加大源头治理力度，进行正面引导，实地监控；三是治超工作取得明显成效，共检测货运车辆12万台次，查处超限车辆1453台次，卸载983吨，审批办理大件运输超限许可7568件，护送重特大超限运输车辆76台次，行程6万余公里；四是加大了路政案件查办力度，2012年全区共发生路产损坏案件187起，立案182起，破案182起，结案182起，收取路产赔补偿费285万余元。依法拆除违章建筑16处，拆除非公路标志43块，制止违章建筑52起，清除违章堆积物80多处，受理涉路审批事项132件，依法审批许可62件，保障了公路的完好、安全和畅通。

【贯彻以人为本理念，公路服务能力全面加强】坚持将服务的内涵和品质与养护管理质量和水平作为衡量公路养护管理工作的重要标准统筹推进、重点突破。一是科学组织养护施工，提倡无痕迹服务，尽最大努力避免因养护施工影响正常交通；二是及时发布阻断信息，开通了西藏公路网，通过门户网站和12360出行服务热线等渠道，及时、准确的向社会公众发布公路施工、因灾中断等出行信息；三是继续加强无偿救助工作，充分利用国省干线36个社会救助站，对阻滞司乘人员提供基本的无偿援助，受到社会普遍赞誉；四是组织开展公路标志标识牌规范使用藏语文清理整顿工作，确保公路标志标识内容真实、数据准确、导向明确。

【严格落实建设程序，严把养护工程建设质量】一是为进一步加强养护工程管理，成立了由专业技术人员组成的公路局工程技术专家委员会，审查确定全区所有养护工程及设计变更的技术方案、工程规模和造价；二是进一步加强在建项目的监督检查工作，通过有力的监管和督查有效提高了养护工程质量和投资效益；三是完成了省道204线日喀则至江孜、国道317线妥坝至昌都等公路大中修工程投资2亿元的审查批复工作；四是落实了路网结构改造工程投资2亿元，完成全区国省干线及农村公路危桥改造1187延米□20座、处治安全隐患路段1990公里；五是实施完成了养护配套设施建设投资2000余万元。

青藏铁路公司拉萨站

【基本概况】2012年6月，根据铁道部

《关于调整青藏铁路公司拉萨铁路办事处设置的批复》，拉萨站与拉萨办事处分开设立，拉萨站按直属站管理。管辖拉萨至乌玛塘10个站，里程195公里。是年6月，公司调整拉萨站职能机构和人员编制，机关设综合办公室、劳动人事教育科、计统财务收入科、技术信息科、安全科和经营管理科6个职能科室。人员编制由原34名调整为41名。

【年度综述】2012年，全年发送货物83.5万吨，完成年计划83.5万吨的100%，与上年同比增运35.6万吨，增长74%；发送旅客92万人，完成年计划95万人的96.8%，与上年同比少运3万人，下降0.8%；运输总收入66424.24万元，完成年计划66400万元的100%，与上年同比增收7627.77万元，增长12.9%。

【车站安全管理】按照公司统一部署，组织专业技术干部和现场管理人员开展安全风险排查工作，制定拉萨站安全风险管理实施办法，明确重点盯控内容、控制措施及责任人，初步形成较完善的安全风险管理体系。以春运、暑运、劳动安全、调车作业为重点，全面开展调车作业、列尾设备等8项安全专项整治活动，使车站安全风险点全面受控。开展安全“四大”、“六查”活动，着力解决职工作业标准化和干部管理规范化问题，各级干部下现场检查1479人次，组织谈心279次361人次，召开形势宣讲会和主题宣讲会8场，发现整改问题117件。认真吸取全路人身安全事故教训，开展劳动人身安全教育，加强职工劳动安全自控、互控、他控措施的落实，确保从业人员劳动人身安全。执行汽车交通安全管理规定，严格派车单制度，合理用车，加强汽车的日常检查、维修、保养，确保汽车交通安全。开展消防宣传和演练，逐一排查存在的问题，消防设施隐患得到有效控制和整改。至年末，车站实现无责任一般D类及以上铁路交通事故1714天。

【路风管理】按照公司路风工作要点，结合实际，安排车站路风工作，全员签订《路风责任承诺书》，每季度定时召开路风工作会议，以比路风形象为考核标准，加大日常路风管理力度，在班务公开栏及候车区域公布每月评选的路风形象者，在售票大厅、候车室内公布相关人员及科室路风投诉电话，执行24小时接听电话，规范职工服务标志，向社会亮明身份，接受广大媒体及旅客监督。聘请武警部队、新闻媒体、自治区纠风办等8名路风监督员，实施全方位监督。

【服务质量】继续开展“服务旅客创先争优”活动，站党委发挥党组织和广大党员在优化服务环境、改进服务态度、提高服务质量中的战斗堡垒作用和先锋模范作用，带动全员提升服务水平，把“以服务为宗旨，待旅客如亲人”的理念落实到服务工作的全过程，圆满完成调图、春暑运、军事运输、国家领导人视察等重点任务及专运任务。继续深化“四比四争当”和“五转变五做到”活动，对照《铁路旅客服务质量标准》、《客规》、《货细》等规章，重新修订工作制度、岗位职责、作业流程、应急处理预案等，车站基础管理更加规范。聘请部队教官利用休班时间开展职工军训，藏、英语培训，服务礼仪讲座，聘请西藏红十字协会教师讲解客运工作应急救护常识，开展应急演练，提高客运人员服务水平和应急处理能力。各级干部深入现场，检查督导职工日常作业，落实逐级负责制，规范标准化作业。不断优化岗位作业流程，合理安排职工上岗，落实日常管理，杜绝无票人员和闲杂人员随意进站。客流较大时，采取提前预剪、专人带队、分批进站的组织方法，严格执行接、送车制度，保证旅客乘降安全。以“五彩哈达温馨服务台”为客运服务网络中心，以“重点旅客绿色通道服务卡”为载体，开展温馨服务，重点帮扶老、弱、病、残、孕重点旅客和外籍旅客，解决特殊旅客困难。全年，受到表扬信1245封，锦旗16面。

【“五彩哈达”特色服务】年内，将“五彩哈达温馨服务台”升级为“五彩哈达旅客服务中心”，继续开展以“诚信服务、热情服务、精细服务、洁净服务和便捷服务”为主要内容的“五彩哈达”特色服务。结合安全标准线建设，补强客运服务设施，安装售票大厅排队机，自动取票机和售票机，整合“温馨服务小推车”、“绿色服务通道卡”、“手机加油站”、“银行ATM柜员机”等资源，充分发挥“五彩哈达”服务台的作用，重点为“老、幼、病、残、孕”等重点旅客提供服务，为旅客排忧解难。同时，发挥小推车服务旅客的作用，为旅客提供良好服务，受到旅客高度赞扬。年内，列车移交高原病旅客及救助患病旅客3260人次，交接重点旅客203人次，均妥善安排和处理，使用小推车服务2.16万次，扶老携幼为旅客排忧解难1876人次。车站通过开辟绿色通道、亲情服务、赠送小礼品等形式，先后为西藏26批2256名先心病患儿乘坐火车前往北京、武汉等地救治提供了优质服务，在中央电视台和西藏电视台进行了宣传报道。形成从困难救助、便民服务、出行咨询到青藏铁路形象公关等全方位的服务体系，使“五彩哈达”服务成为铁路对外优质服务和民族团结的窗口。

【卫生保障】牢固树立“以人为本、保障健康”的工作思想，坚持“预防为主、防治结合”和“谁用人、谁保障”的原则，突出“安康、安心、安全、塑形”，改善劳动环境，全面落实卫生保障措施，增强职工高原自我保护意识和卫生防疫知识，实现职工高原病零死亡、鼠疫零传播、患病旅客得到及时救治的卫生保障目标，确保职工队伍稳定。全年，安排职工入冬前健康体检186人，建立职工健康档案，体检结果录入职工健康档案。职工定期轮休24人，23批33人次到内地富氧地区疗休养，安排职工体检5批165人次，向职工发放41万元抗高原反应药品及7.7万元防暑降温用品。

【职工培训】加强干部职工业务技能培训，年内职工委培38期49人次，自办培训班27期1546人次。针对新入路职工年龄小、思想活跃等特点，组织开展入路形势、职业道德、安全生产教育和铁路行车工作基础知识、客货运基础知识的培训和考试，为新入路职工今后工作打好基础。针对车站人员调整频繁，新职大学生实践经验、综合管理能力有限等实际，加强对在职大学生的培养。

【荣誉】年内，车站党委被中央组织部授予“全国创先争优先进基层党组织”，车站被中央精神文明建设指导委员会授予“第三批全国文明单位”，拉萨西站被全总授予“全国工人先锋号班组”，拉萨站被西藏自治区授予“2012年度安全生产先进单位”。斯朗卓玛获“全国五一劳动奖章”。

自治区邮政工作

邮政业务总收入达3.45亿元，同比增长21%，其中邮政企业收入1.78亿元，同比增长13%；邮储银行业务收入1.03亿元，同比增长35.8%；速递物流公司业务收入5347万元，同比增长15%。

邮政金融业务坚持机制创新，合规经营，加强风险防控和监督检查，加快结构调整，推进平台建设，提升服务能力，做大业务规模，经营效益稳步增长。全区邮政金融自营+代理实现收入1.61亿元，同比增长25.78%。其中邮政代理完成收入5766万元，同比增长8.94%。全区各项存款余额达51.43亿元，其中自营网点存款余额30.43亿元，代理储蓄期末余额21.07亿元。代理业务以做大储蓄存款余额、狠抓中间业务为重点，积极开展季度主题营销和项目营销，发展成效明显。

邮政速递物流业务不断完善产品体系，提高运营服务质量，提升市场竞争力,实现了速递物流业务的稳步发展。全区速递物流自营+代理完成收入1.03亿元，同比增长9.64%，高出全国平均水平1.5个百分点。其中邮政代理营业环节资费完成收入4941万元，同比增长3%，增幅全国排名第六。

【邮政服务工作】扎实做好农牧区通信工作。按照党委、政府的要求，从维护稳定、保障民生大局出发，积极落实党报党刊进寺庙、邮政到农家工作。克服投递难度大、运营成本高，努力推进党报党刊寺寺通、村村通，认真做好党报党刊投递工作，为维护祖国统一和社会局势稳定作出了积极的贡献。截止到2012年底，全区行政村通邮率已达到90%。开展了全区1535个寺庙通邮情况调查，2012年为全区1200多座投递赠阅报刊300多万份。积极协助配合地方政府开展空白乡镇邮政网点补建工作。2012年底，已完成525个网点选址和项目设计工作,234个网点开工建设,建成网点14个。

服务质量不断提高。清理了省际间和区内普通邮件赔偿积案，认真解决“久查不复，久拖不赔”的热点难点问题，加强服务监督，及时妥善处理用户投诉，强化邮件全程时限监控，营投服务质量明显提升。邮政服务质量用户评价综合满意度达90.62分，高于交通部和集团公司考核指标，有2个地市局荣获“2012年全国邮政用户满意企业”。深入推进机要通信业务达标管理,通信质量连续保持20年全红。

【企业管理】财务管理工作。在全区推广使用财务预算信息系统和远程报账系统，集中采购全区邮政车辆保险费，提高了对成本费用的管控力度；加强资产管理，全区所有自有房屋资产建立了图片库，将对外经营的房屋资产纳入资产管理系统，进行信息化管理，逐步实现资产远程管控。修订完善区公司绩效考核办法，抓住企业管理中市场经营、财务、人力资源三个核心点，逐步建立完善更加灵活、更加适应市场化和商业化运作，更能体现企业利益和员工激励的绩效管理机制。

职工队伍建设。2012年对各地市局、直属单位和机关部室24名三级经理进行了岗位调整，推动企业中层管理干部多岗位、多经历锻炼，促进干部快速成长，初步建立了公司本部到基层、基层到本部的双向交流机制。开展三级经理后备干部推荐工作，建立了三级经理后备队伍管理制度，选送42名三级经理后备干部到石家庄邮政培训中心进行集中培训，选派干部到集团公司总部进行交流。各单位建立了四级经理后备人才库，加快后备干部队伍的培养步伐，为企业持续发展建立人才储备。招聘高校毕业生80名，充实到基层单位。利用远程教育培训系统，持续开展各种业务培训，加大员工教育培训力度和覆盖面。

审计监督工作。强化监督管控，开展专项审计调查与财务收支审计，增强企业风险防控意识。实行离任经济责任审计，全面客观地评价领导干部经济责任履行情况。

【支撑能力建设】信息网支撑作用进一步增强。完成了3个地市局机房改造和22项信息系统工程建设任务，开展了信息安全等级保护工作，优化拓展了综合服务业务功能，提升了综合业务的信息化服务质量和水平。培训系统延伸至县局，满足了以地市节点为中心的培训及会议需求。

网运支撑能力进一步提升。有效推进了网运效率与质量评价体系，通过对网路运行工作进行定量、准确、科学地分析与评价，为网运管理提供了可靠的数据依据，进一步提升了网运精细化管理水平。强化邮件封发质量管理和全程时限管理，调整普通邮件分拣封发关系和作业计划，优化作业流程，实现拉萨市区投递前置全覆盖。继林芝地区航空邮路开通后，又开通了昌都航空邮路，推进邮政网与速递物流网资源整合，加快邮件传递速度，提升网路运行效率和效益。

营投网能力建设进一步增强。加大网点建设改造力度，深化投递网达标建设，优化邮件投递频次和种类，加快投递时限，服务能力进一步增强。全年投资2650万元，新建和改造营业网点16个，新增开业网点8个，更新投递车辆60辆。

自治区通信业管理工作

【电信业务增长势头强劲】2012年，

全区电信业务总量累计完成32.98亿元，同比增长28.48%；电信主营业务收入累计完成29.3亿元，同比增长20.16%，同比增长均列全国第一位。电话用户数达到276万户，普及率为92部/百人，其中3G用户数为41.7万户；互联网用户数达到146.7万户，普及率为48.9%，其中固定宽带接入用户数为17万户。

【基础设施条件显著改善】累计实现660个乡镇通光缆，乡镇通光缆率达到96.7%；已累计实现2326个行政村通宽带，行政村通宽带率为44.2%；已完成5193个行政村的改造和网络优化工作；已完成1168座寺庙的通电话任务。光缆线路长度达到5.87万公里，其中长途光缆线路长度为2.74万公里。电信基础设施共建共享取得重大突破，仅去年就节约投资2.3亿元，超过历年总和。各电信运营企业完成重点项目投资16亿元，被自治区评为2012年重点项目落实国家投资先进单位。

【共建共享取得新突破】2012年，全区实现共建基站10个，共享基站288个；共建铁塔10座，共享铁塔164座；共建传输线路2907线路公里，共享传输10174线路公里；共建杆路1414线路公里，共享杆路9023线路公里；共建管道55公里，共享管道19公里。去年节约投资2.3亿元，累计节约资金4.4亿元。

【真实身份登记扎实推进】按照地方相关法律法规，我区在全国率先开展电话和互联网用户真实身份登记工作。三家电信运营企业从大局出发，本着稳定压倒一切的指导思想，顶着很大的企业经济考核压力，积极落实真实身份登记各项工作，将此项工作作为一把手工程来抓，精心组织，认真部署，狠抓落实，强力实施，不断加大人、财、物的投入。通信管理局认真履行监督管理职能，对落实情况进行监督检查和指导，对存在的问题和不足要求企业及时整改，对工作落实不到位，铤而走险，不按规定要求落实工作的部门和人员进行了严肃处理。为规范社会渠道，先后检查清退了不严格执行电话用户真实身份登记工作的社会代销网点共计4298家。实现了全区在网电话用户和互联网专线用户、宽带用户、以及网站备案工作100%的真实身份登记管理。在全国工业和信息化工作会议上，苗圩部长充分肯定西藏真实身份登记工作，并要求全国向西藏学习。

【通信保障快速高效有力】我区已初步建立覆盖自治区、地市、县、重点乡镇的应急通信保障体系。西藏自治区应急指挥中心已投入使用，可实现与各电信运营企业应急指挥平台互联，语音互通，实时观看现场图像。在应急通信保障、重要通信保障、专用通信保障中，西藏通信业都发挥了急行军、先行军、保障军的作用，去年共完成各类通信保障任务80多次。

【网络信息安全得到保障】加快推进网络技术管控能力建设，实现系统升级并向地市延伸。组织开展通信网络安全防护检查和网络安全测评，开展病毒木马等专项治理工作。在有害信息管控、重点网络管理、网上舆情监测等方面全力开展工作。出色地完成了相关重大活动和敏感时期多项网络与信息安全保障任务，特别是圆满完成了十八大期间网络信息安全保障任务，全区通信行业共有4个集体和8名个人受到自治区党委、政府、工信部表彰。充实网络与信息安全技术保障力量，成立了那曲保障中心和巡回检查保障处，完成了分中心综合机房楼改造和党政专用二级网后续工程建设工作。

【三网融合稳步推进】建立健全了组织架构，制订了三网融合实施方案，出台了《西藏电信网络信息安全技术管控系统建设方案》，编制了《工作计划表》，赴第一批试点城市开展了调研，印发了推动宽带网络建设的指导意见，协调解决项目资金，解决了三网融合办前期办公场地和经费。西藏电信IPTV平台已建成，具备支持100路标清和15路高清频道及5000小时标清节目点播能力；西藏移动无线城市平台和西藏联通手机电视分发业务平台都已建成，可提供84项民生应用和城市信息化应用；目前全区手机电视用户为3.9万户。

【强基惠民工作深得民心】2012年，驻村工作队在多布扎村帮助建立健全了14项村级管理制度；抓好了基层组织建设，组织两批村干部和群众代表到拉萨学习参观；制定了村三年发展规划和7个总投资约85万元的短平快可行性项目报告；我局自筹10万元资金，帮助修建了放牧点简易公路和14套牧民夏季放牧居住房；给贫困户、三老人员发放了27000多元的粮食、茶叶、药品等；我局自筹资金开展村容村貌整治和维修水渠，修缮改造了19公里简易路面，新修道路3.5公里；帮助改善了村委会设施，举办了形式多样、内容丰富的文体活动。驻村工作得到定结县和自治区的表彰。

【领导名录】
党组书记、局长：青 其
副局长：尼玛多吉 陆建文
党组成员、专用通信局局长：余官玉

中国电信西藏公司

【年度综述】2012年，中国电信西藏公司各级企业以科学发展观为指导，坚定不移地走集团特色、西藏特点的发展路子，进一步加快发展，深化转型，夯实基础，提升价值，以服务质量和网络质量双领先推动规模发展新突破，企业转型和发展取得了新的成绩，迎来了公司化以来最好的发展时期。

【落实新兴业务战略和人力资源转型战略，企业发展呈现新的活力】积极接应集团基地业务在西藏的落地，积极拓展号百、支付等业务，号百收入同比增长54.48%，占主营业务收入的3.34%；翼支付同比增长1494%。推进电子渠道电商化转型，藏文短彩信业务成功上线。创新业务收入占经营收入的11.37%，同比增长38.81%。其中，手机上网流量同比增长93.83%。

体制机制创新力度进一步加大，县支局经营承包责任制、营业厅卖场化改造和自营厅民营化迈出步伐。创新队伍建设思路，加大领导人员竞争性选拔力度，建立领导人员退出机制，推进干部队伍年轻化。持续推进专业人才队伍建设，加大了优秀合同制员工晋升力度和核心派遣制用工转入合同制员工力度，有效拓展员工职业发展通道，企业发展活力进一步激发。

【不断加大集约力度，企业运营效率持续提升】以开展管理提升活动为抓手，紧紧围绕“13+5”重点领域，全面加强内部管理，强力实施公司级6大重点专项工作，重点专项任务取得实质性突破，企业经营管理能力和水平得到进一步提升。在营销领域，深入推进品牌、产品、资费、终端、服务“五统一”集约营销。优化品牌体系，强化产品集约，梳理套餐体系，优化终端结构，统一服务标准和规范。全面落实渠道“一把手工程”，实体渠道、电子渠道、直销渠道协同效果初步显现。在IT、采购领域，推进管理与操作职责分离，强化集约运营。MSS系统全区上线运行，财务共享服务能力不断提升。加大集采力度，节约资金1534万元。物资库存余额同比下降50.24%，盘活闲置网络资产2764.41万元，报废处置不良资产2958.41万元。在投资和建设领域，强化投资管理，优化投资结构，实施差异化投资策略，进一步支撑重点业务发展，提高投资的有效性。在预算和内控领域，深化精确管理，优化资源配置，建立了以市场份额为导向的动态预算管理和考核机制，实施资源弹性配置，有序开展划小核算单元工作，积极做好“营改增”准备；加强审计和内控评估工作，有效防范经营管理风险。

【扎实开展为民服务创先争优活动，服务信息化能力和水平显著增强】全区县乡办公自动化系统、乡级视频会议系统两大信息化应用项目全面建成投入使用。天翼移动网络实现了青藏铁路西藏段全线无缝隙全覆盖。全面实施了村村通电话工程改造及网络优化，确保了村通电话工程的质量和效果。完成了205个行政村通宽带任务，为年度目标的200%，使通宽带的行政村总数达到1421个，占全区行政村总数的27%。积极实施宽带普及提速工程，优化无线宽带网络，启动“光网城市”建设。深入落实纠正侵害消费者权益问题专项行动，实施宽带“五心”服务和3G“满翼”服务，开展装维提升专项工作，围绕关键环节和客户感知短板，推出3G服务领先标准。基础服务能力有效夯实，“五个一”服务承诺全面兑现，宽带服务满意度行业第一，3G网络质量和服务满意度行业第一。移动语音网络接通率98.33%，基站断站率1.68%，移动掉话率0.37%，EVDO连接成功率95.66%；用户网络质量申告率同比下降17%。

【全面履行维稳保通政治责任，全力维护社会和谐稳定】深入学习贯彻党的十八大精神，加强企业党建工作，开展基层组织建设年活动。深入推进反腐倡廉工作，强化惩防体系建设。深入矛盾纠纷排查化解工作，全面履行保通信安全畅通、保社会和谐稳定、保一方平安的政治责任，圆满完成了十八大通信保障、聂拉木抗雪救灾和各种特殊、应急通信保障任务，实现了“三个不出”的目标。加强节能减排和共建共享，降低建设运营成本，节约资金1233.66万元。积极配合开展三网融合试点工作，妥善应对互联互通问题。全面推行手机和互联网用户实名制工作，实现了新增用户和存量用户实名登记“双百”目标。加强网络和信息安全管理，积极整治垃圾短信，净化网络环境。坚持以人为本，关心关爱员工，建立完善基层沟通联系机制，实施“县支局关爱行动”、“优秀员工关爱行动”、“员工援助行动”、“彩虹行动”，着力改善基层工作生活条件，解决基层经营发展中的突出困难和问题，巩固提升“四小”建设成果，推进“六好”县支局建设，继续实施4000米以上县支局“送温暖”工程，解决县支局员工“吃蔬菜”和“暖通”等问题，使广大基层员工更好地享受到企业改革发展成果。强化薪酬分配的基层导向，新增工资总额向一线和艰苦地区员工倾斜。加强企业民主管理，完善员工诉求表达机制；开展“天翼争先”劳动、技能竞赛和员工岗位创新活动，提高员工素质和能力。完善法律工作体系，防范法律风险，加强安全生产、信访保密、新闻宣传和危机公关工作。扎实开展创先争优强基惠民活动，各级企业共选派出85名干部员工，组成18个驻村工作队，深入7地市18个行政村开展工作，取得阶段性成果，西藏公司荣获全区创先争优强基惠民活动优秀组织单位，3个工作队荣获全区先进驻村工作队称号，11名队员荣获全区先进驻村工作队员称号。

【获自治区级以上表彰奖励情况】

1月初，中国电信西藏公司被中国电信集团公司授予新闻宣传“贡献突出单位”荣誉称号，受到通报表彰。

2月初，中国电信拉萨分公司被中央精神文明建设指导委员会授予“全国文明单位”荣誉称号。

2月初，中国电信西藏公司荣获“全民健身活动先进单位”称号，受到国家体育总局表彰。

2月下旬，西藏公司扎西朗加获评中国电信集团“劳动竞赛优秀工作者”，受到表彰。

3月下旬，中国国防邮电工会对在工会工作中做出突出贡献的单位和个人进行表彰，其中，中国电信西藏公司传输局工会荣获“全国国防邮电产业模范职工小家”称号，区电信工会刘俐荣获“全国国防邮电产业优秀工会工作者”称号，区公司客户服务部边巴卓玛荣获“全国国防邮电产业优秀工会积极分子”称号，喜获殊荣。

4月初，中国电信西藏公司传输局仓决同志被中华全国妇女联合会评为全国妇女争先创优先进个人，受到表彰。

4月27日，中国电信林芝分公司旦增同志获得“全国五一劳动奖章”荣誉称号，中国电信阿里分公司营业厅荣获“全国工人先锋号”荣誉称号,受到表彰。

6月12日，中国电信西藏公司被中华全国总工会、全国安全生产监督管理局联合授予全国“安康杯”竞赛优胜企业称号。

7月1日，西藏自治区党委、中国电信集团公司党组分别表彰创先争优先进基层党组织、优秀共产党员和优秀党务工作者。中国电信昌都分公司第一党支部荣获“全区创先争优先进基层党组织”称号，这是全区通信行业唯一受到表彰的单位；中国电信西藏公司传输局党委荣获“中国电信创先争优先进基层党组织”称号，白峰、曲旺久、松扎荣获“中国电信创先争优优秀共产党员”称号，普布塔拉、东朗荣获“中国电信创先争优优秀党务工作者”称号。

7月初，中国电信集团公司通报表彰“为民服务创先争优”活动的先进单位、优秀团队和服务标兵，西藏公司昌都分公司装维中心荣获“中国电信为民服务创先争优优秀装维团队”，李小梅、索朗旺姆、张浩龙荣获“中国电信为民服务创先争优服务标兵”。

10月初，中国电信拉萨分公司尼玛卓嘎荣获“全国青年岗位能手”称号，喜获表彰。

12月上旬，在自治区召开的创先争优强基惠民活动第一批驻村工作总结表彰暨第二批驻村工作动员大会上，中国电信西藏公司荣获全区优秀组织单位称号。

12月中旬，西藏自治区第六次人口普查领导小组办公室表彰了全区第六次全国人口普查先进集体和先进个人，中国电信西藏公司获评先进集体，受到表彰。

12月中旬，中国电信集团公司命名了一批2012年“青年文明号”和“青年岗位能手”，西藏号百分公司荣获“青年文明号”称号，洛桑曲珍获评“青年岗位能手

【领导人名录】

党组书记 总 经 理：李晓华

党组成员 副总经理：徐永平、卜继周
莫刚、尼玛顿珠

总会计师 财务总监：格桑尼玛

中国移动西藏公司

【坚决贯彻落实党的十八大精神】2012年，中国移动西藏公司结合实际工作，坚决贯彻落实党的十八大精神：一是坚决贯彻落实“创新驱动发展战略”，不断增强创新发展的能力。尤其是大力推进自主创新的3G、4G即TD-SCDMA和TD-LTE在西藏的落地；二是坚决贯彻落实“走中国特色新型工业化、信息化、城镇化、农业现代化道路”要求，加快建设下一代信息基础设施，深化实施四网协同战略，增强网络能力，以信息化推动西藏经济跨越发展和长治久安；三是坚决贯彻落实“加快转变经济发展方式”要求，提出“有价值、可持续”发展理念，持续加强节能减排，基础设施共建共享，不断培育公司可持续发展的能力。采用太阳能、风能、光电互补等供电方式建站，目前在西藏的新能源基站超过2000个；四是坚决贯彻落实“加快走出去步伐”要求，积极拓展新领域。正在建设“传播西藏”平台和“无线城市”平台，打造云中西藏，为旅游者和市民提供丰富的西藏文化内容和便捷的服务；五是坚决贯彻落实“全面提高党的建设科学化水平”要求，加快推动党的政治优势、组织优势和群众优势向公司的创新优势、竞争优势和发展优势转化；六是坚决贯彻落实“坚定不移反对腐败，永葆共产党人清正廉洁的政治本色”要求，制定积极、有效的措施，努力拓展从源头上预防腐败领域，确保反腐倡廉建设取得实效。

【建设最优网络 搭建沟通世界信息桥梁】中国移动西藏公司大力加强基础网络建设，以满足全区不同地域、不同用户的多元化需求。

截至2012年12月，中国移动西藏公司历年累计为村通工程建设投资已超过18亿元,完成村通光缆传输工程建设总计1.3万多公里,建设村通基站1200多个,建成村通直放站249个。除了完成政府安排的村通任务以外，中国移动西藏公司在全区7地市73个县682个乡镇超过4000个行政村实现了移动信号覆盖。

加快“广覆盖”工程，致力于保障西藏地区农牧民的通信需求和西藏全区无障碍联动，特别是满足偏远地区的通信覆盖需求。到2012年12月底，光缆总长30936.69皮长公里，管道总长312.4公里。此外，核心网容量不断增加，城区网络达到100%覆盖，无线接入能力也不断增强。已在西藏建成全区规模最大、覆盖最广的网络体系，覆盖全区7个地市、74个县（市、区）、1个县级口岸所在地和主要交通干线、重要集镇、边防要地以及各主要旅游景点，特别是2012年9月13日，中国移动西藏公司在珠峰大本营开通5200米2号3G基站，率先实现了珠峰大本营3G网络全覆盖，为珠峰观光、高山救援、科考提供了更大的便利。同时，中国移动西藏公司不断推进技术演进，形成了2G（GSM）网、3G（TD-SCDMA）网、WLAN网、4G（TD-LTE）网的四网协同机制，网络速度不断提升，满足客户不同层次的需求。

为促进社会长治久安，公司还加快了边防和寺庙覆盖。通过边防覆盖工程，移动通信信号已覆盖西藏所有边境县的县城、96个乡镇、约338个行政村。行政村覆盖率达47.55%，通商口岸覆盖率达到100%，边防部队覆盖率达67.11%。还大力强化寺庙、驻寺工作组所在地的通信覆盖，数量共1770个，截至2012年底，已实现超过一半登记寺庙的网络覆盖。

【加快推进信息化建设】2012年，中国移动西藏公司加快乡镇、村通宽带工程建设，在全区683个乡镇中，除了墨脱、双湖等自然条件恶劣、建设难度极高的地方以外，公司已实现656个乡镇通光缆，通光缆地区全部具备宽带接入能力。同时，加快了村村通宽带工程建设，工程计划总投资2.16亿元，计划实现5113公里光缆建设、1200个行政村的宽带接入。到2012年底，已实现704个行政村通宽带。

在此基础上，公司加快农村信息化进程。2012年，公司与自治区党委组织部签订西藏农村党员干部现代远

程教育第二期工程集成合同。自治区党教工作产生了较好的社会效果，远程教育网络已经成为我区基层党员干部和群众在工作、学习和生活中的帮手、课堂和窗口。公司承诺将远教工程打造成“优质工程、廉政工程、惠民工程”。通过工程的实施和建成，让广大干部群众顺畅听到党中央、自治区党委政府的声音，享受到现代通信技术的便利，得到惠民、便民、利民的信息。

同时，公司正在推动建设“传播西藏”项目，按照“立体传播新西藏的新媒体平台、浓郁西藏特色的网络文化阵地、服务民生引导舆论的重要渠道、促进文化旅游发展的新兴产业”四大定位，致力于打造成为基于西藏元素的“互联网+移动互联网+现场互动直播”三位一体新媒体产业。

拉萨“无线城市”项目也在紧密筹备当中，建成后，客户可通过整合政府、企业的信息化应用，运用融合互联网、物联网、电子商务等平台技术，随时、随地、随需为广大市民提供各类信息。

【认真落实互联网电话用户真实身份登记】根据《西藏自治区人民代表大会常务委员会关于实行电话和互联网用户真实身份登记的决定》，中国移动西藏公司从1月1日起，全面推行移动用户100%真实身份登记工作。成立由公司“一把手”挂帅的领导小组，下设各职能小组，同时抽调相关人员成立专项小组对“电话用户真实身份登记”工作全面负责。为使工作有效开展，同时针对电话用户真实身份登记工作。并提出了“确保全区电话用户真实身份登记的各项工作正常、规范的进行，最终实现电话用户真实身份登记工作在业务上的常态化”的目标，明确了三个原则：一是严格执行政府针对于电话用户真实身份登记工作相关要求，建立我公司电话用户真实身份登记工作相关工作制度；二是确保做好电话用户真实身份登记工作系统的建设。利用智能化手段帮助完成电话用户真实身份登记工作；三是公司“一把手”责任制，各部门相关领导及工作人员确保相关工作落实到位。通过不懈努力，中国移动西藏公司实现新增用户真实身份登记率达到100%。

同时，公司多次组织召开互联网真实身份登记管理办法专题会议，专项部署相关工作。并通过前台查询补录、后台核查审计等措施，制定互联网用户真实身份登记和审查长效实施机制，加强企业建站、企信通、企业邮箱及自有业务平台信息发布日志留存和审计，督导地市分公司定期开展自查工作，并将自查报告按要求上报有关单位，通报全区有关单位。2012年，共核查104个非实名制家庭宽带用户，对65个用户进行了信息补录，清除39个无效用户，家庭宽带用户全部完成实名制登记。对261条互联网专线进行了逐一核查，对信息不全的客户进行电话通知，及时收集相关资料、补录相关信息，对23个不能提供真实有效身份证件的集团客户于6月30日停止服务。同时，根据《西藏自治区互联网用户真实身份登记管理办法》，汇同有关部门，及时做好6049个SP业务信息登记备案，84个营业厅体验区上网终端真实身份登记规范，31个互联网网站备案，互联网用户上网日志留存，网络安全管控平台建设工作等工作。

【为日喀则雪灾提供通信保障】2012年2月7日，西藏自治区日喀则、阿里地区发生强暴风雪灾害，部分地方因雪崩压断光缆造成通信中断。2月8日上午11时，通过监测发现，西藏日喀则聂拉木至国家一类陆路通商口岸——樟木口岸之间光缆因雪压断，导致樟木镇及沿线6个基站中断。中国移动西藏公司各级网络系统第一时间预警，二级响应迅速启动。经过120多小时连续奋战，中国移动西藏公司上下一心，参与抗灾抢险。

经过近120多个小时连续奋战，2月13日21时05分，中国移动西藏公司恢复日喀则樟木镇的移动通信。至此，西藏因强暴风雪灾害导致通信中断的地方，移动通信得以全部恢复。

【中国移动在西藏的彩铃用户突破百万】12月7日晚，为庆祝彩铃用户突破100万，中国移动西藏公司在拉萨、昌都两地主办首届中国西藏“雪域高原无线音乐盛典”，首场音乐会于在拉萨民族艺术文化宫盛大开幕。

【联合团委打造系列服务青少年项目】2012年8月27日，由共青团西藏自治区委员会、中国移动西藏公司主办，西藏青年报社、中国移动西藏公司数据部承办的“微青春·传成长”——西藏首届“移动杯”青少年微博大赛在拉萨启动。活动利用“微博”这一新兴传播平台，通过主题活动策划、博友互动活动，组织全区青少年表达对团的热爱，对青春的歌颂，对历史的追忆，感染、激励青少年成长，增强团员青年对团的归属感，达到主题教育、励志成长的目标。据相关数据统计，为期一个月的微博大赛活动共在全区新发展微博用户近6000个。同时，移动微博积极与团区委组织新媒体沙龙主题论坛等活动，营造出积极的舆论氛围，得到了区党委宣传部新闻处、网络处，自治区外宣办，团区委，教育厅，新闻出版局等单位的认可和支持。

2012年11月，公司充分调研团区委建立新媒体传播平台困境与需求，借助手机阅读企业书屋产品优势，为团区委量身打造“移动青年阅读”平台，实现团区委重要新闻内部发布，信息共享，助力青年团干部业务成长及文化知识学习。该次合作新增手机阅读付费客户3039户。

【获奖情况】2012年1月，中国移动西藏那曲分公司被西藏自治区人民政府、西藏军区授予“爱国拥军模范单位”荣誉称号；

2012年2月，中国移动阿里噶尔县分公司被中国移动集团公司评为“营业窗口优秀服务单位”；

2012年1月，中国移动西藏拉萨分公司被拉萨市人力资源和社会保障局授予2011年“吸纳毕业生就业先进单位”称号；

2012年2月，中国移动西藏公司服务管理部呼叫中心“畅想部落”等10个班组被中国移动西藏公司评选为2011年度“满意100“服务明星班组；

中国移动西藏公司服务管理部呼叫中心陈福等10人被中国移动西藏公司评选为2011年度“满意100”服务明星；

2012年5月，中国移动西藏公司市场经营部综合室等11个单位被西藏自治区委员会授予“红旗班组”称号；

2012年6月，中国移动西藏公司获得中华全国总工会颁发的全国“安康杯”竞赛活动“优胜单位”和“示范单位”荣誉称号；

2012年6月，中国移动西藏公司直属机关党委第三党支部等10个单位被中国移动西藏公司党组授予“为民服务”先进窗口单位称号；

2012年7月，中国移动西藏日喀则分公司陈其丽在中国移动西藏公司举办的中央企业职工技能大赛西藏自治区选拔赛中荣获第三名；

2012年7月，中国移动西藏昌都分公司被西藏自治区红十字会授予《青少年预防犯罪》普法教育爱心捐赠单位；

2012年8月，中国移动西藏公司获得中华全国总工会授予“全国职工书屋”荣誉称号；

2012年9月，中国移动西藏公司卓锋被中国质量协会、中华全国总工会、中华全国妇女联合会和中国科学技术协会联合授予质量管理小组活动“卓越领导者”荣誉称号；

2012年12月，中国移动山南分公司中心营业厅班组和林芝波密县分公司“臻翼班组”被中国移动集团公司授予“中国移动卓越班组”荣誉称号；

2012年12月，中国移动西藏公司服务管理部被中国移动通信集团公司授予“中国移动班组建设示范单位”称号；

2012年12月，中国移动西藏山南扎囊县、措美县、林芝波密县、昌都丁青县、八宿县、那曲安多县、阿里札达县、普兰县分公司分别被西藏自治区精神文明建设指导委员会授予“文明单位”称号。

【领导名录】

党组书记、董事长、总经理：卓锋
党组成员、董事、副总经理：
朱代明、旺久曲觉 、向涛
纪检组长、工会主席：薛平
党组成员、董事、副总经理、
总会计师：刘巍

民航西藏自治区管理工作

【年度综述】2012年，西藏区局认真学习贯彻民航两级工作会议、西藏自治区全区经济工作会议精神，深入贯彻落实《国务院关于促进民航业发展的若干意见》以及《关于促进西藏民航跨越式发展的会谈纪要》，各项工作稳步推进，西藏民航事业取得了长足进步。

【安全工作持续加强】实现了第47个安全生产年。积极推进安全管理体系（SMS）、航空保安体系（SeMS）建设，各机场全部通过局方安全审计和保安审计，安全投入力度不断加大，安全基础不断夯实。成都—拉萨航线ADS-B/VHF试运行，拉萨—玉树航路正式打通，拉萨贡嘎机场多普勒气象雷达站投入使用，拉萨贡嘎机场进离场分流工作顺利推进，军民航合作持续深化，飞行安全裕度不断提升。进一步理顺生产现场运行流程，加强信息管理，加大FOD治理力度，严格净空保护，加强不停航施工管理，机坪运行秩序良好。在严峻的空防维稳形势下，继续强化安保措施，适时提升安保响应等级，成功处置了“10·9诈弹”恐怖信息威胁，圆满完成国家领导人进藏调研、“两会”、“十八大”代表进出藏航空运输保障，实现了自治区“三个不出”的目标，确保了空防安全和社会稳定。安全监管力量不断充实，监管规章制度进一步完善，行业安全监管水平不断提高。积极推进应急管理工作，开展各类应急演练，成功处置一系列应急突发事件。认真开展“8·24”反思整顿、“打非治违”、“安全生产月”、换季检查等专项活动，消除安全隐患，强化安全主体责任和监管责任。圆满完成军方多次重要保障任务，取得了连续26年安全保障航空军事运输的成绩。

【运输生产迈上新台阶】厦门航空、重庆航空相继执飞西藏航线，全年各航空公司共新开辟8条航线，航班计划大幅增加，西藏民航进入持续快速发展的新时期。全年共保障飞机起降2.1万架次；完成旅客吞吐量221.7万人次，首次超过西藏铁路运输；完成货邮吞吐量1.6万吨，分别同比增长30.6%、21.1%、36.0%。圆满完成自治区政府确定的旅客吞吐量220万人次的指标任务，旅客吞吐量增幅远高于全国民航平均9.2%的增长速度，高于民航西南地区10个百分点；昌都邦达机场旅客吞吐量突破10万人次，林芝米林机场突破20万人次，民航在西藏经济社会发展中的作用日益突出。

【基础建设成绩显著】简化了西藏民航建设项目审批环节，为项目尽快落地创造了有利条件，“十二五”重点项目进展顺利，拉萨贡嘎机场飞行区改造及配套工程已经完成；拉萨贡嘎机场航管楼迁建工程、昌都邦达机场飞行区改造工程、林芝米林机场航站区改扩建工程已上报国家发改委；那曲机场新建工程已完成场址选址报告，各项前期工作进展顺利；西藏航油配送中心工程铁路接卸库已完成，待组织竣工验收；应急救援基地工程和通用航空项目正由自治区发改委编制规划。为进一步提高机场服务功能和安全保障能力，先后实施完成了林芝米林机场站坪扩建工程，有效解决了林芝米林机场不断增长的运输量和机场站坪机位不足的矛盾；完成昌都、林芝、阿里昆莎机场助航灯光工程，区内所有机场均具备了夜航保障能力；完成邦达机场跑道修补工作，消除了安全隐患，并为跑道盖被工程奠定基础；完成拉萨贡嘎机场停车场改造等一批基建项目，全年共完成投资2.25亿元。

【民生项目深得人心区】局始终坚持“以人为本、关注民生”，着力解决职工热点难点问题。一是提高职工福利待遇。完成新增工资控制总量的分配、套算和发放，员工工资水平的大幅提升；建立企业年金制度，员工退休后的生活保障水平进一步提高；关心退休人员，上调生活补助，退休人员的收入有了一定程度增长；完善年休假管理办法，职工福利待遇大幅提升。二是改善职工生活、工作条件。完成职工食堂经营方更换工作，加强监督检查，提高生活质量；完成拉萨贡嘎机场数字电视建设、职工活动中心改造工作，成立影视音乐、篮球等9个协会，结合“安康杯”开展体育竞技比赛、放映爱国主义题材电影等活动，职工业余文化生活不断丰富。三是积极推进房改工作。房屋产权证办理已经完成，房改方案已提交职代会讨论通过。

【企业管理力度加强】 一是着力加强队伍建设。加大干部选拔力度，一批想干事、能干事、干成事的人员进入了管理层；畅通短招工身份转换通道，一批优秀短招工转为长招工；规范劳动人事工作，完成《劳动人事工作规范化管理手册》编写；深入开展培训工作，区局发展后劲进一步增强。二是着力完善机构职责。成立重点项目办公室、特种车辆运行部，修订完善各单位职责，开展岗位优化排班试点，一体化管理工作逐步推进。三是着力提升经营管理水平。以推进精细化管理为目标，组织召开区局财务工作会议，研究出台《零星维修项目管理办法》、《车辆使用管理办法》等规章制度，加强资金管理，规范工作程序，堵塞管理漏洞。

【非航产业活力凸显】 积极整合非航产业资源，相继完成散客到达中心旅游平台，日喀则、阿里酒店以及广告营销业务的租赁；深化市场运作，与厦门翔业集团开展合作，共同成立西藏佰翔天厨食品有限公司；按照国家相关部委要求，中国航油西藏公司股权及资产移交工作稳步推进。

【服务质量不断改善】 落实区局服务质量监督办法，严格执行民航局《关于做好2012年航空消费者投诉工作的通知》精神，消费者事务工作服务水平进一步提高；修订完善《航班大面积延误应急处置预案》，加大航空服务宣传力度，加大与公司、驻场单位的协同配合，认真开展航班延误、取消后续服务工作。2012年区局航班正常率96%，接到旅客投诉16起，无一起有效投诉，展示了良好的空港窗口形象。

【领导名录】
党委书记、副局长：白珍
局长、党委副书记：李汉成

国土资源、住房建设、旅游

自治区国土资源工作

【土地资源概况】 到2012年底，西藏全区土地总面积为12022万公顷。其中农用地10079.96万公顷，占全区土地总面积的83.8%，耕地44万公顷，占农用地面积的0.44%，其中基本农田438公顷，园地0.16万公顷，林地面积1603万公顷，草地8432.8万公顷；城镇村及工矿用地9.4万公顷，交通运输用地6.9万公顷，水域及水利设施用地694万公顷；其他用地1231万公顷。

【地籍管理】 扎实推进地籍管理工作，完成了2011年度土地变更调查，有效保证了全区各类土地数据的真实性和现势性，为各级政府宏观决策提供了依据。对全区35个县的部分基本农田进行了调整，保证了国家重点建设项目的用地需求。稳步推进农村宅基地确权登记发证工作，已有53个县通过成果验收，6个县开始发证，项目完成超过了80%，确权登记达到了全覆盖，将形成产权明晰、权属明确、权益保障、流转顺畅、分配合理的农村宅基地产权制度。开展了宗地统一代码编制工作，启动了土地登记信息动态监管查询系统建设，

【耕地保护与土地利用】 实行最严格的土地管理制度。全面落实土地用途管制制度，执行土地利用规划计划。全面推行各级政府履行耕地保护的第一责任制度，国土资源管理部门全力以赴，促进了耕地保护共同责任的落实。坚持和完善最严格的耕地保护制度，完成了2011年度耕地保护责任目标检查考评，考核结果由自治区人民政府进行了通报。加强土地整治，向财政申请落实了2011年度确定的10个土地整治项目资金3900余万元，返还2011年度耕地开垦费167.7万元。计划投资7000余万元建设7万亩高标准基本农田，分解下达了任务，完成了立项和选址等前期工作。完善征地补偿制度，提高征地补偿标准，配合用地单位积极探索多种安置途径，及时足额支付补偿安置费用，确保了被征地农牧民生活水平不降低，长远生计有保障。

立足稳增长、调结构，保障发展用地，提高资源支撑能力。增加用地指标总量，安排新增建设用地计划指标2.25万亩。加强对重点建设项目用地预（初）审，173个项目通过审查。经自治区政府批准建设用地8699.4亩，审查并向国土资源部上报了2012年拉萨市中心城区3450亩建设用地（其中新增建设用地2550亩）的报批材料，保障发展，着力提供了重要的资源保障和优质服务。

【加强土地市场建设，为地方经济社会发展服务】 通过引入市场竞争机

制，充分发挥市场对土地资源配置的基础性作用。在继续规范经营性用地招标拍卖和挂牌出让的同时，大力推进工业用地招标拍卖挂牌出让制度，切实加强对土地市场的监管。自治区土地矿权交易和资源储量评审中心成功挂牌，对维护土地使用权人和矿业权人的合法权益，促进土地和矿业权市场的健康有序发展将发挥重要作用。

【**地质找矿**】青藏专项2012年工作会议在拉萨圆满召开，总结了青藏专项5年成果，部署落实找矿突破战略行动及下一步工作。专项实施以来，以铜为主的矿产勘查取得了重大突破，新增铜金属量3000万吨，铬铁矿石100万吨以上，铅锌金属量800万吨以上，钼金属量120万吨以上，岩金40吨以上。全力推进找矿突破战略，编制了实施方案，报请自治区政府成立了全区找矿突破战略行动指挥部，出台了关于推动找矿突破战略行动的实施意见，加强对全区地质找矿工作的组织领导。基础地质调查工作程度显著提高，到2012年底，8个整装勘查区累计完成主要实物工作量包括钻探23.20万米、槽探12.97万立方米、坑探3.65万米，累计投入资金11.56亿元，累计新增金属量铜1376万吨，铅锌307万吨，钼40万吨，金350吨。我区基础地质调查工作程度显著提高，8个整装勘查区和16个重点勘查区找矿工作加快推进，多个大型矿产资源勘查开发基地已经成型，为促进全区经济发展提供了有力的资源保障和产业支撑。

【**矿政管理**】严格探矿权、采矿权管理。按照自治区人民政府制定的《整顿和规范矿产资源开发秩序期间探矿权采矿权申请审查报批的暂行规定》，进一步严格探矿权采矿权申请审批程序和审批权限、合理有序地开展了探矿权采矿权审批登记工作。

【**地质环境情况**】区74个县（市、区）均有地质灾害发育，地质灾害类型以泥石流、崩塌和滑坡为主。截止到2012年底，全区以发现地质灾害隐患点共计8901处，其中：崩塌（含不稳定斜坡）2513处、滑坡1424处、泥石流4974处，其他（地裂缝等）50处；受地质灾害威胁的群众29.17万人，潜在经济损失92.17亿元。

【**地质灾害防治情况**】加强地质灾害防治工作，报请自治区政府出台了贯彻落实国务院关于加强地质灾害防治工作的实施意见，编制了2012年度地质灾害防治方案，并由自治区政府办公厅批转各地实施。组派工作组，行程1万余公里，分赴全区七地、市开展了汛期地质灾害排查和应急调查，并提出了治理的建议。开展了地质灾害远程会商及应急指挥系统建设，加强地质灾害气象预警预报，成功避让了部分地质灾害，1—9月，全区共发生地质灾害57起（其中：崩塌11起、滑坡12起、泥石流34起），直接经济损失138.54万元，未造成人员伤亡。向国土资源部申请落实了5156万元，用于地质灾害调查评价、监测预警、防治和应急体系建设。完成了10余处地质灾害治理工程可行性研究与初步设计、施工图设计的审查，并对部分治理工程的实施进行了检查督促，确保工程治理质量。

【**国土资源执法监察**】始终对违规违法行为保持高压严打态势，全区发现和确认国土资源违法案件233件，其中，土地违法案件220件，涉及违法用地9604.43亩，含耕地961.19亩，基本农田10.4亩，其中，动态巡查发现19件，涉及土地16.13亩，含耕地15.26亩；卫片执法检查确认违法案件201件，涉及土地9588.3亩，含耕地945.93亩，基本农田10.4亩。矿产违法案件13件，其中，群众举报发现查处5件，卫片执法确认违法案件8件。对以上违法违规行为，均进行了处理。二是为加强全区国土资源执法检查工作，报请自治区政府出台了关于进一步加强国土资源执法监察工作的意见，完善了国土资源执法监察共同责任机制。三是协同国家土地督察成都局开展了用地督察和调研等相关工作，并加强与交通运输、铁路、水利等部门的协调联动，破解重点工程项目违规违法用地突出问题。

自治区住房和城乡建设工作

【**深入推进保障性住房建设，进一步完善住房保障体系**】2012年1.25万套保障房项目全部开工建设，主体工程基本建成，完成投资11.05亿元。根据自治区经济社会发展实际，合理调整保障房入住条件，将廉租房保障对象收入标准从原来人均月收入不超过650元调整到当地城镇最低工资标准（1200元左右）。加快廉租住房审核入住工作，在提高廉租住房入住率上下功夫，全区已建成廉租住房入住率超过92%，拉萨市首期廉租住房入住率达到93%。

落实了干部职工按月住房补贴制度，形成了长效机制。在全区住房公积金行业组织开展“创先争优创建文明窗口单位”活动，建立住房公积金廉政防范机制，与中同建设银行西藏分行联合发行了“公积金龙卡暨金融IC卡”，为广大客户的公积金管理提供极为便捷且十分周全的服务，全力改进和提高全区住房公积金服务管理水平。

全区以“四房两改”为重点、以“两补一金”为基础、覆盖城乡的住房保障体系（四房即廉租住房、周转房、公租房和经济适用住房；两改即指棚户区改造和农村危房改造；两补即是指干部职工住房补贴和廉租住房租赁住房补贴；一金即住房公积金）不断得到完善。

【**深入推进城乡规划建设管理，城乡建设力度继续加大**】“十二五”规划编制工作进展有序。《西藏自治区城乡规划条例》经自治区人大审议通过并颁布，于6月1日正式实施；认真做好“十二五”专项规划编制工作，完成了《西藏自治区“十二五”时期住房城乡建设发展规划》、《西藏自治区“十二五”时期城乡建设防灾减灾规划》、《西藏自治区“十二五”城镇基础设施建设规划》、《西藏自治区“十二五”时期城镇垃圾处理建设规划》、《西藏自治区“十二五”时期保障性住房建设规划》等专项规划编制工作，《鲁朗国际旅游小镇总体规划(2012-2020)》通过了评审。八宿、萨嘎、比如、仲巴、浪卡子等20多个县城总体规划通过了自治区城镇规划评审委员会的技术审查，着力推进全区各县城第二轮总体规划修编。八一镇、泽当镇总体规划修编有序推进。

基础设施建设扎实推进。积极服务重大项目建设，协调国家住房城乡建设建设部组成专家咨询组对拉萨供暖工程进行实地考察调研，形成了《拉萨供暖工程的指导性意见》，拉萨市全力推进、各有关部门协同配合，实现了冬季拉萨城区40%供暖的目标。简化、规范建设项目选址意见书的核发程序，基本完成了85%的“十二五”规划项目前置审批工作，确保了项目及时实施，纠正了一些项目选址不当的问题。2012年启动的102项城乡基础设施建设项目中，已建成2个；在建20个；开展前期工作的建设项目86个。由住房城乡建设部门承担前期工作的建设项目126个，已有117个按规定完成前期工作，占91%。上报国家发改委审批的《西藏自治区2013年中央预算内基本建设项目投资计划》87个项目，全部完成前置性审批手续，完成率100%。开展了17个重点乡镇基础设施建设项目的前期工作。

加强风景名胜区和历史文化名城名镇建设。完成了唐古拉山-怒江源、念青唐古拉山-纳木错国家级风景名胜区总体规划编制规划评审工作。完成雅砻河风景名胜区基础设施建设项目前期工作，进入项目开工前的各项准备阶段；昌珠镇历史文化名镇的基础设施改造项目的前期工作全部完成，已上报国家发改委审批。古格-土林被列入第八批国家级风景名胜区名录，全区国家级风景名胜区达4处。对13处自治区级风景名胜区工作的开展情况进行了摸底调查，形成了总体规划编工作方案，指导部分县启动总体规划的编制工作。

积极服务农牧区发展。在日喀则市举办了“9·18”灾后恢复重建技术培训班，印发了《“9·18”灾后恢复重建技术导则》、《“9·18”居住建筑加固技术导则》、《“9·18”灾后恢复重建工程质量监督员制度》，进一步加强对灾后恢复重建工作的指导。委托设计院完成了13个自然村规划、35个民房方案、60项施工图编制，有力指导灾后重建。会同区财政厅、发改委通过积极努力，落实农村危房改造计划10.05万户、投资8.12亿元，为安居工程建设和灾区恢复重建提供了有力的资金支撑。

【加强市场管理，进一步整顿规范建筑市场秩序】做好企业资质受理和网络备案工作，加强对企业的规范化管理。依托“西藏建筑市场综合管理服务平台”的网络信息化管理功能，加强建筑市场动态监管，集中清理了一批在资质申报中弄虚作假的企业。建立了全区建设工程企业、工程技术人员和工程项目数据库。共审批新增施工企业24家、建筑勘察企业2家、质量检测机构2家、施工图审查机构7家。进一步优化完善了“西藏自治区建筑市场综合管理服务平台”，企业、人员、项目信息三大数据库进一步充实。2012年，共有959家通过综合管理服务平台完成企业备案。对19家施工企业、1名人员进行了不良行为记录与公示。

创新模式，为建筑市场各方主体提供高效服务。拟订《西藏自治区建筑业“十二五发展规划”》，制定了《西藏自治区建设工程企业流动人口管理办法》。完成了全区建设工程企业的分类建档工作，为提升建设工程企业管理和服务提供了便利。全年建筑业增加值达186.54亿元。

加强招投标市场监管，维护招投标市场秩序。切实规范建筑市场秩序。各地市进一步完善招投标专家库，规范专家管理，招投标信息化建设步伐加快，电子评标及监控系统等技术措施得到应用。

做好“双清欠”工作，积极维护民工合法权益。积极抓好双清欠工作，妥善化解矛盾纠纷，努力做到第一时间热情接待、第一时间协调处理、第一时间妥善化解矛盾，将问题解决在萌芽状态，努力营造和谐有序的良好氛围。区清欠办全年共接待民工上访41批次，涉及拖欠工资总额共计839.76万元，涉及人员283人,已妥善解决731.54万元。

【强化建筑质量安全监管，推动住房城乡建设各项事业安全和谐发展】落实安全生产责任，抓好安全生产监督检查工作，按照日常监管和重点排查相结合的原则，积极开展安全生产专项检查工作，及时排查各类安全隐患。共开展各类安全检查10次，检查施工现场500余个，提出各类改进建议2700余条，现场整改率达到90%以上。区建筑工程质量监督总站对100个项目进行了工程质量安全监督，监督总面积96.25万平方米。制定下发了《西藏自治区建筑工程安全生产、文明施工措施费使用管理办法》。积极引导各地市定期不定期开展建筑质量安全生产专项检查工作，严格落实各项安全措施和定期安全隐患排查制度，建立安全生产信息上报机制。全区2012年竣工的1300余个工程项目一次性验收合格率达到98%。全区建筑施工安全生产事故和死亡人数分别比上年下降85%和69%，确保了“双下降”目标的完成。

【积极引导房地产业健康平稳发展】全区共有房地产相关企业155家，其中，物业服务企业46家，服务面积达369.01万平方米，从业人员700余人。全区房地产业完成开发投资额6.87亿元。强化了房地产业的管理和服务，提升水平，建立了房地产数据申报机制，指导区房地产业协会成功举办了2012年度春季房展，世邦投资有限公司“世邦城市花园”项目被中国房地产协会授予“广厦奖”。积极探索保障房建设与房地产市场有机结合新机制，支持和鼓励有资信的房地产企业做大做强。推进个人住房信息系统建设，全面落实“以牌（证）管房、以房管人”各项措施，完成了首批房屋登记官培训考核工作，49人通过考核并取得房屋登记官资格。

【全面完成公有房屋普查统计，着力推进区直机关周转房建设】完成了全区公有房屋调查统计工作，首次建立了自治区公有房屋数据库，建立年报制度，推进公有房屋规范化管理。积极部署做好在全区开展清理违规占用周转房工作，努力加快区直机关周转房建设，加快协调，完成了区直单位第三期周转房项目建设的前期相关工作。

【深入开展强基惠民活动，着力加强基层基础】按照自治区党委的决策部署和自治区创先争优强基惠民活动办公室的统一要求，区住房城乡建设厅五个驻村工作队紧紧围绕“一个目标、五大任务”，在做好规定动作的基础上，创新自选动作，厅领导与各驻村工作队和驻村点建立了对口联系点、厅机关15个支部与困难群众建立结对帮扶对子75对，驻吞达村工作队还实现了“五个第一”（即编制了西藏自治区第一个村庄规划—《尼木县吞巴乡吞达村村庄规划》、建立了第一个村级网站等），共落实涉及交通、水利、种植养殖、农产品加工、村级组织建设、村容村貌整治、文化卫生等项目117个，涉及项目资金3078多万元。

自治区旅游工作

【年度综述】全区累计接待游客1058.4万人次，实现旅游总收入126.5亿元，分别增长21.7%和30.3%。旅游经济增长高于人次增长，质增大于量增。旅游业直接就业5.73万人，间接就业22.94万人，旅游经济就业总人数达到28.67万人，旅游业规模经济再上新台阶。

【产品建设】雅鲁藏布大峡谷、珠穆朗玛、纳木措国家公园正式挂牌；布达拉宫成功申报国家5A级景区，实现了我区5A级景区零的突破，全区新增A级景区25处，达到70处；新增星级饭店34家，达到211家，新评家庭旅馆39家，达到640家。产业规模持续扩大，接待能力显著增强，“世界屋脊□神奇西藏”旅游品牌影响力、竞争力持续提升。

【市场主体培育】全区旅游体制机制改革试点工作取得重大突破，西藏国旅旅游集团有限公司、拉萨布达拉旅游文化集团有限公司、高原散客集散中心顺利组建，形成以西藏旅游股份有限公司等五大旅游集团为龙头的产业集群，企业发展整体趋势好，资源配置进一步优化，服务能力全面提升。

【旅游宣传促销】确定了“2012幸福西藏游”宣传主题，制定了“2012跨越喜马拉雅”、“环游西藏 感悟幸福”等宣传口号，推出了“圣地婚约”、“幸福西藏号专列”等一系列以快乐健康为主题的旅游产品，备受游客青睐，得到市场积极回应；西藏旅游宣传片强势登陆央视等知名媒体，实现了我区旅游形象宣传片在全球144个国家和地区落地播出；《西藏旅游》杂志成功覆盖所有进出藏航班；组织参加了由国家旅游局牵头的系列国际旅游展览会、国内（国际）旅游交易会（博览会），并在重要客源地开展了冬游西藏巡回促销，重点策划推出了“藏族佳丽评选”、“圣地婚礼”等活动，进一步扩大了我区旅游产品营销推介的深度和广度，拓展了市场。

【旅游援藏工作】全国旅游援藏工作座谈会在藏圆满召开，国家旅游局、西藏自治区人民政府共同签署了《全国旅游援藏工作座谈会会议纪要》，明确了国家旅游局、各对口省区市援藏工作责任和任务；对全国导游援藏十年工作进行了全面总结，明确了继续开展十年导游援藏，研究并通过了《西藏建设重要世界旅游目的地课题研究》报告。

【诚信建设】全区旅行社等级评定工作顺利完成，先后评定甲级旅行社15家、乙级旅行社37家、丙级旅行社47家；依法取缔3家旅行社，处理违规旅游企业3家，取消9家星级饭店，责令38家饭店限期整改；全行业诚信建设持续推进，服务意识、水平显著提升。据市场抽样调查显示，98.2%的游客对我区旅游环境和服务质量表示满意，73%的游客有意重游西藏。

【项目建设】召开了全区旅游系统2012年国家和地方旅游发展资（基）金项目对接会议，明确了2012年旅游发展专项资（基）金项目申报数量；进一步加快“十二五”重点旅游项目前期工作，积极协调、帮助、指导各地（市）、重点旅游县以及相关部门做好前期可研编制及评审工作；全面启动了“十二五”旅游重点建设项目工作，落实了2012年我区“十二五”旅游重点建设开工项目；落实完成“十二五”重点建设项目前期工作26个，涉及资金17913万元。

【强基惠民】以“五项任务”为抓手，编制乡村旅游精品线路规划，为旅游沿线农牧民吃上旅游饭超前谋划部署；组织农牧民参与旅游服务，全区参与旅游服务的农牧民12029户，48120人，人均创收6118元，旅游惠民取得全面成效。

气象、地震、电力、石油

自治区气象工作

【气象服务】2012年，新增定量降水和灾害性天气落区预报业务，开展了拉萨市逐6小时精细化预报服务，启动了拉萨市便民警务气象精细化监测预警服务系统等项目前期工作。建立了区级气象灾害预警短信全网发布、地级远程预警信息发布终端、新版藏文版西藏农经网、藏文彩信发布等系统，气象灾害预警短信发布覆盖率达90%以上。增加了气象资讯节目，开展了重大活动等气象保障服务。开展了青藏电网并网等专业专项气象服务。积极开展特色种养殖业和设施农业气象服务，琼结和墨竹工卡两个县局开展了为农气象服务试点，适时开展人工增雨和防雹作业。加强了气象科普宣传工作，发表稿件1000篇以上；“3·23气象日科普活动”被评为全国示范类科普活动，区地两级开展了防雷科普宣传进寺庙活动；积极参与布达拉宫雷电防护工作。

【应对气候变化能力建设】组织开展了“那曲风电场气象条件分析报告”及“溜筒江以上澜沧江上游流域水电站建设气象条件分析报告”两项气候可行性论证。引进了极端气候事件监测业务系统，实现了本地化运行。建立了适合西藏气候特点的干旱综合监测和预测预警系统。研究制定了西藏极端气候事件指标。建立了西藏气候预测产品检验评估系统。积极开展遥感业务，进一步加强了森林火点监测和人工增雨防火灭火工作，发布积雪、林火、植被、干旱、湖泊水域等遥感监测公报100余期。《西藏气候》即将出版发行。建立了气象灾害应急联动机制，有7个县出台了气象灾害防御规划，15个县出台了气象灾害应急预案，开展了气象灾害应急准备认证和应急演练。协调西藏自治区政府批转了《西藏自治区气象灾害防御规划》，印发了《关于进一步加强雷电灾害防御工作的通知》。建立了区级气象灾害预警短信全网发布系统、用户数据库和地（市）气象局远程预警信息发布终端以及藏文彩信发布系统，气象灾害预警短信发布覆盖率达90%以上。加强气象灾害监测预报、预警和服务，为2月西藏南部普兰至错那一线12县的暴风雪灾害、中尼公路和川藏公路塌方抢险、3月昌都和山南森林灭火、6月中旬前期干旱后期降雨偏多的转折性灾害天气等提供了气象保障服务。

【气象业务与现代化建设】组建了西藏自治区公共气象服务中心，实施了西藏自治区气象台、气候中心、科研所机构及现代化试点改革。召开了藏东南气象设施建设座谈会和专家咨询会，编制了《藏东南区域气象设施建设专项方案》、《墨脱县基准气候站建设方案》，西藏测站总数达到221个。新增三项高分辨率细网格模式产品；完成精细化要素预报支撑环境、订正工具、多普勒雷达数据处理、报文传输的更新升级和高清电视会商系统等的建设及本地化运行；对风云卫星规模利用站的软硬件进行了改造升级，实现了系统的平稳过渡。新建30个乡镇无人自动站、3个交通无人自动站和23个自动雨量站，测站总数达到221个。人影基础设施、自动化综合气象观测和气象信息网络与技术装备保障能力建设等3个“十二五”重点项目启动建设，落地资金7224万。实施了宽带网区地两级升级、区局局域网升级改造，建成了全区气象数据信息共享平台和装备运行监控平台；山洪地质灾害防治县级非工程措施自动气象站观测数据在区局共享。区台优化岗位设置、完善业务流程和中短期业务平台，开发大城市精细化气象要素预报业务平台；Mesis1.2实现本地化运行。

【科技创新和人才培养】积极开展高原特色科研，完成验收科研项目12个，在研项目39个，申报立项26个，在国家核心期刊发表论文12篇。与中科院签订了《区域大气污染与光化学》技术服务合同，开展“拉萨地区臭氧与水汽探空观测实验”的专项技术服务。编制了《西藏气象部门中长期人才发展规划》（2012-2020），举办了首届全区少数民族气象干部培训班，调整充实了部分处级干部队伍，并提高了退休干部的管理与服务水平。引进气象专业类人才26人，达成意向35人，124人参加成信院学历教育。1人、2人、6人分别通过专业技术二级、三级、五级岗位考核；4人、45人分别获得高级工程师和工程师任职资格。启动了省所改革试点工作，梳理特色领域，完善运行机制。青藏高原多源实测气象数据集的研制等26个项目立项，青藏高原遥感积雪气候数据集建设等39个项目在研，西藏强对流天气短时临近预报预警系统获自治区科技进步三等奖；《西藏气候》完成编写，《藏汉大气科学词典》编译进展顺利。与自治区总工会、人力资源和社会保障厅联合举办了首届气象行业综合气象观测技能竞赛；加强了援藏工作和退休干部工作。

【气象法规建设与社会管理】中国气象局党组专题听取西藏区局党组工作汇报，并健全了领导、投入、用人、援藏等四项长效机制；中国气象局成立了西藏气象工作协调领导小组，中国气象局与自治区政府签署了《推进西藏气象事业跨越式发展合作协议》；《西藏自治区气候资源条例》于2013年1月1日起施行，实行了气候可行性论证制度，并纳入重大规划和重大项目前置性审批；向西藏自治区人大和政府法制部门报送了2013年立法计划。成立了气象标准化技术委员会，申报了2项地方、1项全国气象行业标准。联合区发改委、住建厅、国土厅、环保厅等四家单位下发了《关于进一步加强气象探测环境保护工作的通知》。制定了《西藏人工影响天气应急预案》，完成了23个人影标准化作业点建设以及区气象台、气候中心和科研所的改革，启动了定日、隆子和墨竹工卡等3个县局基层机构综合改革试点工作，出台了10项内部管理制度，召开了全区气象科技服务研讨会。区地两级气象、文物部门联合开展了防雷科普宣传进寺庙活动，积极做好布达拉宫防雷安全相关工作。

【人才工作】印发《西藏气象部门中长期人才发展规划》（2012-2020）；完成了事业单位第二次岗位聘用工作；完成了对西藏自治区气象局和昌都、那曲、山南、林芝气象局领导班子的充实调整工作；对部分优秀县局局长享受六级职员待遇进行了考核调整；对全区气象部门19名处级领导干部进行了述职测评和试用期满考核；印发《西藏自治区气象局创新团队建设与管理办法（试行）》；完成2012年度西藏气象部门中级专业技术资格评审工作和副研级专业技术资格的评审上报工作，录用本科毕业生25人，考试录用公务员4人（新进大学本科毕业生1人），其中气象类专业毕业生为23人，全区气象部门共退休11人（含病退1人），调出2人，辞退1人；汇编出台了西藏气象部门人事工作法规性文件和《西藏自治区气象局驻村工作队管理办法》；完成了西藏自治区气象服务中心的组建工作，并对防雷中心的运行进行了相应调整；完成了我局机关及直属事业单位短期援藏干部的安置和地（市）局第六批2名援藏干部的轮换工作。

【基层气象工作】在无气象主管机构的县设立气象局的工作取得进展，西藏自治区编委拟同意在5年内分三批建设35个县气象局。加强了对基层气象部门的综合调研，将墨竹工卡等3个县气象局作为试点，启动了基层气象台站综合改革。联合西藏自治区总工会、人社厅举办了首届气象行业综合气象观测技能竞赛，举办了8个专题培训班，召开了县局局长座谈会，基层6位通讯员到中国气象局相关部门跟班学习。完成了大部分台站的阳光采暖房、定日和那曲富氧离子环境、7个台站职工饮水安全项目、聂拉木县局基础设施建设，阿里局办公楼封顶；批复了9个县气象局的基础设施改善实施方案，总投资近6000万元。新建电子显示屏9块、乡镇气象信息服务站28个、新增气象信息员310人。统一研发了县级气象综合服务平台。

自治区防震减灾工作

【监测预报任务圆满完成】1.认真落实震情值班制度。坚持24小时震情值班，全年共监测到我区发生的地震3907次，其中ML5.0级以上地震1次，ML4.0-ML4.9级地震28次，ML3.0-ML3.9级地震117次，ML3.0级以下地震3761次。完成地震速报57次，速报时间及精度等指标基本符合中国地震局规定及我局年度所定目标。2.严格落实震情会商制度。落实周、月及半年会商，共召开会商会56次，并积极与中国地震台网中心及周边省局联席会商，有效地处理了革吉地震、八宿震群、尼玛震群等显著地震事件。3.认真做好震情跟踪工作。继续落实《藏东南震情监视与跟踪工作方案》，积极加强藏东地区的地震监测，组织人员在那曲地震台、昌都地震台增设了强震仪，并完成八宿、江达、丁青等地震台站电源、通信及专业设备的安装。这些台站的建设加强了藏东地区的地震监测能力，有力地保障了藏东地区的震情监视。第四，积极做好十八期间地震安全保障工作。制定《中国共产党第十八次全国代表大会期间西藏自治区地震安全保障工作方案》，实行每天震情零报告制度，对地震监测、应急准备、突发性地震事件的处置等作了强化安排和部署。

【震害防御工作不断创新】工程性防御工作。1.积极参与修订《中国地震动参数区划图》工作。根据《关于征求国家标准<中国地震动参数区划图>意见的函》（中震防函.2012.18号）精神，为做好国家标准GB18306—2001《中国地震动参数区划图》的修订工作，并以高度负责的态度，调遣专业技术人员，积极参与修订工作，保证了区划图西藏部分的科学性、合理性和工程适用性，更好的服务于地方经济建设。2.积极参与农牧民安居工程抗震加固工作。4月，自治区农牧民安居工程领导小组办公室组织我局等相关成员单位对那曲地区那曲、安多、聂荣等3县60户安居工程工作进行了验收，提出了整改意见。3.进一步加强地震灾害防御工作。为切实做好全区震害防御工作，年初，我们向各地市下发了《关于进一步加强全区地震灾害防御工作的通知》，明确了今后一段时期我区震害防御工作的工作重点和主要任务。各地市地震局结合《通知》精神相继制定了相关工作措施，有力地推进了全区震害防御工作。

非工程性防御工作。1.大力开展防震减灾知识宣传。利用5.12全国防灾减灾日等重要宣传日在全区开展了形式多样的防震减灾知识宣传工作，在中小学校、企事业单位等开展防震减灾知识、紧急避险知识以及地震应急救援知识讲座；利用党校平台向领导干部介绍地震应急知识，防震减灾知识“进机关、进校园、进社区、进农村、进企业”活动开展得有声有色。2.积极推进防震减灾法制宣传教育规划工作。为全面贯彻落实依法治国基本方略，进一步推进防震减灾法制宣传教育工作，科学制定了《西藏自治区防震减灾法制宣传教育第六个五年规划》，对全区防震减灾法制宣传教育进行了全面部署。《规划》的实施将进一步提高全社会的防震减灾法制意识，提升防震减灾社会管理和公共服务的水平，为促进我区防震减灾事业的健康、持续发展提供有力保障。

自治区电力工业工作

【电力建设与发展】2012年，是公司电力建设与发展史上极为不平凡的一年。公司完成电网投资27.64亿元；新开工110kV及以上线路1665公里、变电容量84.29万kVA；投产110kV及以上线路605公里、变电容量58.73万kVA。公司认真贯彻落实国家电网公司决策部署，凝心聚力、锐意进取，全力推进高原坚强智能电网建设。调整优化电网建设管理体制和机制，强化设计、物资、施工等关键环节管控，电网建设新开工规模、在建投资规模和完成投资均创历史新高。乃琼-多林220kV输变电工程和藏中220kV骨干环网加强工程建成投运，藏中220kV主网架“一站八线”开工建设。“十二五”农网工程已开工17个县，隆子县、措美县、班戈县及萨迦县4个县农网工程建成投运。积极支持光伏、风电等新能源规范有序发展，藏中10万kW光伏电站接入系统工程进展顺利。各项重点技改项目全面完成。

【经营管理】全面推进财务集约化管理深化应用工作，“集中、统一、精益、高效”的财务集约化管理体系基本建成。加强综合计划管控，严肃计划的刚性。认真开展电网、经营、人力资源诊断分析工作，扎实推进管理提升活动。坚持公司“一盘棋”统筹，建立计划和预算定期统计、分析、调整、通报与考核机制，促进公司整体动作和全面协调发展。深入推进集约化管理。全面加强“三定”、“三考”工作，建立全员绩效管理机制。加强资金和资产管理，开展往来款项清理。深化清仓利库工作，建成电子商务平台并上线运行。加快推进用电信息采集系统建设与应用，完成1.4万块智能电表安装工作。狠抓电费回收，实现陈欠电费和当年电费“双结零”的历史性突破。积极争取财政政策，落实“十二五”后期燃油发电亏损补贴政策，落实财政补贴资金18.24亿元。落实国有资本金专项注资政策，2012年到位资金6.0亿元。建立电力普遍服务补偿机制工作进展顺利。

深化依法从严治企。扎实开展各类专项治理活动。加强历史遗留问题处理，全面完成主多分开和房改遗留工作，分解打包资产33亿元。加强内外部审计和检查，配合完成了国家电网公司依法治企综合专项检查工作，认真落实整改意见，进一步健全规章制度、优化业务流程、加强协同监督、完善内控机制，公司经营风险不断降低。

【安全生产】全力保障电力供应。青藏直流投运后，虽极大缓解了藏中电网供需矛盾，但由于电网结构薄弱，电源结构不合理，电力供应依然紧张，电力电量平衡脆弱。昌都、阿里电网冬季电力供应保障难度很大。公司不断加强电网运行管理，保障了电力可靠有序供应。深化供需形势研究，及早分析负荷趋势，滚动开展电力电量平衡分析，克服水电发电能力不足，优化电源发电安排，挖掘直流送电、光伏发电潜力，做好水库调度工作，充分发挥电网水电发电能力，努力减少燃油发电。提早做好电网迎峰度冬和各项保电工作，细化制定迎峰度冬和保电方案，科学合理安排水电、火电发电，努力提高直流送电能力，保障了藏中电网电力有序供应。加强昌都、阿里电网电力供应工作，积极配合完成昌都12台柴油机组接入建设，督促做好阿里水电运行分析和机组运维，积极协调阿里光伏电源接入和运行研究。

【营销工作】2012年，公司营销系统面对艰巨的改革发展任务，以构建科学的“大营销”体系建设为契机，强化营销经营服务管理，加强过程管理和控制，全年完成售电量23.45亿千瓦时，同比增长16.54%；认真开展营销整顿工作，对营销队伍、业扩报装、营销基础数据、营销抄核收和95598客户服务规范及标准的执行情况进行检查和治理；加强营销指标管控，对营销各项指标坚持日跟踪、月分析和通报制度，强化过程监督与控制；全面落实电费回收责任，加强电费结算协议签订管理，拓展收费渠道，实现陈欠电费和当年电费“双结零”的历史性突破；加强线损管理，查找线损管理漏洞，开展反窃电活动，有效降低管理线损；加快推进营销业务系统、用电信息采集系统建设与应用，专、公变和智能电表采集覆盖率分别达到100%和40%；加强需求侧管理，严格落实政府批复的有序用电方案，确保了直流年度首检、9E燃机停运检修和“迎峰度冬”期间电力供需平稳有序；积极开展能效管理，通过负荷管理手段，配合电网技改及配网改造等工程，实现节约电量600万千瓦，圆满完成了国家电网公司下发的节电目标。

【农电工作】2012年，西藏公司根据自治区党委政府及国家电网公司对西藏无电地区电力建设和改造升级工程建设的总体要求，紧紧围绕全年农网工程建设目标，全力推进农网工程建设。编制完成“十二五”农网发展规划、农网改造升级工程规划、无电地区电力建设工程规划和农村配电网滚动规划。农网年度建设项目全部取得可研批复。公司2012年在建农网工程覆盖16个县，完成投资共计15.58亿元。隆子、措美、萨迦、班戈等4个县农网工程建成投运，解决和改善2.3万户11.06万人的用电问题。

按照国家电网公司对西藏农电调研工作的安排，完成了“十二五”电网延伸范围内58县农电调研工作。以县为单位编制了58个县的调研报告，连同调研数据和支撑材料建立“一县一档”农电基础信息；分别对全区7个地市农电信息汇总，形成了7地市农电调研报告；汇总全区农电调研信息，对关键问题进行了梳理，对涉及农电代管的相关政策进行了系统的研究，编制了《西藏自治区农村电力基本情况调研报告》、《关于对西藏自治区农电机构进行代管的主要问题说明》，并初步形成了《国家电网覆盖区域农电代管工作方案（送审稿）》和《国家电网覆盖区域农电代管框架协议（送审稿）》，为下一步实施农电代管工作奠定了坚实的基础。

【科技与信息化】组织开展科技管理建章立制，编制并印发《西藏电力有限公司科技规划管理标准》、《西藏电力有限公司科技项目管理办法》等多项管理办法。开展高海拔智能电网专题技术攻关，顺利完成《藏中电网安全运行特性深化应用研究交直流混联系统以及光伏接入对藏中电网影响的深化研究》、《西藏大规模光伏发电并网运行试点工程研究项目》两个项目研究工作；《西藏电网电力系统参数测试及建模》项目经过评审，通过了国网科技部验收，该项目中原动机机械液压式调速系统建模方法的研究成果达到国内领先水平。组织开展技术标准体系建设，完成涵盖规划设计、工程建设、安全环保、调度与交易等11个专业类别的技术标准体系编制工作。深入推进现场标准化管理，组织开展了作业指导书（卡）的编制工作，完成调度控制、生产运检、营销服务等237项作业指导书（卡）的编制工作。落实国家环保要求，加强项目环评管理，积极开展国网公司环境保护管理子系统的推广应用，完成了25项输变电工程建设项目环境影响报告书（表）并通过审批。以“三集五大”体系建设为契机，全面加强信息通信支撑系统建设，组建成立了公司信息通信公司，完成公司信息通信调度监控中心和运维中心建设，实现了组织机构的统一和信息通信一体化管理、建设和运维。切实加强信息运维管理和安全管理，编制完善6个运维规范管理制度，完成20个重要信息系统的等级保护测评，完成1056项隐患排查治理。成功举办公司首届及第二届信息安全技术督查专项技能培训，培训57人次，有效增强了公司信息安全技术督查力量。完成了资源整合、营销管理业务完善等共20个信息化项目建设任务，信息通信项目建设完成率100%。

【优质服务】扎实开展“大营销”体系建设，深化“塑文化、强队伍、铸品质”供电服务提升工程，认真履行服务承诺，优质服务工作取得了新的提升。认真贯彻落实供电服务“十项承诺”，农村地区供电质量指标经国家电网公司审核批准，并对社会公布。积极组织参加国家电网公司供电服务之星劳动竞赛，成功举办西藏电力有限公司第四届供电服务之星劳动竞赛，公司系统3人被评为国家电网公司服务之星，8人被评为西藏电力有限公司供电服务之星。狠抓窗口建设，拉萨供电营业厅、山南供电营业厅和昌都供电营业厅获得了国家电网公司“百佳客户满意服务窗口”荣誉称号。3人获得了“百佳客户满意服务标兵”称号。组织开展居民用电服务质量自查工作，认真组织落实整改，努力提升居民用电服务水平。2012年公司系统故障报修到达现场平均时间35分钟，同比减少17分钟。城市地区居民受电端电压合格率达到96.1%，满足供电服务“十项承诺”要求。完成全区136户重要用户政府认定工作，规范管理，建立了政府、供电企业、客户三位一体的用电安全管理体系。加强电网负荷特性分析和需求侧管理，圆满完成了青藏直流年度首检、9E燃机停运检修、220千伏虎曲线停运期间的有序用电工作，确保了电力有序供应。2012年，公司系统共完成保电工作389次，圆满完成了党的十八大、自治区“两会”等各类重要会议、活动和敏感时期的供电保障工作，进一步展示了公司管理水平、应急能力和保障能力，树立了责任央企形象，有力提升了公司品牌价值和社会影响力。

中国石油西藏销售工作

【基本情况】中国石油天然气股份有限公司西藏销售分公司（以下简称公司）总部设在西藏自治区拉萨市北京中路71号，公司下辖7个地区公司（拉萨、日喀则、山南、昌都、那曲、阿里、林芝、）、2个专业经销公司（液化气经销公司、润滑油经销公司）1个直属油库（七二五油库）和2个驻外机构（成都采调处、格尔木公司）。拥有成品油储存库8座，液化气储存库1座，加油站 109 座，（万吨级加油站 4 座）员工总数1686 人。

【经营指标】2012年，成品油销售63.3万吨，同比增加6.7万吨，增幅11.8%。零售58.3万吨，同比增加8.2万吨，增幅16.4%。格拉管线管输成品油15.7万吨，同比增加0.8万吨，增长5.6%。

【投资建设】2012年，完成投资1.9亿元，新开发拉萨中和等3座加油站，确定4个加油加气规划点；续建山南辛吉等4座加油站，改扩建林芝阳光等9座加油站，整改日喀则昂仁等7座加油站，直接增加销售能力2.5万吨。拉萨铁路油库工程竣工并验收，725油库安全隐患整改取得批复，昌都等5座油库信息系统建设基本完成，阿里公司等周转房开工建设，进一步改善了生产生活条件。完成ERP等四大信息系统集成，建成营销管理指挥中心，信息化建设和应用基本实现了网格化，系统应用考核排名较去年平均提升了11个名次。出台《网络开发项目实施细则》，落实项目全过程目标管理责任，强化标准落实与执行，全区库站形象和功能发生了深刻变化。

【加油站管理】初步建立1个市场信息中心和11个监测中心，推行周例会和月度营销视频会议，实施“突出主线、拓展两翼、提升藏南”区域竞争和资源、客户、品种、价格、促销等组合营销策略，山南、昌都等3家单位销量增幅超过15%。灵活实施零售“八个提量”措施，昌都市场90#汽油率先退市，其他地区加快退市步伐；5000吨以上加油站达到23座，其中万吨站4座，纯汽油站1座；打造30万元、50万元店分别为3座和2座，功德林加油站非油收入突破200万元。

【财务管理】积极贯彻落实资金安全措施，持续落实银行上门收款，银行上门收款服务率达100%，规范银行上门收款全过程管理，及时识别资金风险点，部署上线加油站资金管理平台，实现了资金管理平台与加油站管理系统的有效融合。充分利用预算控制费用，严把费用审核关，严格预算考核，取得良好成效。制订《中国石油西藏销售分公司本部及七二五油库费用报销暂行管理规定》，确保费用按照权责发生制及时入账，为探索费用发生型态、找准费用节约节点奠定了良好基础。按照上级公司统一部署，实物资产系统的成功上线，使所有账内、账外资产及低值易耗品账簿更加清晰，层次更加精细，实现资产管理系统与实物资产管理系统的有效融合。始终把税收筹划工作作为重点工作，适时跟踪国家最新财务政策和税收政策，根据西藏公司自身特点，争取税收优惠政策并着重提高执行力。积极开展2011年企业所得税汇算清缴工作，缴纳企业所得税1,570万元。

【**精细化管理**】公司精细化管理工作稳步推进，一是结合2012年成都精细化会议精神，各相关业务处室配合，进一步完善了精细化管理工作方案，细化了精细化管理措施。二是充分按照精细化管理工作方案，使精细化管理工作始终贯穿在公司发展的方方面面。通过完成地罐交接，全过程油品质量监控，实现油品数质量管理的精细化；通过持续优化物流，有效分配一次二次运力，实现油品调运管理的精细化；通过开展控员增效，实施持证上岗和学历提升，推进人员管理的精细化；通过持续开展日监测、周分析、月总结，及时跟踪市场形势，实现营销工作的精细化；通过全过程跟踪工程管理，实施现场责任制，实现投资建设管理的精细化；通过充分发挥预算控制职能，保障执行力度，实现财务管理的精细化。

【**党群工作**】加强党的建设，优势转化突出。加强干部监督管理，出台《企业领导人员管理暂行规定》等4项制度，落实职代会述职述廉、履职报告、个人事项报告、诫勉谈话等制度和党风廉政建设责任，干部责任感和事业心进一步增强。“形势、目标、任务、责任”主题教育集中宣讲55场次，思想政治工作在中央企业系统中产生广泛影响。开展“为民服务创先争优”活动，公司党委荣获自治区创先争优先进单位，日喀则公司党总支荣获集团公司创先争优先进基层党组织。开展“加强基层组织建设年”和“四好班子”创建活动，基层党组织健全率100%，党支部书记培训覆盖率100%，优秀党支部比例达42.8%，林芝公司获得了集团公司创建“四好”领导班子先进集体荣誉称号。加强企业文化建设，举行50周年庆祝活动，编印《企业文化手册》和《员工手册》，公司荣获自治区文明单位（行业），涌现出了中国石油十大标杆加油站和十大模范油库主任为代表的先进群体。持续改善民生，投入4391万元建设周转房，油库站一线员工收入增长9%。落实集资建房、“五小工程”等惠民措施，筹集互助金23万元，向困难员工和离退休职工发放帮扶慰问金101万元。参与定点扶贫、抢险救灾工作，展示中国石油良好形象，获得了“优秀组织单位”荣誉称号。主动与地方加强沟通协调，与区烟草、移动等单位签订合作协议，外部发展环境进一步理顺。

争取集团公司送温暖资金260万元，申请总工会困难职工帮扶款、医疗救助款、金秋助学款共26.24万元。三大节日、中秋国庆慰问困难、特困职工44.02万元，慰问驻村干部19.4万元；慰问大病职工17万元。为驻村点建立牧家书屋4个，配备图书600册。制订下发了员工遗属管理办法，对员工牺牲病故后丧葬补助费、员工遗属生活困难补助标准以及同心互助金筹集、使用和管理进行了规范。为109户特困员工家庭建立了帮扶档案，实现了特困员工家庭的动态管理，组织员工开展互助捐款23.14万元。送温暖工作在自治区工会工作会上进行经验交流，七二五油库尼玛曲吉同志荣获自治区送温暖先进个人称号。

【**安全维稳**】以“形势、目标、任务、责任”主题教育活动为载体，组织广大员工认真学习集团公司工作会议、公司三届三次职代会和党委扩大会精神，集中宣讲55场次，覆盖率95%以上，起到了认清形势、明确目标、细化任务、凝聚力量的效果。组织员工参加“百万农奴解放日”升旗仪式，观看《农奴》电影，参观新旧西藏图片展等一系列爱国爱企和维护稳定、反对分裂等教育活动，教育引导广大员工始终保持清醒的头脑、在反分裂斗争中立场坚定。面对“王立军事件”和“11·15”事件、“购岛风波”、“世界末日谣言”，广泛开展正面宣传和引导，树立正确的舆论导向，确保了大局的稳定。

全力抓好全国和地方“两会”、党的十八大期间的安全维稳措施，着力将安全维稳工作融入企业日常经营管理，确保了敏感节点和关键时段的安全稳定。妥善处置了参加“法会”人员、大集体工上访等涉稳事件，确保了队伍的稳定。公司荣获自治区维护稳定先进单位荣誉称号，受到了集团公司的嘉奖。

【**企业文化**】开展“大庆杯”篮球联赛，共10个队110人参加了比赛；举办“大庆”文艺汇演活动，并邀请“宝石花”艺术团到基层单位、库站进行了慰问演出。在“大庆”演出中，液化气公司工会在人员少、安全维稳任务重的情况下，发动员工家属积极参与表演，充分体现了爱企如家的思想。争取自治区体育局支持，为阿里公司、七二五油库配备全民健身器材两套。对公司机关运动场所进行了改造升级，修建了液化气储备库篮球场。那曲公司工会组织了员工台球比赛，成立了舞蹈队、篮球队等文体组织，开展小型多样的文化活动。两级工会组织全体在岗员工和96名驻村队员进行了体检。在党委统一部署下，三大节日库站发放慰问金10.5万元，首次拨付33万元资金“送清凉”到库站。在那曲城北加油站进行太阳能取暖试验，目前正在施工之中。都江堰团购房项目已圆满结束，雪域花园主体建设已经完成。日喀则公司关心暴风雪被困的聂拉木加油员工生活，及时送去了慰问金7900元。拉萨公司投入12万余元，为员工补充劳保用品。润滑油公司针对员工宿舍停水的情况，积极与七二五油库协商，争取公司支持，解决了员工用水问题。

【**强基惠民活动**】2012年深入开展创先争优强基础惠民生活动，是自治区党委、政府贯彻中央精神、立足我区实际，着眼于推进新农村建设、加强城乡基层组织建设、维护社会稳定、推动经济发展、促进民族团结、保障改善民生作出的重大决策部署。根据

《全区深入开展创先争优强基础惠民生活动实施方案》文件精神，西藏销售公司紧紧围绕区党委提出的总体要求和“五项工作任务”，2012年，公司创先争优强基础惠民生活动取得了重要的阶段性成果，受到了各族干部群众的普遍好评，得到了区党委、政府的充分肯定。

西藏销售公司充分发挥企业优势，履行三大责任，在创先争优强基惠民活动中，捐助资金600万元，为自治区2万多名驻村干部购买人身和医疗保险；利用驻村工作队优势，将定点扶贫工作和强基惠民活动有机结合，对所属扶贫点投入扶贫资金33万元，新建4座人畜简易桥和3座安居房；为15个驻村点捐赠各类物资、工作经费25万元，办公座椅100余件，一年来投入各类资金共计658万元，实实在在为农牧民群众办好事实事，以实际行动践行了“爱国、创业、求实、奉献”的企业精神，被授予了自治区创先争优强基惠民活动优秀组织单位荣誉称号。

西藏销售公司54名政治素质高、能力强、业务精的驻村干部，面对高寒缺氧的恶劣环境，克服高原反应带来的身体不适，严守工作纪律，弘扬“大庆精神”、“铁人精神”和“老西藏精神”，扎根基层展风采，艰苦奋斗惠民生，充分结合企业特点和个人优势，既按照活动要求做好了规定动作，又结合各村情况创造性的开展了自选动作，工作有思路，形式多样，驻村工作取得了重要的阶段性成果，西藏销售公司被授予“创先争优强基惠民活动优秀组织单位”荣誉称号，公司驻班戈县保吉乡5村工作队(七二五油库派驻)被授予“创先争优强基惠民活动先进驻村工作队”荣誉称号，达琼、赵玉山、仁青旺扎、桑塔等7人被授予“创先争优强基惠民活动先进驻村工作队员”荣誉称号。在一年的创先争优强基惠民活动中，西藏销售公司共有7个驻村工作队、26名驻村工作队员获得各级党委、政府的表彰，被各族群众誉为老百姓的贴心人。

为民服务创先争优”活动，公司党委荣获自治区创先争优先进单位，日喀则公司党总支荣获集团公司创先争优先进基层党组织。开展“强基惠民”活动，参与定点扶贫、抢险救灾工作，展示中国石油良好形象，获得了“优秀组织单位”荣誉称号。

【杰出员工】2012年中国石油销售企业加油站经理人大会在重庆召开，在会上隆重表彰了“明星加油站经理”西藏销售拉萨分公司林周加油站经理土旺、日喀则中心加油站经理王秀兰、那曲分公司中心加油站经理次旺贡布荣获明星加油站经理荣誉称号。

【领导名录】

总经理、党委副书记：王珺
党委书记、副总经理：次仁扎西
党委委员、副总经理、总会计师：吕生喜
党委委员、副总经理：房玉林
党委委员、副总经理：米玛顿珠
党委委员、副总经理、安全总监：杨学卫
党委委员、党委副书记、纪委书记、工会主席：次仁欧珠

环境保护、地矿勘查

自治区环境保护工作

【政务信息及环境信访】2012年，西藏全区环保系统共报送信息1377条，自治区环境保护厅编发信息12期571条，其中被自治区党委采用113条，自治区人民政府采用68条，环保部采用97条，受到了自治区党委、政府和环境保护部的表彰；全年共接受群众环保举报热线投诉311件，受理率100%，办结295件，办结率95%，切实解决了一批关系群众切身利益的环境问题。

【投资与规划、计划】2012年，积极协调环境保护部落实中央各类环保专项资金1.7亿多元，用于拉鲁湿地国家级自然保护区能力建设、环境监测能力建设、县级环保部门环境监察执法能力建设、农村环境综合整治、重点区域环境综合整治等；落实自治区财政饮用水环境保护专项资金1712万元，对18个城镇集中式饮用水水源地实施了环境保护工程。国务院批准的《“十二五”支持西藏经济社会发展建设项目规划方案》中，生态环境保护类项目27个，规划投资98亿元（其中，由西藏自治区环境保护厅负责实施的项目有4个，规划投资4亿多元）。

西藏自治区人民政府批准实施了《西藏自治区“十二五”时期环境保护和生态建设规划》、《西藏自治区城镇饮用水水源地环境保护规划》、《西藏自治区重金属污染综合防治“十二五”规划》、《西藏纳木错生态环境保护规划》等一批环境保护重要规划。环境保护部印发了《全国环保系统“十二五”对口援藏规划》，确定“十二五”期间安排西藏环境监管能力建设项目3大类20项，总投资7.49亿元。

【污染物减排】自治区人民政府与七地（市）行署（政府）签订了《“十二五”主要污染物总量减排目标责任书》，控制指标分解落实工作全面完成。完成了2011年主要污染物总量减排核查核算。制定了全区2012年主要污染物减排工作方案，确定了减排目标。配合中央检查组完成了对自治区节能减排和环境保护政策措施落实情况的检查，自治区工作得到中央检查组的充

分肯定。

【环境影响评价】认真落实环境影响评价制度，严把环评审批关。2012年，共审查达孜工业园区等8个规划环评，规划环评审查率有较大增长；全区环保系统共审批各类建设项目环评文件5000余份，其中审批450份、七地（市）审批4500余份；组织开展了西藏华钰矿业隆子县桑日则选矿厂改扩建项目等30个工程项目的竣工环境保护验收工作，建设项目“三同时”监督检查和竣工环保验收工作取得重大突破。协调环境保护部审查审批林芝多布水电站、西藏巨龙铜业矿业开发等一批工程项目，确保了自治区重点项目顺利推进。建立健全《建设项目环境影响评价文件审批程序规定》等规章制度，有效规范环评审批管理。下放审批权限，将7个类别43类建设项目全部或有条件地委托地（市）环保局审批，环评审批效率进一步提高。

【环境监测】积极贯彻实施环境空气质量新标准，投资1243万元建设了拉萨市PM2.5监测项目，并于2013年1月1日与全国同步发布监测数据。国家重点生态功能区县域生态环境质量考核取得新突破，完成了错那、墨脱等八县县域生态环境状况遥感监测任务及地表水、环境空气质量监测。持续抓好各类常规性监测、国控重点污染源监督性监测、典型区域调查监测和委托性监测，共获得监测数据4万余个，及时发布了重点城镇环境空气质量信息。西藏碳汇经济发展研究加快推进，已完成森林、草地等五项碳汇效益评估。

【污染防治】组织开展了拉萨市2011年度集中式饮用水水源地环境状况评估工作，完成了2012年17个饮用水水源地环境保护工程初步设计的审查。全区环境综合整治扎实推进，组织实施了贡嘎机场—拉萨—林芝区域环境综合整治项目；各地（市）加大“禁白”宣传教育和查处力度，“禁白”成果进一步巩固；以垃圾清理为重点，国道、省道以及主要旅游线路等交通沿线环境得到明显改善。自治区人民政府办公厅转发了《拉萨市区机动车尾气排放超标专项治理工作方案》，全区机动车尾气排放超标专项治理工作启动。正式委托我区第一家机动车环保检测工作机构，开展了机动车环保标志核发工作。为西藏国策环保科技股份有限公司核发了用于生活垃圾处理设施运营的临时资质证书。拉萨污水处理厂通过验收并投入运营。

【自然与生态保护】配合自治区发改委全面实施《西藏生态安全屏障保护与建设规划》，目前已落实资金40.47亿元。编制完成了《西藏生态安全屏障生态监测体系实施方案》，申扎生态监测站、自治区生态监测中心站和山南生态监测站建设项目积极推进。完成了西藏生态环境十年变化遥感调查与评估的野外调查工作。完成了生物多样性县域评估，《生物多样性保护战略与行动计划》编制工作全面启动。积极实施纳木错生态环境保护试点项目，落实了2012年和2013年项目资金9000万元。实施了日喀则城郊湿地生态功能保护区建设项目，拉萨周边湿地、拉萨河源头和雅鲁藏布江源头生态功能保护区建设项目逐步推进。协调落实国家重点生态功能区转移支付资金8.72亿元，生态补偿机制有效落实。

【农村环境保护】指导林芝地区开展生态林芝建设，拉萨市开展国家环境保护模范城市创建。积极推进生态乡镇及生态村创建工作，下发了《西藏自治区级生态乡镇、生态村申报及管理规定（试行）》，截止2011年底，有97个乡镇和126个行政村开展了自治区级生态乡镇、生态村的创建工作。积极争取中央农村环保专项资金，落实资金2500万元，实施了26个行政村的农村环境综合整治项目。拉萨市、山南、林芝地区积极开展生态创建，命名了22个自治区级生态村。

【辐射安全监管】开展了以规范辐射安全许可证管理为核心、以排查安全隐患为重点的辐射安全综合检查专项行动，对7地（市）66个县的辐射工作单位进行了检查，摸清了底数。发放辐射安全许可证160家，发证率达到99.4%，且全部纳入系统管理。目前，全区在用放射源38枚、废旧放射源41枚、射线装置867台（套），均处于安全状态。

【危险废物安全监管】落实专项资金769万元,启动了2012、2013年度重金属污染防治工作。六地区医疗废物集中处置中心项目建设进展顺利，除日喀则地区外均可进行试运行和运行。开展了全区固体废物摸底调查和申报登记、培训工作。

【环境监察与排污收费】创新环境监管，对吉隆县城至热索桥公路工程等自治区重点建设项目提前介入，实地踏勘，明确责任，项目环保措施有效落实。狠抓28家选矿厂关闭或挂牌督办限期整改落实监督工作，已有23家完成了任务，完成率达到82.14%，对未完成限期整改任务的5家选矿厂分别采取限期整改完成、实行涉矿项目区域限批和列入严重环境违法企业“黑名单”等措施。深入开展以督查督办自治区关闭和限期整改选矿厂、开发活动环境监管为重点的2012年环保专项行动，各级环保部门共出动执法人员4323人次、车辆1286台次、检查企业（项目）2520家次，对其中存在环境问题的144家企业进行了调查处理。妥善处理了昌都地区江达县生达乡宝山铅锌矿群体性上访事件，严肃查处了日喀则地区昂仁县同泰铅锌铜选矿厂、林芝地区林芝县八一镇八级曲水电站等未批先建环境违法行为，切实维护了广大人民群众的环境权益。全区共接到群众环保举报热线投诉311件，办结率达95%以上。积极配合自治区人大开展了“中华环保世纪行—

西藏行”活动。

【领导名录】
厅党组书记、副厅长：王亚蔺
厅党组副书记、厅长：江白
副厅长：丹巴曲桑（正厅级）
厅党组成员、纪检组长：肖珍
厅党组成员、副厅长：
　　张天华、庄红翔、柏章伦
厅副巡视员：李维星

自治区地质矿产勘查开发工作

【抓主业，地质勘查工作成效显著】全局共完成国家和自治区地质项目113项，完成地质工作经费5.6亿元。其中青藏专项44项，经费1.54亿元；中央地勘基金6项，经费6185万元；自治区专项3项（续作、编写报告）；老矿山2项，经费1345万元；局筹资8项，经费672万元；国土资源部和区科技厅科研项目5项，经费290万元；合作地质勘查10项，经费 1.24亿元；社会地质35项,合同金额2亿元。完成主要工作量：钻探21万米、槽探7万立方米；地质样品检测4万件。启动了地质工作质量年活动，加大了对项目的质量监管，地质成果质量明显提高。按照自治区“十二五”规划编制分工，承担并完成了全区首个地质勘查专项规划的编制工作。

青藏专项进展顺利：1/5万拉果错4幅区调、克鲁地区矿产远景调查等6个项目发现36处矿化线索，为下一步实施找矿突破目标奠定了基础。中央地质勘查基金项目取得较好找矿成果：聂荣县桑隆铅锌矿普查、纳多弄铅锌多金属矿普查和改则县尕尔勤铜矿普查3个项目提高了资源量。自治区专项资金项目稳步推进：西藏扎仓茶卡硼矿资源调查成果突出，其它两个项目原始资料已经区国土厅、财政厅验收。局筹资普查、预查项目成效显著：在综合研究基础上，有重点地实施普查项目3 项、预查项目5项。其中安多县纳茸铜多金属矿普查、革吉县丁玛日铜金矿普查、那曲罗马镇、错那县地热温泉勘查项目取得明显地质工作成效。潜力评价项目进展顺利。完成了针对我区硼等12个矿种的单矿种潜力评价，为提高矿产资源保障能力和勘查部署决策提供了依据。科研项目有序开展：“西藏班公湖－色林错盐湖资源环境科学观测”、“铜钼矿分析方法研究和铜钼矿标准物质研制”、“西藏典型地热田地热水资源科学利用研究”、“编制饮用医疗矿泉水标准研究”项目成果对指导我区成矿规律研究、矿产勘查新技术方法的应用、实验测试将发挥重要作用。由我局发起，并有合作企业参与的西藏地热（发电）工程研究中心在我局挂牌成立。

【突重点，地质经济效益明显】重视商业跟进，加强社会资金引进力度，加快勘查步伐，引进中铝、四川宏达共同推进多龙矿集区整装勘查工作，年度完成商业勘查资金1亿元。开拓创新，加快结构调整，优选南木林县浦桑果铜多金属矿项目，试点探索与区投资公司投资、地方政府参与、地质单位主导的勘查开发一体化发展模式，矿山建设各项前期工作有序推进。积极支持自治区盛源矿业集团等区内国有企业，主动提供备选矿点，推进公司有效运作。加强与合作公司的协调沟通，部分合作项目有所推进。各单位发挥自身优势，主动出击，加强协调，积极承揽工程地质勘察施工项目、地质灾害防治和人畜饮水打井以及其它建设工程项目，锻炼了队伍，创造了经济效益。地矿物资销售、铁路转运以及山水宾馆、山水旅行社等关联产业加大了管理力度，提高了服务水平。全局实现货币工作总量10亿元，地质经济保持了12%以上的增长速度。

【惠民生，职工群众生产生活条件得到改善】一是为落实自治区主要领导的指示精神，按照区政府安排部署，多方筹资600万元，组织实施错那县和那曲县罗马镇地热井钻探工作，圆满完成了工作任务，达到了设计热水温度，为推进地方特色产业发展，促进经济结构调整奠定了坚实基础，为当地农牧民就业及增加收入开辟新的渠道。二是在地质勘查项目实施过程中，培养了项目所在地的部分农牧民工进入技术操作岗位，聘用安置农牧民季节工1900余人（次），增加农牧民工收入4466万元，上缴各项税金2264万元。三是多方筹资9000万元，开展了涉及职工生产、办公、居住条件改善的基建项目，并将西勘集团老基地资产移交给物资公司使用，改善了局属单位工作生活条件，调动了干部职工的工作积极性；投资2300万元购置了急需的设备和仪器，改善了地质单位装备条件。四是认真贯彻落实区党委关于开展强基础惠民生活动的重大决策部署，派驻的19个驻村工作队，较好地完成了“五项任务”，民生项目见成效，政策宣传入人心，为全区和谐稳定大局做出了贡献。一年来，全体驻村队员深入基层，广泛调研，多方论证，积极向区强基办和有关部门沟通汇报，共争取到22个民生项目，资金达1237.30万元。自筹资金248万元，实施了一批“八到农家”项目。同时，局还进一步加大了“十二五”对口扶贫点康马县少岗乡的扶持力度，投资110万元，实施扶贫项目8个。驻村和扶贫项目的实施，有效改善了当地群众的生产生活条件和区域经济发展条件，赢得了乡政府和当地老百姓的普遍赞誉。驻村工作得到了自治区的肯定，授予地质五队为“自治区驻村工作优秀组织单位”、3个驻村队为“先进驻村队”、9位同志为“先进队员”的荣誉称号。五是全面落实了2018名离退休老同志的各项待遇，改善了退休职工活动场所条件，定期组织政治学习，开展形式多样的活动，丰富退休人员生活，离退休管理和服务工作得到不断加强。六是关注和关心困难遗属、患重病者、贫困学生、困难职工，送去慰问金52万元；为25户36名困难职工申请到了政府租赁住房租金补贴11万元；5户困难职工申请到自治区廉租房；24名重病患者获救助金19万元；为助孤和系统内患重病者捐款130万元等。

【抓党建，政治思想工作更加有力】思想政治建设不断加强。认真组织广大干部职工学习贯彻党的十八大精神和区党委八届三次全委会及一系列会议文件精神，广泛开展创先争优、基层组织建设年、创建学习型党组织等主题教育和理论研讨活动，全局干部职工思想政治建设得到进一步加强。局获得了全区机关党建工作先进单位荣誉称号。维护稳定工作扎实有效。在干部职工中认真开展了“团结稳定是福，分裂动乱是祸”等一系列教育活动，筑牢了广大干部职工反对分裂、维护稳定、加强民族团结的思想基础。全局上下认真学习、深入领会和贯彻落实自治区党委政府一系列维护社会稳定指示精神，周密部署，突出重点，强化措施，扎实开展了维护稳定和社会治安综合治理各项工作，确保了全局特别是重要节日、敏感日的平安和谐，达到了上级要求的“三不出”和“三无”目标。领导班子和干部队伍建设不断夯实。调整充实了基层领导班子，通过全面考察，新提任副处以上干部27人；引进应届紧缺专业毕业生21人，招录区内毕业生29人；组织评审通过了地质专业高中初级技术职称88人；开展了各类专业技术培训400余人次；组织了重点矿山考察和学术交流等，加快了人才培养，提高了干部职工队伍素质，为加强地质工作提供了人才支撑。勤政廉政建设效果明显。狠抓党员干部的廉洁从政教育，对新任处级干部进行了廉政谈话，组织参观廉政教育基地、观看教育片等；层层签订了第五轮（2012年—2014年）党风廉政建设责任书，认真落实党风廉政建设责任制，贯彻廉政准则；加大了重点领域和关键环节权利行使的监督，党风廉政建设取得较好成绩，全局未发现干部严重违纪违规案件。地质文化建设呈现新气象。举办了为期1个月的地质系统首届书法摄影奇石展，开展了学雷锋、军民共建等各类活动，精神文明和地质文化建设呈现新气象。

【抓监管，安全生产保持了良好态势】认真贯彻自治区安全生产的指示精神，加强了安全生产教育，特别注重岗前培训，增强了广大干部职工的安全意识和责任意识。建立健全了规章制度，强化了工作职责，签订了安全生产责任书。以野外一线为重点，开展了安全生产大检查，有效排除了各类隐患，安全生产继续保持零事故，再次荣获自治区安全生产先进单位。

【加强财务管理，地质经济平稳运行】开展了局属单位国有资产管理和使用情况专项检查、二队和六队两个单位行政负责人的离任审计、公有房屋调查统计数据复核和升级、《会计法》执行情况检查、配合区审计厅对我局2010年-2011年预算执行情况的审计工作，全局财务管理工作进一步规范，确保了地质经济正常运行。部门决算报表和国有企业报表双双获得自治区一等奖。

【领导名录】

党委书记、副局长：梁建平
党委委员、局 长：苑举斌
党委委员、巡视员：李光荣
党委委员、纪委书记：白玛卫东
党委委员、副局长：夏德全

第五篇 社会事业

科技、教育

自治区科技工作

【**年度综述**】2012年，自治区财政安排应用技术研究开发资金1.6亿元，安排科技项目75项；争取国家科技部等支持项目68项，投入资金1.5亿元；完成国家“十二五”重点建设项目资金5.53亿元。

【**科技支撑农牧业发展和农牧民增收成效显著**】坚持把农牧业增产增效、农牧民增收作为科技工作的首要任务和重中之重，自治区应用技术研究开发资金重点投向农牧科技工作，并积极争取国家支撑计划、富民强县、成果转化、星火计划等农牧科技项目，共落实农牧科技资金12744万元，安排项目122项，项目区覆盖农牧民人口14.29万人，通过科技项目的增产提效，带动项目区农牧民人均增收623元，占全区人均增收741元的84%；平均每万元科技投入带动增收3985元，是全区平均水平的2.9倍。突出抓好良种选育和高产配套技术示范，重点解决青稞、牧草、牦牛、绵羊、藏猪等在产业化发展中的关键技术瓶颈，加快建立我区特色动植物育种及丰产增效种养殖技术创新体系。青稞新品种（品系）及配套栽培技术示范面积达4.55万亩，亩产达到355.1-371.3公斤，增产幅度在18.5%-23.7%，青稞新品种选育有望实现重大突破。以整乡整村推进的示范方式，形成了优质牧草良种繁育基地、宜草荒地种草示范基地、青贮技术示范基地等产学研用相结合的饲草产业科研及生产体系，项目区饲草利用率提高20%，奶牛良种率提高14.4个百分点，平均日产奶量提高42.19%，绵羊育肥产肉量平均提高17%。开展了帕里、斯布等地方牦牛类群本品种和基因性状研究，建立了良种选育体系，牦牛强度育肥和防掉膘技术提高产肉量27.7%。结合各地产业布局和特色优势资源，着力推进具有区域特色和产业发展前景的农牧业成果转化基地和科技示范园区建设,形成了一批科研生产相结合，示范推广相促进的各类基地、园区，成为科技促进当地特色产业发展和农牧民增收致富的重要引擎。扶持发展马铃薯、天麻、玛卡、绒山羊、藏猪、藏鸡等区域特色产业，并推动其列入当地特色产业发展计划和政府的议事日程，支持特色产业做大做强。加强技术服务和普及推广，以农牧民科技特派员为核心，积极培育农牧民科技服务组织和科技示范大户，辐射扩大科技成果转化示范效应。

【**科技型企业创新和竞争能力进一步提升**】认真贯彻全区促进非公经济发展大会精神，按照“五放”的工作要求，大力支持企业新产品研发、技术引进、工艺改造等创新能力建设，通过农业科技成果转化专项资金、中小企业技术创新基金、火炬计划、国家重点新产品计划、企业后补助项目等安排资金2313万元，支持企业科技创新项目34项，其中非公企业占97%，规模以上企业占34%。初步统计，科技项目支持的规模以上企业总资产平均增幅13.6%，总产值平均增幅24.2%，净利润平均增幅38.4%，纳税额平均增幅18.1%，高于全区平均水平；平均每家企业研发新产品4.2项，拥有已授权专利4.7项。改善西藏（成都）科技企业孵化器的研发条件，健全目标化管理，完成入孵中小企业19家。引导企业将各类科技示范基地、园区作为企业生产基地和产品原料供应基地，支持企业建立了高原绿色有机产品、牦牛乳产品、马铃薯等3个企业工程技术研究中心，扶持组建了绿色食饮品、藏药研发和草业技术创新联盟；13家企业被认定为国家高新技术企业，高新技术企业产值达到24.3亿元，利税4.5亿元，46家科技型中小企业产值达8.01亿元，利税0.71亿元，年申请专利数量达191件，新推荐9家企业申报国家高新技术企业并已通过初审。积极为企业提供研发、生产、经营、管理、知识产权保护等信息服务；组织区内企业参加各类博览会、交易会，开拓我区企业成长空间和特色产品市场。

【**科技平台建设步伐加快并取得重要**

进展】把科技平台建设作为提高科技工作资源集成能力、技术示范辐射能力和产业引领带动能力的重要抓手，加快构建布局合理、特色鲜明、切合我区实际的集人才、技术、资源和产业发展为一体的科技平台。一是着力抓好科技成果转化平台。拉萨国家级农业科技园区扩园工作进展顺利，工厂化育苗、智能控制等现代农业技术开始广泛示范应用；日喀则农业科技园区升级为国家级农业科技园区，并完成整体建设规划；那曲高新技术产业开发区被批准为自治区级高新技术产业开发区，并正在申报国家级高新技术产业开发区；山南、林周、萨迦等农牧业科技成果转化基地得到继续巩固和发展，种养殖示范户规模不断扩大；林芝尼洋河流域可持续发展实验区申报国家可持续发展实验区；西藏（拉萨）科技企业孵化器筹建工作进展顺利；贯彻落实自治区昌都工作会议精神，启动了以特色林果为重点的昌都科技成果示范基地建设。二是加强科技基础创新平台建设。加强具有区域特色和学科优势的重点实验室和工程技术中心建设，筹建了“西藏兽药重点实验室”、“西藏文化科技创新工程技术中心”等8个自治区重点实验室和工程技术中心；自然科学博物馆主体工程顺利封顶；西藏生物种质资源库正在积极筹建，为区域创新体系建设打下基础。三是加快科技信息服务平台建设。建成西藏农村信息服务试点工程数据库、林周县农牧产品信息系统；实施了科技特派员远程培训与管理平台、西藏强基惠民信息服务系统、西藏典型景区旅游承载能力与动态调控关键技术研究与示范、虚拟旅游与文化资源协同系统研发与应用等一批信息平台建设项目。四是依托平台增强人才和团队建设。将科技人才队伍建设与科技项目计划同部署、同安排，紧密联系科研单位、高等院校学科建设和人才培养计划，积极探索和建立以科研任务为核心的创新人才和团队培养模式，以科技项目带动人才团队建设，在重点领域启动了一批创新团队和学科带头人培育计划。

【高原特色领域应用基础研究成果初显】强化对我区特色优势学科领域应用基础研究和前沿技术研究的部署，青稞育种和牦牛、绒山羊本品种选育取得了重要进展，醉马草综合防治与利用研究取得了阶段性成果，并已研制出3种防治药品；藏药材GMP基地建设全面启动；藏语信息化建设、重大慢性高原病早期检测、防治方面取得积极进展；围绕西藏生态安全屏障建设，开展了重点区域生态环境基础数据调查、生态安全影响评估、退化生态系统综合治理等基础性研究工作，为我区生态安全建设积累了第一手资料。安排自治区自然基金项目68项，为青年科技人才的成长提供了良好的平台。

【科技惠民工程深入推进】根据自治区无电地区电力建设规划，落实资金3.73亿元，组织实施尼木、尼玛、双湖三县及阿里7县1镇无电地区电力建设项目，完成户用光伏系统25147套，建设光伏电站89座，安装太阳能路灯1200多盏，总装机容量8078.75千瓦，解决了项目区9万无电人口的用电问题。积极响应自治区“创先争优强基惠民活动”，以驻村工作队为依托，围绕农牧民群众拓宽致富门路、改善民生状况、提高科技致富能力，组织实施“强基惠民送科技行动”，安排专项资金2300余万元，在全区72个村组织实施科技惠民项目，进一步拓宽了科技进村入户渠道，产生了良好的社会经济效益。

【科技特派员工作向纵深发展】加强对科技特派员工作的组织领导，切实组织好、建设好、利用好科技特派员队伍，建立了较为完善的科技特派员选拔、考核、培训工作机制。新发展农牧民科技特派员2400名，科技特派员已覆盖全区57%的建制村，以科技特派员为骨干发展农牧区专业合作组织128个，吸纳农牧民会员13000多人。组织实施了农牧民科技特派员创业服务类项目25个。山南、日喀则等地组建科技特派员服务团队，积极开展跨村、跨乡、跨县技术服务。科技特派员已成为我区构建农牧区科技服务体系、提升服务水平、改进服务方式、培育农牧民专业合作组织、提高农牧民科技应用能力的一支信得过、留得住、用得上的重要力量。

【科技工作顶层设计和统筹组织能力不断增强】面对科技工作新形势、新任务，全区各级科技管理部门解放思想，开拓创新，紧紧围绕党委、政府中心工作，主动融入经济建设大局，积极发挥好科技管理部门的综合协调职能，加强科技宏观决策和统筹协调，强化科技项目顶层设计，加强资金、技术、人才、设备等重要科技资源配置协调，积极探索科技管理工作新机制、新方法，在集中力量抓特色、抓亮点方面取得了成效。进一步增强科技计划的指导性、约束性和可操作性，提高资金使用效益，健全完善符合科研活动特点和规律的科技经费管理机制，建立健全科技专项、平台建设、人才团队培养等重点任务协同推进的项目组织管理和运行机制，进一步提升了科技管理工作科学化水平。紧紧抓住科技援藏的重大机遇，积极争取对口支援部门和省（市、区）的支持，落实科技援藏项目，并积极探索、协调建立科技援藏的长效机制。

自治区农牧科学院

【年度综述】2012年，区农科院按照“133445”总体工作思路，紧紧围绕优质农产品有效供给和增加农牧民收入的首要任务，突出工作特色，抢抓发展机遇，确保了各项工作的整体推进与协调发展，做到了维护稳定与促进发展“两手抓、两不误、两促进”，达到了预期工作目标。全年组织申报各级各类科技项目230余项，批复立项184项，年度总经费达1.56亿元，同比增长30.05%，项目数量与经费总量均创历史新高，确保了农牧科技工作的持续高效推进。

【科技创新取得新突破】2012年，区农科院进一步加大科技创新力度。一是加强特色种业技术创新。启动了“西藏特色动植物种质资源保护与基

因技术开发”重大科技专项，在青稞基因测序与分子标记研究上取得了重要进展。建立了农业部作物基因资源与种质创制西藏试验站，选育和鉴定了600余份特色农作物优良品系，开展了突破性青稞新品系青稞2000和品比13展示与示范。初步建成了特色家畜育种和优良种群扩繁基地，牦牛、绒山羊、西藏鸡等特色畜禽本品种选育和良种扩繁达1.5万头（只）。引进筛选出27份名特优新园艺新品种，在十字花科蔬菜新品种选育上取得了实质性突破。二是加快农牧业高效生产技术集成创新。着力攻克以青稞为重点的特色农作物高产栽培技术，开展了主要农作物高产示范田创建科技示范。牦牛与肉羊育肥、彭波半细毛羊高效饲养、藏鸡现代养殖等技术创新取得了一批新成果。醉马草防控技术创新取得重要突破。蔬菜工厂化育苗、名特优新蔬菜新品种高效种植技术集成创新取得重要进展。三是大力推进国家现代农业产业技术体系科研创新。进一步加强专家岗位与综合试验站建设，实施新品种及高效栽培技术示范5.2万亩，牦牛、绒山羊等特色畜禽良种扩繁及配套养殖技术示范成效显著，养殖效益普遍提高12%以上。全年获得省部级以上科学技术奖7项。

【成果转化呈现新亮点】2012年，区农科院进一步强化农牧业科技成果转化与新品种新技术示范推广工作。先后组织190余名科技干部，在全区设立了8个固定基点、30个流动基点。一是农作物新品种新技术示范推广成效显著。开展了农作物新品种原（良）种繁育基地建设与优良品种示范推广，累计繁殖和推广农作物原（良）种80万斤。实施青稞产业重大科技专项，落实青稞新品系青稞2000和品比13等高产栽培技术示范1.2万亩。实施青稞、油菜新品种大面积丰产增效栽培技术集成示范27万亩，普遍增产12%以上。二是畜禽良种繁育与高效养殖技术示范推广成效显著。重点实施了金牦牛科技工程、国家科技支撑计划、星火计划等重大项目，建立了3个优质饲草生产技术示范基地，实施特色畜禽良种繁育与高效养殖技术示范7.1万头（只），生产性能普遍提高13%以上。三是园艺作物新品种与高效种植技术示范推广成效显著。建立了总规模达2000多亩的21个设施蔬菜高效种植技术示范基地。建立了4个优质食用菌新品种高效种植技术示范基地，生产优质菌种17.5万袋，直接收益达120万元。通过以上成果转化工作，促进农牧民增收1.2亿元。

【科技服务取得新进展】坚持把科技服务作为推进农牧业科技进步和促进农牧区经济社会发展的重要措施常抓不懈。一是农牧民科技培训取得新进展。按照整合力量、多措并举的原则，培训农牧民1.56万人次和农牧民技术骨干140名。编译发放本土化科普教材3大类15种1.5万册，开发多媒体实用技术课件30个，发放光盘1.1万张。二是农产品质量安全检测技术服务取得新成效。全年抽检样品440个，检测蔬菜、水果、食用菌农药残留80余种，完成了863个委托样品的检测任务，有力促进了我区农产品质量安全水平的进一步提高。

【科技产业呈现新起色】圣科种业年加工销售特色农作物原（良）种85万斤，为加快全区良种推广做出了积极贡献。圣伯力科技有限公司进一步加强青稞原料生产基地建设，深入推进西藏青稞产业发展。山地农业科技开发有限公司研制出红景天功能营养颗粒胶囊，进一步提高了产品附加值，全年完成产值179万元。初步建成了蜂蜜加工车间，特色蜂产品加工在农民牧增收中的作用逐步彰显。

【强基惠民活动彰显成效】区农科院系统驻3个地区5个县的10个驻村工作队，紧紧围绕自治区强基惠民活动指导思想和目标任务，紧密结合农牧区实际，充分发挥农牧科技综合优势，以实际行动谋发展、保稳定、惠民生，投入资金1200多万元，组织实施了31项农牧区民生改善与技术推广项目，累计向困难群众发放生活用品及补助资金56万元。通过扎实有效的驻村工作，使农牧民群众切身感受到了党的温暖、发展带来的实惠和社会主义制度的优越性。

自治区社会科学院

【围绕中心，服务大局，积极推进哲学社会科学创新体系建设，重大科研项目取得了丰硕成果】一是为自治区稳定和发展提供智力支持成效显著，课题成果的社会影响力进一步扩大。如国家社科基金重大项目《维护西藏地区社会稳定对策研究》研究成果得到党和国家领导及有关部门领导的肯定性批示。二是边巴拉姆副研究员提出的关于整合我国藏学界力量、提高研究水平、用高质量的研究成果反击西方藏学界政治图谋的建议，得到贾庆林同志和有关领导的批示。三是拉萨市重点委托课题《拉萨市加强和创新社会管理实践与研究》阶段性成果得到中央综治委及自治区多位主要领导的肯定。四是国家社科基金“西南边疆项目”重大课题《西藏百年史研究》主体项目《西藏百年史》撰写取得重大进展，初稿获得学界好评。五是一批院重大（重点）课题如《全国支援西藏工作的经济社会效益研究》、《西藏蓝皮书—中国西藏发展报告（2012）》、《西藏社会主义新农村建设报告□2011年扶贫开发版》、《西藏宗派源流》、《西藏宗教事务管理读本》、《格萨尔艺人桑珠说唱本》（2部）、《格萨尔民间艺人独家说唱本》（3部）等出版，引起社会广泛关注。六是为了把牢科学研究的正确方向，院始终将为自治区稳定和发展服务和提供智力支持提高到重要位置。在全年安排的52项重大课题中，涉及马克思主义、党史党建、政治、经济、历史、文化、宗教、民族、生态文明建设与图书文献等20多个学科领域。各学科人员坚持以新时期党的西藏工作方针政策为指导，以极大的热情投入到科研工作中，参与人员涵盖全院各研究所。其中，新增课题41项，占总课题数的78.8%。正式结项课题31项，占59.6%（即国家社科基金课题2项、院级课题27项、横向委托课题1项）;出版学术著作18部，发表论文

130余篇、理论文章26篇、调研报告10余篇。待结项课题21项，占40.4%（即国家社科基金课题12项，自治区宣传部社科资金课题2项，外单位横向委托课题5项，院级课题2项）。

【科研经费保障和服务、辅助工作迈上新台阶,工作思路、工作目标、工作方向得到认真落实】一是科研经费进一步向课题研究倾斜，全年共下达科研经费和业务经费235万元，加之院班子的多方努力筹措，基本上确保了全年的科研工作的正常进行。二是坚持正确的办刊方向，全力完成图书出版工作。《西藏研究》藏文版4期、汉文版6期如期刊行，英文版刊号申请有序进行，英文稿件筹备工作基本完成，汉文版再次入选《中文核心期刊要目总览》。院科研信息交流内刊《科研视窗》出版8期，重要科研成果专报《要情》出版18期、《西部五省区涉藏问题通讯》出版10期，为自治区党委、政府和有关单位提供了重要的咨询参考。三是图书文献收集整理采购运行进展顺利。全年共完成社科期刊（含内部期刊）机读目录400条、分类1190条的登录；完成了约45万册图书资料及陈列书架的搬迁，摸清了家底，建立了翔实的图书资料台账。西藏哲学社会科学成果展第一期布展建设如期完成，扩展工作稳步推进。四是西藏藏文古籍出版社机制创新工作初见成效。根据自治区文化体制改革的工作部署，院藏文古籍出版社不断加强自身能力建设，积极进行机制创新探索，在搜集多部珍贵藏文古籍原稿的同时，完成57种图书的书号、条码、磁盘数据库的申领，正式出版图书31余种，实现出版盈利27万元的历史性突破，取得了社会效益和经济效益的双丰收。

【学术交流进一步活跃，积极、健康的科研氛围进一步增强】配合国家涉藏外宣大局，对外合作交往进一步拓展，成功主办和协办了“第五届北京（国际）藏学研讨会”、“加强和创新社会管理实践与研究交流研讨会”、“西藏近现代史学术研讨会”、拉萨地区社科界学习贯彻党的十八大座谈会等学术会议5场次，同时组织人员和文章参加“西部五省区第四届社科院院长联席会暨‘四个认同’与藏区跨越式发展研讨会”、“第五届藏文图书出版发行会议”、“中国西南民族研究会30年学术研讨会”、“首届史诗研究国际峰会”、全国社科联协作会议、全国社科院院长联席会议等国内大型学术会议8次。邀请区内外、院内外专家学者举办高原社科论坛4期。二是全年接访国内外学者80余人次，与中国社科院、重庆、江西、山东社科院和广东东莞、江门社科联来访团建立了新的合作关系；与四川大学共同组建了涉藏问题研究中心；与西藏民族学院、中国人民大学、中山大学、中国藏学中心联合申报了西藏文化传承发展协同创新中心；与笹川日中友好基金会、美国弗吉尼亚大学、尼泊尔尼中喜马拉雅友好协会等国外学者及友好人士进行了交流。经过多年努力，得到英国剑桥大学馈赠的英国国家图书馆、英国大学图书馆等收藏的藏文古籍手抄本、木刻版文献1000多部电子版本资料，圆满完成了时任自治区党委副书记胡春华同志交办的重要任务，获得了十分珍贵的藏文古籍文献资料。三是2012年，院三位专家随全国人大代表团、藏学家代表团成功出访俄罗斯、蒙古、法国、斯洛文尼亚、以色列、德国、奥地利等。用科研实例，向国外受众展示了当代的真实西藏，有力揭露了达赖分裂集团散布的各种谬论，得到了中央统战部、中央外宣办的感谢信函。藏文古籍出版社首次参加了在尼泊尔举行的“中国书展”活动，在尼泊尔文化学术界反响强烈。

【勇于攻关，贝经叶保护工作取得阶段性重要成果】一是根据胡锦涛同志关于保护和研究西藏梵文贝叶经的批示精神和自治区党委的工作部署，在全国政协副主席、中国社科院院长、西藏梵文贝叶经保护和研究工程协调小组组长陈奎元同志的直接领导下，西藏社科院贝叶经保护和研究领导小组办公室，认真落实党中央、国务院和自治区党委、政府关于贝叶经保护工作的一系列指示精神，按照“加强保护，编出目录”的阶段性任务要求，经过6年的抢救、保护和研究，完成了自治区现存梵文贝叶经一千多函（种）、近6万叶贝叶经的普查、整理、登录、编目和原件影印，形成了《西藏自治区珍藏贝叶经总目录》、《西藏自治区珍藏贝叶经影印大全》和《关于西藏自治区贝叶经保护方案与实施办法》。二是电视专题片制作、保护工作画册等基础性保护工作，为自治区传统文化遗产保护和研究工作打下了坚实基础，为传承人类文明作出了突出贡献，以不可辩驳的事实，有力地回击了达赖集团鼓吹的“西藏传统文化毁灭论”，在国内外引起强烈的良好反响。西藏社科院荣获全区贝叶经保护工作突出贡献单位，次旺俊美等五位同志荣获全区贝叶经保护工作突出贡献个人。

【整合资源，积极协助区党委成立西藏哲学社会科学联合会】一是按照自治区党委关于成立西藏自治区哲学社会科学界联部署，积极协助开展社科联各项工作，推进全区哲学社会科学资源、力量的大联合。二是在完成社科联挂牌、参公的基础上，社科联第一次代表大会筹备工作领导小组在董云虎、白玛朗杰同志的领导下，领导小组办公室在人员少、经验不足的情况下，先后派出工作调研组，前往重庆、四川、广西、河北、黑龙江社科联学习考察，认真学习办联、办会经验方法。三是积极联络沟通区党委组织部、宣传部做好委员考察、常委及班子考察；全面协调区民政厅和有关委办厅局以及自治区各学会、协会、研究会，落实筛选参会代表和会员单位。四是2012年6月28日，西藏自治区哲学社会科学界联合会第一次代表大会隆重举行，会议审议通过了《西藏自治区哲学社会科学界联合会章程》，选举产生了自治区社科联第一届委员会及其领导机构，安排部署了社科联今后的工作任务，标志着自治区哲学社会科学研究从无到有、从弱到强，得到不断地发展壮大，社科联发挥“桥梁纽带、组织协调、咨询服务、宣传普及”的职能初步实现。

自治区教育工作

【教育投入与支出】确保教育优先发展战略地位，坚持教育第一民生理念，完善教育经费保障机制，加大教育基本建设投入。全年教育总投入逾90亿元，较上年增加8亿元，教育基本建设投资达17.66亿元，较上年增长3.74亿元。实施项目1330个，其中新建乡镇和村级幼儿园193所、新建双语师资培训中心8个，实施了45所农牧区中小学澡堂建设试点项目，各级各类学校办学条件大力改善。加快落实"十二五"规划项目方案，做好项目前期工作，及时报审"十二五"规划项目方案，全年教育项目国家到位投资、项目前期工作和开复工等项目工作进展良好，成效明显。全区中小学校舍信息化管理水平不断提高，校舍信息管理系统数据及时更新，中小学校舍管理工作不断完善和规范。

【教育惠民利民政策深入实施】积极推进教育惠民利民政策举措向纵深发展，教育公平迈出重大步伐。一是继续完善"三包"政策体系。2012年春季学期开始，参照"三包"标准，对公路养护职工子女实行从学前到高中阶段教育就学补助政策；2012年秋季学期开始，自治区第12次提高"三包"及助学金标准，较上年标准增加200元，分别达到二类区2400元、三类区2500元、四类区及边境县2600元。全年"三包"及助学金经费总量达122927.96万元，受惠学生达51.04万人。

二是从春季学期开始，在所有县城以下（不含县城）义务教育学校全面推行义务教育学生营养改善计划，实行"三包+营养"供餐模式，每生每天3元，全年按200天核定；拉萨市城关区还将标准提高到5元，由地方财政补贴。全年共落实政策资金14392.31万元，惠及学生239877人，覆盖率达到100%。

三是全面实现15年免费教育。从秋季学期开始，自治区实施了城镇学前三年免费教育政策，年生均免费标准3600元，秋季学期落实城镇学前免费教育资金6849万元，惠及38061名城镇幼儿。至此，西藏自治区在全国率先全面实现省域范围内15年免费教育，即学前3年、小学6年、初中3年、高中阶段3年。

四是学生资助政策体系更加完善。2012年，研究并出台了家庭经济困难全日制硕博士研究生资助政策、年资助标准5000元，实施了研究生国家奖学金制度、年资助标准20000元。至此，全区已累计制订出台了22项资助政策（含国家类政策），已基本建立起了涵盖从学前教育到硕博士研究生阶段的学生资助政策体系。全年共落实资助资金168361.56万元，较上年增长34.35%，资助师生达95.91万人次。

【学校德育和思想政治工作不断深化】以迎接和庆祝党的十八大胜利召开为主题，以校园文化建设为抓手，不断深化学校德育和思想政治教育工作。

【体育、卫生、艺术与国防教育】一是启动农牧区中小学澡堂建设试点工程，完成了45所农牧区中小学校澡堂建设；积极争取全球疟疾教育项目资金11.3万余元，在林芝地区实施了疟疾教育项目启动暨管理人员培训；加强了与卫生疾控部门的合作；改善了学校卫生条件，增强了学生安全卫生防范意识。二是深入开展阳光体育运动，向教育部上报优秀案例14篇；在山南地区成功举办自治区第十届中学生运动会，全区10个代表队共600余名运动员参赛；组织21名学生参加了第九届全国大学生运动会，获得了体育道德风尚奖；开展了学生体质健康监测工作，受检学生3840名；三是积极筹备第四届全国中学生艺术展演活动，成立了高雅艺术进校园活动组委会，明确了各相关部门和高校的职责分工；四是进一步加强国防教育，全年共有44618名大学和高中生参加了军训和国防教育活动。

【师资队伍建设】深入贯彻落实全国教师工作会议精神，加强教师队伍建设，积极营造尊师重教氛围，加强和改进师德建设，努力提高教师社会地位。大力宣传先进师德典型，2012年度全国教书育人楷模候选人格桑达瓦和李小运、央视"最美乡村教师"宋玉刚，因勇救落水学生而英勇牺牲的"全区优秀教师"阿旺伦珠、"2011全国高校辅导员年度人物"次仁央宗等一批先进典型不断涌现。进一步加强教师培养与培训工作，全区教师立体培训网络初步形成，完善教师补充机制，改进师范毕业生就业工作，加大紧缺薄弱学科专业教师的培养培训力度，统筹做好教师流动管理，关心重视教师工作、学习和生活，有378人通过了2011年度全区高级教师专业技术职务评审，1203人报名参加2012年度高级职称业务考试，1731人报名参加非师范类毕业教师教育学、心理学统一考试。2208名教师得到2011-2012年"中央专项彩票公益金--励耕计划"资助；启动了自治区"园丁关爱行动计划"，150名特殊困难家庭教职工得到资助；193名优秀教师受到阴法唐西藏教育基金会资助；60名幼儿教师受到"2012年中央专项彩票公益金教育助学项目——润雨计划"资助。支持"教工之家"活动奖励经费70余万元，慰问教职工经费达200余万元。

目前，全区教育系统共有教职工47210人（在职41844人，离退休5366人），在职教师中：高校3577人，中职学校781人，普通高中1091人，初级中学9164人，小学19098人，特校110人，幼儿园2221人，其他事业人员2802人。在职专任教师39752人，幼儿园、小学、中学、中职学校、高等院校专任教师学历合格率分别达到94.25%、98.92%、99.04%、98.65%、97.84%，高级职称所占专任教师比例分别为0.1%、1.05%、4.56%、4.87%、30.11%（正高4.98%、副高25.13%），中级职称所占专任教师比例分别为15.19%、22.72%、26.9%、38.99%、42.22%。

【招生考试】一是抓好国家教育考试标准化考点建设，积极推进招生考试手段的科学化和信息化，完成了1个自

治区级指挥平台、8个地市级指挥平台和9个保密室建设，完成9个考区25个考点880个考场的国家教育考试标准化考点建设，形成了集网络视频巡查系统、应急指挥系统、作弊防控系统、身份认证系统、考务综合管理系统于一体的综合服务系统，实现了“国家教育考试全部放在国家教育考试标准化考场进行”的目标，满足了各类教育考试的考点需求，为防范考试作弊、严肃考风考纪发挥了重要作用，同时还方便了学校日常教育教学管理。二是强化工作措施，完善工作机制，落实工作责任，健全工作制度，规范工作流程，强化细节检查，加强关键岗位和薄弱环节，各类招生考试平安平稳实施。三是加大了招生考试服务工作，首次在普通高考中统一配发考试文具，得到广大考生、家长和社会的认可；积极推行“阳光招生”，及时公布招生考试信息，主动接受社会舆论监督，畅通考生查询渠道和系统，共接听热线电话6000多人次，接待来访1500多人次。四是积极协调和落实招生计划，完善志愿征集系统，各类招生考试工作顺利进行，确保了考生合法权益。

【内地办学工作】一是进一步调整办学层次和学校布局，恢复内地10所重点高中招生工作，招收援藏干部子女的初中班由3所扩大到6所，开办内地西藏初中班的学校调整为26所，重点高中散插班增加到60所，内地中职班48所，招收内地西藏班学生的内地高校由120多所增加到170所。二是积极推进内地民族班与当地学生合校混班工作，招收援藏干部子女的内地西藏初中班基本实行了混班教学。三是继续加大招生改革力度，加大对弱势群体的招生政策倾斜，明确了孤儿院少数民族考生降分录取条件，高中班区内生源计划向那曲和阿里地区倾斜，加大了面向边境地区内地西藏班招生工作和对内地西藏班较少民族班的支持力度，招收边境班学生40人、较少民族班学生45人。四是加大信息化建设力度，积极推行信息化管理，开发了内地西藏初高中学生学籍管理系统和远程报名、填志愿及录取系统，实现了初高中学生网上报名、填志愿及局域网录取，全年共协助完成了1927名内地西藏班（校）高校招生计划（本科院校1834名、专科院校93名）、3000名内地西藏高中班（校）招生计划（重点散插班1475名、普通高中1525名）、1540名内地西藏初中班（校）招生计划和3036名内地中职班招生计划。五是加强内地班管理，选派了80名藏文教师赴内地西藏初高中班任教、8名管理教师到散插班学校协助开展学生教育管理工作，开展了内地西藏班藏文教师及藏语文课开设情况摸底调研工作，组织开展了内地西藏班藏语文教师和内地中职班管理人员培训。六是加大了内地西藏办学政策宣传力度，首次组织了30名内地西藏班学生家长代表赴内地西藏班（校）考察。七是开展了内地西藏班、中职班巡回宣讲活动。配合教育部民教司在成都召开了全国内地西藏班、中职班思想政治骨干教师培训会议。

【教育外事和对口受援】进一步规范教育外事工作。一是招收了25名外国留学生，加强了外籍教师和留学生的日常管理；二是进一步加强对非政府组织合作项目的管理，顺利完成美国英语学会外籍英语教师聘请派遣工作，完成英国救助儿童会西藏项目评估，实施2012年国家留学基金委“西部地区人才培养特别项目”并有17名候选人员通过联合评审，首次组织了“中小学校长培训团”德国培训项目；三是认真落实有关出国审批程序，对因私出国留学人员进行了登记备案。

认真开展教育受援工作。一是协助教育部在拉萨召开教育对口支援西藏工作协调会议，会议研讨了《关于落实教育对口支援西藏工作的意见》及《西藏基础教育教师素质提高推进计划（2012-2015年）》；二是协调落实14个教育部直属单位对口支援教育厅10个直属单位工作；三是协调27所对口支援高校团队召开了6个高校对口支援例会，确定了有关对口支援任务及进度；四是17个对口支援省市和27所高校团队加大了教育援助力度，各地各高校教育受援项目达303个、落实援助资金24509.164万元，援建高校实验室6个，与我区高校共同申报科研项目12项。五是社会助学范围和力度不断增大，各类社会类资助项目达12项，其中河南双汇集团一次捐资助学2000万元用于西藏五个地市中小学基础建设，有3所学校授牌为“红军小学”。

【教育科研】开展了“义务教育新课程标准（2011年）巡回培训”，74个县乡中小学6235人参加了涉及8个学科的培训。开展了首届全区小学教师教学大赛，75名教师参加了包括藏语文、语文（汉语）、数学和思想品德4个学科的决赛。组织申报了34项全国教育科学规划“十二五”规划2012年度课题。组织开展全区教研员队伍建设、教研工作现状调研，形成了《全区教研员队伍建设调研报告》和《全区教研工作现状调研报告》。

【语言文字工作】林芝地区和山南地区顺利通过国家二类城市语言文字工作评估，国家级和区级普通话水平测试员人数增至320名，取得普通话合格证书的公务员人数超过3800人。95%以上教师取得普通话合格证书。

基础教育

【全面启动城镇三年、农牧区两年学前双语教育工程】投入3.77亿元大力推进学前双语幼儿园建设，投入1000万元积极扶持城镇民办学前教育。完成了自治区第八次党代会和全区经济工作会议关于新建、改扩建235所双语幼儿园的任务，学前双语幼儿园由198所增加到480所，在园幼儿由41751人增加到61495人，学前教育毛入园率由35%提高到45.2%。在山南召开全区学前教育工作会议，国家教改项目——山南地区学前双语教育改革试点工作取得初步成效，《中国教育报》作了专文报道（12月17日第一版）。

【巩固“两基”成果，提高义务教育水平】以强化汉语文、藏语文、数学和行为养成教育四门功课的教学管理和质量提高为前提和基础，深入推进双语教育教学改革，强化教育督导工作。

2012年，全区小学由860所调整为857所、教学点由613个调整为515个，初中由93所调整为92所；小学生292016人、小学入学率保持99.4%，初中生130266人、初中毛入学率达到98.6%。特殊教育学校3所，在校生420人。全区累计脱盲人数达179.5万，未脱盲人数1.9万人，青壮年文盲率0.8%，人均受教育年限达到8.1年。

【进一步扩大高中教育资源】投入6417万元用于6所普通高中改扩建，新建校舍1.95万平方米。10月份，对13所普通高中进行办学水平评估，进一步规范办学行为、提高办学水平。加强了普通高中学籍学历管理和毕业生资格审查工作。

【稳步推进高中新课程改革】认真做好新课改高考有关前期工作。12月底组织召开《西藏自治区高考改革方案》培训会，对高考改革方案作了全面深入地解读，对普通高中新课程改革实施两年多来取得的成效经验、存在的问题困惑及下步改进措施作了认真梳理。全区普通高中有30所，在校生由44676人增加到47825人，高中阶段毛入学率由63.4%提高到70.2%。

职业教育与成人教育

【推进职业教育教学改革创新】继续实施职业学校教师素质提高计划自治区级培训项目，249名骨干教师分别参加工艺美术、计算机应用技术、植物生产技术、旅游管理与服务、汽车运用与维修、职业技术教育学等专业培训。结合我区农牧业、旅游服务业以及青藏铁路建设对技能型人才的需求，加快建设畜牧兽医、计算机、电工电子、铁路运输、建筑、旅游等重点专业，改革创新教学内容、教学方法和评价体系，加强教学管理，全面提高教学质量。

【进一步完善职业教育学生资助政策】在全面实施中职生免费教育制度的基础上，逐步建立以国家助学金为主，以工学结合、顶岗实习为辅的中等职业教育资助政策体系，受助面达100%。高职生享受国家高等学校奖学金、助学金和助学贷款，受助面达60%以上。

【加快职业教育现代化进程】继续加强职业教育宏观管理，改善职业教育办学条件，深化职业教育教学改革，提高职业教育办学质量，加强“双师型”教师队伍建设，强化职业教育培训，加强民办教育管理。投入1.9亿元，用于新建1所改建4所中等职业学校，新建校舍8万平方米。区内6所中职学校在校生达到18291人，内地西藏中职班学生由5466人增加到7372人，高职高专在校生由12475人增加到12876人，全年完成农牧民培训3万人次。

高等教育

【积极推进高校内涵建设】推动落实“培养学生会思考能实战”教学质量理念。一是深化教学改革，设立400项大学生创新实验计划，开展200项高校教师专业实践实战能力提高计划，确定10个第一批自治区“专业综合改革试点”项目，完成2012年自治区高等教育教学成果奖评审奖励工作，高校教改项目进展顺利；二是努力提高高校科研和学科水平，确定第二批自治区重点学科20个、重点实验室20个，建立了自治区高等学校人文社会科学、科学技术研究专家库，完成教育部2012年新世纪优秀人才支持计划人选推荐工作，推荐申报教育部第六届高等学校科学研究优秀成果奖著作奖11项、论文奖3项，西藏大学“少数民族语言文学（藏语言文学）”被批准为国家重点学科、西藏大学农牧学院“高原生态学”被批准为重点（培育）学科；三是认真开展学位和研究生教育工作，全力筹备西藏大学新增博士授权立项单位建设终期验收工作，积极开展西藏民院和藏医学院拟申报授予博士学位一级学科建设，举办了大规模高校科学道德和学风建设宣传教育活动。

【顺利完成重大专项工作】完成西藏大学“211工程”三期建设检查验收，西藏大学获批为“中西部高校综合能力提升工程”学校。完成西藏大学“中西部高校基础能力建设工程”项目申报工作，西藏大学、西藏民院成功进入国家“中西部高等教育振兴计划”行列。进行了西藏大学、西藏民院“2011协同创新中心”培育和申报工作并各安排1000万元予以支持。

【优化招生、毕业及专业设置】调整了2012年分校分专业招生计划，加大了内地省市高校区内招生计划。加强高校学生学籍管理改革，简化学历认证程序，停止实施在学生毕业证书上加盖“西藏自治区高等教育学历专用章”认证制度。区内高校现有本科专业108种本科专业布点136个、专科专业112种专科专业布点132个，有56个学科专业招收硕士研究生；在校研究生由824人增加到1079人，普通本专科生由32374人（专科12475人）增加到33452人（专科12876人），高等教育毛入学率由26.7%提高到27.4%。

西藏大学

【学校概况】西藏大学是西藏自治区所属的综合性大学，“211工程”重点建设大学，西藏自治区人民政府与教育部共建高校。办学历史可追溯到1951年的藏文干部训练班，历经西藏军区干部学校、西藏地方干部学校、西藏行政干部学校、西藏师范学校、西藏师范学院等发展阶段。1985年7月，成立西藏大学。1999年以来，西藏自治区艺术学校、西藏医学高等专科学校和西藏民族学院医疗系、西藏自治区财经学校先后并入西藏大学。2001年9月，西藏农牧学院与西藏大学合并，校名仍为西藏大学。

西藏大学拉萨校本部现有新校区、老校区、医学院校区和财经学院校区四个校区，占地面积1400亩。设有文学院、理学院、工学院、医学院、艺术学院、旅游与外语学院、政法学院、师范学院、经济与管理学院、财经学院10个学院，有民族学、教育学、中国语言文学、计算机科学与技术、音乐与舞蹈、美术学、生物学7个硕士学位授权一级学科及30个硕士学位授权二级学科和教育硕士、艺术硕士2个专业硕士学位授权点。有47个本科专业，涵盖经济学、法学、教育学、文学、历史学、理学、工学、医学、管理学、艺术学10个学科门类。教学科研仪器设备总值1.52亿元，图书总藏量80万册，校园网是CERNET西藏主节点。普通本专科在校生9255人，硕士研究生486人，留学生24人。教职工1127，其中专任教师800人，具有硕士以上学位的教师406人，比例为50.8%，博士研究生学历的教师39人；具有正副教授职称的教师275人，比例为34.4%。有以“双聘院士”、“长江学者”特聘教授、“国家杰出青年基金”获得者、“国家级教学名师”和“国家级非物质文化遗产藏族唐卡勉唐画派代表性传承人”为代表的国家级、自治区级学科带头人69人，入选教育部“新世纪优秀人才计划”5人，初步形成了一支多民族结合、相对稳定、素质较高的师资队伍。有国家级重点学科1个——中国少数民族语言文学（藏语言文学），教育部人文社会科学重点研究基地1个——西藏大学·四川大学中国藏学研究所，教育部工程研究中心1个——藏文信息技术工程研究中心，教育部重点实验室1个——羊八井宇宙线开放实验室，国家级信息技术实验教学示范中心1个——信息技术实验教学示范中心，中国科学院和自治区共建重点实验室1个——那曲生态环境综合观测研究站，自治区高等学校重点实验室11个。

【学科建设】推进学科建设上水平，“211工程”三期项目建设顺利通过国家验收；博士学位授予单位立项建设工作已全部完成，准备迎接国务院学位办的整体验收；获批6个自治区重点学科、5个自治区重点实验室；制定了《西藏大学重点学科建设项目管理办法》，启动了9个校级重点培育学科的建设工作；成功增列为同等学力人员授予硕士学位单位。

【师资队伍建设】加大人才培养与引进工作，引进特聘教授1人，引进和培养博士、硕士研究生46人；选派31名教师赴国内外知名高校攻读博士、硕士学位；48名教师晋升为高级专业技术职务，教师队伍结构不断优化。加快高层次人才队伍建设，围绕民族文化和高原科学技术两大特色学科群，组建了8个创新团队，其中，“青藏高原的生物多样性与分子进化”团队入选2012年度教育部“创新团队发展计划”，为培养和造就一批有发展潜力的高层次人才搭建了坚实的平台；入选2012年度教育部“新世纪优秀人才支持计划”1人、自治区宣传文化系统第二批“五个一批”人才1人，推选了包括宝钢优秀教师奖、国务院政府特殊津贴人选、“长江学者”人选等在内的各类优秀教师奖、学术荣誉称号候选人37人次。加强人事管理，制定了《西藏大学岗位设置管理与聘用暂行办法》，启动了西藏大学专业技术职务系列首次岗位聘任工作；加强师德师风建设，专门成立了加强师德师风建设领导小组，在教师中开展了“铸师魂、育师德、树师表、正师风、练师能”活动；拟定了《西藏大学加强师德师风建设的实施意见》和《西藏大学师德师风考核暂行办法》，努力提高教师教书育人水平；组织表彰奖励校级优秀教师35人、优秀教育工作者32人。

【科研工作】加大科研工作力度，获批省部级以上科研项目92项，科研经费近3000万元；立项校级科研项目12项，经费达20万元。《藏文软件研发与推广应用》获国家科技进步二等奖。《西藏大学学报》（社会科学版）入选第二批国家社科基金学术期刊资助，成为2012年西藏唯一获国家社科基金资助的学术期刊。出版专著、教材和译著36部，发表学术论文396篇。培育组建了西藏社会发展研究中心、西藏大学经济文化研究中心、西藏大学科技促进中心、西藏大学高原科学研究中心、西藏大学民族文化研究中心等5个校内协同创新中心。与区内外有关单位和对口支援高校联合组建“西藏信息化协同创新中心”，争取进入国家“2011”计划。加强校市合作，研发的“拉萨市寺庙档案数据库管理系统”已应用于拉萨市加强和创新社会管理工作中，为推进城镇社区网格化管理做出了积极贡献。

【教学工作】创新人才培养模式，深入学习贯彻《教育部关于全面提高高等教育质量的若干意见》，召开2012年教学工作会议，制定了《西藏大学全面提高教育质量的实施意见》；开展了第三批217名学生跨校修读上海交通大学第二学士学位工作。信息技术国家级教学示范中心通过验收，成为全区唯一一个国家级实验教学示范中心；规范学籍学历管理，学校荣获“全国高等教育学籍学历管理工作先进集体”称号；获批为第一批卓越医生教育培养计划项目试点高校。积极开展教学研究和教材建设工作，获批2011年西藏自治区高等学校教学改革研究项目11项，资助经费30万元；4个专业被评为自治区第一批专业综合改革试点项目，资助经费60万元；出版《因明学概论》、《藏语词汇学教程》等教材5部；立项校级教改项目20项，资助经费16万元。立项9个专业综合改革试点项目，3个实验教学示范中心建设项目，36门精品课程建设项目；获批50个自治区高等院校教师实践实战能力提高计划项目，资助经费50万元；14项教学成果分获自治区教学成果特等奖（1项）、一等奖（1项）、二等奖（7项）、三等奖（5项）。加强学生创新创业能力培养工作，学校获批为“十二五”国家大学生创新创业训练计划实施高校；获批40个国家大学生创新创业训练计划和60个区级大学生创新性实验计划训练项目，资助经费70万元；举办了第五次、第六次“国家大学生创新性实验计划”项目结题答辩会和“国家大学生创新性实验计划”项目经验交流会；制定了《西藏大学关于进一步加强实践教学的实施意见》，建设了17个校级大学生校外实践教育基地；组织学生参加第九届全国大学生“挑战杯”创业计划竞赛，荣获三等奖2项，包揽自治区“成才杯”创业计划竞赛三个组别的一等奖，获二等奖4项、三等奖2项。

【学生工作】完善体制机制建设，修订了《西藏大学班主任年度工作考核暂行办法》、《西藏大学班主任工作条例》；制定了《关于加强辅导员 班主任队伍建设的实施意见》、《西藏大学学生工作学期考核办法》等制度；完善奖、贷、助、补、免、勤工助学等学生资助体系，为9000余名在校生办理了城镇居民基本医疗保险，79名学生通过医保获得有效救助；按时发放各类奖助学金1174万余元，贫困学生资助率达100%；争取社会爱心人士捐助资金569.5万元；完成417名学生的学费、国家助学贷款代偿工作，代偿金额达139.3万余元；投入15万元设立117个勤工助学岗位，为贫困大学生提供助学服务；联系未偿还贷款或利息的学生439人，返还贷款金额近400万元，为290名学生成功申请了国家助学贷款，为164名新生办理了“绿色通道”，确保不让任何一名学生因家庭经济困难而辍学。加强招生与就业工作，投入13万余元和18台电脑，建设了专用招生录取现场，2012年共录取本专科生和研究生2626人；积极开展就业政策宣传教育和创业教育，畅通就业信息渠道，在校园网内嵌入大学生就业一站式服务系统；2012届毕业生就业率达到94%。

【受援工作】积极开展交流互访，互访达100余人次。组织召开了新一轮高校团队对口支援西藏大学2012年度例会，高校团队与我校共同签署了《新一轮高校团队与西藏大学关于建立西藏“7+1”研究生培养基地合作协议》、《新一轮高校团队支持和参与组建“西藏大学西藏信息化协同创新中心”协议》，并为“基地”和“中心”揭牌。完成了6名中组部、教育部第六批援藏干部的工作交接和轮换，接受18名援藏干部、教师赴我校从事教学科研和管理工作，选派了21名干部、教师赴对口支援高校挂职学习；协调教育部和对口支援高校接收我校6名教师攻读博士学位、3名教师攻读硕士学位；与西南交通大学联合开展了“1+2+1”培养本科生工作，西南交通大学、西藏大学联合培养本科生示范基地揭牌。首批共计30名学生已赴西南交通大学学习。接收西南交通大学捐赠的20台笔记本电脑、武汉大学捐赠的50台台式电脑，接收北京大学捐赠的光纤交换机1台、服务器2台、NC机100台。成功联合申报科研项目5项，经费51万元。接收高等教育出版社等单位捐赠图书4000余册，各支援单位援助资金达210余万元。

西藏大学农牧学院

【学科、专业建设进一步加强，办学特色和优势不断凸显】2011、2012年度中央财政支持地方高校建设、教育厅提高高等教育人才培养质量与对口支援、自治区高校重点学科重点实验室建设、生态学重点培育学科建设、森林生态重点实验室建设共计3777.5万元54个项目，2011年重点项目基本完成，2012年项目有序实施。“211工程”三期建设项目通过国家初步验收。生态学博士点建设国家中期检查进展顺利。编制申报了2012—2015年中西部高校综合实力提升计划项目1.8亿元47个项目。新增4个自治区高校重点学科、4个自治区高校重点实验室，学院自治区高校重点学科、自治区高校重点实验室分别达11个、16个。硕士研究生教育稳步推进，已建成4个一级学科硕士学位授权点、2个二级学科硕士学位授权点、1个农业推广专业学位硕士点，生态学博士点建设国家中期检查进展顺利，目前待批。新增动植物检疫、食品质量与安全2个本科专业，本科专业已达35个（其中，32个涉农专业实行了免费教育）。

【深化教学改革，认真实施质量工程，教学质量稳步提高】进一步修订了人才培养方案，素质教育得到全面实施，教学运行、实践教学管理更加科学规范，公共基础课教学改革深入，专业师资需求计划更加明确，教学奖励机制更加健全，迎接自治区新一轮本科教学审核性评估各项工作稳步推进。4个自治区高校创新人才培养模式改革试点专业获批24万元经费。获批2个自治区专业综合改革试点专业，经费50万元。获批国家级大学生创新性实验训练计划项目20个、自治区级大学生创新性实验训练计划项目60个、自治区高校教学专业实验实战能力提高计划项目40个。8个项目被评为自治区2012年度高等学校优秀教学成果奖一、二、三等奖。

【“三支队伍”建设取得新进展，整体工作质量和水平有了新提升】进一步完善育才、引才、聚才、用才工作机制，成功引进博士（博士后）、硕士7人，招录本科毕业生11人，调入职工9人，教职工人数达545人，其中专任教师344人；专任教师中，教授、研究员、副教授、副研究员122人，讲师162人，博士（博士后）27人、硕士168人。选派教职员工75人次攻读学位、外出学习培训，学院内部培训持续开展；专业技术职务评审推荐工作稳步推进；新提拔任用1名院级领导、9名正处级干部、14名副处级干部，交流处级干部15人次。教师讲课技能比赛、社会调研项目等，进一步提高了教学能力和实践能力。

【科学研究和社会服务工作取得新成效，学术交流与合作进一步推进】47个课题获得国家、自治区立项资助；在研项目133项；到位经费1230.35万元，其中国家部委拨款占总经费的71.7%。教师公开发表学术论文300余篇，其中中文核心123篇，3篇被SCI收录，2篇被EI收录，1篇被CPCI收录。出版专著3部。邀请内地院校、科研院所的知名专家、学者和部分学院教师举办学术报告34场次。利用专业优势和科技人才资源，在科技培训、技术指导、规划设计、建材检测、科技示范等方面做了大量工作，大力推进强基惠民送科技活动，积极承办各类成人培训班，社会服务有了新作为。利用对口支援优势，实验室建设、图书资料及人才培养等方面取得了新进展。

【学生全面成长成才的各类平台进一步完善，综合素质和社会竞争力进一步提升】 2件作品在全区第三届“成才杯”大学生创业计划大赛暨“挑战杯”竞赛西藏赛区选拔赛中获得了三等奖，1件获“挑战杯”全国大学生创业计划大赛银奖，学院获优秀组织奖；第七届“航信杯”全国信息技术应用水平大赛全国总决赛中，1名学生获二维CAD建筑设计类别全国二等奖。坚持阳光招生，圆满完成招生计划，录取全日制本专科学生1273人、硕士研究生53人、成人函授学生200人，全日制本专科、研究生总数达到5300多人。2012届毕业生就业工作形势喜人，本专科学生就业率达到96.87%，研究生实现全部就业；2013届毕业生就业工作稳步推进。

【内部管理体制、运行机制改革进一步深化，办学活力进一步增强】 新建或修订学术道德行为规范、教师职业道德规范、教学研究基金、青年科研基金、科技与学术活动管理、科研间接经费管理、职称评审、外教管理、教职员工借款、优秀毕业生评选、学士硕士学位授予、西部计划志愿者招募选拔等一系列规章制度，各项管理更加规范。民主管理、依法治校进程进一步推进，党务、政务、财务公开范围更广、更加规范，党员干部及师生员工各项合法权益得到充分保障。教育工会维护、建设、参与、教育四项社会职能得到充分发挥，成功召开第二届教职工代表大会暨工会会员代表大会。统一战线工作稳步开展。后勤服务保障能力进一步提升。

【建院40周年院庆取得巨大成功】 自2010年底学院决定举办院庆活动以来，广大师生用真心、真情，用多种形式和实际行动，迎接院庆、支持院庆、参与院庆，把院庆办成了激动人心、令人难忘的文化盛会、欢乐盛会，办成了学术院庆、人文院庆。40周年院庆立意高远，系列活动有深度，内涵外延独具特色，各项工作精益求精，新形象、新面貌得到完美展现，给自治区领导、嘉宾、校友留下了深刻印象。院庆，庆出了干劲和热情，庆出了自信和豪迈，庆出了凝聚力和向心力，凝结成了全院上下不断前行、追求卓越、永不止步的强大力量；再次扩大了社会知名度和美誉度，全面加强开放办学，拓展了社会办学资源；围绕为建院40周年献礼，实现了办学整体实力新提升。

【获奖情况】 学院党委先后荣获“西藏自治区2012年民族团结进步模范集体”、“西藏自治区创先争优活动先进单位”荣誉称号，有关单位先后荣获国家级、自治区级先进集体奖励10次，教职工荣获国家级、自治区级先进个人奖励30余人次，学生荣获国家级、自治区级个人奖励20余人次。

西藏职业技术学院

【基本情况】 西藏职业技术学院是于2005年7月经自治区人民政府批准，在原西藏自治区农牧学校和西藏自治区综合中专学校的基础上合并组建而成。2006年9月正式挂牌，隶属自治区教育厅。学院现有两个校区（西、北）和一个综合实训中心，校园占地面积632亩，校舍建筑面积11.98万平方米。馆藏纸质图书30余万册，校内实验实训室84个，校内实训基地1个，校外实习基地66个。

学院现有31个专科专业，3个高职本科专业，包括农林、畜牧、电力、建筑、电子、财经、旅游、艺术等八大专业类别。其中国家示范性重点建设专业4个，自治区级重点建设专业4个，2个自治区人才培养模式改革试点专业，2个提升专业服务产业发展能力建设项目专业和1个自治区级特色专业。

学院现有在册学生（员）5100多人，教职工380多人，其中专任教师288人。专任教师中，研究生以上学历占23.51%，副教授以上职称占26.32%。自治区级优秀教学团队2个，国家优秀教师2人，自治区优秀教师和教学能手7人，1名辅导员获得“2011全国高校辅导员年度人物”大奖。获得“双师”素质教师资格120人，校外聘请行业企业兼职教师90人。教师队伍结构日趋合理、素质逐渐优化，专兼结合的“双师”结构教学团队逐步形成。

学院组建以来，不断深化管理体制、办学模式和教学改革，使学院在短时间内实现了从中职到高职办学模式和管理体制的转型，特别是通过迎评促建工作和国家示范院校建设项目的实施，极大地改善了学院办学条件，加快了内涵建设步伐，办学实力和人才培养质量显著提升，教学管理水平明显提高，办学特色初步形成，呈现了良好的发展局面。近几年毕业生平均就业率达到95%以上，“双证书”获取率达到85%以上，学生在全国各类技能大赛中先后获奖50多人次。2008年，学院被国家教育部、财政部确定为国家100所示范性高等职业院校。2009年10月，顺利通过高职高专院校人才培养工作水平评估。2011年6月，学院通过了示范校建设项目国家级验收。

【教学工作】 围绕“人才培养质量得到显著提升”这一目标要求，学院召开了首届教学工作会议和实践教学工作会议，回顾了过去5年教学工作，规划了未来5年的教学发展蓝图，全力推进教学改革与建设工程，为学院全面提升人才培养质量，开创教育教学工作的新局面奠定了基础。

配合新型课程体系的建设，与企业合作开发了40门课程教材，组织专业教师编制特色教材16本，修订自编教材、讲义、实训手册（指导书）130余套，建成自治区级精品课程5门、院级精品课程20门；积极推行课程项目化设计，逐步开展了以“能力目标”“任务训练”“学生主体”为主线的课程项目化改造。

【招生规模】 2012年，学院专科招生人数达到2093人，完成招生计划的99.67%，本科招生93人，计划完成率为77.5%。招生范围首次扩大到了区外，涵盖了河南、湖南、山西、河北、贵州、内蒙古六省区，进一步改善了生源结构。

【师资队伍】2012年学院投入100余万元，组织实施了“教师教学能力培训工程、师德建设工程、双师素质教师培养工程、高层次教师培养工程、专业带头人及骨干教师培养工程”五大师资队伍建设措施，整体提升了师资队伍建设水平。目前，硕士以上学历教师达到69人，占专任教师总数的20%；高职称教师占专任教师总数的20％。先后选派了120名教师参加区内外各类培训。实现了每个专业都有1-2个年轻骨干教师和专业带头人的目标。评选出了3名院级教学名师。

【成人教育】成人教育不断发展，进一步扩大了成教培训规模。2012年，举办各类培训班25期，培训人数2167人；举办各类学历班25个；全年开办职业技能鉴定工种17个，完成技能鉴定人数1297人；农广校招收新生262人，完成招生计划65.5%，毕业生人数达到281人。今年，先后与拉萨教体局、阿里教体局、山南职校等签订了对口支援协议，在人才培养、教学建设等方面给予帮助；投入200多万元建成了全区职业教育教学资源服务平台。

【学院管理】学院坚持以强化学生管理和人事制度改革为重点，不断创新管理方式，理顺工作机制，提高管理水平，办学活力进一步激发。

结合实际，对学生深入持久地开展爱国主义教育、反分裂斗争教育、民族团结教育等各种教育活动。2012年先后开展了“追寻历史，感受发展”为主题的寒假社会实践活动，以及党的十八大精神专题学习月活动等10余项。广泛深入开展“青年马克思主义者培养工程”，切实加强团员队伍建设。

进一步规范了人事各项规章制度，加强人事工作管理，有力推进了学院人事各项工作。通过协调相关部门，申请了20多个公益性岗位，为逐步优化学院聘用人员结构奠定了良好基础。调整了部分中层干部岗位，实现管理岗位人员流动。进一步修订完善了出差、下乡、休假等一系列涉及师生切身利益的规章制度。

不断加强内部管理、规范工作，提高办事效率。进一步加强了安全保密工作和院务公开、信息公开、党务公开工作。全年未发生一起泄密事故，通过校园网、公示栏、CRP系统等多种形式对公开各类信息9000余条。

对两校区学生食堂进行改造，对学生宿舍、教室、办公区、周转房等进行维修，保证了师生员工的正常工作、学习和生活，进一步提升了后勤保障能力。认真做好医疗卫生工作，确保了学院公共卫生安全。

【信息化建设】2012年，围绕信息化建设制定了32项办法和规定，完善了数字化校园信息系统CRP，校园信息化进程进一步推进。目前CRP系统已经成为学院日常办公的主要平台，极大地提高了办公效率。完成了中心机房防火墙设备、楼宇交换机、数据中心、数据存储仪器的采购与安装。加强对设备、网络的监管，保证了校园网络正常运行和网络信息安全。

【交流合作】2012年4所对口支援单位（西北农林科技大学、天津职业技术师范大学、北京电子科技职业学院和深圳职业技术学院），共向我院派遣援藏干部和教师8人，为我院培训干部和教师7人，向我院捐赠各类图书资料2484册，援建图形图像实训室1个，投入资金50万元。

学院分别与高等教育出版社、宁波职业技术学院、江苏畜牧兽医职业技术学院、四川商务职业学院等区外院校单位继续开展友好合作关系。在对方的大力支援下，学院新增各类图书资料21516册，设立了“笃学奖学金”，开展了“教师职教能力测试”，为学院新开物流专业提供了人才支持和专业建设指导。

【领导名录】

党委书记、副院长：见参

党委副书记、院长：李长山

党委副书记、常务副院长（副厅级）：葛维威

党委委员、常务副院长：江村

党委委员、纪检书记、副院长：付丽娟

党委委员、副院长：伊苏　薛林虎　索朗欧珠

文化、广电、新闻出版

自治区文化工作

【文化援藏会议助推西藏文化发展】 经过积极协调努力，文化部主办、西藏自治区文化厅承办的由文化部、国家文物局、全国各省市自治区文化厅局主要负责人160余人参加的规格最高、规模最大、项目最多的第四次全国文化文物援藏工作会议于8月份在拉萨成功召开，会上初步确定了77个文化援藏项目和30个文物保护扶持项目。会议期间，还举行了西藏自治区数字图书馆推广工程启动仪式、文化信息资源工程文化资源捐赠仪式、2012“春雨工程”交接仪式以及西藏壁画保护修复技术人员培训班和西藏文物进出境责任签定员培训班等专题活动。还向文化部争取了文化下乡演出车10部，全部发放到各县区。

【“十二五”重点文化建设项目全面铺开】 在日喀则市江当乡隆重举行了“十二五”全区乡镇综合文化站建设项目开工仪式。目前543个乡镇综合文化站和23个县民间艺术团排练场所落实投资4,9233亿元，完成投资1,0864亿元，完成工程量48%。启动了七地市图书馆、群艺馆和博物馆新建改造项目前期工作，部分项目已经开工。召开了“十二五”重点项目“西藏综合艺术中心”技术参数专家论证会，目前正在开展选址、项目建议书编制等工作。给已建的40多个乡镇综合文化站配备了设备。《中国地域文化通览·西藏卷》编撰工作稳步推进，截止目前约50万字的初稿均已初审，其中约30万字的稿件上交中央文史馆，约15万字的稿件经初审后作者正在修改，已投入资金47.9万元。

【人民群众充分享受文化发展成果】 组织实施了优秀文艺产品进基层活动，文化厅自筹资金70多万元，将近年来创作推出的优秀文艺作品制成6万余张DVD光盘，发放到全区各县乡。配合“感党恩 跟党走”主题教育活动，制作了面向基层的新旧西藏对比展览挂图5451套发放到全区各县乡村。投资40余万元，在拉萨市135个便民警务站设立了“便民书窗”，配送书籍20000余册，并定期更新。全面启动了7地市文化信息资源共享工程分中心建设，新建成了107个乡镇基层点和近500个村基层点。启动了文化信息资源共享工程《格萨尔》等特色数字资源库建设，完成了一批优秀汉语资源的翻译工作。

【全面实现文化设施“无障碍、零门槛”】 全区现有的博物馆、图书馆、群众艺术馆、县综合文化活动中心和乡镇综合文化站等公共文化设施实现了“无障碍、零门槛”免费开放目标。区图书馆采取“延长免费开放时间、拓宽免费服务领域、深化免费服务内容和提升免费服务品质”四措并举推进免费开放工作。举办了“世界读书日—书香飘农家”系列活动。区群艺馆举办了少儿免费艺术培训班，累计培训225名学员。西藏博物馆完善健全各项规章制度，充实壮大讲解员队伍，全力提升服务品质，有效推进了免费开放工作。6月，文化部督导组重点就我区“三馆一站”免费开放工作和林芝、山南地区公共文化服务体系示范区（项目）创建情况进行了检查和督导，对我区公共文化服务体系建设工作给予了高度评价。

【群众性文化活动丰富多彩、影响广泛】 利用各种纪念日、节庆，在拉萨先后举办了“3·28西藏百万农奴解放纪念日”群众文艺演出、“庆十一、迎十八大”全区民间艺术团文艺展演、全区首届藏戏展演（大赛）、首届“未来之星”少儿美术展览等群众性文化活动，营造了良好的文化氛围。各地市结合自身实际，组织开展了具有地域特色的群众性文化活动，拉萨雪顿节期间，各类群众文化活动达80多场，参与人员达到3万多人次，推出的广场“规范舞学跳”活动受到了广大市民的一致好评，群众参与文化建设的积极性高涨，生活进一步充实，文化素质进一步提高。“三大节日”期间，组织专业文艺团体、区群艺馆演出队赴拉萨、山南、日喀则、林芝、那曲等地开展了近300场慰问演出，丰富了基层群众节日文化生活。全年全区各地市累计开展各类群众性文化活动达到了近1万场次。那曲地区班戈县群众自发组织的《纳木措之舞》受邀参加了2012年中央元宵节联欢晚会和第22届星光奖颁奖典礼，受到党和国家领导人的高度评价。在全面筛选基础上，组织自治区9个文艺作品参加了第十六届全国“群星奖”，其中《扎念琴》、《酥油情》、《查琼拉》3个舞蹈作品、《神奇的苯塔》1个音乐作品突出重围，晋级决赛。

【驻村工作取得强基惠民新成效】 文化厅系统13个驻村工作点积极完成区党委交办的5项任务，同时结合文化部门工作特点，开展了一系列文体、教育、帮扶济困等各种活动，全年共投入资金近100万，为厅系统13个驻村点发放了15台投影仪，建立了15座文化信息资源共享工程基层服务网点。选强选好第二批13个队，52名驻村工作队员，经系统培训后，目前已顺利交接，全员到岗，切实加强了对驻村干部的关心和爱护，提高了驻村干部的工作积极性。

【文艺创作百花齐放】 创作推出了2012年新年音乐会《春天的赞歌》、“西藏百万农奴解放纪念日”3周年大型专题文艺晚会《捧起幸福的哈达》。举办了“首届全区电视原创歌曲作品及声乐大赛”，评选出了54名优秀歌手，10首优秀歌曲。创作推出了系列群众喜闻乐见的小戏小品，并组织开展了“送戏下乡”活动，10支专业艺术团体全年送戏下乡演出累计将达到800场次。完成了藏历新年电视综艺晚会、喜迎十八大专题文艺晚会《雪域颂歌》创作演出。西藏歌舞团与中央民族乐团联合打造的大型多媒体音乐盛宴—《西藏春天》在国家大剧院成功上演，藏族音乐家与汉族音乐家同唱一首歌、共奏一支曲，共同奏响了民族团结的辉煌乐章，在京引起了强烈反响。拉萨市推出的大型实景剧《文成公主》十八大前夕在京成功演出，《幸福路上60年》二度创作、音乐歌舞《青稞飘香》形成雏形。日喀则、山南、昌都首次推出了《和谐雅砻》、《盛世藏东》等藏历新年电视晚会，深受广大人民群众喜爱。

【文艺精品层出不穷】大型歌舞《魅力西藏》、藏戏《金色家园》入选第四届全国少数民族文艺会演项目。经反复修改，两台剧目分别在北京隆重上演，引起强烈反响，两台剧目双双荣获本次全国少数民族文艺会演“金奖”，五个节目和三十四名演职人员获得最佳节目、最佳编剧、最佳演员等奖项，西藏代表团获得优秀组织奖。大型话剧《解放.解放!》、歌舞《魅力西藏》成功入选国家舞台艺术精品资助项目和文化部举办的迎十八大全国优秀展演，在北京成功演出。全力配合自治区强基办创作推出自治区强基惠民大型专题文艺晚会《驻村之歌》。为深入学习贯彻落党的十八大精神，围绕新农村建设成果、围绕强基惠民生动实践、围绕老西藏精神、援藏精神，组织全区舞台艺术创作人员赴山南、林芝进行下乡采风活动，力争创作一批短平快的优秀文艺产品，用文艺的形式宣传党的十八大精神。

【全力营造喜迎十八大胜利召开的浓厚氛围】按照自治区要求，早着手、早安排、早部署，组织开展了“庆国庆、迎十八大”全区民间艺术团文艺调演、藏戏小品综艺晚会、《雪域欢歌》、《吉祥颂》文艺晚会、话剧《解放解放》展演等各项文艺活动。厅属各单位也积极利用各类文化设施，开展了歌咏比赛、主题展览、专题讲座等各种群众性文化活动。全区7地市专业文艺团体和51个县民间艺术团体，全面开展送戏下乡活动。各地市文艺团体推出了迎十八大系列专题文艺晚会，各类文艺演出累计达到近200场次，为十八大召开营造了浓厚的文化氛围。同时重点加大对文化市场的监管力度和对重点文物保护单位消防安全隐患排查力度，确保十八大期间文化市场净化有序和重点文物保护单位“三不出”目标实现。

【加强监管，实现“零事故”】在加强文化市场日常监管的同时，围绕“三大节日、雪顿节、十八大前后”等重大敏感时段，主动联合有关部门，积极开展各项专项整治行动，实现了文化市场“零事故”。特别是在党的十八大召开前后，加强面上工作部署的同时，主动会同有关部门，进一步加大巡查力度，从严落实文化市场各项安全维稳措施，确保了全区文化市场的绝对安全。进一步严把市场准入关，规范行政审批行为。全面发挥自治区网络监控平台作用，全时全程监测全区“网吧”等互联网上网服务营业场所，防止了非法网络游戏、网络音乐等不良信息在网上的传播。行业协会建设步伐加快，拉萨市率先在全区成立了以经营业主为主的网吧行业协会。从严落实了歌舞娱乐场所和营业性演出节目内容审查批准制度，严防“藏独”等反动内容渗透破坏。全区七地市全年围绕迎接党的十八大，累计开展文化市场专项整治和“扫黄打非”等巡查行动1115次，出动执法人员2200余人，检查文化娱乐场所近2600家，依法取缔非法经营场所17家，流动商贩16个，查缴非法音像制品10万余张（盘），对195家违规经营场所下达了《停业整顿通知书》。

【特色文化产业加快发展】抓政策扶持，在全面调研基础上，形成了《西藏自治区“十二五”文化产业发展规划研究》。联合自治区旅游局出台了《西藏自治区文化与旅游结合发展的实施意见》。开展了成立“西藏唐卡行业协会”、“西藏文化产业（唐卡）专家委员小组”的前期工作。抓平台建设，积极组织区内文化企业参加北京、深圳、西安等全国性文化产业博览会，全方位展示西藏文化精品，推介特色产业项目。成功举办首届2012北京·中国西藏唐卡艺术展，30幅稀世珍品唐卡和51位优秀唐卡画师新创作的110幅精品唐卡亮相首都，引起首都各界的一致好评。历时15天在京展览，累计接待观众达到了10万人以上，随后又在天津续展。开展了西藏第二批国家级文化产业基地的评选命名工作。各地（市）不断探索，加强文化产业发展，拉萨市的西藏文化旅游创意产业园区、山南的雅砻文化大观源等项目相继开工。文化产业重点项目大型原生态歌舞《幸福在路上》，从4月开演，累计演出近200场，观众近10万人，创收700多万。

【文化交流与合作全方位展开】组织林芝艺术团出访尼泊尔慰问演出，在尼演出3场，观众达1600余人次。区歌舞团大型歌舞《魅力西藏》参加“2012波兰□中国西藏文化周”，获得巨大成功，中央政治局常委、全国政协主席贾庆林致信祝贺。参加了国家民委组织的赴台少数民族文化交流活动。组织精品歌舞赴泰国参加2013年欢乐节。“春雨工程”重庆艺术团赴藏演出成功举办，在拉萨演出共计4场。邀请中国儿童艺术团《特殊作业》在拉萨为青少年儿童演出10场，观众达10000余人次。在广州、广西等地举办了《雪域瑰宝》西藏文物精品展。接待完成了6批外国友好赴藏文化交流团队在藏文化活动。

自治区文物工作

【确保重点文物保护工程项目顺利实施】自治区“十二五”重点文物保护工程项目具有子项多、文物类别杂、工程领域广、地域分散的特点，实施好文物保护工程关键是做好项目的前期工作。一是定期召开全区重点文物工程项目工作会议，及时安排部署各项工作。二是与46家重点文物保护工程项目建设单位签订责任书，对项目的完成时限、工程质量、施工进度等提出明确要求。三是建立健全了总投资20亿元的全区文物保护工程项目库，确保了今后及时申报项目和尽早立项。四是在继续实施桑耶寺等文物保护工程的同时，集中力量组织开展了“十二五”重点文物保护工程项目的前期工作，开工建设了敏竹林寺等7个具备条件的工程项目，热振寺等2个保护维修工程项目规划已完成审批，强巴林寺等19个保护维修工程项目规划已上报相关部门等待审批，查木钦墓群等18个保护维修工程项目前期工作正在进行。五是自治区安排资金2300多万元实施了冲康庄园等6项抢救性文物保护维修工程。

【《西藏自治区“十二五”时期文物事业发展规划》正式发布】《西藏自治区“十二五”时期文物事业发展规划》自治区人民政府已经批准，促进文物事业发展的指导思想、发展目标、重点任务已明确。重点工程项目包括：近现代重要史迹及代表性建筑保护、重点文物保护设施建设、部分地市博物馆建设工程。“十二五”时期，国家将安排资金10亿元，对46处重要史迹和博物馆进行建设。

【考古工作取得新进展】组织实施了藏王墓、昌都卡若遗址、小恩达遗址的考古调查和发掘工作；由自治区文研所和中国社会科学院考古研究所合作开展的阿里地区噶尔县门士乡卡尔东遗址及故如甲木墓地进行了考古发掘和测绘工作，对研究象雄国古城的形制布局和建造过程具有极为重要的价值。

【馆际交流和文物展览工作深入开展】西藏博物馆与中国文字博物馆、中国藏学研究中心西藏文化博物馆、首都博物馆和吉林博物馆协会等加强馆际交流，就人才培养、展览合作、技术支持等方面进行了广泛而深入的探讨。《海外回流西藏文物展》在西藏博物馆隆重开幕；《雪域瑰宝—西藏文物展》相继在广东、广西、河南等省市展出。

【全面总结“三普”工作，及时巩固“三普”成果】历史五年的“三普”工作于2011年底圆满收尾。我区共调查登录不可移动文物4277处，其中复查1264处，新发现3013处，取得了丰硕成果。为充分肯定我区在“三普”工作中取得的成绩，自治区召开了“三普”工作总结表彰大会。在自治区的统一部署下，各地区及时公布了一批不可移动文物保护单位，出台了一系列保护办法和措施，普查成果得到有效巩固。

【贝叶经保护工作取得阶段性成果】2012年9月25日，自治区党委、政府召开全区贝叶经保护工作总结表彰大会，标志着我区贝叶经保护取得阶段性重大成果。自2006年初启动贝叶经保护和研究工作以来，圆满完成了“加强保护，编出目录”两大任务，初步确定西藏迄今珍藏有梵文贝叶经写本共一千多个函(种)，近6万叶。形成了《西藏自治区珍藏贝叶经总目录》、《西藏自治区珍藏贝叶经影印大全》、《西藏自治区珍藏贝叶经影印大全简目》、《关于西藏自治区贝叶经保护方案与实施办法》、《西藏自治区贝叶经保护管理办法》、《西藏自治区贝叶经保护纪实》等重大阶段性成果，受到自治区的表彰。

【文物安全与执法督察工作稳步推进】认真落实文物安全责任制，建立健全文物安全长效机制，与各地市文化（文物）部门和区直文博单位签订《文物安全责任书》，始终将安全工作作为文物工作的生命线，建立健全安全防范长效机制和奖惩机制。配合做好全国人大文物保护法执法检查工作，确保检查组圆满完成各项任务，在重大活动和节日期间加强对文物单位重点部位的安防、消防大检查和督导工作。全年累计下发《关于加强文物安全防范工作的通知》等达13个，联合自治区和各地市相关部门组成的安防、消防专项检查组达60余批、300多人次，对全区文物单位的安防、消防和施工现场开展了拉网式大检查，切实做到不疏忽、不懈怠，有力地确保了文物安全。

【宣传工作富有成效，先进典型获得殊荣】在“5·18国际博物馆日”和“文化遗产日”期间，以自治区本级活动为主线，以全区各地的活动为基础的上下联动、形式多样的宣传活动。在全国文物工作会议上，我区布达拉宫管理处和山南地区文物局被人力资源与社会保障部、国家文物局授予“全国文物系统先进集体”荣誉称号，昌都地区文物局拥忠达瓦同志被授予“全国文物系统先进工作者”称号。

【结合重点工作，加强人才队伍建设】在国家文物局的关心和重视下，自治区文物局充分发挥自身优势，加大协调力度，继续采取“请进来、送出去”的培训机制，结合重大项目建设，先后在北京举办了为期5个月、16人的“西藏壁画保护修复技术人员培训班”；在拉萨举办了为期15天、20人的“西藏文物进出境鉴定审核培训班”；在西北大学培训基地举办了为期15天、30人的“西藏文博干部培训班”；积极选派20名在职干部参加了国家文物局举办的各类文物专业知识培训班；邀请内地兄弟省市文物系统的专家或技术人员进藏开展文物保护工作达到20多人次。通过多途径开展专业培训，进一步提高了在职干部的整体水平和业务技能，为全区文物事业的持续发展提供强有力的智力支撑和人才保障。

【旅游服务能力和游客接待水平得到提升】布达拉宫、罗布林卡、西藏博物馆作为以藏文化为主体的物质文化遗产和非物质文化遗产，作为历史文化、名胜古迹的最佳景区，也是文化与旅游结合、文物与旅游融合的最佳景区。2012年，布达拉宫、罗布林卡、西藏博物馆采取有效措施，进一步完善了旅游基础配套设施，加大了导游讲解员礼仪培训，不断强化服务意识和形象意识，着力提高服务能力和接待水平。共接待游客和朝佛群众1790722人次（布达拉宫为1087930人次，布达拉宫雪城28424人次，罗布林卡为43166人次，西藏博物馆为238202人次）。

【文物系统思想政治作风建设得到加强】继续开展创先争优活动，全区文物系统的各级组织把学习宣传贯彻党的十七届六中全会和中央第五次西藏工作座谈会及自治区第八次党代会精神作为全年一项重要政治任务来抓，全面系统地学习领会胡锦涛总书记在参加十一届全国人大五次会议西藏代表团审议时的重要讲话和习近平副主席在庆祝西藏和平解放60周年大会上的重要讲话精神。扎实推进各项理论学习，进一步提高思想政治水平，始终把党风廉政建设与业务工作同研究、同部署，保证了党风廉政建设各项工作的顺利进行。积极推进党务政务公开，深入开展民主评议政风行风活动，对行政审批事项进行自查梳理，行政审批进一步规范，文物系统作风建设不断加强。

【继续做好强基础惠民生工作】根据全区统一安排，自治区文物局及布达拉宫管理处、罗布林卡管理处、西藏博物馆4支工作队入驻那曲地区巴青县开展驻村工作。一年来，各驻村工作队认真学习，以严明的组织纪律、良好的生活作风、积极的工作态度、高度的责任意识投身于强基惠民工作。文物系统驻村工作队积极发挥自身专业优势，大力开展寺庙僧人的思想政治和文物保护教育，修缮“牧民书屋”，完成了“龙卡寺”可移动文物鉴定、建档工作，并完成电子档案的制作，多渠道争取资金近200万元，实施了慰问困难牧民、困难居民拆迁、路桥建设、饮水工程等一大批惠民项目。通过多渠道筹措资金300多万元，看望慰问“五保户”、困难户和“三老”人员，帮助牧民夏季搬迁，修建路桥，开展专项扶贫等。

【领导名录】

文化厅党组成员、文物局局长：桑布

文化厅副巡视员、文物局副局长：旦增朗杰

文物局副局长：刘世忠、曲珍

自治区广播电影电视工作

【年度综述】2012年，全区有省级广播电台1座,开办有藏语广播、藏语康巴话广播、汉语广播、都市生活广播四套广播频率和中国西藏之声网,节目播出语种有藏语（含藏语康巴方言）、汉语、英语3种。自办节目94个，每天节目播音总量80小时25分钟。省级电视台1座，开办有藏语卫视、汉语卫视和影视文化3个频道，其中2个上星频道，自办节目35个，每天播音65小时30分钟。有地市级广播电视台6座，地市级电视台1座。广播电视人口综合覆盖率分别达到93.38%和94.51%，较2011年分别提高1.71个百分点。中波广播转播台27座，县级以上（含边境口岸）电视转播台78座，“村村通”广播电视接收站12135座（含直播卫星的户户通）。有线广播电视用户185295户，数字电视用户68377户。广播电视卫星上行站1座，传输2套电视节目和3套广播节目。广播电视从业人员4000多人。广告收入1.3亿，比2011年提高0.44个百分点。广播电视有线网络收入2244万元，比2011年提高0.6个百分点。

【党的十八大宣传喜庆热烈】喜迎党的十八大宣传是西藏广播电视宣传工作中的首要任务。西藏各级广播电视紧紧围绕“科学发展、成就辉煌”这一主题，以新闻、专题、综艺等多种节目形式，推出了一大批重大重要、特色鲜明、有影响力的节目栏目，为喜迎党的十八大营造了隆重、喜庆、热烈的浓厚氛围。西藏人民广播电台以成就性综合报道、系列短评、记者连线、录音报道、录音特写等形式，在新闻、专题、文艺节目中开办了《科学发展 成就辉煌》、《行走高原话发展 新颜旧貌看巨变》、《科学发展在西藏》等专题专栏，策划推出了大型系列采访活动《科学发展 成就辉煌□发现美丽新西藏》，精心打造了藏语原创广播剧《阳光普照青春之路》、藏语康巴话广播译制剧《天路盛开格桑花》和汉语广播剧《日出东方》和《火蓝刀锋》，同时还精心制作了50多条广播宣传片花，在各时段的各档节目中滚动插播。西藏电视台以“喜迎党的十八大”为主题，在新闻、专题、文艺等节目中分别推出了《科学发展·成就辉煌》、《喜迎党的十八大·走基层·展示新成就》、《喜迎党的十八大 走基层·身边的变化》、《十八大代表风采录》、《喜迎党的十八大·党旗飘扬在高原》和《新颜旧貌看巨变》五个专题专栏，成功承制了喜迎党的十八大胜利召开、迎国庆主题晚会《雪域颂歌》，制作了《喜迎党的十八大藏语经典演唱》等综艺节目，完成了《光辉的历程》、《遍地格桑花》两部大型专题片，安排播出了《创先争优强基惠民》、《感党恩跟党走》、《喜迎党的十八大公益宣传片—国旗篇》、《喜迎党的十八大公益宣传片—发展篇》等多部宣传片。中国西藏之声网通过开设专栏、开辟专题网页、配发图片、自制音视频节目、在中文、藏文首页悬挂彩色悬浮广告标语等形式，积极参与到喜迎党的十八大—《科学发展 成就辉煌·发现美丽新西藏》的主题宣传中。其中《藏乡的青稞熟了》、《尼玛—“太阳”的地方》等多篇图文报道被人民网、中国网、凤凰网、新浪网、搜狐网、中国西藏网等10多家国内著名网站纷纷转载。十八大召开期间，西藏广播电视安全优质并机转播了党的十八大开幕实况，藏语广播和康巴话广播用拉萨语、康巴话并机直播了胡锦涛同志的讲话全文，使十八大开幕实况以汉语、藏语、拉萨话、康把话多语种、以最快的速度传向千家万户。

【自治区和全国“两会”宣传内容丰富】自治区“两会”期间，广播电视派出100多名记者，30多个采访组，分赴会场内外对两会代表参政议政、履职献言等内容进行采访，通过现场连线、录音特写、录音专访、新闻述评、图片新闻、直播间访谈、精神解读、制作宣传片花等形式，推出了《来自“两会”的报道》、《菲菲跑“两会”》等30多个专题专栏、直播节目和藏语自采专题片。西藏影视文化频道开通短信互动平台《我们捎话给“两会”》，得到了代表、委员的好评。文艺节目精心编选播出了经典红歌、红色小说剧、广播剧。电台《农牧天地》等栏目邀请嘉宾做客直播间，深入解读“两会”精神。共播出消息、侧记、花絮、专题等稿件1080多条次，音视频126个、图片193张、网评文章11篇。

全国“两会”期间，广播电视以专访、录音报道、录音特写、连线报道、花絮等形式，在新闻节目中挂牌推出了《来自全国“两会”的报道》、《亲切的关怀，巨大的鼓舞—深入贯彻落实胡锦涛总书记在西藏代表团审议时的重要讲话精神》等专栏，及时播出了全国“两会”开闭幕消息，全面报道了胡锦涛总书记参加西藏代表团审议、陈全国等自治区领导分组审议时的发言以及我区各族各界认真学习贯彻胡锦涛总书记参加西藏代表团审议时的重要讲话精神等情况。电台有效利用中国广播联盟共享平台音频，坚持新闻串联，与《联播》、《快报》相互呼应，及时播发两会最新报道及评论员文章。电视台继续在北京开设新闻直播间，对前期采访、文字编辑、演播室录制、技术剪辑制作等工作进行了明确分工，确保了全国“两会”宣传报道按时保质保量完成。

【反分裂斗争宣传扎实有效】在反对分裂、维护稳定的宣传报道中，西藏广播电视进一步完善《西藏广播电视关于突发公共事件应急新闻报道工作预案》，长年开办了《四新》、《藏汉史话》、《今日西藏》等专栏，对当前区党委、政府维护社会稳定的决策部署、自治区领导在维稳一线检查指导工作、各级各部门积极参与维稳工作的各种动态消息进行了及时准确的报道，为维护社会稳定，促进民族团结营造了良好的舆论氛围。以西藏百万农奴解放纪念日为切入点，开辟了《沧桑巨变—纪念西藏百万农奴解放纪念日》等30多个专栏，推出了《春天的节日》、《西藏百万农奴的新生活》等一系列专题、系列访谈和特别节目，播出了《永远的忠诚》等多部广播影视剧，教育引导全区各族群众进一步认清了西方敌对势力利用十四世达赖集团对我进行牵制遏制的险恶用心，筑牢了反对分裂、维护稳定的思想基础。围绕西藏自治区首届和谐模范寺庙暨爱国守法先进僧尼表彰大会，西藏人民广播电台制作系列访谈节目《西藏爱国宗教人士访谈》。西藏电视台积极与区党委统战部合作，在藏语卫视频道《对话》栏目中推出四集特别节目《藏传佛教高僧大德系列访谈》,为引导广大僧尼自觉遵守党的宗教政策，维护藏传佛教正常秩序和寺庙和谐稳定营造了良好的舆论氛围，为我区首届和谐模范寺庙暨爱国守法先进僧尼表彰大会的顺利召开把好了导向，营造了声势。

自治区新闻出版工作

【年度综述】2012年，全区新闻出版系统紧紧围绕发展稳定大局，各项事业取得令人鼓舞的好成绩，为推进西藏跨越式发展和长治久安作出了重要贡献。全区新闻出版业总产出达到7.99亿元，同比增长12%，实现增加值2.73亿元，同比增长5%。

【突出主题出版宣传，新闻出版产品生产供给能力进一步提升】围绕迎接学习宣传党的十八大，精心组织推出《中华民族大团结》等12种主题献礼出版物，其中《人民的新西藏》列入新闻出版总署迎接党的十八大百种重点出版物在全国展示展销。各级各类报刊开辟专题专栏专版多方位多角度开展舆论宣传，唱响“六个好”的时代主旋律。出版发行党的十八大文件及学习辅导读物408400册，创历届党代会之最。围绕以“爱国、团结、和谐、发展、文明”为主题的核心价值观宣传教育，推出《雪域军魂》、《驻村英雄谱》等一批主题出版物。围绕发展稳定，推出《推动西藏科学发展社会和谐的重点难点问题研究》、《正义的声音》、《民族宗教理论与政策》等一批主题出版物。《藏族传统手工宝典》等国家出版基金资助的一批精品佳作结项出版，整理出版《萨迦世袭史》等70多种藏文典籍。全年出版各类藏汉文图书931种1583万册、报纸7082万份、期刊170万册、音像电子产品50种9.9万盘，藏文类出版物占全年出版总量的70%以上，共有10种优秀出版物荣获全国及区域性奖项。

【突出发展改革，新闻出版整体实力进一步增强】经自治区人民政府批准，全面实施《西藏自治区“十二五”时期新闻出版业发展规划》。政府直接投资3769.6万元实施西藏新华印刷厂绿色环保设备改造，争取民文出版专项资金290万元对西藏福利印刷厂等3家单位实施设备更新和技术改造，西藏新华印刷厂、西藏福利印刷厂成为我区首批国家绿色印刷认证企业。西藏人民出版总社组建工作正式展开，启动实施自治区新华书店转企改制。推进西藏出版文化产业园建设，入驻园区企业已达11家，注册资金4560万元。全年本版图书销售额达到2375万码洋，同比增长83%；发行图书2748万册，实现图书销售码洋1.9亿元、同比增长36%；印刷复制业总产出达到3.63亿元，同比增长10%；报纸完成18.5万千印张、同比增长20%，期刊完成1.09万千印张。组织行业系统参加第22届全国图书交易博览会，实现销售和看样订货总交易金额达100多万元。成功举办首届尼泊尔中国书展，产生良好反响。

【突出出版惠民，新闻出版公共服务体系建设取得重大突破】全面完成5451个农家书屋、1700多个寺庙书屋建设任务，农家书屋建设走在西部地区前列、寺庙书屋建设走在全国前列，新闻出版公共服务覆盖全区。推动书屋建设工作重心向管好用好转移，制定《关于加强农家书屋、寺庙书屋管理维护使用工作实施方案》，开展示范书屋和星级书屋评比活动，积极营造农牧民群众和寺庙僧尼爱读书、读好书的良好氛围，拉萨市城关区夺底乡洛欧村农家书屋等15个农家书屋被授予“全国示范农家书屋”，次旦等15名同志被授予“全国农家书屋优秀管理员”。大力实施全民阅读工程，举行图书下乡、让利销售、青少年优秀图书推荐、全民阅读报刊行等活动，向社会大众免费赠送260万码洋的优秀出版物。各地市结合实际，以重大节庆为契机，开展全民阅读和图书让利展销活动，昌都地区把每年世界读书日所在周确定为读书周，开展丰富多彩的读书活动，还利用农家书屋开展冬季读书活动，拉萨市堆龙德庆县以农家书屋为平台组织阅读体会演讲、在全县范围开展迎接党的十八大献礼图书阅读活动，山南地区乃东县在全县范围内开展“莫等闲读书会”和“雍布拉康读书节”活动，积极营造爱书、读书、乐学、笃学浓厚氛围。

【突出抓好项目，新闻出版发展基础不断夯实】加紧实施新闻出版“东风工程”，2.1488亿中央预算内投资全部下达，县级及边境口岸新华书店发行网点建设项目陆续开工，流动售书车购置项目已由国家统一招标采购。西藏藏文出版基地建设、地市级党报采编信息化建设等项目前期工作进展顺利。大力推进重大出版工程，落实《西藏藏药材标准》等国家出版基金项目资助资金126万元，《格萨尔王说唱全传》等25个民文出版专项资金项目资助资金249万元。加快落实对口援藏项目，衔接落实项目资金1558万元，占“十二五”援藏规划项目资金总额的51%。

【突出专项行动，新闻出版行政管理切实加强】把好出版物导向关、内容质量关。开展打击“新闻敲诈”治理有偿新闻专项行动，组织新闻单位负责人和新闻记者学习相关法律法规，观看警示教育片。开展打击侵犯知识产权和制售假冒伪劣商品专项行动、打击网络侵权盗版专项治理“剑网”行动，全力推进软件正版化，按期完成自治区级机关软件正版化检查整改工作，投入资金1323.42万元，更换操作系统7126套、办公软件8745套。拉萨市率先完成市直机关软件正版化检查整改工作，林芝、山南地区正在组织开展地直机关正版软件采购工作。自治区及拉萨、林芝、山南、日喀则等地市专门举办培训班，推动软件正版化工作。围绕重要时间节点，组织开展整治非法违禁出版物等一系列专项行动，深入推进“扫黄打非□珠峰工程”，净化社会文化环境。开展“3·15”质量检测活动，加强出版物质量检测，认真做好各类非法违禁出版物审读鉴定工作。

【突出能力素质，新闻出版干部人才队伍建设得到加强】调整充实局直属单位领导班子和机关处级干部，健全局系统各级党组织，党组织数量增加到20个，健全完善各项制度68项，有力带动行业系统党组织建设。深入开展基层组织建设年，选派优秀干部驻村开展创先争优强基础惠民生活动，局系统第一批驻村工作队投入资金370余万元，实施村级道路改扩建、藏鸡养殖、水利设施维修等一批工程项目，完成第一、二批驻村工作队交接工作，召开2012年创先争优强基础惠民生活动总结表彰大会，总结驻村工作，隆重表彰先进，安排2013年任务。组织干部职工到党校和内地有关省市培训学习，举办第六批新闻采编人员资格培训班，完成出版系列高级职称评审工作。

自治区人民出版社工作

【狠抓图书出版工作,彰显人民社综合实力】2012年图书出版工作，始终坚持“二为”方向、“双百”方针和“三贴近”原则，严守“三审”制度，紧紧围绕我区中心工作,坚持以特色旅游业、藏医药业、民族手工业、高原生物业、生态环保业等支柱产业为重点，狠抓图书选题策划，严把图书内容、编校、装帧设计、印刷质量，拓宽发行渠道，基本完成了图书出版计划。

【以主题出版为抓手，策划推出一大批优秀主流出版物】为迎接党的十八大胜利召开，发挥出版社行业优势，及时推出了《推动西藏科学发展社会和谐的重点难点问题研究》（汉）、《从怎么看到怎么办》（藏）等7种十八大献礼图书；组织出版了《马克思主义理论在西藏的研究成果》（汉）、《中国特色社会主义理论体系读本》（藏）等十几种宣传普及马克思主义理论出版物；出版了《雷锋画传》（藏）、《驻村英雄谱》（汉）等弘扬民族精神、时代精神和“老西藏”精神的优秀图书；编辑出版了《正义的声音》（藏）、《平息1959年西藏武装叛乱纪实（第29辑）》、《解放昌都1950年》（汉）等揭批达赖集团及西方敌对势力的优秀图书；出版了《50年的历史巨变——纪念西藏民主改革50周年》（藏）、《新中国的西藏60年》（汉）等宣传党领导西藏人民走过的光辉历史和丰功伟绩的图书。

【以各类出版基金、图书评奖等为依托，进一步宣传提升我社良好形象】2012年，加大优秀图书申报选送各类出版基金和图书评奖活动工作，积极争取出版资金，广泛宣传优秀图书，进一步提升我社良好形象。积极组织策划了《八大藏戏连环画》、《汉藏关系文库》、《吉祥萨迦文库》等系列图书申报国家出版基金资助项目；《芒域贡唐文化史》、《妈妈的牛粪饼》等27种图书申报民族文字出版专项资金资助项目，其中《芒域贡唐文化史》、《西藏文化历史》等22种图书入选，《中国特色社会主义理论体系读本》、《从怎么看到怎么办》等五种图书已见书；《藏族传统手工宝典》、《四部医典八十幅唐卡及其解说》两种图书申报第四届中华优秀出版物奖（图书奖）；《雪域之舟》、《帕拉女奴的今昔生活》等4种图书申报自治区“五个一”工程文艺类图书奖；《微风拂过的日子》、《小矮人寻宝记》等7种文艺类图书申报首批自治区文艺创作扶持奖励办法优秀图书奖。

【以服务基层为重点，策划推出大批群众喜闻乐见的优秀出版物】为贴近群众新需求，适应群众新期待，策划出版了《藏族历史上的十大著名女性》（汉）、《看懂尼泊尔——一位资源记者的尼泊尔之旅》（汉）、《外国名人名言录》（藏）、《孙子兵法译释》（藏）等20多种文学艺术类图书；组织出版了《高原保健常识》（汉）、《合同法案例分析》（藏）、《健康生活指南》（藏）、《崇高科学破除迷信普及读本》（藏）、《公民道德教育读本》（藏）等30多种服务群众生产生活、引导群众崇尚科学文明、破除陈规陋俗类图书；策划出版了《藏族民间故事选卡通丛书——人参果姑娘》、《嫫比斯》、《中国孩子的疑问——身边科学篇》等20多种图文并茂的科普文艺类少儿图书。

【以传承弘扬优秀传统文化为目的，进一步加大典籍搜集整理出版工作】按照取其精华、去其糟粕、古为今用、推陈出新的要求。积极组织出版了《萨迦世袭史》、《寺规集》、《协噶尔政教史》等30多种藏文古籍类图书；编辑出版了《阿古登巴的故事》（汉）、《西藏谚语汇编》（藏）、《藏族传统音乐资料汇编》（藏）等民间文艺为题材的出版物；挖掘出版了《对症配剂实践》（藏）、《藏医内科学》（藏）等近40种藏医藏药类图书；策划编辑了《达普夯歌》（藏）、《藏戏剧本—扎西雪巴》、《格萨尔唐卡》（藏）等宣传展示我区非物质文化遗产类图书。

截止2012年12月底，本版图书见书336种（藏文图书215种，汉文图书121种），总印数219万册（藏文126万册，汉文92万册），总千印张20079.79（藏文14929.28，汉文5150.51）；藏文版《半月谈》24期，总册数76368册；积极为67家“农家书屋”配备221种、44421册图书，为1291家“寺庙书屋”配备281种、729415册图书；完成2012年两季中小学教材566种，近83826千印张，共计总码洋9044万元，全部出版交货，按期完成年度计划，确保“课前到书，人手一册”；图书发行总码洋12381.29万元，其中教材9044万元，本版图书3337.29万元（其中农家书屋、寺庙书屋图书1459.36万元），税前销售实洋为7469.77万元（教材5602万元，本版图书1865.77万元）。2012年由于农家书屋配送任务骤减,总体上本版图书品种、印数、销售均比去年有所下降，但教材出版比去年无论从品种、印数还是产量都有较大幅度增长。

【体民情知民愿办实事，驻村工作取得良好效果】根据自治区创先争优强基惠民活动办公室的统一部署,2012年10月，我社挑选精兵强干组成两个工作队分别派驻昌都地区边县都瓦乡瓦地村、卡达村。一年来两支工作队八名队员克服海拔高、气候多变、道路通讯不畅、缺电、缺水等诸多困难，充分发扬“特别能吃苦、特别能战斗、特别能忍耐、特别能团结、特别能奉献”的老西藏精神和“埋头苦干、吃苦耐劳、团结务实、砥砺奋进”的老边坝精神，紧紧围绕强基惠民活动的五项任务，牢记使命，恪尽职守，不折不扣地按照区、地、县关于创先争优强基惠民工作的部署和要求，严格遵守驻村工作队的政治纪律、工作纪律、生活纪律、经济纪律、组织纪律和学习纪律，围绕发展农村经济这一中心，抓住加强农村基层组织建设这个关键，紧紧依靠村“两委”班子，紧密结合两村实际，制定工作计划，履行职责，以95%的驻村全员在岗率，坚持与群众朝夕相处，了解群众的所思、所想、所盼，诚心诚意为群众办实事、做好事、解难事，使当地老百姓真正从创优争先强基惠民活动中得到了实惠，树立了良好的党员干部形象，得到了边坝县、都瓦乡两级组织的充分肯定和瓦地、卡达两村农牧民群众的广泛好评，被边坝县确定为优秀驻村工作队参加驻村工作经验交流会、获得边坝县强基办点名表扬、被都瓦乡党委推荐为自治区创先争优强基惠民先进驻村工作队。

【积极推进组建总社工作，着力落实藏文出版基地建设项目】2012年自治区文化体制改革和文化产业发展工作领导小组原则同意组建西藏人民出版总社，并成立了由多托副主席为组长的组建西藏人民出版总社协调领导小组，召开了第一次会议，研究通过了《关于组建西藏人民出版总社的实施方案》，总社组建工作有了可喜的进展。我社在区新闻出版局的指导下，积极研究制定有关工作方案，主动与古籍社、音像社等单位进行联络沟通，积极推动各项工作。同时，全力推动藏文出版基地建设项目，成立了以刘立强社长为组长的西藏民族文字出版基地基建领导小组，向自治区人力资源和社会保障厅上报了《关于西藏人民出版总社暨国家藏文出版基地内设机构、职能及新增事业编制的请示》，编写完成《西藏民族文字出版基地（国家藏文出版基地）建设项目、设备购置实施方案》，由自治区新闻出版局上报国家新闻出版总署审批，已原则批复同意；委托西藏自治区建筑勘察设计院编制完成了西藏民族文字出版基地（国家藏文出版基地）建设项目可行性研究报告，由自治区新闻出版局报自治区发展改革委审批并已通过，正在做预算工作。基地用地已清理完毕，明年开春即可施工建设。

卫生、计划生育、体育

自治区卫生工作

【稳步推进医药卫生体制改革工作】按照国务院和自治区医改办部署要求，区卫生厅切实加大工作力度，认真履行职责，继续深入扎实推进医改任务落实。

农牧区医疗制度不断完善，农牧民群众充分享有基本医疗保障。一是在征求各地（市）和自治区有关部门意见建议的基础上，区政府第19次常务会议审议并颁布了《西藏自治区农牧区医疗管理办法》（主席令第116号），在基金分配比例、补偿比例和统筹范围等方面更趋合理，农牧民群众报销补偿更加简便。二是农牧区医疗制度覆盖全区，农牧民群众参筹率达到96.23%，超过了国家95%参合率的目标。政府补助标准由2011年人均260元提高到300元，个人筹资不低于20元，大病报销补偿不低于6万元。三是在日喀则、山南、林芝和拉萨市的15个县和22个县分别开展“支付方式改革”试点和“门诊统筹改革”试点工作的基础上，进一步探索和建立农牧区医疗即时结报办法和支付方式改革。四是配合有关部门做好农牧区医疗基金监管审核，确保基金专项管理、专户储存、专款专用，稳定运行。五是农牧民大病补充医疗商业保险稳步运行，2011年7月1日至2012年11月30日，共受理农牧民大病补充医疗保险赔付94起，22起获得7万元的封顶赔付，赔付金额345万元。

国家基本药物制度全面实施，农牧民群众医药费用明显降低。一是全区所有政府办基层医疗机构已全部实施国家基本药物制度，各级卫生部门严格执行《西藏自治区实施国家基本药物制度财政补贴办法》，取消药品加成，实现零差率销售，农牧民群众医药费用支出明显降低。二是研究制定了《西藏自治区医疗机构药品集中采购评标专家管理办法》、《西藏自治区卫生厅直属医疗卫生机构2012年度药品集中采购实施方案》等，为我区药品集中招标采购工作规范开展奠定了坚实基础。三是自治区级药品集中招标采购平台建设进展顺利。四是按照《西藏自治区卫生厅直属医疗卫生机构2012年度药品集中采购实施方案》，在自治区监察厅等部门的监督下，按程序规范严谨地完成了卫生厅直属医疗机构药品采购工作。

大力促进基本公共卫生服务逐步均等化。与财政厅联合下发了《关于城乡基层医疗卫生机构基本公共卫生服务考核与经费补助的指导意见》，制定了《西藏自治区卫生厅关于提高公共卫生服务能力的意见》。医改11类基本公共卫生服务项目稳步实施，城乡居民健康档案建档工作积极开展；健康教育工作扎实开展，发放健康教育处方、挂历以及宣传材料等70余万份，通过西藏人民广播电台、西藏日报广泛宣传健康教育知识；免疫规划接种率保持在90%以上；0—6岁儿童健康管理、孕产妇健康管理、老年人健康管理、2型糖尿病患者健康管理、重症精神疾病患者管理与城乡居民健康体检同步实施；重大疾病和地方病防治工作切实加强，传染病及突发公共卫生事件报告处置工作规范有序；卫生监督协管服务启动实施。医改五项重大公共卫生服务项目稳步实施并取得实效，对15岁以下学生和儿童乙肝疫苗免疫接种工作顺利完成；农村妇女常见病筛查与城乡居民健康体检工作同步实施，农牧区妇女孕前和孕早期增补叶酸人数达17390人，农村妇女乳腺癌、宫颈癌筛查项目县增加至13个；完成白内障免费复明手术2191例；建设卫生厕所69517户。

积极探索以强化医疗机构内涵建设为主要内容的公立医院改革工作。医疗机构服务能力不断增强，就医环境得到改善，无节假日和绿色便民通道等便民服务项目逐步开展，医疗机构诊疗流程、医疗质量、临床用药得到规范。部分医疗机构电子病历、临床路径规范开展。国家级儿科ICU、重症医学科、高原病科等重点专科项目稳步推进，疑难重症诊疗能力得到加强。组织区内外专家，对自治区和地市级医疗机构实施了等级医院评审。

【卫生惠民工程和卫生驻村工作扎实开展】为确保自治区党委、政府在编僧尼和城乡居民免费健康体检、儿童先心病筛查治疗以及白内障患者免费治疗等卫生重大惠民工程贯彻落实，区卫生厅多次召开专题会议研究部署落实工作，抽调组织精干力量，研究制定工作计划，协调落实工作经费，在卫生部和17个对口援藏省（市）、17个中央援藏企业，中华慈善总会，中日友好医院、中国煤炭总医院、朝阳医院等内地医疗机构的帮助下，在自治区有关等部门的大力支持和全区广大医务人员的努力下，卫生惠民工程全面推进，顺利实施，并取得积极成效。全区在编僧尼免费健康体检工作顺利圆满完成，共体检僧尼27671人。城乡居民免费健康体检3324968人，体检完成率达110%，建立规范化健康档案率达95.78%。儿童先心病筛查811189人，确诊1940例，完成手术1016例。自治区和7地（市）卫生行政部门和医疗卫生单位组成148个工作组，赴148个行政村开展创先争优强基础惠民生活动，进一步加强基层组织建设，为基层办实事、做好事、解难事。

【健全完善卫生基础设施】继续把完善卫生基础设施建设作为卫生工作的重中之重来抓，按照国务院《“十二五”支持西藏经济社会发展建设项目规划方案》和《西藏自治区“十二五”时期卫生事业发展规划》确定的项目，切实加强与国家和自治区有关部门的沟通衔接，合理规划，科学设计，强化监管，全力推进国家和自治区重点卫生项目建设工作。一是国家和自治区下达卫生项目建设投资3.2亿余元，启动了农村急救、农村巡回、全科医生临床培养基地、食品安全风险监测和基层医疗卫生机构信息化项目。实施了自治区精神卫生防治中心，自治区藏医院改扩建和藏医临床研究基地建设等项目以及墨竹工卡、吉隆口岸、樟木和双湖县卫生服务中心标准化建设项目。山南、昌都地区人民医院改扩建工程进展顺利。自治区第三人民医院新建工程基本完成，目前正在抓紧进行室内装修和设备配备工作。二是乡（镇）标准化建设工作启动实施，对全区42个乡（镇）卫生实施了标准化建设。三是为16个乡（镇）卫生院、30个县卫生局和28县卫生服务中心分别配备了流动服务车、巡回医疗车和救护车。四是自治区相关部门组成综合调研组，开展了地（市）藏医药服务体系建设调研，编制《全区藏医药服务体系建设规划》。五是已实施村级组织活动场所建设的地（市）按要求安排了村卫生室业务用房，为基层卫生工作正常开展提供了必要的保障。村卫生室提标升级项目工作已提上议事日程。六是自治区妇儿医院建设项目国家已批准立项，目前正积极协调拉萨市和有关部门落实项目用地事宜。

【着力加强卫生人才队伍建设培养】一是医疗卫生人才队伍不断壮大，2012年通过公开考录，全区共招录646名医护人员，其中自治区第三人民医院等厅直医疗机构招录142名，全区卫生人员总数达13896人。二是积极落实《西藏自治区关于开展乡镇机构改革进一步加强乡镇组织和政权建设的意见》中明确的每个乡镇卫生院平均10名事业编制，不断壮大基层卫生队伍，全区乡（镇）卫生院人员达3171名，村卫生室人员达9743名。三是加强卫生人员业务技能培训，各级医疗机构共选拔200名业务技术骨干赴基层医疗机构开展工作。年内招收农村订单定向医学生80名，对200名卫生技术人员进行了转岗培训。选派200名乡（镇）业务骨干赴华西医大参加胡锦华健康教育培训项目学习。通过“万名医师支援农村卫生工程”、县级医院骨干医师培训”以及自治区、地（市）、县医疗卫生机构逐级开展疾病预防控制、妇幼卫生保健、卫生应急、卫生监督以及藏医药等业务技能培训的方式，全年累计培训卫生人员12500人次。四是基层卫生人员公益性技术性岗位和乡村医生补贴奖励补助政策以及初中高级职称评聘优惠政策得到贯彻落实，基层卫生人员待遇得到保障，人员队伍得到巩固。

【突出做好公共卫生工作】卫生应急工作稳步开展。一是科学提出了“自治区“十二五”时期突发公共事件应急体系建设规划”卫生应急事业发展的指导思想、目标、重点项目及保障措施。《西藏自治区鼠疫控制应急预案》已经自治区人民政府专题会议研究通过，印发实施。二是启动实施了自治区级传染病疫情及突发事件月报告日常风险评估工作。三是制定《西藏自治区卫生应急物资储备目录》，明确卫生应急物资储备种类和方式，协调落实了消毒器械、药品、肉毒抗毒素血清等应急储备物资经费。四是按照《西藏自治区卫生应急综合示范县（市、区）创建实施方案》，稳步推进国家卫生应急综合示范县建设项目。五是积极推进我区国家突发急性传染病防控队伍建设，落实了项目经费，完成了队伍组建，正在采购装备。六是以“建设高素质卫生应急队伍，提高卫生应急整体能力”为目标，在全区共开展了医疗救援、鼠疫现场处置、食源性痢疾应急处置等卫生应急演练8次，参与人数达200余人。年内及时有效处置了2起不明原因疾病调查核实和3起食物中毒等突发公共事件卫生应急处置以及日喀则、阿里等发生的强降雪自然灾害等突发公共事件应急处置工作。七是组建成立了自治区应急流动医院，配备检验、消杀、手术等医疗和餐饮、供电等后勤保障车辆8台，完成了队伍组建。启动实施了昌都、阿里地区应急流动医院建设项目。

传染病和地方病防治扎实推进。全区传染病防控工作成效显著，疾病预防控制各项工作稳步开展。年内共报告法定管理传染病2类19种，无甲类传染病报告，总发病率为346.15/10万，死亡率为1.30/10万，传染病总发病率低于2011年全国传染病471.33/10万的平均水平。一是重大疾病防控工作力度不断加强，制定了《西藏自治区鼠疫防治工作预案》，重点做好鼠疫疫源地监测，及时有效处置了全区18起动物间鼠疫疫情，防止人间疫情发生，新判定阿里地区改则县为鼠疫自然疫源县。艾滋病防治工作逐步规范和加强，监测哨点扩大到14个，新发现艾滋病病毒感染者41例，艾滋病病人13例，死亡3例，“四免一关怀”政策全面落实。结核病防治工作持续深入开展，全区共登记报告结核病人2935例，结核病人管理规范，实施了全国统一的耐多药结核病化疗。全区共发现麻风病人11例，新发9例，复发2例，对所有病人进行严格监测管理并实施联合化疗。二是地方病防治工作稳步实施，碘缺乏病防治工作稳步开展，碘盐覆盖率达到96.59%，碘缺乏病得到有效控制，卫生系统7个先进集体，11名先进个人受到自治区表彰。饮水型地方性氟中毒防治工作稳步开展，在9个县进行饮茶型氟中毒现场流行病学调查监测，准确掌握自治区流行现状。大骨节病防治工作深入进行，重点加强对拉萨市、日喀则、那曲、阿里等四地（市）大骨节病区县的监测，X线拍片检查1505人次，阳性检出率是2.66%，基本实现控制大骨节病目标。高血压、糖尿病、肿瘤等慢病管理工作逐步规范，建立慢病监测哨点5个，实施了中国慢性病及其危险因素监测流动人口专项调查，开展了人员培训，为下一步慢病防治工作打下了坚实的基础。包虫病、布病、疟疾等防治工作积极稳妥推进。三是扩大国家免疫规划工作成果得到巩固，免疫规划疫苗常规报告接种率达到90%以上，免疫规划针对传染病得到了有效的控制。儿童入托、入学查验接种证和查漏补

种工作逐步开展。对0-3岁儿童和8月龄-4岁儿童开展分别开展了两轮脊灰疫苗强化免疫和麻疹疫苗强化免疫。爱国卫生运动扎实推进，林芝地区八一镇创建为自治区级卫生城市。

妇幼卫生和社区卫生工作积极开展。一是“降低孕产妇死亡率和消除新生儿破伤风项目”覆盖全区74个县，相关工作稳步开展。二是认真落实孕产妇住院分娩补助、奖励等政策，累计补助25075人次，补助金额613.47万余元。三是医改基本和重大公共卫生服务妇幼卫生项目稳步实施，对13894名孕产妇和847名婴儿进行了艾滋病抗体筛查；对15389名孕产妇进行了梅毒检测；对15431名孕产妇进行了乙肝检测。四是“国寿计划生育母婴安康定期寿险”和“国寿计划生育母婴安康特定疾病保险”以及“妇幼保健综合项目”、“中国—意大利加强西藏急救与初级卫生保健”项目顺利实施，进一步保障了妇女儿童健康权益。全区孕产妇死亡率由2011年的180.74/10万下降到2012年的176.12/10万。住院分娩率由2011年的62.49%提高到73.31%。四是城市社区卫生工作迈出实质步伐，研究起草了《西藏自治区城市社区卫生服务机构设置和编制标准实施意见》报区编办。拉萨市3个、日喀则市1个规范化社区卫生服务中心启动运行。

卫生监督执法规范有序。一是切实加强食品安全综合协调力度，进一步理顺了各部门职责，督促指导地（市）及相关部门，扎实做好食品安全监管各项工作。起草制定了《西藏自治区贯彻实施<国务院关于进一步加强食品安全工作的决定>的实施意见》。组织开展了问题乳粉清查和违法添加非食用物质继续排查行动以及违法添加“瘦肉精”、罗丹明B等工业染料和学校食品安全等专项整治行动。协调有关部门对违法食品加工企业和私屠滥宰窝点进行了查处。深入推进食品安全风险监测、预警，在全区开展了食品安全风险监测，圆满完成了国家伊利奶粉汞含量异常应急监测任务。对全区65家食品安全生产企业进行了标准备案。积极配合质监部门做好食品安全地方标准制定工作。二是召开了全国卫生监督对口支援工作会议，提出了下一步卫生监督对口支援工作思路举措。三是加强卫生监督服务体系建设，为区、地、县三级卫生监督机构和监督技术支撑机构购置了76种卫生监督执法设备和信息化设备。筛选确定基层卫生监督协管员，启动实施基层卫生监督协管服务工作。四是职业卫生与放射卫生监督工作迈出实质性步伐，研究制定《西藏自治区放射诊疗许可证发放管理暂行办法》。环境卫生监督管理力度逐步加大，切实加大公共场所卫生监督检查力度，全区公共场所卫生监督6608户次，合格率达99.98%。五是强化生活饮用水卫生监管，全面掌握了全区245家饮用水供水单位企业基本情况完，开展饮用水卫生监督132户次。六是学校卫生监督工作不断强化，医疗服务、采供血和传染病的监督等工作扎实开展，打击非法行医、非法采供血工作继续保持高压态势，人民群众健康权益得到切实保障。

【藏医藏药事业快速发展】一是扎实做好国家和自治区藏医药服务体系建设工作，自治区藏医院民族医临床研究基地科技综合楼建设项目即将建成。地区级和县级藏医医院能力建设项目顺利实施，已进入招标采购阶段。二是组织申报国家中医临床研究基地业务建设科研专项课题5项，“十二五”重点学科建设项目6项，1项国家临床重点专科项目通过国家评审。三是大力推进藏医药人才培养，完成了第四批全国老藏医院专家学术经验继承考核和论文答辩工作，15名继承人顺利通过结业考核和出师论文答辩，其中5名继承人出师获得博士研究生和硕士研究生学位。第五批全国藏医院老专家学术经验继承项目启动，遴选指导老师10名和继承人20名。完成6名老藏医药专家传承工作室建设。2009-2010年度卫生系列藏医中级技术职务评审和2012年全国藏医医师资格考试综合笔试等工作顺利完成。四是国家中医药管理局对“十一五”重点专科项目进行了验收，对山南、昌都地区藏医院创建三级医院和自治区藏医院三级藏医医院复审工作进行了实地评审。五是西藏自治区中（藏）药资源普查项目正式启动。自治区投入专项资金，资助18个藏药材种植基地开展藏药种植研究。五是组织专家完成《西藏自治区基本用药藏药处方集和临床应用指导原则》、《西藏自治区藏医医疗机构制剂调剂使用管理办法》和《藏医护理操作规程》和《藏医医疗技术目录（藏汉双语）》编写制定。

【卫生信息化建设工作启动实施】按照《西藏自治区卫生信息化建设总体规划》和卫生部卫生信息化“3521”总体思路，结合我区卫生工作实际，制定了《西藏自治区区域卫生信息化系统试点建设方案》和《西藏自治区突发公共卫生事件应急指挥信息系统建设与实施方案》，已进入招标实施阶段。

自治区人口和计划生育工作

【宣教工作呈现新局面】充分注重整合资源，加强社会联动，不断深化宣传教育的内容和形式，努力营造大宣传的工作格局。加强与西藏日报、拉萨晚报、西藏广播电台等媒体的协作，先后播发专题、新闻及科普知识近百条；与自治区话剧团合作实施了优生优育宣传小品的编创工作，力争通过群众喜闻乐见的形式，提高宣传教育成效；在自治区行政学院设立人口理论教育基地，加大对各层级领导干部进行人口理论与政策的培训力度；利用世界人口日、艾滋病防治日、碘缺乏病防治日、“母亲节”、“5·29”计生协会活动日，在全区范围内开展丰富多彩的宣传倡导活动，普及避孕节育知识，提供优生优育、生殖保健和预防出生缺陷科普常识折页等宣传品；实施“同心·西藏幸福家庭工程”，发放了4500套“新家庭文化包”、8200个“婴儿大礼包”和5000余套宣传资料；加强对区外宣传，通过《中国人口报》介绍了西藏人口优生优育事业发展成果。

【国家免费孕前优生健康检查项目取得新突破】把实施国家免费孕前优生健康检查项目作为服务群众、推动优生优育事业的重要抓手，作为提高出生人口质量、提升民族素质的关键环节和完善职能的重大举措，采取有效措施，全力推进。2012年，全区项目县拓展到12个，确认参检目标人群6401对、12802人，涉及71万余人。全区各级人口计生部门在人手少、任务重、条件差等情况下，克服种种困难，开展了摸底调研、目标对象确认、前期宣传、业务培训、组织实施检查等一系列工作，项目取得了突破性进展。截止12月31日，完成了12042人的检查及建档工作，占全年目标人群的94.06%。筛选出高危风险252人，占参检人员的2.1%。通过实施国家免费孕前优生健康检查项目，有力地提升了基层优生优育技术服务能力，扩大了优生优育服务面，增强了农牧民文明、健康、科学的优生优育意识和婚育观念。

【信息化建设取得新成效】始终把人口信息化建设作为提高工作效率，统筹解决人口问题的重要抓手，创新工作方法、完善工作规范、加大培训力度、强化督导检查。全面开展全员人口信息的采集、录入和人口个案信息的比对、甄别、补录和纠错工作，培养了一大批人口信息员，全员人口基础数据库已录入人口信息288万多条，入库率达96%，主要数据项准确率96%。初步形成了人口信息化网络框架，实现了自治区、地（市）、县、乡四级联通，全员人口个案管理信息系统上线并与国家信息平台对接运行。

【优生优育惠民政策实现广覆盖】立足于保障和改善民生，认真落实并不断优化奖扶、特扶制度，积极探索利益导向机制，推进惠民利民工作向纵深发展。积极落实困难家庭扶助制度和特殊家庭特别扶助制度，认真做好申报、审核、公示、复核、资格确认、信息录入、资金测算和发放等相关工作，困难家庭扶助政策惠及29910人，兑现资金2871.36万元；全区特殊家庭特别扶助制度惠及4824人，兑现资金764.27万元。经自治区政府同意，向国家上报了两项扶助制度提标扩面的请示。在林芝地区实施了创建幸福家庭国家级试点活动。“幸福工程—救助贫困母亲行动”进一步深化，滚动投入230万元，救助贫困母亲474户，惠及2370人。为1万户农牧区优生优育家庭购买了意外伤害保险。在拉萨市城关区两岛、扎细等社区设立了计划生育药具自助发放机，提高了人性化服务水平。

【流动人口服务管理迈上新台阶】积极探索流动人口服务管理工作的新思路、新方法，流动人口服务管理新机制初步建立。制定了《流动人口动态监测工作方案》，规范了我区流动人口动态监测工作机制；制定了2012年全区加强和创新社会管理考评工作中流动人口计划生育工作考评办法，进一步强化全区“一盘棋”工作格局；深化拉萨市流动人口基本公共服务均等化试点，切实维护流动人口合法权益；开展流动人口课题研究，完成了《西藏拉萨市流动人口生存发展状况研究报告》。加强全员流动人口信息化统计，不断完善工作制度，规范了全区全员流动人口统计标准、个案信息采集内容和工作模式，全员流入人口个案数据采集率达到87%以上。

【受援工作取得新进展】全国人口计生系统“十二五”对口援藏工作座谈会结束后，按照《全国人口计生系统“十二五”对口援藏规划》，认真研究、制定了切实可行的受援工作方案，将各项任务和重点项目分解细化。各级人口计生委抢抓机遇，主动对接，积极争取支持，2012年共接收全国人口计生系统援助资金达645.8万元,签订项目协议135万元。国家人口计生委宣教中心和青岛市人口计生委分别派来援藏干部帮助、指导宣教和信息化建设；中国人发中心除帮助开展西藏全员人口信息化建设外，还协助启动了“西藏边境人口发展战略”课题研究。

【队伍能力建设迈出新步伐】始终把队伍建设当作奠定人口和优生优育工作坚实基础的关键来抓，采用“请进来，走出去”的方式，先后派出骨干人员到中央党校、自治区党校进修深造；派出业务骨干到国家人口计生委挂职锻炼；选派业务骨干8人次到内地参加培训。大力实施“六千人才工程”和“拔尖人才计划”，组织21名基层技术人员在区内外知名医院进修学习，举办各类专业技术培训班6期，先后培训专业技术人员200余人次。通过学习培训和进修深造，加强理论学习和业务研究，技术队伍服务能力逐步增强。

【强基础惠民生活动扎实推进】全区各级人口计生部门充分发挥自身优势，以建强基层组织为核心、以维护社会稳定为基础、以寻找致富门路为抓手、以进行感恩教育为重点、以办实事解难事为关键、以锻炼干部队伍为根本，深入扎实开展了强基础惠民生活动，夯实了基层基础，密切了党群、干群关系，改善了群众生产生活条件，提高了干部自身素质，取得了实实在在的成效。自治区人口计生委驻村工作队按照区党委明确的工作目标和任务，立足各驻在村实际，积极帮助群众制定发展规划、寻找致富门路，通过各种渠道，筹措资金279.79万元，帮助驻在村改善人居环境、修缮道路、修建水电站，开展了大量卓有成效的工作，赢得了驻在地党委政府和群众的高度肯定和一致好评。工作队及队员分别获得自治区优秀派出单位、优秀工作队和优秀队员称号。

【人口主要数据】据自治区统计局数据，2012年末，西藏全区总人口为308万，出生率为15.48‰，自然增长率为10.27‰，死亡率为5.21‰。

【领导名录】

党组书记、副主任：王东升

党组副书记、主任：喜乐

党组成员、副主任：卢春山

自治区人民医院

【医疗业务量大幅增长，急救等服务能力继续增强】在人力资源严重不足的情况下，实现了医疗业务指标突破性增长，年末实际开放病床从622张增至657张，医疗业务量约占全区公立医院医疗业务总量的1/8，门急诊人次、入出院人次、留观人次、手术例数等主要业务指标创出历史新高，平均住院天数从17.9天降至14.2天。急救和妇幼保健工作量也大幅增长。

【以公立医院改革为契机促进医院发展】医院按照公立医院改革要求，选取与经济效益无直接关联的平均住院天数等业务指标，以医疗质量为核心对医疗业务科室进行绩效考核，一定程度上缓解了群众看病难、住院难问题，患者医药费用增速也显著放缓，门诊病人平均费用同比零增长，住院病人平均费用增长7.2%。通过改革，不仅取得了非常显著的社会效益，收支结构也得到显著改善，药品收入占事业收入的比例降至40.4%。

【高度重视思想政治工作，狠抓行风和医德医风建设】积极抓好党建工作，加强离退休党员管理。对拉萨退休党支部进行了改组，以娘热路为界分设东城区、西城区两个退休党支部。高度重视包括离退休职工在内的全员思想政治教育，多次召开离退休职工座谈会或茶话会，学习贯彻反对分裂、维护稳定的各项要求。

深入开展创先争优活动，荣获全国医药卫生系统创先争优活动先进集体、党建工作品牌优秀奖、全区创先争优先进基层党组织，2人分别获评全国三八红旗手和全国医药卫生系统创先争优先进个人。在创先争优强基惠民活动中，医院驻隆子县热荣乡热荣村工作队获评全区驻村工作先进集体，4人获评全区驻村工作先进个人，1人获评地市级先进个人，8人获评县级先进个人。

严格遵守“招投标法”、“政府采购法”及物价收费管理有关规定，加强物价收费督查工作，教育医务人员强化服务意识。对服务态度差者，无论职称高低、资历长短，一律严肃处理。以启用新门诊楼为契机，切实改善门诊服务窗口形象，制定门诊服务督查表，多部门联合督导落实，发现问题及时查处。

全院收到锦旗31面、感谢信9封，医务人员拒收红包5次共7800元。

【持续规范医疗服务行为，努力保证医疗质量安全】通过迎接卫生部“医疗质量万里行及抗菌药物临床应用专项整治活动”督导组和自治区“医院等级评审”专家组检查评审，全面加强和规范医疗业务管理。通过院长行政查房和业务职能部门日常督查等形式，促进全院医疗业务管理水平迈上新台阶。

【持续增强护理服务能力】继续推进“优质护理服务示范工程”活动，实现了“优护”病房全覆盖，开展了护士包干患者工作模式试点。骨科1病区被卫生部评为“全国第一批优质护理示范病房”，3名选手代表西藏参加全国卫生系统护士岗位创新技能竞赛决赛荣获优秀奖。

努力提高护理队伍素质。通过召开医院“首届护理管理研讨会”、“优质护理服务经验交流会”、“优质护理服务推进会”等方式，进一步提高了护理管理水平。建立了医院培训护士长、科室培训护士的层层培训机制。编印了《专科护理常规》等手册，组织护理骨干编写了专科护理1000题，加大了专科护理培训考核力度。

加强薄弱环节的护理管理。抓好节假日查房、夜查房和日常业务查房、教学查房，并邀请科主任参与护理查房，采取“季度晒单”的方式公开发现的问题。鼓励主动上报护理不良事件。积极开展患者术前访视。

积极学习内地学习先进经验。院领导亲自率领15人组成的护理管理骨干考察团赴四川省人民医院进行了为期一周的考察学习。

【继续抓好科教和援藏工作】科研方面，获批国家自然科学基金、国家CDC妇幼保健中心、自治区科技厅科研立项各1项。获2012年“亨氏杯”妇幼保健优秀专科奖1项。与北京协和医院、阜外医院、天坛医院开展了科研合作。“心脏双腔起搏器植入术”等新技术14项通过了医院评审。启动了药物临床试验机构复核认定前期准备工作。显著加大了科研支持力度，修订完善了医院科研管理办法。

学术方面，全院撰写论文118篇（含SCI论文2篇、核心期刊论文24篇）。根据中央保健办安排组织完成了《高原保健指南》一书部分内容编纂任务。编纂了医院历史论文选编。申报第二届“中国科普作家协会优秀科普作品奖”3项。推荐省级以上评审专家6人，推荐省级以上学术团体专家28人，推荐国家级学术期刊编委2人。安排赴内地参加学术活动95人次。成功举办了院庆60周年学术活动。

教学培训方面，完成了西藏大学335个学时的授课任务和区内外高校161名医学生的实习任务，接收区内外实习生180名，安排课间见习1672人次。承担了西藏大学参加第三届全国医学院校大学生临床技能竞赛选手培训任务，参赛选手取得了第三名的佳绩。组织医务人员787人次参加华西远程继续医学教育课程38次。安排22人赴内地进修。

卫生援藏方面，由院领导带队先后赴中国医科院、华西口腔医院、华西妇儿医院沟通衔接，与复旦大学儿科医院、华西口腔医院签署了支援协议，与华西妇儿医院达成了合作意向，与华西医院进行了合作洽谈。中国医科院和南京八一医院都派出了本年度援藏医疗队。

自治区疾病预防控制中心

【突出重点、落实措施，各项工作取得实效】在认真做好各项管理和维稳工作是同时，疾控中心始终坚持各项工作措施的有效落实。全年坚持24小时疫情分析报送制度，从而保证了疫情监测系统的高度灵敏性。

免疫规划各项工作均取得了长足的进步，入托、入学儿童查验《接种证》工作逐步开展，重点加强了对0-3岁儿童的两轮OPV强化免疫和对8月龄-4岁儿童的麻疹疫苗强化免疫。开展了以麻疹为主的常规免疫接种和查漏补种，使西藏连续19年保持在无脊灰病例状态、麻疹病例控制在7/100万、水痘、腮腺炎等疫情得到有效控制。疫苗免疫接种率保持在85%以上，疫苗针对传染病得到了有效的控制。

及时做好动物间疫情监测和处置，有效防止人间疫情的发生。全区鼠疫疫情监测做到了早监测，早发现，早处理。

首次在拉萨市实施了抗结核固定剂量复合制剂（FDC）推广工作,提高了病人的治疗依从性与治疗成功率，减少了耐药病人的发生。

根据《西藏自治区遏制与防治艾滋病实施计划》、《西藏自治区性病防治规划》的目标和要求，积极推进艾滋病防治各项工作。

地方病防治工作经过多年的努力，继续巩固保持了西藏基本消除碘缺乏病目标，西藏大骨节病预防和控制达到了国家“十一五”规划目标。实时调查公众家庭食用碘盐情况，碘盐覆盖率为96.59%，盐碘中位数38.3mg/kg；

开展了西藏包虫病流行病学调查工作，建立西藏包虫病防治数据库。

【公共卫生服务意识得到加强，监测能力逐步提升】提高公共卫生服务和突发公共卫生事件应急处置能力，促进基本公共卫生服务。在做好常规传染病检测的同时，继续加快实验室检测能力，充分发挥技术支撑作用。

检验检测和公共卫生监测能力明显提高、检验项目和工作内容得到拓展。2012年，自治区首次检验检出狂犬病病毒，科学证实了西藏狂犬病疫源地的存在和狂犬病在畜间的流行，结束了西藏高原预防狂犬病以历史传说为依据的情况。有力支撑了公共卫生领域的各类检验检测项目，为食品安全风险评估，食物中毒等突发公共卫生事件的有效处置提供了依据。公共卫生监测工作面向全区大众生产、生活、环境和健康。

2012年健康教育健康素养与控烟监测、母子健康保健工作为重点开展年度工作。进一步建立完善控烟工作机制，到目前已建成31家无烟单位，2012年8月，12个新建控烟单位通过了国家验收。继续做好母子健康保健工作。

【认真开展“创先争优，强基惠民”各项活动和任务】认真贯彻执行自治区党委、政府安排的“创先争优强基础惠民生”各项活动，按照创先争优五大工作原则和要求，中心成立强基惠民领导小组及其办公室。一是深入基层调查了解，研究确定强基惠民驻村工作方案，在自治区党委、政府确定的五项工作任务的基础上，根据当地条件，结合中心业务工作性质和内容实际，提出3个驻村点⑴计划免疫工作达到规范水平；⑵查清当地牧民结核病发病情况，并得到规范治疗管理；⑶不发生重大传染病大流行和严重的食物中毒；⑷提高当地牧民健康知识和发病知识有一定的提高；⑸住院分娩率明显提高等五项目标。二是认真贯彻落实自治区强基惠民办公室各项工作任务和要求，积极主动组织强有力的驻村队伍，认真细致做好自治区安排10万元为民办实事经费，使中心3个工作组提出的为民办实事计划均得到审批，驻多纳木波村工作组申报的50万元短平快项目获得批准实施，为全县唯一在2012年该县获得批准的项目。三是中心为每组安排经费近60万余元，确保驻村工作组工作生活必需品和工作费用，按时发放各驻村工作队员生活补助，慰问一线工作队员，在各大节日里，中心领导带队前往各驻村点，与驻村工作组和当地牧民一起欢度节假日部，同时，慰问驻村工作组、村“两委”成员和“三老”人员。

【卫生援藏工作得到落实，国际合作项目进展顺利】根据第五次卫生援藏会议确定的疾控援藏工作内容和项目，中心组织力量，成功召开了中国疾控中心各部门与本中心各科室（所）援藏工作对接交流会议，会议进一步明确了疾控援藏工作内容，具体要求和双方责任、义务等。

继续做好国际合作项目工作和项目管理工作，中心在卫生厅和外事办的领导和关心下，继续做好比利时大骨节病基金会和比利时达美恩的合作，认真执行大骨节病和结核病预防控制合作项目，以农牧区农牧民为重点，进一步尽快和提高为西藏预防控制大骨节病和结核病的实际效果。

根据中国政府与全球基金关于终止全球基金艾滋病、结核病和疟疾控制项目的通知，对全区全球基金项目的经费、物资和工作进度，督导检查，对项目执行情况进行清理，工作进度给予指导、帮助，对存在的问题进行整改，经过全区上下的共同努力，在不影响西藏疾病防控工作的同时，及时准确地清理和整改了存在的问题，使全球基金项目在西藏得以平稳终止，维护了国家政治形象，有力回击了西方反华势力的阴谋，得到卫生部和中国全球基金项目部的肯定。

自治区血液中心

【基本情况】血液中心位于拉萨市罗堆东路，占地总面积为5293平方米，建筑总面积为3663.5平方米。根据藏机编发[2001]29号文件，同意组建西藏自治区血液中心（2001年5月成立筹备组，2005年6月开展工作）。作为自治区卫生厅的直属事业单位，县级建制。血液中心核定事业编制为30,内设机构：综合办公室、检验与质控科、献血科、招募动员科、储血供血科、成分与消毒供应科等六个科室。现供血服务范围的面积为29000平方公里，对10余家医疗机构供血。拥有先进的检测设备和合格的专业人员。

【血液中心职责】根据《中华人民共和国献血法》、《血站管理办法》规定：血站是不以营利为目的，采集、提供临床用血的公益性卫生机构。

其主要职责：一是按照自治区人民政府卫生行政部门的要求，在规定

范围内开展无偿献血者的招募、血液的采集、检测与制备、临床用血供应以及医疗用血的业务指导工作。二是承担全区各地市血站的质量控制与评价。三是承担全区各地市血站的业务培训与技术指导。四是开展血液相关的科研工作。五是承担全区血液的集中化检测任务。六是承担自治区卫生行政部门交办的任务，并协助区卫生行政部门对采供血机构和血源等进行管理。

【业务开展情况】2012年度血液中心出动采血车辆289次，采集无偿献血：4886人次，采血量5983个单位；供应临床总血量：全血5070个单位，血浆245个单位，红细胞悬液258.5个单位；采集造血干细胞血样29例。继续保持了临床供血100%来源于无偿献血的目标。

为杜绝经血传播疾病，严把血液质量关。严格落实“一法，两规”，严格按照《血站实验室质量管理规范》对采集的每一份分别由2人同时用国产和进口试剂，对血型、血色素、转氨酶、乙肝表面抗体、梅毒、艾滋病病毒抗体等七项进行两次检测，对可疑阳性标本还进行第三次检测，确保血液质量。2012年度检测标本4875人份，其中检测合格数为4667个，合格率为95.73%，不合格数为208人次，不合格率为4.27%，其中HBV阳性71例，HCV阳性10例，ALT阳性67例,TP阳性67例、HIV阳性0例，HIV疑似阳性9例，对可疑标本送检CDC进一步确认，中心检验结果数据准确率达100%，符合采供血机构的要求。为确保检验科出具的数据准确，参加国家临检中心的室间考评，极大肯定了实验室能力。继续做好艾滋病及丙肝哨点工作的信息录入和汇总任务，并按期上报自治区疾控中心艾滋病办。

第五次西藏工作座谈会确定了血液中心对口援助单位,并签署了对口援助项目协议,其中血型参比实验室建设为项目之一,与中国医学科学院输血研究所合作研究《拉萨地区献血者不规则抗体筛查》及《无偿献血者藏族人群基因分型检测》工作，开展疑难血型工作，为临床机构解决疑难血型输血相关问题提供技术支持和咨询，至今已给各医院解决了疑难交叉配血5例及RH阴性的确诊一例，完成了500份藏族献血者血清标本的收集任务。

自治区体育工作

【以推动“三纳入”落实为重点，全民健身事业蓬勃发展】深入林芝、那曲、山南等地开展全民健身工作调研，指导督促各地市、县基本完成了全民健身实施计划的制定工作，推动了“三纳入”落实。实施1000个行政村的农牧民体育健身工程。举办全民健身展示大会暨全区太极拳比赛、第九套广播体操比赛等群体活动，把全民健身引向了深入。加强社会体育指导员、少儿武术操、太极拳、第九套广播体操、体育传统项目学校师资培训，推动各单项体育协会、俱乐部、健身辅导站（点）发挥职能作用，支持山南地区乃东县中学等13所国家级青少年体育俱乐部建设。向各地市、驻村工作点、公安边防基层站（所）、寺庙等发放和赠送全民健身路径器材358套、室内健身器材20套、篮球架108副、乒乓球桌158副。举办了藏历新年传统马术表演和雪顿节马术表演，观摩了第二届鄂尔多斯国际那达慕大会，协助完成了第七届全国农民运动会参赛任务，组队参加了第五届世界传统武术锦标赛、少林武术节等比赛。

【以狠抓科学训练为重点，竞技体育基础不断夯实】加强领导，明确责任，完善措施，全面展开了第十二届全国运动会的备战工作。各运动队严格要求，刻苦训练，全力备战，竞技水平不断提高。我区运动员参加国际国内比赛获得世界季军1个，亚洲冠军1个、亚洲亚军2个、季军1个，全国冠军2个、亚军4个、季军3个，全国青少年冠军2个、亚军2个，多名运动员入选国家集训队。强化教练员岗位培训，增强了执教能力。加强了与广东、江苏、四川、陕西有关运动队的交流与联合培养。竞赛和传统马术马匹购买到位，正进行适应训练。加强业余体校建设，开展青少年教练员、业余体校校长和教练员培训，组织业余体校校长赴陕西、重庆等地学习考察，举办全区U—13少年足球锦标赛和全区射箭、摔跤、田径（部分项目）比赛，实施“西部青少年体育助训关爱计划”，区体校初步形成“3＋2”办学模式。

【以丰富登山内涵为重点，登山运动影响更加广泛】强化日常训练，增强训练效果，提高训练质量；开展高山技能培训，加强文化知识学习，提高登山运动员综合素质。举办第十届西藏春季登山大会，打造登山品牌。完善救援体系，加强装备建设，高山救援能力增强。举办全国攀岩邀请赛，得到国家体育总局有关部门高度评价。攀岩运动水平提高，多次在国内外比赛中取得佳绩。严格登山审批手续和安全管理，接待登山团队42支，为山峰所在地创收280万元。

【以体育市场开发为重点，体育产业发展稳步推进】把体彩作为“一把手”工程，加强安全管理，推进渠道建设，提高保障水平，注重宣传营销，新增销售网点54个、累计达到354个；销售体彩26587万元，同比增长10%，占全区彩票市场份额46.3%，筹集公益金6600万元，均创历史新高。加强体产工作队伍建设，探索体产发展思路，积极开展穿越喜马拉雅徒步活动、漂流等户外体育项目的线路勘察工作，为开发特色体育运动打下了基础。

【以体育设施建设为重点，体育发展环境持续优化】羊八井高山训练基地改扩建工程、自治区游泳馆竣工，拉萨健身竞赛训练场、拉萨市体育场改扩建、日喀则地区体育馆基本完成前期工作。山南地区乃东县综合健身馆等6个“雪炭工程”竣工，拉萨综合健身馆等9个“雪炭工程”开工建设，林芝地区米林县全民健身活动中心等“雪炭工程”完成前期工作。争取到国家2012—2015年安排104568万元中央专项彩票公益金，支持自治区基本公共体育服务能力项目建设。加强沟通衔接，政策、项目、资金、人才、科研等各项体育援藏工作扎实推进。

【以实施科研课题为重点，体育科研工作初见成效】实施《西藏不同海拔地区体质监测评价指标的研究》等5个科研课题，促进科研成果转化。基本完成《西藏国民体质监测报告（2000—2010年）》编撰工作，健全了国民体质数据库。举办“科学健身，全民健康”全国运动健身科学指导（林芝站）活动，扩大了科学健身社会宣传，促进了体育健身科学化。国家体育总局援赠的国民体质监测车配备到位，开展了国民体质监测技术骨干培训。

【以加强载体建设为重点，体育宣传有声有色】创新改版《西藏体育》杂志，办刊质量进一步提高。召开新闻媒体座谈会，密切了与新闻媒体的联系。扎实开展建立西藏体育网站、成立西藏体育记者专门委员会的筹备工作。围绕迎接十八大召开、纪念毛泽东同志“发展体育运动，增强人民体质”题词60周年和全民健身日、重大体育赛事以及体育先进人物，组织开展了系列体育宣传文化活动。

【以提高工作效能为重点，自身建设全面加强】积极推进学习型、高效型、服务型机关建设，服务高原特色体育事业的能力增强。举办了成都体育学院西藏体育管理干部和教练员培训班。体育科研所、游泳馆机构人员编制获批，新增事业编制38人。认真贯彻落实退役运动员就业安置政策，解决往年自主择业退役运动员遗留问题7人。

【以思想政治建设为重点，党建工作保障有力】制定学习计划，召开学习心得交流会，举行宣讲报告会，兴起了学习宣传贯彻十八大精神的热潮。加强民族团结教育，扎实开展反对分裂、维护稳定工作。以庆祝建党91周年、迎接十八大召开为契机，以基层组织建设年为载体，加强基层党组织建设，签订了新一轮党风廉政建设责任书和基层党建工作责任书。举办了“颂歌献给党”歌咏比赛。

【以强基础惠民生为重点，驻村工作成效显著】广大驻村工作队员舍小家、顾大家，坚守岗位、履职尽责，严守纪律、不畏艰苦，紧紧围绕“五项”任务深入开展驻村工作，累计投入为民办实事资金612万元，5名驻村队员被评为先进驻村工作队员，3个驻村工作队和13名驻村队员受到所在地党委政府表彰。第一、二批驻村工作队顺利交接，第二批驻村工作队迅速开展工作并取得较好成效。

【领导名录】

党组书记、副局长：孙永平

党组副书记、局长：格桑群培

党组成员、副局长：平措江村、赵光华、杨战旗、索南措姆

民政、人力资源和社会保障

自治区民政工作

【灾害救助和防灾减灾工作扎实有效】2012年，西藏先后发生了雪灾、洪涝、泥石流、风雹、干旱、地震等自然灾害。截止9月30日，共造成全区7个地（市）72个县（市、区）47.55万人受灾，因灾死亡20人，紧急转移安置3.966万人。倒塌和严重损坏民房2097间，4777间房屋不同程度受损，农作物受灾面积2.0965万公顷，绝收0.365万公顷，毁坏耕地面积0.0826万公顷，因灾死亡牲畜34.252万头（只、匹）。直接经济损失2.953亿元。同时，各种自然灾害还造成部分公路、水电站、学校、水渠、畜圈以及人畜饮水工程、输电通信线路受损严重。

自然灾害发生后，党中央、国务院领导高度关注，特别是“2·7”雪灾发生后，贾庆林等领导作出重要批示，国家减灾委、民政部、财政部等部门多次来电了解受灾和群众安置情况，民政部及时下达救灾物资调拨计划。自治区党委、政府认真贯彻落实贾庆林等领导的重要批示精神，自治区主要领导专门就救灾工作作出重要批示，并召开政府专题会议和常务会议研究部署救灾工作，启动应急预案，专门成立救灾指挥部，派出由自治区领导带队的工作组，赴灾区实地检查指导救灾工作。

按照国务院、自治区党委、政府领导“把确保受灾群众生命安全放在首位，全力开展救灾工作”的指示精神，我厅积极应对，及时下发了《关于切实做好受灾群众基本生活安排和防抗救灾工作的通知》、《关于转发民政部〈关于认真做好汛期自然灾害应急救助工作的通知〉的通知》等文件，实行了24小时值班和重大灾情零报告制度，启动了救助应急预案和3级响应2次，全区各级民政部门共派出工作组218次，出动人员8621人次。共向灾区紧急调拨帐篷5600顶、棉被2.67万床、棉褥1.39万床、藏毛毯（藏被）0.65万床、棉衣裤3.15万套、棉鞋1.62万双、雪镜1.28万副，捐赠衣物52696件、粮食32吨、饲料146吨等物资。自治区及各地（市）、县下达应急和灾后重建经费5593万元，用于安排受灾群众生活，开展灾后恢复重建等工作。为妥善安排受灾群众冬春期间的生活，自治区共下达冬春救助资金9000万元，发放救助卡9.258万张，救助灾民和困难群众28万余人,为增加困难群众收入，安排村办经济实体扶持资金2000万元，扶持村办经济实体项目101个，项目涉及农副产品民族手工业加工、养殖、种植、综合经济实体等多个方面，可提供近650个就业岗位，直接受惠群众预计可达3000多

人。积极开展了“防灾减灾日”宣传活动，全区共散发宣传资料19.821万份，宣传单1.2万张，宣传手册5.3万余册，宣传书籍15342本，宣传挂图3.7万余张，宣传台历400册，制作防灾减灾标语330余条，防灾减灾宣传展板657块，宣传图片栏1085幅，接受社会各界咨询14000余人次，协调移动、电信、联通运营商向公众发布了“防灾减灾”公益短信，出动宣传车128台。为市民免费义诊1900人次，健康咨询1200人次，发放药品300多种、价值10万余元。组织40余所中小学校43200余名师生和67家社会单位1800名员工和2100多名群众参加了疏散逃生演练，720个家庭、30个社区积极参与开展了灾害风险隐患自查，西藏人民广播电台、西藏电视台对“防灾减灾日”进行了集中宣传。

【城乡社会救助工作稳步开展】及时调整了城乡低保及五保供养标准。从2012年1月起，将城市居民最低生活保障标准提高到400元，每人每月提高40元，将农村居民最低生活保障标准提高到1600元。适当扩了大农村低保对象范围，经2012年4月11日自治区人民政府第五次政府常务会议决定，将全区农村低保人数扩面到32.9万人（其中重点保障对象为62912人，特殊保障对象为44034人，一般保障对象222054人）。积极完善了社会救助各项政策。对《城市居民最低生活保障工作操作规程》、《农村居民最低生活保障制度实施办法》进行了修订完善，起草了《关于进一步深化城乡医疗救助制度有关政策措施的通知》、《关于开展重特大疾病医疗救助试点工作的实施意见》并送自治区财政厅征求意见，待成熟后报自治区政府逐步出台实施。向各地（市）一次性预拨了全年城乡低保补助资金23848.7万元（其中城市低保资金10192万元，农村低保资金13656.7万元）。下拨城乡医疗救助资金8768万元（其中，城镇医疗救助资金3573万元，农牧区医疗救助资金5195万元）。下拨了城乡困难群众临时生活救助资金500万元。落实“三大节日”一次性慰问金8644.88万元，惠及全区292132人。及时兑现了散居在拉萨的145名麻风病治愈人员2012年上半年安置前生活补贴资金32.76万元。与财政厅联合下拨了2011年度五保供养霞光计划项目资金767万元，解决了16所农牧区敬老院的建设资金，同时下拨了2012年度城乡低保、五保供养对象提标资金、农村低保C类人员扩面资金 8459.76万元。共下拨640名2011年度区外应届高校特困生一次性资助资金289.3万元，对3536名2012年度应届高中毕业生的资助工作进行了审核。及时落实394636名困难群众物价补贴资金2932.87万元。举办了全区民政系统信息网络知识操作第一期培训班。

【社会福利工作进展顺利】“在全区领导干部中开展“助孤”活动，全区领导干部资助全区分散供养的4588名孤儿。完成了西藏儿童福利机构7名学生的单招考试工作。各地（市）救助管理机构积极开展专项救助行动，实施专项治理。重生行动”项目开展顺利，为贫困农牧区唇腭裂患儿免费手术61例。开展了西藏福利企业残疾职工和那曲地区的残疾病人调研工作，为20名残疾人进行了免费手术治疗和假肢安装。自治区儿童福利院搬迁新建项目加紧施工。完成了自治区老年护理院的设计方案。会同区审计厅对福利彩票公益金进行了审计。研究了2011年度的福利彩票公益金分配意见工作。落实民政部资助我区2120万元，涉及儿童福利、社会福利中心等项目17个。落实自治区本级福利彩票公益金5319万元，资助新建和续建社会福利院项目40余个。组织开展了参美集团在藏“敬老助残献爱心大型公益活动”；上报了民政部“农牧区短平快村组发展示范项目”。

【优抚安置双拥工作正常开展】共接收、审定区中（直）单位档案274份，审定符合安置政策农村籍退役士兵档案118份。积极探索、拓宽符合我区实际的新的安置办法、渠道、新路子，鼓励城镇退役士兵自谋职业、自主创业。认真贯彻落实党的各项优抚政策，进一步完善了国家、社会、群众“三结合”的优抚机制，确保了广大优抚对象的生活随着国民经济的增长而提高，实际生活水平基本达到或高于当地群众的中等生活水平。目前我区共有各类优抚对象3.5万人，享受定期抚恤金的重点优抚对象4650人，共统筹全民优待金120多万元，深入开展“三属”定补和优抚对象临补工作，享受临补的8.7万人。共下达各地（市）优抚对象抚恤金2766万元，优抚对象医疗补助金884万元。新办、换、变更各类伤残证书100多个。对全区350户优抚对象进行了扶持。成功召开了我区第十次双拥表彰大会。开展了走访与慰问活动，共为部队赠送各种慰问品折合人民币610多万元，写慰问信1200多封，文艺演出90多场。同时走访慰问优抚对象650余户（次），为优抚对象排忧解难130余件，答复来信来访近160余件，有效地支援了国防建设。广泛进行了国防教育，推动了全区拥军优属活动的深入开展，密切了军政军民团结。解决了6个地区级烈士陵园1800万元的维修改造经费。圆满完成了全区2012年“三大节日”双拥慰问活动，并取得了较好的成效。开展了“八一”建军节慰问活动，全区共召开军政军民座谈会110次，慰问部队342个，慰问优抚对象和“三属”、革命伤残军人1530户。组织开展了双拥共建共保活动。全区共开展大活动3项，中、小活动300余项，参加活动的区直、中直、地（市）直以及驻地部队等单位达650余个。完成了军队退休干部、退休士官26人的安置去向审定工作,并接收安置军队退休干部和退休士官48名。下发了《关于移交政府安置的军队退休干部、无军籍退休职工及军队退休干部无经济收入家属、遗属医疗保障问题的通知》（藏民发[2012]124号），及时下拨各地市军休人员经费和管理经费计6000多万元，确保了军休人员各项待遇的落实。

【基层民主政治和社区建设进一步加强】大力开展了宣传和贯彻实施《西藏自治区实施<中华人民共和国村民委员会组织法>办法》工作；紧紧围绕发展农村基层民主、保障农牧民合法权益，维护社会稳定，结合全区开展创先争优强基础惠民生活动和基层组织建设年，积极开展村务公开民主管理示范单位创建活动，保证了党和政府的强农惠农政策在农牧区的贯彻落实。山南地区隆子县被申报为全国村务公开民主管理示范单位；认真做好“十二五”社区服务设施建设项目的前期衔接工作。根据《十二五西藏民政建设项目规划》任务分解，全区2011年至2012年共有6个社区和16个社区服务站纳入规划，为确保项目的顺利进行，及时与各地联系，加强项目的可研批复、建设用地预审意见、选址、环评等内容衔接。

【区划地名工作审慎稳妥推进】 审慎开展了行政区划调整工作。完成了撤销双湖特别区建立双湖县的行政区划调整工作。统筹安排了全区撤地设市、撤县设市工作，上报了《关于呈报西藏自治区撤地设市、撤县设市工作的意见》（藏民发[2012]159号），对全区撤地设市、撤县设市工作进行了统筹安排。《政区大典》编纂工作进展顺利，地名普查试点工作有序开展，截止目前，各县已基本完成普查收集整理工作任务。地名属性信息以及图纸标绘已基本完成。对涉及区划调整的4件建议、提案进行了认真办理和答复。

【加强社会组织登记管理，强化社会组织党建工作】 社会组织登记工作正常开展，全区共登记各类社会组织438家（社会团体409家、基金会10家、民办非企业单位19家。注销自治区本级社会组织22家）。严格社会组织管理及执法监察工作。对全区所有社会组织进行了年检、抽检。注销了11家社会组织，突破了社会组织“零”执法现象。开展了自治区本级社会组织评估工作。对自治区烹饪协会等7家社会组织授予了4A以上评估证书。审批了5家社会组织参与社会服务项目，解决项目资金350万元，对全区的涉藏“民间组织”进行了全面细致的普查清查。在全区社会组织中开展了创先争优活动。开展了全区社会组织党建工作，全区438家各类社会组织中，建立党组织的达到202家，批准成立了社会组织党工委。

【深入贯彻实施《老年法》，切实维护老年人合法权益】 认真贯彻落实《西藏自治区实施〈中华人民共和国老年人权益保障法〉办法》，认真办理《老年优待证》和《寿星证》，召开了老龄委各成员单位负责人会议，编制了《西藏自治区“十二五”时期老龄事业发展规划》。

【认真落实“十二五”规划项目】 2012年，我区“十二五”时期民政事业发展重点项目共计8个大项174个子项，总建筑面积103491平方米，总投资37692万元（含西藏儿童福利院整体搬迁项目一期投资3000万元）。现已落实投资20426万元，占投资总数的54.2%，未落实投资17266万元，占投资总数的45.8%。已开工项目49个，完成投资12308.87万元，未开工项目125个，投资25383.13万元。

【深入开展创先争优强基惠民活动】 按照中央的要求和区党委、政府的部署，我们立足民政工作实际，着眼于推进新农村建设、加强城乡基层组织建设、维护社会稳定、推动经济发展，促进民族团结、保障和改善民生等重点工作，扎实开展了创先争优强基惠民活动。先后给各驻村村委会送去了电视机、棉被、冬鞋等物资，同时协调有关部门帮助驻村点解决了价值14万元的常用医药物资，协调落实相关村级组织发展、民生改善项目近百万元，得到了当地群众的认可和区党委、政府的肯定，驻拉孜县扎西林村工作队和驻林周县达龙村工作队受到了自治区的表彰，驻村工作队成员江娟、饶边疆、王大军三名同志被评为先进工作队员，自治区民政厅被评为优秀组织单位。

自治区人力资源和社会保障工作

【就业目标超额完成，重点群体的就业问题得到较好解决】 一是就业形势超预期。全年城镇新增就业2.5万人，城镇登记失业率控制在2.6%以内。1.7万名高校毕业生实现了就业，就业率达到98.36%，实现了“西藏籍应届高校毕业生全就业、往届毕业生基本就业”的目标。农牧区劳动力转移就业突破45万人，劳务创收18.8亿元。培训各类技能人员3.7万人。通过公益性岗位安置1.99万名就业困难人员，动态消除了2233户零就业家庭。二是高校毕业生就业力度进一步加大。继续加大公开考录力度，为高校毕业生提供公职岗位1.47万个。就业援藏取得突破，神华集团率先招录了28名西藏籍大学生，北京等援藏省市和武汉钢铁公司等中央援藏企业积极响应，1300名高校毕业生实现了区外就业。积极落实促进高校毕业生就业的各项优惠政策，向企业兑现吸纳高校毕业生就业奖励资金1278.4万元，向毕业生发放各类补贴247.12万元，高校毕业生市场化就业取得新进展。三是农牧区劳动力转移就业质量不断提升。投入100余万元对6个区直劳务品牌从业人员进行培训，提高劳务品牌建设能力。全年品牌劳务输出1.5万人、2.2万人次，实现劳务收入1亿余元。开发农牧民技能培训信息管理系统，加强农牧民技能培训项目和资金管理。把农牧民技能培训与强基惠民活动结合起来，增强培训的针对性、实效性。大力实施转移培训计划等培训项目，全面促进农牧民转移就业，不断提高农牧民就业稳定性和收入。四是就业援助工作有序推进。进一步健全就业困难人员认定帮扶机制。认真开展以“帮扶到人，岗位到手，政策到位，服务到家”为主题的就业援助月专项活动。加大公益性岗位开发、安置和管理力度，确保公益性岗位优先安置就业困难人员。五是培训质量和就业服务水平进一步提高。整合培训资源，推进培训项目招投标，全年共开办各类培训班近600期，培训合格率达90%，举办创业培训班12期，培训创业学员300多人，培训后创业成功近40人，带动就业120多人。加强市场监管，规范劳动力市场秩序。组织开展好春风行动等专项活动，每月定期举办人力资源洽谈会。依法依规加强

外国人在藏就业管理。2012年，职业指导3.89万人次，职业介绍3.36万人次，职业介绍成功1.91万人。1469家用人单位进行了劳动用工备案。为3594人办理了失业登记、1171人办理了就业登记。

【覆盖城乡居民的社会保险政策制度更加符合西藏实际，保障水平进一步提高，经办管理服务更加到位】一是社会保险政策的西藏特点开始体现。新型农村和城镇居民社会养老保险政策进一步完善，寺庙僧尼参保工作全面推进，铁路专职护路人员、被征地农牧民、半脱产兽医和半脱产教师等群体纳入了养老保险范围。《工伤保险条例》实施办法将国家机关、参照公务员法管理的事业单位工勤人员和聘用人员纳入了工伤保险范围，高原病作为职业病也首次纳入了工伤保险。二是参保人数创历史新高。全年社会保险工作重点从制度全覆盖转向人员全覆盖，新农保参保率持续上升到91%，制度的普惠性进一步体现。到2012年底，全区各类社会保险参保人数达到239.72万人次。其中：企业职工基本养老保险12.22万人、城镇居民社会养老保险6.9万人（含寺庙僧尼2.32万人）、城镇职工基本医疗保险26.63万人、城镇居民基本医疗保险22.57万人（含寺庙僧尼2.32万人）、失业保险11.33万人、工伤保险12.39万人、生育保险16.99万人、新农保130.69万人。三是社会保险待遇水平稳步提高。连续8次调整企业退休人员基本养老金，调整后月人均养老金达2704元，居全国前列。新农保月基础养老金由55元调整到90元。城镇居民月基础养老金标准达到120元。城镇职工医保政策范围内住院费用支付比例达到97.5%。城镇居民医保政府补助标准提高到260元，年度最高支付限额提高到14万元，政策范围内住院费用支付比例达到75%以上。1444名老工伤人员的工伤保险待遇全部兑现。2012年，共兑现各项社会保险待遇达23.8亿元。四是基金征缴和监管力度不断加强。启动并完成了工伤、生育保险自治区级统筹工作，自治区5大保险全部实现了自治区级统筹，基金抗风险能力进一步增强。2012年，共征缴社保基金26.49亿元。清理回收欠缴社会保险费2914万元，确保社保基金应收尽收。研究制定了社保基金收支结算财务内部管理办法等多项制度。五是社会保险经办管理能力明显加强。社会保险经办服务网络向乡镇、街道、社区延伸，驻村工作组也成为宣传动员农牧民参加新农保的重要力量。

【人才政策体系进一步完善，人才结构不断优化，人才引进和引智工作力度持续加大】一是符合西藏实际的人才政策基本形成。根据自治区经济社会发展现状，围绕人才兴藏战略，研究制定了专业技术人才和高技能人才队伍建设中长期规划、学术技术带头人选拔培养和管理办法、机关事业单位技师考聘办法等一系列旨在加强人才队伍建设的政策。修订20余个系列专业技术职务评审实施细则，进一步调动专业技术人员尤其是艰苦边远地区和基层专业技术人员的工作积极性。二是高层次、高技能人才队伍建设显著加强。组织开展自治区学术技术带头人遴选工作。分别向人力资源社会保障部、自治区政府上报了18名、15名享受政府特殊津贴人选，向人力资源社会保障部上报了10名“国家特支计划”百千万工程领军人才人选。加强专业技术人才继续教育。在人力资源社会保障部的特殊关怀下，120名西藏特培学员已分赴11省54家培养单位进行为期一年的培养，同时，邀请6名专家培训相关专业技术人员近800人，培养了一批少数民族专业技术骨干。组织10余名专家参与“万名专家服务基层活动”，深入基层一线培训农牧民700多人，受到农牧民的欢迎。做好技术能手表彰、技能人才评选推荐工作。创建了3个技能大师工作室。进一步规范职业资格证书的审核、发放。2012年，共组织1.2万人参加职业技能鉴定、国家职业资格统一鉴定。加强人事考试工作，完成了全国职称外语等40多项、4万余人次的专业技术人员资格考试，人才工作科学化水平稳步提高。三是人才引进和引智工作扎实推进。本着广聚人才原则，为全区引进各类紧缺专业人才900多名。2个高端外国专家引进项目、9项引进外专项目和示范推广项目获批，共获国家资助80万元。做好自治区5个出国（境）培训项目的前期组织工作，获国家资助150万元。

【公务员队伍建设显著加强，事业单位人事制度改革稳步推进，军转安置任务全部完成】一是公务员队伍建设的基础性工作不断加强。完成了建立覆盖区、地、县三级的公务员管理信息系统规划。公务员年度考核率达99.6%。加强公务员培训。做好先进集体、先进个人推荐评选和表彰奖励工作。二是公务员考试录用工作有序开展。坚持改革创新与规范完善相统一，公平性与科学性相统一，进一步完善考试录用制度，严格执行“凡进必考”和公开、平等、竞争、择优原则，全年先后圆满完成了2批高校毕业生公开考录、基层政法机关定向招录、从驻藏部队拟退役士兵中考录乡镇公务员和基层公安机关人民警察、昌都地区公开考录基层公安机关人民警察工作，5次考试的参考人数达3万多人次，实际录用1.78万人。三是事业单位人事制度改革稳步推进。做好事业单位公开招聘、考核、统计工作。制定事业单位聘用合同范本，扩大聘用制度推行面。2012年，核准批复自治区农牧科学院等6家事业单位岗位设置方案，核准岗位2466个。500余家事业单位推行聘用制度，2.2万人签订了聘用合同，约占事业单位工作人员总数的29.8%。四是军转安置服务工作进一步加强。5815名自主择业军转干部的8.7亿元退役金按时足额发放到位。765名自主择业军转干部全部培训、安置完毕，32名计划分配军转干部经培训后全部到岗。积极推进自主择业军转干部适应性培训和管理服务工作。切实做好企业军转干部走访慰问、解困维稳工作。

【体现西藏特点的工资收入分配制度进一步完善】一是根据中央第五次西藏工作座谈会关于从优处理折算后工龄涉及的有关待遇政策精神，人力资源社会保障部、财政部联合下发了

《关于建立高海拔地区折算工龄补贴的通知》，经自治区政府同意，会同财政等有关部门落实了折算工龄补贴。研究完善了机关事业单位工作人员提前退休和离岗休养的有关政策。二是机关事业单位职工福利水平稳步提高。会同有关部门制定了《关于机关、事业单位干部职工休假有关事项的补充通知（暂行）》。按政策调整税务征收津贴实施范围、标准，实施安全生产监管监察岗位津贴工作。三是企业工资收入分配工作得到加强。按照“两低于”原则加强企业调资审核。发布劳动力市场工资指导价位，引导劳动力合理有序流动。完成了调整最低工资标准工作，除日喀则地区月最低工资标准为1150元、小时最低工资标准为10.5元外，其余6地（市）的月最低工资标准为1200元、小时最低工资标准为11元。督促企业严格执行我区现行最低工资标准，切实发挥最低工资保障低收入群体基本生活的作用。

【劳动关系调处机制不断完善，劳动者合法权益得到较好维护，劳动关系总体保持和谐稳定】一是劳动关系三方协调机制进一步完善。大力推进三方协调机制建设，充分发挥三方协调机制作用，对涉及劳动关系的重大问题进行沟通协调。加强分类指导和监督检查。继续开展《劳动法》、《劳动合同法》等法律法规的宣传，增强用人单位和劳动者签订劳动合同的自觉性。以劳动密集型企业和中小企业、民营企业为重点，深入开展春暖行动，着力推进农牧民工劳动合同签订工作。2012年，全区新签订劳动合同3.51万人，137家企业、6186人签订了集体合同，企业农牧民工劳动合同签订率达到93.5%。二是劳动监察力度进一步加大。积极开展日常执法检查，切实做好农牧民工工资支付等专项检查，加大举报投诉、违法案件处理力度。进一步完善建设领域劳动者维权公告牌制度和工资保证金制度，切实做好群体性事件的预防处置工作。2012年，共检查用人单位1.1万户，依法处理举报投诉、违法案件2350件，结案率达97%以上，为劳动者追讨工资、经济补偿金和补缴社保费等共计3039万余元，设立劳动者维权公告牌900多块，100多户建设企业累计交存工资保证金6000多万元，20多起集体劳务纠纷得到妥善解决。三是劳动人事争议调解仲裁工作成效明显。制定劳动人事争议仲裁管辖规定等规章，出台当日立案制度、风险告知制度等九项便民措施，有效提高了办案效率。积极推进劳动人事争议仲裁机构实体化建设。2012年，共受理劳动人事争议案件1000件，涉及人数4600多人，涉及金额6100多万元，结案982件，结案率保持在98%以上。80余家企业建立了劳动争议调解委员会。

【人社援藏工作取得积极成果】成功召开了全国人力资源社会保障系统援藏工作座谈会，签订了《人力资源和社会保障部 西藏自治区人民政府共同推进西藏人力资源和社会保障事业发展和改革备忘录》，并得到有效落实，其中，总投资1850万元的74个县（区）的就业和社会保障流动服务车项目已落实。签订了17个对口援藏协议，初步确定援藏项目100个，援藏资金超过2亿元。

【领导名录】
区党委组织部副部长、厅党组书记、副厅长：边巴扎西
厅党组副书记、厅长：马相村
厅党组成员、副厅长：蔡宜田、
卢海元、皮大中、泽丽、刘莉
厅党组成员、纪检组组长：加措
厅党组成员、公务员局局长：陈齐华
副巡视员：郭庆斌

区党委常委、组织部部长梁田庚看望地质专家

认真聆听十八大报告讲解

区地勘局与香港大学开展学术研讨会

钻探技术培训

加强矿业合作，促进地方经济建设

区地勘局首届奇石展

2012年4月27日,西藏自治区“庆祝五一国际劳动节暨五一表彰大会”上，西藏电力有限公司董事长、党组书记刘克俭荣获“全国五一劳动奖章”,自治区党委书记陈全国亲切接见

2012年3月12日，国家电网公司与西藏自治区党委政府在京举行会谈

2012年9月13日，中华全国总工会副主席张鸣起一行在羊八井地热发电公司看望慰问困难职工

2012年11月12日，自治区党委常务副书记吴英杰到拉萨换流站调研检查工作

国家电监会副主席王野平在公司视察指导工作

自治区副主席丁业现在拉萨换流站

自治区副主席丁业现等有关领导为藏中电网220千伏主网架暨墨竹工卡输变电工程奠基

“十二五”电力援藏工作会议

国家电网公司运行分公司总经理叶廷路与西藏电力有限公司董事长刘克俭签署协议

西藏电力有限公司董事长刘克俭荣获“全国五一劳动奖章”

“三集五大”体系建设动员会议

2012年10月29日，藏中电网延伸至那曲地区巴青、比如、嘉黎、索县工程开工仪式

2012年9月全国总工会副主席张明起到西藏销售加油站检查调研

自治区主席白玛赤林到功德林加油站检查指导工作

2012年6月自治区副主席宫蒲光到西藏销售公司调研

公司党委书记次仁扎西到库站督查安全稳定工作

西藏销售公司总经理王珺在林芝油库站检查指导工作

庆三节迎两会优质服务活动启动

2012年7月2日，在中国石油西藏销售公司成立50周年庆典的日子里，荣誉室隆重揭牌

公司党委书记次仁扎西到昌都公司开展工作调研

召开纪念三八妇女节座谈会

深入开展“学雷锋、展风采、强服务、促和谐”青年志愿者服务活动

公司驻村队走村串户了解情况

第二批驻村干部参加自治区创先争优强基惠民活动出发仪式

厅长岗青视察孵化器园区内西藏贝珠亚电子科技有限公司在孵情况

副厅长刘光旭视察孵化器园区内西藏厚德生物科技有限公司在孵情况

副厅长孙玉明在田间观察藏青2000生长情况

厅纪检组长索朗措姆听取革专项工作进展

能源研究示范中心检测中心人员对光伏组件进行检测

曲水县茶巴朗藏青2000推广示范田

基层技术人员在青饲玉米种植示范基地检查作物生长情况

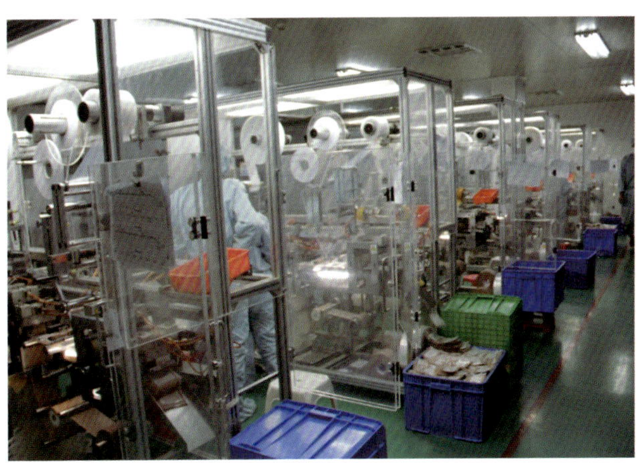

奇正藏药“真空乳化”藏药软膏生产车间

高原生物研究所专家在八嘎雪2村山坡做退化生境样方调查

贡嘎县岗堆镇吉纳召开优质人工牧草种植技术培训

萨迦县扯休乡生玛村工作队聘请技术人员讲解播种机的使用方法

科技厅驻典角村工作队与村民心连心（图为队员加布在教村民种土豆）

2012年1月11日，自治区党委书记陈全国在区党委常委、拉萨市委书记齐扎拉，区党委常委、秘书长邓小刚和拉萨市市长多吉次珠、文物局局长桑布等领导的陪同下视察甘丹寺

自治区党委常委、政协党组书记、副主席、统战部部长公保扎西，自治区副主席甲热·洛桑丹增在自治区文化厅党组成员、文物局局长桑布等领导的陪同下视察木如寺

西藏重点文物保护工程甘丹寺文物维修工程开工典礼

自治区副主席甲热·洛桑丹增视察小昭寺文物保护维修工程

2012年3月27日，自治区党委常委、宣传部部长董云虎在区党委宣传部副部长、自治区文化厅厅长尼玛次仁、自治区文化厅党组成员、文物局局长桑布等领导的陪同下视察布达拉宫

自治区副主席甲热·洛桑丹增在局长桑布的陪同下视察大昭寺消防工程

2012年8月26日，自治区主席白玛赤林出席2011年度国家科技进步奖特等奖“青藏高原地质理论创新与找矿重大突破”奖金捐赠暨西藏大学地学优秀学生奖学基金设立仪式

2012年8月10日，自治区副主席、自治区教工委书记孟德利出席高校团队对口支援西藏大学2012年度例会

2012年5月24日，西藏大学第四届校园锅庄舞比赛

2012年6月29日，西藏大学庆祝中国共产党成立91周年暨基层组织建设年表彰大会

2012年7月31日，上海交通大学、西藏大学、宁夏大学三校移动学习拉萨服务中心挂牌仪式暨西藏大学继续教育拉萨中心挂牌仪式

2012年11月8日，西藏大学热烈庆祝中国共产党第十八次全国代表大会隆重召开

2012年11月22日，西藏大学农牧学院隆重举行建院40周年庆祝大会

2012年10月25日，自治区副主席丁业现到西藏大学农牧学院检查指导工作

2012年8月19日上午，自治区副主席孟德利出席西藏大学农牧学院领导班子交接会议

2012年11月22日，参加学院建院四十周年院庆的各级领导、嘉宾、区外对口支援院校领导、部分校友代表、离退休老领导、老干部参观校园

2012年9月18日，院党委书记、副院长纪建洲看望米林县驻村工作队并为羌纳乡完全小学捐书

2012年11月21日，河海大学党委副书记陈德奎与西藏大学农牧学院签订《河海大学对口支援西藏大学农牧学院工作协议书（2011-2015）》

全区教育系统庆祝党的十八大胜利闭幕暨西藏大学农牧学院建院40周年文艺演出隆重举行

集体荣誉

2012年3月20日，西藏大学农牧学院“211工程”三期建设项目接受检查验收

2012年9月7日，西藏大学农牧学院召开第二届教职工代表暨工会会员代表大会

2012年获批国家科技支撑课题“西藏区冬虫夏草的原位孕育与红景天、喜马拉雅紫茉莉、婆婆纳、芽膏菜等濒危藏药材人工种植及野生抚育的关键技术研究与示范”——规模化种植的100余亩喜马拉雅紫茉莉

2012年获批国家科技支撑课题“藏猪品种改良及高效养殖技术集成”——藏猪保种基地猪群

西藏职业技术学院

自治区副主席孟德利视察职业技术学院

见参书记与结对户促膝长谈、捐赠救助金

全区维护社会稳定工作会议精神传达会

强基惠民驻村出征仪式

庆祝西藏百万农奴解放纪念日

西藏职业技术学院与浙江建设职业技术学院召开座谈会并合影

香港考察团参观校园

组织村干部、党员学习十八大精神

插花比赛

学院举办技术技能大赛

毕业生专场招聘会

学院举办消防实战培训

2012年8月22日，全国卫生系统援藏工作座谈会期间，时任卫生部部长陈竺视察指导西藏基层医疗卫生工作

全国卫生系统对进口援藏工作座谈会在西藏林芝召开

先心病患儿赴内地医疗机构接受免费治疗

由普布卓玛厅长带队的卫生惠民政策督导和基层医疗卫生工作调研组首次进入林芝地区墨脱县开展了调研

自治区应急流动医院交接仪式

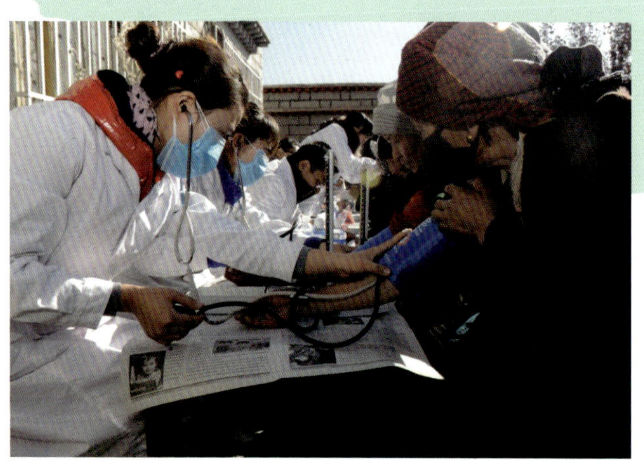

全民健康体检工作在全区全面开展

国家人口计生委、中央统战部“同心·西藏和四省藏区幸福家庭工程——新农村新家庭计划走进西藏宣传服务活动在拉萨启动

自治区副主席德吉为项目县发放“婴幼儿大礼包”

自治区副主席德吉慰问贫困母亲

自治区人口计生委党组副书记、主任王东升在那曲地区班戈县督导优生优育工作

举办全区国家免费孕前优生健康检查项目信息管理与专业技术人员培训班，提升管理服务能力

自治区人口计生委第二批驻村工作队出征仪式

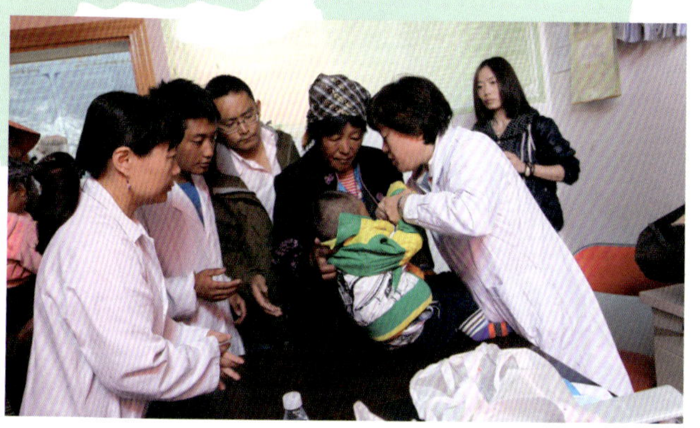

专家为脑瘫患儿检查

专家为群众普及健康科普知识

国家工信部部长苗圩在达孜工业园区调研视察

国家卫生部部长陈竺一行到达孜县塔杰乡卫生院调研

自治区党委书记陈全国视察达孜县公安局便民警务站建设情况

区党委常委、区政法委书记邓小刚视察达孜县公安局维稳工作开展情况

县委书记李忠法（左二）、县长阿努次仁（右一）陪同丹阳领导在达孜县调研

鱼跃医疗体检中心落户达孜

达孜县举行江苏拉萨展销中心等十大重点工程集中开工典礼

达孜县召开寺庙僧尼主题教育活动专题讲座

区党委常委、昌都地委书记罗布顿珠莅临昌都县检查市场价格

县长泽仁罗布赴约巴乡检查指导工作

藏历水龙新年广场文艺活动

昌都县“十一”新旧对比图片展

昌都县行政办公大楼奠基仪式

强基惠民交流表彰会

寺庙九有工程

面达乡诺通村农牧民驾驶培训

江达积极响应地区号召选派第一批村党支部书记

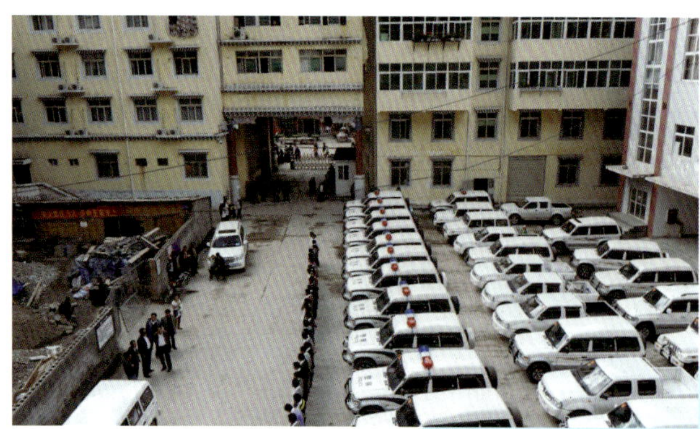
江达县接收第一批自治区赠送的寺庙车辆

江达县举行天津港集团团委资助江达县特困大学生签字仪式

江达县举办2012年度村（居）妇代会培训开班典礼

天津援助建设的江达县综合医院大楼竣工并投入使用

江达县开展“9·16”平安消防宣传日活动

江达县开展“讲文明、树新风、改陋习、促和谐”三下乡活动

江达县干部职工身着盛装集中收看区党委、政府召开昌都工作会议实况

江达县隆重举行庆祝新中国成立63周年文艺演出

江达县举行学习贯彻党的十八大精神大会

昌都地委讲师团在江达县同普乡宣讲党的十八大精神

江达县在县一中为第一批选派村支部书记发放摩托车

江达县小学举办教师节庆祝活动，广大师生参与活动表演

江达县召开县级领导干部“一坚定三忠于，保持党的纯洁性”专题民主生活会

江达县召开第十一届人民代表大会第二次会议

地委委员、县委书记邓文昌深入各乡镇检查指导教育招生情况

区党委常委、昌都地委书记罗布顿珠看望慰问司法厅驻麦冬村工作队

县委书记张新成

县长扎西

贡觉县三项教育暨突破充实加强基层组织建设活动第一批民生项目莫洛镇幸福村温室大棚项目开工仪式

为农牧民群众义诊

政协贡觉县委员会揭牌仪式

喜迎十八大颂歌献给党文艺活动

贡觉县夏龙农产品合作社生产的特色农产品

三岩民居

新落成的党政办公大楼

领导关怀

行署副专员王伟深入桑多村督查强基惠民活动开展情况

县委书记郝树民迎接抵达丁青的自治区广电局“强基惠民”选派干部

丁青县创先争优活动总结表彰暨组织建设工作推进大会

丁青县集中清理整顿流动从事宗教人员专项工作会议

安定祥和的生活

名扬天下的琼布（丁青）虫草

巴格村工作队载歌载舞庆祝“3·28”

驻村工作队与驻地群众载歌载舞共享幸福生活

丁青县干净整洁、良好环境的干部群众生活区

日新月异的丁青—丁青琼布商贸中心

县城全景

县委书记卓大林察看虫草采集情况

县长任厚明在基层调研

新农村建设

大棚蔬菜

群众健身设施

农业示范基地

县城全景

查杰玛大殿

自治区副主席格桑次仁莅临左贡检查指导工作

县长土登尼玛深入怒江沿岸指导工作

左贡县开展"三下乡"活动现场

左贡县"一坚定三忠于"、三热爱三创建"、"双模双建"活动动员大会

左贡县开展"五一"市场安全大检查

儿童节庆祝活动

文化局发放设备

左贡县十八大精神宣讲团深入美玉乡开展宣讲

自治区党委常委、地委书记罗布顿珠莅临芒康调研指导工作

县委书记齐应海

县长陈刚

芒康县举行重庆市地六批园长项目开工仪式

芒康县举行2012年重点项目集中开工典礼

华能澜沧江上游水电有限公司援助芒康县洛尼乡新农村建设开工仪式

芒康县召开创先争优活动总结表彰大会

芒康县第四届茶马古道艺术节中的群众表演方队

法制宣传

芒康县绿野食品有限公司生产的辣椒酱

新建的芒康县人民医院住院部

芒康县木许乡安居工程实施户

自治区党委常委、昌都地委书记罗布顿珠一行深入夏贡拉山对公路通行情况进行调研

县委书记欧珠达瓦

县长王皖岭

边坝县举行庆祝建党92周年党史知识竞赛

法制宣传活动

边坝县组织青年团员前往敬老院开展慰问活动照

边坝县开展全国最美乡村医生巡回报告会

油菜示范田图片

群众通过学习不断丰富了科技知识

边坝县举办"3·28"文艺演出活动

群众插国旗感谢党委政府实施安居工程的党恩

县城全景

地委书记其美仁增亲切看望正在训练的到村居任职的机关干部

地委书记其美仁增在基层调研

地区行署专员张永泽亲切看望慰问五保户老人

红歌会

参加西藏自治区第十届中学生运动会

藏源民俗村

自治区副主席边巴扎西在错那县调研

政协错那县委员会成立揭牌仪式

奔涌的天然温泉

羊措拉雪山

湖泊

唐僧之徒壁画

地委书记其美仁增和行署专员张永泽在扎囊县检查指导工作

地委副书记格桑仁青带队在扎囊县检查指导工作

地委副书记格桑仁青在扎囊县参加顶古钦寺通水竣工项目庆典

行署副专员宇飞在扎囊县检查指导工作

县委书记雷丰

县长黄金刚

县长黄金刚检查指导便民警务站日常工作

县长黄金刚慰问武警官兵

县政府主要领导参加县第十二届人民代表大会

扎囊县主要领导与各乡镇签订目标责任书

县政协主席罗布慰问寺庙僧人

扎囊县组织全县干部职工举行升国旗仪式

2012年7月26日，自治区党委常委、政法委常务副书记、政府常务副主席洛桑江村在贡嘎县检查指导工作

自治区副主席德吉深入甲竹林居委会看望慰问孤儿

自治区副主席多托在贡嘎县检查指导工作

地区驻贡嘎维稳督导组组长、地委副书记肖传江到杰德秀检查指导工作

地委、行署领导检查扎庆社区黄牛改良工作

县委书记夏文斌

县长尼玛扎西

县委书记夏文斌带队慰问甘巴拉雷达站官兵

贡嘎县与中南大学湘雅三医院签订区域医疗战略合作协议

杰德秀“杰秀”牌邦典

岗堆（黄牛改良）奶源基地

湖南宾馆（援藏项目）

2012年6月15日，山南地委副书记、行署专员张永泽在加查县视察工作

湖北省宜昌市第二批援藏项目之一加查镇江塘村环境综合整治工程。

加查县党政代表团赴宜昌考察

加查县举办“喜迎十八大、颂歌献给党”文艺汇演活动

加查县委、县政府与华能西藏发电有限公司举行篮球比赛

加查县第十二届人大第一次代表大会暨政协第一届加查县第一次大会

加查县举办首届达布核桃节

加查石锅

加查县城文成路

加查县特色农产品——蓝莓试种基地

国土资源部部长徐绍史（左二）在华钰山南分公司选矿厂视察工作

国家发改委稽查组在隆子县检查政法项目建设情况

自治区副主席多托在隆子县调研

山南地委副书记、行署专员张永泽调研职业教育发展情况

山南地委委员、宣传部长嘎玛旦巴检查寺庙工作情况

县长洛桑平措向国家农业综合开发项目验收组介绍2011年农业综合开发项目情况

政协第一届隆子县委员会第一次会议现场

县委常务副书记高军走访慰问驻军部队

隆子县第十二届人民代表大会一次会议投票现场

隆子县开展教育科技文化法律四下乡活动

隆子县社会主义新农村一角

隆子县中学电教室

自治区副主席宫蒲光在浪卡子县调研

自治区副主席宫蒲光在浪卡子县指导县城建设

马鞍山市领导在浪卡子考察工作

浪卡子县庆祝"3·28"西藏百万农奴解放纪念日知识竞赛

安居工程

包装甜奶渣

畜牧业稳步发展

普玛雍措风貌

曲括子藏戏

羊卓服饰

县城全景

市委书记王希静陪同山东省委常委、组织部长高晓兵同志视察日喀则市经济技术开发区

市委书记王希静

市长桑珠次仁

青岛市委常委、组织部长边祥慧考察力诺太阳能10千瓦变电站

日喀则市第十二届人民代表大会第一次会议在市行政中心举行

“青岛人游日喀则”活动启动暨首发仪式

民生管业第一产品下线

农业科技精品园移交仪式

农业科技精品园红豆衫

力诺太阳能光伏

日喀则市新建的规划6号路

投资1800万元的江当乡中心小学

自治区常务副书记郝鹏在南木林县视察工作

自治区副主席格桑次仁在南木林县视察工作

县委书记秦维强

县长巴桑多吉

南木林县政协成立时四大班子领导成员合影

国家AA级旅游景区——宁玛派色吾寺

国家级非质文化遗产——湘巴藏戏

南木林县高中教学大楼

青少年活动中心项目

新建的县卫生服务中心大楼

县城全景

南木林县出产冬虫夏草

自治区主席洛桑江村视察江孜农牧工作

县领导班子视察县电视台新楼机房

江孜县电视台业务综合楼落成启用暨揭牌仪式

卡若拉景区游客接待服务中心

现代化的行政服务中心

安居房

传统的民族服饰

县城全景

第六篇 地（市）、县（区、市）

拉萨市

拉萨市

【年度综述】2012年，拉萨市全年实现地区生产总值262.59亿元、增长18.2%，财政一般预算收入34.36亿元、增长46.6%，全社会固定资产投资291.11亿元、增长31%，社会消费品零售总额126.27亿元、增长20.1%，进出口总额33.3亿美元、增长154.7%，城镇登记失业率控制在2.6%以内，圆满完成了市人大十届一次会议确定的各项目标任务。

【转变方式强产业，发展质量得到新提升。现代农牧业加快发展】现代农业示范区建设扎实推进，综合生产能力进一步增强，粮、油、肉、奶、蛋产量均高于2011年；农机化水平持续提高，农机配套率达到1：2.5，耕种收综合机械化水平提高2个百分点；设施农业加快发展，新增日光温室3000栋，蔬菜生产面积达到7.05万亩，产量达到24.1万吨；组织化程度明显提高，新增专业合作社15家，总数达到94家，带动农牧民7.26万人；科技应用快速推广，培育农牧业科技示范户4611户，挂牌建设农牧业科技示范基地47处；林业生态建设成效显著，及时落实草原生态补助奖励政策，植树造林18.87万亩。工业支柱地位得到加强。规模以上工业增加值达到27.5亿元、增长30%，新增产值超亿元工业企业2家，新增产值超5000万元工业企业4家；园区经济迅猛发展，实现工业销售产值22亿元、工业增加值8.5亿元，分别增长51.7%、44.1%。第三产业持续繁荣。接待游客650.89万人次、实现收入65.48亿元，分别增长26.5%、28.1%，拉萨荣膺“国际最佳魅力旅游名城”称号，布达拉宫跻身国家5A景区；中国西藏文化旅游创意园区、纳木措景区等项目加快推进，纳木措国家公园顺利挂牌；以雪顿节为龙头的节会经济日益红火，拉萨市荣获“全球节庆城市奖”。完善城乡商贸流通体系，建成2个配送中心、6个乡镇商贸中心、516个农家店，兑现家电家具下乡补贴资金1478.77万元，7个蔬菜基地与超市成功对接，在市区农贸市场免费安排230个农牧民自产产品销售摊位，社会消费品零售总额增长20.1%。发展活力明显增强。招商引资成果丰硕，成功举办全国民营企业家拉萨行活动，签约项目33个，总投资达到276.9亿元；全年落实招商引资项目220个，实际到位资金78.3亿元、增长35%。民营经济迅猛发展，减免非公企业税收3060.73万元，市场主体突破4万户，注册资本达到64.3亿元、是2011年的4倍多，非公经济解决就业14万人，非公经济税收占到全市税收的94%。受援工作扎实推进，落实援藏资金5.67亿元，实施建设的43个援藏项目进展顺利。

【抓实项目增投资，城乡建设再上新水平。重点项目扎实推进】制定实施加快推进拉萨市重点项目工作的意见，城市供暖工程顺利完成城区供热面覆盖40%的目标，纳金大桥、次角林大桥、教育城、西藏会展中心、农村公路、中小学建设、保障性住房等重大项目扎实推进，老城区保护工程开工建设，拉萨河整治工程等重点项目前期工作进展顺利。基础配套更加完善。完成7750户安居工程、40个行政村人居环境建设整治任务，改扩建农牧区公路758.81公里；解决1.19万名群众安全饮水问题，建成3862座沼气池；完成重点水利工程投资1.78亿元，改善灌溉面积2.6万亩，整治渠道85.67公里，新建改扩建小型塘坝10处，拉萨河堤防二期、色达灌区、中小河流治理项目顺利实施。实施扶贫农发项目221个、农业综合开发项目17个，贫困群众生产生活条件进一步改善。

【以人为本重民生，社会事业取得新成绩】人民生活水平快速提高，投入近亿元大力实施“四业工程”，培训城乡居民4.6万人，转移输出劳动力

9.06万人、增长11%，实现劳务收入7.31亿元、增长17%，新增城镇就业再就业7541人，农村居民人均纯收入达到7150元、增长18.8%，城镇居民人均可支配收入达到18995.7元、增长7.6%。社会事业加快发展。加快教育改革发展步伐，教育城项目稳步推进，各县教学点撤并工作基本完成，组织实施教育项目154个，投资达到3.61亿元。近33万名城乡居民、4619名僧尼享受免费体检并建立健康档案，城乡居民和僧尼体检率均达到100%。健全文化市场监管工作机制，大型史诗音乐剧《文成公主》在国家大剧院成功首演，幸福拉萨规范舞编排教学圆满完成，在全区率先实现广播电视户户通、广播电视进寺庙全覆盖。社会保障水平不断提高。社会保障体系建设取得新突破，启动实施寺庙僧尼养老保险、医疗保险，社会保险参保人数达到37.5万人；城镇低保标准由月人均360元提高到400元，农村低保标准由年人均1450元提高到1600元，农村五保供养标准达到年人均4320元、高于全区1920元。12个民生项目基本完成，拉萨连续第6年被评为"百姓幸福感最强城市"，在中国社科院公布的2012年《公共服务蓝皮书》中，拉萨市基本公共服务能力在全国38个城市中位列第一。统计、审计、外事、邮政、通信、气象、编译、档案、消防、计划生育、妇女儿童、国防动员、民兵预备役、人民防空、防震减灾、福利慈善、双拥共建等各项工作都取得新成绩。

【维护稳定促和谐，社会管理实现新突破】制定实施《拉萨市加强群众工作机制》等58项长效工作机制，成功举办加强和创新社会管理实践与交流研讨会，圆满完成敏感时期和重要节点的维稳任务，顺利实现"三不出"目标，社会局势持续稳定。民族团结宣传教育扎实推进，颁布实施民族团结进步条例及其实施细则，设立民族团结进步节，广泛开展丰富多彩的民族团结进步教育活动，各族人民大团结大发展大繁荣的良好局面得到巩固提升。加强安全生产执法监管，安全生产形势保持基本稳定。创先争优强基础惠民生活动深入实施，五项主要任务有序推进。

【加强建设提效率，行政效能得到新提高】围绕目标任务效能三提速，以重大决策部署落实情况监督检查为重点，突出抓好作风效能建设，全市上下比效能、抓落实、干实事的积极性不断高涨，发展动力和活力进一步增强。坚决落实市委的决策部署，自觉接受人大法律监督和政协民主监督，认真听取工商联和无党派人士意见，办理代表建议105件，政协提案160件。依法行政水平不断提高，完善规范性文件备案审查机制，向人大报送地方性法规草案2件，办理行政复议案件6件，出台政府规章10件。市民服务中心规范化建设得到加强。面向县区下放项目投资审批权限，进一步精简行政审批事项。全面推行政务公开和政府信息公开,政府门户网站日均点击量保持在5000人次。"六五"普法深入推进，开展法律援助672件。狠抓工程建设领域突出问题、"小金库"、公务用车等专项治理，行政权力运行监控机制进一步完善，反腐倡廉惩防体系进一步健全。

拉萨市纪检（监察）工作

【以务实高效廉洁型机关建设为目标不断深化机关作风和行政效能建设】2012年，纪检监察工作继续实施以抓工作思路为龙头、层层分解任务、层层考核评价的目标管理制度，着力加强各项目标任务落实情况的监督检查，认真受理作风效能方面的举报投诉，广泛开展市直机关作风效能状况万人评议活动，推动机关作风效能长效机制建设。不断加快市民服务中心建设步伐，经过几年来的不懈努力，共有22家单位的135个行政审批项目和12个便民服务项目入驻中心并投入运行，标志着我市行政审批制度改革迈出了新步伐、实现了新跨越。半年来，各窗口单位共受理申报事项68590件，办结率达到99.89%。

【深入督查扎实推进执法纠风和专项治理工作】狠抓工程建设领域突出问题专项治理工作，对全市涉及住房、农牧、水利、交通、城市建设、园林绿化、农业开发等300多个项目进行了多次检查，对中央、自治区和拉萨市专项检查组查找出的270个问题进行了认真整改。会同市财政局、市审计局完成全市"小金库"专项治理工作。深入开展公务用车专项治理工作，对全市2638辆公务用车基本信息进行逐一甄别，认定超编车381辆，对违反区党委通知，顶风购买进口车的3家单位下发收缴拍卖通知，收缴财政集中封存，由市财政局拍卖。深化行政审批制度改革，对全市行政审批项目进行了集中清理。加强对各类考试各个环节的全程监督，对政府集中采购和市县两级药品、医疗器械统一招标采购工作进行重点监督，全年共参与政府集中采购104批，总预算为8960.075万元，通过政府集中采购，实际采购金额8178.22万元，节约资金781.855万元，节约率8.7%。对全市房屋、市政、农发、水利、交通等中标总金额为292766.53万元的191项333个子项工程招投标工作进行了监督。组织市发改委、市工信局等16家单位开展"政风行风热线"栏目录播，现场公开行业服务承诺、解答群众问题、接受民主评议。

【坚决惩治腐败严肃查处各类违纪违法案件】2012年，共接受信访举报102件（次），其中，直接受理57件、区纪委转办33件，来访12件，初查核实68件，挽回直接经济损失800余万元。根据区市党委统一部署，成立"2.29"专案组，对我市处境参加法会的235人进行了核查处理；成立"5.27"专案组，对"5.27"时间中领导干部负维稳责任的情况进行了调查。今年以来给予开除党籍1人，给予党内严重警告处分1人，给予党内警告处分11人，给予行政撤职2人，

给予行政记过处分3人，按期解除行政处分6人。

【**以落实党风廉政建设责任制为突破口大力加强反腐倡廉制度建设**】对各县（区）、市直各单位两年来贯彻落实党风廉政建设责任制情况、《建立健全惩治和预防腐败体系2008—2012年工作规划》和《分工方案》确定的18项目标任务落实情况进行检查考核，表彰了一批成绩突出的单位，完成了新一轮党风廉政建设责任书的签订工作。组织签订了2012—2014年党风廉政建设责任书，开展全方位、多层级的督促检查，对落实党风廉政建设责任制情况实行“四个挂钩”，即：与领导班子政绩挂钩，与单位评先选优挂钩，与干部的奖惩挂钩，与干部的提拔使用挂钩，形成了上下齐抓共管的良好局面。各级党政组织紧紧围绕领导干部行使权力和促进机关规范化管理，建立和完善了一批机制、制度，如当雄县制定了“1+8”系列制度，城关区实行了“一诺两述三落实”长效机制，市纪委研究提出“三项谈话制度”。根据《关于加强农牧区基层党风廉政建设的若干规定》提出的36条具体规定，通过推行试点进一步加强了基层党风廉政建设。制定下发《拉萨市党的基层组织党务公开实施方案》，全面开展基层党务公开。

【**以各级党委换届为契机进一步加强纪检监察机关自身建设**】大力加强纪检监察干部队伍思想政治教育和业务技能培训，选派23名干部参加区内外各类纪检监察业务培训，不断提升干部队伍综合素质和履职水平。积极改善领导班子和干部队伍结构，进一步充实壮大干部队伍，由原来的150人增加到现在的275人，为纪检监察战线补充了新鲜血液，增强了纪检监察战线的生机与活力。加强对基层党风廉政建设和纪检监察工作的指导和支持，加大基层纪检监察机关组织建设，进一步改善基层纪检监察机关拴心留人的环境。特别是在去年县、乡党委和村（居）“两委”换届工作中，各县（区）成立了纪委常委会，各乡（镇）成立纪委并配备了纪委书记和专职纪检干部，各村委会也配备了纪检委员，逐步形成推动基层党风廉政建设的立体化工作格局。

拉萨市统一战线工作

【**认真开展统一战线工作**】坚持以“三大节日”为契机，深入开展党外人士、宗教界人士、归国定居藏胞走访慰问活动，争取人心，凝聚力量。以“3·28”纪念活动为重大机遇，组织全市民族界、宗教界、退休代表、党外知识分子、非公经济、归国定居藏胞、学生代表200余人召开各族各界人士庆祝“西藏百万农奴解放纪念日”座谈会。

立足统一战，党外代表人士队伍不断壮大。充分利用人大、政协换届选举工作时机，对全市范围内的党外代表人士（干部）进行了全面考察，为市、县（区）人大、政府、政协机关配备党外人士（干部）推荐了优秀人才。

发挥自身优势，服务经济发展能力不断提升。切实加强对工商联党组的领导和工商联工作的指导，狠抓工商联组织建设和非公有制经济人士的思想政治工作，鼓励支持党外代表人士建言献策。同时，调查了解非公有制经济组织规模、党建、发挥作用等基本情况，进一步摸清了我市非公有制经济组织家底，做到非公有制经济组织底数清、情况明。

突出争取人心，藏胞工作不断取得长足发展。组织开展了2012年境外藏胞境内亲属、归国定居藏胞迎新年大型茶话会，不断加强对外宣传力度。在年前和重大节日对特困定居藏胞进行了慰问。认真调查核实境外藏胞申请回国探访事宜，截止10月25日，共完成美国、瑞士、比利时、英国、加拿大、澳大利亚、印度、尼泊尔等国家的197名申请探访藏胞调查核实任务。对拉萨市各县（区）2008年以来境外藏胞工作开展情况进行了调研。藏胞接待中心楼项目红线图、初步设计图纸、可行性研究、项目环境影响评价、等基础工作现已完成，国有土地使用证、建设用地规划许可证已办理完毕，项目前期工作基本完成。

切实加强活佛的培养教育管理和安保工作。我市热振、巴吾、夏仲三名活佛在西藏佛学院学习期间，对活佛学习、生活关心的同时，主要领导定期不定期地看望慰问活佛，了解活佛的学习、生活和健康状况，及时解决活佛在学习、生活中遇到的困难问题。

做好“606”进藏接待服务工作。按照“606”进藏接待工作通知要求，市委统战部高度重视，市委常委、统战部部长达娃同志亲自带头及时成立了拉萨市“606”接待领导小组，并研究制定《“606”接待工作方案》及《“606”活动行程安排》，通过精心组织，认真安排，切实采取有力措施，圆满完成“606”在拉萨的各项佛事和社会活动的接待服务工作。

【**突出工作特色，寺庙法制宣传教育不断深化**】着眼于创建和谐模范寺庙，立足利教、利寺、利僧，广泛深入开展了寺庙法制宣传主题教育活动，主题教育活动开展以来，巡回宣讲1197次，发放宣讲资料近19225份，全市持证僧尼参加了法制宣传主题教育活动，举办了为期三天、164名寺庙宗教执事人员参加的主题教育专题培训班。

【**抓住关键，巩固提高寺庙“六建”工作成果**】全市共设立了74个寺管会，对20人以下的94个宗教活动点设立了专职管理特派员机构。并在各寺管会成立了党组织（党委、党总支、党支部）。其余宗教活动点归口寺庙所在乡（镇、街道）、村（居）委会管理。

在深化寺庙“六建”工作中，为加强寺管会干部队伍建设，提高全市驻寺干部的理论知识水平和驾驭处理复杂局面的能力，全年共举办市级以上驻寺干部培训班7期，参训人数达311人，县级驻寺干部培训班16期，参训人数达900余人，很好地完成了全市驻寺干部培训任务。

【凝聚人心，大张旗鼓开展“创建评选”活动】2012年上半年表彰县级和谐模范寺庙46座、爱国守法先进僧尼1668人；市级和谐模范寺庙15座、爱国守法先进僧尼802人，先进寺管会3个，优秀驻寺干部47名，共兑现奖金254.7万元。

拉萨市民族宗教工作

【深入推进加强和创新寺庙管理工作】一是寺庙“六建”工作，坚持“两个标准”，严格“两项程序”，确保“两个到位”，准确把握在寺庙“六建”的核心问题和关键环节，在创新上下工夫，全面贯彻落实区党委、市委的决策部署，确保寺庙的管理权掌握在当合政府手中；二是“六个一”活动成效明显，实现了“三留”，做到了“三通”，家访活动率达93.7%；三是“9+5”工程进展顺利，目前全市寺庙领袖像、国旗、报纸、寺庙书屋、广播电视全覆盖，路、电、水、通讯以及“+5”项目正在深入推进当中。四是截止2012年2月，全市持证僧尼均参加了养老保险和医疗保险并实现全覆盖，51 %的持证僧尼享受社会最低生活保障。

【深入扎实开展清理整顿社会流动从事宗教活动人员】截止2012年9月，拉萨市社会流动从事宗教活动人员1764名，持《拉萨市民间宗教活动服务证》证书从事宗教活动人员为211人，劝遣返637人，就地务农务牧的808人，就地安置就业的108人。鉴于这一特殊群众的实际困难，按照市委提出的“五个确保”和“四业工程”已纳入医保的1103人，纳入养老保险的565人，纳入低保的25人。

【深入开展佛协工作，积极发挥宗教界人士作用】2012年拉萨市佛协开展了“爱国爱教、遵规守法、弃恶扬善、崇尚和谐、祈求和平”主题教育活动，圆满完成了“格西拉认巴”学位晋升夏季考试、社会流动从事宗教活动人员宗教造诣考核和发证等工作。1、在藏传佛教寺庙中广泛深入开展以“爱国爱教、遵规守法、弃恶扬善、崇尚和谐、祈求和平”为主题的法制教育活动。根据（拉委厅发〔2012〕41号）精神，在我市1218名驻寺干部和286座寺庙中广泛开展了主题教育活动，主题教育活动结合我市各个寺庙实际和僧尼现状，从全市驻寺干部和有较高宗教造诣，有影响力的僧众中征集以“爱国爱教、遵规守法、弃恶扬善、崇尚和谐、祈求和平”为主题的宣讲材料。截至目前，主题教育活动办共收集1197篇选将材料、收到476份简报、整理座谈交流内容74份，同时，对思想认识深刻，具有带动、引导、教育内容的6235篇僧尼发言材料和1034篇干部材料进行了认真整理，作为僧尼学习的典型材料加以推广。2、圆满完成“格西拉认巴”学位晋升夏季预考。协助佛协西藏分会完成了2012年藏传佛教学经僧人晋升“格西拉认巴”学位立宗暨颁证仪式的相关工作。3、认真开展社会流动从事宗教活动人员宗教造诣考核和发证工作。为切实满足信教群众宗教需求，禁止非法。市社宗工作领导小组制定了《关于社会流动从事宗教活动人员进行考核的工作方案》，抽调不同教派，有一定宗教造诣，有一定威望的市佛协会长、副会长、理事等10名僧人担任考官，按照洛桑旦巴书记提出的“一项工作解决两个问题”的工作要求，对232名全市符合考核条件的社会流动从事宗教活动人员进行了逐一考核培训。对全市211人从事民间宗教活动人员发放了《拉萨市民间宗教活动服务证》，允许在限定范围内，按照传统习俗和信教群众实际需要进行日常宗教活动。4、发挥积极作用，实行驻会制度。为了充分利用我市宗教界爱国人士在建立寺庙管理长效机制中的积极作用，实行了市佛协普布次仁等6名正副会长驻会制度。

拉萨市扶贫（农发）工作

【顺利衔接完成2011年续建项目】进一步加强了对2011年续建项目的督促建设和现场检查指导，于上半年完成2011年续建项目。6月7日-12日，区级验收组对拉萨市八县（区）2011年扶贫开发项目进行了区级验收和考评，合格率达98%，验收组对扶贫开发工作充分肯定，并给予了920万元的项目奖励资金。同时，2011年的13个农业综合开发项目也顺利通过国家、自治区和拉萨市三级验收。

【积极争取2012年建设项目和投资】共争取扶贫、农发项目238个，开展培训17期，各类项目总投资2.764亿元，同比增长73.8%，其中国家投资2.124亿元，同比增长66%。项目建设情况具体为：扶贫开发项目221个，总投资1.59亿元，其中国家投资1.25亿元；农业综合开发项目17个，总投资1.15亿元，其中国家投资0.85亿元；扶贫培训项目17期，投入培训资金0.024亿元。

【全力扶贫攻坚，扶贫开发取得显著成绩】2012年自治区扶贫办共批复拉萨市扶贫开发项目221个，总投资达到1.59亿元，其中财政扶贫资金1.25亿元，群众投劳、贷款、自筹0.34亿元。这221个项目包括八大类：（1）面上扶贫项目101个，总投资5822万元，投入财政扶贫资金4492万元；（2）整乡推进扶贫项目39个，总投资3407万元，投入财政扶贫资金2464万元；（3）劳动力转移项目6个，总投资1158万元，投入财政扶贫资金344万元；（4）贫困户安居工程项目1个，投入财政扶贫资金2500万元；（5）市级财政扶贫项目62个，总投资2085.3万元，投入财政扶贫资金1734万元；（6）“连片开发”奖励资金项目1个，总投资212万元，投入扶贫奖励资金200万元；（7）贫困村“互助资金”奖励资金项目6个，投入扶贫奖励资金120万元；（8）扶贫开发奖励资金项目5个，投入扶贫奖励资金600万元。

【加大农业综合开发项目建设力度，实现了农业增产增效和农民增收】2012年，拉萨市扶贫农发办共批复17个农业综合开发项目，包括7个土地治理项目（2个存量资金）和10个产业化经营项目，项目总投1.15亿元，其中：中央投资0.59亿元，自治区配套0.26亿元，群众投劳折资0.3亿元。

拉萨市审判工作

【年度综述】1至9月份，全市法院紧扣法律、政治、社会效果“三效合一”的目标要求，狠抓执法办案第一要务，共受理各类案件5501件，审执结4506件，综合结案率为82%，收结案同比分别上升14.5%和15.9%。其中，市中院共受理各类案件1489件，审执结1393件，综合结案率为93.5%，收结案同比分别上升3.9%和4.4%。

【依法惩治各类刑事犯罪，全力维护国家安全和社会稳定】全市法院共受理各类刑事案件340件（不含减刑、假释），审结303件，结案率89.1%，收结案同比分别下降9.5%和6.7%。准确把握宽严相济刑事政策，依法严惩严重危害社会治安的杀人、故意伤害、“两抢一盗”及黑恶势力犯罪案件168件，判处罪犯215人，稳定治安大局，增强人民群众安全感。依法严惩破坏市场经济秩序犯罪、贪污贿赂犯罪14件16人，维护社会主义市场经济秩序，有力推动反腐败斗争。加大对毒品案件打击力度，审结毒品犯罪案件32件53人。依法从宽处理初犯、偶犯、社会危害性不大、主观恶性不深的被告人，对61名罪行较轻的被告人依法适用拘役、管制、单处附加刑和缓刑。

【依法化解社会矛盾，妥善调节经济社会关系】共受理各类民商事案件2752件，审结2402件，标的3.7亿余元，结案率88.8%，收结案同比分别上升10.4%和12.1%。其中，受理离婚、赡养等婚姻家庭纠纷案件373件，审结350件，买卖合同、借款合同、农村承包合同、建设工程合同等合同纠纷案件1960件，审结1691件，人身损害、财产损害赔偿等权属侵权及其他民事纠纷案件419件，审结361件，依法保护了合法的民事权益，制裁了违法侵权行为，发挥了民事审判调节社会关系，维护经济秩序，促进经济发展的积极作用。调解结案和经做工作当事人主动撤诉结案的案件1770件，占结案总数的73.6%，取得了较好的审判效果和社会效果。

【依法化解行政争议，推动社会主义法治政府建设】共受理各类行政案件19件，审结17件，结案率为89.5%，收案同比持平，结案同比上升13.3%。其中判决维持具体行政行为的4件，占23.3%。

【依法运用执行措施，努力实现人民群众诉讼权益】共受理执行案件1492件，执结888件，标的1.7亿余元，执结率59.5%，收结案同比上升61.3%和70.4%。坚持执行和解、强制执行两手抓，自觉树立和谐执行司法理念并贯穿于执行工作全过程，通过耐心细致的思想工作和疏导教育，促使当事人自动履行、和解执行案件307件；对于有执行能力拒不履行的，坚决采取拘留、查封、扣押、冻结等强制措施执行，共强制执行426件，依法保护当事人的合法权益，维护司法权威。

【加强和改进信访和审判监督工作，拓宽人民群众权益救济渠道】共受理申诉、申请再审案件13件，审结11件；受理再审案件6件，审结4件，改判2件。严格规范减刑、假释审判工作，落实全面审查原则，严格执行听证、公开宣判工作要求，并将附加财产刑的执行情况融入到减刑、假释之中，确保减刑、假释公平公正，审结减刑、假释案件885件，裁定准于减刑885人。

【积极开展司法救助，彰显司法人文关怀】秉承“人民法官为人民”宗旨，进一步落实司法救助制度，对追索抚养费、赡养费、人身伤害赔偿金、劳动报酬且经济上确有困难的当事人，以及农民工、孤寡老人、残疾人、低保人员等特殊困难群体，积极采取缓、减、免交诉讼费的措施，依法为757件案件当事人缓、减、免诉讼费29.72万元。加大对被告人无力赔偿、被执行人无财产可供执行的案件受害人以及其他涉诉困难群众的社会救助力度，保障公民合法权益的平等实现。绝大部分基层法院均建立了执行救助金制度，设立了执行救助金专户。全市法院共为102名申请执行人、生活困难信访人、刑事被害人发放救助金247.6万余元。

【扩大司法公开，提高司法透明度】建立开放法院长效机制，开展以“体验司法公开与透明，感受司法文明与进步”为主题的“法院开放日”活动，150余名人大代表、政协委员、拉萨移动东区分公司员工、西藏大学师生参观了市中院审判法庭、审判指挥中心、院史室，并穿上法袍感受法院、法官、法庭的庄严与神圣，去除司法的神秘性。

拉萨市检察工作

【严厉打击危害国家安全和影响社会治安的暴力犯罪】2012年，审查批捕涉嫌危害国家安全犯罪2件3人，涉嫌危害公共安全犯罪1件4人，涉嫌组织、运送他人偷越国（边）境1件6人，有力维护了社会稳定。审查批捕涉嫌严重暴力犯罪64件107人，起诉70件101人，审查批捕涉嫌黑恶势力犯罪15人，提升了人民群众安全感。积极建立“重大案件、涉众型案件绿色通道”，快速将涉众型犯罪纳入法律监督渠道，审查批捕涉嫌聚众扰乱社会秩序1件4人，审查批捕涉众型经济犯罪2件，办理严重影响拉日铁路建设的涉众型犯罪2件9人，全力避免极端事件发生。

【检察业务工作情况】1-9月，全市检察机关强化检察业务工作，共受理各类案件1598件，办结1586件，有力打击了犯罪，维护社会稳定和公平正义。

侦监工作。1-9月份受理批捕案件328件539人，批准逮捕286件472人，不批准逮捕33件52人，正在审查9件15人。提前介入重大案件7件32人，要求侦查机关说明不立案理由3人，监督立案4人，发出纠正违法通知书3件，提出口头意见21件。

公诉工作。1-9月份受理移送起诉案件300件460人，起诉257件384人（含积存），不起诉8件11人，正在审查35件65人。推进检察长列席审判委员会制度，列席审委会6次。刑事抗诉1件。成立未成年人刑事检察办公室，实现了未成年人犯罪“捕、诉、监、防”一体化，为保护未成年人合法权益、加强教育、预防犯罪提供了制度保障。

反贪工作。1-9月份受案11件，初查8件，立案侦查8件10人。侦结1件1人，移送起诉1件1人。大案5件，正处级以上要案1件，涉及司法人员1件。

反渎工作。1-9月份受案3件，初查2件，立案2件2人。

监所检察工作。1-9月份审查减刑裁定571人(次),保外就医30人(次)。经审查取消减刑假释资格2人，建议调整减刑幅度60人次，纠正错误裁定10人次。对监管违法发出纠正违法通知书2次，提出口头纠正意见4次。查办狱内脱逃案1件。

控申工作。1-9月份受理举报案件7件，控告申诉案件3件。

民行工作。1-9月份受案17件，立案5件，提请抗诉1件。

预防工作。抓好项目预防。对自治区自然科学博物馆、柳梧新区奥体大街、纳金大桥、拉日铁路等重点项目开展专项预防28次，确保了国家重大投资项目资金安全。做大“预防品牌”。加强城关区院警示教育基地建设，加强与各单位预防工作联系，深入机关、单位开展警示教育37次。充分发挥检察文化警示教育功能，突出预防警示教育品牌，促进廉政文化发展，助推“文化兴市”战略。

拉萨市司法行政工作

【集中法制宣传活动开展情况】 2012年，拉萨市各级司法行政部门采取悬挂横幅、摆放展板、发放宣传资料、设置咨询服务台等形式，组织开展了“2012年科技文化卫生三下乡集中示范活动”、向雷锋同志学习宣传服务活动、“三月综治宣传月”、“关爱他人、关爱社会、关爱自然”集中宣传服务活动、“世界环境日”、“安全生产月咨询日”、“9·16”平安西藏宣传日暨拉萨市第22个“民族团结宣传月教育活动”等各项专题法制集中宣传活动，广泛宣传中央和区（市）党委关于加强和创新社会管理工作的重大决策部署、党的惠民政策、各项法律法规以及司法行政机关开展强基惠民活动情况等。发放各类法制宣传资料40余种，198000余份，受教育群众达98000余万人/次。同时，接受现场法律咨询，受理法律援助申请预约、律师代理诉讼业务预约等，取得了良好的社会效果。在开展各类法制宣传教育集中活动的同时，拉萨市司法行政系统还积极组织开展社区矫正实务操作专题讲座、2012年度推进“六五”普法暨人民调解员培训班开班讲座、老年人维权专题讲座、“校园法制宣传月”专题讲座等各类法制专题讲座活动，受教育群众达9800余人。

积极参与“法会”回流人员专项教育工作。根据不同时段要求，起草并报送了《拉萨市司法局对境外“法会”回流人员实施办班教育专项工作方案》、《关于重点人员教育转化工作落实情况的报告》和《关于印发在“法会”回流人员属地化融入工作中全面加强法制教育实施方案的通知》。同时，积极筹措，向各教学点发放了电视机、DVD影碟机等教学设备和教材，并抽调干部职工15人，参与了“法会”回流人员集中教育工作，为维护我市局势稳定做出了积极贡献。7、完成第一批“六五”普法指定读物印制工作。拉萨市“六五”普法工作已于2011年12月全面启动，为落实“六五”普法规划，市普法办精心组织、积极筹备相关普法读物。目前，共有《中华人民共和国宪法》、《中华人民共和国刑法》、《中华人民共和国反分裂国家法》等9种读物9000册已翻印制作完成。

【人民调解工作】 2012年，全市各级人民调解组织共受理各类纠纷733件，其中婚姻家庭纠纷291件，邻里纠纷109件，生产经营纠纷17件，土地纠纷80件，劳务纠纷53件，村务管理纠纷1件，房屋宅基地纠纷15件，合同纠纷8件，征地拆迁纠纷4件，损害赔偿纠纷25件，环境保护纠纷8件，道路交通纠纷7件，医疗纠纷4件，其他纠纷111件，涉及当事人2693人，疑难复杂案件12件，协议涉及金额765.04万元。调解率为100%，调解成功率为97%。与去年同期相比，人民调解案件数下降9%。

【刑释解教人员安置帮教和重点人员教育转化工作】 截至目前，全市衔接刑释解教人员702人，其中：刑满释放478人；解除劳教224人；“3·14”刑释解教人员200人；“3·14”非罪处理人员701人。今年，共衔接刑释解教人员54人（其中“3·14”刑释解教4人），一般帮教对象49人，重点帮教对象5人，重点帮教对象衔接率100%，建档率100%，帮教率100%，无重新违法犯罪人员。

【法律服务工作】 市各级法律援助中心共办理法律援助案件824件，其中，民事案件709件，刑事案件54件，执行案件60件，行政案件1件。办结案件428件。所有受理及结案的法律援助案件全部进行了网上录入。对中央彩票公益金的案件，进行了单独建档、造册。目前，拉萨市的网上录入及办案量一直在全区居首位。拉萨市阳光公证处今年共办理公证6020件，其中，经济类1947件，民事类3895件，涉外公证178件，公证书发往十几个国家和地区，公证涉及标的4亿元，公证收入237万余元。共调查核实公证97件，发现举证不实13件。

拉萨市发展和改革工作

【突出项目拉动，促进经济较快发展】 前期工作加快推进。2012年拉萨市发改委安排落实前期工作经费1650万元，保证开展前期工作的资金

需求。促使项目尽早审批与开工建设。目前，堆龙德庆县公安局业务技术用房、城关区检察院办案和专业技术用房、曲水县人民法院审判法庭等政法基础设施项目，柳梧水厂、玻玛路、109国道堆龙德庆县城段等城镇基础设施项目的前期工作全部完成并顺利上报。

投资争取落实加大。加强向自治区有关部门的汇报沟通，认真组织项目申报，促使项目资金早到位。2012年，申请落实拉萨河拉萨市城区段防洪堤二期、拉萨市农产品质量安全检测站、拉萨市防沙治沙工程等农牧林水项目投资11.4亿元，曲尼帕大桥、西藏会展中心、拉萨经济开发区基础设施（B区）等交通能源以及商贸流通项目投资4.6亿元，曲水县泰州路东段、特警支队（二期）、县级政权机关业务用房、寺庙管委会综合服务用房、市外事活动综合业务用房、2012新建干部职工周转房等城镇、政法、政权基础设施项目资金4.22亿元；落实薄弱学校、初中工程、51个乡镇文化站等社会事业项目资金3.1亿元。安排拨付市消防支队机关综合楼、市公安局夺底路小区备勤用房、当雄县纳木湖乡办公用房等市级预算内基本建设项目投资近4500万元。1-9月,争取落实国家到位资金35.71亿元。

项目建设有序推进。扎实开展重点项目集中开工活动，3月份，在墨竹工卡县、达孜县、林周县、曲水县、尼木县等县集中开工项目260余个，总投资30多亿元；9月，又集中开工教育城、特警支队二期、市检察院办案和专业技术用房、扎基东路市政道路等6个项目，总投资18亿元。柳梧至才纳乡公路、当热路东段、贡布堂路、柳梧新区铭仕路建成通车，部分寺庙管理委员综合业务用房投入使用，柳梧新区污水厂预计年底前完工，城市供暖工程、次角林大桥、农村公路、中小学建设、保障性住房等重大项目进展顺利，全市经济社会发展基础不断夯实。1-9月，全社会固定资产投资完成180.17亿元，同比增长18.7%，其中：市属固定资产投资完成120.88亿元，同比增长36.3%。

【依托项目支撑，加快特色产业发展】2012年，实施建设林周现代农业示范园区规划工程、17个乡镇动物防疫体系、333户已建住房游牧民配套工程等农牧业项目17个，完成投资0.52亿元；实施曲水县德吉干渠、堆龙河口上游左岸香嘎村防洪提、城关区夺底沟水土流失治理等水利项目5个，完成投资4.88亿元。

立足旅游文化产业、生物产业、能源产业、建筑建材产业、优势矿产业、民族手工业等优势产业，努力争取国家支持自主创新和高新技术产业化以及重点产业振兴与技术改造项目21个总投资12.36亿元，目前，已经落实资金1.17亿元。以“一区四园”为载体，加快拉萨经济开发区B区基础设施、达孜县工作园区展销中心等园区基础设施建设，为推动企业向园区集聚奠定基础。

积极打造具有高原和民族特色国际旅游城市，协调推进直孔梯寺、达普天文历算台景区、拉萨市自驾营前期工作，加快推进纳木错景区、川藏及318国道沿线景区（点）建设。今年以来，实施建设旅游项目8个总投资7860万元。完善城乡商贸流通体系，西藏会展中心进展顺利，落实商贸流通发展资金项目7个总投资12128万元，推动商贸业规模化、集约化发展。抢抓拉萨市作为国家服务业综合改革试点城市机遇，继续开展试点工作，争取落实国家扶持电子商务平台建设项目1个总投资1300万元。

创优生态环境。围绕构建国家生态安全屏障，开工建设了西藏自治区危险废物处置中心、拉萨市重点污染企业在线监控等，积极申报了达孜工业园区污水处理厂、拉萨市餐厨垃圾处理厂等项目，争取列入明年中央预算内投资计划，全年实施环保项目8个完成投资0.56亿元。扎实开展低碳试点城市申报工作，编制完成了《拉萨市低碳发展试点工作实施方案》。加快推进节能工作，多次召开协调会议，起草《拉萨市节能工作自查报告及汇报材料》，拉萨市顺利通过国家2011年度节能目标考核。加强全市固定资产投资节能登记备案管理，办理登记备案项目612项，协助自治区办理登记备案项目112项。继续推广新型能源照明产品，累计推广节能灯40万余支。做好节能技改项目的申报，申报项目5个总投资1.47亿元，申请节能减排专项资金1360万元。

拉萨市商务工作

【年度综述】1.社会消费品零售总额：1-9月份全市实现社会消费品零售总额91.13亿元，同比增长14.90%。年底有望完成全年预定目标。2.外贸进出口总额：1--9月份全市完成进出口贸易总额24.22亿美元，同比增长199.39%，其中：出口23.59亿美元，同比增长240.96%；进口0.63亿美元，同比下降45.89%。3.“万村千乡市场”工程：今年规划建设2个配送中心、6个乡镇商贸中心、8个县级农家店以及53个乡级农家店和55个村级农家店。目前已完成规划的70%，年底前可圆满完成，并可实现农家店村级全覆盖。积极开展“万村千乡农家店”一网多用”试点工作，年底前可完成20个示范点建设。4.“家具家电下乡”工程：截止目前，全市累计销售家电家具下乡产品48042台（件/套），销售额7432万元，共兑现财政补贴资金1478.77万元5.碘盐推广：1-10月份全市共配送碘盐3515.65吨，配送率达到100%，其中农牧区配送1654.65吨，农牧区碘盐人口覆盖率达到97%以上，9月底已提前完成全年配送任务。6.“农超对接”“菜篮子”工程：截至10月底，拉萨市共有4家超市和1家农贸市场与4县7个蔬菜基地实现对接；市区10个农贸市场内安排了八县(区)共230个农牧民自产产品免费摊位。

【以强化市场监管为手段，维护市场健康有序发展】1、严格落实市场日常月报制度和节假日以及特殊时期的日报制度，继续做好重点企业和重要商品监测工作。2012年共报送监测信息64期，及时、准确地反映了市场运行情况和市场供求动态，为领导决策提供依据。2、完善制度和方案,进一步做好重要商品应急储备。拟定了《拉萨市生猪活体储备实施方案》和《拉萨市冻猪肉储备实施方案》，在征求相关部门意见修改后，呈报市政府审批。“三大节日”期间，安排重要商品承储企业及早安排，积极组织货源，确保了节日期间生活必需品供应不断档、不脱销。3、试点运行二手车市场管理机制。为配合做好全市加强和创新社会管理工作，及时制定了《拉萨市二手车市场规范管理机制》。为消费者提供了更为方便、快捷、有效的多元化服务，同时提高了交易效率，缩短了交易时间，促进了市场健康有序发展，夯实了企业发展基础。与此同时，引入市场竞争机制，开展新建一家二手车交易市场前期工作。4、扎实开展酒类流通市场备案登记工作。从4月份起，在全市范围内深入开展了酒类流通市场调查摸底及备案登记工作，为进一步规范拉萨市酒类流通管理，建立诚信、安全、健康、规范的酒类市场流通秩序奠定了基础。5、进一步加大市场整治规范力度。一是结合成品油年检，对全市26家加油站进行抽样检查，依法处理了3家未批先建加油站。二是认真贯彻商务部、商务厅有关文件精神，成立专项整治工作领导小组，深入开展打击私屠滥宰、强化肉品卫生安全专项治理行动。加大依法查处私屠滥宰窝点的力度，共出动执法人员113人（次），出动检查车辆34次（辆），查扣不合格生猪1800多斤；加强对定点屠宰厂的监管，规范生产过程，完善规章制度，落实进场生猪检疫率达100%，出厂肉品合格率100%；规范经营活动，对制售注水肉、病害肉的不法商贩，发现一处查处一处。三是进一步整顿和规范盐业市场秩序。组织专人对餐饮行业、农贸市场、超市、临街小商店等重点区域进行突击检查，出动执法人员25人（次），出动检查车辆11次（辆），共查扣不合格碘盐、工业盐6吨多。利用“3·15”、“安全生产”、“防灾减灾”宣传日，深入开展“防治碘缺乏病”宣传活动，共发放宣传单、宣传册及宣传画1000余张。

【积极搭建消费平台，切实拉动消费】4月2至5月4日组织市属各主要流通企业开展了以“幸福拉萨、欢乐消费”为主题的“消费促进月”活动。各商场、超市利用“清明”、“五一”两个“节点”，开展了丰富多彩的促销活动。整个消费促进月期间，市场繁荣、购销两旺、亮点纷呈，实现了经济效益、社会效益“双丰收”，其中，促销期间乐百隆超市实现销售收入600万元，同比增长50%；乐百隆百货商场实现销售收入320万元，同比增长80%；兰泽电器乐百隆店实现销售收入45万元。“雪顿节”期间，百益超市、圣美家超市、拉萨百货大楼等通过各种促销手段聚集人气，拉动消费，节日期间商品供应丰富，价格稳定，销售大幅增长。

拉萨市财政工作

【保支出，突重点，确保市委市政府中心工作全面落实】支持重点项目建设。安排落实项目建设资金136,625.0370万元，主要用于危险废物处置中心工程、保障性住房建设、县（乡）级政权机关业务用房、寺管会综合业务用房、市公安局消防支队综合楼、民兵训练基地、市职工及妇女儿童活动中心建设工程、便民市政工程、拉萨市综合展馆、市政协综合服务用房、纳金大桥等项目建设，有效地改善了各方面基础设施条件。

支持“七城同创”工作取得新成效。根据“七城同创”工作目标和市委、市政府的总体部署，在确保拉萨经济社会各项事业正常运转的前提下，通过多渠道积极筹措、整合财政资金，保证了各项工作顺利开展。2012年安排“七城同创”专项建设资金5937.35万元。主要支持了园林绿化、生态保护、文明宣传、卫生、旅游和民族模范城市的创建以及城市基础设施建设等方面的工作。

12件民生实事。为支持落实2012年市委、政府确定的12个民生项目，多方筹措资金，确保12件实事的顺利完成。于2月29日完成了30辆公交车政府采购及相关设施配套工作；投入资金530.94万元为全市31.85万农牧民群众购买团体人生意外伤害保险；落实资金37万元，于春节前为城关区环卫工人有1567人购买了人身意外伤害保险；落实资金474万元为500名基层专业技术人员赴内地学习考察提供经费支持；落实资金1110万元建设了111个村卫生室，另外，通过政府采购为每个村卫生室购置了3万元的设备；落实资金50万元用于购置残疾人绿色通道设施；落实资金658.1万元用于0—6岁儿童免费体检并同步建立健康档案；按照提高后的标准，落实资金351万元用于五保户供养；落实资金2663万元用于解决全市公益性岗位工资。

【落实配套资金，确保保障性住房顺利实施】拉萨市周转房建设计划710套，均为各县（区）周转房。中央、自治区补助7836.2万元，市级配套843.2万元。廉租房建设计划60套，中央、自治区补助694万元，市级配套资金72万元。公租房建设计划600套，中央、自治区补助4100万元，市级配套资金480万元。改造城镇棚户区1319(套)，中央、自治区配套资金2638万元，市级配套资金2448万元。另，市级配套周转房维修补助资金180万元。

【及时兑现最低生活保障资金】共落实城乡低保资金5749万元。春节、藏历新年前，共落实低收入人群、农村低保对象、五保对象节日购物卷及补助资金1848.18万元；按照孤儿基本生活保障标准及时落实资金493.55万元。落实五保供养资金349.92万元。

【大力支持教育事业发展】政府对教育事业的配套投入。2012年安排落实市政府教育配套资金1.66亿元，主要用于教育基本建设附属配套、老师住房公积金配套、临时工工资发放等。

教育“三包”政策。2012年共落实全年“三包”经费1.8亿元。为切实管好、用好资金，市财政要求教育部门实行专帐管理，并积极配合审计、监察等部门对“三包”经费进行检查，确保了专项资金的及时足额发放和安全、合规、高效使用。

教育改革和发展。大力支持全市加快教育改革和发展工作，抽派专人

到市教改办工作，及时落实市教改办工作经费，积极配合市教改办筹措教育城项目所需资金。

【扎实推进社会主义新农村建设】2012年区市两级投入配套补助资金5.03亿元，完成7750户的安居工程建设任务。预计到年底，全市农牧民安居工程建设任务将顺利完成。

人居环境建设及环境综合整治工作有序开展。2012年，对40个行政村开展人居环境建设和环境综合整治，投入资金9468万元。

【抓管理，勤检查，继续强化财政监管职能】狠抓会计培训和考试工作。完成拉萨市会计从业资格二期考前培训工作，培训94人；举办会计电算化培训三期，培训人数132名；对全市持有《会计从业资格证书》的3000余人开展了会计人员继续教育；认真组织会计从业资格考试工作，今年696人参加了考试，186人合格并取得从业资格证。

开展了对专项资金的检查。对拉萨市布达拉旅游文化有限公司、拉萨市置地投资开发有限公司、拉萨市暖心燃气热力有限公司、拉萨市城市投资有限公司、拉萨市信用担保有限公司等单位47300万资金进行了实地监督检查。

极开展财政投资评审。2012年，配合自治区财政投资评审中心对3个完工项目进行了财政投资评审，审减金额为1031.04万元；市投资评审中心评审项目10个，审减金额为1203.34万元。此外，对市直各单位114个维修、改扩建以及新建工程项目的概（预）算进行了审查，涉及概预算投资6622.57万元，审减金额1253.77万元。

拉萨市税务工作

【做好税源预测分析】全市国税系统始终坚持“依法征税，应收尽收，坚决不收过头税，坚决防止和制止越权减免税”的组织收入原则，采取切实有效措施，促进税收收入保持了强劲增势。注重加强基础调研工作，开展2011年税收资料调查，拉萨市调查户数826户，比上年增加8户，占全区调查总户数的45.11%，其中：重点调查企业785户。进一步完善税收分析体系，加强与发改委等信息互通，及时取得相关经济指标，开展税收弹性及税负分析，加强税负测算和税负水平对比分析，结合全市实际，针对企业特点，积极开展分行业、分税种专题分析、税收趋势预测分析，利用重点税源数据，做好重点税源监控，尤其针对建筑业、房地产业、采矿业、服务业、批发和零售业等行业，做到分行业、分经济类型对比监控，着重分析、掌握企业运行及经营变动情况，2012年拉萨市列入区局及总局监控的企业总户数为132户（其中总局监控69户），占全区监控户数的31.65%，比2011年监控户数增加了5户,以房地产业、建筑业、采矿业、制造等行业为主。此外，通过举办税收收入分析培训，召开税收收入形势分析会，进一步掌握了组织收入工作主动性。截止9月底，全市税务系统累计组织入库各项收入171079.44万元，较上年同期增收39978.59万元,同比增长30.49%，完成全年奋斗目标的81.47%，超过时间进度的6.47个百分点。通过各单位上报及结合实际税源情况，预计全市全年完成229681万元，比上年同期增收30505万元，同比增长15.3%。

【强化重点行业分类管理】结合税源实际，在税收管理实践中，不断探索重点税源专业化管理有效办法。针对建筑业税收管理中项目控管及核算成本难度大、分包转包不规范等问题，通过完善岗责体系、加强日常监管、严格建筑业发票管理、加强外出经营证明管理、重大项目实行源泉扣缴、加强部门协作控税等办法，并积极开发建筑安装业税收管理软件，强化建筑业税收管理。通过税源调研、召开研讨会等方式，分析拉萨矿产业现状及存在的问题，以墨竹工卡县局为代表，总结矿产业税收管理中强化登记约束、加强涉税信息比对、实行以票控税、完善测算办法、强化部门协作等方面的有效做法。深入代表性企业摸底，认真开展百货超市零售行业纳税人分布、经营模式、税负分布等情况调研，剖析现行税收管理难点并提出应对措施。对东、西、北城三个分局辖区内虫草销售行业开展专题调研，分析市场税收管理现状和管理中存在的问题，探索有效管理途径。分析拉萨市二手房交易税收管理现状，剖析管理难点问题，并提出完善政策措施。认真开展园区企业检查，出台《“园区企业”税务管理办法》（试行），规范申报、评估、审核等环节管理。修订完善并严格执行《拉萨市国家税务局定期定额税收征收管理暂行办法》。从工作流程、税源监控、纳税评估等方面，出台《拉萨市国税局关于进一步加强矿产企业税收专业化管理意见》，进一步完善了矿产企业税收管理机制。

【加快信息管税步伐】加强税控收款机异常数据分析、比对、核查，充分发挥税控收款机的税源监控职能，及时补征税款，堵塞税收漏洞，减少税款流失。截止9月30日，各征收单位共推行税控收款机6821户，通过对2011年1-12月份9628户（次）存在异常数据的税控收款机用户核查比对，共查出有问题户7505户（次），共查补税款6324.92万元；2012年1-6月份共核查税控收款机用户5227户（次），查出有问题4495户（次），应补税款1336.25万元，已入库税款1245.28万元。加强征管数据管理，按照信息完整、分类准确、内外相符、前后一致、定位准确的目标，对照纳税人的基础信息资料，完成了106126条疑点数据清理工作，提高了基础数据质量。顺利完成包括达孜、尼木、当雄县局在内的拉萨市国税系统首期视频会议系统升级改造工作，将视频软终端升级为视频硬终端。密切关注金税三期工程网络使用状况，定期检查主用和备用网络线路，及时发现问题并排除故障，确保网路畅通。做好系统运行维护工作，积极开展信息系统安全检查，为做好税收征管工作积极提供信息技术支撑。

拉萨市工业和信息化工作

【年度综述】2012年，全市规模以上工业企业实现工业总产值56.3亿元，同比增长16%；实现工业销售产值56亿元，同比增长17%；实现工业增加值24.5亿元，同比增长16%。全市完成工业固定资产投入44.6亿元，同比增长23%；全市工业企业完成税收4.8亿元，同比增长14.3%；解决农牧民就业9894人。全市新增产值超1亿元的工业企业2户，新增产值超5000万元的工业企业4户。

【抓平台、促集聚，工业园区建设再上新台阶】。一是"园区"经济保持迅猛发展。2012年，"一区三园"预计累计实现现价工业总产值20亿元、工业销售产值22亿元、工业增加值8.5亿元，分别比去年同期增长37.9%、51.7%、44.1%；完成工业固定资产投入20亿元，同比增长23%；完成工业税收 1.6亿元，同比增长60%。解决农牧民就业4302人。二是"园区"基础设施全面夯实。重点推进园区道路、配套设施、标准厂房"三大平台"建设，市财政下拨3600万元专项资金用于推进"园区"基础设施建设。其中，1600万元资金用于达孜工业园区金山大道北段及318国道改造硬化彩砖、给排水、路灯等基础设施建设；1000万元用于曲水工业园区道路工程建设及绿化、水电照明、桥、涵洞等附属配套工程建设；1000万元用于堆龙德庆工业园区水厂建设项目，该项目的可行性研究报告等已通过专家评审，目前进入招投标阶段。三是要素供给得到有力保障。"一区三园"建设工作领导小组协调市电业局做好"一区三园"2012年度的电力保障工作，同时根据"十二五"规划，对"一区三园"电网建设给予优先安排建设，并会同"一区三园"做好电网改造方案，切实为企业项目建设、生产保驾护航。四是服务水平得有效到提升。进一步规范服务方式，完善服务流程，强化服务功能，全力为入园企业提供全天候、全方位的优质服务，打造项目入园发展的"绿色通道"。积极为重点企业新项目、重大项目用地的审批等提供全程服务。

【抓项目、促拉动，重大项目建设取得新进展】一是"全国民营企业家拉萨行"活动成果巩固扩大。目前，江苏柯菲平医药有限公司的藏医药研发基地项目、中国隆鑫集团的保健品等生物制剂研发项目、青海互助青稞酒股份有限公司年生产3万吨青稞酒白酒项目等8个项目已开工建设；河北廊坊铜业有限公司铜压延项目、河北大洋集团公司青稞酒食品饮料项目等6个项目已完成项目选址，正在进行规划设计；江西江钨控股集团公司硬质合金钨化工项目和江西山海投资有限公司15万平方米标准厂房项目等2个项目正在选址。二是"十二五"重点工业和信息化项目建设全面推进。"十二五"期间拉萨市重点工业和信息化项目共44个，涉及优势矿产采掘业、新型建材业、高原绿色食（饮）品加工业、民族特色手工业、藏药业及新能源产业等六大支柱产业，项目总投资227.67亿元。目前已累计完成投资22.35亿元，完工项目12个，西藏春光食品青稞精米新产品开发、西藏奇正青稞深加工等2个项目已建成投产；西藏珠穆拉瑞青稞糌粑饼干开发、西藏屋脊之宝饮料生产、西藏绿宝食品牦牛肉流水线改造、藏医学院藏香生产车间改建、拉萨市岗地藏香生产基地等5个项目进入试生产；芝芝制药业GMP改造、藏缘青稞酒小麦深加工系列产品开发、西藏雪山矿泉水等5个项目已建设完工，正在安装调试生产设备。高原绿色食（饮）品加工业13个项目中，9个已完工，是各类项目中进度最快的。三是工业招商引资及项目建设扎实推进。2012年，全市新引进工业项目86个，新建项目33个，续建项目36个，协议总投资72.35亿元，实际到位资金26.67亿元。西藏藏稞食品、西藏高原之宝、中国隆鑫生物、重庆凌豪日化、西藏藏之梦地毯、西藏同贺铜业等10个新建项目投资均超亿元。西藏屋脊之宝、健民医药、达孜佳时达皮革、西藏远征生活用纸、坎巴嘎布湿巾、天创风电太阳能发电、西藏帮锦镁朵哈达生产等34个招商引资项目已建成投产。

【抓环境、促壮大，非公经济培育得到新提升】一是企业技改资金及时落实。大力推进中小企业结构调整和优化升级，鼓励中小企业采用新技术、新工艺、新设备、新材料进行基础改造。共为25家企业拨付2011年第二批中小企业发展技改专项资金5726万元的80%，共计4581万元。二是企业专项发展基金及时申报。积极帮助企业争取国家资金和自治区中小企业发展专项资金，鼓励企业向"专、精、特、新"方向发展。共为100家中小企业申报2012年专项发展资金32571.88万元；为5家民族手工业企业争取藏区发展基金300万元，为多家企业申报产业援藏需求项目25个，预计总投资75.3亿元。三是企业融资难得到缓解。结合"中小企业服务年"活动，积极搭建银企、银担对接平台，帮助企业拓宽融资渠道，破解融资难题。先后组织近200家企业及市信用担保公司与建行西藏分行、农行西藏分行召开银企、银担对接座谈会。拉萨市信用担保有限责任公司共完成25个融资担保项目，为企业融资担保1.08亿元，并获商业银行4.5亿元授信支持。四是企业生产要素有效保障。不断加强对企业的要素保障力度，推动电企对接，特别是针对项目建设对电力等生产要素的需求，加强政企互动和电企对接，为企业发展、项目推进提供有力保障。

拉萨市审计工作

【审计工作开展情况】2012年初，制定了本年度审计工作计划项目18个，并报市政府转批执行。截止10月19日，已完成审计项目12个，分别是：

2012年全国社保资金审计、尼木县2007-2008年援藏沼气建设项目资金审计、林周县2011年农业综合开发土地治理项目审计、市交通局2011年度预算和其他财政收支审计、柳梧新区财政决算审计，曲水县曲水镇2010-2011年度财政收支审计、市医保中心专项资金审计、旁多水利枢纽移民搬迁和征地补偿费用审计、拉萨百货“金鼎百货”升级改造项目施工决算审计、市设计院资产负债损益情况审计、曲水县2010年重点区域公益林建设项目资金审计、市司法局赵涛同志离任审计。以上审计总金额为：136，311.94万元，通过审计共查出违纪违规、管理不规范金额为7,916.5万元（其中：应上缴本级财政资金为1,806.37万元，已上缴财政1,806.37万元；应调账处理资金为3,330.10万元；应归还原渠道资金为5.28万元；自行纠正资金22.67万元；限期整改资金为2,752.08万元），提出审计建议36条，被审计单位采纳36条。编报审计综合信息73篇，被采纳33篇。在审项目6个：市本级预算执行情况审计、城关区纳金乡2010-2011年度财政收支审计、西郊自来水厂水源地环境保护工程审计、墨竹工卡县财政决算审计，以及堆龙德庆县、达孜县2个农发扶贫项目审计。

【整合力量，精心组织开展全市社会保障资金审计】联合成立了拉萨市社会保障资金专项审计工作组对全市七县一区、柳梧新区、拉萨市经济技术开发区和市直所属部门的12类，18项社保资金进行了全面审计。在进行社保资金审计时，同时对拉萨市医保中心专项资金进行了审计。审计总金额52389.72万元，通过审计查出违规违纪资金1826.57万元（其中：应上缴财政资金1806.37万元，已上缴本级财政1806.37万元，自行纠正资金20.20万元），提出审计建议17条，被审计单位采纳17条。

【认真开展本级财政预算执行和其他财政收支情况审计】开展了对拉萨市本级2011年度预算执行和其他财政收支情况的审计，并延伸审计了拉萨市交通运输局2011年度预算执行和其他财政收支情况，目前拉萨市本级2011年度预算执行和其他财政收支审计项目正在撰写审计报告。拉萨市交通运输局2011年度预算执行和其他财政收支的审计总金额18,194.64万元，查出违纪违规资金202.23万元（其中：归还原渠道资金4.15万元，限期改正资金198.08万元），提出审计建议2条，被审计单位采纳2条。

【充分发挥审计监督作用，扎实开展行政事业和专项资金审计】开展了柳梧新区管委会、曲水县曲水镇人民政府、城关区纳金乡人民政府3个单位2010年至2011年财政收支审计，城关区纳金乡审计报告正在审核中。审计总金额27,993.56万元，查出违纪违规资金16.34万元（其中应调账处理资金13.87万元，自行纠正资金2.47万元）。

【加大对重点投资、重点工程审计力度】完成了拉萨市国资委“金鼎百货店”整体升级改造建设项目竣工决算项目审计，认真开展了旁多水利枢纽改造有关移民搬迁以及征地补偿费用专项资金的审计，对拉萨市中小学校舍完全工程2009-2012年专项资金进行了审计调查。审计总金额30,963.66万元，查出违纪违规资金3,176万元（均为应调账处理资金），管理不规范资金2,514万元，限期整改资金2,514万元（其中：在对拉萨市中小学校舍完全工程2009-2012年专项资金审计调查中发现的不规范资金2,514万元，因属于审计调查，所以未下达审计决定书），提出审计建议9条，被审计单位采纳9条。

【加强农业资金审计，促进农村社会的繁荣稳定】开展了对曲水县重点区域生态公益林建设项目、尼木县2007-2008年援藏沼气建设项目、林周县2011年农业综合开发土地治理项目资金收支情况项目的审计。审计总金额3,655.45万元，查出违纪违规资金41.13万元（其中归还原渠道资金1.13万元，限期整改资金40万元），提出审计建议6条，被审计单位采纳6条。

拉萨市统计调查工作

【年度综述】2012年1-9月份全市实现地区生产总值为194.79亿元，按可比价计算增长11.8％，其中第一产业增加值为5.27亿元，增长3.6%，第二产业增加值为61.40亿元，增长12.2%，第三产业为128.12亿元，增长12.0%。1-9月份固定资产投资额为180.17亿元，同比增长18.7%，农牧民人均现金收入4480.09元，比去年增长15.6%。1-9月份城镇居民人均可支配收入14150元，同比增长7.1%。1-9月份规模以上工业增加值17.79亿元，增长14.6%。1-9月份社会消费品零售总额91.13亿元，增长14.9%。

【以统计数据质量为核心，着力做好统计调查工作】一是圆满完成了2011年统计年报和2012年定期报表的收集、审核、汇总和上报工作。在统计报表多，统计调查多，统计要求不断提高的情况下，统计调查人员充分发挥自己的聪明才智，积极主动深入调查点、深入机关事业单位，不争名利，不怕困难，千方百计地搜集整理相关数据，圆满完成了各项统计调查报表任务。二是根据局队领导的指示精神，积极与各单位协调，搜集、整理、汇总各项数据，顺利完成了《2012年拉萨统计年鉴》的编印工作。三是在工作中注重年度、季度、月度间的数据衔接。每月都编制印发《拉萨市主要经济指标》小册，及时对月、季度报表主要数据进行统计分析，呈送给相关单位和领导。完成了园林、环保、组工满意度等5项专项调查工作和“六城同创”相关的指标体系的测算工作，及时反映了全市经济发展的走向和趋势，有效提供了预警信息和咨询建议。2012年，局队被国家人社部、国统计局评为全国统计调查系统先进集体；被市委市政府评为拉萨市创建全国文明城市工作先进单位。

【全力推行“企业一套表”工作】局

队组织全市“三上”企业的企业负责人及统计员、各县区统计工作人员召开“企业一套表”工作专题培训，针对“企业一套表”专业知识进行详细讲解，提高企业负责人及统计人员素质水平，促进“企业一套表”工作顺利开展。

【认真做好城乡住户一体化各项前期工作】8月份结合实际制定了《拉萨市统计局 国家统计局拉萨调查队城乡住户一体化改革工作实施方案》，并成立了以局（队）长为组长的工作领导小组。局队组织相关科室人员对各县区统计人员开展城乡住户一体化改革工作相关知识培训，通过培训使统计人员了解此项工作的具体内容，为城乡一体化住户调查工作进行人才储备。充分利用目前住户调查样本数据，建立拉萨市城乡住户一体化改革工作字典库。截止目前，局队已顺利完成了共4000多户城乡住户的摸底调查工作，并对各县区调查人员进行了培训，现在城乡住户一体化改革工作前期各项工作正在顺利开展中。

拉萨市安全生产监管工作

【扎实做好非煤矿山安全监管】一是及时成立了复产验收领导小组，加强对复产验收工作的组织领导，进行严格的非煤矿山复产验收，切实做到不安全、不生产。二是采取明查暗访和随机检查的方式，对已开工的矿山企业、尾矿库、采石采砂企业落实安全生产责任制和安全生产各项措施、安全生产资质、作业现场安全管理和安全生产隐患排查治理等情况进行了严格检查。三是加大矿山安全生产风险抵押金缴存力度，提高矿山安全生产事故防范处理能力。四是确定了华泰龙、金和、宁玛、珠冶等非煤矿山企业作为我市矿山标准化及安全避险“六大系统”建设试点企业，以实际行动带动其他企业积极开展此项工作，确保在自治区规定时限内达到相关标准。五是利用市政府办公楼一楼东侧闲置房间，用于非煤矿山安全生产信息平台建设，现已完成施工方案商定、平面图绘制、房屋装修、电视墙安装等工作，待机房设备安装调试完毕后即可运行。

【加强危险化学品安全监管】一是对涉及我市加气站、汽车加油加气站和城镇燃气管理工作的自治区住建厅、自治区安全监管局、市市政市容管理委员会、市住建局和市安全监管局等相关职能部门提出职责分工，进一步加强了城镇燃气安全管理工作。二是于2月8日-14日、3月21日-22日、9月24日-9月29日配合市政市容对全市23家加气站进行了3次联合检查；2月17日、5月23日、9月3日-9月6日对客运、公交总公司、出租车公司、能源企业进行了4次检查；7月13日、8月6日组织执法人员对拉萨市2家非药品类易制毒化学品储存经营销售的安全生产进行了2次安全检查;5月3日、9月4日配合住建局对建筑工地进行了2次检查；5月22日-24日对全市电梯进行了检查。各类检查共82次。

【加强烟花爆竹安全监管】1月6日，举办了拉萨市烟花爆竹零售经营从业人员安全培训班。全市7县1区的烟花爆竹（零售）经营主要负责人和安全管理人员共120人（其中，城关区80人、七县40人）参加了此次培训。于1月19日、1月21日、2月6日、6月9日组织市公安局三处、市消防支队、市工商局、市质监局、市政管委等部门和城关区安监局组成联合检查组对全市烟花爆竹市场进行了三次联合安全检查。2月15日，烟花爆竹协会与公安、安监、消防和城关区安监一同，将一年来与相关部门收缴的过期、存在安全隐患的660件产品，价值22万余元，进行了统一销毁。

2012年春节、藏历年期间，全市共审批烟花爆竹（零售）店66家，其中市区内42家，各县24家。4月23日，在城关区安全监管局就落实《拉萨市烟花爆竹安全监管工作2011年总结及2012年工作安排》（拉安监管字〔2012〕16号）进行了现场办公。根据《烟花爆竹安全管理条例》、《西藏自治区烟花爆竹经营许可实施细则》、《拉萨市区限制燃放烟花爆竹暂行规定》和《拉萨市烟花爆竹销售十不准》等条例规定，严格办证程序，以烟花爆竹经营许可证为重点，督促企业办理办齐各种证照，将烟花爆竹作为打非治违的一个重点工作抓好抓实。

【开展拉萨市打击整治专项行动公共安全及道路交通安全专项整治行动工作】以拉萨市打击整治专项行动公共安全及道路交通安全专项整治行动领导小组办公室名义，对公安局、安监局、交通运输局、药监局、消防支队牵头单位和各县（区）专项整治进行了6次督导。检查32次,编制工作简报60期，上报周报6次月报4次。6月5日，组织个别单位召开协调会，进一步明确职责、任务，对整治工作重点进行了安排部署。积极协调质监局，督促质监局开展电梯安全隐患排查，5月22日-24日，配合质监局等相关部门对电梯进行了安全检查，排查安全隐患。调查处理和起草了“1·09”、“8·19”较大道路交通死亡事故调查报告。

截至9月30日，全市共发生各类安全生产事故254起，死亡55人，伤183人，直接经济损失401.73万元。与去年同期（发生事故265起，死亡65人，伤227人，直接经济损失226.32万元）相比，事故总起数下降4.15%，死亡人数下降15.38%，受伤人数下降19.38%，直接经济损失上升77.51%。事故起数占全年总体控制指标355起的71.55%；死亡人数占全年死亡总体控制指标143人的38.46%。

拉萨市农牧工作

【年度综述】2012年，全市完成粮油总产18.79万吨，比去年增产0.05万吨，比指标增加0.69万吨。其中粮食产量17.43万吨，比去年增产0.04万吨，比指标增加0.43万吨，粮食中青稞产量为10.18万吨，比去年增产0.27万吨，比指标增加0.18万吨；油菜产量1.36万吨，比去年增产0.01万吨，比指标增加0.26万吨。蔬菜产量预计达到24.1万吨，比去年增产1.1万吨，与指标持平。全年牲畜出栏率预计达到43.28%，比去年提高7.05个百分点，比指标提高5.28个百分点，预计肉、奶、蛋产量分别达到3.79万吨、4.05万吨、770.56吨，比去年分别增加0.34万吨、0.2万吨、5.12吨，比指标提高0.05万吨、0.15万吨、2.56吨。预计完成农牧业实用技术培训16800人，超任务培训3300人。转移输出农村劳动力9.06万人，劳务输出总收入达到7.31亿元，同比增长17%，与指标持平。

【狠抓稳粮扩经工作，确保种植业生产安全】落实标准化生产及高产创建活动12万亩、种子田21676亩、测土配方施肥示范6万亩，并于8月中旬顺利通过自治区验收。争取到农机购置补贴资金2450万元左右，比去年增加约660万元；争取到农柴油补贴847万元，农机配套率达到1：2.5，耕、种、收综合机械化水平预计分别达到88%、86%、72%，综合水平将达到82%以上，比去年提高2个百分点。三是大力发展设施农业。我市积极推进3000栋日光温室建设步伐，使得蔬菜生产面积预计达到7.05万亩，同比增加0.15万亩。其中：设施蔬菜面积1.8万亩（其中高效日光温室蔬菜面积达到0.93万亩，同比增加0.2万亩），同比增加0.2万亩。

【狠抓综合措施，确保畜牧业生产平稳发展】一是做好春秋两季重大动物疫病防控工作，全市除待产畜、病畜外，牲畜口蹄疫、猪蓝耳病免疫密度均达100%；禽类高致病性禽流感免疫密度100%。同时，加强动物疫病防控监测工作，坚持24小时值班制度和日报告制度，及时发现并成功控制两起牲畜常见疫病。二是做好冬虫夏草采集工作。虫草采集从5月15日开始，至7月12日结束，全市共有采集点数量68个，发放采集证9403本，采集虫草1624.04公斤，比去年增产131.78公斤，实现现金收入近1.6亿元。三是完成草原生态保护补助奖励机制工作。2012年草原生态保护补助奖励机制工作是畜牧业工作的重中之重，全市落实草场承包到户或联户面积3009.4151万亩，涉及七县一区57个乡镇222个村57784户270067人，于9月初通过自治区验收，也是全区第一个全部顺利通过验收的地市。四是坚持“立草为业”的方针，大力发展优质牧草种植，优质饲草饲料面积增加0.05万亩，达到12.2万亩。五是开展牲畜改良工作。投入687万元对墨竹工卡县斯布牦牛扩繁场和当雄县牦牛选育场建设项目实施了改扩建，进一步提升了其供种能力。全市完成黄改2万头、绵改2万头。六是发展特色养殖业。全市良种奶牛养殖达到2.07万头，比去年增加0.28万头；扶持发展生猪养殖，新建生猪养殖场2个，对原有部分生猪养殖场给予了政策及资金扶持，使得生猪出栏8.82万头，比去年增加0.4万头。

【狠抓项目建设，确保农牧业发展强劲有力】一直以来，全市各级农牧部门坚持把争项目、抓项目、建项目、管项目作为各项工作的重中之重。一是积极落实2012年建设项目投资。2012年中央预算内投资计划项目总投资5237.5万元，包括优质蔬菜生产基地、牦牛选育场建设、游牧民定居工程、乡镇兽医站、青稞生产基地建设、农产品质量安全监测站建设、天然草地保护与建设工程、农牧业防抗灾物资储备库建设8类17个项目。完成了蔬菜生产基地、乡镇兽医站等项目2527万元的投资建设，其余项目因资金下达较晚待明年开工实施。二是对往年结转项目的实施情况进行了监督、检查，预计农村户用沼气池建设完工3862座；维修1800座，使得农村户用沼气总户数达到28537座。全市农牧区综合服务站和沼气服务网点建设完成，达到58个。对已经完成建设任务的项目进行了验收，市级验收项目通过率达到96%，区级验收项目通过率达到了100%。三是加强2013年农牧业基本建设项目的前期工作。2013年计划投资建设7大类15个项目，申请国家投资6635.2万元，目前完成了环境影响评价、节能登记、土地预审选址等前置手续。四是加大农业发展扶持的投入力度。全市农牧业涉农资金9998万元，同比增长57.49%，涉及到强农惠农政策的落实、青稞育种、农牧民培训、牲畜改良、设施农业发展等相关工作。

拉萨市林业绿化工作

【造林绿化任务完成情况】2012年，全市造林绿化共完成造林绿化16.5万亩，占总任务的98%。少量未完成的任务将在冬季造林中完成。义务植树5300亩。育苗1300亩。

【机场专用公路绿化工程项目进展情况】该项目总投资为14000万元，其中2011年到位资金10000万元，目前尚未到位资金4000万元，共计已经完成31735.95亩，栽植各类苗木82.4万株，其中栽植落叶乔木357795株（杨树、柳树、榆树、槐树、紫叶李），常绿树8345株（雪松、侧柏、刺柏、塔柏等），经济树种（桃树、杏树、沙枣、枸杞）107448株，花灌木(丁香、贴梗海棠、连翘、细叶红柳等)358633株；种植花草（波斯菊、油菜花、早熟禾、黑麦草）200亩，治沙（柠条、砂生槐、花棒）900亩。

【城市绿化建设和管理水平进一步提升】一是完成了春节、藏历年、3.28、“五一”、雪顿等重大节庆的城市美化亮化布置工作，共悬挂灯笼和饰品13万余个，仿真花15000余盆、绢花130万余朵，摆放花车110个，悬挂灯笼和饰品42万余个，摆放各类草花17万盆。摆放花车80个，一品红8000盆、各类高档鲜植1500余盆。二是在朵森格路中段（青年路路口至步行街路口）共种植34株银杏，原有杨树行道树全部移植到朵森格路南段和娘热路。三是加大对主要街道和公园绿化带苗木补植力度。已完成了全市主要路段苗木补植工作，共栽植14个品种的苗木37万余株。补栽工作已基本完成。四是为提升市区公园、游园的景观效果，对市区内罗布林卡广场、西藏博物馆北侧、西藏图书馆南侧、甲热居委会、川青藏公路纪念碑游园、药王山公园、金珠游园、幸福

绿地、中行三角地、高原旅馆、园林小区南入口游园及诺巴游园等12个公园、小游园进行花灌木点缀工作，共栽植榆叶梅、丁香、连翘、木槿等四个品种计627株。五是为提高苗木成活率，在苗木补植季节，该局每天出动9台水车进行苗木浇灌工作，确保苗木生长所需水份。六是对全市绿化带和行道树进行全面修剪工作。清理绿化带内垃圾、清理树池等日常的绿化养护工作也在有序进行中。同时绿化管理科也加大了对日常绿化养护工作的监督监察力度，定期不定期的对公园、绿化带进行突击检查，发现问题及时提出整改措施并实施。七是进一步加大绿化监察执法力度，第一季度共办理各类报批手续91件，处理违章事故200余起。八是为做好次年所需苗木的储备工作，从青海、甘肃等地引进苗木进行引种驯化工作。目前，东郊苗圃地已种植栾树、碧桃、紫玉兰等5个品种共2000余株苗木进行引种驯化。

【进一步加强了林政执法监管力度】一是从日多检查站冲卡的15辆违法运输车中已查获11辆车（包括8辆扣押的机动车驾驶证），其余车辆正在进一步查找中。二是严格查处了国道、省道、高速公路周边行道树在修剪上存在不履行报批手续、擅自修剪、过度修剪和纳金乡塔玛村滥伐树木260余株的问题。依照《森林法》和相关法律法规进行处理，依照规定给城关区林业绿化局下发了处理决定书，同时将处理结果上报市政府督查处。三是对墨竹工卡县驱龙铜多金属矿采选工程建设占用林地105.8670公顷，曲水县才纳乡国家现代农业示范区培训基地建设项目占用林地4公顷，拉萨市环城路（北段）市政工程建设占用林地5.6256公顷的申请，严格按照《自治区林地管理办法》的审核权限上报自治区林业厅办理占用林地的审核手续。

【积极落实拉萨市野生动物肇事损失补偿资金】拉萨市2011年野生动物肇事损失金额为839.97万元。现已通过自治区、市、县级财政各承担的肇事补偿资金已全部落实到位，已预拨2012年野生肇事补偿资金自治区级财政承担部分的80%部分资金271.93万元。以上补偿资金正在实施兑现中。

拉萨市水利工作

【水利项目前期工作质量有了新提升】“十二五”规划目标和年初目标的完成情况。一是中小河流域治理项目：“十二五”期间规划6条河27个项目。2012年计划安排的10个项目，其中5个项目（林周到澎波河卡孜河道、林周强嘎乡切顶典段、林周白克河段、当雄县拉曲河龙仁段、当雄县藏布曲段）已落实投资（3528.39万元）。二是山洪灾害防治措施项目：“十二五”期间山洪灾害防治县级非工程措施建设项目8个，其中2012年安排的达孜、堆龙德庆、曲水、尼木、当雄、墨竹工卡6个项目已落实投资（2803.29万元），年底完成。三是城镇防洪项目：“十二五”期间我市规划城镇防洪工程13个。2012年计划安排8个项目，其中拉萨流沙河整治防洪工程已实施完成，拉萨河二期堤防工程（香嘎段）已落实投资，近期准备开工。另外5个项目为拉萨河二期堤防工程子项目，待概算批复。四是水土流失治理项目：“十二五”期间我市共安排8个水土流失治理项目。2012年安排3个项目，其中夺底沟水土流失综合治理工程和尼木县尼木乡聂别汤水土保持工程已落实投资，次角林小流域综合治理项目初设意见已出，待水利厅审查意见。

重点项目完成情况。2012年全市水利项目落实30个，总投资4亿元，完成年度目标的80%。其中：已实施完成15个项目，总投资2.7亿元；正在实施项目15个，总投资1.3亿元。近期另有4个项目的前置条件已全部完成，待概算批复，涉及总投资0.43亿元。

设计工作完成情况。配合吉林设计院完成了拉萨市林周县澎波灌区规划、可研，完成了林周县春堆河中小河流治理、林周县松古河中小河流治理工程的设计；曲水县德吉干渠工程勘测设计，完成了尼木县城防洪堤、尼木普松灌区、尼木县续迈灌区、尼木县夏曲河治理、尼木县东风灌区、尼木县水源工程的设计；完成了达孜洛普水库、达孜县唐嘎灌区工程的设计；完成了曲水县尼青沟中小河流治理工程、曲水其奴水库工程的设计；完成了当雄县公堂乡供水工程的设计；配合南京设计院完成了拉萨河二期野外勘测及水文工作；完成了拉萨市2011年至2015年人畜饮水规划报告和实施方案。2012年在做好防洪堤工程、灌区工程设计的同时，紧紧围绕市委市政府的中心工作，积极配合成都市水利勘测规划设计院完成了拉萨市重点项目拉萨河景观工程段规划、可研、初设；积极配合《文成公主》实景演艺场办公室完成了演艺场周边水文报告及排洪渠的设计工作。

【重点水利工程建设取得新突破】一是认真开展了重点水利工程建设，2012年重点水利工程建设总投资7863.25万元，较去年增加投资454多万元，增长6.13%。新开工项目有流沙河防洪工程，完成投资2550万元，澎波中小河流治理项目，完成投资1370万元，截止目前较好地完成了工程建设任务。二是在重点水利工程和农村安全饮水工程建设中普遍推行了项目法人制、招投标制、工程监理制、合同管理制和工程质量终身负责制。三是认真开展安全生产与质量监督管理工作。加强了对水利工程建设的安全生产管理工作，对在建水利工程的各项手续是否完备和施工现场经常进行排查，重巡查、强监管，对发现的问题及时下达整改通知，落实整改措施，杜绝了事故的发生，确保了施工安全和财产安全。四是加强民工工资管理，切实保护群众利益，在拨付工程款时，预留10%的民工工资保证金，确保不拖欠民工工资。

【农村饮水安全工程建设持续推进】《2011-2013年新增人口规划方案》已通过区发改委批复，2012年解决1.1912万人的建设任务计划，投资1459万元，全部为国家投资，涉及七县一区56处工程点，其中自流引水24处，机井23处，大口井4处，管理延伸5处，截止10月初，完工率达85%。截止9月底，已组织市发改委、市财政、市卫生防疫站等单位的专家和领导对尼木县和达孜县2011年的农村饮水安全工程进行了验收。其余6县的验收工作计划将于年底前完成。截止10月15日，七县一区首批65座重点寺庙通水工程已全部开建，95%的寺庙已通水，预计年底前完成65座寺庙的通水设施建设。

【水利援藏工作迈上新台阶】第六批援藏干部在援藏期间，积极与江苏省水利厅、淮委联系，拟建设“拉萨水利工程质量监测中心”项目，已筹措资金450万元，目前土地征用手续正在办理，工程设计方案已经完成，招投标工作正在进行。两地考察交流进一步加强，分管市长、局领导亲自率团加强沟通，江苏省水利厅及地市水利部门积极响应增强交流，2012年交流互访达130余人次，为拉萨水利发展提供了有力的支持和帮助。与此同时，援藏工作十分地关注驻村工作，多次赴驻村点调研慰问。

拉萨市交通运输工作

【续建项目建设情况】2012年，续建项目共计10个，续建总里程为：197.272公里，批复投资为：29634.7938万元。

【新开工项目建设情况】2012年，新建项目共计27个（含1个自然村公路通达工程），分别为：通畅项目13个，强基惠民驻村项目3个，其他项目11个（含1个自然村公路通达工程）。今年我局新建项目总里程为：561.54公里，批复投资为：23497.71万元。林周县阿朗乡至旁多乡公路，里程13.12公里，批复投资1796.47万元，现工程完成50%；

林周县松盘乡拉木村公路，里程0.52公里，批复投资59.13万元，现工程已经完工；曲水县曲水镇曲甫村公路，里程14.08公里，批复投资1989.3万元，现工程完成45%；堆龙德庆县、曲水县柳梧至才纳乡公路，里程34.26公里，批复投资4160.45万元，现工程完成55%；堆龙德庆县德庆乡国道109线至帮村、丁嘎村、昂嘎村公路，里程7公里，批复投资1001.8万元，现工程完成80%；达孜县唐嘎乡洛普村八组(洛寺)公路，里程14.91公里，批复投资1351.16万元，现工程完成80%；达孜县德庆乡国道G318线至新仓公路，里程6.32公里，批复投资662.93万元，工程计划今年完工；城关区蔡公堂乡次角林村至308团公路，里程3.71公里，批复投资516.86万元，工程已经完工；城关区娘热乡仁青蔡村2组、7组公路，里程2.47公里，批复投资294.08万元，工程已完工；堆龙德庆县国道G109线至波玛、加木村公路，里程7.79公里，批复投资1062万元，工程计划2012年完工；城关区夺底乡维巴村公路，里程2.69公里，批复投资352.34万元，工程已完工；当雄县国道109至乌玛唐乡公路，里程0.89公里，批复投资181.09万元，工程已经完工；尼木县吞巴乡国道318线至吞普村公路，里程7.29公里，批复投资1196.88万元，工程计划2012年完工；墨竹工卡县门巴乡巴日卡村公路，里程23.62公里，批复投资556.43万元，现工程完成95%；墨竹工卡县尼玛江热乡玛热至亚欧唐村公路，里程0.33公里，批复投资44.87万元，现工程完成95%；达孜县德庆乡新仓村7、8组公路，里程11.56公里，批复投资275.24万元，工程已完工；城关区洛欧村一组公路，里程0.89公里，批复投资299.63万元，现工程完成80%；堆龙德庆县东嘎镇南嘎村至嘎东组（旅游道路）公路，里程2.34公里，批复投资353.46万元，工程计划2012年完工；堆龙德庆县东嘎镇国道109至桑木村公路，里程2.54公里，批复投资439.47万元，工程已完工；墨竹工卡县尼玛江热乡邦达村至查多村公路，里程1.22公里，批复投资223.81万元，现工程完成90%；墨竹工卡县尼玛江热乡宗雪村宗雪吊桥，桥长175米，批复投资518.82万元，工程计划2012年完工；林周县卡孜乡卡孜路至朗当村公路，里程1.42公里，批复投资310.42万元，工程已完工；林周县阿朗乡拉岗村拉岗大桥，里程0.68公里，批复投资1287.54万元，现工程完成45%；林周县春堆乡卡东村虎头山桥，里程0.13公里，批复投资266.56万元，工程已完工；林周县唐古乡曲果村小桥，批复投资75.02万元，现工程完成60%；林周县唐古乡恰扎村至藏雄村公路，里程19.98公里，批复投资266.56万元，现工程完成55%；拉萨市七县一区自然村通达工程，里程381.78公里，投资约8700万元，工程已完工。

【寺庙道路建设情况】全市寺庙共286座，根据调研及各县（区）上报数据：全市寺庙需要新建或改建道路的有156座，其中：有119座需要提高公路等级；有25座寺庙完全不通公路；有12座寺庙季节性不通公路。全市不需要修建道路的有寺无僧尼场所56座。全市不需要提高公路等级的寺庙有74座，其中：通沥青路寺庙共27座；通石板路寺庙共26座；通水泥路寺庙共6座；通砂石路共15座。

按照市政府批复的寺庙砂砾路通达建设方案，主要解决25座寺庙完全不通公路和12座寺庙季节性不通公路的建设任务。寺庙道路公路总里程达70.818公里,工程批复投资2700万元。目前，此37个项目在7月初已全部完工。

2012年与2011年相比，拉萨市农村公路通达工程建设总里程增加66公里，投资增加3098万元。

拉萨市国土资源工作

【服务经济发展大局，保障发展能力明显提升】2012年，拉萨市国土资源系统改造高标准基本农田10000亩，圆满完成拉萨市2012年高标准基本农田建设任务。开展了城关区、堆龙堆庆县部分基本农田调整补划工作，共调整补划面积19521.23亩，并通过自治区检查组的验收。2012年度拉萨中心城市建设用地已经国务院批准，面积230公顷(3450亩)。认真做好项目用地预审工作，到目前共完成达孜县2012年第一、二批次，堆龙德庆县第一批次呈报的建设用地审查报批工作，面积924.39亩。全年出让国有建设用地使用权67宗，总面积206.762公顷（3101.43亩），出让价款118047.7251万元。审批国有划拨用地16宗，面积206.762公顷（3101.43亩），收取划拨价款15461.083万元。办理土地初始登记85宗，变更登记872宗，抵押登记155宗，抵押金额78222.32万元。全市农村宅基地确权登记发证工作完成地籍测图99.4平方千米（超合同20.085平方千米）、51237宗，占合同面积的125%，50%的县（区）已顺利通过自治区的验收，其中达孜县、堆龙德庆县、林周县成果质量被评为优秀，曲水县成果质量被评为良好，当雄县、城关区、尼木县、墨竹工卡县农村宅基地确权登记发证工作将于11月中旬前进行验收，11月底之前将全部完成此项工作。达孜县于10月19日在全区率先举办了农村宅基地确权登记发证首发仪式，经验做法被自治区转发。完成了自治区民航局等23宗土地使用权价值评估和拉萨饭店等21宗土地的评审。拉萨市教育城和中国西藏文化旅游创意园征地工作顺利推进，研制完成了新的征地标准，维护了群众利益，保护了土地资源和国家利益。18宗军地土地权属纠纷协调解决5宗。预计年底完成《拉萨市土地利用总体规划（2006—2020）》报批和各县土地利用总体规划成果编制和报批工作。

【推进和谐矿区建设，提高资源开发利用水平】组织各县开展了建设和谐矿区成效交叉检查，在检查过程中各县相互交流了建设和谐矿区工作的做法和经验。按照自治区的统一部署，督促西藏望果矿业有限公司、西藏墨竹宝源选矿厂、西藏宝翔矿业有限公司南木乡铜钼选矿厂等9家选矿厂于年底完成关闭和限期整改工作。截止2012年3月底,2011年度共计上缴矿产资源补偿费600余万元，比2010年同期翻了一翻。编制下发了《2012年度汛期地质灾害防治方案》，要求各县国土资源规划部门对地质灾害隐患点和易发区域加强巡查的同时，也加大监督检查力度，发现问题及时向有关部门提出整改措施。开展了拉萨市西城片区东嘎石灰矿矿山地质环境治理生态恢复工程前期准备工作,现已进入招标阶段。积极配合中国地质大学地调院、中科院地球物理研究所等14家单位做好青藏专项工作。

【严格按章办事，坚决维护城乡规划的严肃性】严格执行“一书三证”规划许可制度，凡不符合规划要求的建设项目，一律不予办理规划审批手续。全年绘制建设用地红线图300余宗，提供各类规划图、地形图1000多张（幅），办理《建设项目选址意见书》78本，《建设用地规划许可证》156本，《建设工程规划许可证》151本，《乡村建设规划许可证》8本。完成了柳梧新区北组团控制性详细规划编制，教育城、次角林等全市重点项目的地形测绘。

【强化执法监管，违法违规行为得到有效遏制】以“4·22”地球日、“6·25”土地日和“12·4”法制宣传日为重点，利用电视、报刊等新闻媒体，大力宣传国土资源规划法律知识。全年组织宣传活动12次，发放宣传材料5000余份，设立宣传展板30块，悬挂宣传横幅 20条。通过广泛深入的宣传，进一步增强了广大干部群众依法用地、合理开发利用矿产资源、严格执行城市规划的意识。我们坚持每月巡查不少于25天，认真做好巡查记录，建立巡查台账，查处违法建设30处，拆除违法建设面积807平方；整改3处，面积1500平方米。开展了老城区违法建设专项整治摸底排查工作，摸底排查违法建设157处，违法建设面积12874平方米。开展了2011年度土地矿产和城乡规划卫片执法检查工作，核查土地图斑173个、矿产图斑16个、城乡规划图斑187个。土地矿产卫片图斑初报数据已通过省级验收，违法比例为6.55%。城乡规划查处违法图斑17个，已责令整改。我们畅通信访案件受理渠道，受理信访举报案件58件，已处理55件，3件已达成协议，本月底前全部办结。

拉萨市住房城乡建设工作

【城乡基础设施建设明显加快】2012年，以“城市建设创一流”为目标，以“路桥建设、重点场站建设、供暖工程”为抓手，先后实施市政工程16项，估算总投资达20.29亿元。城市道路交通建设取得大发展，为进一步拉开城市建设框架，打通对外重要通道，优化路网结构，提高路网整体承载能力和运行效率，充分挖掘既有道路潜力，集中实施了东二路、贡布堂、当热东路、西二路、扎基东路、加荣路、学府路、民兵训练基地市政道路、十条便民路、千佛崖栈道拓宽改造、纳金大桥、次角林大桥一期及拉萨市娘热路与林廓北路路口和朵森格路与林廓北路路口两处人行天桥等路桥工程；不断完善市政公用设施建设，为提高城市集聚能力和基础设施承载能力，完善城市综合服务功能，先后实施了综合展馆、西藏会展中心、民兵训练基地、环卫工人休息间等市政项目；供暖供气工程全面铺开，为贯彻落实李克强副总理重要批示精神，不断完善城市功能，改善居民生活条件，拉萨市将城市供暖作为关系民生的头等大事，于2012年初正式启动，自工程开工建设以来，我们积极克服专业人员缺乏、技术力量薄弱、工程量大、时间紧、经验不足等困难，多措并举推进“民生一号工程”，积极配合供暖项目指挥部完成了供暖、供气方针及政策的制定。并抽调局系统精兵强将全力投入该项目，现全市燃气主干管网已完成管沟开挖57公里，管道焊接56.5公里，管沟回填42.8公里，道路恢复42.8公里，示踪球敷设650个，完成燃气主干管网总工程量的97%。全市燃气次干管网建设已全面铺开，次干管网为总长112.68公里，现已完成道路切割93公里，管沟开挖50公里，管道焊接2.9公里，力争在年底实现40%供热目标。

项目的前期工作快速推进。为改善城市基础设施环境，加快推进市政基础建设力度，东噶水厂、中和国际城二期改扩建、北环路、柳东大桥、柳梧水厂、垃圾焚烧厂、污水处理厂二期等22项项目前期工作扎实有序推进，其中东噶水厂、中和国际城二期改扩建、藏热路北段、江苏大道等13项市政工程计划于10月底陆续开工建设。

【保障性住房体系建设和管理取得新突破】2012年自治区住建厅分两批下

达市周转房建设计划第一批为248套，于2012年5月全部开工建设。第二批为454套，达孜县、曲水县已完成周转房招投标，并开始施工，其余各县已完成前期准备工作，计划在10月底前招投标。廉租住房建设情况。2011年廉租住房续建项目工程建设已完成，工程验收工作年底结束，预计明年年初能实现入住。2012年自治区住建厅下达我市廉租住房建设计划60套，于2012年5月全部开工建设。公共租赁住房建设情况。为切实解决拉萨市城镇中低收入家庭、新增就业人员及外来务工人员住房困难问题，加快发展公共租赁住房，2012年拉萨市采取收购、代建的方式已完成600套公共租赁住房建设任务。预计在2013年年初可以实现入住。棚户区改造情况。为进一步完善我市住房保障体系，加快保障性住房建设，扩大住房保障覆盖面，2011年自治区住建厅下达我市棚户区改造任务1181户，目前，棚户区改造各项工作进展顺利，计划在2012年10月底前竣工验收并交付使用。2012年自治区住建厅下达我市城镇棚户区改造任务为1319户，城镇棚户区改造任务墨竹工卡县已全部完成，城关区嘎玛贡桑棚户区改造项目拆迁困难、投资规模大，根据城关区政府的实施计划，拟在2012年11月份开工。周转房维修改造情况。为提高我市现有周转房的使用功能，改善居住环境及条件，促进周转房的使用效益，2012年自治区住建厅下达拉萨市周转房维修改造计划400套，现已全部完成。租赁住房补贴审核情况。申请租赁住房补贴家庭1397户、2008人。经过审核确定实际符合申请条件的为1360户、1940人。年度发放资金为593.64万元，目前自治区住建厅已将资金指标下达，待市级财政审定后，及时将租赁住房补贴发放到符合条件的城镇低收入家庭手中。

在保障性住房管理方面：一是制定出台了《拉萨市城镇最低生活保障家庭廉租住房实施细则》（暂行）、《拉萨市周转房暂行管理办法》及《拉萨市公共租赁住房暂行管理办法》等政策措施，为我市保障房建设工作的健康有序发展提供了有力的政策保障。二是按照政务公开和“阳光工程”的要求，向社会公示保障性住房建设和管理的政策、标准、依据、程序，自觉接受社会监督。严格执行准入退出制度。按照“三级审核”、“两级公示”程序进行，坚决杜绝违规操作和暗箱操作，执行保障房配租动态管理，确保准入腾退制度落实到位。三是严格执行基本建设程序，规范项目前期管理，落实“项目五制”从设计、招标、施工各个环节严把质量关，确保建设工程质量安全，全面落实工程项目施工公告牌制度和永久性标牌制度，落实工程质量终身负责制，对已建成项目，坚决实行分户验收制度，绝不能走过场，不达标项目一律不得交付使用。

住房公积金管理方面：按照“依法、安全、稳健、规范”的总体要求，紧紧围绕“强化归集、突出效应、规范管理、改进服务”的工作思路，截至目前，完成住房公积金归集1.62亿元，已完成年度归集计划的103%，发放公积金贷款12005万元，提取住房公积金8151万元。

拉萨市旅游工作

【旅游经济持续稳定增长，旅游业经济拉动力迈上新台阶】着力推进拉萨旅游服务业整体提升，优化旅游接待环境，截至目前，拉萨累计接待国内外旅游者619.223万人次，比上年同期增长26%，实现旅游收入60.08亿元,比去年同期增长27%，已完成市委、市政府安排的目标任务的100%和93%。目前，全市新增星级宾馆饭店8家，旅游业带动就业，带动农牧民致富人数逐年增加，旅游业正在成为拉动拉萨经济发展和促进就业的龙头产业。

【加强和创新旅游行政管理手段，政府公共服务职能得到进一步体现】推行“三权分离”机制，成立纳木措管理委员会、八廓街历史文化街区管理委员会，景区管理工作实现专业化，纳木措国家公园正式揭牌成立。建立诚信旅游服务机制，设立旅游团队“绿色通道”备案制度，在便民警务站和景区（点）设立旅游服务督导员开展旅游指南和咨询服务工作，实现行政服务工作主动化。成立旅馆业协会、旅行社协会和旅游购物协会，实现行业管理的自律化。出台《加快拉萨旅游产业发展的决定》、《拉萨市加快旅游产业发展的奖励办法和优惠政策》、《拉萨市发展乡村旅游的实施意见》等行政文件，实现行政管理法制化。

【创新机制促服务，旅游环境得到进一步优化】加强旅游基础设施建设，旅游服务中心项目基本完工，5个乡村旅游规划完成终审，14个旅游信息查询终端交付使用，累计完成建设投资2.2939亿元，铁路、公路和旅游景区（点）沿线可视范围内的景观改造工程全部完成，香格里拉大酒店、圣地天堂洲际大饭店、飞天国际大酒店等项目加快推进，积极配合中国西藏文化产业创意园区旅游配套服务设施项目建设工作，“十二五”期间，旅游基础设施建设项目累计投资8400万元，将有效推动全市旅游硬件服务设施的整体上档升级。

【加强旅游从业人员培训，规范旅游市场秩序】制定《拉萨旅游服务标准化实施细则》，成为全区旅游标准化推广工作排头兵，充分体现了拉萨首府城市的首位度作用。创新监管手段，提升旅游诚信服务工作，组织旅游、公安、卫生、工商等部门开展旅游联合执法活动，截至目前，共查处违规导游32个，发现违规旅行社5家，下发整改通知书5张，发现非法拉客人员38名，与公安部门共同抓获倒卖布达拉宫门票人员16名，挽回游客经济损失122743元，有效地规范了旅游市场秩序，营造了良好的旅游环境。

【全力办好格桑梅朵旅游形象大使选拔活动，旅游吸引力进一步增强】唱响“雪域圣地·幸福拉萨”主题，联合七地市成功举办“珠三角”和“长三角”旅游推介促销活动，第七届纳木措徒步大会反应强烈，新华社、人民日报、中央电台等权威媒体聚焦拉萨、宣传拉萨、推介拉萨，纳木措徒步大会的品牌竞争力、影响力、吸引力持续增强。拉萨首次投资300万元，与中央电视台合作拍摄拉萨旅游宣传片——幸福拉萨已经开机，将有效的宣传拉萨丰富的自然资源和独特的民族风俗，拉萨的开放度、知名度、美誉度将大幅提升。

拉萨市环境保护工作

【突出重点，全力督办，污染整治稳步推进】做好了挂牌督办项目的督查工作。为严格落实《西藏自治区人民政府办公厅关于关闭和整改部分选矿厂的通知》（藏政办发［2010］134号）文件精神，拉萨市人民政府于3月29日下发了《关于进一步加强我市矿产资源开发企业落实关闭和挂牌督办限期整改工作的通知》（拉政发［2012］33号）文件，5月初市监察支队对各县共20家涉矿企业进行了环境检查。重点对我市列入关闭的3家和挂牌督办限期整改的8家选矿厂进行了检查。

加强对交通干线等环境综合整治工作检查。市监察支队联合局环评科、自然生态科会同堆龙、尼木、曲水县环保局组成环境执法检查组，对拉日铁路沿线（拉萨段）取料场、弃渣场进行了专项执法检查。

加强对监控企业环境执法检查。全年共对全市48家重点监督企业及160余家排污单位进行了环境执法检查，对存在问题的5家企业下发限期整改通知，经过再次检查存在问题5家企业全部整改完毕。

加强对饮用水源地环境保护执法检查。重点对全市4个集中式饮用水源地进行了专线检查。通过检查发现，我市4个集中式饮用水水源地保护情况良好，饮用水水质全部达到国家标准，同时对4各集中式饮用水水源地提出进一步完善环境应急预案，加强水源地保护区建设的要求，以确保饮用水安全。

加强废油脂专项检查。为确保群众身心健康，市监察支队重点对拉萨市100多家餐饮宾馆行业进行环境执法检查，在对其油烟治理提出安装隔油池、油烟净化器等环保设施的同时，对废油脂必须建立台账定向回收，防止废油脂回到百姓餐桌，责成30余家饭店、宾馆安装隔油池，对10余家饭店、宾馆提出整改。

【依法行政，执法必严，打击环境违法行为力度不断加大】一是抓实我市的环境安全与环境维稳工作，专门成立领导小组，制定实施方案，定期开展环境安全与环境维稳形势分析。确保了环境安全。加强了对全市重点污染企业和饮用水源保护区的巡查力度。积极开展建筑施工噪声整治和绿色“护考”行动，对各个考点周边建筑、娱乐场所等噪音进行了全面巡逻检查，保障了市民环境权益。出动执法车辆170余车次，执法人员280余人次，发放通告单70多份。二是深入开展环保专项行动。组织制订了《拉萨市2012年整治违法排污企业保障群众健康环保专项行动工作方案》、《拉萨市环境综合整治工作方案》、《拉萨市2012年禁止白色污染工作方案》等方案，并根据各项《方案》，配合创建国家环保模范城市等各项创建工作，进行了环境执法检查。为确保环保专项行动执法检查工作落到实处，切实解决当前危害群众健康和影响可持续发展的突出环境问题，10月中旬由自治区环保厅专项行动领导小组牵头开展了为期半个月的全区环保专项行动督查工作，重点督查矿产资源开发企业环境监管、重点建设项目环境监察、城镇饮用水水源地环境保护及工业园区和重点污染行业环境隐患整治情况。全年共出动执法人员240余人次，执法车辆137车次，对全市40家重点排污企业、150余家排污单位、17个农贸市场及19家大型超市进行了环境执法检查，发现其中24家排污企业存在环境问题，要求20家企业限期整改，并处罚7家企业。查获并没收一次性塑料袋3.5吨左右，免费发放环保布袋8000余个。三是认真办理信访投诉和人大、政协议提案。进一步健全机制，完善12369投诉热线。对所有来信来访，都安排专人进行深入调查和及时调处，以此确保信访调处意见得到真正落实，尽可能减少重复访的发生。共接到群众举报61起，处理率达到100%，办结率95%以上。认真做好矛盾纠纷排查化解工作，共排查环境矛盾纠纷12起，其中重信重访4起，化解12起。对所有排查出的问题都明确责任人和责任单位，进一步维护社会和谐稳定。办理人大建议政协提案2件。

【整合当前，着眼未来，生态建设步伐稳步推进】一是积极开展申报自治区级生态乡镇、生态村的工作。截止目前，共收到4个县上报了7个村建立自治区级生态乡镇、生态村的申请。2012年，尼木县吞达村已获得自治区级生态村。二是做好《拉萨河源头重要生态功能保护区保护规划一期建设项目》。现在已办理完成项目前置手续，《拉萨河源头重要生态功能保护区保护规划一期建设项目可行性研究报告》已通过评审。三是《拉萨周边湿地生态功能保护区建设项目可行性研究报告》已经完成前置手续，《拉萨周边湿地生态功能保护区建设项目初步设计》通过评审。四是对“三渠一河”及湿地范围开展了2次以上的大清淤行动。清理沉沙池两个，清除泥沙及垃圾98588m³，清理流沙河4公里，清除泥沙48000 m³。目前，清理已投入资金707643.52元，但还未支付此项费用。我局将加大汛期流沙河水情的监控，并及时清理泥沙疏通渠道，尽可能的确保流沙河汛期的安全。做好了拉鲁湿地景观大门建设项目，此项目是2010年国家专项资金能力建设项目，项目包括景观大门和大门值班室，总计投资63.8万元，该项目已完工。拉鲁湿地作为自然生态保护的宣传基地，2012年以来，进一步加强了宣传力度，至今共接待国内外政要代表团、国内外旅游团、科考团共计3批，涉及70多人，面向国内、国外有效地宣传了拉鲁湿地。

拉萨市文化（新闻出版、文物）工作

【圆满完成文艺演出任务】完成春节、藏历年期间《我们的节日》为主题的下乡演出、区市两级藏历新年文艺晚会和中央电视台“经济生活大调查”晚会等演出任务；参与完成《西藏春天》音乐会赴北京国家大剧院演出任务；完成第二届中国□呼和浩特少数民族文化旅游艺术节服饰展演；完成“幸福拉萨、文化雪顿”开闭幕式、全区首届藏戏大赛、藏戏展演、藏地音乐高峰论坛和幸福城市市长论坛等文艺演出任务，荣获“2012年中国拉萨雪顿节先进集体奖”；完成2012年“八一”建军节暨“幸福拉萨”规范舞文艺演出；完成全国“助残日”文艺演出活动；完成赴尼木县尼木乡科技文化宣传演出；完成第六次拉萨市双拥工作总结及表彰大会慰问演出；完成李长春同志西藏调研文艺演出；完成拉萨市参加全区舞台艺术创作人员培训班及下乡采风工作；完成拉萨市加强和创新社会管理专场晚会工作；完成全国民营企业家拉萨行活动专场文艺演出工作；完成拉萨市“民族团结颂”专题文艺演出工作，荣获组织金奖；完成全区民间艺术团文艺调演系列工作，荣获金奖和组织奖；完成“五十六个民族团结形象”代表欢迎晚宴演出；完成实景剧《文成公主》国家大剧院105名演员选拔政审工作；圆满完成大型音乐史诗剧《文成公主》在京的排练和演出任务。全年共演出100余场，观众9.5万人次。

【基本建成覆盖城乡的公共文化服务体系】按照公益性、基本性、均等性、便利性要求，建成县级综合文化活动中心8个、乡镇综合文化站14个、村级文化室（农家书屋）228个、警营书屋5个、职工书屋5个、家庭文明书柜2000个、寺庙书屋231座、社区书屋17个，率先在全区实现全覆盖；建成文化资源共享工程服务点144个、民间艺术团排练场项目4个；建成当雄、城关区、墨竹工卡、林周、堆龙德庆、尼木、曲水县民间艺术团，正在组建达孜县民间艺术团；完成全国文化统计年报、“五个一工程”及群星奖申报、全市农家书屋工程自查验收等工作；完成2012年星级农家书屋和示范寺庙书屋评选上报工作；完成“十一五”乡镇文化站建设情况检查评估前期工作；完成“十二五”规划项目进展情况调研工作；完成拉萨市“十二五”规划中期新增文化、文物项目申报工作；完成玛吉阿米□藏艺风情园项目推进月报工作。

【非遗工作稳步推进】完成拉萨市级第四批非物质文化遗产项目及项目传承人申报、评审会议组织、协调工作；完成第四批自治区级非物质文化遗产名录项目申报工作、拉萨市古籍普查登记及第五批国家级珍贵古籍名录申报工作；《拉萨舞蹈艺术》、《拉萨非物质文化遗产小学教材》等已基本编制完成。

【文化精品创作硕果累累】完成《幸福路上60年》二度创作；完成音乐歌舞表演剧《青稞飘香》前期剧本修改和框架创作；完成拉萨市市歌征集、初审工作；完成实景剧《文成公主》剧本工作；实施文学、音乐、舞蹈、美术“原创振兴计划”，推进重大革命和历史题材、民族题材、现实题材影视剧目创作生产。

【群众文化活动精彩纷呈】《幸福拉萨》规范舞编排教学圆满完成。一月初举行2012年欢度藏历水龙新年《幸福拉萨》规范舞群众性文化活动启动仪式，三月初完成第二套学教任务，5月10日在宗角禄康文化广场举办了“三关爱”（关爱社会、关爱他人、关爱自然）“幸福拉萨”规范舞文艺汇演。6月21日—30日举办第三套“幸福拉萨”规范舞培训班。“幸福拉萨”规范舞受到了市委市政府的高度赞誉和社会各界的热烈欢迎与积极参与。组织开展2012年雪顿文艺演出、全区藏戏大赛活动；完成庆祝西藏自治区设立“民族团结月”22周年暨拉萨市第一个“民族团结进步节”和“56个民族团结形象代表西藏行”幸福拉萨规范舞演出活动；完成拉萨市2012年“三下乡”、“四进社区”、“我们的节日”等系列活动组织协调工作。全年共开展大型群众性文艺活动19次，参加人数11万多，开展免费培训7次，培训人数1177人。

拉萨市广播影视工作

【对外宣传能力不断加强】2012年，拉萨两台继续加强对外宣传能力，努力提高上送西藏电视台、西藏人民广播电台新闻稿件的数量和质量，分别上送广播、电视稿件130余条、233条，采播分别为60余条、200余条。电视《拉萨新闻》汉语版继续通过拉萨市政府门户网站实现当日节目视频同步点播。成功录制播出了拉萨市2012年藏历新年电视综艺晚会《畅享幸福 放歌拉萨》，并通过西藏卫视（藏汉语频道）实现了上星播出，受到了全国各地观众的充分肯定。完成了《城关区2012年藏历水龙新年晚会暨电视颁奖晚会》、《幸福拉萨规范舞汇演》、《2012年青年歌手电视大赛》、《拉萨市庆祝西藏财政成立50周年电视文艺晚会》、《“雪顿之星”全国歌手大奖赛》、《民族团结先锋活动知识竞赛》、《拉萨市八一农场建场60周年文艺晚会》以及拉萨市“一小”建校60周年文艺晚会《我们在阳光下幸福成长》等近10场晚会及大赛的录制、播出工作；与区台合作圆满完成了《民族团结颂》晚会的录制、播出任务。配合全市宣传思想文化工作总体要求和十二个系列宣传，策划制作并在每晚黄金时段滚动播出反映拉萨全面实施“五大战略”的电视宣传片1部、反映全市深入开展学跳规范舞活动的宣传片1部、反映宗教领域和谐稳定电视专题片1部、反映创建文明城市宣传片1部、反映“首府城市首位度”七个方面要求的宣传片7部以及2部城市外宣片。

【电影放映力度不断加大】市电影公司开展了“八看、一算帐、一揭批、四增强”感党恩主题教育电影放映活动、“创先争优强基惠民、弘扬‘老西藏’精神、喜迎党的十八大”优秀影片巡回展映活动、“农牧区民族团结优秀影片巡回展映”活动、“民族团结城市电影放映周”、“迎接党的十八大重点国产影片展映”活动、“扶残助残”爱心活动等，放映了《先遣连》、《建国大业》、《红河谷》、《农奴》、《建党伟业》、《复兴之路》、《青藏线》、《雪域天路》、《可可西里》等一系列优秀影片。

【“户户通”建设卓有成效】8月份，全面完成了全市未通电253户农牧民群众便携式太阳能直播卫星一体机设备的安装调试工作，随后制定了《拉萨市广电局中央赠送便携式太阳能直播卫星设备验收实施方案》，成立了巡查组，对全市未通电253户农牧民群众便携式太阳能直播卫星设备进行全面验收，彻底结束了未通电群众收听收看广播电视节目难的历史，标志着拉萨市率先在全区实现了广播电视“户户通”全覆盖。

【狠抓卫星电视广播地面接收设施清查整治】结合全市开展的打击严重刑事犯罪和社会治安突出问题专项行动，积极开展卫星电视广播地面接收设施清查整治工作。与市文化市场综合执法支队、市扫黄打非领导小组办等部门协调，开展联合执法，深入我市繁华地段的电子产品销售、维修点，就违规销售安装卫星电视广播地面接收设施情况进行了明查暗访，重点对境外广播电视接收设备销售及违法接收现象进行了清查整治。同时，各县（区）文广局联合县（区）公安、工商、文化综合执法大队等部门，全面开展了形式多样的卫星电视广播地面接收设施和接收境外广播电视节目的清查整治工作。通过清查整治行动，我局进一步掌握了全市范围内卫星电视广播地面接收设施的分布情况及接收信号源、节目内容等，有力打击了非法销售安装境外广播电视接收设备行为，有效规范了我市广播电视市场秩序，为迎接党的十八大胜利召开营造了良好社会环境。

【加强法规宣传】积极参加全市“综治宣传月”、“拥政爱民、拥军优属”、“平安拉萨宣传周”“防灾减灾日”“全国助残日”“世界环境日”、“民族团结月”等集中宣传活动，通过展示展板、发放宣传册、悬挂标语、播放广电法规宣传音像资料等形式，向群众发放讲解广播电视法律法规，进一步加大了广电行业法规的社会宣传力度，取得了良好效果。

【广告清理成效显著】根据广电总局和自治区广电局有关要求，结合西藏自治区工商管理局召开的“整治虚假违法药品、保健食品、化妆品广告”专题联席会议精神和《广告法》，成立了检查小组，对拉萨市广播电视台播出的所有广告进行了清查，清理整顿了“一梳黑”、“黄金烟嘴”、“太空一号”、“阿基曼美腹之星”、“白天使魔法BB霜”、“比尤尼美容仪”、“果蔬面膜机”、“骨康胶囊”、“清血八味”共9条药品、美容、化妆品广告，有效净化了荧屏。

拉萨市教育（体育）工作

【年度综述】2012年，全市有各级各类学校205所，在校生共105651人。其中，高等师范专科学校1所，在校生2742人。教育部门办：普通高中6所，完全中学1所，在校生13000人；初中14所，在校生20911人；完全小学85所，在校生48028人；幼儿园55所，在校生9005人；特殊教育学校1所，在校生177人。其他部门和社会力量办：十二年一贯制学校1所(军区八一校),在校生1976人;巴扎育才小学在校生317人;彩泉福利小学在校生73人；民办幼儿园39所，在园幼儿9422人。

2012年，全市高中阶段毛入学率达到82%。初中毛入学率达到101.68%、巩固率达到99.26%。小学适龄儿童入学率达到99.80%、巩固率达到100%。青壮年文盲率控制在1%以内。

全市中小学、幼儿园共有教职工8655人（含退休人员 1128人，其他143人），专任教师共计6645人。其中，教育部门办学校教职工7799人（中学2764人,小学3454人,幼儿园260人,特校50人,退休人员 1128人，其他143人），专任教师6222人（中学2595人，小学3380人，特校43人，幼儿园204人）。民办学校教职工共856人（高中84人，初中35人，小学85人，幼儿园652人），专任教师423人（中学130人，小学15人，幼儿园278人）。全市高中、初中、小学专任教师学历合格率分别为98.67%、99.83%、99.33%。

全市学校校舍面积为1044335平方米：其中中学为557673平方米，新增1202平方米；小学为408296平方米，新增48660平方米；特校为2009平方米；幼儿园校舍面积76357平方米，新增9652平方米。

全市各类性质学校图书共册1631248册：其中高中709690册，小学861980册, 幼儿园54128册,特殊学校5450册。

固定资产（不含幼儿园、特殊教育学校）为134830.01万元，其中中学为63543.66万元，小学为71286.35万元。计算机（不含幼儿园、特殊教育学校）共9748台，其中中学3301台，小学6447台。

【职教和民办教育进一步加强】2012年，拉萨市区内中职班毕业982人，153名中职毕业生参加对口高职考试，录取149名，普通高考本科录取36人，专科录取59人；其他毕业生中实现就业561人，就业率达76%。组织各县（区）职教中心参加“文明风采”竞赛活动。精心组织、周密筹备，组队参加全区职业技能大赛，获得3个一等奖，2个三等奖，3个优秀教师指导奖；参加全国职业技能大赛获得6个金奖，2个优秀教师指导奖，10个银奖，10个铜奖，2个优秀奖；参加教育部第六次全国民族教育工作会议，为“全国民族地区职业院校学生技能作品展”提供20余件作品。加强职业教育基础能力建设，完成林周、墨竹工卡、当雄、尼木、城关区等5县（区）职教实训基地设备政府采购招标工作，完成达孜县、堆龙德庆县和曲水县实训基地建设项目申报工作，总投资1080.0782万元。我市2009-2011年共实施14个职教实训基地项目，总投资达3121.8万元，目前，所有项目设备招标均已完成，4个厂房建设项目正在立项，其它工作均已落实。开展农牧民技能培训，截至目前，已开班14班次，培训农牧民667人，投入培训资金163.93万元，帮助110名农牧民实现就业。对13所局辖民办学校进行年检，责令2所年检不合格学校（均为试办）停止招生，并吊销试办许可证。执行招生广告审批备案制度和教师招聘政审制度。对拉萨市8家私立儿童福利机构进行调查，全面掌握私立儿童福利机构儿童受教育情况。召开全市民办教育协会会议，对在已批复成立和申请成立的民办教育机构进行全面梳理和清查。

【招生考试工作圆满完成】完成2012年研究生、全国高等教育自学考试、计算机等级考试、英语等级考试、教师教育技术水平考试、全国成人高校统一招生考试和2012年普通高考、中考、小考（内地西藏初中班）等的报名、审查、考试和招录工作。完成全市标准化考点建设任务，做好2013年全国硕士学位研究生考试相关准备工作。

【学校体育和群众体育工作扎实推进】成功举办"2012年中国拉萨雪顿节马术表演暨传统体育竞技赛"、拉萨市第七届中学生运动会、"激扬青春与青奥同行"全国青年迎青奥长跑拉萨站活动、2012年拉萨市校园足球联赛（小学组）及足球节。组队参加全区太极拳比赛、赴日喀则参加全区U-13青少年足球锦标赛、赴山南参加全区第十届中学生运动会和全区少年业余体校对抗赛等获得好成绩。组织人员赴青海西宁参加2012年全国青少年校园足球夏令营活动，安排市直各学校及七县一区校园足球布点学校进行2012年度校内班级联赛。组织人员参加2012年第一期青少年体育俱乐部管理人员培训班、参加全区"国民体质监测车"使用及检测技术骨干培训。面向拉萨市直各单位、各县（区）体育局及市区各学校举办2012年拉萨市社会体育指导员培训班，向全国校足办申请2013年度中国足协校园足球D级教练员培训班的参训名额。制定《拉萨市全民健身实施计划（2011—2015年）》，完成曲水、达孜两县雪炭工程立项和招投标，完成东城区、西城区雪炭工程的前期设计和立项，做好我市体育场建设项目前期准备工作。加强体彩管理，落实体彩中心网点进驻66座报刊亭的相关工作，建成我市体彩中心标准店并投入使用。

【实施教育基建项目】2012年，共组织实施项目154个，总投资达36062万元。其中，跨年工程项目52个，总投资15329万元；2012年新建项目74个，总投资14183万元，目前项目竣工4个，已开工项目29个，正在招投标项目4个，审批阶段项目37个；市政府教育配套资金安排附属工程及配套项目27个，总投资5650万元；江苏援藏项目1个，总投资900万元。

【坚持教育惠民】切实做好"三包"经费管理和学生营养改善计划工作，2012年秋季学年起，"三包"经费标准在原年人均2200元基础上提高200元，达到年人均2400元。农牧区义务教育阶段学校学生营养改善计划标准为每生每天3元，每年按200天核定，共计每生每年600元。2012年，共下达中职学生"三包"、免学费和思想政治工作费等各项经费共计962.37万元，实现了中职学生生活费资助政策的全覆盖及中等职业教育免费目标。

拉萨市卫生工作

【全力协调落实市政府12件民生项目任务】2012年拉萨市12项民生工程中涉及的共有三项：0-6岁儿童免费体检并建立健康档案工作、市县医院全部设立残疾人就医绿色通道、新建111个村卫生室。111个行政村卫生室建设情况：截止10月15日，111个行政村卫生室已有107个行政村卫生室开工，其中：3个行政村卫生室已竣工验收，52个行政村卫生室已完工待验收，52个行政村卫生室正在实施阶段，剩余4个行政村卫生室中3个待整体搬迁选址确定后统一实施，1个计划近期开工。根据市政府要求，111个村卫生室每村3万元配套设备正由市财政局组织政府统一采购，目前市财政正在与各县（区）协调资金问题。0-6岁儿童体检和建立健康档案工作情况：在各县（区）的全力投入下，全市0-6岁儿童体检和建立健康档案工作已于8月底圆满结束，八县（区）应体检0-6岁儿童免费体检32725人，实际完成31500人，体检率达96.26%。其中：当雄县体检6012人、尼木县体检3824人、曲水县2924人、堆龙县3608人、城关区2710人、达孜县2349人、林周县5378人、墨竹县4695人。目前，各县（区）正在开展0-6岁儿童健康体检信息电子版录入、疾病谱分析等工作，并纳入拉萨市全民健康体检工作第二阶段整体评估工作中。市县医院设立残疾人绿色通道情况：市县各医院已完成基础性工作，如制定方案、张贴残疾人就医标识、就医流程、配备相关辅助设备等，为方便残疾人就医，做好残疾人就医无障碍通道建设方面，我局根据医疗机构征求的意见向市财政提交了《各医疗机构方便残疾人就医无障碍通道建设所需经费请示》，市财政要求对所需要改扩建部分内容、经费进行细化并提供工程概算。

【积极开展先心病患儿筛查救治工作】截止9月20日完成0-18岁先心病筛查71549人，疑似病例802人，初步确诊94人，通过援藏等渠道已到内地开展救治手术29人。北京市和江苏省分别组织拉萨市先心病儿童救治专家组赴我市开展手术前期培训、筛查等工作，并分别于7月28日和8月19日举行了免费救治先心病儿童启动仪式。

【疾病预防控制工作不断加强，突发公共卫生事件处置及时】截止1-9月全市共报告法定传染病15种2122例，总发病率为379.33/10万，较去年395.59/10万下降4.11%，市区医疗机构传染病疫情漏报率为1.34%；全市八县（区）卡介、脊灰、百白破、麻风（麻疹）、麻风腮（麻腮）、乙肝首针、A群流脑、A+C群流脑、甲肝等九类疫苗接种率均达到99%以上；继续保持无脊髓灰质炎状态；消除麻疹查漏补种儿童共计5875人，其中流动儿童3430人；完成性病、艾滋病暗娼哨点监测800人，开展娱乐场所外展干预2560人次，未发现HIV感染者；八县（区）共上报403例结核病人，传染性肺结核病人占病人总数的37.47%；鼠疫细菌检测139份，其中：喜马拉雅旱獭123份，阳性13份，较去年有所下降，疫点监测实现全覆盖，面积17264公顷；在8个县（区）16各乡（镇）32个行政村，16所中心小学完成了入户半定量检测2400户食盐，碘盐食用率为99.8%；共开展各级各类健康教育培训工作20余次，受训人次达946人次，开展各类宣传活动11次，健康教育受益人数达5万余人。

【加强卫生监督执法力度，公共卫生得到强化】截止9月30日，市辖区内共有餐饮服务单位1762户，公共场所1490户（其中："五小"669户）。开展公共场所、五小行业、食品添加剂、问题乳粉、地沟油和餐厨废弃物、食用油、肉类、酒类、瘦肉精和生猪产品等共计15项专项整治活动。共出动卫生监督人员2462余人次，共监督检查3907户次。其中：餐饮（包括饮用水）1264户次，公共场所（包括五小）2643户次。行政处罚23户,其中：警告8户，停业整顿12户，罚款3户、金额14000元。共抽检城市供水水样214份，合格198份，合格率92%；餐具抽检784样，合格率89%；室内空气质量抽检58样，合格率62%。全年我市无食物中毒及食源性疾病事件。

【认真落实人口和优生优育工作】1、坚持宣传教育为主,不断深化宣传教育工作。充分利用宣传日和"三下乡"活动的契机,开展"婚育新风"、"优生优育"、"幸福工程"和"两项扶助制度"知识的宣传并开发制作适合本地区的宣传品。2012年共上街宣传131次，发放各类宣传册（画）16种，10万余份，发放免费计划生育药品及常见病药品30种，价值金额455979元。开展以"婚育新风进万家活动"为主题的宣传活动，发放婚育新风宣传包300个，自筹资金27800元在市妇幼保健院及社区设置展板。2、认真落实人口计生惠民政策。2012年拉萨市"一孩、双女"户和"半边户"困难家庭扶助制度受助3926人，受助资金3768960元；特殊子女家庭特别扶助制度受助509人，受助资金795480元。为全市农牧区9150例育龄夫妻提供免费的避孕节育技术服务，免费服务经费达344758元。

拉萨市民政工作

【以保障低收入群众的基本生活为出发点，进一步完善了社会救助体系】救灾工作有序开展。一是积极开展灾情救助工作，实施好冬春期间灾民救助。年初，区民政厅安排冬春期间自然灾害救助补助资金680万元，其中：市级补充救灾基金专户300万元，市区应急救济和临时救济80万元，下拨给各县（区）300万元。全年拉萨市发生了不同程度的洪涝、冰雹、泥石流、蝗虫、雷击等自然灾害，受灾人口达1556户8418人，直接经济损失1113万元，农业经济损失654.92万元。灾情发生后，市局积极开展施救工作，救助2367户9337人，发放救济口粮60.92万斤，折款159.6万元，切实保障了灾民基本生活。二是开展防灾减灾工作，积极开展"四个一"活动，深入到田间地头指导农民开展防汛抗旱预防工作。同时，组织拉萨市公安消防支队60名官兵与800余名师生开展了防灾避灾自救演练活动。三是开展"灾区送温暖"和社会捐赠活动。慰问因灾困难户80户，送去慰问金6.4万元；各县（区）民政局慰问因灾困难户1092户3833人，发放慰问金49.63万元。全年共接受各类捐助18万元，衣物73件。

城乡低保工作扎实有序。先后7次为13396名城镇低保对象、26095名农村低保对象、1331名五保对象发放低收入人群物价联动机制价格补贴资金771.93万元。

医疗救助工作逐渐步入正轨。全年资助842名五保对象参加农牧区合作医疗制度，落实资助参保金1.98万元。

五保供养政策得到有效落实。目前，市五保供养标准为年人均4320元，高出全区五保供养标准1920元，在此基础上，县级财政进一步提高了五保供养补助标准，集中供养对象年供养标准平均达到7000元，分散供养对象年供养标准达到4458元。全年为1331名五保对象下拨供养资金576.24万元，其中自治区财政转移支付资金225万元，市财政配套资金257.5万元，县级财政配套资金93.74万元。目前，全市有五保供养对象1331人，集中供养991人，集中供养率达到74%。

【以城市生活无着的流浪乞讨人员救助管理工作为出发点，努力营造拉萨良好形象】全年共救助5973人，其中：区外4405人，区内1568人；男2733人，女3240人；汉族421人，藏族5455人，其他少数民族97人；未成年人276人；提供返乡车票1333人。

【以落实重点优抚对象待遇为着力点，切实提高双拥优抚安置工作水平】全年落实优抚对象"三大节日"一次性慰问金72.36万元，落实2011年7月至11月、2012年1月至6月低收入人群物价联动机制价格补贴25万元。落实各类优抚对象伤残抚恤金288万元。落实军休人员经费3026.9万元。落实2010年度退役士兵待安置期间生活补助金11.232万元。发放2011年8月至12月60周岁以上农村籍退役士兵生活补助3万元。

【以民政项目建设为抓手，推进民政事业又好又快发展】2012年实施全市民政项目54个，总投资约1.48亿元。目前，已完工并投入使用项目（2个，投资251万元）：投资117万元的墨竹工卡县救灾物资储备仓库和投资134万元的当雄县救灾物资储备仓库项目已建成启用。在建项目（7个，投资2360.64万元）：投资1187万元的拉萨市救灾物资储备仓库项目、投资133万元的林周县救灾物资储备仓库项目、投资120万元的尼木县救灾物资储备仓库项目、投资264.91万元的堆龙德庆县救灾物资储备仓库项目、投资164.83万元的达孜县救灾物资储备仓库项目和投资314.64万元的曲水县社会福利院改扩建项目可于11月底竣工；投资176.26万元的曲水县救灾物资储备仓库项目已于9月20日开工建设。开展前期工作项目（45个，投资1.29亿元）：投资252.19万元的尼木县社会福利院改扩建项目正在实施招投标；投资估算2632万元的堆龙德庆县社会福利院、老年护理院项目的可研报告、初步设计正在按照市发改委评审咨询意见修改完善；投资2520万元的拉萨市老年护理院项目的可研批复已下达，初步设计已经市发改委评审通过；投资1641万元的拉萨烈士陵园红色旅游工程项目可研报告已通过自治区发改委评审，初步设计已报自治区发改委；投资357万元的全市七个乡级救灾物资储备仓库项目、投资390万元的尼木县烈士陵园维修改造项、投资150万元的曲水县曲水镇社区服务中心项目和投资350万元的城关区1个街道社区服务中心、4个社区服务站项目已完成各项前置条件审批工作。10月份，自治区民政厅下达中央专项彩票公益金项目27个，总投资4650万元，主要有拉萨市流浪乞讨人员救助管理站维修改造项目、堆龙德庆县老年护理院项目、15个城市灾害应急避难场所项目、城关区3个街道社区服务中心和7个社区服务站项目，目前正在抓紧时间办理项目前置审批手续，争取明年开工建设。

拉萨市人力资源和社会保障工作

【多措并举提升服务质量，高校毕业生就业稳步推进】2012年，共开展高校毕业生求职登记1253人次，个人求职指导1253人次，发放区外就业路费补贴和生活补贴9200元；对雅鲁藏布大酒店等12家就业见习基地进行了调整补充，2012年累计推荐179名高校毕业生参加就业见习，发放见习生活补助94.6万元，见习后留用3人；举办高校毕业生招聘活动4场次，收集岗位5684个，组织530家单位1500名高校毕业生进行双向选择，达成就业意向101人；推荐安置66名高校毕业生通过公益性岗位实现就业，并发放公益性岗位补贴31.68万元；举办政策宣传活动8场次，发放宣传资料7000余份（册）。并全力开展离校未就业高校毕业生实名制登记工作，摸清离校未就业高校毕业生底数，通过一些列措施，帮助400余名离校未就业高校毕业生通过市场实现就业。有就业愿望的困难家庭高校毕业生就业率达100%，高校毕业生基本实现就业。

【统筹城乡就业工作成绩突出，全市就业形势持续稳定】2012年，全市新增就业再就业人员（包括就业困难群体及“3545”人员）5756人，完成全年目标任务5600人的102.8%。开发就业岗位6912人，完成全年目标任务4900人的141.1%，其中开发公益性岗位493人、开发治安扶警岗位1200人。消除零就业家庭19户19人，继续保持城镇零就业家庭动态清零，累计消除零就业家庭173户173人，城镇登记失业率控制2.6%以内。全年开展技能培训班94期，投入培训资金1500多万元，培训农牧民、城镇失业人员5900名，培训合格5646人（合格率96%），就业4403人（就业率78%），其中就业再就业培训2990人，农牧民转移就业培训2810人，创业培训100人。职业介绍11450人次，完成全年目标任务7000人的163%。职业介绍成功6069人，完成全年目标任务3500人的173%，职业介绍成功率53%。农牧区劳动力转移就业16.7万人次，6.14万人，完成全年目标任务5.8万人的106%，转移收入37400万元，完成全年目标任务30000万元的125%。职业技能鉴定656人（初级473人，中级121人，高级62人），完成全年500人目标任务的131%。农牧民专项职业能力考核100人（完成目标任务50人的200%）。

【广惠民生、优化服务，社会保障体系建设取得新突破】2012年启动实施了寺庙僧尼养老保险和寺庙僧尼医疗保险，统筹城乡的社会保障体系基本建立。截至目前，社会保险参保人数达到36.6万人，养老、医疗、生育、工伤、失业保险分别新增3600人、13956人、3990人、5571人、824人，完成市政府全年目标任务新增4000人、4000人、1000人、3000人、800人的90%、349%、399%、186%、103%。

城关区

【年度综述】2012年，全区地区生产总值（GDP）完成55.65亿元，同比增长22.8%；其中第一产业增加值完成0.77亿元，第二产业增加值完成6.67亿元，第三产业增加值完成48.21亿元，分别同比增长4.1%、18.7%、23.7%，三次产业比重调整为1.4：12：86.6。全区固定资产投资完成39.69亿元，同比增长46.1%，社会消费品零售品总额达到34.6亿元；地方财政一般预算收入达到4.6亿元，同比增长24%；城镇居民人均可支配收入达到19536.8元，同比增长7.7%。农牧民人均纯收入达到9477.61元，同比增长16%。城镇登记失业率控制在2%以内。全区经济发展呈现出速度加快、结构优化、效益提升的态势。

【经济建设】农作物总播种面积达到2.1658万亩，其中粮食播种面积0.6419万亩，粮食总产量达到0.2501万吨，粮食单产779.1斤，经济作物播种面积1.3737万亩，其中蔬菜面积为1.008万亩,饲草播种面积1502亩，机耕完成18054亩；粮、经、饲比例从去年的32：58：10，调整为30：63：7。蔬菜产量达到6.08万吨。各类牲畜存栏达到25956头（只、匹），实现新生仔畜成活率达到97.7%；实现出栏率37.3%；猪牛羊肉产量0.1105万吨；奶产量实现0.5636万吨；禽蛋产量达到16.2吨。

全年实现工业总产值1.87亿元，同比增长13.94%，其中民族手工业总产值7300.08万元，同比增长21.9%。

【城乡建设和管理】全区固定资产投资完成39.69亿元，总投资4.5147亿元。其中本级财政预算投资2.6998亿元，上级财政投资1.8142亿元（包括援藏投资4480万元)。加荣西路市政道路、城关区第三幼儿园附属设施、农牧局综合楼及附属设施、拉鲁便民桥维修、俄杰塘社区基础设施改造等工程全面完工。分步实施12个自建小区基础设施改造工程，居民群众生产生活条件进一步改善。启动56个古建大院整体开发和升级改造，顺利开展供暖供气入户工程，积极配合老城区综合整治，夺底沟、娘热沟整体开发工作扎实开展；11所中小学改扩建及2所幼儿园建设项目有序推进，加快中国旅游文化创意园区建设步伐，招商引资协议资金107亿元，顺利完成教育城3800余亩土地征收工作。其他教育、文化、卫生建设项目得到有力推进。全年项目建设得到全面提速提升。

投入45万元新发展300户庭院经济，投入571万元新建大棚温室106栋。完成5家农家店布点及挂牌，新建1家商贸中心，完成119个农牧民自产自销产品摊位入点工作。家电家具下乡工程实现销售总额325.89万元,全年造林5208.7亩,新增农牧民专业合作组织4个，培训农牧民人数1823人，劳务输出5450人，实现劳务收入达到8600.6万元。

【科教文卫】探索建立教育优质均衡发展体系，全面实施《城关区师资队伍建设“十百千”行动计划》，正式认定97名首批名教师、学科带头人和骨干教师。深化医疗体制改革，启动3个社区医疗卫生服务中心，公共卫生服务水平得到进一步提升。八廓社区卫生服务中心为9000余名城乡居民开展免费健康体检。全区城镇居民享受药品“零差价”、免费免疫规划、健康教育、妇幼保健等基本公共卫生服务。完成46945名居民群众及531名僧尼提供免费健康体检，并建立健康档案工作。纳金乡成功创建成为西藏自治区第一个“省级卫生乡镇”；投入180余万元对395户甜茶馆整治升级改造。

【旅游产业】年内，旅游接待总人数达499.89万人次，同比增长25%，其中一日游接待人数达317.32万人次，同比增长16%，占旅游总接待人数的63%；实现旅游综合收入12.4亿元，同比增长49%，实现游客接待量及经济收入稳步增长。全年新增5家宾馆饭店，1处旅游景区。安装“古城导视系统”道路指示标牌和古建大院门牌，古城旅游基础设施进一步完善，娘热乡加尔西村游客接待中心附属工程、夺底乡洛欧村巴斯度假村改扩建工程、夺底乡维巴村游客接待中心附属工程等项目稳步推进。包括娘热等三个乡在内的20户“好客藏家”采购项目正在抓紧实施。

【民生事业】年内，组织开展各类就业服务，动态消除零就业家庭，全年新增就业人数506人。建立社会救助和保障标准与物价上涨挂钩联动机制，实现城市低保标准由360元/人/月提高到400元/人/月；农村低保重点保障对象、特殊保障对象、一般保障对象标准分别由1070元、772元、564元/人/年提高到1220元、876元、617元/人/年。8341名困难群众领取生活保障金2177.54万元，全年医疗救助困难群众461人，救助金额达245万元。五保对象供养标准由2400元/年提高到4320元/年。福利院老人平均供养标准达到1500元/人/月。积极开展医疗救助、临时救助、住房救助和流浪乞讨人员救助；落实按比例安置残疾人就业政策，兑现落实残疾人生活补贴、机动轮椅燃油补贴、危房改造补助资金。统筹城乡社会保障体系建设，2012年区政府十件民生项目全部兑现。统计、粮食、档案、人防、妇女儿童、福利慈善事业等各项工作都取得了新成绩。

【民主法治】城关区集体企业改制程序、国有资产管理暂行条例、招商引资新政、产业园区规划、总部经济框架协议等一系列经济发展新政策、新规定正在修订，适时出台；城关区本级行政事业单位公务车辆管理办法加快完善，公车改革步伐稳步推进；拟定城关区项目基本建设管理办法，项目建设管理进一步规范；拉萨城发实业有限公司成立，经营性资产市场化运作有序推进；构建社会管理创新信息化支撑体系，进一步明确“三级平台、四级管理”框架，形成“1+5+X”网格力量，试点工作初见成效；顺利实现市直13所学校及公安工作移交，政府职能进一步完善；人大代表、政协委员、法律人士列席区政府会议，公众参与、专家论证和政府决策相结合的决策机制进一步完善；深入开展“基层建设年”、“创先争优强基础惠民生”活动，第一、二批驻村工作队顺利实现工作交接，城关下沉力量推动科学发展、促进社会和谐、造福各族人民的能力进一步提高。自觉接受区人大及其常委会的法律监督与工作监督，积极支持区政协履行职能，安排办理人大代表议案建议、政协委员提案专项经费1000万元，办理十届人大六次会议人大代表议案意见建议50件，政协七届五次会议政协委员提案23件，办理十一届人大一次会议人大代表议案意见建议71件，政协八届一次会议政协委员提案44件，办理答复率达100%；注重加强社会管理和公共服务，政府公共服务能力和依法行政能力进一步提高；扎实推进政务、村务公开，区政府门户网站实现全面改版；干部离任审计、工程招投标制度得到进一步落实，实现工程招投标零投诉、民工工资零拖欠、安全事故零发生；修改完善目标考核办法，建立健全激励机制，机关和干部工作作风得到改进；加强税收征管，严格非税收入管理，深化国库集中支付制度改革，扩大政府采购范围，厉行节约，严格控制三公经费；廉政建设和反腐败斗争逐步深入，扎实开展“小金库”治理、工程建设领域突出问题整治，严肃查处违法违纪行为，政府自身建设和管理提高到新水平。

林周县

【年度综述】2012年，全县完成生产总值11.28亿元，同比增长25%。投资规模稳步扩大，项目运行良好，全年完成全社会固定投资7.5亿元，同比增长35%。财政收入实现快速增长，全年完成一般预算收入可以突破5320万元，同比增长40%以上。农牧民生产生活水平日益提高，农牧民人均纯收入达到6421.84元，同比增长18%，其中1-9月劳动力输出转移6443人次，实现收入3608.08万元。截止9月底县农行各项存款达到了60341万元，其中储蓄存款12652万元，对公存款47689万元；各项贷款贷款28797万元，其中农牧民贷款25111万元，公司贷款550万元，个人贷款3136万元。

【农牧业基础地位得到巩固加强，水平不断提高】2012年全县农作物播种面积17.03万亩，粮油总产12914.86万斤，单产797.59斤，粮经饲比例为65.3：10.4：24.3。1-9月份牲畜存栏数35.06万头，出栏5.7万头（只、匹），出栏率21.5%；新生幼畜9.26万头（只、匹），成活率为97.9%。农牧特色产业规模不断壮大，实施完成青稞高产创建示范田3万亩，牦牛短期育肥0.15万头，绵羊短期育肥2万头，分别培育科技示范户100户；高效日光温室建设530栋温室，庭院经济项目完成150户。农牧民组织化程度进一步提高，2012年新增专业合作社6个，1-9月份共培训农牧民2607人次。

农业现代化示范区工作顺利推进，整合项目各类资金，充分利用市政府2000万元的专项投入，建设高效设施农业基地和2个特色现代养殖小区，其中完成高效日光温室建设400栋，总投资1820万元，县级财政配套530万元，目前已完成温室建设、道路硬化、水电配套、围栏建设总工程量的98%。除个别温室道路建设在收尾外，已经建成并投入蔬菜种植，种植蔬菜、果蔬品种达16种以上，部分蔬菜已上市，产生了良好的经济效益。在管理上引进以山东寿光蔬菜生产公司结合边林乡的蔬菜生产专业合作社为依托，为基地提供种苗、技术及销售环节，所有温室采用公司种植一部分，外地菜农承包种植一部分，当地群众种植一部分，以点带面，逐步推进和拉动我县蔬菜生产和土地流转经营向集约化、规模化方面发展，带动群众增收致富。总投资514万元的牦牛养殖基地和投资492万元的半细羊毛养殖基地前期做了项目设计、项目立项、评审、招标，已10月22日开工建设。项目总投资2300万元的职业教育中心高科技养猪场项目，项目前期投资已超过600万元建成后，生猪出栏将达到1万头。2011年总投资2136万元的强嘎乡高标准农田建设项目，已实施完成，并通过国家农发办、自治区农发办、拉萨市农发办检查验收；2012年总投资1403万元的强嘎乡典中高标准农田建设项目，水利部分正在实施阶段。

【经济发展内生增长力持续增强，环境明显优化】2012年，全县工业实现总产值37650万元同比增长7.3%；实现工业销售产值22580万元，同比增长25.4%；实现工业增加值13720万元，同比增长19.3%；实现工业投入32078万元，同比增长12.6%；解决当地劳动力就业498人，临时工1300人/次，同比增长47.3%；工业企业的生产预计12月中旬将实现利税总额1100万元。招商引资工作开展有序，截止9月底月份，协议资金达到1.73亿元，实际到位资金1.664亿元，完成目标任务的71.7%；社会消费品零售总额5783.66万元，同比增长26.5%；建成标准化日用消费品农家店、农资农家店79家，其中新建的10家；配送碘盐313.434吨，碘盐覆盖率达100%；接待游客18563人次，同比增长25%，接待区外游客6932人次，实现旅游总收入256.7万元，同比增长0.7%；共举办旅游相关产业培训班2期，培训农牧民235名。热振国家森林公园旅游基础建设项目和林周县强嘎乡观鸟台建设项目已施工完成。和谐矿区建设成效显著，自开展建设和谐矿区工作以来，我县从有效开展监管矿山企业合法经营、安全生产、保护环境、保持和谐的角度，积极开展矿区生态恢复、资源开发补偿、项目环境影响评价、安全生产等工作。截止目前共对矿山企业进行检查6次，对不手续不齐全的企业下发了停产或整改通知，对11家申请开工的矿山企业进行了复产验收，促使10家矿山企业顺利开工；成立了以县政府主要领导为组长的矿产资源开发整合工作领导小组，并制定了《关于推进林周县矿产资源开发整合的意见》，目前已经完成初稿，正在征求意见阶段。

重大工程建设项目顺利进行，已完成旁多水利枢纽工程5.6万亩土地征地工作。顺利完成一期170户1130人群众搬迁建卡、群众安置和补偿协议书签订工作；二期搬迁工作正在紧密锣鼓进行中，在尊重群众意愿和结合实际的基础上，现已确定二期170户1026人的搬迁安置去向，目前建房工作已完成，基础设施正在积极完善，确保了旁多水利枢纽工程如期完工。

【城乡建设和生态建设加速推进，面貌日新月异】2012年全县安居工程950户，目前已完成684户，总投资3650万元，大幅改善了农牧民群众居住条件；投资1400万元的7个农村人居环境建设和环境综合整治项目全部动工，现阶段已完成硬化路面49000平米及相关配套设施，约占工程量的85%。总投资271.17万的2012年农村安全饮水工程，于8月开工建设，目前已完工1处，预计全部完工后解决2613人安全饮水问题；已基本实施完成2011年投资1492万元的27个扶贫项目，2012年总投资2316.42万元的40个扶贫项目已有90%开工建设；为丰富群众业余生活，1-10月份全县共开展“文化下乡”活动82次，举办文艺演出56场，45个行政村和38个寺庙以实现了书屋全覆盖，总投资180万元的新华书店已完工，总投资850万元的10个乡镇综合文化站以进入开工阶段，总投资60万元的县文化活动中心维修项目已开工建设，预计11月份完成。

加大行政中心东移战略，拉大县城框架，实现县城建设跨越式发展，今年我县陆续在城东新区扩大建设项目投入力度，投资2717.92万元用于建设林周县农产品科技示范推广中心，该项目于3月份开工建设，目前已完成施工进度的80%；投资1002.29万元用于建设公安业务用房，该项目于6月底开工建设，现已完成70%；投资196万元用于建设林周县档案馆，项目于3月份开工建设，目前已完成施工进度的95%，预计2012年底可投入使用；投资485万元用于建设林周县社保大楼，该项目于9月开工建设；为了适应县城

发展，计划新建太湖南路，该项目投资1400万元，预计明年动工建设。城镇建设大步前进，两房建设进展顺利，2011年续建58套职工周转房现已进入装修阶段，2012年投资1838万元的第一期24套职工周转房建设和104套廉租房主体工程已基本完工，11月底缴付使用，第二期56套职工周转房已开工建设，预计2012年完成总工程量的30%；生态建设得到进一步加强，完成植树造林29613.1亩，为群众增收172万元；已完成林周县环境监测站和执法业务办公用房，前期工作待国家环保部评审完成；投资约260万元的甘曲镇水源地环境保护项目已于9月底开工建设；建立草原生态保护补助奖励机制工作和全县水利普查、住房普查、农村宅基地确权工作基本完成。

【扎扎实实促进民生保障和改善，共享发展成果】一是优先发展教育事业，加快教育改革和发展步伐，总投资1388万元的边林乡中心小学教工宿舍等6个项目已经竣工验收。总投资4562万元的春堆乡中心小学学生宿舍建设工程等9个学校改扩建及附属工程正在实施。投资1441万元的春堆乡中心小学等6所学校的教工宿舍建设和边林乡等3所小学附设幼儿园的国家投资项目以及市政府补贴资金4500多万元的苏州小学改扩建工程等7个项目已经立项，即将组织实施。总投资1120万元的卡孜乡等5所附设幼儿园以及县中学学生食堂已完成可行性研究报告和初步设计，待评审。圆满完成了高考、中考工作，其中重本上线1人，普通本科上线24人，专科上线45人，对口高职上线64人；内地西藏高中班录取15人，拉中8人，北高22人，升学率达80%以上。二是大力发展卫生事业。全县参加农牧区医疗农牧民人口总数达56214人，交纳个人筹资56206人，参合率99.9%；1-9月全民体检57857人，0-18周岁儿童体检13711人，体检率95%以上；僧尼体检734人，体检率96%。强化免疫接种及补种工作，为全县14659名儿童开展麻疹、麻风、糖丸的强化及补种工作；开展各类巡诊30多次，接诊群众3000多人。三是进一步完善城乡社会保障体系，农村最低生活保障制度和扶贫开发制度衔接工作顺利开展，社会保险各项工作稳步推进，截止9月底全县新型农村养老保险参保人数为33279人，参保率为93.37%，60岁以上参保人数为5733人，职工养老保险参保达到277人，新增20人，征缴养老金168.9039万元，参保率为100%。僧尼养老保险参保743人，参保率为98.6%；失业保险参保人数达到910人，工伤保险参保人数达到1704人，生育保险参保人数达到1937人；居民医疗保险参保人数达到1911人，城镇居民养老保险参保人数为614人，其中60岁以上为127人。目前，共落实城镇低保资金399.68万元，农村低保资金292.12万元，将145名五保老人纳入城镇低保，其中入院供养86人，分散供养59人。四是加强了就业再就业工作，1—10月份共组织各类培训班9期，职业介绍550人，开发就业再就业岗位670个，农牧民转移就业培训300人继续保持零就业家庭动态消零。

当雄县

【年度综述】2012年1-9月，全县累计实现工业销售产值34337.54万元，完成目标任务的70.8%；工业增加值15259.57万元，完成目标任务的70.98%；上缴税金3390.51万元，完成目标任务的57.67%；完成工业投入8925.5万元，完成目标任务的29.56%；解决牧民劳动力就业370人，完成目标任务的102.78%。全县工业企业户数达9家，其中规模以上企业有3家（5100矿泉水、华钰拉屋分公司和龙源西藏新能源有限公司羊八井光伏电站）。

【重点项目建设】结转完成2011年续建项目7个，包括：当曲卡镇当曲村三组新农村基础设施建设、羊八井国家地质公园、县特警大队、民政救灾储备库、自然村通达工程、县卫生服务中心、宁中乡政府基础设施建设项目。2012年完成新建项目17个，包括：三个乡镇（纳木湖、乌玛、龙仁）党政办公楼及食堂建设、三个乡镇（格达、龙仁、乌玛）派出所建设、县级政权机关综合用房建设、县综合服务中心、五处寺庙（多吉林寺、江热寺、色德寺、热庆日追、扎西岛下拉康）的道路桥梁建设、四个寺庙管委会（嘎洛寺、多吉林寺、康玛寺、羊八井寺）业务用房及警务室建设项目等。正在实施2011年中央投资计划内全县城镇和政法基础设施建设项目3个，包括：县城供水、当曲卡镇基础设施建设及县检察院技侦业务用房。其中县检察院技侦业务用房将于年内完工。

【高寒两用温棚建设】2012年当雄县计划建设高寒两用温棚200栋共分两批进行：一批由县农发办实施当雄县宁中乡2012年度畜牧业综合开发项目建设任务100栋，项目总投资达470万元，目前已完工20栋，主体完工70栋，未完工10栋。在已完工的20栋中，有15栋已经在种植蔬菜。另一批由县畜牧局组织在羊八井镇、格达乡、当曲卡镇、公塘乡、纳木湖乡、龙仁乡、乌玛乡等7个乡（镇）实施115栋两用温棚建设，其中15栋是从当雄县2011年高寒牲畜棚圈建设项目变更为牲畜两用温棚建设项目。整合后项目总投资510万元，目前已完工105栋，剩余10栋除未安装门窗外，主体已全部完工。2012年共将完成高寒两用温棚建设任务215栋，并将于年内全部完成。

【安居工程建设和沿线改造提升】2012年全县计划实施一般安居工程建设630户，目前已完成建设679户，正在建设10户，超额完成年初计划。2012年全县计划实施沿线改造提升570户，目前已完成247户，正在建设96户。

【公路铁路沿线粉刷工作】根据自治区党委常委、拉萨市市委书记齐扎拉同志的指示精神，2012年投入资金525.37万元，共实施公路铁路沿线粉刷房屋1176户，粉刷总面积达52.53万平方米。

【水利设施建设】完成多吉林寺、羊井寺、嘎洛寺和康玛寺四大寺庙的供

水工程建设。藏布曲防洪工程目前已完成全部工程量的45%，完成投资150万元。2012年度农村饮水工程正在实施当中。雄曲防洪工程和县城防洪堤工程正在做前期准备工作。

【教育卫生项目】9个重点教育项目建设成效显著，其中竣工学前教育推广工程项目3个，分别是：纳木湖乡恰嘎村和乌玛塘乡纳龙村两个村级幼儿园、格达乡乡级幼儿园；建设完成当雄县中学400米塑胶跑道及附属设施建设项目；建设完成当雄县中学教师培训楼、龙仁乡中心小学教学楼、当雄县完小200米塑胶跑道、乌玛一小教工宿舍、格达乡中心小学危房改造。教改工作扎实推进，现已完成22个教学点的撤并工作，待10月底前龙仁乡中心小学搬迁后，全面完成23个教学点的撤并工作。目前，所有撤并教学点的相关配套设施均已由县教育局全部解决。县卫生服务中心建设项目已基本完工，正等上级相关部门的验收。16个村级卫生室建设项目，目前已完工15个，剩余1个由于选址问题，拟定于明年开工建设。

【城镇基础设施建设】当雄县市政栏杆改造和更换、路灯改造、管线改造及配电工程目前正在建设中；当曲卡镇基础设施建设工程正在做开工前的准备工作。

【社会民生工程】2011年县直周转房建设项目，目前44套住房已完成主体工程，建设资金已全部到位；2011年廉租住房建设项目，目前24套住房已全部完工，正在进行初验；50套公共租赁住房建设项目，目前已完成工程总量的75%，争取年底前完工。完成2011年扶贫项目9个（含市级扶贫项目2个）；完成2011年续建农发项1个，即纳木湖乡畜牧业综合开发项目，并于2012年8月份顺利通过区、市两级验收；完成2011-2012年当曲卡镇整乡推进项目（包含9个子项目）。2012年批复的面上扶贫开发项目共有16个，目前正在紧张的实施当中。

【加大畜牧业结构调整力度，推进畜牧产业化进程】在抓好畜牧业生产安全的同时，切实加大畜牧业结构调整力度，壮大龙头，带动牧户，努力在牧民增收和畜牧产业化发展上作文章。据统计，截止2012年第三季度，我县存栏各类牲畜577688头（只、匹），出栏牲畜7590头（只），出栏率1.6%；幼畜出生119420头(只、匹)，成活115625，成活率96.8%；成畜死亡2071头（只、匹），死亡率0.43%。1、草补工作高标准通过区市验收。禁牧面积205万亩，草畜平衡732.255万亩，兑现各类草补资金3894.19万元，赔付政策性养殖业保险、房屋保险等79.72万元。2、冬虫夏草采挖工作顺利完成。2012年林周县共发放采集证568本，共采集虫草1165斤，据市场零售价调查虫草价格较去年上涨，每斤虫草市场收购价在8—10万元左右，按照折中价，全县在采挖虫草期间实现现金收入1.04亿元。并且由于工作措施完善，采挖期间未发生一起虫草纠纷案。3、狠抓关键控制点，确保畜牧生产安全。面对今年春、秋季高致病性禽流感及牲畜口蹄疫严峻的疫情形势，林周县严格按照重大动物疫情控制预案的要求，做到三到位，确保了畜牧业安全。一是强制性免疫到位。对全县实施了全范围性的强制性免疫。防疫密度达到100%，确保了全县免疫县不漏乡、乡不漏村，村不漏组，组不漏户，户不漏禽，禽不漏针。二是疫情测报到位。完善了疫情测报体系，建立了县、乡、村三级疫情测报网络，实行了疫情零报告制度和疫情测报岗位责任制，确保疫情24小时报告不间断。三是检疫工作到位。加大动物检疫力度，严厉打击贩卖病死动物的行为，有效切断了疫病传染途径，坚决杜绝了外界疫情传入，严防了县内疫情发生。强有力的防疫措施，保证了全县畜牧业生产的安全。

【成功完成纳木措景区交接工作，旅游业发展平稳】注重运用市场化运作的办法，搞好景区开发和建设，提升旅游业的整体带动力，促进第三产业发展。一是进一步规范旅游市场，全方位搞好旅游服务。完善了全县旅游质量管理、导游服务、游客投诉等制度。在景区设置了游客中心、医务室、中英文指示牌等便民设施。加强对景区商户管理，商户一律店内经营，实行商品明码标价，杜绝了欺诈游客、损害景区形象的现象发生。二是进一步加强旅游沿线的卫生整治工作。县政府主要领导多次督导检查旅游沿线环境卫生，并召开专题会议安排相关工作，营造了良好的旅游环境。1-9月份，全县旅游收入达5094.8万元，接待游客43万人，分别同比增长10%和8%，旅游收入完成年度目标任务的81%;年底，国内游客人数预计达到46万人次，同比增长5.5%，预计实现旅游直接经济收入5670万元，同比增长8.8%。

【抓好信访稳定和安全生产工作，维护社会大局稳定】始终把信访稳定和安全生产工作放在重要位置，严格信访稳定和安全生产工作责任制，全面落实信访稳定和安全生产的长效机制。特别是为维护十八大期间的社会局势稳定，组织有关部门在全县开展不稳定因素的大排查、大调处和安全隐患的大检查、大整改。坚持县领导接待日制度，对群众反映的热点、难点问题，不推不托，及时处理，把问题解决在基层，把矛盾化解在萌芽状态。截止目前，共受理来访来信来电案件19件51人次，办结18件，正在办理1件；矛盾纠纷排查26件，办结率100%；在市里挂账的4起信访案件全部得到化解和稳控。我县严格落实安全生产责任制和责任追究制，在全县进行拉网式检查，及时发现事故苗头，截止目前，全县开展大小规模安全大检查8次，共查出不安全隐患4条，下达整改通知书4份。信访稳定和安全生产工作取得了明显成效，确保了全县社会大局稳定。

尼木县

【年度综述】2012年，尼木县地区生产总值预计达到43675万元，同比增长20.4%；固定资产49315万元，增长30.4%；农村居民现金收入6881元，增长22.9%；旅游收入达到1030余万元，增长20%。

【推进农牧林业协调发展】一是农业生产保持稳定。全县总耕地面积41800亩，总播种面积63800亩，良种推广面积25000亩，土壤处理3500亩。调剂青稞种子3.4万斤，购买优质土豆种子15万斤，连片种植250亩，引进“藏油5号、藏春951”春小麦新品种推广500亩。完成机耕面积35000亩，机播25000亩。发放农药5.6吨，化肥774吨，农家肥积造90912吨，积极引导农民开展机耕机播工作，完成庭院经济建设250户，为每户平均投入资金1500元。二是畜牧业运行平稳。春季防疫工作于3月20日启动，免疫率达100%。为各乡镇发放抗灾物资青饲料12.5吨、1万斤青稞。完成了4500亩人工种草项目，目前长势良好。全县牲畜存栏162279头（只、匹），全县藏鸡共有104550只，户年村收入9000元。三是林业工作进展顺利。完成重点区域植树造林258亩，退耕还林补植补造2410亩，周边造林1500亩，义务植树690亩。

【加大项目工作力度】2012年以来，全县各级领导以及各部门都始终坚持以项目建设为总抓手，把项目建设摆在更加重要的位置，加大国家投资项目的争取和落地力度，特别是加大重大项目的争取力度，以此增加全县固定资产投资和全县税收收入。全县在建和已完工项目共有88个，总投资10.5亿元。已完成或即将审批的项目共有58个，总投资17899.51万元，目前已完成招标的有14个。已发展各类专业经济合作组织11个，成立了专业协会6个。2012年，全县日光温室总计已达到110栋。尼木铜业公司投资4.97亿元的5000吨电解铜厂项目已正式上马，该项目建成达产后，每年将为尼木县创造6500万元的税费收入。已落实了拉萨天利矿业公司投资1.5亿元的矿产资源开发项目。通过招商引资落实了第一期投入3000万元的吞巴乡“非物质文化遗产博览园”项目建设，有序推进了“尼木国家森林公园”、乳巴湖景区、赤朗沟景区综合开发项目，已成功申报“尼木藏香”国家地理标志商标。

【加快教育改革和发展】教改项目2012年—2014年计划总投资1.36亿元。2012年，县财政对教育的投入已达到734万余元，其中300万元用于县中学、续迈乡完小等学校的整体改造，200万元用于县完小整体搬迁征地补偿，100万余元用于农牧民子女和城镇低保户子女大学生资助。还多方筹资276万余元用于教改项目建设和县完小整体搬迁。

【医疗卫生惠及百姓】一是完成了2644名0-6岁儿童的免费体检工作；二是对全县22座寺庙的186名僧尼进行了全面体检；三是对全县3497名0-18名儿童及青少年进行了先天性心脏病初步筛查；四是积极推进16个村卫生室建设任务，续迈乡尼续村卫生室由市卫生局对口建设，已通过市卫生局验收。

【劳动就业和社会保障工作扎实推进】扎实开展就业培训工作，共组织开展就业培训1681人，完成农牧民引导性培训600人，技能培训1081余人，劳务输出8050人次，实现劳务收入9248万元。全县适龄应参保人数15182人，实际参保人数14866人，参保率为98.24%。

【民政工作扎实开展】全年，共开展医疗救助178人，支出医疗救助款70余万元，解决了贫困群众看病难问题；共向特困户等弱势群体发放慰问金60余万元，向优抚对象发放抚恤金7.24万元，发放临时救助资金22万余元。为94名肢体残疾人发放机动轮椅燃油补贴11.9万余元。

曲水县

【年度综述】2012年，全县实现地区生产总值77090万元（以下均为预计数），完成年度目标任务的121.02%，同比增长45.18%。其中：一产增加值12550万元，完成年度目标任务的113.06%，同比增长20.67%；二产增加值49690万元，完成年度目标任务的123%，同比增长53.84%；三产增加值14850万元，完成年度目标任务的121.72%，同比增长42.79%。全社会固定资产投资达到12.68亿元，完成额为11.05亿元，完成计划的100.42%，同比增长33.25%。社会消费品零售总额16050万元，完成年度目标任务的120.68%，同比增长45.25%以上；农村居民人均纯收入达到7780元，完成年度目标任务的115.24，同比增长32.53%；完成本级财政收入5000万元，完成年度目标任务的111.58%，同比增长56.2%。税收收入8000万元，完成年度目标任务的150.94，同比增长56.86%。全县个体工商户765家，比去年增加71户。全年接待游客、旅游收入分别完成17.45万人次、905万元，完成年度目标任务的120.18%和120.83%，同比分别增长44.21%、54.7%。

【围绕项目建设，县域经济发展后劲进一步增强】2012年，曲水县全年开复工项目167个，项目总投资为115777.33万元（其中国家投资：40376.99万元，区、市配套:12289.36万元，县级配套1628.69万元，援藏资金：2045万元，社会投资：59437.29万元)。其中农牧林水项目55个（农牧项目16个，林业项目11个，水利项目11个，农开项目17个），投资14029.17万元；国土项目1个，投资683万元；教育项目16个，投资5233万元；民政项目2个，投资490.9万元；卫生项目5个，投资191.20万元；广电项目6个，投资633.80万元，基建项目27个，投资24911.36万元；交通项目7个，投资8583.35万元；工业项目17个，投资53900万元；其他民间投资项目31个，投资7121.25万元。在开复工项目中，特别是以曲水县2012年优质蔬菜项目、防护林体系建设项目、茶巴拉水土流失综合治理及水保科技示范园区项目、聂当乡德吉村农业开发项目、才纳乡土地平整客土改良项目2012年人居环境项目、才纳乡至协荣乡村道路贯通工程项目为重点的一批新开工项目的实施，将有力带动县域经济发展。

【优化产业结构，特色农业发展水平

进一步提升】2012年，全县农作物总播种面积为9.24万亩，其中粮食作物面积为4.58万亩，占总播种面积的50%；经济作物面积2.4万亩，占总播种面积的26%；饲草作物面积为2.26万亩，占总播种面积的24%；粮、经、饲比例由49：25：26调整到50：26：24。全县粮食作物产量指标为5000万斤，实际产量5018.36万斤（单产957斤），同比指标增长0.37%。全县牲畜存栏10.52万头（只、匹），完成指标的104.1%；肉类产量3350吨，完成指标的101.5%；奶类产量4600吨，完成指标的100%；山羊绒总产量1.36吨，完成指标的100.7%；禽蛋总产量完成142吨，完成指标的107.6%；全县成畜死亡率为0.98%；新生仔畜成活率为96.5%；出栏率为39.6%；牲畜良种覆盖率为5.4%。全县共新建日光温室443栋，其中自治区特色产业建设配套103栋，市级财政配套建设150栋，市科技局配套建设50栋，援藏配套建设40栋，县级财政配套建设100栋，总投资2385.5万元。2012年实施的国家级星火计划（特菜）和市级特菜两个项目，总投资45万元，其中国家投资30万元，市科技局配套15万元。项目在曲水镇和南木乡两个乡镇实施，种植的品种主要有五大种类：彩色辣椒、樱桃萝卜、樱桃西红柿、水果黄瓜、迷你冬瓜。两个项目点均已试种成功，下一步将进入项目的推广阶段。庭院经济示范户建设总投资60万元，示范户全部定在聂当乡，其中德吉村210户，热堆村190户，共计400户，每户种植任务为3株苹果苗、2株水蜜桃、1株葡萄，示范户建设工作已经全部完成，并顺利完成了示范户培训工作。全县新修建沼气980座，已全部完工。规范了全县22家合作社，成立了曲水县吉如农牧民专业合作联社，注册资金达到1946.9万元。总投资90万元的人工种草项目，已确定项目地块，草种已下发到涉及项目的乡镇。全县草原总面积185.2万亩，可利用草原面积179.99万亩，全县实施草场承包总面积179.99万亩，草场承包率达到100%。

【打造一流平台，工业经济带动作用进一步扩大】2012年，全县工业经济完成工业总产值80950万元，同比增长34.92%,2012年目标任务为67200万元，完成目标任务的120.46%；完成工业增加值24508万元，同比增长33.92%,2012年目标任务为20280万元，完成目标任务的120.85%；完成工业销售收入63358万元，同比增长34.00%,2012年目标任务为52730万元，完成目标任务的120.16%；上缴税金5400万元，同比增长36.71%,2012年目标任务为4500万元，完成目标任务的120.00%。在招商引资过程中，以项目库建设为依托，立足曲水的地理、区位和资源优势，充分利用各种招商平台，坚持走出去原则，积极外出招商，大力推介曲水工业园区的发展优势和发展潜力，千方百计吸引客商投资曲水。全年招商引资累计到位资金达56500万元,同比增长20.21%，2012年目标任务为47000万元，完成目标任务的120.21%；全县工业投入达61300万元，同比增长98.32%，2012年目标任务为54000万元，完成目标任务的113.52%；共洽谈项目30个，汽车标签、青稞制品加工、牦牛肉制品等21个项目成功签约,其中新建项目11个，总投资155.62亿元，实际到位资金17000万元；续建项目10个，总投资46000万元，实际到位资金34900万元。针对企业存在的困难和问题，采取有效措施，积极帮助西藏合力硼业发展有限公司、西藏金稞科技有限公司等企业如期开工建设。为改善企业交通环境，投资2800万元实施了县城园区滨江路建设项目。涉及太阳能方面的江苏尚德电力有限公司百兆瓦级光伏并网发电、廊坊新奥光伏集成有限公司200兆瓦光伏并网发电和阿特斯（中国）投资有限公司20兆瓦太阳能并网发电三项重大项目，正在办理前期相关手续。

【突出环境保护，林木生态经济效能进一步提高】全县春季造林完成总面积62584.75亩，其中重点区域造林完成2126.9亩，周边造林绿化工程6000亩（造林3000亩、封育3000亩）,退耕还林工程荒山荒坡造林5550亩，高原生态安全屏障防护林项目造林15000亩，高原生态安全屏障封沙育草31260亩，四旁义务植树2647.85亩，育苗面积200亩，318国道绿化建设项目220亩，才纳乡机场专用路区域绿化二期完成造林253.8亩，完成率是年初任务的105.1%（年初造林任务为59556.9亩），造林成活率达到85%以上。在市委主要领导的直接关心下，在才纳乡租用耕地65亩，总投资91万元的3000余株雪桃，目前长势良好；在才纳乡试种的74亩烟叶，10月15日完成了烤烟采收工作，采收烤烟约25000斤。曲水县名优经济林核桃种植项目计划种植核桃301.05亩，实际完成302亩；在才纳乡成功试种10亩左右郁金花，数量达100万株。全县森林生态效益补偿基金项目面积为59.4817万亩，兑现资金达178.44万元。县政府小区绿化面积达15000平方米左右，绿化总投资100万左右；同时对县城内4个便民警务站的房前屋后进行了绿化，对318国道及扬州路进行了补植补造红叶李（直径5厘米以上）360株，柳树（直径5厘米以上）520株。

堆龙德庆县

【年度综述】2012年，全县完成生产总值17亿元，比上年增长23.01%，人均实现生产总值3491元，比上年增加167元。实现社会消费品零售总额4.08亿元，同比增长20.06%。实现地方财政一般预算收入2.23亿元，同比增长52.38%，提前三年完成“十二五”末财政收入目标。农村经济稳步发展，实现农业增加值1.32亿元，比上年增长12.4%。第二产业实现增加值10.16亿元，比上年增长57.36%。第三产业实现增加值5.52亿元，比上年增长20%。全县粮食总产4946.4万斤，同比增长0.6%，牲畜年末存栏总数10.93万头。全县金融机构各项存款余额达到19.24亿元，增长23%；各项货款余额4.67亿元，增长38%。

【人民生活】全年城镇居民人均可支配收入17455元，比上年增长4.85%；城镇居民人均消费性支出6930元，比上年增长10.11%；实现农村居民人均

纯收入7560元，比上年增长18.22%；农村居民人均生活消费支出3728元，比上年增长12.29%。

【项目建设】全年共实现基本建设项目181项，总投资19.29亿元。其中新建项目165项、竣工123项，续建项目16项、竣工12项。基本建设项目中，农牧林水建设66项、社会事业项目19项、维稳能力保障及政权建设项目18项，保障性住房建设项目9项、受援建设项目2项、城镇基础设施建设项目1项。顶嘎寺等7个寺管会办公楼和5座寺庙通达公路、县卫生服务中心、检法两院办公楼及职工周转房建设等工程全面竣工。拉萨经济开发区B区824户群众搬迁安置主体工程基本完成，小区道路、给排水、绿化、亮化等附属配套设施工程整体推进，波玛路拆迁建设工程全面推进，109国道二期工程完成招投标，公安局搬迁项目已上报国家发改委。固定资产投资不断加大，有力提升了公共服务水平、增强了经济社会发展后劲。

城市建设亮点纷呈。承接拉萨市“东延西扩南跨、一城两岸三区”城市发展战略，着力加强区域融合，加快推进市政建设。德庆大道完成路面铺设，道路链接效果初步显现，数字城管投入使用，城区承载能力不断提高，服务功能日益完善。分区规划制定出台，东嘎新区和柳梧新区分区规划已纳入拉萨市城市总体规划范围内，东嘎新区包括乃东片区和羊达片区，规划总面积87平方公里，柳梧新区分区包括柳北片区和柳中片区，规划总面积66平方公里。分区规划出台及经开区B区征地工作启动，开启了全县城镇化建设新征程，为推进农村城镇化建设、打造城乡统筹先导区奠定了坚实基础。

【新农村建设】新农村建设成效明显，城乡居民收入差距逐步缩小。东嘎村、桑木村、南嘎村等11个行政村家庭人均纯收入突破万元大关，“万元村”占全县行政村比例达32.3%。以安居工程为突破口的新农村建设加快推进，全年投入7400万元，完成860户群众安居新房建设，210户群众住房得以配套提升，受益人口5200多人。农村人畜安全饮水工程完成540户、1731人的安全饮水问题。完成南嘎村等6个点村容村貌整治工程、6个村通油路工程及12个村委会改扩建工程。本级财政投入1400余万元完成了42项民生工程，有效解决了一批涉及面广的民生实事。项目扶贫落实12个，总投资1036万元，扶持贫困户786户，户均增收3200元。

【社会事业】教育事业得到优先发展，教育投入力度进一步加大，县级财政投入由上年的20%提高到25%，达到3659万元，办学条件得到改善，教师的岗位津贴和超课时补助标准全面提高，教育发展的软硬环境得到同步优化，教育教学质量稳步提升。学校布局调整不断完善，投入1.99亿元（本级财政7904万元）实施了22项教改项目，完成了3年建设任务的74.36%，12个村级教学点撤并工作顺利完成。投入4410万元配套维修了原扶能高级中学，整合中等职业教育和人社培训资源，成立了全区第一个上规模的职业技能培训中心。

文化事业日益繁荣兴盛，公共文化服务网络不断完善。现有县级文化馆1个，农家书屋38个，寺庙书屋29个，乡级综合文化站2个，村级文化室34个。农家书屋建设率先在桑木村、通嘎村和岗德林村开展数字管理试点工作，桑木、通嘎农家书屋管理员荣获2012年“全国优秀农家书屋管理员”称号。文艺队伍在原有11支藏戏队、1支离退休干部艺术队和1支农民工艺术团的基础上，新组建了县民间艺术团、桑木村民间艺术团。完成楚布羌姆、楚布十二汉乐市级非物质文化遗产的申报工作，完成《八大药师王》、《金刚经》等藏文古籍普查工作。文化、文物、广电、新闻出版等工作在全市、全区乃至全国名列前茅。

公共卫生服务体系不断完善。全县新农村合作医疗参合率100%，办理住院报销2840人次，报销补偿金额691.97万元，孕产妇住院分娩率达到95%，婴儿死亡率控制22‰以内。“一村一卫生室”建设工作扎实开展，投资260万元新建20个村卫生室，确保农牧区方圆5公里内有1名医技人员巡诊。投资2194.94万元县卫生服务中心续建项目顺利完工。重大传染病和地方病防治工作有效增强，结核病治愈率达100%。实施了卫生监督所建设、地方病防治能力建设等项目，促进了医疗环境的改善和治疗水平的提高。

【社会保障】深入推进以业育人、以业安人、以业管人、以业富人等“四业工程”工作，全年从农牧民群众中招收288名专职护路队员，缓解了就业压力，促进了社会稳定。全年开展农牧民各类就业技能培训10期，培训660人，就业率达到95%。社会保险工作稳步推进，养老保险退休金发放率、失业保险参保率均达到100%，全县631名非参公事业单位人员均纳入了工伤保险。城镇低保工作实行动态管理，共发放城乡低保、医疗救助等各类社会救助资金808万元，五保户供养标准由上年的2200元提高到4320元。保障性住房建成40套周转房、30套廉租房、96套公租房，续建完成2011年76套周转房。双拥工作成果丰硕，蝉联“全国双拥模范县”七连冠和“全区双拥模范县”八连冠。

【受援工作】受援工作深入推进，项目援藏工作力度加大，投资方向由原来的市政工程、设施农业向城镇基础设施和现代设施农业拓展，争取援藏资金1140万元、援藏项目资金2500万元、援藏物资折合260万元。先后选派本县72名行业技术骨干前往内地考察进修、挂职锻炼。

【综合治理】深入开展“八看、一算账”、“一揭批、四增强”、“感党恩”主题教育活动，全面落实区、市党委和政府一系列维护社会稳定工作安排部署，谋长久之策，行固本之举，实现了“三无、三不出”目标。不断加强和创新社会管理，全年投入600多万元专项资金开展了网络化管理工作。加强和创新寺庙管理，“六建”、“六个一”、“9+5”工作深入开展，“两险一保”覆盖面不断扩大，396名僧尼全部参加了医疗保险，97%的僧尼参加了养老保险，390名僧

尼纳入了低保，从根本上确保了社会持续和谐稳定。

【领导名录】
县委书记：于海波
县　　长：安央金
人大主任：达娃次仁
政协主席：郭志锋

达孜县

【年度综述】2012年，全县完成地区生产总值7.28亿元，同比增长20.52%；完成全社会固定资产投资8.59亿元，同比增长36.13%；完成地方财政一般预算收入5512万元，同比增长91.64%；完成税收收入1.3亿元，同比增长125.1%；实现农牧民人均纯收入6740.12元，同比增长15.08%。全县税收收入实现翻番，其他主要经济指标在全市目标绩效考核中取得了优异成绩，先后获得国家级荣誉7个、自治区级荣誉8个和市级荣誉41个。

【三次产业协调发展，经济结构不断优化】突出现代农业发展，农业产业科技示范园区的建设步伐不断加快。全年落实农作物播种面积6.87万亩，实现农作物产量154.23万吨，肉类、奶类产量分别达到0.27万吨和0.24万吨。大力实施藏青320种子田建设2000亩，开展高产创建标准化种植2.5万亩，测土配方1.6万吨，有效地提高了农田产出率，保障了粮食安全。致力壮大特色工业，园区经济总量实现新跨越。全年完成销售收入18.02亿元，同比增长113.3%；实现工业增加值5.91亿元，同比增长113.5%；实现工业投入6.74亿元，同比增长59%。招商引资工作取得新成效。全年新引进企业57家，同比增长185%，投资额达25.4亿元，实际到位资金5.9亿元，同比增长97%；重点加大项目跟踪力度，全年跟踪项目信息208个。达孜工业园区管委会、罗占民族手工艺发展有限公司负责人分别受到国务院表彰并荣获“全国就业先进工作单位”和“全国就业创业优秀个人”称号。着重打造旅游品牌。甘丹寺、查叶巴寺、桑阿寺等县域境内的旅游圣地已成为推介达孜的重要载体。塔杰乡“金色池塘”等度假村受到人们的青睐，成为前来休闲、度假的首选。全年旅游人数突破20万人次，实现旅游收入520万元，同比增长29%。民营经济迅猛发展。全年新增私营企业25家，个体工商户74家，新增注册资本1.17亿元。三次产业比重由2011年的17：48：35优化为2012年的15：47：38，产业结构更趋合理。

【项目建设持续加强，城乡面貌焕然一新】通过积极争取国家、区、市和援藏投资，全年全县共落实建设项目134个，总投资9.01亿元，其中争取实施各类涉农建设项目19个，争取资金5946万元，项目建设更多地向基础设施、社会事业、民生改善、公共服务等方面倾斜。园区基础设施建设跃上新台阶。全年续建、新建项目26个，总投资10.74亿元，实际到位资金5.98亿元。有效地改善了园区发展环境，提升了发展档次和水平。农村人居环境得到明显改观，全年共完成安居工程建设任务690户，总投资2940万元；完成朗木寨等8个村的农村人居环境综合整治建设任务；解决723户农牧民安全饮水问题。农村交通出行条件进一步改善，总投资2386万元的德庆镇新仓村、唐嘎乡罗普村通油路项目顺利完工，行政村公路通达率达到85%。生态环境保护与建设全面推进，重点区域生态公益林建设、拉萨周边长江防护林三期工程、西藏生态安全屏障保护与建设工程、义务植树等项目圆满完成。全年造林面积15547.1亩，栽植苗木80.79万余株，造林成活率达到85%以上，造林面积合格率达到100%。达孜大桥、污水处理厂、110kv变电站和垃圾中转站等事关民生项目有序推进。环卫队伍建设力度不断加大，环卫工作格局初步形成。

【筑牢基础惠及民生，社会事业蓬勃发展】一是教育事业全面提高。优先发展教育事业，教育改革和发展工作稳步推进，教育教学质量有了明显提升，学校德育工作得到切实加强。中小学在校生巩固率均保持在100%。二是公共卫生体系建设有序开展。完成7所村级卫生室建设，农牧区医疗管理水平全面提升，农牧民基本卫生知识普及率达到70%以上，农牧民合作医疗筹资率达到99.93%，医疗覆盖率达到100%。三是社会保障覆盖面继续扩大。新农保适龄参保人数达到13691人，参保率达到100%，城镇居民享受低保人数新增103人，农村低保对象新增760人，发放低保金173.9万元，发放各类救助资金586.7万元，困难群众基本生活得到有效保障。36套周转房、18套廉租房、54套公租房基本建设完成，城乡困难群众住房条件明显改善。四是社会主义文化不断繁荣。深入开展党的十八大精神宣讲活动，掀起了学习热潮。镇江达孜全民健身中心、20个农家书屋、14个寺庙书屋相继建成，新华书店、五个乡镇文化站陆续开工。认真做好广播电影电视管理工作，广播、电视综合覆盖率分别达到98%和97%。五是8件为民办实事项目基本完成。为全县19个行政村农牧户解决核桃苗13000株；为402名退耕还林农户进行培训；700余名农牧民在工业园区实现就业；为219对夫妇免费进行孕前优生检查；建设完成7个村级卫生室；新建9个村级幼儿园、5个乡级幼儿园，改扩建1所县级幼儿园；完成新仓、罗普两个行政村通村油路项目；农村客运班线和白纳村委会改造项目正在积极落实。

【援助力度不断加大，援藏工作成效显著】第六批援藏干部积极发挥自身优势，坚持把经济援藏与智力援藏有机结合，创新援藏新模式，拓展援藏新领域，进一步提升援藏工作层次。一是加强与镇江、丹阳、扬中市之间的沟通交流。在镇江企业援藏投资、企事业单位援建达孜公益事业等方面深入探索，争取各方面的援藏建设项目和资金。三年共争取援藏项目18个，引进援藏资金1.26亿元，是前五批援藏资金总和的3.35倍。江苏·拉萨展销中心、镇江达孜全民健身中心、达孜鱼跃医疗体检中心、中小企业孵化基地、丹阳路、新农村示范点建设等一大批援藏项目顺利推进，引进落户了昊泰制氧、雪龙工贸等一批科技含量高、带动性强、财政支撑力足的项目，为达孜的发展注入了新的活力。二是狠抓工业园区的发展与建设。采取资源招商、政策招商、产业招商、服务招商等一系列措施，优化投资环境，壮大园区规模，达孜工业园区已成为提升县域竞争力的重要载体，为全县农牧民群众增收致富创造了条件。提前1年超额完成了中央领导李源潮提出的“到2013年实现工业销售10亿元，财税收入1亿元，进区务工人员突破3000人，增加农牧民现金收入3000万元以上”的目标要求。得到了中央领导李源潮同志的肯定，在“干得很好，努力‘达标’，造福西藏人民，加强汉藏友情”批示的基础上，又作出了“干得好”的重要批示，令人振奋，为达孜加快构建特色产业集群、骨干企业集聚、各类人才集中、发展方式集约的新型工业化体系，坚持走特色取胜、环保取胜、科技取胜、规模取胜、质量取胜的新型工业化道路，努力实现园区建设“六大提升”，提供了强大的精神动力。

【民主法制进程加快，社会保持和谐稳定】坚持依法行政，自觉接受人大依法监督、政协民主监督和社会舆论监督，认真办理人大代表建议和政协委员提案，办复率100%。强化维护稳定“三包”工作责任制。圆满完成三大节日、全国“两会”、萨嘎达瓦、党的十八大、自治区“两会”和区、市党委八届三次全委会期间等敏感时期和重要节点的维稳安保任务，实现了“三无”、“三不出”目标。加强和创新社会管理，在德庆镇率先启动“网格化”管理试点工作，取得良好成效。4个便民警务站、1个护城河检查站建成并投入使用，在维护社会稳定方面发挥了积极作用。重点加大重点人员教育管控，依法管理宗教事务，严格落实僧尼请销假制度，严格控制宗教活动规模，不断加大县辖寺庙消防安全大检查，彻底消除寺庙安全隐患，深入开展“六个一”活动，扎实推进寺庙“9+5”工程，切实把党和政府的温暖送到广大爱国爱教僧尼的心坎上。强化矛盾纠纷“大排查、大调处”工作，信访工作不断加强，群众利益诉求渠道更加畅通。全年共受理群众来信来访32件144人次，成功化解30件，办结率达到93.8%，群众合法权益得到切实维护。2012年，全县被自治区人民政府授予“自治区级平安县”、被拉萨市委、市政府授予“2012年社会管理综合治理工作第二名”荣誉称号。桑阿寺、雪寺被自治区党委、政府评为“西藏自治区和谐模范寺庙”，查叶巴寺管会被市委、市政府评为“先进寺管会”。

墨竹工卡县

【年度综述】2012年全县完成地区生产总值12.63亿元，同比增长20.17%，其中，一产增加值1.95亿元，同比增长8.33%；二产增加值8.77亿元，同比增长24.57%；三产增加值1.91亿元，同比增长14.37%，三次产业结构调整到15.5：69.5：15。税收实现2.8亿元，同比增长20.17%；财政一般预算收入完成1.45亿元，同比增长48.44%；社会消费品零售总额达到1.38亿元，同比增长86.49%；农牧民人均纯收入达到6910.37元，同比增长20%，其中现金收入4341.23元。人口自然增长率稳定在12.9‰，城镇登记失业率控制在2%以内。

【结合实际 科学发展产业经济】现代农牧业，走出特色道路。2012年，引进天牧庄园公司开展畜产品深加工，大力推广温室蔬菜种植、庭院经济种植、藏青杨育苗、藏鸡（猪）规模养殖等特色农牧业项目，新增科技特派员39名，新增蔬菜种植基地4个、养殖大户4户、专合组织6家，新增日光温室200栋、庭院经济示范户300户。新增农机具915台，农区机械化综合水平达到86%。农牧业防抗灾、动物疫病防治工作扎实开展，农田水利基本建设有序推进。全年粮食产量2.35万吨，蔬菜产量0.16万吨，山羊绒产量13.34吨，禽蛋产量19.16吨，肉奶产量分别达到0.68万吨、0.31万吨；牲畜出栏7.85万头（只、匹），出栏率达36.72%，年末牲畜存栏21.38万头（只、匹）。

矿产开发，凸显经济成效。2012年，华泰龙二期工程全面启动，天仁矿区搬迁安置房主体已完工，驱龙矿区搬迁安置房正在建设，三大矿区建设取得实质性进展，同时完成了嘎则选厂的整合工作，矿产开发更加有序化、规范化。全年实现工业销售10.47亿元，同比增长46.4%；实现工业增加值6.07亿元，同比增长54.8%；实现工业投入29.84亿元，同比增长251%；实现工业税收2.2亿元，同比增长35%；解决农牧民用工人数639人。

旅游经济，缔造美丽墨竹。2012年，投资4471万元实施了甲玛霍尔康庄园、甲桑徒步等旅游基础设施建设。完成了德仲温泉、思金拉措、达普天文历算观测台等项目可研工作。财政安排100万元成立旅游产业发展基金，完成了旅游文化开发有限公司筹备工作。成功举办第二届“甲桑古道徒步游活动”，扩大了墨竹旅游影响力。2012年接待游客57万人次、实现旅游收入1120万元，同比分别增长21.54%、28.95%；新增农（牧）家乐5家，旅游从业人员达到670人。

固投增加，完善基础设施。全年完成固定资产投资36.4亿元，同比增长183.67%，实施了扎雪、甲玛等乡镇综合业务用房，甲玛、日多公安检查站，寺管会业务用房及寺庙安全饮用水等涉及基层政权建设、交通能源、安居工程等200个项目；落实援藏项目资金1.54亿元，实施县就业和社会保障服务中心、浦口幼儿园等11个项目。

【环境改善 创造发展新契机】生态环境保护有序推进。全年植树造林2000亩，封山育林3000亩，318国道（省道）沿线绿化栽植48000株，新增育苗500亩。加强草原生态保护工作，及时落实草原生态补助奖励政策，发放2011年草补资金886万元。矿产企业、建设项目环境、规划影响评价执行率和“三同时”执行率均达到100%，工矿企业各项排污指标均在核定范围内。

发展环境更加优化。坚持政企联席会议制度，强化企业全方位服务。开展土地矿产卫片执法检查整改工作，规范土地市场秩序，为各建设项目提供用地保障。充分发挥资源优势，完善招商政策，简化审批程序，引进了天牧庄园、那菲药业等企业入驻，落实招商引资资金29.84亿元，同比增长231.55%。正式挂牌成立了县工商联，加强非公经济扶持、服务和管理，2012年新增工商企业5家、个体工商户28户。

【民生改善 打造安康社会】农牧民安居乐业。一是加快推进以安居乐业为突破口的社会主义新农村建设，农村安全饮水自然村、人口普及率均达到98%，通电率达99.82%，电话实现村村通；21个行政村实现通油路，19个行政村通公路。实施了工卡镇工卡村1组整体搬迁，开展农村宅基地确权登记工作，完成了900户安居工程建设及帮达村、嘎则自然村等6个点的村容村貌整治，建设公租房100套、周转房144套，维修周转房100套、改造棚户区95户。二是投资2107.4万元实施农发扶贫项目33个，帮助686户3230人脱贫。全力实施“四业工程”，2012年新增城镇就业280人，农牧民实用技能培训3100人，转移就业培训1527人（含特殊人群58人），转移就业达1060人；劳务输出1.41万人，实现劳务收入1.59亿元，其中虫草采集收入7063万元。

社会事业加快发展。2012年教育投入比例提高至25%，同时安排496.29万元支持教育事业发展，全年教育投入总量达4127.04万元，创历史新高。全面完成14个教学点的撤并任务，完成总投资1.9亿元的教改项目建设。县财政为894名在校大学生发放资助金273.44万元，南京援藏发放特困大学生资助金34.7万元。实施了县卫生服务中心建设和尼江卫生院改造工程，公共卫生服务体系更加完善。实施城乡居民免费体检，体检率达100%；在全区率先开展对口援藏免费救治先心病儿童工作，共救治15名患儿。开通了残疾人就医和0–1岁儿童医疗救治绿色通道，实施了高危孕产妇住院期间营养供给工程，孕产妇住院分娩率达96.4%，婴儿死亡率控制在了22.9‰。

社会保障力度加大。提高社会保险参保率，“五大社会保险”扩面786人。城乡低保实现应保尽保，累计发放城乡低保金813.73万元。农村五保集中供养率达95.16%，五保集中供养标准达到月人均660元（县本级补贴300元），共计发放补贴133.92万元。新型农村社会养老保险实现全覆盖，县财政月提高新农保基础养老金5元，共计发放434.76万元。大力实施救济救助，累计发放重特大疾病医疗救助金145万余元，救助18名患者；建成并投入使用县级应急救灾物资储备库，存储应急物资价值200余万元，发放救灾款14.57万元，发放救济口粮、饲草料及防汛物资价值88.19万元。出资121万元组织100名退休老干部赴内地参观考察，增强了其民族认同感和自豪感。十件实事全面完成，得到了群众的一致好评。妇女儿童、国防动员、通信、金融、气象、工商等各项工作均取得了新成绩。

文化事业迈上新台阶。完成2个村级文化活动站和40个村小组广播站建设，完成第二批24座寺庙书屋和县城新华书店建设，寺庙书屋实现全覆盖。《墨竹·新华手机周报》和新闻自办台运行良好，广播电视覆盖率达98.8%。深入寺庙为2500余件可移动文物登记造册，并向非物质文化遗产传承人发放63.4万元的保护专项资金。建有唐加卓舞、尼江藏戏、门巴宣舞等6支文艺表演队，加大对塔巴陶瓷、刺绣唐卡等文化产业的扶持力度，文化产业增加值完成4588.8万元，占GDP的比重达到2.4%。全年放映电影2141场次、观影人数9.2万余人次。组织3.5万余名干部群众学跳“幸福拉萨·规范舞”、举办了“庆祝国庆、喜迎十八大”幸福拉萨规范舞集体展演活动。投入22万余元开展“三下乡”活动，投入69.5万元用于各驻村工作队与群众开展“与民同乐·共度藏历新年”活动。

【领导名录】
县委书记：林涛（援藏）
县　　长：林生
人大主任：洛桑
政协主席：魏东飞

昌 都 地 区

昌都地区

【年度综述】2012年，昌都地区生产总值预计完成91.7亿元，同比增长21.6%；全社会固定资产投资预计完成88亿元，同比增长41.9%；全地区地方财政一般预算收入预计完成5.5亿元，同比增长57%；财政支出达到60.2亿元，同比增长46%；农牧民人均纯收入达到5025元（其中现金收入3768元），同比增长16%；城镇居民可支配收入达到15032元，同比增长8.7%。全社会消费品零售总额达到22亿元，同比增长20%；税收预计完成6.25亿元，同比增长55.2%；金融机构各类存、贷款余额达到122.19亿元、41.3亿元，同比分别增长26.96%，79.37%。全年经济工作总体呈现出“速度快、效果好、后劲足”的发展特点。

【基础设施不断完善】2012年，全社会固定资产投资达88亿元、同比增长42%。其中：预计国家和自治区投资74.7亿元（含中央企业投资）、增长70.5%，援藏资金3.6亿元、增长157.1%，社会投资9.7亿元。大力推进交通基础设施建设，国道318线整治改建工程已进入收尾阶段，邦达机场快速通道正在开展工程可行性研究;省道303线夏雅—洛隆段油路路基、桥涵、防护等工程正在施工。83个农村公路项目正在积极实施，74个寺庙公路已完工，125个寺庙公路正在抓紧实施，其余80个寺庙公路正在进行项目前期工作。稳步推进水利基础设施建设，协曲河丁青县当堆乡防洪堤、阿比河左贡县田妥镇防洪堤、昌都县面达乡草曲河河道治理、类乌齐县吉曲吉多乡段河道治理工程等12个中小河流域项目开工建设。全力推进能源基础设施建设，农村无电地区电力规划稳步推进，地区应急电源燃油发电机组已投产发电；“金太阳”工程完成安装；川藏联网工程正在开展项目可行性研究。

【产业建设稳步推进】一是提升一产，农牧业发展基础夯实。预计全地区农牧业总产值达到27.01亿元，同比增长5.2%。其中：农业总产值10.56亿元，牧业总产值14.61亿元。完成农作物播种面积77.87万亩，其中：粮食作物播种面积65万亩，预计粮食总产达17.45万吨；预计蔬菜产量达到4.68万吨；肉、奶产量预计达到8.7万吨和8.3万吨，同比增长4.8%、2.7%。年末牲畜存栏322.5万头（只、匹），牲畜出栏率预计达到32.5%。全年未发生重大动物疫病。11县草场承包工作已通过自治区验收；草原生态保护补助奖励机制工作10县已通过自治区验收。共到位草原生态补奖资金1.53亿元，共向农牧民群众兑现补奖资金1.42亿元。加快推进高原特色农畜产品基地建设，召开了农牧业特色产业专题工作会议，特色产业发展资金由过去每年1500万元增至3000万元，集中力量做强做大以芒康县藏东珍宝“达美拥”干红葡萄酒、八宿县“拉鲁卡”荞麦酒、洛隆县“洛宗”糌粑为重点的优势产业。目前，蔬菜基地、核桃基地、葡萄基地等农牧业特色产业进展顺利，在八宿、察雅等五县新建核桃基地3.49万亩，种植苗木80.34万株，完成投资5330万元。

二是壮大二产，全力以赴推进优势资源开发进程。加快“西电东送”接续能源基地建设，召开了地区首届电力发展大会，全力以赴推进“三江”水资源开发进程，大力推进重大水电项目前期工作。觉巴电站正常蓄水位选择专题、施工总布置规划专题已通过审查，其余各专项专题正在抓紧报批；如美电站临时业主营地完成建设；侧格、约龙、卡贡、古水电站已完成预可研，班达、古学电站正在开展预可研工作；果多电站年内实现截流，预计完成投资5.29亿元。苏洼龙电站可研阶段地质勘探工作基本完成，地质灾害危险性评估完成专家评审，坝址、坝型比选和枢纽布置专题完成咨询，正常蓄水位选择、施工总布置、可能最大洪水、“三通一平”、水保和环保方案等专题通过审查，实物指标调查细则和工作方案专题报告编制完成；叶巴滩电站坝型选择专题完成咨询，叶巴滩、拉哇电站正常蓄水位专题完成审查。岗托电站库区抽样调查和料场勘探工作已启动，波罗电站水生态环境影响和昌波电站减水河段专题研究大纲完成咨询；巴塘电站预可研设计报告完成内部咨询。热玉、沙丁、昂曲、洛河、新荣和卡西水电站预可研工作大纲已完成了专家咨询。怒江支流水电规划工作正有序开展。加快推进藏东有色金属产业基地建设。青藏专项“丁钦弄”、“邦达”、“洛隆地质矿产调查”三个项目累计投资2300万元，工作进展顺利。煤炭资源整合工作取得新进展，贡觉县夏塔多—夺盖拉煤矿、芒康县日西煤矿前期勘查工作有序推进。类乌齐县马查拉、八宿县瓦达煤矿，已进入资产评估结果确认阶段。昂青多金属矿点进行野外地质详查作业，完成了炸药库建设。卡玛多菱镁矿一期工程年产10万吨轻烧氧化镁机械化竖窑建设已完成。铁矿资源整合工作有序开展。玉龙铜矿一期搅拌浸出工艺项目预计2013年顺利投产，二期项目建设前期工作进展顺利，预计全年完成投资10.77亿元。新型干法水泥生产线建设稳步推进。

三是打造“三江”精品旅游区。召开了旅游工作专题会议，在资金、项目、政策等方面不断加大投入支持力度，从今年开始，地区本级财政每年安排旅游专项经费1000万元，积极培育“三江”流域、“茶马古道”、

“康巴文化”、“红色旅游”四大品牌。芒康古盐田、曲孜卡景区基础及配套设施建设已基本完工，盐产品已制作完成并投入市场，盐井景区通过国家AAAA级景区评定；国道317、318线芒康、江达景观大道配套设施建设项目已完工；然乌湖来古冰川国家公园总体规划和来古村、瓦村修建性详规已完成；芒康县南部旅游景区、318国道沿线自驾游营地建设项目已完成初步设计；西藏康巴文化国际旅游示范区的策划工作已经完成。全年接待区内外游客71.8万人次，实现旅游收入4.76亿元，同比增长49%，49%。综合采取政府推介、援藏途径、节庆活动等手段，不断加大对外宣传力度。大力拓展物流、商贸、电子、通信、酒店等服务业，积极促进房地产业健康发展，积极引导农牧区富余劳动力进城从事家政、家电、餐饮、休闲等服务行业，全地区第三产业预计完成增加值37.4亿元，同比增长25.4%；电信、移动、联通三家通讯公司预计完成业务总量34240万元。充满活力、特色突出、优势互补的服务业发展格局已初步形成。推动城市连锁经营和超市向农牧区延伸，新建和改造“万村千乡”农家店311家、配送中心5家。家电、家具下乡实现销售额0.77亿元。

【城镇建设步伐加快】昌都主城区控制性详细规划和修建性规划及城市设计已完成，西大桥重建工程、保障性住房建设项目等基础设施项目已开工建设，昌都镇第二水厂、胜利街下穿隧道已开工建设。昌都镇沿山路、望江路、帮达街四期道路、西大桥至北大桥四条市政道路项目初步设计已通过自治区审查。老城区（含地下排水管网）、新区的设计，已完成工程可行性研究报告编制工作。昌都镇新一轮旧城改造与开发建设工作进展顺利。

【社会事业全面推进】一是优先发展教育事业。从2012年开始，地区财政每年安排教育资金1亿元，用于教育事业的发展。全面实施了农牧区学前双语免费教育政策和财政补助政策，新建33所农牧区“双语”幼儿园。扎实推进义务教育学校、中等职业学校标准化建设，改扩建和配套完善了33所乡镇学校、4所县初中、3所普通高中。通过大幅增长教育投入、加强领导班子和队伍建设、改善办学条件等一系列措施，不断深化教育改革发展步伐，稳步提高教育教学质量，适龄儿童入学率、初中入学率、高中入学率得到进一步巩固。二是大力发展文化事业。着力提高文化发展能力，完善文化发展条件，改善文化发展环境，增强文化发展动力，加快文化发展步伐，召开了文化工作专题会，从2013年开始，地区本级财政每年安排1000万元专项资金支持文化事业发展。继续深入开展送文化下乡活动。完成了第三次全国文物普查，非物质文化遗产和文物保护工程进展顺利，昌都强巴林寺等重点文物维修保护工程进展顺利。小恩达遗址考古发掘、地形测绘和遗址钻探工作已经完成。11县新华书店建设工作积极推进。三是大力发展医疗卫生事业。召开了卫生专题工作会议，每年地区本级财政安排1000万元专项经费用于卫生医疗设备改善。地区藏医院经国家评审组评审达到三级民族医院验收标准，11县卫生监督所陆续组建，地方病防治中心和丁青、昌都、江达等6县卫生服务中心建设积极推进。重大传染病和地方病防治力度进一步加大，全民体检工程年内完成，新型合作医疗实现全覆盖。基层卫生工作得到进一步加强。婴儿死亡率控制在8.0‰、孕产妇死亡率控制在104.26/10万。四是大力加强就业和社会保障工作。落实支持城乡各项社会事业发展和救助体系建设资金2.42亿元。积极开展农牧民军旅式劳务输出培训，农牧民转移就业培训班38期，培训7033人。实现农牧区富余劳动力转移就业13.01万人次。截止11月底，全地区开发就业岗位5174个，实现城镇新增就业6501人，城镇登记失业率控制在2.89%。城镇居民基本医疗保险、新农保和城镇居民社会养老保险覆盖面进一步扩大，参保率分别达到106%、81.2%、43%。僧尼养老保险、医疗保险、低保等基本实现全覆盖。全地区保障性住房建设已完工774套，有效解决了干部职工、困难群众和进城务工人员的住房问题。五是大力推进扶贫农发工作。2012年共争取扶贫、农发项目219个，国家投资1.69亿元；到位农业综合开发项目8个，国家投资2590万元。截止目前，第一、二批整乡推进和第一、二、三批面上财政扶贫158个项目中，已经完成100多个项目建设任务，其余扶贫农发项目正在抓紧实施，进展顺利。共解决了5600户，28000人的脱贫与发展问题。六是大力实施民生改善行动。全面落实自治区“十件实事”和地区“十二项”民生工程，一批事关人民群众生产生活的路、桥、电、水、讯等民生项目正在抓紧实施。整合各类资金54.6亿元（其中地区本级财政资金1亿元），实施民生项目220项，截止目前，“十二项”民生工程开复工644个子项目，已完工181个子项目，完成投资33.9亿元。召开了新农村建设工作专题会，从2013年起地区本级财政安排3750万元专项资金用于支持新农村建设加快推进。全年完成了10356户农牧民安居工程、179个农村人居环境建设和环境综合整治点建设；解决了512个行政村3.6万名农牧民群众、5862名师生和9205名僧尼及寺管会人员的饮水安全问题；编制完成629个村委会、291座寺庙及寺管会应急用电项目实施方案；全地区乡(镇)和建制村通公路率分别达到97.1%和86.3%；完成58个村C网无覆盖、农话卫星故障站点的建设和修复工作，开工建设了11个县117个乡镇邮政网点，预计今年底全地区所有建制村和寺庙通讯信号实现全覆盖。建立各类型广播电视户户通和寺庙通广播电视28860套，广播电视综合覆盖率分别达到93.48%和94%。

【发展环境不断优化】一是公共行政服务效能明显加强。组建了便民服务中心，14个涉及行政审批业务的单位入驻，基本实现了“一条龙”服务；召开了地区综合治理发展环境工作大会，成立由行署主要领导任组长的专项工作领导小组，制定下发了《昌都地区综合治理发展环境实施方案》，依法整治打击在运输市场、地材市场等方面存在的干扰破坏发展环境的不法行为。二是非公有制经济发展步伐加快。严格按照自治区“五放”要求，全面落实“低门槛、零注册、轻税赋、强支撑、少检查、重激励”的政策措施，制定出台了《昌都地区招商引资优惠政策》，大力推动非公有制经济不断发展，为昌都经济社会发展注入了新的活力。截至目前，全地区已登记注册各类企业438家，注册资金达到213212万元；建立农牧民专业合作组织37家，出资总额3096.52万元；全年共签约招商引资项目66个，落实到位投资4.037亿元。三是对口受援工作得到加强。组织了昌都地区党政代表团赴“两市六企”进行汇报衔接，签订了新一轮援藏意向性协议。

【**生态环境有效改善**】召开了林业工作专题会议。2012年地区林业生态保护及建设资金达到4.1亿元。累计完成重点区域造林6.93万亩，高原生态安全屏障2.85万亩，栽植苗木342万株，四旁义务植树6187亩，封山育林10.4万亩，育苗323亩。完成类乌齐马鹿国家级自然保护区二期初验工作，三期工程准备工作正在抓紧开展，启动了芒康滇金丝猴国家级自然保护区二期工程以及八宿县然乌湖湿地自然保护区建设。开展了贡觉县拉多、丁青县布托湖湿地申报工作有序开展、八宿县“森林景观与生态文化资源保护项目指南”。11县县城和公路交通沿线乡（镇）城镇基础设施建设稳步推进，小城镇建设同壮大区域经济、发展乡镇企业、推动农牧业产业化经营的结合更加紧密。

【**社会局势更加和谐稳定**】按照中央“谋长久之策、行固本之举”的要求和区党委维稳工作十项措施，紧紧抓住影响昌都和谐稳定的突出问题，坚持重点地区重点治理，社会管理综合治理工作不断深化，创新和加强寺庙管理工作扎实推进，“东西”回流人员审查教育、社会面防控、重点人员管控等各项维稳措施的落实，狠抓“一群五网”工程建设、护城河工程建设，在周边邻省多次发生闹事、自焚事件的情况下，确保了在重大节庆日、重要敏感时段社会局势的持续稳定，实现了“三不出”。一是大力实施“排雷除瘤挖根强基”行动，多次组织开展声势浩大的严打整治工作。便民警务站建设、创新社会管理，探索建立了矛盾纠纷排查化解、寺庙教育管理等十大体系，着力构建维稳长效机制。二是加强安全生产工作，抓好重点行业专项整治，规范安全生产秩序，突出抓好道路交通、消防、建筑施工、危险化学品、矿山等领域的安全生产工作，进一步落实安全生产责任制，杜绝重特大安全事故的发生。截止10月底，共发生各类生产安全事故13起，死亡23人，较往年事故及死亡人数大幅度下降。三是稳妥处理各类人民内部矛盾，严防群体性事件发生。以确保社会局势稳定、服务人民群众为出发点，加大工作力度，加强督导检查，坚持用群众工作统揽信访工作，拓宽工作思路，切实把信访工作做细、做实。截止11月，共办理（接待）群众来信来访622批（件）次4491人次。

昌都地区外事工作

【**加强涉外维稳工作，强化工作措施，实现大庆安全圆满的目标**】在涉外维稳工作中，先后印发了《关于做好3月份敏感时段涉外维稳工作的紧急通知》、《昌都地区外事办公室关于加强涉外管理工作的意见》以及健全《昌都地区外事办公室涉外应急处理预案》等。在维稳进入常态化之后，我们按照自治区维稳指挥部外事组《2012年常态化管理中境外人员进藏审批管理办法》，及时召开地区涉外单位分管领导和部门负责人会议，传达贯彻《2012年常态化管理中境外人员进藏审批管理办法》，地委行署对此高度重视，提出意见，明确要求。各县、地区涉外单位部门认真负责，迅速行动，各负其责、各司其职，通力协作、密切配合，加强领导，精心组织，周密安排，抓好落实，确保了涉外维稳工作按要求有序开展并取得实效。同时，不断加强内保工作，严格落实24小时领导带班值班制度、坚持零报告制度，确保维稳各项措施落到实处。各县、地区各有关涉外联系机制成员单位部门高度重视，加强领导，精心组织，周密安排，抓好落实，严格执行在涉外事务“一日一报”制度，确保了重大节日和敏感时段的安全稳定。

【**充分履行外事职责，“两个服务”进一步加强**】在外事工作中，始终把维护国家核心利益作为外事工作的出发点和落脚点，牢固树立同达赖集团和国际反华势力长期斗争的思想，深入开展反分裂，反渗透、反颠覆、反蚕食的斗争，坚决遏制国际反华势力对我实施西化、分化图谋，维护了国家利益、安全和稳定。加强外事管理，健全完善涉外联席机制和工作机制，形成了上下联动、部门互动的工作格局，维护合法，阻止非法，为经济跨越式发展和社会长治久安努力营造良好的外部环境。认真组织实施《昌都地区党政干部（2012-2015）出国考察学习培训计划》加大实施“走出去”，加强对外交往交流，扩大开放，促进发展。今年已批准出国（境）考察团组一个，正在组织实施中。

【**做好涉外项目管理，非政府组织项目外籍专家及中方雇员管控进一步加强**】地区涉外项目—国际残联昌都假肢康复项目已进入三期（项目三期自2011年6月开始至2013年结束），在实施过程中，我们主动协调公安、安全、残联做好项目外籍专家、中方雇员在昌安全管控，确保了涉外项目安全、顺利开展，发挥了较好作用。

【**加强因公出国（境）的管理与服务**】认真执行因公出访的有关规定，按照“统一领导、归口管理”的原则，加强管理，规范服务行为，不断提高行政效率。建立实施了因公出国（境）审查报批工作流程，实行了因公出国（境）专办员制度，进一步加强了因公出国（境）管理工作，严格审核报批，把好审查关，确保我地区因公出国（境）的有序性和有效性，有效防止了公费出国（境）旅游，维

护了政府勤政廉政的良好形象。截止截止2012年11月1日，共办理因公出国（境）团组共7批8人次。

【积极开展基建项目前期准备工作】地区外事综合业务用房项目在区、地有关部门的大力支持帮助下，2012年3月已完成项目科研、初设及投资审查。项目建筑面积为3793.46平方米、概算投资1355.1万元、建设用地2500平方米。

昌都地区民族宗教工作

【民族团结进步先进集体、个人评选工作】3月26日地区统战民宗系统精心组织，全地区共评选县级模范集体110个，模范个人165名。地区级模范集体15个，地区级模范个人20名，向自治区选推荐自治区级模范集体4个，模范个人5名。成功召开昌都地区民族团结进步模范集体及先进个人表彰大会，会上共对昌都地区15个先进集体、20名先进个人进行了表彰。

【少数民族地区经济社会发展工作】深入抓好2011年所落实的14个少数民族发展建设项目检查督导工作，涉及地区9县13乡，涉及国家投资445万元。做好向自治区上报“十二五”时期少数民族特色村寨保护与发展工作项目规划衔接协调工作，涉及投资3630.38万元。向自治区民宗委推荐少数民族特色村寨建设项目5个，供自治区筛选其中2个项目。上报昌都地区藏药厂、昌都日通藏药厂为少数民族特需产品扶持厂家。推荐芒康县绿野公司为少数民族地区企业特需产品政府贴息厂家。2012年共落实少数民族发展方面建设项目14个，落实国家投资共计721万元，涉及6县12乡。

【宗教活动场所管理工作】突出重点寺庙和边远寺庙管理，突出沿江三县（江达、贡觉、芒康）及昌都县、类乌齐县、丁青县、边坝县寺庙的管理，突出格鲁派管理，不放松噶举派、宁玛派等的管理。深入落实“三个不增加”的工作要求，先后4次对全地区518座宗教活动场所之外的宗教活动点等进行摸排和统计。

【宗教活动管理工作】将宗教活动纳入常态化、制度化、规范化管理。全年向自治区上报批准举办1万人以上的宗教活动 2次。地区行署共审批1000人以下的宗教活动13次。

【僧尼管理工作】突出编外与编内并重，严格执行僧尼请销假制度，深入推行僧尼持证管理，依程序审批跨地区、跨省事假、病假外出僧尼共计93人。

【活佛转世工作】认真贯彻实施《藏传佛教活佛转世管理办法》，有计划地稳步开展活佛转世灵童的寻访、认定等工作，从严防范和打击境外、境内非法插手干预活佛转世事务，牢牢掌握活佛转世的领导权和控制权。有力指导江达县地本寺、边坝县拉孜寺、芒康县拉贡寺、察雅县沙嘎日追活佛转世工作。

【社会流动从事宗教活动人员管理工作】深入开展社会流动从事宗教活动人员清理教育整顿工作。截止10月底，各县统计上报社会流动从事宗教活动人员17803人，做到了底数清、情况明。对应清理劝返遣返人员开展了清理劝返遣返工作，共计清理劝返遣返人员2970人，同时，严格落实属地管理责任制，分别签订目标责任书（县、乡、村、寺、户），落实管控责任。

【寺庙“六建”工作】在全地区516座藏传佛教寺庙中，建立管委会238个、专职特派员机构278个。配备副县级及以上管委会主任、副主任99名。选派干部1345人进驻各寺庙。在18个管委会中成立了党委、在57个管委会中成立了党总支、在163个管委会中成立了党支部。管委会业务用房建设取得一定成效。

【寺庙“六个一”工作】据不完全统计，年初以来各寺庙管委会为寺庙及僧尼办好事实事达2000余件，慰问和帮扶贫困僧尼等的资金累计已逾100万元。

【寺庙“九有”工作】有四代领袖像、有国旗、有书屋、有报纸、有电影已全覆盖。有道路情况，2012年计划新建200座寺庙通达工程项目，目前已完成投资7675.9万元，已竣工6个寺庙通路项目。有水情况。不通水的寺庙有357座，涉及357个项目，截止9月份，已竣工305，正在建设35个，预计年底可完成340个寺庙通水项目。有电情况。不通电寺庙有291座，地区财政垫支497.64万元订购的429套组合式太阳能电源（135W/24V+200W/12V），已全部发放到无电寺庙，解决了无电寺庙管委会工作生活用电及寺庙僧尼用电问题。寺庙长期用电问题，结合《西藏自治区无电地区电力建设规划实施方案》，计划在2015年底前全部解决，总投资17.9亿元（不含电网内部分）。有广播电视情况。在227座通电寺庙管委会完成广播电视“舍舍通”和“寺寺通”项目建设4247间，剩余寺庙广播电视“舍舍通”和“寺寺通”项目建设任务，力争年底完成。强巴林寺数字电视已安装完毕，强巴林寺800间僧舍、7个公共场所全部安装了数字电视机顶盒，配发了液晶电视机。

【僧尼养老保险、医疗保险、低保等工作】在全面调查审核的基础上，截止10月底，全地区录入城镇居民基本医疗保险系统的3982人，参加养老保险9573人（其中：60岁以上643人），基本实现全覆盖。2012年2月17日在强巴林寺举行了60岁以上僧人基础养老金暨医疗保险证发放仪式，为25名60周岁以上僧人发放基础养老保险金和医疗保险证。全地区现有困难僧尼7089人。

昌都地区区域协作事务工作

【区域协作工作开展情况】2012年昌

都地区区域协作事务办公室抓住地区资源优势和后发优势，以区域间的协作作为支撑点、以项目作为招商引资工作的龙头，认真履行“统筹、指导、联络、服务”的职能，积极探索，努力创新，不断提高工作水平。一是强化招商项目质量，增强招商引资吸引力。要求各县根据地委扩大会议精神，结合本县实际上报招商引资项目。通过与相关单位对各县上报的项目论证、筛选，确定了33个项目并进行包装推介。同时为营造更加宽松的政策环境，从政策上降低门槛，根据自治区及其它地、市出台的优惠政策修订和完善地区各项优惠政策，出台了《昌都地区招商引资优惠政策》。二是做好投资宣传，增强招商引资吸引力。党组高度重视招商引资推介工作，9月份选派两名业务骨干参加“厦洽会”学习经验，发放招商引资宣传片、优惠政策、招商引资项目PPT、招商引资投资指南等资料150余份。与此同时，区协办主任陈秋梅亲自带队参加成都“西博会”，宣传昌都的优势资源、招商引资优惠政策，发放昌都招商引资宣传资料200余份。三是在重庆天津回访时，在两市的大力协助支持下举办招商引资推介会，在重庆签订招商项目8个，共108.785亿元（签署正式协议2个，资金102.5亿元，意向性协议6个，资金6.285亿元）；在天津签订招商项目9个，共49.46亿元（签署正式协议1个，资金0.01亿元，意向性协议8个，资金49.45亿元）。2012年共完成招商引资项目46个，协议资金14.77亿元，实际到位资金4.26亿元。

【三江水电资源开发工作开展情况】 昌都“三江”流域干、支流现共有电站42座，规划装机总容量3438.53万千瓦，规划静态总投资3950亿元，上半年完成总投资75024.27万元（怒江上游4481.8万元、金沙江上游38007.47万元、澜沧江上游31500万元、玉曲河1035万元）。现有电站的最早计划投产时间在2014年（觉巴电站），12月底可实现截流的1座（果多电站）。其中怒江干、支流19座，规划装机总容量1676.9万千瓦，规划静态总投资1665亿元；金沙江干、支流8座，规划装机总容量898万千瓦，规划静态总投资1200亿元；澜沧江干、支流15座，规划装机总容量863.63万千瓦，规划静态总投资1085亿元。目前“三江”流域42座电站中处于预可研阶段的有22座，可研阶段10座，规划阶段6座，待规划4座。

昌都地区农牧民安居工程建设工作

【农牧民安居工程建设】 2012年，昌都地区共实施完成农牧民安居工程建设10356户（其中：农房改造8714户，贫困户安居1000户，游牧民定居642户），并同步实施抗震设防加固工程，完成年度计划任务的100%，总体质量上达到合格以上标准。计完成总建筑面积131.073万平方米（其中新建106.539万平方米，改扩建24.534万平方米）；受益人口56958人，人均住房面积达到31.5平方米，当年入住率达到95%以上。

全年农牧民安居工程建设，完成总投资65683.12万元，其中：完成自治区补助16855万元（含抗震设防加固补助），地、县两级配套2011.9万元，援藏投入820万元，银行贷款2368万元，群众自筹（含投物投劳折资）43628.22万元（占总投资的66.42%）。

【农村人居环境建设和环境综合整治工程建设】 2012年，全地区共实施完成179个行政村的农村人居环境建设和环境综合整治工程（村庄道路、太阳能路灯等“七大工程”内容），总体质量上达到合格以上标准。项目覆盖受益19670户、103027人。全年“农村人居环境建设和环境综合整治”工程建设，完成总投资19392.66万元，其中：完成自治区补助12419.02万元，地区配套3071.64万元，县级配套1553.72万元，援藏配套140万元，群众投劳（折资）2208.28万元。2012年，安居办荣获2012年度昌都地区项目建设管理先进单位荣誉称号。

【创新工作思路，着力在务实上求突破】 一是着力开展“亮新招、争先进”活动。面对今明两年安居工程建设对象更加地处边远、自身积累更弱的这一实际问题，我们的工作重点也在随之转移，制定了“亮新招、争先进”活动实施方案及奖励办法，主要在于充分发挥各级组织的力量，全力解决困难群众的安居问题，务实地逐步改善传统，试点性推动使用新型施工技术，从基础中实质性提高抗震（设防）加固，大力使用新型替代建材，确保安居房建设在民族特色、质量实用上有新的突破。这一活动的开展得到了各县、各基层组织的全力支持，对发挥群众的主体作用产生了一定的效果，奖励办法也把各驻村工作队及村两委党员、干部的能动性调动了起来。二是稳步推进集中点建设。今年各县在充分借鉴往年工作经验的基础上，充分做到尊重群众意愿、有利生产发展安排建设的集中点共有7个，投资达5330万元。通过整合资金，做到水、电、路等八到农家配套设施的全覆盖，以高标准切实体现出新村建设的整体效益，已完工点的入住率达100%，深受群众欢迎。三是切实解决群众的困难问题特别是过去遗留的困难、突出问题。我们在解决群众的困难问题上采取了很多办法，特别是适当提高了相关配套补助资金。各级党政组织在解决困难群众建房问题上是千方百计予以重点考虑，在具体落实中，地委、行署将十二项民生工程逐一统筹纳入解决范围，仅安居工程通过地区本级财政、援藏、县三方增加投入累计资金已达4691.77万元。

【狠抓农牧民增收工作】 各级党政组织紧紧围绕改善农牧民生产生活条件、增加农牧民收入这一首要任务，依托项目建设的投资拉动作用，以安居为抓手，以乐业为目的，以增收为根本，主要采取组建各类农牧民施工队参与项目建设、技术培训服务、扩大劳务输出、建材生产运输、创办农牧民专业合作经济组织和商业网点及发展特色产业等措施，有效促进农牧民增收。预计在农牧民安居工程及农村人居环境建设整治工作中，农牧民群众共创收5000余万元。

昌都地区藏语文（编译）工作

【认真开展我地区藏语文社会用字检查整改工作】根据《西藏自治区人民政府办公厅关于印发全区开展藏语文社会用字检查整改工作实施方案的通知》（藏政办发[2012]120号）文件要求，切合我地区实际，制定了昌都地区《关于开展全地区藏语言文字清理整治工作的实施意见》，成立了由地委副书记、行署常务副专员阿布同志为组长，相关部门负责人为成员的藏语文社会用字检查整改工作领导小组，召开了藏语文社会用检查整改工作的动员会议和第一阶段的启动工作，着重对地区及各县所在城镇的党政机关、窗口行业、路识标牌、旅游景点、商户门牌等藏语文使用情况进行摸底，突出检查整改没有使用藏文、藏文翻译不准确、书写张贴不规范、藏汉文比例不标准、名称不统一等问题进行检查整改，初步为我地区藏语文社会用字检查整改工作的有序开展奠定了基础。

【完善制度，切实加强翻译业务工作】圆满地完成了地委、人大、行署、政协四大班子交办的各项翻译任务。同时完成了创先争优、“三项”教育活动以及昌都地区工作会议等文件资料近30万字的翻译任务。

【认真学习贯彻纪念《规定》颁布10周年座谈会精神】组织学习了西藏自治区副主席甲热□洛桑丹增和区藏语委办（编译局）党组副书记、局长罗布顿珠两位同志在座谈会上的讲话精神和区藏语委办（编译局）党组副书记、副局长李俊伦同志所做的《规定》颁布10周年来我区藏语文工作的情况通报。一是加强了学习，局领导班子带头学习领会了其精神，综合科安排专门时间进行学习，并深刻讨论，找准不足，制定措施，全局上下形成了全面贯彻落实纪念《规定》颁布10周年座谈会精神的良好氛围。二是全体同志克服困难，认真完成了各项翻译任务。为地委、行署的重大部署和有关政策及时有效地贯彻到农牧区，使农牧区了解掌握党的方针、政策和重大决策起到了桥梁纽带作用。三是为认真贯彻落实《中华人民共和国通用语言文字法》和党的十七届六中全会精神，组织人员为开展国语委，区藏语委办《关于做好全区二三类城市语言文字工作评估的通知》的实施工作进行了调研。四是认真抓好地区编译人员的业务学习，重点解决了日常工作中的难关，努力提高业务水平。

【加强督促检查，认真开展创先争优，强基惠民活动】该局全体干部职工和驻村工作队队员共计解决帮扶资金19000多元现金和衣物80多件，为村委会购置了活动场所的桌子和其他相应的设施。

昌都地区扶贫（农发）工作

【年度综述】2012年共争取扶贫、农发项目229个（含地区十二项民生项目和贫困户安居工程），国家投资17661万元，完成年初计划的196%。其中扶贫项目221个，国家投资15071万元，占年初计划任务的215%。到位农业综合开发项目8个，国家投资2590万元，占年初计划任务的121%。其中农发土地治理项目3个，国家投资1874万元，农发产业化项目5个，国家投资716万元。超额完成了年初计划任务。

【2011年扶贫、农发项目全部开（复）工】共开（复）工项目47个，投资5000万元，经过督促检查，目前大多已完成建设，11月份将集中组织验收，确保项目发挥良好效益。

【地区财政投资项目】十二项民生工程共涉及扶贫项目3个，投资235万元，其中八宿县拉根、林卡葡萄基地项目葡萄种植投资55万元，现已完成；芒康县曲孜卡乡花椒育苗基地建设及种植基地投资120万元，已建设完成；左贡县中林卡乡葡萄种植基地建设项目投资60万元，已经完成土地平整与苗木种植等工作，现正在进行围墙及葡萄架等建设，将于近期完成。

【整乡推进扶贫扎实推进】2012年13个乡镇整乡推进扶贫开发共56个项目，国家投资3224万元。已全部开工建设，目前进展顺利。2013-2015年三年规划于8月中旬已通过了自治区审查：三年规划在53个乡镇实施整乡推进扶贫开发，共规划531个项目，总预算投资36411.43万元，其中预算国家投资30818.21万元（国家计划投资2.7亿元），群众自筹5591.22万元。

【面上财政扶贫与劳动力转移项目】面上财政扶贫项目146个，国家投资8107万元。劳动力转移项目5个，国家投资205万元。除第四批52个项目、左贡县集中连片项目和2012年考评验收奖励资金10个项目，国家投资3652万元刚批复到位，各县正在做前期准备工作外，其余相继开工建设，进展顺利，三分之二的项目可以今年完成。

【贫困户安居工程】2012年下达贫困户安居工程指标1000户，国家补助资金2500万元，地区安居办全面组织实施，扎实推进。

【突出抓好56座溜索改吊桥项目】按自治区扶贫办要求，今年能够全部建设完成，今年5月以来，对察雅县、左贡县、芒康、江达县、贡觉县等已完成的吊桥进行了验收。

【两项制度有效衔接工作全面展开】4月中旬各县扶贫办派人到拉萨参加了培训，并于5月份全面展开对地区低收入人口进行准确识别，扶贫人口数据于8月8日通过了自治区扶贫办审定。自治区扶贫办初步认定2300元以下的低收入人口共有46063户，219480人，占农牧区总人口的37%，电子数据正在录入中。

【创先争优强基惠民扶贫农发直通车行动进展顺利】根据《关于开展“创先争优强基惠民扶贫农发直通车行动计划”的通知》（藏扶办发[2012]38号）文件精神，各强基惠民驻村工作队按照“参与项目前期工作、参与项目实施、参与项目监督”的“三参与”原则，扶贫农发办按照“项目管理程序不变、目标对象不变、开发内容不变”的“三不变”要求和“没有受益群众意见不上、没有基础组织意见不上、没有地县审查意见不上”的“三不上”原则，积极向区扶贫办申报创先争优强基惠民扶贫农发直通车项目，截止目前，共计到位直通车项目42个，国家投资2455万元。其中：第二、三批到位项目27个，国家投资1726万元；第四批到位项目15个、国家投资729万元。

【农业综合开发工作扎实推进】2012年度十二项民生项目涉及芒康、八宿、洛隆三县农业综合开发项目共8个，国家投资2590万元。三县土地治理项目于2012年元月陆续开工，目前已完成50%的田间工程，水利工程全部完成招投标工作并陆续开工。

昌都地区信访工作

【年度综述】截止2012年11月9日，昌都地区（含各县）各单位共办理（接待）群众来信来访622批（件）次4491人次，较去年同期上升17%。包括来访462批3232人次，较去年同期上升14%，其中：集体访131批 2438人次，较去年同期上升7%，个体访184批 371人次，较去年同期下降35%，重复访147批 423人次，较去年同期上升88%；来信 160件 1259人次，较去年同期上升25%，其中：联名信件37件1099人次，较去年同期下降49%，单信 62 件 153人次，较去年同期上升11%，重复信件7人次，较去年同期下降59%。妥善解决信访问题 379件，较去年同期下降11%；化解集体访57 件，734人次，办结率达44%，较去年同期下降48%。

【矛盾纠纷排查调处情况】集中开展了6次矛盾纠纷排查化解工作，共排查出信访突出问题443批件，已办结270批件，正在调处173批件，其中：涉法涉诉23批（件）、党纪政纪2批（件）、双拖欠15(件)、资源纠纷案43件、土地征用8批（件）、宗教2批（件）、其他类79批(件)，办结率为61%，比第二次联席会议前案件办结率提高27%。

【实行干部大下访】第二次联席会议以来，地级主要领导及地直机关主要领导干部下访约76余批次，各县联席会议成员下访约420余批次，领导干部下访期间，对于能当场解决或答复的信访问题，给予当场解决或答复，对不能当场解决或答复的，安排各级分管领导逐案进行调查处理，并尽快予以答复。妥善解决了拖欠民工工资类、资源纠纷类、涉法涉诉类容易引发信访突出问题及群体性事件的矛盾及苗头隐患、案情复杂久拖未决的疑难重信重访问题和责任主体难落实、工作难度大的重点信访积案10件，密切了党群联系，拉近了干群关系，极大的促进了社会和谐稳定，取得了良好的社会效应。

【实行领导大包案】对上级交办的案件和排查出来的矛盾纠纷，各成员单位层层建立了“信访包案制度”，并按照“一个问题、一名领导、一套班子，一个方案，一抓到底”的要求和“地级干部包县、县级干部包乡 乡级干部包村、驻村干部及村委会成员包组包户”机制，定时间、定责任，包调查、包处理，限期解决。尤其对新增的信访突出问题及时建立台账，定包案领导、定办案责任人，并实行跟踪督办，力争把问题及时妥善解决在属地和部门，解决在基层和萌芽状态，严格执行责任追究制，有效杜绝了狠抓不力、责任不明、推诿扯皮、措施不当或把矛盾推向社会及上级单位的行为，截至目前，我地未出现进京或赴自治区越级访的情况，基本做到了“件件有回音，事事有结果”。

昌都地区公安工作

【维护稳定】昌都地区公安机关认真贯彻落实区党委、政府、地委、行署和自治区公安厅关于维护社会稳定工作的一系列要求和部署，以“3·10”、“3·14”、“3·28”等高度敏感日和党的十八大安全保卫工作为中心，紧紧围绕“谋长久之策、行固本之举”，以情报、防控、处置三大关键环节为重点，按照“打击防范两手抓、两手都要硬”的方针，统筹全局、真抓实干，切实提高维护国家安全和社会稳定的能力，扎实开展情报信息搜集研判、社会面管控、寺庙管理、涉稳重点人信息化动态化管控、矛盾纠纷排查调处、应急处突等维稳工作，严厉打击各类分裂破坏活动，为昌都和谐稳定和长治久安作出了重要贡献。

【严打整治】昌都地区公安机关按照公安部、公安厅和地委、行署的统一部署，以“一圈一线多点”为重点整治地区，举全警之力，动全民参与，主动出击，主动治理，重点打击，以打开路，集中整治，从2012年1月15日以来先后组织实施了声势浩大的两次严打整治专项行动，并结合西藏和四省藏区打击整治、“排雷除瘤挖根强基”、“命案攻坚”、“破案追逃”、“打黑除恶”、“缉枪治爆”、“反拐”等专项行动整体推进，取得了明显成效，成功破获了一批案件，抓获了一批犯罪嫌疑人，整治了一批敌社情复杂、治安混乱、矛盾纠纷突出的乡村和治安乱点，整顿了一批重点寺庙，化解了一批矛盾纠纷，收缴了一批枪支弹药，依法打击取缔了一批地下非法组织，教育感化了一批群众，有力维护了昌都社会局势持续稳定。全年共侦破各类刑事案件209起，抓获犯罪嫌疑人329人；查处治安案件197起，查处违法人员364人；收缴各类非法枪支607支。

【社会管理】昌都地区公安机关深入

开展户口核对、人口信息录入及户籍纠错工作，全面准确掌握人口基础信息，全年共补办、补漏、更改项目错误、新生婴儿上户等62412人，办理二代证100653张。加强流动暂住人口管理，积极完善“以证管人、以房管人、以业管人”的管理模式，不断提高流动人口服务和管理水平，全年，昌都地区流动人口量达90余万人次。交警部门大力开展道路交通专项整治和道路交通安全宣传活动，进一步增强了交通参与者的交通安全意识，积极查处各类交通违法违章行为，全地区交通事故起数和死亡受伤人数同比明显下降。消防部门适时开展消防安全大检查，重点加强对党政机关、要害部位、旅馆以及公共娱乐服务场所等部门的安全整治力度，及时排除隐患，确保了“两个杜绝，一个减少”目标的实现。治安部门会同宣传、文化、工商等部门加强文化市场管理，有效治理各类侵权盗版行为，保护知识产权，推动文化市场健康有序发展。出入境管理部门认真落实境外人员住宿登记申报和出境人员受理审核工作，加强对涉外宾馆旅店和涉外人员的管理，严肃查处外国人非法居留，有效杜绝了涉外事件的发生。地县公安机关以便民警务站、公安检查站、公安派出所、寺庙派出所、驻寺警务室为依托，全面加强社会网格化管理。

【基础建设】昌都地区150个便民警务站于2012年4月20日全部建成并投入使用，按照“警务综合化、防控全时化、警力街面化、覆盖网格化、服务便捷化”的要求，认真履行七项职能。按照区地两级的统一部署，切实抓好寺庙派出所、警务室、消防队和驻寺民警全覆盖，扎实推进“户籍管理进寺庙、消防管理进寺庙、治安防范进寺庙、视频监控进寺庙”的“四进工程”。地县公安机关结合本地实际，精心组织、周密部署、科学施工，较好完成了视频监控系统建设任务。加强公安检查站建设，4个公安一级检查站中的江达县岗托检查站已建设完成，芒康县朱巴龙检查站、盐井检查站、类乌齐县加桑卡检查站正在抓紧建设中，35个公安二级检查站建设项目正在积极申报中。

【队伍建设】大力加强各级公安机关领导班子建设，加大各级领导干部的交流和调整力度，积极推进公安机关主要领导“进班子”工作。进一步完善干部选拔任用机制，严格遵守干部选拔任用相关规定，不断提高选人用人的公信度和满意度。扎实开展“五项”活动和肃纪整风教育活动，认真开展大练兵活动，结合本单位、本警种实际，因地制宜、因陋就简、机动灵活地开展了各种培训和岗位练兵活动，极大地提高了公安队伍的整体素质和执法水平。大力加强党风廉政建设，把严肃查处民警违法违纪案件作为反腐工作的中心任务来抓，对队伍管理中存在的问题和不足及时进行整改纠正。大力开展立功创模活动，激发和调动民警工作积极性，全年，全地区公安机关共有12个单位（部门）荣获先进集体奖，165人次受到表彰奖励。

昌都地区司法行政工作

【普法工作】2012年，全地区共开展各类形式的法律宣传活动1200场次，举办各类法制讲座及培训近125场次，发放各类法制宣传资料86余万份、法律书籍9910余册，受教育群众达50万人次，518座寺庙（包括清真、天主教寺庙各1座）僧尼法制教育覆盖面达100%。

【劳教工作】昌都劳教所将提高教育矫治质量和维护场所绝对安全稳定作为场所教育管理工作的重中之重。截止目前，共对学员开展了475课时的集体教育，一线干警个别谈话2200人次，举办劳教人员亲属亲情感化为主要内容的帮扶教育12次；继续推行放准假、亲情共餐等劳教创特色工作，今年共放准假5人次，亲情共餐60人次，拨打亲情电话220人次，有效地减轻了劳教人员的心理压力，提高了改造的积极性；认真开展心理咨询和教育矫治质量评估工作，全年共进行心理咨询35人次，召开劳教人员思想动态分析会12次，举行社会帮教活动5次。在场所安全稳定方面，劳教所干警层层签订了目标责任书，坚持24小时值班带班制度，进一步明确了值班岗位和值班责任，开展了3次有针对性的处突演练，连续第14年实现“四无”目标，继续保持安全稳定的良好态势。

【安置帮教工作】一是对全地区5年内的刑满释放和3年内的解除劳教人员进行了全面摸底排查，共排查释解人员529人，并建立了个人档案和信息库，制作了统一的档案格式；二是狠抓节假日及敏感时段的帮教工作，对生活困难的释解人员开展送温暖活动。同时督促各县安帮办加强管控措施，特别是对“3·14”释解人员和危安人员做到了必接必送，防止了脱管失控；三是安排干警深入4县对安置帮教工作进行了调研，形成了2012年昌都地区刑释解教人员安置帮教工作意见；四是通过与就业部门协调，对在所劳教人员中具备条件的人员开展不定期的职业技能培训，并发放了职业资格证。与地区就业局和民政局沟通协调，为生活无着落的4名释解人员解决了工作。

昌都地区商务工作

【坚持把扩大消费作为首要任务，社会消费品零售总额保持稳步增长】全年新建和改造“万村千乡市场工程”农家店311家（其中：县级农家店11家、乡（镇）级农家店100家、村级农家店200家）、县级商品配送中心5个、乡镇商贸中心5个，城乡市场体系建设和商品流通网络不断完善。“家电家具下乡”政策效果显著，全年销售家电24407台，销售金额5264.97万元，兑付补贴资金682.63万元；销售家具59020件，销售金额4065.24万元，兑付补贴资金1292.68万元，极大地释放了农牧区消费潜力。围绕“便民消费进社区、便民服务进家庭”，结合社会主义新农村建设，大力推动通信、建材、家具、家电等消费热点，住房、汽车、休闲度假、娱乐、旅游、餐饮等消费热点继续保持增长态势。积极引导商家抓住旺销时段，加强市场营销，促进节假日消费，2012年12月1日—10日，重点商贸流通企业举办了“欢庆十八大惠民生促消费活动”，实现销售额达600余万元。据统计，2012年，全地区实现社会消费品零售总额22.2亿元，比上年增长20.7%。分地域看，城镇消费品零售额16.05亿元，增长17.42%；乡村消费品零售额6.15亿元，增长29.98%。分行业看，批发业零售额0.04亿元，比上年下降20.47%；零售业零售额17.56亿元，增长21.47%；住宿业零售额0.43亿元，增长55.94%；餐饮业零售额4.17亿元，增长15.26%。

【鼓励自产产品出口，对外贸易实现恢复性增长】2012年，昌都对外贸易出口创汇实现138万美元。同时，进一步理顺了两个出口基地管理协调服务工作，加大跟踪服务力度，切实促进了对外贸易发展。

【始终坚持保障和改善民生，商务惠民工作扎实推进】2012年，全地区碘盐配送3360吨，严格执行农牧民年食用碘盐5.5公斤、每公斤只收0.5元、其余部分财政补贴的惠农政策，加快碘盐营销网点建设，进一步加大碘盐推广力度，确保农牧区碘盐覆盖率、农牧民碘盐食用率巩固在95%以上。积极落实副食品和应急物资储备工作，确保市场供应稳定，国家、自治区和地区级储备冻牛肉、边销茶、白糖、加碘盐和应急物资储备足额到位，进一步增强了我地区生活必需品市场异常波动应对能力和保障供应水平。进一步细化完善应急预案，加强生活必需品市场监测，及时反映市场供求情况，初步建立了由城市生活必需品监测、重点流通企业监测、重要生产资料监测、生猪畜禽屠宰信息监测等市场监测体系，及时掌握重要商品市场供求和价格变化情况，对关系民生的大宗商品的价格和供求状况进行了实时监测、预测、预警。不断加大成品油市场监管力度，确保昌都成品油市场安全运营，2012年，全地区累计销售成品油57598吨，其中：汽油20869吨，柴油35031吨、液化气1698吨，从监测情况来看，我地区成品油市场库存充足、供需平稳、价格稳定、进货渠道畅通，能够保障全地区市场安全稳定供应。积极开展整顿规范市场秩序，促进消费安全，重点对侵权假冒行为、食品药品安全、碘盐市场、生猪屠宰等领域进行了专项治理和清理整顿，有效维护了市场秩序。据不完全统计，2012年，我地区地县商务部门共出动执法人员260余人/次，检查各类市场和商户3000余户，检查各类商品1000余个品种。

中国人民银行昌都地区中心支行工作

【年度综述】2012年昌都地区金融运行平稳。截至2012年末，昌都金融机构各项存款余额134.43亿元，较年初增加32.91亿元，增长32.42%;各项贷款余额为39.61亿元，较年初增加18.41亿元，增长86.86%。

【全面贯彻落实特殊优惠金融政策，支持地区经济发展】继续把促进昌都经济社会跨越式发展作为首要任务，加强窗口指导，引导金融机构树立支持地方就是发展自己的“双赢”理念，督促和引导辖内金融机构切实用好、用足、用活、用实中央赋予的西藏特殊优惠金融政策。

【维护辖区金融稳定，努力防范化解金融风险】进一步完善金融稳定风险监测指标体系，注意防范和化解系统性金融风险。充分运用人民银行反洗钱、人民币结算账户管理、反假币、国库资金管理、银行卡管理等监管职能，加强现场检查和非现场检查，稳步推进“两综合、两管理”工作，促进了辖区金融法律法规及各项政策措施的全面正确执行。继续抓好金融稳定基础建设工作，密切关注辖区经济金融运行情况，重点监测分析影响金融稳定的相关因素。

【认真做好金融服务，稳步提升服务水平】一是加强金融研究力度，深入调查研究经济金融运行中的重点、热点问题，完成了《金融服务实体经济与差异化信贷政策研究》、《昌都地区扶贫贴息贷款执行情况实效分析》等20余篇调研报告，为上级行和地方党政决策参考提供了依据。二是稳步推进“两管理、两综合”工作，认真开展综合评价和综合执法检查，有力地促进了辖区银行业金融机构加强金融管理，维护金融稳定。三是积极配合地方政府推进担保和信用体系建设，引导并关注金融机构设计适合中小企业发展特点的金融产品和服务方式。四是进一步完善了财税库银联席会议机制，结合地方经济建设及维护稳定工作要求，实行资金汇划“绿色通道”，保证了财政资金的及时准确拨付，为地方经济运行提供便捷的财政支付及资金清算服务。五是以行政服务大厅为平台，扎实推进政务公开工作，进一步提高了政务诚信，提升了工作质量和工作效率。六是加强残损人民币管理，切实做好货币发行和反假货币宣传兑换工作，提升流通中人民币整洁度，有效维护了人民币信誉和人民群众的利益。七是做好现金投放回笼的预测分析和发行基金调拨，满足了辖区经济社会发展、行政运行、农户产品收购等合理现金需求。八是克服困难，加大工作力度，积极推广机构信用代码工作，圆满完成了机构信用代码证配发任务。九是扎实推进信用乡（镇）、村的评定工作。截至2012年末，评定信用乡19（镇）个、信用村309个，对改善农牧区信用环境、促进昌都地区小额信贷工作持续、健康发展起到了积极作用。全地区共发放《农牧户贷款证》（含钻石卡）76813本，发证面97.27%，使用率97.55%。小额信用贷款余额9.23亿元，较年初增长27.98%，基本满足了农牧民群众春耕生产、草场建设、养殖业等方面的合理资金需求。十是大、小额支付系统稳定运行，为辖区提供了安全、方便、快捷、优质的支付结算服务。十

一是积极配合拉萨中支和地方政府，多次沟通协调，切实做好了昌都工作会议金融普惠政策上下衔接工作。十二是积极引导和组织辖内金融机构向社会公开承诺，进一步优化了金融发展环境。

昌都地区工业和信息化工作

【切实加强工业行业管理，加大对建材市场指导及企业安全生产检查力度】 2012年规划内工业项目包含2项2个子项，有昌都地区新型干法水泥熟料生产线项目和玉龙铜矿二期工程项目2个子项，全年计划完成投资12.5亿元，截止11月底共完成投资8.92亿元。

【重点项目建设取得明显进展】 2012年，行署交办督查的三个重点项目，玉龙铜矿、新型干法水泥生产线、果多电站三个重点建设项目加快了建设步伐，截止11月底累计完成投资达135152万元。

【积极指导建材业发展】 完成了引进建设三家新型干法水泥熟料生产线项目的可行性报告的编写工作，会同自治区工信厅及时对地区高争水泥厂进行了合格证换发审核，对现有及拟建的水泥行业发展起到了积极作用。

【不断加大工业运行监督监测】 以月报形式加强对行署督办的工业建设项目、自治区工信厅交办的重点建设项目及地区三家重点工业企业的生产运行效益的监测工作。

【不断加大产业发展及中小企业扶持力度，狠抓非公有经济健康快速发展】 1、加强企业项目申报、审批，争取资金支持产业发展及中小企业发展。大力推进中小企业技术改造发展专项补助资金项目前期工作，积极安排、精心组织、精心筛选、积极申报。目前已申报企业发展项目3个，申请企业发展资金13500万元，可拉动申报项目总投资135071万元；申报中小企业发展专项补助资金项目14个，申请中小企业发展资金3950万元，可拉动申报项目总投资14812万元。同时我局充分发挥部门监管职能加强企业动态监测。一是认真做好信息数据统计上报工作，协助工信厅完成了二、三季度昌都地区企业问卷调查工作，上报了昌都地区企业网络用户名及企业的基本信息；二是加强对地区三家藏药厂、雪花啤酒厂等重点企业的动态监测管理；三是加大项目实施监督检查，对2011年取得补助资金的四个项目进行监督检查；四是加大督导协调工作，协助地区修改完善了我地区支持中小企业发展的政策和措施并已上报行办；五是结合我地区实际，起草和完善了局项目申报、评审和监督管理办法；六是编制了我地区产业发展实施意见；七是协调落实中小企业发展专项补助资金和技术改造资金，支持中小企业技术改造和技术进步。截止目前，已落实藏东珍宝酒业扶持资金100万元，已到位70万元。正在进一步加大项目审批协调工作力度。2、努力扶持藏药业、民族手工业发展。积极引导藏药新品种的研制、批号的申报审批工作。打造和培育名牌产品，积极开发营销网络。进一步创新民族手工业有效管理机制，多渠道筹集民族手工业发展资金，组织引导个体私营户实施联营。今年下半年我局组织开展了昌都地区工艺美术大师申报评审工作，对申报工艺美术大师作品进行了现场考核和评审。

【积极推进信息化进程，稳步开展农村综合信息服务站建设】 全地区共有5个县17个行政村建立了农村综合信息服务站，包括：昌都县2个行政村、察雅县4个行政村、类乌齐县2个行政村、洛隆县4个行政村、八宿县5个行政村。截止10月底，各信息服务站设备运行良好。

昌都地区审计工作

【审计成果】 昌都地区审计局2012年的审计项目主要包括财政审计、经济责任审计、专项审计调查、审计回访和授权审计五大类。全年共完成审计项目27个，查出各类问题金额99，672万元，管理不规范资金81，135万元，应归还原渠道资金4，450万元，应自行纠正和调账处理资金79，759万元，上交财政资金15，463万元，上交率达100%，审计建议116条，已被采用116条;向上级单位报送审计报告和审计调查报告40个，被批示采用40个。

【财政审计】 按照“揭露问题、规范管理、促进改革、提高绩效”的思路，进一步提升了预算执行审计的层次和水平。加大了财政审计的力度，在深化上下功夫，在创新上做文章，紧紧围绕推进财政体制改革、建立透明规范的公共财政框架的总体要求，坚持以规范预算管理、提高财政资金使用效益为目标，以财政决算审计为主线，以财政支出为重点，共投入10人次，组成了审计组，对洛隆县的财政决算以及其他财政收支情况和地区中级人民法院、地区检察分院的财政收支情况进行了审计和延伸审计，审计涉及单位10余个，查出违规金额8447.41万元，损益（收支）不实金额63121.33万元，应上交财政金额832.73万元，从多个方面揭示了预算收支管理不规范等方面的问题，注重从源头上推动整合政府各项收支，实现“收入一个笼子、预算一个盘子、支出一个口子”，推进建立完整、统一的政府财政。

【民生资金和民生项目的审计和审计调查】 全年共完成专项资金审计调查项目6个，分别开展了对洛隆县农牧区医疗制度经费、农牧民安居工程建设资金、涉农资金、寺庙管理工作前期经费收支情况和察雅县蔬菜基地（昌都解放60周年大庆项目）等项目的审计调查。审计调查涉及总金额28637万元，违规改变资金用途359万元，滞留闲置金额76万元，配套不落实金额237万元，审计促进拨付到位金额435万元，揭示了专项资金在归集、管理和使用中存在的问题，并有针对性地提出了审计建议，形成了质量较高的审计调研报告，得到地委、行署的高度重视，促进了被审计单位进一步完善制度，规范管理，防范风险，确保了资金安全运行，扩大了审计在领导决策和昌都经济社会发展中的影响，提升了昌都审计形象，加大了审计的威慑力。根据地委安排部署，我局正在对全地区11个县的教育“三包”资金、惠民资金和建章立制等情况进行大检查。

【经济责任审计】地区审计局在认真总结经济责任审计工作经验的基础上，建立健全了经济责任审计工作制度。全年，受地委组织部和芒康县人民政府委托，我局对昌都地区原地区体育局局长仁青罗布、向巴宗珠、通处3位同志进行了任期经济责任审计。为认真搞好以上同志的任期经济责任审计，我局制定了详细的审计工作方案，并协调局内各科室人员，组成了强有力的审计组，分赴相关县和地直单位，开展经济责任审计，对被审计领导干部履行经济责任情况作出了评价，对其履职期间所存在问题应承担的责任进行了划分，发挥了经济责任审计的预防和制约作用。

昌都地区工商行政管理工作

【服务经济发展】积极推进“助推发展”工程，提升服务发展效能，突出“融”、“多”、“优”、“品”、“强”五个字，积极推行“四办”制度，开展“擦亮服务窗口”和“文明示范岗位”活动，打造年检、审核、发照、办案为一体的信息应用平台。促进市场主体发展实现新的突破，并荣获昌都地区支持非公有制经济发展“先进单位”。截止2012年底，内资企业438户，注册资金213212万元，同比分别增长2.82%、13.34%。私营企业407户，投资者681人，雇工5498人，注册资金73912万元，同比分别增长21.85%、25.18%、19.11%、23.05%。个体工商13169户，从业人员35418人，注册资金68867.43万元，同比分别增长7.46%、10.39%、11.39%。农民专业合作社37户，出资总额3096.52万元，成员1857人。同比分别增长42.31%、55.09%、79.24%。加快商标战略进程，制定了《关于发展商标战略的实施意见》，经行署批转，完成了“冈底斯峰”、“仙露”、“日通”三枚自治区著名商标的续展工作。“丁青虫草”地理标志商标成功注册，实现了地理标志商标的新突破，正在申请注册“朗容观音藏香”、“御品藏香猪”、“德央”、“尼夏”四枚商标有望获得批准。现注册商标38枚。采取“建、联、挂、派”等灵活方式设置党组织，抓管理，扩覆盖，强措施，已建非公党支部6个，党员97名，有15名个体经营者递交了入党申请书，经各级基层党支部批准为入党积极分子13人。左贡工商局采取“挂、联、派”的方式，成立由18名个体私营企业流动党员组成的非公党支部。

【民生保障】把握“食品安全”这条主线，提高消费安全水平。以提升流通环节食品安全监管效能为重点，扎实推进“八个体系”建设。研究出台了《昌都地区工商行政管理局流通环节食品市场主体“五项制度”和流通环节食品安全监管“十项制度”》。食品安全快速检测1594组，检查品种17种类。向上级法定检验机构送检乳制品、大米、辣椒面、清油等35个批次食品样本；江达县工商局在市场巡查中发现一起利用“麻黄草”制毒案件。地区工商局食品科联合公安、质监端掉一起篡改生产日期和无证生产饮料的黑窝点，案值57万元。查办了13件大要案件，案值18万元。大力推进农牧区食品安全监管体制改革，创建农牧区食品安全监管站，聘请食品安全监管义务监督员，协助开展农牧区乡镇食品市场监管工作，着力提高农牧区食品安全水平。把握“消费权益保护”这条主线，解决民生问题。全年共查处侵害消费者权益案件626件，案值39.06万元，没收侵权商品15.69万元，罚款金额5.88万元。着力推动12315网络建设，加大对地区局“12315”指挥中心硬件和软件建设，健全以地区局为主集中受理“12315”指挥中心，地区局、县局、工商所三级维权网络贯通体系。已建立“两站两员”112个；消费者权益申诉举报中心受理申诉案件110件，办结110件，调解成功率100%，为消费者挽回经济损失11.58万元。

昌都地区安全生产监管工作

【年度综述】截至2012年12月20日，昌都地区共发生各类生产安全事故14起，死亡24人。较去年同期相比，各类安全生产事故起数增加6起，上升75%，死亡人数减少18人，下降42.9%。死亡人数占自治区下达我地区控制指标（48人）的50%；其中：道路交通事故13起（含较大事故2起），死亡23人，死亡人数占道路交通控制指标（41人）的56.1%；道路交通事故起数增加6起，上升85.7%，死亡人数减少16人，下降41.0%。其他事故1起，死亡1人。火灾、工矿商贸和危化物品经营等领域未发生致人死亡的安全生产事故。

【深入开展安全生产“打非治违”专项行动】2012年4月，国务院、自治区部署开展安全生产“打非治违”专项行动，我地区高度重视，迅速行动，从企业、部门、政府三个层面推动工作，使“打非治违”专项行动做到宽领域、深层次、全覆盖，扎实有效，不留死角。为深化安全生产“打非治违”专项行动，行署下发了《关于开展安全生产“打非治违”专项行动的通知》，以打击非法生产经营为重点，部署开展了道路交通、矿山、建筑施工、危险化学品、烟花爆竹、民爆物品、消防安全、特种设备安全和商贸领域等多方面的安全生产专项整治；地、县安监、公安、交通运输、住建、国土资源、工信、质监、商务、消防支队和工商等行业主管部门，分别组织安全生产督查组，深入到所管理的行业和领域进行安全生产指导和专项督查；地区安委会组成5个督查组，由5个行业主管部门牵头，对各县“打非治违”专项行动进展情况进行抽查、督查，切实有效地推动了“打非治违”专项行动深入开展，同时也有效遏制了因非法生产经营引发人员伤亡事故的发生。据不完全统计，1—12月份，全地区开展现场执法500余次，参与执法人员2317人次，检查各类企业2170家（次），联合执法142次，参加人员1546人次。道路交通安全执法中查处违法违规行为1337起，消防安全执法中查处非法违法行为2648起、督促整改隐患2449处。建筑施工安全执法中查处非法违法行为290起，危化品安全执法中查处非法违法行为为18起，停业整顿1家，其中查处丁青县3家非法买卖液化气的商家。其他行业领域安全执法中查处非法违法行为418起。

【开展切实有效的安全生产监督管理工作】一是印制《西藏昌都地区道路交通危险路段警示图》。图片用藏、汉两种文字对昌都地区道路交通安全进行了全方位的标示。地区财政局拨专款80000元，印制《西藏昌都地区道路交通危险路段警示图》120000份。印制完成后，发往各县道路交通检查点，发送给过往境的司乘人员，增强驾驶人员的安全意识，受到了各类司乘人员的一致好评；二是建立健全企业日报制度和昌都城区危化品企业日报制度；三是2012年4月安排业务骨干进驻市民服务中心办公，截止12月底服务窗口受理了25件行政许可审批事项；四是在局经费紧张的情况下，为县局购置办公用品共计6.74万元，经援藏干部协调为3个县局解决了执法用车，增添了办公用品，解决了部分县局办公及交通困难的现状；五是地区行署拿出专款资金，解决昌都辖区内沥青路面车辆行驶限时及党的十八大前道路交通安全检查等相关专用经费共计43.528万元。

【安全生产宣传教育成效明显】开展各类安全生产宣传教育活动320余次，发放宣传资料120余种、53500份（本），教育培训企业负责人、管理人员、基层干部3500余人次。接受教育群众73260人次，组织开展各类安全应急演练9次。开展新闻专题报道15次，报送安全生产工作信息600余期。

昌都地区
烟草专卖工作

【经济效益】2012年，昌都烟草不断开展市场调研，把握市场脉搏，积极发挥市场营销的基础作用和引领作用，不断加大品牌培育力度，加强销售网络建设与现代物流规范化建设，努力推动卷烟营销水平再上新台阶。1至12月份，经济运行良好，累计完成各类卷烟销售55236万支，实现销售总额26620万元（不含税），分别完成全年计划的84.97 %和103.81%；实现利润755万元，同比增加362.19%，实现税利2721万元，同比增加19.9%，资产负债率为7%。

【专卖管理】2012年，专卖监督管理工作认真贯彻落实全国、全区烟草专卖工作会议精神，在公安、工商等部门及社会各界的大力支持下，紧紧围绕“严监管、促规范、重基础、强素质”的总体要求，扎实推进专卖内管、市场监管、卷烟打假、证件管理、基层建设和队伍建设等各项工作，专卖管理工作水平得到了一定的提升。1-12月份，昌都地区共查获各类卷烟案件20起，没收假冒卷烟19.602万支，价值5.4283万元，罚没款0.9748万元。

昌都地区农牧工作

【农牧业经济指标完成情况】1、农牧民收入持续快速增长。通过大力发展农牧业特色产业，扩大劳务输出，狠抓冬虫夏草采集管理，加强惠农强农政策的落实等工作，农牧民人均收入持续增长，预计农牧民人均收入达到4962元，比去年增14.5%。

2、种植业平稳发展。全地区完成春播面积83.29万亩，其中：粮食作物播种面积62.36万亩，经济作物播种面积14.32万亩，饲草料播种面积6.61万亩。预计全地区粮食总产达到3.49亿斤，与去年持平，油菜产量预计达到1200万斤，比2011年增加200万斤；蔬菜产量预计达到14000万斤，比2011年增加5500万斤。3、畜牧业健康发展。全年新生仔畜108.6万头（只、匹），成活仔畜105.5万头（只、匹），仔畜成活率达到97.1%，与去年持平。预计全地区年末牲畜存栏量在322.5万头（只、匹），成畜死亡率控制在1.8%以内，出栏率预计达到32.5%，比去年减1.1个百分点。肉产量可达到8.35万吨、奶产量达到8.05万吨、山羊绒产量达到90吨，均与去年基本持平。4、农牧业产业化取得成效。预计2012年全地区乡镇企业实现产值1.84亿元，同比增长5%。乡镇企业增加值达到2680万元，同比增长28%。2012年全地区多种经营收入达到8.25亿元，同比增长8%。劳务输出29万人次，同比增长7%；劳务收入达到5.13亿元，同比增长8%，劳务输出已成为振兴农村经济增加农牧民收入的重要来源和最大亮点。

【突出结构调整，提升种植业效益】2012年全地区共调运化肥8445吨，其中：尿素4217吨，二铵1740吨，复合肥2287吨，40%重过磷酸钙120吨，氯酸钾81吨。调运农药21.9吨。组织农牧民积造农家肥130万吨；全地区调种119.15万斤，换种498.65万斤，种子包衣达到889.23万斤。大力开展农田水利基本建设。全地区完成低产田改造9.86万亩、改治坡地4945亩，新开荒地200亩、恢复耕地810亩;新修水渠37条，水塘28座，水池20个，新增灌溉面积达3.65万亩，维修水渠2855条，水塘1114座，水池143个。维修、检修各类农机具4582（套、部）。加快良种推广步伐。良种覆盖率达到87%，落实一级田2291亩，二级田31314亩，油菜育种繁育田400亩，种子田建设严格按照自治区《良繁建设及生产实施管理办法》实施，顺利通过自治区验收。结构调整取得成效。按照地区“调精种植业”的要求，在确保粮食安全的情况下，扩大了蔬菜、经济作物的播种面积，提升了效益。经济作物面积达到14.321万亩，饲比例调整为75：17：8。测土配方施肥和高产创建与标准化生产活动工作效果良好。2012年，昌都地区除类乌齐县以外的十个粮食主产县被自治区确定为全区测土配方施肥高产创建与标准化生产活动项目县，共安排了35个“3414”田间肥效试验点，“3414”田间试验的项目县完成播种面积5万亩，15万亩的高产创建与标准化生产任务顺利完成。认真做好“三秋”工作。积极组织群众适时收割、及时脱粒，确保了粮食颗粒归仓。组织群众及时秋播，秋播工作顺利完成。

【狠抓动物疫病防治工作】全年地区城镇共检疫生猪21364头，仔猪1326头，禽类37843只，冻制品108吨、水产品90吨。在植物检疫方面，全年总共检疫消毒调运蔬菜1550余吨，水果1150余吨。开展执法检查活动7次，共42人（次）共查处违法违规案件3起，共罚款10800元。从全年监测结果看，我地畜禽产品和农产品质量是安全的。四个公路检查站对进出藏动物及其产品检疫监督，全年累计消毒车辆11027车次，有效防范疫情传入传出。

【立足资源优势，积极推进农牧业产业化发展】2012年地县级农牧业产业化经营龙头企业13家，预计实现产值2212万元，同比增长22%，带动农户4598户，户均增收4811元。分别比2011年增长21%和15%。2012年全地区农牧民专业合作组织67个，预计实现收入3636万元，带动农户3130户，户均增收8964元，分别比2011年增长11%和12%。全地区农畜产品加工企业22家，预计实现产值1058万元，带动农户1831户，户均增收7532万元，分别比2011年增长8%和9%。

【推进农机化进程，加快农牧业现代化建设步伐】2012年地区第一批农机补贴资金为1900万元，各项目县购置各类农机具5462台（套），已全部落实到县。第二批1000万元和第三批的350万元的购置补贴已落实到各县，现正在实施。全地区完成机耕面积24.39万亩，机播面积28.92万亩。

【提前部署，狠抓冬虫夏草采集管理工作】地区及各县认真贯彻落实政府70号、90号主席令和《西藏昌都地区冬虫夏草采集管理实施细则》，做到宣传到位、组织到位，人员到位。2012年虫草采集点累计747个，采集人数达236284人次，发放虫草采集证126722份。预计虫草产量11000公斤，产值达10.45亿元。

【推进农牧业创新工作，增强农牧业发展后劲】该局负责的昌都地区引进推广农牧业新品种项目，财政投资176万元，采购了白菜、油菜等种子，已于5月发放到群众手中。兽医小药箱工程，财政投资222.2万元，地区畜牧总站已定购兽医器械设备1442套，已发放到各县。昌都地区香菇种植推广项目已安排在昌都县第二期蔬菜基地中实施。加大对农牧业的投入力度。昌都地区2012年本级财政支农资金投入由去年的1500万元增加到3000万元，主要用于地区高效日光蔬菜大棚建设等，昌都县高效日光温室项目建设已完成投资5000万元，第二期建设也已经开工。四是农牧民培训力度加大。采取多种形式，积极举办建筑建材、汽车拖拉机、农机具等技能的培训班，增强了农牧民转移就业，增收致富的本领。各县先后举办培训班178期，培训农牧民群众9200人。

昌都地区林业工作

【园满完成造林绿化任务】2012年，累计完成重点区域造林69281.4亩；高原生态安全屏障28500亩；四旁义务植树6187亩;封山育林10.4万亩；育苗323亩；核桃基地建设80.34万株。

【全民义务植树扎实有效开展】完成妥昌公路绿色通道42公里补植补造任务，植树5800株。

【切实加强林政资源管理】一是狠抓了木材供应管理，根据《自治区林业局关于下达2012年度木材生产及供应计划的通知》精神，按时下达了2012年度全地区木材生产计划50.7749万立方米，其中：林区自用材19.196万立方米，薪炭材计划31.5789万立方米。二是制定下发了《昌都地区森林资源保护管理暂行办法》。三是规范了征占用林地审核、审批、补偿工作，严厉打击了非法征占用林地行为，组织开展了昌都县果多电站征占用林地审批工作，上缴入库森林植被恢复费1027.086万元。四是下发了2012年度10356户农牧民人居环境建设木材供应计划11.5176万立方米，狠抓了人居环境建设木材指标管理工作，坚持在木材收购、销售、运输、加工等各个环节进行严格监督管理。五是配合国家林业局中南林业勘测设计院、国家林业局西北林业勘测设计院和自治区林业局林业勘测设计院，开展了昌都地区八县森林资源二类调查和县级林地规划工作。六是森林资源管护取得一定成效，全地区359万公顷森林资源得到有效管护，从个体管护到集体管护、家庭管护、联村管护等多种管护模式初步形成，森林资源日常管理和查处破坏森林资源案件力度不断加大，维护了全地区森林资源安全。

【着力开展森林防火工作】去冬今春全地区累计发生森林火灾7起。据不完成统计，全年全地区共受理行政案件87起，治安案件2起，刑事案件2起，罚款12.5万元，没收原木和椽子木134根43.58立方米，没收油锯2台，斧头1把，铁夹子56副，麝香1只。行政拘留2起，刑事处罚2起。教育批评88人次，开除管护人员1名、妥坝木材检查站人员4人，送地区法制培训基地2人，扣发3名管护人员半年工资，追捕失火人员2名。

【林业重点工程稳步推进，生态面貌明显改善】组织实施了天保、退耕还林、重点区域造林、自然保护区建设、森林生态效益补偿基金、防护林体系等林业重点工程项目，累计投入建设资金4.65亿元。

【天然林保护工程】一是认真组织实施中幼林抚育项目。完成中幼林抚育项目建设16.8万亩，总投资2016万元。二是完成生态公益林建设封山育林50000亩；三是森林管护得到进一步加强。

【巩固退耕还林工程】组织开展了巩固退耕还林成果专项规划联合复查，八宿、昌都、丁青、类乌齐四县完成补植补造15646.05亩，林果种植447亩，组织开展了退耕农牧民就业转移技能培训等，完成投资1321万元，启动实施了丁青县基本口粮田建设，完成投资285万元。

【生态安全屏障防护林体系建设】严格按照规划设计，继续突出“三江流域”、国道214、317、318等生态地位重要地段和生态脆弱区域林草植被的恢复，突出了水源涵养和保持水土等生态功能，累计完成高原生态安全屏障防护林建设28500亩，栽植苗木342万株，拨付工程款2625万元。

【重点区域造林】按照《2012年重点区域造林绿化作业设计说明书》的要求，完成重点区域造林69281.4亩，栽植苗木1039.2株，完成投资7594.9万元。

【核桃基地建设】完成察雅、芒康、洛隆、左贡、八宿五县核桃基地项目建设2011年度补植及2012年度栽植任务112.3万株，同时组织开展了核桃基地建设管理办法、资金管理办法和种苗管理办法的起草完善工作，到位建设资金5700万元。

【城镇园林绿化】组织实施了地委、行署大院及周边城镇主要街道园林绿化和街道行道树的围栏建设。移植地委大院内树木133棵。委托国家林业局西北林业规划设计院编制了昌都城镇环周一线绿色通道规划。

【组织实施森工企业、苗圃建设和林业技术推广，推进林业发展】地区林业有限责任公司林业加油站、林业加气站、精深加工车间、苗圃、森林公园等累计完成营业收入2355万元，上交国家税金228万元，上交各类保险66.8万元，组织开展了重点区域造林，组织开展了每户中央补助1万元的200户林场危旧房改造工作。

全地区共计出圃各类苗木450万株；其中各县及地区中心苗圃出圃各类苗木399万株，个体群众苗圃出圃苗木51万株。2013年可出圃各类苗木938.82万株。同时，地区中心苗圃还完成察拉乡重点区域造林3999亩，对2010及2011年实施项目中的造林区域进行了补植工作。完成卡贡乡卡贡村核桃种植面积700亩，对2011年实施的1800亩核桃产业示范基地补植5000多株。2012年地区中心苗圃扩建160亩。林业局驻卡贡乡卡贡村工作组建立了130亩的苗圃示范基地，组织开展了地区中心苗圃、左贡苗圃、贡觉苗圃改扩建前期准备工作。

【林业支农惠农力度不断加大】2012年，通过森林资源管护、造林绿化、项目建设等为群众增加现金收入约2.85亿元。

昌都地区
国土资源工作

【农村宅基地确权登记发证工作】截至目前，已完成11县122个乡（镇）1026个行政村77749宗农村宅基地外业地籍调查及资料收集工作，完成面积154.21平方公里，江达、贡觉、边坝、八宿、丁青、类乌齐、察雅八县外业成果通过自治区验收。

【耕地保护】2012年地、县、乡（镇）、村层层签订了耕地保护责任书，同时，认真开展耕地占补平衡工作，利用收缴的耕地开垦费，组织新开垦耕地507.43亩（洛隆县180亩，贡觉县42.43亩，左贡县285亩），确保全地区耕地保有量达到108.61万亩，基本农田保持95万亩，基本农田保护率达到87%。

【土地开发】组织实施昌都县沙贡乡加达通、八宿县拉根乡、林卡乡土地综合治理项目2个，项目总投资1570.13万元，建设总规模229.691公顷，预计新增耕地178.331公顷。

【用地预审】全年共完成2164个建设项目的用地初审、预审工作，其中：办理地区审批项目前置审批手续1888个，办理用地初审224个，办理用地预审52个。

【土地储备】完成原地区建材厂、自来水厂上方洼地、野堆村地区农科所、地区水文站南侧、邦达街地区电影公司、波妥村面粉厂前方土地6宗土地的储备工作，储备土地面积247.29亩。

【矿产资源整合】一是煤炭资源。通达矿业公司整合的贡觉县夏塔多—夺盖拉煤矿、芒康县日西煤矿已获普查证，投入资金1235.5万元；二是铅锌矿资源。7月，藏东矿业股份有限公司分别与西藏圣凯矿业有限公司、西藏昌都地区八宿县赛西实业有限公司签订了拉诺玛铅锌矿和错纳矿区铅锌矿1号矿体的合作协议。

【地质灾害治理工程】昌都县俄洛镇加林村（原化肥厂）滑坡灾害治理工程7月2日正式开工，总投资1135.8万元；昌都县“三八”林卡不稳定斜坡灾害和城关镇邦达街宗那措泥石流灾害治理工程，可行性研究报告已通过自治区审查。

【法律法规宣传】利用“4·22世界地球日”、“5·12防灾减灾日”、“安全生产宣传日”、“6·25全国土地日”等有利时机，采取设立宣传咨询点、悬挂过街横幅、印发宣传资料、群发手机短信、电视宣传等形式，大力宣传国土资源法律法规，宣传期间共悬挂过街横幅30条、展出宣传展板20块，发放知识手册5500多份、宣传折页500多份、张贴宣传画175余张。

【组织和干部队伍建设】深入开展创先争优强基础惠民生活动。局派驻左贡县美玉乡的两个强基惠民工作队，开展了多种形式的惠民活动。据统计，驻村期间，落实总投资87.65万元的民生项目1个；编制短平快项目6个，投资170多万元；多方筹集资金15万元，维修公路15公里、维修饲草基地围墙3公里、购买网围栏16000米；走访看望老党员、孤儿、五保户、困难户58户，发放慰问金14300元，为270户发放粮食27750斤，并帮助9户困难户维修了危房和畜棚，捐款5400元帮助患鼻癌群众。在“一管四联三结”活动中，局干部职工共捐款36000元，购买了卡垫、被褥、毛毯等物资慰问贫困群众56户，帮助贫困党员6名。

昌都地区住房城乡建设工作

【廉租房建设和工程进展情况】2012年自治区投资3552万元，安排建设296套县级廉租房，建筑面积17760平方米，平均每套60平方米。分别安排江达县36套，国家和自治区补贴421.2万，建筑面积2160平方米，截至目前已完成40%的工程进度；芒康县48套，国家和自治区补贴561.6万，建筑面积2880平方米，截至目前已完成40%的工程进度；类乌齐县48套，国家和自治区补贴561.6万，建筑面积2880平方米，工程已完工，准备验收；边坝县36套，国家和自治区补贴440.64万，建筑面积2160平方米，截至目前已完成95%的工程进度；昌都县128套，国家和自治区补贴1497.6万，建筑面积7680平方米，目前通过资金整合，将这部分资金统筹用在地区统建的四个项目（地级干部周转房、扎曲花园、昂曲花园、昌达花园）中。

【周转房建设和工程进展情况】2012年安排第一批周转房建设228套，建筑面积15960平方米，自治区投资3192万元。分别安排在昌都县48套，国家和自治区补贴655.2万，建筑面积3360平方米，目前纳入地区统建的项目中。洛隆县36套，国家和自治区补贴509.04万，建筑面积2520平方米，截至目前已完成45%的工程进度；丁青县36套，国家和自治区补贴504万，建筑面积2520平方米，截至目前已完成95%的工程进度；边坝县36套，国家和自治区补贴514.08万，建筑面积2520平方米，截至目前已完成95%的工程进度；芒康县36套，国家和自治区补贴491.4万，建筑面积2520平方米，截至目前已完成40%的工程进度；江达县36套，国家和自治区补贴491.4万，建筑面积2520平方米，截至目前已完成90%的工程进度。

2012年第二批周转房安排建设762套，建筑面积46960平方米，总投资14148.96万元（其中：中央预算内投资11790.8万元，地县配套资金2358.16万元）目前均已完成前期工作。

【公租房建设和进展情况情况】2012年安排建设350套，建筑面积14000平方米，自治区投资2240万元。地方自筹资金为560万元。分别安排在地区统一建设100套，总投资640万，建筑面积4000平方米

【棚户区改造情况】2012年我地区城镇棚户区改造招标为640户，总投资1280万元，分别安排在昌都镇老城区内卧龙街和四川桥，并与昌都旧城改造统一建设。

昌都地区旅游工作

【年度综述】全年累计接待海内外游客71.8万人次，实现旅游收入4.76亿元，同比增长均达近49%。

【抓好旅游规划，以规划指导旅游发展】按照规划先行的原则，全面开展规划编制工作。一是完成了昌都地区旅游发展总体规划的修编工作；二是完成了江达、类乌齐、左贡三个县域旅游发展总体规划的编制工作；三是完成了然乌湖□来古冰川国家公园的总体规划及景区内来古村、瓦村两个景点的修建性详细规划编制工作，并报自治区待审；四是编制了川藏线昌都境内景观大道总体规划和类乌齐县伊日温泉、边坝县三色湖、昌都县嘎玛沟民俗文化走廊、左贡县塔鲁温泉、芒康县盐井和莽措湖6个景区的总体规划及修建性详细规划；五是完成了吉塘西藏康巴文化国际旅游示范区的项目策划工作。

【加大景区建设投入，完善景区旅游配套设施建设】全年旅游景区建设投入达5958万元，其中政府投资919万元，主要用于芒康盐井景区、景观大道观、江达岗托景区的旅游配套设施建设和扶持乡村旅游发展；企业投资5039万元，芒康盐井景区由格拉丹东旅游开发公司投入5039万元开展了景区道路、盐田博物馆维修及内外装饰、温泉大酒店、停车场等工程建设，同时还开发了盐制旅游纪念品并投入市场。盐井景区于今年9月经自治区评定为国家AAAA级景区。

【加大宣传促销力度，拓展昌都旅游市场】加强与媒体合作，增强宣传实效。与西藏卫视《西藏风情》栏目合作拍摄了12集《藏东昌都》系列文化旅游宣传节目已播出，节目播出后在区内外引起较大反响，也取得了较好宣传效果；与央视合作拍摄昌都形象宣传片，计划在2013年9月底完成后期制作；在建立昌都旅游信息网的基础上，在新浪、腾讯开通昌都旅游官方微博和百度昌都旅游贴吧，进行网络推广，扩大昌都旅游宣传范围，增强宣传实效。

多形式、多途径开展宣传促销，扩展旅游市场。2012年组织部分企业、部分县旅游局参加了上海国际旅游交易会、青岛国内旅游交易会、天津旅游产业博览会和冬游西藏旅游推介会，在上海、天津、重庆、青岛、苏州、杭州、长沙、成都等城市举办了昌都旅游专题推介会，并与重庆、青岛的部分旅行社签订了合作协议；为了贯彻落实全国旅游援藏工作会议精神，充分利用好昌都经济发展“三个优势”，在地委行署的统一安排

下，参加昌都赴对口援藏市和企业汇报学习考察，并再次赴两市向天津、重庆两市旅游局汇报了昌都旅游发展情况，就天津、重庆两市旅游招商、市场推广、人才培训等旅游援昌措施达到协议。

丰富昌都旅游宣传资料。针对盐井、然乌湖□来古冰川国家公园、嘎玛沟民俗文化走廊、中国-昌都318景观大道等景区（点）旅游线路制作了专题宣传资料；制作了昌都旅游交通图、整理出版了《昌都旅游精品手册》、编辑出版了《昌都有故事》旅游图书。

【加强旅游市场培育和行业管理，努力提升昌都旅游接待服务水平】2012年对全地区13家宾馆饭店开展星级复核工作，并组织对8家饭店的星级评审，开展创星升级活动，经过多方努力，贵宾楼被自治区星评委评定为四星级饭店、江达县津江宾馆被被定为三星级饭店。

【大力发展乡村旅游，加强旅游富民工作】全年共扶持家庭旅馆46户，投入资金100万元。针对乡村旅游示范户普遍存在经营管理水平低、服务技能差、服务项目单一等诸多问题，对已开办或待开办家庭旅馆的从业人员，开展了一期接待礼仪、服务知识、拓展服务项目等方面的培训，共培训33人次；成立了盐井景区农牧民旅游合作社，促进乡村旅游良性有序发展。

【然乌湖□来古冰川国家公园景区开发工作有序推进】然乌湖景区开发建设管理委员会通过深入调研和考察形成了《然乌湖－来古冰川国家公园开发工作方案》，对景区整体开发工作进行了具体细化。邀请北京巅峰旅游文化创意股份有限公司对然乌湖旅游定位、开发思路、旅游线路设计进行了优化升级。

局驻村工作队多途径、多形式申报项目，共争取到各类项目资金达173万元，实施了蔬菜大棚、太阳能配电、家庭旅馆、扶贫养马、藏猪养殖、农田灌溉等项目。组织为困难群众捐款捐物达13000余元。

昌都地区防震减灾

【加快地震监测台建设，减少监测空白点，提高地震监测能力】地震局在全面收集汇总全地区各县基本情况的基础上，加大调研规划力度，积极研究对策、科学分析防震减灾相关工作，大力争取、协调到自治区地震局的地震台（站）建设项目，积极争取自治区地震局业务部门指导意见，对有关数据进行技术指导和帮助。今年上半年完成了丁青、江达、八宿三县地震监测台（站）设备的安装调试并与昌都地震台并网监测，有效提高了昌都地区地震灾害预报、监测精度和科学决策能力，为地震监测、信息交换提供有力支撑。

【深入各县开展地震应急工作】3月底、4月初，八宿县境内连续发生小震群，地震局立即启动应急预案，同地震台、区局监测中心保持高度联系，及时反馈信息，做好震情会商工作。于4月1日凌晨3点随同地区联合工作组到达八宿县城，查看广场群众居住情况、统计帐篷数量、人数，了解了广场维稳情况，群众入住时间、入住原因及环保卫生状况等，随即召开地区工作组、八宿县领导及有关部门负责同志参加的情况分析会议，安排部署工作任务，进一步明确工作职责，做好应急准备工作。1、工作组按预先安排的工作任务落实情况，采取24小时电话联系、通报制度，反应出监测情况，随时将监测结果反馈对比；同时做好当地群众的心理疏导工作，消除恐惧心理，科学认识地震等各种自然灾害。2、采取内紧外松原则，高度关注民生工作，坚持每日中午、晚上巡查，仔细清点帐篷增减数目，询问入住原因。坚持深入农贸市场、超市、百货店了解、询问物价及商品供销情况，了解群众思想状况，动员商户组织好货源，保障供应，确保不出现商品囤积和等断销情况，确保市场稳定，社会秩序良好。3、深入到林卡、拉根、吉达等乡镇，走村入户了解春耕生产、群众生产、生活情况，了解社情民意，慰问困难群众、“三老”人员，看望、慰问驻村驻寺工作队，了解群众生产生活情况，确保社会局势的稳定。并形成了八宿县“4·01”地震应急调研报告，为开展地震应急工作提出了建议，提供了经验。

7月18日至8月10日的22天时间内，对丁青、类乌齐、八宿、昌都等四县人民政府及所属有关部门、学校、医院等重要基础设施和人员相对密集场所进行了检查。主要检查了各县政府及所属有关部门的《破坏性地震应急预案》，地震应急救援队伍建设，地震应急疏散演练、地震应急物资储备、地震灾情速报网络建设、防震减灾科普宣传、重要基础设施和人员相对密集场所的地震应急保障措施等方面。

昌都地区电力工业工作

【经营指标平稳增长】截至2012年12月25日，全年完成发电量1.699亿千瓦时，同比增长8.73%，完成年计划的102.79%；完成售电量1.517亿千瓦时，同比增长9.06%，完成年计划的103.32%。综合线损率为10.04%。实现全年电费结零目标，平均电价470.57元/千千瓦时。2012年昌都电网全社会用电量为1.7亿千瓦时，最大负荷为4.2万千瓦。

【企业改革有序推动】按照《西藏电力有限公司“三集五大”体系建设实施方案》进度，稳步推进“三集五大”体系建设工作。初步实现绩效管理，完善绩效考核体系，工作效率明显提升。

【安全生产态势良好】始终坚持“安全第一、预防为主、综合治理”的方针，以国网公司“安全年”活动开展为契机，强化安全基础管理，认真贯彻落实《西藏电力有限公司安全年活动方案》，在各生产场所制做“安全年活动重点措施三十条细化措施”宣传专栏，大力营造安全生产氛围，严格落实安全生产责任制和领导干部到岗到位制度，坚持每日碰头早会、周例会、月度会制度，及时协调解决问题，实现安全事故“零目标”。圆满完成了党的十八大、地区重要会议、重要时段、重大节日保电任务。

【经营管理初显成效】强化经营管理和执行力建设，定期召开营销、线损、安全生产专题分析会与周例会，形成协调反馈沟通机制；严格计划管控和预算管理，加强生产经营的组织和协调工作，深化指标分析，确保年度综合计划和预算顺利实施。加强资金和资产管理，加大资金运作力度，强化工程竣工决算管理。规范公务接待、车辆管理；修缮员工食堂、推行定置管理；加大用电采集建设力度，安装公专变采集终端共368台，专变采集终端300套，公用变采集终端68台，集中器9套，昌都公司专、公变采集终端接入系统率达到100%，专变上线率94%，抄表成功率75%；公变上线率96%，抄表成功率75%；集中器上线率100%，抄表成功率67%。

昌都地区科技工作

【实施3个国家科技支撑计划项目（国家科技富民强县专项行动计划项目）】一是芒康县索多西辣椒生产基地建设项目，总投资414.11万元，其中国家投资193万元，建设年限2011年04月至2013年04月，由芒康县农牧（科技）局负责实施。二是洛隆县高原蔬菜示范基地建设项目，总投资213万元，其中国家投资213万元，建设年限2012年1月至2014年1月，由洛隆县农牧（科技）局负责实施。三是贡觉县阿旺绵羊扩繁技术示范项目，总投资182万元，其中国家投资182万元，建设年限2012年1月至2014年1月，由贡觉县农牧（科技）局负责组织实施。

【续建2个自治区重点科技项目】一是八宿县人工种草与天然草地改良项目，总投资185万元，其中国家投资185万元，建设年限2011年4月至2012年12月，由昌都地区八宿县农牧（科技）局负责实施；二是八宿县绵羊改良技术集成示范项目，总投资80万元，其中国家投资80万元，建设年限2011年4月至2012年12月，由昌都地区八宿县农牧（科技）局负责实施。

【4个2012年度自治区科技项目】一是察雅县新卡乡—澜沧江沿线现代农业科技示范基地建设项目，总投资95万元，建设年限2012年5月至2013年5月，由察雅县农牧（科技）局负责实施。二是左贡县野生葡萄育苗、扩繁、种植技术研究与示范项目，总投资50万元，建设年限2012年4月至2013年4月，由左贡县农牧（科技）局负责实施。三是昌都地区藏文版《兽医手册》编译出版项目，总投资20万元，建设年限2012年2月至2012年12月。四是落实丁青县100盏太阳能路灯。

【实施5个昌都地区2012年度科学研究与开发项目】一是优质油菜“藏优五号”高产栽培技术示范项目，总投资10万元，由昌都地区农推中心地区农科所负责实施。二是昌都地区科技人员交流及培训项目，总投资10万元，由昌都地区科技局负责实施。三是昌都地区科学技术普及项目，总投资10万元，由地区科技局负责实施。四是葡萄种植示范及酿酒技术考察培训项目，总投资140万元，由芒康县农牧（科技）局负责实施。五是八宿县荞麦酒加工基地建设项目，总投资50万元，由八宿县农牧（科技）局负责实施。

【十二项民生工程星火项目5个】一是边坝县机贡村太阳能卫星数字电视项目，建设年限为2012年4月-9月，投资50万，由地区科技局负责实施，该项目65套太阳能卫星数字电视设备已于10月份全部发放至机贡村和加荣村村民家中。二是洛隆县脱毒马铃薯高产栽培技术示范项目，建设年限为2012年4月至2012年12月，投资40万元，由洛隆县农牧（科技）局负责实施。截止10月份，该项目共收获薯126万斤，平均亩产0.21万斤，为该县孜托、硕督两乡镇311户种植户实现户均增收1.62余万元。三是八宿县反季节荞麦种植示范项目，建设年限为2012年4月至2012年12月，投资65万元，由八宿县农牧（科技）局负责实施。已试种植30亩，其余470亩将于明年实施。四是昌都县卡若镇徐中大蒜大田种植示范建设项目，建设年限为2012年4月至2012年11月，投资29万元，由昌都县农牧（科技）局负责实施。截止目前，每亩大蒜产蒜苗1115斤，200亩总产量22.3万斤，按平均每斤3元计算，总产值66.9万元，除去投资经费，种植户纯收入36.9万元。五是昌都县如意乡桑多村水磨坊修建项目，建设年限为2012年4月至2012年10月，投资11.72万元，由昌都县农牧（科技）局负责实施。目前该工程已经完工，并已通过地区发改委、财政局、科技局验收组的验收。

【申报15个强基惠民项目】总投资300万元；申报昌都地区经济林果育苗示范基地项目，总投资200万元；申报2012年第一批农牧民科技特派员创业服务项目（5名）；总投资66万元。

【实施2个2012年度科普惠农兴村计划项目】一是西藏自治区昌都地区左贡县葡萄种植基地，奖补资金20万元；二是西藏自治区昌都地区左贡县旺达镇列达村科普带头人邓巴次成，奖补资金5万元，两项共计25万元。

【围绕农牧区建设，提高农牧民素质，努力加大科学技术普及力度】一是加大科技培训力度，努力提高农牧民科技素质。主要采取在实施科技项目过程中，对项目区内的农牧民群众开展科技培训；送科技下乡、组织有关科技人员在田间地头开展技术培训；安排技能培训项目，上半年举办农牧民科技特派员培训班一期，培训农牧民科技特派员303人；举办科技人员培训班一期，培训科技人员50余人。二是加强科普宣传，增强干部群众实施科教兴昌战略的紧迫感和责任感。利用广播、电视、报纸等多种媒体的宣传功能和科技下乡、科技活动周、科普活动站、科普画廊等多种形式，加强对农牧区科普知识的宣传，努力增强农牧民的科普意识，提高科技素质，在普及科学知识，开展学术交流，促进科技创新，推动地区经济社会又好又快发展等方面做出了积极努力。

昌都地区广播影视工作

【年度综述】2012年，昌都地区共建各类型广播电视户户通和寺庙通广播电视28860套。截止2012年底，昌都地区广播电视人口综合覆盖率分别达到95.87%和96.25%。

【广播电视“户户通”工程】 一是计划内完成建农牧区“户户通”直播卫星设备13021户（套）。二是完成中央赠送的便携式太阳能一体机设备7002套（包括电视机、卫星接收机、天线、太阳能、逆变器、蓄电池等）的建设任务，主要建于未通电、日照长、高海拔、未通广播电视的农牧区。三是完成配备散户维修设备450套（包括太阳能、接收设备）。四是完成已建直播卫星的农牧区新增户1050户（套）。

【广播电视“西新工程”】 为有效压制敌对空中渗透，把党和国家的声音传入千家万户，确保广播电视安全播出，完成了10县1地广播电视调频转播台设备更新升级改造建设任务。

【寺庙广播影视建设工程】 自2012年实施寺庙通广播电视工程以来，截止党的十八召开之前，全地区518座寺庙实现了“舍舍通”和“寺寺通”，共建各类广播电视设备7337套。一是通电寺庙：完成强巴林寺数字电视建设“舍舍通”807间，包括数字网络、电视机、数字电视机顶盒；完成187座通电寺庙广播电视“舍舍通”6212间（其中新增设备1965套），包括电视机、直播卫星接收机。二是未通电寺庙：完成未通电寺庙广播电视“寺寺通”318套建设任务，包括电视机、直播卫星接收机和太阳能。同时，将寺庙电影放映纳入电影“2131”工程，由地区电影公司及各县电影放映管理站负责组织定期给寺庙放映电影。在地区广电局积极争取下，区广电局给昌都强巴林寺配备了专业的数字电影放映设备，地区电影公司负责定期放映。

【强力推进数字电视建设工程】 通过深入调研并结合广大电视用户和当今数字电视运营的实际情况，2012年3月份，制定了数字电视总体发展思路即加大有线数字电视网络建设和大力发展用户。目前，发展用户10000多户。同时，完成了地区有线数字电视播出机房硬盘播出系统的更新升级改造；积极主动协调洛隆县数字电视建设并在技术上给予大力支持。

【贯彻落实贡觉县“四项活动”，全面实现贡觉县农牧区“户户通”和寺庙通广播电视建设任务】 为确保贡觉县“四项活动”顺利推进，在实地认真调研的基础上，结合实际，加大贡觉县广播电视建设支持力度。一是解决了1500套便携式太阳能直播卫星一体机设备（包括电视机、卫星接收机、天线、太阳能、逆变器、蓄电池等）。二是实现通电寺庙“舍舍通”和未通电寺庙“寺寺通”广播电视。三是2012年7月份，通过移动平台，试验开通地区传输至县城数字电视信号，节目达100多套。四是成功试验将《昌都新闻》（汉藏两套节目）数字电视信号传输至乡（相皮乡和阿旺乡）、村（相皮乡的查地村、阿旺乡的金珠村）。

【电影放映工作】 2012年，共接收下载数字电影1200多部，为各县电影放映站提供数字影片200多部。电影放映基本达到了平均1村1月看到1场电影的目标。一是电影“2131”工程，农牧区电影放映达20680场次，观众约1964600人次；二是在创先争优强基惠民、“一坚定三忠于”、“三热爱三创建”、“双模双建”和电影“三下乡”等活动中，为农牧民群众及基层干部职工放映达426场。

昌都地区藏医院工作

【年度综述】2012年度，昌都地区藏医院全年门诊量84863人次，住院量2271人次，同比分别增长31.86%，20.61%；所属的昌都藏药厂生产藏药32吨，同比增长8.25%；业务总收入3349万元，同比增长14.3%。

【全力创建三级藏医医院】按照自治区藏医药管理局的部署要求和三级民族医医院建设标准，在过去开展医院管理年活动以及中（藏）医院管理年活动的工作基础上，从2012年3月全面开始对照检查和整改落实。6月12日下午行署副专员杨树海、地区卫生局党组书记王积林参加，再次召开了动员部署大会，签订了目标责任书，层层落实任务，实行“倒计时”工作制，举全地区之力开展创建三级藏医医院工作。7月7日至8日自治区卫生厅藏医药管理局组织进行了初评，按照专家指导意见扎实进行了整改落实。7月25至27日由院主要领导带队，分组对指标落实情况进行了全面认真地检查落实。8月8日至9日国家中医药管理局、自治区卫生厅组织了北京、四川、青海以及区内中医、藏医专家18名对创建三级藏医医院工作进行了现场评审，以较高评分通过了现场评审，评审组同意上报了国家中医药管理局复核。2013年1月10日在国家中医药管理局召开的总结会上，被授予“三级乙等民族医医院”等级标牌，取得了阶段性成果。

【加强和规范临床工作】进一步规范了临床科室设置和命名，制定了36种常见病及藏医优势病种的藏医诊疗方案并不断进行优化和疗效评估。在巩固好“十一五”国家重点专科——肝病科建设的基础上，认真落实“十二五”国家重点专科——内分泌科培育建设项目，大力加强软硬件建设，进一步将藏医内分泌科建设成为特色显明的临床一级科室。筹措资金300多万元对综合楼进行了维修改造，增设病床65张，购置了床单元设施300套，动态心电监护仪等仪器设备。充分发挥藏医特色，配备了充足的藏医诊疗设备，大力开展艾灸、放血、药浴、药膳等非药物藏医诊疗技术，独立开设了卡擦室和煎药室。加强护理人员的藏医护理常规操作培训和处置，大力推行优质护理工作。补充完善了所有工作制度、机构和人员职责，整理汇编了各项预案流程、操作规范、药事管理的各项文件和医院处方集。加强预防保健服务，认真做好干部职工体检工作，体检500多人；开展寺庙僧尼体检305人；认真配合地区干部保健工作，选派了16人次，参与了上级领导干部下乡、老干部调研组、重大活动保健工作。

【加强基建项目工作】落实了临床综合大楼建设项目报批工作，预算批复2300多万元，建筑面积6807.64平方米，床位将达到300张以上。落实了藏药材种植基地建设项目，批复总投资400万元（其中国家扶持资金250万元），正在协调实施。增报了藏医药研发中心、大骨节病专科楼、特色康复理疗中心、综合服务中心和综合仓库5个项目，规划建设面积2.54万平方米，计划争取国家投资10052万元，并抓紧项目前期工作。

【加强藏医药科研生产】继续做好与天津市科委合作的糖尿病专病专药“达玛松珍”的研发工作，深入开展临床用药观测。不断加强藏药生产质量管理，积极推行药品电子监管码工作，推进藏药生产的标准化、规范化。积极组织生产贵重制剂、普通制剂、“准字号”药品，保障临床用药，供应区内外市场，最大限度地满足群众需求。

昌都地区教育（体育）工作

【以招生工作为重点，确保学生入学率】截至11月，学前教育在校生6078人，招生指标完成率61.1%；小学在校生65044人，入学率98.78%；初中在校生34894人，入学率95.76%；高中在校生6314人（含地区职校1057人），入学率21.04%。

【以“两基”工作为关键，狠抓控辍保学各项工作】继续坚持地级领导、“两基”成员单位、地区教育局领导、局各科室联系县制度及县级干部包乡（镇）、乡（镇）干部包村、村干部包户制度，层层落实责任。坚持“分类管理、分类指导、逐年提高、限期完成”的原则，将年度入学率和控辍率指标下达到各县，将控辍保学工作纳入各县年终考评的重要内容。同时，坚持以督政与督学相结合，开展定期或不定期督导检查。

【以学校常规管理为保障，努力提升学校管理水平和教学质量】2012年各类考试共奖励308.54万元，其中高考奖励86.84万元，中考奖励173.7万元，内地西藏初中班招生考试奖励25万元，初中统考奖励23万元；对考上大学的405名农牧民学生每人给予1000元奖励，共计40.5万元；对551名考入内地西藏班（校）的新生给予每人750元的交通补助，共计41.25万元。

【以提升职业道德为切入点，大力开展教师培训工作】加强教师培训工作，努力提升教师队伍整体业务水平，先后派出13批次共400余人次基础教育师资前往北京师范大学、陕西师范大学、西藏民族学院等高校参加业务培训，组织62名职教骨干教师到区内外学校参加培训，教师业务素质不断提高。积极开展教师职称一年一评聘工作，共评聘中级职称606人，推荐并评聘中学高级教师31人。积极落实教师休假差旅费、电话费补助、公积金缴纳等政策，努力解决教师的后顾之忧。

【以加大教育投入为动力，努力改善教育教学办学条件】2012年度教育系统基本建设项目共计165个子项，总投资64232万元（其中续建项目20个子项，已落实投资6601万元；新建项目145个子项，投资57631万元，已落实121个，到位资金54549万元）。新增村级幼小一体化建设项目63个，落实资金8000万元。落实地区职校实训设备资金405.23万元、昌都县农作物生产技术基建和设备资金320万元，完成类乌齐县民族工艺品制作、江达县藏式雕刻、丁青县陶瓷工艺、洛隆县机械维修实训基地建设项目和察雅县农作物生产技术实训基地建设招标工作。

援藏工作成效显著。经与重庆市8个区教委协调落实意向性项目计划资金1000万元，市教委援助资金上千万，项目15个；投资300万元建设了“渝援阳光”书屋；组织2批300名昌都幼师进行为期3周的培训，组织二高教师赴重庆秀山等进行考察学习。天津市捐资助学资金100万元。

昌都地区民政工作

【年度综述】2012年，昌都地区共落实民政资金21994.05万元，其中落实城乡低保资金8747.63万元；落实城乡低保户、五保户、优抚对象一次性生活补贴资金3108.56万元；落实贫困学生就学救助金37.2万元；落实五保供养资金996.96万元；落实城乡医疗救助资金1001.75万元；落实救灾资金900万元；落实无军籍职工和军休干部经费536万元；落实优抚对象医疗补助金227万元；落实抚恤经费655万元；落实“三大节日”、“八一”建军节和退伍老兵慰问经费204.51万元；落实寿星老人健康补贴费220万元；落实孤儿基本生活费568.44万元；落实流浪乞讨人员救助资金26万元；落实民政项目资金4765万元。截止11月底，各种福利彩票销售额达1650万元。

【认真落实好城乡低保政策】一是认真做好扩大农村低保对象范围工作。2012年，全地区农村低保对象由原来的63515人增加到84278人，新增20763人。二是进一步做好城乡低保户核实工作，地区和各县在今年6月份对城乡低保户进行了一次全面的清理核查，不应纳入低保的，取消低保；符合低保的，全部纳入低保，认真做好动态管理下的保障机制。三是认真做好城乡低保提标兑现工作。从1月起，地区城镇低保标准由去年的每人每月

350元提高到每人每月390元；农村低保标准由去年的重点保障对象每人每年1070元提高到每人每年1220元，特殊保障对象每人每年772元提高到每人每年876元，一般保障对象每人每年564元提高到每人每年617元。今年全地区共落实城市低保资金2063.2万元，落实农村低保资金6684.43万元。四是认真做好我地区1600元以下的农村低保人口的调查核实工作。

【进一步完善城乡医疗救助制度】2012年，全地区共落实城乡医疗救助资金1001.75万元，救助城乡困难群众3724人。

【全面落实五保供养政策】一是认真开展五保供养对象提标兑现工作。从2012年1月1日起，地区农村五保供养标准由每人每年2200元提高至每人每年2400元。二是按时足额发放五保供养资金。地区共落实五保供养资金996.96万元。三是积极向自治区争取通过转移支付解决4332名地、县财政供养人员和未纳入保障范围的五保户供养资金问题。

【进一步加大救灾工作力度】2012年，地区各类自然灾害较多，截至今年11月底，全地区28225户733279人受灾，其中，成灾人口有19585户118482人，因灾死亡6人；农作物受灾面积8988.7公顷，绝收面积2441公顷，因灾粮食减产19047.04吨，毁坏耕地面积6.13公顷，因灾倒塌房屋281间，损坏房屋762间；因灾死亡牲畜3433头（只、匹）；直接经济损失12389.5163万元。灾情发生后，地县民政部门及时启动救灾应急响应，做到第一时间救灾人员到位、资金到位、物资到位，确保受灾群众安全转移和临时生活保障。共下拨救灾资金900万元。

【进一步做好双拥优抚安置工作，充分发挥民政在巩固国防建设中的重要作用】一是做好拥军优属、拥政爱民工作。“三大节日”和“八一”建军节期间，全地区共组成慰问团（组）138个，深入到驻昌、援昌人民解放军、武警官兵、消防、森警、雷达连、昌都兵站、七十五医院、指挥中心、便民警务站等103家单位和在乡十八军老战士、九代本起义人员、无军籍退休职工、军队退休人员、企业困难退伍军人、农村籍退伍军人、“三属”人员等进行了走访慰问。召开了丰富多彩、形式多样的座谈会、联谊会13场次，参加人员达987人，文艺演出8次，共落实慰问经费204.51万元。二是继续抓好各项复退军人政策的贯彻落实，确保军烈属、复员退伍军人、残疾军人、军队离退休干部等重点优抚对象生活不低于当地居民平均生活水平。全地区共落实无军籍职工和军休干部经费536万元，落实优抚对象医疗补助金227万元，落实抚恤经费655万元。三是切实做好优抚安置工作。地区共接收退役士兵61人，其中符合安置条件的44人已全部安置，其余17人回农村安置。四是做好冬季征兵工作。高质量完成了自治区下达的165名征兵指标，为军队和国防建设提供强有力的支持和保障。

昌都地区人力资源和社会保障工作

【就业再就业工作】2012年昌都地区实现城镇新增就业8037人，城镇登记失业率为2.81%。开发各类岗位5174个。农牧区富余劳动力累计转移就业7.5万人，实现创收2.8亿元。开展各类培训班68期，培训8510人。累计对4412人次进行了职业介绍，成功2096人次。大力开发就业岗位。争取到昌都基层公安机关人民警察、公益性岗位指标9002名，有力促进了各类人员充分就业。重点群体实现充分就业。1161名高校毕业生实现了就业，就业率达到100%。先后公开招聘了第一批基层公安597人、第二批基层公安1327人。开发乡镇宣传员、科技推广员等公益性岗位1500个。实现了“昌都籍应届高校毕业生全就业、往届毕业生基本就业”的目标，基本实现了昌都籍高中以上学历人员全就业。培训模式不断创新。针对农牧民就业意识、市场意识、组织纪律性相对薄弱的实际，创新工作方式，在全区率先开展了农牧民军旅式培训，实行封闭式管理，军事化训练。通过成立领导机构，整合培训资源等有效措施，到2012年底，共整合资金1455万元，培训7033人。

【社会保险工作】昌都地区实现了五大社会保险、八个险种的全面实施，初步建立起了覆盖城乡居民的社会保障体系。一是具有西藏特点的社会保障体系基本建立。新型农村和城镇居民社会养老保险政策进一步完善，寺庙僧尼参加医疗保险、养老保险工作全面推进，被征地农牧民、半脱产兽医等群体纳入了养老保险范围。国家机关、参照公务员法管理的事业单位工勤人员和聘用人员纳入了工伤保险范围。二是社会保险扩面工作稳步推进。各项社会保险参保人数达到44.48万人次，比上年增长6%。三是社会保险待遇水平稳步提高。共落实各项社会保险待遇2.2亿元。新农保月基础养老金由55元调整到90元，城镇居民月基础养老金标准达到120元。四是基金征缴和监管力度不断加强。社保基金总收入3.5亿元。认真落实社会保险基金财务会计制度，严格执行收支两条线等措施，确保了社会保险基金安全。同时，配合上级部门完成了工伤、生育保险自治区级统筹工作，五大社会保险全部实现了自治区级统筹，基金抗风险能力进一步增强。

【人事人才工作】努力规范职称评定程序，积极做好引智工作，专业技术人才队伍建设进一步加强，整体素质明显提高。一是加强专业技术人员职称评聘管理工作。完成38名拟晋升高级专业技术职务资格人员的审核、推荐、考察以及8名高级职称的初（续）聘工作。完成625名中级职务资格人员的审核、推荐、评审、资格确认以及803名中级专业技术人员的初（续）聘工作。二是人才引进力度进一步加大。本着聚贤汇能原则，为全地区共引进紧缺专业技术人员220名，总量、规模、专业类型属历年之最。坚持改革创新与规范完善相统一，公平性与科学性相统一，创新培训、考录、分配制度，营造公开、公平、公正的社会环境。三是各类考试录用工作有序开展。完成923人的专业技术人员资格考试工作。完成西藏自治区高校毕业生公开考录、从驻藏部队拟退役士兵中考录乡镇公务员和基层公安机关人民警察等3332人的考试工作。四是采取摇号方式分配新录用人员。为保证分配工作公开、公平、公正，在全区率先采取公开摇号的方式分配新录用人员，受到了广大新录用人员及社会各界的一致好评。全年通过摇号方式共分配新录用人员4088人。五是大力实施干部岗前培训工作。为使新录用人员尽快熟悉环境、转变角色，先后3次就《公务员法》、昌都区情、道德修养和基层组织建设等内容，对新录用人员进行了岗前培训，共培训1400余人。六是扎实做好高海拔地区折算工龄补贴工作。按照《西藏自治区人力资源社会保障厅财政厅关于建立高海拔地区折算工龄补贴的实施办法》，本着“能宽则宽、能优则优”的原则，会同财政部门认真落实了全地区19451人的折算工龄补贴。七是军转安置服务工作进一步加强。完成354名自主择业军转干部津贴补贴调整工作。47名自主择业军转干部全部安置完毕。同时，切实做好企业军转干部走访慰问、解困维稳工作。

【劳动维权工作】一是劳动保障监察力度不断加大。组织开展了农牧民工工资支付情况、清理整顿人力资源市场等专项检查，共检查各类用人单位817家，涉及劳动者7918人，设立劳动者维权公告牌116块。二是依法依规调处劳动争议案件。全年共受理劳动争议案件147起，涉及人数1145人，涉及资金1365.63万元，结案144起，结案率为98%，追回劳动者工资1332.52万元。三是大力开展法律法规宣传工作。共开展人力资源和社会保障法律法规宣传46次，发放宣传资料35000余份，宣传图片100张，解答政策咨询765人次。四是建立农牧民工工资保证金制度。制定出台了《昌都地区建设施工领域农牧民工工资保证金管理办法》，进一步健全了工资支付保障约束机制，从源头上有效预防和治理拖欠农牧民工工资的行为。

昌都县

【年度综述】2012年，全县完成地方生产总值29.62亿元，增长18.5%；一、二、三产增加值分别达到2.37亿元、11.77亿元和15.48亿元，分别增长5.5%、11.7%和26.7%，三产比为8：40：52；固定资产投资完成12.5亿元，增长54%，其中：援藏投资2628.8万元，民间投资8400万元；农牧民人均纯收入达到5962.19元，增长16%，其中：现金收入4160.6元；城镇居民可支配收入预计达到15032元，增长8.7%。县级财政收入完成5249万元，同比增长16%。全年农作物总播种面积88035.06亩，粮食产量达到9395.15万斤。其中：粮食作物68286.21亩，总产量3847.50万斤；经济作物13307.13亩，总产量3978.50万斤；饲料作物6441.72亩，总产量1569.15万斤，粮经饲比例调整为75：17：8。

【基础设施建设和资源开发迈出新步伐，发展后劲进一步增强】一是基础设施不断完善，群众生产生活条件大幅改善。全年实施以建房、治水、修路、通讯、绿化等工程建设项目168个，完成投资4.56亿元，加快城镇化建设步伐。4个乡镇的机关业务综合用房工程建设全面启动。15个乡镇“四小工程”建设全面启动。完成了7.26公里的面达草曲、若巴若曲、拉多扎曲等河道整治工程。投资3055万元分别实施了53座寺庙饮水安全和131个村委会人饮维修工程，通水率达98.14%，解决了3305名僧尼的饮水问题。“应急气象灾害预警”广播系统建成使用，农业防灾的能力不断提升。全年完成了农村（寺庙）公路通车里程201公里，总投资3002万元，基本实现行政村、寺庙通达的目标。实施了“金太阳”送光明工程，建成4座集中型光伏电站，发放3324套户用型光伏设备，且54座寺庙（日追）已实现全部通电，有效改善了无电农牧区的用电问题。建成了涉及9个乡镇60个行政村的通讯基站，通讯覆盖人口达6万余人。狠抓生态环境建设，完成荒山造林2000亩，改造低产田0.88万亩。全面实施20个人居环境建设和环境综合整治工程项目，生态县建设持续推进，环境质量进一步改善。二是以规划设计先行为理念，资源开发工作有序推进。总投资33亿元、年发电量16万千瓦的果多水电站于2012年12月底成功截流，年产85万吨的卡若高争水泥厂项目加紧建设，卡若拉诺玛矿根据地区整合的相关要求正在有序推进，面达着奶玛矿已完成详查并正在编制报告，拉多包买矿探矿准备工作已完成。

【教育事业不断加强】继续将控辍保学作为主要职责。2012年秋季小学一年级共招收1160人，超额完成任务；探索教育长效机制，研究提出了升学奖励及困难学生救助制度，年初十一届人大一次会议专门审议通过了促进教育发展措施；妥善解决了原昌都县小学教职工公积金遗留问题；自筹资金130万元购买了接送学生专用车，使学生道路安全措施落到实处；建立了昌都县委、县府每月10日召开教育工作专题会议制度，并由分管副县长兼任教育局长，切实加强对教育工作的领导。

【文化建设取得新发展】县、乡综合文化活动中心和基层文化站、村级文化室建设力度加大，12个乡级文化站建设项目即将投入使用；完成167个村（居）委会农家书屋、52座寺庙书屋建设任务；广播电视“村村通”和寺庙“舍舍通”工程覆盖率等得到提高，分别完成2251户“户户通”、1282个“舍舍通”工程建设任务；组织开展了166场次科技、文化、卫生、法律“四下乡”活动，丰富了广大农牧民群众的精神文化生活。

【社会事业不断发展，保障水平逐步提高】继续坚持教育优先发展战略，全县办学条件不断改善，教学质量稳步提高，“两基”水平进一步巩固。成立了“升学奖励基金”和基数为30万元的“教育救助基金”，兑现了217人升学奖励资金33.15万元。城乡医疗卫生服务体系进一步完善，公共卫生服务能力持续加强，累计为农牧民群众报销医疗费3157万人次、1027.71万元，完成僧尼和驻村干部体检分别为1120人次、150人次。大力实施寺庙僧尼社会保障“全覆盖”工程，僧尼养老保险人数达到1243人。新建乡镇文化站12个，完成了158个建制村和9个社区居委会的农家书屋、52座寺庙的“寺庙书屋”建设任务；完成了2251户广播电视“户户通”工程建设、1282座僧舍的广播电视“舍舍通”。

【市政管理步入正轨，城镇建设顺利推进】设立了卫生监督站，建立健全了全城参与、监管到位、常抓不懈的环境卫生整治长效机制。2012年8月与西藏国策环保公司就昌都镇城市垃圾清运及处置工作实行顺利签约，实施了昌都镇城市生活垃圾处理托管运营项目，城市垃圾处理步入规范化、专业化轨道。昌都镇新一轮旧城改造顺利启动，已完成6个片区的征地拆迁工作；13宗地城市发展储备用地征收工作取得阶段性成效。

【党的建设不断加强】扎实开展“一坚定三忠于”、“三热爱三创建”、“双模双建”和“一管四联三结”活动，建成2109个党建扶贫一对一帮扶对子。并选派517名县乡机关干部，开展第二批强基惠民驻村工作；建立健全县委理论中心组学习制度、每周例会制度，促进领导干部执政能力不断提高；干部队伍、人才队伍建设进一步加强，党员队伍不断壮大，县乡人大、政府和政协换届工作顺利完成；村级组织阵地建设全面推进，关心爱护基层干部的措施不断完善；坚持正确用人导向，把295名干部选拔充实调整到各级领导岗位上；强化干部队伍作风建设，进一步完善综合督查督办制度、年度目标责任考核机制，促进昌都县委、县府重大决策和重要工作部署的有效落实；昌都县委对工会、共青团、妇联等人民团体的领导进一步加强。

【援藏工作成效明显】第六批援藏干部围绕全县中心工作，扎实落实援藏计划，启动了如意乡邛卡大桥等14个援藏项目建设，项目总投资7850万元；争取援藏资金100万元，加强干部队伍建设和基层政权建设；加强津昌两地交流，达成教育共建协议，并争取到110万元援藏资金，用于教育和民生工程；继续做实津昌两地大黄药材的产销合作，为俄洛镇部分农牧民增收82.1万元，人均增收4000元，新增就业岗位30余个，利用现代医学技术，造福城乡人民，在昌都地区开创了多个手术首例；注重援藏队伍自身建设，恪守援藏职责，树立了第六批援藏干部良好形象。

【民生法制建设得到加强】人大、政协站在讲政治、讲大局、讲正气的高度，进一步发挥了法律监督、政治协商和民主监督作用，紧紧围绕全县中心工作，积极主动开展视察、调研，为昌都县委决策提供了依据，有力促进了全县经济社会持续、健康、快速、协调发展。

【领导名录】

行署党组成员、县委书记（副专员）：敖刘全

县委书记（副厅级）：刘金洪

县委副书记、县长：泽仁罗布

江达县

【年度综述】2012年，完成生产总值111000万元，同比增长18%，完成年度计划的100%;一产为21215万元，二产为59302万元，三产为29483万元，同比增长为19%、53%、28%。农牧民人均纯收入完成4862元（其中现金收入：3402元），同比增长16%;农村经济总收入49602.86万元，其中第一产业收入42433.4万元，第二产业收入2246.7万元，第三产业收入4922.756万元。

【“三农工作”】农作物总播种面积4835.38公顷，其中粮食播种面积：4361.85公顷，粮食总产量13151，平均亩产407斤。奶类产量8975吨，其中牛奶产量8791吨，羊奶产量166吨。年末牲畜存栏480394头。

【固定资产投资】2012年全县固定资产完成投资56124.48万元，新续建项目共计153项(其中:新建136项，续建17项)，项目总投资64299.20万元(其中:新建59527.87万元，续建4771.38万元)。强基惠民项目19项，计划总投资850万元，资金已到财政，18个项目已开工建设，开工率95%，截止11月完成投资760万元，完成资金率89%。寺管会业务用房于3月15日开工36个，11月份全面竣工7个，5个未开工，包括：木桑、夏西、耐多、觉普、根达圭日追。乡镇综合服务用房于3月10日全面开工，截止11月15日，13乡镇综合服务用房进展顺利，完成率达80%。

【物价管理】紧紧围绕“服务发展、稳定物价、保障民生”这一主线，加大对节日期间市场价格监管，规范市场价格秩序，维护市场价格平稳，积极稳妥地推进价格改革，切实改进价格监管，努力保持价格总水平基本稳定，充分发挥价格导向功能、价格调节功能、价格保障功能、价格服务功能，全力促进我县经济社会又好又快发展。

【电力、交通】全年电力企业完成发电量710万千瓦时，实现电力总产值230万元。客运总量达3.21万人次，货运总量达14万吨。

【优先发展教育事业】党的十八大强调指出“教育是民族振兴和社会进步的基石”，地区经济工作会确定要“大打教育翻身仗”。抓紧抓实抓好教育事业发展，是我们这一代人的责任。明日，县委县府要召开教育工作会议，对全县的教育工作专题进行安排部署。在此我讲三件事。一是发展目标。以一年起步、两年提高、三年翻身为教育发展近期目标，持续不断

促进教育稳步发展、努力办好人民满意的教育为总体目标，举全县之力、兴全民之教，务使全县教育事业三年有变化，六年大变样。二是工作措施。研究制定了《江达县教育管理办法》；建立教育“圆梦基金”，由县财政出资100万元，援藏资金解决100万元，全县干部职工捐助一点，用于资助农牧民子女考入大学后的部分学费支付；成立由政府分管副县长任主任的县教育督导委员会，专职负责教育的督政、督学工作，确保各项措施落到实处。三是奖惩办法。概括起来讲就是一句话：抓得好、完成任务的学校校长、教育局局长、乡镇党委书记和乡镇长、分管教育的副县长予以提拔任用或推荐上一级职务；反之，抓得不好、未完成的，给予政纪处分或引咎辞职等处理。

【**搞好医疗卫生事业**】要对13乡镇的卫生院、村卫生室进行重新规划、重新设计，建设生达乡片区中心医院、新建生达邦格村卫生室，扎实做好乡村级卫生院的规范化建设，科学合理地设置好各科室，进一步提升县、乡、村三级卫生服务网络。将各级卫生医务人员的管理权划入县卫生局，实行统一管理、统一调配，加大对医务人员的业务培训，提高卫生医务人员的医德和医疗水平。要认真落实好医疗卫生的各项惠民政策，扎实推进基本医疗保险保障体系建设，切实做好新型合作医疗的报销和资金兑现工作，加强食品药品安全监管工作，保障群众的切身利益。要严格执行国家人口与计划生育法规和政策，坚决制止多生、超生行为，实现孕妇、婴儿死亡率、生育三下降。

【**千方百计扩大就业**】采取政府吸纳、企业吸收、农民自我输出等多种渠道，加大政府支持就业力度，把零就业家庭及高校毕业生、退伍军人、伤残人员作为安置重点，以城镇化为主，坚持简单的劳务输出与向城镇有序转移相结合;坚持统筹培训安排与行业专训、专业培训相结合，解决新增城镇就业问题，加大转移农牧区富余劳动力。今年要实施好“热血青年爱国成才创业工程”，加大对16—25周岁青年人的培训工作；还将为13乡镇预留1—2个公益性岗位名额，用于解决乡镇炊事员或驾驶员公益性岗位。

【**突出抓好农牧民增收**】只有农牧民群众手中有钱了，我们建成小康社会才是真正的小康社会。必须把农牧民增收作为重点工作抓好抓实抓出成效。一是必须把党和国家强农惠民政策和资金（间接的、直接的）全部落实到位，确保政策性收入全部落实到群众手中。二是必须解决好低收入户的增产增收和发展问题。2013年扶贫项目要覆盖低收入户 2609 户 12521人，解决低收入人口的增产增收和发展问题。三是今后在项目建设上，凡老百姓可以干、可以做、可做成的项目，一定要交给当地农牧民施工队和老百姓去做，各相关部门加强技术指导，让群众通过项目工程建设实现增收。四是积极发展非农产业，引导农牧民群众有序参与工程建设、交通运输、服务业及以虫草、林下资源采集等，实现多种经营收入。五是加大对青壮年大棚蔬菜栽培、汽车驾驶技术、藏式家具加工、建筑工人等劳动就业技能的培训，加大劳务输出力度。

【**加快推进社会保障体系建设**】社会保障是重要的“安全网”，关系到每个人的切身利益，特别是深受弱势群体的关注，必须高度重视，突出以人为本的理念，进一步完善新型社会养老保险制度，扩大覆盖面，提高保障率，力争实现养老保险、医疗保险全覆盖。要为全县干部职工和全县登记在册的农牧民群众购买人身意外伤害保险，保证干部职工和群众的切身利益。要加大城镇化过程中新增城镇居民的社会保障，并与老居民一并做到应保尽保。加快推进县老干部活动中心建设，建立较完备的养老体系，发挥和利用好县敬老院，让弱势群众切身感受到党的温暖和关怀。对农村五保户、低保户等人员实行动态管理。

【**全面推进文化建设**】大力弘扬以爱国主义为核心的中华民族精神、“老西藏精神”，用社会主义荣辱观引领社会风尚、鼓舞精神，特别是要进一步加大对青年人的新旧西藏、法律法规、政策规定的宣传教育，教育引导好青年人向善，明辨是非，认清达赖集团的“五性”，自觉抵制自焚等极端事件。继续实施好“2131”工程和“村村通”工程建设，让广大农牧民和僧人听到党的声音、看到党的新闻；积极推进文化、卫生、科技“三下乡”活动，开展好入村入寺开展电影放映活动，组织群众开展文化娱乐活动，切实丰富群众的精神文化生活。积极争取并实施好文物保护维修、非物质文化遗产保护工程，不断促进文化事业健康发展。

【**加快推进城镇化建设**】要牢固树立建设和经营城镇的理念，做到“以城建城”、“以城养城”、“以城护城”，拓展城市发展空间，让建设和经营城市的理念深入人心。以高起点、高标准、功能齐全、布局科学、区域特色、风格极为鲜明为原则，做好县城总规前提下的修建性详规，做好觉拥新村、同普乡、卡贡乡、岗托镇的城镇规划，形成统筹城乡发展的基本思路。抓好县城防洪堤、给排水、自来水厂、线路入地等基础设施建设，进一步提升城镇功能、美化城市。

【**加强党风廉政建设，深入推进反腐败惩防体系建设**】一要严格落实各项反腐倡廉规定。严格执行中央、自治区、地委党风廉政建设和反腐败的有关规定，严把干部的政治、思想、作风和廉洁关，严肃政治纪律、组织纪律，确保党的路线方针政策及各级党委的重大决定、战略目标、战略任务得到全面的贯彻落实。二要加大对干部廉洁从政的监督管理。在中央和区党委政府的关怀下，投资多、项目多、发展机遇多，越是在这种情况下，越是要加强党风廉政建设和反腐败工作，越要加强对干部的教育、管理和监督工作，坚决防止出现作风不纯、要求不严和工程上马、干部下马的情况发生，确保干部队伍纯洁。三要加强工程领域的反腐倡廉工作。纪检部门要加强工程建设领域和民生领域的

干部监管工作，建立和完善监督工作机制，注意把握工程建设各项流程要求，坚决查处人情工程、关系工程、豆腐渣工程、劳民伤财工程以及以权谋私、中饱私囊等各种违法违纪问题。四要认真落实党风廉政建设责任制。加强对各项支农惠农政策、各种项目资金管理使用情况的监督检查，严厉打击各类违法乱纪的人和事，不断推进党风廉政建设向纵深发展。

贡觉县

【年度综述】2012年，全县国内生产总值完成3.9981亿元，同比增长15.1%。其中，第一产业完成8197万元，同比增长2%；第二产业完成9248万元，同比增长5.2%；第三产业完成22536万元，同比增长10.4%。一、二、三产业完成比例为20.5：23.1：56.4。全年完成固定资产投资2.2亿元，同比增长28%。社会商品零售总额8798万元，同比增长17.5%。县财政完成收入1462万元，同比增长16%。农牧民人均纯收入3271元，同比增长11.7%，其中现金收入2208元。各项存、贷款余额达30482万元、13068万元，同比增长30.22%、12.75%。

【农业】全县农作物播种面积6.72万亩。其中，粮播5.12万亩，产量2639万斤；油菜0.66万亩；蔬菜0.43万亩；其他作物0.51万亩。机耕1.19万亩，机播2.2万亩，机收1万亩；推广良种5万亩；良种试验基地260亩。中低产田改造0.5万亩。农牧民群众采挖虫草629.5斤，实现虫草收入6792万元。

【牧业】年末牲畜存栏142570头（只、匹）。全年新生仔畜23616头（只、匹），成活22467头（只、匹），成活率 95.13%。成畜死亡1149头（只、匹），死亡率4.87%。牲畜出栏2149头（只、匹），综合出栏率9.1%。完成草场承包到户559.3万亩，禁牧20万亩。牲畜投保142570头（只）。牲畜免疫率100%。

【林业】年内种植经济林木2.5万株；完成重点区域造林、生态安全屏障防护林、中幼林抚育4.6万亩；完成公益林建设（新增）封山育林1万亩；完成县城公共绿化1000平方米。

【工业与交通运输业】全县完成乡及乡以上工业总产值1180万元，同比增长51.28%。完成客运量5.3万人次，同比增长1.9%，货运量完成4.7万吨，同比增长18.39%。

【非公有制经济】个体工商户共542户，从业1179人，注册资金2688万元，同比分别增长12.5%、10%、9%。私营企业18家，注册资金2072万元，同比分别增长20%、40%。内资企业发展到16户，注册资金2860万元，同比分别增长6.7%、2.1%。全年引进项目2个，总投资2500万元。2012年移动贡觉县分公司运营收入达到999万元，新增移动用户1954户，使用户总数达到8976户；新增基站10个，基站总数达到45个。县电信局完成业务收入210万元，新增宽带用户156户，目前共有天翼用户1380户，联通公司发展用户350户，完成营业收入21.6万元。

【新农村建设】年内完成安居工程593户建设任务，完成投资946.5万元；完成人居环境和综合整治村19个，完成投资1987.4万元。全县公路通车里程达1478公里，通公路的村（居）委会达 146个，村通路率97.9%；通电村委会达116个，村通电率77.8%。新建、续建农村安全饮水工程点21个，新增通水村委会8个，通水村委会112个，村通水率75%；通水的寺庙达28个，寺庙通水率67%。

基础设施建设 全县共开复工项目77个，其中新开工项目66个（援藏项目5个），续建项目11个，总投资31032.81万元，累计完成固定资产投资22082.47万元。主要项目：综合办公楼及12乡镇综合业务用房、27座寺庙管委会业务用房、人社局综合办公楼、县农贸市场、2012年公租房。

【社会事业】1.教育县财政投入教育经费368万元，完成投资1210万元，完成6个项目任务；政府采购131万元的“三包”物资；初评中级职称36名，评聘初级职称117名。考入内地中直班1名，升入内地西藏初中班14名。购买东风皮卡6辆，进一步有效解决了各级学校有车难的问题。

2.修建大棚温室9座，总投资48万元，建筑面积20亩；农牧技术培训7次812人；沼气建设完成450户，总投资364.72万元。

3.举办了“贡觉县庆祝党建91周年暨‘唱响贡觉、舞动梦想’红歌会”、“喜迎十八大、颂歌献给党”歌咏比赛、国庆期间“家乡美”图片展。完成48个农家书屋和38个寺庙书屋建设。推进“村村通”、“户户通”，共发放787套“户户通”设备。完成数字电视改造，县城有限数字电视网已经通过移动网络和地区有限数字网顺利并网，电视用户可以收看117套数字电视节目。推进电影2131放映工作，共播放电影1483余次。

4.卫生：新型农牧区医疗农牧民群众筹资31878人，筹资金额63.756万元。补偿医疗费用2984人次859.6618万元，184名孕产妇报销医疗费用82.0087万元。儿童强化接种1766人，接种率96%。开展专项检查11次，查处并销毁不合格食品价值9495元，过期药品价值1205元。兑现“一孩双女”对象和“特扶”对象资金32.736万元。建立农牧民健康档案，建档20128份。加工藏药30个品种1500公斤。人口自然增长率为13‰。县财政解决40万元购买医疗设备。

5.社会保障：全县农牧民群众参保人数达到18179人，收缴保险费184.33万元，农牧民群众参保率达到77.5%。收缴城镇职工基本养老保险、失业保险、医疗保险、工伤保险、生育保险等五大保险951.7万元，收缴人数3878人次。干部职工公积金收缴达3509.55万元，解决困难就业人员432人，城镇登记失业率3%。农牧区劳动力转移就业人数5858人次，实现收入2028万元。发放救济粮6.5万斤，救济款86万元，发放城镇低保金101.31万元、农村低保金640.8万元，五保户补贴资金108.3万元。发放646名特困群众医疗救助120.4558万元。

6.扶贫：完成4个整乡推进项目，总投资292万元；完成6个面上扶贫项目，总投资445万元；完成“两项制度有效衔接”贫困户3516户15821人的建档工作。

【惠民政策落实】2012年落实支农惠农资金5128万元。其中：种粮补贴和农资补贴201万元；天然林管护(生态效益补偿、退耕还林)资金712万元；家电家具下乡补贴90万元。农村基层党组织保障经费发放12万元；村级组织经费64万元；村干部误工补贴资金356万元；教育“三包”经费支出1615万元；新型农村合作医疗兑现资金1153万元；“三老”人员生活补贴发放76万元；城镇低保金101万元、农村低保金640万元，五保户补贴资金108万元。

【维稳工作】制定印发了《贡觉县维稳指挥部工作职责》、《贡觉县维护社会稳定加强社会管理工作方案》、《贡觉县政法维稳综治工作2012年任务分解表》、《贡觉县处置突发事件总体预案》。建立县、乡治安联防队13组300余人。县公安局共立刑事案件9起，破获11起，其中2起为年前积案，破案率120%，抓获犯罪嫌疑人10人，收缴非法枪支89支，子弹80发，炸药8.5公斤，雷管5枚，导火索2米，管制刀具270把；县人民法院共受理案件28件，审结28件，案件审结率100%，调解民事案件12起，调解率100%。县人民检察院共受理公安机关提请批捕案件11件13人，向人民法院提起公诉11件13人，批捕和起诉率均为100%。县司法局落实对12名刑释解教人员建档工作。全县共发生民间纠纷22起，成功调处22起，调解成功率100%。全年共受理群来访19件72人次，成功调解17件，调解成功率89.5%，妥善解决了群众的诉求。

【创先争优强基惠民工作】培树县级先进乡镇党委2个、机关党支部2个、村（居）党支部5个，培树优秀机关党员3名、优秀农牧民党员5名；抽派强基惠民第二批驻村队员366名，对149名驻村工作队队长进行为期3天的系统培训；表彰31个先进基层党组织、67名优秀共产党员和3各先进单位；从机关选派45名优秀干部参加昌都地区集中培训后到村担任村党支部书记，选派45名干部担任村文书；先后7个批次选派了159名村“两委”干部参加昌都地区加强社会管理集中培训，选派45名现任村委会主任参加昌都地区村委会主任培训，培训农牧民党员780人次。

【创新社会管理】建立12个便民警务站，配备警力110人，配备巡逻车12辆、摩托车12辆、全套办公设施和单警装备，便民警务站投入运营以来，共接警852次，其中群众救助667次，普通纠纷178次，有效报警7次；各检查站共盘查各类车辆9763台次，47885人；共登记流动人口38241人，其中暂住人口1604人，登记租赁房屋316间，为流动人口发放免费药品1750人次，救助流浪乞讨人员1名；办理“二代证”8570张、采集办证信息12439条；将我县籍33名“法会”回流人员送往地区集中开展法制教育，对105名从四川白玉学经回流人员进行法制培训教育；开展重点僧尼法制教育培训2期、学员34名，开展重点人员法制教育培训2期、学员34名，对重点人员的稳控起到重要作用。；在虫草采集人员聚集较多、治安情况复杂的区域设立临时警务室10余个，投入治安巡查公安民警和武警官兵110余人；成立500余名乡、村干部参与的50余支巡山队；成立由10名干警组成的2个巡回检查组，成立1支由35名公安武警组成的应急队伍进驻人员集中的重点区域，形成强大震慑，有效预防了矛盾纠纷的发生；在4个乡镇、6个单位开展平安创建活动，对平安创建达标的8个乡镇、18个单位进行集中授牌。

【领导名录】

县委书记：张新成

县　　长：扎西

类乌齐县

【年度综述】全县经济运行保持了良好的增长态势，全县生产总值完成5.06亿元，同比增长18%；第一产业完成12986万元，同比增长7%；第二产业完成12528万元，同比增长16.1%；第三产业完成25086万元，同比增长27.35%。财政一般预算收入完成1845万元，财政支出32000万元，同比分别增长18%、39.44%；税收完成2100万元，同比增收1260万元，同比增长150%，是年度计划的2倍。农牧民人均纯收入达到5277元（其中现金3668元），同比增长14%。2012年经济运行总体呈现出了“稳中有升”的发展特点，各项工作都取得了新成效。

【农牧业基础不断夯实，农村经济稳步发展】类乌齐县按照早计划、早安排、早部署、早落实的工作要求，做好了化肥、种子等农用物资的调运和农田水利基本建设，全县订购化肥253吨、农药3.9吨，组织群众积造农家肥2.7万吨，改造低产田0.3万亩。县政府出资10万余元购买了4万斤青稞良种（藏青320）进行试种。全县共完成播种面积4.48万亩,机耕1.33万亩,机播1.4万亩,机收1.7万亩,粮食产量预计达到1721万斤，同比增长2.1%。蔬菜产量预计达到1764万斤，同比增长1.4%。

积极组织农牧民群众做好牲畜棚圈维修加固，接羔育幼工作顺利，全县新生仔畜78681头（只、匹），成活率达到97%，与去年基本持平；狠抓重大动物疫病防控工作，及时组织调拨各类疫苗，圆满完成了全年疫苗注射工作，共免疫接种各类牲畜32.5万头（只）；全面落实草原生态补助奖励机制，累计发放2011年草原生态补助奖励资金336.65万元，落实到户（联户）各类草场493.3万亩，并顺利通过自治区检查验收。加大了教育引导力度，群众惜杀、惜售的观念进一步转变，全年共出栏牲畜7.26万头（只、匹），猪牛羊产量6600吨，同比增长13%，奶产量8500吨，同比增长13%。

【新农村建设扎实推进，群众生产生活条件显著改善】本着“巩固好、完

善好、再提高”的目标要求，扎实推进以安居乐业为突破口的社会主义新农村建设。农牧民安居工程建设完成877户，受益人口3947人，累计完成投资4967.39万元；农村人居环境建设和环境综合整治项目已竣工，累计完成投资1188.8万元。

继续大力实施水、电、路、气、讯、邮、广播电视、优美环境“八到农家”。农村安全饮水工程、39个寺庙安全饮水工程、14个村委会安全饮水工程和农村饮水工程维修改造项目顺利完工，解决了2.4万农村人口、1327名农村师生和1023名僧尼的饮水安全问题；加大了无电地区电力规划和建设，完成了尚卡电站线路延伸、金太阳工程等，吉甲局域网完成建设任务的60%，岗色电站和1500户农村户用沼气项目建设已开工建设，农村电网升级改造项目前期工作正在抓紧开展，农牧民生产生活条件得到显著改善。

【项目建设步伐加快，固定资产投资增长强劲】全年固定资产投资完成5亿元（地区下达指标27485万元），同比增长85.9%，组织实施了120个子项目，其中国家、自治区和地区投资37901万元，县自筹投资850万元，援藏投资5970万元，社会民间投资5279万元。

【旅游、服务业发展迅速】类乌齐县旅游发展总体规划已通过地区旅游局初审，长毛岭国家级野生马鹿自然保护区的基础及配套设施项目正在做前期工作，伊日温泉疗养园基础设施及相关配套设施已完成建设任务的90%。据初步统计，全县共接待各类游客64541人次，实现旅游收入207.8万元，同比分别增长132.5%、86.8%。

【招商引资成效显著，非公有制经济发展良好】2012年全县实现招商引资项目7个，实际到位资金5300万元，完成地区下达任务3000万元的177%。其中，重庆能投集团在类乌齐县的水电开发项目、重庆太极集团的类乌齐镇冰雪水城项目、类乌齐免烧砖厂项目、伊日温泉和大山宾馆项目都已签订意向协议书，并在积极实施中；广西环球投资对甲桑卡乡矿泉水开发，现已完成公司注册和厂房建设征地赔偿；卡玛多菱镁矿和赵发涌铅锌矿已完成2012年投入1800万元的任务。目前，全县个体工商户962户，从业人员1631人，注册资金5418万元；个人独资企业13户，注册资金673万元；企业27户，注册资金9177.16万元。

【财税金融稳健运行，自我保障能力不断增强】全县财政一般预算收入完成1845万元，财政支出32000万元，同比分别增长18%、39.44%；税收完成2100万元，同比增收1260万元，同比增长150%，是年度计划的2倍。金融机构运行基本稳定，银行存款余额达到26390万元，同比增长16.3%，贷款余额达到10142万元，同比增长4.7%。

【社会事业全面发展，各项保障政策有效落实。一是各项社会事业协调发展】2012年升学考试圆满结束，全县小考、中考人数分别达到859人、391人，小考、中考报名人数与去年相比有较大幅度提高。科技下乡和科普宣传活动深入开展，科技特派员制度深入实施，举办农牧民科技培训523人次。继续把人人享有基本医疗卫生服务作为努力方向，农牧区医疗制度覆盖面达到了100%，疾病预防控制不断加强。完成了45321人农牧民群众健康档案，落实了2011年“一孩双女”扶助资金40万元，为全县36座寺庙（日追）961名在编僧尼进行了体检。7个乡镇文化站和新华书店建设已经完成建设任务的70%，查杰玛大殿第一期古建筑维修保护工程进展顺利。二是社会保障政策措施得到有效落实。继续严格按照两个确保的要求，扎实做好低保工作，不断加大五保供养力度，加强优抚工作各项措施的落实，切实做到应保尽保。截止目前，共落实城乡低保资金416万元，城乡低保户、五保户、优抚对象一次性生活补助资金126.73万元，五保供养资金88.45万元，城乡医疗救助资金111万元，各类救灾资金115.2万元，使生活困难的特困群众得到了及时救助。就业和再就业得到进一步增强。全县开发就业岗位170个，实现城镇新增就业529人。举办城镇失业人员、高校毕业生、农牧民转移就业培训3期，培训1245人次。实现农牧区富余劳动力转移就业6600人次，职业介绍230人次，城镇登记失业率控制在3%以内。

【援藏工作不断深化，援藏渠道进一步拓宽】进一步加大与重庆市的协调沟通，充分发挥援藏干部的作用。在完成7330万元计划内援藏项目资金外，争取落实了4200多万元计划外援藏资金。县城自来水厂改扩建、县城风貌改造、农牧民培训中心、宾达乡新农村建设、甲桑卡乡新农村建设都已顺利竣工，恩达新农村建设完成建设任务的90%，类乌齐镇新农村建设完成建设任务的50%，今年累计完成投资5970万元。投入了1500万元加强教育、文化、学校、医院建设，努力改善基层设施设备。由4名援藏医生配合县卫生服务中心对全县创先争优强基惠民驻村工作队人员、敬老院人员、环卫工人、先心病患儿进行体检和筛查，截至目前，重庆市第六批援藏工作队出资为基层群众治疗800人次，开展“送健康进乡村”活动6次，送药品价值7000元，培训乡镇基层卫生人员160余次，受到了群众的一致好评。

【抓住维稳工作重点，社会局势总体稳定】2012年共受理来信来访2件，6人次，与去年相比大幅度下降，无越级上访情况发生。2012年全县派出450人次、车辆181台次，开展了8次以处置“自焚”、“骚乱闹事”和“武装巡演”为主要内容的应急处突演练，先后组织开展了第一、二次严打整治行动和打击整治专项行动，共立各类刑事案件8起，破8起，破案率达100%，共打击处理各类犯罪嫌疑人17名，治安处理59名。收缴各类枪支46支、弩1把、子弹205发，炸药2642公斤、雷管33枚、导火索8米、管制刀具203把，社会秩序进一步好转。

丁青县

【年度综述】2012年，全县生产总值

8.54亿元，同比增长17%；其中：第一产业实现增加值3.53亿元，增长2.3%；第二产业实现增加值2.15亿元，增长48.2%;第三产业实现增加值2.86亿元，增长19.1%。产业结构由47.3：19.8：32.9调整为41.3：25.1：33.6。全县人均生产总值达11168元，增长9.51%。农牧民人均纯收入、城镇居民可支配收入分别完成5067元、12823元，同比分别增长13.1%、7%；固定资产投资完成7.12亿元，同比增长54.4%；全县实现社会消费品零售总额11676万元，增长20%；财政收入完成3737万元，同比增长23.91%；税收完成1801万元，同比增长79.03%。粮食产量23785吨，肉产量7483吨，奶产量5785吨。

【农牧业生产平稳发展】完成春播面积12.2万亩，全县粮食产量达4944.22万斤，比上年增长4.2万斤；新生各类仔畜94231头（只、匹），成活仔畜90461头（只、匹），成活率96.1%;奶产量0.56万吨；全县春秋两季牲畜注苗率均达100%；共订购化肥1100吨，其中尿素600吨（全部到位）、二铵250吨（未到位）、复合肥250吨（到位160吨），积造农家肥4725万斤，调运种子95吨，调运农药0.5吨；进一步推行草场家庭承包制，深入实施草原生态保护补助奖励机制，全县1019.83万亩的可利用草场划分到户，草场承包联户率达100%；完成高产创建1.8万亩，测土配方1万亩，二级麦类种子田0.32万亩，良种推广1.5万亩；农牧民转移就业人数7317人，完成年度计划的97%，转移就业收入2436万元；全年完成农牧民劳务输出18060人（次），实现收入6502万元。

【新农村建设扎实推进】2012年共实施完成农牧民安居工程1060户，完成投资11675万元，其中县财政专门安排了184万元补助92户特别困难户的安居房建设。农牧区水、电、路、讯、视、邮等基础设施配套建设不断加强。投资959万元实施了农村安全饮水工程，有效解决了904户9325人及11509头（只、匹）牲畜的安全饮水问题；投入1370万元解决了48座寺庙859名僧人的饮水问题；投入1057.43万元建设了防洪堤2个，堤防总长度3.626公里，保障了城区及当堆附近471户3141人的生命财产安全；巴登电站建设完成投资2207.54万元，投资2627.8万元的丁青县局域网工程，于11月开工建设；全年开工建设农村、寺庙公路项目39个，总建设里程327.269公里，完成投资10951.65万元，截止目前，全县13个乡（镇）全部通车，通车里程达1249.1公里，行政村通车52个（包括一个居委会），占行政村总数的82.5%；农牧区通讯条件不断改善，电信覆盖率达到52%，移动基站完成县城全覆盖，乡镇覆盖率达75%；邮政网点覆盖全县12个乡镇；全县广播覆盖率88.69%，电视覆盖率89.6%，户户通达到65%。

【固定资产投资落实有力】2012年，全县共完成固定资产7.12亿元，同比增长54.5%，其中其中完成国家投资3.84亿元，援藏投资0.41亿元，社会投资2.13亿元，县财政投资0.69亿元，其他投资0.05亿元。农牧民培训暨行政服务中心、干部职工活动中心、第一期干部职工周转房以及县城二期供暖、新区24小时供水等重大工程年内将竣工投入使用，新区今年全年投资达2.3亿元，目前完成投资1.6亿元，县城新区初具规模。

【社会事业全面进步】大力推进卫生硬件设施建设和体制改革，投资近2000万元的医技综合楼和藏医住院部项目即将投入使用；县级财政投资700多万元对卫生服务中心医疗设备进行更新换代；安排6万元资金为全县190余名“三老人员”进行免费体检；完成僧尼免费体检1110人，农牧民免费体检70039人；卫生部门培训乡村医生3批414人次，送区内区外培训16人次；全年举办科技技术培训4次，培训群众1946人（次），对全县18名农牧民科技特派员进行专门培训；基本养老保险费和城镇职工基本医疗保险费征缴率100%，城镇居民基本医疗保险费征缴率100%，新型农村社会养老保险参保21197人，参保率70.77%，养老金发放率达100%；兑现农村低保620万元，城镇低保44万元，孤儿基本生活补助101.52万元，孤寡老人生活补贴111.6万元，寿星老人健康补贴11.01万元，为143人发放医疗救助资金85万元，兑现春荒缺粮救助款40万元，自然灾害救助款11万元。

【援藏工作不断深化】投资2093万元的农牧民培训暨行政服务中心大楼已于年底完工交付使用；投资300万元的丁青县福利院和投资320万元的乡村桥梁工程进展顺利；不等不靠，积极解放思想，在项目申报的同时利用援藏资金1100万元启动并抓紧落实新区24小时供水项目将于年内完工并投产，实现新区24小时供水；争取援藏计划外资金27万元，用于改善乡镇、村办公和生活条件及人员培训，加强基层党组织建设。

【基层党建不断深入】继续落实乡（镇）干部每人每年1万元公务经费保障制度，投入520万元实施了13个乡镇包括“四小”项目在内的标准化乡（镇）建设；按照地委安排部署，积极选派29名优秀党员干部担任村党支部书记，充实基层力量；选派205名干部组成我县第二批“强基惠民”工作队驻49个村（居）开展工作；帮助理清发展思路169条，协调落实项目278个、帮扶资金2075万元，为群众办实事600余件；开展爱国主义教育和惠民政策宣讲800场次，受教育群众12万余人次；完善维稳方案414项，调处矛盾纠纷364起；按照地委关于开展“一管四联三结”活动（管好自己的家庭，联村、联户、联寺庙、联僧尼，结对、结亲、结友）的总部署，全县干部职工共召开家庭会议、开展家庭成员爱国主义和反分裂斗争教育3148次，全县1451名干部职工与64个村1637户群众、21个寺庙362名僧尼结成2360个帮扶对子，干部职工捐助资金43.5万元，帮助解决群众困难428件。

【社会局势持续稳定】全年先后三次调整充实了维稳指挥部和群防群治工作领导小组，在重大敏感节点期间，

安排县级领导到各乡镇蹲点督促落实维稳工作；完成了县城及全县维稳力量布防、应急处突机制等方面的调整和完善工作，开展了党政军警民联防联动的应急处突演练，落实县、乡、村和寺庙管委会、驻村工作队整体联动、立体防护的维稳工作机制；全面加强布塔、木塔、巴达和觉恩公安检查卡点工作和县城10个便民警务站和13个乡镇派出所建设，落实民警管片作用，积极推进网格化管理；对200余名重点人员层层落实属地联保、一对一管控和签订责任书等措施；按照“九防”工作要求，派出24名县级干部率领210多名干部加强虫草采集管理，落实分片包干责任，向周边邻县发函要求协助防范群众越界采集虫草、主动同巴青协商组成联合工作组值守边界；认真落实领导包案制度和“五个一”工作要求，依法解决群众合理诉求，“3.30”索巴虫草诈骗案化解工作积极推进，扎西林寺供奉矛盾有效遏制；严格落实“三个不增加”要求，积极推进寺庙“六建”、“六个一”工程和“九有”工作，认真落实流动僧尼清理整顿工作，规范寺管会工作要求、不断强化管理；推进僧尼养老保险和社会保险全覆盖，积极开展弘扬历代高僧大德“爱国爱教、遵规守法、弃恶扬善、崇尚和谐、祈求和平”主题教育活动，牢牢掌握寺庙管理主动权；坚持通过固定电话查岗、明察暗访等形式，对全县干部职工在岗、值班以及维稳工作开展情况进行督促检查，发现问题及时纠正处理。

【非公经济不断壮大】2012年，丁青县大力发展非公有制经济。截至2012年底，全县共有个体工商户1387户，从业人员3059人，注册资金5877万元，同比分别增长11.22%、41.88%、29.6%。私营企业21家，解决就业560人，注册资金2216万元。2012年，非公有制经济向国家纳税2397万元，占全县财政收入64.15%。

【领导名录】
县委书记：郝树民（援藏）
县　　长：晋　美
人大主任：晏启初
政协主席：扎西

察雅县

【年度综述】2012年全县生产总值达到62545万元，同比增长20.4%，其中第一产业增加值达13762万元，同比增长13.18%，第二产业增加值达30480万元，同比增长20.4%，第三产业增加值达18303万元，同比增长26.6%。农牧民人均纯收入完成4880元（其中现金收入3416元），同比增长17.9%，全年财政收入完成1520万元，同比增长16.3%。

全年续建和新开工建设项目共计90项，累计完成投资32792.6万元。其中续建工程27项，完成投资5049.1万元，新开工工程60项，完成投资23093.5万元，民间投资3项，完成投资4650万元。

2012年度全县招商引资项目合计7项（其中新建项目4项、续建项目3项）新建招商引资项目协议资金5045万元，完成投资3215万元。

【民生方面】2012年全县共落实各项利民惠农资金10847.934万元。全县农牧民安居工程建设任务为870户。其中，农房改造786户，相对贫困户84户，已完成785户的建设任务，完工率达91%，受益人口达5790人，建筑面积达217500平方米，总投资为2981.4万元；实施人居环境和环境综合整治10个乡镇21个行政村，总投资2259.6万元；实现6000余人次的扫盲任务，对259名产妇进行产前检查和4973名65岁以上老人进行体检和健康管理；建设寺庙及农村公路48条，总投资9425万元，到位资金2423万元，解决全县13个乡镇233个自然村4773户31316人141330头（只、匹）牲畜的饮用水，积极实施“金太阳”工程系统建设，已安装完成合计1951套。

【维护稳定工作】自春节藏历新年至党的十八大期间全部敏感节庆日，所有联系乡镇的县级领导干部进驻各联系乡镇，负责督导检查各乡镇的维稳安保工作落实情况。各乡镇、各单位、各部门严格执行24小时值班和主要领导带班制度；县吉塘检查站、竹卡检查站、9个便民警务站切实查控流动人员，强化社会面的管控力度；督察大队进一步加强了对全县维稳值班及维稳工作措施贯彻落实的督导检查工作。

积极开展和谐模范寺庙暨爱国守法先进僧尼创建评选活动，对和谐模范寺庙和爱国守法先进僧尼进行表彰，在创建活动中，对获得2012年上半年地区级7座和谐模范寺庙，704名爱国守法先进僧尼，7个先进寺庙管理委员会、2个优秀驻寺干部进行了表彰并发放奖金共计144万元；为县级16座和谐模范寺庙、533名爱国守法先进僧尼，16个先进寺庙管理委员会、7个优秀驻寺干部进行了表彰并发放资金，及时兑现寺管会干部岗位津贴，对1744名僧侣进行体检；切实解决寺庙僧尼的实际困难。已全面完成了78座寺庙的领袖像章、国旗、报纸、书屋进寺庙工作；完成了78座寺庙的广播电视工程安装工作；组织乡镇电影放映员在各寺庙播放爱国主义教育影片共318余场；现已通路的寺庙有32座，正在修路的寺庙24座；已通水的寺庙有52座，正在实施饮水工程的寺庙18座；已实现通电的寺庙共有48座，未通电的30座寺庙已全部发放了太阳能设备，29座寺庙管委会业务用房均开工建设。

【党建方面】县委组织部、卡贡乡党委共同打造了集宣传、教育、服务、便民为一体的“卡贡乡党员先锋服务站”示范工程，在吉塘居委会设立“党员先锋服务点”，实现党建引领、党员服务和便民服务的统一，在取得成功经验的基础上县委又投资390余万元在其余12个乡镇全面推广，11月底全部投入使用，实现乡乡都有“党员先锋服务站”，同时延伸服务内容，实现乡为站、村为点、党员为服务员的三级党建服务“双机制”。推动全县2200余名党员干部直接联系乡、村和群众，全县党员干部职工与群众结成1473个帮扶对子、与僧尼结成424个帮扶对子。

创先争优活动总结表彰了16个先进基层党组织，65名优秀共产党员，建立健全创先争优长效机制44个，为从根本上长远上保障科学发展提供了制度保证。选派47名（地区18名，县29名）优秀年青干部到村任支部书记。向上级共推荐4名符合条件的人选，最终有2名村支部书记被地区录用为乡镇公务员，29个重点寺庙管委会设立了1个党委、28个党（总）支部，在49个寺庙管理小组设立党支部；成立了县公安局党委，并建立了3个党支部，健全中、小学校党组织，设立教育系统党总支部，在12所乡镇中心小学和县幼儿园设立党支部；在非公企业中建立外来务工党员临时党支部1个；在卡贡乡村帮村协会中建立第1个党小组，在社会组织中建立党小组1个。截止目前，共发展党员148名，（其中农牧民党员69名）

2012年，共计提拔交流使用干部119名。县级20名（其中正县3名、副县17名）、正科43名、副科56名，进一步使用8名，平职交流63名。实现乡镇党政主要领导"一藏一汉"配备100%。推荐选用村后备干部256人，培养入党积极分子470名，帮助村（居）建立党员档案755人（份）。

八宿县

【年度综述】2012年全县地方生产总值预计达到41915万元，同比增长16.02%，其中：第一产业完成10340万元，同比增长11.08%；第二产业完成10957万元，同比增长14.23%；第三产业完成20618万元，同比增长19.69%；地方财政收入完成1708万元，同比增长16%；农牧民人均纯收入达4345元（其中现金收入3045元），同比增长13.12%；社会消费品零售总额达到11137万元。全社会固定资产投资完成4.2亿元，人口自然增长率控制在12‰以内；城镇登记失业率控制在2.7%以内。

【强化工作落实，新农村建设稳步推进】农牧业生产有序推进。全年农林牧渔业总产值完成25859.2万元，同比增长2.84%，其中农业总产值6535.7万元，林业总产值153.4万元，牧业总产值18194.3万元，农林牧渔服务业975.8万元。全年完成农作物总播面积5.25万亩，（其中：粮食作物播种面积4.28万亩，经济作物0.6万亩，种植饲草料0.37万亩），粮食总产量达2166万斤（含玉米、豆类、荞麦产量）。农经饲比例调整为75:17:8。选小麦良种2.7万斤，换种9.8万斤，种子包衣58.7万斤，引进青稞良种"藏青320"2万斤，落实良种补贴112.038万元、农机补贴150万元；全年改造中低产田8000余亩，新修维修农田水渠23560米，维修水塘215座、水池50个、水渠23715 米。调运化肥施用量达767吨，积造农家肥9.2万斤；机耕面积达1.72万亩，机播面积达1.7万亩；我县以退牧还草、人工种草、草场承包为重点，狠抓牧业生产。草原鼠害治理已全面完成生物药物灭鼠工作，灭鼠面积达50万亩，完成人工种草3500亩，完成草场承包805.26万亩（不含地区及县种畜场），草场承包工作顺利通过自治区终验，全县农牧民群众将在未来五年内获得国家草原生态补奖资金近1.5亿，兑现14个乡镇7085户牧民群众2011年度草原生态保护补助奖励资金2077.31万元。完成接羔育犊92500头（只、匹），仔畜成活率达96.7 %，牲畜综合出栏率达35.27%，肉、奶产量分别达到5538吨5300吨；动物免疫注苗工作严格按照"政府保密度，部门保质量"和"六个不漏"的工作要求，牲畜五号病、小反刍兽疫、禽流感等重大动物疫病注苗率达100%；兑现2011年涉农保险金104万元。同时，积极落实防抗灾措施，储备粮食共77万斤，储备抗灾饲草料202万斤，新建棚圈510间，维修棚圈2150间，添置暖垫8830件，维修暖垫23688件。开展生产技术、沼气技能、农机操作与维修等使用技能培训620余人次，发放各类学习资料2000余份；总投资1020万元的人工种草、草原鼠害治理、反季节荞麦种植、饲草料储备库等5个项目圆满完成。

全力加快城镇化建设，新农村建设进展顺利。全年共完成安居工程建设869户，完成国家补助资金投入1029.5万元，投入抗震加固资金434.5万元；总投资1863.17万元的同卡、集中、益青、郭庆、夏里等乡镇的17个人居环境建设和环境综合整治及相关配套设施建设竣工投入使用。共计建成万村千乡市场工程农家店62家，建成农村人居环境整治项目万村千乡市场工程农家店40家。

农牧民群众大幅增收。全年累计完成乡镇企业产值1274.34万元，多种经营收入达3678.27万元，农牧业产业化经营龙头企业实现产值178.22万元，农牧民专业合作化组织实现产值360万元，完成劳务输出12650余人次，收入达2700余万元，群众采集虫草700公斤，直接收入达到4200万元。累计销售家电下乡3041台，销售额达532余万元，兑现财政补贴资金106余万元，销售家具1636件，销售额达517余万元，兑现财政补贴资金112余万元。

特色产业不断壮大，特色产业增收能力稳步提升。申报了八宿县高产奶牛养殖示范基地、八宿县特色藏鸡养殖示范基地、八宿县邦达草原紫花苜蓿种植基地、八宿林卡、拉根葡萄种植基地、八宿县林卡乡辣椒种植示范基地、八宿县鲜花种植基地、八宿县优质马铃薯种植示范基地等新项目。同时，从完善基地建后管护、加强科技培训、确立特色产业发展思路等方面入手，努力培育"从田头到餐桌"的产业链。从荞麦酒资质认证、生产工艺改良、原料保障等方面入手，重点扶植了荞麦生产及加工基地建设、河谷地带经济林木种植等具有八宿特色的农牧业项目，荞麦生产及加工基地项目累计完成投资70多万元，完成荞麦播种面积达0.6万亩，种植蔬菜0.411万亩，完成河谷地带特色经济林木核桃树补植0.16万亩。围绕挖掘旅游景点的品牌潜力，完成投资583万元。全年共接待游客97179余人次，实现旅游总收入1247余万元，同比增长13.5%、16.2%。

【扶贫农发、民政、国土、林业、水利、交通运输等工作稳步推进】扶贫农发。全年八宿县面上扶贫项目总投资333万元（其中：国家投资260万元，群众投劳折资73万元），组织实施了同卡镇温室大棚建设项目、林卡旺珠小桥、夏里乡核桃种植（共种植核桃苗3万株）和然乌镇来古村入户养马等7个项目已全部竣工；2012年林卡乡整乡推进扶贫项目总投资247万元（其中：国家投资223万元，群众投劳24万元），共安装温室27座，种植葡萄15亩，犏牛养殖126头，尼巴水渠已完工投入使用。总投资33万元的新增整乡推进扶贫项目《林卡乡加真村中低产田项目》已圆满完工。总投资530万元（国家投资475万元）的吉达乡农业综合开发土地整治项目，已完成水利设施建设，新修水渠16.7公里，平整土地2200亩，购置农机具19台（套）。

民政。全年累计发放城镇低保资金52.8792万元（其中：第一二季度向62户136人发放城镇低保资金23.5596万元，第三四季度向74户168人发放城镇低保资金29.3196万元）；为1242户4386人发放农村低保资金1.632万元；“三大节日”期间发放低保户一次性慰问资金共计98.6万元（其中：发放城镇低保户一次性慰问资金10.88万元，发放农村低保户一次性慰问资金87.72万元），发放价格补贴19.8265万元（其中：城镇低保户发放价格补贴1.6320万元；发放农村低保户价格补贴17.3365万元；发放五保户价格补贴0.858万元）。为143名五保户（其中：17人在县敬老院集中供养，其余126人在各乡镇分散供养）按照新标准发放定期补助资金34.32万元；城乡医疗救助方面，救助城乡困难群众658人，落实医疗救助资金141.6869万元；其他社会救助方面，落实12名优抚对象定期生活补助资金7.417万元；依法开展临时社会救助34人，落实社会救助资金3.1万元；按照每人每月600元标准，为58名孤儿发放补助资金41.76万元；为388名80岁以上老人发放健康补助资金12.55万元；救助流浪乞讨人员36人，落实救助资金5160元。自然灾害救助方面，全年兑现落实自然灾害救助资金107万元，并积极筹备自然灾害防范应对物资，全县储备暖垫、帐篷、棉被、棉衣、铁锹、雨鞋、雨衣、应急电筒等价值40余万元的抗救灾工具和物品，新购置了30顶帐篷，200件棉衣，50把十字镐，60把铁锹等防抗灾物资备用。

林业。全年组织防火工作安排部署专题会议5次，开展督导检查150次，下发防火紧急通知文件4份；坚持按照“严管林、慎用钱、质为先”原则，组织实施了总投资752万元的核桃基地建设，完成核桃树种植11.6万株；总投资300万元的400公顷的防护林体系建设工程已全面完成；完成四旁义务植树400亩；退耕还林后续产业，完成林果种植534.2亩，开展退耕农户就业创业技能培训330人次，完成退耕还林补植456.9亩，补造1629.9亩，兑现退耕还林粮食折款及现金补助资金164万元；苗圃培育各类树苗12万株。然乌湿地保护项目总投资2370万元，其中：500平方米的保护管理局、800平方米的3个管理站、100平方米的监测站，100平方米的检查站、200平方米的宣教中心、300平方米的科研中心、2300米的网围栏建设等工程项目已完成总工程量的85%。森林防火、生态保护、动植物资源保护、林政执法宣传等工作见成效。

水利。全年组织群众义务投劳，维修清淤水渠200余条（长50余万米）、维修加固水塘37座，库容4500立方米。解决彩条布25卷，解决PVC管材12000余米，水泥20吨，受益群众投劳18600人次。农村安全饮水工程，共计解决农村人口4960人、40个村委会、16座寺庙的饮水安全问题；总投资895.95万元的城区防洪堤已竣工投入使用；总投资770.45万元的拉根乡灌区已竣工投入使用；总投资219万元的县二级电站维修工程已完工恢复使用；总投资100.79万元的白马镇高低压隐患线路改造工程已全部完工；总投资865万元的林卡乡河道治理工程已完成总投资的80%；总投资1521.45万元的萨漠通灌区工程于2012年8月下旬开工建设，计划2013年8月竣工投入使用；总投资804万元的郭庆乡饲草料基地工程于2012年5月27日开工建设，计划2013年7月竣工投入使用；邦达草原灌溉工程已完成招投标工作，计划年内完成基础开挖；水源地建设、拉根河道治理两个项目待自治区发改委审批后下投资；其余扎西则灌区、仲沙灌区、林卡灌区、白马镇河道治理、吉达乡河道治理、弄利措排导等项目年内完成设计并提交报审；王排电站已通过初设审查；水利普查工作已通过数据审查验收；不断充实防汛抗旱力量，协调防汛抗旱物资，积极组织群众开展防汛抗旱工作，减少了群众财产损失，确保了群众生命安全。

国土资源。全年共计完成113个项目建设用地初审预审和上报审批工作；办理村民建设用地上报审批用地12宗，面积为2.93亩；土地供应25宗，总面积187.6亩；向群众兑现了征地拆迁补偿款1853039.78元；与11个乡镇79个行政村签订了耕地保护目标责任书，开展基本农田保护巡查执法检查11次；上报土地整治重点项目6个，建设规模达550公顷，预计可新增耕地440公顷，确保耕地占补平衡；依法办理土地划拨、转让、抵押等手续，依法登记发证54宗（其中：单位发证16宗，个人发证38宗），土地换证13本，土地抵押47宗；成立了遥感监测图斑核查工作领导小组，开展县城动态巡查24次，其中矿产巡查8次；调整充实人员，划拨专项资金，组织开展了然乌、吉达、白马、拉根、邦达、集中、益青等14个乡镇107个行政村7152宗农村宅基地确权登记外业工作，测量面积达20.8平方公里；开展国土法律法规宣传培训280人次，发放国土法律宣传资料500份；完善了地质灾害防治方案和群测群防体系，加强了汛期38处地质灾害隐患点巡查力度，建立健全了地质灾害监测、巡查、应急机制，发放地质灾害科普宣教资料160余份、防灾和避灾明白卡860余份。

交通运输。全年乡镇通沥青路面7个、砂土路面7个，乡镇通达率达100%。完成公路建设项目17个，总里程136.486公里，总投资达2940.63万元，其中寺庙公路7条，农村公路一般建设项目10条。2012年底，全县通村公路里程2271公里，列养路线31条，养护里程757.64公里，目前110个村居委员会有89个建制村通公路，21个建制村尚未通公路（含8个季节性通达的建制村），建制村通达率达到80.9%。

【县工业园区规划建设工作全面展开】工业园区的选址、勘察设计等前期工作已有序展开，还着手开展了工业园区建成后的产业链延伸工作，积极帮助荞麦酒加工基地完善生产检测设备、改良技术、注册商标等，积极与周边县协调荞麦收购事宜，并着手建立健全招商引资方案和相关的优惠政策办法措施。

【注重社会事业协调发展，民计民生大力改善】教育。健全完善了激励奖惩机制，全年兑现教学质量奖金35万元。全年兑现教师超课时、偏远地区教师交通补贴、教师包干经费等各种补贴120余万元。全县505名学生参加了小升初考试，17人被内地西藏班录取，参考率列全地区第三。202名学生参加初中升学考试，15人被内地高中班录取，位列全地区11个县第二。

农牧区医疗卫生。全年县乡两级门诊全年就诊人数达109101人次；全年累计开展免疫规划培训2期，完成基础免疫接种737人，完成强化免疫接种2675人，发放结核病等传染病预防知识手册1500余份，走村入户开展预防宣传660户2000余人次；全县农牧区医疗管理覆盖率达100%，共为农牧民群众大病统筹报销医药费603.67万元，报销2062人次，门诊减免医药费210余万元，减免10万余人次；妇幼保健和计划生育工作有序开展。选派专业技术人员外地业务培训5人，培训村医210人，为村卫生室配备医疗设施设备110套；开展送医下乡活动6次，为乡镇学校学生和农牧民群众开展诊疗服务4000余人次，发放常用药品价值12.3万元；按照要求圆满完成了对22座寺庙的635名僧尼健康体检和建档工作，建立农牧民居民健康档案19044份。县卫生服务中心改扩建、急救站、卫生监督所、地方病防治所等项目完成投资1521.15万元。

基层文化。总投资946万元的白马、拉根等11个乡镇文化站全面组织实施，已完成投资567.6万元。按照昌都地区新闻出版局的工作部署，完成了103个农牧区村委会和22座寺庙书屋建设。县财政投入资金40万元，为各村委会的农家书屋共配备了桌椅166套，书架312个，进一步完善了农家书屋设施。累计开展网吧、舞厅、酒吧等文化市场整顿检查20余次；在全县范围内开展文物普查登记工作，普查登记备案文物200余件，登记公布不可移动文物点54处，强化了古籍经典、文物文献的保护管理和寺庙文物的登记管理工作，已登记造册文献资料58件；以庆祝重大节庆日为契机，组织中小学生和农牧民开展各种文艺活动10余次。通过层层筛选，筹备组建了22人的民间艺术团，从而不断丰富农牧民群众的文化生活。

就业和社会保障。年累计开展就业宣传4次，采集用工信息120余条，发放就业宣传材料270余册，累计开展农牧民科技培训1020人次，开展城镇失业人员技能培训71人次，开展军旅式农牧区富余劳动力转移就业培训4期1600人次，帮助96人实现再就业，城镇新增就业137人，新增农村富余劳动力转移就业7200人，城镇登记失业率控制在2.7%以内；参加城镇职工基本养老保险人员215人，征收养老保险金167.6048万元；参加失业保险人员619人，征收失业保险金76.48万元；参加城镇职工医疗保险人数为1542人，征收医疗保险金608.83万元，报销医疗费用58.8425万元；参加城镇居民医疗保险人数1154名，报销医疗费用1.78103万元；参加工伤保险人数为460人，征收工伤保险金10.884124万元；参加生育保险人数1446人，征收保费22.76万元，报销生育保险金2.0913万元；职工养老保险、医疗保险、生育保险、失业保险、工伤保险参保率均为100%。新型农村养老保险参保登记人数为21430人（含残疾人333人），实际缴费人数17977人，参保率达83.8%，收缴保费121.32万元（含续保101.78万元），为3221位60周岁以上符合条件按月领取基础养老金的群众发放基础养老金491.436万元；城镇居民社会养老保险参保36人，收缴保费0.96万元，60岁以上18人（含孤寡老人2人）；僧尼参加医疗、养老保险应参保644人，实际参加医疗保险534人，参保率为85%，缴费3.204万元。实际参加社会养老保险521人（其中60岁以上人员11人），参保率为80.8%，缴费5.24万元；督促补签劳动合同354份，设置农民工维权公告牌46个，开展工地监督检查14次，受理劳动争议案件13起，涉及人数42人，现已结案11起，涉及资金35.1465万元，开展劳动相关法律法规宣传6次，发放藏汉文宣传资料400余份；新型农村养老保险工作扎实推进，城镇基本养老、医疗、失业、工伤、生育“五险”齐全，基本实现“老有所养、病有所医、伤有所赔、育有所补”的目标。

统战民宗工作。全年累计开展寺庙维稳工作、法制教育、爱国主义教育32次，其中：县级干部带队16次；按程序报批和有序组织正常宗教活动20件（其中人数超过1000人的3件），集中清理整顿了社会流动从事宗教活动人员1531人；大力推进寺庙“六建”工作，全县22座寺庙均建立了寺庙管委会和管理小组，设立派出所1个，警务室3个，报批成立党委1个，党总支3个，党支部10个；全面实施了寺庙“九有”建设，在基础设施建设过程中提出意见41条；全年向寺庙发放大号国旗66面，小号国旗和党旗76面，发放领袖像及相框650套；为22座寺庙订阅了《人民日报》、《西藏日报》等6种报刊；为22座寺庙建立了文化书屋、安装配备了电视及接收设备（未通电寺庙发放安装了太阳能发电设备），为寺庙放映电影50余次；完成22座寺庙的安全饮水工程，完成19座寺庙的通路工程（另外2座寺庙通路项目正在实施中），落实14个寺庙管委会业务用房建设（7个现已完工，6个已完成总工程量的90%，1个未开工建设）；开展寺庙走访慰问18次，慰问贫困僧尼44人，发放慰问金13200元。慰问地区政协委员、佛协理事等28人，发放慰问金5600元；表彰民族团结进步模范集体4名，民族团结先进个人15名。534名僧尼参加了医疗、养老保险，346名僧尼申报了最低生活保障。

对口援藏。积极与武钢集团公司沟通衔接，2012年规划实施的同卡镇村民活动广场、同卡镇敬老院、同卡镇供水工程、同卡镇亚同村和沙热村村容村貌整治、集中乡吉龙村村容村貌整治、邦达藏装加工厂、白马镇日吉村村容村貌整治续建工程8个援藏项目，其中：同卡镇亚同村沙热村村容村貌整治、邦达广场主题雕塑制作安装、白马镇日吉村村容村貌整治续建工程已竣工投入使用，全年累计完成援藏资金投资731.87万元。

财税金融。全年预计兑现强农惠农资金5082万元。全县财政一般预算收入预计完成1708万元，同比增长16%；截止11月完成税收741万元。2012年底，全县银行存款余额21759万元，贷款余额11389万元。

邮电通讯。2012年全县邮政业务总量预计达103万元，同比增长20.5%；电信公司业务总量预计达300万元，同比降低3.2 %；移动公司业务总量预计达380万元，同比增长13.4%。

非公有制经济。2012年全县个体工商户达到757户，从业人数2301人，注册资金5396.81万元，分别比去年同期增长1.8%、39%、6%。私营企业达到24户，从业人员311人，注册资金2629万元，同比分别增长20%、26%、6.5%。农牧民专用合作社7家，农牧民成员808人，出资额613.75万元，同比分别增长16.7 %、11.7%、2.18%，注册商标12枚。全年完成招商引资项目1个，引资3000万元。

【投资与项目建设进展顺利，固定资产投资增长】2012年，自治区、地区下达投资批复项目146项，总投资达82264.32万元。开复工项目130个（61项已完工），未开工项目16项（自治区概算批复未下达），2012年计划完成投资68592.17万元，已完成投资42251.49万元。其中：2012年目标责任书以内项目有64项，总投资30854.11万元，已开工建设54项（20项已完工），开工率达到84.4%，完成投资14255.8万元；目标责任书以外的项目有33项，总投资13782.14万元，已开工建设33项（已完工21项），开工率100%，完成投资10097.43万元；区管、地管项目有9项，总投资33818.25万元，均已开复工建设（已完工3项，）开复工率100%，完成投资15993.15万元；企业自筹资金项目有2项，总投资318万元，已全部完工，完成投资318万元；“强基惠民”专项资金项目有16项，总投资700万元，6项已完工，10项正在建设中，已完成投资373.24万元；“十二项民生工程”有14个，总投资1079.95万元，10项已开工建设（6项已完工），已完成投资482万元；援藏项目8个，总投资1711.87万元，2012年计划完成投资961.87万元，完成投资731.87万元；全年完成廉租房建设50套。完成周转房建设86套（30套正在建设），完成投资1233万元。总投资1600万元然乌镇市政基础设施已全面开工建设。县城总体规划修编工作已通过自治区审批，已完成13个乡镇的规划工作。全年共发放项目施工许可证89个，开展项目监管检查12次，施工企业安全生产执法检查32次，通过采取一系列措施，确保了我县项目建设的顺利实施。共核发“一书三证”45套，办理房屋产权证60件，办理房屋它项权利证45件。

左贡县

【年度综述】2012年，经济社会保持平稳较快增长。全县地方生产总值完成5.5亿元，同比增长16.16%，完成地区指标100.13%；预计完成财政收入1487万元，完成年初计划的100%，同比增长20%；完成税收收入1207万元，同比增长58.81%，完成指标的120.7%；农牧民人均纯收入预计达到4580元，同比增长13.06%，完成地区指标的100%，农牧民人均现金收入预计达到3205元，同比增长13.05%，完成地区指标的100%；粮食产量预计达到3250万斤。

【财税金融稳健运行】财政收支运行平稳。2012年预计实现财政收入1487万元，增长20%；实现税收1207万元，增长58.8%。按照“保稳定、保民生、保运转、保发展”的方针，合理安排支出，加大了公共安全、农林水事务、公共服务、社会保障和就业、民生、科教文卫事业等方面的支出，财政保障能力逐渐增强。

金融稳健运行。加大了信贷对“三农”、重点项目建设、特色产业和非公有制经济发展的支持力度，有力促进了县域经济社会发展。截止目前，存款余额3.2亿元，比年初增长17%，涉农贷款2.04亿元，累计发放金穗借记卡5495张。

消费市场繁荣活跃。加大了市场供应和价格监管，推进了农牧区“万村千乡市场工程”。扎实推进“一会两站”建设，提高经营者的诚信意识和消费者的自我保护意识。加大专项整治力度，对集贸市场、超市、商场、城乡结合部等重点区域开展专项执法检查，并常态化，查处各类违法违章案件162件，案值10万余元。加大商标注册，大力实施品牌战略，已申请3件商标注册。家电、家具下乡活动深入开展，销售额达到638万元，补贴169万元。积极应对日本福岛核泄漏引发的抢够碘盐销售监管，维护了市场秩序。截止目前，已配送碘盐240吨，配送率100%。

【第三产业健康发展】2012年接待国内外游客6.3万余人/次，实现收入461万余元，分别增长26%和15%。加大了“藏东昌都”和“远方的家”栏目的拍摄，加快发展非公有制经济，认真落实行业减免税收的优惠政策，为非公有制经济发展创造了宽松环境。截止目前，我县登记内资企业22户、私营企业30户、个体工商833户，注册资金1.2亿元，从业人数3337人，户数、资金、人数同比分别增长21%、36%和28%。实施了4个招商引资项目，完成投资800万元。

【社会发展方面】农牧业健康发展。2012年落实农作物播种面积6.14万亩，其中：粮食面积4.46万亩、经济作物面积1.2万亩、饲草面积0.48亩，粮经饲比例由2011年85：10：5调整为现在的73：20：7；粮食产量达到3250万斤；良种覆盖率达88%；测土配方施肥1万亩，中低产田改造0.68万亩，完成高产创建示范1.9万亩，二级种子田5020亩；化肥使用量达到954吨；农作物有害生物灾害损失控制在3%以内；完成农牧民培训2100人；畜牧业健康发展，牲畜年末预计存栏29万头（只、匹）；仔畜成活率96%，成畜死亡率控制在1.8%以内，

总增率28.5%；牲畜出栏率达34%；重大动物疫病防控(牲畜w病、小反刍兽疫、禽流感)注苗率达到100%，无重大动物疫病发生。特色产业稳步推进。草场承包及草原生态初奖机制不断深化，通过加大人财物的投入，草场承包工作通过自治区验收，草原生态补奖机制验收准备工作已完成。

安居工程建设有序。2012年，我县完成746户安居工程和17个农村人居环境综合整治工程。

农牧民收入持续增加。建设项目带动农牧民增收2230万元；加大劳务输出力度，全年输出劳务1.5万人/次，实现创收5500万元；乡镇企业产值860万元，多种经营收入4700万元；依靠特色产业带动群众增收，农牧业特色产业人均增收548元；落实粮食直补、综合直补以及基层保障等各项惠农强农资金653万元，有力促进了群众增收；农业保险范围进一步扩大，救灾物资储备力度不断加大。

农牧区发展条件不断改善。新开工建设10条农村公路和13条寺庙通达工程；实施39个农村饮水安全工程、19个寺庙通水工程以及107个村委会饮水工程，解决了6623人和22万牲畜的饮水问题，安全饮水人口覆盖率达到90%；新增和改善农牧民用电179户1000余人；新增28个行政村通话，行政村通话率82%；实施了美玉乡饲草基地建设，改善草场灌溉面积5000亩；实施了中林卡若巴灌区和13处小型农田水利建设，新增浇灌面积6253亩，农牧区发展的“瓶颈”制约进一步缓解。

发展后劲逐步增强。全年落实国家投资2.18亿元，同比增长17%，落实援藏项目1210万元，增长420万元。一是投资拉动成效明显。美玉线路延伸、8条小型农田水利设施、开曲河防洪堤、阿比河防洪堤、9所中小学改扩建及附属工程、基层政权机关业务用房、干部周转房等41项98个项目开工建设，现已竣工41个项目；50个续建项目现已完成34个。二是受援项目有序推进。美玉俄龙新农村建设、卫生服务中心网络建设、县城供排水升级改造、职业技术学校教学楼以及梅里雪山北坡旅游开发等一批援藏项目完工。三是民间投资取得新进展。安居工程建设的继续实施，有力激活了民间投资，农牧民生产性固定资产购置趋旺，全年预计完成社会民间投资2800万元。

民生项目不断加强。“十二项”民生、乡镇“四小”工程竣工交付使用，农牧区“八到农家”工程扎实有序。同时，通过强基惠民活动，第一批争取到的14个民生项目开工建设，将极大地改善农牧区基础设施和群众最关心、最现实的利益问题。

特色产业基地建设扎实推进。在怒江流域的中林卡乡、绕金乡、下林卡乡、东坝乡实施了“万亩葡萄种植生产基地”，解决“藏东千红野生葡萄酒”原料不足等问题。同时，充分利用流域的气候优势，在怒江、澜沧江以及玉曲河下游种植大规模的花椒、核桃、苹果以及石榴，已建设怒江流域核桃基地2715.2亩，种植核桃20万株，种植石榴150亩，种植花椒1万株。进一步扩大了左贡特色产品的规模，改良了经济林木的品种，为全力打造“左贡怒江鲜果之乡”奠定了坚实的基础。

就业和社会保障工作全面推进。2012年共开发就业岗位150个，实现就业再就业150人，城镇失业人员培训116人/次，农牧民转移就业培训800人（实现就业126人），农牧区富余劳动力转移就业12700人/次，已开展军旅式培训两期，培训770人。城镇失业率控制在3%以内。社会保障体系建设逐步完善，城镇职工和新型农村养老、医疗、失业、工伤、生育五大保险覆盖范围进一步扩大，各类参保人数3.2万人/次，缴纳各类保险金537万元，征缴率100%。落实低保政策，做到了应保尽保。城乡医疗救助81人，供养五保户329人，救助流浪乞讨人员22人，发放五保、低保、孤儿等各类救助资金810万元；安置退伍军人2人。进一步加强社区建设，选派2名基层大学生村官充实到社区工作，确保了社区工作正常运转；调整了2个涣散村委会班子，进一步加强了基层组织建设。

环境保护与生态建设进一步加强。加大了饮用水水源保护工作和矿产、水资源勘查工作的环境监管。“禁白”活动有序开展，并建立了“禁白”长效机制。进一步深化重点区域造林工程，计划三年实施重点区域造林3747亩；人工更新1700亩，义务植树300亩，封山育林1万亩。招收管护人员296人，护林员达到899人，并将护林员劳务补助由400元/月提高到600元/月。严格执行限额采伐制度、三证齐全、采伐手续健全；完成退耕还林补植补造任务，历年成活保存率达到80%以上，管护措施到位。全年共查处林业行政案件8起，同比减少3起。进一步加强了森林防火工作，并购买防火器材，同时加强巡山力度，落实24小时领导带班和值班制度。

帮扶成效明显。第一批驻村工作队共为民办实事2762件（维修道路桥梁、助孤捐款、慰问贫困群众、组织劳务输出等），并争取到14个710万元的强基项目。同时，通过实施碧土乡整乡推进、溜索改桥、面上扶贫等扶贫项目，极大改善了群众的生产生活水平，提高了生活质量，受益群众达1047户5733人，并完成4666人的到户扶持贫任务。积极开展了旱灾、泥石流、冰雹等抗救灾工作，针对旱灾、瓦巴村山体滑坡等自然灾害，及时采取弥补措施，最大限度地减少了灾害损失，扎玉镇瓦巴村山体滑坡搬迁方案已经行署批准，计划2013年实施；购买抗震等救灾物资140万元，下拨救灾粮食25.7万斤、帐篷40顶、棉被棉褥各5800床。

【文化方面】教育事业优先发展。出台了《左贡县控辍保学奖励办法》等各项规章制度，着力提高中小学学生的到位率和在校率；保障教育投入占县财政收入的20%以上，用于改善办学条件，完成6所D级危房改造，完善学校配套设施；定期组织教育、安监、消防、食品等部门，深入开展安全大检查。严格按照“三包”伙食标准和营养改善计划，足额下拨各类补助经费。目前，小学在校生4685人，入学率98.22%；初中在校生1893人，毛入学率91.27%；小学毕业率87.35%、初中毕业率90.30%；考入内地西藏初中班24人，内地西藏高中班6人。

卫生事业加快发展。研究制定了各类传染病和突发公共卫生事件应急预案，积极开展鼠疫等传染病防治工作，认真开展食品药品安全检查，实施了儿童计划免疫工作。认真执行现行农牧区医疗制度，农牧区医疗制度

覆盖率100%，新农合参合6783户43638人，个人筹资率92.6%。与空军总医院签订了五年医疗援助合作协议，并为我县人民医院免费提供医疗器械40万元，培训医技人员12人。

科技事业持续发展。不断强化科技为“三农”服务的能力，继续推行科技特派员制度，实施了日光温室蔬菜标准化栽培、青稞种植、牦牛育肥、黑山羊改良等科技示范项目，积极开展“科技下乡”活动12次，举办科技培训班11期，培训群众860人/次。

【强基惠民活动扎实有效地开展】按照自治区强基惠民活动“五项工作任务”的要求，左贡县128个驻村工作队503名驻村干部，克服交通不便、生活条件差等不利因素，积极开展工作，取得了显著的成绩。截至目前，驻村工作队走访群众530余次，收集民情民意1100余件，培养入党积极分子359名，发展新党员191名，建立和完善规章制度1466项，理清发展思路344条，撰写调研报告145篇，制定发展规划128份，开展各类宣教大会1988场次，为民办实事2762件（维修道路桥梁、助孤捐款、慰问贫困群众、组织劳务输出等），争取到14个710万元的强基项目，调处各类矛盾纠纷269起。

芒康县

【年度综述】2012年，全县生产总值完成11.04亿元，同比增长27%（其中第一产业完成31156万元、第二产业完成38248万元、第三产业完成41086万元），一、二、三产同比增长22%、15%和23%；完成财政收入3142万元，同比增长55%；实现税收2853万元；农牧民人均收入达5000元（其中现金收入3980元），同比分别增长15%和31%；固定资产投资完成73926万元；完成劳务输出3.7万人次，实现劳务收入7500万元。

【改善民生方面】 安居工程深入推进 圆满完成了总投资34164万元的1055户安居工程、12个行政村人居环境建设和环境综合整治工作。全年共组建农牧民施工队32个452人、运输队17个，直接增加群众现金收入1450余万元。

教育事业快速发展 2011—2012学年全县内地西藏高中班上线26人，再创历史新高，内地西藏初中班共录取23人，“两大考试”综合排名位列地区前茅，盐井中学被地区授予教学质量奖和“普九”巩固奖；教育经费投入方面，将县财政本级收入25%投入教育，拨付到位506.75万元；成立了“善妙之花”奖助学金和“党员先锋模范”基金资助特困学生，2012年共兑现重庆援藏奖助学金2.3万元；全年教育项目共47个，总投资8865.93万元，完成项目19个，全县办学条件得到了进一步改善。

卫生工作不断改善提高 加强农牧区医疗管理，新型农村合作医疗参加人数77115人，参合率达98%以上；全年报销农牧民医药费1512.07万元（53013人次），报销比例达100%；强化医改工作落实，16个乡镇基本药物零销售全部实施；完成11054户80480人居民健康档案建档工作，建档率100%；举办县级医疗机构培训班4期、培训132人次；圆满完成了53座寺庙、1131名僧尼免费体检工作。

文化事业繁荣发展 圆满完成“3·28”、芒康第四届西藏茶马古道旅游文化艺术节等文艺演出；县民间艺术团代表地区参加全区“庆国庆、迎十八大”文艺演出，荣获“演出金奖”和“创新节目奖”；加强文物保护，完成全国文物普查和盐井古盐田保护维修工作；加强非物质文化遗产保护，盐井古盐田、三弦舞、服饰婚姻节等非物质文化遗产名录申报工作进展顺利；完成1270套广播电视卫星直播接收器安装调试并已全面投入使用，投资391万元的县电视台综合办公楼全面竣工交付使用（属援藏项目）；组织电影下乡进寺70余次，放映爱国、农村电影2362场次、观众达5300余人；圆满完成乡镇综合文化站、新华书店和民间艺术团排练场所建设，全县文化基础设施建设得到了进一步加强。

农发扶贫工作扎实开展 实施土地治理项目1个、财政扶贫开发项目7个，总投资达1193万元；实施了总投资543万元的如美达日水渠，如美藏鸡、犏牛、核桃养殖种植，木许乡阿东村中堆水渠、藏鸡犏牛养殖、核桃种植共8个整乡推进项目；实施面上扶贫项目14个，总投资907万元；多措并举稳定解决了农牧区相对贫困314户1519人的温饱问题，温饱巩固率达97.6%。

农牧区基层基础设施建设不断完善 整合自治区、地区、援藏资金共计6682万元，实施了40个民生项目。水利惠民成效明显，解决39座未通水寺庙饮水安全问题；全年水利项目完成投资达5917.45万元，建成水渠795条，总长度1603千米；5座小型电站维修、县城二期防洪堤建设、19个村委会安全饮水工程全部完工；格良西水电站线路延伸工程竣工，解决了176户973人用电问题；鲁仁灌区工程投资1192.49万元，有效库容6000立方米，灌溉面积8000亩，已通过自验，年底将投入使用；投资88万元的10个农村饮水安全工程项目也全面完工。落实强基惠民“短平快”项目补助资金900万元，完成930套“金太阳”工程的发放工作。支农惠农专项资金全部落实到位，共落实税费改革、种粮补贴、农机具补贴、涉农保险金、新农保、农村低保、困难人员补贴等专项资金7403.8万元；

社会保障进一步完善 2012年，“新农保”参保43562人，享受养老保险7321人，全县53座寺庙参保人数904人，城镇居民养老保险参保做到了应保尽保。不断加强民政救灾工作，全年共向16个乡镇发放自然灾害救助资金154万元，发放城镇低保金363余万元，农村低保714万余元，救助城乡特困户、五保户、优抚对象384人、84万元，实现了应保尽保。加强就业和再就业工作，完成农牧民军旅式劳务输出培训813余人，职业技能培训213人；实现城镇新增就业517人，城镇失业率有效控制在3%以内；农牧民转移就业7000余人次，实现就业收入2110余万元。

【社会经济发展方面】 水能资源开发进展顺利 对全县水能资源开发领导小组进行了调整充实，从5月份开始抽调2名县级领导和28名干部专门负责行政服务、现场协调、移民安置等工作。实地协调事宜近180余次，协调解决苏洼龙、如美、拉哇、觉巴等电站实地踏勘、征地测量、土料勘探、进场公路建设等系列问题，成功排查化解矛盾纠纷10余起；组织库区村民230余人次赴内地考察学习，实地感受水电开发实惠，组织群众代表到北京等地参加正常蓄水位评审会，扩大知情权、参与权。抓好金沙江、澜沧江流域13座在建（规划）水电站（如美、苏洼龙、拉哇、昌波、曲孜卡、古学、巴塘、邦多、棍巴、登巴、觉巴、格杂、宗垄）建设；专门召开全县电力大会，积极为加快水电资源开发营造良好氛围。目前，觉巴、如美、古学、拉哇、苏洼龙等电站建设各项前期工作扎实有序开展，全县水能资源开发工作总体进展顺利。

矿产资源开发稳中求进　熙坤公司巴达铅银矿山环保整改工程已于去年完工，今年7月完成初探工作，细探工作全面展开，截止10月底，生产原矿3600吨，全年预计总产量10000余吨，产值1600万元，实现税收192万元；与西藏昌都通达矿业有限责任公司签订措瓦乡日西煤矿开发协议，今年计划投资650万元，开展探矿前期工作；西藏金池工贸公司朱巴龙西曲河铜多金属矿已于11月6日成功进场开展前期勘探工作；曲登乡索达铅锌矿开采工作阻断5年之后，群众已同意近期复工，相关部门和曲登乡党委、政府正在协调落实前期准备工作；芒康60万吨新型干法水泥厂项目征地规划工作已圆满完成。

农牧业特色产业抓基地见成效　一是按照“一县一品、一县一特色、一县一龙头、一县一基地”的要求，重点抓好藏东珍宝酒业有限公司、绿野食品有限公司两家龙头企业的发展扶持。目前，正在实施葡萄酒生产加工产业化项目2个，2012年公司葡萄酒和青稞酒产量有望达到100吨和30000瓶，产值突破1000万元，葡萄种植户收入将大大增加；绿野食品有限公司已被地区质监局列为地理标志产品申请机构，公司生产的松茸、獐子菌、木耳等产品已成功销往北京六必居连锁超市以及拉萨、重庆等城市，并已着手拓展国内大中型城市和海外市场。同时，抓好基地建设，目前，如美、朱巴龙、索多西黑山羊养殖基地累计投资538万元，群众增收130余万元；木许、纳西、曲孜卡藏鸡养殖户452户，年产值2300万元；纳西乡蔬菜种植基地累计投资1100万元，能够较好供应本县和昌都反季节蔬菜市场，项目区亩均年增收2万余元，户均增收3.1万元；索多西辣椒种植规模1200亩，年收入480万元，户增收7317元；徐中大蒜452亩，年产值452万元，人均增收5650元；曲孜卡花椒200亩，有种植户46户，受益群众299人；如美养鸡厂招商引资工作进展顺利，与企业的洽谈工作正在进行。

旅游支柱产业建设逐步显现　圆满完成盐井4A级旅游景区创建工作；通过加强与宏绩集团的合作，全县旅游基础设施不断加强，整体环境不断完善，截至10月份共接待国内外游客34万余人（次），旅游收入3500万元。在9月3日至5日成功举办了“芒康县第四届西藏茶马古道旅游文化艺术节”，来自区、地两级和重庆市历届援藏区、县领导，天津市有关领导，毗邻省县嘉宾和全县各族干部群众共8万余人（次）参与了盛会，艺术节期间还实现招商引资1.58亿元。

项目建设改善基础设施助推城镇化　落实“十二五”规划项目41个、总投资3.44亿元；“十二五”规划外项目33项、投资9.6亿元；“十二五”援藏投资1.1亿元。截至10月份，全县固定资产投资项目132个（其中新开工项目97个，复工项目35个），国道318线（海东段）升级改造、县城新区建设以及苏洼龙、觉巴电站等重点工程建设进展顺利，项目和投资对经济的拉动作用明显。落实援藏资金8100万元，完成项目7个，其中滨河路建设、嘎托河大桥建设完善了城市基础设施，为县城拓展搭起了骨架，为加速芒康城镇化建设进程奠定了良好的基础。

【维护社会稳定方面】强化责任，加强管控。强化严打，综合整治。深入开展严打整治综合行动和治爆缉枪行动。强化各检查站工作力度和寺庙管理工作。在治爆缉枪行动中，公安机关共收缴枪支83支、子弹178发、导火索10.5m、炸药17.5公斤，有力地消除了不稳定隐患；截至10月份共立案37起，破35起（另破积案3起），破案率93.3%，比历年平均值高出5.1个百分点，其中，在打黑除恶、命案侦破工作的有力震慑下，芒康县2006年“2.11”枪杀案成功告破；命案网上在逃人员普巴赤列投案自首（系公安部督捕在逃人员）；成功抓捕“9.30”非法持有枪支弹药案在逃犯白玛卡卓（系公安部督捕在逃人员），处理各类行政案件13起，处罚违反治安管理19人，查处率100%，与去年同期20起35人相比，发案率下降了35%。抽调精干警力深入曲登村深挖幕后，同时在深入细致开展前期工作基础上果断出击，依法严厉打击犯罪行为，共收缴枪支11支（其中小口径步枪7支、自制手枪1支、土炮枪1支），对9名私藏枪支的村民实施了抓捕；成功侦破了2011年3月14日在乡政府附近呼喊反动口号案并抓捕了2名涉案人员；对参与阻挠项目建设、水电开发，扰乱当地稳定发展工作的22名重点人员进行了集中法制教育；对在幕后操纵、煽动曲登村群众闹事的6名曲登籍在拉萨经商人员进行了重点控制（其中4人已抓捕），有力地震慑了犯罪。

洛隆县

【年度综述】2012年洛隆县全年地方生产总值完成5.12亿元，同比增长17%；固定资产投资完成2.52亿元，同比增长74%；一般预算县级财政收入达到1814万元，同比增长60 %；完成招商引资2789万元；农牧民人均纯收入4717元，其中现金收入3302元，同比增长14%；粮食作物总产4251万斤；牲畜存栏20.5万头（只、匹），完成牲畜出栏7.1万头（只、匹），牲畜出栏率达到33%；全年耕地保有量10.15亩；县农行贷款余额为1.27亿元，较年初增加2139万元，存款余额达到3.44亿元，较年初增加3734万元。

【经济社会发展基础更加坚实】全年共争取落实并开复工项目189个，完成投资2.52亿元；S303线夏雅至洛隆通县油路建设进展顺利，新建、续建农村公路建设项目8个，新建寺庙公路项目11个，全县11个乡镇实现了乡乡通公路的目标；新建和续建水利水电基本建设项目14个，批复投资超过1亿元，农村安全饮水工程批复投资418万元，解决658户3919人的安全饮水。寺庙饮水安全工程建设批复投资437万元，解决洛隆县19座寺庙785名寺庙僧尼和寺管会人员的饮水安全问题。

【**经济社会保障体系不断完善**】全年城镇新增就业565人，实现城镇登记失业率控制在2.5%以内；农牧民劳动力转移就业6470人次，新型农村社会养老保险完成23514人，城镇职工基本医疗保险完成1328人，其它各类保险完成3102人；开展各类农牧业科技实用技术培训28期，培训农牧民群众3122人；共兑现55项惠农资金共计12658.89万元。全年小学适龄儿童入学率达98.26%，初中入学率达92.11%；实现农牧区医疗制度覆盖率达到100%、集资率达到99.6%，建账率达到100%、报销率达到100%；全县广播电视覆盖率达到93%；全年共落实各类民政救助资金1132万元；自筹资金350万元，建设了洛隆县孤儿福利院。

【**经济社会发展环境提升明显**】2012年，全县共计建设972户安居房屋，受益总人口6855人，启动实施2个新农村示范点和13个农村人居环境建设和环境综合整治工程，农牧区环境得到了改善；生态环境更加向好，2012年完成义务植树13.5万株，完成重点区域造林任务共计4115亩，完成历年重点区域造林地补植补造1800亩；社会局势更加稳定，全年相继夺取了3月份高度敏感月、昌都工作会会议安保、党的十八大维稳安保攻坚战等重大敏感节点（时段）稳定工作的全面胜利，成功实现了“三不出”目标，人民群众的安全感进一步增强。

边坝县

【**年度综述**】2012年全县完成生产总值38280万元，同比增长16.00%，其中：第一产业完成12731万元，同比增长8.00%,第二产业完成11650万元，同比增长19.00%；第三产业完成13899万元，同比增长21.69%。全县工业产值达到800万元，同比增长14.29%。累计实现社会消费品零售总额11000万元，同比增长0.07%；农牧民人均纯收入为4574元，同比增长14%，现金收入3201元，同比增长14%。

【**扎实推进现代农牧业发展，促进农牧区经济发展**】2012年全县作物总播种面积5.2991万亩，总产量3129.11万斤，其中:粮食产量2098万斤，粮经饲比例为75：17：8。全年耕地保有量达到57567.2亩，基本农田保有量保持在56000亩。年末牲畜存栏数211508头（只、匹），牲畜综合出栏74418头（只、匹），出栏率33%，综合商品率达到40%。新生仔畜成活64477头（只、匹），成活率为96%。扎实做好牲畜暖棚建设和传染病防治工作，维修和新建棚圈4986座，牲畜W病、小反刍兽疫等重大动物疫病防治措施到位，疫苗注射率达到了95%以上。

【**坚持扩大项目建设投资，有效夯实发展基础**】2012年全县在建项目89个，总投资28589万元，其中新建项目26863.9万元，续建项目725.7万元，中国电信集团援藏项目1650万元。已完成社会固定资产投资20856万元。

【**加快旅游开发建设步伐，培养新型经济增长点**】从4月初开始，筹资40万元委托云南人龙旅游规划公司完成了“三色湖”旅游景区修建性详细规划。同时，加大推介边坝、宣传边坝力度，在拉萨集中举行了2次展览；积极开展旅游招商引资工作，引进投资项目1个；向地区旅游星评委会提交了审批二星级旅游饭店的书面申请，按照《旅游饭店星级的划分与评定》（GB／T14308—2010）标准和相关程序要求，对县电信宾馆进行了星评指导和初评。

【**加大招商引资力度，全面搞活非公有制经济**】共落实7个项目，资金2390万元。认真按照“五放”的要求，着力在市场主体的总量上、比重上、规模上实现新突破。截至目前，全县共登记注册个体工商户741户，从业人员1795人，注册资金5254.51万元，其中流通环节食品经营主体182户。新增个体工商户61户，新增从业人员111人，注册资金390万元，与去年同期相比分别增加6.6%、4.6%、6.9%。登记注册的农牧民专业合作社3户，注册资金467万元。

2012年实现乡（镇）企业收入420万元，实现多种经营收入6180万元。继续扶持培育发展特色农产品加工厂，新申报农牧民专业合作社8家，同时上报白青稞糌粑、藏红麦面粉、麦片、贝母等4种特色产品申请注册商标。

【**以安居乐业为重点，推动新农村建设稳步前进**】加大安居工程及其配套建设力度，投资4773.3万元，完成了749户农牧民安居工程建设和抗震设防工程，受益人口3671人；大力实施“八到农家”工程，投资1237.05万元，完成14个农村人居环境建设和环境综合整治工作，极大改善了农牧区人居环境。采取灵活多样的形式开发就业岗位，积极促进就业。城镇新增就业130人次。城镇登记失业率控制在3.0%以内。农牧民转移就业人数11100人次。以推行军旅式培训为重点，不断加大职业培训力度，先后组织开展各类培训班12期，发放技术资料1500余册，累计培训992人次。

认真组织实施农牧区人畜饮水安全工程，投资518.18万元，新建了取水枢纽1座、引水管道长2.31公里和网围栏2.34公里、水厂防护墙0.12公里等配套的县饮用水源地保护工程。投资521万元，实施了43个村委会饮水工程、8个寺庙安全饮水工程，投资186万元，对前期不通水的农村饮水点进行维修，目前维修改造56个点；总投资187万元，完成了7个第一批农村饮水安全工程。

【**社会事业全面进步，公共服务得到不断增强**】加大农牧区合作医疗宣传力度。完成个人筹资64.95万元，筹资32475人，占农牧区人口的95.10%。新型农牧区医疗制度大病统筹基金报销458.60万元，报销人数747人次；家庭账户基金报核销181.69万元，报销人数24341人，兑现村医公共卫生服务奖励补助配套资金15.52万元。大骨节病防治工作取得明显成效，经卫生部大骨节病专家组对5个乡（镇）的15个行政村、7个学校7至12岁儿童临床检查和评估，边坝县大骨节病防治达到国家大骨节病控制指标。强化适龄儿童计划免疫接种，接种率均在95%以上。认真开展妇幼、计生保健工作，更换皮埋1608人次，发放避孕药具22529人次，兑现2011年“一孩双女”户823人、59.25万元补助资金。人口自然增长率为10.58‰。

全年投资3181.24万元，分别对拉孜电站、金岭电站、尼木电站和县局域网进行了线路延伸；投资310万元（其中县自筹资金151万元），对金岭电站、拉孜电站、尼木电站进行了维修，新增用电人数1554户8693人。积极实施“金太阳”示范工程，截止目前，共安装2449套，有效解决了无电人口、村级公共场所、学校（教学点）、寺庙、道班的用电问题。实施农村和寺庙公路建设项目22个，建设规模173.71公里，项目总投资5211.10万元，截止目前，全县共有73个建制村通路，通车里程达到1181.97公里，群众出行难的问题得到有效缓解。提前完成了2013年农村公路项目计划设计工作。同时，继续加强农村公路管养工作，确保县、乡、村道路通车率分别达100%、98%、95%。投资620.07万元，实施了尼木乡防洪补助项目、县城防洪堤工程维修养护、麦加加贡乡防洪堤工程；投资994.55万元，新建堤防2.788公里的县二期防洪堤工程，目前正在进行基础开挖及基础砼浇筑。投资129万元，实施了各1000亩的藏红麦、白青稞种植项目。加大“薪火替代”工程，总投资38万元新建农村沼气池服务网点13座，其中县级1座，重点乡（镇）服务网点4座，其它乡（镇）8座。建立农家店69家，投资30万元在拉孜乡建设了一个商品配送中心。紧抓开展创先争优强基础惠民生活动的契机，加大50万元以下短平快项目的调研论证和申报争取工作，全年共建设草卡镇格吉村水渠、拉孜乡达如村牦牛育肥基地、加贡乡国庆村夏季牧场桥梁等15个项目。

加大社会保障体系建设。全县城镇职工基本养老保险费征缴296人，征缴率达到100%，城镇居民社会养老保险参保率达到93%，新型农村社会养老保险参保19157人，参保率达到93%，城镇职工基本医疗保险费征缴761人，征缴率达到100%，工伤保险费征缴率达到100%，失业保险费征缴率达到100%，生育保险费征缴率达到100%。兑现自然灾害补助资金44万元，城乡特困群众医疗救助资金112.66万元。在“三大节日”、“八一”建军节期间共为困难群众、驻军部队等发放慰问金161.64万元。发放农村低保资金469.88万元。开工建设廉租房36套、公租房40套、周转房36套，并顺利通过地区验收，有效解决了低收入住房困难户300多人的住房问题。实现了520户2600人的脱贫任务；完成了马武乡、马秀乡等6个乡（镇）的整乡推进扶贫开发规划（2013-2015年）和申报工作，并通过地区初审和自治区扶贫办终审。

积极引导农牧民群众有序开展林下资源采集，共采集虫草2242.6斤。实现劳务输出13512人次，完成劳务收入2313万元。兑现粮食直补和农资综合补贴资金125.6万元，兑现家电、家具下乡补贴资金40.7万元，落实农机具购置国家补贴300万元，兑现农业保险赔付资金72万元；兑现退耕还林资金、公益林管护费、林业惠民资金1833.83万元。

进一步完善农牧科技服务推广体系，完成机耕面积1.02万亩，机播面积1.6万亩，机收面积1.7万亩，无公害蔬菜种植面积8亩，良种推广面积4.61万亩，改造中低产田0.6万亩。加大科技培训力度，全年共开展科技培训5期，培训586人次。新增农牧民科技特派员4名，全县农牧民科技特派员增加到26名，组织两批次17名农牧区致富带头人到内地参观学习考察。

【着力抓好生态环境保护，推动人与自然协调发展】加大植树造林和保护力度，完成重点区域造林4000亩、封山育林17000亩、四旁义务植树500亩，退耕还林工程补植1246亩，成活率、保存率达85%以上。加大退耕还林的补植力度，补植杨树1.48万株，沙棘2.2万株，山杏1.9万株。加大林政管理，全年未发生森林火灾。完成野生动物疫源疫病监测工作，今年无疫源疫病发生。森林生态效益补偿基金项目实施以来，累计实施公益林总面积达到518.8万亩，占全县森林总面积的91.56%。全面贯彻执行《建设项目环境保护管理条例》，执行分类管理、分级审批制度，逐步规范项目申报中环境保护评估程序。

【坚持正确办学方向，推动教育工作稳步前进】在广大师生中开展“维护稳定、反对分裂”集中教育活动，深入推进四代领袖像进教室，广泛开展感恩教育、道德教育、法制教育，强化教育系统稳定。积极改善办学条件，狠抓控辍保学和薄弱学校整治，积极开展秋季招生、整班移交和“无辍学班、无辍学学校”创建活动，建立健全各年级学生纸质档案。加强教师队伍建设，对教师进行了“三包”财务、教研、计算机等方面的培训，对31名教师职称进行了评审，对“励耕计划”受助的20名教师落实了每人1万元的资金。加快发展职业教育，依托县中学，积极开设绘画班，并组织特长生为242户农牧民安居房进行绘画，同时，积极向上申报县职教实训基地。管好用好中国电信“壹元基金”，全年共资助贫困学生88人，资金25.1万元。

【开展文化进村进寺庙，加快文化产业发展步伐】继续加强非物质文化遗产保护工作，完成了20个点的文物普查工作，建立了档案和数据库。圆满完成了中国电信对口援藏十周年庆祝活动，新组建了县民间艺术团，国庆热巴、边坝锅庄和边坝弦子等文化遗产得以继承和发扬。积极实施文化惠民工程，完成了52家农家书屋、20座寺庙书屋建设，实现了82个行政村（居）、20座寺庙全覆盖。组织开展“三下乡”活动4次，累计发放各种宣传资料18万余份，免费义诊700余人次，发放免费药品近3万元，结合电影“2131”工程，在各乡（镇）、村、寺庙、学校放映电影1900场次。

山 南 地 区

山南地区

【年度综述】2012年，地区生产总值、固定资产投资、财政收入、税收收入、社会消费品零售总额、农牧民人均纯收入、城镇居民人均可支配收入分别完成73.07亿元、86.72亿元、6.0298亿元、9.3亿元、25.5亿元、6056元、17037元，同比分别增长12%、33.1%、21.9%、20.8%、17%、16.9%、12.2%，主要经济指标全部完成或超额完成年度目标任务，增速和总量位居全区前列。

【模范区建设有新进展】根据陈全国书记到山南检查指导工作时提出要把山南建设成为科学发展、和谐稳定、民生改善、民族团结、生态美好、改革开放"六个模范区"的要求，坚持以"六个模范区"建设引领地区经济社会发展，加强组织领导，强化保障支撑，突出示范带动，扎实推进"六个模范区"建设。科学调配力量，及时成立了"六个模范区"建设领导小组和办公室，组建了相对应的六个工作专班，明确了各专班的职责任务和目标要求，从组织上为"六个模范区"建设提供了保障。召开了"六个模范区"建设动员大会和建设推进工作会议，制定了"六个模范区"建设工作方案和单个模范区建设工作细化方案，明确了年度工作任务和重大举措，安排了项目和资金，确保了"六个模范区"建设稳步推进。方案还明确了建设"六个模范区"分为三个阶段实施，到2013年将初步建成和谐稳定和民族团结模范区，到2015年将初步建成科学发展、民生改善、生态美好和改革开放模范区，到2020年将全面建成"六个模范区"，与全国、全区一道全面建成小康社会。

【投资消费有新突破】一是投资拉动作用明显。2012年，安排项目前期工作经费8540万元，地区负责的"十二五"规划项目前期工作基本完成。全力推进项目建设，截至年底，地区"十二五"项目开工105项、586个子项目，完工子项目180个，完成总投资64.55亿元。及时召开了地区重点项目调度会议，分解细化了项目推进任务，促进了藏木水电站、江北公路和扎囊雅江特大桥、浪洛油路、江北灌区、农网改造升级等一大批项目有序实施。积极落实援藏投资，地区体育文化广场、英雄路改扩建、湖北大道南北延伸段等项目高质量建成投入使用，争取到了湖南、湖北、安徽三省"1‰以外援藏资金"7500万元，2012年共完成援藏投资3.7亿元，同比增长31.4%，第六（四）批援藏项目基本完成。紧盯项目落地和投资落实，雅砻神水、康达大厦、海思科药业办公楼等招商投资项目有序推进，招商投资和民间投资分别完成10.2亿元、12.3亿元，同比增长15.6%、8.1%。同时，严格执行《山南地区基本建设项目管理暂行办法》，组成督察组经常性开展基本建设项目和援藏项目专项检查和稽察，确保了项目进度和质量。二是消费水平不断提升。认真落实扩消费、促增长的各项政策措施，大力挖掘消费潜力，积极培育消费热点，认真做好节假日物资供应和促销活动，精心举办地、县物资交流节，扩大了城镇和农牧区消费预期。不断健全市场流通体系，完成了地区商业网点规划编制工作，加快推进实施"万村千乡市场工程"、"双百市场工程"和"农超对接"工程，全年共实施了82家农家店、6个配送中心、6个标准化县菜市场、5个乡镇商贸中心的建设或升级改造。同时，积极开展"家电家具下乡"、"农机补贴"等活动，有力带动了城乡居民消费，社会消费品零售总额和增速走在全区前列，居民消费价格总水平低于全区平均水平。

【产业发展有新成效】一是农牧业稳步发展。2012年农牧业喜获丰收，三次产业比重调整为6.1：47.1：46.8。粮油总产量16.65万吨，黄牛改良超过4.5万头，禽类养殖规模达220万只以上。召开了地区"产业、品牌、商标"三推进工作会议，整合安排了资金5000万元用于"三推进"工作，制定了优质青稞、红土豆、禽类养殖三个产业推进工作方案，落实优质青稞原料基地3.6万亩、红土豆原料基地1万亩、禽类养殖任务240余万只，初步完成了青稞加工产品"藏地圣田"和"加玉糌粑"牌商标、红土豆产品"昌果"牌商标、藏鸡蛋产品"雅砻源"牌商标的品牌策划工作。二是工业不断壮大。召开了地区能源工作会和矿产资源开发推进工作会，明确了目标任务和工作措施，以水电为主、太阳能、风能为辅的藏中能源基地和铬铁、铅锌、岩金、铜多金属四大矿业基地建设稳步推进，华新水泥产业链延伸项目顺利建成，海思科药业成功上市，雅拉香布矿泉水建成投产，江南矿业上市准备工作有序推进。全年完成工业总产值、规模以上工业增加值14.5亿元、8.4亿元，分别增长17%、16%，总量和增速位居全区前列。三是服务业更加繁荣。突出旅游与文化结合、旅游与消费融合，积极打造藏源文化旅游基地和藏中现代服务业基地，雅砻文化大观源等一批重点旅游项目建设有序推进。强化旅游宣传促销，全年接待游客139万人次、创收4.7亿元，分别增长19.8%、30%。金融保险、信息服务、物流商贸、休闲娱乐等现代服务业加快发展，成功签订了《"十二五"期间金融部门支持山南地区经济社会发展的战略合作协议》，安排了不少于180亿元的"十

二五”信贷计划，促进了第三产业加快发展。

【民生事业有新亮点】一是群众收入持续增加。落实了“500万元以下的项目原则上交由各县实施，各县交由具有相应资质的农牧民施工队实施”和“项目总投资的15%交由农牧民施工队实施”的举措。加大农牧民培训和劳务输出力度，实施了职业技能培训“百千万”工程，2012年转移农村富余劳动力8.65万人，实现劳务创收4.1亿元，人均劳务创收4740元。全地区2300元以下贫困人口减少1.37万人，扶贫开发工作被评为全区唯一的地区级A级先进单位。二是社会事业全面发展。2012年，投入各项教育经费85070万元，增长17.1%；出台了政府资助农牧民子女上大学实施办法，政策的实施确保了当年考上大学的1604名农牧民子女全部入学。加强县医院标准化建设、乡镇卫生院规范化建设和村级卫生室建设，实现了“一村一医”目标。加快推进医药卫生体制改革，全面实施国家基本药物制度，按时完成全民免费健康体检，免费救治先心病患儿154人。实施文化强地战略，乡村两级文化设施和泽当有线数字电视全部建成，广播电视覆盖率提高到87.7%、95.4%，成功举办了中国西藏雅砻文化节和藏历春晚。大力实施科技富民强县专项行动和现代农牧业产业技术体系建设，2012年科技对农牧业的贡献率达到42%。三是就业与社保切实加强。认真落实积极的就业再就业政策，山南籍应届大学毕业生实现全就业、往届毕业生基本就业，重点狠抓了零就业家庭等困难群众就业问题，城镇登记失业率控制在2.1%以内。五大社会保险参保人数达到26.06万人次，参保率均在97%以上，高于全区平均水平。积极执行了低收入人群社会救助和保障标准与物价上涨挂钩联动机制，各类救助和保障标准全面提高。五保户集中供养、孤儿集中收养和残疾人救助工作有序推进。此外，落实“十大民心工程”资金1.2亿元，组织实施了安居保障、弱势群体关爱、就业圆梦等民心工程。

【城乡面貌有新改善】一是城乡建设加快推进。实施了泽当镇体育场改造升级、徽韵文化中心、污水处理厂、为民办实事10条市政道路和各县县城道路、给排水、垃圾填埋场等功能提升工程，城镇功能和品位不断提升，城镇化率提高到29.97%。大力实施农牧民安居工程和“八到农家”工程，全年完成了1.177万户安居工程建设和195个行政村的环境综合整治任务，解决了农村安全饮水1.78万人，新增和改善用电人口3.4万人，新建户用沼气7771座，乡镇通油路率和行政村通电率、通电话率、通邮率分别达到54.2%、92.6%、94%、78%。二是城乡环境明显改善。大力实施“生态强地”战略，切实加强生态环境保护，扎实推进生态安全屏障建设，实施了防护林体系建设、防沙治沙等工程，完成植树造林15万亩、封山育林7万亩。加大城乡环境综合整治力度，按照“城郊森林化、城区园林化、庭院花园化”的目标要求，以泽当镇和各县县城为中心，加强了城镇园林绿化建设工作，有效促进了高原生态宜居城镇建设。全面落实环保“第一审批权”，重大开发建设规划和重点建设项目环评执行率达100%，大力开展节能减排工作，城乡环境质量明显提升。三是城乡管理切实加强。着力打造山南“魅力城镇”，泽当镇及各县县城总体规划修编有序推进。地区医疗废物处置中心建成投入使用，在全区率先探索并实行了生活垃圾填埋场、医疗废物集中处置中心和城区绿化的市场化运营。农牧区公共公益设施维护管理制度不断健全。

【改革开放有新推进】一是各项改革不断深化。深入推进农牧区改革，加快推进集体林权制度、农村水利水电管理制度、农村宅基地确权登记等改革，草场承包工作全面完成，草原生态保护补助奖励机制工作顺利通过自治区验收。深化财政管理改革，稳步推进国库集中支付制度、政府采购制度、“公务卡”试点和公务用车管理改革，“乡财县管、村财乡管”等财政管理体制进一步完善，实施了“民生资金一折通”，规范了表彰奖励活动。深化国有企业改革，指导完成县属企业改革任务，山南宾馆转企改制基本完成。地区矿产资源整合圆满结束。医药卫生体制改革深入推进。二是招商引资取得突破。完善了招商引资优惠政策，制定实施了《山南地区招商引资考核奖惩暂行办法》和《地区县域协同招商引资利益共享暂行办法》。坚持“有方向、有方法、有胆略、有保障”的原则，创新招商引资方式，实现由政府招商向企业、援藏、中介等多元招商的转变，海南灵康药业、山东藏仁堂等一批企业成功落户。2012年招商引资到位14.4亿元，全地区税收过千万元的11家企业中，招商引资企业就有6家，其中，海思科、华新水泥两家企业税收过亿元。2012年全地区招商引资对固定资产投资贡献率达到12%；招商引资企业完成税收4.3亿元，对地区税收贡献率达到49%。三是民营经济蓬勃发展。坚持民营经济与国有经济发展并重，召开了地区非公经济发展大会，制定了《中共山南地委、山南地区行署关于“十二五”时期推进非公有制经济跨越式发展的若干规定》、《中共山南地委、山南地区行署关于加强和改进对非国有企业管理服务的意见》等措施，认真落实“每年地区财政安排1500万元支持民营经济发展”等举措，促进了民营经济大发展。2012年，非公有制经济占全地区市场主体的比例达到95.5%，解决了50032人的就业问题；全地区注册私营企业707户，增长72.4%；注册个体工商户11267户，增长5.6%；非公有制经济税收达7.67万元，增长51.3%，非公经济税收占地区税收总额的88%。

【政府建设有新加强】紧紧围绕“一个中心、两件大事”，正确处理发展与稳定的关系，各级政府依法履职、推动发展的能力不断提高。深入贯彻国务院《全面推进依法行政实施纲要》，加强了政府规范性文件的落实，法治政府建设步伐不断加快。圆满完成了人大、政协换届，实现了乡镇党政正职“一藏一汉”配备格局。巩固政府机构改革成果，切实加强基层组织建设，选派了555名机关干部到村居任职。大力推行依法行政、政务

公开，简化办事程序，提高办事效率，政府机关运行机制和管理方式规范有序、公开透明、便民高效，行政效能进一步提高。全面落实廉政建设责任制，自觉接受人大、政协以及社会监督，做到了重大决策集体讨论决定。强化作风建设，规范了行署议事规则，制定下发了《行署领导班子改进工作作风五项规定》。优化服务环境，事业单位改革稳步实施，行政管理体制改革继续深化，政府管理服务能力进一步提升。认真贯彻落实中央、自治区决策部署，积极开展创先争优强基惠民、政风行风建设等活动，圆满完成了第二批驻村轮换工作。集中开展了打击整治专项活动，政府服务群众、服务发展的水平不断提高。建立了地、县、乡、村四级信访接待日等工作机制，进一步密切了党群干群关系。

山南地区
纪检（监察）工作

【年度综述】2012年，山南地区各级纪检监察机关在区纪委监察厅以及地委行署的坚强领导下，全面落实十七届中央纪委第七次全会和八届区纪委二次全会精神，以推进惩防体系建设为重点，以严肃查办案件为突破口，以创先争优强基惠民活动为抓手，深入开展反腐倡廉建设，全力维护党的纯洁性，党风廉政建设和反腐败工作取得了新的阶段性成效。

【严明纪律、强化监督，坚决维护了政令畅通、社会稳定和民族团结】2012年，全地区各级纪检监察机关全面履行《党章》和《行政监察法》赋予的职责和任务，围绕改革发展稳定大局，开展了多层次、多角度的监督检查工作，促进了党的路线方针政策的贯彻落实。一是加强了对执行党的政治纪律情况的监督检查。在维稳敏感节点、重大节日期间都专门下发文件，反复重申党的政治纪律，教育和引导广大党员干部认真执行、自觉遵守、坚决维护政治纪律，使广大党员干部始终做到了“十个决不允许”。二是加大了对维稳决策部署落实情况的监督检查。三是加强了对寺管会干部在岗履职情况的监督，全面掌握了山南地区12个县寺管会干部在岗及工作开展情况。四是加强了对中央、区党委和地委关于党的纯洁性建设制度措施落实情况的监督检查，有效地提高了各级党员领导干部的廉洁意识和爱岗敬业、奉献本职、服务群众的能力。五是加强了对党的十八大、自治区第八次党代会、区党委八届二次全委会及区党委、地委关于维稳责任落实、工作机制建设、加强和创新社会管理、依法管理寺庙等决策部署贯彻落实情况的监督检查，确保了各项工作落到实处。六是加强了严肃换届纪律方面的监督。与地委组织部联合制定了《关于严肃换届纪律工作的实施方案》，举办了“万名干部严肃换届纪律签字承诺活动”，开展了换届工作督导检查，使县乡人大、政府、政协换届工作达到了“严肃教育，严格监督，严厉查处，严格考核，严密组织”的要求。

【突出主题、明确重点，创先争优强基惠民活动深入开展】创先争优强基惠民活动开展一年来，山南地区紧紧围绕陈全国书记提出的“五个明确”要求，结合实际，创新活动载体，丰富活动内涵，认真做好“规定动作”，创造性地开展“自选动作”，力求活动特色更鲜明、亮点更突出、成效更明显。一是突出“三个到位”，加强组织领导，确保了活动有力有序有效推进。即：做到了组织领导到位、经费保障到位、舆论引导到位。一年来，各工作队共开展各类宣传教育活动3万多场次，受教育群众达28万余人次。二是打造“三个亮点”，彰显自身特色，着力丰富了活动内涵。即：开展了“十星模范村”建设、强化了创业意识教育、建设了新旧对比展室，积极教育引导群众克服“等、靠、要”思想，增强了群众的主人翁意识和自我发展意识。三是把握“三个环节”，搞好走访调研，奠定了驻村工作的坚实基础。即：做到了入户调查全覆盖、建设好了《民情台账》、形成了调研报告。一年来，各工作队共形成调研报告1523篇，帮助驻村点理清思路3754条，完善规划554个。四是实施“三项工程”，建强基层组织，全面加强了农牧区基层党建工作。即：实施了素质提升工程、致富带富工程和建章立制工程。五是抓住“三个重点”，维护社会稳定，夯实了维稳工作的群众基础。即：深入持久地开展了反分裂斗争教育、深入排查调处了矛盾纠纷、建立健全了维稳工作机制。六是创建“三个平台”，拓宽致富门路，带领了农牧民群众共同致富。即：完善了发展规划、强化了能力培训、实施了增收项目。七是开展“三项活动”，深化感恩教育，增强了党的向心力和凝聚力。即：开展了新旧社会对比教育、宣传了党的富民惠民政策、倡导了“老西藏精神”和“山南精神”。

【执法监察，源头防腐，各项行政执法监察工作有序推进】全地区执法监察工作重点围绕专项治理和常规性执法监察工作展开。一是继续狠抓了中央第五次西藏工作座谈会精神贯彻落实情况、转变经济发展方式、工程建设领域突出问题专项治理工作的监督检查。专项治理以来，山南地区制定出台了25个规章制度，10个规范性文件，形成了工程建设领域规范化管理的长效机制。重点对水利、住建、交通、林业、农牧、财政、人社等部门受理的涉及工程建设领域“双拖欠”问题的投诉、举报，以及案件查处情况进行了统计。二是继续加大了建设工程领域招投标活动的监督。1至11月，共参与监督地区各类建设工程招投标207项，交易中心完成交易额13.2亿元，对18家投标人不符合招投标法及不能很好地响应招标文件的，当场进行了废标处理。三是继续参与了泽当城区违规建房清理整治工作，对泽当城区违规建房的548户进行了集中处理。截止目前，在“整规办”受理集中处理的户数达548户，其中，已办证的395户，放弃办证权利的153户，共补缴土地出让金及罚款等费用2160万元。四是对国有土地使用权出让、地材开采与销售、草场承包及生态保护、安居工程建设及惠民资金落实等工作进行了监督检查。五是对全地区便民警务站建设与投入使用情况进行了监督检查。截止目前，全地区共建设了90个便民警务站，并先后投入了使用，地县两级财政共投入建设资金3000余万元，投入装备资金2900余万元，配备警力874名。

【加强监督，维护公平，推进了廉洁政府、法制政府建设】一是派出了50人次对40场考试、招录及征兵工作进行了监督，严肃了考风考纪，维护了公平正义。二是深入开展“小金库”专项治理工作，对85家预算单位进行了复查，全部预算单位均纳入了国库集中支付系统，确保了财政资金的安全和使用效益，从源头上杜绝了“小金库”现象的发生。三是积极开展党政机关公务用车专项治理。四是积极发挥监督职能作用，致力于规范政府采购行为，提高财政资金使用效益，进一步打造了公平、公正、公开的阳光采购平台。2012年1至11月，共监督政府采购招投标30个项目60多个标段，中标资金为11331.26万元，节约资金2068.62万元，节约率为15.43%。同时还积极参与了政府采购项目落实情况的检查验收工作。五是积极开展了行政审批制度改革专项治理、加快转变经济发展方式专项检查、水利项目专项检查等工作，全方位，多角度地加强监督检查，维护了公平正义，提高了自律意识，促进了依法行政。

山南地区组织工作

【加强思想政治建设，领导班子履职能力进一步提升】一是强化理论武装。深入推进学习型党组织建设，以理论学习中心组集中学习等形式，组织领导干部认真学习中国特色社会主义理论体系特别是科学发展观以及中央、区党委、地委重要会议精神、决策部署，切实用理论武装头脑、指导实践、推动工作。二是突出理想信念教育。加强党的治藏方略、民族区域自治制度、政策等方面的政治教育，开展西藏新旧社会对比、改革开放成就等形势教育，深化“讲重作”和“感党恩、反分裂、保稳定、促发展”活动，引导党员领导干部坚定理想信念和政治立场，进一步夯实了反对分裂、维护稳定、促进发展的思想基础。三是强化民主建设。健全完善科学决策、民主决策的体制机制，组织开展好民主生活会，教育引导班子成员充分发扬民主，带头执行民主集中制，加强团结协作，使决策更加民主、更加科学。四是强化作风建设。开展了山南地区党员干部作风专项治理活动，建立领导干部联系点、下基层调研等制度，加强廉政教育，领导干部的作风进一步转变，良好作风进一步养成。

【选好用好干部，领导班子功能进一步增强】以县乡人大、政府换届和县政协组建为契机，认真贯彻执行党的干部政策，严把选人用人标准和程序，树立积极正确的用人导向，突出“六个注重”，选优配强了领导班子。一是注重德才兼备、以德为先。把干部一贯的政治表现尤其是在反分裂斗争中的现实表现作为识别使用干部的首要依据，着力从履行岗位职责、应对重大事件、完成急难险重任务、关键时刻表现、对待个人名利、群众认可程度等方面考察干部，使一批政治坚定、素质过硬、业绩突出、群众公认的优秀干部走上了各级领导岗位。二是注重基层一线干部培养。三是注重长期在条件艰苦地方努力工作的干部。从边境高寒县提拔19名干部到腹心县或地直单位县级领导岗位，将8名县级干部从边境高寒县调整到腹心县或地直单位工作，选拔了11名长期在村居基层一线努力工作、综合素质较好的党支部书记进入公务员队伍，担任乡（镇）党委委员。四是注重关键岗位和重点领域优先配备。按照“选拔标准要更高、审核把关要更严”的要求，着力做好领导班子正职配备，选拔交流了19名优秀干部到县人大、政府和政协领导班子中担任正职。五是注重优化班子结构。综合考虑班子的民族、年龄、知识、专业等各方面结构的合理搭配和性格气质的相融互补，换届后的县乡领导班子干部平均年龄比换届前分别下降0.3岁、2.4岁，大专以上文化程度分别为83.9%、77.9%，分别比调整前上升了5.3、6.7个百分点，82个乡（镇）党政正职“一藏一汉”配备格局形成，并按1：1比例配备后备干部，领导班子整体功能进一步增强。

【深化干部人事制度改革，干部队伍活力进一步激发】一是进一步加大交流力度。扎实推进干部结构性、培养性、关怀性交流，特别是加大了选派腹心县、地直单位和条件相对较好乡（镇）干部到高寒边境县、条件相对较差乡（镇）工作以及机关缺乏基层工作经历干部到基层工作的力度，今年，全地区地县两级共交流各级各类干部1389名。二是不断完善竞争性机制。积极引导各县、各单位结合实际，大胆开展了公开招录、公开选拔、竞争上岗等竞争性选拔干部工作，地委宣传部、地区中院面向全地区公开选调国家公务员（工作人员），乃东等县在全县范围内公开选拔部分副科级领导干部，使一批优秀人才脱颖而出。三是重视导向激励。从选派到村居任职的机关干部和驻村驻寺干部中，大胆选拔使用了一批优秀年轻干部，同时将个别团结意识不强、民主作风不好的班子成员进行了调整，实现了选人用人机制的创新和突破，逐步建立了“能上能下”的干部选任机制。

【加大干部工作监督管理力度，选人用人满意率和公信度进一步提升】一是加强严肃换届纪律工作。始终把严肃换届纪律贯穿换届工作的全过程，加大严肃换届纪律要求的学习宣传教育和执行力度，印发藏汉双语学习手册1000多份，制作监督卡1万多张，制作宣传展板1700多块，开展万名干部宣誓承诺签名活动，与各级党委签订了承诺书、责任书，并成立换届风气考核组，对12县换届风气进行考核，换届工作顺利完成，换届期间实现了“零违纪、零上访、零举报”的目标。二是加强干部选拔任用工作监督。积极推行考察预告、结果反馈、有关事项报告、责任追究、述职述廉、任前公示和谈话等制度，完成了各县、地直各单位2012年度“一报告两评议”工作，干部选拔任用工作总体评价满意度为95.3%，比去年提高了4.3个百分点。三是加强干部日常监督。积极开展谈心谈话活动，严格执行任前谈话制度，制定出台了《寺庙管理委员会干部管理制度》，规范了领导干部休假、外出报批程序，特别是对党政正职等关键岗位干部进行重点管理和监督，监督管理工作进一步规范化。

【加强干部教育培训，干部队伍综合素质和能力进一步提升】一是突出地委党校教育培训的主阵地作用。认真实施山南地区2012年度干部教育培训计划，继续落实中央“大规模培训干部”、“大幅度提高素质”的要求，重点举办了中青年干部培训班、乡（镇）长轮训班、村居党组织书记轮训班、选派机关干部到村居党组织任职培训班等主体班次，培训干部1017人次，切实增强了领导干部的理论素养和解决实际问题的能力。二是加强职能部门业务培训。大力支持和引导各职能部门根据业务需求开展培训工作，举办了基层共青团干部培训班、食品药品监督人员培训班、农牧民实用技术培训班等，有效提高了干部的业务水平和专业技能。三是加强岗位实践锻炼培训。大力实施人才智力援助工程，选派157名干部和专业技术人员赴三省挂职锻炼和业务进修，组织基层党员干部到上级对口业务部门进行岗位锻炼和业务学习，使干部进一步增长了才干。四是加强实地参观考察培训。先后组织党员干部到国外、内地发达地区、对口支援省市等地参观考察300余人次，学习先进做法和经验，进一步开阔了眼界、更新了观念。

【扎实做好干部援藏工作，援藏工作内涵进一步扩展】在援藏干部中深入开展创先争优和学习周广智、张宇等同志先进事迹活动，引领广大援藏干部学先进、比先进、赶先进，积极干事创业，争创一流业绩。继续做到在政治上充分信任，工作大力支持，生活上热情关心，积极帮助援藏干部解决工作、生活中的实际困难，为援藏干部充分发挥作用创造良好条件。认真落实请销假制度，突出抓好援藏干部在藏率、在岗率，尤其是敏感时期的在岗在位，精心制定援藏干部中期考核工作方案，对地委管理的87名援藏干部进行了中期考核，推荐了62名优秀援藏干部，协助湖南、安徽两省干部考察组完成了援藏干部考察工作。科学制定第五、七批援藏干部及人才需求计划，确保选派的援藏干部符合我地区发展需求，不断将援藏工作引向深入。

山南地区党校行政学院工作

【狠抓教学改革，在推动干部教育事业新发展上下功夫】按照既定的年度干部教育培训计划，办学方向坚持“三个原则”。一是“党校姓党”原则，这是推动党校事业发展的根本原则和总的要求，我们始终坚持毫不动摇；二是坚持“三严”原则，即：治校严、施教严、管理严；三是坚持“质量第一”原则，这既是办学指导思想，又是办学工作目标。在各类主体班次教学中以学习、宣传、贯彻、落实中央及区地两级党委、政府工作主线和精神为主要培训内容，根据不同职级干部的不同特点，确定不同的教学重点，使教学更有针对性和实效性，为高质量地完成培训任务打实了基础。

【狠抓科研工作，在为党委、政府提供决策服务上下功夫】按照党校“以教学为中心、以科研为基础”的工作要求，为进一步抓好科研工作，以科研促教学，校委一直高度重视科研工作，并立足于区情地情，立足于经济发展需求，立足社会现实，紧紧围绕地委、行署工作中心，紧紧围绕党校教学中心，按照党校科研实现“四个服务”的要求，紧密结合我地区经济社会发展中的重大理论和现实问题，在各类省级刊物上已发表论文10篇。在全区党校系统以“爱国、团结、和谐、发展、文明”为主体的核心价值观理论研讨会上撰写论文13篇，得到了自治区党校领导的好评和肯定。另外，为充分发挥好党校科研为党委、政府科学决策提供咨询服务的工作职能，结合我地区经济社会发展中的重大理论和现实问题，今年我校校级课题共申报6个。其中，《山南地区建设“六个”模范区调查研究》（包括总报告和子报告）及《山南地区加强和创新寺庙管理调研报告》为重点校级课题，撰写文字67000余字，并报送地委、行署主要领导阅示。

【狠抓信息化建设，在提供优质服务上下功夫】信息化建设是实现党校教育现代化和党校事业发展的必然要求。今年，一是投资10.9620万元购买安装了SANGFOR深信服广域网加速VPN网关及SANGFOR深信服上网优化管理网关，保障了我校教职工免费享受自治区党校教学资源，为广大教师备课提供了方便。二是顺利完成各类培训班次共计700余次的多媒体电教工作。维护维修校园监控系统，对全校校园安防及教学进行实时监控。三是认真完成了2012年各类报刊杂志的征订、发放、阅览工作，及时采编上架人大复印资料及各种刊物。

【狠抓函授收尾工作，在保质保量上下功夫】为保质保量地完成函授各项收尾工作，校委高度重视，以认真负责的态度，继续做好函授各项工作，狠抓函授工作各个环节。一是根据总院和分院工作要求，完成了2007级两个专业（法律专业和公管专业）79人的论文指导、答辩、总补考等各项毕业工作；二是整理学员档案。按照分院要求，整理1995年以来3230名学员的资料和档案，电子录入2003年以前学员的学员资料；三是整理遗留毕业证和荣誉证书，完成了自1995年以来函授工作总结。

【狠抓政治思想工作，在推进队伍建设上下功夫】一直以来，始终通过抓政治思想教育，推进教职工的队伍建设。一是为抓好教职工政治理论学习，扎实做好理论中心组学习各项工作，坚持每月1—2次学习党中央、国内外时事政策，区地两级党委、政府相关政策和会议精神；今年9月，我们召开理论中心组专题学习会，认真学习贯彻“两级”党校校长工作会议精神，并出台了《中共山南地委党校、地区行政学校关于贯彻落实全国全区党校校长工作会议精神的意见》，为今后党校、行政学校各项工作发展指明了方向；二是按照年初全校思想政治工作计划，积极主动开展教职工思想政治理论教育，制定详实计划表，明确学习内容和时间，主要以廉洁从政、党史、党的最新理论以及各种新出台的规定为重点，并积极开展教职工谈心活动；

山南地区外事工作

【做好外事接待服务，努力扩大对外宣传】始终按照“计划周密、安排有序、职责明确、协调配合、内紧外松”的要求，精心制定接待计划，科学安排接待细节，积极配合圆满完成了全年各项接待任务。全年共接待外国来宾共3批20人次。坚持把外事接待与涉藏外宣工作结合起来，大力宣传全地区经济社会发展和各项事业取得的巨大成就，地区的知名度和影响力得到进一步提高。

【加快“走出去”步伐，强化因公出国境审核把关】加大对因公出国（境）人员的初审力度，进一步提高管理和服务水平，确保因公出国（境）团组和人员顺利出访。今年全地区累计因公出访共12批20人次。进一步加大“走出去”力度，今年8月促成了由政协主席边巴同志带队，监察局、组织部、财政局、审计局、外事办组成的山南地区因公出访新西兰、澳大利亚。

【加强境外非政府组织（NGO）监管，努力提升监管水平】严格按照自治区有关规定，不断加强对全地区境外非政府组织的监管。一是认真贯彻落实上级文件精神，加强组织领导，建立健全监管指导长效机制，切实发挥监管职能；二是加强境外非政府组织中方雇员的建档备案工作；三是加强对境外非政府组织项目的跟踪调研，密切掌握了境外非政府组织的现状及动态；四是强化境外非政府组织工作措施，严密防范境外非政府组织对我地区进行渗透破坏；五是坚持预防为先，完善涉外公共突发事件应急预案，细化涉外管理工作措施，确保我地区涉外管理工作有法可依、有章可循，做到有备无患。全地区直接管控的3个项目运作情况良好，未出现违法违规情况。

【强化边境深度调研，全力服务国家周边外交】进一步加大边境调研工作力度，积极配合并认真开展了边境调研工作。今年6月，协同自治区人大民宗外侨委赴错那县开展了为期5天的边境调研。9月，积极配合外交部、总参、区外办开展了洛扎县白玉地区边境调研工作。进一步健全和落实情报信息互通机制和边境四县情报信息周报告制度，及时了解掌握了边境县动态，确保做到底数清、情况明，为地委、行署及上级有关部门对边境涉外形势的研判和决策提供参考依据。

【狠抓外籍人员监管，确保涉外活动安全】严格按照自治区和地区有关维护稳定工作的决策部署，不断加强对外籍人员的监管。一是认真协同公安、安全等部门加强对重要而敏感的外事接待团组的跟踪监管工作，严防别有用心团组和人员从事非法政治活动；二是充分发挥由我办牵头组织的联席会议机制和部门联动机制的作用，整合情报资源，全面准确掌握外籍旅游团组和人员的动态；三是会同地区外宣部门，依法加强境外记者管理，并制定相应的工作机制。

山南地区民族宗教工作

【积极项目争取工作，努力做好边境地区的发展】扶持边境及少数民族地区的发展，作为我局一项重要性工作，年初积极向区民宗委争取了兴边富民项目资金，有效改善了边境地区群众的生产生活。上半年自治区已经下拨了第一批“兴边富民行动”资金（含少数民族发展资金）项目45个，落实资金1557万元，项目主要涵盖交通、水利、产业等一些短平快的小型基础设施建设项目。其中门巴族、珞巴族两个人口较少扶持项目8个，项目投资为175万元，我局对口扶贫联系点扎日乡争取项目2个投资75万元，驻村工作点加查县拉妥乡拉妥村争取项目1个投资40万元。下半年第二批“兴边富民行动”（含少数民族发展资金）项目申报已审的49个，审批资金1837万元,资金比2011年增加25%。目前第二批项目资金已批复下达到各县，正在积极组织实施当中。

【认真开展全地区民族团结进步模范评选及表彰活动】开展民族团结进步事业，对维护祖国统一，维护社会局势稳定，巩固平等、团结、互助、和谐的民族关系具有十分重要的意义。为了表彰先进，树立典型，不断推动我地区民族团结进步事业向前发展。2012年5月全区民族团结进步表彰大会上，我地区隆子县斗玉珞巴民族乡、乃东县泽当镇泽当居委会获得全区模范集体；错那县勒门巴民族乡勒村妇女主任旺姆等三名获得了全区模范个人荣誉称号。

【积极推进民族团结模范区建设】2011年9月份，自治区党委书记陈全国到山南调研时提出的山南“六个模范区”建设的要求，为做好山南地区“民族团结模范区”建设，实现干群团结、党群团结、民族团结、与宗教界人士团结的目标。我局高度重视，成立了以行署分管副专员为组长的工作专班，抽调了强有力的工作人员，研究制定了《山南地区“民族团结模范区”建设工作细化方案》，明确分工、落实责任、确保工作有人抓、有人管。

【抓好寺庙法制宣传主题教育活动】寺庙法制宣传教育工作是稳控寺庙、教育僧尼的一项关键性工作。2012年，全地区宗教部门充分利用“六月份宗教政策法规学习月”和各种法制宣传活动周、活动日，以发放学习宣传资料、播放爱国影片等多种形式，在各寺庙认真开展法制宣传活动。在自治区的统一部署下，全区各寺庙中以弘扬藏传佛教高僧大德“爱国爱教、弃恶扬善、崇尚和谐、祈求和平”为主题的教育活动后，我局按照要求，积极配合有关部门，做好主题教育活动前期准备及宣传试点工作。

【认真开展对寺庙房屋险情程度的排查】为了全面核查全地区寺庙房屋险情情况，做好寺庙维修项目申报工作，年初我局对全地区宗教场所险情程度进行摸底调查，同时根据险情程度专门建立了全地区宗教活动场所险档案，把险情分为特重、较重、一般等级进行划分登记。目前，全地区共有83座寺庙存在不同程度的险情隐患，其中险情特重的47座，险情较重的35座，险情一般的1座。

【认真落实寺庙维修项目】2012年1月份，向自治区民宗委上报了2012年寺庙维修资金348万元，涉及寺庙35座，现自治区已下达2012年寺庙维修补助经费108万元。目前维修资金已经下发到各县。同时，积极向上级部门申报了“十二五”期间的寺庙维修项目，申报涉及场所87座、资金预算达2500万元。

山南地区
工商业联合会工作

【加强工作协调，推进工商联组织机构建设工作】根据区、地两级非公会议精神和藏党发〔2011〕15号、山党发〔2012〕3号文件精神，积极与组织、编委请示协调，推进地区工商联机构调整工作和各县工商联组建工作。7月底，地区工商联调整为正县级，新设了3个科室。12个县同时成立了工商联，明确了级别和核定了人员编制。实现了全地区工商联组织的全覆盖。为全面、深入推进工商联工作打下了坚实的组织基础。为加强工商联党的机构组织建设工作，于10月份向地委组织部上报了成立中共山南地区工商业联合会党组的请示。

【召开会员大会，切实抓好地区工商联换届工作】根据全国工商联、自治区工商联对换届工作的统一安排部署和《中共山南地委办公室转发〈地区工商联2012年换届工作实施意见〉的通知》，在自治区工商联和地委、行署的高度重视下，在地委统战部的指导下，经认真筹备，于9月下旬召开了山南地区工商联第三次会员代表大会。自治区工商联主席、总商会会长阿沛□晋源同志，地委书记其美仁增同志，地委常务副书记格桑仁青同志，人大地区工委主任薛长学同志，地委委员、行署副专员胡中海同志，地委委员、地委统战部部长巴珠同志，地区政协副主席、地区民宗局局长普布多吉同志等领导莅临会议指导。日喀则地区工商联主席、商会会长群培次仁同志应邀出席会议。会上，阿沛□晋源同志、格桑仁青同志和巴珠同志分别作了重要讲话，地区工商联第二届执委会主席保疆同志作了工作报告。会议选举产生了地区工商联第三届执委会执委51名、常委25名、专兼职副主席11名、主席1名。会议期间，全体参会代表认真学习讨论了阿沛□晋源同志和格桑仁青同志的讲话，审议了第二届执委会工作报告，积极对做好下一步工商联工作出谋划策。此次会议，全面总结了过去五年地区工商联所做的工作，对今后五年工商联工作进行了全面安排部署。

【加强组织领导，统筹做好非公经济组织党建工作】根据自治区非公党建工作会议精神和《中共西藏自治区党委办公厅印发〈关于加强和改进非公有制经济组织党的建设工作的实施意见〉的通知》（藏党办发〔2012〕29号）精神，为全面做好全地区非公党建工作，多次召开专题会议对有关事宜进行研究部署。在地区基层办的指导下组织非公有制经济组织开展基层建设年活动。6月份，先后赴洛扎、琼结、措美、隆子等县和天马商贸有限责任公司、贡桑禽类养殖专业合作社、康达实业有限责任公司等企业进行调研。明确地区纪检，地委统战部、组织部，地区工商联、工商局、财政局、工信局、商务局等部门为党工委成员单位。明确了非公党工委的职能。组织人员起草了《关于加强和改进非公有制经济组织党的建设工作的实施细则》，该《实施细则》经多次征求有关部门意见和修改后于9月中旬由地办以山党办发〔2012〕13号文件下发。《实施细则》进一步明确了全地区非公党建工作的总体要求，从加强队伍建设、落实工作指导、突出教育引导、强化工作保障等方面提出了我地区非公党建工作中长期规划和工作目标。2012今年以来，向地委汇报非公党建工作1次，向自治区非公经济组织党工委汇报非公党建工作1次。形成党建类信息9期，其中2期被自治区非公党工委采用，1期被《西藏日报》采用，1期被《西藏统一战线》采用，1期被地区基层办采用。10月份以来，措美县、曲松县和琼结县非公有制经济组织党工委相继成立。

山南地区编译工作

【县级藏语文（编译）工作机构进一步完善】在地委、行署的高度重视和相关综合管理部门的大力支持下，各县藏语文（编译）工作机构更名陆续完成。全地区最后一个县的藏语文（编译）工作机构也挂牌成立，实现了全地区12个县藏语文（编译）工作有机构、有编制、有人员，藏语文编译工作队伍不断壮大，办公条件和经费保障得到改善，发挥出了藏语文工作在经济社会发展中应有的作用。

【以评促建，各行各业规范使用藏语文的意识明显提高】本着以评促改、以评促建的思想，以国家二类城市语言文字工作评估为契机，有力推动藏语文工作。一是起草了《关于在全地区各种电子屏幕上使用规范藏汉两种文字的通知》，并以行署办公室文件下发；二是组织医院、银行、通信等服务行业的各家单位、企业代表召开会议，进一步强调各营业场所的各类指示标识、宣传栏、大小广告等必须规范使用藏汉两种文字，服务窗口必须提供藏汉双语服务等；三是积极参加学校、党政机关、新闻媒体、公共服务行业等各领域的语言文字工作预评估，找问题、作指导、提意见，进一步宣传藏语文工作、明确藏语文用语用字要求。通过一系列迎评工作，有效提高了各行各业对规范使用藏语文的重视程度，也得到了自治区二类城市语言文字评估团对山南藏语文工作的肯定和表扬。

【集中精力，藏语文社会用字检查整改工作成效显著】按照自治区政府办公厅和自治区藏语委办（编译局）有关文件要求，在地区行署领导下集中开展了藏语文社会用字检查整改工作。在检查整改中，泽当城区共检查各类牌匾6132个，发现藏语文社会用字存在问题的560个。除乃东县以外的其余11县共检查各类牌匾3670个，发现问题548个。截止自治区验收前，泽当城区已整改牌匾532个，整改率达95%；其余11县已整改牌匾516个，整改率达94.2%。经检查整改，全地区机关、企事业单位和个体工商户的门牌、广告、横幅、标语等用字、译文规范率达到98%，达到了整改要求并顺利通过自治区的验收。

【着眼整体，藏语文工作调研继续深入】西藏跨越式发展最大的希望在农牧区,长治久安最广泛的基础在农牧民，而藏语文工作服务的主要对象是广大农牧民群众,服务的重心是全地区各基层。因此，深入基层开展调研，倾听乡村干部、教师和广大农牧民群众的意见建议，积极发现问题，解决问题，是做好藏语文工作的出发点和落脚点。根据行署领导指示精神，我办组成工作组对部分县、乡、村的藏语文使用情况以及藏语文（编译）机构的编制、人员、经费等情况再次进行调研，主要发现以下问题：一是有6个县存在不同程度编制空缺、人员配备不齐的情况；二是各县工作经费参差不齐，总体偏少。三是目前下发到乡、村的文件，除极少数外，绝大部分没有翻译藏文，村（居）工作在很大程度上只能依赖村党支部第一书记、村官和驻村工作队，从而使农牧民群众不能及时了解党和国家的政策。

【服务大局，藏语文翻译业务扎实开展】随着经济社会的不断发展，翻译任务日益增加。我办努力克服人员少，任务重的困难，始终围绕中心，服务大局，经过全体翻译业务人员加班加点的共同努力，圆满完成了《西藏自治区第八次党代会精神传达提纲》、《山南地区“十星模范村”创建活动实施方案》、《市县乡三级人大换届选举工作的有关法律法规》、《换届纪律册子》、《城镇居民社会养老保险政策问答》、“六五”普法宣传栏和群众信访信件及回复等的翻译工作，为四大家班子、地（中、区）直各单位和个体商户提供了大量翻译服务。此外，还为藏语文社会用字检查整改中的整改对象提供免费翻译服务，受到了用户的好评。各县编译人员也兢兢业业，围绕各县中心工作开展了大量翻译工作。地、县两级编译部门2012年全年完成800多万字的翻译任务，翻译中没有出现错译漏译等现象，得到了地区有关领导的肯定。

山南地区扶贫（农发）工作

【加快实施2011年续建项目】2011年，全地区共争取扶贫开发、农业综合开发国家投资16320.5万元，其中扶贫开发国家投资6023.5万元，主要包括：安居工程、整乡推进、面上扶贫、连片开发、劳动力转移、“雨露计划”等项目，农业综合开发五个开发区争取国家投资10297万元。扶贫开发整乡推进、面上扶贫、连片开发、劳动力转移项目国家投资比2010年增加487.5万元，农业综合开发增加3927万元。项目区群众通过参与项目建设增加收入3890万元，受益群众达58600人，人均增收650元。减少贫困人口13337人。目前，2011年扶贫开发项目通过自治区验收，在全区扶贫开发工作考核中我地区被评为全区唯一地区级A级先进单位，并获得扶贫项目奖励资金900万元，其中：地区500万元，乃东县200万元，隆子县和贡嘎县各100万元。2011年农业综合开发项目通过国农办终验，得到了上级部门的肯定和褒扬。

【积极争取项目资金支持，成效显著】2012年，积极主动加强与自治区扶贫（农发）办有关处室和领导的沟通联系，积极汇报地区扶贫农发工作，努力争取上级的支持，并取得了显著成效。2012年全地区扶贫开发、农业综合开发项目共落实投资34256万元。扶贫开发：全地区共批复项目209个，项目总投资17055万元，其中：国家投资14321万元；面上扶贫开发项目122个，总投资8054万元，其中：国家投资6686万元；面上奖励资金项目34个，总投资1769万元，其中国家投资1522万元；整乡推进项目（10个乡镇）34个，总投资2864万元，其中：国家投资2398万元；劳动力转移项目10个，总投资1154万元，其中：国家投资577万元；实施贫困户安居工程1000户，国家投资2500万元；连片开发资金项目3个，总投资276万元，其中：国家投资200万元；人才培训1218人次，国家投资102万元;4个互助资金项目，总投资90万元，其中国家投资80万元；在隆子实施科技扶贫试点项目-黑青稞生产基地1个，总投资250万元，均为国家投资。

【扎实开展实用技术培训，提升贫困群众素质】我们把扶贫培训工作重点放在提高贫困劳动力就业上，将扶贫培训和各部门开展的培训教学资源整合，实行联合办班，增强培训的整合效益，拓宽就业渠道，2012年共实施培训项目14个，国家投资102万元，培训1218人。

【定点帮扶工作按照“十二五”规划，有条不紊开展】据不完全统计，2012年全地区93个帮扶单位累计投入资金12514万元，捐款捐物折资119.05万元，举办培训班57期，培训2005人次，转移就业374人。为贫困村基础设施条件的改善和贫困群众脱贫致富打下了良好的基础。

【贫困人口脱贫任务如期完成】按照自治区扶贫分解指标，我办根据各县实际，将任务下达到各县，各县对计划任务进行了认真落实，并实行动态管理。通过国家政策的扶持和各类扶贫项目的实施以及大量扶持资金的有

效投入，2012年脱贫13684人，如期完成了上级下达我地的目标任务。

【黄牛改良工作认真开展】2012年按照地委、行署的要求及任务，协同农牧局实施黄牛改良任务45000头，到2012年10月12日已经实施配种黄改43804头，配种率达到97.3%，复配数1947头，复配率4.4%，淘汰当地母畜4100头，去势公牛5629头，为今年黄牛改良工作顺利完成打下坚实的基础。

【高原生态畜牧业示范园区规划编制设计工作有序推进】规划编制设计工作于2012年1月初开始，项目总投资15350.42万元，其中工程建设12621.52万元，工程建设其他费用1676.39万元，预备费714.9万元，流动资金337.61万元，主要建设内容为：1、牦牛育肥区；2、绵羊育肥区；3、有机肥加工区；4、人工种草区；5、天然草场建设区；6、湿地涵养建设区；7、牛羊扩繁建设区；8、屠宰加工建设区组成。在地委、行署的高度重视下，目前《山南地区高原生态畜牧业示范园区总体规划》（二次修改稿）于2012年11月22日送相关单位及浪卡子县人民政府再次进行修改并通知北京农业部规划设计院相关设计人员做好进藏审查的相关工作。

山南地区公安工作

【维稳防控】2012年地区广大民警、武警执勤官兵通力协作、密切配合，圆满完成了全区第十届中学生运动会、中央领导及十一世班禅进出藏、国家有关部门及省市赴藏考察以及2012中国西藏雅砻文化节等重大安全保安工作，有效挫败了境内外民族分裂势力的破坏活动，有力打击了危害国家安全和人民群众根本利益的各种违法犯罪活动，维护了国家安全和西藏的社会稳定，为促进山南经济发展、社会进步和民族团结作出了重要贡献。

【治安管理】治安管理涉及千家万户，直接关系社会和谐。截止2012年底，山南常住人口约34万余人，治安部门民警长期在各乡（镇）宣传更换第二代身份证的政策法规，并上门采集居民二代证图像信息，更新户籍信息，2012年居民二代证图像信息采集率达95%以上，出证50918张。加快完善城乡发展一体化体制机制，顺应时代发展新要求，抓住影响平安建设的基础性、根本性、保障性问题，切实保障人民安居乐业。重点加强加强基层基础工作，推出农村、城镇两个典型派出所试点，全面推进派出所警务改革；进一步强化便民警务站社区警务职能，推行社区网格化、警务社会化，充分整合社区各类资源，借助社区组织力量和信息系统开展公安基础工作，把治安防范与社区网格化管理进行有效对接，在治安巡控、接警处警、交通管理、受理求助、辖区动态管理、法制宣传、备勤处突等7个方面作出了突出成绩，开展了法制宣传230余次、帮助群众4500余次、化解邻里纠纷6000余次，提升了人口管理和服务群众水平，促进了社区平安和谐。

【交通管理】交通管理涉及群众切身利益，直接关系群众生命财产安全。截止2012年底，山南机动车保有量18801辆，机动车驾驶员27809名，公路里程4301.019公里，山南交警以“服务保障民生、促进警民和谐、提升交警形象”为主线，以“服务经济建设、方便办事群众”为己任，不断创新服务理念，探索服务措施、拓宽服务渠道，在学校师生放假返校、春运高峰、旅游旺季等重点时段，在路面积雪、泥石流封路等自然灾害期间，山南交警“舍小家、顾大家”，主动放弃节假日，高效管理交通，全力保障辖区道路交通安全。

【网上斗争】随着近年来山南地区信息化快速发展，互联网、智能手机等现代化通讯工具的普及，2012年已有三家通讯运营商在山南地区开展联网接入业务，目前全地区共有网吧28家，宾馆、酒吧、咖啡厅等非盈利性上网场所11家，网站11个，网民约11万人，面对网络犯罪的新形势、新挑战，网安、技侦等科技信息化部门，立足本职工作，创新虚拟社会管理模式、保障网络安全，及时搜集掌握各种了违法线索，妥善处理各种违法信息，先后破获了一批利用QQ空间、QQ群、腾讯微博等网络聊天工具散布虚假信息的网络案件，成功侦破了山南地区首例网络煽动分裂国家案，删除了发布黄赌毒、贩卖枪支、办理假证假牌等有害信息34521条、编报信息2098期。

【信访化解】地县两级公安机关深入开展重点信访案件专项治理工作，严格落实领导“大接访”包案制度。一是制定了《山南地区公安机关接访日程安排表》，明确了每月20日为处长接访日，建立健全来访记录台账、来电记录台账、来信来访情况转办单、接访日工作台帐、接访日重要案件包案工作等台帐；二是在公安处专门设置办公室作为群众来信来访接待室，并摆放接待桌牌，标明接访处领导职务，同时将各种信访、接访制度上墙，用《公示栏》的形式公示领导接访日，对于疑难信访案件，处领导亲自过问，一对一进行调处解决；三是组织民警深入城乡社区、单位内部、群众家庭，开展“拉网式”矛盾纠纷大排查、大化解活动，并切实加强对信访老户、缠访闹访人员的教育管控，实现一对一的教育管控措施。共走访群众7万余人，排查调处各类矛盾纠纷，排查化解矛盾纠纷894个，成功化解多年信访积案3起，开展评议活动240余次。

【边境防控】出入境管理部门严格审批、管理出入境证照，加强外国人管理，加大对出国（境）公民的回访和对护照收缴、教育力度。统计掌握临时来我地区境外人员5656人次，办理外国人旅行证544个3190人，受理公民因私出境申请17人，审核批准12人，待批5人；地县两级边防部队及边境四县公安局深入开展爱民固边战略和打击偷越国（边）境专项行动，不断强化通外山口、通道、便道的设卡、巡逻、驻哨、堵截和封控工作，坚决将非法入境人员堵在国门之外，破获了2起偷越国（边）境案件，抓获偷渡人员7名，确保了边防巩固、边境安宁。

【消防工作】消防部门深入开展“清剿火患”战役和“打非治违”专项整治行动，检查单位13113家，发现火灾隐患15455处，整改15689处（部分隐患为2011发现），下发《责令改正通知书》6956份，行政处罚446起，临时查封单位148家，责令“三停”单位148家，罚款811600元，拘留35人。全年共发生火灾事故5起，无人员伤亡。

山南地区司法行政工作

【普法依法治理和法制宣传教育工作】为全面展示我地区法制宣传教育工作所取得的成绩和在法制宣传教育工作中打造出我地区的特色亮点，地区司法处、普法办一是投资15万元在省道101线横跨公路新建了一块大型法制宣传公益性广告牌。二是为积极动员全民参加到“六五”普法宣传教育活动中，投资3.84万元资金开发制作了12万只印有普法标语的“普法纸杯”，并免费分发到地（中）直各相关部门及十二县。三是为进一步强化普法效果，投资3.5万元资金，在山南地区湖北剧院前的广场和地区电信大楼对面休闲区建立了公益性法制宣传长廊。四是向学校、寺庙、驻村工作队发放《法律进乡村》、《法律进学校》、《法律进寺庙》、《农牧民法律知识读本》四种藏、汉文自编书籍1.9万本。五是投资9.6万元制作了5000份。

【基层人民调解工作】为积极构建“大调解”格局，在我处的指导和协调下，相继在人口聚集地区、企事业单位建立了调解组织，形成了多层次、全方位、立体化的调解组织网络，目前全地区共建立各级人民调解组织811个。其中，县人民调解中心12个，乡（镇）人民调解中心82个，村（居）人民调解委员会554个，地、县企事业单位调委会114个，专业性、行业性调解委员会10个（其中，措美县有3个，扎囊县7个），其他调委会39个。地、县、乡（镇）、村的四级调解组织网络，已全部建成。

【安置帮教工作】目前我地区共有帮教组织95个，其中地区级1个，县级12个，乡镇级82个，专职帮教人员58人。为了更好的落实好刑释解教安置帮教工作，一是建立健全了地、县两级安置帮教领导小组，明确了领导小组办公室和成员单位的工作职责，落实了地、县、乡（镇）、村四级帮教机制。并通过采取半年、年终回访，各高危敏感节点集中回访、不定时电话回访和谈心交心等活动，加强了对释解教人员的思想转化教育和法律宣讲工作，对其思想动态做到了全时掌握，实现了对刑释解教人员的动态管理和常态管理。二是制作了《山南地区刑释（劳教）解教人员回执单》，进一步强化了回归人员的管控措施，形成了区、地、县三级的无缝衔接。三是2012年，从自治区、地区看守所共释放23名刑释解教和解除劳教人员，目前已全部建立人员档案，并落实了帮教措施。四是在各级帮教组织和相关部门的共同积极努力下，目前全地区186名刑释解教人员中，地、县、乡三级政府为31名困难户发放了一次性救济金，有22人纳入了低保，原单位安置及介绍工作5人，政府购买公益性岗位5人，安排就业技能培训12人；自行创业的有4人。

【律师工作】一是投入资金9.6万元为地区法律援助中心、乃东县法律援助中心、扎囊县法律援助中心配备了接待大厅办公设备。二是针对加查县国家级大型项目“藏木电站”、“朗加公路”等工程的开工，加之盛产虫草、贝母等珍贵药材，外来人员增多，各类纠纷急剧上升，法律专业人员少的实际情况，去年积极为加查县从湖北省宜昌市申请了一名“1+1”法律援助律师。三是为开展好我地区法律援助工作，拓展服务渠道，使更多的农牧民群众能够获得方便快捷的法律服务，开通了“12348”法律服务热线。四是为了进一步拓展司法行政业务工作，更好地开展法制宣传、法律服务等工作，在地区看守所设立了司法处派驻工作站。五是为了进一步拓展法律援助工作，积极加强与地区工会办事处的沟通协调，建立了长效工作机制，下步计划在地区工会办事处设立法律援助工作站。六是为了充分调动我地区法律援助律师和法律援助工作者的工作积极性，处机关按照刑事案件100元/件；民事案件150元/件的标准进行了办案补帖。

【公证工作】为了加强审查，避免出现各种假赠与和继承纠纷，减少社会矛盾和诉讼，结合乃东县住建局在办理日常房屋产权证工作中，急需办理房屋赠与、继承类公证业务的迫切需求，增加了赠与、继承类公证业务的办理工作。据统计，2012年共办理公证265件，其中经济29件，民事236件，涉及标的约420万元，代写法律文书132份，接待当事人296余人次，电话咨询186余人（次）。

山南地区发展和改革工作

【年度计划】全地区实现生产总值73.07亿元，同比增长12%（按可比价计算，下同），其中，第一产业实现增加值4.76亿元，增长3.8%；第二产业实现增加值33.66亿元，增长15.3%；第三产业实现实现值34.65亿元，增长9.9%；人均生产总值达到20837元，增长13.5%，；三次产业比重由2011年的6.9:46.3:46.8调整为6.5:46.1:47.4。

【项目建设成效明显】行署与各县、各部门签订责任书的“十二五”规划项目前期工作基本完成。“十二五”规划项目已开工102项，累计完成投资119.42亿元，除去自治区直管项目26项，开工率达到84%。2012年开复工项目1109个、完成投资86.72亿元，其中国家投资、招商引资、援藏投资、民间投资同比分别增长43.7%、15.6%、31.4%、8.1%，特别是国家投资完成比年初计划增加10.42亿元，实现了超过10亿元的重大增长。寺管会及寺庙派出所业务用房、警务便民服

务站全部建成投入使用。寺庙“九有”中“八有”已完成，通水工程已完成98%。藏木电站、贡嘎机场改扩建、加桑公路等一批支撑经济社会快速发展的重点项目顺利推进。开展基本建设项目和援藏项目专项交叉检查和稽察，确保了项目进度和质量，项目管理水平不断增强。

【产业结构更加优化】一、二、三产业增加值分别完成4.76亿元、33.66亿元、34.65亿元，同比分别增长3.8%、15.3%、9.9%，三次产业结构比例调整为 6.5:46.1:47.4。认真贯彻落实“产业、品牌、商标”三推进工作会议精神，全年共安排农牧林水项目75个，完成投资12.4亿元，重点实施了青稞生产基地、特色蔬菜生产、禽类养殖基地等项目建设，有效推进了农牧特色产业发展。协调召开能源工作会议和矿产开发工作会议，能源、矿产、建筑建材等优势产业快速发展，桑日4座光伏电站运营投产，雅拉香布矿泉水建成投产，海思科药业成功上市，江南矿业上市准备工作有序推进。全年预计完成工业总产值和规模以上工业增加值14.61亿元、8.4亿元，分别增长13%、17.2%，总量及增速均位居全区第二。大力支持以旅游业为主的第三产业发展，投入7405万元实施地区雅砻河谷旅游景区、雅砻文化大观源、山南旅游产品研发基地等17个旅游项目，全年接待游客139万人次、创收4.7亿元，分别增长21%、30.6%。非公经济加快发展，私营企业增长40%以上。

【社会事业全面发展】共实施社会事业项目323个，完成投资4.93亿元。地区特殊教育学校、人民医院和藏医院医技综合楼、流浪儿童救助保护中心等一批重点项目顺利实施，地区体育场投入使用，五保户、孤儿集中供养和残疾人救助工作有序推进。“十大民心工程”稳步实施。扎实落实各项强农惠农资金，积极引导农牧民群众参与项目建设，项目投资总量15%交由农牧民实施举措突破5亿元，预计全年农牧民人均纯收入实现6056元，同比增加873元，增收力度不断加大。

【改革开放不断深化】医药卫生体制改革进一步深化，寺庙僧尼等纳入基本医疗保险范围。草场承包工作全面完成，草原生态保护补助奖励机制工作通过验收。农村宅基地确权登记工作顺利开展。招商引资优惠政策全面落实，雅砻文化节成功举办，投资洽谈会引进项目28个，全年预计完成招商引资10.2亿元，同比增长15.6%。受援工作扎实推进，全年实施援藏项目107个，完成投资3.72亿元，同比增长31.4%，第六（四）批援藏工作三年任务两年基本完成。

【参谋能力有效提升】积极协调服务经济运行发展，加强经济运行监测预警，召开一、二、三季度经济运行分析会。强化重大问题研究，立足江北土地综合开发、边境地区较少民族发展、拉林铁路沿线经济发展、小水电站合理开发、生态屏障建设和生态搬迁等方面开展调查研究，提出对策建议，推动地区经济社会发展。充分发挥“六个模范区”建设领导小组办公室作用，制定建设工作方案和细化方案，明确年度工作任务和重大举措，“六个模范区”建设工作扎实推进。做好物价稳控工作，开展了教育、旅游、房地产等方面的价格检查和主要农产品价格变化、建筑建材市场地材价格等专题调研，形成了《山南地区关于治理建筑领域建材开采、销售、运输不良行为意见和建议》，提出了牦牛肉价格调控意见和建议，全年居民消费价格总水平低于全区平均水平。

山南地区粮食工作

【统筹全局，确保粮食流通安全】一是组织召开地区粮食流通工作会议，全面安排部署2012年粮食流通工作。经行署批准，地区粮食局组织召开了地区粮食流通工作会议，会议认真学习传达了全区粮食流通工作会议精神，在总结2011年工作的基础上，对地区2012年粮食流通工作作了全面安排部署，明确了全年工作目标和任务，宏观上为做好全年粮食流通工作奠定了基础。二是进一步细化分解任务，提出指导性工作计划。与地区各国有粮食企业及局属地直粮食企事业单位签订《2012年粮食流通工作目标管理责任书》、《社会治安综合治理责任书》、《党风廉政建设责任书》，明确了业务指导性目标和责任主体及责任内容，为全年工作顺利开展提供了制度保障。三是加强社会粮食供需平衡调查，全面掌握地区粮食流通状况。第一季度，抽调精兵强将开展了社会粮食供需平衡调查工作，采取由点及面的办法，向各县粮食部门发放调查表，并深入农户家中调研，充分掌握粮食供需基本资料，在科学分析的基础上，基本摸清地区粮食流通状况，为做好全年粮食流通工作提供了决策依据。

【多措并举，全面保证粮食供应安全】一是切实加强粮食市场监测，每周采集粮食市场价格，认真分析价格动态，适时选择供应时机和确定供应策略；二是切实组织、指导、督促国有粮食企业采购适销对路的粮油品种投放市场供应，满足群众消费需求；三是协助地区国有粮食企业巩固相互之间的产销合作关系，积极争取与区外粮食企业建立产销合作关系，确保供应粮源充足；四是重点保障节假日期间的粮食市场供应，督促企业延长门市销售时间，增设销售网点，并采取送粮下乡、送货上门等方式，保证城乡粮食市场供应。全年国有粮食企业共计销售供应粮食400万公斤，监控范围内的14家非国有粮食经营者共计销售供应粮食1300万公斤，地区粮食市场没有出现供应脱销断档现象。

【突出重点，确保宏观调控粮源充足】我局把抓好粮食收购工作作为充实宏观调控粮源的重点。一是切实加强组织领导，及时行文安排粮食收购工作，定期收集粮食收购信息，在维稳任务较重的情况下，仍然多次深入产粮大县现场检查指导收购工作。二是在坚持传统有效方法的基础上，借助乡镇政府在动员、组织、宣传方面的优势，集中组织收购,更多地掌握宏观调控粮源特别是青稞粮源；三是严格落实粮食收购纪律，严禁压级压价，遵循市场定价原则，小麦收购价保持在2.60元／公斤左右，青稞收购价保持在3.40元／公斤左右，杜绝了伤农、损农事件发生。预计全年收购农民余粮260万公斤，增加种粮农民现金收入674万元。

【强化管理，确保自治区储备粮安全】该局始终把自治区储备粮管理工作放在重要位置，不断强化管理，确保自治区储备粮安全。一是多次召开专题会议，安排部署自治区储备粮管理工作，与代储库点签订管理责任书，做到自治区储备粮管理有安排、有责任、有落实；二是建立了自治区储备粮由管理人员日查、代储单位自查、地区粮食局巡查的三级检查机制。地区粮食局全年进行粮情、账务、制度落实3次专项检查，配合自治区粮食局综合检查一次，逢有到代储库点办事时机，必定对自治区储备粮管理情况进行抽查，以检查促进了代储库点管理水平的提高；三、组织财务人员对四个代储库2011—2012年度财务费用情况进行专项检查；四是强化日常管理，代储库点实行月查与周查相结合的方式，全面落实制度，加强粮情监测，搞好设施维护，强化管理措施落实，确保了自治区储备粮数量真实、质量完好、储存安全。

【统送结合，推进农户科学储粮】一方面，扎实做好自治区粮食局安排的4000户农户、6800个储粮桶仓的基本数据统计工作，为推广科学储粮装具提供基本参数和决策依据；另一方面，积极开展了“送科技下乡”活动，分别在乃东县个别村和强基惠民活动驻村点进行储粮技术现场集中指导，一定程度上提高了农户的储粮水平，减少了储粮损失，保障了农户储粮安全。

【坚持不懈，努力实现建立地区储备粮】局领导多次到行署汇报工作，积极协调建立地区储备粮。按照行署分管领导的要求，再此对地区储备粮的规模进行了测算，并起草了建立地区储备粮的实施方案，与地区财政、发改、农行等部门进行了初步沟通论证，基本完成了建立地区储备粮的基础性工作，为保障地区粮食安全奠定了基础。

山南地区
经济合作工作

【年度综述】2012年全年招商引资到位资金14.4亿元，其中固定资产投资完成10.2亿元，同比增长15%，流动资金4.29亿元；招商企业上缴税收4亿元，同比增长16%。2012年在建招商引资企业和项目共81个，其中新建项目和企业65个，续建项目和企业16个。重点项目有康达大厦、海思科药业综合大楼、沃德贡杰食品有限公司等，涉及新能源、矿产、农牧产品加工等行业。

【完善工作制度，改善投资环境】为进一步调动边境高寒县招商引资工作积极性和主动性，将优惠政策向边境高寒县倾斜，以促进边境高寒县经济社会发展，改善边境高寒县农牧民群众生产生活条件。在多次调研和借鉴区内外成功经验的基础上，制定出台了《山南地区县域协同招商引资利益共享暂行办法》，充分征求各县和相关部门的意见和建议，修改完善后，通过行署专题会议研究并下发执行。

【搞好项目规划，打好招商基础】招商引资项目前期工作是否到位，直接影响招商引资项目质量和效果。在原有招商引资项目册的基础上，拿出60多万元邀请中国电子商务平台公司对筛选出的10个市场前景广阔、可直接对外推介和招商的项目进行策划、包装。

【利用展会平台，积极宣传推介】本着“优势互补，合作共赢”的原则，采取“请进来、走出去”的方式，加强对外交流与合作，实现资源共享，让区内外了解山南，让客商走进山南。今年，组团参加了在湖南长沙举办的第七届中博会，在长沙国际会展中心设立西藏山南展厅，共展出藏药材、民族手工、农牧产品40余种，发放各类旅游、招商宣传资料1200余份。并成功举办了“圣地雅砻□魅力山南”旅游暨招商推介会，国内200余家企业参会，共发放宣传资料800余册，会后与10余家企业进行洽谈对接。湖南电视台、湖南经视台、山南电视台和湖南日报等多家媒体对此次推介活动进行宣传报道，进一步提升了山南的知名度。

2012年8月中旬，借助中国西藏雅砻文化节的平台，在山南地区举办了“携手□双赢”经贸洽谈会，洽谈成功28个项目，签约金额25.1亿元。项目涉及农牧、藏医藏药、民族手工、新能源开发等行业。签约项目中正式协议22个，签约金额11.1亿元，意向协议6个，协议资金14亿元；涉及实体项目12个，资金额达23.33亿元；与长治市南烨集团、湖北大汉光武酒业、湖北追日电器等70余家企业建立了常态联系。

【做好协调服务，加快项目进度】积极做好在建招商引资项目施工过程中协调服务，确保这些项目尽快建成投入使用，产生效益。香港泽华集团投资15亿元开发建设的雅砻文化大观源项目，初步完成了项目规划设计，协助办理征地有关手续；以华新水泥为中心投资1亿元产业延伸项目，完成投资3500万元；投资1.5亿元的康达商贸大厦现已完成投资9750万元；投资4300万元的海思科药业综合办公楼项目，年内将完成主体工程建设，投资达3800万元。

【狠抓基地建设，构建招商平台】基地建设和园区建设是对外经济合作、招商引资的重要依托。我们根据地区确定的“把山南打造成为藏中特色优势产业基地、能源接续基地、藏中现代服务业基地、藏源文化旅游基地，使山南成为藏中核心经济区”（四基地一核心）的发展定位，紧紧围绕“四大基地”建设发展目标，有针对性地开展对外经济合作、招商引资。目前，以桑日光伏基地建设为中心的能源接续基地、以雅拉香布10万吨矿

泉水为中心的藏中特色优势产业基地、以空港物流中心建设为中心的现代服务业基地、以雅砻文化大观源建设为中心的藏源旅游基地和山南地区工业园区已初见雏形，这些基地和园区已经成为山南地区对外经济合作、招商引资的主阵地，为招商引资工作搭建了平台。

山南地区商务工作

【狠抓“家电家具下乡”工作】 2012年，我地区销售家电家具下乡产品4.2878万台（件），销售总额达3902.32万元，农牧民享受补贴近885.76万元。自2009年家电家具下乡政策实施以来，累计销售家电家具下乡产品近20万台（件），销售总额达1.3亿元，农牧民享受补贴近3000万元。直接拉动农牧区各类消费近3亿元，户均消费1000多元。

【狠抓农牧区流通体系的构建】 以“万村千乡市场工程”为抓手，不断加大农家店的建设力度。2012年，新建6个县级配送中心、5个乡镇商贸中心和132家村级农家店。从2006年开始实施“万村千乡市场工程”以来，发展农家店承办企业3家，已累计新建和改造标准化农家店878家，营业面积2.5万平方米，配送中心12个，年销售总额超1.17亿元，带动社会投资2.08亿元，转移农牧区富余劳动力近1000名。建设了贡嘎县农产品冷藏库、改造了西区农贸市场和天马商贸公司储备库、建设了浪卡子等四县农畜产品交易市场。

【狠抓城镇商业便民化服务体系建设】 不断完善城镇社区便民商贸服务设施，积极引导便利店、饮食店、超市、美容美发业、洗染业、维修回收等业态入驻社区。积极推进家政服务网络中心建设，争取商务部家政服务试点项目，成立3家家政服务公司，扶持家政服务网络平台和网点建设，5月份验收后将投入运营。地区行署高度重视民生工作，张专员亲自抓、分管专员具体抓“菜篮子”工程，扶持蔬菜大棚户开设蔬菜直销试点店，行署给予每户2万元的补贴，并泽当人口密集区增设2个早晚菜市，方便居民消费。积极实施“农超对接”工程，去年10月，引进红艳超市入驻山南，并将红艳、惠好超市作为“农超对接”试点企业与乃东县农牧民蔬菜合作组织进行产销衔接，让蔬菜直接由田间到超市，减少了中间环节，降低了消费成本，有效控制了菜价。

【狠抓农牧区消费平台的搭建工作】 地县物交会、文化节、虫草节、核桃节、边贸会等各类会展年成交总额超过3亿元。培育消费热点，配合农牧民安居工程建设，扩大和带动建材、家具、家电、家纺、家饰等商品消费。宣传引导居民参与网上购物等电子商务，促进多元化消费，据不完全统计，仅去年“双十一”电子商务消费交易额达100多万元。

【狠抓“碘盐推广”工作】 我们率先提出了碘盐配送责任制，建立了碘盐推广工作奖惩机制，编制了碘盐推广发展规划，狠抓碘盐宣传力度，严格落实碘盐价格财政补贴，加快碘盐营销配送网络建设步伐，由于乡村缺乏推广工作经费，连续六年实行“以奖代补”制度，行署每年给完成推广任务的县1万元奖励。在全区率先建立起以地区所在地为中心，各县批零市场为支撑点，村级农家店为基础的碘盐推广网络体系，有效地确保了各族群众食用到合格放心的碘盐。

【狠抓市场整顿工作】 2009年，我地区机构改革后，成立了市场秩序科和商务综合行政执法支队，落实了机构、编制，配备了人员。积极开展商业领域诚信经营活动，多次联合地区相关部门开展了“商务领域清剿火患”、生猪屠宰、酒类流通、成品油市场、食盐市场等专项整治行动，有效维护了市场秩序。

【积极抓好外贸工作，不断提高对外开放水平】 一是继续加大向进出口企业宣传《对外贸易法》、《中外合资经营法》等法律法规和外经贸出口奖励办法的力度，使企业既合法经营又实现利益最大化。二是培育市场主体，加强市场开拓。在巩固传统市场的同时，加快开拓前景广阔的新兴市场。三是加强服务，改善外贸环境。认真贯彻落实《西藏自治区关于保持对外贸易稳定增长的意见》，帮助华新水泥公司申请中小企业国际市场开拓资金，为企业创造良好的外贸经营环境。四是深入实施“兴边富民”战略，加快边贸市场建设力度，在确保边境安全的情况下，采取“定人、定时、定场所”的三定方式，促进边民互市贸易，建设了隆子县扎日乡边贸市场。

山南地区财政工作

【拓宽公共财政覆盖农村范围，加快社会主义新农村建设步伐】 全年共投入涉农资金122526万元，较2011年增长17%。落实资金37763万元，重点支持了农牧民安居工程、民房抗震加固、农村人居环境综合整治、村级公益事业“一事一议”等项目建设，确保了11777户、3.2万农牧民住上了安全适用的房屋，195个行政村人居环境综合整治工作扎实推进。投入资金1820万元，解决了4.26万农牧民和3900名师生安全饮水问题，较全区提前一年实现农村安全饮水全覆盖。发放“金太阳”光伏照明设备4128套，实现了行政村通电率100%的目标。落实政策性补贴资金44320万元，使农牧民人均直接增收1485元；落实资金17394万元，重点支持了农业综合开发土地治理和产业化项目以及小型农田水利项目建设，加大了农机具购置、生产资料补贴力度，促进了农业新品种、新技术、标准化生产的示范推广，全面开展了涉农保险、农牧民人身意外伤害保险和农用机动车辆保险工作。落实资金12743万元，有力保障了创先争优强基惠民活动的全面深入开展；落实资金2549万元，着力加强基层政权建设，全面夯实基层基础，不断改善基层工作条件。

【坚持优先发展教育】 全年教育支出

达到85070万元，较2011年增长17%。完善和制定了高寒边远地区教师生活补助机制和农牧民子女上大学资助办法。将“三包”经费在现有标准基础上提高200元，有力减轻了农牧民子女上学负担，切实改善了中小学生生活条件。

【社会保障和就业水平稳步提高】全年社会保障和就业支出达到28979万元，较2011年降低5%。将“五保户”供养标准由年人均2200元提高到2400元；城镇最低生活保障标准由月人均360元提高到了390元，农村最低生活保障标准由1450元提高到1600元；“三老”人员生活补助标准人均每月提高50元；“三大节日”期间国有企业离退休人员、城市低保对象、城市重点优抚对象的一次性生活补助标准由年人均800元提高到900元；农牧区低保对象、五保供养对象、农村重点优抚对象的一次性生活补助标准由年人均200元提高到300元。

【医疗卫生服务能力显著提升】全年医疗卫生支出达到35650万元，较2011年增长21%。重点实施了国家基本药物制度、农牧民全民免费健康体检、寺庙僧尼免费体检、先心病儿童免费救治、村医培训等工作。农牧民免费医疗补助标准由年人均260元提高到300元。有效地缓解了群众看病难、看病贵的问题，促进了基本公共卫生服务均等化。

【科技、文化事业加快发展】全年，投入科技、文化事业费13693万元，较2011年增长24%。科技事业发展快速，科技普及推广范围逐步扩大。文化事业繁荣发展，支持举办了首届雅砻文化节、加快了雅砻文化大观源、数字有线电视网络传输工程、乡镇文化站、广播电视“户户通”、寺庙“舍舍通”等文化项目建设进度，实现了行政村农家书屋、通电寺庙广播电视全覆盖，促进了文化大发展、大繁荣。

【城镇建设力度不断加大】落实资金133万元，扎实推进泽当镇、各县县城及边境规划修编工作。落实资金8986万元，实施了泽当污水处理厂、10条为民办实事市政道路建设等工程。启动了医疗废物集中处置工作、完善了泽当城镇生活垃圾托管运营等管理机制。推进了桑耶、昌珠等重点小城镇建设。城镇化率提高到29.97%。

【有力保障维稳政法经费投入】全年用于公共安全支出36212万元，较2011年增长54%。重点支持了社会创新管理、政法系统业务经费和装备条件改善等工作。落实专项资金3010万元，在加大巡边、护边补助力度的同时，对边境一、二线乡镇16周岁以上的边民给予了补助。落实资金22062万元、垫资4000万元，加快推进寺庙“九有”工程建设。

【巩固和完善财政管理手段，财政改革深入推进】在巩固和完善已有的改革基础上，不断创新财政管理手段，扎实推进财政管理精细化科学化。2012年全面执行县级财政专户归并管理模式，规范专项资金运行。政府采购力度不断加大，全年共组织采购活动126次，实现采购金额15202万元，节约资金1621万元，节约率达11%；投资评审范围不断扩大，全年评审项目201个，送审资金113363万元，审减资金14663万元，审减率为13%；财政法规制度不断健全，地区财政起草了《山南地区行政事业单位公务用车管理办法》，先后出台了《山南地区本级表彰奖励经费管理办法》、《关于进一步规范地区本级表彰奖励工作的意见》、《山南地区“十大民心工程”专项资金管理办法》、《山南地区旅游宣传促销专项资金管理办法》等一系列资金管理办法，进一步规范了财政资金管理，确保资金发挥应有效益。顺利通过了自治区审计厅对我地区2009年—2011年财政收支决算及其他财政收支执行情况审计。

山南地区审计工作

【基本情况】2012年，山南地区审计局定编44名，其中：行政编制38名，事业编制3名，后勤事业编制3名。局领导职数6名（含副县级总审计师1名）；内设行政机构科级领导职数17名，事业单位科级职数2名。实有在职干部职工37人。内设9个行政机构和1个事业机构，其中经济责任审计处为副县级建制，其余均为正科级建制，分别为：办公室、法规科、财政金融审计科、行政事业审计科、社会保障审计科、固定资产投资审计科、经贸外资审计科、农业与资源环保审计科、经济责任审计处；1个事业机构：审计信息中心，为全额拨款的事业单位。

【审计成果】2012年，山南地区审计局共组织实施审计项目30个，完结21个项目。查出违规资金2406.08万元，上缴地、县两级财政资金508.22万元，应归还原渠道资金3万元，提出审计建议69条，撰写审计信息68篇，被领导批示以及国家审计署、地委、行署和新闻单位采用22篇（次），在维护财政经济秩序，完善宏观调控，促进廉政建设，保障国民经济健康发展等方面充分发挥了审计“免疫系统”功能。

【经济责任审计】重点对地直机关4名党政领导干部的经济责任审计，查出违规资金10.41万元，上缴县国库资金5万元，提出审计建议6条。

【专项资金审计】开展了全地区社保资金、2010年扶贫项目资金及全地区住房公积金专项审计工作。查出违规资金69.06万元，审计决定处理处罚应上缴地区财政国库财政资金28.19万元，上缴地区财政专户资金9.25万元，上缴县国库6.23万元。

【财政审计】完成了对浪卡子县人民政府2011年度县级财政预算执行及其他财政收支情况进行了审计。查出违规资金2172.5万元，上缴地区国库资金7万元，上缴县国库资金450.26万元，调账处理金额43万元，归还原渠道资金2.6万元，继续用于原项目资金1669.7万元。提出审计建议5条。

【固定资产投资审计】完成了地区烈士陵园改扩建工程项目竣工决算审

计、地区体育文化中心体育场竣工决算及资金使用和管理情况审计和中小学校校舍安全工程审计调查。查出违规资金：45.51万元，上缴地区国库资金35.72万元，移送税务处理资金9.79万元。

【行政事业财政财务收支审计】完成了对乃东县泽当镇2010至2011年乡镇财务收支和地区林业局专项资金及财务收支情况进行了审计。

山南地区统计调查工作

【严格执行国家、自治区统计报表制度】认真和搜集整理，做好审核汇总，加强分析评估，按时、高质量地完成了GDP和农牧民人均纯收入下算、农牧民、城乡住户、工业、建筑业、固定资产投资、劳动工资、价格、能源、环境、社会发展、批发零售和住宿餐饮等定期报表，努力确保统计调查信息的及时性、完整性、规范性、准确性和安全性。认真完成了妇女儿童“两纲”、畜禽监测、退耕还林（草）监测、农民工监测、价格监测等调查任务，为促进相关事业的发展提供了科学的决策依据。按期完成了基本名录库的名录修改、变更和注销工作，顺利完成了“企业一套表”名录库相关审核管理工作，积极协助地区发改委顺利完成了《2012年山南地区经济社会发展规划（草案）》的起草工作。

【认真做好统计服务工作】准确把握经济发展走势，强化运行情况实时监测，积极拓展工作和服务领域，全面提高统计服务质量和水平。加强与各部门协调对接，广泛收集整理各类统计资料，圆满完成了《2011年山南地区统计资料手册》的收集、整理、印刷、发布等工作，按时完成了《2011年山南统计年鉴》的编制说明、数据收集和表格印发工作。

【深入开展调查研究，提升统计咨询服务水平】强化统计分析职能，围绕“提升一产、壮大二产、做强三产”和“强工重镇、带动两翼、东西发展、创建基地”战略，密切跟踪经济运行变化，加强对产业结构、产业升级、产业转型和推进经济社会跨越式发展等重大问题的研究，不断提高对经济形势研究和进度分析，及时推出一批针对性强、参考价值高的统计分析报告，切实为地委、行署和有关部门提供优质的统计咨询服务。

【强化基础工作，提升数据质量】加强调查网点建设，配强配足调查人员，全面落实调查户和记账员经济待遇，夯实抽样调查工作力量。有序推进统计方法制度改革，完善现代统计手段，顺利实施了CPI手持采集系统管理培训和业务操作，圆满实现了CPI手持数据采集工作的程序化、常态化、规范化。统一指标名称、分类、口径，明确抽样方法，确定调查样本，深入调查摸底，全面掌握居民住宅、住户、劳动力、耐用消费品拥有等基本信息，积极为深入推进城乡住户调查一体化改革奠定基础，创造条件。首次开展并顺利实施了全地区PMI指数直报培训和上报工作。

【认真开展联网直报，扎实推进企业一套表工作】一是全面加强领导，严格落实责任。成立企业一套表工作领导小组和工作机构，扎实构建企业一套表全程全员岗位责任制，明确责任科室、责任岗位、责任人员，强化了责任追究。二是不断强化部门配合和专业联动。坚持政府推动，着力健全与发改、工信、住建、商务、财政、编制、教育、民政、税务、工商等部门的工作配合，实现信息共享和工作互动。熟悉掌握在同一平面上审核、处理、备份数据的工作流程，严格按照“一套表”的标准、指标、范围、表式、计算方法和统计编码开展工作，按要求完成了1–10月份的企业“一套表”数据上报。三是扎实抓好名录库和项目建设。按照国家统计方法制度改革“先进库、再有数”和“要进库、走程序”的硬性要求，进一步强化协作配合，全面摸清底子，认真分析原因，主动协调沟通，认真做好名录库的更新与维护，完成了对全地区所有“三上”企业和房地产企业的联合排查、清理和对接工作，确保了能进库德企业及时进库，实现全面统计。四是加强审核把关，确保数据质量到位。严格遵守、执行“不得在名录库上弄虚作假、不得通过内网上报（代报）、不得擅自修改数据、不得人为干扰数据”规定，严肃统计纪律，建立数据质量管理责任制，加强对企业联网直报数据的审核检查工作，并依法要求企业纠正出错的数据，有效确保了各企业联网直报数据的质量。

山南地区工商行政管理工作

【流通环节食品安全监管成效明显】坚持“抓住重点、消除盲点、彰显亮点”的思路，强化监管工作责任心，完善食品安全信用分类监管制度，加强食品抽查检测，推进“食品安全示范店”向牧区、社区、校区、景区延伸。通过实行全方位、全领域、全过程监管，严防发生重大食品安全事故。今年以来共检查食品经营户1.12万户（次），查获假冒伪劣食品及添加剂4122公斤，查处食品违法案件141件，案值8万余元。快速检测食品925批次、送检103批次，销毁“溴酸盐”超标雅拉香布冰川矿泉水7090件。创建食品安全示范店139家，核发食品流通许可证633户。

【竞争执法工作不断加强】扎实开展反垄断执法工作，狠抓治理商业贿赂、打击“傍名牌”、扫黄打非等专项行动，共查处公平交易案件71件，案值67万元。开展“扫黄打非”专项行动，查缴盗版淫秽光盘及反动出版物579盘（本），禁止传播歌曲100余首，卫星地面接收设施60台。

【商标广告监管工作有效开展】开展保护“茅台”、“五粮液”、“脑白金”、“百事可乐”等商标专用权专项行动，共查处商标违法案件66件；召开地区广告成员单位联席会议，开展虚假违法广告专项整治，审查登记户外广告95家，查处广告违法案件

17起，清理擅自发布广告11条；开展社会用字专项治理工作，责令整改招牌、广告297条（个）。

【各类专项市场整治全面加强】开展旅游市场专项整治，查处旅游违法案件31件。加强虫草采集和交易市场监管，配合发放采集证1.9万本、交易证685本，受理解决投诉40起。查缴不合格塑料袋和违禁餐盒2万个，查处不合格香烟398条。同时深入开展建筑建材、汽车配件、碘盐等市场专项整治行动，查处2家销售假冒“罗普斯金”牌铝合金案，有力维护了市场秩序。

【社会管理综合治理工作水平不断提升】调整充实了山南地区打击传销和禁止参与传销领导小组，召开联席会议，制定了《山南地区打击传销七项机制》，创建无传销“社区、村庄、校园”12个，联合公安部门查处了一起网络传销案件，综合运用打击、防范、预防、宣传等手段，动态监控，有效遏制传销向农牧区、学校蔓延渗透趋势，共设立宣传点18个，发放宣传材料万余份，悬挂横幅38条，发放短信14.5万户（次）。查处取缔无照经营案件153件。加大“黑网吧”打击力度，积极参与打黑除恶专项斗争和禁毒防艾、反假币等工作。认真抓好“两新组织”党建工作及校园周边环境整治、安置帮教、预防青少年犯罪等社会管理综合治理专项工作。

【消费维权体系不断完善】推进“一会两站”建设，继续把“12315”向农牧区、社区、商场、校园、超市、市场、企业、景区延伸。截止目前，共建立12315联络站（点）68个，制定了12315投诉举报受理、分流制度，整合县局（所）和消费维权服务站维权网络，不断提高申诉举报调处能力。一年来共受理消费者申诉举报546件，为消费者挽回经济损失28.9万元。

山南地区质量技术监督工作

【质量振兴取得大进展】一是质量兴地活动有大作为。行署统领，地区质监局牵头，4月份启动了山南地区质量兴地活动。7月份专员办公会研究通过了《山南地区质量兴地活动实施方案》，明确质监局、住建局、旅游局和环保局分别负责产品质量、工程质量、服务质量和环境质量提升工作。二是质量兴县活动有新进展。乃东县和桑日县质量兴县活动在两县政府的高度重视下有序推进。加查县和琼结县筹备2013年启动质量兴县活动。三是质量兴企活动有新成效。举办了“质量兴企、品牌强地”质企共建活动。大力实施“一企一策”和“一品一策”，解决企业实际问题280项，提供建议和对策措施110条。雅龙饲料有限责任公司等5家企业通过ISO9001质量管理体系认证。华新水泥（西藏）有限公司通过中国环境标志产品认证和中国环境低碳产品认证，获得全国优秀质量管理小组称号和“中联杯”全国水泥化学分析大对比全优奖。雅拉香布实业有限公司获得生产许可证并正式生产。洛扎粉丝质量稳定，产品畅销。

【标准化和品牌战略有大突破】一是狠抓重点推一产。加强标准支撑，大力发展现代农牧业。制定并积极实施标准化种植和养殖技术规范，推动示范区标准化生产；在自身投入120万元基础上，争取配套投入1000余万元，加强示范区规模化生产。乃东藏鸡示范区成效显著，示范户从最初2000户增至目前9000户，创造效益2000余万元。加强标准运用，努力培育藏鸡（藏鸡蛋）、红土豆和黑白青稞等特色优势农畜产品品牌。“雅砻源”藏鸡蛋和昌果红土豆获得2012年中国中部（湖南）国际农博会金奖。二是积极推进工业强地战略。大力创建地区级、自治区级和国家级“标准化良好行为”企业。围绕水泥、矿泉水、粉丝等重点产品，加强全过程质量安全监管，建立和完善质量管理体系，强化产品宣传和推广，积极争创西藏名牌产品。三是实打实推动服务业发展。泽当饭店继拉萨饭店后启动服务标准化试点，填补了地区服务业标准化空白。围绕地区旅游开发规划和建设民族手工业园规划，积极制定氆氇等民族手工业生产技术规范和产品标准。氆氇手工编织技术规范已发布，扎囊氆氇地理标志保护产品通过了国家审查。

【两大安全工作有保障】扎实推进食品和特种设备两大安全工作，坚守了零事故底线。加强从业人员培训，免费培训食品从业人员150人次，委托相关机构培训特种设备作业人员100余人次。加强监督检查。食品方面，出动执法人员500多人次，巡查全覆盖，发现并整改问题60项。地沟油窝点案引起了质检总局、区质监局和地区食安委重视（质监局联合公安处，捣毁了1个地沟油窝点，销毁了15万元的生产设备和地沟油）。特种设备方面，出动监察员300余人次，实现了监察全覆盖。取缔非法生产设备4台，封停违法使用设备26台（部）。

【质量安全风险排查整治有成效】2012年年初，启动质量安全风险排查整治工作。活动启动来，“一组长三支队”领导小组加强组织领导，切实推进风险排查整治工作。一是加强风险定级，实施分类监管。二是加强风险研判，及时遏制隐患。聘请了18名专家，组建了山南地区质量安全风险研判委员会。每月集中对企业存在的问题“会诊”并提出对策措施，制定“一企一策”，督促企业加强质量安全风险防范，有效确保了安全。三是盯紧基层，不留盲区。不仅委托联络员协助监管，而且启动了“十赴基层保安全行动”。专项工作组赴人员、企业、设备较多的十个基层区域，解决了实际问题100多项。

山南地区食品药品监管工作

【严格准入条件，规范经营管理】一是统一办事流程。依据《食品安全法》、《餐饮服务许可管理办法》和相关法律法规，制定了全地区《餐饮服务许可证》核发、变更、延续、补发工作程序和操作流程图，对许可的申请、受理、审核、决定以及变更、延续、补发、注销等工作流程作出了详细规定，将许可依据、许可条件、办理程序、申报资料、承诺时限、咨询电话等信息在科室内公示，使申请人对《餐饮服务许可证》的发放过程一目了然，使之做到家喻户晓，人人知晓；二是统一申请材料。针对我地区餐饮服务单位的具体情况，我们组织人员对申请书及相关材料的文本格式作出了统一规定，并统一制作申请书及申请书的填写范本，供行政相对人填写申请资料时参考；三是统一管理制度。为进一步加强餐饮服务环节食品安全监督管理，规范餐饮服务单位经营行为，我局组织编制了藏汉两种餐饮服务单位食品安全管理制度汇编和承诺书，要求餐饮服务单位把食品安全管理系列制度和承诺书上墙公示，同时对餐饮服务单位建立健全内部食品安全管理制度提出指导性意见，督促餐饮业依法规范内部管理；四是统一各种记录档案。为进一步规范餐饮服务单位的各种记录档案资料，增强餐饮业主的责任意识和自律意识，规范餐饮服务经营行为，我局在结合日常监管中收集整理的好的做法，统一制定了餐饮服务单位的食品采购与进货验收台账、食品添加剂专用台账、餐厨废弃物管理登记本等6种登记本，便于规范和管理；五是统一档案管理。在认真组织学习《餐饮服务许可管理办法》的基础上，我们推行了餐饮服务许可信息化管理系统。建立健全了餐饮服务许可、健康体检、培训管理和日常监管等信息化管理系统，提升许可、监管等信息化管理水平，动态掌握全地区许可、日常监管状况。并制定统一的电子档案和纸质档案，确保餐饮服务单位档案规范有序。

【切实加强药品生产企业监管】进一步抓好源头监管，做好新版GMP的贯彻实施。我局先后召开了两次专题座谈会研究推进GMP改造进展情况，以确保我地区两家药品生产企业顺利通过GMP认证。8月份根据〈西藏自治区《医疗机构制剂配制质量管理规范》检查验收评分细则（试行）〉对辖区内药品生产企业首次从人员与机构、厂房与设施、设备、物料、卫生、文件、配制管理、质量管理、使用管理九项内容进行了全面细致的检查验收，使我局药品生产企业检查验收工作又向前迈进的一大步。

【加强药品经营企业规范化管理】严格药品经营许可证和GSP认证，今年新开办2家零售药店，2家顺利通过换证，1家药店变更地址，还有1家药店通过了地区首次GSP认证，办结率和群众满意率100%。

【加强药品经营企业诚信体系建设】实施零售药店药品安全信用分类管理，在完善零售药店各项纸质、档案的基础工作上，及时向零售药店药品安全信用管理系统输录了药店的GSP认证信息。目前全地区共有A级药店1家；B级药店3家；C级药店1家。

【加强药品日常监管的同时开展各项药品安全专项】在巩固药品安全整治工作成果上，深入开展了铬超标胶囊剂药品清查和销毁；中药材专项整治；利用互联网发布虚假药品信息非法销售假药违法行为和通过邮寄渠道销假药；鱼油保健食品；螺旋藻片；零售药店销售湿润灼伤膏等专项整治行动和重大活动、节前专项检查,制定了《专项行动方案》，及时成立领导小组，在企业自查自纠的基础上，开展全面检查，有效整顿和规范了我地区药械市场秩序，药品安全专项整治工作成效显著。

【加大药品抽样力度】为提高药品抽样阳性率，我们充分利用邮寄或发函核实、监督性抽样、网上打假信息，大力查处假劣药械。我局今年共完成药品抽样7个批次，抽样单位有6家收到报告7批，不合格2批次，为防止假劣药品流入市场，发挥了积极的作用。

【建立食品药品监管技术支撑体系】投资108万元的地区食品药品检验所净化装修工程，现已进入收尾阶段，力争在年底前投入试运行，开展食品、药品的检验检测工作。同时为了确保我地区重大活动餐饮服务食品安全，我们从安徽省食品药品监督管理局争取到了价值15万余元的餐饮服务。

山南地区
安全生产监管工作

【安全生产指标控制情况】2012年，全地区共发生各类安全生产事故111起、死亡33人、受伤104人、直接经济损失135.8万元，事故起数和死亡人数分别占控制指标的68.1%和61.1%。与去年同期相比，事故起数、死亡人数、受伤人数、直接经济损失分别下降58.4%、上升13.8%、下降47.5%、上升7.6%。其中：

——道路交通事故91起、死亡30人、受伤104人、直接经济损失90万元，事故起数和死亡人数分别占控制指标的65%和65.2%。与去年同期相比，事故起数、死亡人数、受伤人数、直接经济损失分别下降62.7%、上升3.4%、下降47.5%、下降27.1%。

——火灾事故19起、无人员伤亡，直接经济损失45.8万元，事故起数占控制指标的118.75%。与去年同期相比，事故起数、直接经济损失分别下降17.4%、上升1589%。

——工矿商贸事故1起、死亡3人，事故起数和死亡人数分别占控制指标的14.3%和42.9%。去年同期未发生工矿商贸事故。

【围绕安全目标，精心安排部署】在年初及时召开了安全生产会议，明确提出了“坚决杜绝重特大事故、严密防范较大事故、尽量减少一般事故，努力实现安全生产事故起数和死亡人数‘双下降’”的全年目标。根据全国、全区统一安排，我们第一时间召开动员部署会议，全面安排“打非治违”、非煤矿山和危险化学品领域专项整治、道路交通“双下降”和迎“十八大”道路交通百日大整治等专项行动，分别成立了领导小组，制定了行动方案，明确了目标任务，落实了工作责任。为确保党的十八大胜利召开，及时制定了《山南地区“决胜十八大维稳安保攻坚战”期间持续开展安全生产执法检查、突击检查行动工作方案》并召开电视电话会议，全面部署“决胜十八大维稳安保攻坚战”期间各项工作，同时与泽当城区的加油站、液化气站签订了《安全生产管理和社会稳定群防群治联控工作责任书》，确保十八大期间安全生产工作万无一失。

【围绕安全宣传，营造浓厚氛围】我们始终把宣传教育作为提升社会安全意识和安全素质的重要手段来抓。专门组织安全监管人员编写了安全生产知识宣传册6000余册并翻译成藏语，发放到每个县、乡、村和驻村工作队，提高宣传教育实效。充分利用三大节日、“综治宣传月”、“安全生产月”、“消防宣传日”等重要节点和“安康杯”等活动，深入农牧区、机关单位、学校、生产第一线，广泛宣传安全生产法律法规和安全知识。同时充分发挥驻村工作队和基层党组织作用，加强入户宣传。今年共组织开展综合宣传7次、专项宣传11次，发放宣传资料6.5万余份，接受群众现场咨询500余人，有效提升了全社会法律意识、安全意识和自我保护意识。

【围绕标准化建设，切实建强基础】严格按照国家和自治区要求，及时制定实施方案，督促企业尽快完善安全管理机构和规章制度，促进安全生产标准化建设的动态化、规范化和制度化，不断提高安全保障能力和本质安全水平，确保如期完成达标目标。今年我们重点督促非煤矿山企业加快安全避险“六大系统”建设，目前各大矿区建设基本如期完成目标。为切实加强基层安全生产工作，我们继续完善乡、村安委会职能，充实专（兼）职安全监管人员和安全信息员，保证乡、村有机构、每个村有信息员、每个乡有专（兼）职监管人员，目前554个村都有安全信息员、监督员。

【围绕安全责任，严格督查落实】在年初安全生产工作会议上，行署与各县、各相关部门签订了责任书，把安全生产指标和责任进行分解，各县、各部门也分别与各乡（镇）、下属单位和行业层层签订责任书。为掌握各县、各部门落实责任书内容、开展安全生产各项工作和专项整治行动情况，我们进一步加大督导检查和明察暗访力度，认真查找安全生产存在的薄弱环节，大力整改存在的问题，确保安全生产专项行动扎实有效的开展。今年共进行综合督导检查9次、明察暗访17次，对发现的问题及时与相关县和部门进行沟通督促尽快解决。

山南地区农牧工作

【粮油产量实现较大增幅】2012年安排播种面积45.68万亩，其中粮食作物26.5万亩，经济作物10.1万亩，饲草作物9.08万亩；建立麦类作物良种繁育基地14769亩，油菜良种繁育基地600亩。预计全年全地区粮食总产达到16.15万吨（青稞产量达到9万吨），较上年增长7.6%；油菜产量达到1.6万吨，较上年增长23%；蔬菜产量达到4.92万吨，较上年增长34.7%。

【畜牧业生产形势良好】预计全地区年底牲畜存栏175万头（只、匹），全年新生仔畜70.2万头（只、匹），成活65.78万头（只、匹），成活率达到93.7%，较上年提高1.7个百分点；成畜死亡2.06万头（只、匹），死亡率控制在1.1%以内。预计全年牲畜出栏61.34万头只，出栏率达到33%。预计年底猪牛羊肉产量达到2.5万吨，奶类产量达到4.8万吨，毛绒产量达到1440吨，禽蛋产量达到700吨。

【农业产业化稳步发展】预计全地区乡镇企业实现总产值69000万元，同比增长8.1%；多种经营实现总收入105500万元，同比增长7.2%。预计全地区7个农业产业化龙头企业实现销售收入14900万元，带动农户7913户、24019人。全地区农牧民专业合作经济组织161个（工商注册125个，民政注册36个），注册资金8462万元，参加农户11160户、30587人，带动农户18721户、59074人，创收8737万元，入社农牧户年户均增收7620元，人均增收2180元。

【特色产业基地建设取得新成效】一是奶牛基地建设。完成黄改冻配45705头；2011年冻配新生33411头，成活30457头，成活率达到91.2%。二是禽类养殖基地建设。2012年全地区以藏鸡为主的禽类养殖完成238.43万只。三是红土豆种植基地建设。2012年共落实红土豆种植面积5500亩。平均亩产达到2598斤，总产值达到3815.25万元。四是温室大棚蔬菜种植基地建设。完成温室建设378座。五是青饲玉米种植基地建设。完成青饲玉米种植面积2万亩。

【农牧业基本项目建设取得新突破】2012年我地区共实施各类农牧业基本建设项目159个，其中续建复工项目91个，新建项目46个，自治区补贴项目8个，地方补贴项目14个。涉及国家投资52476万元，完成国家投资42200万元。全地区完成农村户用沼气建设7771户（含2012年5407户），建设综合服务站18个，累计达到125个；沼气正常使用率达到88%。

【草原生态补助奖励机制有效建立】地区草场承包经营责任制和草原生态保护补助奖励机制工作顺利通过了自治区验收。全地区草场总面积4639.67万亩，可利用面积4458.72万亩，划分草场（到户或联户）面积4444.95万亩，占可利用面积的99.69%。全地区草畜平衡面积4058.72万亩，禁牧面积400万亩，各项补助可享受奖励补助资金9627.14万元，2012年完成兑现草原生态保护补助奖励资金达6022.65万元。

【农牧业“三推进”工作进展有序】2012年地委、行署决定实施“产业、商标、品牌”三推进战略，力争通过2-3年时间，打造1-3个“专、精、特、优”的全区知名农牧业品牌，自7月份行署召开“三推进”工作会议以来，成立了地区农牧业“三推进”领导小组。同时抽调农牧、农发得力人员组成工作专班，完成了优质青稞、红土豆、禽类养殖产业“三推进”方案编制工作，规划投资5231万元。目前完成了乃东结巴和隆子加玉两个青稞加工点的实测工作。

【农业信息化平台建设强力推进】成立了专班，配备了专人，落实了专项工作经费及建设资金，先期投入经费60万元用于信息平台建设的规划论证以及规划编制工作。在论证可行的基础上，投入200万元前期经费用于信息平台建设的基础工作，初步形成骨架轮廓。并于12月10日完成了招投标工作，涉及招投标资金285万元。

【农产品质量安全工作得到全面加强】狠抓农资打假工作。全年出动人员74人次进行了8次农资市场检查整顿工作，从整顿情况看，农资质量整体良好，未发生销售假冒伪劣农资和坑农害农事件。强化“瘦肉精”监管工作。我地区累计抽样检测“瘦肉精”样品213份，未发现异常情况。狠抓畜产品检疫工作。全年累计检疫市场屠宰生猪10405头、牛4057头、羊244只、销毁病猪7头。检疫出境活体动物犬412条，大小畜禽6279头、只（匹），肉类产品38.7吨、蜜蜂200箱；检疫监督入境活体生猪7210头。加强蔬菜农药残留监测工作。全年抽检蔬菜水果样品440份，抽检合格率达99.32%。实现了农畜产品质量安全事件零发生的目标。

山南地区林业工作

【植树造林工作顺利实施】植树造林工作顺利完成。2012年计划完成植树造林15万亩，工程封育5.86万亩。目前完成造林15万亩，工程封育完成5.86万亩，完成任务的100%；其中：重点区域生态公益林建设完成5.16万亩；拉萨周边地区造林1.68万亩，封育3.3万亩；西藏生态安全屏障防护林工程3.219万亩、防沙治沙4.5万亩，退耕还林荒山造林1.2万亩，封育1.5万亩。义务植树完成0.358万亩，完成计划任务的119%。

【林业项目投入稳步增长】地区计划完成林业重点项目建设11项，计划完成投资1.84亿元，全年实际完成投资1.96亿元，超计划6.5%，实现群众增收0.9亿元。其中：重点区域生态公益林建设8061.24万元；防护林建设（拉萨周边造林）905万元；退耕还林荒山荒地造林工程465万元；高原生态安全屏障防护林建设1609万元，防沙治沙建设900万元；退耕还林成果巩固工程1656.65万元；林业有害生物防治项目300万元；中央森林生态效益补偿工程3947万元；退耕还林政策兑现459万元；野生动物肇事补偿项目预计能够完成759.89万元;雅江中游黑颈鹤国家级自然保护区建设（二期）146.84万元;山南地区全国防沙治沙综合示范区建设100万元；造林补助100万元；生态效益补偿公共管护资金240万元。

【城镇园林绿化不断巩固】按照地委、行署提出的“城郊森林化、城区园林化、单位花园化”的目标要求，今年以泽当镇为中心，继续加强了城镇园林绿化建设工作。泽当城区新建绿化4万平方米（体育场绿化3.1万平方米、迎宾大道及三角花园0.66万平方、湖北大道北延伸段0.24万平方米），到目前泽当镇区完成绿化面积近20万平方米。完成安徽大道、湖南路、民族路、昌珠路绿化补植补栽工作，共补植绿篱56340株，补苗21357株（其中补栽大苗117株），解决了已有绿地林带缺株、绿篱断档情况；清理绿化带和行道树盘内杂草61426平方米，修剪绿篱45783平方米、行道树800余株，进一步提长升了泽当城镇绿化整体效果。同时，根据行署安排我局还完成了中国西藏雅砻文化节、全区中学生运动会场地花卉布置场地盆景花卉的设计及摆放工作，为地区节日庆典和重大活动增绿添彩，得到了上级领导肯定和群众的认可。

【苗木生产供应有序】进一步开展了全地区苗圃调查摸底工作，开展了林木种子（种苗）生产经营许可证的发放工作。全地区现有苗圃36个，育苗面积2054亩。仅我地区中心苗圃出圃苗木已达25万株。全地区出圃各类苗木约300余万株。

【加大了林业有害生物防治工作】进一步加强了林业有害生物的防治和造林苗木检验检疫工作。重点开展了“绿盾2012”林业植物执法行动，加大了苗圃地检疫和外来种苗复检工作，检疫抽查80%和沿江各县防护林病虫害预防监测和除治工作，完成化学防治30.58万亩。

【加强了野生动植物资源保护工作】一是加强宣传教育，结合法制宣传日、爱鸟周、世界动物日等开展了野生动植物保护宣传工作，发放各类宣传品1万余份。二是认真开展了野生动物肇事补偿工作,年内拨付和兑现肇事补偿资金759.89万元；三是严格制度，加强巡察，做好野生动物疫源疫病监测工作，我地区未发现野生动物异常死亡情况；四是加大执法力度，严肃查处和坚决制止无证运输木材和野生动植物及其产品的犯罪行为。

【森林防火工作扎实开展】按照区地两级森林防火工作会议要求，经常性地督促检查，及时堵塞漏洞，加大了森林防火工作力度，进一步检查完善了地、县、乡、村四级森林防火目标管理责任制，通过加强森林防火期火源管理，严格实行森林防火期禁伐等措施。有效处置了3月27日桑日达古森林火灾。

山南地区水利工作

【坚持项目带动，重点工程建设全面加快】2012年计划开复工的39个新续建项目如期实施。其中，重点水利项目江北灌区阿扎子灌区、桑耶子灌区、加查县江北灌区（核桃产业基地）、桑日县沃卡灌区续建配套与节水改造工程等9项灌区工程深入实施，其中7项工程年内全面完工，全年改善和恢复灌溉面积13.17万亩；桑日县绒乡四曲那玛河治理工程、桑玉曲错那县库局乡防洪堤、隆子河城区段堤防工程、错那县觉拉河防洪堤等一批中小河流治理项目和防洪堤相继开工，共建设四级以上标准堤防30.4公里。

【突出以人为本，民生水利建设再创佳绩】农村饮水安全建设项目成效斐然，全年共建成农村饮水安全工程

103处，解决了1.78万人（包括学校师生0.3万人）和8.64万头（只、匹）牲畜的饮水不安全问题。截止2012年底，农牧区36.42万人（次）喝上干净卫生水，多数地方实现自来水进户，农牧民安居工程户户通水，全地区提前一年实现农村安全饮水工程全覆盖，118座寺庙通水项目全面完工，全年完成寺庙通水项目建设资金4360万元；农村水电加快建设，洛扎县朗扎电站及线路延伸工程、隆子县曲松电站及线路延伸工程等小水电站工程和无电地区线路延伸工程全面完工，新增电站装机525千瓦，新建10千伏线路91.32公里，新增和改善0.33万人的用电问题；第二期规划内的4座病险水库除险加固任务如期完成，增加控灌面积2.2万亩；农田水利基本建设和小型农田水利重点县建设扎实推进，2012年完成小农资金6350万元；农牧民通过参与水利工程建设，累计创收6500万元。

【加强防汛抗旱，防灾减灾工作成效突出】2012年，由于受全球气候影响，山南地区发生了不同程度的洪涝、干旱等灾害，受灾范围涉及12个县57个乡镇、1.59万人，各类灾害损失达2541万元。面对出现的山洪、泥石流、干旱等自然灾害，一方面，水利部门坚持变控制洪水为洪水管理、变单一被动抗旱为主动应对，着眼于预报、预警、调度、抢险、救灾、重建等关键环节，切实增强防汛抗旱预案指导性和可操作性。另一方面，以加强水利基础设施建设，提高防汛抗旱能力为目标，以水库除险加固、小农水重点县、山洪灾害治理非工程措施、渠道清淤整治、水毁工程修复、塘坝整治和小型水利设施维修、抗旱应急水源建设为重点，大力开展水利基础建设，进一步提高防洪抗旱综合能力。同时，积极筹措防汛抗旱资金用于水毁修复、抗灾救灾等，全年共投入防汛抗旱资金1550万元。由于防汛决策指挥效能不断提高，抗旱工作扎实有效，2012年最大限度地减轻了灾害损失，确保了重点城镇、重要河流、中小型水库的安全，确保了广大人民群众的生命财产安全。

【履行水行政职能，社会管理工作得到加强】深入贯彻落实和宣传学习《水利工程管理条例》、《水土保持设施补偿费水土流失防治费征收使用管理办法》、《取水许可和水资源费征收管理办法》等多部水利法规政策；强化执法队伍建设，扎实开展清理河道非法采砂和清理河岸堆砂、整治河道非法建设专项行动；全面推行取水许可制度，规范水行政事项的审批，努力推动规划同意书、水资源论证、工程建设防洪影响评价制度实施；稳步推进水利工程管理体制改革，加快基层水利服务体系建设工作的开展；加大开发建设项目水土保持监督执法检查，积极带动开发建设项目水土保持方案编制、动态监测等技术服务体系建设；同时，2012年水利普查工作取得阶段性胜利，对象清查、成果分析、台账建设、质量控制，以及水利普查档案管理等工作全面完成。

【夯实水利建设管理，强化工程质量与安全】2012年，地区水利部门狠抓建设管理不放松，不断强化地县两级重点水利项目建设管理部门职能，大力推进工程管理规范化、专业化建设。结合水利工作实际，以开展工程建设领域专项整顿为重点，全面清理和整顿水利建筑市场，严把参建队伍准入关，强化招投标行政监督，严格招标施工合同管理，严厉打击借资质和转包施工行为。强化水利建设监管，加大水利稽查和质量监督检查力度，实行工程稽查、监督检查、问题排查“三结合”；强化安全生产工作，健全完善质量安全控制体系、安全生产监管体系，层层落实责任，有效防止安全事故的发生。

山南地区交通运输工作

【全力打好上项目、保增长攻坚战，扎实推进交通基础设施建设上水平】第一，全力以赴抓好前期工作。全年认真落实一把手对前期工作总负责、总协调，亲自部署、亲自督查的负责制，千方百计将前期工作往前推，同时牢牢把握勘察设计质量和相关要件质量，积极建立健全“规划一批、论证一批、储备一批”的良性循环前期工作机制，全年落实固定资产投资达到16亿元，同比增长60%。第二，全力以赴抢抓工程进度。全年以“等不起、坐不住、慢不得”的责任感、紧迫感，突出抓好在建工程的建设，采取有效措施留住人力资源、加大设备投入，强化施工组织，做到节假日工程人员不散、施工不断、设备不歇、管理不松，同时加足马力，真正做到以日保旬、以旬保月、以月保季、以季保年，全年完成固定资产投资13.61亿元，同比增长79%。其中重点项目加桑公路新改建工程完成投资2.99亿元，浪洛公路改建工程完成投资2.8亿元，汀勒公路建设工程完成投资1.14亿元，朗县至加查公路工程（山南段）完成投资1.3亿元，岗巴拉公路项目完成投资0.25亿元；农村农路完成投资2.57亿元；通寺公路完成投资2.56亿元。同时江北公路也于2012年底开工建设。第三，积极吸纳农牧民群众参与农村公路建设和养护。按照增收比例总体水平不低于地区下达的指标，全年增加农牧民群众现金收入达到1.68亿元，同比增长110%。第四，加强工程建设管理。通过采取现场督查和全面排查等方式，加强在建工程全过程管理，重点加强隐蔽工程、桥涵抽检力度，质量监督覆盖率达到100%，确保了工程质量。第五，建立诚信档案。建立健全业主、施工、监理、检测等从业单位信用评价体系和考核办法，奖优罚劣，促进各参建单位讲诚信、守合同、重承诺，加强了工程各项指标控制。

【全力打好建养并重攻坚战，扎实推进公路养护质量上水平】全年，抓住干线公路大检查的工作契机，对管养的干线公路养护管理工作开展情况进行了全面的检查，进一步规范各种档案资料，使路况呈现明显好转。第一，确立了“人精神、路和谐”的公路养护品牌，进一步完善精细化养护

管理各项制度，狠抓了实践探索工作，明确了干线公路养护主导思想；农村公路确立了“县道县养、乡道乡养、村道村养”、“工区+农户”等多种形式。第二，养护工程超额完成年初目标。全年共完成养护工程资金2073.56万元，省道优良率75%，MQI值77；砂石路优良率达到74.83%。通过排查安全隐患，增设标志标识、安保设施，路容路貌有了较大的改观，行车舒适性进一步改善，公路综合保障能力大幅度提高。第三，公路抢险保通能力全面增强。健全完善了相应的应急抢险制度，同时积极争取资金，大力推动农村公路的管理养护，抢险保通能力在实践中得到了充分体现，面对公路自然灾害，第一时间组织专业队伍打通主干线，迅速落实抢险保通资金，搭建了密切党群关心的“连心桥”。

【全力打好企业改革增效攻坚战，扎实推进企业效益上水平】按照“立足资源、面向市场、适应需求”的原则，加快企业产业结构调整升级，实现产业结构的不断优化，坚持做强主业，努力建设精品公路工程；坚持做精副业，严格工作标准，规范企业行为，努力营造良好的发展环境，物业管理、驾校培训、车辆检测工作水平进一步提高，在做大做强的道路上迈出了坚实的步伐。企业干部职工的生产生活条件进一步改善。至2012年底交通企业完成产值6000万元，利税500万元，职工收入达到5万元，同比增长20%、11%、11%。

【全力打好安全文明运输攻坚战，扎实推进运输行业管理上水平】全年，围绕交通运输行业管理的三个方面狠下功夫，大做文章，确保交通系统行业管理健康发展。第一，积极引导运输市场文明服务。着力抓好群众关注的出租市场、客运市场、危货运输市场、汽车维修市场及驾校的管理，交通综合执法人员反复上路巡查、实行错时办案、长期蹲守客运站点。培训道路运输从业人员200人促进了运输行业经营行为的规范和服务水平的明显提高。第二，加强运输市场管理。全年完成公路旅客运输量客运量214.4万人、周转量24581.67万人/公里；货运量150.95万吨、周转量20287.63万吨/公里。同比分别增长3%、10%、5%、5%。第三，加强路政管理。路政执法派出人员3000余人次，检查超限超载车辆30000余台次，依法办理公路路政案件25件、公路路政许可23件，查处超限运输车辆1033台次，卸载货物435.8吨，行政罚款1000元，收取公路路产补偿费10万余元，有效的保护了路产路权，将超限运输对行车安全和公路的危害降到最低。第四，全力抓好安全生产工作。全年以“交通运输通道文明畅通工程、交通运输企业安全效益工程、交通基础设施安全效益工程”三项工程建设为重点，以深入开展“道路交通安全百日专项行动”为契机，全面加强了安全生产，确保全系统未出现任何安全责任事故。

山南地区国土资源工作

【千方百计保发展】加快培育矿产业成为地区支柱产业，参与筹备召开首届地区矿产资源开发推进工作会议，推动地区出台《找矿突破战略行动实施方案》和《矿产资源开发突破实施方案》，圆满完成以江南矿业公司为主体的罗布莎铬铁矿资源整合，积极协调青藏专项、整装勘查、重点勘查和老矿山找矿等地质勘查项目加快实施，不断推动江南矿业、西藏矿业、华钰矿业等企业有序开发资源，积极服务博盛公司、西藏大冶、玉峰公司等企业加紧开展资源开发前期工作，着力打造地区铬铁、铅锌、岩金、铜多金属四个基地。保障发展用地，向自治区申报用地50宗，得到审批30宗，确保了重大在建、续建和新建项目，重大民生工程，重大基础设施建设和“三农”等重点领域的建设用地需求。建立“快速审批通道”，预、初审项目用地800余宗，高效开展了项目用地前置审批。

【严格规范保红线】全地区签订地与县、县与乡（镇）、乡镇与村（居）、村（居）与小组《耕地保护目标责任书》1300余份，明确各级政府及基层组织对辖区内土地管理和耕地保护负总责，不仅对审批用地负责，而且对实际发生的用地负责。严格落实耕地占补平衡、先补后占，实施了总投资900余万元的曲松、洛扎、琼结县3个土地整治项目，新增耕地1580余亩。争取自治区立项了扎囊、贡嘎县各1万亩高标准基本农田建设项目和乃东县多颇章乡布麦村土地整治项目。牵头开展各县年度耕地保护责任目标考核工作，争取地委、行署把保护耕地作为了对各县年度综合考评的内容之一，坚守了全地区84.82万亩耕地和71.6万亩基本农田红线。

【尽心竭力保民生】大力推进农村宅基地确权登记发证工作，浪卡子、乃东、扎囊、桑日、措美、琼结、错那、加查、贡嘎等九县通过验收，有七县被评为自治区优秀，为保障农牧民宅基地权益打下了坚实基础。圆满完成泽当城区违规占地建房清理整治工作，共受理548户、处理418户，做到了“零上访”，解决了历史遗留问题，刹住了违规占地建房势头，规范了城乡建设用地秩序。扎实开展地质灾害防治工作，组织7次工作组深入地灾现场实地调查、指导和应急处置，完成了扎囊县塔巴林村及敏竹林寺滑坡、泥石流灾害防治工程，实施了加查县城北侧崩塌灾害应急治理项目，申报了扎囊县扎塘镇强巴林村崩塌、泥石流灾害和洛扎县县城南侧地质灾害治理项目，确保了群众生命、财产安全。

【抢抓机遇求创新】以国家土地督察成都局与地区行署开展共同建立保障和促进科学发展土地管理新机制试点工作（以下简称“共建”试点工作）为契机，通过2009年以来“共建”试点工作规范开展，争取财政部、国土部免除了2006—2011年西藏全区新增费1亿多元，探索了重大基建、援藏投资、维稳民生等项目先行用地办法，实行征地费预存制度预防了拖欠群众征地补偿费，设置114名乡（镇、重点居委会）协管员延伸了管理触角，推动地区出台了土地管理共同责任等9项制度，构建了耕地保护长效机制等4项新机制。

山南地区
住房城乡建设工作

【强化住房资金归集、使用管理】研究确定了2012年资金使用计划，认真落实自治区关于提高机关事业单位住房公积金缴存比例至12%的有关政策规定。截止11月中旬，全地区归集住房公积金为2.09亿元，比去年同期增加11%；归集余额64968万元，比去年同期增长24%；提取住房公积金1.1亿元，较去年同期增长16%，发放公积金贷款5932万元，比去年同期减少24%；贷款余额为18076万元，比去年同期增长31%；回收贷款5917万元，比去年同期增长15%;全地区归集公有住房租金146万元，比去年同期减少17%；用于周转房维修188万元，比去年同期增长40%；归集余额为554万元，比去年同期增长9%。全年，住房公积金预计缴存2.4亿元，住房公积金预计提取1.3亿元。

【城乡建设面貌好】2012年，继续加强了城市基础设施建设和为民办实事工程，提升城镇服务功能，切实改善社区居民生产生活条件；国策在雨季来临前对下水管道进行了疏通。顺利完成了泽当镇迎宾大道及入境观工程、湖北大道南北延伸工程、泽当镇水厂建设、便民警务站、体育文化广场及体育馆项目、为民办实事项目的建设并投入使用，取得了良好的社会效益和经济效益。

【城乡规划管理好】一是加强规划修编工作。泽当镇总规修编工作已完成地形图修测，总规设计已经委托湖北省城市规划研究设计院组织实施；加查县、浪卡子县县城总体规划修编已完成、措美县城总体规划修编已基本完成，其他各县的县城总规修编正有序开展；正在和湖南省住建厅协调解决规划信息管理软件，预建立规划平台，逐步实现县局和地区规划局联网。二是规划选址工作稳步推进。严把“一书两证”关，截至11月中旬，核发建设项目选址意见书704件，建设用地规划许可证99件，建设工程规划许可证99件。三是加强规划实施管理。进一步规范审批条件，明确审批时限，推进“阳光”审批，对涉及公共利益、涉及申请人及其他利益关系的建设项目，将通过媒体向社会广泛征求意见，维护公众合法权益不受侵犯。此外，今年我们将协调湖南省住建厅和长沙市规划局，建立地区城乡规划信息系统平台，在全地区逐步推行网上申报，推动城乡规划信息化建设，为数字化管理城镇奠定了基础。

【城镇管理运行好】继续推行城镇管理托管制度，拟定了部分市政设施托管运营方案；对泽当镇区的路灯待实施市政节能改造工作；准备与单位及个体户全面签订门前“五包”责任书；拟定了洗车场、户外广告实施方案；加大对托管企业的监管力度，拟制定了《山南地区泽当镇昌珠镇环境卫生评估办法》等办法，以实现规范化、制度化管理；拟制定了《山南地区泽当城区城市综合管理办法（试行）》、《山南地区泽当镇环境卫生综合整治工作方案》等一系列管理办法。进一步加强对城区内脏、乱、差现象，依法制止占道停车、占道经营等行为的管理。

【建筑市场势头好】一是继续做好工程招投标及交易管理工作。严格执行建设工程项目招投标制度，对招投标实行全过程监管，切实维护建筑市场招投标良好秩序。二是继续做好建设工程质量监督工作。继续加强对工程监理机构的管理，严格执行基本建设程序。三是继续加强对建筑工程安全生产管理工作。开展了建筑安全生产隐患排查治理活动，组织人员对各工地安全生产、工程质量和工地食堂进行检查；建筑工程安全生产参照维稳的要求，做到了“大事不出、中事不出、小事也不出”。四是继续加强工程检测管理。认真做好现场检测工作；严格原材料送检数量，加强检测力度；严格执行见证取样和送样制度，严格把关原材料的委托送样过程。五是继续实施工程建设领域专项整治。坚决治理工程建设领域存在的侵害群众利益、拖欠农牧民工工资、环境污染影响群众身体健康、工程质量安全事故危害群众生命财产安全等问题，截止11月中旬，受理4起农牧民民工工资拖欠投诉，涉及金额360多万元的问题，目前已经全部化解。

山南地区旅游工作

【旅游统计】2012年全地区累计接待国内外游客139万人次，实现旅游总收入4.7亿元，分别比上年同期增长19.9%、30%。

【宣传促销工作】不断丰富创新宣传促销方式，进一步拓展旅游客源市场，实现旅游经济快速增长。2012年，我们围绕“海斯科□2012中国雅砻文化”的活动主题，结合当地实际组织开展了主题鲜明、内容丰富、形式多样的一系列旅游宣传促销活动。一是开展了“藏地新密码、山南微旅行”，“春日恋歌—圣地婚礼”别开生面的宣传促销活动；二是与CCTV4中文国际频道大型旅游栏目“北纬30° 中国行”栏目合作，推出了宣传报道我地区桑日、贡嘎、隆子、琼结等8个县旅游资源的旅游专题节目，同时与山南电视台《旅游栏目》合作制作了12期旅游节目；三是在《西藏旅游》、《中国自驾游》、《精品文化》杂志上分别制作了100板面、20个版面、14个板面的山南旅游专栏、四是成功举办了富有西藏特色山南特点的首届错那“仓央嘉措情歌文化旅游节”、加查“核桃节”和四届措美“哲古牧人节”等丰富多彩的旅游节庆活动，期间邀请区内外新闻媒体近两百家，对我地区了旅游资源进行了深度报道；切实起到了以节促旅的作用。期间邀请区内外新闻媒体167家，对我地区旅游资源进行了深度报道；五是多次组织宣传促销专班分赴桂林、厦门、武汉、广州湖南、青岛、上海、武汉、北京等地进行《幸福西藏 文化山南》、《冬游西藏 享受阳光》等主题的宣传促销活动，期间共发放宣传资料3.8万余份，邀请各地新闻媒体2百余家。

【项目建设工作】狠抓旅游项目建设工作，进一步改善旅游景区（点）基础设施。按照“巩固提升中部、规范发展西部、选择发展南部、大力推进东部”的旅游发展思路，重点推进“一带、三环、五区、七园”旅游开发，围绕我地区“建设六个模范区”总体方案要求和打造“七个山南”的目标，狠抓了项目争取和项目建设工作，2012年全地区实际完成旅游项目投资1914.1万元，完成年度计划投资的123.8%（地委、行署年初确定的1546万元项目建设目标），超额完成年度目标任务。其中续建项目328万元，分别是雅砻河谷基础设施项目160万元，羊湖基础设施项目168万元；新开工的项目1586.1万元，分别是桑耶综合整治项目490万元、扎囊桑耶服务中心298.2万元、贡嘎隆巴民俗村231万元、琼结旅游综合区建设项目382.9万元、乡村旅游建设项目184万元。

【行业管理工作】旅游行业管理逐步规范，进一步优化旅游市场。一是理顺了景区管理体制，加大了景区评A、饭店、农家乐评星工作力度。勒布沟景区、拉加里王宫景区、昌珠景区先后被评为3A级景区，完成了15家星级农家乐和家庭旅馆评定工作，同时完成了雪域湘府、洛扎中粮宾馆、加查众信酒店三星饭店的初审工作。二是逐步规范了旅游市场管理，进一步优化了旅游市场环境。我局多次牵头组织地区公安、交通运管、安监、消防、食品卫生部门和各县有关单位组成联合检查工作组，定期不定期的开展旅游市场运行情况检查，坚持专项检查和联合执法相结合，重点打击“零负团费、黑车、黑导、黑社、黑店”行为，及时处理游客投诉等，有效地维护了游客的合法权益，优化了旅游市场环境。三是积累总结旅游市场管理工作经验，进一步创新管理模式。2012年我局与公安、通讯等部门合作完成了山南旅游景点远程监控旅游服务设施建设，真正实现了坐在办公室就可以监控管理远程重要旅游景点的运营情况的目标，为加强与创新社会管理工作增添了新亮点。

山南地区防震减灾工作

【加强地震监测台网建设，提高地震监测预报能力】一是在2011年8月中旬我局和自治区地震局筹建了错那县国家级地震遥控监测台站，进一步加强了我地区地震监测网络构建工作，有力推进我地区数字化地震资料的共享和应用。目前，山南共有3处国家级地震遥控监测点（烈士陵园1处，浪卡子县1处，错那县1处）。二是我局自组建以来，多次与自治区地震局协商山南地震台恢复事宜，2012年7月底自治区地震局已经同意将山南地震台的恢复重建工作列入2013年建设规划中，8月份自治区地震局副局长索仁同志带队对山南地震台新址进行了实地考察。根据地震台站建设及观测相关技术要求，拟选征地25亩，位置在地区二高对面、疾控中心南侧。同年9月我局已向行署请示《关于请求解决山南地震台迁建选址征地相关事宜的请示》（山震发〔2012〕22号文件）。

【强化地震应急准备工作，增强应对地震灾害能力】一是10月科学制定《山南地区地震应急预案》，为我地区地震应急救援工作提供了政策依据，进一步明确了应急指挥机构和各相关单位的职责及行动方案。二是根据《山南地委组织部关于印发〈2012年湖北、湖南、安徽三省人才智力对口支援培训项目计划〉的通知》（山党组〔2012〕42号）文件精神，我局联合团地委于2012年8月举办了山南地区首期地震救援志愿者培训班，来自全地区12个单位共70余名地震救援志愿者参训。培训班为期3天，旨在进一步增强志愿者救援救护能力，提高自我保护防护本领，打造一支反应迅速、覆盖全地区的救援志愿者队伍，进一步提升我地区应急救援综合能力，为推动我地区防震减灾工作又好又快发展提供人才保障。三是我地区群测群防县、乡（镇）、村三级网络已初步形成，由行署转发《地震灾情速报工作规定》（山行发〔2011〕70号），确定了109名灾情速报员，将灾情速报工作延伸至乡（镇），进一步充实完善了全地区地震灾情速报应急网络和地震应急通讯网络。

【积极开展防震减灾宣传教育，提升地震科普知识普及程度】一是经过多次与山南报等媒体协商，从2011年10月份开始在报纸上连载防震减灾小知识，并通过知识竞猜等活动，提高全民防震减灾意识。二是利用全地区“学雷锋树新风”、综治宣传和5月份防灾减灾宣传周等活动机遇，以“弘扬防灾减灾文化，提高防灾减灾意识”为主题，组织全局干部职工，采用电视、手机短信、报纸、横标、印发资料、宣传展板及现场问答等多种形式，开展街头咨询宣传活动。向过往群众免费发放《中华人民共和国防震减灾法》、《防震减灾知识读本》（藏、汉版）等各类防震减灾科普知识资料3000余份，宣传挂图1000余张，扩大防震减灾知识宣传面，普及防震减灾法律法规知识，逐步提高社会公众的防震减灾意识，取得了较好的社会效果。三是倡导每个公民深入开展“四个一”活动（即阅读一本防震减灾书籍、观看一部关于地震灾害的影视作品或听一堂防震减灾知识讲座、分享一次防震避险经验、开展一次家庭地震灾害风险排查），增强广大群众的防灾减灾意识和自救互救技能。

山南地区科技工作

【狠抓项目申报，以项目支撑发展】

2012年，该局围绕地委、行署的工作中心，把做好项目申报工作做为全年工作的重中之重，充分发挥主观能动性，积极申报国家、自治区科技重点项目26个，批准立项项目13个，资金总额达6122万元。其中2个国家科技富民强县项目264万元；山南农牧业科技成果转化示范基地建设项目300万元，山南地区青稞规模标准化高产创建项目4300万元，山南地区良种奶牛种源繁育技术攻关项目105万元，西藏山南地区高效日光温室建设项目275万元，地区青饲玉米标准化栽培和高效利用技术示范项目324万元，地区“科技三项经费”项目资金260万元，地区种养示范大户培育资金 80万元，地区科技明白人培训资金30万元，地区科技特派员创业补助基金100万元，自治区科技科技特派员创业资金24万元，争取西藏阳光矿业开发有限公司捐赠的价值60万元离网太阳能光伏系统4套。申报的“科普惠农兴村计划”项目中，琼结县加麻乡特日土豆协会、拉玉乡德村多吉、洛扎县拉康镇杜鲁居委会桑珠、隆子县热荣乡且康村索朗多吉获得中国科协、财政部的表彰，共获得奖补资金55万元。

【狠抓科研与服务，以服务推动发展】一是采取市场化运作，我局与山南丰乐农业技术服务有限公司合作，聘请了2名藏红花种植专家进行实地培训和技术指导，解决了6年来一直未攻克种球繁育个体小、花丝产量低等技术难题，种球亩产达到400–600公斤，花丝亩产由过去的3两提高到7两，干花亩产达到2–3公斤，为人工种植藏红花特色产业发展打下了良好的基础。二是与山南地区皖藏公司合作，开展嘎玉辣椒品种提纯复壮，单产由原来的800斤提高到3000斤左右，而且辣椒的口感、辣味深受群众的喜爱，具有良好的扩繁推广和市场前景；引进蔬菜瓜果品种十余种，成功培育出优良瓜果品种雪域西瓜和哈密瓜。三是实施了青饲玉米标准化栽培和高效利用技术示范项目，种植青饲玉米21000亩，最高亩产达12000斤，平均亩产达到8200斤，青贮4.3万吨，亩产值2000元以上，有效缓解了黄改工作中饲草料短缺问题。四是按照“绩效考核、动态管理、扶优扶强”管理模式，切实加强科技特派员管理。与十二县科技局签订了科技特派员目标管理责任书，加强297名农牧民科技特派员的管理，明确了服务时限，要求297名农牧民科技特派员开展跨乡镇服务，扎实推进农牧区科技服务体系建设。

【开展科技交流，以交流推进发展】热情接待了“三省”科技厅领导来我地区检查指导科技援藏项目。邀请了湖北日新公司对我地区科技示范园区太阳能应用和温室大棚冬季保温进行了考察。接待了拉萨市111名特派员考察团和日喀则拉孜县30人科技致富带头人考察团。选派了10名农牧民科技特派员到区农科院学习大棚温室蔬菜种植技术，2名科技领导干部到内地参加了科技部组织的科技项目申报学习培训，2名干部参加了自治区科协组织的科普工作培训。同时完成了十大民心工程600名科技明白人培训工作任务。

【加强科普宣传，以宣传引领发展】一是利用科技三下乡、科技活动周、科普宣传日、5·12防灾减灾日、综治宣传月、安全生产、科普进寺等科普活动，出动科普大篷车10次，开展科普宣传、科技咨询活动10次，展出防灾减灾、节能减排等科普展板120多块，发放宣传资料21720余册（份），受益群众2万余人次。二是在地区一高等4所学校举办了中国科协“大手拉小手—科普报告西藏行”山南分会场活动。组织我地区10名中学师生参加了中国科协和教育部主办的“全国2012年高校科学营活动”。三是开展了2011年度全国科普统计调查和城市社区科普工作状况调查工作；成功申报了一个电子科普画廊的建设。为山南地区电视台和扎囊县电视台申报了2个西部电视台科普资源资助项目。四是西藏电视台专题部在我地区编辑制作了一期电视节目。

山南地区教育工作

【教师培养培训工作效果明显】根据教育改革发展需要，认真组织开展2012年教师春训和县、校本培训。组织100名小学教师在地区职业技术学校进行了学前双语教育教师转岗培训。根据“国培计划”、中西部农村骨干教师培训项目和自治区教育厅的安排，选派了161名中小学校长及教师参加了各级各类培训。结合信息化教育需要，在全地区组织了1300多名教师和电教员参加了20场教育技术能力、多媒体制作和电子白板专题培训，并选派了15名电教员到内地参观学习，进一步提高了广大教师的现代教育理论水平和操作技能。此外，按照自治区教育厅、人社厅的要求，完成了40名教师高级职称、811名教师中级职称、41名教师初级职称的申报、评审及名额分配和200多名教师内部调动及122名师范类毕业生分配工作。

【教研活动及教学视导工作进一步加强】认真抓好《山南地区教育局关于加强和改进教研工作的意见》、《关于中小学校本教研工作的指导意见》、《山南地区中小学教学常规》三份文件的落实。高度重视自治区“十二五”教育科研课题申报工作，完成了2012年我地区8个教育科研课题的立项工作。组织开展了地直小学和乃东、扎囊、贡嘎三县教师教学技能大赛和全地区幼儿教师技能大赛。组织地直小学汉语教师到拉萨一小、实验小学、城关区小学等学校进行了观摩交流和听课活动，并在地区内部教师中开展了“同课异构”教学交流。完成了全地区小学毕业班教学的质量检测、中小学教育质量形势分析总结和552名教师的“义务教育新课标（2011年版）解读培训”任务。

【办学条件进一步改善】坚持把筹资金、抓项目作为改善办学条件的前提。在全面实施好2011年底国家投资14603万元建设15类教育项目的基础上，2012年，地区已争取自治区下达教育项目资金24780.75万元，认真抓好了学前“双语”幼儿园建设等141个教育基建项目工作。同时，认真组织开展了“十二五”后续项目的申报工作，完成了地区第二职业技术学校和地区第三高级中学的项目前期准备工作。做好了地区第二实验幼儿园的前期准备及曲松、贡嘎、扎囊三县的职教中心建设工作。此外，根据教育信息化要求，为13所中学和部分小学安装了23套班班通项目，完成了42间网络机房和多媒体项目建设工作。全面启动了短焦交互式电子白板试点和乡镇完小无纸化办公网络项目试点工作，投入120万元对贡嘎、扎囊等部分县中小学和幼儿园安装了47套短焦交互式电子白板。完成了地区东辉中学等3所学校的国家级数字化校园建设评估准备和各学校设备需求登记工作，办学条件得到了有效改善。

【学生综合素质不断提高】坚持以人为本，全面实施素质教育。按照为谁培养人、培养什么人、怎样培养人的核心问题，面向全体学生，促进学生全面发展。加强学生理想信念教育和道德教育，扎实推进中小学校园文化建设，注重适龄儿童少年的品行培养，激发学生学习兴趣，培养健康体魄，养成良好习惯。一是认真组织各学校中小学生开展了“反对分裂、维护稳定、加强民族团结、弘扬山南精神”的开学第一堂课思想政治教育、“学雷锋”和“领袖像进校园”活动。结合第四个西藏百万农奴解放日纪念活动，组织各学校举行了万名师生签字、升国旗仪式、参观爱国主义教育基地和爱国影片、专题文艺演出、忆苦思甜感党恩教育、演讲比赛等活动。利用法制宣传月、建团90周年、西藏和平解放61周年等重大节日，积极开展法制宣传和警示教育，加强“三性”教材的学习和学生心理健康教育，增强学生爱国意识和社会责任感。二是认真落实课程标准，督促各学校开齐课程，开足课时，促进学生智力发展。2012年，地区组织455名学生参加了全国中学生数学竞赛和小学英语竞赛，并有50名学生分获各类奖项。三是广泛开展阳光体育活动，保证学生锻炼的时间和效果，促进中小学生健康成长。完成了5139名初三毕业生升学体育测试工作。认真贯彻全区体育工作会议精神，扎实落实《全民健身条例》，采取措施推进“三纳入”。成功承办了全区第十届中学生运动会和全区射箭、摔跤、田径（部分项目）比赛，我地区代表队均取得了团体总分第一名的优异成绩。

【各项惠民政策全面落实】切实加大各项惠民政策的宣传力度，全面实施农村义务教育经费保障机制及学生营养改善计划。2012年，地区“三包”经费预算总金额达13140.3万元，惠及各年龄段学生共计56712人。自治区财政共拨付878.1万元资金，全部用于全地区100所农村义务教育阶段29270名学生的营养改善。对长期在基层和艰苦边远地方工作的教师，在工资、职务职称等方面实行倾斜政策，为所有边境高寒县教师解决了中级职称指标问题。进一步落实津贴补贴标准，抓好了《山南地区关于对高寒偏远学校教师实行伙食补贴的决定》及《山南地区关于对高寒边远地区发放特殊补助津贴的实施方案》等文件的落实，实施了全地区中小学校级领导班子岗位津贴政策。出台了《山南籍农牧民子女上大学的资助管理办法》。认真做好各种重大节日干部职工和离退休干部教师的慰问工作。对教育民生所涉及的“三包”经费、教职工待遇、特殊补助、岗位津贴、住房等问题进行了专项的督查督办，有效维护了教育系统干部职工和教师的合法权益。

西藏山南地区职业技术学校工作

【维护稳定工作成效显著】学校党委高度重视校园维稳工作，与各科室签订了《社会管理综合治理目标责任书》，与学校教职工签订了《一岗双责责任书》，与商品房租户签订了《门前五包责任书》《流动人口社会管理综合治理目标责任书》《商品房租赁合同》等，明确维稳责任，落实维稳任务，加强维稳值班，加强法制宣传教育，加强与便民警务站之间的协调，形成了人人参与、齐抓共管的维稳工作格局，确保了学校维稳工作“大事不出、中事不出、小事也尽量不出”，确保了“十八大”期间和全年的校园和谐稳定。

【办学理念进一步更新】在职业教育改革发展进程中，学校在校级领导班子、中层干部、教职员工中，大力宣传职业教育发展现状和趋势，以“走出去、转观念、学经验”的方式，选派教职工到区内外参观、考察和培训，召开了9次汇报交流会，拓宽了教职工的眼界，更新了全员职教办学的理念，营造了职业教育改革的氛围。

【办学条件得到优化】积极建立适合我区职业教育发展的“四结合”办学模式，改造原有教学楼，建立了1个酒店烹饪校内实训基地，为学生提供了动手操作的平台；联合企业办学，建立了3个校外实训基地，为学生创建了实训就业的平台；大力实施校园环境改造提升工程，喷刷教学楼、宿舍楼墙面，建造舞蹈实训活动板房，安装路灯，整改校园电线线路，修建花岗石围栏、梯步，新修水井、水塔，铺设沥青路面等等，共计投资797.7万元，为师生创建了学习的公园、生活的乐园；校园门户网站和数字化监控系统建设工程也已正式启动。

【教学质量进一步提高】本年度，学校专门选派了2名教师进行教师上课考勤记录，加大了监督管理力度。成功举办了2次教学质量月活动。教学管理工作有了新的突破，教学质量月活动有了新的创意，教师敬业精神得到了提升，教学质量取得了进一步提高。今年，我校共有1043名毕业生，其中含各县中职生210名，我校在校毕业生833名，551名学生参加高考，推荐对口高职生282名，录取170名，参加各类加试、面试425人次（包括体育、艺术、国防、司法和播音等），250名学生被高校录取，11名学生被成功应聘到西藏雄巴拉曲藏药厂，300余名学生通过应聘协警、公益性岗位、各县宣传队、企业岗位以及参加成人高考等途径顺利就业升学，升学（就业）率达到85%以上。

【学生管理工作迈上新台阶】在学工处和全体班主任的齐心协力，严格管理，扎实工作下，认真开展了学生一日八项检查评比活动，科学实施了班主任量化考核，努力提升班级管理水平，着力加大了学生干部管理力度，使我校学生管理工作迈上了新的台阶。

【国家示范校建设稳步推进】国家示范校建设项目是我校职业教育改革发展的一次机遇和挑战，学校积极投身到建设项目中，通过“国培、省培、校培”三级培训途径，切实推进了师资队伍建设，今年，共计培养专业教师 98 人次。与4所区外先进职业技术院校建立了兄弟学校关系，委托培养学生30名。在学校多方协调、主动联恰下，与泽当饭店、山湖宾馆、玉苑餐饮服务有限公司3家企业形成校企合作关系，成立了3个校外实训基地。

【对外宣传呈现新亮点】在今年中国雅砻文化节期间，我校承担了画展、导游、礼仪、集体伴舞以及300人大型舞蹈表演等任务，师生们精美绝伦的画技，纯熟细致的讲解、训练有素的礼仪，优美整齐的舞姿，受到了社会各界的好评，使社会对职业教育有了新的看法和理解，为宣传学校形象迈出了坚实的步伐。

【党建工作取得新的成绩】学校始终坚持以科学发展观统领党建工作，稳步开展基层组织建设年活动，认真进行党风廉政建设工作，积极开展学生党员发展工作。我校现有党员116名，其中中共正式党员105名，中共预备党员11名，入党积极分子4名。经向有关部门请示，学校党支部升格为学校党总支，下设四个党支部。

【教师福利待遇显著提升】学校十分重视教职工的福利待遇，大幅度提升了学校教职员工的福利待遇，改善了教师值班、教学、办公条件，提高了教职工工作积极性。

山南地区广播影视局工作

【新闻宣传精彩纷呈】按照“高举旗帜、围绕大局、服务人民、改革创新”的总要求，坚持“三贴近”原则，重大主题、重大活动、重大纪念日等新闻宣传取得新的进展和显著成效，为全地区实现经济跨越式发展和长治久安营造了良好舆论环境。地区广播电视台先后启动了“走基层”、“创先争优强基惠民”、“建设六个模范区”、“庆祝西藏百万农奴解放纪念日设立三周年”、“喜迎十八大”等主题报道活动；开设了《盘点2011年》、《新山南、新发展、新跨越》、《创先争优谋发展、服务基层惠民生》、《贯彻会议精神、开创崭新局面》、《数字看变化》、《媒体看山南》、《代表委员心声》、《十八大代表风采》等专栏，圆满完成了“山南地区首届藏历新年晚会—《和谐雅砻》”、首届“感动山南十大人物”颁奖晚会、“2012中国西藏雅砻文化节”等重大活动宣传报道、现场录制等工作任务；《山南新闻》改版成功，更加符合时代要求和观众的欣赏习惯，广受各界好评；纪录片《守望青稞地》4月初在央视9套（纪录频道）播出，有力地宣传了山南，提高了我地区的知名度和影响力。

【事业发展保持强势】一是广播影视进寺庙实现全覆盖，寺庙“九有”中“有广播电视、有电影”的目标全面实现。全地区寺庙共计安装2412套广播电视设备，总投资达398.8225万元。“电影进寺庙”工作纳入了农村电影放映工程，目前每座寺庙每月平均能看到2场以上电影。二是广播电视“户户通”顺利推进，完成了8498户建设任务，发放了广播电视“村村通”维护设备4670套，在十八大前完成了1920套太阳能直播卫星一体机的发放、安装、调试等工作，进一步提高了覆盖水平，截止2012年底广播电视人口综合覆盖率分别达到87.68%和95.39%，同比分别提高了1.51和1.44个百分点。

【社会管理全面加强】地区广电局会同地区文化市场综合执法支队、公安、工商等部门，多次开展非法销售卫星电视接收设施专项整治活动，全年查处非法地面卫星接收设施销售点5处，共计没收80面卫星接收天线、33个高频头、12台接收机等直播卫星接收设备。开展了全地区播出机构专项排查清理活动和全地区乡镇有线电视“小片网”、“非法电视台（点）”清查治理专项行动，巩固了基层宣传阵地。全地区各级广电部门积极应对广播电视安全播出的严峻形势和复杂局面，增强阵地意识，完善保障措施，确保了重要会议、重大活动和敏感时期、非常时期的安全播出。特别是党的“十八大”召开期间，局主要领导靠前指挥，地县两级广电部门通过完善应急防范预案，加强人员培训，严格安全值班制度，开展安全播出大检查，消除隐患等措施，共计投入安全播出管理、一线值班、技术维护、电力保障、监测监管人员187人，确保了广播电视安全播出万无一失。

【主题教育活动成效显著】按照地委统一部署，2012年先后开展了“创先争优强基惠民”、基层组织建设年、“走基层、转作风、改文风”、“一迎三提”、以“爱国、团结、和谐、发展、文明”为主题的核心价值观教育、党员干部作风建设专项治理活动等主题教育活动，党员领导和干部职工作风明显转变，党员先锋模范作用得到充分发挥，局系统全体党员干部职工先后3次进行献爱心捐款活动，共计捐款55706元，进一步密切了党群干群关系。

【制度建设卓有成效】先后认真研究出台了《山南地区农村数字电影节目订购和下载管理规定》、《山南地区广播影视进寺庙项目设备管理办法》、《关于引进播音主持人管理意见》、《山南地区广播电视宣传管理办法》、《山南地区卫星电视广播地面接收设施管理工作考评办法》等。

山南地区卫生（人口计生委）工作

【狠抓免费医疗工作】农牧民免费医疗覆盖率100%，参合率96.6%，农牧民免费医疗经费提高到人均340元，（其中中央、自治区335元、地区3元、县2元，农牧民个人筹资标准提高

到20元），报销补偿最高支付限额提高到不低于6万元。2012年农牧区医疗资金9046.25万元，已全部及时足额拨付到位。

【狠抓国家基本药物制度】2011年度我地区在全区率先完成国家基本药品集中招标采购工作。从2010年12月1日起，全地区82个乡镇卫生院和村卫生室全部实现基本药物零差率。从2012年1月1日起，在全区率先统一和规范了县、乡藏药制剂的供药和价格。

【狠抓城乡卫生服务体系建设】截止2012年底全地区10个县卫生服务中心标准化建设正在实施中，6个县已建成投入使用，4个县主体均已完工。总投资1500万元的地区卫生应急指挥中心楼与地区疾控中心综合楼于2011年10月动工，已交付使用。“十二五”各项卫生项目有序推进，总投资4340万元的地区人民医院医技综合楼与地区藏医医院藏医特色楼工程已动工，地区地方病能力建设项目已完成前期工作。

【狠抓乡（镇）卫生院规范化建设】自2011年提出乡镇卫生院规范化建设以来，按照五个统一（统一职能、统一标准、统一风貌、统一标识、统一配置）的要求，对50个乡（镇）卫生院规范化建设试点工作，基本实现基本设施齐全、服务功能基本完善、管理基本规范的目标。同时，为447个村卫生室配备了简易的医疗设备，投资达357.6万元。

【着力加强卫生人才队伍建设】一是经过加大培训力度，顺利实现“一村一医”的目标，到“十二五”末实现“一村两医”的目标；（到2012年底，全地区在册村医879名）。二是逐步提高乡村医生的准入门槛，规范执业准入管理，通过加大对准入审查、培训考试、执业考核等关键环节的管理，有效提高了村医队伍的整体素质；三是充分挖掘和利用现有专业技术干部培训机制和力量，对在岗的专业技术人员进行多层次全方位的培训，积极把握对口援藏省市智力援藏的有利时机，选拔部分“高、精、尖”人才和紧缺专业的技术人员赴省外学习。

【卫生应急工作稳步开展，传染病和地方病防控工作进一步加强】以鼠疫、艾滋病、结核病等重大传染病和碘缺乏病、大骨节病等地方病的监测、控制治疗为重点，健全全地区疫情监测网络，提高应急处置能力，确保有效处置疫情。全地区法定传染病总发病率由2011年的507.3/十万下降到2012年的352.49/十万。2012年，未发生重大公共卫生事件和疫情集中爆发。高效、及时处置了曲松疫情。

【妇幼保健工作扎实开展】以“两降一升”为主的妇幼保健工作有效推进。一是进一步强化了地区妇幼保健院督导、指导基层开展妇幼卫生工作的职能；二是通过改革内部管理方式，加大投入改造硬件设施，加强专业技术人员培训等手段，使妇幼保健医院的服务能力提档升级；三是积极呼吁，使基层各级政府、妇联组织也成为支持妇幼卫生发展的中间力量，逐步改变了医疗卫生部门单打独斗的局面；四是经过多年努力基本健全了基层妇幼保健网络；五是扎实推进“两降一升”工作，全地区住院分娩率由2005年的32.55%提高到2012年的76.62%；孕产妇死亡率从2005年的367.1/10万下降至2012年的137.55/10万；婴儿死亡率为43.1‰。

【卫生监督执法工作进一步规范】先后牵头组织地区工商局、地区食药局等人员深入牲畜屠宰场、大药房、宾馆、饭店重点场所进行了监督检查，检查公共场所2608家，出动车辆68台次，出动执法人员150人次，对易燃、易爆（酒精）等特殊药品进行了重点检查，并统一全部下架，实行专柜、专人管理。进一步推进规范医疗市场行动，对泽当镇49所个体诊所进行了规范整顿，对个别诊所超范围行医进行严肃处罚并限期整改。顺利完成了“2012年中国西藏雅砻文化节”食品安全监管工作。

【藏医藏药事业稳步发展】在全区率先推行基层卫生机构藏药统配工作。实行统一价格、统一采购、统一配送。全地区所有有藏医的乡(镇)均配备了藏药，配备了80套藏医外治设备，在基层推广开展了藏医药技术服务。地区藏医院成功创三级医院。

【狠抓了人口计生工作】2012年，组织实施贡嘎、乃东、琼结国家免费孕前优生健康检查项目工作，分别完成94.56%、103.38%和102.6%。同时启动琼结县第二轮“幸福工程—救助贫困母亲”项目。率先超额完成了全员人口信息录入和纠错工作，纠错率达90%以上。农牧区育龄夫妻免费享受优生优育技术服务达到了全覆盖，育龄妇女知情选择综合节育率达71.9%。2012年，确定农牧区“一孩、双女”户困难家庭扶助制度目标人群4353人，兑现奖扶资金417.89万元，为1110个目标人群兑现西藏特殊子女家庭奖扶资金176.19万元。

山南地区民政工作

【救灾减灾工作实现新突破】2012年，我地区发生了冰雹、风灾、洪涝等自然灾害，造成4万人受灾，紧急转移安置126人，死亡牲畜2178头（只、匹），农作物受灾面积 29公顷，直接经济损失2250万元。一是积极争取冬春受灾群众生活补助资金1800万元，落实1562万元，比上年增加362万元，同比增长30%；二是组织开展“5□12防灾减灾日”宣传活动，发放宣传资料30余种7万余份。修订完善了山南地区自然灾害应急预案；三是各级政府及时补充了救灾基金，完善救灾仓库物资管理制度，补充采购救灾物资，签订代储协议，进一步增强了山南地区自然灾害应急保障能力。2012年，政府采购藏被4000床、藏毯4000床、藏垫3000对，价值575万元。从民政部争取棉帐篷3000顶、棉被1万床、棉大衣1万件，价值1000余万元。

向民政厅争取救灾物资有：棉被2000床、棉大衣2000件、棉衣裤5000套、藏被500床。9县代储地区民政局救灾物资有：棉帐篷3087顶，棉被1776床，棉衣裤1550套，藏被500床、藏垫750对、藏毯1350床、雨鞋2300双、胶鞋230双、棉鞋800双、棉大衣450件、彩条布1000捆。

【优抚安置工作取得新成效】一是认真落实优抚政策，及时足额发放义务兵家属优待金、“三属”和革命伤残人员定期抚恤金。2012年，落实抚恤补助资金469万元，比上年增加49万元，同比增长11%，落实优抚对象医疗补助资金92万元，落实113名农牧区60周岁以上退役士兵生活补助资金7.6万元；二是严格执行《退役士兵安置条例》和自治区实行《退役士兵安置条例》实施细则，举办待安置退役军人技能培训班1期，培训58人，落实经费21万元，安置退役士兵和转业士官65人；三是全力做好军休管理服务工作。2012年，落实军休经费691万元，比上年增加89万元，同比增长14%，解决2名军队退休干部建房补贴遗留问题，落实补贴经费18万元；四是全面开展双拥共建活动，全地区军警民共建点达到153个。开展“三大节日”和“八一”建军节慰问活动，落实慰问经费54万元。开展欢送退伍老兵活动，赠送纪念品价值4万元；五是组织开展“清明节”祭奠活动，接待瞻仰人员8000余人次。

【社会事务管理工作得到新提高】一是调整充实山南地区城市生活无着的流浪乞讨人员救助管理工作领导小组，制定了救助工作方案。实施主动救助与自愿救助相结合，集中救助与零散救助相补充，探索与流出地互救的工作机制。2012年，全地区救助流浪乞讨人员306人，落实救助管理工作经费20余万元，下拨12县救助资金30万元；二是收集整理并编纂完成中华人民共和国政区大典（山南分卷）工作，为各级党政机关和社会各界提供了翔实、准确的政区综合材料；三是积极开展婚姻法和收养法的宣传工作，规范登记流程，健全档案管理，全年完成婚姻登记1000余对，办理孤儿收养登记8例；四是以电脑型福利彩票销售为主，进一步加大即开型福利彩票销售力度。福利彩票销售站点达到32个，累计销售1500余万元；五是为12县民政局配发了电脑、打印机、照相机等总价值10余万元的办公设备，推进了城乡低保、婚姻登记信息化建设；六是发放80周岁以上寿星老人健康补贴1.4万元，办理老年优待证56本，开展了“重阳节”敬老爱老宣传活动。

【区划地名工作创造新佳绩】扎实开展第二次地名普查试点工作，在错那、洛扎、浪卡子、隆子四县开展地名普查试点工作，落实普查经费230万元，完成地名摸底调查、资料收集、目录登记以及建立地名数据库等工作。制作完成含有藏汉文、罗马字符的地名标志牌272个，并通过民政厅验收。开展了5条县级行政区域界线联合检查工作。

山南地区人力资源和社会保障工作

【重视就业困难群体，大力开展就业援助活动】深入开展“就业援助月活动”，走访援助对象家庭184户，登记认定就业困难人员470人，帮助107名援助对象实现就业，动态消除21户零就业家庭。以零就业家庭、‘“3545”人员为重点，安置公益性岗位570个，其中安置企业困难职工子女52人，制定《山南地区公益性岗位管理办法》，规范公益岗位人员管理。牵头组织实施公安机关治安辅警员招聘工作，招聘辅警900名，有力促进了城镇、农牧区青年就业。

【加强职业技能培训，提升劳动者就业能力】制定实施《山南地区2012年农牧民技能培训方案》，大力开展民族手工艺、建筑施工技术、藏式传统绘画等培训，增强各类劳动者素质和就业竞争力。投入培训资金1370万元，开办培训班145期，培训城镇失业人员1502人、培训农牧民13702人，完成自治区下达任务的761%，培训合格率达90%以上。举办山南地区首期高校毕业生就业能力培训班，培训未就业高校毕业生126人。在全区首次开展农牧民技能培训招投标工作，举办驾驶员培训班2期，培训学员120人。对6家培训机构进行严格年检，督促培训机构加大办学投入、加强师资建设。开展职业技能鉴定535人，合格514人，合格率96%。

【社会保险覆盖面进一步扩大】在继续抓好企业职工养老、城镇职工医疗、生育、工伤、失业等保险的基础上，重点推进新农保、城镇居民养老保险，将在编僧尼纳入社保范围，4月底寺庙僧尼养老、医疗保险在全区率先全覆盖，实现了全地区所有人群“老有所养、病有所医”的目标，夯实了维护社会和谐稳定的基础。

【社会保障水平稳步提高】进一步降低基本医疗保险住院医疗费用报销起付线标准，提高住院费用报销比例、年度最高支付限额，将门诊统筹报销特殊病种增加到20种，切实减轻参保人员个人负担。全年支付各项社会保险待遇共计17119.936万元，较去年同期增长48.45%。完成1783名退休人员基本养老金调整工作，人均增加基本养老金266.19元，调整后人均基本养老金达到2654元，以超市购物卷的形式为1765名退休职工按每人800元标准发放一次性生活补助141.2万元，提高了退休职工生活水平。

【经办服务水平不断提升】做好统筹内职工退休管理工作，加强涉及社保的信访和矛盾纠纷排查化解工作，工伤认定21起、劳动能力鉴定32起。加强全地区22家定点医疗机构和18家定点零售药店的监管，规范“两定”机构医疗服务行为，为参保人员提供良好的服务环境。开展社保经办优质服务窗口活动，强化经办人员素质培训提升，推进经办信息化建设，提高经办效率，为参保群众提供便捷、周到的服务。

乃东县

【年度综述】2012年，全县实现生产总值27.06亿元（含地直），同比增长14.24%；全年完成固定资产投资6.68亿元，同比增长67%；完成财政收入5279万元，完成目标任务的107%，同比增长24.7%，其中税收5181万元，同比增长33.6%，占财政收入的98%；全年居民储蓄存款余额6.8亿元、发放贷款1.45亿元；预计实现农牧民人均纯收入7412元，同比增长16.54%，其中现金收入5266元，实现劳务输出1.46万人、增收1.38亿元。预计完成社会消费品零售总额8.86亿元（不含地直），同比增长17.92%。

【特色产业不断壮大】努力推进“青稞油菜、蔬菜大棚、奶牛饲草、禽类养殖”四大特色产业基地建设，全年完成一产增加值8531万元、同比增长6.74%。种植结构进一步优化，粮、经、饲比例调整为57:27:16，粮油产量达2.31万吨；紧紧依托12个蔬菜基地，成功实现了“农超对接”，泽当城区蔬菜供给率达55%。大力推进畜牧业，全年人工种草2.25万亩，安排经费60万元顺利完成了草包草补工作，兑现草原生态补助奖励资金138.4万元，重大动物疫病免疫率达100%，牲畜出栏率达42%，黄改率达72%、覆盖面达100%，实现肉类产量3879吨、奶类产量3012吨；完成禽类养殖170余万只，为群众创造纯利润1020余万元。高度重视“产业、商标、品牌”三推进工作，成立了工作专班，制定了“白青稞、红土豆、禽类养殖、奶产品加工、绿色蔬菜”三推进工作方案，成功注册了“雅拉香布”、“贡桑”、“泽帖”和第一块农田“萨日索当”青稞糌粑商标。

【工业基础全面夯实】积极抓好香港泽华、中国风电、华新集团、藏源集团等招商引资企业和现有企业的建设管理，进一步推进总部经济、建筑建材业、民族手工业健康发展，全力打造乃东工业园区，不断夯实工业基础，实现二产增加值7.74亿元、同比增长18.95%。

【三产经济持续发展】以雅砻文化大观源项目、昌珠历史文化名镇建设、雍布拉康和昌珠旅游综合开发为契机，积极打造“藏民族之宗、藏文化之源”的文化旅游品牌。全年共接待游客5.98万人次、实现旅游综合收入348.15万元，分别增长31.4%、57.3%；大力支持大型连锁企业将营业网点延伸到农牧区，累计建成农家店65家，全年完成家电家具下乡9821台（件）、发放政府补贴208万余元，克服巨大的维稳压力圆满承办了第32届雅砻物资交流会、实现销售总额1.88亿元；非公有制经济发展迅速，新增个体工商户565户、同比增长15%，非公经济上缴税收1775.58万元、增长35%。全年实现三产增加值18.47亿元（含地直），同比增长12.74%。

【项目建设深入推进】大力开展项目建设年活动，全年计划建设项目117个、总投资9.7亿元，开复工项目110个、全投完工项目65个，2012年至2013年176个项目前期工作全部完成，全力推进昌珠历史文化名镇、非物质文化遗产产业园、雅砻水库等“十大重点项目”建设。

【招商引资强势增长】大力引进了华新水泥产业链、雅砻文化大观源、中国风电20兆瓦光伏产业、雪域冰川矿泉水、安欣公司总部经济等项目，全年完成招商引资1.65亿元、完成计划的165%，实现了历史性突破。

扎囊县

【年度综述】全年实现地方生产总值37164万元，同比增长13.1%；完成社会固定资产投资49783万元，同比增长57.04%;实现社会消费品零售总额达到4130万元，同比增长18%；财税收入达到1154万元，同比增长27.8%;农牧民人均纯收入达到5618元，同比增长15.95%。

【农牧产业】该县坚持走农业产业化发展道路，累计投入6512万元。大力实施农业综合开发、中低产田改造、农业水利基础设施、黄牛改良、科技示范推广等项目；牲畜存栏数为3.59万头，完成黄牛改良6722头，进一步调整了畜牧业结构；同时，在确保粮食安全的情况，继续抓好种植业结构调整，加大农业结构调整，建立了优质油菜5号基地、优质奶源基地、禽类养殖基地等10个特色农牧业基地，将粮经饲比例由2011年的60：27：13调整为56：25：19。2012年我县完成春播面积3.59万亩，冬播面积3.06万亩，建立了二级种子田3600亩，实施高产创建示范作物2.2万亩。粮食总产2.126万吨，油料作物产量0.26万吨，蔬菜产量0.36万吨。

【受援工作】2012年，全县援藏工作按照援藏规划，认真组织实施，取得显著成效。确定6个援藏项目，总投资达2870万元，包括已通过竣工验收的投资300万元的扎其一小师生宿舍、食堂和投资180万元的扎囊县卫生综合楼、投资1650万元的友谊路，投资740万元进行新农村建设和乡村断头公路建设。援建项目涵盖城镇、新农村、教育、交通、卫生等民生领域，80%的援藏资金投入到乡、村、组，为我县受援以来向基层投入援藏资金和项目力度最大、资金最多的一年。所有工程建设项目已于2012年底前全面完工，项目的实施极大的改变了城区和农牧区基础设施面貌，提高农牧民群众的教育医疗水平。

【惠民工程】为落实党的各项支农惠农政策，着力抓好四个方面的工作:一是安居工程全年投资1179万元，完成785户，投资2615万元完成了25个村的人居环境综合整治工作。二是为增加农牧民群众的现金收入，我县坚持把15%的工程项目交给农牧民施工队实施，全年项目资金达7467.45万元。三是人社、水利、住建等部门积极开展各类技能培训，累计培训620人，拓宽了农牧民群众的就业渠道,全年劳务输出1.32万人，实现劳务创收6848万元。四是向农牧民群众发放各类政策性补助资金814.6万元。

【社会事业】为继续巩固“两基”成果，该县加强“控流防辍”工作，适龄儿童入学率，小学在校生2763人，入学率、巩固率均达100%；初中在校生1662人，入学率达99.6%；城镇学前三年适龄幼儿在园96人，入园率达100%；农村学前两年适龄幼儿在园674人，入园率达92.58%；认真落实《山南地区资助农牧民子女上大学实施办法》，共有281名农牧民大学生符合相关标准，原始正式收据收集工作已完成，待相关资金到位后予以兑现。

文化建设进一步加强，全县广播和电视人口覆盖率分别达到89%和98%，村（居）100%通广播电视，全区首家县级数字电影院在我县建成并投入使用；5个乡镇综合文化活动站陆续开工建设；农家书屋已覆盖全县62个行政村居，19座大中小型寺庙实现了寺庙书屋全覆盖；扎囊县果谐队参加2012年地区首届藏历新年《和谐山南》综艺晚会和2012年海斯科□中国西藏雅砻文化节的演出取得圆满成功。

为全面落实医疗、低保制度，我县积极扩大各类保险覆盖面，基本医疗保险、养老保险、工伤保险等险种做到了应保尽保，参保率均达100%，积极开展新型农村社会养老保险试点工作，参保率已达到95%。

【项目建设】2012年，全县实施建设项目共70个（含部分子项目和续建项目），完成投资49783万元。其中国家投资建设项目55个，完成投资32511万元；民间投资项目5个，完成投资12752万元；招商投资项目6个，完成投资2800万元；援藏投资项目4个，完成投资1720万元。投资4.27亿元的扎囊大桥项目和总投资3.75亿元的江北公路项目（含贡嘎段）已举行开工仪式，拉林铁路建设项目，目前正在进行施工前期准备工作。

【加强经费保障，使基层党组织有钱办事】为进一步推动各基层党组织的组织活动正常、有序开展，我县严格执行《中共山南地委办公室 山南地区行署办公室印发〈关于基层党建经费纳入地、县财政预算的意见〉的通知》（山委办〔2011〕26号）精神，加大财政支持力度，把村（居）党组织工作和活动经费纳入县财政预算，按照和地区财政3:7的比例落实了党建工作经费4.8万元，村（居）按每名党员100元标准发党建经费，中小学党支部、离退休党支部按2000元标准发放，县直机关各党支部及各寺管会党支部按3000元标准发放。在此基础上，县财政还另外拨付了15万元基层党建经费，有效确保基层党建工作的开展。

【加强人才保障，为基层党组织注入新力量】为进一步加强基层党组织干部队伍建设，我们选派了13名县直机关干部到乡镇党委任职，并实现了乡镇党委正职“一藏一汉”配备全覆盖，为各乡镇配备了党建专职副书记，并从5月底开始组织各乡镇党建专职副书记轮流在县委组织部进行为期一个月的专项培训，收到良好效果。同时，为进一步配强村（居）党组织的干部队伍，我县大力实施了“领头雁”工程，认真做好县乡机关干部到村（居）任职的选派和村居后备干部培养工作。在选派机关干部到村居任职中，我们首先制定了《扎囊县选派县乡机关干部到村居任职的实施方案》，明确了选派的方式和步骤方法，出台了任职期间有关待遇的意见。随后，通过全县范围内通过广播、电视进行了广泛的宣传，积极引导广大党员干部踊跃报名，到最基层为群众服务。最终，通过个人报名、单位推荐、组织审查，确定了32名选派人选，并按照“按需选派、人岗相适”的原则，把选派干部安排在合适的村（居），为基层党建工作奉献力量。在村居后备干部培养上，我们着重把回乡知识青年、复员退伍军人、市场经济中涌现出来的优秀分子及优秀入党积极分子培养成为后备干部，给他们交任务、压担子，使他们逐渐熟悉村居日常工作，逐步成为能为群众服务的中坚力量。

【加强智力保障，给村居党支部书记输入新思想】2012年，我县组织62个村居党支部书记进行为期3天的集中培训。我们按照“四抓”的要求，抓好培训内容的针对性、培训方式多样性、培训阵地多样性，着力做好组织、教学、管理等各环节的工作，培训从农村基层组织的特点出发，从地委党校聘请了专业老师授课，培训包括了党政策制度、村民自治和民主管理、矛盾纠纷调解常识及相关法律法规知识、发展党员程序、农技推广知识、社会保险、劳动就业和劳动保障知识、农牧区免费医疗管理制度等方面的内容，期间还组织村居党支部书记到吉汝乡吉汝村参观了新旧对比室，组织村居党支部书记开展了以“加强党建、促进发展”为主题的交流讨论。通过集中培训，达到了学有所获、学有提高的目的，使大家在思想上产生了共鸣，政治意识、大局意识、发展意识、政策意识等都有了较大提高。

【增强激励保障，提高村（居）“两委”干部积极性】我们认真实施了“领头雁”工程的“四给”工作法，进一步完善村（居）党支部书记激励保障机制，使村（居）党支部书记工作上有劲头、事业上有干头、发展上有奔头。2012年，我们为村（居）“两委”干部统一建立了新型农村养老保险，并积极与卫生局、人民医院沟通协调，利用10天时间对5个乡镇的村（居）两委班子成员进行体检，把体检表装入个人档案；还申请了2万元的优秀村（居）“两委”干部专项奖励资金，在落实村（居）“两委”干部的基本报酬和业绩考核奖励资金的同时，选择40名优秀村居干部，为每人发放500元奖金。各项措施的积极实施进一步增强了村（居）“两委”干部干事创业积极性。

【加强政治教育，落实廉政责任】县委始终把党风廉政建设和反腐败体系建设纳入重要的议事日程，做到与其他工作同部署、同检查、同考核，建立健全责任制，签订党风廉政目标责任书，明确主要工作职责和相关要求。为切实增强全县广大干部职工廉洁从政意识，我们始终坚持思想政治教育和党纪党风警示教育，严明党的政治纪律，积极引导党员干部职工树立正确的权力观、地位观和利益观，夯实廉洁自律的思想基础，不断增强拒腐防变的能力，建立风清气正、清正廉洁的社会环境

【维稳工作扎实开展】一是强化驻村、驻寺工作。紧紧依靠基层党组织，组织动员农牧民群众，深入排查维稳隐患7个；不断强化群防群治，组建巡逻队、护村队等群防群治小组130余个；大力宣传党的惠寺惠僧政策，充分调动广大农牧民群众和僧尼爱国爱教、遵规守法的积极性。二是强化社会面管控。全县6个便民警务站和101省道检查站，按照“定岗、定人、定位、定责、定时”的要求，实现了“白天见警车、晚上见警灯”，做到了逢车必查、逢人必查、逢物必查，切实发挥了“护城河”、“过滤器”、“安保圈”作用。三是强化对流动人员和重点人群的管理。严格落实“四包一”和“三包一”等管控措施，制定出台《扎囊县涉稳重点人员管控工作实施细则》，深入乡镇展开拉网式调查，按照应管尽管、应控尽控的要求，全面摸清了重点人员情况，建立了涉稳重点人员动态信息；各级各部门加强沟通、互通情况、协作配合，采取全时盯防、个案管控、动态监管和联合帮教的措施，切实把涉稳重点人员控制在了乡镇、村。四是强化应急机制建设。做到维稳措施到位、维稳制度健全。五是强化带班值班制度。严格执行24小时值班、带班制度和“零”报告制度，做到人不离岗、岗上有人，形成维稳值班长效机制。六是落实维稳责任。调整并下发《扎囊县县级领导干部包乡镇实施办法和工作要求》等文件，积极落实“县级领导包乡，乡级领导包村”要求，选派5名县级干部在乡镇指导工作，另安排3名县级干部分片管理青朴沟、敏珠林寺、顶古钦寺等重要宗教领域。明确要求全县领导干部必须做到四个模范：模范贯彻落实好上级各项要求及指示精神，模范遵守维稳各项纪律，模范约束自己、管好各自部门、管好自己的人，模范做好带班值班工作。七是落实监管督查。成立督查暗访组，定期、不定期对人员在岗和带班值班情况进行检查。八是强化信访维稳机制。及时排查和调处各类矛盾纠纷，截至目前，共办理、接待来信来访10件，其中：来访8件、来信2件，已办结5件、正在办理2件、重复来访3件。地委书记其美仁增评价“扎囊县是维稳工作的重点县之一。在党的十八大期间，县委、政府高度重视维稳工作，做到了措施到位、任务明确、责任到人，成效显著”。

【寺庙管理工作成效明显】一是寺庙管理工作制度化。在寺庙开展了以爱国爱教精神为主题的法制宣传教育30次，采取藏汉两种语言开展主题教育活动7次。敏感时段寺管会干部和寺庙僧尼全员在岗，常态管理阶段三分之二的寺管会干部在岗，并严格请销假制度，实行24小时值班、带班和零报告制度。严格审批宗教佛事活动，规范审批程序，并制定了相应社会稳定风险评估机制、维稳应急预案、安全保卫方案。二是“六建”工作成效明显。成立了9个寺管会，分片管理10个寺庙（拉康）；新建了统战、民宗2个党总支，9个寺管会党支部；配备县级领导7人，科级领导46人，一般干部和工勤人员34人，僧尼副主任8人，僧尼委员52人。三是“六个一”活动深入民心。建立健全了寺庙管理和僧尼管理各项规章制度。建立了寺庙管委会、驻寺干部、僧尼、家庭“三点一线”的联系渠道，先后家访282次，与僧尼交朋友结对86对。对各寺庙的在编僧尼和编外人员进行了分类建档，实现了“一寺一档”、“一僧一档”。四是“九有”工程取得实效。9个寺管会综合业务用房已全面投入使用，项目总投资1451.25万元；寺庙“三通”工程正在有序开展，其中，19座寺庙均实现通水、17座寺庙实现通电、19座寺庙通过新建、改扩建均实现通路；已建有寺庙书屋19座，每座寺庙均实现有报纸、有国旗、有领袖像；为全县各寺庙发放电视机、卫星接收器145套，实现了电视进僧舍全覆盖。

【领导名录】
县委书记：雷丰
县　　长：黄金刚
人大主任：次仁
政协主席：罗布

贡嘎县

【年度综述】2012年实现生产总值65563万元，同比增长12.3%；完成固定资产投资86267万元，同比增长3.5%；地方财政收入达5440万元，同比增长17.5%；税务部门完成税收2656万元；社会消费品零售总额完成4901万元，同比增长18.9%；农牧民人均纯收入达6240元（其中现金收入3744元），同比增长16.5%。一、二、三产分别达到5142万元、25354万元、35067万元，产为比例为7.8□38.7□53.5。

【农牧业提质增效】县金融机构发放农业贷款2967万元、扶贫贷款2247万元，落实区、地、县支农惠农资金4048.99万元(其中本级财政投入500万元)。常规农牧业稳步推进，综合生产能力稳步提高，预计全年生产粮食3.307万吨，油菜籽0.19万吨，蔬菜0.74万吨，肉类产量达0.37万吨，奶产量0.45万吨，粮经饲比例调整为55：25：20。在朗杰学乡和甲竹林镇新开发耕地1100亩，创建高产标准化示范基地2.4万亩。牲畜存栏量为19.73万头（只、匹），出栏7.49万头（只、匹），出栏率为38%，新生仔畜8.96万头（只、匹），成活8.6万头（只、匹），仔畜成活率达到95.98%。养殖藏鸡6.4万只。黄改冻配6583头，配种率达到101.3%。草场承包和草原生态保护补助奖励机制工作均已完成，并顺利通过终验。重大动物疫病防控工作落实到位，常见病防治得力，免疫密度达到100%，全年未发生重大疫情。

【特色产业效益明显】本级财政安排100万元专项资金扶持民营经济发展。充分发挥区位、资源优势，对外抓招商、对内转观念，以空港现代农牧业科技示范园区、现代农业青稞生产基

地为典型，在森布日村、乃莎村启动一批重点工程和重大项目，实现了农牧民增收致富。秀隆生态养殖有限公司、天瑞农畜产品加工厂等特色农牧业产业化重点龙头企业发展势头强劲，“雅砻源”牌藏鸡蛋、藏鸡和牦牛肉3个品牌通过国家绿色食品认证，产品已远销到北京、湖南等地。石材业大力发展，陇巴、刘琼等石材加工效益明显。种植“红土豆”3000亩，扶持种植户500余户，创收900万元。姐秀邦典、岗堆托嘎村铜器、朗杰学氆氇等民族手工业稳步发展，昌果红土豆协会、蔬菜种植协会、扎庆黄牛养殖协会等集体经济合作组织发展迅速，“一乡一品”格局初步形成，集约化经营跨上新台阶。“万村千乡工程”效益明显，农村流通体系不断完善，“百姓之家”加盟农家店已达到76家。

【城乡面貌深刻变化】全年共实施各类项目107个，有力促进了经济社会发展。一是城镇功能不断完善。严密组织实施县城总体规划编制，有序推进杰德秀古镇规划。完成2011年廉租房、机关食堂和2012年第一批县直周转房项目。二是基础设施建设成效显著。维修、新修水渠10处、防洪坝10处、机井3眼、提灌站4座。完成投资1200万元的全国农田水利重点县项目。安居工程新建130户，改造991户，兑现资金1059.5万元。完成投资1498万元的14个行政村农村人居环境建设和环境综合整治工作(其中本级财政配套280万元)。落实246万元，完成500座沼气建设。新修公路里程148公里，大幅改善了群众出行环境。三是新农村建设有序推进。农村集体土地确权登记颁证工作有序开展。扶贫工作卓有成效，实现355户农牧民，1747人脱贫，脱贫率达到19.3%。积极落实项目投资的15%交由农牧民施工的惠民增收政策。完成劳务输出26626人次，创收5434.6万元。四是旅游产业稳步增长。本级财政投入旅游专项资金5万元，投入39万元编制《贡嘎县旅游规划》和《西藏贡嘎县杰德秀古镇控制性详细规划》。争取到地区乡村旅游扶持资金22万元，对部分发展潜力较大，但条件较差的家庭旅馆和农家乐进行了扶持，带动农牧民就业76人。全年接待旅游人数22.1万人次，创收678.5万元。五是生态环境持续良好。重点区域环境综合整治成效显著，建立了重要草地、林地、湿地生态保护区。积极推进人工植树造林、退牧还草、防沙治沙等生态工程，全年完成植树造林22718.5亩。项目环评不断规范。六是援藏工作亮点纷呈。援藏投资的会议服务中心通过竣工验收。“天浴工程”已在4所学校建成8间浴室。“爱心100”活动筹措爱心助学款435余万元，受助藏族困难学生达1208人。正在抓紧实施陇巴旅游基础设施建设、陇巴新农村建设和机场综合体招商工作。中南大学湘雅三医院与县人民医院签订医疗战略合作协议，大大地提高了贡嘎的医疗卫生水平。另外，西藏银行成功落户我县。全年落实招商引资项目8个，到位资金7694万元，个体工商户增长明显，达到999户。

【社会民生全面发展】一是教育事业不断巩固。本级财政投入926万元教育事业资金，全力巩固“两基”成果，小学入学率达到了99.6%，在校生巩固率达到了98.7%，初中毛入学率达到了100%。22个教学点开展了学前“双语”教学，入园率达69.4%，在校学前幼儿达753人。积极推进职业教育，实验中学新建的职教厂房及设备已投入使用。二是科技工作稳步推进。狠抓低产田改造，加大对优质良种的推广力度，广泛积造农家肥。召开专题会议安排部署全年科技工作。本级财政投入5.6万元科普经费。三是文化事业不断进步。建成41家农家书屋、25家寺庙书屋。广播覆盖率达到94.1%，电视覆盖率达到96.3%。县民间艺术团及群众演出68场，观众达13.6万人次。电影下乡放映2240场，观众达23.1万人次。及时抢救挖掘非物质文化遗产，昌果乡“卓舞”、杰德秀镇“围裙”、贡嘎曲德寺“阿羌”入选国家级非物质文化遗产项目。投入39万元完善村级藏戏表演队伍服装道具及演出场所。落实少数民族语言文字方针政策，全年发放光碟、资料68套。积极开展了文物保护工作和重点单位的消防安全专项检查。三是医疗卫生不断提高。“降消”工作稳步推进，孕产妇的住院分娩率达到64.67%。疾病防控工作落实到位，全年未发生重大疫情。县、乡医管办人员配备率达到100%，村医总人数57人，超过一村一医配备标准，还有13名后备村医在训。完成全县41124名农牧民、307名在编僧尼、207名驻村工作人员和村居两委班子人员的体检和建档工作。先心病筛查救治进展良好，免费送北京、湖南救治先心病患儿14名。四是社会保障坚强有力。落实区、地、县民生资金859.27万元。新型农村养老保险参保人数达22802人，基本实现全覆盖。开展农牧民技能培训3次，人数达460人次，城镇登记失业率控制在3%以内。另外，防汛抗旱工作落实到位，救灾抗灾物资储备有力，储备饲草料1065万斤、青饲玉米1200万斤、清油17万斤、碘盐17万斤，维修暖棚圈405座，为确保牲畜安全过冬提供了保障。

【发展环境不断优化】牢固树立稳定压倒一切的思想，认真落实维稳第一责任，本级财政投入128万元维稳经费，不断加强和创新社会管理，实现了全年“三不出“的目标。建立健全了5个便民警务站的工作机制，截止去年底，5个便民警务站共服务求助群众1932人次。本级财政投入国防建设资金43万元。落实1156.5万元，为民办实事418件，圆满完成第一批强基惠民活动，第二批工作队部署到位，各项工作正有序开展。深入开展民族团结进步创建活动，推动各民族和谐发展、共同进步。加强和创新寺庙管理，实现了全县寺庙管委会全覆盖和干部驻寺常态化，寺庙“九有”工程基本完成，“六个一”和“一覆盖”活动深入开展，13个寺管会业务用房全部建成投入使用，为寺庙发放电视机271套、卫星接收机335套。安全生产形势总体稳定，消防工作落实到位，有效防范和坚决遏制了重特大安全生产事故的发生，确保了人民群众的生命财产安全。建立健全县乡村三级信访体系和调访机制，信访局面明显好转。圆满解决昌果采石场、机场改扩建征地补偿等历史遗留问题。

【行政能力全面提升】政府自身建设不断加强，全面推进依法行政，政务公开加快推进。自觉接受人大依法监督和政协民主监督。办理人大代表建议意见18件，办复率达到100%。办理人大代表视察意见28件，正在办理4件。完成乡镇机构改革和村居“两委”换届工作。积极推进依法治理，干部群众的法制意识进一步增强。认真落实廉政建设“一岗双责”制，召开政府廉政工作会议，开展政风行风评议，促进了政风的明显好转。实行政府集中采购，全年节约资金97.1万元。

【领导名录】
县委书记：夏文斌
县　　长：尼玛扎西
人大主任：西洛次仁
政协主席：韩志国

桑日县

【年度综述】全年预计：生产总值完成6.52亿元，同比增长25.5%，其中第一产业完成0.32亿元，同比增长5.9%；第二产业完成5.2亿元，同比增长29%；第三产业完成1亿元，同比增长16%；全社会固定资产投资完成8.24亿元，同比增长14.2%；税收完成1.35亿元，同比增长34.1%；社会消费品零售总额完成4580万元，同比增长20.2 %；本级财政收入完成5275万元，同比增长25%；农牧民人均纯收入达到6720元，同比增长18.7%；全县金融机构各项存款余额达到3.13亿元，同比增长49.9%；各项贷款余额达到1.17亿元，同比增长94.9%；城镇登记失业率控制在3%以内。这些成就标志着我县朝着实现“六县”目标又迈出了坚实的一步。

【农业结构不断优化，农业基础持续稳固】全县农业总播种面积达到2.3万亩，粮经饲比例调整为56:33:11，粮食产量1598.2万斤，油菜产量224.8万斤，青饲玉米打包窖藏1800万斤。大兴农田水利基本建设，新建5900米水渠，维修水毁工程8处，2座防洪坝，清淤26座水池，劳务投入1.93万人次。新开荒土地332亩，改造中低产田586亩，建设高效日光温室63座，积造农家肥3.01万斤。农机具补贴发放150万元。全县各类牲畜存栏10万头（只、匹），出栏3.86万头（只、匹），出栏率达33%。各类牲畜新生仔畜3.17万头（只、匹），成活率达97%以上，成畜死亡率控制在1%以内，全县藏鸡养殖达到4.6万只，实施黄牛改良2622头。动物疫病防控免疫密度达到100%，有序推进今冬明春防灾抗灾工作。完成了草场承包到户（联户）260万亩，建立草原生态保护补助奖励机制，草场承包、草原生态补助奖励机制工作顺利通过自治区验收，2011年草原生态保护补助奖励资金全额兑现。《2013-2015年桑日县农业综合开发项目总体规划》顺利通过审查。同时，全年本级支农资金达到450万元，共争取扶贫项目资金990万元，社会帮扶资金2000万元，减少贫困人口994人。

【绿县工程不断深入，生态文明成效改善】全年完成重点区域造林2220亩、防护林2500亩、防沙治沙400亩、封山育林5000亩，共植树33.2万株，成活率达到90%以上，森林覆盖率达到38.2%。全县配备护林人员598名，落实生态效益补偿金484.5万元。投入100万元深入推动核桃、花椒产业发展。同时，深入开展环境综合整治，推广各种生态节能措施，森林资源消耗明显减少。严把土地审核和审批关，与各乡镇签订了强化地籍管理责任书，确保我县耕地总量动态平衡，保证全县土地资源合理开发和利用。

【大力推进园区建设，工业经济高位增长】我们以“一园三区”作为工业园区主体架构，全年园区基础设施建设投资达500万元，园区基础设施得到改善。全县工业总产值达到5.7亿元，同比增长47%，其中华新水泥（西藏）有限公司产、销量首次突破百万吨大关，实现产值5.22亿元。尚德、中广核、中电投和保利协鑫四家光伏电站，发电5400万度，预计实现产值6210万元。

【三产健康发展，旅游产业迸发活力】全年本级加大旅游投入力度，旅游宣传影响力空前提升，中央电视台《北纬三十度—远方的家》栏目，西藏卫视旅游专题栏目对我县风情民俗、人文景色进行了专题报道。积极引导农牧民开办14家家庭旅馆、农家乐、牧家乐，全年接待游客4.1万人次，同比增加35.4%，实现旅游收入128.6万元，同比增加23.9%。沃卡温泉改造升级工程完工，达古峡谷旅游基础设施完善，帕竹文化资料搜集工作全面启动，全县“游财湖、观马鹿、泡温泉、品帕竹文化”的旅游整体定位确定。与此同时，鲁定林卡休闲消费持续升温，年内收益96万元。新增8个“万村千乡”市场工程农家店，进一步改善了农牧区消费环境。

【项目带动成效显著，城乡基础不断夯实】全年实施城乡基础设施项目82个，县政务中心、岳阳路升级改造等援藏项目相继完工，县法院审判业务用房、24套乡镇干部周转房、32套县直周转房、县扶贫就业楼，以及投资1788万元的县机关政权业务用房等项目开工建设。完成了四曲那玛河治理工程建设，沃卡灌区建设顺利启动。加快实施农牧区饮水安全工程，解决1026人的饮水问题，农村饮水安全率达到99%。实施布龙公路、寺庙通寺公路等交通项目，新增公路里程38.1公里，道路维护除险工作进展正常，加桑公路第一期全线贯通，县城至318国道公路、拉林铁路桑日段前期工作顺利启动，畅通桑日建设取得重大进展。认真协助实施达古、巴玉、街需电站前期勘查工作，总投资6530万元的110千伏变电站开工建设。同时，启动了规模为1.5平方公里的县城总规修编，本级财政投入88万元实施县城“绿色通道”建设及县城景观树种植，投入109万元启动县城路灯改造、主建筑LED亮化工程，投入57万元实施县城智能交通系统建设。完成农牧民安居工程 520户，实施14个村的人居环境整治工程，全县已累计实施安居工程建设3600户，34个行政村完成人居环境整治工程，成为山南地区新农村建设进度最快、建设质量最好的县之一。城乡脏、乱、差现象得到有效改善，群众生产生活环境逐步优化。

【民生改善显著，群众幸福指数大幅提升】2012年在逐步完善符合县情、比较完整、覆盖城乡、可持续的保障体系方面迈出了坚实的步伐。全力支持科技事业发展，本级投入科技专项经费21万元，结合全县支柱产业培育和产业结构调整,深入开展“一户一个科技明白人”活动，举办科技培训32期，培训4633人次,群众科技意识明显增强。同时，农业服务综合站在各乡镇相继落成，群众家电、摩托车、拖拉机、农机具养护维修均可以在家门口完成。教育事业稳步推进，全年完成学校食堂改扩建，学生宿舍新建，以及全民健身活动中心等11个教育项目，认真落实“两免一补”和“三包政策”，做好平安和谐校园创建活动，认真推进教育改革和教学质量提升工程，全力营造全社会尊师重教氛围，教师节我县召开全县教育工作表彰大会，援藏资金及本级财政共投入奖金17.9万元，奖励优秀教师、优秀毕业生、尊师重教家庭。同时，下大力气做好控辍保学工作，全县小学适龄儿童入学率达到100%，初中正常入学率达到99.3%。设立11个村级学前幼儿园，村级学前双语教育入园率达到83 %。全年本级教育配套资金达到850万元。促进文化事业繁荣发展，继续推进广播电视“户户通”，广播电视人口覆盖率达到96%，同比增长5%，投入60万元启动县城数字电视升级工程，收视电视频道达到64个；县城广场文化参与人数累计2000余人次；播映数字电影1436场次，自办并播出《桑日一周要闻》71期，投入100万元组建的县民间艺术团，参与雅砻文化节演出活动，并到农牧区试点巡演11场。抓好医疗卫生事业，全县农牧民农村合作医疗参合率达98.87%，农牧民健康体检率达到98.78%，狠抓疾病预防工作，加强传染病、地方病和鼠疫的监测和防治，全县孕产妇住院分娩率75.38%，无孕产妇死亡，婴儿死亡率控制在指标范围内。开展先心病儿童筛查工作，11名患儿到内地接受手术并康复。做好就业和社会保障工作，全年新增就业178人，城镇登记失业人员控制在3%以内，保持了“零就业家庭”动态清零。多渠道优化人力资源配置，全年开展各类职业技能培训50期，培训农牧民群众6000余人次，劳务输出5022人，实现劳务收入2300万元。与此同时，“十道保障线”惠及更多的干部群众，本级财政全年投入达389万元。社会保障实现“应保尽保”,新型农村社会养老保险参保率达到98%以上，基本养老保险发放率、城镇养老保险参保率达到100%。发放救灾资金20.7万元、农牧区低保资金152.23万元、城镇低保资金15万元、城乡医疗救助资金86.2万元、孤儿基本生活补贴18.7万元，本级财政投入养老保险及寿星老人健康补贴共38.6万元、残疾人补贴26.7万元，全县1690名城乡困难人口受益。还为40名便民警务站辅警，每人每月解决了400元的生活补助，民生改善力争实现面面俱到。

【发展环境逐步优化，招商引资成果得到巩固】我们始终把廉洁、高效、求真、务实作为优化服务环境的着力点，发展环境逐步优化。积极引进总部经济企业，新增注册资金2.84亿元，同比增长77%。同时，新成立农牧民专业合作社3家，注资总额3万元；新注册个体工商户57家，注册资金78.4万元，同比增长14%，非公有制经济发展良好。

【全力加强民族宗教工作，涉宗领域持续和谐稳定】我们全面贯彻党的宗教工作基本方针和管理宗教事务的法律法规，依法保护正常宗教活动。深入巩固寺庙“六个一”“六建”活动成果，全力推进“九有”工程，8条寺庙通寺公路、4座寺管会业务用房、6座寺庙饮水安全工程完工，寺庙电视“舍舍通”全面完成，寺庙公共服务功能提升，并实现全县在编僧尼社会养老保险、医疗保险全覆盖，完成全体僧尼体检工作。本级财政投入奖金20万元，召开了两次和谐模范寺庙暨爱国守法先进僧尼表彰大会，同时，开展了一系列形式多样、内容丰富的民族团结宣传教育和表彰活动，“三个离不开”和“团结稳定是福，分裂动乱是祸”的思想更加深入人心，藏语言文字工作成效不断加强。

我们全面贯彻党的宗教工作基本方针和管理宗教事务的法律法规，依法保护正常宗教活动。深入巩固寺庙“六个一”“六建”活动成果，全力推进“九有”工程，8条寺庙通寺公路、4座寺管会业务用房、6座寺庙饮水安全工程完工，寺庙电视“舍舍通”全面完成，寺庙公共服务功能提升，并实现全县在编僧尼社会养老保险、医疗保险全覆盖，完成全体僧尼体检工作。本级财政投入奖金20万元，召开了两次和谐模范寺庙暨爱国守法先进僧尼表彰大会，同时，开展了一系列形式多样、内容丰富的民族团结宣传教育和表彰活动，“三个离不开”和“团结稳定是福，分裂动乱是祸”的思想更加深入人心，藏语言文字工作成效不断加强。

【援藏领域不断拓宽，成果丰硕】投资2870万元，先后援建了县政务中心、小城镇建设、岳阳路改建等市政建设项目，启动4所村卫生室建设，推动“庭院经济”建设。同时，组织第三批、17名村支书到内地考察学习，协调内地慈善团体到我县开展捐助活动，争取资金设立教育基金，援藏力量有力地促进了全县各项工作的发展。

【领导名录】

县委书记：余良勇
县　　长：吾金
人大主任：李战英
政协主席：欧珠平措

琼结县

【年度综述】预计全年地区生产总值、固定资产投资、社会消费品零售总额、财政收入、农牧民人均纯收入分别完成25450万元、33987万元、2410万元、1000万元、6344元，同比分别增长29.7%、36.2%、25%、23%、25.1%，实现税收收入1164万

元。各项经济指标均超额完成年度计划任务，特别是财政和税收收入，双双突破千万元大关，创造了历史新高。

【狠抓“三农”工作，农业农村快速发展】2012年全县在全面落实惠农政策，稳定粮食生产的基础上，不断调整优化农牧业产业结构，农牧经济整体水平进一步提高。实现粮、经、饲比例57:25:18，完成优良农作物种植16150亩，全年粮食喜获丰收，粮油总产达2475.1万斤，超额完成了地区目标任务。重大动物免疫密度达100%，全县牲畜存栏77190头（只、匹）、牲畜出栏41706头（只、匹）、出栏率36.8%，新生仔畜22744头（只、匹）、成活率达到98.6%，死亡率控制在0.86%，实现草畜平衡户数位1852户，兑现草补资金122.27万元。在做好农业发展的同时，坚持以市场为导向，大力发展特色农牧业,优质青稞、青饲玉米、加麻土豆、藏鸡养殖、短期育肥等农牧业特色产业稳步发展，投资45万元实施了下水乡青饲玉米基地、农村专业技术协会、加麻乡特日村土豆协会三个“科普惠农兴村计划”；发展了藏鸡养殖、短期育肥奶牛养殖等11个专业合作社，受益群众达1000余人。全县实施黄牛改良3603头，藏鸡养殖149585余只，生猪出栏达到3120头，短期育肥8000只，完成肉类产量874吨、奶类产量860吨，同比稳中有增，基本满足了市场肉、奶、蛋需求。新农村建设工作扎实推进，投资2737万元，实施了11000亩的现代农业示范项目、拉玉乡堆巴村678亩土地整治项目、日玛岗水库维修工程，加麻乡扎西村色拉沟水渠修建项目。大力实施“八到农家”工程，实施了拉玉乡至强吉村公路和9个寺庙通路工程，解决了750名农牧民和105名寺庙僧尼及管委会干部的饮水安全问题，完成了7个行政村的人居环境建设和环境综合整治，建成520座农村户用沼气。投入78万元解决了65户农牧民的安居问题。新建专业合作组织6家，吸收会员628人，受益群众达1000人。全县农村生产生活条件进一步改善，农业综合生产能力显著提高。

【是扩大投资消费，经济增长动力更强】2012年建设项目65个，全社会固定资产投资完成3.3987亿元，同比增长36.2%。实施了拉玉乡至强吉村公路和9个寺庙通路工程。完成了青瓦达孜广场、县卫生服务中心、县城垃圾填埋场、游客综合服务中心等项目的建设。现代农业示范项目全面启动，乡镇业务用房、第二批县乡干部职工周转房进展顺利。城乡消费市场购销两旺，实现社会消费品零售总额达2410万元，新建“万村千乡”农家店11家，家具家电下乡销售额超过238万元。

【扶持服务并重，园区经济加快发展】加快推进园区基础设施建设，实施了工业园园区路和园标建设项目，进一步完善了工业园区功能。认真落实工业园区各项优惠政策，加大扶持力度；主动做好服务工作，及时帮助入园企业解决生产建设中遇到的困难。截止目前，雅拉香布5万吨优质矿泉水项目已投产运营，金藏元农业科技有限公司将于2013年3月正式生产，沃德贡杰食品有限公司养生保健项目进展顺利，预计2013年内建成投产。2012年，全县实现工业总产值2350万元，同比增长161%。全年接待游客10.77万人，实现旅游收入36.63万元。

【深化改革开放，经济发展更具活力】认真落实草场承包经营责任制。不断加强与援藏省市沟通衔接，受援工作扎实开展，落实援藏资金2247万元，实施了青瓦达孜广场等9个项目，极大地改善了我县的基础设施。水晶玉石厂转企改制基本完成。招商引资工作取得重大进展，实现招商引资额7940万元，湖北丰华能源投资有限公司投资8亿元的太阳能发电项目有望2013年内动工建设。加强对非公有制经济的鼓励、支持、引导，全县现有农牧民施工队30余家，从业人员超过300人。

【坚持以人为本，民生福祉持续增加】认真落实各项惠农政策，兑现粮食直补、农资农机等各项补贴115.827万元；组织劳务输出5413人，实现劳务收入4579.85万元。2012年，农牧民人均纯收入、现金收入分别达到6344元、4128元。继续巩固“两基”成果，中、小学适龄儿童入学率、在校生巩固率均达到了100%；全面实行学前双语教育，学前两年、三年儿童毛入园率分别达到95%、65%；积极推行集中办学，教育资源利用效率进一步提高；投资2000多万元实施了下水乡完小、青少年活动中心、6所村级“双语”幼儿园等新建项目。县卫生服务中心大楼建设完成；农村新型合作医疗参合率继续保持100%；对18岁以下的青少年和儿童进行了先天性心脏病初步筛查，对筛查出的10名患者进行了免费手术；为16687名农牧民进行了免费健康体检，健康档案建档率达到99.84%。广播电视户户通、舍舍通工程和“西新工程”不断推进，广播电视综合人口覆盖率均达到95%以上，20个农家书屋和7个寺庙书屋全面建成，基本实现全覆盖；文化遗产保护进一步加强，文化交流力度进一步加大，久河卓舞成功参加了西藏电视台、山南电视台藏历年晚会及雅砻文化节演出，奔堆白面藏戏参加了雅砻文化节展演。新增就业115人，政府购买公益性岗位62个，城镇登记失业率控制在3%以内。城乡居民社会养老保险制度实现全覆盖，新型农村社会养老保险参保人数达10723人，参保率达到114.4%，寺庙僧尼全部参加养老保险和社会保险。城乡低保标准提高到390元。建成周转房126套、廉租住房30套。

【加强生态建设，永葆琼结碧水蓝天】全面实施草原生态保护补助奖励机制，兑现草原补奖资金98.5万元。严格执行森林生态效益补偿机制。植树造林、封山育林、退耕还林工程稳步实施，2012年完成植树造林1273.6亩，封山育林5000亩，森林覆盖率达到17.75%。重点项目建设环境保护不断规范，饮用水水源环境保护和水土保持不断加强。环境综合整治有力推进。严格执行环境影响评价制度，规划环评大力推进。县城垃圾填埋场建成，治理“白色污染”等环保专项行动深入开展，环境保护执法监管力度加大。

【力促长治久安，和谐稳定局面不断巩固】认真落实自治区和地区各项维稳部署和措施，实现了“三不出”目标。加强和创新社会管理，大力推进城镇网格化管理，4个便民警务站相继建成运营，加强驻村驻寺工作，认真开展创先争优强基惠民活动，完成了第二批驻村轮换工作，寺管会业务用房全部建成投入使用，依法加强寺庙管理，寺庙“六建”和“九有”工作大力推进。不断加大信访、排查化解矛盾纠纷工作力度，妥善处理人民内部矛盾。加强安全生产监督检查和专项整治。2012年未发生一起重特大安全生产事故，事故死亡人数为零。规范藏语言社会用字，藏语言文字工作不断加强。

【领导名录】
县委书记：王建军
县　　长：中达娃
人大主任：吾根单增
政协主席：李长安

曲松县

【年度综述】预计固定资产投资、财政收入、社会消费品零售总额、农牧民人均纯收入分别完成3.8亿元、2712万元、2856万元、5895元，同比分别增长66.3%、40.5%、23.4%、16.9%，全县生产总值4.1亿元，同比下降3.8%。

【注重顶层设计，产业发展后劲增强】制定了打造优势矿业大县、建设特色旅游名县和转型新县实施方案，完善了“十二五”产业发展规划，为产业发展指明了方向。全年农作物播种面积达2.49万亩，预计粮油产量分别达7179.43吨、974.55吨。牲畜出栏率、死亡率、成活率分别达43.3%、0.48%、97.4%。草场承包工作通过自治区验收，兑现补奖资金322万元。完成造林面积3万亩，每亩成活率达90%。投入122万元实施“一乡一品”打造工程，黑青稞、风干牦牛肉、酥油等农畜产品加工和藏香猪、藏鸡养殖业初具规模，带动当地农牧民群众创收460余万元。两家规模以上企业运行良好，雅砻神水投产上市工作稳步推进。接待国内外游客1.8万人次，增长20%；实现旅游经济收入86万元，增长46%。非公有制经济不断发展，个体工商户数量和纳税额分别增长15%、15.1%。

【注重投资拉动，项目建设成效显著】深入开展“项目建设年”活动，及时召开项目调度会、项目推进会和项目现场督办会，对项目建设工作进行全面安排部署。全年实施项目118个，完成项目投资3.8亿元，项目总数和投资总额分别增长34%、66%。罗布莎矿泉水厂、县行政综合服务中心、贡康莎灌渠续建配套工程、下邱油路等一批大项目顺利实施并投入使用。交给农牧民实施的项目资金达9889.88万元，占项目投资总额的26%，带动农牧民增收效果明显。

【注重提质增效，招商引资成绩突出】制定《曲松县招商引资投资指南》，完善招商引资项目库，改进招商方式，拓展招商渠道，招商工作取得了新的成绩。全年完成招商引资4413万元，增长116.6%，比地区下达任务高出47个百分点。引进3家企业，全年纳税额达738万元。认真贯彻落实地区能源工作会议精神，先后与河北新奥、中电投签订100兆瓦光伏电站意向协议，目前已完成一期20兆瓦光伏电站可行性报告，电站开工建设相关事宜正积极与上级业务部门衔接中。

【注重统筹发展，城乡面貌大为改善】修改完善了《曲松县城总体规划和控制性详细规划》，并通过地区评审委员会评审。全年新建市政道路6条，形成“三横四纵”格局。投入7000余万元实施“洁绿亮美”创建和“喜迎十八大□和美新曲松”整治工程，县城垃圾填埋场、垃圾转运站、城乡居民保障性住房、曲松河两岸和机关院内草坪铺花岗岩、棚户区改造、政府招待所维修等大批重点市政项目建成并投入使用。投入850余万元完成5个行政村人居环境综合整治和177户安居工程项目，组织实施7个农村饮水工程点，基本实现寺庙通水、通路、通电，全县通组公路率达30%以上，城乡基础设施条件大为改善，面貌日新月异。

【注重真情奉献，援藏工作成果丰硕】以县委书记柯东海同志为领队的黄石市第二批援藏工作队始终秉承“快乐援藏、奉献援藏和科学援藏”的宗旨，真情融入曲松，真心发展曲松，累计实施援藏项目5个、落实援藏资金3280万元，县行政综合服务中心、曲松村新农村、县城整体功能提升、下洛特色产业园、县中心幼儿园等工程全面建成并产生效益，成为在曲松援藏进程中的一座丰碑。同时，第二批援藏干部带来的新思想、新观念、新作风、新做法，为全县各级党员干部群众思想上注入了新活力，为曲松长远发展奠定了坚实思想基础和物质基础。

【注重共建共享，民生民利大幅提升】投入2000余万元创造性实施“六大民生工程”，一批关乎民生民计的热点难点问题得到解决。全年落实教育配套资金386万元，“两免三包”政策全面落实，“三包”经费做到及时足额划拨。资助111名农牧民子女上大学。学前“双语”教育毛入园率达100%以上；小学适龄儿童入学率100%，初中毛入学率108%，“两基”成果不断巩固。全面完成先心病患儿筛查工作，10例患儿成功实施手术。新农合参合率达96.25%。住院分娩率为84.86%，婴儿死亡率为19.92‰。农牧民健康体检率为98.7%。广播电视覆盖率均达96.3%。成功编排演绎话剧《共产党来了苦变甜》。成功申报喇嘛玛尼说唱、陶器制作、卓舞为自治区级非物质文化遗产。新增就业189人，城镇登记失业率控制在2.8%以内。新农保参保率达99%。享受城镇低保139人、农村低保1620人，发放低保资金239.05万元，为235户“五保户”发放生活补助56.4万元。农村低保制度和扶贫开发政策“两项制度”有效衔接。

【**注重平安建设，社会局势和谐稳定**】紧紧围绕为党的十八大胜利召开营造和谐稳定的社会环境和“三不出”工作目标，严格落实各项维稳措施，圆满完成各敏感时段维稳任务。不断加强和创新寺庙管理，投入715.5万元开展管委会“六建”和寺庙“九有”、“六个一”工作，深入开展藏传佛教与社会主义社会“五个相适应”活动，成效不断凸显。建成4个便民警务站并投入使用，全面形成城区社会面网格化管理格局。加强非煤矿山、道路交通、食品药品、危爆物品的安全监管力度，大力开展地材运输和销售市场专项整治活动，有力维护了社会稳定。全年未发生一起越级、集体上访和群体性事件，矛盾纠纷化解率达100%。

【**注重自身建设，政府工作不断规范**】完善出台曲松县公务接待管理暂行办法和机关车辆管理制度，进一步规范公务接待和用车审批程序；出台县行政综合服务中心大楼管理办法，规范取暖设备、电梯、水电、卫生保洁等工作；规范县委、县政府会议形式，形成常委会议、党组会议、常务会议、专题会议、办公会议、碰头会议长效机制；规范财务报批程序，所有经费请示一律由县财政局集中提交政府常务会议或县长办公会议研究决定；规范集中采购制度；出台改进工作作风“七项改进”，规范全县各部门办文、办会、办事程序。坚持依法行政，自觉接受人民代表大会及其常委会的监督、人民政协的民主监督和社会各界的舆论监督，全年办理人大代表议案57件、政协委员提案2件，办复率均达100%。从西藏珠穆朗玛律师事务所聘请法律顾问，全面增强政府依法行政能力。全面落实党风廉政建设责任制，对政府性主导的项目、土地、采购招投标进行有效行政监察和执法监督，对财政性资金、政府性投资项目和领导干部经济责任加强审计监督。

【**深入开展基层组织建设年、创先争优强基础惠民生活动**】组织160余名干部职工奔赴农牧区，与农牧民群众同吃同住同学习同劳动，帮助村“两委”和农牧民群众理思路、谋发展、抓稳定、办实事、解难事，受到各族群众热烈欢迎，密切了党群干群关系，基层基础更为牢固。此外，曲松县统计、编译、司法、消防等工作取得新成绩。妇女儿童、老龄残疾等事业全面发展。国防动员建设加强，双拥工作深入开展，军政军民团结进一步加强，驻军部队、武警官兵在支援地方建设和抢险救灾中发挥了重要作用。税务、工商、邮政、电信、移动、农行等中直部门对全县经济社会发展作出了重要贡献。

【**领导名录**】
县委书记：柯东海
县　　长：拉巴次仁
人大主任：次仁多布庆
政协主席：白玛顿珠

措美县

【**年度综述**】2012年，在地委、行署和县委的正确领导下，在县人大、政协的监督、支持下，县政府动员和组织全县各族人民，始终坚持以邓小平理论和“三个代表”重要思想为指导，深入贯彻落实科学发展观，紧紧抓住实施西部大开发和安徽省对口支援的历史机遇，牢牢把握“农牧稳县、工矿富县、旅游活县、科教兴县、人才强县、生态立县”的发展定位，紧紧立足五大优势资源，不断优化发展环境，坚定不移地推进经济建设，全力以赴地维护社会稳定，较好地完成了2012年各项工作的主要目标任务，各项事业取得了显著成绩。2012年，我县在山南地区2012年综合目标考核验收以及2012年社会管理综合治理考核中分别获得第二名，取得历次最好成绩。

【**经济持续快速发展**】2012年，全县生产总值完成17565万元，同比增长15.5%。其中：第一产业达到2080万元，比上年增长6.2%，第二产业达到6935万元，比上年增长15.8%；第三产业达到8550万元，比上年增长17.7%；固定资产投资完成27680万元，同比增长36.9%；本级财政完成828万元，同比增长33%；税收收入完成650万元，同比增长35.4%；

【**农牧区经济发展势头强劲**】2012年，我县实现农林牧渔业总产值完成3031.28万元，同比增长6%。粮经饲比例由2011年的67:15:18调整为2012年67:14:19，今年粮食产量达到3200吨，同比增长8%；蔬菜产量2494.99吨，同比增长131.5%；油菜产量405吨，同比增长77.1%。新生仔畜成活8.97万头（只、匹），成活率92.3%，比2011年提高2.3个百分点；成畜死亡0.5万头（只），死亡率控制在1.27%以内，出栏率达到40%以上。生态建设与保护继续得到加强，完成草场承包167.64万亩，发放草场补助奖励资金1425.71万元，人均发放1089元。2012年地区下达造林任务4230亩，完成率100%，并顺利通过上级业务部门验收，经过后续管理，成活率在85%以上，保存面达到100%。

【**基础设施建设取得新突破**】我们始终把投资拉动作为带动经济发展的重要支撑，认真做好县城、哲古旅游、扎扎村整体搬迁等规划，并按照规划要求不断推进项目建设，努力改善基础设施条件，促进我县经济社会跨越式发展。2012年，我县累计建设项目83个，计划投资31243万元，完成投资27680万元，同比增长36.9%。其中：国家投资62个；援藏项目17个；招商引资、民间投资等4个。当许灌区、藏中电网并网入户、市政基础设施、安居工程项目、牧区暖棚以及牧户住房建设、寺庙通水通路等一大批关系国计民生的重大项目得以实施，极大缓解了制约我县经济社会发展的瓶颈，城乡面貌发生了翻天覆地的变化，为全县经济社会的跨越式发展奠定了坚实的基础，并取得了山南地区项目建设第一名的历史最好成绩。

【**民生改善工作迈上新台阶**】农牧民人均纯收入2012年完成5596.54元，同比增长25.2%；以安居工程为突破口的社会主义新农村建设成效明显，2012年地区下达394户的安居工程建设任务（其中：贫困户24户，纳入“十一五”期间整修370户），截止目前已全部完工并做到了人畜彻底分离，总投资833.1万元，受益人口达1580人。完成了4个村的农村人居环境建设和环境综合整治建设项目，完成投资298.45万元，有效的改善了农牧民群众的住房条件，极大的丰富了群众业余生活；扶贫开发工作进一步推进，2012年自治区扶贫办下达批复扶贫项目共计18个，其中整乡推进扶贫项目4个，面上扶贫项目13个，劳动力转移扶贫项目1个。项目总投资1027万元，其中国家投资793万元，群众自筹及投劳投资234万元。根据2012年度扶贫项目计划安排，共完成485户1163人的脱贫任务；城乡医疗卫生服务体系进一步完善，农牧民免费医疗制度实现全覆盖，完成了全县农牧民及僧人免费体检和先心病筛查工作；城乡社会保障体系建设取得新进展，2012年新型农村养老保险做到了应保尽保，全县参保率达到了97%。寺庙僧人保险、城镇居民养老保险全面启动；就业、再就业工作全面推进，零就业家庭和“3545”人员就业问题逐步得到解决；各项支农惠农政策得到严格落实，确保了支农惠农资金足额、及时发放到群众手中。2012年，在区、地、县三级强基惠民活动领导小组的重视和大力支持下，各驻村工作队充分发挥自身优势，积极与上级部门沟通协调，共争取项目、物资和资金共计2784万元,为改善农牧民生产、生活条件作出积极贡献。

【社会事业展现新气象】该县高度重视发展各项社会事业，县农家书屋建设稳步推进，目前已建成农家书屋17家，覆盖全县16个村（居）委员会；广播电视“户户通”工程于2009年全面完成，覆盖率分别达到89.8%和92.9%；电影2131工程稳步推进，农村数字电影实现全覆盖，先后分别获得全自治区和山南地区农村电影2131工程先进集体称号；加大对文物古迹保护力度，做好文物普查工作，哲古镇卓德寺和乃西乡达玛墓地被评为自治区级文物保护单位；哲古景区被命名为全区首批风景名胜区，连续三年成功举办“哲古牧人节”，扩大了措美知名度。教育基础设施不断完善，乃西完小、哲古二小附属工程和县青少年校外活动中心等工程如期完工并投入使用，进一步改善了基层教育设施；严格落实“三包”经费账目管理，实行公示制度、政府采购、经费月报制度，足额落实“三包”经费，小学、中学入学率分别达到100%和98.9%，完成了三个乡镇学前“双语”幼儿园建设；县、镇、村三级医疗卫生网络不断完善，疾病预防控制工作成效显著，各类传染病得到有效控制，计划免疫“五苗”单苗接种率达到90%以上，全县未出现传染病流行现象；2012年，全县社会保障水平逐年提高，城镇低保补差标准每人每月达到390元，农村低保人年均收入提高到1450元以下。五保户供养按照“应保尽保”的要求，供养率达到了100%。此外，我县县志顺利通过终验，即将出版发行。

【民族团结不断巩固】全面贯彻党的民族宗教政策，广泛开展民族团结教育和民族团结进步创建活动，大力表彰民族团结先进组织和个人，使各族群众牢固树立“三个离不开”的思想，始终做到同呼吸、共命运、心连心，自觉抵制各种狭隘的民族意识，增强对中华民族的归属感和对中华文化的认同感；深入揭批达赖集团的反动本质，加强统一战线工作，最大限度地孤立打击少数极端分裂主义分子，最大限度地团结一切可以团结地力量，促进了各族人民和睦共处、和衷共济、和谐发展的局面得到不断巩固和发展。

【社会局势持续稳定】2012年以来，我们坚决贯彻落实区、地、县委关于反分裂斗争的方针和部署，严密防范、严厉打击了达赖集团的分裂破坏活动，依法加强了对宗教事务的管理，圆满完成了各项重大活动及敏感节点的各项维稳任务，平安措美建设取得了重大进展。严格落实社会管理综合治理的各项措施，完善和落实了社会管理综合治理目标责任制，积极发动和组织群众参与社会治安工作，开展了创建“国家级”平安县活动，认真做好了国防动员、民兵预备役和人防等各项工作，确保了社会局势的持续稳定；坚持打防并举，有针对性的开展“严打”斗争，对群众反映强烈的突出治安问题，进行了专项治理；加大对“黄、赌、毒”等社会丑恶现象的打击力度，维护了良好的社会秩序；加强和创新了寺庙管理工作；深入开展了“六□五”普法的各项工作；进一步做好信访工作，畅通信访渠道，积极开展矛盾纠纷排查调处工作，妥善处理人民内部矛盾，把矛盾解决在基层，解决在萌芽状态，社会治安环境得到明显改善；切实加强安全生产工作，突出抓好重点行业、重点领域的专项治理，及时排查和消除了重大安全隐患，完善了应急预案，提高了应急处置能力。

洛扎县

【年度综述】全县生产总值达到25243万元，同比增长12.6%，一、二、三产分别达到3753万元、10970万元、10520万元，分别增长4.3%、17.9%、10.6%，结构比例优化到14.9：43.4：41.7；完成社会固定资产投资42005万元，同比增长51.7%，其中，完成国家投资31607万元、招商引资1000万元、援藏投资800万元、民间投资8598万元，同比分别增长43.4%、0、32.2%和113%；完成社会消费品零售总额4890万元，同比增长20.4%；完成税收收入1289万元，同比增长43.2%，完成本级财政收入1007万元，同比增长32.3%；农牧民人均纯收入达到5838元，同比增长16.7%。

【着力三农工作，实现群众增收和城乡发展相互推进】结合“兴边富民”产业项目，重点开展了油豌基地建设，在全县范围内种植油菜4255亩，豌豆4191亩，将粮经饲种植比例调整为73□20□7，粮食产量达到9578吨，油菜籽产量达到838吨。草场承包工作全

面完成，兑现草补资金319.6万元，顺利通过自治区验收。全县牲畜存栏达到99606头（只、匹），新生仔畜26661头（只、匹），成活率达到95.3%；牲畜出栏31857头（只），出栏率达到30.1%，完成黄牛改良1306头。落实森林生态效益补偿金357万元，完成重点区域生态公益林建设6000亩，义务植树6万余株，封山育林9000亩，迹地更新5500亩。加强农牧民群众“政策增收、扶贫增收、产业增收、项目增收、劳务增收、采集增收”服务工作，发放支农惠农资金6764.5万元，完成劳务输出5100人，实现创收2265万元。加强城乡面貌改善，完成804户农房改造、192户农房新建工程和5个村（居）委会人居环境整治工作，重建和维修了“9.18”地震受灾民房2768户。完成了县城、拉康镇和色乡小城镇规划编制及送审工作，投资55万元，启动了县城南坡治理前期工作，并报送区国土厅批准立项，实施了第一批机关周转房和城西水源点保护等项目，城镇功能不断提升。

【着力投资消费，实现经济增长和发展后劲持续上升】加大了招商引资推介力度，制定印发了《洛扎县招商引资若干规定》，投资环境得到进一步优化。抓好项目论证、设计施工等各个环节工作，实现全年开复工项目78个，其中：新建项目67个，续建项目11个，分别完成国家投资31607万元，援藏投资800万元，民间投资8598万元。浪洛油路、保障性住房、县乡党政机关综合业务用房等一大批重点项目有序实施，实现乡村公路通达率达到90%以上，电力人口覆盖率达到87%以上，新增安全用水人口3050人。扎实推进“万村千乡市场工程”，成功举办“八一”物交会、色乡边贸会等物资交流会，重点带动家电、家具、农机等生产生活用品下乡，促进消费市场兴旺。

【着力产业发展，实现发展质量和发展活力共同提高】朗扎电站于2012年7月开工建设，完成雄曲流域水能开发环评、地勘、可研等前期工作和拉郊电站预可研审查工作，水能产业加快发展。从中小型企业扶持资金中为洛扎粉丝厂、蒙达糌粑加工厂无息借贷资金20万元，帮助企业产品包装升级和商标注册工作，特色产业健康发展。安排21万元资金，加强旅游宣传促销和旅游景区（点）配套设施建设，实现接待各地游客8.5万余人次，创收376.49万元，旅游产业蓬勃发展。

【着力受援工作，实现援藏工作和区域发展互促互进】根据援藏项目符合公益性、基础性和可行性的要求，中粮集团第四批援藏工作队在深入调查研究、广泛征求干部群众意见的基础上，2012年投入资金243.4万元，完成了洛扎县有线电视网络改造项目（中粮集团援藏投资80万元，县政府配套资金50万元）、边巴乡村委会蔬菜大棚建设项目、先心病儿童救治、中粮宾馆公厕建设等4个援藏项目；投资600万元的洛扎县干部职工之家前期工作全部完成，待中粮集团批复后执行，预计2013年内建成。

【着力创先争优，实现强基惠民和村居发展同步推进】全县派遣驻村工作队共计73人，完成了第一阶段强基础惠民生活动，取得了可喜成绩。驻村工作队帮助村（居）委会推荐选用后备干部87人，建立党员档案688宗，建立健全各类规章制度337条，寻找解决制约发展瓶颈问题102个；慰问农牧民群众104次，涉及资金161.9884万元。通过小额信贷帮扶，调动农牧民群众创业意识，改变“等、靠、要”的思想。筹措帮扶资金6.44万元，大力开展送政策、送卫生、送技术、送信息活动16场（次），受益群众达12000余人。各驻村工作队累计投入培训资金7.5万余元，举办竹器编制、木制品加工等民族手工艺品加工技能等培训班16期，培训党员骨干、致富带头人147人；经科学论证、认真筛选、积极沟通，共申报短、平、快项目124个，涉及资金达3495.1165万元；自筹资金解决项目77个，涉及资金1763.805万元；上级批复解决的短、平、快项目有27个，涉及资金514.4万元，在带领农牧民群众探索“项目强村”道路上取得实效。

【着力社会事业，实现民生改善与社会和谐共同进步】完成了6所村级幼儿园建设，农村学前教育走在全区前列。“两基”成果得到进一步巩固，全县中小学适龄儿童入学率和巩固率均达100%。建设了6个乡（镇）综合文化站，新安装“户户通”设备325套，广播电视覆盖率分别达到83%和97%。古碉楼群被列入《中国世界文化遗产预备名录》，全县文化遗产得到保护和发展。为1.4万名群众和85名在编僧人进行了免费体检并完成建档工作，10名先心病儿童和100余名白内障患者免费救治工作顺利完成。购买录用了13个公益性岗位，城镇登记失业率控制在3%以内。五保户供给标准提高到每人每年2400元，失地农民基本生活保障标准提高到每亩每年400元，发放城乡低收入人群补（救）助资金243.4万元，困难群众基本生活得到保障。

【着力维稳工作，实现安全生产和社会稳定齐驱并进】围绕“三不出”目标，全县建成了6个便民警务站，实现了社会网格化管理。加强边境设卡巡逻，实现了边境一线安全稳定。完成了寺庙“六建”工作，配套400余万元建设了6个寺管会附属设施并配齐了办公设备，初步实现了寺庙“九有”目标。进一步加强安全生产工作，实现了零死亡目标。排查并成功调处各类矛盾纠纷25起，办结信访案件3起，实现了社会局势持续稳定。

【领导人名录】

县委书记：蒋明浩
县　　长：央中卓嘎
人大主任：尼玛扎西
政协主席：左训华

加查县

【年度综述】2012年，全县生产总值达6.87亿元，增长12.7%；本级财政收入达5539万元，增长17.0%；完成税收3863万元，增长28.8%；农牧民人均纯收入达7225元，增长13.9%；全社会固定资产投资总额实现17.09亿元，增长21.6%；社会消费品零售总额达到1.21亿元，减少0.5%。金融机构年末各项存款余额6.07亿元，其中，储蓄存款余额2.63亿元，分别比年初增长25.08%、29.74%；各类贷款余额2.07亿元，比年初增长164%。

【项目建设扎实推进】大力实施项目立县战略，围绕能源、交通、水利、市政和公共事业等重点领域，全年实施各类固定资产投资项目72个，完成投资总额突破17亿元，投资规模、项目数量均创历史新高，城乡发展环境显著改善。高效完成“十二五”规划项目前置手续办理工作，扎实开展藏木电站、朗加油路、农网改造、通乡油路等在建项目和加查电站、嘎堆电站等拟建项目协调服务工作，项目建设程序和监督管理机制不断完善，项目建设综合水平进一步提升。

【产业结构日趋合理】继续实施产业结构调整战略，三次产业比重由8:74:18调整为7:75:18。一产上，在保障粮食供给能力的前提下，积极探索农业转型发展新路子，建设特色经济作物种植示范基地70亩和蓝莓试种基地20亩。加大牲畜品种改良和重大动物疫病防治工作力度，年末各类牲畜出栏率达30.41%。着力壮大以核桃为主的林产业发展规模，新栽核桃苗木8.32万株，核桃产业现有规模达1.4万亩37.88万株。“加查核桃”地理标志注册工作进展顺利。二产上，大力扶持民营建筑建材企业，全县现有建筑企业60家、农民专业合作社10家，总注册资金达1.15亿元。文成酒业白酒厂建设项目顺利开工，邦布岩金矿进入试运营阶段，工业经济发展坚实起步。三产上，旅游业发展势头强劲，累计接待游客3.18万人次，实现旅游综合收入890.4万元，同比分别增长25%、35.2%。城乡消费市场繁荣活跃，家电家具下乡销售额达243.51万元，落实补贴55.86万元；新建成藏木电站商贸中心。同时，交通、物流、通讯、金融等服务行业发展迅速。

【城乡面貌日新月异】坚持规划先行原则，《加查县城市总体规划（2011-2030）》通过自治区终审。强力实施总投资1.32亿元的政务中心、人社综合服务中心等行政服务设施和保障性住房、城区亮化绿化美化等市政公共设施建设，县城发展格局不断优化、服务功能日益完善。完成唐麦村整体规划前期工作。实施30个行政村人居环境建设和环境综合整治工程，完成安居工程290户新建和379户整修任务，“八到农家”工程稳步推进，社会主义新农村建设步伐不断加快。全面推进生态加查建设，完成造林面积7810亩，完成沼气建设517座；拉姆拉措国家湿地公园试点工作获得国家批准，城乡生态建设与保护不断加强。

【社会事业全面发展】实施总投资2855万元的学校基础设施建设项目5个，本级财政投入800万元着力改善办学条件，规范化学校建设加快推进。“控辍保学”工作扎实开展，全县适龄儿童入学率和在校生巩固率均达100%。教育教学水平明显提升，农牧区学前两“双语”入园率达77%，考入内地初高中班的学生达10名。继续深化农牧民健康促进行动，农牧民免费体检建档率达99.16%，孕产妇住院分娩率达85.4%；免费治疗儿童先心病16例。新聘村医9名，基本实现了一村一医目标。成功举办首届达布核桃节，为促进区域物质、文化交流构筑了平台。实施了7个乡镇综合文化站建设，新建寺庙书屋11个，实现农家书屋行政村全覆盖。科技特派员增至23名，科技明白人实现行政村全覆盖。新农保及寺庙僧尼养老、医疗保险实现全覆盖，城镇居民养老保险参保率达96%。购买公益性岗位42个，实现就业再就业208人，城镇登记失业率控制在2.1%。

【民生民利保障有力】围绕社会公共服务，就业创业、扶贫帮困、城镇建设等重点领域，投入5400余万元实施“十大民心工程”，着力解决了一批群众反映的突出的热点难点问题。举办各类技能培训19期1379人次，群众增收致富本领不断增强。全年组织劳务输出5250人，实现创收2105万人；通过“民生一折通”落实各类民生资金1566万元，城乡居民收入大幅增长。投入1246万元实施14个面上扶贫及整乡推进项目，人均纯收入2300元以下的贫困户153户621人实现脱贫。扎实开展创先争优强基惠民活动，争取资金934.95万元实施短平快项目23个；投入1014万元为民办实事508余件，进一步改善了群众生活条件，夯实了农牧区发展基础。冷达乡疫区农牧业生产恢复工作有序开展，投入555万元实施牲畜购置、农机具购置和畜圈新建、维修等项目，启动106座蔬菜温棚建设，疫区农牧业生产秩序逐步恢复。

【援藏工作成效显著】实施政务中心、应急指挥中心建设、3个新农村小康示范点建设等9个受援项目，投入资金3080万元，是上一批援藏三年总投资的1.17倍，项目援藏实现新突破。通过援藏平台成功引进稻花香集团、三宁化工集团入驻加查，援藏招商力度不断加大。选派2名援藏医生在县医院开展工作，选派1名优秀律师在县司法局开展法律援助工作；选派20名骨干教师赴宜昌市金东方学校开展交流培训，人才援藏成果显著。积极衔接宜昌市房管局、司法局、公路管理局、环保局对口援助我县住建局、司法局、交运局、环保局，争取援助资金165万元，援藏层面不断拓宽。

【改革创新活力增强】农牧区综合改革扎实推进，草场承包经营制度、草原生态保护补助奖励机制工作通过终验，兑现草原生态保护补助奖励资金275.6万元；农村宅基地确权登记工作成果被自治区验收组评定为优秀。教育、卫生、文化、社会保障等社会领域的体制机制改革不断深化，基本公共服务均等化水平有效提升。稳步实施乡镇机构改革，基层政权建设全面加强。积极推进财税体制改革，进一步优化财政支出结构，“三农”、公共事业和民生方面支出占本级财政支出比例达56.4%；全面落实结构性减税政策，经济社会发展活力显著增强。

【社会局势和谐稳定】我们始终坚持维稳压倒一切思想，突出工作重点，狠抓责任落实，取得了十八大维稳安保攻坚战的胜利，确保了全县全年局势稳定。加强和创新社会管理，推行城镇网格化管理，严厉打击各类犯罪活动，刑事案件破案率达91%、治安案件查处率达100%；矛盾纠纷调处率和信访案件办结率均达100%。强化流动人口服务管理，着重加强虫草采集管理，劝返外来及无证采集人员565人。安全生产形势严峻，全年共发生各类安全事故11起，死亡5人。投入126万元购置消防安保设备，消防应急救援能力有效提升。依法加强宗教事务管理，全力推进寺庙“六建”、“六个一”和“九有”工作，广大僧尼爱国守法的积极性不断增强，各类宗教佛事活动秩序良好。“六五”普法和“法律起劲”活动深入推进。民族团结成果不断巩固，获评地区级“民族团结模范县”。

【领导人名录】
县委书记：邵 利 民
县　　长：贡觉多吉
人大主任：邓 世 杰
政协主席：扎　　西

隆子县

【年度综述】2012年，全县生产总值完成53984万元，增长16.3%，一、二、三产增加值分别达4301万元、39519万元和10164万元，分别增长3.7%、19.9%和9.3%。全社会固定资产投资完成7.89亿元，增长61.2%。税收完成6954万元，增长2.7%。县本级财政收入完成3686万元，增长19%。社会消费品零售总额完成5630万元，增长18.2%。农牧民人均纯收入达到5550元，增长16.8%.被评为“全国村务公开民主管理示范县”、“全国基本农田水利建设先进单位”，在2012年度山南地区综合考评中荣获三等奖。

【农牧业实现丰产丰收】县本级财政支农资金提高到300万元，是去年的2倍。落实农机具购置补贴210万元，发放各类农机具848台。粮、经、饲比例调整为59:19:22。良种推广2.85万亩。调运化肥872吨、农药39.6吨。平均每亩施用农家肥在4000斤以上。预计粮食总产16952.22吨，增长1.5%；油菜总产993.54吨，增长3.5%。建立防抗灾饲草料基地500亩，新修和维修暖棚暖圈740座。新生仔畜77400头（只），成活率95%。成畜死亡率在0.3%以内。春秋两季免疫注射率达100%。草场承包、草补工作顺利开展。农业综合开发扎实推进。组织群众开展今冬明春农田水利建设，落实去年和今年的小农重点县投资2960.4万元，全县农田水利灌溉保证率达92%以上。

【新农村建设扎实推进】完成农牧民安居工程870户，在35个行政村实施了农村人居环境建设和环境综合整治项目。水、电、路、讯、汽等配套设施全面跟进。新建饮水点16处，解决3962人的饮水问题；“大地之爱□母亲水窖”项目开工建设。完成准巴电站线路延伸工程，新增用电人口267人；曲松电站和克木电站及线路延伸工程完成70%的工程量；农网升级改造工程预计12月底完工。加玉至准巴油路项目完成80%的工程量。三林乡边久林桥、日当镇萨琼桥和隆子镇且巴村果沟桥竣工投入使用。实施玉麦乡和扎日乡铺设光缆工程、日当镇电信综合楼项目。完成2011年度沼气建设958户，受益人口1.15万人。

【农牧民收入持续增长】全县基础设施项目使用当地民工、机械、地材等折合资金1.2亿元，占总投资的16.67%。组织农牧业生产实用技术培训622人次、扶贫培训427人。组织劳务输出8352人，创收5000余万元。虫草采集1288斤，创收8372万元。2个扶贫整乡推进项目竣工投入使用。

【项目争取有力】加强项目调度，认真研究区地边境工作会议精神，围绕边境区位储备项目、争取项目。加大前期经费投入力度，抓好“十二五”108个项目的前期工作，82个项目完成前置审批，26个项目正在抓紧推进前期工作。上马项目80个，其中新建66个，固定资产投资完成7.89亿元，增长61.2%。

【项目建设有劲】加强维稳项目建设。公安局业务用房、11个寺管会（特派员）、7个寺庙派出所（警务室）业务用房竣工投入使用，19个寺庙通公路项目完工17个，第一、二批19座寺庙饮水工程完成17座寺庙的通水任务，公安拘留所、看守所和乡镇政权机关业务用房进展顺利。加快推进城镇建设。对2012年至2032年的县城总体规划和控制性规划进行修编。对樟木萨路和周转房小区进行绿化美化，县城整体功能提升项目完成70%的工程量，雄哲南路改扩建项目完成招投标。加强边境建设。2011年8个兴边富民项目竣工投入使用，今年申报的15个兴边富民项目获上级部门批准。玉麦乡农村人居环境建设、幼儿园、综合文化站、牲畜暖圈等项目竣工。加快中小河流域治理。实施了隆子县城区段堤防、热荣乡防洪堤、斗玉乡扎雄河堤、日当镇俗坡沟和沙琼沟水土保持工程，隆子河谷沿岸防洪体系初步形成。教育、文化、卫生等民生项目扎实推进。

【项目管理有效】按照“一个项目、一名县级领导、一套班子、一抓到底”的组织管理原则，严格落实工程项目建设“五制”，突出加强项目质量、资金、安全、进度管理，把每一个项目都建成经得起历史检验的优质工程、廉政工程。

【农牧特色产业加快发展】安排黄改专项经费20万元。2011年冻配新生犊牛5471头，成活率96%。分解任务，签订责任书，发放冻精15494支、液氮1800立升，今年完成黄改冻配6726头，配种率达103%，其中复配率7%。淘汰劣质母牛436头，去势公牛287头。出售改良牛2002头，创收645.62万元。完成黑青稞种植及加工产业发展的前期工作。

【工业经济效益提升】全县工业产值完成306847万元，其中华钰公司完成30155万元，同比增长18.9%，铅锌矿石产量达24157吨。根据《西藏自治区企业发展激励办法（暂行）》，当年向华钰公司落实激励资金500万元，支持企业做大做强。

【第三产业蓬勃发展】认真贯彻落实促进非公有制经济发展的各项政策措施，个体工商户发展到882户，从业人员1271人，注册资金3324万元，分别比去年增长4%、16.8%和8.2%。销售家电家具下乡产品4444台（件），销售总额348.61万元，政府补贴81.49万元。推广碘盐190.39吨。推进“万村千乡市场工程”，新建农家店16家。扎日边贸市场主体完工。实施扎日乡村旅游示范点项目，接待转山、朝佛人员1.44万人次，收入228.8万元，比去年略有增长。邮政业务收入完成107万元。

【优先发展教育事业】上马17个项目改善教育基础设施条件，扎果村双语示范幼儿园、日当镇中心幼儿园等9个项目竣工投入使用。出台《隆子县教育质量奖惩办法》、《关于切实加强中小学常规管理工作的实施意见》、《隆子县2012年学前教育事业发展计划》等，提升教育教学质量。全面落实“三包”政策、农牧区学生营养改善政策，兑现资金1298.45万元，惠及7563名学生。学前双语幼儿毛入园率达77.7%，小学入学率达100%，初中毛入学率达121%。

【繁荣发展文化事业】组织开展喜迎十八大歌咏比赛等群众性文化活动270余场次。开展10余次“扫黄打非”专项行动，收缴违法音像制品50余张。组建民间艺术团的工作全面启动。落实农家书屋专项资金21.6万元。发放“户户通”设备1000余套。对县群众综合文化活动中心进行升级改造，广电中心开工建设。1个乡镇综合文化站竣工，其余10个完成70%的工程量。

【深入发展卫生事业】建成5个村卫生室，80%的行政村从村“两委”活动室中安排村卫生室。录用村医69名，全县村医达到101人，实现“一村一医”的目标。培训乡村医生186人次。今年农牧区免费医疗人均经费提高到300元，落实大病统筹补偿、门诊补偿资金583.68万元，惠及群众17.68万人次。筛查并确诊先心病儿童11名，其中7名赴内地接受免费手术治疗。完成农牧民健康体检32143人，为168名村两委干部进行健康体检。为60名白内障患者成功实施复明手术。兑现“一孩双女”、“特殊子女家庭”奖励扶助资金46.53万元。在“降消项目”奖励补助的基础上，从今年开始县政府人均再安排200元的住院分娩补助，截止9月底落实补助资金8.27万元，住院分娩率达73.28%，比去年提高10%，无孕产妇死亡。

【切实保护生态环境】县政府安排2万元的专项检测经费，对与矿山生产有关的重点区域生产生活用水、土壤进行检测。开展30余次矿山生产环境执法，督促华钰公司投入资金350万元在矿山建立污水处理系统。落实环境卫生整治经费8万元。实施重点区域工程造林3232.4亩。完成森林资源“二类”调查工作。农村土地确权登记工作完成75%的工作量。

【不断完善社会保障体系】县政府安排6万元建立城乡困难群众临时生活救助制度、每年安排3万元设立“贫困母亲专项救助资金”。新农保参保率达100%。累计兑现城乡低保金、五保户生活补贴、城乡医疗救助、春荒缺口粮救助、节日慰问等资金644.93万元。落实廉租住房租赁补贴4.44万元。建设122套周转房，解决200余名干部职工的住房问题。第二批64套县乡机关周转房开工建设。认真执行住房公积金12%的缴存比例政策，新增住房公积金缴存15.69万元。

【扎实推进“九大民生工程”】集中力量办大事，安排近年来的节余资金6900万元实施“九大民生工程”，分步推进，逐年落实。一是为进一步改善农牧民生产生活条件，安排700万元实施惠民项目，上马了93个与群众生产生活密切相关的小项目，现已完成83个，落实资金269.2万元。二是为多渠道增加财政收入，提升城市功能，活跃县城市场，安排1000万元实施财源建设楼，该项目现已完成60%的工程量。三是借鉴地区的做法，安排500万元建设南城物交会场地，该项目现已完工，落实征地费102.1万元。四是为改善干部职工生活条件，安排1500万元建设干部职工食堂和宾馆，该项目现已完成40%的工程量。五是为进一步改善县级机关单位的办公条件，特别是解决县政协的办公场所问题，安排1000万元实施县级政权综合办公楼，该项目现已完成30%的工程量。六是为解决好干部职工周转房和廉租房小区的硬化、绿化、给排水等配套设施问题，安排500万元实施干部职工周转房和廉租房配套工程，待明年周转房二期项目完工后实施。七是为改善乡镇公务用车条件，提高基层办事效率，安排700万元更新乡镇公务用车，待地区相关部门批准后实施。八是为进一步提升县城品位，安排500万元实施常德广场提升工程，待工商局整体搬迁后实施。九是为做好党政机关办公区域的硬化、绿化、美化等工作，提供一个舒适的办公环境，安排500万元实施机关办公区域提升工程，待综合办公楼竣工后实施。

【加强和创新寺庙管理】依法加强宗教事务管理，批准举办佛事活动40场。召开两次和谐模范寺庙暨爱国守法先进僧尼表彰大会，对228个寺管会、寺庙和僧尼进行表彰。安排资金9.7万元为寺庙僧尼办实事120余件。落实资金11.2万元慰问寺管会和僧尼。为寺庙安装调试广播电视“舍舍通”设备151套。寺庙“六建”、“六个一”、“九有”工作扎实推进，119名持证僧尼全部参加医疗保险，接受免费体检，118名僧尼参加养老保险、3名僧尼纳入低保、1名僧尼纳入五保。

【领导名录】

县委书记：李育智

县　　长：洛桑平措

人大主任：格桑龙点

政协主席：索朗巴珠

错那县

【年度综述】2012年全县预计完成生产总值24540万元，同比增长19.1%；社会固定资产投资完成50618万元，同比增长101%；财税收入首次突破千万元大关，分别达到1000万元、1447万元，同比增长64.7%、197%；社会消费品零售总额完成4548万元，同比增长23.82%；农牧民人均纯收入达到5073元，同比增长18.8%；完成招商引资1276万元，同比增长70.13%。

【产业发展态势良好】2012年，全县一产、二产、三产产分别完成1848万元、9300万元、13392万元，增长5.7%、26.5%、16.4%。全年粮食总产量达4179.41吨，增长2.2%，油菜总产量达368.67吨，增长11.7%。粮经饲比例调整为67：20：13。全年新生仔畜3.6万头（只、匹），成活3.3万头（只、匹），成活率达91.7%；出栏牲畜4.3万头（只、匹），出栏率为35%，年底存栏牲畜约10.3万头（只、匹）；改良黄牛1109头，完成地区下达目标任务的101%。成功举办了首届“仓央嘉措情歌□（门巴）萨玛文化旅游节”，我县旅游知名度不断提升。全年共接待游客11603人次，创收406.1万元。累计注册个体工商户465户，注册资金达834.8万元；注册私营企业10户，注册资金1275万元；登记注册企业25家，注册资金达2324.13万元，非公经济持续发展。

【投资消费拉动强劲】全年新增项目59个，开复工项目总数达到74个。全年完成国家、招商、援藏、民间投资37899万元、1276万元、3670万元、7773万元，分别增长132.67%、70.13%、47%、41.66%。全面落实促消费各项措施和一系列惠民政策，全年由农牧民施工队和农牧民参与建设的项目涉及资金达3850万元。

【农牧区人居环境不断改善】全年新建农牧民安居房291户，向群众兑现补助资金422万元。投入资金439.5万元，全面完成了9个村庄的农村人居环境建设和环境综合整治工程。村（居）移动、电信覆盖率分别达到85%、100%，安全饮水覆盖率达到100%。乡镇通邮率达到100%，行政村通邮率达到70%。广播电视覆盖率分别达到90.54%、94%。建设沼气500座，有效缓解了农牧区群众的生活能源紧缺问题。

【社会事业协调发展】全县适龄儿童入学率和巩固率继续保持100%，新建立9个学前教学点，全县学前教育率达到77.1%，建设了县中学青少年校外活动中心，进一步完善了教育基础设施，办学条件不断改善。全面完成全民健康体检和建档工作，免费救治4名先心病儿童，孕产妇死亡率和婴儿死亡率分别比去年下降28.1‰、51.1‰，孕产妇住院分娩率达到75.2%。培养非物质文化遗产传承人11名，为24个农家书屋配发书架96套、书籍48万册，投资70万元组建了错那民间艺术团，农村电影“2131”放映工程扎实开展，加强了文物保护和普查工作。解决13户“零就业”家庭就业问题，城镇失业率控制在2.4%以内。征缴新型农村养老保险费68万元，发放基础养老金171.3万余元，发放最低生活保障金227.64万余元；城镇居民养老保险人数203人，征缴保险费42500元，参保率95.3%；僧尼养老保险参保率100%。建成县干部职工周转房114套、廉租房36套。

【改革开放深入推进】组建完成政协错那县委员会，胜利召开了一届一次会议。草场承包工作全面完成，草原生态保护补助奖励机制工作高质量通过地区验收，承包到户草场502.32万亩、禁牧80万亩、草畜平衡422.32万亩，向群众发放草原生态保护补助奖励机制资金1175.34万元。农村宅基地确权登记工作顺利开展。稳妥推进后勤管理和公务用车管理改革。积极落实地区招商引资利益共享办法，引进4家探矿企业、1家注册企业，招商引资到位资金1276万元。

【生态环境保护加强】针对性地提出了勒布、觉拉等区域生态保护的工作思路，加强了森林、草原生态资源保护工作，落实公益林补偿资金380多万元。投资170多万元进行了重点区域生态造林工作，造林面积1328.8亩。投资21万余元加强了村容村貌整治绿化工作，绿化面积8853平方米。圆满完成国家森林二类调查工作。麻玛乡麻玛村自治区级生态村申报工作正在有序推进中。交通沿线、旅游景区、农牧区环境专项整治活动扎实开展，处理各类垃圾1236.7吨。森林防火工作成效明显，全年未发生森林火灾事故。

【援藏工作成效明显】第四批援藏干部从错那大局出发，不断加大援藏力度，拓宽援藏领域、创新援藏方式、丰富援藏内涵，援藏工作成效明显。2012年，我县第四批援藏项目全部开复工，所有项目均于年内完工并投入使用，三年来援藏项目总投资达到6000万元。同时，第四批援藏干部在计划外向合肥市和肥东县争取资金650万元用于完善我县教育和文化设施。在援藏干部的沟通协调下，合肥市农牧水产局、环保局等部门为我县农牧局、环保局支援了价值50万元的物资设备，并在发展高原畜牧业和茶叶种植等方面给予了技术指导。帮助完成了县城和勒布沟小城镇规划。加强了人才引进和培训工作，先后安排2批4名医疗技术骨干来我县人民医院工作和教学，通过挂职锻炼等方式对我县12名医疗技术人员和学校骨干教师进行了培训。

【社会局势持续稳定】认真落实区、地各项维稳部署和措施，实现了“三不出”目标。加强了社会管理综合治理，边境地区和重点区域社会治安管理能力不断加强，4个便民警务站建成运营，实现了县城“网格化”管理。平安创建、军警民共建、“六五”普法工作扎实开展，2012年我县被评为全国“五五”普法宣传先进县。

【领导名录】
县委书记：许华
县　　长：罗布占堆
人大主任：拉次
政协主席：扎西巴珠

浪卡子县

【年度综述】2012年，县级生产总值

达到34981万元，同比增长19%；固定资产投资完成53000万元，同比增长39.5%；财政收入完成1583万元，同比增长83.43%；社会消费品零售总额完成5666万元，同比增长4%；农牧民人均纯收入预计完成5473元，同比增长21.2%。

【抓农业生产】争取资金310万元，购置农机具938台(套)补贴资金、购买种子27.6吨、化肥300吨、药挤拌种达到100%，低产田改造0.8万亩。完成农作物播种面积3.86万亩，粮经饲比重调整为70：12：18。大力推广优良品种。实现粮食产量7370.7吨，同比增长10%；油菜籽产量662.07吨，同比增长4%。争取资金780万元，建设完成沼气742户,在普玛江塘乡点火成功。

【抓牧业生产】政府安排配套资金183.01万元，用于发展牧业，提高牧业比重，打造牧业示范县。其中安排牦牛下乡补贴资金100万元，实现年3.8%以上的增长率，打造牦牛重点户、重点村和重点乡；安排黄牛改良资金13.4万元，引进黄牛优良品种，完成冻配任务3908头，大畜比重达16.7%，绵羊、山羊、马属分别控制在73.2%、9.3%、0.8%以内；兑现野生动物肇事补贴69.61万元，最低限度地减少群众损失。投入854万元建设暖棚圈、饲草筹备库。投入资金305万元，造林2370亩，封山育林2000亩。加大牲畜疫病防控防治工作，各类疫苗注射183万余次，免疫率达100%。仔畜成活12.7万头（只、匹），成活率达到93%，成畜死亡4895头（只、匹），死亡率控制在1.3%。年末牲畜出栏率达40%,存栏36.9万头（只、匹），适龄母畜占53%。实现肉类产量2852吨、奶类产量8085吨、毛类产量285吨。

【抓草场承包】按照区、地的安排，县委、县政府高度重视、周密部署，从财力、人力上予以重点支持，安排专项经费100万元，设立办公机构，督促草场承包落实到户，通过区、地验收，兑现补助资金1973万元，受益群众34583人，覆盖面、受益率均达100%。

【抓水利建设】争取资金2521.71万元，建设扎嘎水库和多却等19处人畜饮水工程，受益320户1348人；县政府安排农田水利基本建设资金700万元，建设了各乡镇防洪坝和水塘、水渠等设施。安排防抗灾资金60万元，有效提高了防灾减灾工作力度。

【重视旅游业发展】按照打造“自治区级旅游强县”的目标，深化旅游产业发展思路，扩大旅游景点建设力度，确保旅游业成为全县的支柱产业。一是加大资金投入。安排50万元资金，对全县旅游事业进行了开发规划，并修编了旅游总体规划（争取上级资金30万元、本级财政安排10万元、援藏投入10万元）。争取10万元农家乐、牧家乐扶持资金。积极争取国家投资768.19万元，加大县内旅游设施建设。二是加大宣传力度。充分利用各类媒体、各类会议加大旅游宣传。参加了中国海斯科雅砻文化节旅游推介会，发放各类宣传资料300余份。三是加强景区管理。政府安排旅游、公安、工商等部门联合执法，对存在的问题及时清理整顿。全年共接待国内外游客199250人次，同比增长17.21%，实现旅游收入801.65万元，同比增长17.2%，带动151人参与旅游服务，创收138万元。

【重视项目工作】政府统筹考虑、果断决策，安排发改、水利、农发、住建等部门项目前期经费100万元，实现本年固定资产投资53000万元，其中完成援藏5000万元。以“五制”管理为重点，拓展管理面，前期工作细化、后期管理跟上，发挥出了投资效益最大化的目标。确保浪洛油路、县乡业务用房、县乡周转房、扎嘎水库、寺管会派出所（警务站）、各乡镇文化站、农牧业开发、县完小改扩建、人居环境整治和马鞍山路、老干部活动中心等38个项目全面开复工，开复工项目总投资59533万元。完成投资28000万元55个项目前期工作；完善更新县项目库项目42个，投资约10亿元。

【重视安居工程】安居才能乐业，安居才能安心。全面实施安居工程建设，完成新增756户安居房，投资955.2万元。人居环境整治工程进展顺利，先后投资9652.6万元，对全县98个村（居）建设了农家书屋、综合文化体育设施、村级广播文化信息资源共享工程等10类工程，完成率达81%，推动了新农村建设步伐，加快了农牧区配套设施建设，优化了人民群众生产生活条件。

【重视农牧民增收】通过项目建设、产业带动、劳务输出等途径，有力促进了农牧民增收。一是项目建设促增收。按照要求，在保证项目质量的前提下，将项目总投资的20%以上交于农牧民群众建设，农牧民参与项目建设投资达到11300万元。二是特色产业促增收。以特色产业建设为龙头，带动群众参与生产，扩大生产规模，提高产品质量，拓展销售渠道，增加企业收益，提高从业人员收入。三是惠民政策促增收。加大税费改革、农机具补贴、粮食直补等支农惠农政策宣传力度，办理了9451个独立家庭户民生资金专用账户，所涉及的惠农资金全部转入家庭账户，兑现各类补贴资金475.9万元。落实普惠性边境居民补助资金230.75万元，受益4143人。四是劳务输出促增收。成立县乡村三级劳务输出组织机构，指导富余劳动力科学择业、合理就业。全年劳务输出7100人、创收2889万元，完成了年度目标任务。五是优化产业结构促增收。逐步调整种植业、养殖业结构，不断探索增收新路子。

【产业政策落实情况】严格落实区、地非公经济和各类产业发展工作会议精神，加大各类经济实体的扶持力度，带动当地经济发展。个体户、合伙企业、私营企业、专业合作社等共615家，从业人员2000余人，注册资金2500余万元，多种经营收入4154万元，增长5.4%；认真落实家电家具下乡、万村千乡市场工程等，采购家电、家具768台（件），落实补助资金23.78万元。从转移支付、国家项目等

渠道筹措资金221.16万元，扶持了卡龙乡甜奶渣加工协会、张达乡民族手工业合作社等11家民营企业。诚邀农业部规划设计研究院做专业规划，对山南地区高原畜牧业生态示范园区进行规划设计，并争取投资833万元，对外围项目进行开工建设。

【重视强基惠民活动】认真开展创先争优强基础惠民生活动，落实好各项政策。全县98个驻村工作队，按照区、地、县工作要求认真开展各项驻村工作，走村串户，化解邻里矛盾、调处各类纠纷，谋划发展措施。为民办实事780件，投资资金738万元。落实98个行政村为民办实事经费980万元。实施短平快项目37个，投资1170万元。修编和规划编制短平快项目408个，总投资17055万元。从机关选拔优秀干部98名到村（居）任职，这些同志将成为基层党建、维护稳定、新农村建设等方面的领导者、组织者、策划者。

【整合教育资源，提升办学质量】百年大计，教育为本；国家兴盛，教育为先。办好人民满意的教育是惠及千家万户的幸福工程。一是加快硬件建设。投资1138万元，建设了11所学校食堂、3所幼儿园。二是营造良好的教育氛围。要求干部职工在群众中宣传党的教育政策、通报学校的教育教学情况、听取家长对教育的意见，形成了“会上讲教育、下乡问教育、进村谈教育、校内帮教育”的良好氛围。三是加大控辍保学力度。制定了《中小学控辍保学实施办法》，与各乡镇签订目标责任书，确保小学入学率100%，初中入学率达到99%以上，学前儿童县城三年入学率100%，农村两年入学率45.27%。兑现大学生补助资金24.93万元，受益大学生45人，发放教育基金8.92万元，受益大学生89人。四是充实队伍，强化师资。教师是教育的第一资源，配足配齐各学校合格教师，加大培训力度，提高教学水平，提升教育质量。五是不断创新优化教育模式。科学安排益智、兴趣类课程，促进学生德、智、体、美全面发展。“学校+公司”的职业教育模式不断创新，培养了一批批“升学有基础、就业有技能”的人才。六是健全经费管理制度。县财政投入199万元，扶持教育事业优先发展，保证教学秩序正常开展。抓好“三包”经费管理，成立经费管理机构，设立专用帐户，做到了专款专用。

【整合卫生资源，改善就医条件】全县参加农牧区合作医疗的人数达到34212人,参加率达99.9%，合作医疗经费水平提高到180元/人，农牧区合作医疗覆盖率100%，基本解决了农牧民群众看病贵的问题。建立了98个村级卫生室，配齐了医疗设备，配备了102名村医，实现了“一村一医”的目标。全民体检工作有序开展，通过对全县0至18岁儿童进行体检，确诊32例先心病患儿，并送往北京、安徽救治，现已康复返回；县政府解决8.56万元对在编214名僧尼进行了体检，建立健康档案；对全县8乡2镇3.6万余名农牧民群众开展了健康体检建档案工作，覆盖率、完成率均达到100%。计生工作持续加强，优质服务不断提高。安排降低孕产妇和婴幼儿死亡率奖励补助金4.4万元，推广孕妇住院分娩补助政策，县政府补助了每位住院分娩孕妇生活费200元，全额报销住院分娩费用，实现了孕产妇和婴幼儿死亡“双下降”。

日喀则地区

日喀则地区

【年度综述】2012年，日喀则地区生产总值实现115.24亿元，同比增长11.6%，其中：第一产业实现增加值24.45亿元，增长3.8%；第二产业实现增加值35.27亿元，增长7.7%；第三产业实现增加值55.52亿元，增长17.7%。地方公共财政一般预算收入完成5.76亿元，同比增长30.3%。全社会固定资产投资完成93.39亿元，同比增长17.2%。农牧民人均纯收入达5164.81元，同比增长15.5%；城镇居民人均可支配收入达18075元，同比增长10.5%。社会消费品零售总额实现46.23亿元，同比增长13.1%。

【农牧经济稳中有进】落实农作物播种面积128.97万亩，粮、经、饲三元比例稳定在60∶26∶14。高原特色农牧经济转型升级，推广“藏青2000”新品种7.9万亩，占全区任务的80%；全区首个农机化示范县项目在白朗县顺利启动，并向其他产粮县市推广；打造了国家级农业科技园区、白朗农业示范园、吉隆喜玛拉雅特色产业园；雅江流域宜农宜林荒地综合整治项目南木林段综合整治初见成效。培育以岗巴为中心、覆盖周边县乡的岗巴羊经济圈；草场承包、草原生态保护奖励机制在全区率先通过验收，落实草原生态保护补助奖励资金3.77亿元；接羔育幼、疫病防控、市场检疫、虫草采集管理等工作有序推进。全年实现一产产值24.45亿元，约占全区的1/3；粮食总产量稳定在40万吨，约占全区的43%；畜牧业产值居全区第二位。

【工业经济发展壮大】大力实施“矿业兴地”战略，建立矿产资源开发利益共享机制、矿权档案和查阅台账制度，登记备案矿山企业115家，依法征收2011年度矿产资源补偿费841.26万元；引进和培育实力雄厚的集团企业，加强优势矿产资源开发，矿企上交税额大幅增长，占地区总税收的24%。着手在机场和火车站附近，规划建设“空港服务区”和“综合物流园”。国有资产实现保值增值，15家地直国有企业累计实现销售收入1.64亿元，同比增长1.85%；累计实现利润1393万元，同比增长560.19%；累计上交税金1828万元。全年实现工业总产值10.46亿元，实现增加值6.14亿元，同比增长10.1%，规模以上工业企业实现产值6.65亿元，实现增加值3.62亿元，同比增长7.9%。

【第三产业加快发展】召开了地区旅游产业发展大会，制定出台了《关于进一步加快旅游业发展的决定》，以第十届珠峰文化旅游节为平台，倾力打造日喀则旅游品牌，旅游景区条件逐步改善，宣传促销力度进一步加大。2012年，接待国内外游客180万人次，实现旅游总收入17.45亿元，同比分别增长33.6%、62.3%。完成县、乡、村三级农家店建设718家，商品配送中心3个和乡镇商贸服务中心5个；销售家电家具下乡产品9.9万台（部、件、组），销售金额达2.23亿元，兑现补贴资金4981.79万元。市场主体发展迅猛，各类市场主体发展到2.3万户，从业人员11.44万人，注册资金52.67亿元。招商引资成果丰硕，通过举办珠峰文化旅游节、参加内地展会、引进企业入园等活动打造招商引资平台，完成招商引资项目53个，协议资金总额70.43亿元，实际到位资金12.11亿元。加强南亚贸易陆路大通道建设，全面开工樟木口岸管委会、综合办公楼、定结陈塘边贸市场、亚东国门和通道配套设施等6个边贸项目建设。2012年，实现外贸进出口总额1.63亿美元，同比增长37%，其中：出口额1.35亿美元，增长40.6%；进口额0.28亿美元，增长21.7%。

【项目建设力度加大】全年完成固定资产投资93.39亿元，比上年增加17.2%。落地水利项目投资8.5亿元，灌区工程、防洪工程、小型农田建设、饲草料基地建设等一大批工程扎实推进；拉洛水利枢纽项目获国家批准，亚东二级电站进入机组调试阶段，仲巴隆嘎尔电站和岗巴局域网工程基本完工。加快援藏项目建设，完成投资6.31亿元。日喀则市区街景改造、城市美化亮化工程顺利推进；拉孜西部中心建设有序推进，城镇管理规范有序，城乡面貌焕然一新；江孜、南木林、白朗等核心城镇建设步伐加快；整合资金5.3亿多元用于“9.18”地震灾后重建，把灾后重建与城镇化建设紧密结合起来，亚东“三岗新镇”成为样板工程。

【社会局势持续稳定】始终把维护稳定作为压倒一切的首要任务，认真落实中央、区党委的统一部署，确保了3月敏感期、党的十八大等一系列重大敏感节点和各类节日、活动安全稳定，实现了“三无”、“三不出”目标。全面贯彻区党委制定的十项维稳措施，充分发挥各级党组织和驻村力量作用，做好群众工作，巩固基层基础，确保了农牧区稳定；加强和创新寺庙管理，全体驻寺干部在岗在位，落实了“六建”、“六个一”、“九有”、“一覆盖”等惠寺惠僧措施，将寺庙人、财、物、佛事权牢牢掌握在党和政府手中；深入推进城镇网格化管理，突出“八大职能”，织密社会管控网络；严格执行零散成品油销售实名制，积极主动开展反自焚专项斗争；加强社会面管控，强力推进社会治安综合治理，深入开展“严打”

整治行动，加强流动人口服务管理，加大对复杂区域、城乡结合部、公共场所排查整治；圆满完成涉稳重点人员信息动态化管控试点工作，确保了不漏管、不失控；各检查站和执勤点，全天候、全时段落实安检“三查”措施；严格落实“两个一律”的要求，确保了万无一失；加强新兴媒体管理，强化公共安全管理，实现维稳措施全覆盖。坚定“中国梦”理想信念，加强民族团结教育，广泛开展民族团结进步创建活动，推动民族团结教育进机关、进乡村、进社区、进学校、进企业、进部队、进寺庙。健全完善党政军警民协调联动机制、维稳分包机制、稳定风险评估机制等一系列机制，严格落实维稳督查和“三个无论”责任追究机制，以严格的制度和铁的纪律保证中央、自治区各项决策部署落到实处。

【强基惠民扎实有效】全地区1668个驻村工作队紧紧围绕“五项任务”，履职尽责创先进，立足岗位争优秀，坚守一线强基础，真心实意惠民生。强化基层组织建设，帮助村（居）建立完善规章制度1.26万条（项），完善村规民约8796条。强化发展思路措施，帮助驻点村找准发展定位，寻找发展门路6744个，制定发展规划3279个。强化民生项目建设，落实资金13.94亿元，实施各类强基惠民项目7610个，涉及1453个行政村（居），受益群众55.18万人。强化办实事解难题，投入群众办实事资金3.89亿元，办实事解难事1.89万件。强化感恩宣讲教育，发放各类宣讲资料74.16万份（册），召开各类宣讲会议2.2万场次，受教育群众122.23万人次。

【民计民生显著改善】科技工作倍受重视，日喀则国家级农业科技园区工作全面启动。教育事业统筹发展，加强特殊教育和职业教育，认真落实国家“三包”助学金补助政策，“三包”经费管理进一步规范；小学适龄儿童、初中入学率分别达99.86%、98.18%。文化事业繁荣发展，继续实施扎什伦布寺、江孜宗山抗英遗址等重点文物维修工程，扎实开展边境文物建档、全国重点古籍保护单位和国家珍贵古籍名录申报等工作；全面实现1668个行政村农家书屋全覆盖及341座寺庙书屋全覆盖，广播电视人口综合覆盖率分别达到95.79%、93.75%。医疗卫生体系逐步完善，以免费医疗为基础的农牧区合作医疗制度实现全覆盖，国家基本药物制度得到全面实施，疾病预防控制体系和医疗救治体系建设基本完成，农牧民和在编僧尼免费体检人数分别达58.8万人、4403人，体检率分别达91.64%、98%，先心病儿童筛查19.8万人，筛查率95.3%；人口和计划生育工作得到加强；藏医药事业取得长足发展。社保体系进一步健全，统筹推进养老、医疗、工伤、生育等其他社会保险工作，社会保险覆盖面进一步扩大，统筹城乡的社会保障体系基本建立。农村低保新增3.5万人，扩面后达到10.2万人，占农村总人口的16.2%，累计发放低保资金1.25亿元；城市低保对象达1.1万人，累计发放低保资金5224.88万元。医疗救助1.3万人次，支出救助资金1715.44万元；农村“五保”供养标准由每人每年2200元提高至2400元。住房保障不断完善，实施廉租住房建设332套、周转房建设662套、公共租赁房建设400套、城镇棚户区改造665套，逐步建立并形成以廉租住房、周转住房及棚户区改造和公共租赁住房建设为一体的保障性住房建设体系。扶贫农发成效明显，以稳定实现扶贫对象“两不愁、三保障”为目标，紧紧瞄准人均纯收入低于2300元的5.94万扶贫对象，以14个乡整乡推进扶贫乡镇为主战场，大力实施扶贫农发项目301个，全面完成年度5万人的到户帮扶任务。新农村建设扎实推进，全面完成1.88万户安居工程建设任务；完成109个乡（镇）162个村和122座寺庙5.3万人的农村安全饮水工程建设，解决了3.1万人的生产生活用电问题，农村水电覆盖面由原来的70%提升到89%；投资1.54亿元，解决了9个村通畅和145个行政村的通达问题。抗灾救灾成就突出，紧急调拨救灾帐篷437顶，藏被等救灾物资1.26万件（床），“2·7”雪灾受灾群众得到妥善安置。

【生态保护成效明显】以建设生态日喀则为中心，以林业增效、农民增收为重点，加快生态建设，推进产业发展，深化林业改革，维护生态安全。强化“巩固西郊、打造东郊”生态工程，大力实施重点区域生态公益林建设、桑桑湿地保护与恢复建设等重点项目工程；组织全社会力量开展植树造林，实施了日喀则市东郊318国道沿线绿化、市区绿化等工程，完成各类造林26.99万亩。积极实施樟木等5个水资源地环境保护项目、地区医疗废物集中处理中心项目以及珠峰自然保护区范围与功能调整、雅江源生态功能保护区项目建设前期等工作。实施了293个行政村人居环境建设和环境综合整治项目。

【转变职能依法行政】坚持问计于民、科学决策、民主决策，落实行政执法责任制和责任追究制。深化机关行政效能建设，加强干部队伍管理，提高政府依法行政水平。加快转变职能，减少和规范行政审批，健全重大工作部署督办、机关绩效考评、行政效能监察等激励监督机制，推进政务公开和政府信息公开。加强廉政建设，严格落实党风廉政建设责任制，严肃查处违法违纪案件。坚持以民为本，注重社会管理和公共服务，积极营造优质高效的服务环境。改进工作作风，认真落实中央“八项规定”、区党委“约法十章”，进一步转变作风，密切联系群众，树立廉洁高效良好形象。

【领导名录】

专员：许雪光（12月免）
张洪波（12月任）

常务副专员：
李耀东（黑龙江省第四批援藏领队）
闵卫星（上海市第六批援藏领队）
旺堆

副专员：张雪喜、郝斌、刘永颇、普布桑珠、巴桑、嘎玛洛穷、白珍、次仁央宗、雷进昌

秘书长：尹立生、雷进昌

日喀则地区纪检(监察)工作

【以签订第五轮党风廉政建设责任书为“龙头”，推动惩防体系建设】全力做好党风廉政建设工作，通过对前四轮党风廉政建设责任制执行过程中取得的经验和存在的问题认真分析总结，同18个县（市）、46家地直单位签订了新一轮党风廉政建设责任书，并对14个落实第四轮党风廉政建设责任书较好的县（市）和地（区、中）直单位进行了表彰；安排18个县（市）委书记，撰写了党风廉政建设理论文章和调研报告，将之编辑成《县（市）委书记谈党风廉政建设》一书，提高了党员干部，特别是县（市）委主要领导廉洁从政意识；克服各种困难，加快了地区反腐倡廉教育基地建设步伐；通过上党课等形式，继续将廉政教育向援藏干部延伸；通过集体廉政谈话等形式，对地区365名调整和新任县处级领导干部进行了任前廉政教育，收到了显著效果；加快推进基层党组织党务公开工作，全地区基层党组织党务公开率目前已达100%，扩大了群众知情权；加大对《农村基层干部廉洁履行职责若干规定（试行）》的宣传力度，强化乡镇党委、政府及村两委负责人党风廉政建设责任意识。

【以强化监督检查为保障，推动区党委、地委各项政策措施的贯彻落实】加强中央、区党委、地委各项政策措施贯彻落实情况的监督检查，对学习贯彻党的十八大精神情况开展了专项检查；完成对7674.64万元政府采购和12005.73万元国有土地出让拍卖的监督；继续对“9·18”地震灾区抗震救灾资金、抗震物资使用进行监督检查；改进各类考试的监督工作，加大安全事故责任追究力度；净化选人用人环境，对1400余名拟提拔调整干部进行了廉政考核。保持案件查办工作力度，全年共受理群众来信来访82件，初核45件，了结42件；开展信访谈话6人，进行诫勉谈话9人；提出监察建议4次；给予党纪处分8人，给予行政处分9人，解除行政处分7人，累计为国家挽回经济损失近600万元，查处了以昂仁县卡嘎镇原人武部部长多某（副科级）贪污新农保资金32万元用于赌博等一批典型案件；对一些反映失实的举报内容及时澄清，极大地保护了党员干部干事创业的积极性。

【以案件查办为重点，营造风清气正的政治环境】2012年，全地区纪检监察系统共受理群众来信来访82件（含重复访17件），其中，初核45件，了结42件（其中失实22件、适当处理20件）；开展信访谈话6人，进行诫勉谈话9人次，提出监察建议4次；给予党纪处分8人，其中，给予开除党籍处分1人，给予留党察看处分1人，党内严重警告处分2人，警告处分4人；给予行政处分9人，其中，给予开除处分1人，撤职处分2人，行政记大过处分4人，行政记过处分2人；同时，解除行政处分7人。累计为国家挽回经济损失近600万元，我们还坚持实行“一案两报告”制度，强化查办案件的治本功能，根据案件发生的特点，深入分析案发的主客观原因，提出整改建议，并督促发案单位或其主管部门认真落实，以建立健全各项规章制度、防微杜渐，堵塞漏洞，防止违纪违法案件的再次发生。

【以强基惠民活动为载体，密切党同人民群众血肉联系】2012年，全地区1668个驻村工作队共为农牧民群众办实事解难事18879件，投入资金38879万余元，落实农牧区项目建设资金139377万余元，涉及1452个行政村（居），受益农牧民群众达55万余人，取得了阶段性成果。为使地区第二批驻村工作队更好地开展工作，地区活动办对第一批驻村工作进行认真总结，编撰了“一书一册一碟”，发放给各驻村工作队。对此，自治区党委书记陈全国同志给予充分肯定，并作出重要批示：日喀则的做法很好，可以借鉴。自治区活动办按照陈全国书记的重要批示精神，在全区推广了日喀则地区做法。

【以纠风工作为抓手，优化经济社会发展环境】对执行“一事一议”筹资，财政转移支付资金使用情况等进行了全面监督检查，从源头上杜绝了腐败现象。2012年，对全地区农资市场23家门市进行了全面检查，检查内容涉及春耕备耕种子、农药、化肥、饲料、兽药和农机具等。检查中存在问题的7家农机门市部被责令限期整改，对2家种子销售店进行了立案调查，共没收13个品种，总重达26.84公斤的过期失效农药，有力地打击了制售假劣农资坑农害农行为。对各项财政支农补贴资金落实情况进行监督检查。2012年，我地区共落实“三农”资金6808.39万元，落实农牧民各项补助资金15200.47万元。深入地区部分高中和日喀则市部分中小学开展了“三包经费”使用和管理情况的专项检查，确保了“三包经费”合理使用。对日喀则地区主要国道沿线的设卡检查点进行了明察暗访，重点检查了设卡点执勤民警的工作作风、工作态度以及是否存在乱罚款的现象，进一步巩固了治理公路“三乱”成果。为推动地区政风行风建设深入开展，地区纠风办根据工作需要，新聘任15名政风行风监督员，并召开座谈会，明确工作职责任务，征求意见，督促政风行风监督员认真积极履职。

日喀则地区政法工作

【以深入开展反分裂斗争和维护稳定为重点，确保全地区社会持续稳定和边境安宁】一是落实领导责任，健全完善维稳工作体制机制。制定了《2012年维护稳定工作总体方案》、《日喀则地区边境防控工作方案》等，充实完善了《日喀则地区维护稳定应急组织及工作预案》、《日喀则地区反恐维稳力量武装震慑性拉动演练方案》；建立健全并认真实施社会稳定风险评估机制，确保了重大决策、重大项目的顺利实施；政法各部门以岗位大练兵活动为契机，开展有针对性实战演练，提升了维稳应急处突实战水平；认真落实《2012年维稳工作总体方案》要求，落实各项工作部署，确保了社会局势持续稳定。二是加强边境管控，确保边境一线安全稳定。继续按照　　“四个不变”原则，加大边境管控工作力度，有效防止和坚决挫败了达赖集团组织实施的一系列“和平挺进”和闯关图谋，确保了边境一线安全稳定。三是加强社会面管控，提高群众安全感。各级各部门严格社会面管控，108个便民警务站全部建成并投入使用，配备警力1053人；新建社会面监控探头652个、便民警务站探头216个，全部接入自治区公安厅、地区公安处指挥中心，实现了网格化、立体化、全时化的社会治安防控体系。四是加强治安整治，确保敏感期安全稳定。各级各部门以三月份敏感期、“萨嘎达瓦”、“606”、珠峰文化节、国庆和党的十八大维稳安保为重点，周密部署，狠抓落实，认真排查整治，全力确保了敏感时期和重要节点的安全稳定。五是落实寺庙管控责任，加强和创新寺庙管理。及时组建了寺庙管理委员会，派驻了寺庙专职管理特派员，成立了党组织，确保了寺庙各项工作有序开展；深化寺庙法制宣传专题教育，广泛开展僧尼教育引导工作，“六建”、“六个一”“九有”工程顺利实施，确保了宗教领域持续稳定。

【以继续深化政法三项重点工作为抓手，确保全地区政法工作扎实有效开展】一是进一步深入推进社会矛盾化解。2012年以来，各级人民调解组织共办理群众来信来访100批（件）次290人（次），办结率为86%，与去年同期相比，群众来信来访分别下降21%和69%。同时，按照自治区要求，认真做好冬虫夏草采挖等季节性矛盾纠纷排查调处工作，消除了矛盾纠纷隐患。二是进一步深入推进社会管理创新。截至目前，共排查常住人口20万余人次，流动人口31万人次；加强重点人员管控，对参加“法会”人员进行了集中教育管控（对其中的部分重点人员逐一进行了回访），对“3·14”劳教释放人员，非罪处理人员人员，“2·17”数据库重点人员，刑释解教人员，治安重点人员，拉萨三大寺遣返学经人员均落实了“一对一、多对一”管控措施。认真落实　　“三个一律”要求，全地区授控的“四省藏区”清退学经人员中，对其中的大部分人进行办班集中管控教育，对少数人实行属地联保帮教。三是进一步深入推进公正廉洁执法。共排查调处矛盾纠纷48件（其中信访问题35件，涉法涉诉13件），办结11件，剩余37件正在办理。地委政法委执法督察室共受理涉法涉诉案件及其他信访问题137件141人（其中地委政法委9件、法院8件、检察2件、公安7件、司法111件），已办结117件121人，正在办理20件20人，确保了各敏感时期和重要节点无一人进京或到自治区上访事件发生。

【以加强和创新社会管理为抓手，确保社会管理综合治理工作再上新台阶】一是狠抓综治工作组织领导。调整、充实、增设工作机构，扩充人员力量；逐级签订综治目标管理责任书，开展综治交叉考评验收；加大综治工作和平安建设经费投入，地区财政共投入综治、群防群治等经费65万元，同比增长20%；平安经费146万元，同比增长2.1%。二是集中开展打击犯罪专项治理。紧紧围绕“十八大”维稳安保主线，集中开展打击刑事犯罪维护社会治安专项治理行动。三是各级政法部门深入系统学习《刑事诉讼法（修正草案）》，全面掌握新规定，为确保刑事诉讼法修正草案在我地区全面、正确和有效实施打下了坚实基础。

【以加强政法维稳能力建设为保障，确保全地区政法工作有序推进】地委、行署高度重视政法工作，全地区政法维稳力量编制不断增加，基层乡镇公安派出所、人民法庭、派驻检察室和基层政法维稳综治组织建设等各项工作得到进一步加强。全地区共配备乡（镇）政法委员203人。地区编委在机构设置和人员编制上给政法机关大力倾斜和支持，仅地委政法委就新增人员编制9名，目前通过全面考察和使用，新调入人员6名，给政法委（综治办）机关输入了新鲜血液，为进一步做好政法维稳综治工作打下了良好基础。

日喀则地区党校(行政学院)工作

【年度综述】2012年，全年办班16期，培训学员790名；中央党校函授培养本科学员87名；截至12月上旬，“流动党校”送教上门80场次，培训9000余人次；撰写社科理论文章20多篇，并在地级以上刊物发表12篇。在现有条件下，充分发挥了党校、行政学校的作用，在地区经济建设、维护稳定、边防巩固、人民安居乐业的工作中做出了贡献。

【克服师资紧缺困难，积极完成全年各类办学任务】全年办班16期、培训学员790名。这些班次为：日喀则地区第八期科级中青年干部培训班1期，38名；初任公务员培训班3期，177名；十八县（市）乡级团干部及青年干部进修班2期，94名；寺管会干部培训班1期，37名；新任乡（镇）党委书记乡（镇）长培训班1期，44名；乡镇党委书记轮训班2期，100名；村居党支部书记示范班1期，50名；基层纪检监察干部培训班1期，50名；十八县（市）党校师资及宣传干事培训班1期，45名；地直机关县（处）级领导干部学习贯彻党的十八大精神研讨班1期，45名；十八县（市）县级领导干部学习贯彻党的十八大精神研讨班1期54人。同地委组织部、地区卫生局联合举办日喀则地区第一期高原性肺水肿诊疗人才培养培训班1期，56名。这些班次，有的三至五天，有的十天半个月，有的长达三个月。在这些培训班次中，紧随形势和任务的要求，重点开设了党的基本理论，中国特色社会主义理论体系，中央、自治区、地区会议精神，党史党建，党性教育，西藏地方史，“四观”、“两论”，反对分裂维护稳定，党的民族理论和民族宗教知识，经济、政治　　、文化、法律法规知识等30多个专题课程。通过培训，进一步帮助学员全面把握了科学发展观的理论体系，不断增强其贯彻落实科学发展观的坚定性和自觉性，进一步帮助学员掌握马克思主义立场、观点、方法，不断提高其运用马克思主义理论解决实际问题的能力，进一步坚定了理想信念，增强了立党为公、执政为民、严于律己、言行一致、艰苦奋斗、清正廉洁的意识，增长了知识才干，增强了党性修养，提升了道德情操，转变了工作态度与作风，推动了本职工作。

努力办好“流动党校”，送教上门。党校、行政学校工作始终坚持从地委、行署工作大局出发，在地区18县（市）以及地（区、中）直各单位，积极开展送教上门。今年重点围绕学习、宣传、贯彻落实党的十八大精神，创先争优，强基惠民驻寺驻村，基层组织建设年，核心价值观教育，“六五”普法等内容。截至12月上旬，选派教师80人次，完成80场次的送教上门，培训9000人次。通过“流动党校”送教上门，进一步发挥了党校“阵地”与“熔炉”的作用，在全地区及时传播了党的理论、路线、方针、政策和重大战略部署，传达了党委、政府的决策思路及工作部署，缓解了党员干部工学矛盾，节约了培训成本，达到了宣教的时效性和为实践服务的目的。

中央党校函授教育圆满结束，函授工作正式向学员管理工作转变。2012年上半年，毕业了最后87名本科学员，标志着中央党校函授学院西藏分院日喀则学区的工作圆满划上了一个历史性句号。中央党校函授学院西藏分院日喀则学区自1995年成立以来的17年间，共培养各级各类大专、本科学员3218名。在这17年间，党校函授教育也经历了办学规模从小到大、专业门类由单一到综合、学历层次从专科到本科的不断发展壮大的历程，成为地区在职党员干部提高学历层次的主渠道、党校办学的重要组成部分和培养、深造地区党员干部的重要渠道。通过中央党校函授教育，大幅度、大批量地提高了日喀则地区广大干部职工的文化水平和学历层次，提高了党员干部职工的政策理论水平、专业业务知识水平、管理能力和工作能力，极大节约了干部教育培养成本。广大函授毕业学员业已成为各行业、各部门的业务骨干和工作能手。从2012年下半年开始，函授部的职责与功能正式向学员管理科的功能转变。

日喀则地区人大工委工作

【精心组织，强化指导，依法顺利完成县乡人大换届选举】2012年进行的县市、乡镇两级人大换届选举，是《选举法》及《西藏自治区选举实施细则》重新修订后首次实行城乡按相同人口比例选举人大代表，是全地区各族人民政治生活中的一件大事。按照党委领导、人大主办、各方配合的原则和“两升一降”的要求，人大地区工委在地委的领导下，把换届选举作为加强基层政权和民主法制建设的契机，依法履行职责，扎实开展工作，指导县市、乡镇两级人大圆满完成了换届选举工作。一是前期准备深入扎实。认真贯彻落实中央及全国人大常委会和自治区党委、地委关于换届选举的一系列重要指示，深入全地区18县市和部分乡镇进行调查研究，制定了切实可行的工作方案。二是骨干培训层层进行。及时召开县市、乡镇两级人大换届选举工作暨培训会议，通报情况，部署工作，提出要求，培训了全地区县市、乡镇两级人大换届选举工作骨干100多人。三是督促指导切实加强。多次组织工作组深入基层，精心指导换届选举各个环节的工作，及时协调指导在选举过程中出现的各种问题，保证了换届选举依法顺利开展。四是各方配合井然有序。地区纪委、地办、组织部、人大办、宣传部、统战部、民宗局、财政局、公安处、民政局等有关部门通力合作，共同努力，使换届选举工作做到了选举动员广泛深入、选民登记扎实细致、推荐代表候选人民主公开、投票选举依法有序。五是群众参选意识强烈。在当前经济成分、组织形式、就业方式多样化，流动人口急剧增加、流动性日益加大的情况下，选民民主意识进一步增强，登记率达95.48%，参选率达99.36%。六是两级人大代表顺利产生。经过直接和间接选举，全地区共产生县市级人大代表1889名、乡镇级人大代表7387名。其中，来自基层一线的工人、农牧民代表分别占46.37%和76.05%；妇女代表分别占22.28%和22.78%；具有大专以上学历的分别占40.34%和15.73%，代表结构进一步优化，素质明显提高。七是县乡新一届人大一次会议成功召开。各县市、乡镇两级人大已如期召开了新一届人民代表大会第一次会议，认真总结了过去五年的主要工作和基本经验，安排部署了今后五年的各项任务，依法选举产生了473名县级国家机关领导人员，保证了党委人事安排意图在各级人大的顺利实现。新一届县市、乡镇两级国家机关领导人员，民族、性别、知识、专业、年龄等结构更加合理，进一步巩固了党在西藏的执政地位，提高了党的执政能力，为实现日喀则地区发展稳定先行区目标提供了坚强的组织保证。八是自治区十届人大代表顺利当选。按照自治区党委、自治区人大常委会和地委的统一安排部署，认真组织，精心安排，周密部署，积极指导，顺利选举产生了选区在日喀则地区的自治区第十届人大代表84名。

【认真开展监督工作，切实履行监督职能】一是按照《西藏自治区人民代表大会常务委员会地区工作委员会工作条例》赋予的工作职责，通过参加地委行署联席会议等多种形式，对地区行署国民经济和社会发展规划、财政预算和决算工作进行了听取、讨论和监督，进一步密切了同“一署两院”及相关职能部门工作联系与监督，为全地区建设和局势稳定切实履行了职责。

二是受自治区人大常委会有关专门委员会和工作委员会的委托，结合地区实际，先后对《残疾人保障法》及实施办法、《食品安全法》、《道路交通安全法》和中华环保世纪行—西藏行活动进行了执法检查和自查。协助、配合自治区人大常委会和有关专门委员会完成了《城市社区居民委员会组织法》、《城市民族工作条例》、《禁毒法》等5部法律法规的执法检查工作，较为客观地反映了全地区在贯彻实施这些法律法规和工作开展过程中所取得的成绩，以及存在的困难、问题与不足，保证了相关法律法规的贯彻实施。

三是根据自治区人大常委会的安排，完成了《中华人民共和国农业技术推广法修正案（草案）》等法律法规制定的征求意见工作，并将意见建议按时上报常委会。完成了自治区人大常委会和有关专门委员会立法项目征集任务和在我地区部分县市开展的县市、乡镇两级人大换届选举、扶贫开发、2012年上半年经济运行情况、保障性住房、十一届在藏全国人大代表等专题调研工作，为全区有关法律法规的制定，全面了解掌握有关工作进展发挥了积极作用。圆满完成了全国人大农委携国家发改委、国家水利部在我地区开展的“拉洛水利枢纽及配套灌区建设”建议办理工作，促进了有关工作的顺利开展。

日喀则地区外事工作

【认真做好礼宾接待工作】2012年，那曲地区外事办协助自治区外事侨务办成功接待了12批99人，其中：

接待外交部的团组4批：

8月3日，外交部崔天凯副部长一行8人赴藏考察，调研了解日喀则地区的社会、经济、教育等方面的情况。

8月6日，外交部安全司邱国洪司长一行5人赴我地区考察。

8月15日接待国务院港澳办副主任一行。

9月15日接待外交部代表团一行。

协助自治区外事侨务办领事友协处接待领事团组3批：

2月3日接待西班牙驻上海总领馆总领事一行，总领事先生对我地区的发展状况表示出赞赏与惊讶。

3月31日和5月16日两次接待了尼泊尔驻拉萨总领事一行。

6月28日接待印度驻华大使一行。由于中印两国关系敏感复杂，西藏全区又正处于维稳工作敏感时期，为了做好此次外宾接待工作，我办根据地委主要领导的重要指示精神，高度重视，本着“低调稳妥、热情友好、内紧外松、确保安全”的原则，与外宾访藏工作协调小组各成员单位紧密联系、相互配合，较圆满地完成了印驻华大使一行在日喀则地区的访问接待工作，此次接待工作不仅赢得了来访嘉宾的好评，同时得到了区领导的赞许，给我们莫大鼓励的同时，也激励我们更加努力工作。

协助区外事侨务办礼宾接待处接待大使级和友好团队5批。

5月26日，接待中国驻尼泊尔大使夫人一行。

7月20日，接待中尼喜马拉雅友好协会代表团一行。

8月16日，接待墨西哥副处长一行。

9月19日接待国侨办医务代表团一行。医务代表团此次活动旨在了解日喀则地区医疗卫生情况及为下一步合作交流奠定基础。为了做好此次接待工作，我办的前期工作提前了一个月，在这一个月的准备工作中。我办联合地区人民医院、地区电视台等其他相关部门，做了大量的协调工作，使得接待工作井然有序。地区常务副专员闵卫星及地区人民医院的领导分别接见了代表团。

【加大了“走出去”工作的力度】截止到11月，日喀则地区审核因公出国团组7批，20人，其中党政干部19人，占出访总人数的99%；企事业单位1人，占出访总人数的1%。审核因公赴港澳团组3批3人，其中，党政干部3批、3人，占赴港澳总人数的100%；无企事业单位人员出访。对因公出国人员的审核，我办始终认真贯彻执行外交部和自治区外事侨务办的政策和规定，严格遵守各项规章制度，严把审核关，对出国（境）的人员进行动态管理，及时了解和掌握出国（境）人员的学习和考察情况并及时上报相关部门，按照上级规定建立了专办员制度。

【坚持维护国家主权及安全，切实加强边界涉外管理工作】一是本着“以邻为伴、与邻为善”、“有理、有利、有节”的原则，巩固和发展与周边国家的睦邻友好合作关系，增进双方和多边的相互了解和友谊；二是妥善处理边境复杂、敏感问题：如非法越界、非法移民、偷渡等；三是理清了日喀则地区所有边境县的边贸市场及边境贸易基本情况，进一步了解边境贸易和交易情况，加大对通外山口、通道、过境过牧、界桩维护等边境事务的管理，积极与办里协调好地区各有关部门之间的关系，建立健全各边境县涉边信息的报送机制。

日喀则地区政治协商工作

【狠抓政治理论学习，夯实履职尽责的思想基础】坚持把理论学习和思想建设作为提高委员履职能力的重要基础，按照建设学习型组织的目标要求，组织广大委员认真学习中国特色社会主义理论体系，学习贯彻胡锦涛总书记在参加十一届全国人大五次会议西藏代表团审议时的重要讲话精神，全面理解和准确把握“五个继续着力”的要求，进一步增强广大委员履行职能的责任感和使命感。继续推动广大委员深入学习胡锦涛总书记“七·一”重要讲话、习近平副主席出席西藏和平解放60周年庆祝活动时的一系列重要讲话精神，不断夯实团结奋斗的共同思想政治基础，使坚定不移走有中国特色、西藏特点发展路子，推进跨越式发展和长治久安的目标任务，成为我地区各族各界人士和广大委员的广泛共识和自觉行动。全面安排部署十八大精神的学习贯彻工作，切实把学习好、贯彻好、落实好党的十八大精神作为当前和今后一个时期的首要政治任务，组织广大委员系统学习贯彻十八大精神，深刻领会十八大的鲜明主题、精神实质和战略部署，切实把思想和行动统一到十八大精神上来，把工作重点落实到坚持科学发展观，推进政协工作向前发展上来，努力营造了学习贯彻十八大精神的良好氛围。

【深入开展反分裂斗争，努力促进社会和谐稳定】深化反分裂斗争思想教育，组织广大委员认真学习和准确把握当前西藏的社会主要矛盾和特殊矛盾，认真传达贯彻地区党员干部大会精神，积极开展爱国主义、社会主义和新旧社会对比教育、形势政策教育，深入揭批达赖集团反动本质，不断增强反分裂斗争的坚定性、自觉性和主动性。认真落实领导干部维稳包县和联系重点寺庙责任制，主席班子成员长期蹲守江孜、拉孜、吉隆、萨嘎、仲巴等重点县和边境县，开展维稳督导和边境防控工作，深入检查驻寺、驻村工作，着力分析研究维稳对策措施，严密防范打击各种分裂破坏活动，为挫败达赖集团阴谋，维护地区社会局势稳定发挥了重要作用。主动配合党委、政府做好深化寺庙爱国主义教育，协助寺庙民管会加强对僧尼的团结、教育和管理，参与创建和谐寺庙活动，维护寺庙正常的宗教秩序。深入贯彻落实上级党委维稳工作会议精神，严格执行特殊时期的既定戒备等级要求，认真落实严防严控措施，完善处突应急预案，坚持24小时值班带班责任制和巡逻制度，确保实现了大事不出、中事不出、小事也不出的目标。全面安排部署机关十八大维稳安保工作，专题传达学习全区和地区维护社会稳定工作电视电话会议精神，深入贯彻落实区党委和地委的决策部署，安排部署党的十八大前后机关维稳安保工作，制定政协机关十八大维稳安保工作方案，细化维稳安保措施，为夺取十八大维稳安保攻坚战的全面胜利，维护全地区和谐稳定的社会局面作出了积极贡献。

【**全面履行职能，努力促进发展稳定先行区建设**】深入开展专题调研。按照常委会2012年工作计划，组织部分区、地、县（市）政协委员，联合地区民政局、人社局、工信局、工商联、商务局、工商局等部门，深入康马、南木林、白朗、仁布、日喀则等县（市），围绕日喀则地区低保政策贯彻落实和低保工作开展情况、非公有制经济发展现状2个课题进行专题调研，形成了《日喀则地区城乡低保工作开展情况调研报告》、《日喀则地区非公有制经济发展情况调研报告》2篇，提出对策建议12条，得到了地委、行署的充分肯定，为解决地区有关问题提供了一些有价值的思路和建议；切实做好视察监督。组织参加政协十届一次会议的200余名政协委员分赴日喀则市、白朗县，围绕日喀则市工业园区和市政道路建设、白朗县产业化和新农村建设进行了集体视察和实地参观，紧扣重大决策部署的贯彻落实，针对建设过程中存在的突出问题，积极提出意见建议，受到了有关部门及被视察单位的高度重视；全力配合上级政协工作。协助自治区政协科教文卫体委员会赴拉孜、定日、吉隆、聂拉木等县，围绕农牧区医疗卫生保障和全民健身组织建设情况2个课题进行视察调研。协助自治区政协专题调研组在我地区开展了矿区环境保护和植被恢复、光伏发电产业跨越式发展、加快农区畜牧业发展、创先争优强基惠民4项专题调研工作，有力地配合了自治区政协的工作；认真抓好提案督办落实工作。截止6月底，九届五次会议以来审查立案的89件提案和33件意见、建议按时办结，并向提案人一一进行了回复。十届一次会议闭幕后，专委会综合办会同提案委员会及时将十届一次会议收到的121件委员提案进行了审查、分析和归类，整理罗列了提案目录，提出了提案办理意见，共立案94件，其余25件作为意见建议处理，2件因涉及内容重复或所提问题已落实而撤案。所有立案提案经提交主席会议审核确定后，已全部移交有关部门办理，并从中选择了3件具有代表性的提案作为2013年重点督办提案。

【**统筹协调，团结协作，扎实推进常委会重点工作**】稳步有序推进县级政协机构组建工作。认真学习贯彻自治区党委关于组建县级政协机构的决策部署和藏委〔2012〕36号文件精神，会同组织、统战等部门成立地区组建县级政协机构工作领导小组，精心制定工作方案并组织实施。认真做好基础性工作的调查研究，提出委员遴选、界别设置、班子配备等合理化意见和建议，组成5个检查指导组分赴15个县检查筹备工作进展情况，指导会议材料起草和会务筹备，认真解答各县提出的疑惑，帮助各县理顺工作、规范程序。研究并提出规范化的政协机构名称和会议名称，帮助各县定做政协会徽、刻制政协印章、答复各种询问、提供会议材料样本，为各县顺利组建县级政协机构和成功召开县政协一届一次会议做了大量指导性工作。积极协调上下级关系，统筹安排全地区15个县政协成立大会和江孜、亚东、日喀则3县（市）政协换届会议时间。截止2012年7月25日，全地区15个新建县级政协机构的县顺利完成了县级政协机构组建工作，实现了县级政协机构全覆盖的目标，已建有县级政协机构的江孜、亚东、日喀则三县（市）政协于7月28日完成了换届选举工作，实现了新一届县政协的新老交替；认真开展文史资料征集工作。组织专班专人，全面启动了新一轮的文史资料征集工作，认真在各大小寺庙中精心搜集和深入挖掘反映寺庙文化的珍贵史料，向各县（市）政协征集组建县级政协机构的相关图片、影像、文件和资料。截止2012年12月底，共征集到反映后藏寺庙文化底蕴的文史资料稿件7件、4万余字，发挥了文史资料在存史、资政、团结、育人方面的重要作用；精心组织委员学习考察。在吉林省、上海市第四（六）批援藏干部联络组的大力关心和支持下，在主席会议的积极协调下，成功组织2批、45人次的政协委员学习考察团赴吉林省、上海市学习培训考察，圆满完成了各项学习考察任务，对于十届政协新任委员进一步解放思想，拓展视野，增长才干，提高本领，找准基层政协工作的切入点，增强人民政协为地区中心工作履职尽责的能力起到了积极的促进作用。

日喀则地区工会工作

【**年度综述**】2012年新建工会组织88个，其中在非公有制企业中建立工会组织75个（出租车行业2个）；发展会员5146人，其中农民工会员4070人。2012年，全地区工会组织总数895个，会员总数45782人，其中农民工会员总

数25361人。

【**协调各方，隆重组织开展好“五送”专项活动**】为了促进“五送”活动的顺利开展，办事处投入近5.5万元，分别于5月23日、9月26日，邀请地区人民医院、藏医院、妇保院的6名专家及地区司法处2名法律工作人员前往雪莲工业贸易公司、中国葛洲坝集团股份有限公司拉日铁路指挥部第一作业队开展了送医送药及送法律、送政策活动，为600多名职工进行了体检、义诊，发放了50多种药品，同时还发放了2095册《劳动合同法》、《西藏农民工实用手册》、《中国工会章程》、《中华人民共和国劳动合同法知识问答》等宣传资料，并向职工讲解了相关的法律法规及政策。10月份又专门出资邀请康马县农民艺术团，为该县安代山采石场等企业300多名职工、农民工开展了送文化活动。岗巴、拉孜等县总工会也结合实际认真组织开展了相应的活动。与此同时，我们还积极配合自治区总工会开展各项活动。据统计，为开展好“五送”活动，仅我地区各级工会组织就出资62.781万元，使9077名职工、农民工受益。其中“送温暖”活动发放资金33.755万元，受益人648名；“送文化”活动出资17.636万元，受益人3950名；“送法律、送政策”活动使用资金3.05万元，发放资料册4100余册，受益职工和群众3120余人；“送医送药”活动花费资金8.34万元，受益职工1350余名。

【**加强对工会经费的收缴和管理，更好地服务基层、服务职工**】2012年办事处处共收缴工会经费618万元，其中上解自治区总工会200余万元。通过严格工作程序、加强审计等方式，进一步规范了对工会经费的管理。为了更好地增强基层工会工作实力，促进基层活力，办事处以开展“五一”国际劳动节及“七一”纪念、喜迎党的十八大胜利召开等活动为契机，在全地区范围内积极组织职工开展了健康向上的职工文体比赛等活动。为开展好这些活动，办事处还专门给地直企事业单位及党政群机关工会下拨了38.7万元的活动经费。为仲巴、萨嘎、萨迦、康马、岗巴等县总工会解决了49.5万元维修职工之家及添置相关设备的经费。

日喀则地区
妇女联合会工作

【**以开展基层组织建设年为契机，坚持“党建带妇建、妇建服务党建”，妇联组织的活力不断增强**】一是加强妇联基层组织建设。2011年换届中，在地区村居妇代会主任进“两委”班子达到100%的基础上，加强对基层妇女干部的培训，完成了308名妇代会主任培训工作。在巩固发展机关、事业单位妇女组织的同时，积极拓展在新经济组织和新社会组织中建立妇女组织。如聂拉木县妇联开展了红旗妇联创建活动，在新经济领域建立20个妇女组织。二是提升妇联干部素质。努力将妇女干部的培训纳入各级党校培训范围，全地区组织基层妇女干部任职培训13人次，组织妇女干部到山东、自治区党校学习；地区妇联充分利用对口援藏资源优势，达成妇联干部到吉林省考察学习意向。通过开展培训，提升了妇联干部服务水平，有力地推动了妇女工作。三是加强阵地建设，妇女之家建设快速发展。根据全国和自治区妇联的要求，认真落实《关于进一步推进“妇女之家”建设的通知》精神，进一步明确了建设妇女之家的目标责任、建设标准、建设内容、建设要求及如何加强管理。全地区各级妇联积极协调，发挥优势，创造条件，狠抓落实，并努力争得地方党政和组织部门等多方面的重视与支持，使这项工作取得了实质性突破。

【**着力服务妇女儿童民生，维护妇女儿童权益，促进妇女儿童发展**】一是履行维权职能，切实维护妇女儿童的合法权益。各级妇联切实履行维权的基本职能，努力做到普法宣传教育不放松，信访案件不放过，合力维权不懈怠，推动妇联维权工作见成效。1、认真做好信访工作。

二是广泛带动城乡妇女在创业中实现新发展。各级妇联把“巾帼建功”活动作为推动妇联工作的有效载体，动员组织城乡妇女和女职工为促进全地区经济社会发展努力建功立业。

三是以项目实施促妇女发展。

四是扶贫救助惠民生。地县妇联帮助扶贫对口单位做好扶贫工作。地区妇联6名县级领导带头捐款1.8万元，各级妇女组织自发捐款捐物达37万元慰问贫困弱势妇女儿童；实施“两癌贫困母亲救助”、“母亲邮包”项目，通过区妇联争取到广西梧州中恒集团80多万元的药品，转赠给地区妇幼保健院和岗巴县妇联；搭建拉萨市闽泰酒店和日喀则市二小12名贫困单亲学子的帮扶之桥，协调解决了4万元的慰问品。积极配合自治区妇联开展西藏农牧区儿童先天性心脏病筛查救治活动，地区共筛查12389名儿童，并组织116名先心病儿童进京接受免费治疗，这项惠及民生的工作得到党委政府的认可和农牧区群众的广泛好评。

日喀则地区残联工作

【**做好康复工作，逐步提高残疾人的康复水平**】2012年，在自治区康复中心的支持下，地区残联残疾人假肢维修服务中心、残疾人康复理疗室、残疾人辅助器具供应室正式挂牌成立。同时实施“彭年光明行动”白内障免费手术项目，为白朗县、拉孜县、定结县、昂仁县、萨迦县开展白内障免费手术，将于9月底至12月底全面进行筛查，250例符合手术条件的白内障患者免费实施手术正在紧张筹划中，手术将让患者重见了光明。

地区残联与区残疾人康复中心的技术人员集中组织残疾人服务车在日喀则市、聂拉木县、定日县、拉孜县范围内开展了辅助器具需求情况调查、知识宣传，假肢取型及修理，低视力患者验配助视器，矫形器装配，助听器验配等流动服务，为73人（次）提供了免费服务。免费维修假肢7例、矫形器2例、免费适配助行器3个、坐便器2个、配戴助听器5台。此次入户调查服务，筛选出符合地区特殊教育学校、边雄盲校随班就读低视力残疾学生38名及6名听力残疾患者，并为24名低视力患者适配了不同样式的助视器26个，为2名成年听力残疾患者适配助听器，价值折合人民币65000元。另将1名残疾患者转接到医院治疗，转介1名听力残疾儿童做人工耳蜗手术。下乡服务切实解决残疾人最直接、最迫切、最切身的实际困难，把党和政府的温暖送到残疾人的心坎。

【加大扶贫、教育培训工作力度，改善残疾人生活条件】地区残联始终以改善残疾人的生存生活条件，努力缩小残疾人与社会平均水平的差距为重点，积极做好残疾人扶贫、教育培训和社会保障工作。2012年，地区残联着力开展贫困残疾人危房改造项目，协调资金105万元，为全地区175户农村残疾人危房进行了了改造；开展智力、精神残疾人“阳光家园”托养项目，共发放扶助资金90万元，使全地区1500户残疾人家庭得到了救助；2012年，地区残联将20名贫困家庭残疾人送去接受技能培训。其中：12名送残疾人到地区人力资源和社会保障局就业培训中心、8名残疾人送到自治区残联培训中心，视特长分别接受了绘画、卡垫编制等免费职业培训（培训费用由自治区残联提供），为残疾人提供了就业机会，拓宽了就业渠道。2012年，390名贫困肢体残疾人享受到了残疾人机动轮椅车燃油补贴，260元/人/年，投入资金101400元。

【不断加强对口援助省市残联交流与合作，推进残疾人事业发展】为全面推进地区残疾人事业发展，不断加强与对口援助省市残联交流与合作，由吉林省残联副理事长韩俊华和上海市浦东新区残联莫彬彬理事长分别率领赴藏考察团，来到日喀则地区考察交流残疾人工作，并为日喀则地区残联援助资金55万元，其中：吉林省残联援助35万元、上海浦东新区残联援助20万元，主要用于援助日喀则地区残疾人事业发展。两地残联始终将援藏工作作为一项重要的政治任务，今后，在资金项目、人才、技术等方面还将尽已所能帮助日喀则地区解决困难。地区残联也将进一步加强与吉林省残联、上海浦东新区残联的交流与合作，用好援助资金，将援助资金用在刀刃上，切实为残疾人做好事，解难事。

日喀则地区检察工作

【不断增强危安犯罪打击力度】自2011年10月26日至2012年10月25日以来，分院共受理提请批准逮捕危安犯罪案件5件5人，同期相比件数人数均上升了5倍；经审查依法批准逮捕4件4人，同期相比件数人数均上升了4倍；受理审查起诉3件3人，同期相比件数人数均上升了3倍；依法提起公诉3件3人，同期相比件数人数均上升了3倍。共受理提请批准逮捕妨害国（边）境管理秩序犯罪案件1件1人,同期相比件数下降80%、人数下降87.5%；经审查依法批准逮捕1件1人，同期相比件数下降80%、人数下降87.5%；依法提起公诉1件1人，同期相比件数下降83.3%、人数下降91.7%，有力地打击了犯罪分子的嚣张气焰，维护了国家安全。特别是自全区深入开展维护社会稳定暨打击整治专项行动以来，两级院迅速行动，成立领导小组及办公室，积极研究制定实施方案，积极配合相关部门扎实深入推进专项行动，确保出手快、出拳重、打得准，打出声势、打出成效。

【着力营造安定和谐的治安环境】2012年，两级院共受理各类案件367件457人，同期相比件数下降11.4%、人数下降18.4%；审结354件440人，审结率为96.3%。其中受理侦查机关提请批准（决定）逮捕案件155件196人，同期相比件数下降5.5%、人数下降23.4%；经审查依法批准逮捕刑事犯罪案件136件177人，同期相比件数下降10.5%、人数下降18.4%；受理移送审查起诉170件214人，同期相比件数下降9.1%、人数下降18.9%；依法提起公诉126件158人，同期相比件数下降16.6%、人数下降26.9%；案件批捕、公诉准确率均保持100%。

【刑事案件主要特点】案件类别。受理提请批准逮捕危害国家安全类犯罪5件5人，同期相比件数人数均上升了5倍；危害公共安全类犯罪6件6人，同期相比分别下降64.7%和66.7%；破坏社会主义市场经济秩序类犯罪5件5人，同比件数相持平、人数下降16.7%；侵犯公民人身权利、民主权利类犯罪26件28人，同期相比件数下降33.3%、人数下降37.8%；侵犯财产类犯罪101件134人，同期相比件数上升20.2%、人数上升18.6%；妨害社会管理秩序类犯罪12件18人，同期相比件数上升20%、人数下降10%。

【职务犯罪案件主要特点】从立案案件性质分析：立案侦查5件5人均为挪用公款罪。从社会危害性分析：涉及农牧民安居工程建设领域1件1人，农牧民合作医疗领域1件1人，新农保基础养老领域1件1人，造林工程领域1件1人，石化领域1件1人。从犯罪嫌疑人身份分析：立案侦查5件5人中，正科级干部1名，副科级干部3件3人，一般工作人员1件1人，4名男性，1名女性。从犯罪嫌疑人身份分析：国家机关工作人员依然是职务犯罪主体，身份呈多样化趋势，且女性犯罪比例上升。

【以强基惠民为目标，着力提升群众工作能力和水平】活动中，共进驻60个工作队124人，确保了组织保证到位。高度重视、周密部署，分院主要领导先后9次深入基层考察慰问，结合实际制定《深入开展创先争优强基础惠民生活动实施意见》，分解任务，强措施抓落实。

日喀则地区公安工作

【社会防控更加严密】一是重点部位防控常态化。通过设立派出所、警务室等机构，固定班子、固定力量、固定措施，对扎寺广场、江孜广场、樟

木友谊桥、珠峰大本营等重点部位实施了清理排查、巡逻防范、安全守护、秘密侦控等综合性常态防控，确保了重点部位不出问题。二是街面防控全面化。按照自治区“先用后建、边建边用”的要求，108个便民警务站于3月1日全部启用、6月底全部建成，配备警力1053人，配发了46种1.83万余套基本装备、500副肩灯和价值781万元的办公设备，构筑了“五分钟警务圈”，做到了警力全面覆盖、防范措施全面覆盖。截止9月30日，共开展治安巡控25万余次，接处警5230起，协助交通管理5.3万余次，受理求助1.23万余人次，收集各类治安动态信息2380余份，开展大规模法制宣传421次，开展集中清查行动112次，盘查人员26万余人次、车辆8.5万余台次，盘查物品4.5万余件次，查处现行违法犯罪289起，抓获嫌疑人312人。三是动态防控精细化。27个公安检查站严格落实“逢人必查、逢车必查、逢物必查”工作措施，做到了“人过留证、车过留牌、物过留影”，2个一级检查站共检查过往人员141.37万余人次、车辆38.17万余台次、物品19.6万余件次，共查获非法出入境171人（非法入境164人、企图出境7人）。四是科技防控全时化。根据公安厅统一部署，科学规范、赶超进度，新建社会面监控探头652个、便民警务站监控探头216个并全部接入厅、处指挥中心，新建18个卡口系统、16个电子警察系统的监控探头115个已投入使用，整合改造监控探头314个接入厅处指挥中心194个，社会单位视频监控单位接入工作进展顺利，率先完成视频监控系统建设，组织专门力量开展动态盯控、图像分析等工作，全时覆盖、动态监控、无缝隙、无盲区的视频监控系统初步形成。五是寺庙防控规范化。各寺庙派出所、警务室和驻寺民警扎实开展“六个一”、“九有”工程建设，家访僧尼家庭4500余次，建立僧尼家庭联系渠道3100余个，解决僧尼家庭困难1430余个，对341座寺庙、4591名僧尼做到了底数清、情况明。寺庙“四进工程”成效明显，办理僧尼身份证4098张，重大寺庙设立专职消防队，建立完善了寺庙活动、大型宗教活动审批制度，对扎寺等重点寺庙实施了安检准入等技术措施。

【打击整治更加有效】截止9月30日，共立刑事案件214起，破138起，破案率64.48%，抓获犯罪嫌疑人158人，与去年同期相比，发案数上升4.39%，破案率下降1.86%。其中，危安案件立1起、破1起、破案率100%；毒品案件立3起、破3起、破案率100%、缴获海洛因15克、冰毒20克；故意杀人案立8起、破7起、破案率87.5%；经济案件立12起、破7起、破案率58.34%、挽回经济损失50万元。侦破涉枪案件5起、抓获犯罪嫌疑人8人、收缴各类枪支23支、子弹245发。抓获网上逃犯2人，解救被拐妇女5人，打掉盗窃团伙8个。二是扎实开展“破案会战”专项行动，刑事案件立83起、破72起，抓获犯罪嫌疑人131名，查处治安案件538起、查处违法行为人775人，成功破获公安部督办案件1起、抓获涉嫌故意杀人在逃20年1人和“6·29”特大诈骗案、“7·05”故意杀人案等一批重特大案件。三是扎实开展“缉枪治爆”专项行动，排查涉枪单位120家、涉爆单位36家、涉爆从业人员154人，收缴各类枪支650支、子弹4708发、炸药4614.45公斤、索类爆炸物品2861.42米、雷管8689枚。四是扎实开展“清查整治”专项行动，清查出租房屋11550间、中小旅馆337家、洗浴中心及歌城109家、网吧56家、大型出版单位3家，责令停业整改11家，整治治安乱点96个。五是扎实开展“安全整治”专项行动，查处各类交通违法行为8431起，排查隐患车辆2262辆；检查安全单位、公众聚集场所和易燃易爆单位681家，发现督促整改火灾隐患488处，收缴零散购买的汽油2704公升、柴油508公升，打击各类非法销售、存储易燃易爆物品窝点205个。六是扎实开展“打击整治地下和非法组织”专项行动，共排查登记各类组织263家，撤销登记18家，落实跟踪审查管控6家，清理整顿未经登记批准6家，限期办理登记注册手续4家。七是扎实开展重点人群排查管控工作。对参加境外法会“回流”人员进行清查、甄别，设立6个集中教育管控点，对260名“回流”人员进行了集中办班教育，解控处理42人、解脱处理207人、劳动教养1人、转控处理10人。扎实开展四省藏区清查劝返管控工作，严格执行自治区进藏和在藏居留政策，劝返四省藏区“五无”人员17人、遣返四省藏区人员117人、遣返其他地区“五无”人员29人。扎实开展四省藏区清退学经人员排查工作，对56名清退人员集中逐一进行背景调查，开办6个班进行集中管控教育。

【社会管理更加高效】一是及时查处各类治安案件。共受理治安1004起，查处937起，查处率93.33%，查处违法行为人1541人。与去年同期相比，发案数下降20.82%，查处率下降4.93%。二是认真开展实有人口管理服务。制发居民身份证19.76万余张，全地区73万余常住人口完成72万余人的身份证制发任务，8个县公安局已提前完成辖区居民身份证制发任务。三是强化危险物品清查管理。以打击整治专项工作为契机，强化对涉爆、涉危物品场所、行业排查整治，排查探（采）矿点27处、涉爆施工点63处、采石场9处，发现和整改安全隐患5处，收缴了一批枪支、子弹、管制刀具和民用爆炸物品等危险物品。四是强化特种行业清查管理。开展清查活动232次，清查出租房屋13350间、中小旅馆573家、网吧56家、歌厅55家、洗浴中心54家、印刷出版单位8家、刻字印章店3家；整治治安乱点31个。五是强化道路交通安全管理。共查处交通违法行为18331起；处置交通事故128起，死亡42人，受伤176人，直接经济损失271.72万元；六是加强消防安全监管。深入推动“清剿火患”战役和“防火墙”工程建设，建立了实名加油制度，检查社会单位1.13万余家次，发现并整改火灾隐2.6万余处次；处置火灾事故12起，死亡2人，直接财产损失35.48万余元。

日喀则地区人民防空工作

【以防空袭斗争准备为牵引，突出抓好人防指挥工程筹建】主动出击，多方协调沟通，积极争取到日喀则人防应急指挥中心工程。按照自治区人防办要求，办人员多次到相关单位办理项目前置手续，到成都、贵州设计、审查工程各种图纸。经过不懈努力，工程施工图纸设计、工程开工前各项报批手续已完成，国家投资1400万元已到位，国家人防办补助资金200万元已在报批，地方配套资金200万元正在评审中。现工程完成招标，明年3月正式开工建设。

【以保护人民群众生命财产为根本，强化人防知识宣传教育】2012年，开展了内容丰富、形式多样的宣传活动，大力宣传《中华人民共和国人民防空法》等法律法规和防空应急避险知识。一是顺利完成防空警报试鸣工作。在“7·7”警报试鸣期间，利用电视台对人防进行专题报道，扩大宣传的广度和深度。在地区中心广场、社区开展了以“平战结合，推进防灾一体化建设”为主题的宣传活动。此次宣传活动共悬挂横幅9条，印制藏汉语宣传资料3000余份，摆放宣传展板16张，发放宣传单、宣传海报共计2000余份，活动参观群众达3000余人次。二是持续订阅《中国人民防空》杂志，向地委、行署有关领导和发改委、财政、建设主要部门发放，加深他们对人防工作的印象，增强对人防工作的了解。三是积极开展人防知识进课堂，在各中学开展防空、防灾知识讲座，向广大学生传授人防知识，受教育的人数达1500余人。四是利用“12·4”法治宣传日，在市区繁华街道采取设立宣传点、播放音频、发放宣传单（2000余份）等形式，广泛宣传《中华人民共和国人民防空法》和人民防空相关知识，使广大市民深入了解人防知识，增强依法履行人民防空义务的自觉性。

【以“准军事化”严格管理，塑造人防团队良好形象】按照“内炼素质，外树形象”的总体要求，为培养“政治坚定，业务精湛，纪律严明，作风过硬，廉政高效”的人防团队，用比一般的行政机关更严的要求、更高的标准，管理好人防队伍，提升队伍素质，养成良好作风。经常性开展政治理论学习、党风廉政教育和业务知识学习活动。认真查找本单位在制度、管理、作风、监督、廉政等方面存在的突出问题，剖析原因，结合实际贯彻执行本单位各项规章制度，实行用制度管人、管事、管钱，将各项制度的执行常态化，长效化，一以贯之，一抓到底。

日喀则地区发展和改革工作

【经济社会继续保持稳步发展态势】主要经济指标保持较快增长态势。2012年,预计实现地区生产总值124.5亿元，同比增长13.5%；地方财政一般预算收入预计完成4.95亿元，同比增长11.99%；农牧民人均纯收入预计达5054元，同比增长13%；城镇居民人均可支配收入预计达17784元，同比增长8.7%；社会消费品零售总额预计达47.5亿元，同比增长16.5%；居民消费价格总水平（CPI）比上年同期上涨0.38%；预计完成全社会固定资产投资93.3亿元，同比增长17.1%。

农牧业平稳发展。2012年农经口完成投资12.5亿元。全地区预计实现农林牧渔业总产值33.13亿元，同比增长3.6%。农作物播种面积86276.35公顷，粮油总产预计达到38.42万吨；牲畜年末存栏预计达580万头（只），牲畜出栏率达40%。完成各类造林18633公顷，投入资金2.39万元，质量和效益好于往年。

工业生产发展迅猛。重点扶持发展了建材、矿产、能源、高原绿色食（饮）品、民族手工业等支柱产业，进一步提升了工业化水平。预计全年实现工业总产值10.75亿元，实现增加值6.2亿元，比上年增长28%，其中规模以上工业产值完成3.8亿元,同比增长27%。预计全年规模以上工业企业主要工业产品产量大部分保持增长趋势：水泥18万吨，增长20%；发电量18300万千瓦时，增长15%；自来水产量1320万立方米，增长10%;矿泉水3420吨，增长35%；地毯（含卡垫）5652平方米，增长6%。乡镇企业和多种经营保持了较快增长。

第三产业蓬勃发展。以促进旅游业发展为抓手，继续挖掘优势资源，提升三产发展水平。预计全年共接待国内外游客180万人次，同比增长33.6%。旅游总收入预计达16.5亿元，同比增长53.3%。全年交通运输、邮电通信保持了良好的发展态势。消费品市场供需两旺。住宿和餐饮业继续强劲发展，预计全年住宿和餐饮业营业额实现7.9亿元，同比增长12.6%。对外贸易增长较快，预计全年地区对外贸易进出口总额达0.4亿美元，同比增长16.7%。

固定资产投资快速增长。2012年“十二五”规划项目陆续抓紧开展，地区发改委紧紧围绕“十二五”项目总盘子，积极谋划项目前期和投资落实工作。预计全年全社会固定资产投资完成93.3亿元，同比增长17.1%。其中国家投资预计完成68亿元，同比增长25.3%；援藏投资预计完成10亿元，同比增长7.4%；招商引资预计完成10亿元；社会投资预计完成10亿元。

社会民生事业继续全面推进。2012年日喀则地区社会发展领域共计划实施项目29个（打捆项目），计划投资4.9亿。同时积极协调推进项目的组织实施，深入18县（市）、地直相关单位做好项目的跟踪和服务工作，检查项目资金管理使用情况，确保项目工程质量和资金规范使用。目前，从项目信息汇总情况看，由于部分项目前期工作不到位、资金未落实等原因，截止目前共实施新建项目13个（打捆），续建项目6个，累计完成投资3.2亿元。地区2012年主要医改任务均已完成或达标，部分指标超出了自治区的计划。

【宏观调控能力不断增强】突出规划方案编制工作，为宏观经济调控打好基础。在推进发展改革工作中，地区

发改委始终把规划编制作为重中之重。在认真分析和总结2011年实际完成情况的基础上，年初地区发改委对各行业部门和各县（市）所报的各项经济指标做了进一步调查，充分听取各方面意见和建议，并根据自治区统计局下算数字的基础上四月底完成了《日喀则地区2012年国民经济和社会发展下达计划》的编制工作。完成了《日喀则地区国民经济动员潜力调查》、《给养应急潜力调查》、《装备动员潜力调查》等数据更新工作。

经济运行分析监控能力得到增强。进一步加强了对经济运行的监控、分析，加大了调研力度，准确把握了地区经济运行脉搏，做好了经济运行分析并及时提出对策及建议，为地委、行署领导当好了参谋助手。按时完成了各季度经济运行分析通报工作。健全统计和经济运行工作机制，努力搞好宏观经济运行的监测、分析和调控工作，并将经济运行中的一些焦点问题及时上报自治区发改委和地委、行署，争取上级部门的指导和帮助。

市场价格监管工作进一步加强。面对市场物价不断上扬的形势，我们加大了对市场价格的监管、监测力度。2012年，多次组织专项工作组开展各类价格检查工作，对教育、卫生、房地产、交通运输等领域进行了多次价格监督检查，清理整顿了教育、卫生、房地产、交通运输等领域存在的收费问题。进一步建立健全了价格和收费公示制度。预计全年地区居民消费价格总指数104.5，物价总体水平有所上涨。全年，全地区共查处各类价格违法案件6件，查处违法所得金额1477.80万元；受理“12358”价格举报125件、价格投诉18件、价格咨询30次，回复率100%，有效规范了市场价格和收费。

【全力做好了支持拉日铁路建设工作】征地拆迁情况。征地拆迁工作中，地区分级负责，上下联动，坚持一个班子、一把尺子、一线督导，高效推进征地拆迁各项工作，及时保障工程建设用地。拉日铁路途经地区仁布、白朗、日喀则等3个县（市）、9个乡（镇）、39个村，境内全长约131公里，共征用各类土地6814.95亩，其中耕地3353.69亩、林地484.52亩、草地2608.48亩、建设用地161.09亩、未利用地207.17亩。拆迁房屋150户，其中日喀则市115户、仁布33户、白朗2户。

补偿兑现情况。根据自治区铁路办统一安排，按照征拆补偿费有关管理规定，专款专用，分期分批拨付、兑现，及时足额将征拆补偿费发放到了被征拆群众手中。共兑现征地拆迁补偿费21848.64262万元。其中，征地补偿费16928.3358万元，房屋拆迁费4920.30682万元。我办将拉日铁路征地拆迁补偿费用全部拨付完毕，日喀则、白朗、仁布三县市业已将征地拆迁补偿费用全部兑现到群众手中。说明一点，征地拆迁总费用中未利用地部分资金50.20372万元尚未拨付至三县市，因三县市均无未利用地，拟将此资金用于解决铁路建设遗留问题。

搬迁安置情况。搬迁安置工作中沿线县（市）按照地委、行署部署，把铁路建设和群众安置、土地开发、群众增收、城镇化发展等工作统筹考虑，确保了失地农民搬得出、住得好。截止目前，拉日铁路（日喀则段）全部150户拆迁群众中，95户拆迁群众安置新房已建成并搬进了新居。其余55户为日喀则火车站斯玛、占堆两村集中安置的拆迁农户，根据日喀则市政府统一安排，目前该55户拆迁农户安置新房工程正在建设中，计划于年底建成并投入使用。

纠纷调处情况。地区涉铁矛盾纠纷摸排调处工作坚持调解与打击并重，一方面积极开展政策宣传教育，调解处理各类涉铁纠纷，另一方面，重点打击了一批利用劳务输出、地材运输、机械租赁等纠纷，制造事端，非法阻工，防碍铁路工程建设的不法分子，处置了一批涉案人员，起到了震慑作用，教育了多数人。由于政策明确，处置得当，得到了沿线群众好评，收到了良好的社会效应。年初以来，地区共协调处理涉铁各类矛盾纠纷共14件，其中工程合同纠纷3件、地材运输纠纷2件、施工致损纠纷8件、工地治安纠纷1件。行政罚款2人，行政拘留2人。

协调服务情况。铁路工程建设中，地区始终把铁路的事当成地方政府的事，树立“以服务带动管理”理念，坚持强化综合协调服务功能，现场办公，靠前指挥协调涉路涉民相关问题，积极开展法律政策宣传教育，严格土地、水资源、环保、安全生产管理，引导当地群众有序参与铁路建设，及时提供保障路水电医等条件，不断促进铁路参建各方活动规范化，大大优化了工程施工环境，确保了铁路建设秩序稳定。

【资源环境工作开局良好，新能源建设成效突出】“十二五”期间建设的项目是15个县市垃圾填埋场，定日县珠峰大本营、吉隆口岸、南木林县3个垃圾转运站项目，日喀则市、樟木镇、亚东县、吉隆口岸4个污水处理厂，矿山地质环境动态监测和农村环境综合整治项目共24个项目，经过积极协调督促，到目前，各项目前期工作进展顺利，前期工作开展较早的项目已开工建设或即将开工建设。2012年项目到位资金23735万元，完成投资2800万元。

根据《西藏自治区固定投资项目节能评估和审查暂行办法》规定及国家和自治区发布的相关节能规定，共审查项目节能登记表1012份，投资240170.802万元，审核能源消费2835.04661吨标准煤。收集建立了地区公共机构能耗情况基础数据，申报节能监察机构能力建设项目。编制申报了地区公共机构示范单位工作方案和节能节水实践案例。

日喀则地区商务工作

【市场体系和市场运行工作】2012年，社会消费品零售总额实现47.5亿元，同比增长16.2%，占地区生产总值的38.2%；全年共建设完成县级、乡级、村级农家店718家，建设完成3个商品配送中心和5个乡镇商贸服务中心项目。

全年共销售家电家具下乡产品98935台（部、件、组），销售金额为

2.229亿元，兑现补贴资金4981.79万元。2012年，社会消费品零售总额同比增长16.2%，实现47.5亿元，占地区生产总值的38.2%。

【**流通业发展工作**】实施了国家补贴1100万的家政服务体系建设项目并进行了初验；依法申报大竹卡金阳光等五座加油站新建和中石油三座加油站改造项目。全年购进成品油90498吨，销售成品油88953吨，同比增长11.2%，液化气销售2274吨；

【**碘盐推广工作**】地区全年推广碘盐3596.84吨，配送完成率100%，全面完成年初计划推广任务。

【**边贸口岸工作**】全地区外贸直接进出口总额实现1.63亿美元（含边民互市贸易），同比增长36%，自产产品出口达到6612.6万美元，约占出口总额的51%。

中印乃堆拉边贸通道实现进出口总额7041.99万元，同比增长26.8%；

【**招商引资工作**】全年全地区招商引资共引进项目53个，协议资金总额70.43亿元，实际到位资金12.11亿元，实际到位资金占地区社会固定资产投资的13%。

【**以创先争优强基础惠民生活动为契机,加强党建,努力推动局势稳定和社会和谐**】认真开展创先争优强基础惠民生活动，大力加强商务系统党组织，加大维稳工作力度，大力加强干部队伍建设。

日喀则地区财政工作

【**年度综述**】2012年，全地区财政预算总支出完成82亿元，同比增支23.7亿元，增长41%，其中：公共财政预算支出78.9亿元，政府性基金预算支出3.1亿元，实现了收支平衡，略有结余的目标。从分级情况看：地区本级公共财政预算支出完成18.05亿元，同比增支6.49亿元，增长56.13%。县（市）级公共财政预算支出完成60.84亿元，同比增支14.77亿元，增长32.05%。

【**狠抓财政支出，确保重点支出需求**】确保民生支出。财政部门全年投入民生资金45.76亿元，其中：自治区投入42.61亿元、地本级配套2.34亿元、县（市）承担0.81亿元。已落实38.35亿元。

【**“三农”方面**】财政部门落实“三农”资金201776.33万元。一是落实种粮农民粮食直补和综合补贴、新增农资综合补贴、种粮大户补贴资金4209.26万元，对提高粮食综合生产能力、保障农民利益和粮食安全发挥了积极作用。二是落实农牧民专业合作组织发展资金、草原生态保护补助奖励等资金68251.28万元，推动农牧民特色产业发展。三是落实森林生态补偿基金、重点区域生态公益林建设工程等资金14775.36万元，为构建高原生态安全屏障提供了资金保障。四是落实财政扶贫、农业综合开发、小型农田水利等资金53182.67万元，推进了财政扶贫、农业综合开发、小型农田水利建设等方面工作的有序开展。五是落实农牧民安居工程建设和人居环境整治资金59688.29万元，完成了我地区农牧民安居工程和抗震加固工程18806户建设任务。和18个县（市）140个乡（镇）、293个行政村（含边境村41个）的人居环境建设。六是落实涉农商业保险、家电家具下乡补贴等资金共计1669.47万元，确保了各项工作的顺利开展。

【**社会保障方面**】财政部门落实社会保障资金73418.58万元（含“9·18”地震转移安置生活补助和“2·7”雪灾补助资金4770.05万元）。一是落实五保户资金、低收入人群价格补贴、孤儿生活补助、三老人员补助、一次性补助等资金9399.92万元，切实保障了全地区弱势困难群体的基本生活。二是落实城乡居民养老保险金和城乡医疗救助、农牧民合作医疗等资金28838.39万元，有效地缓解我地区农牧民老有所养及群众看病难、看病贵的问题。三是落实我地区城镇最低生活保障和农村最低生活保障资金11316.28万元,确保了低保人群的基本生活。四是落实僧尼养老保险及健康体检经费50.02万元，为维护社会稳定尤其是涉宗领域的维稳工作起到了积极作用。五是落实食品安全保障、基本公共卫生服务等各项事业费8771.98万元，保证了各项事业的顺利进行。六是落实救灾资金7930.05万元（含“9·18”地震转移安置生活补助和“2·7”雪灾补助资金4770.05万元），为受灾群众尽快恢复生产生活提供了可靠保证。七是落实就业补助、职业培训、公益性岗位及三支一扶等资金7111.94万元，为落实我区就业政策提供了财力支撑。

【**确保社会公共事业发展支出**】一是落实教科文卫资金22.51亿元（含“三包”经费2.85亿元），同比增加3.48亿元，增长16%，为优先发展教育事业和促进文化产业发展等提供了强有力的资金保障。二是落实公共安全资金5.33亿元，同比增加1.47亿元，增长38.08%。为提高质量，顺利完成全地区便民警务站建设任务，地区财政局成立便民警务站装备采购领导小组，赴拉萨市考察学习便民警务站运行情况及装备配备标准，保质保量地完成了采购任务，共完成采购金额3393.05万元；垫付便民警务站建设资金2800万元（截止目前，自治区指导到位2000万元），为社会和谐稳定提供了财力保障。三是落实创先争优强基础惠民生活动办实事经费、人员补贴、短平快项目等资金3.5亿元，有效促进了强基惠民活动的顺利开展。

【**大力推进公共基础设施建设**】一是确保基础设施建设支出。全年投入基础设施建设资金23.06亿元，其中保障性住房建设资金2.14亿元。为确保工程进度和质量，在自治区项目行业主管部门资金未到位前，根据行署领导的批示，我局积极筹措资金，先后垫付市政道路、创新寺庙管理等项目资金近4亿元，为全面完成各级党委、政府安排的重大决策的落实提供了资金保障。二是安排项目前期经费7000万元，其中：自治区财政厅投入有偿经

费5000万元、地本级配套2000万元。目前已安排地直单位及各县“十二五”项目前期费6131.2万元，为做好我地区“十二五”规划项目前期工作提供了资金保障。

【大力推进中小企业发展】一是2012年共落实中小企业发展专项资金2748万元，其中：中央投入566万元，自治区投入1356万元（2011年项目剩余资金）、本级投入826万元，为促进地区产业发展提供了有力的资金保障。二是落实边贸口岸发展专项资金2615万元，对促进地区边境贸易大发展起到了积极作用。

【推进地震等灾后建设】2012年共下达“9·18”地震灾后重建资金12.76亿元，其中：自治区下达110265.02万元，保险口11385.69万元、地本级配套6005.09万元；县市配套969.8万元；“2·7”雪灾救灾资金3191.13万元，其中：自治区2738.23万元、地本级配套452.9万元。

日喀则地区税务工作

【组织收入在科学中确保增长】2012年度，全地区共组织各项收入7.62亿元，提前53天超额完成了年度收入目标任务，创造了日喀则税收发展史上又一重要里程碑。对95个企业的每套报表442项经济进行反复审核，反复修改，认真对基层机关调查人员税收调查数据指标填报的正确指导，圆满完成了2012年税收调查工作，为研究制定国家财税政策提供了的依据。严格监控征管数据质量。通过应征数据和入库数据的比对，找出基层机关的异常数据，并利用20个征收单位综合征管系统产生的报表数据，及时分析、比对和查找存在的问题，做到事先提醒、事中修正、事后提交等全程控管，有效发挥承上启下的重要作用。

【纳税服务在完善中全程优化】以制度规范服务，税法宣传走进纳税人心中，财税库银横向联网系统成功运行，下放增值税一般纳税人资格认定审批权。

【税收征管在发展中稳步推进】全面推广税控收款机，夯实各项征管基础工作，规范普通发票管理。

【专项检查在实践中获得实效】开展税收专项检查。结合地区实际，科学筛选检查对象，明确检查重点，确定了成品油购销企业、矿产品采矿选矿企业、建筑安装业以及三年以上未实施检查的重点税源企业、农产品加工企业、高收入者个人所得税和药品、医疗器械生产经营单位、医疗机构发票使用情况，作为2012年税收专项检查和自查项目。对82户纳税人实施了税收专项检查，查结82户，发现有问题户29户，查补各项税收收入235.02万元，其中：税款209.83万元，滞纳金20.43万元,罚款4.76万元,入库率为100%。组织企业（矿产品采矿选矿企业、高收入行业个人所得税、商业和房地产及建筑安装业等）自查15户，查结15户，补缴各项税收收入120.57万元。开展区域专项整治。2012年自治区稽查局确定日喀则地区为税收专项区域整治对象，重点对农产品加工企业及农产品收购发票开展税收专项整治。地区稽查局先期组织各管理部门开展对所辖农产品加工企业及农产品收购发票使用情况的自查，在此基础上同区稽查局区域专项整治检查组对12户一般纳税人进行了调研式检查。核实农副产品加工企业及农产品收购发票使用企业的生产经营场所、库房、会计核算等基本情况，从农牧主管单位了解近两年日喀则地区牲畜出栏、宰杀和出售的相关信息。根据企业《收购台账》所记载农产品出售农牧民的信息，实地深入到各县、乡、村核实收购业务的真实性。经认真调查取证，确定9户企业涉嫌为自己虚开农产品收购发票，并及时向同级公安机关移送侦办，目前已立案4起，批捕2人，收缴作案工具一批，涉及农产品收购发票685份、金额3701万元、税款568万元。开展打击发票违法犯罪活动。出台《日喀则地区国税局2012年打击发票违法犯罪活动工作实施方案》，截止10月底，地区共检查纳税户231户，查处违法户数61户，涉及未按规定保管、取得或开具普通发票案件245份，查补入库各项税收收入4.41万元，其中税款2.15万元，滞纳及罚款2.26万元。

【依法治税在探索中扎实前行】加强减免税管理。重点贯彻落实好促进非公经济发展、文化产业、保障性住房发展等惠民税收优惠政策。严格按照减免税程序和权限受理纳税人的减免税申请，对符合税收优惠条件的纳税人，及时给予审批。自1月1日起全面启用统一的《纳税人报批（备案）类减免税分户管理台帐》，以全面了解和掌握纳税户的减免税动态。1-11月全地区共享受税收优惠政策的纳税人4715户，享受减免税金1272.27万元。做好规范性文件清理工作。采取定期清理与日常清理相结合的方式，确保清理的全面性；采用“先理后清”的方法安排专人对清理结果集中进行复查和确认，有效保证了清理工作质量。2012年，共清理税收规范性文件118件。

中国人民银行日喀则地区中心支行工作

【年度综述】截至2012年11月底，日喀则地区金融机构本外币各项存款余额166.91亿元，较年初增加27.11亿元，增长19.39%；各项贷款余额78.11亿元，较年初增加56.61亿元，增长263.30%。截至11月底，金融机构存贷款比例为46.80%，存贷比较2011年提高31.42个百分点（即存差缩小29.5亿元）。

【涉农贷款继续保持稳定增长】截至11月底，辖内金融机构涉农贷款余额16.68亿元，较年初增加3.60亿元，增长27.52%，涉农贷款占各项贷款的比重达到21.35%。农牧区贷款卡发放量达到99441张，贷款余额11.23亿元，其中：钻石卡351张，贷款余额2226万元，金卡15374张，贷款余额4.74亿元，银卡27237张，贷款余额2.60亿元，铜卡56479张，贷款余额3.67亿元。截至11月底，农牧民安居工程贷款20626户，贷款余额2.63亿元。

【**认真落实西藏特殊优惠外汇管理政策，加强外汇监测**】截至11底，地区进出口总额为247.46万美元，同比下降53%，其中：出口总额为247.46万美元，同比下降50%，进口额为0。

【**做好支付清算服务，认真履行反洗钱职责**】一是不断加强支付结算工作，增强服务意识，提高清算服务水平，进一步推进支付体系建设，保证地区各项往来资金的及时、准确汇划和绝对安全。二是加大打击和防范经济犯罪宣传力度，严厉打击和预防银行卡犯罪，召开日喀则地区联合整治银行卡违法犯罪联席会议，切实保护金融消费者权益，维护经济金融秩序稳定。三是开展了票据和新兴支付工具使用的普及性宣传工作；切实改善农牧区支付环境，组织各金融机构开展了3次银行卡助农取款服务宣传工作，共发放宣传资料3800余份。四是进一步规范人民币银行结算账户的管理，开展了存量个人人民币银行存款账户相关身份信息真实性核实工作。五是重点加强了反洗钱监控工作，密切关注境内外资金流动。

【**认真做好人民币发行管理工作**】一是按照轻、重、缓、急的原则，统筹安排，利用时间差、季节差、区域差，合理摆布发行基金，做好了旺季现金发行工作保证地区流通现金的及时供应，2012年底发生挤兑现象。二是加强对市场流通人民币券别结构需求的监测分析，加大了对市场流通券别结构的调控力度，采取多种措施，继续增加小面额货币的市场投放，有效满足了小面额货币的市场供应。三是本着公开、公正的原则制定了2012年贺岁纪念币发行兑换方案和分配计划，并召集各商业银行召开了专门会议，统一组织各商业银行在营业大厅设立兑换窗口，向广大群众进行兑换。同时组成了监督小组，深入各商业银行全程监督兑换情况，确保了兑换程序公开、公正和顺利开展。四是强化残损人民币管理，组织召开了3次货币金银工作会议，制定了具体的残损人民币管理办法，要求地区各银行业金融机构设置残损人民币兑换窗口，组织各银行业金融机构开展了2次残损人民币的集中兑换活动。五是组织开展反假货币宣传工作，发放宣传资料14000多份，参加宣传人员达到了100多人次，接受了200多人的现场咨询,进一步提高了广大人民群众反假币意识和能力。六是结合实际，在充分调研的基础上，积极与地区综治委沟通协调，将反假货币工作纳入地区各县（市）社会治安综合治理考核体系，并负责考核该项目。七是严格执行假币“零容忍”制度，建立和完善了地区反假货币工作联席会议制度。

【**认真履行经理国库职责，提高国库部门服务质量**】一是认真履行好经理国库职责，准确及时办理各级预算收入的收纳、划分、报解、入库和库款支拨、退付、计息等账务核算工作。二是加强财税库银的沟通与联系，召开了两次专题联席会议，财税库银横向联网业务用户由原有的5户增加到22户；同时加强了财、税、银的协调工作，召开了协调会，确保信息共享，形成合力。三是深入日喀则地区昂仁县措迈乡等基层农牧区，面向农牧民开展了国债发售宣传活动，提高了农牧民群众对国债的认识。

中国银行日喀则地区分行工作

【**年度综述**】2012年，中国银行日喀则地区分行以“一·二·六”发展战略为指引，按照“五个负责”的发展要求，着力提升在当地的竞争能力、服务能力、盈利能力，在经营和管理方面都取得了进步。

【**加强内部管理，确保安全经营**】根植地方经济，加大信贷投放。中国银行日喀则地区分行根据日喀则地区的市场需求，继续加大开展个人住房贷款、汽车消费贷款、个人信用循环贷款及“工薪”贷款等零售贷款业务，借款主体继续面向日喀则地区18个县（市）扩展。继续加大对亚东县灾后恢复重建项目的支持力度，2012年中国银行日喀则地区分行针对亚东灾区如何解决贷款资金需求问题专门向西藏区分行做了书面汇报，也得到了西藏区分行的高度重视和大力支持，因此，中国银行日喀则地区行充分利用零售贷款业务产品优势，灵活掌握金融政策，继续解决亚东县恢复重建项目贷款资金需求。

为了有效满足日喀则地区实体经济对金融服务的合理需求，中国银行日喀则地区分行进一步加大对小微企业的信贷支持，适当放宽小企业信贷风险容忍度，以资产组合管理等技术监控小企业业务的整体风险和收益水平。

加大培训力度，促进员工全面成长。2012年，中国银行日喀则地区分行继续着力提高员工的整体素质。全年员工培训率达到100%，35岁以下员工技能考核合格率达到100%，能手率达到90%。加大了各类培训力度，全面提升了员工业务技能和业务素质，增强员工的学习能力、创新能力和应对市场竞争能力。同时继续落实分行“幸福中行，快乐员工”的建设精神，努力为员工创造良好的成长环境。

【**学习贯彻十八大精神，推动基层党组织建设**】通过紧密联系我行实际，在全行开展“学习十八大、贯彻十八大、宣传十八大”精神各项活动，把十八大提出的一系列新思想、新观点、新论述、新任务，武装全行各级人员的头脑，指导全行的经营管理，把学习贯彻十八大精神与推动中国银行日喀则地区分行科学发展，实现在欠发达地区建设先进银行战略目标有效地结合起来。以加强基层党的建设为目标，以“打造优质服务品牌，创建群众满意窗口”为抓手，制定和推进了“五个一”工作方法（即：多一种语言，促和谐沟通；多一份责任，促作风养成；多一点努力，促技能提升；多一丝关爱，促流程优化；多一个典型，促团队进步）。

【**努力做好强基惠民工作，提升中行

良好社会形象】2012年，中国银行日喀则地区分行在中行西藏分行党委的关心支持下，按照《中国银行西藏分行驻村管理办法》，对驻村人员选拔、福利待遇、生活保障等方面给予了明确，为开展驻村工作提供了制度保障，圆满的完成了2012全年驻村工作任务。

人保财险日喀则地区分公司工作

【做好“一把手工程”理赔工作，实施“以客户服务促业务发展”战略】作为“一把手”工程的理赔工作，公司严格按照总经理室提出的“理赔出效益、理赔出诚信、理赔出市场、理赔出客户”的总体要求，认真贯彻落实西藏人保“平时是朋友，患难之时更是朋友”的服务理念，在案件大幅提升的情况下，确保了理赔质量和水平的提高。

【加大服务“三农”力度，切实做好政策性农业保险工作，充分发挥保险参与社会管理职能】公司始终坚持高度关注民生，为农牧民群众提供风险保障，增强抵御自然灾害的能力，广大群众倍感生活在社会主义大家庭中的温暖，保障和改善民生是我们一切工作的出发点和落脚点。充分发挥保险职能，服务“三农”工作。2010年公司政策性农业保险在地区所辖18个县（市）全面铺开。2011年在2010年的种植业、农房、养殖业基础上，增加农业机动车辆及农机具保险，共涉及农牧民18个县（市）131472户。2011年实现农业保险保费为2821.68万元，承担风险金额达47.29亿元。特别是“9.18”地震，是日喀则地区15个县、2万多户、10万余人受灾，公司第一时间启动大灾应急预案，赶赴受灾第一线安抚受灾群众，第一时间组织人员赶赴灾区查勘核损工作，第一时间将保险赔款11385.69万元兑现给受灾县市，公司在农业保险工作中，始终加强与各级政府沟通协调，遇有灾情公司领导带队第一时间赶赴现场，认真及时准确的掌握灾情损失，为政策性农业保险理赔提供可靠数据，做到准确及时地将赔款兑现给农牧民手中，积极发挥社会“稳定器”作用，进一步塑造PICC品牌形象，得到地区充分认可，被评为“救灾保险突出贡献奖”。

【全力做好维护稳定工作、确保一方平安】始终坚持稳定压倒一切，旗帜鲜明、立场坚定开展反分裂斗争，全力做好2012年维护稳定工作。公司始终做到了与党中央、区党委保持高度一致，公司严格按照日喀则地委、行署的要求，在维护稳定、反对分裂工作中坚持主要领导带班，实行24小时全员值班制度，做到了坚持旗帜鲜明反分裂，立场坚定维稳定。全体员工做到了严格要求自己的言行，特别是党员领导干部，在反分裂斗争中起到了民族团结的表率，自觉维护了民族团结。被评为日喀则“平安单位”。

日喀则地区国资监管工作

【监管企业运行情况】行署国资委监管企业累计实现收入13467万元,与去年同期的12504万元相比增加963万元，增幅7.70%;累计实现利润1677万元,与去年同期的590万元相比增加1087万元，增幅184.24%；累计上缴税金1547万元，与去年同期的1663万元相比减少116万元，减幅6.98%。

【国资监管工作稳中求进】产权管理积极稳妥推进。一是完成数据汇总分析。根据《关于开展2011年度资产评估、产权登记数据汇总分析上报工作的通知》（藏国资发[2012]18号）文件精神，对2011年度地区企业国有产权登记数据进行审核汇总分析，并及时向自治区国资委做了登记分析报告；二是合理进行股利分配。对地区安康客运公司2010年度的利润和金龙公司2011年度的利润进行了认真核实，并对企业净利润按比例进行分配，国有股应分的利润部分交由隆鑫国有资产运营公司管理。三是妥善处理遗留问题。地区鸿翔汽贸有限公司因历史遗留问题造成100万元借款，根据既成事实和相关法规，将其定性为地区鸿翔汽贸公司国有股。四是依法处置企业资产。针对2010年山东大厦因升级改造拟处置资产，聘请西藏金路资产评估事务所有限公司评估的基础上，联合地区旅游局严格按照资产处置程序进行处置，共71项评估值73497元,处置价值10万元。五是扎实开展资产评估。2012年，对因改制、重组和整体兼并需要的地区医药公司、雪莲公司和地区鸿翔汽贸公司，聘请有资质和有良好信誉的中介机构进行了评估。在评估过程中，及时跟进，有效发挥监督、审查、核实、检查职能。评估结束后，邀请地区财政、审计、国土、住建等相关部门领导与涉及企业、中介机构共同对资产评估进行了审定，最后以真实有效资产评估数据作为企业重组和兼并的核算依据。

【经营业绩考核全面有序展开】按照《日喀则地区行署国资委监管企业经营业绩考核（暂行）办法》，对2011年度纳入经营业绩考核的监管企业进行了经营目标考核考评工作。同时，在总结以前考核经验的基础上，在国资监管工作会议上与各监管企业签订了2012年度经营业绩责任书。对地区天龙矿工贸公司、物鑫公司、金龙公司工资调整和地区雪莲工贸公司实施技术改造期间职工工资发放的相关请示件进行了研究，分别作出了批复。为规范企业职工工资增长工作，制定下发了《关于完善监管企业职工工资调整制度》。

资产统计评价不断得以加强。认真落实对国有企业财务月报和季报的统计工作，坚持每月、每个季度定期汇总、分析、上报地直国有企业经济运行情况及分析，为地委、行署科学决策和自治区国资委指导帮助提供有力的依据。通过对地直国有企业经营状况的全面分析，及时发现和解决企业在经营管理中存在的矛盾和问题，提高了企业的经营管理水平。

安全生产工作做到常抓不懈。按照《国务院办公厅关于继续深入扎实开展“安全生产年”活动的通知》及《自治区安全生产委员会关于印发<2012年安全生产工作部署>的通知》精神，认真安排部署好全年监管企业的安全生产工作。积极督促监管企业做好本企业扎实做好安全生产各项工作，特别是在“十八大”消防安全保卫战和迎“十八大”道路交通百日大整顿行动中，加强了对监管企业消防安全和道路交通安全实施情况的督查，要求各监管企业全力做好“十八大”期间的道路交通安全管理工作，确保不发生一起交通事故。

日喀则地区工业和信息化工作

【年度综述】2012年，全地区工业总产值预计达到7.72亿元，完成年度计划的72%。预计完成工业增加值4.43亿元，比上年增长7.1%。其中：7家规模以上工业产值完成5.15亿元，同比增长5.2%；规模以上工业企业实现主营业务收入39471.4亿元，同比增长36.91%，利润总额达到14690.3亿元。

【狠抓运行监测，加强调度分析】进一步健全工业运行监测机制，多次与地区统计局、各县（市）进行协调沟通，共同研究工业运行监测体系建设，围绕工业企业“月报”管理及工业运行数据分析，将工业运行监控服务工作制度化、常态化；制定了《日喀则地区2012年春运工作实施方案》，圆满完成春运保障工作任务；狠抓落实《全区企业减负专项行动方案》，先后对18县市70余家工业企业进行调研，及时了解企业的经营现状及负担状况，对财务运行情况、新上项目情况实施调度，确保地区企业发展、产业升级。

【推进产业集聚，提升产业层次】年内组织有关人员赴拉萨国家经济技术开发区、达孜县工业园区实地参观学习，通过上门走访、实地调研，形成了《地区工业和信息化局关于对日喀则园区开展前期调研的情况汇报》、《关于推进拉孜县工业园区规划建设的意见建议》；牢牢把握政策机遇和产业导向，围绕资源禀赋，引导企业拓展产业涉足领域，提升产业层次、拓展品牌影响，珠峰冰川、喜孜青稞酒、曲登尼玛矿泉水、洛丹糌粑等一批具有地方特色和比较优势、市场竞争能力较强的本土特色产业龙头企业逐步成长壮大。

【加大扶持力度，推进重点项目】争取落实2011年自治区中小企业发展专项资金2115万元，落实本级财政中小企业发展专项资金1000万元，涉及项目28个，落实招商引资奖励、品牌奖励项目4个；根据上级部门项目申报指南要求，积极组织地区各类中小企业申报2012年西藏自治区中小企业（非公有制企业）发展专项资金项目62个、2013年重点产业振兴和技术改造项目11个；跟踪服务，并有序推进涉及我局的12个自治区“十二五”工业和信息化重点项目。

日喀则地区审计工作

【年度综述】2012年，共完成对45个单位的审计，查处主要问题金额13461万元。其中，违规金额13433万元；管理不规范金额28万元。审计发现非金额计量问题8个；发现收支不实金额963万元；发现侵害人民群众利益问题金额410万元。

【不断提升经济责任审计成果】按照“积极稳妥、量力而行、提高质量、预防风险”的原则，完成对8名县级领导干部的任期经济责任审计。审计查出主要问题金额7310万元，其中，领导干部应负直接责任金额3471万元；应负主管责任金额880万元；应负领导责任金额2958万元；审计发现侵害人民群众利益410万元。通过审计，促进增收节支59万元；已上交财政57.万元；已归还原渠道资金1万元，从而充分发挥了审计的监督功能和警示性、防范作用。

【认真完成上级统一组织实施的审计及审计调查项目】完成对日喀则地区18县（市）人民政府及其所属人力资源社会保障、民生、卫生、财政、残联等部门的社会保障资金审计。完成所有已建和在建保障性住房项目建设和有关政策执行情况的自查工作。完成农发、扶贫等专项资金送达审计。完成南木林县财政预算执行及其他财政收支情况审计，并向县本级人民代表大会常务委员会作了审计工作报告。集中力量开展2012年城镇保障性安居工程跟踪审计和地区运输管理分局（地方海事分局）财务收支情况审计以及20多名县级领导干部任期经济责任审计工作。

【统筹安排，切实抓好各项工作】认真部署维稳工作，确保辖区内绝对安全。工学结合，促使审计业务工作和各项活动“两不误、两促进”。履行职责，抓好党风廉政建设工作的落实。加强机关党建工作，确保党建工作再上新台阶。切实抓好审计队伍建设，努力建设一支政治思想合格，审计综合业务素质过硬的审计执行队伍。多措并举，引进审计专业人才。积极配合相关部门做好协调配合工作。推荐优秀审计项目，促进审计项目质量全面提升。加强对审计查出问题的整改落实工作，不断巩固审计成果。强化领导，精心组织，日喀则地区审计局信息综合楼、职工周转房以及驻拉孜县派出局办公用房前期工作扎实推进。

日喀则地区统计调查工作

【统计基层基础建设继续得到加强】2012年，局队通过以下措施继续强化统计基层基础建设：一是完善机构。同各县市积极沟通，在成立统计调查机构上下功夫。目前，全地区18县市有1个县成立了独立正科级统计局，另有6个县成立了副科级建制统计局，比去年增加了2个；昂仁县两个乡镇成立了统计工作站，配备了专职统计员。二是强化培训。2012年共完成干部职工培训620人（次），其中，区外培训12人（次），自治区级培训16人（次），地区级培训372人（次），各县市培训220人（次）。三是经费保证。在下拨36万元统计专项经费的基础上，又从局队经费中安排4万元解决了仲巴、白朗两个县培训经费不足的问题，改善了县（市）基层统计工作条件。

【统计改革工作取得新突破】为做好企业一套表联网直报改革工作，局队积极向行署领导汇报，并以行署名义召开了全地区企业一套表联网直报工作座谈会，实现了全地区49家“三上”企业在国家规定的开网时间进行独立在线直报，走在了全区的前列，受到了区局、总队领导的肯定。城乡住户调查一体化改革工作在时间短、任务重、人手少的情况下，局队综合统筹，合理配置资源，召开了全地区城乡住户调查一体化改革工作培训会议，对9县市的业务人员（调查员、记帐员）进行了培训，使调查摸底、开户、试记帐等各项工作顺利推进，为下一步圆满完成改革任务打下了坚实的基础。基本单位名录库建设按照“先入库、后有数、不在库、不出数”的原则在“二经普”名录单位的基础上进行了核实、清理，按照规定对不符合要求的企业进行了出库处理，确保了名录库不重不漏、真实准确、及时更新、动态维护。

【统计执行能力得到新提高】全体干部职工在局队党组的坚强领导下，圆满完成了各项统计定期报表和各项监测、抽样调查、专项调查等业务工作，统计执行能力显著提高，11项专业统计报表获得优秀奖，在全区报表综合评比中荣获二等奖。同时，按照区局、总队的要求，认真组织实施了组织工作满意度调查、党风廉政建设调查、纳税人满意度调查等工作，客观真实反映了地区经济社会发展的实际状况，基本满足了各级党政领导科学决策和社会大众对统计调查信息的需求。2012年，局队顺利通过了党风廉政建设、综合治理、保密等工作验收，得到了上级的认可与肯定。

【统计服务领域得到新拓展】局队把统计服务的重点由党政部门进一步向企事业单位和社会各类组织延伸，由经济领域逐步向其它各个领域扩展，实现了统计服务职能向全面化、具体化、社会化、网络化的良好转变。局队派出300余人（次）深入县市、乡镇村基层、企事业单位及个体户进行深入调研，撰写统计分析材料40期，网络发布统计信息7次，在各类报刊发表统计分析和理论研究文章5篇，发布了2011年《国民经济和社会发展统计公报》，完成了基本名录库中名录修改、变更、注销资料，完成了2011年《日喀则地区统计年鉴》编辑与出版工作，编撰了《日喀则地区“十一五”发展分析与研究》，为党政机关、企事业单位和社会各界服务对象提供了科学参考，进一步发挥了统计调查部门“参谋部”、“信息窗”作用。

日喀则地区工商行政管理工作

【服务经济发展稳中有进】全地区各类市场主体发展到22937户，注册资本（金）52.66亿元，从业人员近11.5万，同比分别增长8.01%、25.34%和23.98%。非公有制经济已成为推动我地区经济跨越式发展的主力军，市场主体份额占到96.5%，带动就业10.8万余人。

【商标品牌战略有序实施】利用物交会、商贸洽谈会等平台，培育与盘活闲置并重，艾玛土豆、岗巴羊、亚东木耳等14件商标知名度显著增强，农牧民群众生产积极性显著提升。继续推行商标行政指导“六书二卡”制度，上门指导服务49余次，下达著名商标续展等建议书37份，顺利完成了“亚东木耳”地理标志商标的申请报批工作。全地区有效商标163件，新申请注册27件。著名商标8件，地理标志商标2件。

【服务农牧区建设成效显著】狠抓法律进农、经纪活农、商标富农、合同帮农、维权助农、广告兴农“六项工程”，切实服务社会主义新农村建设。农牧区个体工商户发展到6241户，农牧民专业合作社227家，农牧区经纪人1087户，经济业务量达到8896万元；帮扶签订《农牧区土地承包经营权转包（出租）合同》和《农畜产品订单合同》119份，合同金额2660万元；农牧区12315维权联络站（点）192个，受理农牧民消费投诉55件，挽回经济损失5.34万元。

【以食品安全为重点的市场监管水平显著提升】与各县（市）局层层签订食品安全责任状。严格审核发放《食品流通许可证》2806份。落实《临近保质期食品设立销售专区（专柜）制度》。坚持食品安全监管常态化，下发专项整治方案及督办单14次，抽样1613批次，送样113批次。立案查处各类违法违章案件308起，罚没款47.97万元，其中食品案件144件，查获假冒伪劣食品6347公斤。推动经营者诚信自律体系建设，创建“农牧区食品放心示范店”96户。

【消费维权工作扎实开展】成立12315消费者申诉举报指挥中心，形成由指挥中心统一受理、分流、督办消费者申投诉的工作格局。设立12315维权联络点340个，提供咨询服务1373人次，调处消费申投诉163起，挽回损失27万元。设立宣传咨询点120个，发放宣传材料1.8万余份，通过电视、手机、报刊等平台发布维权信息7000余条。

【打击传销工作有序推进】加强组织领导，成立打传工作领导小组及专案组。地委、行署召开了全地区打传工作会议，组织召开联席会议3次。制定《日喀则地区打击传销工作长效机制》，并由地区综治委行文至各成员单位。在农牧区播放打传纪录片《黑梦》16场次，宣传效果显著。我局掌握的参与传销活动201人，涉及资金654.64万元，涉及12县（市），已向公安机关移送16人，由地区工商局立案查处13人，追回资金204.89万元。

【其他市场监管工作深入开展】将每周二定为文化市场专项整治日，做到了文化市场监管常态化。深入开展节日、侵权假冒、虫草及土特产品、家电下乡、灾区建材市场等30余次专项整治，确保了重点商品领域的市场稳定。

【非公党建工作卓有成效】制定《日喀则地区工商系统非公党建十七项制度》等制度办法，采取“一人一企”、“一人多企”的方式，选派党建工作指导员26名，广泛开展“双找”、“双培”活动，让流动党员、口袋党员现身、安家。为各非公经济党组织免费订阅各类报刊杂志，力所能及地帮助其解决活动场所、经费，有力推动非公经济党组织和党的工作“两个覆盖”。全地区非公经济党员达到678人，共建立党组织24个，党建联系点27个，年内新发展党员41名，新培养积极分子45名。

【建章立制彰显务实】围绕工商效能建设，分解细化各项工作任务，明确目标和责任人。实施《日喀则地区工商系统目标绩效考核办法》，奖优罚劣，奖惩兑现。加强工作督办督查，建立了周例会、调研及各县（市）局长季度汇报的“三督查”和年终考评“一评比”督查督办机制。推行工作日志制度，做明白人、干明白事。推动形成求真务实、干事创业的良好局面，确保了各项工作任务的圆满完成。

日喀则地区质量技术监督工作

【强化责任抓质量】一是贯彻会议精神，明确工作目标任务。先后召开全区质监工作会议精神传达会、食品生产监管会、特种设备安全监察会、企业履责报告会等会议，深入广泛贯彻传达了国家、自治区的质量工作会议精神，安排部署了工作任务；二是严格落实责任，确保工作落实到位。紧扣2012年的目标任务，细化量化了工作责任，与分管领导、各科室签订了质监工作、党风廉政建设、社会治安综合治理、安全保密等责任书。业务科室与食品生产加工企业、特种设备使用单位、机动车检测机构签订了目标责任书，确保了质量安全工作有效落实与推进。

【推进质量振兴抓质量】一是深入推进质量兴县工作。围绕《江孜县质量兴县工作方案》的总体部署，结合质量兴县年度工作计划，立足抓早抓实，组织江孜县召开了质量兴县工作推进会，进一步落实了质量兴县各项工作，确保了质量兴县工作的稳步推进；二是扎实推进质量兴地战略实施。认真贯彻落实《质量发展纲要（2011–2020年）》、《西藏自治区人民政府关于实施质量振兴战略的意见》精神，研究制定了《日喀则地区贯彻落实<质量发展纲要（2011–2020年）><西藏自治区人民政府关于实施质量振兴战略的意见>的实施意见》，经行署批准实施；三是全面启动了质量兴地工作。积极协调，行署召开了质量兴地启动大会，全面安排部署了各项工作，落实了成员单位责任，明确了考核办法。

【推进分类管理抓质量】一是建立企业分类监管运行机制。依据《工业企业产品质量分类监管试行办法》和《工业企业产品质量分类监管通用规则》规定，制定了《日喀则地区工业企业产品质量分类监管动态图》，实施了对企业的分类监管；二是推进质量诚信体系建设基础工作。根据企业质量诚信等级评定情况，对划入D级的企业加强了内部质量管理制度建设力度。并根据企业内部制度完善和质量改进情况，更新了部分企业的电子档案，打牢企业质量信用分析基础。

【保安全，切实创造社会和谐安全的良好环境】严格实施风险排查保安全。严格实施准入制度保安全。严格生产过程监管保安全。严格食品监管保安全。严格特种设备监管保安全。严格监督抽查保安全。严格执法打假保安全。

【促发展，切实打牢经济全面发展的坚实基础】一是加强示范区建设促发展。二是做实地理标志产品促发展。三是提高计量服务水平促发展。

【强质监，切实提升高效服务发展的能力水平】抓好队伍建设强质监、抓好廉政建设强质监、做好维护稳定强质监、做好实验室建设强质监。

日喀则地区食品药品监管工作

【加大培训力度，提高执法水平和素质】针对基层执法人员执法业务水平不高，监管经验不足等情况，加强了培训力度。一是组织开展各县食品药品监管局执法人员培训工作。结合我地区食品药品监管工作实际，抽出专项资金，围绕餐饮、药械生产经营监管工作实际，组织各县局长及执法人员，围绕执法文书写作、食品安全法、药品不良反应监测、药品快速检测、药监统计、药品抽样等工作，组织开展5期培训活动，各县食品药品监管局局长、执法人员共120余人次参加培训，收到良好的效果，同时发放药品快速检测箱17箱、电脑17台、打字复印一体机17台、传真机17台、数码相机17台。二是结合日常餐饮监管工作开展食品安全相关知识普及工作。大力推动餐饮服务食品安全科普知识进学校、进社区、进机关企事业单位食堂，强化食品安全知识普及工作。截至目前，从事餐饮服务人员中普及餐饮安全知识人数达1000余人次。

【稳步加强餐饮服务环节监管工作】一是履行餐饮服务食品安全监管职责。二是深化餐饮服务环节食品安全治理整顿。三是严格实施餐饮服务单位及保健食品许可准入制度。四是开展餐饮服务食品安全监督量化分级管理工作。五是顺利完成2012年餐饮服务环节食品安全监督抽样工作。六是圆满完成我地区重要接待活动食品安全监管工作。

【加强药械监管】一是认真组织开展专项整治工作。二是继续加大对药品生产企业的日常监管，严把药品源头质量关。三是加强进口药材的监管，保证原药材质量。四是加强特殊药品复方制剂的监管。五是加强药械不良反应监测工作。六是加强日常药械监管，提高案件查处效率。七是严格许可证发放及GSP认证换证工作。八是顺利完成国家基本药物进行监督抽样任务。

【开展宣传咨询活动，加强科普宣传】利用法制宣传日、消费者权益日、食品安全宣传周等有利时机，紧密结合2012年科普宣传工作，大力宣传党中央、国务院有关加强食品药品安全工作的方针政策、《食品安全法》、《药品安全法》、合理饮食用药等内容，同时在日喀则报开辟专栏宣传食品药品监管相关工作，取得了较好的成绩。截至目前，设置食品药品安全咨询展台5个，现场接受群众咨询300余人次，发放食品药品安全宣传资料4000余份，刊登食品药品科普相关知识8篇。

【做好食品药品检验所启动准备工作】通过援藏途径争取援藏资金200万元资金，按照国家食药检测实验室的有关建设标准，深化改造方案，细化设备采购清单，协同地区建设局进行工程报建与招投标工作，完成了食品药品检实验室装修改造工程。大型仪器设备的安装、调试等工作也如期完成。并且采取从上海食品药品检验所多次请来先关专家和老师进行面对面授课的方式开展专业技术人员培训，取得了良好的效果。还派人到内地完成实验室内审员的培养培训工作，完成人才培养贮备工作。同时加强质量管理体系建设，编写制定《质量手册》、《程序文件》和《作业指导书》等质量管理体系文件，建立质量保证体系。基本完成了食品药品检验所启动前的软件、硬件、人才、制度等各个方面的准备工作，为实验室计量认证工作打下了坚实的基础。争取2013年通过实验室计量认证工作，力争为日喀则地区建立首家通过国家资质认证的食品药品检测机构，弥补检验技术的空白。

日喀则海关

【以打造“政治型”海关为手段，把好国门，履行海关职责】始终坚持以把好国门作为职责所在和立足之本，不断增强海关监管的有效性和严密性，全面、高质量地完成全年各项任务。

一是把维护稳定作为第一政治责任，做好边境反恐和反分裂斗争。二是全面提高业务水平，圆满完成各项业务工作。三是牢固树立“打私工作一盘棋”思想，全面开展“国门之盾”行动。四是开展边境贸易调研，稳步推进边境贸易经济发展。

【以打造“服务型“海关为手段，做好服务，推动西藏经济发展】立足海关本职，促进科学发展，大胆探索创新，主动为党和国家、为地方经济发展提供优质服务，努力实践“人民海关为人民”的本质要求。

一是不断优化监管和服务，进一步加大吉隆海关、亚东监管点工作力度，促进西藏经济发展。二是积极开展“四好“基层单位争创活动，深入贯彻落实“四好”总体要求。三是多措并举，扎实推进政务公开工作。四是深入开展学雷锋活动，大力弘扬“艰苦奋斗、团结奋斗、无私奉献”的拉萨海关人精神。

【以打造“廉政型”海关为手段，防好风险，提高队伍免疫力】我们坚决守住海关工作的底线要求，全面防范海关内部执法、管理、廉政风险，不断提高海关抵御风险能力。

突出重点，强化措施，稳步推进党风廉政建设和内控机制建设工作。结合审计决定，开展自查自纠活动，认真贯彻反腐倡廉工作精神，及时消除廉政隐患。抓好基建工作，防范廉政风险，为日喀则海关整体发展奠定基础。

【以打造“管理型”海关为手段，带好队伍，切实提高队伍建设整体水平】深入学习贯彻党的十七届六中全会和总署党组扩大会议精神，明确当前及今后一个时期着力构建“文化强关、人才兴关、学军治关”队伍建设的“三位一体”新格局，开创队伍建设统筹协调发展的新局面。

加强干部队伍政治思想教育，争做“一流边关”排头兵。进一步加强和改进新形势下党建工作，增强队伍凝聚力，突出对干部的激励与团结。促进和谐海关文化建设，实现文明单位的创建。

日喀则地区
烟草专卖工作

【年度综述】全年销售卷烟15576箱，同比增长9.19%；实现销售收入3.32亿元，同比增长20%；单箱均价2.5万元，同比增长10.13%；费用率8.7%，同比降低了0.26个百分点；实现利税3456万元，同比增长22.33%，其中：税金3086万元，同比增长16.15%；净利润370万元，同比增长120%。

【营销工作有序开展】强化市场调研，优化配送线路，完善与工业企业协调机制，加大品牌培育力度，全国重点骨干品牌销量比重达到68%，同比提升9.6个百分点。网上订货客户由年初的7户增加至171户，占市区客户总数的16.9%。召开多次零售户座谈会，恢复樟木、萨嘎两网点的库存，学习内地经验，转变思维，完善销售工作手段和措施。

【监管工作扎实开展】加强专卖内部监管，以卷烟经营、专卖执法、物流、零售终端管理为核心，把同级监管、日常监管、重点监管相结合，确保监管有效。始终保持卷烟打假高压态势，加强与执法部门合作，全年共查处各类案件164起，查获“假、私、非”卷烟4929.5条，总案值38.64万元。深入推进“两项工作”，完善和梳理了47项制度和相对应的28个组织管理机构。对14个类别38项内容在网站进行公开。开展全面审计“回头看”，整改了存在的问题。

【**基础管理持续改进**】开展质量管理体系贯标工作，完成了质量手册、工作手册、流程手册、程序文件的编制会审工作，召开了质量管理体系发布会。建立和完善了《预算管理办法》等预算管理制度，严格执行预算工作流程，加强对重点费用预算执行情况的分析和评价。新班子成员深入基层调研，察民情、听民意、解民忧，将收集的74项问题专题研究解决。领导班子积极谋划提升整体工作质量的思路、措施，转变工作作风，创新管理手段。

【**队伍建设深入推进**】2012年11月30日，局（公司）成功举办了全区烟草行业企业文化现场会议，凝聚员工力量、展现企业风采，受到了与会代表高度评价。全年共派出各部门人员到北京、延安、郑州、山东、重庆、甘肃天水、湖南长沙等地培训共104人次。坚持开展每年两次健身月活动和纪念“3·28”活动，举办“五四”登山活动、组织员工收看和学习党的十八大，加强学习检查和考核。

【**公益事业积极参与**】2012年选派14名干部员工进入驻村点，驻村工作队深入群众、集思广益，形成了“12345”基层党组织建设工作思路和“123”发展思路，先后投入资金191.6万元，全年共投资101万元为群众办实事。局（公司）全体员工为四个驻村点捐赠结对帮扶资金40万元。

日喀则地区农牧工作

【**种植业再获丰收**】全地区共落实播种面积128.97万亩，其中粮食作物78.06万亩（含青稞66.26万亩），经济作物34.06万亩，饲草料作16.85万亩，粮、经、饲三元比例稳定在60:26:14。由于政策好、人努力、天帮忙，2012年粮油产量预计达到38.2万吨，其中粮食产量35.82万吨（含青稞产量29万吨），油菜产量2.90万吨，顺利完成了自治区下达的粮油产量任务；蔬菜产量32.94万吨。

【**畜牧业有望创历史最好水平**】预计全地区新生仔畜成活185.3万头（只、匹），成活率达到92.8%，比去年同期增长0.6个百分点；成畜死亡9.8万头（只、匹），死亡率1.8%，比去年同期上升0.1个百分点。牲畜膘情特别好，畜牧业总体生产形势前所未有。预计全地区年末牲畜存栏535万头（只、匹），比2011年减少42余万头（只、匹）。肉产量4.41万吨，比去年增加0.34万吨；奶产量7.38万吨，与去年基本持平。出栏牲畜228万头（只、匹），其中短期育肥牲畜90万绵羊单位（含活羊出口20万绵羊单位），实现短期育肥纯收入5850万元。

【**农牧业项目顺利实施**】本年度地区实施的农牧业建设项目包括2011年批复建设项目和2012年批复建设项目，其中：2011年批复建设项目有农村沼气、游牧民定居配套设施、植保工程等11类63项，总投资1.95亿元（国家投资1.37亿元），目前已完成总投资1.64亿元（国家投资1.15亿元）；2012年批复建设项目15类93项，总投资3.65亿元（国家投资2.81亿元），目前已完成总投资7378万元（国家投资3341万元）。

【**农牧业产业化经营加快发展**】预计乡镇企业完成总产值8.68亿元，同比增长10%；多种经营实现总收入11.6亿元，同比增长5%；规模以上乡镇企业产值增速保持在5.7%；新增农业产业化经营龙头企业2家，产业化经营龙头企业达到13家；各类经济合作组织达到195家。产业化经营龙头企业和专合组织辐射带动农牧户近4万户。

【**主要做法**】明确任务，层层落实目标责任制。多措并举，努力提高农业综合生产能力。多管齐下，认真落实畜牧业生产措施。努力拓宽渠道，助推农牧民增收。科学指导，加大科技服务力度。超前谋划，切实做好防抗灾工作。强化组织领导，创先争优强基惠民驻村工作成效显著。强化沟通协调，援藏工作成效明显。

日喀则地区林业工作

【**造林绿化取得新成效**】2012年，区林业厅下达造林绿化任务28.18万亩，日喀则地区完成各类造林26.99万亩，完成率96.6%。其中，重点区域造林4.23万亩，完成率105%；拉萨周边造林0.58万亩，完成率为80%，封育3万亩，完成率100%；退耕还林（荒山荒地造林）1万亩，完成率为100%，封育1万亩，完成率为100%；高原生态安全屏障防护林建设1.89万亩，完成率为79.2%，防沙治沙12.32万亩，完成率100%；义务植树0.74万亩，完成率为105%。2012年造林共组织当地农牧民群众163.7万人次，为群众增收达9820.8万元，人均增收136.4元，有效地拓宽了农牧民的增收渠道。

【**日喀则市城市绿化工程**】2012年，在城区6条主要街道进行了全面绿化，栽植大云杉835株、雪松543株、垂柳79株、榆树832株、小侧柏绿篱121667株、小云杉绿篱56611株；换土3195.36m3、清运垃圾2819.52m3；管护原有树木3658株，清理枯树1118株，完成投资1117万元。

【**人居环境整治改造工程**】2012年实施人居环境村庄美化、绿化230个行政村（其中有23个行政村种草），其余63个行政村，待2013年实施。

【**地区苗圃建设**】2012年，全地区培育苗木820亩、656万株；地区林技中心加大科技兴林力度，实施了冬季造林试点，新增山坡造林30亩，试种了新疆杨、藏青杨、榆树等冬季耐寒树种，进一步加强冬季山坡造林实验研究；完成育苗生产150亩；出圃苗木123494株，其中乔木类苗木55117株，2年生江孜沙棘营养袋苗68377株，进一步加大了本地苗木供给量。

【强化林政执法工作】协调亚东县政府开展了一个多月的森林资源专项整治活动，共清查3个行政村，5个自然村，236户（包括行日村寺庙）；清查出各类木材9324根，取缔非法加工木材点2个，共出动清查人员191人次，出动车辆18台次。

【加强农牧民安居工程木材供应】下达2012年农牧民安居工程建设户数18806户，木材需求量为46423立方米，实际调运量26913.6立方米，确保了农牧民安居工程木材供应工作顺利实施。

【森林防火和森林公安工作】完成了投资2900万元的森林防火二期项目可研编制工作和投资600万元的边境防火隔离项目的规划工作，目前待自治区终审。为有效遏制打击破坏森林及野生动植物资源的违法行为。2012年，共受理查处26起行政案件，查处31人，罚款6400元，为国家挽回经济损失58300元。其中，处罚补种树木60株；没收了非法经营红豆杉水杯12个和3块红豆杉菜板；南木林非法狩猎案件查处4人，没收套猎工具6副，案件目前正在调查中。地区林业局森林公安局加大了对日喀则市旅游市场的摸排调查，没收野生动物制品有藏羚羊头17只、象牙制品（待鉴定）、狐狸皮46张、岩羊头2只；抓获4人，罚款4900元。

【陆生野生动物肇事损失补偿情况】经核实，2011年全地区17个县（市）陆生野生动物肇事损失涉及144个乡镇、676个行政村、9360户，造成牲畜死亡32792头(只、匹),造成农作物损失46.3万亩，其它财产损失45.2万元。全地区2009--2011年野生动物肇事补偿损失总计4990.38万元，实际审核拨付兑现资金4711.04万元。

【病虫害防治工作】2012年，对涉及跨省调运苗木261.58万余株、16种植物开出了检疫要求书48单。采取防控措施，重点排查除治了市区青岛路绿化带蚧壳虫危害、市区东郊杨树斑病、谢通门县和江孜县杨树煤污病及腐烂病，针对日喀则市联乡查务其村2000亩青杨天牛新疫点，目前正进行全面除治。发放防治资金5万余元，各种防治农药95箱，涉及全地区15个有林（宜林）县，防治面积达10万余亩。森防站结合地区病虫害防治现状，采购了30台担架式喷雾器、2吨救灾药剂和部分应急检疫设备，确保防治检疫工作开展。

【国家级自然保护区黑颈鹤保护工作】2012年黑颈鹤保护区管护专项资金27.4万元现已到位，将于近期兑现给各县（市）。国家级黑颈鹤自然保护区二期项目已经自治区林业局批复，项目总投资410万元，待实施。

【珠峰国家级保护区建设】为提高保护区的管理水平，组织完成了国家投资1408.7万元的珠峰自然保护区湿地保护与恢复工程的全面验收工作，保护区内重点河流、湖泊和沼泽湿地得到了有效保护。基本完成预算总投资1075万元的珠峰自然保护区二期基础设施建设项目前期工作。

日喀则地区水利工作

【年度综述】2012年，地委、行署下达了完成固定资产投资4.8亿元的目标任务，自治区水利厅下达了全年完成投资4.47亿元的目标。截至目前，全年开复工项目74项，批复总投资10.3亿元，其中复工项目7项，2012年完成投资0.74亿元；新开工项目67项，总投资8.73亿元，现已完成投资5.76亿元，超额完成年初下达的目标任务。

【周密部署，积极开展防汛抗旱工作】在汛期来临之前，地区水利局召集18县（市）水利局长召开防汛专题会议，安排部署全年防汛抗旱工作。地区防指于6月30日启动地区抗旱抗旱预案，并及时下派工作组赴全地区18县市指导防汛工作。全年地区配套投入防汛补助资金174万元，及时调拨和下发防汛储备物资铅丝笼8.4万平方米，编制袋30万条，旱地龙2吨，彩条布30包，为抵御突发性自然灾害奠定了基础。进一步落实了以行政首长负责制为核心的防汛责任制，明确了29座大中小型水库防汛行政责任人和技术负责人，修订了全地区所有大中型水库控制运用计划及电站、重要水利工程防汛抢险预案，分级组建了防汛抢险队伍，先后开展6次防汛安全检查，消除了安全隐患，保证了度汛安全。

【强化管理，水政水资源管理工作同步推进】积极开展水法制宣传活动，大力宣传水法、防洪法、水土保持法、西藏自治区河道管理条例等相关法律法规及以水利政策为主题内容的宣传活动，全年共发放宣传资料7000多册套，发放3400多条手机短信，在地区电视台播放人水法宣传片，利用西藏水利网、日喀则报等新闻媒体大力宣传水利发展成就，从而进一步增强全民的水生态、水安全意识和水法制观念。开展了水政水资源专项执法检查活动，全地区城镇供水、防洪河段、水利工程、河道采砂、水资源保护等情况进行监督检查。开展主要河道采沙场和拉日铁路沿线采砂管理专项检查活动，现场对采砂点无证开采情况、采砂面积、深度密度以及采砂点进行调研，坚决防止乱采滥挖和无证开采的现象发生。取水许可和水资源费征收管理工作全面加强，节水型社会试点工作有序开展，为改善和增加农田节水灌溉和城镇用水，确保城市供水和生态补水安全奠定了基础。开展节水型器具进学校、进社区、进机关活动，共对14家单位开展了节水型器具试点推广。节水型社会试点建设工作通过国家水利部验收。

为提升农村水利建设管理水平，地区水利局组织18县市水利局长前往拉萨市尼木县考察学习借鉴农村安全饮水、灌区管理经验的成功做法，研究洽谈水利工程建后管理模式，安排部署水利工程建后管理工作。目前已有亚东、萨迦、江孜等县重新组建农村用水户协会，边境9县成立了农电公司，水利工程建后管理逐步规范。

【高度重视，有序完成水利普查工作】全地区共有水利普查专职工作人员2289人，选聘并培训了800多名水利普查员和普查指导员。经过对象清查实践，全体人员经受了全面的实践锻炼，熟悉了普查流程、掌握了技术要点，普查业务水平得到很大提高。一是建立了完整的普查组织体系，形成了地、县、乡三级组织机构和工作体系，组建并培训了水利普查队伍。二是出台了水利普查实施方案，制定了数据处理、对象清查、质量控制等工作细则，完善了台账建设、空间数据采集等技术规定，拟定资金、档案、保密等管理规定。三是普查专项经费基本落实。先后落实水利普查专项经费1470万元，其中各县县级财政配套596万元。四是建立了质量控制体系，细化了普查质量控制工作细则，制定了质量控制工作方案。开展了富有成效的普查宣传，通过多形式宣传水利普查工作，营造了全社会支持水利普查的良好氛围。目前，全地区水利普查对象清查、质量数据审核等工作已基本完成，水利普查成果通过国家和自治区验收。第一次系统地掌握了我地区各类水利对象的详细底数及分布情况，水利普查取得了阶段性成果。

【发挥工程效益，全面开展项目验收工作】为了更好的发挥水利工程应有的效益，自治区水利厅、地区水利局先后组成工作组对我地区“十一五”竣工项目和“十二五”已完工项目进行了验收。共验收项目68个，其中自治区水利厅主持验收的项目10个，地区水利局主持验收的项目58个。本次验收工作共58个项目通过验收，其中10个项目未达到验收条件。

除此之外，地区水利局还组织工作组对全地区18个县的农村安全饮水工程进行了验收，主要验收对象为2010-2011年实施的安全饮水工程，涉及18县（市），共验收106个点，总投资1.2087亿元，验收合格率达到90%以上。通过对项目进行验收，地区水利建设项目充分发挥应有的效益，为改善农牧民群众生产生活条件、造福老百姓、推进社会主义新农村建设提供了支撑和保障。

日喀则地区交通运输工作

【年度综述】2012年，共实施公路建设项目293个，建设规模2573公里，完成投资13.56亿元，超额完成地区下达的10亿元目标任务。公路养护干线公路油路优良路率达85.42%，MQI值为81.95，砂石路优良路率达77.6%；农村公路油路优良路率达55%，砂石路优良路率达43%。农牧民群众参与公路建设、养护实现增收达6600余万元。

【加强项目建设管理，重点项目建设实现新突破】按照全区公路项目建设座谈会议精神，交通运输局针对地区公路建设项目点多、线长、项目区域分散的实际，对公路项目建设实行片区管理负责制。把地区18个县（市）分成中、东、西三个项目片区，由三位局领导分别担任项目片区负责人。一是提升了公路建设管理能力，提升了工程建设质量，实现了工程建设规范化管理目标。二是全力做好了吉隆县城至热索桥公路改建工程和亚东震后恢复重建工程等重点工程的开工建设和项目管理工作，共完成投资3.97亿元。三是积极配合自治区交通运输厅项目代建部门做好曲岗通县油路建设，完成投资4.64亿元。同时，积极协助公路勘察设计部门完成了国道318线至曲宗公路、国道318线日喀则绕城路、国道318线拉萨至日喀则快速通道、省道304线羊八井至大竹卡公路等项目的前期工作。

【加快民生工程建设，农村公路建设实现新突破】一是农村公路建设共完成投资4.35亿元，解决了4个乡镇13个建制村的通畅和145个建制村的通达问题。实现了全地区90个乡镇通油路，1601个建制村通公路。二是通寺公路建设不断推进。共批复通寺公路建设项目120个，建设规模206.46公里，批复投资8751.73万元，完成投资6000万元，解决了120座寺庙的通公路问题。三是农村公路通畅工程前期工作不断加快。2012—2013年21个农村公路乡镇通畅工程前期工作已全部完成，建设规模522公里，计划投资11.37亿元，通过这些项目的实施，可以解决26个乡镇、85个建制村的通畅问题，届时，乡镇、建制村通畅率分别达57.1%和22.4%，其中6个项目已批复，并完成了招投标工作。同时已编制上报我地区2014—2015年农村公路乡镇通畅工程计划，计划项目30个，建设规模1580公里，计划投资39.5亿元，可以解决47个乡镇和157个建制村的通畅问题。到“十二五”末，全地区乡镇、建制村通畅率分别达80.3%和31.8%。

【不断深化改革，公路管养服务水平实现新突破】一是公路养管体制机制改革不断深化。进一步明确养护管理事权归属，分清各级公路管养机构责任，实现了国道垂直养护管理，省道“条管理、块养护”，农村公路“统一领导、分级管理、地县为主、乡村配合”的管理体制。二是公路养护一线补员工作进展顺利。按照自治区《全区公路养护一线补员工作方案》的要求，严格按照政策界定的补员范围，在局系统公路养护一线补员309名。三是以迎接全区公路互检为契机，干支线公路小修保养、养护工程管理水平进一步提高。四是公路通行保障服务能力得到新提升。面对“2·7”雪灾及主汛期强降暴雨，充分发挥公路应急抢险保通职能，累计投入抢险保通资金365余万元，及时应对各种公路突发灾害。五是进一步规范公路路政管理，加大路政巡路巡查力度，2012年共发生路政案件42件，破案42件，破案率达到100%，结案42件，结案率达到100%。

【着力培育运输市场，交通运输服务水平实现新突破】按照《西藏自治区道路水路运输管理体制改革方案》要求，日喀则交通运输管理分局（日喀则地方海事局）于2012年12月18日顺利交接，实行属地管理。根据“路站运管安”一体化发展思路，不断协调推进地区客运网络化建设，规范农村客运市场，实现了71%乡镇通班车，

62%的建制村通班车，方便了人民群众的安全出行，为社会主义新农村建设提供了有力的支撑。完成公路客运量158.58万人，旅客周转量29647.69万人公里；完成公路货运量145.25万吨，货物周转量33075.66万吨公里。

日喀则地区邮政工作

【邮政业务发展】2012年全地区累计完成业务收入2736.08万元，同比增长219万元，完成年预算的98.6%。收支差额完成-3247.32万元，完成年预算的99.92%。

三大板块业务：在三大板块业务中，邮务类依然保持较高的增长态势，截止到12月底，共实现业务收入889.88万元，同期增长15.29%，占总收入的32.52%；代理金融类业务稳中有增，完成收入990.45万元，同比增长8.38%，占总收入的36.2%；代理速递物流类完成收入712.45万元，同比增长4.24%，占业务总收入的26.04%；其他类业务收入同期大幅度增长，完成143.66万元，占业务总收入的5.25%，同比增长了17.99%。

【经营管理】一是项目开发成效显著，函件业务和集邮业务实现突破。二是报刊业务再次取得好成效。三是加强了对投递服务质量的监督与考核力度，狠抓了“十八大”期间党报党刊的投递服务质量工作，及时将“十八大”期间的新闻宣贯到基层一线，进一步扩大了主要党报党刊的社会影响力，树立了邮政的良好形象。四是深入开展劳动竞赛活动。五是代理金融业务稳步发展。

【能力建设】一是依托邮政系统培训机构力量培养综合型人才，通过培养成为适应业务发展的人才，分配到各个岗位，使他们都能在各自的岗位发挥应有的价值。二是通过局人事部门、网上的综合培训，从业务知识、道德规范，政治思想觉悟等方面的培训和教育，提高员工的综合能力和业务素质，树立良好人生观、价值观、世界观，构建一个和谐的邮政团队。三是加强对重点人才的提拔和使用，特别是管理、金融、营销方面的人才，邮政企业创造出百年品牌，靠的是在实际中不断的探索和总结，靠的是在实际中不断完善各种管理制度，企业才会得到更好的发展。四是建立健全服务体系建设，不断完善各种服务规范，形成一个良好服务氛围，提升我们的满意率。

【邮政通信服务】一是狠抓“内强素质，外树形象”工程。二是落实措施，实现服务规范化。三是加大服务监督检查及考核工作，提高邮政服务质量。

日喀则地区
国土资源工作

【用地保障得到加强】一是积极做好重点项目用地保障工作。截止目前，已出具500多个项目的用地建设预审意见，向自治区国土资源厅申请3个项目的先行用地（吉隆县边境情报站、日喀则市2012廉租房、仁布县法院业务用房），并已批复先行使用。同时日喀则市、江孜县等5县市已经取得批次报件的批复（共165.75亩土地），确保了项目按期动工建设；二是扎实推进土地开发整治项目。2012年共完成土地整治项目备案13个，总投资1474万元，新增耕地3073亩；三是积极争取高标准基本农田建设项目。2012年，通过地区各级、各部门的不懈努力，争取到日喀则市、江孜、白朗三县高标准基本农田建设任务3万亩，占全区的42%，涉及资金3000多万元；四是及时调整基本农田分布。鉴于我地区二调土地类型与现状不符、基本农田划定范围不规范、城镇建设预留地不够使用等问题，地区在保证基本农田总量不变和耕地占补平衡的前提下，共调整9669.96亩基本农田，同时将白朗、江孜等8个县城规划范围内的基本农田变更为一般耕地，为下一步城镇建设提供发展空间。

【土地利用健康发展】2012年，地区严格按照土地出让“招、拍、挂”的有关规定，截止目前，共出让土地22宗、313.87亩，签订合同14个，总成交款1.9亿元。

【土地清查工作扎实推进】为预防国有地的流失，地区国土资源局逐年加大对土地的清查力度，一是对收回的单位旧址采取公开招牌挂的方式，成功拍卖5宗（地区检察院、地区民政局、市公安局、地区公安处、市法院），成交价为1.15亿元，截止当前，已收取土地出让金及相关费用0.8亿元；二是针对市规划区内各类用地存在问题，根据地委、行署的安排，专门召开处置会议，各项出让金正在积极催缴当中。

【确权登记工作有序开展】地区农村宅基地确权登记发证工作按照自治区农村宅基地确权登记发证工作实施方案的总体要求，各项工作陆续推进。目前，康马、江孜、岗巴、亚东、白朗、定结6县已顺利通过自治区国土资源厅审查验收，其中5县被评为优秀等级；日喀则市、定日、仲巴、萨迦、南木林、仁布县已完成全部内、外业工作，国土资源厅检查验收组已于12月25日开始，再次到日喀则地区开展审查验收工作；吉隆、萨嘎、昂仁、谢通门、拉孜、聂拉木县按照国土资源厅要求，2012年完成全部外业调查工作，并争取尽快提交验收报告。

【土地利用总体规划编制工作稳步推进】为进一步提高全地区18个县（市）土地产值的经济收入，有效遏制国有资产的流失，规范土地市场，根据自治区国土资源厅的要求，地区18个县（市）已经初步完成文本编制工作（指标已经分解下达），由于地区级的土地总规未完成报批工作，因此各县的总规未能及时完成评审工作。我局力争尽快呈报，及早完成规划编制各项工作。

日喀则地区
住房城乡建设工作

【住房保障工作扎实有效】一是狠抓

保障性住房建设工作。上半年在白朗等10县实施了廉租住房332套、总建筑面积1.98万平方米，总投资3607.2万元（中央预算内投资和自治区补助），在岗巴县等16县实施了周转房662套、总建筑面积4.58万平方米，总投资8315.6万元（中央预算内投资）。二是稳步推进公有房屋调查统计工作。三是积极协调兑现租赁住房补贴。完成了2012年的租赁住房补贴统计上报工作，享受租赁住房补贴户数为2445户3687人，补贴资金为1128.22万元，其中：自治区承担902.58万元，比例为80%，地区承担169.23万元，比例为15%，各县（市）承担56.41万元，比例为5%。四是认真落实中央第五次西藏工作座谈会精神，进一步发挥住房公积金作用。今年住房公积金缴存比例提高了2个百分点，由10%提高到12%，今年以来通过推行抵押贷款和担保贷款两种公积金贷款模式，在确保安全运行的前提下，积极争取政策，进一步提高了住房公积金使用率，特别是在9.18灾后干部职工房屋恢复重建中发挥了应有的作用，其贷款额度达到450万元。使住房公积金在帮助干部职工购房方面的互助作用得到有效地发挥，住房公积金总体运行安全。全地区住房公积金累计归集总额17.63亿元，使用率达83%，全年住房公积金归集量和使用量较上年分别提高了10%和0.7%。在地区住房资金管理中心缴存住房公积金的单位共有196家，缴存人数27919人。

【城乡规划编制与管理工作进一步加强】一是城乡规划编制工作进一步加快，范围进一步扩大。二是规划选址工作进一步推进，“十二五”规划项目前期工作质量进一步加强。三是规划管理工作进一步加强。

【城镇建设和管理工作得到进一步加强】一是城镇基础设施“十二五”规划项目前期工作进展顺利。二是地区城镇重点基础设施建设工程加快推进。三是城镇环卫工程建设取得长足进步。四是城镇管理工作迈上了新台阶。

【建筑市场秩序得到进一步加强】一是加强了勘察设计业监督与管理，重点审查了勘察设计单位存在越级承揽设计任务和转接资质情况，切实维护公平、竞争的勘察设计市场。二是加强建筑市场动态监管。三是完善建设工程交易各项运行流程。四是继续严格依照国家及自治区关于不良记录与公示管理的法律法规，加大对工程建设各方主体违法违规行为的处罚力度和不良行为记录的公示力度，引导建筑企业把诚信作为经营理念，树立诚信意识、品牌意识的精神。

【建设工程质量监管进一步强化】一是不断加大了房屋建筑和市政基础设施施工图设计文件审查工作力度，从设计源头减少质量通病和安全隐患，提高建设工程勘察设计质量。二是狠抓建设工程责任主体质量行为的监管。三是加强对施工现场建材准入监督管理。四是狠抓城镇建设安全生产管理。

日喀则地区旅游工作

【重拳出击，宣传促销异彩纷呈】紧紧围绕以“神奇珠峰、魅力日喀则”主题，搭建“旅游形象传播、旅游市场营销、客源市场”三合一平台，打响日喀则旅游品牌，让广大游客充分领略日喀则的神奇魅力，提高了日喀则的知名度、美誉度。

积极邀请中央、自治区、地区等多家媒体，对日喀则旅游进行全方位的宣传报道。深化“请进来”促销策略，在旅游线路开放取得新突破。各县市旅游局及地区旅游企业积极参加各级主管部门组织的品牌促销活动，“走出去”宣传日喀则旅游。积极开展区内宣传推介活动。积极创新旅游宣传载体。

【文化旅游结合，旅游节庆活动丰富多彩】结合特色文化旅游资源，大力开展旅游节庆活动。第十届珠峰文化旅游节以“神奇珠峰、魅力日喀则”为主题，于8月26日—28日在日喀则市举行。期间，举办了摄影家采风日喀则启动仪式，日喀则旅游促销歌曲专辑制作启动仪式，在全国范围内征集日喀则旅游形象主题宣传口号经过初选、终审举行了颁奖仪式，日喀则美食烹饪大赛，后藏旅游商品展示及评选大赛，编制珠峰文化旅游节《西藏旅游》专辑等一系列丰富多彩的展示、展演和交流活动，这些活动的举办，极大地活跃了日喀则旅游市场，营造了浓郁的旅游氛围，推动了旅游节庆活动建设。

【优化环境，旅游市场行秩序有了新改善】1、积极推进旅游企业标准化建。2、对各县市、各企业按照相关质量等级标准已经挂牌命名的旅游企业实行动态管理。3、强化服务技能培训，促进旅游接待服务整体水平的提高。4、搭建旅游质监联合管理平台。5、全面落实安全生产责任制。6、建立旅游企业诚信档案公示制。7、及时处理旅游投诉及纠纷。8、进一步调整充实完善了旅游协会，增强了旅游企业的行业自律性和规范性。

【措施有力，重大旅游建设项目稳步推进】为加强地区旅游项目申报、建设、管理、衔接工作，地区旅游局成立了以局长为组长的旅游项目领导小组及办公室，分管项目工作的副局长兼任领导小组办公室主任，并抽调专人设专职副主任。

1、顺利完成“十一五”旅游项目终验工作。2、圆满完成旅游项目招投标工作。3、顺利完成旅游项目前期手续办理工作。4、努力争取旅游资金项目到位。5、积极上报和申报旅游项目。6、完成重点旅游县乡村旅游规划终审。7、援藏项目进展顺利。

【强化管理，为旅游事业发展提供坚强组织保障】1、加强机关建设。2、扎扎实实做好维稳工作。3、深入开展创先争优强基础惠民生活动。4、加强旅游干部队伍建设。5、以制度建设促进党风廉政建设。

日喀则地区气象工作

【气象服务和防灾减灾】气象为农服

务保障民生。扎实开展“两个体系”建设论证和规划；积极参与乡村气象服务专项方案编制，努力争取项目实施。为春耕春播、秋收秋播等农业生产提供气象服务；加强主要农牧区汛期天气过程监测，做好“提早预警，滚动预报”；加强西藏农经网日喀则分中心的建设和管理，不断扩充、完善栏目信息，为地区农牧产业结构调整、特色产业发展提供信息支持。

【气象预测预报服务助力发展】积极应对“2·7”南部暴风雪，认真分析、加强会商、提前预警，在地区行署召开的防抗灾应对工作会议上谏言献策，积极为各级政府提供抗灾救援工作气象保障服务。注意加强与相关部门的“上下联动，密切协作”，开展系列化动态预报预警和服务。针对重大转折性天气过程，及时发布各类气象预警信号；地区行署领导先后两次对我局发布的天气消息做出重要批示，并以91号、XX号行署发电文件转发至各县和相关部门要求提前做好防范。配合地委行署完成各类重大节日及社会活动的气象保障服务任务；积极为各类社会活动提供气象科技服务，取得了较好的社会经济效益，树立了良好的气象科技形象。

【基层基础工作不断发展】基层台站的公共气象服务能力逐步提升，积极主动、准确可靠的气象服务引起了各县政府对气象工作的重视。定日县政府先后三次发文，就加强农村气象防灾减灾，开展气象灾害应急准备认证等工作做出具体部署，并将农村气象防灾减灾工作纳入政府绩效考核；江孜县气象事业经费首次纳入地方政府财政预算；南木林县人民政府对气象事业经费的投入增加了4倍。积极开展基层台站综合机构改革，修订完善了定日县气象机构职责和岗位设置，进一步强化了县级气象机构管理职能。

人工影响天气工作效益显著。加强人影安全管理，层层签订《人影安全作业责任书》，层层落实责任；与公安、安监等部门联合开展安全检查，及时纠正违反管理规定的行为。着力提高农牧民炮手作业水平，通过集中培训、点对点培训等途径培训农牧民人影作业人员102人/次。完成43套超检火箭发射架的更新；人影维持年度经费由原来10万元调整到28万元，并调整充实了“地区人影作业领导小组影响天气”。2012年，我地区共实施人工防雹作业560次，使用炮弹3709发（枚），保护农田面积74万余亩，人影工作创直接经济效益9500多万元，平均投入与产出效益比为1:38，社会经济效益显著。

日喀则地区防震减灾工作

【加强了防震减灾知识的宣传教育工作】一是精心组织，周密部署，制定工作方案，搞好地震科普宣传活动。地区地震局专门召开了会议研究部署防震减灾宣传活动，制定了《日喀则地区2012年开展全国“防灾减灾日”暨〈防震减灾法〉实施宣传活动方案》，于5月12日、7月28日、12月4日在山东路、珠峰路开展了有针对性的防震减灾宣传活动，共向市民发放防震减灾知识读本（藏、汉文）2000余册，防震、避震知识读本（藏、汉文）3500余册，接受市民咨询90余人（次）。值些机会，联合地区教育局，在日喀则地区三高、日喀则市二中指导学校开展了地震应急避险演练。从预案的制定、预演、演练现场等给予了指导，同时对防震减灾科普知识、避震小常识进行了宣传，以学校带动学生、学生带动家庭、家庭带动社区、社区带动社会的模式取得较好效果。

二是通过新闻媒体等多种形式开展大规模防震减灾宣传活动。为了做好“5.12防灾减灾日”和各个科普日宣传活动，地震局坚持以落实科学发展观为主线，以防御和减轻地震灾害，保护人民生命财产安全，促进日喀则地区经济社会的可持续发展为目的，使用日喀则电视台、日喀则报在广大市民群众中进行防震、避震常识的教育，并播放防震、避震及逃生影片，使广大人民群众掌握基本的防震、避震知识。

【迅速行动，积极开展抗震救灾工作】2012年，在地区共发生里氏3级以上有感地震5次，其中最大的其中最大的一次是7月30日0时44分发生在谢通门县的M4.7级地震，损失最大的是7月4日03时11分发生在谢通门县的里氏4.2级地震，此次地震波及面广，震感强烈，地委、行署非常重视，许雪光专员、次仁央宗副专员都作了批示，按照批示精神地区组成由住建局、地震局、民政局、保险公司联合工作组赶赴拉孜、谢通门县灾区调查核实受灾情况，经调查此次地震共造成谢通门、拉孜两县54户受灾，90间房屋受损。在调查核实受灾情况过程中，局书记、局长王有德一直奔波于受灾乡村指导工作，组织工作人员开展灾情核查，根据有关地震灾情核查标准，对受损情况，做到客观、公正、实事求是。在各次地震发生时，地震局第一时间和当地政府取得联系，进行震情跟踪及监测预报，按照损害程度我局及时赶赴现场进行抗震救援工作指导。每次地震灾情发生后，地震局立即启动应急预案,一面了解震情,一面向地委、行署汇报情况，同时前方工作队在第一时间赶赴现场，深入实地，了解实情，指导开展抗震救灾工作。积极主动工作，制定和完善短期与临震预测，建立震情跟踪制度，参与震情评估，参与震后重建规划方案的制定。后方工作队坚持24小时值班制度，安排好带班领导和值班人员，随时保持与灾区联系，随时了解发生的新情况、新问题，及时将震情、灾情向地委、行署及自治区地震局汇报，坚持做好震情和灾情的速报工作。

日喀则地区电力工业工作

【电网建设与发展】截至2012年12月底，日喀则地区萨迦县农网改造升级工程计划总投资为1.086亿元，已完成投资1.05亿元，完成计划资金的96.33%，萨迦县35kV及以下城网工程已具备带电条件。昂仁、定结、定日三县农网改造升级工程计划总投资为4.63亿元。已完成投资3.7亿元，完成计划资金的79.96%。完成了亚东县和岗巴县35kV及以下输配电工程可研报告内审、复审工作。完成了日喀则市、白朗县两个营业网点主体工程建设等工作。完成日喀则“十二五”城网配网滚动规划调整、规划评审会议工作。

【**经营管理**】按照西藏电力有限公司“三集五大”体系建设统一部署，2012年6月13日公司正式启动“三集五大”体系建设工作以来，在西藏电力有限公司党组的坚强领导下，公司广大干部员工凝心聚力、奋发有为，严格按照西藏电力有限公司“三集五大”体系建设两本方案要求，有序开展方案编制、组织实施、新模式导入阶段各项工作。截止目前修订完成公司岗位工作标准130项，流程优化10项，核心流程编制35项。通过“三集五大”体系建设，使公司的机构设置和人员配置更加规范科学，各部门间职责更加明确，界面清晰，公司各部门岗位标准制度得到了统一规范，核心业务流程更加清晰，对推动公司管理创新起到了良好的作用。

【**安全生产**】认真贯彻落实西藏电力有限公司安全工作的部署和要求，紧紧围绕2012年安全生产工作目标，层层落实安全生产责任制。狠抓大修、技改、农网改造升级工程、抢修等项目工程施工作业现场的安全监督检查考核，严格落实领导干部到岗到位制度。认真开展“安全年”和安全生产自查自纠活动。有序开展春、秋季安全大检查。针对印度大停电事故，开展专题“安全日”活动。通过开展“安全伴我行”演讲比赛，提高员工安全意识。扎实做好防洪度汛工作，提前制定应急预案，应急物资准备到位，组织模拟实战演练，提高了电网抵御自然灾害的能力。着力开展隐患排查治理工作,发现安全隐患36处,消缺36处，完成率100%。认真落实西藏电力有限公司交通、消防等安全专项活动的工作部署。加大安全教育培训力度，认真开展全员《安规》考试及危险点分析和控制工作。坚持每周安全例会制度和每月安全生产分析会议制度，公司安全生产形势基本平稳。全年公司未发生人身伤亡事故；发生一般电网和设备事件8起，同比上升2起。

【**营销工作**】按照西藏电力有限公司部署，加大电费抄核收管理力度，确保年度电费回收100%。推进用电信息采集系统建设，全年安装完成专变采集终端423台，完成低压居民智能电表1360只，集中器20台。认真开展线损管理和专项反窃电活动，加强母线电量平衡和月度线损分析等工作，加大线损考核力度，努力降损增效。积极推进银行代收电费业务，安装应用自助缴费设备。完成营销稽查系统的上线应用。认真开展“三指定”专项治理工作，完善业扩报装流程，规范业扩报装管理。顺利完成了2012年“三大节日”、中考、高考保电工作，特别是圆满完成了“十八大”期间的各项保电任务，共计完成保电任务83次，保电任务完成率100%。全年完成故障抢修856次。

【**农电管理**】根据2012年7月12日西藏电力有限公司农电调研工作电视电话会议精神和安排部署，日喀则公司高度重视农电调研工作，立即协调日喀则地区发改委，成立了以地区发改委主任任组长，日喀则供电公司分管领导任副组长的农电调研工作领导小组，从营销部、运检部、人资部、财务部抽调了7名相关专业人员，组成了农电调研工作小组，开展了日喀则地区14个县（市）的现场蹲点调研工作。

日喀则地区环境保护工作

【**突出重点领域，监管成效显著**】开展了整治违法排污企业保障群众健康环保专项行动，深入开展了“饮用水源保护区环境整治专项行动”，确保了我地区城镇集中式饮用水安全。十八县市均设立了饮用水水源保护区，进一步加强雅江、年楚河流域企业污染防治工作。通过强化执法和严格监管，关闭（搬迁）了多家污染或生态破坏较重的企业。狠抓畜禽养殖污染整治，深入开展了畜禽养殖专项执法行动，科学划定禁养区、限养区。加强城乡生活垃圾无害化处理。以垃圾清理为重点，全面整治交通干线、城镇、旅游景区环境工作。通过一系列工作，全地区整体环境质量有了明显改善，水、气、声质量持续好转。

【**严把“环评”审批关，提高服务效率**】将总量控制作为项目审批的“总闸门”，从严落实《环境影响评价法》、“三同时”制度及国家、自治区、地区有关产业政策，严格环评审批、验收，强化污染源头控制。尤其是在全地区经济转型发展的关键时期，服务于“生态日喀则建设”这一中心任务，推动项目又好又快发展，地区环保局进一步规范了环评审批行为，转变环评审批理念，从被动制约向超前服务转变，提前介入，做好重点建设项目环保前期调研，改善投资环境，提高审批效率，严格落实并充分用好环保审批权限，建设项目和重点建设项目的环境影响评价执行率分别达到90%和100%，并严把环保准入关，杜绝了“高能耗、高污染、高危险”的项目进入日喀则地区，执行限时审批办结制度，将报告表、登记表审批时限由法定规定的30、15个工作日缩短为15、3个工作日，方便了基层项目前置手续的办理，没有出现因环评工作延误项目进度的情况。2012年审批环评报告表和登记表1051份，总投资金额307109.35万元，涉及环保投资6142.19万元。

【**强化监测基础建设，不断提高监测能力**】合理调配环境监测管理和业务人员，抓紧进行实验室监测仪器设备的安装调试。在自治区环境监测中心站的指导下，开展了仁布县城、日喀则市、萨迦县成、岗巴县城生活垃圾卫生填埋场项目、南木林县湘河流域规划、聂拉木县水电站建设项目、昂仁县成生活污水处理厂建设项目、日喀则市青稞啤酒建设项目等的环境现

状监测，以及318国道中尼公路大竹卡至日喀则改建工程竣工环境保护验收监测，取得环境空气监测数据270个，地表水水质监测数据416个，交通噪声、环境噪声监测数据1288个；空气自动监测站正常运行，取得监测数据1800个，每天按时向自治区环境监测中心和地区气象局报告日喀则市的环境空气质量。自治区环境监测中心站通过专项经费和项目环境监测支持日喀则地区环境监测站运行经费20.25万元。

日喀则地区科技工作

【科技特派员及创业行动】2012年，申报了农牧民科技特派员创业项目5项511.49万元，审批了第一批农牧民科技特派员创业项目4项43万元，成功申报了自治区级农牧民科技特派员示范大户8名，成功申报了2012年690名科技特派员，截止目前，我地区科技特派员已达到1269名，位居全区之首，并完成了570名科技特派员年度考核，为完成“十二五”末每建制村2名科技特派员奠定了良好基础。组织科技特派员实施了青稞新品种示范推广、日喀则23号小麦优良品种成果转化示范、拉孜西瓜大棚温室建设、露地蔬菜综合配套栽培技术示范、家禽人工孵化、青饲料玉米种植示范、奶牛示范户项目示范、牲畜W病等重大动物疫情的防治等100余项科技特派员项目，使当地农牧民每年每户增收近1500元，成效显著。开展了农牧民培训累计达400余次，培训人数累计达8.6万人次。截止目前，日喀则地区9县（市）农牧民科技特派员创业示范户共48户，培训人数达1134人次，带动了农牧民群众1825户，取得了良好的成效。

【科技示范与科技研究】以西藏日喀则国家农业科技园区建设为平台，成立了我区首个地方性国家级农业科技园区。园区管委会已进入申报审批过程中;提出了白朗县洛江等五村为核心区，西藏“一江两河”为示范区，西藏自治区适宜区域和青藏高原相关区域为辐射区的总体规划和部署，按照三年打基础，五年见成效，十年大发展规划设计园区建设工作要求，并与山东省农科院、自治区农科院和白朗县合作，修改完善园区总体规划，细化园区项目实施方案。面向国家级农业科技园区发展要求，定位园区发展目标、主导产业、依托模式、地缘优势、资源优势、保障体系、平台手段等系列园区重要元素；申报了《高原生态绿色蔬菜栽培技术创新园》项目、《特色畜牧养殖技术创新与技术示范》项目，两个项目资金共计210万元，得到自治区科技厅审批立项。申报了日喀则农业科技园区国家星火计划项目《青稞优种基地建设及青稞深加工技术研究》，总投资300万元，成功通过科技厅评审立项，待国家科技部审批后实施。

组织亚东、聂拉木、吉隆、定结四个边境县申报国家富民强县项目，3县申报成功，总投资523万元，即亚东县野生羊肚菌人工栽培技术示范与产业化开发、吉隆县喜马拉雅红豆杉种苗繁殖与产业示范、定结县鸡爪谷藏北酒酿造技术示范。截止目前，全地区除仁布、仲巴、萨嘎、康马、定日、昂仁6县没有富民强县项目外，其余12县均有富民强县项目，覆盖率达66.7%。积极实施科技创新项目，充分用好地区360万元科技创新经费，不断培育、引进、示范适合本地区的科技示范开发项目，重点抓了定日、康马、萨迦优质奶牛引进示范推广，萨迦县藏鸡规模化养殖技术示范、青稞高产栽培技术研究与新品种引进示范、高效日光温室技术集成与示范，聂拉木县大棚蔬菜引进示范，康马县优质娟珊牛引进示范，江孜县扎西洁白青稞压缩饼干立项开发等项目。

积极组织申报科技项目，组织18个县（市）申报了2012年自治区重大科研项目，共申报了科技项目41项资金1549.1718万元，自治区批准了第一批重大科技项目6项共计624万元；组织申报了自治区强基惠民项目17项355万元，审批了12项266万元；组织申报了日喀则市、江孜县全区科技示范县项目，江孜县申报成功；组织各县（市）科技局及相关单位申报明年科技项目工作，主要包括国家富民强县项目、国家星火项目、自治区科技项目、地区科技项目等。

日喀则地区教育（体育）工作

【丰富载体、强化教育，学校思想道德建设得到切实加强】各学校以“3·28”西藏百万农奴解放纪念日、“五四”运动93周年、建团90周年、建党91周年等重大纪念日为载体，以开展文艺演出、专题座谈会、召开主题班会、办黑板报、挂宣传横幅、国旗下讲话等形式，深入开展了爱国爱党爱社会主义教育和民族团结教育、反分裂斗争教育、马克思主义“四观”“两论”教育，教育广大师生牢固树立“三个离不开”思想，始终在大是大非问题面前，坚定立场，不断夯实反分裂斗争基础，切实提高广大师生的政治敏锐性和政治鉴别力。

【巩固成果、强化公平，义务教育发展日趋均衡】5月，地委、行署召开了地区“两基”工作总结表彰电视电话会，对获得“两基”成就奖的18县（市）政府和“两基”工作先进集体、先进个人进行了表彰，会上地委书记丹增朗杰同志全面回顾总结了地区“两基”攻坚工作，并对巩固提高“两基”成果、推进义务教育均衡发展进行安排部署。地区教育督导部门进一步加强了义务教育督导工作，完成了对白朗、亚东、拉孜、谢通门等县义务教育均衡发展专项督导检查。12月10日，随着全区义务教育均衡发展工作电视电话会议的召开，日喀则地区义务教育均衡发展工作又步入一个新的历史阶段。加大乡镇小学信息化建设力度，全年共争取到14所乡镇小学计算机教室建设项目，努力改善乡镇办学条件。认真落实农牧区学校改扩建项目，2012年，争取到资金6120万元用于9个农牧区学校初中改扩建项目，、吉隆县中学已完工，其余7所中学正处于招投标阶段；落实资金3244万元用于35个小学食堂专项建设项目其中仲巴县中学，建筑面积达12792平方米，其中30个已经竣工，5个在建；落实资金793万元用于7个中小学澡堂试点建设项目；落实资金6400万元用于14个薄弱学校改造项目。

【突出重点、强化普及，各级各类教育协调发展】一是大幅度推进学前教育。二是高中阶段学校建设步伐加快。三是大力发展职业教育。四是重视特殊教育发展。

【组织严密、强化纪律，确保了招生考试工作万无一失】4月初，行署召开地区招生考试工作会议，全面安排2012年的招考工作。把考试安全作为招生考试工作的第一要务，强化各个环节，做到万无一失。大力实施阳光工程，营造公平、公正、公开的人才选拔环境。顺利完成了普通高考、普通中考、内地西藏初中班招生考试、第123、124次全国高等教育自学考试、全国高等成人教育入学考试、全国教师教育技术水平考试等组织工作，全年报考总人数27924人次，在各大考试中组织严密，考风考纪良好，没有出现过任何问题。

【合理规划、强化监管，教育项目建设稳步推进】2012年，加大了教育基建力度，共落实项目建设资金近6亿元，包含复工、上年下达的批复和本年下达批复项目共285个，2012年已竣工项目126个。实施的项目中，包括2县雪灾灾后校舍维修项目、7所学校地震灾后重建项目、39所学校地震灾后维修项目、20所小学维修改造和13所初中改扩建项目，7所学校学生澡堂和35所学校学生食堂新建项目，20所学校教工宿舍新建项目及37所村级和小学附属幼儿园新建项目，9个县级幼儿园维修改造以及地区一高运动场建设项目等。6所高中附属工程、地区教育局培训中心生活楼、地区双语师资培训基地、地区体育馆、地区示范性综合实践基地、地区第二中等职业技术学校新建项目前期工作进展顺利。拉孜高中等4所新建高中、9县青少年活动中心等续建项目按期开工，大部分已通过验收并交付使用。在项目监管中，严格落实工程建设“五项制度”，狠抓过程管理，强化质量监督，确保项目、资金、人员安全。

【加大力度、强化指导，大力推进群众体育和学校体育工作】体育援藏工作步伐加快，2012年共争取到体育援藏资金1800万元，这些资金的落实，极大地改善了地区群众健身设施条件和学校教学条件。深入贯彻落实《全民健身条例》和《全民健身计划》，制定和完善了地区全民健身实施计划，不断推动各级政府履行全民健身公共服务职能。加大对学校体育工作的指导力度，深入开展“亿万青少年学生阳光体育运动”，结合《学生体质健康标准》的全面实施，狠抓“一课两操一活动”，确保青少年学生每天锻炼一小时，完成了全地区24所中学8671名学生中考体育加试工作，在地区有关部门的通力协作下，成功组织举办了全区U-13少年足球锦标赛等自治区体育赛事。

日喀则地区职业技术学校

【强化德育工作，营造优良育人环境】抓好师资管理，促教师教学有法。教职工都树立起了人人都是德育工作者的观念，在各自的工作岗位上真正做到领导管理育人，教师教书育人，职工服务育人。尤其是班主任作为学校“政治强、业务精、作风正”的教育骨干力量，都肩负起了自己的特殊责任和使命，努力把对学生的思想政治教育工作做深、做细、做实、做到位。此外，各科教师也牢牢占据了社会主义讲台，充分发挥课堂作为德育教育主渠道、主阵地的作用，把德育教育工作渗透到各学科之中，起到了潜移默化的作用。

【抓好常规管理，促学生行为有方】一是建立健全了学生日常管理制度，使学生管理工作有章可循、有据可依；二是不定期召开班主任工作会议，分管领导积极部署班级管理工作，要求班主任要管理好各班事务，并将强烈的责任心带到班主任工作中；三是加强学生的常规量化评分管理，继续加大课堂日志记录，监督、指导学生常规行为，对学生基本做到了全天候跟踪管理。

【抓好安全教育，促学生健康成长】安全教育一刻也不能放松，一是做到安全天天讲，教育学生把安全放在首位，强调教师重视安全，形成安全无小事，处处讲安全的责任意识。二是开展全校性的安全知识讲座，让学生从中学会自我保护，提高和增强安全避险的知识和能力。三是加强安全专项检查，实行安全隐患检查制度，对学生寝室、教室等场所进行不定期检查，查有无硬件隐患，查学生是否带了管制刀具等违禁物品。四是落实安全责任制，实行安全责任追究，学工处、保卫科、班主任各司其职，各负其责，谁出问题就追究谁，奖罚分明。

【强化教学管理，促进教育教学工作上新台阶】切实抓好常规教学，牢固树立教育质量意识。切实开展好招生宣传、新生录取、高考及就业推荐工作。切实推进我校国家中职示范校项目建设进程。

【加大投资力度，改善办学条件和优化校园环境】一是完成了综合教学楼一幢学生宿舍楼和二幢职工周转房的建设，并顺利竣工验收，级大地改善了学校办学条件。二是积极与相关各部门联系沟通，完成了新校区19.5亩征地工作和援藏项目综合实训楼建成并通过验收。三是改扩建了驾校训练场地和部分排污道、清水管进行了更换。四是国家级示范校建设的硬件项目逐一落实，通过以上项目的实施，进一步改善了办学条件，优化了校园环境，为进一步提升办学实力，扩大办学规模奠定了基础。

日喀则地区文化、新闻出版、文物工作

【专业文艺工作有声有色、文艺创作成果丰硕】以实施艺术精品工程为重要抓手，努力创作更多更好的文艺作

品，充分体现社会主义核心价值观，不断丰富和完善人们的精神境界。年初组织召开艺术创作会议，研究制定艺术创作计划，制定创作奖励机制，充分调动创编人员积极主动性，编创人员深入田间地头进行采风创作了3部舞蹈、3首歌曲、2个小品、1部相声剧本。下大力气组织专业文艺工作者推出一台融思想性、艺术性、观赏性为一体的优秀歌舞晚会《吉祥颂》，在党的十八大胜利召开之际，为进一步营造喜庆、热烈、祥和的文化氛围，受区文化厅邀请，赴拉萨专场演出2场，展现了日喀则人民知党恩、感党恩、永远跟党走的信心和决心，得到了社会各界的普遍赞扬。组织地区文艺工作者举行纪念毛泽东同志《在延安文艺座谈会上的讲话》发表70周年座谈会。组织4名声乐演员赴拉萨参加全区首届声乐电视大赛，荣获男声独唱3等奖、男女二重唱优秀奖和优秀组织奖。选派22名演员参加自治区喜迎党的十八大文艺晚会《雪域颂歌》。为了提高演职人员业务技能、调动工作积极性，邀请自治区文艺界专家开展年度业务综合考核，对舞蹈、声乐、曲艺等业务进行全面考核。2012年，地区民族艺术团“三下乡”“送戏下乡”慰问演出53场，观众人数达7万人次，超额完成自治区下达的演出任务。

【群众文化活动丰富多彩、广大群众的文化需求得到不断满足】群众文化工作始终坚持面向群众、扎根基层、服务基层的理念，努力兴起社会主义文化建设新高潮。选派业务干部深入学校、部队、社区、企事业单位大力开展送辅导、送图书和送文艺活动，满足群众的文化需求，使广大群众获得切实的文化权益；认真组织4700多名群众演员举办了以“神奇珠峰、魅力日喀则”为主题的第十届珠峰文化旅游节，向世人充分展示了后藏浓郁的文化特色和良好的精神风貌；积极组织康马、江孜、拉孜、谢通门等县民间艺术团参加全区民间艺术团文艺调演，荣获金奖、组织奖、创作奖;举办了民间艺术团业务骨干培训班，对新成立的5个县民间艺术团的演员分期分批进行基本功、民间舞蹈、声乐知识、视唱、电子琴、架子鼓等业务培训，提高了业务素质，为下一步更好地开展群众文化活动奠定了基础；组织江孜、康马两县民间艺术团参加文化部举办的“群星奖”大赛；地区群艺馆被评为全国文化文物系统创先争优先进基层党组织。2012年，6支民间艺术团、各县市业余文艺团体和农牧民文艺队开展“送戏下乡”“三下乡”活动413场，观众人数达30余万人次，演出场次和观众人数突破了历届规模，极大地丰富了基层群众的文化生活。

【文物工作再上新台阶、文博事业得到长足发展】坚持文物工作方针政策，利用文化遗产日、法制宣传日、博物馆纪念日、《文物保护法》颁布30周年纪念日等活动在主要街道醒目位置悬挂宣传横幅、设立宣传点、发放宣传单等多种形式向社会展示文物保护成果，大力宣传《文物保护法》《文物保护管理条例》，营造了全社会共同参与文化遗产保护的良好氛围。继续实施“十一五”重点文物维修工程扎什伦布寺、江孜宗山抗英遗址、乃宁寺保护维修工程。积极开展“十二五”项目前期工作，积极与自治区文物局衔接、协调，不断加大项目跑、办力度，江孜白居寺、喇布德庆寺等7个项目被列入“十二五”规划内，投资达1.7亿元，目前7个项目基本完成了考古调查、勘探、测绘、编制维修方案等前期工作，部分项目有望明年开工。扎实开展纳塘寺、达那达寺追加项目前期工作，两个项目投资达1000万元。完成9个边境县文物建档工作。为加强边境文物的保护，防止文物的流失，地区局会同自治区文物鉴定专家组开展了为期2个月的日喀则地区边境9个县文物建档工作，对9个边境县99处文物点的2000多件文物进行建档工作，使进一步摸清了地区边境文物家底，掌握了边境文物资源分布和保护现状。积极邀请设计单位分赴各县市对摇摇欲坠、险情较重的文保单位开展抢救性保护方案编制工作，及时上报了《关于解决文物保护单位抢救性维修资金报告》。认真开展第三次全国文物普查后续普查成果公布工作。积极申报第六批自治区级文物保护单位。江孜加日郊老街成功入选第四届全国历史文化名街。积极与援藏四省市加强联系、协调，进一步落实第四次全国文化文物援藏会议精神，争取了资金、项目、人才、技术等各领域的支援，特别上海文物系统在“十二五”期间将支援我地区的投资达1千万元。积极开展宗山博物馆文物征集、鉴定、编目、摆架、建档工作。

【非遗保护工作扎实有效、民族优秀传统文化得到很好保护】江孜卡垫织造技艺入选第一批国家级非物质文化遗产生产性保护示范基地。定结陈塘镇、昂仁日吾其乡命名为中国民间文化艺术之乡。扎什伦布寺羌姆、江孜卡垫编织技艺等7个非遗项目保护点入选为自治区首批非物质文化遗产传习基地。5月份举行了地区非物质文化遗产保护项目及国家级代表性传承人责任书签订仪式，进一步明确了责任，落实非遗保护经费576.4万元。制定方案、成立机构、落实经费、邀请区内外专家学者深入细致地开展吉隆沟申报国家级文化生态保护区，完成了吉隆文化生态保护区申报片、申报画册及《规划纲要》的出版收尾工作。组织业务人员分赴相关县市对各非遗项目单位保护工作开展情况进行督导、检查及项目经费使用的验收工作。协助完成了迥巴藏戏、江嘎尔藏戏、定日洛谐、江孜达马节等项目成果资料的制作出版。

积极组织拉孜藏刀锻制技艺、勉唐派唐卡绘制技艺等4个手工技艺类项目及萨嘎甲谐、定日洛谐2个民间舞蹈类项目参加首届非物质文化遗产成果大展，展现了我地区深厚的文化底蕴和非物质文化遗产保护工作取得的显著成果。出版了我地区非遗成果书《后藏风物》，完成了藏戏三大流派精品选集《藏戏之源、艺术天堂》的制作。为扎什伦布寺等4个古籍保护单位解决经费17万元。《教派总论》等十一部古籍入选第四批国家珍贵古籍名录。完成了《辛饶本生传·如意宝》等71部古籍及吕龙寺、拉定寺等

4个古籍保护单位的推荐申报工作。

【新闻出版工作稳步推进、“扫黄打非”工作取得显著成效】新闻出版、“扫黄打非”工作紧紧围绕地区中心工作，以迎接党的十八大、维护意识形态和文化领域绝对安全为工作重点，结合渗透与反渗透斗争形势，先后召开“扫黄打非”部署会议和深化“扫黄打非”推进会议，开展了一系列有力度、有成效的“扫黄打非”专项行动，成功破获了一起非法制售音像制品窝点案件，查封储存仓库4处，查获彩色打印机、刻录机、装订机等复制刻录设备10套共65件，收缴各类非法音像制品5万余件。先后开展10次各类专项行动，执法检查340余次，出动执法人员660余人次，执法车辆160余台次，检查市场店铺260余家，收缴各类违禁音像制品5600余张，淫秽色情光盘250余张，删除有害信息2000余条，始终保持打击非法出版物的高压态势，坚决遏制了政治性反动出版物特别是“藏独”反动出版物渗透传播势头，有效服务了发展稳定大局，确保了我地区文化领域和意识形态的绝对安全。根据全国新闻出版援藏会议精神，积极与上海市新闻出版局衔接沟通，组团赴上海进行考察学习，敲定了一批援藏项目，争取了30万元资金用于改善办公设备。黑龙江新闻出版局向日喀则地区新闻出版系统赠送了价值75556元的办公设备。完成了全地区政府机关的计算机软件正版化统计工作，举办了日喀则地区政府机关推进使用正版软件基本知识培训，参训学员80人，为下一步更换使用正版软件奠定了较好的基础。完成了343座寺庙书屋的图书配送工作，实现寺庙书屋全覆盖。全面开展了全地区14家出版发行单位年检工作。全力以赴抓好教材和教辅征订、发行、管理工作，保证了全地区128，000多名学生的教学用书。2012年，地区新华书店进货260万元，销售250万元，实现利润35万元，图书品种达7800种。

【文化阵地建设不断加强，基层文化基础得到夯实】成功举办全区“十二五”乡镇综合文化站开工仪式，区政府副主席多托出席并发表重要讲话，区文化厅、财政厅、发改委和地委行署领导出席开工仪式。完成了总投资达350万元的7个县综合文化活动中心维修改造工程。实施了文化信息资源共享工程县支中心18个、乡镇服务点28个、行政村服务点192个。为拉孜县综合文化活动中心和13个乡镇综合文化站配备了价值达225万元的活动设备。积极落实群众艺术馆、县级综合文化活动中心、乡镇综合文化站免费开放经费552万元，认真开展免费工作，切实发挥免费开放作用。175个乡镇综合文化站、18个县（口岸）级新华书店、5个民间艺术团排练场所建设项目正在实施当中。新组建谢通门等3县民间艺术团。地区图书馆、地区群艺馆项目已经完成项目现状调查、选址、环境评估、土地预审、节能登记等前期工作，有望2013年实施建设。

日喀则地区
广播影视工作

【正确把握舆论导向，全力开展新闻宣传】日常新闻宣传工作成绩突出。截至11月初，《日喀则新闻联播》共播出新闻稿件3100余条，确保了全地区工作的全面真实反映。成功举办了2012年春节、藏历新年电视综艺晚会《盛世欢歌》，受到了上级部门的肯定和人民群众的广泛好评。

重大活动和突发事件新闻宣传成效明显。针对重大活动和突发事件，多次召开专题会议，及时研究和调整宣传报道工作方案，把“9·18”地震、“2·7”暴风雪灾害和创先争优强基础惠民生活动及喜迎党的十八大宣传报道等重大事件、重大活动作为首要的政治任务来抓，采制大量新闻，开辟《创先争优强基础惠民生活动》、《灾区重建工作》、《科学发展　成就辉煌》、《县市委书记访谈录》等专栏，努力实现月月有主题报道、周周有民生新闻目标。

【上送稿件的质量明显提高】日喀则广播电视台及时掌握上级新闻媒体的时政新闻要求和动态需求，有针对性地上送新闻稿件。并对新闻采编人员定责任、下任务，有序规范上送新闻稿件工作，及时上传至西藏电视台。共向西藏电视台上传新闻145条，采用100多条，确保了地区每项活动都能够在西藏电视台《西藏新闻联播》中及时播出。同时，日喀则广播电视台专题部还制作了《后藏文化之都　历史高原名城》、《发展中的日喀则》、《我的家乡日喀则》三部宣传片。

【加强媒体自身建设】一是《日喀则新闻联播》节目的改版。在办好广播节目的同时，日喀则广播电视台对新闻节目的内容和形式进行了改版，通过改版，新闻节目比以往更具有可看性，内容也更倾向于基层、更加丰富，受到了观众的好评。二是大力实施有线电视数字化工程建设。5月10日开始在日喀则市区正式推广有线数字电视，预计将在2013年年中完成日喀则市区有线电视数字化整体转换工作。三是积极改善基层广电设备条件。年初为17个县添置摄像机、广播电视发射机、稳压器等总价值270余万元的广电设备，从而进一步加强了各县自办节目能力的建设。四是争取援藏省（市）的支持，提升宣传水平。黑龙江省第四批援藏工作队为日喀则广播电视台赠送了总投资110万元的3G直播系统、虚拟演播室和移动导播等先进设备并正式启用。上海广播电视台对日喀则广播电视台新闻演播室进行了改造。

【突出重点，强力推进广播影视事业建设】深入实施“西新工程”。为全面掌握地区广播电视宣传、事业建设、行业管理、在编人员和基础设施建设等情况，上半年，调研组先后深入到全地区18个县（市）和部分乡、村，对各县（市）广播影视工作开展情况和存在的问题进行了专题调研，为地区广播影视发展提供了科学决策依据。同时，进一步巩固“西新工程”成果，完成了17个县3个镇的西新工程设备更新改造和拉孜等3个县广播电视发射塔新建项目招投标工作。农村中央无线广播电视和日喀则广播电视台地面无线数字电视和手机电视运行正常。

【**农村电影放映工程有序开展**】2012年地区共完成农村电影放映32315场，累计观众达450万人（次）。全地区18个县（市）每村每月平均看到1.62场电影，超额了自治区下达的任务。同时，认真开展“电影进寺庙”工作，截止10月底，共开展“电影进寺庙”1217场，累计观众达43856人（次）。全地区所有寺庙平均每月能看到1场以上电影，深受广大僧尼的一致好评。

【**扎实推进广播影视项目建设**】由黑龙江省第四批援藏工作队援建的地区广播电视综合大楼建设项目正在进行装修，并完成了国家投资项目地区广播电台和11个县广播影视中心项目的前期工作，已进入等待概算批复阶段。

日喀则地区卫生工作

【**实施卫生惠民工程，确保群众享受党的惠民政策**】2012年，全地区应筛查先心病儿童207522人，已筛查197776人，筛查率达到95.3%，确诊297人,已实施免费救治手术195人;全地区应免费体检在编僧尼4450人,已体检4403人，体检率达到98%；截止11月30日，全地区应免费体检农牧民641396人，已体检587757人，体检率达到91.64%，同时，为体检人员免费建立了健康档案。实施白内障复明手术工作，2012年，全地区开展白内障复明手术1052例，其中地区卫生局、地区红十字会组织眼科专家赴8个县开展巡回复明手术458例。根据卫生厅要求，筛查先天性唇腭裂儿童173名，确定符合手术24名。

【**落实公共卫生服务项目，推进公共卫生服务逐步均等化**】加强疾病预防控制工作、妇幼卫生工作，强化综合协调、加强卫生监督工作。

【**健全医疗卫生服务体系建设，改善群众就医环境**】推进卫生基础设施建设，加强医疗机构管理，加强卫生队伍建设。

【**实施农牧区医疗制度规范化建设,提高农牧民医疗保障水平**】2012年，共落实合作医疗资金19382.11万元，其中落实中央及自治区资金16585.40万元，中央提标资金2601.60万元，地区配套资金195.12万元。目前，农牧民免费医疗补助标准已提高到年人均300元，农牧民群众年个人筹资标准提高到20元，住院医疗费用报销封顶线提高6万元，农牧民医疗保障水平得到进一步提高。

【**稳步推进国家基本药物制度，满足群众基本用药需求**】巩固基层医疗机构实施基本药物制度成果，落实各项制度，制定了《村卫生室基本用药目录》，明确村卫生室基本用药10大类40个品种；制定了《2012年药品招标采购计划》和《2012年基本药物招标采购价格》。加强药械监管工作。地区食品药品监管局对江孜等5个县进行了基本药物监督抽样工作；开展药械生产流通领域的日常监管及集中整治行动，责令整改25家单位，查处案件10起，没收涉案金额5.5万元；召回12个厂家12个品种共计1232盒铬超标药品。加强对进口药材、特殊药品复方制剂的监管及药品不良反应监测工作。

【**大力发展藏医药事业，满足群众藏医药服务需求**】召开了首届地区藏医药学术研讨会，4家藏医院（科）做了会议交流发言，区藏医药管理局、区藏医院及兄弟地市藏医院领导应邀出席会议。地区卫生局举办县级藏医全科医师转岗培训班及乡镇藏医药临床技术骨干培训班，受训40人。截止目前，共有县、乡、村三级藏医药技术人员402名，基层藏医药队伍得到进一步壮大。完成了价值253.9万元藏医设备招标采购工作。各级藏医医疗机构认真贯彻落实《西藏自治区关于扶持和发展藏医药事业的意见》，加强内涵建设和专科、专病建设，积极推广藏医药适宜技术，推进藏医药事业发展。

【**加强人口计生优生优育工作，提高出生人口素质**】强化优生优育、生殖健康宣传教育及技术服务工作，提高群众健康意识，满足群众服务需求，截止10月份，全地区共开展宣传活动100余次，免费发放计生药具7723人份，发放宣传资料2万余单（册），实施技术服务16993人次。加强人员队伍建设。地区共培训管理人员46名，选派39名管理及技术人员到自治区参加培训；各县（市）开展农牧民引导性培训共500名。在南木林、日喀则、聂拉木3县（市）中实施免费孕前优生健康检查项目，截止目前，3县（市）共对1233对夫妇3143人开展了孕前优生健康检查。完成全员人口信息纠错、变更采集录入工作。落实农牧区三项扶助制度，2012年，全地区“一孩、双女”户困难家庭扶助目标人群5842人，“特殊子女家庭特别扶助制度”目标人群1251人，“半边户”困难家庭扶助目标人群26人。加强流动人口计划生育管理与服务。2011年日喀则及亚东2县（市）配备乡镇流动人口计划生育协管员的基础上，2012年在其余16个县中配备乡镇流动人口计划生育协管员。开展流动人口信息统计工作，全地区共网上录入流动人口信息10419人。实施救助贫困母亲项目，推进计生协会工作。2012年，全地区常住人口714358人，人口出生率为15.67‰,人口自然增长率为11.70‰,综合节育率达到85.21%。

日喀则地区人民医院工作

【**年度综述**】2012年,全院总诊疗人数达到12.6万余人次，比2011年增加6000人次；其中门诊诊疗人数10.5万余人次，比2011年增加5000余人次；急诊诊疗6000余人次，比2011年增加50人次；住院部收治住院病人8382人次，比2011年增加524人次；住院病人治愈率为68.7%；危重病人抢救成功率为92.4%，比2011年增加0.04%；死亡率控制在1.12%以内，比2010年降低0.13%；年平均床位周转次数为21.3次，比2011年增长3.79次；平均床位使用率为88.81%，比2011年增长7.88%；完成大小手术共2882例，比2011年增加277例，健康体检人数达到3024人次。

【加强人才培养，提高诊治疾病能力】进一步发挥援藏工作的有利契机，结合各援藏省市的特点，分别向上海、山东、黑龙江等地派出15名医护人员进修深造，选派一名医生作为地区组织部门保送的特派生到内地深造一年，派出各类学术活动9人次。同时，进一步加强了医院床边教学、在职教学工作。一方面各科室认真开展了内部带教工作，以通过开展床边教学，言传身教，不断培养年轻医护人员，另一方面远程会诊与远程教学及讲座共计38次。全年举办各种讲座累计授课人数达700余人次。

为了解决日益紧缺的医务人员状况，通过内地引进、基层公开招录、医院公开招聘等多种渠道，共接收10余名医护人员，充实了医务人员队伍，在一定程度上缓解了人员紧缺的突出矛盾。

为提高全院医护人员业务素质，组织院内疑难、危重病案讨论6次，对全院医、药、护、技人员进行业务理论及法律知识考试一次，为促进医务人员加强业务理论学习，提高整体医疗水平起到了推动作用。

承接各个医护院校实习生80余名，接收基层医院进修生23人，为推动医疗卫生队伍建设发挥了应有的作用。

在各类医疗期刊杂志上发表各种医护论文11篇，促进了学术科研的进一步发展。开展了26多项新医疗技术项目，其中有10多项分别评为医院年度新项目一、二、三等奖，有效地推动了院医疗技术的快速提高。

2012年优质护理服务活动示范病房在两个试点科室的基础上，进一步扩大到了6个科室。此项工作在护理部的带领下开展有序，成效显著，赢得了广大患者的一致好评。

医院还组织医务人员完成各种活动的保健工作和各种义诊、出诊等任务，共派出医务人员86余人次，300余天，就诊人数大8700余人次，出色完成了各项任务。

单位职工医疗保险、城镇居民医疗保险以及农村合作医疗、农牧区即时结算医疗模式等取得了良好的成效，进一步巩固了群众基本医疗保障制度的有效实施。

【加大投入力度，加强基础设施与硬件建设】医院自筹资金402余万元修建的ICU病房楼已正式投入使用。医院自筹109万元的血透病房也正在办理相关手续，已正在实施中，医院网络系统也在建设中。新建门诊楼的各项前期工作正在有序开展，目前已初步列入西藏自治区2013年的计划建设之一。

日喀则地区民政工作

【灾害救助和防灾减灾能力进一步增强】2012年全年相继发生冰雪、洪涝、滑坡等灾害，18.47万人受灾，因灾死亡6人，紧急转移安置9101人，倒损民房2124间。面对灾情，民政部门积极应对，迅速启动应急响应，共调拨帐篷437等，藏被等物资12568件（床），下拨灾民生活救助金2000万元。下拨“2·7”雪灾恢复重建及安置灾民生活补助资金328万元。下拨“9·18”地震灾区城乡低保户建房捐赠资金700万元，受灾群众得到及时妥善救助。完成1300万救灾物资采购任务，为防抗灾提供了物资保障。深入开展“防灾减灾科普知识宣传教育”活动，进一步增强了全民防灾减灾意识。开展了全国综合减灾示范社区创建活动，日喀则市城北街道岗多社区等3个社区被国家减灾委、民政部命名为全国综合减灾示范社区。成立了地区防灾减灾委员会，为防灾减灾工作提供了强有力的组织保障。

【民生惠民作用充分发挥】2012年累计发放城乡低保、物价补贴、节日一次性生活补助、临时生活救助、医疗救助、教育救助资金19710.66万元，有效保障了城乡困难群众基本生活。农村低保扩面后达101758人，占农村总人口的16.2%。城市低保10816人基本实现动态管理。临时救助制度得到落实，帮助1410户困难家庭度过了难关。医疗救助12520人。教育救助有效实施，为282名困难家庭学生圆了大学梦。

【福利保障水平有力改善】2012年末五保对象2251人，补助标准由每人每年2200元提高至2400元，全年下拨地区承担30%供养资金61.78万元、一次性生活补助、物价补贴141.6万元。拥有县级社会福利院18所、乡镇敬老院21所，总床位768张，集中供养286人，集中供养率达到12.7%。集中供养占总床位的37.24%。完善孤儿基本生活保障制度，全地区孤儿总数1137人，18岁以下享受生活补助的974人。在全地区开展了“助孤”捐资活动，接收捐助资金744.46万元，为进一步解决好孤儿的养、教、医、康等实际问题提供了保障。救助管理得到加强。定日县以新农村建设为契机，每户投入十万元，为185户流浪乞讨人员解决了住房，配备了家具等生产生活资料。开展了专项集中劝返遣送行动，妥善救助劝返174名四省藏区“五无”人员，救助流浪乞讨人员2305人次，下拨流浪乞讨专项资金200万元。全年福利彩票销售2111.69万元，完成全年任务的84.47%。认真落实老年政策，全地区60岁以上老人58980人，其中80岁以上寿星老人5262人，兑现80岁以上寿星老人健康补贴164.26万元，投资4万元，创办了“夕阳红”书屋，老年晨练队伍不断壮大，目前已发展至800余人。

【优抚安置工作成效显著】首次召开地区双拥工作领导小组成员单位会议，建立了双拥工作联络员制度。扎实开展双拥共建共保、节日走访慰问、国防教育和双拥宣传活动，增进了军民情意。有效落实优抚政策，全年发放各类优抚资金1587.8万元。完成285名60岁以上农村籍退役军人信息核查上报工作，落实生活补助8.99万元。积极落实退伍军人安置政策，完成72名退役士兵的接收安置任务，解决了南木林县应安置未安置的历史遗留问题。投入40万元在日喀则市、江孜县、南木林县为60名退伍军人开展了职业技能培训。圆满完成了地区2012年“三大节日”双拥慰问欢送退伍老兵，欢迎新兵等活动。开展了清明节祭奠烈士活动，投资52万元维修了烈士陵园围墙，更换烈士墓碑411座。投入162万元，落实9个县市优抚经济实体项目12个。

【社会组织登记管理、社会事务专项管理工作不断加强】对全地区100家民间组织进行了全面清查整顿，依法注销了20家社会团体。在地委的高度重视下，成立了地区社会组织工作委员会，社会组织党建工作得到加强，2012年全地区符合条件的30家社会组织全部建立了党组织。社会专项事务管理工作有效开展，区划地名工作继续推进，完成了地区及18个县级、203个乡级《中华人民共和国政区大典》初稿编撰，萨嘎、岗巴、聂拉木等8县已完成地名审定和标准化处理及拉日铁路沿线隧道名称编译命名工作，设置了477块地名标志牌，平安边界创建工作进一步深化，全面完成了申扎-南木林等17条边界线联合检查工作。在56条行政区划界线开展了平安边界创建活动，出台了18个县市《边界纠纷应急处置预案》，签订了54份睦邻友好公约。加强对《行政区域界线管理条例》的宣传，有效预防了边界地带的群体性事件。

日喀则地区人力资源和社会保障工作

【年度综述】2012年，全地区新增城镇就业3662人，完成目标任务的102%；城镇登记失业率控制在2.1%以内；农牧区富余劳动力转移就业17.82万人、36.68万人次，实现劳务收入6.33亿元，分别完成目标任务的105%、139%和104%；职业技能培训5575人，完成目标任务的137%，培训后实现技能就业4739人；技能鉴定1896人，鉴定合格1706人，完成目标任务的292%；职业指导5126人，完成目标任务的102%，职业介绍4449人，完成目标任务的115%，职业介绍成功3196人，完成目标任务的168%，职业介绍成功率为72%。

【社会保险目标任务】养老保险：全地区新型农村养老保险适龄参保登记332717人，登记率93%；城镇职工养老保险参保11080人，完成目标任务的100.7%；城镇居民养老保险参保17472人，完成目标任务的117.26%。医疗保险：全地区城镇职工医疗保险参保39400人，完成目标任务的109.44%；城镇居民医疗保险参保28549人，完成目标任务的107.73%。工伤、生育、失业保险：全地区工伤保险参保18576人，生育保险参保29302人，失业保险参保19230人，分别完成目标任务的113.27%、112.70%和100%。预计全年征缴各项社会保险基金39834万元,支出20689万元，待遇发放及支付率100%。

【亮点工作】一是创新职业技能培训思路。二是出台工资保证金规定。三是加大社会保险覆盖扩面工作。四是加强紧缺专业人才动态管理。五是提升窗口服务工作质量。六是积极开展强基惠民活动。七是着力加大基础设施建设。八是加强干部职工队伍建设。

【主要做法】一是积极进取、稳步推进，就业局势进一步稳定。抓技能培训，提升就业质量。抓品牌建设，促进转移就业。抓就业援助，解决困难就业。抓公共服务，筑牢就业平台。抓技能鉴定，拓宽就业门路。抓经费落实，提供坚强保障。

二是完善制度、提高待遇，社会保障体系全面建立。养老保险在制度层面上实现了全覆盖。基本医疗保险水平不断提高。工伤、生育、失业保险工作稳步推进。社会保险基金监管进一步加强。

三是坚持改革、强化管理，人事人才工作实现新进展。扎实开展公务员管理工作。切实加强人力资源管理工作。不断完善专业技术队伍管理。努力做好军转安置工作。

四是注重维权、惩防并举，劳动关系更加和谐稳定。进一步完善劳动关系协调机制。进一步提高劳动纠纷调处能力。进一步加大监察执法工作力度。进一步做好工资收入分配工作。

五是加强学习、规范管理，综合性基础工作成效明显。深入开展政策调研工作。继续抓好政务信息工作。进一步完善数据统计工作。切实加强人社领域维稳工作。做好人社系统援藏协调工作。不断加强学习型机关建设。

日喀则市

【年度综述】2012年,全市生产总值达43.73亿元，同比增长16.59%；财政一般预算收入达7504.34万元，同比增长13%；农村经济总收入达8.02亿元，同比增长12.8%；固定资产投资达14.7亿元，同比增长24%；农牧民人均纯收入达到7800元，同比增长11%。

【人民安居乐业，新农村建设成果显著】坚持统筹城乡发展，整合资源、重点倾斜，切实改善农牧民生产生活条件，增加农牧民收入。解决了483户农牧民，16990头（只匹）牲畜的饮水安全问题。新增通寺里程13.3公里，行政村通公路率达100%，建成1000座农村户用沼气，农牧区新建850座直播卫星接收站，广播电视综合人口覆盖率达100%和99%。投入19630.37万元，实施了31个行政村的人居环境建设和环境综合整治。新投入2569万元解决了1627户、1.8万农牧民的安居问题。新修水塘7座，水塘清淤332座，新修防洪坝45处、截留渠2条，维修防洪渠126处，保障了全年农田灌溉需求。农牧业综合生产能力稳步提高，粮食总产15106.4万斤，牲畜出栏率达37.1%，农牧民专业合作经济组织发展壮大。及时兑现各项涉农补贴1610.91万元，兑现草原生态保护补助奖励各项资金207.89万元。在拉日铁路修建过程中，累计兑现征地、拆迁等各项资金16736.8万元。培训农牧民360人次，组织劳务输出63293人次，实现劳务收入10550.68万元。

【狠抓招商引资，工业发展取得新突破】以优惠政策为切入点，专门制定了符合日喀则市市情的“三不、六零”政策，放宽招商引资的准入条件。投资5000万元修建了开发区一号路大门，开展了土地平整及简易道路修整等工作，引进项目生产型企业10家，到位资金6亿元。此外，“光伏光热产业园”，山东利诺10MW光伏电站已并网发电，超日国策10MW已全面竣工，国电龙源60MW已完成前置手续准备动工。“综合物流园”已与7家企业达成投资意向。

【拉动投资消费，经济增长动力强劲】坚持投资消费双拉动，在投资的有力保障下，日喀则市基础设施条件明显改善。完成了6条市政道路、7条主城区街景改扩建工程；实施了规划五号路、六号路、开发区一号路等路段的太阳能路灯覆盖；与中天同圆等太阳能高科技有限公司开展了太阳能采暖的示范性实验，大力推进“太阳城”建设。拉日铁路建设顺利。“空港服务区”完成《土地控制性详细规划》和《功能布局总体规划》，正在积极推进。城乡消费齐头并进，社会消费品零售总额预计11.59亿元。推动城市连锁经营和超市向农牧区延伸，新建和改造“万村千乡”农家店67家。

【坚持做大做强，特色优势产业提质增效】紧紧围绕“提升一产，壮大二产，做强三产”，大力扶持特色优势农业产业发展。加快转变经济发展方式，推动工业经济优化升级。全市农作物播种面积达18.84万亩，粮食、经济作物、饲草料的种植面积调整为49:31:20，改造中低产田4.75万亩；实施农业标准化生产，建成5.8万亩的农业标准化生产和高产创建示范区、4000亩马铃薯种植基地及16500亩人工饲草基地；推进农作物改良，在甲措雄、聂日雄、边雄、曲布雄建立良种繁育基地，在边雄乡5个行政村探索实施农机化示范工程，机械化耕种农田2510亩；落实农业技术承包制，承包制涵盖6个乡（街道）、10个示范基地，1000个示范户。以现代科技带动传统农业发展，积极推进“科技农业精品示范园”建设，一期投资1100万元的5座现代化自动温室工程已交付使用，引进价值约600万元的4000余株红豆杉长势良好，投入2000万元用于基础设施配套的二期工程已经开工，带动示范作用逐步体现。全市共接待国内外游客70.4万人次，比去年同期增长6.67%。旅游总收入达31891万元，比去年同期增长11.12%。

【突出改善民生，公共服务水平大幅提升】社会事业全面发展——教育事业迈入全面发展新阶段。大力实施乡“双语”幼儿园工程，城镇学前教育公办幼儿园实施免费教育，自治区财政补助年均3600元；加强教育基础设施建设，实施了9所学校的改扩建项目，完成联乡、边雄、曲布雄3乡中心小学危房改造续建工程，对14所中小学进行维修改造，投资1800万元的江当中心小学改扩建一期工程已完工；筹资300万元改善中小学教学设备，推进教育信息化；“两免”、“三包”政策有力落实，中小学入学率达到97%以上。推进牧区新型合作医疗制度，扩大基本医疗保障覆盖面，逐步提高补助标准和保障水平；健全公共卫生服务网络，大力开展“送医下乡、免费送药”活动；加强卫生基础设施建设，配齐医护人员；提升医疗卫生服务、突发公共卫生事件应急处置能力和水平；农牧民住院分娩和生活补助政策得到落实；计划免疫和传染病、地方病防治加强，食品药品监管工作不断强化；圆满完成庆祝党的十八大胜利召开的系列文化庆祝活动；新建了171个农家书屋和15个寺庙书屋；文化遗产保护工作进一步加强；文化产业加强发展；文化交流力度加大；群众体育活动深入开展。

就业和社会保障水平大幅度提升——努力拓宽就业渠道，全年新增城镇就业967人，城镇登记失业率控制在2.6%；政府提供公职岗位315个，新开发公益性岗位39个。社会保险参保人数达到294人，社会保险基金收支总规模达360.69万元。城乡居民社会养老保险制度实现全覆盖，新型农村社会养老保险参保率达93.5%，僧尼参保率达到36.7%。为60岁以上僧尼发放基础养老金16.42万元。为11613人次发放城乡最低生活保障金2670.26万元。为165名五保户供养对象发放供养金47.77万元。救助农村困难群众445人，救助医疗费用145万元。为224个低保对象解决医疗救助资金66.83万元。资助贫困大学生55名。建设改造40套保障性住房，为91户群众发放了住房租凭补贴。

抗震救灾和救助工作富有成效——防灾减灾能力建设不断加强。2012年共拨付自然灾害补助资金50.87万元，发放还春荒救济粮26.09万斤；深入落实拥军优抚工作，发放各类抚恤金42万余元；基本完成“9·18”灾后恢复重建任务，累计重建及维修住房333户。

加大价格监测力度营造和谐市场环境——加强价格监测预警管控，保障供给，搞活流通，定期间隔商品价格，作价格动态分析报告及时报送上级领导部门，严厉打击扰乱市场次序行为。为328人发放临时补贴35.44万元，确保了低收入群体基本生活不受大的影响。

【重视生态环境，生态建设与环境保护稳步推进】全面实施西藏生态安全屏障保护与建设规划，启动了生态功能保护区建设。草原生态保护补助奖励机制全面实施，森林生态效益补偿机制逐步健全。开展拉日铁路环境监测10余次，对检查中发现的环保措施滞后，环评文件执行不力，手续不全等问题督促相关单位做出整改。建立健全饮水水源保护区管理制度和环境应急预案，全面排查饮水用水水源地的污染隐患，饮用水水源环境保护和水土保持不断加强。农牧区环境保护得到重视。环境综合整治有效推进。植树造林、防沙治沙、天然林保护工程、自然保护区建设和湿地保护工程稳步实施。开展了自然保护区核查和调整工作。狠抓环境污染治理和辐射环境管理，环境保护执法监管力度加大。节能减排任务顺利完成。依法管理土地，实现了保增长，保红线的目标。

【突出创先争优，强基惠民活动取得

新成效】按照自治区党委部署，深入开展基层建设粘合创先争优强基惠民活动，组织508名优秀得力干部，进驻全市171个村（居），实现村（居）驻村工作全覆盖。他们进村入户，帮助基层建班子、抓稳定、理思路、办实事、解难事，立足驻点村（居）优势，积极谋划短平快项目，争取地区短平快项目34个，总投资1192万元；全面开展感恩教育，深入宣传党的十八大精神及党的一系列强农惠民政策，激发广大农牧民群众热爱祖国，热爱西藏的热情。

【立足长治久安，和谐稳定的良好局势不断巩固】层层成立市、乡（街道）、村（居）三级维稳工作领导小组，各级党组织主要负责同志为第一责任人，制订并实施了《日喀则是2012年维护社会稳定工作方案》、《日喀则市关于建立健全应急处置的实施方案》等工作制度，并对机制的落实情况进行明察暗访，确保各项制度落到实处。加强社会治安综合治理，大力推进城市网络化管理，建设了36个便民警务站，新增政法干警700余人，坚持专群结合，12个乡（办）成立联防、群防办公室，成立193人的社区党员义务巡逻队和700余人的红袖章治安联防队。依法加强寺庙管理，建立了政府主导的寺庙管委会和特派员制度。深入开展和谐模范寺庙、爱国守法先进僧尼创建评选活动，对5个寺庙、222名僧尼进行了表彰。妥善处理人民内部矛盾，信访、调解、仲裁等矛盾纠纷排查调处工作力度加大。加强安全生产监督检查及专项整治，安全生产形势明显好转。

【创建基础党建品牌，不断加强自身建设】以全面提升基层党建工作水平为目标，创建“凝聚力”基层党建品牌。不断巩固“四联两发挥”工作成果，继续推进“3+2”工作法，制定出符合乡（街道）实际的规章制度303条。开展各类基层党员干部及群众教育活动116次。全面推行“三三制”党建工作法，在12个乡（街道）全体干部中设立了“民情日记”。继续推进“六心”工程，投入37万元实施了23个“六心”工程项目，为36名困难党员搭建致富平台。圆满完成了乡人大、政府换届工作。12个乡（街道）领导班子全部实现党政正职领导干部“一藏一汉”配备格局。狠抓乡镇机构改革和机构编制工作，基层机构设置更加合理，功能更加完善，职责更加明确。

【领导名录】

地委委员、市委书记：王希静（援藏）

市委副书记、人大常委会主任：扎西次仁

市委副书记、市长：桑珠次仁

市委常委、政协主席：欧珠平措（6月免）

政协主席：达洛（6月任）

南木林县

【年度综述】2012年，南木林县实现国内生产总值（GDP）完成5.86亿元，同比增长10.36%；全社会固定资产投资3.5亿元，同比增长32%；地方财政一般预算收入完成1056万元，同比增长13.51%；农牧民人均纯收入完成3748元（其中现金收入2248.8元），同比增长12.6%；实现农村经济总收入3.99亿元，同比增长16.13%；多经收入2.11亿元，比去年增加0.31亿元；乡（镇）企业收入9813540元，同比增长60.66%；粮油总产量4641.38万斤，比去年增加62.54万斤。人口自然增长率控制在10‰以内。

【三农工作稳步推进】一是农牧区经济稳步增长。2012年，南木林县播种农作物11.84万亩，其中粮食作物6.16万亩，经济作物5.32万亩，饲草种植0.36万亩；粮、经、饲比例调整为52.03：44.94：3.03。顺利完成春播的种子筹备、物资调运、测土配方肥示范，全年内部调换种子94500斤，调运农药48.3吨，化肥调运1610吨，完成32000亩种子包衣，积施农家肥484.2万驮，完成秋翻9.1万亩，实施测土配方肥示范面积15000亩。高原绿色食品产业稳步推进。在艾玛乡及周边乡镇推广5万亩马铃薯保护地栽培及马铃薯与蔬菜轮作技术，先期进行试验示范，通过拱棚马铃薯与蔬菜进行轮作，改变马铃薯与青稞轮作的模式；6000亩优质马铃薯生产基地项目已建成并投入使用，有效延长了马铃薯产业链条，使马铃薯生产的规模化、标准化、产业化迈出了坚实的一步。同时，在县职教中心实施了108个多种规格蔬菜大棚建设，以此为示范和带动，计划3—5年内发展大田瓜菜保护地种植10000亩。科技兴农工程成效明显。加大了对农牧民的培训力度，先后对658名农牧民进行了奶牛养殖和青稞新品种高产栽培技术示范等应用技术培训；开展了测土配方、“3414”田间肥效试验等新技术的推广工作；继续实施了沃土工程，完成客土改良3593亩。二是新农村建设扎实推进，安居工程进展顺利。投资2835.5万元（自治区补助资金2755万元，地区配套资金80.5万元）完成1610户（民房改造1070户、牧民定居400户、相对贫困户140户）安居工程建设任务，受益群众达10109人；完成了总投资2474.8万元（自治区补助资金1664.74万元，地区配套补助资金394.68万元，县级配套199.64万元，农牧民投劳215.74万元）涉及23个行政村人居环境建设及环境综合整治工程，农村生产生活条件进一步改善。生态工程全面加强。投入资金174万元，完成了重点区域造林2000亩，植树14万株；完成巩固绿色通道造林9300株；完成雅江北岸综合生态开发区林网建设50余公里，植树5.2万余株；完成退耕还林补植补造4237.6亩，植树5.6万余株等造林绿化任务，造林成活率均达到95%。全县林地面积达119.4万亩，森林覆盖率达9%。加强了林地管护、林政宣传、就业技能培训、野生动植物保护等各项工作，提高了群众生态环境保护意识，促进了人与自然和谐发展。农田水利基础设施得到进一步巩固和修复。新修水渠12条587米、维修水渠1029条56.28千米、新修水塘8座、维修水塘343座、新修水坝50条2500米、维修水坝118条26302米，巩固率和修复率均达到97%。三是劳务经济发展迅速。

制定出台了藏汉双语版的《关于鼓励农牧民进城务工经商的意见》。加强劳务技能培训，依托县职教中心，开展了机车维修、乡村兽医、采石、藏香制作、驾驶员、宾馆客服等技能培训；实施了“雨露计划”，落实资金14万元培训22人。全年实现劳务输出31126人次，实现外出务工17004人，创劳务收入12313.26万元，人均创收3955.94元。

【工业经济较快增长】一是继续扩大石材开发产业规模。以拉日铁路修建为契机，加大投入力度，扩大生产规模，进一步加大石材开发力度。现拥有7个采石分场180个采石点，参采人员达1666人，拥有采石空压机726台，年总收入达1350余万元，实现纯利润668余万元。二是矿产开发业正常有序。在南木林县登记备案的矿产勘探单位现有12家20个点，涉及热当、拉布普等17个乡（镇），并与各勘探单位签订了《矿山地质环境恢复责任书》。为加快推进矿产开发，南木林县艾玛农工贸公司与西藏地质六队协商成立了浦龙矿业开发公司，注册资金7000万元，为进一步推进矿产开发提供了坚实的组织保障。三是民营经济活力增强。加大了乡办村办磨面、榨油、面条等农副产品加工的扶持力度，成立了专门的专业合作社，农副产品加工业渐成规模，盘活了乡村经济。共有农民专业协作社194个，注册资金在100万元以上的达10个。四是招商引资工作稳步推进。年初出台了《南木林县招商引资管理实施细则和办法》，鼓励个人及单位通过积极采取外出招商、节会招商、落地招商等方式，共引进各类招商引资项目3个，落实到位资金3600万元。同时，加强了对招商引资项目的跟踪落实，确保了招商引资项目的落地实施，增强了经济社会发展的后劲和活力。

【三产发展势头强劲】一是旅游产业规模快速扩张。深度挖掘“湘巴文化”，加强宣传，合理开发，提升知名度。2012年，南木林县全年共接待游客61292人，同比增长9%；实现旅游收入81万余元，同比增长20%。二是商贸业提升明显加快。艾玛开发公司等一批重点市场建设速度加快，海尔家电、互惠互利等专卖店、连锁超市先后开业，为家电家具下乡提供了便利，全年完成家具下乡销售总额199.35万元，销售补贴49.8万元；销售套数923件，销售总额26.11万元，销售补贴5.22万元。建立“万村千乡”市场工程点41个，完成率100%，商贸流通运营形势日趋良好。三是大力组织实施农牧民技能培训。加大劳务技能培训力度，促进“体能”输出向“技能”输出转变，增加劳务输出收入。实现农牧民就业再就业培训达623人，已超额完成地区下达的任务指标，超额完成率为77%；实现就业530人，就业率超过90%。四是交通运输业蓬勃发展。积极发展交通运输业，促进人流、物流运转加快。全年客运量达18.93万人次，同比增长12.14%;完成货运总量8.28万吨，同比增长11.89%。

【项目建设成效显著】2012年，南木林县建设项目97个（新建项目92个、续建项目3个、改扩建项目2个），涉及发改、安居、林业、农牧、教育、交通、水利、卫生、扶贫等各个方面，完成总投资达33609.57万元，同比增长21.4%；山东省潍坊市第四批援藏小组落实资金7700万元，新农村示范村、饲草基地、市政道路、群众文化艺术中心、有线电视线路改造、瓜菜示范基地、特色畜牧繁育养殖加工、农业产业化服务中心建设等32个惠及民生的项目相继实施。

【社会事业协调发展】各项社会事业坚持协调发展，努力促进社会事业公共服务均等化。全年教育、卫生、文化等社会事业支出14053万元，占财政支出的44.38%。一是教育事业持续发展。继续实施教研员轮换轮岗制度，加强教育教学管理，办学质量进一步提高；加快推进教育教学基础设施建设，改善办学条件；及时兑现“三包”资金，农村上学难问题得到进一步解决；加强招生考试工作，确保了秩序井然有序。南木林县在校生12773人，其中幼儿园1168人，入园率46%；小学在校生6841人，入学率为100%；初中在校生3625人，入学率为99.86%；高中在校生1139人。二是卫生事业健康发展。继续推行农村新型合作医疗制度，南木林县共参加新农合77515人，上缴个人筹资额达153.386万元，户参率和人参率分别达100%和98.4%，群众看病难问题得到进一步解决。农牧民群众健康体检率达75%，僧尼体检率达98.8%，先天性心脏病应筛查17870人，已筛查13025人，查出疑似病例184例，确诊2例。加强了计生扶助政策落实、育龄妇女信息系统（WIS）信息核查、免费孕前优生健康检查项目、妇幼保健“降消”项目工作，兑现“一孩、双女”扶助资金48.528万元，特殊扶助金11.04万元，并完成了2012年“一孩、双女”新增31人和特殊扶助21人的统计工作。宣传碘缺乏危害，分配调运碘盐433.08吨，覆盖率100%，有效预防了因碘盐缺乏引起的各种疾病。三是文化广电事业繁荣发展。拟定了《南木林县关于促进文化大发展大繁荣的实施意见》，重点抓了非物质文化遗产的保护、古籍普查工作、传承工作，“扫黄打非”工作逐步深入，文化市场进一步净化。广播电视“户户通”和电影“2131”工程不断推进，为各乡（镇）发放“户户通”直播卫星接收器14268套，广播电视人口综合覆盖率达97%和86%；为农牧民放映电影3672余场。新闻宣传工作不断加强，先后在《西藏日报》发表稿件40余篇，在西藏人民广播电台发稿36篇，在《日喀则报》发表稿件72篇，日喀则电视台播出南木林新闻52条。四是社会保障事业稳步发展。落实社会养老保险制度，做好农牧区新型养老保险工作，进一步加大对17个乡（镇）宣传力度，使新型农村社会养老保险参保率从2011年的39%提高到2012年的88%，参保人数达到71228人，金额达到366.68万元。发放城乡最低生活保障金610.41万元，解决了2950户15179人、城镇低保510户、859人的生活困难。争取资金562.88万元，开展城乡医疗救助、农

村五保供养、社会福利、自然灾害救济、教育救助及优待抚恤金等工作。争取资金1015万余元的“金太阳”工程为全县725无电家庭每户安装了太阳能设备，解决了部分农牧民群众用电难问题。积极开展灾后重建工作，顺利完成了“9·18”地震72户受损户的重建工作，顺利通过了区、地两级的验收并已投入使用。

【援藏工作深化可持续化发展】援藏工作是党的长期性事业，确保援藏工作的连续性和可持续性，是每一名援藏干部的责任。为总结援藏工作经验，促进今后援藏工作开展，于9月份成功举办了潍坊市对口支援西藏南木林县10周年庆祝活动。到年底，潍坊市第四批援藏工作组对口支援南木林县的32个项目已全部完成。雅江北岸综合生态开发区一期路网、林网、水网、土地平整等基础设施已经完成，种植牧草1.2万亩，通过招商引资已有浩鸢牛羊屠宰加工厂、藏能食品加工厂、藏香猪养殖场三个企业落户开发区，藏香猪养殖项目已投入运营，其他两个企业主体工程建设已经完成，2013年即可投入生产；生态示范园主体工程已经完成,工程全部完工后将成为集餐饮、住宿、娱乐、旅游、观光、生态示范于一体的综合性项目；苗木基地已完成150亩柳树、枸树、杨树的扦插育苗工作；职教中心项目已建成蔬菜种植、绘画等6个专业，“十二五”末将达到国家级重点职业学校办学标准；土豆恒温保鲜库通过两年多的运营，取得了预期的社会效益和经济效益；鲁古东村藏鸡养殖基地项目，采用“龙头带基地，基地连农户”的养殖模式，收到了良好成效；农业产业化服务中心项目已投入使用，将为全县农业产业化提供全程服务和技术人才培训；群众文化广场项目拆迁工作已全部完成，道路及配套工程已经开工建设；湘河两岸堤坝及防洪工程项目以及其他援藏项目均已全部完工。一大批重点援藏项目的开工建设或建成为下一批援藏项目建设创造了条件，为南木林县长远发展打下了基础。

江孜县

【年度综述】2012年，全县生产总值预计达到12.36亿元，同比增长12%；完成全社会固定资产投资5.8亿元，同比增长12%；农牧民人均纯收入预计达到7256元，同比增长12%，其中人均现金收入预计达到4716元，占人均纯收入的65%；财政收入完成1882万元，同比增长13.7%，其中税收1497万元，同比增长24.02%。

【农村经济结构调整加快，农牧业发展稳中有升】2012年，全县粮油总产量达13451.81万斤，比2011年增产105万斤。在确保粮食总产量的前提下，积极实施种植业结构调整，全县实播面积达16.2万亩，种植比例调整为51:24:25。牲畜存栏32.82万头（只、匹），奶类产量18447.4万斤，肉类产量551.44万斤，绵羊毛产量34.6万斤，羊绒产量0.75万斤，禽肉产量0.43万斤，鸡蛋产量20.73万斤。草场承包经营责任制和奖励机制顺利通过自治区验收。完成扶贫、农发、科技和农牧等农口项目投资8880万元，有效改善了农牧区基础设施和农牧民生产生活条件。

【固定资产投资力度加大，经济增长势头更加强劲】全年共完成全社会固定资产投资5.8亿元。其中，政府投资3.7亿元，民间和社会投资2.1亿元。援藏投资2921万元实施了安居工程、农牧民法律援助中心、四乡节水水渠、县城东区综合治理、城区供水完善、电视台综合楼和高效农业示范园等项目。这些项目的实施，为县域经济实现快速健康发展提供了重要驱动力。

【民计民生持续改善，社会保障水平不断提高】安居工程和灾后恢复重建扎实推进。完成安居工程建设1682户，完成率达100%。投资3242.6万元实施了31个行政村人居环境建设和环境综合整治工程；完成了热索乡努康村75户“9·18”地震灾后民房重建主体工程。

教育事业取得长足发展。一是进一步加强控辍保学工作，巩固提高“两基”成果。2012年，小学适龄入学率达99.72%，初中入学率达99.4%，高中入学率达62%。二是加快发展学前教育，新建4所乡村幼儿园，农村学前入学率58%。三是投资2768万元实施了12所学校完善工程，有效改善了农牧区办学条件。

就业和社会保障水平大幅提高。完成劳务输出24717人次，收入达到10334万元，投入130万元就业培训经费，培训各类技能人员300余人，实现新增城镇就业再就业178人。重点培育和打造了藏改乡杂吾村谢玛氆氇劳务品牌，实现品牌劳务收入达60万元。社会保障体系进一步健全，参加基本养老保险467人，统筹金额410.6万元，征缴基本养老保险463.02万元，征缴率和发放率分别达100%；社会救助工作有序发展，各项政策性补贴全额落实。城镇居民最低生活保障标准提高到月人均400元，农村低保标准提高到年人均1600元；落实城镇低保资金310.82万元、农村低保资金475.59万元、五保供养资金13.92万元、医疗救助资金177.82万元和教育救助资金23.3万元。完成投资700万元，实施了寺庙“九有”工程，有效改善了僧尼修行条件。

公共卫生规范化服务建设明显提升。2012年，参加新型合作医疗人数达63769人，参保率达100%，筹集农牧区医疗基金1992.02万元。同时，加大了基层医疗卫生设施建设，应对公共卫生事件能力进一步提升。完成了全县所有在编僧尼和90%以上农牧民的健康体检，并建立了个人健康档案。

文化文物工作成效显著。以“爱国、团结、和谐、发展、文明”为主题的社会主义核心价值观教育活动扎实推进。农家书屋、寺庙书屋和农村电影放映实现全覆盖。投资2000万元的宗山抗英遗址保护工程已按时复工建设；完成了投资96万元的帕拉庄园陈列室改造工程和投资30万元的“达玛节展示厅”、“卡垫展示厅”建设工程。经申报，江孜镇加日郊老街被列为中国历史文化名街。

【**财源建设不断壮大，收支结构日趋优化**】全年县财政总财力达到48550万元，同比增长27.9%。其中，人员支出26527万元，各种专项支出17938万元，公用支出4085万元。实现本级财政收入1882万元，同比增长13.7%。成功引进了亚迪花园酒店、万盛电器城、四海电器城等项目，引进资金达1584万元。成功举办了春、秋季物资交流会，实现商品交易额2000余万元；积极实施“万村千乡”市场工程，投资55万元建立了55个农家店；完成了家电家具销售额2446.28万元，兑现补贴612.26万元。

【**旅游产业发展迅速，旅游效益明显增强**】更加重视文化旅游产业的发展，进一步加强了旅游景区、景点基础设施建设力度，积极挖掘和开发新的旅游景点，大胆探索市场化旅游运营模式。去年，通过加大宣传推介力度，卡若拉冰川实现运营，门票收入达到了132万元。同时，加强了旅游景区、景点规范化管理，加大了从业人员素质培训力度，全县旅游环境得到了持续改善，到江孜旅游的游客越来越多，农牧民参与旅游业的热情越来越高。2012年，旅游总人数达到15.4万人次，旅游总收入达到3157万元，同比增长91%，农牧民群众从事旅游服务业实现收入150万元。

【**生态建设稳步推进，生态环境持续改善**】完成了重点区域造林5113.05亩，义务造林890亩，成活率达95%；落实野生动物造成农作物和牲畜死亡补偿资金171.6万元。完成了13个行政村乡村道路美化、绿化工程。开展了采砂专项整治工作，取缔了1个违规采砂场。完成了农村宅基地10051户确权登记发证工作，顺利通过区、地两级验收。

【**社会管理全面加强，社会局势安定和谐**】建立健全了各类处突预案和情报信息收集研判机制，加大了社会面的管控力度，进一步深化了社会管理综合治理，加强了寺庙管理创新工作，实施了县城网格化管理，确保了全县社会局势持续稳定，实现了“大事不出、中事不出、小事也不出”的目标。同时，加强了安全生产、食品安全、交通安全和信访等工作，2012年被评为地区安全生产先进县。扎实开展了强基惠民活动，落实强基惠民活动配套资金500万元。

定日县

【**年度综述**】2012年，全年完成县级生产总值4.5亿元，同比增长17.94%，其中第一产业增加值14760万元同比增长5.58%，第二产业增加值11852万元同比增长64.46%，第三产业增加值18450万元同比增长5.94%。农牧民人均纯收入达到3804.53元,同比增长12.08%,其中现金收入2515元占人均纯收入的65%。

【**围绕经济建设中心，着力抓好新农村建设和民生改善各项工作**】全县实现地方一般预算收入2711万元同比增长13.57%，税收收入完成886万元同比增收422万元、增长90.95%,非税收收入预计完成1823万元。

重视抓好种植业基础工作。在稳定提高粮食生产能力的基础上，加大了农牧业结构调整力度，加快发展经济作物和饲草料作物，提高种植业经济效益。2012年全县共完成农作物播种面积10.2179万亩，其中，粮食作物7.6672万亩，占实播面积的75%；油料作物0.816万亩，占实播面积的8%；粮食总产量5265.0087万斤，同比增长61.4898万斤，增长率为1.16%。

大力发展畜牧养殖业。以畜牧规模化、标准化养殖为方向，制定了县畜牧养殖业的优惠政策，引导广大养殖户走标准化集约化生产的路子，实现了肉、蛋、奶产量的全面提升。截止2012年11月底，全县草场总面积1332.6368万亩，可利用草场面积1207.34万亩，人工种草面积0.45万亩。载畜量34万头（只、匹）。牲畜年末存栏数36.4911万头（只、匹），牲畜出栏16.8218万头（只），比去年减少3.4309万头（只、匹），出栏率达39.67%。

大力开展劳务输出。县委、县政府立足本县项目多的机遇，紧抓“民生为本”这一工作主线，结合农牧区富余劳动力较多的特点，以开展各项技能培训为载体，以提高劳务输出质量为重点，强化劳务输出前技能培训，加大劳务输出力度。2012累计培训农牧民320人，投入培训经费18万余元，成功实现就业再就业、创业94余人。全县劳务输出37210人次，实现劳务总收入6557.8万元，同比增长15%，人均纯收入3.4万元。

重点抓好民生改善工作。一是结合去年“9·18”地震灾害实际，切实加大重建家园工作力度。截至2012年9月份，全县395户重建户中，已完成395户，竣工率达到100%，并在落实中转移安置1897人的月人均300元生活补助资金369.9万元。二是严格按照地区今年下达的目标，多方筹措资金，积极开展安居工程建设工作。截止2012年10月底，完成1816户农牧民安居工程建设任务，占年建设任务的94.5%。三是针对低保工作的重点、难点问题，进行了深入的调查研究，并大胆探索解决方法，不断完善低保制度。2012共落实城镇低保资金146.4036万元，其中县政府配套资金11.1228万元；落实农村低保资金720.1558万元,其中县财政配套资金72.01558万元。四是继续加大对流浪乞讨人员工作的力度。首先对县城、318国道沿线、珠峰旅游景区、日喀则市区等多次开展了清查统计和安置救助工作，其中派人从拉萨、日喀则等地接回安置流浪乞讨、五无人员167人，县城清理26人，救助外省在本县行乞人员1人，解决返乡安置救助口粮1万余斤，折合资金1.7万元，为返乡乞讨、五无人员的沿途食宿、交通费4000余元。其次2012年，财政共投入资金226.9215万元，在2011年集中安置34户114人的基础上，2012年再为39户149人流浪乞讨家庭新建安置住房，并从2011年度地区民政流浪乞讨生活必需品安置专项资金100万元中的剩余资金中，购置了生活必须家具，解决了流浪乞讨安置住房，为流浪乞讨救助管理工作起到了关键性作用。

积极推进基础设施建设。坚持把

基础设施建设放在经济工作的首位，多方协调，落实项目用地、用水、用电和资金等问题，不断增强经济发展后劲。1、扩大固定资产投资规模。全县已完成13个续建项目建设工程。县综合服务中心建设项目及11座寺管会生活及业务用房建设已全面竣工；电网升级改造工程及农牧民安居工程项目正在奋力实施中,以上项目总投资达31000多万元。2、加大保障性住房建设力度。2012年，全县已完成2011年廉租房建设32套及2012年第一批县直机关周转房36套建设项目的主体工程。同时，已完成2012年度第二批县直机关周转房建设项目64套、乡镇周转房32套及2013年公租房120套、廉租房48套的选址和前置手续办理工作，正在开展项目初步设计工作。3、加快乡村公路的建设步伐。2012年，在认真做好国道318至曲宗段的公路工程项目的前期准备工作的同时，积极做好建制村、寺庙公路通达项目的前期工作与外业审查工作。目前，全县已完成168个行政村的公路建设项目和19座寺庙公路以及4座中桥地勘设计的批复工作，并于建设中。4、加大水利水电设施覆盖率。目前我县曲当乡曲当水电站及曲当水电站线路延伸工程分别获得国家投资1609.52万元和1407万元，并于3月20日正式开工，整个工程于10月15日竣工。2011年农村饮水安全工程已全部已竣工，并已投入运行。2012年农村饮水安全工程已得到投资批复。寺庙饮水安全工程以及9·18地震灾后重建饮水安全工程已完成前期工作。

积极扶持发展旅游产业。依托旅游资源优势，为农牧民参与旅游提供优惠条件，积极鼓励和引导农牧民参与旅游业，增加县级财政和农牧民收入。在珠峰旅游沿线以家庭旅馆为突破口，抓好试点，采取扶持发展典型和小额信贷措施，充分利用区位优势，引导有经营能力的农牧户带头发展家庭旅游，开办茶馆、藏餐馆和家庭旅馆。2012年，前来珠峰景区的旅游观光、科学考察、登山探险等人数达7.3万多人，外宾2455人；实现旅游总收入3965.9130万元，分别同比增长2.8%，收入增长5.8%，农牧民参与旅游收入1345.8900万元，增加1.5%，家庭旅游收入750万元。

坚持抓好生态环保建设。加强国家重点公益林管护工作，使重点公益林得到有效保护，同时增加了群众收入。2012年完成造林任务9356亩，其中重点区域工程造林2856亩，拉萨及周边地区造林工程1000亩，义务植树5500亩。组织动用群众劳力600人次，拨付造林民工工资69.8332万元，为参与造林群众增加收入34万余元。加强对珠峰自然保护区的环境保护与建设工作，严格执行薪木禁伐制度，保护现有森林资源；大力宣传《野生动物保护法》，抓好野生动物肇事补偿登记统计工作，群众环保意识得到了增强；严格落实生态效益补偿金，及时足额发放2011年生态补偿金566.523万元。

【围绕社会大局稳定，认真落实各项维稳工作措施】扎实开展边境防控工作。坚持“防范第一、处置高效，以不出问题为核心”，按照“两个一律”的要求，采取“进一个、堵一个、审一个”的工作方法，细化边境防控工作预案，加大边境防控工作力度。县公安边防大队投入283名警力、150名护边联防队员，充分发挥1个边境检查站、1个警务区、1个检查点、1个二线查控组、3个堵截点、1个观察哨、1个监控室、9个巡逻组、2个寺庙管控组、3个应急增援处突分队的作用。严格执行“两个一律”，加大对次仁卓玛拉、兰巴拉、绒辖山口等重点方向各项防控工作，加大了堵截、巡逻和检查力度，对所有通外通道和口子严密布控、严密排查，管控一切外来人员和非法出入境人员。

扎实开展情报信息收集工作。坚持把情报信息收集作为维稳工作的重要手段，坚持专群公密人技结合，加强对达赖集团动向、重点人员活动线索的跟踪核查，搜索分裂势力在我县制造事端、干扰破坏县域安定和谐的预警性、行动性、内幕性情报信息；关注邻省藏区涉稳动向，及时掌控辖区内社情动态，搜集掌握社会面对县域稳定的各种反应、突出矛盾纠纷、重大群访隐患的相关信息，搜集利用互联网和手机短信传播煽动性信息以及社会面造谣传谣相关信息，及时发现控制异动苗头。截止11月底，共上报各类情报信息97份，其中境外情报信息19份，境内情报信息78份，核查6份，查实5份，抓获非法出入境人员23人，其中11人于8月29日被公安边防部门逐出境。

扎实开展社会面管控工作。县辖区5个便民警务站于7月20日全部投入使用，每个警务站编制为10人，目前实有人数为40人，民警38人，辅警2人。便民警务站充分发挥7项职能作用，加强了对辖区重要场所、重要区域车巡和步巡，达到了预防和减少各类案件发生的目的。截止11月底，我县便民警务站共开展车巡、步巡9157余次，盘查人员2367人、车辆1684台、物品1200件；接处警104起，现场查处违法犯罪17起，抓获嫌疑人17人，开展交通安全执法990次，查处交通违章1837起，受理群众求助975次2094余人；开展交通宣传教育41次，大规模法制宣传27次，发放宣传资料6066余份；开展大规模集中清查64次，清查四省藏区人员87人，清查出租房屋592间，旅馆招待所306余次，娱乐场所409余次，商户、门面房347间，特种行业113次，重点要害部位67处；掌控辖区重点人员41人，收集各类情报信息4条。为严防输出型、输入型隐患，县公安局白坝二级检查站，县公安边防大队鲁鲁检查站，强化安检验证排查，截止11月底（最好用11月底数字），检查过往车辆30167辆，130873人，检查外宾团队184个，1104人，查处无证人员535人，依法劝返535人，查验归国探亲藏胞79人，查处危险物品5桶（柴油、煤气），收缴管制刀具5把，及时发现和消除了影响社会稳定的各种安全隐患。

扎实开展寺庙教育管理工作。坚持属地管理、分级管理，重视抓好僧尼法制宣传教育。县统战部、民宗局积极指导26个寺管会（特派员）全面落实各项工作措施，要求对43座寺庙480名僧尼严格执行“三个一律”，大力推进“六建”、“六个一”、“九有”工作。6月份，县统战部、民宗局、县人民医院组织对全县480名僧尼进行了体检，除4名年龄大的僧尼和8名在外修行的僧尼外，在县的468名僧尼全部就进行了体检。县统战部、民宗局、人社局认真开展僧尼“两保一低”工作，僧尼中479名参加了医保，292人参加了养老保险，172人享受了低保，5人享受到“五保”。

扎实开展重点人员管控工作。严明属地责任，对“法会”回流人员、四省藏区学经返回人员、“3·14”劳教释放人员、“2·17”数据库重点人员、刑释解教人员、治安重点人员、法轮功邪教组织人员等重点人员及归国探亲藏胞全部纳入视线，细化方案，明确责任，重点管控，确保不漏一人，确保重点人员不出问题。截止10月底，共收控30人，其中定结县5人，岗巴县2人，定日县23人（其中9人参加法会，14人未参法），本县组织了集中管理教育培训班。

萨迦县

【年度综述】2012年，全县国内生产总值达4.35亿元，比上年增长15%；人均生产总值达8211元，比上年增长14.8%；农村经济总收入达到2.58亿元，比上年增长17.2%；农牧民人均纯收入达4162.92元，比上年增长17.06%；县财政收入突破1000万大关，实现财政收入1019万元，比上年增长36%；固定资产投资达到3.59亿元，比上年增长41.3%。

【全面落实强农惠农富农政策，农牧区面貌显著改善】2012年，“三农”本级投入资金1916.37万元，比上年增长15%。粮油总产为5782.67万斤，粮、经、饲比例调整为60:31:9。全年新生仔畜13.1万头（只、匹），仔畜成活率98%；成畜死亡0.07万头（只、匹），死亡率控制在0.19%以内；牲畜总增14.36万头（只、匹），同比增长0.35%；出栏18.7万头（只），同比增长0.26%。共计完成总投资2931万元，完成了1080户安居工程建设，惠及群众2902人；落实总投资2516.8万元，完成了24个行政村人居环境和综合整治建设，惠及群众12170人；落实总投资356.5万元，完成了109户9.18地震灾后重建任务。在安居工程建设中，统筹推进水、电、路、广播电视等基础设施建设，实施了11个新建、续建农村公路项目，共计投资2795.05万元，解决了12个行政村公路通达问题；新建了19处饮水安全工程，解决了912户5438人的饮水问题。2012年，成功并入藏中电网，解决了众达7453户、5万余人用电问题。

【扩大投资消费，经济发展动力更加强劲】2012年，新建、续建项目52个，完成投资3.59亿多元，比上年增长41.3%。高新雪莲水泥厂已得到国家相关部委批准。社会消费总额达5250万元。家电家具下乡销售额达1455.4万元，兑现补贴额363.8万元；建成22个农家店和23个人居环境整治农家店建设。

【强化政策引导，内生发展能力不断增强】加大扶持力度，加快特色优势产业发展。投资2261.8万元，新建、续建了青稞生产基地、蔬菜基地、藏鸡养殖、优质油菜生产基地、藏系绵羊育肥基地等11个项目。完成良种农作物推广8.1万亩，占总播种面积的71.18%；完成青稞标准化生产基地3万亩、二级种子田5000亩，优质油菜生产基地1万亩、优质马铃薯生产基地2.5万亩；完成育肥出栏11.02万只绵羊单位，实现总收入5069.2万元，纯收入1355.5万元。全年共实现劳务输出33730人次，实现收入9277.27万元，共争取科技项目资金1235万元，实施了特色农牧业、科技培训、新型能源等15个项目，成立了雄麦乡特色藏鸡养殖、萨迦镇优质奶牛养殖、扎西岗乡温室蔬菜种植3个合作社，对产品进行统一收购、统一包装、统一价格、统一销售，切实提高了特色农畜产品的经济效益。全年接待游客12.8万人次，实现旅游收入1300万元。旅游纪念品产业渐成规模，萨迦唐卡、八思巴真丝哈达等特色产品销售额持续增加，全年销售唐卡3400幅，实现收入246万元；销售真丝哈达280条，实现收入44240元。

【突出共建共享，群众物质文化生活全面提升】社会事业全面进步。全县初中入学率达到99.45%，小学入学率达到100%，初中、小学巩固率均达到100%，学前适龄儿童入园率达到40%，初中阶段辍学率控制在0.05%以内，青壮年文盲率控制在0.5%以内，巩固提高了“两基”攻坚成果。农牧区科技普及率达到90%，科技对“三农”贡献率达到42%。农牧区新型合作医疗覆盖率达到了100%。积极开展城乡居民健康体检和先心病筛查工作，组织城乡居民、僧尼体检47814人，健康档案建档率达100%；组织0—18岁儿童先心病筛查14839人次，将7名患儿送到北京、上海进行了手术。

社会主义文化不断繁荣。开展了一系列喜迎党的十八大胜利召开宣传活动及第七个文化遗产日、平安西藏综治宣传日、文物保护宣传周等宣传活动；扎实推进了农家（寺庙）书屋建设、寺庙书屋图书配送工作、“三下乡”活动等；积极参加了“珠峰文化旅游节”，荣获了“文艺比赛二等奖”；扎实做好了广播电视安全播出和“村村通”“寺寺通”工作，实现了全年安全播出零事故。

千方百计扩大就业，社会保障体系进一步健全。2012年我县被列为西部就业培训基地示范点，共培训各类技能人才239人，积极联系各类用工企业，为我县失业人员共谋求岗位40个，共开发公益性岗位22人。城镇职工养老保险参保42人，失业保险参保606人，工伤保险参保635人，生育保险参保1099人，城镇职工基本医疗保险参保1365人，新型农村社会养老保险累计参保25854人，完成目标任务的99.24%。

社会救助体系不断完善，城乡低保实现应保尽保。及时足额兑现城镇低保71.01万元，兑现农村低保443.5万元，落实贫困大学生帮扶资金11.5万元。发放农村医疗救助金76.9万元，解决了326户农牧区困难群众看病难问题；发放城镇居民医疗救助金1.6万元，解决了8户城镇困难群众看病难问

题。春荒时期积极争取、及时发放了救助金70万元；及时拨付了9.18地震转移安置资金81.78万元，为101名五保人员发放了24.24万元供养金。

支农惠农资金落实到位。及时足额兑现了农村公共服务保障资金173.38万元，农村税费改革资金388.32万元，粮食直补135.6万元，农资综合补贴216.2万元，草畜平衡奖励资金1029.6万元，家电家具下乡补贴56.32万元以及其他涉农商业保险，并将各项补贴填写到了《萨迦县支农惠农政策兑现明白卡》，使群众清楚掌握自己应享受的补贴情况。

【加强和创新社会管理，社会局势更加安定和谐】牢固树立稳定压倒一切思想，把维护稳定作为硬任务和第一责任，坚持抓早抓小抓快抓好，强化各项维稳措施，深入开反分裂斗争。以开展创先争优强基惠民活动为有力抓手，继续深入开展驻村工作；以干部驻寺常态化为主要内容，加强和创新寺庙管理；以便民服务、维稳处突为首要职能，全面推行县城网格化管理。严格食品药品监管，加强交通、消防等重点领域安全监管，安全生产形式持续好转。

【坚持保护建设并重，生态环境持续良好】全年共完成义务植树500亩，完成重点区域造林1205亩，周边造林1000亩，完成封育3000亩，全县林木成活率平均达到85%以上。同时，2012年重点抓好了318国道扯休乡至吉定镇“绿色通道”补栽工作。全年发放森林生态效益补偿金171.18万元，发放野生动物肇事补偿金47万元，切实改善了全县生态环境。2012年全县草场承包暨草原生态补助奖励机制工作一次性通过区、地两级验收组验收，共兑现全县草畜平衡奖励资金1040.2万元。

拉孜县

【年度综述】2012年，全县生产总值预计达到5.35亿元，同比增长14.3%；财政一般预算收入迈上千万元台阶，同比增长12.1%；农牧民人均纯收入预计达到5053元，同比增长11%；社会消费品零售总额实现9939万元，同比增长8.6%；固定资产投资完成3.09亿元，同比增长3.5%。

【努力提升农牧业】强化农业物质技术装备，建设高标准农田11700亩，改造中低产田6900亩，投资3792万元兴修各种农田水利实施，新增农业机械动力24590马力。推进结构调整，新建温室大棚50座，引进试种藜米40亩，种植饲草料3500亩，加大奶牛养殖力度。实施科技兴农工程，试种喜马拉雅22＃青稞，继续开展测土配方施肥试验，开展农业生产技术培训9813人次。2012年，粮油总产量达到8211万斤，再创历史新高；蔬菜瓜果产量达到2.7万吨，同比增长1.6%；牧业产值达到6778万元，同比增长19.2%。

【强力推动项目工作】加强对项目工作的组织领导，成立项目工作领导小组。加强和规范项目工作，出台“项目管理”细则。采取跟踪督促、“专班专人”、统一集中办理前置手续、强化合同违约责任等措施，抓紧抓实项目前期工作。强化项目衔接跑办、组织实施、督促建设等各个环节。2012年，地区下达的“十二五”规划项目前期工作任务全面完成，完成国家投资1.86亿元，争取“十二五”规划外项目7个、投资3073万元，第六批援藏项目圆满完成。

【狠抓产业建设】高度重视产业建设，设立产业发展资金，编制产业发展规划，实施“引进来”战略加大招商引资力度。实施龙头带动战略，推进手工业产业化，成立了拉孜藏刀民间交流协会，申请了商标注册，设立藏刀研发中心。落实“五放”要求，加强引导服务，鼓励和支持非公经济发展。坚持“以文促商”，推动旅游商贸业发展，吸引社会资本启动西部综合交易市场项目，成功举办第二届物交会。2012年，引进注册4家企业，注册资金3650万元；新增各类市场主体92户，新增注册资金1322万元；签订新能源建设合作意向书2个，远期投资规模90亿元；接待游客和旅游收入同比分别增长19%和28%。

【办好民生实事】优先发展教育，严格落实教育“三包”等政策，继续实施学生营养改善计划，改造中心小学3所，新建幼儿园2所，狠抓教育教学质量。2012年，小学、初中入学率基本保持“应入尽入”水平，农牧区幼儿入园率提高22个百分点、达到70%，内地初中录取生人数首次列全地区之首。继续深化医疗卫生体制改革，加强医疗卫生队伍医德医风建设，简化新农合报销手续，完善公共卫生服务。2012年，医药费用进一步下降，新农合参合率提高1.5个百分点、达到近99%，农牧民健康体检建档率和产前检查建卡率分别达到近92%和70%，开展白内障复明术133例，先心病儿童筛查率达100%、实施手术11例。加强组织领导，严格落实政策，健全完善涵盖城乡居民的保险、救助、住房等社会保障体系。2012年，为全体农牧民购买人身意外保险，新农保和城镇居民社会养老保险参保率分别提高12个百分点和22个百分点、达到85%和86%，累计发放养老、低保、救助、补贴补助等社会保障资金1700万元。建成使用保障房138套。实施农牧民安居工程1269户。继续实施饮水安全工程，解决2991人饮水安全问题。实施“金太阳”工程482套，基本消除“无电户”。积极推动公共文化事业，县综合文化活动中心投入使用，新建乡镇文化站2个，组建民间艺术团，开展广场文化活动。加大扶贫开发力度，建立由政府、援藏、社会共同投入的扶贫开发专项资金，实施整乡推进、到户扶贫等扶贫项目17个，投入资金1046.21万元。深入开展就业再就业和农牧区劳动力转移工程，建立农牧民工工资保证金制度。2012年，购买公益性岗位32个，各类市场经营主体新增就业218人，输出劳务17589人、创收6404万元，受理拖欠农民工工资案件18起、挽回损失31万元。

【推进生态建设】继续实施造林和能源替代工程，全面建立草场承包和草原生态保护奖励机制，启动湿地、湖泊保护调研工作，开展绿色通道和林木育苗基地前期工作。2012年，发放各类生态保护补助补贴和奖励资金1200万元，建设农村户用沼气设施2193座和沼气综合服务网点10个，造林12869亩。

【进一步夯实基层基础】完成县乡人大、政府换届工作，组建了县政协。推进基层组织建设，深入开展基层组织建设年活动，着力实施“领头雁”工程，加强后进党组织建设，加大党务培训力度，稳步壮大农牧民党员队伍，实施设岗定责，加大对乡镇的投入，实施简政放权，扎实开展强基惠民活动。2012年，选派村党支部第一书记15名，培训基层党务工作者1120余人次，发展党员343名，下放事权51项，乡镇人均公用经费标准提高1280元，安排维稳、人武专项经费共16.5万元，强基惠民办实事687件、实施短平快项目27个。

【全力确保社会和谐稳定】以建设和谐社会和实现长治久安为目标，加强和创新社会管理，实施县城网格化管理，强化社会面管控，加强情报信息工作，开展出境回流人员和邻省藏区学经返回人员集中教育，推进寺庙“九有”工程等惠寺惠僧（尼）措施，依法管理宗教事务，深化社会治安综合治理和矛盾纠纷排查处置及专项严打整治行动，深入开展民族团结进步创建活动，强化维稳工作责任制，完善应急处突机制。2012年，便民警务站和电子监控系统建成使用，查处治安案件136起，化解调处矛盾纠纷163起，全年实现“三不出”。

昂仁县

【年度综述】2012年，全县生产总值达到48388万元，同比增长18%。第一、二、三产业结构比列为28.88：26.15：44.97。完成地方财政收入1022万元，同比增长48%。全年完成地方税收880万元，同比增长11%。人均GDP达到9217元，增长15%。农牧民人均收入4217.99元，增长27.41%。社会消费品零售总额达到8421万元，增长5.8%。县域经济社会在转型跨越的征程中迈上了新台阶、取得了新业绩。

【农牧业现代化水平不断提升】紧紧围绕“牧业兴县”战略，有效推动了农牧业产业化发展。2012年农业生产喜获丰收，粮油总产量达到3835.68万斤。粮、经、饲比例调整为79.51：12.19：8.3。受2.7雪灾影响，仔畜成活率为84.5%。年末牲畜存栏59万头（只、匹），出栏30.9万头（只、匹），肉类产量达3606万吨。引进亚东优质种牛100头，开展了畜群结构改良。实现短期育肥2.2万个绵羊单位，实现收入944.71万元。草原生态保护奖励机制顺利通过了地区、自治区验收，实现政策性增收3720万元，已全部兑现。

【结构调整初见成效】按照“牧矿兴县”发展战略，传统优势产业加快转型升级，工业产业体系初步形成，农牧民专业合作组织快速发展，农牧业发展后劲明显增强。矿产资源整合取得实质性进展，矿业开采有序推进。中胜、同泰等矿业公司先后在我县注册企业。西藏同泰矿业发展有限公司嘎日选矿厂已试机投产，并实现销售收入700万元，税收贡献55万元。2012年，共实现劳务输出28345人次，实现劳务收入4861万元，分别增长1.4%和0.6%。全县经济呈现出“提升一产、壮大二产、做强三产”的良性发展局面。

【基础条件不断改善】桑桑农畜产品交易市场、温室大棚项目、乡镇机关综合业务用房、乡镇综合文化站等涉及民意、惠及民生的基础项目陆续实施。全力破解交通“瓶颈”制约，新增公路通车里程170.21公里，实现农村公路通达率90%。加大水利工程项目建设，2012年总投资3188.19万元新建、改扩建了一批水利工程，促进了农牧业良性发展。截止2012年年底，累计解决了4.59万人、48.85万头（只、匹）牲畜的安全饮水问题。电信、移动信号已基本覆盖全县，联通实现了县城周边覆盖，宽带已覆盖14个乡镇。185个行政村的农（牧）家书屋和44家寺庙的寺庙书屋建设任务已全部完工。电视、广播覆盖率分别达到85%、87%。实施安居工程户数1687户，累计实施8183户，占全县总户数的74%，解决了3.9万人的住房难题；实施农村人居环境建设和环境整治工程35个，累计实施65个，占全县总数的35%，新农村建设扎实推进。

【生态建设成效显著】不断加大生态环境保护监督力度，加强对矿区建设和项目开发的环保监督。自治区级桑桑湿地保护与恢复工程的实施，对维持生物多样性，保护生态平衡将起到积极作用。积极实施各项造林绿化工程，全年义务植树510亩、重点区域造林1667.8亩、工程造林补植补造3000亩、种草53万亩，生态环境得到进一步改善。2012年，共兑现生态公益林管护人员劳务费补助、重点区域生态公益林造林资金等各项林业惠农资金557.4万元和野生动物肇事补偿资金45.85万元。组织申报了达居乡帮玉村矿山环境治理项目，项目规模达10平方公里。

【社会事业长足进步】随着青少年活动中心、县实验幼儿园、职教中心汽修厂等项目的实施，全县教育教学条件不断改善。2012年共争取教育基建项目资金1735.2万元，落实“三包”、营养改善等经费2291.27万元。医疗保障水平进一步提升，先心病筛选、僧尼健康体检、驻村、驻寺干部体检等工作扎实开展。社会保障体系不断健全，基本医疗保险、新型农村社会养老保险等社会保障制度已覆盖全县。城乡社会保障体系逐步完善，基本医疗保险、新型农村社会养老保险和城乡最低生活保障等制度已覆盖全县。全年共到位群众免费医疗补贴1598.63万元，为群众报销补偿医疗补助1148.49万元。全年共兑现农村、城镇低保对象、“五保户”生活保障金等各类补贴1359.49万元。集中供养“五保”户19人，集中供养率11.7%。县级应急救灾仓库已竣工待发挥效益，同时加大了乡镇应急救灾仓库建设力度，完成了措迈乡救灾仓库建设项目前置手续。创先争优“强基础惠民生”活动深入实施，目前，已投入资金1341.8万元实施“短、平、快”项目37个。金融服务“三农”力度不断加大，各项贷款共计达17821万元，其中涉农贷款投放达17323万元。

【援助工作实现突破】山东淄博市第六批援藏干部立足昂仁实际，通过深入调研、认真分析，研究制定了援藏工作理念和思路。总投资6880万元的22个援藏项目全部完工并投入使用。县城道路改造工程、广电中心、党员服务中心、机关大院供水、江嘎村地震危房改造、温室蔬菜大棚等项目已凸显社会效益。同时，干部培训、专业技术人才培养等软项目有效实施，共组织6批48人次到内地参加培训学习考察。援藏项目正实现输血型向造血型转变。

谢通门县

【年度综述】2012年，全县生产总值完成6.2681亿元，同比增长7.9%，一、二、三产比例调整为25：45：30，产业布局更加合理，产业重点更加突出；实现矿业产值3.33亿元；财税收入完成1.7亿元；县级财政收入完成6830万元，同比增长24%；固定资产投资完成2.6亿元，同比增长42%；农牧民人均收入5041.22元，同比增长15.92%。

【坚定不移抓发展，县域经济平稳增长】农牧经济提质增效。大力发展现代农业，全县农作物实播面积6.1万亩，粮、经、饲三元种植比例为61.6：28.4：10，改造中低产田1.5万亩，建设高产田2800亩，2012年粮油总产达3195.98万斤。狠抓畜牧业生产，实现草畜平衡面积1216.58万亩，草原生态保护补助奖励机制工作顺利通过自治区验收，共兑现补助奖励资金1975.8万元。加快推进特色农牧业发展，达那答乡果蔬示范基地建设全部完成，卡嘎藏土鸡繁育基地主体工程全部完工，通门乡生猪养殖基地开工建设，继续实施绵羊短期育肥项目，全年共育肥绵羊2万只，创收900万元。

矿产开发规范有序。依托矿业资源优势，大力发展以矿业为龙头的第二产业，进一步规范矿政管理，矿企进点前的资质审核、备案登记及年检形成制度并有力落实，与乡（镇）、矿企层层签订目标责任书，进点矿企均按规定缴纳维稳保证金和生态复垦金，和谐矿区建设有力推进。目前，全县登记备案矿企共31家51个点。2012年实现矿业产值3.33亿元，上缴税收1.5亿元，占全县税收总额的91%；实现地方财政收入5737.2万元，占全县财政收入的84%。

商游活县富有成效。大力推进旅游开发工作，顺利通过扎西吉培寺、达那土登寺、索布溶洞1A级景点评审，投资4500万元的卡嘎温泉酒店基本完成主体工程建设。有力活跃县内外商贸市场，利用地区第十届珠峰文化旅游节、县第四届赛马物交会等活动平台，民族手工业品销售额达632万元，实现利润165.5万元；认真落实家电家具下乡惠民政策，兑现补贴资金130.51万元；积极推进“万村千乡”市场工程，乡村两级农家店覆盖率分别达到100%、84.2%。2012年，实现乡镇企业收入667.5万元，多种经营收入5980万元，社会消费品零售总额4571.9万元。

财税收入稳步提高。稳步推进各项财政改革，强化预算及国有资产管理，进一步规范政府采购程序，切实提高了财税管理水平。巩固基础财源，抓好现行财税大户的征管，全年完成财税收入1.7亿元，同比增长6%。扎实推进后勤管理制度改革，进一步规范公务接待程序，完善车辆管理制度，全年财政节支100万元。

【下大力气抓建设，基础设施不断改善】通过积极争取国家投资、加大本级投入、落实援藏资金，项目投资规模不断扩大。

加强市政基础设施建设。实施了卡嘎温泉酒店、县城新通路、达那答农业示范园区等开复工项目74个，累计完成投资2.6亿元。开展了县城垃圾填埋场、法院审判大楼、县城供水工程等前期工作项目50个，总投资达2.95亿元。

夯实农牧业发展基础。建成县农业技术推广站、土壤肥力监测站，维修水塘85座、提灌站2座，新修及维修进水口38座，维修水渠202条、排涝沟17处，新建防洪堤坝24处、维修142处。

狠抓道路交通设施建设。完成了娘热乡卡嘎村至果祥村及仁钦则乡拉岗村、夏美村、罗林村公路项目续建工作。投资4291.77万元，全年新增公路里程达142.087公里。全年投入养护资金111.31万元，对县内679.5公里乡村公路进行了养护。

有力落实“强基惠民”项目。全年累计落实“强基惠民”项目163个，总投资3206.1万元，其中自治区专项资金950万元，县财政配套375万元，各驻村工作队自筹资金1191.1万元，获批“短平快”项目25个，资金共计690万元。

援藏工作效应凸显。第四批援藏工作组累计投入资金2550万元，着力推进农牧民安居工程、棚室蔬菜基地、新农村建设和藏土鸡养殖基地等项目建设，进一步夯实了全县经济社会发展基础。

【千方百计惠民生，社会事业全面推进】始终坚持以保障和改善民生为出发点和落脚点，以提高农牧民群众生活水平为目标，加快发展社会事业，建立健全社会保障体系，让农牧民群众得到了更多的实惠。

本级支农力度不断加大。2012年本级财政安排民生资金3700万元，重点投向农田水利基础设施、防抗灾物资储备、道路交通建设等，进一步夯实了发展基础。

新农村建设扎实推进。全年投入资金2966.53万元，建设安居工程1483户，完成率97.95%；实施23个村级人居环境及环境综合整治项目，验收通过21个；达那答乡如贵村安居工程示范点建设项目已完工69户，道路硬化完成97%。

科教文卫事业全面发展。坚持教育优先发展，“两基”成果不断巩固提高，全县中小学在校生巩固率均达到100%；县本级财政投入1098万元，教育教学条件得到有效改善；中小学教育教学质量明显提高，内地西藏初高中学生录取25人，中小学毕业率均为100%。医疗卫生事业不断发展，县、乡、村三级卫生服务体系基本形成；县卫生服务中心规范化建设成效显著，着力打造了眼科、骨科等重点科室，县首例剖宫产手术取得成功；累计完成41662名农牧民及寺庙僧尼健康体检及建档工作，全县新型农牧区合作医疗参合率达98.9%；全面落实“降消项目”，全县孕产妇死亡率为1.41‰，新生儿死亡率为7.04‰。文化事业蓬勃发展，完成全县20个寺庙书屋的出版物配送工作；扎实实施“2131”工程，累计播放电影1589场次；成功举办第四届赛马物交会，县文化活动中心正式免费开放，成立县民间艺术团，积极参加第十届珠峰文化节；举办了“5·23”、县“两会”、“三下乡”等多场文艺表演。科技创新不断加强，强化科技培训及科技服务到农家、到牧户工作，对63名农牧民科技特派员及群众进行技能培训，投资529万元落实3个科技示范项目。

扶贫社保工作有效开展。城乡社会保障体系基本形成并发挥作用，累计发放城市低保资金107.33万元，农村低保资金458.92万元；全县“五大保险”参保29724人，参保率达95.5%；组织干部职工向散居孤儿捐款53.47万元。扎实抓好仁钦则乡整乡推进工作，扶持购买拖拉机81台、优质奶牛120头，修建塘河流域农田保护工程，新建夏麦村水塘及实施了8个村短期育肥项目，总投资达338.4万元。全县面上扶贫开发投入资金644.6万元。

群众增收多管齐下。坚持县内项目使用当地施工队和农民工的政策导向，积极向矿山、建筑工地、达那答科技园区等输送劳动力，增加群众就业渠道；加大群众技能培训，搜集整理用工信息并向外出务工者公开，增加劳务输出，全年完成劳务输出17250人次，创收2997.9万元。

生态建设不断加强。植树造林工作成果突出，全年完成植树造林24285亩，县城周边及绿色通道补栽树苗6000棵，新农村人居环境美化绿化种植树苗4500棵，林木成活率达75%。加强环境保护监察，对矿山企业、建筑工地及采砂厂进行环保执法检查，督促企业做好环境保护工作；县城居民饮用水水源点保护项目顺利实施并通过初验。

【**全力以赴保稳定，平安建设取得实效**】始终坚持谋长久之策、行固本之举，坚决维护社会稳定，切实加强社会管理综合治理，确保了社会局势持续稳定。

不断健全和完善维稳工作体制机制。社会网格化管理体系、应急处突体系、干部队伍体系、思想教育体系四大体系建设基本成形；建成了设备一流、指挥高效的县维稳指挥中心，在全县主要进出口建成4个公安检查站，新建3个县城便民警务站和2个矿区警务点，实现了对全县重点区域、重要部位全方位的系统管理；通过严格落实各级值班备勤制度，制定完善敏感时期方案预案及各类应急工作预案，建立健全动态管控机制，深入开展法制宣传教育，维稳工作机制进一步健全。

深入开展平安创建工作。达木夏乡平安创建实现县级“平安乡”挂牌；制定出台《谢通门县平安创建工作实施方案》，顺利通过自治区“平安县”验收，完成了一批地区级平安单位的申报工作。

切实加强和创新寺庙管理。全面开展“九有”、“六建”和“六个一”工作，扎西吉培寺等一批寺庙管委会规范化建设成效显著；大力开展和谐模范寺庙和爱国守法僧尼评选及法制宣传教育活动，加大对僧尼关心关怀力度，充分激发了广大僧尼爱国爱教热情。

扎实推进“强基础惠民生”活动。县本级财政安排经费517.92万元，着力推动“强基础惠民生”活动不断向纵深发展，以建强基层组织、强化维稳工作、寻找致富门路、开展感恩教育、为群众办实事办好事为切入点，细化促进群众增收致富的政策措施，切实增强了基层政权组织的凝聚力和影响力，夯实了基层维稳工作基础。

着力加强信访化解和安全生产工作。以领导干部接访、强基惠民活动等为契机，以矿山开采、劳资纠纷、草场纠纷等为重点，抓好矛盾纠纷排查调处工作，全年共接待办理群众来信来访9批（件）58人次，化解率达100%，有效维护了群众利益。以抓好道路交通安全、建筑施工安全和矿山生产安全为重点，认真落实各项安全生产措施，大力开展了车辆违规、违章专项整治行动，有力确保了各领域生产安全。

白朗县

【**年度综述**】2012年，全县生产总值达到5.38亿元，同比增长9.7%；人均县级生产总值达到1.16万元；固定资产投资完成3.4亿元（不含拉日铁路），同比增长16.5%；公共财政预算收入完成907万元，同比增长26.67%；各项税收收入完成955万元，比年初预定目标超额完成19%；实现社会消费品零售总额6328万元，同比增12.6%；农牧民人均收入达6052.81元，同比增长13.68%，其中现金收入比例达到70%。

【**农村经济继续保持大投入、大开发、大提高的发展势头**】2012年，农村经济总收入预计完成4.2亿元，同比增长8.3%。全县农作物播种面积达12.74万亩，粮油总产达到8743.62万斤，粮、经、饲比例调整为62:21:17。狠抓接羔育幼工作，全县新生仔畜成活5.86万头（只、匹），成活率达到93%，成畜死亡率控制在1.26%。首批通过自治区草原生态保护补助奖励机制工作达标验收。以国家级农业科技园区建设、嘎东镇国家现代农业示范区建设、农机示范县建设为标志，白朗县农业现代化发展、产业化经营进程步入了一个全新的时期。随着农业产业化、城镇化步伐的加快，县委、政府采取各种强有力的措施，为农牧

民开辟增收渠道，农牧民收入呈现出前所未有的快速增长态势。继巴扎乡彭仓村之后，洛江镇觉如村和强堆乡扎西布村先后成为白朗县人均收入过万的“万元村”。

【“四大产业”全面提升，产业效益明显增强】一是蔬菜产业进一步做强。成功举办“白朗县第二届蔬菜采摘节”，实现采摘收入76万元。投资500多万元，建成白朗蔬菜智能温室。2012年，全县蔬菜大棚总数达5367座，蔬菜产量达到5256万斤，总收入达到7884万元，纯收入达5256万元，人均增收1186.8元，占农牧民人均纯收入的19.26%；二是青稞产业进一步做优。以“优质高产”为引领，推广绿色青稞1万亩，成功试种示范“藏青2000”新品种1万多亩。大力实施农机示范县项目，机耕11.2万亩，占总播面积的88%。机播10万亩，占总播种面积的78%。机收7.1万亩，占总播种面积的56%。公司统一作业春耕5000多亩，春播2000多亩，秋翻8000多亩，田间机收1500亩，场地脱粒累计4000个作业小时。配合完成“两个园区”建设规划，农业发展前景更加广阔；三是畜牧业进一步做大。全县饲草种植面积达2.18万亩，改良奶牛6012头。以圣雄、旺达奶牛养殖基地为龙头，奶牛专业化合作、小区化养殖得到新发展，出色完成68个区内外各类参观团体的接待任务；四是传统民族手工业进一步做精。旺丹卡垫、奥博藏香、现代服饰和嘎东镇兴旺传统服饰合作社等传统民族手工企业焕发新生机。在恰珠编织坊建立了日喀则东部教育培训基地，用教育、转观念，以培训、促增收。

【基础设施建设力度加大，群众生产生活有了新的提高】以安居工程为突破口的社会主义新农村建设成效明显，完成889户农牧民安居工程建设任务，对23个人居环境进行了改造，完成“9.18”地震灾后恢复重建民房27户，整村推进13户，维修加固民房180户，共完成投资1.05亿元；狠抓道路通达工程，乡村公路通达率为100%、乡镇通畅率达45.5%、村级通畅率为18%，年度交通建设投资完成1966.74万元；大力实施以人饮安全工程为重点的民生水利工程，共完成投资2071万元；积极协调援藏资金、整合国家投资，实施了县城供排水及防洪工程，解决了县城的山洪隐患；坚持重点建设县城、加快发展小城镇的方针，城镇化水平不断提高，县城新建了130套干部职工周转房和46套廉租房，共投资1451万元，并积极协调济南市建委为嘎东镇和巴扎乡编制了乡镇总体规划；新阶段扶贫开发工作深入推进，高标准农田治理和产业项目累计完成投资3521万元，扶贫开发项目累计完成641万元，扶贫农发工作始终走在全地区前列；积极推进生态建设，兑现草原生态保护补偿奖励资金534.46万元，兑现森林生态效益补偿金85.29万元，完成植树造林2835亩，生态环境得到进一步改善。

【精神文明建设取得新成就，各项社会事业协调发展】一是强基惠民活动扎实有效开展。区、地、县、乡四级驻村工作队派出276人，进驻全县111个行政村，实施短平快项目21个，累计投入资金达786万元，组织实施为群众办好事1024件；二是狠抓市政建设，开展了县城环境综合整治活动，县城交通、卫生等秩序明显好转；三是认真抓好就业再就业工程，深入开展农牧民劳务技能培训工作，全县培训农牧民达2.09万人次。为弘扬传统民族文化，扩大就业覆盖，我们组建了白朗县民间艺术团，新招录演职人员20人；四是更加重视科技工作，积极争取国家级现代农业科技园区项目，科技带动作用进一步显现；五是落实教育体制改革和教育“三包”政策，大力创办学前教育、“两基”成果得到巩固。教育基础设施建设扎实推进，投资1500多万元，改扩建嘎东、者下两乡镇中心小学,改造和加固校舍危房7000多平方米，新建乡、村幼儿园3所。教育均衡发展试点工作开局良好，基层教育体育活动更加普及；六是城乡社会保障体系建设取得新进展，2.4万人参加新型农村养老保险，参保率达94.85%，全年发放基础性养老金289万元。落实农村低保达0.49万人，兑现资金182.26万元；七是全年完成劳务输出2.1万人次，实现劳务收入3968万元，城镇失业率控制在3%以内；八是深入推进城乡医疗卫生体制改革，农牧民享受免费医疗报销金额达994.4万元，为4万多名农牧民群众和在编僧尼进行免费健康体检，疾病预防控制体系建设得到加强；九是认真落实中央扩大内需政策，兑现“家电家具下乡”补贴130.2万元；十是文化事业繁荣发展，新闻宣传、广播电视事业不断进步。投资765万元，为9个乡镇新建了文化活动中心，基层文化阵地进一步健全。

【社会局势保持持续稳定，平安、和谐白朗取得新突破】2012年，认真落实维稳第一责任，不断加强和创新社会管理，为党的十八大营造了良好氛围。一是深入开展创新寺庙管理工作。共投入资金690万元，为15个管委会、特派机构配备了办公设备，为4个管委会解决办公场所、住房、交通工具等问题，完成9座寺庙的公路通达通畅。深入推进和谐模范寺庙暨爱国守法先进僧尼评选表彰活动，兑现奖励资金113.4万元。二是全面启动实施了城镇网格化管理。完成了白朗县110指挥中心建设，新建3处便民警务站和9个乡镇派出所业务用房，社会管控能力明显增强。维稳综治工作走在全区前列，被自治区人民政府授予“自治区级平安县”，被地委、行署评为“地区综治考评三等奖”；三是以“六五”普法为重点的法律知识进农牧区活动扎实开展，全县农牧民群众的法律素质有了新提高。四是强化安全生产专项治理，开展集中整治活动4次。在204省道沿线设置了交警检查点，道路交通事故不断上升的趋势得到了控制。五是认真做好矛盾纠纷排查调处工作，全年办理群众来信来访6件，办结率为100%，信访案件逐年下降。

【民主政治建设不断加强，政府职能转变进一步加快】全面完成乡（镇）机构改革工作，促使乡（镇）机关职能由管理逐步转变为服务，并在促进经济发展、强化公共服务、着力改善民生、维护社会稳定等方面全面履行职能。圆满完成人大换届工作及县政协筹建工作，在保证人大代表和政协委员充分行使民主权力的同时，按照法律规定，选举产生了新一届人大班子、政府班子和政协班子，同时也顺利实现了组织意图。大力推进阳光政府、责任政府、法治政府、服务政府和诚信政府建设，接受人民代表大会及其常委会的监督，加强政府同政协的联系，坚决纠正损害群众利益的不正之风，注重从源头上预防和治理腐败，未出现任何违法违纪案件；重视办理好人大代表建议和政协提案，全年共办理人大代表建议意见40件，办结率为100%。

仁布县

【年度综述】2012年，全县地方生产总值达26379万元，同比增长8.58%，全社会固定资产累计投资完成26349万元（2012年新建项目64个，投资14598.46778万元），同比增长2.97%；地方财政一般收入达1682万元，同比增长183.64%，公共财政预算支出完成27555万元，同比增长58.64%；农牧民人均纯收入达3816.97元，同比增长13.51%；劳务输出26857人次，全年创收5195.21万元，城镇登记失业率控制在2.5%以内；居民消费价格指数控制在全区平均水平以内。

【项目建设实效显著】2012年为“项目建设攻坚年”，强化项目中心意识，集中精力，整合资源，快抓项目储备，巧抓项目争取，专门设立了县项目建设领导小组办公室，建立了统筹推进项目建设联席会议制度，对全县十大重点工程实施目标推进责任分工，实现了一个大项目、一名县级干部、一套工作班子、一抓到底的“四个一”工作机制。2012年全县共实施项目87个，全社会固定资产累计投资完成26349万元，同比增长2.97%。

【招商引资成绩突出】坚持“全党抓经济、全民搞招商”的工作理念，着力打造“优化环境、增强服务、加强培育、政策扶持”四大平台，充分借助援藏干部的人脉和资源，努力提升仁布投资引资环境，充分发挥仁布工业园区的聚集效应，加大招商引资支持服务力度，闯出了一条拉动经济快速增长、增强经济造血能力的新路子。现已成功引进吉玉集团、鑫源实业等公司落户仁布，累计进税3443万元，为本级财政纳税989万元，全县财源税基得到进一步拓宽增强。

【农牧业平稳发展】按照“一产上水平”和“农业稳县”的要求，深化农村牧区经济体制改革，促进农牧业增长方式的转变，加大农牧业科技含量，购置农机近700台，合计补贴资金330万元，推进了农牧业产业化进程，使农村牧区经济得到健康发展。2012年县农作物总播种面积5.13万亩，粮、经、饲种植比例为59.4:34.6:6，农业保持合理的产业结构，粮油总产达1882.63万斤、蔬菜1637.69万斤、饲草料325.97万斤，生态运行态势良好，粮油产量大幅度提高。采取有效措施，圆满完成了草场承包和草原生态保护补助奖励机制工作的各项任务，并于2012年6月8日顺利通过自治区验收组验收。2012年，县牲畜总数控制在168341头（只、匹），新生仔畜成活43859头（只、匹），成活率98.9%，成畜死亡3603头（只、匹），死亡率控制在1.7%以内，共出售短期育肥1500头（只），牲畜良种不断推广，出栏率不断加大。

【旅游文化融合发展】坚持“文化强县”和“旅游富县”的发展战略，强化基层阵地设施建设、打造群众文化品牌、培育县域文化特色，隆重举办了第三届江嘎尔藏戏文化节，实现了73个行政村、18个寺庙书屋全覆盖，修建了16座村级文化广场，实施了广播电视“村村通”、农村电影“2131”等工程，全县广播、电视混合覆盖率分别达96.1%、98.3%。努力推进文化与经济融合发展，充分发掘、整合仁布得天独厚的旅游、文化资源，实施了“藏玉之都、奇石之乡”的仁布藏玉品牌、“神奇雍泽绿神湖、神圣卡热山、保健曲参温泉、瑰宝强钦寺”的仁布旅游品牌、国家非物质文化遗产“江嘎尔藏戏”之乡的仁布藏戏品牌、产自西藏仁布工业园区的仁布青稞科技品牌等仁布文化产业品牌的三产经济振兴计划，有力地促进了旅游文化服务业的科学布局和可持续发展。2012年全县共接待游客5.72万人，同比增长308.35%，旅游总收入达到162.5万元，同比增长334.03%，旅游服务经济增收和增速均创历史最高水平。

【城乡面貌大为改观】以农牧民安居工程为切入点，加快实施“八到农家工程”，大力推进交通基础设施建设，行政村道路通达率达98.6%，加快实施了电力建设规划，73个行政村通电问题得到解决，户通电率达100%，加强村村通电话、通邮、通广播电视等基础设施建设。2012年共完成安居工程523户，建筑面积71742平方米，受益人口2398人，其中重点完成了查巴乡吴米村28户安居工程工作，完成13个村委会的人居环境建设和环境综合整治项目。同时按照“小而精华、小而美丽、小而宜居”的县城风格，实施品位升级，全力推进了老城新区合理布局。依托援藏投资700万资金实施了仁布县景观大道工程，形成了融“河滨、绿地、亭台、健身”于一路的县城休闲景观大道。新广电办公楼、现代化小城镇示范区、新县医院门诊大楼和住院大楼等机关单位新兴建筑工程已经投入使用，县城办公区、生活区错落有致、时尚现代、品位突出、亮点纷呈的格局初步形成。

【社会事业全面发展】注重在聚民心、惠民生上下工夫，加大了对教育、科技、文化、卫生、体育等社会事业的财政投入，公共服务水平不断提高。着力优化教育布局，改善办学条件，促进教育均衡化发展，全年教育资金支出为3130万元，全县小学适龄儿童入学率和初中入学率保持在100%和99.5%，巩固率均达到了100%。进一步完善公共卫生体系，规划了县三级医疗能力建设“11873”工程，不断完善巩固农牧区医疗制度，建立起了一套完整的“覆盖全县、全

民受益、刷卡就诊、无需垫付、联合救助”的农牧区基本医疗保障制度。2012年县农牧区医疗管理覆盖率达100%，医疗基金总额为2006.79万元。把社会保障作为改善民生的根本，不断完善社会保障体系，全年发放城镇低保、农村低保、城乡医疗救助、救灾救济、抚恤优抚等各类补助资金703.59万元，累计落实6814人次。强化社会保险扩面征缴措施，加大扩面征缴执法力度，养老、失业、医疗、工伤、生育五大保险稳步推进并顺利进行，新型农村养老保险、城镇居民养老保险已实现全面覆盖。

【仁布县政协正式成立】政协第一届仁布县委员会第一次全体会议于7月18日开幕，会议应到委员52名，实到委员48名，会议高举中国特色社会主义伟大旗帜，以邓小平理论和“三个代表”重要思想为指导，全面贯彻落实科学发展观，认真学习贯彻全国两会议精神，充分发扬民主、积极建言献策，全面履行职能、共商发展大计，圆满完成了各项议程。

会议审议通过了政协第一届仁布县委员会第一次会议政治决议，听取县筹备工作领导小组关于筹备工作情况的报告，并做了政协第一届仁布县委员会第一次会议关于提案审查情况的报告；大会采取等额选举的办法，以无记名投票的方式，经全体委员会议投票。选举第一届政协仁布县委员会主席一名，副主席三名，常务委员六名。中国人民政治协商会议第一届仁布县委员会第一次会议于7月20日下午胜利闭幕！

康马县

【年度综述】2012年，全县生产总值达到26333万元，同比增长12.88%。一、二、三产业达到6948万元、4655万元、14730万元，同比增长14.16%、12.44%、12.43%。县级财政收入达到456万元，同比增长12.5%。社会固定资产投资达到2.1亿元，同比增长98.7%。农牧民人均纯收入达到5342.887元，同比增长11.28%，创历史新高。

【“9·18”灾后恢复重建任务圆满完成】严格按照地区的部署和要求，紧紧围绕“超前规划、整合资金、确保质量、打造亮点”的总体任务，有计划、有步骤地实施灾后恢复重建工作，按时、保质、保量完成了各项目标任务。全年完成重建441户、中轻度维修加固2699户，完成率达到100%；兑现重建资金5028.8万元，兑现轻度受损户资金280.645万元，兑现转移安置资金192.1万元。

【“三农工作”扎实开展】始终把“三农”工作作为县委、政府工作的重中之重，紧紧围绕农牧业增效、农牧民增收、农牧区稳定，不断改善农牧业生产条件，不断提高农牧民生活水平，不断促进农牧区稳定。全年完成粮油产量 2042.94万斤，牲畜存栏193272头（只、匹）。农牧业产业结构不断优化，粮经饲三元比例由69.69:19.41:10.9调整为70:19:11。支农惠农优惠政策全面落实，兑现各类补贴1564.57万元。农村人居环境建设和环境综合整治不断加强，投资426.4万元完成4个行政村道路硬化、文化广场、排水（污）渠、沟塘整治。维修、新建农村沼气池926座，新建农村沼气服务点8个，实现沼气项目点全覆盖。草场承包工作扎实开展，冬春草场310.02万亩全部承包到户，夏秋草场361.56万亩全部承包到群组或联户，公共草场12.51万亩全部落实到群组或联户。生态环境保护和建设进一步加强，全年完成人工种草6000亩，植树造林1204亩。

【基础设施建设全面推进】始终坚持“抓项目就是抓经济，争投资就是争发展”的工作理念，围绕改善制约发展的各种因素，统筹考虑重大基础设施项目建设，实施了民生、农牧、交通领域等一大批基础设施建设项目。全年开复工项目48个，总投资2.1亿元，累计完成投资8862.22万元。

【旅游业发展步伐加快】成功申报藏扎寺、雪囊寺、扎玛寺、冲巴雍措、擦多温泉5个景区（点）为1A级旅游景区（点）和艾旺寺、朗东庄园、少岗摩崖石刻3个景区（点）为2A级景区（点），编制《西藏康马县旅游发展总体规划（2012—2022）》，大力打造“一寺一园一水两湖”旅游品牌，具有康马特色的旅游业全面起步。

【教育事业迈出新步伐】投资320万元，完成雄章乡中心小学和涅如堆乡中心小学“9·18”地震灾后恢复重建任务，开工建设嘎拉乡中心小学学生宿舍、康如乡中心小学教职工周转房和康马镇中心小学硬化及篮球场等援藏项目，办学条件明显改善。学前教育实现新突破，建成7个村级幼儿园，填补了康马县乡村没有幼儿园的空白。

【卫生事业取得新进展】完成少岗、涅如堆卫生院改扩建工程并投入使用，投资1298万元的卫生服务中心标准化建设主体工程已经完成，医疗卫生基础设施进一步完善。农牧民群众健康体检工作全面铺开，完成18250名农牧民、60名僧尼的健康体检和建档工作，完成率91.3%。医疗保障体系逐步完善，合作医疗覆盖率达到100%。

【科技工作实现新突破】完成涅如堆、少岗两个乡镇490余人的农牧实用技术培训，重点实施了优质奶牛引种示范推广和“科普惠农兴村计划”项目，上报科技项目9个、科协项目12个。顺利完成科技特派员选派工作，53名科技特派员覆盖47个行政村。

【文化事业迈上新台阶】农村广播电视覆盖率进一步提高，分别达到92%、99.2%。农牧区文化基础设施建设取得新进展，建成2个乡（镇）综合文化活动站并投入使用，完成47个行政村和1个寺庙农家书屋建设。

【民生工作全面推进】实施整乡推进、面上扶贫工程项目18个，总投资855万元，其中整乡推进项目7个（总投资309万元），面上扶贫项目11个（总投资546万元）。劳务产业发展加快，效益进一步提升，技能培训145人次，劳务输出21781人次，创收4086.4万元。安居工程深入推进，完成农牧民安居工程623户，其中相对贫困户75户，游牧民定居86户，兴边富民238户，农房改造224户，农牧民住房条件进一步改善。新型农村社会养老保险工作有序开展，参保数人数达到13099人，参保率98%。社会救助体系进一步健全，落实城乡各类救助慰问资金339.49万元，困难群众基本生活得到有效保障。

【**受援工作成果辉煌**】在地委、行署和黑龙江省第四批援藏工作队的坚强领导下，康马工作组充分发扬“老西藏精神”、“康马精神”，积极推动项目援藏、技术援藏、人才援藏相结合，为康马经济社会发展注入了强大的活力。一是投入援助资金3030万元，无私援建了市政林都路、农牧民安居示范工程、社区服务中心、民政服务中心、民族手工业加工厂等14个项目，并全部通过验收。二是投入7.5万元，为全县47个驻村工作队购买了光波炉；投入25万元，为全县教师购买了蚕丝被。三是援藏干部个人出资2.5万元积极开展“藏汉一加一“帮扶活动。四是选派教育卫生系统6名同志赴伊春市进行培训，进一步促进了教育卫生队伍建设。

【**创先争优强基础惠民生活动深入推进**】2012年，全县47个驻村工作队共计开展走访调研活动465次，走访面达到100%；帮助各村委建立健全各类规章制度共计483个；培养入党积极分子251人，发展党员343人，确定“三个培养”对象184人；开展宣讲学习活动981场次，发放各类宣传资料7.8万份，受教育群众达30908人次；帮助群众办实事、做好事、解难题共计536个，总投入资金1624.784万元，其中自筹解决资金694.72万元，区、地、县统一安排资金467.1万元，援藏资金投入88万元，专项经费安排资金374.99万元。

定结县

【**年度综述**】2012年，全县生产总值完成23100万元，比上年增长10.62%。其中，第一产业增加值5320万元，增长6.61%；第二产业增加值4880万元，增长10.56%；第三产业增加值12900万元，增长8.48%。地方财政一般预算收入469万元，同比增长13.01%。城镇居民人均可支配收入7725元，增长6.61%；农民人均纯收入3878.04元，增长13.68%。

【**以“三农”工作为重点，农牧业基础不断夯实**】以切实改善农牧民生产生活条件，增加农牧民收入为突破点，狠抓“三农”各项工作。

农牧业生产稳步发展。2012年县粮油总产量达1392.28万斤，比去年增产12.03万斤，粮食生产实现8连增。粮、经、饲比例为70:16:14,三元结构趋于合理。全年全县良种推广面积达2.5万亩，良种覆盖率64.1%。年末牲畜存栏控制在21.47万头（只/匹），出栏11.4万头（只/匹），出栏率35%，新生仔畜93640头（只/匹），成活87175头（只/匹），仔畜成活率93%。全面完成草原生态保护补助奖励资金的兑现工作。

乡村基础设施不断完善。全年完成农牧民安居工程646户，完成村容村貌环境整治13处，2012年高寒牧区牲畜棚圈100座，修建水塘21座、改扩建水塘1座，水渠节水改造9处；完成600户农村沼气的维修新建工程，农牧民生活质量得到进一步改善；完善乡村公路养护及维修，截止2012年底，我县乡镇通达率100%，行政村通达率94%，基本形成公路网建设，针对“9·18”地震造成定结县日陈公路沿线地质松散，出现多处挡墙倒塌、山体滑坡等问题，县政府及时出资18万元进行了抢险保通。

劳务经济不断发展。全年组织各类技术培训11次，涉及专业技术13项，培训农牧民508人次，组织劳务输出16289人次，劳动力就业转移11970人次，实现劳务收入2932.63万元，纯收入1759.6万元。

【**以群众利益为前提，灾后恢复重建工作成效显著**】2012年，按照经济适用、安全可靠的要求，采取政府统一组织，明确目标任务，尊重群众意愿，层层分解责任，建立奖惩机制，超前规划布局，体现地方特色，严格建设标准的办法，通过政府和群众的共同努力，有效完成了灾后恢复重建工作。针对陈塘特殊的地理环境，尊重群众意愿，采取浆砌石、打立柱和圈梁、建设二层楼房等结构方式，着力提高房屋抗震防风级别，保证工程质量，重建后平均每户面积达到117平方米。从全县重建散户点多面广的实际出发，按照群众意愿，坚持“就近规划，就近重建，就地规划，就地重建”原则，建成了风格各异、彰显特色的民房。在圭娃、芒热、东热、朗玛和鲁热五个整村推进工作中，我们按照地委、行署提出的“超前规划，整合资金，整村推进，打造亮点”的总体思路，以家庭人口为基数，严格控制住房面积，科学设计户型，打造新农村建设新亮点。严格落实防抗震要求，除陈塘镇和日屋镇部分房屋外，其他重建民房99%以上为平房。

截止年底，1224户重建户基本完工，2519户完成维修加固，5个整村推进的161户完成装修并入住。落实重建资金9272.95万元，维修补助2014.17万元，群众转移安置补助资金2322.72万元。

【**以项目建设为突破口，经济拉动作用明显增强**】2012年是定结县确定的项目建设年，全年完成固定资产投资12743万元，同比增长31.6%。其中：完成总投资1378.64万元的小农水利工程，完成总投资207万元的人饮工程和总投资733.85万元的山洪灾害防治非工程措施工程。完成定结乡拉强村至几初线扎西孜村洛巴公路、定结乡综合文化站、江嘎镇公安派出所、四座寺庙的僧舍安居工程、贡强桑旦曲布寺管委会业务用房等项目，基础设施进一步改善。

开工建设藏中电网延伸和农网改造工程、吉隆普灌区工程、金太阳示范工程、县城垃圾填埋场、市政双拥路、县级党政机关业务用房、县直干部职工48套周转房和县48套廉租房、县农贸市场和多布扎乡那仁至朗卓公路等一批改善硬件基础设施项目，项目接续建设动力强劲。

开展了120个、总投资6.12亿元的项目前期工作，其中：县检察院技侦业务用房、县新华书店、广播影视中心、法院审判业务用房、急救站、陈塘卫生院等9个项目已经完成招投标工作，5个整村搬迁附属配套工程、灾后基础设施恢复、县乡92套职工周转房等项目也已进入招投标程序，项目梯次建设力度明显提高。

【以边贸旅游为切入点，经济增长动力日益强劲】2012年，坚持“边贸兴县，旅游活县”发展战略，内外贸有效增长，旅游日趋活跃。争取到总投资45.8万元的54家农家小超市，完成家电家具下乡财政补贴155万元，方便了群众生活。加大食盐市场的监管工作，全年推广碘盐104.6吨。

争取到90万元的边贸发展资金，对日屋边贸市场进行了维修，提升了形象。成功举办了第二届日屋口岸边贸物交会，交易额达426.38万元。全年实现边贸收入2100万元，增长61.9%，进出口额分别达到1225.18万元和874.82万元。

出台了定结县招商引资优惠政策，申报了涉及藏药材种植基地及产品开发、朗普孜酒厂建设、陈塘镇旅游综合开发、朗普孜阿矿泉水开发和陈塘、日屋水电开发利用等6个特色项目的招商引资工作，计划总投资1.4亿元。

加大旅游宣传力度，中央电视台《远方的家“北纬30° 中国行”》摄制组对我县叶如河连片湿地、边境贸易、陈塘景区、夏尔巴民风民俗、嘎玛沟徒步旅游路线进行拍摄，该片已于3月中旬在央视国际频道播出。邀请西藏电视台《西藏风景》栏目摄制组和知名旅游投资公司、旅行社、新闻媒体、酒店经理等共27人到我县考察旅游路线。通过文化援藏渠道，《中国国家地理杂志》推出两期以定结风景风情为主要内容的主题文章。投资60万元的旅游景点标识标牌选址立牌工作。

【以做大做强为目标，特色产业不断发展壮大】组织推荐定结县竹编唐卡、木雕、陶器参加第十届珠峰文化旅游节双十评选活动，竹编唐卡被评为“日喀则地区第二期十大最具市场前景手工制品”，竹艺编制荣获“2012年日喀则地区劳务品牌称号”，郭加乡普布普尺被评为“日喀则地区第二期十大能工巧匠”；投资252万元，完成了70座温室的优质蔬菜生产基地建设；加大了对藏鸡养殖的扶持力度，对水塘养鸭进行了初步尝试；日屋犏牛繁育基地辐射进一步带动其他几个乡镇，陈塘藏香猪的养殖规模不断扩大。

【以社会保障为出发点，公共服务水平大幅提升】2012年，全县新农保参保9809人，参保率达99.6%；城镇居民养老保险参保326人，参保率达100%；生育保险参保1006人；实现城镇职工基本医疗保险参保1114人；工伤保险参保570人；企、事业养老保险参保单位7个，参保职工192人。协调地区处理劳动争议仲裁案1件，单独受理劳动争议调解、仲裁案19件，涉及农民工125人，追讨工资报酬等78万元。案件受理率100%,结案率100%。大力开展农机购置补贴项目，全年投入993.2万元，购置各类农业机械622台（套）。完成琼孜整乡推进等扶贫开发项目总投资1122万元。

【以保障民生为落脚点，社会事业协调发展】一是全年为3496人落实城乡低保资金（含价格动机制补贴）583.09万元，落实医疗救助金60.91万元；为118名五保对象落实五保金（含价格联动机制补贴）34.06万元；落实优抚优恤金及优待金66.39万元；为全县80位智力、精神及重度残疾人员落实残疾人“阳光家园计划”补助金4.8万元，为18名孤儿发放孤儿保障金17.56万元；为4959人次救助一般自然灾害生活补助88.19万元。二是加强学校教学管理，加大师资队伍建设，加强“三包”经费监督管理，强化控辍保学工作，小学适龄儿童入学率达到99.8%，中学生入学率达到99.7%；实施“农村中小学营养改善计划”，惠及全县1447名农牧民学生。加大教育资金投入，全年争取到总投资66万元的灾后校舍维修改造项目。争取到总投资284万元的职教实训场所建设项目。争取138万元的三所学校食堂建设项目；投入25万元为县完小、确布乡小学、扎西岗乡小学等几所学校添置了办公设备。总投资1710万元的8所乡镇小学附属幼儿园也进入工程招投标阶段。三是大力开展巡回医疗活动，巩固完善新农合制度，全县参合农牧民17427人，参合率97.63%；继续加大妇幼卫生工作，提高住院分娩率，降低孕产妇和新生儿死亡率；在全县9个乡镇推广藏医药疗法，充分发挥藏医药在诊疗农牧区群众常见病、多发病方面的独特作用；对全县农牧民和僧尼进行了免费健康体检并建档造册；开展了18岁以下儿童先心病筛查，6名患儿送至北京、吉林接受免费心脏手术，全部治愈；实行了住院报销即时结算制，全年住院报销额达到302.52万元。四是在春节、藏历新年、“3·28”百万农奴解放纪念日、日屋边贸物交会等重要节日、节庆活动期间，组织开展各项文体活动，成功举办了全县首届农牧民歌手大赛，参加了地区第十届珠峰文化节，县文化活动中心对外开放，九个乡镇的文化站正在建设当中，争取援藏资金，为所辖70个行政村农家书屋配送了书架；全力做好党的十八大安全播出各项工作，完成乡党委书记（乡长）和部门主要领导访谈录、全县整体工作、援藏十年、喜迎十八大成就回顾等7部专题片的制作工作，完成700户卫星电视覆盖工作；完成五座寺庙可移动文物的编号、鉴别、照相、评定级别等工作。五是联合自治区科技厅、地区科技局组织开展科技下乡、科技宣传活动，提高全社会科技知识。确定科技特派员48人，落实特派员补助24万元。并于4月份将鸡爪谷酒厂建设列入国家科技富民强县专项行动计划项目，争取资金181万元。六是全年完成三级驻村工作“短、平、快”项目17个，总投资480.94万元；申报“短、平、快”项目126个，预计投资3464.02万元；落实驻村工作办实事经费700万元；各驻村工作队走访慰问贫困家庭296户，发放慰问品、慰问金等折合人民币87.97万元。为49个县级驻村工作队落实驻村补助271.53万元。

【以援藏工作为依托，发展后劲不断

增强】2012年，援藏工作组围绕全县中心工作，投资实施县城市政道路维修和亮化工程、孔定玛度假休闲村建设等一系列援藏项目，无偿开展了5个“9·18”地震灾后恢复重建整村推进项目的规划设计工作，投资100万元为五个整村推进行政村解决重建资金缺口并配送家具，使全县发展格局更加合理，发展后劲更加强大。开展了第五批援藏项目的备选工作，筛选了涉及城乡居民住房、农牧区基础设施、市政设施、社会事业、产业发展、生态建设、基层组织及阵地建设等多个领域总投资7142万元的31个项目，为新一轮援藏工作奠定了基础。

【以环境立县为抓手，生态建设与环境保护稳步推进】2012年，完成重点区域造林2809亩，防沙治沙30165亩，防护林3000亩，义务植树300多亩，延长荣孔到县城绿色通道8.2公里，超额完成了上级下达的造林指标任务。造林绿化工程建设中，我们广泛组织和动员广大农牧民群众参与，仅春季工程造林参与群众累计达11098人次，群众参与工程造林增收达82.36万元。兑现生态效益补偿资金679.49万元，兑现野生动物肇事补助资金177.07万元。组织开展了“整治违法企业，保障群众身体健康”专项行动，利用“6·5”世界环境日，开展了家庭节能、节水、节电，减少一次性物品使用等绿色生活方式专项宣传活动。

【以长治久安为根本，和谐稳定的良好局面不断巩固】坚决贯彻落实区党委和地委维稳决策部署，明确责任，强化措施，狠抓落实，实现了大中小事都不出。一是加强组织领导。把维稳工作作为头等大事和首要政治任务，健全和完善县乡村三级党组织一把手负总责，党政军警民齐抓共管的联防联保联动机制，落实县级干部包乡、乡镇干部包村、村干部包户责任制，党政领导干部一岗双责，保证县团级领导干部在敏感时段坚守在一线，指挥在一线，确保了责任到位，政令畅通。二是狠抓边境防控。坚持军管线、警管点、民管片，集中主要兵力，进一步加大对各通外山口通道的巡逻潜伏、设卡堵截，确保了全县3条边境主线、13处边境通道、2座通外桥梁、3道防线的绝对安全，保持了边境和谐安宁。三是抓好社会面管控。坚持整体联控、群防群治，实施“红袖标”工程，毫不动摇地守护好重点乡镇、重点部位、重点人员，确保没有缝隙、没有盲区、没有空白点。充分发挥便民警务站、驻村工作队第一道防线作用，实现了社会面防控的网格化、立体化、全覆盖。四是加强和创新寺庙管理。成立了1个寺庙管委会，设置了3个专职特派员，派出驻寺干部（含政法干警）17名。投入专项资金改善寺庙公共服务设施，努力推进“六建”、“六个一”、“九有”工作，寺管会办公用房已进入建设程序。完成了“四证”颁发工作，开展了模范和谐寺庙和爱国守法僧尼的评选，颁发奖金1.6万元，落实僧尼医疗与养老保险26人，僧人“知党恩、感党恩”教育活动稳步推进，效果明显。五是加强与尼方的警务合作。畅通与尼警方的通联渠道，加强边境会晤，有效保证了边境地区和谐稳定。六是突出学校维稳。抓住重点人群，强化思想教育，加强内部防范，确保了教育系统不出问题。

仲巴县

【年度综述】全年实现社会生产总值4.08亿元，同比增长12%；财政总收入1864万元，同比增加824万元，增长79%；牧民人均纯收入达4931.82元，增长6%；产业结构进一步优化，三产比例调整为40:21:39。

【特色产业迈出新步伐】紧紧围绕“牧矿兴县、边贸富民”的发展思路，产业发展水平显著提升。

一是畜牧业结构优化。2012年全县牲畜出栏27.77万头（只、匹），新生仔畜30.56万头（只、匹），成活24.45万头（只、匹），成活率达80%；成畜死亡3.77万头（只、匹），死亡率控制在5.5 %。

二是矿业经济发展壮大。顺利完成了扎布耶、天龙矿业公司在我县的迁移落户登记工作。全年共完成6400吨锂矿、8.7万吨硼矿的开采，实现税收2640.55万元，同比增长97.66%，增收1304.63万元。

三是旅游服务水平提升。2012年，全县牧民家庭旅馆发展到13家，接待国内外游客达4.5万人次，创收260万元，同比增长36.8%。

四是边贸效益日益凸显。2012年全县边贸进出口总额达11691.8万元，出口活畜12.18万头（只、匹），出口额达7245.8万元，出口百货创汇866万元。

五是非公经济作用明显。2012年乡镇企业收入8973万元，多种经济收入达到1200万元，积极开展“家电家具下乡”活动，兑现补贴10.74万元；全面实施“万村千乡市场工程”，共完成50家牧家店建设任务。

六是金融通讯支撑有力。截止2012年12月底，各类存贷款余额分别达到36228万元和4424万元；邮政、通信网络覆盖面进一步扩大，服务质量进一步提高。

【项目建设取得新突破】依托项目建设增加投资，拉动经济发展，积蓄发展后劲，抓大项目、抓好项目，为全县经济实现跨越式发展提供动力。全年新建、续建项目63个，完成全社会固定资产投资2.5亿元。完成了干部职工周转房、农牧民安居工程、县城廉租房、帕羊电站、雅江源宾馆等项目建设，全县基础设施状况显著改善。

一是抓好项目争取。结合各自实际，紧紧抓住国家新一轮西部大开发和对口援藏的有力机遇，找准投资对接点，利用好各种关系，主动出击抓好项目争取。

二是抓好项目储备。切实加大对项目储备的指导力度，认真研究国家的产业政策和投资方向，充分依托本地资源优势，认真组织开展可研编写等前期工作，有条件的尽快申报争取。

三是抓好受援工作。进一步加强宝钢集团与仲巴交流学习，深化宝仲关系。积极支持和协助援藏干部的工作，不断提高援藏工作效益。

【民生工程凸显新亮点】统筹兼顾，大力发展，将民生作为一切活动的原动力。

一是优先发展教育。全县在校生共计4016人，其中小学2588人、初中13113人，学前115人。全县小学适龄儿童入学率达到99.09%，初中入学率达到112.13%。完成了县中学学生宿舍、青少年活动中心等工程，办学条件进一步改善。

二是促进科技文化事业发展。全年共选派科技特派员34名，科技带动作用成效明显。积极参加了第十届珠峰文化节，成功举办了第四届雅江源文化节，文物保护维修工程有序推进，有线电视数字化改造工程扎实开展。

三是保障群众基本生活。全年共提供就业岗位93个，发放城镇低保和农村低保金额414万余元，完成1004户牧民安居工程建设。

四是建立基本医疗卫生制度。牧区合作医疗全民覆盖，门诊接诊工作取得新突破，巡回医疗服务深入开展，医疗卫生服务体系进一步健全。

五是扩大促进劳务创收。实现劳务输出4185人次，创收698万元。

六是全面拓宽就业渠道。全年共提供就业岗位93个，发放城镇低保和农村低保金额414万余元。

七是牧区安居呈现新面貌。完成1004户牧民安居工程建设，投资3530.51万元完成新（续）建交通项目9个。

八是草奖工作再添新业绩。牧民经纪人壮大到50人，培育专业合作社2个，实现创收276万元，完成短期育肥9万个绵羊单位，创收4050万元，草原生态保护补助奖励机制工作顺利通过自治区验收，共获得补助奖励资金8067.38万元，实现户均增收1.72万元，人均增收3960元。

【维稳工作获得新成效】按照“一切以稳定为前提、一切为稳定让路、一切为稳定服务”的原则，深入分析维稳形势，精心组织、周密部署、全民动员、全力以赴，切实做好了3月份敏感时段、党的“十八大”等节假日期间的安全防卫工作。坚持贯彻党的宗教信仰自由政策，依法管理宗教事务，坚持独立自主自办的原则，积极引导宗教与社会主义社会相适应。全年共开展宣传教育116次，组织边境巡逻1000余次，清查流动人口1720次，5个便民警务站成功投入使用，为机关应急分队购置了维稳处突装备，维稳配套设施不断完善，确保了我县社会局势和谐稳定。

一是认真做好民族宗教工作。坚持贯彻党的宗教信仰自由政策，依法管理宗教事务，坚持独立自主自办的原则，积极引导宗教与社会主义社会相适应。深入开展“六建”“九有”、“六个一”等规范寺庙创建活动，切实加强寺庙基础设施建设力度，提升寺庙公共服务能力。

二是认真开展反分裂斗争。牢固树立稳定压倒一切的思想，充分认识反分裂斗争的长期性、尖锐性和复杂性，始终保持清醒的头脑，切实增强忧患意识。深入开展边民爱国主义教育，教育和引导牧民群众增强爱党、爱国、爱社会主义的意识，增强维护祖国统一和民族团结的自觉性和主动性。

三是认真抓好社会治安综合治理。坚持“打防结合、预防为主、专群结合、依靠群众”的方针，始终保持对刑事犯罪活动的高压态势，全面落实社会治安综合治理各项措施，深入开展严打整治斗争，加大大案、要案的侦破力度，切实维护人民群众的生命财产安全，维护正常的社会秩序和生产生活秩序。进一步加强政法系统基础设施建设力度，切实增强处置突发事件的能力。

【强基惠民活动取得新成绩】活动开展以来，由232名干部组成了三级驻村工作队进驻了全县58个行政村，驻村覆盖率达到100%。各驻村工作队通过一线调研、实地走访、上门问计、健全制度、调解纠纷、联系就业、创业等形式，帮助基层解难事、办实事。2012年，全县58个驻村工作队共计走访群众1.43万多人次，征求意见建议1012余条，送去慰问品约380.95万元，实施短平快项目13个，投入409万余元建设了村级公路、人畜饮水等基建民生项目，联系各类劳务输出800多人次，实现收入160多万元。

【抗雪救灾工作取得全面胜利】“2·7”雪灾发生后，县委、县政府团结带领各族群众，全力以赴抗雪救灾。共抢通道路298.65公里，铲除积雪878775m³，调拨救灾资金130多万元，为受灾群众及时送去了必需的生活用品、食品和药品，灾后重建工作稳步推进。

【政府职能得到进一步转变】认真履行政府职能，积极推进法治政府、服务型政府和廉洁政府建设进程。全年共办理人大代表提案106件，答复率100%。雷厉风行，不等不靠。彻底改变“庸、懒、散、慢”的不良习气。求真务实，真抓实干。大力倡导求真务实之风，从自身做起，从小事做起，从现在做起，大力推行“领导在一线指挥、干部在一线工作、问题在一线解决、决策在一线落实”，各级干部深入基层、深入群众、深入一线，说实话、办实事、求实效。厉行节约，杜绝浪费。厉行勤俭节约，反对铺张浪费，各级领导干部从自身做起，深刻认识到“浪费也是腐败，节约也是政绩”，坚持勤俭办事，坚持艰苦创业，坚决反对讲排场比阔气，坚决抵制享乐主义和奢靡之风，不搞排场，不破标准，不超标配置，真正做到务实开会，简朴过节，从简接待。

【开创党建工作新局面】全年发展党员232名，其中牧民党员156名，“三个培养”占15%以上，吸收入党积极分子697名，新建党支部9个，党组织覆盖率达100%。慰问困难党员235人次，开展交心谈心750余人次，发放慰问金12.5万余元。实施琼果乡百货批发店等3个项目，共投入资金15万余元，年内7名困难党员实现脱贫。整合各方资源力量，投资35万元，为58个村级“两委”活动场所添置了办公桌、椅、火炉等设备，使村级活动场所实现“六有”目标全覆盖。

亚东县

【年度综述】2012年，完成县级生产总值达3.3199亿元，比2011年增长22%；人均生产总值达23394元，比

2011年增长19%；农村经济总收入达9141万元，比2011年增长35.6%；农牧民人均纯收入达5396元，比2011年增长16%；财政一般预算收入达3600万元，比2011年增长347.76%，其中招商引资县财政实得收入2400万元；边境互市贸易额达9784.89万元，比2011年增长22.5%，其中仁青岗边贸市场完成7041万元，比2011年增长26.7%；社会消费品零售总额达6298.27万元，比2011年增长8.6%。实施各类项目48个，投资达2.53亿元，比2011年增长68%。上海市第六批援藏干部亚东联络小组实施各类项目28个项目，完成总投资1.17亿元，培训人员近200人次。

【灾后重建取得重大进展】按照“先建民房，后建基础设施，再发展产业”的重建思路，精心选址，狠抓规划，加强服务，突出重点，科学推进，狠抓安全生产工作，狠抓民房建设的开工、质量、进度、资金兑现、矛盾化解等工作，努力推进民房重建，积极启动基础设施重建前期各项工作。去年重建施工期间，为支持灾后重建，所有干部职工一律取消休假，相关领导和部门干部职工几乎没有周末和节假日，全力投入重建家园，极大地推动了灾后重建。目前，全县需重建民房1263户，除了上亚东乡同步实施城镇化建设的414户外，其余849户已全部完工。灾后基础设施重建项目前期工作逐渐完成，投资已下达，年初即将开工。

【城镇化、特色产业、招商引资工作成为经济建设的新亮点】将新农村建设、城镇化建设与灾后重建有机结合起来，对10个村居进行整村规划与推进。特色产业经济效益得到初步发挥，已有16户群众参与亚东人工木耳种植，户均收入7800余元，亚东珍珠黑木耳地理标志申报成功，商标注册工作正在开展；投资554万元的帕里牦牛原种场建设一期、二期工程基本完成，帕里牦牛国家级种质资源保护区申报等工作积极开展；亚东鲑鱼养殖、上亚东乡高原菌类园区、蔬菜种植、藏白酒加工、果林试种、螃蟹试养等工作持续推进。核发虫草采集证3899本，成立下派工作组28个，指导服务群众3500多人次。已引进上海复星高科技（集团）有限公司等12家企业在亚东注册、纳税，全年县财政实得收入已达2400多万元；上亚东乡高原菌类科技园区建设进展顺利。

【城乡发展取得新成效】落实惠农政策，群众生产生活水平不断提高，城乡经济社会发展持续推进。完成农牧业设施建设投资4082万元，实施大的项目7个。完成农牧业技能培训1176人，新成立农牧业合作组织4个，调运化肥130.5吨、农药2吨、作物种子10吨，调运救灾物资45.3万斤，落实畜牧、作物良种补贴26万元，落实农机补贴200万元，新推广农机322台。调整优化粮、经、饲种植面积，人工种草13000亩，2012年粮、经、饲种植面积比例达43:22:35。草场承包暨建立草原生态保护补助奖励机制预期任务全部完成，划分草场366.6万亩，完成禁牧40万亩、减畜2228只绵羊单位，为群众兑现2011年草补奖资金803.8万元，人均增收755元。疫苗注射保持全覆盖，仔畜成活率达93%。全年实现粮食产量246.6万斤，蔬菜产量255万斤，青饲料产量520万斤，农业产量实现稳中有增。牲畜存栏达91510头（只、匹），完成短期育肥3000只绵羊单位，牲畜出栏达20992头（只、匹），出栏率23.3%，适龄母畜占46%。肉产量达743吨，奶产量1262吨，毛产量36.6吨，与2011年相比均稳中有增。农牧业收入实现4244.8万元，比2011年增长17%；多种经营收入达458万余元，比2011年增长12.7%。完成农牧民安居工程522户，完成村容村貌综合整治3个。“兴边富民”行动计划深入推进，投入资金627万元，实施项目22个。争取资金319万元，实施项目3个，解决了917人的吃水问题。争取资金3375.8万元，新建了县二级电站等工程。争取资金296.4万元，实施乡村道路建设项目3个。投入资金33.14万元，对11条乡村道路和7条二类边防公路进行了管养，确保通达率达100%。兑现边民补贴等资金738万元。投资566万元，实施了乃堆拉国门建设项目等项目，完成了仁青岗边贸市场二期建设征地等工作，加大“农家乐”筹建力度。实现边贸总额9784万元，其中仁青岗边贸市场实现边贸额7041万元；接待游客15300人次，实现旅游收入384万元。全年完成财政一般预算收入3600万元，县财政投入“三农”支持资金472万元，投入教育、农牧区合作医疗支持资金362万元。续建、新建各类项目48个，总投资达2.53亿元。投入资金近1000万元，实施了下司马镇滨河步行街等项目；投入资金200多万元，实施了帕里镇活动广场、给排水等项目。

【生态环保持续加强】贯彻落实自治区草原生态保护补助奖励机制和森林生态效益补偿政策，投资1715万元的2011年天然草场退牧还草项目已完成，完成禁牧任务40万亩。兑现2011年草原生态保护补助奖励资金598万元，10638人受益；兑现2011年生态效益补偿金521.4万元，2830户群众受益；兑现野生动物肇事补偿78.6万元，涉及294户群众。以天然林保护为重点，狠抓封山育林、植树造林、森林防火、野生动物保护等工作，开展林业专项整治6次，打击了偷伐、偷猎行为。组织军警民义务植树2600株，引种经济林5000株，完成重点区域造林6079亩。有序推进康布流域加热沟等7条支沟综合治理工程，项目建设环评工作逐步加强。

【社会事业全面发展】组织36名教师（教育工作者）前往白朗幼儿园、拉孜中学参观学习，调整优化学校领导班子。落实教育支持政策，落实教育经费“三包”、“两免一补”、“营养补贴”等473万元。加强教育硬件建设，争取投资1251万元，完成了“9□18”地震灾后校舍维修加固工程，实施了堆纳乡小学改扩建、康布乡小学教工宿舍及附设幼儿园工程。推进基层薄弱学校建设，实施教师交流制度，逐步发展学前教育，提高整体办学质量。适龄儿童入学率达99.85%，巩固率达100%，向内地西藏班输送生源4名。续建完成投资1255万元的县卫生服务中心项目，农牧区医疗管理制

度参加率100%，个人集资率达97%以上，培训医疗卫生人员88人次。推进乡镇卫生院标准化建设，加强村卫生室和村医队伍建设。疾病预防控制及突发公共卫生事件处置工作扎实开展，计划免疫接种率不断提高；落实"一孩双女"补助7.7万元；妇幼保健和计生工作进展顺利，孕产妇叶酸服用率达87%，人口自然增长率为5.7‰。核发各类卫生许可证121个，集中开展食品药品安全专项整治8次，避免了食品药品安全事故的发生。弘扬狮子舞、孔雀舞等传统民间艺术，深挖亚东悠久的边贸文化，成功举办第二届亚东国际边贸旅游文化节。总结"9·18"抗震救灾和灾后重建精神，形成了以坚韧、包容、互助、团结、爱国、向上为主旋律的时代精神。对地震受损寺庙中的32件文物进行了妥善保管和组织鉴定。培训广电技术人员8人次，发放太阳能电视一体机203台，检修设备97次，调试各类设备197台次，广播、电视人口覆盖率均达到了97%；全年放映电影1987场，观看人数近8万人次，比2011年增长10%。安排就业岗位15个，37人实现就业，城镇登记失业率控制在3%以内。核定失业保险参统职工351人，共征缴失业保险金51.13万元，征缴养老保险金191.7万元；新农保和城镇居民养老保险参保率达到93%；兑现城镇低保、农村低保、僧人低保金349万元，1973人受益。落实资金721万余元，实施了县级救灾仓库、羊毛编织加工厂等扶贫项目12个。完成劳务输出12126人次，实现收入2205万余元。落实各类救助金1717万元，社会保障能力明显增强。

【努力构建平安亚东】强化各项维稳措施，落实"绿色边境·红色堡垒"工程，深入开展反分裂斗争。加强舆论引导，防控不良信息传播，筑牢反分裂斗争的思想基础。落实县级领导24小时带班制度，加强党政机关和重点部门24小时值守、巡逻工作，确保敌对势力无机可乘。狠抓情报信息搜集和研判工作，落实军警民联防机制，重点加强通外山口（通道）和边境一线的管控，严厉打击非法出入境，着力构建反蚕食、反渗透、反分裂、反自焚斗争的钢铁长城。

【民族宗教工作不断推进】落实资金、项目，打造帕里镇民族团结示范点。广泛开展民族团结进步创建活动，成功召开了亚东县2012年民族团结进步表彰大会，开展了庆祝"3·28"百万农奴解放纪念日活动，营造了民族团结的好氛围。依法加强宗教事务管理，深化寺庙法制宣传教育，大力开展和谐寺庙创建活动，建立健全寺庙管理长效机制。大力推进和创新寺庙管理，加强对流动从事宗教活动人员的管理和教育，加强佛事活动的审批与管理。加强宗教爱国力量建设，凝聚广大僧侣和信教群众力量，共同致力于推进跨越式发展和长治久安。

吉隆县

【年度综述】2012年，全县地区生产总值完成28857万元，增长15.98%，人均GDP达到18958元，增长14.25%。三产比重由2011年的18.2:33.6:48.2调整为16.8:36.5:46.7，经济结构趋于合理。固定资产投资共完成65570万元，增长25.1%；地方财政一般预算收入完成712万元，增长94%，税收收入910万元。全县一般预算支出23397万元，增长38.11%,收支相抵，净结余166万元。农牧民人均纯收入达到4757元,增长32.1%。累计实现社会消费品零售总额5355万元，增长26.3%。劳务技能培训达277人次，劳务输出6849人次，实现收入1226.36万元。人口自然增长率控制在8.53‰以内。城镇登记失业率控制在3.6%以内。

【固定资产投资超额完成】全县共完成固定资产投资6.557亿元，超额完成年初制定的5.8亿的目标，增长25.1%，其中：口岸电站、2011年周转房等15个续建项目总投资15514万元，除口岸电站、扎龙公路外，已全部竣工，年内实际完成投资10325万元；2012年新开工建设宗嘎灌区、县城至热索三级油路、口岸医院、金太阳工程、2012年周转房、佩枯错景区等28个项目，总投资55245万元，现已竣工11个、完成投资19966万元。安居工程581户建设任务全部完成，4个人居环境综合整治任务完工3个。灾后重建项目完成99%，140户重建完成136户建设；436户中轻度受损房屋的维修加固已全部完成。

【农牧业整体稳中有增】全年粮油产量达1055.5万斤，年末牲畜存栏量达132633头（只、匹），仔畜成活率92%，成畜死亡率控制在2.5%。一是种植业稳步提升。2012年全县农作物播种面积为18348.89亩，粮食、油菜籽、蔬菜饲草产量分别达到910.27万斤，145.26万斤，223.6万斤，粮经饲比重65：28：7,三元结构渐趋合理。二是畜牧业改良选优。全县草场总面积743.85万亩，其中可利用面积为700万亩，建立人工草场1.4万亩，草场总载畜量为22万个绵羊单位。全县牲畜出栏60335头（只、匹），出栏率达到40.2%。全年新生仔畜45098头（只、匹），适龄母畜87172头（只、匹），适龄母畜比例为57.5%。全县肉类、奶类、毛绒产量分别可达1372.05吨，2688.66吨，173.5吨。治理坡耕地500亩，改造中低产田1000亩，治理鼠害草原25万亩，完成人工种草面积1500亩。继续加大折巴乡白绒山羊改良基地扶持力度的同时，完成了卡门巴、沃玛、加木等村改良换种。

【特色产业逐步壮大】以喜玛拉雅产业园区为龙头，调整经济结构，转变经济发展方式，申请成立了产业园区管委会，发展县域特色产业。一是种植基地建设进一步发展。建立了茶叶、玉米、生姜种植基地、红豆杉繁育实验示范基地、大棚蔬菜基地、葡萄试种基地、短期育肥基地。新增茶叶种植460亩,受益140多户；种植玉米500亩，创造经济价值96万元，受益群众240多户；种植生姜35座温室大棚，涉及农户15户，经济价值可达10万元左右；试播东北人参籽10000粒；扦插喜马拉雅红豆杉20万株；试种葡萄8亩；种植蔬菜大棚95座。二是特色产业链建设稳步推进。已建成冷链物流和生肉产业两条产业链。三是成立了

9个农牧民合作社。已经成立扎西玉米合作社、伦珠养鸡合作社、格勒茶叶合作社、阿旺蔬菜合作社、根确林下药材合作社等9个农牧民合作社，分别从事藏猪、茶叶、玉米、藏鸡、林下药材、野葱、短期育肥等经营项目，辐射带动523户近2000人。

【口岸建设与发展取得实质进展】一是规划即将出台，《吉隆口岸规划》、《吉隆镇城镇总体规划》等修编工作已经完成实地调研，目前基本完成了规划编制。二是吉隆口岸知名度显著提升。通过网络、宣传册、邮政明信片、风景节目制作等多种方式，使吉隆口岸从一个鲜为人知的口岸上升到了国家和自治区的战略层面。三是口岸基础项目建设进展顺利。在原有的“两纵两横”、吉隆镇旅游服务中心、吉隆镇中心街道路延伸、帕巴寺广场等建设项目的基础上，总投资8620万元的口岸电站建成后将解决和改善25个行政村、2738户、10094人的生产生活用电问题。四是口岸功能建设进一步完善。“一关两检”、口岸边贸市场等项目建成后进一步完善相关配套服务设施。总投资8000万元的国门联检楼、停车场、业务备勤用房及基础设施建设项目已开工建设。总投资1920万元的吉隆口岸进出口检验检疫局建设项目用地选址已经明确。总投资2000万元的吉隆口岸边贸市场项目预计2013年3-4月份开工建设。

【边贸发展势头良好】2012年边贸总额为8600万元，增长7.5%。实现社会消费品零售总额5355万元，比年初任务5000万元增长7%，比上年增长26.3%。一是共引进尼泊尔商人4户到吉隆镇经商,并每户补贴1万元,现运行良好,活跃了吉隆边贸市场,给我方边民起到了示范带头作用。二是累计新建、改建“农家店”61户，现已实现41个行政村全覆盖。总投资320万元的吉隆县农贸市场建设项目已下概算批复，现已完成招投标。

【旅游业稳步发展】游客总数达5000人次左右，收入180多万元。23处景区（点）统一安装旅游宣传提示牌以及旅游交通导向牌工作全部完成。总投资498万元的佩估湖旅游景区开发建设项目预计2013年5月全面竣工。98.1万元的第二批农牧民家庭旅馆扶持项目预计2013年5月竣工。参加旅游知识专业培训的5名待业青年进行了实地景区景点的讲解考核，其中3名优秀人员作为导游储备人才。

【教育事业健康发展】一是“两基”水平得到全面巩固和提高。小学、初中入学率分别达到100%、99.33%，完成学前教育244人，入园率达到45%，小学考入内地西藏班4名，初中考入内地23名，升学率分别达到100%和91.66%。二是加大教师培训与管理。全年有120名教师参加了认证考试，40名教师参加了各类培训。三是加大教育基础设施建设。全年教育项目共计11个，已经竣工使用8个。

【民生得到切实保障和改善】一是落实各项惠民政策。2012年兑现良种补贴金额38万元，第一批中央财政农机购置补贴项目资金100万元，种粮农民直接补贴兑现补贴资金20.83万元，种粮农民农资综合补贴兑现补贴资金17.07万元，油料补贴兑现23万元。草场承包及2011年草原生态保护补助奖励机制工作共落实补助奖励资金1129.53万元。二是安居工程建设方面。581户建设任务全部完成，4个人居环境综合整治任务完工3个。三是保障性住房建设方面。总投资1380.4万元的2011年度县级周转房116套建设项目已通过了地区验收。2012年度36套县级周转房与32套廉租房建设预计2013年8月份全部完成。四是低保范围进一步扩大。全县享受城市居民最低生活保障对象134户157人，全年共发放低保金60.18万元、发放物价补贴4.34万元。农村低保户738户2525人，全年共兑现农村低保资金183.6446万元、发放物价补贴16.8万元。五是城乡医疗救助工作进一步规范。城镇医疗救助3人，发放医疗救助资金1.865万元；农村医疗救助人数69人，发放医疗救助资金24.03万元。六是五保户供养与僧尼低保实现全覆盖。全县五保共有74户75人，已累计发放慰问金1.5万元，同时将全县41名僧尼全部纳入低保范围，实现了僧尼救助全覆盖。七是就业再就业工作进展顺利。提供公益性岗位115个,实现就业再就业155人，开展城镇失业人员和农牧民群众就业技能培训8次，培训人数297人。八是社会保险参保率不断提高。新型农村养老保险参保人数达8167人，参保率为98.65%，超额完成了年初地区下达的93%的目标任务。九是惠民工作深入开展。群众办实事办好事1946件，投入办实事资金790余万元。

【社会各项事业成绩明显】一是扶贫工作富有成效。全县贫困人员由2011年的3598人减少到3198人，已脱贫400多人。二是文化广电事业蓬勃发展。成立了县级艺术团，编排节目14个，文艺演出达24场次；制作完成了吉隆沟申报为国家级文化生态保护区的书和光碟；县图书馆和全县41个村委会农家书屋正常开放；公布县域内91处不可移动文物名录，完成重点古籍收藏点的古籍鉴定、强准寺及古如普拉康的主体建筑修缮后的梁柱彩绘等工作。三是医疗卫生事业总体水平上升，建立了县卫生服务中心为龙头、乡镇卫生院为枢纽、村卫生室为基础的三级医疗卫生服务网络体系，完成全县2846户13130人家帐更换和统一编号工作，参合人数13459人，参合率达到99%；住院报销补偿比例乡、县、县以上分别提高到90%、85%、80%；全面实现“及时结算”制，受益群众达21109人次。农牧民健康体检14005人；农牧民建档率达到96%；儿童先心病筛查应筛查人数3805人，已筛查人数为3805人，确诊22例，10人已送往北京手术治疗。全县41名僧尼健康体检及建档工作完成。

【维稳工作扎实有效】2012年，吉隆县荣获自治区级平安县荣誉称号，并在综治考评中被地委、行署评为三等奖。一是制定完善各类工作方案，提高维稳工作水平和处突能力。二是对全县重点部门、繁华街道和外来人员、暂住人口和公共娱乐场所进行检

查清理。检查重点单位、要害部门、出租房屋等各类场所246处。三是在主要路段、重点部位建立了便民警务站，推行以点控面的工作模式。四是扎实开展打击专项整治行动。开展专项行动以来共检查外来人员5127余人，车辆2156余车次。五是加大矛盾纠纷排查。全年共处理来信22人次，接待来访68人次。六是落实安全生产责任，加大安全生产执法检查，狠抓道路交通、消防安全、施工安全、食品卫生安全专项整治。七是全面圆满完成“十八大”各项安保工作。

聂拉木县

【年度综述】2012年，全县共完成国内生产总值4.53亿元，同比增长15%，二三产业比重达到近80%。地方财政一般预算收入完成1270万元，同比增长14%，其中税收收入完成762万元，非税收收入完成508万元。人均生产总值达22920元，同比增长11%。农牧民人均纯收入达到5968.18元，同比增长15%，其中现金收入达到4025元。农村经济快速增长，全年实现农村经济总产值1.2亿元，实现粮油总产6659.9吨，年末牲畜存栏20.5万头，畜产品商品率达到36%以上，圆满完成草场承包经营到户各项工作，成绩显著。藏医藏药业和农电行业实现了新突破，神猴药业全年实现藏医藏药业产值2100多万元，农电公司实现产值552.5万元，带动二产增长20%以上。旅游收入快速增长，全年累计接待国内外游客8.98万人次，实现旅游收入895万元，同比分别增长28%和27%。全年边境进出口贸易额达到17.82亿美元，大幅增长78.08%，再创历史新高。

【新农村建设扎实推进，农牧区基础设施建设覆盖面不断提高】全年共完成投资1810.83万元实施安居工程658户和4座村级活动场所；完成投资422.4万元的4个人居环境建设及综合整治项目；投资668.36万元实施了77户灾后重建项目；完成总投资1092万元的全国第一批小型农田水利建设重点县工程；实施农村公路兴建续建项目8个，建设里程56.2公里，总投资达4173.31万元；强基惠民工作扎实开展，全年共组织实施了141个惠民项目，投入资金2066.6万余元，其中本级财政投入512.69万元。

【项目建设总量增加，发展后劲明显提高】全年共组织实施项目65个，完成投资16853.11万元。

【科技文化事业蓬勃发展，教育卫生水平显著提高】全县广播电视覆盖率达到96%，户户通覆盖率达到92%，全年为边远农牧民群众放映影片920场次。全县适龄儿童入学率100%，巩固率100%，初中入学率100%，巩固率99.8%，7名学生考入西藏内地班，68名学生考入区内外重点高中，兑现助学资金20余万元。基层医疗条件不断改善，全年为13639名群众，149名僧尼进行了健康检查。

【城乡基础进一步完善，城镇形象不断提高】对2011年-2030年县城规划和樟木镇总体规划进行了编修，投资1400万元实施了樟木口岸风貌改造，投资160万元对樟木小学道路进行了硬化。樟木、县城环卫工作全部移交给西藏国策环保公司进行托管运营，垃圾实行实时清运，城镇形象进一步改善。

【援藏工作科学务实，支援力度不断提高】确定了总投资7000万元的21个援藏项目总盘子。重点实施了县旅客集散中心、县农科教综合培训中心、县双语学校、宗塔蔬菜基地、318国道综合整治、新农村示范村和寺庙维修改造等重点项目，已全部按期竣工。组织开展了援藏救助资金和物资发放、“四个一百”扶贫救助和基层党建活动示范点打造等活动，全县基层党建、就业创业、城乡住房、乡村基础设施、农村生活环境、公共文化卫生等方面都取得了显著提高，赢得了全县干部群众的拥戴和认可。

【社会事业协调发展，民生保障不断提高】全年新型农牧区合作医疗参合人数达15128人，农牧民参合率达99%，累计报销金额129万元，兑现各类补助资金126.86万元。完成全县44个行政村的农家书屋、17座寺庙书屋和1个部队书屋建设。争取资金1062万元实施了各乡镇小学改扩建、危房改造等项目，学校办学条件不断改善。同时，按照区、地党委、政府的要求和部署，加强组织领导，精心组织安排，积极做好驻村工作及加强和创新寺庙管理工作，实现了44个行政村驻村工作全覆盖和驻寺干部的常态化。

【社会局势持续稳定，人民安全感不断提高】扎实开展维稳处突工作，在财力有限的情况下，本级财政全年投入400余万元，从财力、人力、物力方面优先保障维稳工作；民族宗教政策全面落实，扎实推进寺庙“六建”、“九有”和“六个一”工程活动；加强会晤，加强双边多领域合作，加强对外宣传工作，提升了对外形象，确保了社会局势持续稳定。

萨嘎县

【年度综述】2012年，全县生产总值实现20801万元，同比增长12%，经济运行保持了良好态势，社会局势持续稳定，人民群众安居乐业，党的建设明显加强。

【产业步伐加快推进，质量效益不断提升】2012年，萨嘎县大力推广藏青2000、喜马拉雅19号、艾玛土豆等良种作物种植，积极引进霍尔巴绵羊、白绒山羊、吉拉牦牛等优良品种，加大旅游服务宣传工作，产业发展持续加快。2012年一、二、三产业增加值分别达到4778万元、4500万元、11523万元，同比分别增长4.8%、25.7%和10.6%。实现粮食产量1308.2吨；新生仔畜10.23万头（只、匹），成活率89%；年末牲畜存栏21.82万头（只、匹）；牲畜出栏11.41万头（只、匹），出栏率46.6%，提前一年实现草畜平衡；短期育肥11198只（羊单位）；牛羊肉产量1880吨。旅游服务业加快发展，全年共接待国内外游客4.9万人次，旅游业总收入322.3万元。

【投资消费强劲拉动，内外需稳步扩大】全年开工项目55个，完成固定资产投资17367万元，同比增长90.6%。驻日喀则办事处项目、县卫生服务中心建设工程建成并投入使用，如角电站工程、后勤服务中心业务用房项目、县礼堂建设项目、县检察院技侦楼项目、农村公路项目加紧实施，县城垃圾填埋场、县城供水等项目前期工作加快推进。全县社会消费品零售总额完成6538万元，增长17.7%，家电、家具下乡兑付补贴资金186.7万元，发放碘盐69.4吨。实现边贸进出口总额1.1亿元，同比增长29.3%。

【社会事业全面发展，公平正义深入人心】科技支撑能力逐步加强，启动了金太阳等科技专项，全县农牧民科技特派员达44名。安排教育事业经费2657.6万元，同比增长15.3%；教育教学质量有一定提升，共有6名同学被内地西藏班录取。城乡居民健康体检完成95.3%，在编僧尼免费健康体检完成100%；农牧区医疗制度覆盖率达100%；农牧区医疗补助标准提高到300元，城镇居民提高到260元。完成了县综合文化活动中心改扩建工程和第三次文物普查工作，寺庙实现广播电视全覆盖。完成邮政业务收入75万元，通信行业实现业务收入725万元。实施了生态造林工程，完成植树造林870亩；落实野生动物肇事补偿资金623.4万元，发放护林员补贴资金345万元。

【民生保障持续改善，发展成果人民共享】2012年农牧民人均纯收入达到4365元，同比增长24.9%。创先争优强基惠民活动扎实推进，累计落实短、平、快项目13个，资金265万元，各族群众得到实惠。农牧民生产生活条件继续改善，实施牧民安居及抗震加固工程505户，完成了3个行政村的人居环境综合整治工程。完成了拉藏乡整乡推进扶贫工作，实施到户帮扶项目9个，特色产业扶贫项目4个。兴边富民落实300万元，实施项目8个。全年共脱贫315户、1345人。城市、农村居民最低生活保障标准分别由月人均360元提高到400元、年人均1450元提高到1600元，农村五保供养标准由年人均2200元提高到2400元；为各类优抚对象发放了补助资金13.67万元。农牧区劳务输出5928人次，实现劳务收入983万元；城镇新增就业231人，城镇登记失业率控制在2.6%以内。新农保和城镇居民社会养老保险工作进展顺利，寺庙僧尼社会保险实现全覆盖，各项社会保险参保人数达10570人，为822人发放养老金88万元。完成了146套周转房和40套廉租房建设任务。

【改革开放深入推进，发展活力不断增强】积极探索粮食公司、农电公司合并经营的前期工作。扎实推进草原生态保护补助奖励机制和草场承包经营责任制工作，发放草畜平衡奖励资金、禁牧补助资金、生产资料补贴2579.75万元。非公有制经济蓬勃发展，市场主体达583户、从业人员1234人，同比分别增长12%、13%。对口援藏纵深推进，新建援藏项目3个，总投资425万元；续建项目6个，总投资1630万元；党政服务中心等一批重点项目基本完成。财政政策积极有效，实现地方财政一般预算收入490万元，同比增长20.1%；财政支出完成22222万元，增长42.3%；完成税收536万元，增长62.4%。

【深入开展反分裂斗争，社会局势持续稳定】狠抓边境管控和出入境管理，共抓获非法出入境人员10人，维护了国家领土主权和边境地区安全。全年累计安排维稳资金245万元，召开维稳例会41次，顺利完成了十八大期间全县安全保卫任务。认真落实寺庙属地管理措施，严格落实驻寺特派员制度，扎实推进寺庙“六建”“九有”工作。充分发挥便民警务站的职能作用，城镇网格化管理成效明显。深入开展打击整治专项行动，群众安全感进一步提高。妥善处理人民内部矛盾，共排查矛盾纠纷26起，成功调处26起，成功调处率100%。进一步落实安全生产责任制，加大安全生产执法力度，重点加大了道路交通安全、食品药品安全等领域的执法力度。

【加强和改进党的建设，执政能力和领导水平不断提升】坚持用中国特色社会主义理论体系武装干部头脑，组织宣讲队伍开展面对面的教育活动6次、萨嘎县党员教育巡讲8次，重点宣传了党的方针路线和强农惠农等政策。以党校培训、流动党校等形式，对各乡（镇）党员进行了党章相关内容培训。认真落实每周二、五学习制度和县委理论中心组学习制度，确保党员干部在学习中提高自身素质。严格执行党管干部原则，紧紧围绕全县社会局势稳定和经济社会发展大局，配班子、选干部、建队伍。2012年，共提拔63人、平职调整66人、降职使用2人，涉及到7乡1镇，31个县直机关行政单位、9个事业单位，各乡镇“一藏一汉”主要领导配备完成。严把党员入口关，2012年萨嘎县共发展党员94名，进一步充实了党的力量。全面贯彻落实“十项工作”，狠抓乡（镇）党委、村党支部班子建设，深入整治软弱涣散基层组织、基层班子，增强基层党组织的创造力、凝聚力、战斗力。认真落实村干部“一定三有”政策，抓好村党支部书记岗位目标责任制、任期承诺制和业绩考核奖励办法的落实。贯彻落实《党政领导干部选拔任用工作条例》“5个严禁、17个不准、5个一律”换届纪律要求，成立了县乡（镇）人大、政府换届工作领导小组，抽调相关单位经验多、作风正、党性强的干部，组成了换届工作指导组，通过多次召开专题会议进行反复研究讨论，在充分酝酿的基础上，结合实际，制定了具有针对性、指导性和操作性的《萨嘎县县乡（镇）人大、政府换届工作实施方案》，加大了对乡（镇）换届选举工作的指导力度，圆满完成了乡（镇）人大、政府换届及政协组建各项工作。

岗巴县

【年度综述】2012年，全县完成地区生产总值达17818万元，同比增长13.3%；完成一般财政预算收入501万元，同比增长25.25%；完成税收收入691万元，同比增长50.87%；农牧民人均纯收入预计达5186.34元，同比增长13.5%。

【**加快推进社会主义新农村建设步伐**】2012年，全县农村经济总收入预期达5654.3万元，同比增长17.7%；全县粮油总产量为691.63万斤；全县年末牲畜存栏数预计达161796头，新生仔畜73476头（只、匹），存活72226头（只、匹），存活率为98.35%。

落实好各项强农惠农政策，全年共发放各类惠农资金达2315.51万元。努力改善农牧民生产生活及居住条件，全县重点修复水利水毁工程12处，新建和维修加固水塘6座，投资200万元维修"9·18"地震灾后电力、人饮工程；成功实施农牧民安居工程建设463户，实施农村人居环境建设3个村。扶贫开发成效明显，全县共实施扶贫项目13个，总投资617万元；自治区工商联、外侨办、邮政公司共投入帮扶资金535.7万元，用于改善农牧区基础设施建设和提高人民生活质量；实施兴边富民工程7个，总投资299万元，续建兴边富民工程7个，总投资999万元。

【**以人为本、多措并举，倾力开展灾后重建工作**】受"9·18"地震灾害影响，全县实施灾后重建民房296户，总投资达2126万元，截止目前，已入住284户，入住率达96%；修复中度受损民房474户，总投资756.8万元，修复轻度受损民房717户，总投资132.645万元。在实施灾后重建、修复工作中，我们采用"集中办班抓培训、政府统一采购备建材、结合整村推进谋规划、民主自愿选户型、协调职能促进度保质量"等举措，较好地完成了灾后重建与修复工作。

【**坚持项目拉动战略，基础设施建设成效显著**】2012年全县共开、复工建设项目77个，总投资达18459.68万元，完成投资15872.32万元，其中续建项目18个，总投资5370.57万元，新建项目59个，总投资13089.11万元（援藏新建项目5个，总投资898万元），创项目建设历史新高。

县城基础设施建设稳步推进，新建中化路（环城南路）1条，完善县城给排水系统，配套建立曲岗公路过境路附属设施等基础设施建设。交通基建明显加强，全年共建设实施3条农村公路项目，总建安投资达1721.0178万元；岗巴县至日喀则曲美乡公路（曲岗公路）已基本建成通车。水利基础设施逐步完善，总投资1660.5万元，在直克乡、龙中乡新建两处防洪工程；投资200万元新建农村饮水管道引水工程5处，机井工程2处；投资351万元新建孔玛乡嘎雄堂草场灌溉工程。能源保障服务能力明显改善，投资1817.16万元用于改造升级县级电力局域网工程，投资261.5万元对昌龙电站大坝进行加高加固。

【**加大特色产业开发力度，努力实现"特色资源优势向经济优势"的转变**】积极推进岗巴羊产业化经营。成功建立了"农户+合作社+企业"的养殖、销售一体化的经营模式；为提高岗巴羊市场供应量，提升市场竞争能力，按照地委、行署的要求，着力打造以岗巴县为中心，向周边县市辐射的"岗巴羊生态养殖圈"；结合"兴边富民"工程，投资760万元用于岗巴羊特色产业开发，在直克乡新建了饲草库、饲草加工厂、防疫室，在4乡1镇新建暖棚圈143处，为每个行政村划拨5万元购买架子羊。加大水资源开发利用力度。在大力扶持岗巴县"曲登尼玛"牌矿泉水的基础上，通过招商引资引进西藏晶金矿业有限公司与西藏萨拉实业有限公司筹建第二家矿泉水厂，成功启动了岗巴镇梅朵泉开发，预计首期投资达5000万元。积极推销宣传岗巴旅游休闲产业。成功启动了曲登尼玛自治区风景名胜区总体规划编制，投资300多万元实施了龙中乡国措温泉升级改造工程。

【**统筹兼顾，大力发展社会事业**】坚持教育兴县战略不动摇。2012年，全县中考上线率达97.6%，中小学入学率、毕业率均为100%，农牧区幼儿入园率达50.79%，城镇幼儿入园率达100%；继续大力实施岗巴籍大学生教育资助工程，每生每年资助4000元，2012年共资助128名大学生，投入资金达51.2万元。继续完善农牧区合作医疗制度。2012年，全县农牧民参加合作医疗9350人，参合率达到100%，合作医疗报销35580人次，报销金额197.31万元，为63名困难群众预借医疗资金32万元；新建16个村级卫生室，初步建立了乡村卫生机构一体化管理制度。大力实施科技惠农工作。全年选派农民科技特派员38名，引进示范推广优良品种8个，发放各类科普资料1000余册。文化事业发展迅速。2012年全县共投资411.79万元，用于推进乡镇综合文化站的建设，户户通工程覆盖面积达到80%，成功创办了岗巴县电视台自办栏目。

【**坚持以人为本，促使民生事业上水平**】社会保险覆盖面逐步扩大，2012年，全县新增196人参加医疗保险，实征缴医保金164.1678万元；为559名农村老人发放新农保资金50.31万元，为110户、164人发放城镇低保补助资金70.9万元，为451户1466人发放农村低保补助资金129.14万元。把就业作为民生之本，坚持培训促就业，全县实现劳务输出总人数达9143人次，总收入达732.14万元；组织城镇失业人员和农牧民青年技能培训149人次，落实公益性岗位34个。重视关心弱势群体救助工作，为"9·18"地震受灾群众1192户、3962人发放口粮，折价23.6512万元；为91人实施医疗救助，救助资金达19.36万元；为五保户发放粮食衣物等折价4.32万元，每人发放现金200元、共计7200元。

【**加强生态环境保护，努力推进生态岗巴建设**】大力实施天然草地保护、退牧还草工程；积极开展义务植树造林活动，2012年全县义务造林出动人员1065人次，完成全民义务造林250亩，成活率达98%；2012年完成重点区域造林1000亩，苗木成活率达85%以上，并对2009年到2011年重点区域造林、防护林进行补植补种，共补栽苗木2850亩、15.75万株。

那曲地区

那曲地区

【年度综述】2012年，地区生产总值完成65.57亿元，同比增长13%；地方财政一般预算收入完成3.39亿元，增长41.7%；税收收入完成4.95亿元，增长28%；农牧民人均纯收入达到5492元，增长13%；城镇居民人均可支配收入达到17595元，增长10%；社会消费品零售总额达到11.85亿元，增长13%。

【坚持稳中求进，经济保持良好发展态势】狠抓“十二五”规划落实，大力实施“123”经济社会发展思路，推动经济更好更快更大发展。1.预计农牧业总产值完成15.71亿元，同比增长5%；牲畜出栏率达到30%，畜产品综合商品率达到56%；虫草产量1.63万公斤，产值约19.56亿元。狠抓合作组织发展，落实扶持资金815万元，全年新增合作组织60家，在工商部门注册登记的累计达到262家。促进龙头企业与合作组织嫁接，西藏藏北牦牛肉制品有限公司与那曲县7家牧民合作组织签订了购销合同。大力推进那曲地区现代草原畜牧业示范基地建设，投资1600万元的现代高效养殖示范场建成运营，牛奶单产比传统养殖方式提高了1倍多。2.基础设施瓶颈加快缓解。2012年，预计完成固定资产投资56.9亿元，同比增长32.26%。国道317线那曲至巴青段、省道301线（那狮公路）那曲至班戈段全线通油，省道305线（那嘉公路）85%的路面完成铺油，全地区通油路的县达到8个、通油路的乡镇达到了28个；那曲机场前期工作进展顺利。藏中电网延伸至班戈县顺利完工，延伸至比如、索县、巴青和嘉黎县工程全面开工，92座乡级光伏电站撤迁、修复、扩容改造工程全面推进，尼玛、双湖两县风光互补电站全面开工。投资5.6亿元、装机容量4.95万千瓦的国家重点能源项目—国电龙源那曲高海拔试验风场上马建设，实现了西藏高原风电零的突破。3.特色优势产业加快发展。围绕“提升一产，壮大二产，做强三产”，大力扶持特色优势产业发展。2012年一、二、三产预计实现增加值10.92亿元、15.53亿元和39.12亿元，分别增长3.61%、16.07%和14.69%。特色农牧业基地建设力度加大，那曲县、班戈县牦牛育肥及畜产品加工销售基地全面完工，尼玛县和班戈县绒山羊养殖基地全面建成。工业发展稳中有升，实现工业增加值0.61亿元，同比增长5.69%。旅游业加快发展，纳木措北部生态旅游区配套设施建设全面完工，那曲旅游纪念产品研发基地建设进展顺利，完成了大型电视旅游宣传片《解密羌塘原古象雄文明》第一、二期摄制工作，全年接待国内外游客45万人次、同比增长13.4%，实现旅游收入6235.5万元、同比增长3.9%。4.经济发展活力进一步增强。放心放开放宽放胆放手发展民营经济，全地区各类市场主体达到10935户，注册资金14.52亿元。依托那曲物流中心，加大招商引资力度，新引进企业27家，注册企业累计达到57家，注册资金3.8亿元，全年上缴税收2.29亿元，同比增长57.07%，占全地区税收的46.32%；物流中心实体项目扎实推进，已建成4家企业生产加工厂；西藏西铁物流公司正式成立，组建那曲西铁物流公司进展顺利。那曲高新技术产业开发区获批自治区级高新技术产业开发区，正在申报国家级高新开发区。那曲综合保税区申建工作积极推进，国家海关总署已赴我地开展实地调研。5.打造草原生态城市迈出新步伐。大力推进那曲镇城市居民安居工程建设，浙江小区、杭嘉小区、辽宁小区一期主体工程竣工，824户、5000多名城市居民将彻底告别土坯房，住上安全舒适的现代化小区。积极实施城市美化、亮化、绿化工程，那曲草原生态公园、镜湖公园、草原精灵广场等一批城市生态工程、民生工程相继建成，新增城市绿地面积140万平方米、人工湖面积13万多平方米。6.对口支援工作深入推进。坚持援藏资金向农牧区和民生领域倾斜，全年预计完成援藏投资4.6亿元，同比增长30%，实施各类援藏项目105个，那曲镇城市居民安居工程、那曲浙江中学、地区人民医院改造、中西部5县小康示范新村等一大批援藏项目相继实施。7.生态那曲建设取得明显成效。大力实施生态安全屏障保护与建设规划，全年围栏草地971万亩、人工种草9000亩，退牧还草310万亩、草原鼠虫害治理442万亩，重点区域造林绿化2700亩。草原生态保护补助奖励机制全面实施，完成禁牧面积5638万亩，减畜75.05万个绵羊单位，实现草畜平衡面积1.12亿亩，兑现2011年奖补资金4.54亿元。自然保护区建设和湿地保护力度加大，昂孜措—玛尔夏措湿地、麦地卡湿地保护与恢复项目进展顺利，那曲镇赛马场周边湿地保护与恢复工程全面竣工。

【坚持稳字当头，社会局势保持总体稳定】全地区党政军警民众志成城、艰苦奋战，保持了那曲社会局势面上的总体平稳，确保了青藏铁路那曲段等重点目标的万无一失，确保了三月敏感期、虫草采集期、十八大召开期间全地区社会大局的稳定。1.坚持一切以稳定为核心，做到全年严阵以待。面对异常严峻的维稳形势，动员所有力量，集中人力财力物力，全力以赴保稳定。对地区四大班子28名地级干部进行维稳工作分工，做到各负其责、各尽其职。地区派出由15名地级干部为成员的督导组，对11县发展稳定工作驻县全年督导，对青藏铁路安全保卫和宗教领域、教育系统维稳工作巡回督导。科学分析研判形势，果断取消了2012年地区羌塘恰青赛马艺术旅游节、畜产品展销会，挫败了达赖集团和分裂主义分子借举办大型活动之机制造极端事件的阴谋。2.坚持严管严控，确保面上平稳。一是强化重点防控。把“五县、一线、一边、28座重点寺庙”作为全地区维稳防控的重中之重，敏感节点多显多摆，其他时段内紧外松，始终保持强大震慑，使敌对分子不敢轻举妄动。招录255名护路队员充实护路一线，护路队员、军警、干部联防联控，确保了青藏铁路那曲段的安全畅通。强化邻省交界区域防控，设立4个固定检查站设卡盘查，安排7名县级干部蹲点开展维稳工作，严防输入型隐患。二是持续开展排查。公安机关不间断开展社会面排查，组织机关干部全面开展城镇房屋排查，各交通检查站“逢车必查、逢人必查、逢物必查”，全年累计劝返“三无”人员9740人、流散僧尼575人。三是强化群防群治，大力实施“红袖标”工程，组织动员党员干部、群众5.9万余人参与巡逻值勤，从城镇到牧区形成了维护稳定的强大合力。四是严管重点人员，对各类重点人员全面摸排，建立并严格落实“四级管理、两级责任”管控机制，对重点人员基本做到了情况清、底数明、管得住。3.深化主动治理，为长远稳定打好基础。一是主动治理重点区域。针对年初比如县局部地方、个别寺庙出现的异常动向，地委高度警觉，及时作出部署，从地直单位紧急选派497名干部充实比如维稳一线，地委主要领导率领工作组靠前指挥。自治区党委、政府高度重视，派出由洛桑江村同志带队的自治区那曲维稳一线指挥部坐镇指挥，综合施策、主动治理，确保了敏感时段比如总体平稳，打赢了白嘎“环保一号”专项行动攻坚仗。针对嘉黎县个别群众目无法纪、局部区域矛盾纠纷凸显的实际，在党的十八大前开展集中整治，依法处理涉案人员，及时打击违法犯罪，全面考核整顿基层组织，确保了嘉黎县当前稳定，为长远稳定奠定了基础。二是严厉打击现行犯罪。坚持情报信息先行，建立情报信息奖励机制，对提供行动性、预警性情报信息的地区国家安全局、公安处给予重奖。深入开展打击整治专项行动，全地区侦破现行案件51起、积案30起，收缴各类枪支24支、子弹407发和一大批民爆物品。持续开展深挖打潜，破获危安案件2起、抓获犯罪分子4人，一举打掉了境内“比如同乡会”、那曲县由恰乡“玉仲措巴”等反动地下组织。三是全面培训重点人员。成立工作专班，以历年来非法出境回流人员、邻省藏区学经返回人员、政嫌分子为重点，从4月开始分期分批进行封闭式培训，严格管理、严肃教育、严格审查，全年培训重点人员784人。在党的十八大召开前后，对重点人员中的330名一级重点人员在地县封闭式教育管控，为打好十八大维稳安保攻坚战消除了很大隐患。四是深入开展反自焚专项斗争。全面搜集情报，及时发现并成功制止自焚未遂事件20起、23人。加强汽油源头管理、运输管理和末端管理，实行油气定点限量销售和实名制购买。全面开展“反自焚”教育，使群众认清自焚的性质、危害和所要承担的法律后果。4.依法管理宗教事务，确保宗教领域和谐稳定。推动宗教活动场所依法依规管理，对1处非法学经场所和2处穆斯林礼拜点依法取缔。规范佛事活动审批和管理，严格落实“四个一”防范机制，确保了全年24.5万人次参与的774场宗教活动安全有序。集中清理整顿流僧，经严格政审和考试拟发证人员2229人，对1122名教育转化对象进行了建筑、缝纫、家电维修、藏医药等技能培训，制定了《那曲地区社会流动从事宗教活动人员管理实施办法》等文件，初步达到了把社会流动从事宗教活动人员这一特殊群体管住、管稳定的目标。5.深化干部驻寺工作，加强和创新寺庙管理。一是不断深化“六建”工作。所有寺管会主要班子成员全部配齐到位，寺管会挂牌率达到100%；制定了那曲地区《寺庙管委会工作职责（暂行）》、《寺庙管委会干部管理暂行办法》等文件，确保寺管会干部全面正确履职；加强各寺管会的管理，对各县民宗局长一律高配，由一名副县长兼任；采取送出去考察培训、邀请区地统战、民宗部门领导同志就地培训等方式，培训寺管会干部711人次。二是全力落实惠寺惠僧政策。扎实开展“六个一”活动，地县财政累计投入资金260万元，广泛开展走访慰问寺庙僧尼、宗教界爱国人士活动；落实资金128万元，对14座寺庙进行了维修。全面实施“九有”工程，四代领导人挂像、国旗、报纸、广播电视、寺庙书屋实现全覆盖，270处宗教活动场所全部纳入安全饮水范围，通路宗教活动场所63处、通讯100处、通电93处。全面落实“一个覆盖”，僧尼医疗保险参保率达到89.5%、养老保险参保率为56%、健康体检率达到96.7%。切实搞好“一个创建”，地县为和谐模范寺庙暨爱国守法先进僧尼颁发奖金995.1万元，极大地激发了他们维护统一、反对分裂的自觉性和坚定性。三是深入开展“一个教育”。大力开展以弘扬历代高僧大德“爱国爱教、遵规守法、弃恶扬善、崇尚和谐、祈求和平”为主题的寺庙法制宣传教育活动，地区财政安排22.4万元经费，编印《那曲地区高僧大德事迹读本》3000册发放到每个寺庙，组织宗教界爱国人士宣讲团深入寺庙巡回宣讲，在全地区推广聂荣县宗教界人士首倡的“珍爱生命、反对自焚”签名活动，收到了良好效果。6.广泛开展“五个意识”教育，打牢斗争基础。抓住创先争优强基惠民活动驻村工作队全覆盖的大好机遇，在全地区广泛开展以增强党的意识、祖国意识、法律意识、政府意识、公民意识为主要内容的“五个意识”宣传教育活动，编印宣讲提纲1.35万本，组派89个由县级干部带队的宣讲团，逐村逐寺逐校巡回宣讲；发挥驻村工作队、寺管会主体、各级学校的作用，逐篇逐节宣讲，维护稳定的思想基础、群众基础和社会基础进一步夯实。7.加强和创新社会管理，不断提升社会管理水平。制定下发了《中共那曲地区委员会、那曲地区行政公署关于加强和创新社会管理的实施意见》，为地区综治办增设了社会创新管理科和实有人口服务管理科。大力推进城镇网格化管理，全地区92个便民警务站全部建成投入使用，那曲镇社区网格化管理全面启动。强化虫草采集管理，确保了涉及6个虫草产区县、15万名群众参与的虫草采集工作有序进行，实现了连续五年未发生恶性刑事案件、群体性事件和“零死亡”的工作目标。8.强化维稳能力建设，维稳保障水平不断提高。大力加强政法队伍自身建设，深化政法干警核心价值观教育实践活动暨岗位大练兵活动，选派10名县政法委书记赴北京参加了党委政法委书记培训班，组织600余名公安民警参加了不同层次的练兵培训活动，全地区政法系统新招录人员953人。大力实施“天网”工程，投资2800万元的全地区看守所和便民警务站、38个重点派出所视频监控系统和公安四级网建设投入使用。狠抓政法基础设施建设，比如县夏曲镇和安多县雁石坪镇一级公安检查站建设、部分县检察技侦楼等一批政法项目相继开工。

【坚持民生优先，各族群众生活水平不断提升】1.小康示范新村建设开局良好。坚持“规划第一、质量第一、群众满意第一”，突出“居住、生产、公共服务”三大功能，建设集现代化牧民新居，水电路讯、广播电视、公共活动广场等配套设施，畜圈、暖棚等生产设施，村文化活动室、卫生室、幼儿园等公共服务设施为一体的现代化新村。五大企业对口支援的班戈、申扎、尼玛、双湖、聂荣5县率先启动，整合各方资金6700万元（其中援藏资金6095万元），新建小康示范新村5个、新居179户，聂荣县小康示范新村率先建成。这一重大民生工程得到了自治区领导的充分肯定，受到了广大群众的衷心拥护。2.农牧民生产生活条件持续改善。实施农牧民安居工程和抗震加固11844户、受益人口5.45万人。投资1.61亿元，实施了154个行政村人居环境建设和环境综合整治。建成农村安全饮水工程1593处，新增安全饮水人口7.37万人。实施农村公路项目152个，为无电地区农牧民发放“金太阳”户用光伏系统44753套。全地区实现乡乡通宽带、104个乡镇通光缆，行政村电话覆盖率达80%。集中开展“惠民政策大落实、惠民项目大检查、惠民资金大兑现”活动，确保真正施惠于民。3.公共服务水平不断提升。优先发展教育，落实投资3.06亿元，实施了5所中学标准化、32所小学规范化和27所乡村幼儿园建设，地区特殊教育学校建设、地区职业技术学校改扩建基本完工，小学适龄儿童入学率和初中入学率达到99.1%和94.6%，地区教体局被国务院授予“全国‘两基’工作先进单位”。强化医疗卫生，投资3480万元的地区人民医院改扩建工程基本完成，投资6200万元的地区藏医院整体搬迁工程全部完工，浙江大学医学院附属第二医院对口支援地区人民医院开通了名医可视远程会诊中心；农牧区合作医疗个人集资率达到98.91%，培训新招录村医225人；全民健康体检惠及城乡居民，体检完成率达到95.4%；儿童先心病筛查救治工作全面推进，已确诊571人、手术救治266人。提升科技服务，自治区重点科技工程“金牦牛”项目顺利实施，全年新增科技特派员100名，培养科技特派员示范户22户。4.就业和社会保障体系日益完善。全年实现就业再就业1969人，城镇登记失业率控制在2.5%。农牧民转移就业3.06万人次，实现收入6600余万元。农村低保扩面提标，新增低保对象25231人，受益群众达到9823户、60259人。新农保稳步推进，参保率提高到59.53%。广泛开展“同在一片蓝天下”捐资助孤活动，共募集资金411.94万元，向全地区881名孤儿一次性兑现基本生活费814.5万元，地区社会福利中心和嘉黎县、双湖县、比如县社会福利院开工建设。稳步推进保障性住房建设，开工建设廉租房94套、地县干部职工周转房200套。

5.扶贫开发深入推进。根据新的国家扶贫标准，全地区共识别人均纯收入低于2300元的扶贫对象3.17万户、12.57万人。落实投资1.68亿元，实施扶贫农发项目170个，新增脱贫人口9246户、38203人。广泛开展“访贫问苦送温暖”活动，地区财政为1190个驻村（居）工作队和寺管会各解决1万元专项资金，全部用于看望慰问困难群众、寺庙僧尼及家庭，进一步化解了民困、改善了民生。

【领导名录】

地委副书记、行署专员：
　谭永寿（4月离职）
地委副书记、行署专员：
　马相村（4月任职，9月离职）
地委副书记、行署专员：
　刘江（10月任职）
地委委员、行署常务副专员：
　姚绍良（援藏）
地委委员、行署副专员：
　敖刘全（12月任职）
行署副专员：嘎玛仁青（12月离职）
　江村旺扎（8月离职）王纯丁、欧嘎、多杰热登喻昌、普珍，
　扎江（4月任职）、李潭林（4月任职）
　嘎松美郎（4月任职）
行署秘书长：农军

那曲地区纪委（监察）工作

【全面落实保持党的纯洁性各项措施，坚决维护和严格执行党纪政纪】一是积极教育引导广大党员干部坚定政治立场，严格执行“十个决不允许”，在反分裂斗争的大是大非问题上始终同党中央保持高度一致。二是进一步加强对区、地党委关于开展反分裂斗争、维护社会稳定决策部署落实情况的监督检查，及时下发《中共那曲地区纪委 那曲地区监察局关于开展维护稳定各项工作监督检查的紧急通知》、《关于严禁党员干部参加“萨嘎达瓦”宗教活动的通知》、《关于加强对“萨嘎达瓦”期间维护社会稳定各项工作监督检查的紧急通知》、《关于干部职工坚守工作岗位的通知》、《中共那曲地区纪委中共那曲地委组织部关于进一步做好十八大期间维稳安保相关工作的通知》，各级纪检监察机关采取抽查和普查、明察和暗访相结合的形式，本着“不漏一家单位、一个执勤点、一座寺庙、一个行政村”的工作要求，实地检查维稳措施落实、人员在岗、值班

带班、应急力量等情况，对发现的问题责令相关单位和责任人限期进行整改，并严肃处理在维稳工作中不负责任、工作落实不力、不作为、慢作为、乱作为的单位和个人。目前，已纪律处分15人、组织处理27人，并对一名县处级干部给予行政警告处分，在全地区范围内进行通报批评。按照地委统一安排，抽调一名正县级纪委副书记长期蹲点在比如县开展维稳督导工作。委局干部职工在做好本职工作的同时，克服种种困难，全力投身于维稳一线，为维护社会大局的稳定作出了积极贡献。三是充分发挥查办案件的治本功能，严查严办各类违法违纪案件。2012年，共收到来信来访44件，立案14件，给予15人党纪政纪处分，其中地区纪委立案6件，给予8人党纪政纪处分，涉案资金475万元，追缴违纪资金15.75万元。严格落实《关于进一步加强党的纪律检查机关办案安全工作的意见》（中纪发〔2010〕3号）文件要求，进一步加强和规范安全办案工作，切实将依纪依法、安全文明办案的要求贯穿于每一个案件和查办过程的每一个环节，做到程序合法、事实清楚、材料齐全、定性准确。

【扭住重点，突破难点，全面推进专项治理工作】一是工程领域专项治理取得新突破，及时调整充实领导小组，制定下发《关于继续做好2012年工程建设领域突出问题专项治理工作的通知》、《那曲地区2012年工程建设领域突出问题专项治理工作要点》、《那曲地区2012年基本建设项目专项检查工作计划》，进一步细化任务，明确目标，落实责任。制定出台《工程建设项目备案条件》、《工程建设项目邀请招标和不进行招标应具备的条件》、《基本建设项目前期经费使用及管理暂行办法》、《银行协助监管工程款制度》。制定下发《那曲地区关于对工程建设中挂靠借用资质投标违规出借资质问题进行专项清理的实施方案》，对2011年以来63个投资500万元以上的工程项目进行专项清理。推进地区级工程有形交易市场建设，在场地、现场监控设备、管理人员等方面予以大力支持，并逐步将交通、水利、农牧等行业项目纳入交易市场进行统一管理、集中进场和集中交易。整合和充实评标专家，推动综合性评标专家库建设。强化招投标活动的现场监督，对52个项目的招投标工作进行了备案监察，对37个投资较大、民生效益明显的工程项目招投标活动进行了现场监督，当场确定招投标程序不合规的6个项目（标段）为无效标。加大工程项目检查和执法力度，抽调16个单位的38名专业人员，对11个县（区）46个乡（镇）和12个地（中）直部门共计201个工程项目进行了全面检查，发现284个问题涉及115个项目，下发整改情况通报、建议函，督促相关建设单位限期整改，并依法依纪对28家施工和监理单位进行处罚，累计罚款9.8万元。二是公车专项治理取得初步成效，制定出台《那曲地区超标及置换车辆处理方案》、《关于对超标车　　置换车进行处理的通知》，并于9月30日对相关县、地区21家单位的19辆超标车、40辆自行处理车辆进行公开拍卖，成交总金额1161万元，其中19辆超标车全部拍卖成功。目前，自治区认定的42辆超标车已全部处理完毕。

那曲地区组织工作

【加强领导，强化措施，精心组织推进基层组织建设年活动】2012年，调整党员领导干部联系点150多个，组建了由11名地级干部带队的督导组，采取定期督查、专项督查，随机抽查、重点考核等方式，对基层组织建设年活动进行全面督促、检查和指导。突出“细化量化指标、党支部自评、党员群众测评、上级党委考评定级”四个环节，对全地区1668个基层党组织进行了分类定级，共评出先进基层党组织267个，占16%；一般1228个，占73.6%；后进164个，占9.8%，普遍建立了基层党组织分类定级名册，注明了分类定级的理由、整改措施、整改时限和责任人等。6月份和12月份组派考核组深入各县（区）、地（中、区）直各单位基层，通过实地查看、听取汇报、查阅资料、抽样调查、走访了解、座谈测评等方式，对全地区基层组织建设年活动开展情况和落实基层党建工作责任制情况等进行综合测评，及时发现问题，纠正整改，对工作中的好做法、好经验，及时予以交流推广，确保基层组织在整改提高中晋位升级，不断加强。全地区从机关选派139名优秀党员干部兼任后进村“第一书记”，对164名“后进”党支部书记进行了集中培训。通过整改提高，全地区144个后进基层党组织、318个一般基层党组织实现了晋位升级。目前，全地区1668个基层党组织中先进738个，占44.2%；一般910个，占54.6%；后进20个，占1.2%。

【大力实施“领头雁”工程，突出抓好基层领导班子建设】加大选派干部到基层任职工作力度，促进优秀干部在基层锻炼成长。2009年以来，全地区先后从县直机关选派346名优秀年轻干部到乡镇工作，累计提拔乡镇干部742名；乡镇领导班子的平均年龄从2009年的39岁优化到目前的35岁，乡镇领导班子大专以上文化程度由2009年的37.6%上升到现在的56.2%。对情况复杂、维稳任务繁重的重点乡镇的15个党政“一把手”高配为副县级或由县四大班子成员兼任;对139个后进村加大整顿力度，由驻村工作队队长兼任第一书记;实现了全地区114个乡镇党政“一把手”“一藏一汉”配备格局。同时，考录近300名大学生担任“村官”，使436名致富带头人进入村居“两委”班子。

【强化编制促工作，努力提高机构编制管理服务全地区发展稳定大局的整体水平】以乡镇机构改革、政法专项编制建设、事业单位管理改革和各类机构编制的审批落实等工作为重点，突出机构编制为基层服务，为维护稳定和构建平安、和谐那曲服务的工作特点，深化改革，科学规划，从严控制，强化管理，在机构编制改革管理工作方面取得了显著进展。

【积极做好各类机构编制的审批落实工作，发挥编制的最大效能】审批了地、县相关单位的18项机构和编制议题。成立了地、县（区）两级网络文化建设和管理协调领导小组办公室和宗教工作领导小组办公室，做好了地区工商联升格等调整报批工作，不断理顺了机构设置和工作关系。

【竭诚服务老干部，努力使老干部“老有所学、老有所养、老有所乐、老有所医、老有所为”】累计慰问老干部及遗属6800多人次，发放慰问金240多万元。创先争优强基础惠民生活动中，全地区有27名老干部主动请缨参加驻村工作队，在3月份维稳高度敏感期，全地区1478名老同志积极响应组织号召，迅速加入到驻村工作队和“红袖标”队伍中，体现出了高度的政治觉悟和对党的无限忠诚。

那曲地区 宣传思想工作

【成功举办了那曲地区激情广场】“激情广场·爱国歌曲大家唱”群众歌咏活动，于2012年8月30日在那曲镇举办。由尼玛、申扎、班戈、安多、嘉黎、比如6县群众演员600多人，教育、政法、部队、干部职工、学生方阵队员1000人，合唱团300人参加了活动。农牧民群众，机关、企事业单位干部职工、学生、部队官兵、离退休干部及道德模范、劳动模范等5000人现场观看了演出，演出得到了各级领导的高度重视和大力支持，得到了社会各界的积极配合，取得了良好的效果。

【开展形势政策宣传和典型宣传工作】从2012年，各县组成70个由县级干部带队的宣讲团，分片包干、逐村逐寺宣讲。全地区累计开展集中宣讲3820场，受教育群众31万人次，组织座谈讨论1809场，邀请基层“三老”人员612人，做新旧西藏对比报告1003场，放映爱国主义电影456场，开展群众文化活动1501场。向各驻村工作队、寺管会和学校发放《“五个意识”宣传教育提纲》1.35万本。同时，重点对创先争优强基惠民活动中涌现出来的先进典型：李芬玉、扎西平措、索达等在全地区进行了宣传报道。掀起了宣传典型、学习典型的热潮。

【外宣工作进一步完善】进一步充实和完善了外宣采访点。按照年初全区外宣工作会议的安排部署，和自治区外宣办下发的《关于印发〈关于打造主题采访线的实施方案〉的通知》要求，按照打造以民主政治、经济发展、民生改善、文化传承、环境保护、教育发展、藏医藏药、对外交往为主题的系列采访线的部署要求，结合我地实际情况，在原有外宣点的基础上，新增设的外宣点有：那曲火车站及物流中心外宣点、那曲镇牧民点、那曲地区藏药厂外宣点、青藏铁路沿线—安多错那湖外宣点。

那曲地区 统战一线工作

【大力做好党外人士工作】召开了党外人士座谈会。那曲地区统战部分别于3月26日和8月6日召开了两次党外爱国人士座谈会。通报了地区经济社会发展情况，充分肯定了各界党外爱国人士在经济发展、社会局势稳定中发挥的重要作用，同时向地区党外爱国人士提出了新的要求。

举办了“西藏百万农奴解放纪念日”设立三周年座谈会。3月26日上午，地区各族各界人士在地委统战部四楼藏式会议室隆重集会，举行庆祝“西藏百万农奴解放纪念日”设立三周年座谈会。

认真开展聂荣等三县组建政协、七县政协换届、地区政协换届等各项工作。

【加强和创新寺庙管理各项工作全面推进】寺庙“六建”工作进展顺利、运行平稳。目前，地区各宗教活动场所寺管会（特派员）机构已经全部成立，绝大部分寺庙完成交接工作，驻寺干部截止目前已到位841人，其中寺管会干部666人，干警175人，所有寺管会主要班子成员均全部配齐到位。自治区财政厅下拨的3371.5万元寺管会经费已经全部拨付到各县（区），自治区统一采购的97辆车辆已经全部配发到了各寺管会。

关心寺庙僧尼，管理中体现服务、体现关怀。认真开展“六个一”活动。各寺管会把开展“六个一”活动作为宣传党的惠寺惠僧政策、宣传创新寺庙管理政策的重大意义的重要契机、为困难僧尼做了各种好事，平均家访率接近100%。地县广泛开展了看望慰问寺庙僧尼活动，总计发放慰问金近120万元。

深入落实寺庙“九有”工程。目前各宗教活动场所四代领导人挂像、国旗、报纸已经实现全覆盖，发放大幅四代领袖像270幅，小幅四代领袖像4109幅，发放3号国旗8面，4号国旗262面；通水：地区水利局已将全地区270处宗教活动场所全部纳入安全饮水范围，规划总投资13297万元，目前已完成嘉黎县等县的3处饮水工程，地区财政垫付3100多万元用于实施寺庙饮水工程，计划于2013年底前完成寺庙安全饮水项目建设；通路：目前270座宗教活动场所中，未通路207座（处），其中相关部门已批准113条，另外99条通路项目可能在明年初批复，按照“分期分批，先易后难，先大后小，统筹考虑”的原则，与“村村通”工程同步实施，力争2013年底之前完成；通电：电力部门已将不通电的177座宗教活动场所中的那曲县聂布寺等8处宗教活动场所通电实施方案上报国家电网，部分未通电寺庙今年安排了“金太阳”工程；第一批通电寺庙的“舍舍通”2161套电视设备已经发放到位，完成了通电寺庙“舍舍通”，在9座寺庙建立了24个集中收看点，为180座未通电寺庙发放了180套太阳能一体机接收设备，基本完成所有寺庙广播电视全覆盖的目标。有电影：目前电影放映设备到位不是很理想，绝大部分的寺庙没有电影放映设备。但县乡电影队对大部分寺庙开展了放映电影活动。区地文化部门已为所有宗教活动场所配发了部分书架、约10多万册书籍。另外，地区通电话（含有手机信号）宗教活动场所有100座（处），未通电话的170座

（处），相关部门正在加紧工作，争取年内完成不通电话宗教活动场所通讯信号全覆盖工作。聂荣县委、政府积极推进“9+3”目标，即除寺庙“九有”外，筹资52.2万元为每座寺庙修建一座厕所、一个垃圾池；2012年从援藏资金中安排910万元，统一为全县所有僧尼建设260套集体僧舍，每套补助约3万元，建筑面积17160m²，保证全体僧尼住有所居；对14名僧尼进行了为期6个月的医务常识培训，并按照相应标准每年为僧尼配送药物。巴青县在2012年安居工程民房改造中，为寺庙解决了50个指标。巴青县鲁布寺在“九有”基础上，新增5项内容，即修复8排温室大棚，成立寺庙医务室、举办汉文基础培训班，修建一个垃圾池，种植树苗绿化寺庙。申扎县安排寺庙维修经费12.4万元，为僧尼解决了5套安居房，价值14万多元，投资46.2万元，新增了为寺庙修建厕所和垃圾池项目，配发了清运垃圾的手推车。班戈县沙漠寺在“九有”基础上，新增了卫生所、招待所、垃圾填埋场、厕所、蔬菜大棚、僧舍、商店、文化补习班等项目，各县通过采取各种措施，加大寺庙基础设施建设力度，极大地方便了寺庙僧尼、寺管会干部工作和生活。

各县加紧推进寺管会综合业务用房建设工作，目前83个正科级以上寺庙寺管会业务用房项目中，68个项目已经开工并积极推进。

2012年，全地区应参加医保僧尼4014人，实际参保3484人，参保率86%。全地区应参加养老保险僧尼4014人，实际参保1850人，未参保2164人，参保率为46%。80%以上的在寺僧尼已纳入城镇医疗救助范围，114名僧尼享受农村低保，9名僧尼享受城镇低保，五保供养34人等。5月中旬，我地在寺庙僧尼中全面开展体检活动，应体检人数4014人，实际体检人数3861人，体检完成率为98.5%，其中那曲等10县（区）体检完成率为100%；比如县为93.7%。那曲县孝登寺在今年年初积极协调地区人民医院和卫生局免费为全体僧尼进行了体检，此举得到了陈全国书记的高度评价和充分肯定，也开辟了全区为僧尼开展体检活动的先河。这些举措极大增强了僧尼对共产党的感激之情，对祖国的热爱之情。

那曲地区政法工作

【不断加大维稳机制建设力度，细化措施，明确职责，确保我地社会局势持续稳定】2012年，那曲地区政法系统全力做好3月份、西藏和平解放60周年庆祝活动期间、党的十七届六中全会等敏感时段，“3·28”、“5·23”、“6·4”等敏感节点，虫草采集、赛马节和国庆期间的各项维稳工作，严防邻省藏区寺庙僧人自焚事件波及我地，夺取了维稳“三大战役”的全面胜利。一是针对全年维稳工作发现的新问题新情况，加强分析调研，形成了《进一步健全完善维稳工作机制　扎实推进维稳防控各项工作》、《关于建立健全大情报工作格局的一些思考》等10篇调研材料，为扎实开展好下步维稳工作提出了对策建议。二是为配合嘉黎县做好忠义乡水电勘测前期工作的群众工作，在忠义乡组织开展了主题教育活动，确保了目前为止该片群众情绪的总体稳定。三是为深刻吸取巴青县“9·21”重大庭审安全事故和“1·19”案件（巴青籍人员在地区赛马场斗殴致死）的沉重教训，切实整改巴青县部分乡镇存在的农牧民群众法制意识淡薄、非法械斗情况较突出的实际问题，按照地委统一部署，从3月15日至5月15日，通过宣教摸排、专项整治、总结验收三个阶段，围绕雅安、扎色、阿秀、玛如、拉西、江绵等重点乡镇在巴青全县范围内扎实有序开展了法制宣传教育及专项整治活动。通过开展此次活动，使15530余人次群众受到深刻的法制教育；摸排掌握各类问题53项，研究提出下步工作意见52条，有效调处矛盾纠纷6起；列控重点人员142人，处理相关人员102人，对“9·21”、“1·19”严重刑事犯罪的14名涉案人员正依法追究其刑事责任，整个法制宣传和专项整治活动取得了明显成效，达到了预期目的。

【以深入推进社会创新管理为抓手，以深化平安建设为平台，全面强化社会治安综合治理工作】一是完善综治工作机制，加强规范化建设。层层签订《2011年那曲地区社会治安综合治理目标责任书》，制定出台了《那曲地区2011年社会治安综合治理工作要点》和《2011年那曲地区综治和平安建设任务分解表》，明确了综治工作目标，细化了职责任务。还成立了由地区综治委主任赵红阳同志任组长的综治工作述职评议领导小组，地区综治委会同地区纪委、地委组织部、地区监察局、地区人社局五部委召开了述职评议动员会议，在全地区全面开展了综治述职评议工作；年中，地委政法委、地区综治办领导带队的工作组深入11个县（区）和部分乡镇就上半年综治工作机构建设、责任落实、措施落实、工作台账规范化建设、重点人员管控等五个方面工作进行了督导检查，提出了整改意见，为全面推动综治工作奠定了良好的基础。10月15日至27日，地区综治委组织地区综治委主要成员单位负责人和11县（区）综治办主任，分中、东、西三个小组，赴我地11县（区）和重点乡镇、村（居）、机关（企事业单位）、学校、寺庙，通过听取汇报、查阅资料、实地检查等方式对全地区、全年综治工作进行了初步的考察验收，为迎接自治区检查验收工作奠定了良好的基础。

那曲地区党校（行政学院）工作

【完成了校内主体班的培训任务】2012年，那曲地委党校开设了9个班次，分别是中青年干部培训班2期、乡镇干部培训班2期、公务员任职培训班1期，公务员初任培训班1期，地直机关党支部书记培训班1期，农牧民文化补习班1期、嘉黎县村干部培训班1期，共培训学员282人次。其中，春季中青班还安排到日喀则进行了考察学习。此外，为了认真学习深刻领会党的十八大精神，在全地区兴起学习宣传贯彻会议精神热潮，于近日还将举办1期县（处）级领导干部十八大精神学习研讨班，2期科级干部十八大精神学习研讨班，预计招收学员190人。

【积极开展送教到基层】上半年派出10人次教师，分5批次到地区统战部、地区政法委、地区民宗局、比如县、索县、嘉黎县等地直单位和部分县进行宣讲和授课，讲授了西藏历史、“五个意识”、西藏和平解放60年辉煌成就、反对分裂维护稳定、民族区域自治制度、《村民自治条例》等内容，受讲人数达4000多，宣讲取得了良好的效果；下半年党的十八大胜利召开后，又积极响应地委、地委宣传部的号召，派出9名骨干教师去11个县（区）、地（中）直部分单位巡回宣讲十八大精神，效果非常良好。

那曲地区
人大工委工作

【依法选举产生自治区第十届人大代表并组织参加自治区十届人民代表大会第一次会议】2012年，根据《西藏自治区人大常委会关于西藏自治区第十届人民代表代表名额分配和选举问题的决定》和藏人大办发[2012]116号通知精神，经工委研究并经地委会议同意，组织各县依法选举产生我地出席自治区第十届人大代表为47名，其中党政领导干部27名；工人、农牧民代表10名；专业技术人员代表7名；汉族代表9名；妇女代表11名；统战宗教2名。

2013年1月24日至29日，那曲地区代表团共54名代表（含区直代表）、3名列席人员出席和列席了自治区第十届人民代表大会第一次会议，代表团在地委、行署的直接领导下，在自治区人大常委会的指导帮助下，经过与会代表的共同努力，会议取得圆满成功。

【协助自治区人大常委会积极开展执法调研和对法律法规草案征求意见工作】1.2012年5月21日至22日,以自治区人大常委会内务司法委员会主任边巴次仁带队的执法检查组一行到那曲地区开展《中华人民共和国残疾人保障法》执法检查。

2.2012年7月2日至7月8日，自治区人大法制委员会副主任委员次仁多吉带队的调研组深入那曲、巴青等5个县的26个寺庙书屋、牧家书屋和各类文化经营单位，对《西藏自治区文化市场管理条例》（以下简称《条例》）的贯彻落实情况进行了检查，分别同行署和5个县政府交换了意见。

3. 2012年8月24至26日，自治区九届人大代表、自治区人大常委会副主任嘎玛率部分自治区九届人大代表赴那曲地区，对部分九届人大一次会议以来代表提出的建议、批评和意见办理情况进行跟踪检查。检查组还听取了地区行署关于那曲地区草原生态补偿机制、黑色公路建设情况、那曲虫草采集管理和虫草市场基本情况汇报。

4. 2012年9月4日上午，人大地工委党组副书记、副主任加央多吉，那曲县人大常委会主要领导带领那曲县三级人大代表40余人，对部分重点工程建设进行了专项视察。

5. 2012年9月20-21日，由自治区人大常委会副主任周春来率领的2012年“中华环保世纪行——西藏行”调研组一行，前往各检查点了解相关工作开展情况。9月21日，调研组一行还听取了地区行署关于环境保护工作的情况汇报。

6. 2012年10月18日至19日，自治区人大常委会主任向巴平措率领区党委农工办、区农牧厅、区扶贫办考察组一行在班戈、申扎两县调研，视察了两县农牧建设情况，看望了部分驻村工作队、慰问了部分困难群众。

【做好县乡换届工作】2012年那曲地区换届工作在自治区人大常委会换届选举委员会和地委的坚强领导下，人大地区工委办高度重视、认真实施、加强督导，圆满完成了换届工作。

【积极联系和指导各县人大工作，重点指导乡镇人大工作】认真审阅各县人大报送的材料，及时通知自治区人大常委会要求各县上报材料；积极了解各县人大依法履行职责的情况；认真督促各县依法召开人民代表大会例会，切实履行好人民代表大会的各项职权，不断开创人大工作新局面。

2012年换届工作结束后，为了充分发挥县乡人大工作的职能，人大工委利用维稳督导和换届指导工作为契机，深入到各县乡，通过实地检查、听取汇报等形式，对县乡人大工作进行了全面调研。

那曲地区
民族宗教工作

【积极开展加强和创新寺庙管理工作】1.认真开展“六建”工作。在聂荣县试点的基础上，完成了那曲地区各宗教活动场所建管理机构、建党组织、建班子、建队伍、建职能、建机制工作。在全地区各宗教活动场所中组建了以驻寺干部为主、爱国僧尼参与的寺庙管委会和专职特派员管理小组。通过加强和创新寺庙管理工作，使寺庙的管理权、人事权、财务权、物权、佛事权牢牢掌握在党和政府手中，实现了寺庙和谐稳定。2.积极开展寺庙“九有”工程建设。据统计：各宗教活动场所已发放了四代领袖像270幅（大）、四代领袖像4109幅（小），发放3号国旗8面、4号国旗264面，发放书籍10万余册，书架1350套，寺庙征订报纸1558份。发放“舍舍通”广播电视设备2161套，在未通电寺庙建立了集中收看点。3.积极开展“六个一”活动。在开展“六个一”活动中，广大驻寺干部积极与僧尼广交、深交朋友，深入僧尼家中开展家访，以诚待人，认真为僧尼办实事、办好事。通过交朋友、家访、办实事，建立了僧尼档案。以发放联系卡等形式，畅通了驻寺干部、僧尼家庭、僧尼本人的联系渠道，形成了一套管理机制，为和谐寺庙创建活动创造了条件。4.寺管会业务用房建设情况。按照自治区有关文件精神，83个寺管会安排了综合业务用房项目，应到资金12700万元，实际到位6800万元，到位率达53%。30个综合业务用房项目年底交付使用，41个项目跨年底交付使用，12个项目未开工。5.认真开展僧尼免费体检活动。据统计：寺庙除长期闭关修行、治病、学经等在外僧尼外，共完成了3648人免费体检，完成率达90.1%。6.积极推进“两保一低”工作的开展。据统计：寺庙僧尼已参加医疗保险3464人，完成率85.6%；已参加养老保险2266人，完成率56%；将1166名寺庙僧尼纳入低保救助范围，占僧尼总数的29%；将46名无依无靠的僧尼纳入“五保”范围。

【依法管理宗教事务】严格规模性佛事活动审批程序。根据《西藏自治区人民政府第112号主席令》，对符合国家法律法规和宗教仪轨、有历史惯例、信教群众参与，且人数达到一定规模的各类宗教活动，按照属地管理、分级负责和“谁主管、谁负责”的原则严格审批程序。对每场规模性宗教活动都制定了实施方案、安保方案和应急处置预案，并做好了风险评估。由于准备充分，方法得当，确保了每场活动都依法、安全、有序进行；加强宗教活动场所管理。始终坚持依法管人、以制度管人、以证管人，继续推进《藏传佛教活佛证》、《藏传佛教教职人员》、《藏传佛教宗教活动场所证》和《藏传佛教宗教活动场所法人代表证》颁发工作，对在颁证过程中出现的错发、漏发的现象进行了及时纠正，把颁证工作作为依法管理宗教事务的具体体现，作为管理宗教场所的重要手段，切实发挥“四证”的最大效益。在敏感时段积极发动僧尼成立护寺队，对宗教活动场所经堂、院落、僧舍进行巡逻，确保了宗教活动场所安全；严格僧尼请销假制度。为严肃纪律，切实加强对僧尼的管控工作，各级民宗部门和寺管会（专职特派员）尽职履责，狠抓僧尼在寺率。对因特殊原因外出的僧尼限期返回，确保我地僧尼在敏感节点在寺率达到98%以上。

那曲地区藏语文（编译）工作

【进一步增强服务意识，以高标准、严要求，搞好翻译工作】一是2012年，那曲地区编译局保质保量地完成了那曲地区创先争优强基惠民活动领导小组编写的《那曲地区创先争优强基惠民活动宣讲材料》及《党的十八大宣讲提纲》》的翻译工作。二是局党委积极响应地委的号召，在2012年2月比如县达塘乡维稳工作加强组和2011年10月起开展的创先争优强基惠民活动中共选派10名同志驻村开展工作，驻村同志积极发挥优势，翻译了大量关于维稳方面的重要文件，达塘乡4名加强组同志还承担了《那曲地区开展增强党的意识、祖国意识、法律意识、政府意识、公民意识活动宣讲提纲》的翻译任务，得到了区地两级领导的高度评价。三是圆满完成政协提案的翻译工作。截止到2012年9月12日，共翻译涉及27家单位的政协提案77件，为及时办理政协提案起到了积极的作用。四是认真完成了大量地委、行署重要会议的材料翻译及领导讲话的翻译任务。五是完成了地直各有关部门送来的文件、材料的翻译任务。

【实现规范化、文明化为目标，扎实开展社会用字检查整改工作】2012年10月25日召开了地区藏语文社会用字检查整改工作视频会议，全地区有关部门的共100余人参加了动员视频会议。藏语文社会用字检查整改工作正式启动。

检查整改中，共发现1368个门牌匾、1288个招标牌、150个交通标识、82各企业广告牌、512个公益性广告存在不同程度的问题。通过整改，到2012年底，无使用藏汉双语688处，错字、漏字、翻译不准确的209处，藏汉字体比例严重失调的187处，已得到了整改。

那曲地区扶贫（农发）工作

【年度综述】2012年，经过自治区扶贫办调研认证，共批复实施扶贫农发项目170个，总投资16776.1万元（国家投资14458.1万元，群众自筹2318万元）。其中批复安居工程、整乡推进、面上扶贫、劳动力转移、扶贫培训、项目管理费、地方财政2%配套资金等扶贫开发项目168个，总投资14980.1万元（其中国家投资13105.1万元，群众自筹1875万元）；批复实施两县农业综合开发土地治理、农业产业化项目各2个，总投资1796万元（中央财政及自治区财政1353万元，群众投劳折资或企业自筹443万元），项目到户率达到60%以上。与上年相比，2012年扶贫（农发）工作呈现出投资额大、投资面广、见效快及受益人数多等特点，目前，各类项目完成率70%。

【整乡推进】全年共实施子项目56个，投入资金3745万元（其中国家投资3034万元，群众投工投劳711万元），140多个村受益，受益群众约达4000多户、14000多人，平均人均增收800元。

【面上项目】通过自治区审批实施产业化项目102个，总投资7621万元（国家投资6457万元，群众自筹配套资金1164万元），主要实施奶制品加工、特色建材、牧民施工队、乡村道路维修、蔬菜大棚等项目，受益覆盖面达80%，逐步实现贫困人口由外出务工到境内务工的经济型转变。

劳动力转移项目。为巴青、索县争取110万元配套资金开办采石厂2处，以“公司+基地+支部”经济合作组织方式，有效地缓解贫困家庭大中专生就业难问题，目前，两县劳动力转移项目约62户186人通过培训实现了转移就业，可实现年新增产值100万元，纯收入36万元，人均增收达到1935元。

安居工程。全年共实施贫困户安居工程1000户，投入资金2500万元，切实解决贫困群众在生产生活等方面的困难问题，确保搬得出、稳得住、能发展、可致富。

社会培训。2012年，积极开展各类培训班12期，投入资金60万元，培训人数1078人，举办汽车摩托车修理、餐饮服务、施工建筑、汽车驾驶等七类培训，目前，通过社会培训，实现转移就业670人，预计年人均增收1920元，切实增强群众自我发展能力。

定点扶贫。参加定点扶贫的自治区中直单位20家，包20个乡（镇）进行一对一帮扶，地（中）直71家，包18个乡（镇）共179个行政村进行帮扶，各县（区）县（中）直单位，包108个行政村进行帮扶。全年区、地、县三级帮扶单位共出动工作人员1309人次，落实各类项目92个，落实项目资金1484.975万元。其中：自治区20家定点单位共出动工作人员90人次，落实项目66个，落实项目资金1048.975万元，单位及干部职工捐款22.4125万元，捐物折资106.825万元，落实培训项目4个，培训人数1647人、24次。地（中）直71家定点单位共出动工作人员284人次，落实项目21个，落实项目资金249.5万元，单位及干部职工捐款50.17万元，捐物折资31.56万元，落实培训项目5个，培训人数511人、31次，实现转移就业84人。县（中）直共出动工作人员935人次，落实项目5个，累计投入资金187多万元，其中投入现金54万元左右，捐物折资123万元左右。

【提升农业开发水平。根据年初制定计划，不断加大土地治理力度，加快产业化经营步伐，不断提高农牧业综合生产能力】一是建设草场（原）16.8万亩,草场围栏59.98万米，新建牲畜棚圈180座，草地年增产牧草336万斤，牲畜死亡率下降了一个百分点，仔畜存活率提高了5%。项目区牧民增收427.6万元，草原生态环境得到明显改善。防抗灾能力进一步提高;二是新建安多县1万只多玛绵羊育肥基地，育肥基地年生产育肥羊10000只，销售收入达到540万元，利润50余万元。聂荣县奶制品加工新建项目可年生产各类奶制品27吨，产值186万元，纯利润达40万元。

那曲地区治协商工作

【全体委员会议】十届一次会议2012年9月18日至21日在那曲地区召开。政协第十届那曲地区委员会第一次会议应到委员178名，因事因病请假33人，实到145人。会议审议通过了政协第十届那曲地区委员会第一次会议议程；会议宣布了《政协第九届那曲地区委员会十二次常委会议关于同意江村旺扎、多秋阿觉、次仁曲珍等178名同志为政协十届那曲地区委员会委员的决定》；听取并讨论了那曲地区行署领导所作的关于我地经济发展情况通报；会议审议了政协十届一次会议政治决议、政协十届一次会议关于政协九届常委会工作报告的决议、政协十届一次会议关于政协九届常委会提案工作报告的决议，并一致通过。选举产生了政协第十届那曲地区委员会常务委员、秘书长、副主席、主席，以此为标志，新一届政协那曲地区委员会诞生。地区政协党组副书记、十届地区政协副主席洛扎代表政协第九届那曲地区委员会向大会作常务委员会工作报告。报告从注重理论学习、维护社会稳定、履行职能推动发展、加强文史资料工作、促进对外交流、加强自身建设等五个方面全面回顾了地区政协九届以来的主要工作，从全面提升委员素质，促进社会经济发展、推进我地社会和谐稳定、凝聚那曲科学发展力量、着力抓好自身建设等五个方面提出对十届政协的建议。地区政协党组成员、十届地区政协副主席扎西南杰向大会作了那曲地区政协第九届委员会以来的提案工作情况报告。报告提出，九届以来，各位委员共提出意见、建议418件。经审查，符合立案条件并立案的249件，占提案总数的59.57%，169件作为委员意见、建议。已立案的提案按内容分类，涉及8大类：牧区经济发展类84件，占提案总数的33.7%；民生类33件，约占立案总数的13.2%；城镇建设和环境保护类38件，约占立案总数的15.1%；科教文卫类28件，约占立案总数的11.3%；人事社会保障类28件，约占立案总数的11.3%；统一战线和民族宗教类19件，约占立案总数的7.5%；政法维稳类14件，约占立案总数的5.7%。其它类5件，约占立案总数的1.9%。大部分提案已经解决。

【常务委员会会议】九届十二次会议2012年9月14日（会期一天）在那曲地区召开。审议通过政协第九届那曲地区委员会第十二次常委会议议程（草案）；审议通过政协十届那曲地区委员会第一次会议议程（草案）；审议通过政协十届那曲地区委员会委员名单；审议政协十届一次会议主席团、秘书长名单（草案）；审议通过政协十届一次会议提案审查委员会组成人员名单（草案）；审议通过政协第九届那曲地区委员会常务委员会工作报告（草案）；审议通过政协第九届那曲地区委员会常务委员会关于提案工作情况的报告（草案）；听取了地委统战部作关于政协十届政协那曲地区委员会参加单位、委员名额、委员组成人选情况的说明。会议传达学习了中共西藏自治区第八届委员会第二次全体会议精神。

十届一次会议2012年9月22日（会期一天）在那曲召开。会议根据那托秘书长提名，审议通过了十届政协副秘书长名单，日卓、朱洪镇、丹增欧珠、次仁玉珍、孟令河当选为十届政协副秘书长。政协党组书记、主席江村旺扎同志作重要讲话。

十届二次会议2012年11月26日至27日在那曲召开，应到常委34人，实到20人。会议邀请那曲地区十八大精神宣讲团宣讲十八大精神，常委们以“以十八大精神为指导，深入推进社会主义协商民主制度建设”为题，进行了热烈的讨论。会议还要求各县政协准备2013年自治区政协会议提案。

【专门委员会工作】地区政协十届一次会议共收到提案95件，共立案82件，占提案总数的86.32%。其中，经济建设和社会稳定类3件，占立案总数的3.66%；基础设施建设类22件，占立案总数的26.83%；草场建设和环境保护类2件，占立案总数的2.44%；统一战线和民族宗教类2件，占立案总数的2.44%；教、科、文、卫类19件，占立案总数的23.17%；农牧业生产和群众生活类14件，占立案总数的17.07%；民主法制建设类3件，占立案总数的3.66%；其它类17件，占立案总数的20.73%。经审查未立案的13件提案将作为委员意见建议转交有关部门办理。

文史民族宗教法制委员会地区政协高度重视文史资料在“存史、资政、团结、育人”等方面的特殊作用，大力开发文史资料征集、整理工作，今年出版发行了《索朗加泽副主席藏文书法唐卡》（三套）和《政协组织史》，文史资料工作成效显著。

那曲地区工会工作

【确保“三大节日”送温暖资金落实到位】2012年，组织、慰问了双湖、申扎、巴青、比如、索县5县（区）企业困难职工和地直26家企业困难职工及30家节日在岗人员。“送温暖”的各项任务，做到了一户不漏地走访慰问，共慰问困难职工950户，发放慰问金资金79万元；慰问节日加班人员4.7万元整，累计发放了慰问资金8.37万元整。

【把中央财政专项资金用在刀尖上，切实为企业困难职工办好事】根据自治区总工会法律保障部《2011年度中央财政专项资金分配通知》，分配下拨那曲地区工会办事处中央财政专项资金分三批共计拨款94.4万元，专项资金集中用于建立困难职工档案和临时档案中的困难职工及困难农民工的帮扶救助，重点是职业培训、医疗救助、助学救助、生活救助。共救助企业困难职工757人，计9.44万元（其中：救助农民工87人，12.47万元）。在区总工会对那曲地区困难职工的关爱下，上报的医疗救助15名困难职工，享受到医疗救助金7.8万元。关爱女职工行动发放资金4.8万元，帮扶困难女职工60名。兑现了2011年“金秋助学”，解决了企业困难职工子女120人上学难，发放助学金24.4万元。

2012年12月，为企业困难职工兑现中央财政专项资金80.1万元，金秋助学24万元。

【认真开展“安康杯”劳动竞赛活动】2012年，地区有金盛公司、烟草公司、客运公司、物资局、地毯厂、金路公司、医药公司等企业参加了竞赛活动。客运公司被评为2011年“安康杯”优胜企业称号。

【认真吸纳非公企业入会建档，充分发挥工会组织作用】那曲地区25人以上的非公企业共有98家（私营企业18家，集体企业5家，农民合作社75家）；组建工会的只有8家，发展会员349人，职工14253人，入会率2%。

那曲地区妇联工作

【做好女性进村（居）“两委”工作】2012年，共有1191个村（居）“两委”，班子成员实有人数5691名，其中，妇女1136名，均为妇代会主任。女性进村居“两委”班子率为95.38%，比2008年的81.47提高了13.91个百分点；妇代会主任进“两委”率为100%，比2008年的60.8%提高了39.4个百分点。仍有55名男性兼任村（居）妇代会主任，占4.62%。

【全面开展“学雷锋”活动】以“下基层、访妇情、办实事”为主题，在那曲镇单亲母亲困难家庭中开展了“庆3·28，学雷锋，送温暖”活动，将总价值10000余元的大米、面粉、茶叶、糌粑、青油、棉被等生活用品送到了10户38人困难单亲母亲家庭中，使妇女群众进一步感受到伟大祖国大家庭的温暖和社会主义的优越性，也进一步增强了妇女群众“铭记历史，珍惜今天，开创未来”的意识。安多县妇联组织县直机关妇委会开展了关爱空巢老人活动，在广大妇女中提出了在社会上遵守社会公德、在岗位上坚守职业道德，在生活中弘扬家庭美德，在日常生活中陶冶个人品德的倡议，组织妇女为患有疾病的贫困妇女捐款8850元，为13位敬老院“五保”老人送去了价值7150元的藏袍、鞋子、糌粑、砖茶、酥油和水果等慰问品。安多县妇联、那曲县妇联为五保户、贫困户、残疾人、孤儿、病人、困难人员和村宣传队演员等进行了各项慰问活动，总计慰问246人，慰问金额达14959元。安多县妇联还联合县中学向全县干部职工提出捐款倡议，开展了“草原有爱情暖安多”为主题的献爱心，捐款捐衣活动，筹得爱心捐款11325元、衣物321件，为县中学244名特困生和孤儿生购买保暖内衣和手套。那曲地区各级妇联踊跃参加全地区助孤捐款活动，全地区妇联系统妇女干部职工助孤捐款30000余元。

那曲地区审判工作

【年度综述】2012年，那曲地区两级法院共受理各类案件2523（包含旧存67件，诉讼外调解案件984件），审（执）结2445件，结案率96.9%。其中，中院受理各类案件109件（含旧存6件），审（执）结100件，结案率91.7%。两级法院参加非诉化解矛盾448件。

【严惩严重的刑事犯罪，全力维护社会稳定】两级法院共受理各类刑事案件149件，审结146件，结案率98%。其中，中院受理各类刑事案件26件，审结24件，结案率92.3%。

【扎实推进社会矛盾化解，依法调节和规范社会关系】两级法院共受理民商事案件994件（含旧存26件），审结968件，结案率97.4%。其中，中院受理民商事案件62件（含旧存3件），审结57件，结案率92%。2012年，调解结案和经工作当事人主动撤诉结案的案件575件，占结案总数的79.31%，取得了较好的审判效果和社会效果。两级法院受理行政案件3件，审结3件，结案率100%。中院受理行政案件0件。

【加大执行工作力度，维护司法权威】两级法院共受理执行案件377件（含旧存41件），执结328件，执结率达87%，执结标的总金额达515.06万元。其中，中院受理执行案件5件（含旧存3件），执结3件，执结率达60%，执结标的总金额达160万元。自觉树立和谐执行司法理念并贯穿在执行工作全过程，通过耐心细致的思想工作和疏导教育，促使当事人自动履行、和解执行的案件234件。对于有执行能力拒不履行的，坚决采取强制措施执行。两级法院强制执行的案件42件，依法保护当事人的合法权益，维护了司法权威。

【**重视和加强信访接待工作，维护社会政治局面稳定**】2012年，共受理涉诉信访案件9件（均为各县法院受理），已结9件，结案率达100%。两级法院共受理再审案件8件（均为中院受理），已结8件，结案率为100%。坚持对残疾人、老年人、农民工等弱势群体实行优先立案，提供法律咨询、诉讼指导和便民服务，有效了发挥立案工作的“窗口”服务作用，在司法程序上，最大限度的满足人民群众的诉讼需求。高度重视矛盾纠纷化解工作，两级法院立案庭诉前调解案件984件，参加非诉化解矛盾448次；办理当事人减、免、缓交诉讼费235件14.44万元；接待来信来访180余人次。

那曲地区检察工作

【**依法严厉打击各类严重刑事犯罪，努力维护那曲和谐稳定**】2012年，那曲地区两级检察机关共受理审查批捕187人。经审查，依法作出批准逮捕161人，其中，以事实不清、证据不足15人；不构成犯罪作出不捕决定的3人；无逮捕必要作出不捕决定的8人。共受理移送审查起诉案件221人，经审查，提起公诉195人，作出不起诉26人。

【**积极查办和预防职务犯罪，努力为那曲创造良好的政务环境**】2012年，两级院共受理贪污贿赂案件线索6人，初查4人，立案3人。侦查终结并移送审查起诉3人，法院一审做出有罪判决2人，通过办案，为国家和集体挽回经济损失25万元。

制定了反贪部门查办农牧区合作医疗领域职务犯罪专项工作实施方案和反渎部门查办农牧民安居工程领域职务犯罪专项工作实施方案，开展了调查摸底工作。制定了《西藏自治区人民检察院那曲分院职务犯罪侦查与预防一体化工作规则》，实现了侦查、预防整体功能最优化和效益最大化。

2012年两级院共受理渎职案件线索4人，初查4人，经审查，均不存在渎职行为。制定了《那曲地区检察分院那曲地区公安处惩治和预防民警渎职侵权犯罪联席会议制度》。积极开展农牧民安居工程领域职务犯罪专项工作，在开展专项工作的同时，向牧民群众了解学生三包经费、惠民资金的落实情况。广泛开展法制宣传，向牧民群众发放藏汉双语《那曲地区人民检察院渎职侵权犯罪案件举报须知》。按照区检院的安排部署，在那曲地委党校中青年干部培训班上开展了反渎职侵权犯罪法治讲座，那曲地区党校老师，地直机关中青年干部培训班学员、那曲地区部分村支部书记、村长，共计100多人参加了此次法治讲座。

2012年两级检察机关有9个院在所在地看守所设立了临时驻所检察室，并派专人进驻看守所，实行全天24小时监督。两级院对监管场所开展安全检查341次，巡回检查1760次，重大节日协同政法有关部门联合防范检查2次。发出纠正违法通知书1份，发出书面检察建议书13份，口头检察建议29次。审查批准保外就医13件13人，审查提请减刑案件8件8人。

2012年，两级院预防部门共开展职务犯罪预防调查4次，开展预防法制讲座7次，法律咨询15次。积极开展专项预防工作，比如县检察院主动介入该县国家总投资893、7万元的大礼堂工程建设，班戈县检察院介入该县安居工程建设项目，取得了很好的预防效果。

共受理不服法院判决或裁定的民事、行政申诉案件6件，经调查，立案2件，息诉3件，1件向自治区人检察院提请抗诉。按照地委政法委的安排，派1名干警给那曲地区重点人员讲授法制课。

共受理群众举报和来信来访108人（次），其中分院接待群众来信来访38人次，县院接待群众来访68余人次。对群众举报和来信来访，都及时做出处理。共受理申诉案件5件，其中刑事申诉案件1件（转索县院）、民事申诉案件3件（转本院民行处），一般申诉1件1人（此案正在办理）。通过控申工作，化解了矛盾，消除了不安定因素，防止了重复上访和越级上访。坚持了检察长接待周制度。

那曲地区公安工作

【**以3月份、十八大期间维稳工作为重点，严密社会面控制，圆满完成敏感期维稳安保任务**】3月份，全面启动处置突发性事件工作预案和指挥机制，严格按照一级戒备标准要求，充分发挥维稳主力军作用，切实加强重点人员管控和社会面防范控制工作，全力投入以反分裂、保稳定为中心的各项安全保卫工作，确保了“3·10”、“3·14”、“3·28”等重要敏感日的绝对安全。

【**持续开展社会面大排查**】一是公安机关持续开展社会面排查。地、县两级公安机关对那曲镇和各县城所在地分区域、分条块，不间断开展“地毯式”大排查，不放过任何蛛丝马迹，排查居民房屋2.3万余个（次）、经营场所3.8万余个（次），检查人员19.4万余人（次）、车辆6.1万余台次，审查流散僧尼75人、劝返4人，审查周边藏区人员6423人、劝返203人。二是组织机关干部对城镇房屋进行全面排查。以那曲镇为重点，对全地区各单位出租房、职工周转房、廉租房和私人住房情况进行彻底排查，逐一登记造册。坚持“谁的房屋谁负责”，房屋出租单位领导、私房出租户主与租赁人逐一签订维稳责任书，对新增流动人员、居住人员动态掌握。目前，全地区各类房屋及居住人员情况已基本查清。三是深入开展油气单位安全检查。强化对汽油等易燃易爆物品的管理，对汽油销售严格实行实名制，及时发现并核查可疑人员购买汽油的相关信息；对城乡销售散装汽油的依法坚决取缔，对携带零散汽油的在各交通卡点统一没收；在县乡村实行汽油定点销售（原则上乡镇集中销售点不超过2家、行政村不超过1家）、存量适当控制；对全地区成品油销售情况实行每日通报，努力从源头上消除隐患。经摸排，全地区共有35家加油站（国营15家、个体私营

20家）、加气站11家。

【扎实推进网格化管理工作】一是积极开展那曲镇网格化试点工作。以那曲镇为试点，在全地区全面启动城镇网格化管理。将那曲镇分为50余个网格，实行定格、定人管理，同步开展网格化管理信息平台建设。二是全面推进“天网”工程。以那曲镇和各县城所在地为重点，在全地区重点部位增设监控设施，力争做到全覆盖，其中仅那曲镇已给电信交底新增点位160个。三是对那曲镇实行立体式管控。对那曲镇城区主干道、要害部位、重点场所、制高点、标志性建筑，进驻公安民警、武警官兵、“红袖标”，实行分点、分段、分区域管控，地区已制定了《那曲镇立体式防控工作实施意见》，于10月24日举行启动仪式，投入280名民警、208名武警、642名“红袖标”，全面在那曲镇落实立体防控工作措施，做到无缝隙、无盲区、无空白点覆盖。四是全面落实“红袖标”工程。全地区“红袖标”总人数达47849人。

【以专项整治行动为契机，全力开展案件侦办工作，打击各类犯罪威力进一步凸显】地县两级公安机关侦查部门充分发挥职能作用，以打击严重刑事犯罪和整治社会治安突出问题专项行动为契机，以“破现案、打骨干、挖积案、追逃犯、打团伙、治乱点，查‘三非’（非法组织、非法活动、非法出版物）、管重点”为主要措施，以严厉打击各类危害国家安全犯罪、破坏市场经济秩序犯罪、妨害社会管理犯罪等严重刑事犯罪为突破口，集中优势警力，快侦快破各类案件，有效打击了各类违法犯罪活动，切实提高了群众安全感。

【以社会管理创新为重点，切实加强治安管理，行政效能进一步提升】大力推进城镇网格化管理。便民警务站工作开展以来，突出维稳和便民两大任务，认真落实治安巡控、接警处警、交通管理、服务群众、动态掌握、法制宣传和备勤处突等七项职能，累计盘查人员654839人、车辆184173台、物品107444件，服务救助群众6796余人、接处警3819起，开展宣传教育518次、开展交通安全保卫5770次、受理救助3406起。

统筹推进人口管理服务工作。全年，全地区公安机关登记常住人口474561人、暂住人口50386人，制发第二代居民身份证103000张，登记出租房屋8305户、旅馆185家，并在58家宾馆建立了旅馆业信息系统。

道路交通安全整治成效明显。全年，全地区发生道路交通事故38起，死亡51人、受伤27人、直接经济损失31.76万元，与去年同比，道路交通死亡事故“四项指数”分别上升26.67%、上升30.77%、下降37.21%、上升10.93%，未发生一次死亡4人以上（含4人）的特大交通事故；查处交通违法行为12468起。

那曲地区
交通警察工作

【狠抓落实交通管理措施，预防道路交通事故的能力和水平进一步提高】1月至11月30日，那曲地区共发生道路交通死亡事故38起、死51人、伤27人、经济损失达31.76万元，其中发生一次死亡3人的特大交通事故3起；四项指数与去年同比分别上升26.67%、上升30.77%、下降37.21%、上升10.93%。

【狠抓道路交通管控和专项整治工作】全地区公安机关共查处交通违法行为17364起，其中：“三超一疲劳”12075起、涉牌涉证925起、酒后驾驶38起。主要措施：一是采取固定与流动、白天与夜间、日常与突查、单警与多警相结合的方式，始终保持对“三超一疲劳”、涉牌涉证、酒后驾驶、毒驾、违法载客等严重交通违法行为的严管重罚态势。二是自8月14日起启动“十八大”交通安保工作以来，支队将三分之二的警力和测速仪、酒精检测设备全部投向路面，持续不断地开展夜间统一清查行动，白天增设移动测速组，加强那曲镇城区街道和国道109线的路面管控。三是依托全地区21个护学岗，做好学生上、放学期间的护学工作，同时加强校园周边道路的巡逻管控，保障了学生出行安全。四是坚持“教育与处罚并重”的原则，采取先培训后处罚的措施；对轻微违法行为予以警告并消除违法状态后放行，实现了法律和社会效果的有机统一。五是为有效遏制重特大道路交通事故多发势头，在支队建议下，沿线公安机关10月在国道317线那曲段和省道303线（夏比）、301线（那班）油路共设立8处交通检查站，对过往车辆实行区间限速措施；11月底，根据行署专员和分管副专员的指示，向各县（区）政府下发了“强化路面移动测速的通知”，要求购置车辆和移动测速设备，采取区间与移动、点与面结合的限速措施，最大限度地降低车辆行驶速度。六是从解决群众反映强烈的热点、难点问题入手，为保障合法群众的切身利益，维护正常的道路交通秩序，开展了三轮摩托车违法行为专项整治行动，上报了加强那曲镇三轮摩托车(含电动)交通安全管理的请示、整治方案和风险评估报告。七是辖区出现雨雪、冰雹等恶劣天气以及泥石流等自然灾害时，启动预案，落实各项交通应急管理措施，加强出行安全提示，防止了恶劣天气下长时间、大范围交通拥堵和交通事故的发生。

那曲地区
司法行政工作

【着力推进普法依法治理工作】2012年，共开展法制宣传教育活动127场次，印制、发放各种藏汉文法制宣传材料27万份（册），解答法律咨询2100余人次，受教育群众超过30万人次。

【提升人民调解工作在矛盾纠纷排查调处中的“第一道防线”作用】2012年，共受理各类矛盾纠纷1067件，已调处1067件，调处率100%，调解成功1002件，调解成功率达93.9%。

【着力推进刑释解教人员安置帮教工作】2011年12月至2012年11月，新增刑释解教人员67人，按规定程序予以撤帮的刑释解教人员14人。截止2012年11月，共有刑释解教人员678人（其中刑满释放人员588人，解除劳教人员90人），已全部建立个人档案，建档率100%；并全部列入帮教对象，帮教率100%。全年新增刑释解教人员67人，绝大部分已经得到妥善安置。

【提升公证、律师、法律援助在促进经济社会发展和维护社会局势稳定中的法律服务水平】1.地区公证处共受理公证事项442件，出证435件（其中经济类89件、民事类331件、其他类15件），拒证7件，提供法律援助15件，代写法律文书25份，解答法律咨询20余人次，上门服务2次，全年实现办证总标的额3000多万元。2.地、县两级法律援助机构办理法律援助案件21件，是去年办案数量（5件）的4倍多。充分发挥2位“1+1”法律援助律师的作用，提高法律援助和服务能力。3.羌塘律师事务所解答法律咨询和代写法律文书100余份次，办理刑事案件2件，援助案件7件。梧谷雄律师事务所办理刑事诉讼案件8件，民事诉讼案件10件，非诉讼案件2件，调解案件2件，解答法律咨询和代写法律文书350余份次，担任8家单位的法律顾问。

【受援工作】第6批援藏工作开展两年多时间里，在浙江、辽宁两省对口支援办、援藏指挥部和司法厅的大力支持下，已完成446万元（浙江426万元、辽宁20万元）的系统援藏项目立项和资金、物资援助：在县级司法局层面，列入浙江省政府援藏项目“大盘子”的有240万（比如、那曲、嘉黎三县司法局流动司法所援建项目）；在地区司法处层面，从“大盘子”已争取到维稳项目资金38万元，在“大盘子”外已落实资金、物资援助和对口干部培训项目等118万元，已确定待实施司法助理员培训30万元、干部挂职培训5万元、普法网站建设资金15万元。

那曲地区军分区工作

【思想政治建设扎实有效】那曲军分区党委围绕迎接党的十八大胜利召开开展“赞颂科学发展成就忠实履行历史使命”教育活动，教育以坚定信念，铸牢军魂为根本，以迎接党的十八大召开和贯彻党的十八大精神为主线，以赞颂党的十六大特别是十七大以来科学发展成就为主要形式，以激励官兵强化战斗精神、忠实履行使命任务为着眼点，紧密联系我国安全形势变化、军事斗争准备新形势、意识形态领域斗争新动向，坚持用党的创新理论强基固本、用科学发展成就坚定信念。通过教育，分区官兵进一步打牢了听党指挥、服务人民、英勇善战的思想根基，切实增强了讲政治、顾大局、守纪律自觉性，积极投身分区部队建设，坚决维护了那曲地区的社会稳定，完成了党和人民赋予的各项任务，在部队形成以实际行动迎接党的十八大的浓厚氛围。“讲政治、顾大局、守纪律”学习教育主要做法被军区转发。坚持理论联系实际，深入开展政治工作调查研究，在各级刊物、政工网发表政研文章30篇。组织官兵学习十年来战区和军区部队建设发展新变化新成就。广泛开展“远学李素芝、近学彭燕”活动和艰苦边远地区先进军事文化建设试点。在新兵中开展“九个系列”和“五个配套”文化活动，深化当代革命军人核心价值观培育，做法被总政《宣传简报》刊发。撰写的《西藏军区“六个坚持”确保基层文化健康发展》被新华社国内动态清样第733期刊发。在各级各类媒体发表新闻稿件760余篇。

【军事斗争准备不断深入】认真落实党委议训制度，始终把练作风与练技能、练指挥与练行动、练保障与练生存紧密结合，紧贴战场实际，从严锤炼部队，提高作战能力，使部队前期训练成效得到检验。广泛开展群众性练兵和“爱军精武”活动，组织首长机关和建制连队轻武器射击、军事理论、业务基础、指挥技能等竞赛性考核。积极协调地委、行署，完成了维稳轮训基地选址和土地置换，上报了地形测绘图和建设规划方案。

【部队建设基础更加牢固】投入618万元，用于改善基层战备维稳、全安管理、军事训练文化教育、生产生活等设施，帮助官兵解决治病、入学等家庭实际困难。开展“3个5000”（5000平米冬虫夏草种植、5000株耐寒树木种植、5000只斑头雁养殖）试点项目，积极探索适合那曲屯垦部队“屯下去、垦起来”的农副业生产路子，不断提高分区部队自给能力。2010年11月，军区《人武部“大调研大检查大帮带”暨正规化建设活动》开展以来，分区党委高度重视此项工作，制定了《那曲军分区人武部“大调研大检查大帮带”活动暨正规化建设措施、计划》，人武部党委一班人高度重视，认真对照自身全面建设现状，完善了除设施建设类外的其余4类24项达标项目，并归纳整理出4类17项共210余册具体内容。10月上旬，经军区联合工作组验收，所属10县人武部正规化建设全部达标。

【维护社会稳定任务圆满完成】针对严峻的维稳形势，分区党委6次召开专题会议，科学分析、准确研判防区安全形势。组织官兵学习领会党中央、中央军委决策部署，切实用上级指示要求统一思想和行动。扎实进行维稳处突演练，开展民族宗教政策、维稳法规等教育。组织民兵13200人次，分别在青藏铁路、109国道、317国道沿线、10县人武部城区、乡镇政府所在地巡逻以及配合相关单位守护重要目标。针对部队长期执勤、常态维稳的实际，持续跟进维稳任务实施思想发动，深入开展“防骄傲、防松懈、防麻痹、防粗疏”教育，部队始终保持了旺盛战斗力。接收7台制式巡逻车，有效改善了官兵执勤条件。

【民兵预备役和群众工作不断加强】积极协调地委、行署，组建11支370人的民兵文艺队，深入农牧区、学校、寺庙演出78场，广泛宣传党的路线方针政策，活跃牧区群众文化生活，《那曲军分区组建牧区民兵文艺队宣传凝聚群众》被新华社国内动态清样刊发，军委、总部和两级军区主要首长给予了充分肯定。指导人武部和生产营共建11个地方基层党支部。组织官兵370余人次、出动车辆12台次整治驻地环境卫生。为农牧民培训蔬菜种植和家畜养殖技术300余人次，协调帮助那曲县那么切乡2村20名贫困群众参与道路施工、房屋建设等工程，人均增收5000余元。开展团以上领导干部“1+1”接力助学活动，捐款66000元资助55名孤儿和家庭贫困学生完成学业。春节、藏历年期间，为孤寡老人和孤儿送去价值10000余元的大米、面粉、罐头等生活物资，并组织医务人员义务巡诊，给他们带去党的温暖。

武那曲地区警支队工作

【**中心任务完成圆满**】科学研判维稳形势、准确把握上级意图、修订完善方案预案、加强针对性训练，“下好先手棋，打好主动仗”。精心组织、周密部署，以东三县备勤、虫草采挖期间维稳和十八大安保为标志的各项任务完成圆满。支队被总部表彰为维稳先进单位，二大队副大队长巴桑次仁被总部表彰为维稳先进个人。严格落实执勤八项制度、活用执勤载体，严密组织勤务专项治理整顿，深入开展执勤隐患排查治理，固定目标绝对安全。支队连续七年被总部表彰为“三无支队”。严格按纲施训、按纲考核，部队训练水平提升明显。司令部被总队表彰为先进部（处）。

【**基层建设稳中有进**】认真落实《纲要》，年内组织了两期培训。开展干部周四夜校和“三个之家”活动，落实领导、机关挂钩帮建责任制，各级按纲抓建能力有明显提升。制发《支队关于加强基层组织建设的意见》，扎实开展“创先争优”活动，“三个作用”发挥较好。二大队七中队党支部被总部表彰为创先争优先进基层党组织。狠抓经常性基础性工作落实，认真抓好日抽查、月分析、季讲评制度。注重任务中抓建和正规化建设，部队安全稳定。强力推进后勤正规化建设，突出抓好“引智工程”、冬季取暖、执勤保障、科学化精细化集约化管理等重点工作，基层官兵生活得到改善，综合保障能力得到有效提升。二大队被总队表彰为先进大队，二大队七中队被总队表彰为基层建设标兵中队、并荣记集体三等功，一大队二中队、索县中队被总队表彰为先进中队。

【**核心作用发挥明显**】认真落实“三学”、理论集训和课题牵引等制度，班子成员理论素养和思维层次得到新的提升。坚持用“十六字”原则统班子、抓班子、建班子，重大问题集体讨论、科学论证、民主决策。认真执行廉洁从政各项规定，党委常委带头公开承诺，党风廉政建设取得新成效。坚持把工作重心放在基层，把力量向基层聚焦，注重科学指导，建立健全党委统筹、主官主抓、分管实施、机关合力指导的服务基层责任体系，以务实的作风有效地促进了工作的末端落实。

那曲地区公安消防工作

【**部队正规化建设迈上新台阶**】2012年，那曲地区公安消防支队迅速学习、借鉴、推进、固化山南消防支队正规化建设现场会精神，规范各类业务台帐88类，各基层单位共投入82万余元用于硬件建设，新设制度上墙共608套，制定制作架240套，规范了各库室场地设置，统一了床单被套、物品摆放，正规了各项执勤战备、训练、工作和生活秩序，各基层营区面貌焕然一新，部队“两化”建设水平初显成效。

【**防火灭火工作成效显著**】圆满完成党的十八大、全国两会、央视“激情广场·爱国歌曲大家唱”等一系列重大节日、敏感节点的消防安全保卫；深入推进政府消防工作责任落实，有效开展“打击整治、打非治违”、散装油联合排查整治专项行动，全面强化119消防宣传、校园消防安全宣传教育力度，严格实施消防安全“网格化”管理等火灾防控工作机制。圆满完成公务执勤344起，成功扑救火灾23起，完成抢险救援27起，参与社会救助7起，抢救被困人员6人，疏散被困人员42人，挽回财产价值289.2万元；发放各类宣传资料20000余份，悬挂宣传横幅100条，制作宣传展板60块，接受群众咨询1000余人次；检查单位、场所9265家次，督促整改火灾隐患14066处，依法下发《责令改正通知书》5305份，下发《行政处罚决定书》276份，下发《临时查封决定书》179份，责令“三停”113家，提请政府挂牌督办重大火灾隐患27家，罚款86.08万元，拘留31人。

【**党的十八大消防安保战取得全面胜利**】自6月19日党的十八大消防安保工作启动以来，全地区未发生一起亡人火灾、复杂敏感场所火灾和引发不稳定因素火灾，全面实现了“大事不出、中事不出、力争小事也不出”的目标。自治区人大常委会副主任、自治区驻那曲维稳督导组组长嘎玛先后两次批示，肯定比如县消防大队十八大消防安保工作，那曲地区维护社会稳定工作指挥部下发《关于对地区公安消防支队进行通报表扬的决定》（那稳指[2012]76号），充分肯定并高度赞扬那曲消防支队党的十八大消防安保工作。支队被自治区委员会和自治区人民政府评为2012年自治区维护稳定工作先进集体。

那曲地区发展和改革工作

【**年度综述**】2012年，那曲地区生产总值达到65.57亿元，同比增长13%；农牧业总产值达到15.71亿元，同比增长5%；固定资产投资达到56.9亿元，同比增长31.66%；地方财政收入达到2.72亿元，同比增长13.5%；农牧民人均纯收入达到5492.25元，同比增长13%；社会消费品零售总额达到11.85亿元，同比增长13%；城镇登记失业率控制在2.5%以内；人口自然增长率控制在12‰以内；居民消费价格指数控制在了103.9%。

【强化项目监督管理，制度体系建设更加健全】已完成220项、600多个子项目的初步设计及概算评审工作，并按照评审报告，及时下达了各类项目概算批复179个、项目法人组建方案及招投标方案批复145个。严格核准项目招标方案，认真审查招投标代理机构备案资质，纠正招标文件中不符合规定的条款，并委派工作人员进行现场监督，确保了招投标工作公开、公平、公正，有效维护了我地招标投标领域环境和行业秩序。已参加监管地区级项目招投标活动73次。三是认真开展项目稽察检查工作。联合地区相关部门对全地区维护社会稳定项目、“两房”建设项目、市政建设项目、教育项目、医疗卫生项目、乡村公路、基层文化设施、水利水电工程、旅游基础设施建设、生态保护等10大类共201个项目进行了全面检查，重点查处了各项目在决策审批、建设实施、质量标准、招投标、现场管理、安全生产、资金使用等方面存在的问题，共查处问题284个，涉及项目115个。其中现场解决问题174个，下达问题整改通知110个。积极探索项目工作新思路，项目管理体系建设进一步健全。

【切实把握价格形势，保障市场平稳更加可靠】一是加强市场价格监测，提高监测预警能力。适时对全地区牛羊肉、猪肉、鸡肉、面粉大米、食用油、蔬菜等副食品价格进行定点、定时采集，将市场动态情况和监测信息定时报送上级价管部门和地委行署。二是根据自治区价管部门的要求和国家一系列惠农政策的规定，对全地区的教育、医疗、药品、涉农、金融机构、电信邮政资费等收费情况进行了多次专项检查，对违反价格规定和收费标准的行为进行了及时纠正和查处，进一步规范了重点领域的收费标准。全年共开展各类检查34次，出动检查人员92人次，查处给类违法案件23件。三是强化价格鉴证,不断提高服务质量。价格认证中心共受理价格评估案件71起，涉案认证价值74万元。四是求真务实，严把年审质量关。认真开展2011年收费审验及2012年换证工作，已对全地区49个收费单位全部进行了收费年检，同时及时完成了部分收费许可证的新办及变更手续，为各行业收费行为提供了必要服务。五是为有效应对和化解燃油价格上涨对出租车行业的影响，3月份，根据出租车企业的申请，组织召开了征收出租汽车燃油附加费听证会，并按照听证会的论证结果，向行署提交了《关于征收出租汽车燃油附加费的报告》，并最终确定那曲镇出租车乘车费增加1元钱的燃油附加费。此举，有效维护了出租车行业正常经营秩序，促进了公共交通健康发展。

那曲地区粮食工作

【年度综述】截止2012年8月，那曲地区国有粮食企业实现纯利润204万元。在储备粮管理工作方面规范了财务、完善了制度、加强了管理、建立了长效机制。

【加大储备粮落实力度，增强粮食宏观调控能力，抓好粮食市场监管等各项业务工作，确保粮食安全】完善储备粮制度，夯实调控基础，增强调控能力。在各代储单位的努力下，按照自治区确定的轮换数量、品种、质量等相关要求，全面完成了自治区储备粮油轮换任务，地区粮食局主要领导和业务科室组成工作组深入到各代储单位进行监督检查，确保了自治区储备粮油轮换到位。同时就地级应急储备粮的轮换也向地区行署提出了建议。地区和县（区）应急粮食储备加大了落实力度，基本建立了应急粮食储备制度。增强了突发事件的应急响应，夯实了应急物资基础，增强了政府宏观调控能力。同时，已基本完成最低库存和最高库存量工作。

抓好储备粮管理，确保储藏安全。各储备粮管理单位在认真落实《西藏自治区储备粮管理办法》的同时，按照《西藏自治区储备粮代储合同》规定的数量、质量、责任，严格依照“一符三专四落实”的管理要求，明确岗位责任制，签订安全保管责任书，加强了储备粮管理工作。同时坚持粮情报告和规范粮垛卡片等各项保管制度，定期进行检测，随时掌握粮情，确保了储备粮储藏安全。

【强化粮食市场有效监管，确保粮食流通正常秩序】由地区发改委、粮食局、财政局、工商局、卫生局、质监局、物价局等单位出台了《关于成立那曲地区粮食流通监督检查工作部门联席会议领导小组的通知》文件，建立了粮食流通监督检查工作部门联席会议制度，地、县粮食行政管理部门积极配合工商、物价、质检等部门对粮食市场开展监督检查，有效杜绝和防止了不符合国家卫生标准的粮油进入那曲市场，保护了消费者利益。地区局和那曲县同时建立了粮食价格监测点，对市场粮食情况坚持一周一报制度，随时掌握粮食市场行情，综合分析，针对问题提出解决建议，供上级部门决策参考。

【积极组织粮源，确保粮食市场和价格稳定】各级粮食部门充分发挥主渠道作用，积极组织采购适销对路的粮油品种投放市场，满足消费者需求。扎实做好边远易灾区乡粮食供给工作，保证群众生产生活需要。目前，那曲、聂荣、安多、班戈、尼玛、申扎等县利用国有粮食部门优势，努力争取抗救灾、三包学生等固定消费群体用粮。

【加强粮食信息统计，掌控粮食流通情况，为政府宏观决策服务】为落实《西藏粮食流通统计制度》，粮食部门积极向非国有粮食经营者发放商品粮食收支报表，指导正确填报，按月上报地区粮食局，为粮食部门准确掌控粮食流通情况提供了可靠数据，为政府宏观决策提供了真实依据。利用《粮食流通管理条例》颁布实施和粮食科技活动宣传周的有利时机，向粮食经营户和广大群众大力宣传粮食政策法规，在那曲镇主要街道采取悬挂宣传横幅，发放《条例》手册、张贴宣传画和手机短信等方式，进一步普及了粮油食用、储藏、消费等安全生活常识，促进了广大消费者重视食品安全，注重生活质量，提高健康水平。地区粮食局对具备粮食收购资格并办理《粮食收购许可证》单位进行了年度检查。

那曲地区财政工作

【1至9月份财政收入运行情况】前三季度，全地区财政一般预算收入完成19360万元，为年初预算数的84.15%，为自治区年初安排数的78.38%，比去年同期增加3384万元，增长21.18%。一般预算收入级次看，地区本级完成11621万元，比去年同期增加2741万元，增长30.87%；县级完成7739万元，比去年同期增加643万元，增长9.06%。

财政收入继续保持平稳较快增长的主要原因：一是建筑业税收拉动作用明显。受4月以来恶劣天气的影响，全地区项目开复工较晚。随着气候的转暖，各项建筑工程陆续开复工，建筑业税收呈逐月增长趋势；二是物流中心招商引资规模的扩大、入驻企业效益的提升，为财政收入快速增长奠定了基础。截至9月末，入驻物流中心企业缴纳的增值税达1568万元，占增值税总额的70%，对该税种的增收起到决定性作用；三是个人所得税呈爆发式增长。1～9月份，仅个人所得税一项，全地区累计完成379万元，同比增收253万元，增长200.79%（虽单项税收金额不大，但是增长幅度明显）。四是加强税收征管对税收收入增长的促进作用明显。地区本级6月份缴入去年应缴未缴国库的单位商品房收入873万元；索县催缴入库房租收入及该县藏医院、人民医院的劳务收入532万元；尼玛县、安多县清理、催缴入库的商品房、办事处收入等559万元；嘉黎县9月份“两矿”兑现给当地群众的劳务支出收入入库723万元。各级财税部门通过加大税收征管力度，确保了财政收入的持续增长；五是非税收入对财政收入增长的有力支撑。前三季度，一般预算收入中，非税收入完成5919万元，为一般预算收入的30.57%，比上年同期增收1532万元，增长34.92%。

【1至9月份财政支出运行情况】1～9月份，全地区财政支出完成303174万元，为年初预算数的81.53%，为自治区安排数的66.84%（包括截至9月末我地新增财力72377.6万元），比去年同期增加98694万元，增长48.27%。从支出级次看，地区本级支出136988万元，比去年同期增加66757万元，增长95.05%；县级支出166186万元，比去年同期增加31937万元，增长23.79%。

财政支出保持较快增长的原因：一是重点支出有力。前三季度，各级财政部门紧紧围绕地委、行署“保运转、保民生、保稳定”的要求，重点加强了对维护社会稳定、加强社会治安综合治理、强基惠民活动、和谐模范寺庙创建、城市网格化管理等重大决策部署的资金保障。特别是重点加大了对比如、索县、巴青等重点区域和地区维稳指挥部、地区组织部、地区公安处、地区统战部、等重要部门及“三大节日”3·14、3·28、“十八大”召开前后等敏感节点的维稳支出；二是民生支出给力。前三季度，继续加大了对医疗卫生、教育“三包”、社会保障、安居工程建设、人居环境整治、僧尼及农牧民体检等重大民生资金的投入；三是加快支出进度得力。通过实行财政支出每月跟踪问效制度，地县两级联动，整体推进支出进度。前三季度，全地区财政支出总额为年初预算数的81.53%，超过了平均进度数。

那曲地区税务工作

【年度综述】2012年，那曲地区圆满完成了年初区局下达的任务指标，全年实现各项组织收入49520万元，与2011年相比增收10738万元，增长28%，完成年初计划的112.55%。其中，组织收入47991万元，与2011年相比增收10374万元，增长28%；其他收入1529万元，与2011年相比增收364万元，增长31%。

【依法行政取得新进展】2012年，共检查纳税户22户，共查补各项收入231.4万元；组织39户企业开展税收自查工作，存在问题35户，自查补税收入95.86万元。扎实推进打击发票违法犯罪活动，2012年共查处违法纳税户94户、涉及非法发票270份、税款1.41万元、滞纳金1.37万元、罚款2.34万元。

【核心业务开创新局面】税收征管基础进一步夯实。切实加强普通发票管理工作，积极推行有奖发票，规范税务机关代开普通发票行为。大力实施信息管税，扎实做好税控收款机推广应用工作，筛选异常数据，逐月核查，强化管理。截至12月，全地区已推广使用税控收款机累计1175户，并及时补征税款。完成综合征管系统（西藏版）中各新增模块的数据录入、数据核对及申报工作。启动银行账号双向登陆工作。

纳税服务进一步优化。提升纳税服务理念，规范纳税服务管理，拓展纳税服务方式，丰富税收宣传内容，加强纳税人权益保护。完善纳税服务工作制度，开展标准化、规范化建设，规范纳税服务行为。加强“窗口”服务工作，坚持任何时候，任何情况下确保了办税服务厅的正常工作，进一步规范办税服务厅各项工作流程，明确办税服务人员职责，细化工作分工，设置排队叫号机，开展导税活动，设置各类涉税资料、税收政策及宣传材料存放柜台，从体制建设上、服务理念上多方位、多角度为纳税人服务，服务水平显著提高。实现财税库银横向联网电子缴税业务，入库税收1198.34万元；完成刷卡缴税508笔，入库税款2753.09万元。评选2012年全地区纳税大户，举办征纳座谈会，开展纳税人满意度调查等活动，拓宽税企沟通渠道。

中国人民银行
那曲地区中心支行工作

【认真贯彻落实特殊优惠货币政策】做好宣传、引导和调研工作。截至10月末，辖区各项存款余额为101.60亿元，首次突破了100亿元的大关，比年初增加22.40亿元，增长28.28 %。辖区金融机构各项贷款余额24.06亿元，比年初增加6.99亿元，增长40.90%。在7地市中贷款规模排在第4位，高于阿里、林芝、昌都。结合实际深入基层做好调研，中支就金融支持农牧民经济合作组织、民间借贷、牧区支付结算、代保管库发行基金安全、虫草经济的金融服务等方面开展了调研，部分调研报告被上级采用。

突出信贷支持重点，金融服务"三农"工作继续得到巩固。那曲的支柱产业是传统畜牧业，87%的人口又是农牧民，因此我们始终把金融服务"三农"工作放在重要位置。截至10月末，辖区涉农贷款余额达到13.37亿元，其中"四卡"贷款余额为11.81亿元，占整个涉农贷款的88.31%，钻石卡贷款余额为2377万元。安居工程贷款余额2604万元，共评定信用乡（镇）11个、信用村419个，共发放农牧户贷款证75218张，发证面和使用率均超过90%。扶贫贷款余额3.02亿元。

结合辖区实际，金融支持小微企业、农牧民经济合作组织和重点项目建设有所突破。截至10月末，中小企业的贷款余额5.17亿元，共支持了13家企业。近几年来那曲农牧民经济合作组织得到蓬勃发展，但资金短缺问题突出，中支通过多种措施引导银行机构加大对经济合作组织的信贷支持，取得了一定成效。截至10月末，辖区银行业金融机构支持农牧民经济合作组织39个，受益农牧民户数为2430户，受益人数达到7754人，贷款余额为622万元。那曲金融机构继续支持重点项目建设，目前，建行向青藏铁路投入贷款余额2.29亿元。

【**结合辖区实际切实加强金融稳定工作**】积极开展金融消费者权益保护试点工作。作为试点单位今年7月22日由中支组织实施隆重举行了那曲地区金融消费者权益保护工作启动仪式，地区行署、人大、政协、工商、财政、公安等部门领导及金融系统员工、客户代表参加了会议，各银行机构现场签定了承诺书，并在地区繁华地段开展了较大规模的宣传。目前随着农行、邮储等机构营业场所的全面升级，此项工作已进入组织实施阶段。

继续推动"两综合、两管理"深入开展。根据中支年度综合执法检查方案，去年率先在地区一级开展了对农行的综合执法检查，在总结经验的基础上3月份对建行进行了综合执法检查，对检查中发现的问题进行了处罚，积累了宝贵经验。在整个执法检查过程中，确保了进场、检查、离场各环节的合法有序和依法行政。

加强金融风险监测，切实维护辖区金融稳定。不断完善地区金融监测指标体系，充实数据库，探索运用新的方法分析辖区金融稳定状况，尝试开展金融稳定现场评估。密切关注金融稳定热点问题，提升民间借贷监测水平，针对那曲部分县域民间借贷较为活跃，借贷规模不断扩张，中支持续对此予以关注，通过加强监测、联合调研、宣传引导等措施不断规范民间借贷行为。

中国建设银行那曲地区分行工作

【**年度综述**】2012年，那曲建行各项存款余额30.7亿元，贷款余额7.5亿元，不良贷款余额29万元，不良贷款率0.038%，实现全年营业利润3397万元。

【**认真部署、开局有序**】结合那曲地区经济社会发展的实际情况，那曲分行2012年全年工作以落实全区建行工作会议精神为主线，以客户拓展为基础、以服务提升为重点，以内控管理为保障，以支持和服务地方经济跨越式发展和社会长久治安为己任，稳中求快，科学发展，在强化市场营销的同时，制定方案努力提升综合竞争力和市场服务能力。

【**坚持开展文明规范、热情周到的优质服务活动**】那曲分行注重强化员工服务意识，不断改善服务环境，积极践行"客户至上，用心服务"的理念。要求员工认真遵守《员工手册》、《中国银行业柜面服务规范》及相关规章制度，时时刻刻做到行为规范、语言堆满，操作规范，努力为客户提供文明、优质、热情、周到的贴心服务，使客户来到那曲分行就有一种宾至如归的亲切、温馨的感觉。

【**强化风险内控管理，认真开展案件专项治理工作**】在加强信用风险和操作风险管理、开展合规文化建设、提升案件防控水平和反洗钱工作等方面加大了力度，针对信贷业务、财务管理、操作风险等多方面进行了自查，提出整改意见，对往年内外部审计、监管提出的问题进行逐一整改，对当地人民银行对我行2011年度综合执法检查工中发现的问题，要求落实到相关部门及时整改，并对有关责任人进行了责任认定和追究。

中国农业银行那曲地区分行工作

【**年度综述**】截至到11月末各项存款余额63.6亿元，较年初增加18.7亿元,增长41.49%。贷款投放进度加快，各项贷款余额为16.4亿元，较年初增加2.7亿元，增长16%，其中，涉农贷款余额为13.2亿元，占全行贷款总额的80%，1-11月累计发放涉农贷款9.2亿元，比年初增加2亿元。各项涉农贷款中，直接发放给农牧户的到户贷款余额为13亿元，占涉农贷款总余额的98%,户数为70907户，户均贷款1.8万元，已覆盖了95%以上的农牧户，高于全区水平。1-11月《农牧户贷款证》发放6337张，累计发放《农牧户贷款证》75233张，发证面、实际使用率分别达99.79%和99.18%。

【**紧贴"三农"客户需求，推广特色金融新产品**】随着整体经济的发展，农牧民收入的提高，按照自治区分行相关文件，将现有的"小额信用贷款"的贷款额度又提高到了1-3万元，被评定为信用乡（镇）、村的农牧民贷款额度也提高到了2-4万元，同时，把农村个人生产经营贷作为重要的"三农"个人金融产品，以1-100万元贷款额度，满足了各个阶层的农牧户从事各种规模生活、生产经营的资金需求。

【**积极支持农牧民安居工程建设，扎**

实推进农牧民小康新村建设】1–11月发放农牧民安居工程建设572万，目前余额达2214万元。

【用好用足用活中央赋予西藏优惠金融政策，扎实推进信贷扶贫工作】1–11月累计发放扶贫贷款2亿元，余额为3亿元，占全年各项贷款累计发放的18%。

【加强基层营业网点建设，提升服务“三农”功能】根据充分考虑网点规模、当地资源和电力通讯条件等因素的基础上，继续加强基层营业所综合业务应用系统的上线和推广工作。2012年投入专项资金实施基层营业所标准化改扩建工作，加快推进基础实施建设力度。同时还给59个乡镇级营业所统一配备PC机、复印机等电子设备以及有条件的营业所增配ATM机、POS机等，努力使农牧民群众分享现代金融科技服务的快捷和便利。

【积极推进诚信体系建设，为服务“三农”创造良好的社会生态环境】进一步加大金融法律法规的宣传和普及力度，通过正确的舆论引导，不断增强农牧民的法律意识、金融意识和信用意识，使其自觉作为金融生态环境建设的参与者，同时紧紧依靠地方政府的领导和支持，加强信用乡（镇）、村建设，逐步建立健全农牧区“守信激励、失信惩戒”机制。对信用农牧户实行贷款优先、手续简化、额度放宽、服务优先；对恶意逃废银行债务的企业和个人，实行通报、摘牌、降级、停贷等多种制裁措施，努力营造“户户讲诚信，村村守信用”的诚信环境。

那曲地区
国资监管工作

【国资委监管企业经济运行情况】截止2012年11月底，10家企业累计资产总额为21708万元，下降7%；负债总额13446万元，下降11%；9家企业累计实现营业收入19465万元，下降14%；净利润591.05万元，增长30%；上缴税金693万元，增长3.8%。

【企业改制工作】基本完成那曲藏北医药药材有限公司、西藏康桑土畜产品进出口有限公司两家企业的改制工作；商办加工厂改制前期准备工作已完成。

【加强国资系统党风廉政建设工作】组织开展党风廉政工作调研。及时组织人员对党风廉政建设调研情况进行安排部署，在自查的基础上，组织专项调研。对全年党风廉政建设和反腐败工作目标任务进行了对接细化。

建立健全委领导班子成员和企业负责人廉政档案。坚持把管业务与管党风廉政建设相结合，委领导班子成员同纪检委签定了领导干部廉政责任书，委里给监管企业25位企业副经理以上负责人建立了廉政档案和廉政年度考核并按要求填报后存档。

那曲地区
工业和信息化工作

【积极申报项目，争取资金扶持】1. 争取中小企业项目资金698万元。2012年，那曲地区工业和信息化局积极与自治区工信厅、财政厅等部门沟通协调和多方努力，西藏藏北牦牛肉制品有限公司、西藏那曲地区色尼土畜产品进出口有限公司和西藏安多县措那湖藏毯有限公司分别争取资金300万元、228万元和150万元。2. 以中小企业发展为重点，与地区财政局联合形文，共向自治区工信厅、财政厅申报中小企业发展专项资金项目26个，总投资43735万元，申请扶持资金8232万元。经过认真论证，共筛选出2012年度申报自治区发展专项资金项目12个（固定资产投资类项目），投资总额：29215.05万元；申请无偿扶持资金3520万元；其中：民族手工业项目3个，总投资4950.4万元；食品加工项目1个，总投资1550万元；药业项目1个，总投资1.2亿元；市场建设项目3个，总投资5072.95万元；宾馆商城装修项目4个，总投资5641.7万元。3. 向自治区工信厅协调“十二五”国家重点建设项目5个，总投资75918万元，中央预算投资3002万元。目前，地区纳木措地毯实业有限公司车间改扩建项目、那曲地区兴达民族产品开发股份有限公司民族特色旅游项目和安多县措那湖藏毯个项目主体工程已经基本建设完成，累计完成抽资61236.4万元，设备购置和附属工程将在明年完成；安多县夏木拉饮用天然矿泉水改扩建二期工程累计完成投资1200万元，该项目因气候原因已停工，预计在2013年初完成价值7000万元的设备购置。

【督查项目落实】1. 加强对扶持资金项目的监督管理。为切实保障国家扶持资金的合理使用，发挥资金的效益，协调地直有关部门，对夏木拉矿泉水公司和天恩科技有限公司使用国家重点产业振兴和技术改造扶持资金的情况进行督促检查，对自治区扶持综合市场建设项目进行验收。2. 加强对专项资金项目的监督管理。根据上级文件要求，为提高中小企业发展专项资金使用效率，加强对专项资金项目的监督管理，确保项目投资效益、质量及实施进度，加快推动中小企业结构调整和产业升级，分别对那曲地区纳木措地毯实业有限公司、安多县措那湖藏毯加工有限公司和那曲地区兴达民族特色旅游纪念品加工厂、夏木拉矿泉水公司4家中小企业发展专项资金项目实施情况开展实地监督检查。

【细化企业监测】确定藏北风干牦牛肉制品有限公司、藏绒王羊绒制品有限公司为自治区重点监测企业；地区纳木措地毯厂、兴达民族产品开发有限公司、藏绒王羊绒制品有限公司等五家民族手工业企业为地区重点检测企业。将骨干企业培育纳入重点监测范围，实行动态管理。上报当月生产效益情况表，并上报自治区工信厅运行监测协调处，有效监测企业运行情况，为政府决策提供了依据。

那曲地区审计工作

【年度综述】2012年，共完成审计项目20个，其中：财政收支审计1个，经济责任离任审计4个，专项资金审计15个。出具审计报告20篇，提出建议23条，被采纳23条。

【开展领导干部经济责任审计，推动领导干部守法守纪守规尽责】2012年，对聂荣县人民政府、地区工业和信息化局、地区扶贫（农发）、地区人力资源和社会保障局4家单位的主要领导进行了离任经济责任审计。配合地区纪检委对地区国土局、粮食局、教育局、统战部等10多家地直部门进行了为期两个月的财务大检查，对一些不规范的问题，当即进行了纠正。需要整改的限期整改。

【做好惠民政策和专项资金审计调查，确保资金发挥应有的效益】配合地区发改委对西部四县（班戈县、双湖区、尼玛县、申扎县）重点建设项目进行了第二次检查，着力检查各项资金管理、使用情况和有关政策措施落实情况，切实维护了群众的切身利益；派出审计调查组，对那曲地区中小学校舍安全工程规划情况和11个县（区）28所中小学已完工校安工程进行了专项审计调查。调查重点关注了校安工程规划进度实施情况、执行基本建设程序情况、工程质量情况等。审计调查的28所中小学已完工，资金使用比较规范，没有发现重大违法违规问题。

那曲地区统计调查工作

【企业“一套表”联网直报工作顺利开展】统计部门正在全国范围开展企业“一套表”联网直报工作，实现国家通过现代信息技术从企业直接获取原始数据，这对于提高统计数据质量，为国家宏观决策、科学管理和改善民生提供真实可靠的参考依据具有重大意义。局队高度重视企业“一套表”联网直报工作。对相关企业进行了直报工作的培训，详细讲解了直报工作的重大意义，增强了企业对直报工作重要性的认识，提高了参与工作的积极性。通过各方的积极努力，我地企业一套表联网直报工作开局良好，进展顺利，各企业上报数据及时，数据真实可靠。

【手持采价器采集物价初始阶段工作起步良好】2012年上半年实行CPI手持数据采集系统程序的初期使用，选派专业人员到拉萨接受了培训，熟练掌握了手持采价器的操作方法。从局队干部中选定采价员进行每周、每月定时定点采价，每两人为一组，并规定两名采价员每两月轮岗一次，从而确保物价采集工作的顺利开展，也充分调动了局队工作人员对此项工作的积极性。

【统计服务水平不断提高】一是及时为党委、政府提供各类统计信息，让各级党委、政府及时了解经济运行动态和经济运行过程中出现的问题。2012年撰写统计简报、统计信息60多期，统计分析15期，编制了上年经济发展主要指标手册。对社会关注和群众关心的经济发展热点问题进行了及时调研和分析，写出了具有一定价值的调查报告和统计分析。同时向社会各界提供了多次数据服务，满足了社会各界对统计服务的需求。二是对那曲镇部分重点商品进行了监测，每周三及时上报《那曲地区粮食及部分商品价格监测表》。

【统计调查基础设施建设不断改善】局队干部职工12套周转房、地区职工周转房12套共计24套职工周转房以及附属工程正建设中。

那曲地区工商行政管理工作

【年度综述】2012年，全地区各类市场主体达10931户，注册资金14.18亿元。其中内资企业321户，注册资金62786.4万元；私营企业176户，注册资金51485.2万元；个体工商户10176户，注册资金15528.77万元，从业人员20154人；农牧民专业合作社258户，注册资金11951.04万元，成员总数20331人。其中那曲物流中心成立至今已入驻各类企业57家，注册资金37193万元，投资人128人。2012年，共查办各类案件368件，案值15.05万元。

【积极推进商标发展战略】全地区已注册商标40件，其中全区著名商标1件，地理标志1个。2012年共引导商标注册19件。

【积极探索非公经济党建工作新路子】共新建非公经济党组织9个（7个正在建立中），党员总数已达1268人（其中查找、推荐、输送党员108名），新发展预备党员20人，入党积极分子30人。确定党建指导员40名，党建联系点14个，个私协分会11个。全年共计举行非公经济党组织书记、各党务工作者培训班11次，涉及培训学习人员达215人次。

【创新市场监管机制，维护良好的市场经营秩序】坚持把监管执法作为第一职责，不断提高监管执法水平，履职尽责维护市场秩序。以节日市场、食品市场、旅游市场、娱乐场所、土特产市场等为重点开展专项执法检查，促进市场健康稳定发展，督促经营者行业自律；实行网格化、精细化监管，坚决打击“黑网吧”和取缔无证无照经营行为，全年共查处无照经营案件65件；完善辖区市场主体信息化录入工作，为下一步更好的分类监管打下了坚实基础；继续推进打击侵犯知识产权和制售假冒伪劣商品专项行动，加大对扰乱市场秩序的突出问题的整治力度，全年共查处公平交易案件4件，案值4.28万元；加大商标广告监管执法力度。六是抓好打击传销工作。继续推进“无传销社区”创建活动，加强重点场所巡查监控，大力规范直销行为，全年共发放宣传材料及张贴海报10000余份，发放《直销管理条例》、《禁止传销条列》藏文书850本；深入开展“红盾护农行动”，结合我地实际制定了具体方案，依法加强农机、农资、网围栏销售市场管理，与农资经营户签订《农资商品经营责任书》；积极配合有关部门，认真抓好了“扫黄打非”和禁毒、反假币等工作，特别是依法严厉打击经销反动、淫秽、盗版等非法音像制品的违法行为，全年共累计检查经营户4312户，共依法查缴各类非法音像制品5645张，并删除歌手贡嘎，洛桑带有反动及社会危害性质的歌曲共2160首。

【**坚持以人为本，确保消费安全**】深入推进消费维权工作，特别是深入推进农牧区维权站点建设取得了显著成效。共设立"12315"消费维权站点97个。其中农牧区65个。共新增22个。全年"12315"共处理消费者申诉案件58件，为消费者挽回损失5.86万元；促进就业和再就业，鼓励、引导返乡农牧民工、下岗失业人员、复员退伍军人、高校毕业生、残疾人等自主创业，积极为其提供免费的开业指导培训、专题辅导以及相关政策、法规和信息咨询服务。全地区享受登记注册优惠政策的农牧民达1951人，下岗失业人员59人，复员退伍军人27人，高校毕业生66人，残疾人35人。

【**加强与对口援助省市工商系统的沟通联系，进一步扩大受援范围**】辽宁省工商系统达成意向，拟援助地区工商局建设综合楼，浙江省工商局及宁波市工商局落实了50万元援助资金。

那曲地区
质量技术监督工作

【**食品监管成效初显**】加强日常监督检查，打造"食品放心工程"。一是开展了"查食品、保三节"活动。在元旦和春节、藏历年前，从与百姓生活息息相关的食品、饮料、调味品着手，对76家食品经销点、2个集贸市场进行了检查，没收过期变质食品18种20多斤。二是深入一线扎实有序开展食品行业调研工作,提高基层人员素质和整体水平。

认真组织开展了食品专项监督抽查。一是集中力量对61家食品生产加工企业、小作坊的8种产品即:蛋糕、饼干、辣椒、肉制品、菜籽油、糌粑、纯净水、挂面等160个批次322个样品进行了监督抽查。总抽样检验合格率为96%，比去年增长10%。

深入开展了食品安全专项整治。一是开展了"食品生产许可"证获证企业专项检查。对获得食品生产许可证的2家食品生产企业从生产运行状况、工艺流程、环境卫生、食品添加剂的使用、食品生产检验制度的落实、食品标准体系的完善、定量包装以及产品包装标注、"QS"标志的规范等方面进行了专项检查。二是严厉查处食品无证生产行为。对"老五类"食品进行无证查处，集中力量对小麦粉、大米、酱油、食醋、食用植物油等"老五类"食品的销售及使用单位进行专项检查。共检查农贸市场2个，粮油经销门店18家，食品经销商场、超市3家，宾馆、饭店、学校食堂8家，查处了冒用"QS"标志、无"QS"标志的"老五类"食品134瓶（袋），并对经销、使用不符合规定的食品的行为依法下发了《责令改正通知书》。三是深入开展了追查"苏丹红一号"辣椒制品专项活动。根据地区食安委组织的紧急会议，《关于追查含有"苏丹红一号"辣椒制品紧急通知》，联合地区卫生局、工商局、农牧局、商务局共出动执法人员18人次，执法车辆10次，深入大街小巷、宾馆、饭店、城乡结合部、集贸市场，对那曲县3家宾馆、6家大型超市、20家调味品商店、2个集贸市场使用、销售的花椒、辣椒进行了专项检查。并对藏北风干牦牛肉制品有限公司生产的辣椒进行了抽样送往拉萨进行检测。

【**特种设备安全运行**】召开专题会议，提高安全责任意识。4月12日，召开了2012年度特种设备安全监察工作会议。同时和特种设备使用单位签订了《特种设备安全责任书》288份，《特种设备安全承诺书》36份，为特种设备安全运行奠定了良好的基础。

抓宣传，强化全社会安全责任意识为普及特种设备安全知识，精心组织丰富多彩，形式多样的宣传活动。在活动中，以悬挂横幅、设立咨询点、放置宣传展板、挂有主题画面和旗帜的车辆沿街宣传等形式向过往群众讲解并发放了如何正确使用气瓶、电梯和锅炉等方面的宣传资料。设立咨询点2处，放置展板6张，在那曲镇各主要街道和企业大门口悬挂横幅共20条。共发放宣传画600余份，宣传手册100余本，各类宣传资料1820余份，通过宣传使特种设备安全意识深入人心。

那曲地区
食品药品监管工作

【**全面加强餐饮服务食品安全监管**】餐饮服务和保健食品、化妆品监管工作有序开展。对学校食堂、幼儿园食堂进行了3次全面的检查，消除餐饮安全隐患，确保师生饮食安全。同时，执法人员对辖区内300余家餐饮服务单位进行了拉网式监督检查。重点检查了餐饮业证照和从业人员健康证、食品供应渠道、食品购销台帐、索证索票等内容。在重大节假日期间对餐饮服务行业进行了拉网式检查，对20余家单位提出了限期整改要求，对2家不符和卫生条件的餐饮单位在地区电视台进行了爆光，开展"地沟油"、"乳制品"、"学校食堂"餐饮服务食品安全专项检查。协查保健食品案件1起，检查国家局公布的假劣保健食品、化妆品100余种。全年各类食品安全检查共出动执法人员964人次，车辆200余台次。

严把餐饮服务行政审批，提高餐饮服务业准入门槛。制定了《那曲地区餐饮服务行政许可程序》、《餐饮服务行政许可申请表》，明确了餐饮服务行业需提交的资料、如何提交资料、办理部门、办理时限等。制定下发《餐饮服务食品安全管理制度》1万余册。执法人员严格按照《餐饮服务许可审查规范》标准，以经营场所面积、"三防"设施、餐具消毒、保洁设施、从业人员健康体检、法律法规培训、餐饮加工制作流程等为重点检查项目，逐个进行现场审查。凡是未达到标准的，一律不予餐饮服务许可；对未取得《餐饮服务许可证》从事食品经营活动的，一律依法严肃查处。截止目前，共受理餐饮服务许可申请288件，现场检查288家，基本符合条件并核发《餐饮服务许可证》214家，现场检查未通过要求限期整改的74家，基本实现了餐饮服务食品安全行政许可和管理的规范化。

积极开展餐饮服务食品安全监督量化分级管理工作。开展餐饮服务行业实施量化分级管理，所有持有餐饮服务许可证的餐馆、酒楼、快餐店、小吃店、饮品店、食堂的食品安全管理、卫生状况进行打分，评出优秀、良好、一般三个等级，并在餐饮单位门前醒目位置张贴不同的卡通"笑脸"。市民就餐时可以查看餐饮单位的"笑脸"标识，凡有"笑脸"标识的餐馆食品安全均有保证。

【加强药品、医疗器械监管，着力抓好药品生产、流通领域专项整治行动】深入开展药品生产流通领域集中整治行动。全年开展各类检查132次，出动执法人员260余人次。对地区藏药厂提出了8项整改要求。对3家批发企业提出了23项整改要求，12家药品零售企业提出了75项整改要求，对20家企业进行了行政处罚，取缔药品零售企业1家。没收假劣药品10盒、没收非药品冒充药品的产品10种，价值2655元。共处罚款61000元。监督销毁了历年检查中查处的假劣药品、非药品冒充药品产品523个品种，价值约26270.15元。

那曲地区安全生产监管工作

【年度综述】1–12月那曲地区共发生各类生产安全事故63起，死亡55人，与去年同期的71起49人相比，分别下降11.3%和上升12.2%。其中死亡55人，占全地区死亡人数控制指标（58人）的94.8%。其中，一次性死亡3–9人的较大事故共发生3起，死亡9人，与去年同期的3起10人相比，分别持平和下降10%，没有发生死亡10人以上重特大事故。安全生产形势总体平稳。

【采取有效措施，切实强化油气管理】党的"十八大"前后，为确保那曲地区油气领域不出现任何影响维稳大局的问题，对油气监管措施不断细化完善，在方便人民群众生活生产的同时，采取最严格的手段，切实从源头上强化油气监管。

那曲地区农牧工作

【农牧业生产经济运行情况】畜牧业情况。2012年，全地区牲畜总头数为590.51万头（只、匹），同比减少32.76万头（只、匹）；各类仔畜成活1508763头（只、匹），成活率为81.28%，同比下降了6.58个百分点；各类牲畜死亡合计为250233头（只、匹），死亡率4.02%，同比上升了2.22个百分点；畜产品中，肉类产量8.2万吨，奶类产量5.39万吨和毛绒产量5608.455吨，分别同比增长了9.62%、6.75%、和14.43%。牲畜暖季出栏达43.84万头（只）、牲畜暖季上市28.05万头（只），上市部分人均可增加收入910.59元。另外，全年共实现农牧业总产值15.71亿元，同比增长率为5%；全年新增合作组织61家，累加达到320家，登记注册的254家，注册资金1.19亿元，成员20155人。

种植业情况。2012年，各有农县的总播种面积69281.77亩，其中青稞播种52586.35亩，园根播种面积4383.06亩，豌豆播种面积3757.8亩，蔬菜播种面积3456.66亩，油菜播种面积1282亩，青饲料播种面积3815.9亩。各县春播工作已全部结束。为保障春耕备耕工作顺利开展，3月份，自治区给地区分配了补贴内化肥100吨，同时各有农县群众自筹农家肥20470吨，全年实现粮食产量为11158.1吨。

乡镇企业和多种经营蓬勃发展。全年实现多种经营收入达36500万元，同比增加460万元，增长1.27%；农牧民劳务输出人数达5.1万人(次)，同比增加4500人(次)，增长9.68%；农牧民劳务输出收入达7500万元，同比增加600万元，增长8.69%。

【建设项目开展情况】2012年，农牧业建设项目主要以"十一五"末的部分项目收尾工作、2011年年底安排的2011年项目及2012年项目为主，包括退牧还草工程、游牧民定居及配套设施建设、高寒牧区牲畜棚圈建设、生态安全屏障保护与建设项目、农技推广服务体系建设、畜禽良种体系建设、农村沼气建设、动物防疫体系建设、农牧业特色产业项目等项目。项目总投资58728.22万元，其中：国家投资45377.086万元，地方及群众配套13351.134万元。目前已到位国家投资34358.9万元，占计划国家投资的79%，完成总投资39619万元，占计划总投资的67.5%。

【那曲地区现代草原畜牧业示范基地】2012年，示范基地投资政府配套资金和科研院所资金累计达3790万元，项目规划的第一期（2012年4月–2012年11月）建设内容已经完成，其中，现代高效养殖示范场从2012年6月投入运营，到2012年11月，共产鲜奶为512371.6斤，奶产品创收507861元，实现利润209182元。

【虫草采集管理工作】全地区共有15.06万人采集虫草，分布于6个县53个乡镇528个村648个采集点，据统计，虫草产量为1.63万公斤，比去年减少0.37万公斤。2012年虫草采集期间，共发放采集证67781本，办理收购许可证565本，下派工作组411个1945人次，调解矛盾纠纷74起，累计劝退外来人员498人次。收取草原植被补偿费1033.77万元，其中88%用于草原植被恢复建设，11.44%用于虫草采集管理，0.56%用于集体经济积累。

【人居环境和综合整治工作】2012年农村人居环境建设和环境综合整治工作在11个县（区）40个乡（镇）154个行政村实施，其中每个县14个行政村。该项目投资16108.4万元，其中自治区补助资金10684.52万元，地区补助资金2642.64万元，县级补助资金1336.72万元，群众投劳1444.52万元。每个行政村合计投资104.6万元（自治区补助69.38万元，地区补助17.16万元，县级补助8.68万元，农牧民投劳9.38万元）。

那曲地区交通运输工作

【路里程及养护、机械设备】全地区公路养护里程12491.5公里，其中省道1915.3公里，县道3920.4公里，乡道2005.1公里，专用道30.4公里，村道4620.3公里。在11个县（区）中8个县通油路，在114个乡（镇）中通公路率100%（28个乡镇通油路），在1191个行政村（含37个居委会）中通公路率达到71.7%（73个行政村通油路，854个行政村通砂石公路）；局属6个公路段分别管养着S301线、S303线、S305线、S203线、X601线、X602线及X606线等7条干线公路，总里程为2249公里，现管养着其中的1720.525公里，其中省道1292.15公里，县道428.375公里；11个县（区）交通运输局共管养农村公路9760.043公里；局属6个公路段共拥有各类养护机械94台（辆），其中：小四轮拖拉机33辆（全部待调度）、装载机22台、挖掘机3台、平地机3台、自卸汽车25辆、推土机4台、中型压路机4台和两个沥青拌和站。11个县（区）交通运输局拥有各类养护机械35台（辆），其中：装载机22台，平地机2台，挖掘机3台，自卸车8辆。

【**公路建设情况**】1.农村公路建设情况。截止到年初，那曲地区有337个行政村不通公路。其中，330个行政村通公路的项目的勘测设计等前期工作已基本完成，力争在明年年底完成施工任务。2.通寺公路建设情况。此项工程总投资约3亿元。各项前期工作已全部完成，已将大部分项目批转到各县（区）实施，有望于明年底完成全部建设任务。3.通畅工程（通乡油路）建设情况。截止目前，那曲地区114个乡（镇）中30个乡（镇）已通油，通油路率为26%。按照“十二五”期间完成45%的计划，还有22个乡（镇）要建成油路。从去年开始已开工建设了2条通乡油路，明年开工建设5条通乡油路，投资达6亿元，同时完成10条通乡油路的前期工作，力争明年下半年开工建设。4.通县油路建设情况。已完成前期工作并上报国家发改委的通县油路项目有：一是班戈至雄梅镇公路，全长120公里，计划投资4.5亿元。二是雄梅镇至申扎县公路，全长100公里，计划投资5.8亿元。三是雄梅镇至尼玛县公路，220公里，计划投资12.5亿元（受色林措自然保护区影响，此公路建设审查受阻）。以上3条公路中的前两条有望年底或明年初开工建设。

【**积极探索农村公路养护模式**】针对农村公路重建轻养的状况，在申扎、安多等县试点组建了牧民养路队，采取机械养护与牧民养护相结合的办法。既提高了公路养护水平和好路率，也增加了当地牧民的现金收入。

【**解决长临工和养护职工待业青年的就业问题**】那曲地区公路养护系统中的长临工和待业青年共186人已经顺利地补充到养护队伍当中，成为了合同制工人。

那曲地区邮政工作

【**年度综述**】2012年，全地区邮政完成业务总收入1692.16万元，完成年度计划的101.94%，同比增长13.87%。其中：完成主营业务收入1626万元，占总收入的96.1%，其它业务收入累计完成59.42万元;完成通信成本费用4155.78万元，完成年预算的100%。收支差额实现-2466.11万元，完成年预算的94.5%。全员劳动生产率达到9.7万元/人，同比增长7.89%；全年，无重大安全生产事故。二级干线完成邮运总里程2461.5万公里。

【**经营管理**】积极组织开展各类劳动竞赛活动。年内，按照局党委统一安排，进一步建立完善业务发展激励机制和管理办法，继续组织员工开展了“爱我邮政、刷我绿卡”、“爱心包裹”捐赠、航空机票代销、报刊大收订等竞赛活动，有力地带动和促进了我局各项业务的发展。

加强内部管理，促进业务发展。一是实行周例会工作制度，不断提高工作效率。通过周工作例会形式，每一周总结，每一周通报，极大地调动了干部干事工作的热情，鼓足了干劲，增强了工作的紧迫性，促进全局工作协调发展，及时破解工作上遇到的难题，形成了全体干部一心一意谋发展的良好氛围;二是坚持每月月初经营分析和会计通报制度，重点对航空票务、短信、代理移动业务、报刊日常收订、汇兑商务汇款、集邮销售与库存、储蓄余额、五节联送等专项营销业务进行细致分析通报，推动了重点业务的协调稳步发展。

营销项目成效显著。积极打破原有的营销模式、思路，不断拓展营销范围。年内，那曲地区邮政局营业局荣获中国扶贫基金会爱心包裹项目2012年服务支撑奖。

制定考核激励机制、调动员工积极性。各县局及地区局各部门分别制定了月奖、绩效考核办法，建立个人工作业绩台账，实行多劳多得的奖评机制；

通过对速递投递的体制改革，各段道投递员实行“收投合一，划段包干”，不仅确保了投递频次和质量，也激发了投递员揽收业务的积极性和主动性；

积极推荐电子银行发展之路，以网银、手机银行、自助银行、POS机等为主要渠道，以绿卡通、淘宝联名卡、QQ联名卡、邮乐卡、网汇E等为载体，以手机短信、UKY卡、电子令牌为安全凭证手段，有力推进那曲地区邮储银行电子渠道建设和发展。

【**邮政通信建设**】2012年基层生产条件又有新改革。圆满完成了巴青局营业大厅、地区新生产楼的装修改造及地区邮运仓储中心的新建工程；完成了地区局机房、地区局营业大厅的装修改造工程；完成了比如局综合办公楼的改造工程；完成了地区局机要室装修改造工程；完成了巴青县网点监控设备安装调试及储蓄业务上线、地区局不达标ATM机及三个县储蓄网点监控的整改工作；完成了邮政储汇会计年终结算、财务远程报账系统培训、黄金系统和手机银行系统等的上线和POS机及ATM机的升级工作；完成了存取款一体机ATM安装和调试工作；完成了中心机房接入互联网原8M光纤扩容至10兆光纤并增加1个公网地址的工作；九是完成了远程教育培训所用服务器的采购及调试工作。

【**农牧区邮政通信**】坚持把党报党刊

进寺庙作为目前重大政治任务来完成，努力做好空白乡镇邮政网点补建、运营工作，完善农牧区公共服务体系建设，年内实现全地区140座寺庙通邮（含日追、拉康宗教场所），稳步推进地方党委、政府实施的“八到农家”农牧民安居工程和寺庙“九有”工作；落实乡镇邮政网点建设工作；及时召开乡邮会议,进一步加强了企业内部行业监督管理，提高了乡邮通信的整体服务水平，同时也为改善邮政服务奠定了良好的外部环境；继续加强对各县局乡邮员代办费用、车辆维修使用费的核算与管理工作；明确了二级干线乡邮邮件交接和投递流程，并先后对所有县局乡邮邮件投递情况进行了检查。到2012年底，二级干线通邮率达到64.91%（包括县局乡邮车投送）；1191个行政村通邮率达到80.02%（周一班和旬班作为计算通邮率）。

那曲地区
物流中心管理工作

【积极接洽，妥善引进，招商引资成效明显，完成税收再创新高】2012年，物流中心生产加工区新引进企业27家，现已完成税收达2.59亿元，较2011年同比增长了76.2%。截止目前，物流中心已协议累计引进企业82家，协议投资总额达48亿元，长期战略投资120亿元。完成注册企业57家，注册资金突破3.8亿元，入园企业已累计为那曲地区全口径税收突破4.5亿元。除了商贸物流业之外，企业投资生产领域覆盖牛羊屠宰、制革、洗毛、虫草加工、矿泉水生产、医药、光电、风电等多个方面，并初步形成畜产品加工、矿泉水、食品医药、新能源四个小的工业部门。

【实体项目建设扎实推进，企业落地实现新突破】一是经过努力协调沟通，2012年，协调青藏铁路公司将生产加工区厂房建设资金尾款680多万元拨付到管理局监督执行，确保了景祥、瑞能两家工厂厂房续建工程如期完工，项目工程已于10月底竣工通过验收，明年初将顺利投产。二是支持中天牧业公司注资800多万元改选了地区停产多年的老屠宰厂，目前已经重新投入生产。三是支持医药企业贝珠亚公司利用小商品城一楼闲置房间改选建设了医疗设备生产线，目前正在进行设备安装调试。至此，物流中心已经建成4家工厂。此外，国电龙源装机5万千瓦风电项目2012年10月奠基，进行了部分风机基础的施工。河北新奥装机10万千瓦光电项目正在进行方案设计，明年启动施工。

【西藏那曲高新技术产业开发区和那曲综合保税区申报建设工作推荐有序，成效近在眼前】西藏那曲高新技术产业开发区和西藏那曲综合保税区申报建设工作进展有序、初现成效。10月23日自治区政府已经正式下文批复成立那曲自治区级高新区。年底前国务院将召开专题协调会推进那曲国家级高新区审批工作。

在此基础上，自治区又决定依托那曲物流中心建设西藏第一个综合保税区。11月初，国家海关总署工作组已经到那曲实地调研。自治区政府连续召开专题会议，研究启动的可研、规划等工作。现已经向行署提交了综合保税区选址和划拨土地的申请。

那曲地区
电信分公司工作

【年度综述】2012年，那曲分公司以拓展市场份额，强化网络建设，加速信息化应用项目建设为引导，以服务于那曲先进生产力的发展、服务于地区先进文化的传播、服务于当地人民生活质量的不断提高作为出发点和落脚点，秉承普遍服务的承诺，认真落实中国电信“新三者”战略，理请思路，转变观念，切实做好区公司战略与策略的落地执行，全面完成各项任务指标、重点工作；努力推进全业务效益规模发展，实现价值创造能力新突破，企业转型发展取得了新的成效。截止2012年12月，那曲全面实现营业执行店长制和民营化推广工作，各项服务水平明显改善，移动用户市场分额稳步提升。

【积极履行社会责任，全面提升通信保障能力】2012年，随着县乡办公自动化系统、乡级视频会议系统的正式投入使用，那曲分公司借助行业信息化大发展的有利机遇，加强对重点行业和信息化应用领域大力推广和实施，做强做优行业信息化项目，促进规模效益发展；严格落实自治区关于做好县级办公自动化系统乡级视频会议系统建设相关文件指导精神，结合本地实际，立足为客户创造价值，突出重点、开拓创新、狠抓落实，建成11个县的县级办公自动化系统及乡级视频会议系统，延伸到全地区100余个乡政府及部分村委会、驻村工作联系点；为积极支撑、配合当地县乡政府单位使用县乡OA，对各县政府工作人员各种电脑操作掌握的不同程度作了深入性的培训和指导，快速复制、规模推广奠定基础，逐步实现了全地区所有县乡自动化办公系统的使用。为全面提高通信保障能力，截至2012年12月那曲分公司完成政企支撑项目21个，光进铜退项目目前已完成全地区10个县的光纤到户建设，截止目前在2011年C网基站建设基础上比如县、巴青县、嘉黎县完成4个C网基站的建设及唐古拉山口基站的建设，铁路沿线完成28个C网基站的建设及土建机房的建设。完成公安处7个县的公安监控光缆接入建设，那曲分公司2012年12月完成建设那曲县160个监控点光缆接入建设。完成地区7个县便民警务站光缆接入建设，完成了嘉黎县职工周转房的建设及验收工作。2012年共立项工程61项，完成了114个行政村通宽带任务，为年度目标的100%，使通宽带的行政村总数达到114个。积极实施宽带普及提速工程，优化无线宽带网络，启动“光网城市”建设，城市12M覆盖比例达到40%，20M比例达到15%，农村市场13%具备4Mb/s以上带宽能力。全年新建移动基站33个、扩容22个。

那曲地区
国土资源工作

【夯实国土资源管理基础】一是保障建设项目用地。加大对“十一五”、“十二五”期间国家和自治区重点交通、水利、基础设施和民生项目用地保障工作，积极提供项目用地预（初）审意见，确保项目及时落地。二是加强耕地保护工作。与各县区签订耕地保护目标责任书，落实耕地保护责任。加强对耕地保护责任目标履行情况的监督检查，确保了耕地数量不减少，质量不降低。三是规范土地登记管理。严把土地登记关，依法进行土地确权登记，不断提高土地登记工作的严肃性、权威性和公信力。累计办理土地登记208宗，其中初始登记38宗、变更登记86宗、抵押登记59宗、注销登记9宗。利用全区开展土地登记规范化和权属纠纷调查大检查之机。完成地籍档案整理归档2000余卷。四是加强矿政管理工作。切实加强矿产资源勘查开发管理，认真做好采矿权登记、变更和矿山企业备案、年检工作。加强对矿山企业和地勘项目的监督检查，及时发现和查处各类违法违规行为，不断规范矿产资源勘查开发秩序。积极参与和调处矿产资源开发中存在的各类矛盾纠纷，撤销存在的违规收费项目，不断优化开发环境。五是加大地质环境治理。争取资金2000多万元，开展了那曲县那木切、安多拉日曲、尼玛县玉龙等矿山地质环境治理和那曲县城周边地质环境治理工作。六是积极开展土地利用规划编制工作。开展了《那曲地区土地利用总体规划》编制工作。经反复征求意见和多次论证，《那曲地区土地利用总体规划》文本今年有望通过审批。争取援藏资金650万元，开展了那曲县、比如县、嘉黎县土地利用总体规划编制工作。七是积极开展地质灾害防治工作。编制完成了《那曲地区突发地质灾害应急预案》，对地质灾害防治工作进行指导。在每年汛期来临之前，转发和下发相关文件，对做好灾害防治工作进行安排部署。严格落实汛期值班、信息通报、灾情速报和险情巡查等制度。对发生的灾情，在第一时间上报上级部门。局领导协同区国土资源厅专家，对比如县香曲乡旺乃村的地质隐患点进行了实地调研，提出了治理意见和建议。八是深入开展国土资源法律法规宣传活动。在“土地日”、“地球日”和法制宣传月期间，通过悬挂横幅、发放宣传资料、设立咨询点、发送手机短信等形式开展广泛的国土资源法律法规宣传活动，为国土资源法律法规的顺利实施营造了良好的社会环境。九是圆满完成了全国第二次土地调查工作。从2007年开展，利用四年时间，完成了全国第二次土地调查工作。建成了1个地级农村数据库和10个县级城镇数据库。编制完成了《西藏自治区那曲地区第二次土地调查工作报告》。十是有序推进农村宅基地确权登记发证工作。按照国土资源部和区国土资源厅的安排部署，从2010年开展，全面开展了那曲地区农村宅基地确权登记发证工作。承担农村宅基地确权登记发证工作的四川地震局测绘工程院和西藏地勘局地热地质大队自2011年4月份进点后，目前已完成了那曲县农村宅基地确权登记发证工作并顺利通过了区国土资源厅的验收。其他各县的农村宅基地确权登记发证工作正在有序开展。

【改善了干部职工工作和生活环境】争取国家资金和援藏资金800万元，建设了40套总面积为3222平米的干部职工周转房和1442平米的办公大楼，以及上下水、路面硬化等配套设施，改善了干部职工的生活条件。投入资金20万元，为局各科室配备了电脑、打印机等新的办公设备，极大地提高了工作效率。

【创新国土资源管理模式】探索建立了那曲镇义务土地协管员制度，为规范那曲镇土地市场秩序坚定了坚实基础。

那曲地区
住房城乡建设工作

【加强建筑业管理力度】加强建筑市场的监管力度。截止9月底共依法办理《建筑工程施工许可证》39份，办理工程报建39项，招投代理机构16个，施工单位备案102个，监理单位备案14个。加强招投标管理工作力度。截止9月底累计完成招投标交易61项，应标率达到了100%。合理调整建筑企业结构。截止9月底新增农牧民施工单位6家。

【加强工程质量监督管理力度】2012年，受理监理工程项目总计64个，总投资56264.277万元。为确保工程质量，努力克服质检人员短缺的困难，坚持做到工程质量监督管理100%覆盖，同时，采取有效措施，严把工程质量关。

【抓好城市管理工作】加强城市环境卫生管理。截止9月底清运生活垃圾81000吨。在做好日常保洁的同时，集中出动1500左右人次对那曲镇卫生死角进行了清理，共清理垃圾200余顿，有效治理了那曲镇卫生情况。

加大城市综合治理力度。一是加大城市管理工作力度，健全规章制度，依法开展城市管理工作，在开展城市综合治理的基础上，继续加强对城区主要街道“脏、乱、差”现象的治理，对占道经营、乱摆摊点、沿街叫卖等行为进行严格管理。二是加强城区巡查工作，抓好建筑施工现场的管理工作，搞好施工卫生。三是继续加强对城区各街道违章广告牌、横幅、各类小广告的清理，使得城区市容市貌得到了较大改善。

抓好市政公用设施的维护与管理工作。抓好市政公用设施的正常维护，维修线路800多米，维护和更换路灯杆70余个，更换和加固损坏的灯头270余个，更换损坏的下水井盖9个，有效保证了市政设施的正常使用。

【严格规划管理】发挥规划的“龙头”作用。截止9月底共审定核发《建设项目选址意见书》897份、《建设用地规划许可证》212份，累计用地面积533079.84，审批《工程规划许可证》227份，累计建筑面积365719.7，实地踏堪70多人次。

【加强“双清欠”工作力度】一是严

格执行民工工资保证金和担保制度，每个在建项目办理施工许可手续前，严格审查和落实民工工资保证金制度，确保了新开工项目民工保证金担保制度覆盖率100%。二是认真做好民工工资投诉、记录和协调工作，建立民工工资清欠台账，协调自治区清欠办，积极督促解决嘉黎县嘉忠公路拖欠民工工资事件，目前该项目完成清欠30万元，剩余34万元，正在积极督办。

【项目申报和工程建设有序开展】一是会同各县（区）顺利完成城镇基础设施项目申报工作，目前，基础设施项目盘子基本确定，“十二五”、“十三五”城镇基础设施项目规划投资386620万元，其中：“十二五”规划既定投资66170万元，“十二五”储备投资98550万元，“十三五”规划投资112900万元。二是顺利完成那曲镇文化路、扎空路、高原路等四条断头路前置审批手续并通过自治区审查。三是本级财政投资1亿2仟多万元的那曲草原生态景观园等11个市政项目进展顺利，其中天葬台至烈士陵园道路、迎宾路彩砖铺设、藏羚羊草原精灵广场等项目已竣工并初验，草原生态景观园项目即将完工，地区行政综合楼也已顺利开工。

【保障性住房建设稳步推进】2012年度项目进展情况。2012年度周转房建设任务共922套，一批建设任务200套，目前主体工程已接近尾声，二批建设任务722套，已按要求完成项目前置审批手续。2012年度廉租房建设任务为222套，除那曲县128套外，其余各县均已开工建设，工程进度60%。套棚户区改造项目80套，全部在比如县建设，目前正在制定《实施方案》。那曲县128套廉租住房和250套公共租赁住房建设项目，经请示自治区保障性住房建设管理领导小组办公室同意，将项目资金与对口援藏资金整合使用于那曲镇旧城区改造。

【住房公积金管理进一步规范】加强了信息化管理力度，提高了公积金准确性。目前在册的公积金缴交单位为128家，人数为17632户，其中封存70户，缴交人数为17562户。少支多贷，提高了增值收益。截止7月份支取人数为666人、支取金额为3355万元，比上年同期减少支取人数157人，但支取金额相比去年同期增加522万元。委托贷款已发放28人、贷款金额为941万元，累计发放贷款金额为37163万元。

那曲地区旅游工作

【旅游经济得到持续稳定发展】2012年，共接待游客450000人次，实现旅游综合收入6500万元。

【继续做好《那曲地区旅游总体规划》编制工作】《那曲地区旅游总体规划》编制初审工作顺利开展，编制工作已进入第二期修正校对和充实完善阶段，初审会所形成的意见建议以及各类需充实的旅游资源文字、图片、影视等资料已基本成形，近期将逐一进行汇总修编工作。

【大型电视旅游宣传片制作工作取得阶段性成果】联合地区广电局、地区文化局摄制的大型电视旅游宣传片《解密羌塘原古象雄文明》第一期、二期拍摄工作于6月底全面完成，历时56天，行程10367公里。其中第一期为2011年11月23日至12月24日，摄制组一行17人走访了阿里地区五个县（普兰县、札达县、葛尔县、革吉县、改则县）和那曲地区西部四县（尼玛县、双湖区、班戈县、申扎县），历时31天，行程6500公里，共搜集原始资料近35万字，照片近万张，电视素材片长30多个小时。第二期于5月19日至6月12日，摄制组走访那曲地区中部（聂荣县、那曲县）、东部（比如县、巴青县、索县）5县和昌都地区丁青县，历时25天，行程3867公里，详细了解了各县特有的旅游文化资源，为今后打造羌塘古象雄旅游文化长廊提供了丰富的资料。

【积极参加旅游宣传推广活动，提升那曲旅游形象】4月15日，组织人员参加了青岛国内旅游交易会，与会期间共计发放宣传资料1000多册，积极推介我地具有浓郁地方特色的民俗文化、民族风情、自然景观等旅游产品，为进一步开发开放旅游景区（点）和吸引更多的海内外旅游者来那曲观光旅游打下了良好的基础。

【继续实施项目带动战略，积极衔接旅游项目】截止到11月底，完成6个项目的申报前期工作，其中：唐蕃古道天路青藏铁路沿线（那曲县旅游公共服务基础设施建设项目）；唐蕃古道天路青藏铁路沿线（安多县旅游公共服务基础设施建设项目）；索县旅游规划（荣布至江达旅游规划）等三个项目已列入2012年自治区旅游发展资金项目之列。实施项目共计五个，其中国家投资项目两个，羌塘旅游景区建设项目；那曲地区旅游纪念产品研发基地建设项目。自治区旅游发展资金项目三个，纳木措北部生态旅游区配套设施建设项目；比如县那秀民俗旅游区配套设施建设项目；怒江源旅游规划。

那曲地区气象工作

【基础业务重点突出，稳步推进】2012年，扎实做好业务规章制度的补充完善，重点强化了一线业务人员的职业道德和职业纪律教育，保证了地面测报、数据传输、高空探测和预测预报等基础业务的有序运行，杜绝了各类责任性事故，业务质量达到考核指标。年内，一是成功举办那曲首届气象综合观测业务技能知识竞赛，并积极选派选手参加区局举办的“全区地面观测业务技能竞赛”，以极其优异的竞赛成绩斩获大赛24个奖项中的13个，（其中：团体总分第一名；个人全能第一、第二、第三；4个单项第一；4个单项第二；1个单项第三）；二是精心组织并圆满完成2012年地面气象观测业务改革和资料实时传输方式的调整；三是高度重视气象探测环境保护工作，与区局法规处成功协调处理了比如县居民建房影响探测环境的行为，组织开展了全地区气象探测环境保护调查；四是完成《高原无人自动气象站故障诊断实用技术手册》编制、人工站仪器撤换、新一代天气雷达和自动站设备巡检；五是顺利完成了班戈北拉镇、安多强玛镇、双湖多玛乡、申扎巴扎乡、塔尔玛乡、马跃乡的六个自动气象站的建设工作，现已全部投入业务运行。

【气象服务措施得力，成效显著】年内成功预测2月份大风、4月大雪天气过程；圆满完成双湖行政区湖泊决口调研和中宣部举办的“激情广场爱国歌曲大家唱”活动的气象保障服务工作，得到有关部门的一致好评。截止11月16日，共发布《专题气象服务》44期；《决策气象服务》46期，《旬预报》32期，《月预报》10期，《天气情况汇报》64期，《灾情汇报》6期，《遥感监测信息》17期，《强降雨消息》1期，《降雪消息》1期，制作发布《2012年那曲地区汛期气候趋势预测》2期和《2012年那曲地区今冬明春气候趋势预测》1期。其中，去冬今春的气象服务工作取得显著的社会经济效益。

那曲地区
电力工业工作

【基本情况】2012年，那曲电网主要有：35KV中心变、110KV那曲变、110KV安多变，总变电容量99MVA；查龙电厂一座，总装机容量10.8MW；班戈、青龙、北拉、聂荣、罗玛、香茂、劳麦、孔玛、白雄、帮麦、扎仁和措玛共13个农网变电站和11座变台。现运行110KV输电线路5条；35KV输电线路15条（主要联络线4条，那曲变馈线6条，安多变馈线5条）；10KV供电线路14条（不包括农网线路）。目前那曲电网供电已覆盖至那曲、安多、聂荣和班戈四个县，供电人口达到20万左右。并担负着对青藏铁路当雄—那曲—安多—布强格沿途机站及那曲物流中心的供电任务。

【电网建设与发展】根据那曲县城线路及设备老旧，电网结构薄弱的实际情况，为提高电网可靠性，于2010年6月着手实施了那曲县城网改造工程。工程由西藏水利电力勘测设计院设计，西藏方圆水利电力工程监理有限公司承担监理，四川省送变电建设有限责任公司施工，总投资1318万元，于2012年10月30日投运。此次改造共拆除10kV架空线路10km，改造10kV架空主干绝缘线路10.89km，10kV架空分支线绝缘化改造4.127km，架空绝缘线型号为JYLYJ-10/120。新敷设10kV主干电缆线路2.1km，10kV分支电缆0.45km，电缆采用YJV22-8.7/15-3*240，改造0.4kV架空线路14.75km，新立15米砼杆198根，新立12米砼杆55根，新立10米砼杆275根，新立13米钢管杆20基，新装配电变压器10台，新装10kV柱上SF6断路器11台，新装10kV隔离开关17套,新装高供低计计量装置10套,新修电缆检查井5座。10kV线路架设3.59km，拆旧2.77km、10kV电缆埋设300m，0.4kV线路拆旧2.61km、架设2.63km，0.4kV电缆埋设63m，下户770户。工程投运后，改善了那曲县城网结构，提高了供电可靠性。

【农电工作】2012年重点完成了班戈县农网升级改造工程。班戈县农网升级改造工程于2012年2月20日开工，2013年1月28日投运，总投资6098.61万元。新建110KV青龙变电所35kV出线间隔至35kV北拉变新建35kV输电线路。线路长度32.68km，导线型号为LGJ-95/20。新建35kV变电站一座，主变容量为800kVA主变一台，35kV出线二回本期出线一回，10kV出线三回本期出线二回，围墙内占地面积684.48平方米。新建10kV线路275.108公里，0.4kV及以下线路174.591公里，新装配变162台，总容量4570kVA，下户7766户，新组立10kV电杆4631基，新组立0.4kV及以下电杆4183基。班戈县通电后，促进了班戈县的社会经济发展，丰富了当地居民的精神和物资生活。

那曲地区
环境保护工作

【多措并举，深入开展城镇环境综合整治工作】一是通过各相关部门联合执法，对各农贸市场、超市、批发零售店、饭店宾馆等重点场所集中开展大型执法活动，从源头切断白色污染物进入渠道，促使各单位较好地落实行署有关“禁白”规定；二是利用周末、节假日组织社会力量，对监管薄弱区域的白色垃圾进行人工清除。共组织那曲地区干部职工和环卫工人多次集中清扫，投入人员300余人次，车辆20余辆，清除了那曲镇周边草场10吨以上的白色垃圾，周边农牧区生产生活环境得到较大改善；三是与旅游、国土、公安等部门协作，加强主要交通道路沿线和旅游景区（点）环境治理，有效遏止旅游景区（点）及主要城镇的垃圾污染,进一步提升了西藏“北大门”的形象。

【强化环境监管，切实维护建设领域生态平衡】一是把好项目开工前审批关。坚决做到环评不审批，项目不开工。对选址敏感、影响面大、群众反映强烈的项目严格把关、慎重审批。二是把好施工过程中的生态保护关。项目建设期间，各参建单位切实做到了施工弃土、建筑垃圾、生活垃圾及时清运到指定地点，取土场等料场尽量安排在公路视线以外。三是把好工程中期生态恢复关。要求及时进行采坑和道路周边景观的生态恢复工作。四是把好工程末期验收关。坚持竣工验收“环保先行”，对建设项目在运行主体工程验收前，先进行环保验收。

【建立健全建设项目环评审批登记备案制度】全年累计办理各类建设项目环境影响评价登记备案手续913份，其中完成全区保障性住房60个，教育项目365个，邮政局系统79个，各县卫生院及急救站21个，民政项目（包括敬老院、儿童福利院、烈士陵园、救灾储备库）40个，寺庙业务用房66个，广电中心11个，公安业务用房20个，其它251个。

【大力推进矿产资源开发环境保护工作】一是建立了企业和地方双层安全生产与环保联运监管机制；二是成立了有群众参与的监督领导小组，发现问题及时通报整改。三是强化联合执法监督力度，年内，环保、国土、安监部门多次深入辖区内重点矿山企业进行实地调研督导，确保矿产资源开发利用与矿山生态环境保护协调发展。

【推进环境监测和辐射安全管理工作】一是积极推进那曲地区监测站实验室运行准备工作。投资15万元进行实验室供电线路整改、药品器皿库和供水系统改建工程，已着手试剂配制及分析工作。二是逐步完善那曲镇空气质量监测体系建设。在那曲镇完成了第3套系统的选址定点工作，积极推进地区监测站全面启动工作。截止11月20日，那曲镇空气质量自动监测工作共获取监测数据325组，其中优111天、良185天、轻度污染28天，中度污染1天，优良率91.1%。那曲镇环境空气主要污染物为可吸入颗粒物，大气环境质量达到国家二级标准。三是继续开展机动车尾气检测工作。加强机动车尾气检测管理，根据厅相关规定，已责成那曲地区机动车尾气检测中心重新向自治区环保厅申请授权委托，启用全区统一的环保检验合格标志，并逐步完善制度，建立健全检测仪器和技术规范。四是加大饮食油烟和建筑施工扬尘治理工作。下发文件责令相关企业安装油烟收集净化装置，实行施工洒水抑尘，并加大检查力度，确保治理工作落到实处。五是对地区两家医院环境现状进行监测。配合自治区环境监测中心站，在地区人民医院和藏医院对大气和水分别采样，获取相关数据。六是完成了班戈尼玛两县2012年国家重点生态功能区县域生态环境质量监测工作。对两县各2个地表水断面水质监测、1个空气点大气质量监测，并收集相关生态指标数据。七是积极推进放射性同位素与射线装置辐射安全管理工作。配合厅辐射环境管理处对地区疾控中心、发达客运公司、东三县、中三县等多家单位对各类医用、民用X射线装置进行专项监督检查。针对检查结果对各单位下达整改通知，并督促其尽快办理《辐射安全使用许可证》。

那曲地区科技工作

【农牧业农村科技工作取得实效】重点实施项目。国家富民强县专项行动计划项目。组织嘉黎县、班嘎县申报了国家科技富民强县项目《娘亚牛本品种选育技术示范推广》和《班戈县藏系绵羊选育优质肉羊技术示范推广》项目，获得国家科技部审批立项，项目经费分别达234万元和192万元。2012年“金牦牛”项目已定投资580万元，近两年来共申请到项目资金达1253万元。

自治区重点科技项目。一是《那曲地区各县区科技局局长培训》，项目经费10万元，在拉萨对11县（区）科技局长进行科技管理、科技项目申报与实施、基层科技发展政策等方面集中培训；二是《那曲地区科技特派员示范户培育》，项目经费100万元，在我地11县（区）各培育2户农牧民科技特派员示范户，进行牦牛育肥、藏系绵羊养殖、畜产品加工等方面示范；三是《农牧民科技特派员创业培训》，项目经费60万元，对全地区80名农牧民科技特派员进行创业培训；四是《藏北偏远乡村蔬菜大棚种植技术示范》，项目经费120万元，尼玛县申亚乡5、6村以及卓尼乡3、4村进行大棚蔬菜种植示范。

合理落实全年科技三项经费。按照年初工作计划，制定那曲地区2012年科技项目计划，已争取地区财政科技经费65万元，并根据11县（区）科技局申报的项目，逐一立项审批。

项目督促检查成效显著。对国家富民强县专项行动计划项目《安多县多玛绵羊良种选育推广与产业化技术研究开发》、《聂荣县牦牛短期育肥》、《班戈县藏系绵羊选育优质肉羊技术示范推广》项目以及其它科技项目的实施进度和各项指标任务完成情况进行了督促检查，检查发现各项目均按照项目计划进度、项目实施指标任务顺利实施。

科技特派员工作全面推进。在完成2011年科技特派员各项工作的同时，高度重视发展新特派员，注重特派员的培训，确保每名特派员能真正的成为农牧区经济发展的带头人，能切实带领农牧民群众走上小康之路。地区现有科技特派员278名，2012年发展科技特派员100名，培养科技特派员示范户22户。

强化科技培训服务措施，推动农牧民素质不断提高。结合创先争优强基础惠民生下乡活动，发挥科技优势，开展农牧民家电维修培训，农牧民畜牧养殖技术、大棚蔬菜种植技术等培训活动，共培训人员250名，通过畜牧养殖、草场建设、畜牧疫病防治、蔬菜种植、家电维修等技术的培训，使农牧民学员的科学素质和技术能力得到进一步加强，更好地发挥特派员的作用起到积极的推动作用，为科技成果推广、基层科技力量加强奠定了一定基础，取得了一定成效。

【科协工作得到扎实推进】认真开展各项科普工作。一是为了进一步提高农牧民群众的科技意识，改善农牧民的生活条件，丰富农牧民的科技文化生活。地区科协同地区电视台合作，申报《藏北科技之光》科普栏目，一周一期节目，一期20分钟（重播1-2次），介绍通俗易懂，趣味性、实用性、普及性强的科普节目，让观众从直观角度了解科普的趣味性、经常性、生活性和重要性。二是申报地区草原站旦久罗布同志为“全国优秀科普工作者”。三是把省级科普教育基地地区职业技术学校申报为全国科普教育基地。四是完成了对那曲11个县（区）、地（直）十几家单位的科普调查统计工作。五是向区科协及中国科协申请解决“科普大篷车”。

科普惠农兴村计划项目申报。把普及科技知识、传播科学思想、倡导科学方法有机结合起来，扎实落实2012年全国“科普惠农兴村计划”项目，组织11县（区）积极申报，通过收集资料、核对评优，申报“国家级科普惠农兴村计划”项目，申扎县2个农村科普示范基地，申报“自治区级科普惠农兴村计划”项目，尼玛县3个农村科普示范基地和3个农村科普带头人，有望获得奖补资金85万元。

科普宣传科技下乡活动取得实

效。全年科技下乡活动中共为农牧民群众现场发放各类科普书刊2000余册，向特困户无偿赠送太阳能电水120余桶，灯架280余/套，灯管600余支，免费维修各类家用电器及太阳能设备1200件，受益群众达5500余人。

政策法规工作全面开展。按照国家、自治区、地区关于加强我地政策法规、知识产权相关工作要求，积极组织召开了2012年那曲地区“知识产权宣传周”活动座谈会，认真做好“4.26”知识产权日宣传工作。座谈会就扎实开展知识产权宣传周活动的具体工作和下一步知识产权工作如何开展做了探讨。这次座谈会取得了良好效果，为知识产权宣传工作营造出良好舆论氛围。在这次宣传活动中，悬挂宣传条幅2条，发放知识产权宣传材料六种，约计3000余份，接受群众答疑咨询100余人次，受益人数近千人。

那曲地区教育（体育）工作

【大事记】 1月15日通过层层评选，地区局“四评选”工作顺利完成。

2月19日上午，召开2012年度教育工作会议。

3月5日我局德育科向各级各类学校发放领袖像4321枚。

3月8日制定了《那曲地区教育系统维稳工作方案》。

3月28日地直各学校开展了3□28文艺活动。

4月2日–13日安排三个工作组分赴那曲、比如、索县、巴青、聂荣、嘉黎、尼玛、申扎、双湖十县,教育系统维稳、开学、教学常规等工作进行了检查指导，并提出了反馈意见。

4月6日地区文化局牵头，教育局等13家成员单位对10所学校和幼儿园的校园及周边治安综合治理工作进行了督查；

5月12日份由地区公安处禁毒办牵头，地区教育局协助，在地直三所中学开展了关于合成病毒及其危害的禁毒知识讲座。

5月19日至23日，举办了第五届U–13少年足球赛。

6月3日召开了那曲地区2012年学前双语教育工作会议，并及时制订了《那曲地区2012年学前教育工作实施意见》。

6月22日三大考试工作圆满结束。

6月10日至17日，举办了“那曲地区第九套广播体操暨社会体育指导员培训班”。

7月1日上午，地区教育（体育）局党组在举行“庆祝建党91周年，喜迎十八的胜利召开”庆祝活动。

7月份参加全区第十届中学生运动会。

7月22日–26日召开全地区中小学教育教学规范化管理工作现场会。

8月28日在地区第二中学隆重举行了“开班典礼”。

9月8日至10日各级各类学校自行组织活动庆祝第二十八个教师节。

9月份组织进行第三次教学评估工作，对全地区12所初级中学、4所地直小学、11所完小，全地区60%以上乡镇完小进行教学评估。

9月10日上午，申扎县完小隆重举行建校五十周年庆祝大会。

10月16日下午召开全地区教育系统维护稳定工作会议。

11月16日下午，地区教体局召开会议，安排部署学校文化产品安全工作。

11月为全地区各级各类学校孤儿生和家境贫困生1054名下拨527000元用于解决过冬衣物。

11月28日地区教体局党组召开会议，就学习好、宣传好、贯彻好、落实好党的十八大精神提出明确要求。

那曲地区职业技术学校工作

【加大技能型人才培训力度】 学校放寒假期间，培训驾驶学员共计：499人。开学以来又安排地区妇联、人事局、广电局、扶贫办、索县、巴青、班戈等272名农牧民群众进行了汽车驾驶技术培训。培训中针对学员的汉语水平整体较低，学校选派优秀教师担任理论课教学，同时利用双休时间补课，强化学员的理论学习和上机模拟考试。在培训过程中，一是进一步加强培训管理队伍建设，完善服务体系。在报到程序、资料收集、档案管理、教师安排、考核颁证等各个环节都作出了具体要有法度和安排。二是加强各科室的沟通与交流，选派优秀班主任、培训教师，确保培训任务顺利完成。三是培训注重坚持社会需求。根据学员文化基础，特长喜好等基础上开展分类，分层次教学，加大实战教育力度，提高学员实际操作能力，以快速适应社会需求。

2012年，先后举办了乡村防疫员、炊事员培训、土建、家电、电脑操作和委托培训驾驶，累计培训482人。驾驶培训总计1074人。

【教学工作常抓不懈】 一是根据西藏系全国五大牧区之一，那曲作为主要牧区地，着力打造以畜牧、兽医为龙头的品牌专业，培养兽防、动检，野生动物保护等专业人员；二是仅仅依托那曲物流中心，开设物流物管专业，培养物流管理和技术人员；三是针对那曲地区地广人稀、居住分散，农牧民群众看病难等问题，设置藏西医专业，培养基层医务人员。加大教师培训力度，安排14位教师分区内外高职院校参加培训，使“双师型”教师比例达到45%。组织教师听课、评课，对教学中出现的问题进行研讨。学校积极探索，集思广益，不断深化教学改革。以就业为导向，及时调整专业结构，深化教学内容、教学方法改革，提高教学质量。通过一系列的教学改革，教学质量得到大幅提升，2012年319名毕业生中，62名学生通过对口高职考试获得上大学机会，80名学生通过“3+2”学制直接进入高校上大专。同时，通过学校努力，4名毕业生成功与西藏珠雅药业有限公司签约实现就业。

那曲地区文化、新闻出版、文物工作

【年度综述】 2012年，那曲地区拥有11个县级综合文化活动中心、33个乡镇综合文化站、10个县级信息资源共享工程站、64个行政村文化信息资源共享设备、1191家农（牧）家书屋、270个寺庙书屋；有8个国家级非物质文化遗产和1个国家级文物保护单位、38个自治区级非物质文化遗产和21个自治区级文物保护单位、176个县级文物保护单位；全地区共组建了436支文艺团队,其中包括1个专业艺术团、7个县级民间艺术团。

【完善公共文化服务体系，为丰富人民群众精神文化生活提供保障】1、地区图书馆项目：该项目总投资2025万元，面积4747.28平方米。该项目于10月初完成各项前期工作已开工建设，将于明年11月份竣工。

2、羌塘博物馆建设项目：该项目投资3000万元，面积为6000平方米。根据地区领导关于博物馆建设用地变更的要求，加之项目投资概算批复上级多次调整，因此目前已完成项目的可研和土地选址工作。

3、那曲地区群艺馆改扩建工程项目：该项目包括格萨尔传承基地，包括说唱厅、保护中心、非物质文化遗产保护展示厅及其它附属设施，目前项目投资暂定为1120万元，面积为4000平方米。该项目环评、规划、可行性、设计等所有前期工作已完成，但是由于项目投资概算批复先后四次频繁调整，导致项目重复设计，前期工作多次返工，目前该项目已进入可研阶段。

4、尼玛县文部寺古建维修保护项目：该项目总维修投资841万元，经过与自治区文物局积极沟通、协调，目前项目前期工作均已完成，并通过自治区评审，正在等待下项目的概算批复，下达后即可实施招标。

5、九县（区）县级新华书店建设项目：总投资1360万元、总建筑面积4600平方米建设的嘉黎、聂荣、索县、比如、安多、班戈、申扎、尼玛、双湖等9县（区）县级新华书店建设项目。该项目已交予各县（区）负责实施，目前安多县已完工，其他县（区）正在组织实施建设当中。

6、81个乡镇综合文化站项目：总投资7080万元、总建筑面积为2.8万平方米建设的81个乡镇综合文化站及附属设施项目。该项目由自治区文化厅交予各县（区）负责实施，目前正在组织实施建设当中,总体已完成工程量的50%。

7、五县民间艺术团排练场项目：该项目计划投资437万元，面积为1500平方米建设的五县（索县、安多、那曲、比如、班戈）民间艺术团排练场项目，各县负责自行设计和建设。目前，各项前期工作已完成，待自治区下达项目批复后可实施招标，进行开工建设。

8、五县县级综合文化活动中心维修改造项目工程：总投资300万元建设五个县级综合文化活动中心（那曲县、嘉黎县、比如县、安多县、索县）维修改造项目工程，目前除比如县外，其他各县已完成维修任务。

9、索县赞丹寺维修项目：总投资1000万元，维修项目包括安装消防技术设施、给排水系统建设、电气线路改造项目。目前已做好各项前期工作，已通过初审，待自治区文物局下达项目批复后可实施招标，进行开工建设。

10、那曲地区孝登寺维修项目：总投资1000万元，维修项目包括安装消防技术设施、给排水系统建设、电气线路改造项目。目前已做好各项前期工作，正在向自治区文物局积极申报追加项目，待自治区文物局下达项目批复后可实施招标，进行开工建设。

11、班禅出生地维修和纪念馆新建项目：总投资1000万元，维修项目包括安装消防技术设施、给排水系统建设、电气线路改造项目。目前已做好各项前期工作，正在向自治区文物局积极申报追加项目，待自治区文物局下达项目批复后可实施招标，进行开工建设。

12、地区新华书店办公楼项目：2012年自筹资金173.4万元、建设规模为757.20平方米的地区新华书店办公楼，目前已于10月份完工并投入使用。

13、申扎县塔尔玛乡综合文化站和申扎县雄梅镇综合文化站续建项目：分别投资48万元，面积为300平方米的申扎县塔尔玛乡综合文化站和申扎县雄梅镇综合文化站属于跨年工程，目前申扎县塔尔玛乡综合文化站已完成全部主工程并投入使用；申扎县雄梅镇综合文化站已完成全部工程并投入使用。

14、双湖区县级综合文化活动中心续建：投资200万元，面积为1050平方米的双湖区县级综合文化活动中心属于跨年工程，目前项目已经完成全部工程并投入使用。

那曲地区
广播影视工作

【认真抓好新闻宣传报道工作】那曲新闻宣传报道紧紧围绕地委、行署的中心工作，以深化“走转改”活动为契机，在《那曲新闻》中开设了“两会”专栏，《创先争优、强基惠民》、《增强五个意识》特别专栏，播出了12集系列报道《2011年重要新闻回顾展播》，在《那曲新闻》中播出三集系列报道《驻村干部的好榜样》——李芬玉生前先进事迹，完成了地区经济工作会议及地区各项重大工程陆续开复工情况的宣传报道工作。截止11月30日，那曲电视台制作播出藏汉语新闻2581条，其中播出各县（区）电视台采制的藏汉新闻820条，在西藏台播出417条。

【扎实推进广播影视进寺庙工作】广播影视进寺庙“舍舍通”设备于3月底全部到位，10月3日，未通电寺庙“寺寺通”设备到位。经过地县两级广电部门的精心施工，地区91座通电寺庙（拉康、日追）2161间僧舍的“舍舍通”建设任务除比如县部分寺庙未实施安装外其余县（区）的已全部完成；179座未通电寺庙（拉康、日追）的“寺寺通”建设任务，除比如县外，其它县（区）的建设任务已全部完成。

【切实做好广播电视“户户通”工程】“户户通”是加快城乡文化一体化发展的必然要求，是构建现化传播体系、巩固农村宣传文化阵地的迫切需要，是构建公共文化服务体系、保障农牧民群众基本文化权益的重要途径，为把这一惠及千家万户的惠民工程实施好，地区广播电视“户户通”设备于3月底全部分发到各县（区）以来，各县（区）积极组织人员，抓紧实施，经过基层广电技术人员的努力，已全部完成11980（含中宣部、国家广电总局赠送的设备4013套）套广播电视“户户通”建设任务。

那曲地区卫生（人口计生）工作

【医改和卫生工作取得新进展】以免费医疗为基础的农牧区医疗制度健康运行，农牧民群众健康权益得到进一步保障。截止2012年底，全地区县、乡、村、户参加新型农牧区医疗制度覆盖率已达100%，农牧民个人筹资覆盖率达98.9%，农牧民住院补偿最高支付限额达2.4万元并享受大病医疗商业补充保险待遇。各县60%的乡镇卫生院实行群众医疗费用“即时结报”制度。80%以上的县已在地区和自治区相关医院开通困难群众就医“绿色·通道”，简化了报销程序，对群众提供了很大的便利。

以“三网监测”为重点，妇女儿童保健工作进一步深化。2012年全地区孕产妇死亡率为126/10万，5岁以下儿童死亡率为23‰；农牧民住院分娩率83%；为每名住院分娩产妇每次发放了400元的奖励，累计发放资金302万元；为132名新生儿死亡或孕产妇死亡的相关人员申请了商业保险，理赔资金66万元。

疾病预防控制工作取得新成绩。2012年底，共接种9种疫苗，发生传染病17种计809例，发病率为176.05/十万，无死亡病例。其中无甲类传染病例，乙类传染病12种共计667例，丙类传染病5种共计142例。采取有效措施，及时妥善处置了嘉黎县犬类狂犬病人间防控，索县流脑，巴青、那曲肉食中毒、鼠疫等突发疫情，使疫情得到有效控制。

基本公共卫生服务与卫生监督执法工作不断推进。在三家医院和双湖区卫生服务中心进行了公立医院改革试点工作，达到了预期目标。在114个乡镇卫生院全部实行了国家基本药物制度及药品零差率销售，落实零差率补贴376.88万元。以“同心·共筑中国心—–西藏那曲行”等活动为载体，全面实施了城乡居民及在编僧尼免费健康体检建档，认真开展了儿童先心病筛查救治工作。截止2012年年底，全地区僧尼应体检人数为4036人，已体检3900人，体检率达96.63%；城乡居民健康应体检人数433912人，已体检394491人，体检率达90.92%。0—18岁儿童先心病应筛查人数为138816人，已筛查130646人，筛查率达94.11%。筛查人数中疑似病人725名，确诊571例，手术345例。对公共服务、娱乐场所进行了全面监督检查，整顿规范民营医疗机构（个体诊所28家，有效打击了非法行医，规范了医疗服务的秩序。

人才队伍建设不断加强。2012年全地区卫生管理及专业技术人员培训共592名，其中农村人居环境建设村医培训150名、基层妇幼卫生人员培训66名、新招录村医岗前培训259人、全科医生转岗培训22名、卫生管理人员赴内地接受培训25名、基层公共卫生管理人员培训30名。积极探索藏北藏医药科研创新发展路子，如嘉黎县藏医院积极争取了全国首家中医药管理局藏医临床药学重点专科建设项目。加强藏医人才队伍建设，藏医师承和确有专长人员出师考试共计70余人，从乡镇卫生技术人员中选拔了10名具有一定藏文基础的人员进行三年藏医药专业学历培训，为基层培养了一批用得上、留得住的藏西医结合人才。

卫生援藏与基本建设项目成效显著。2012年，浙江投资140万元实施基层卫生人才培训项目。浙大二医院与地区人民医院建立了对口援助关系，建成并开通浙江—那曲医院“远程网络会诊”通道。两省投资838万元采购地、县医疗仪器设备和卫生监督现场监测设备，投资3210万元实施了藏医院新建搬迁及藏药制剂中心建设、地区人民医院道路硬化建设、干部保健大楼建设、高压氧仓升级改进等项目。国家不断加大对卫生基础设施建设投入力度，落实了双湖县卫生服务中心标准化建设、6个县急救能力建设、3个中心乡镇卫生院改扩建、6个乡镇卫生所标准化建设、10个县卫生监督所、地区人民医院住院综合楼改建和地区藏医院制剂室等改善基层医疗基础设施项目。

【人口和优生优育工作顺利开展】全面实施人口优生优育各项惠民政策落实。2012年，共扶助人群5482人，提标后落实扶助资金590余万元。积极实施了“新农村新家庭健康促进”、“幸福——工程救助贫困母亲”等项目工作，共落实惠民资金120万余元。免费优生优育技术服务政策落实率达到100%。当年三项节育率达7.6%，累计综合节育率达74%，人口自然增长率稳定在13‰以内。开展了妇科病普查普治及“两癌”筛查、出生缺陷一级预防干预等工作的基础上，对那曲、班戈两县开展免费孕前健康检查项目。克服困难，顺利完成全员人口信息及育龄妇女信息录入与国网接轨工作，共累计登录人口436659人。认真落实了流动人口“属地化管理、市民化服务”工作。

【食品药品监督管理工作有序开展】积极开展了开展食品安全及药品、医疗器械监管和整治行动。2012年共受理许可申请288件，审批214家。开展各类检查132次，出动执法人员964人次，车辆200余台次，重点对学校、幼儿园食堂和300余家餐饮服务单位及3家批发企业、12家药品经营企业、33家医疗机构进行了拉网式监督检查。开展药品类易制毒化学品专项整治行动，有效遏制药品类易制毒化学品流入市场。严把药械行政审批关，进一步加强医疗器械生产经营企业的监管。编印了藏汉两种文字的《安全用药知识宣传材料》，通过地县强基办和各驻村工作队发放各类宣传册6.7万多册。

那曲地区人民医院工作

【医疗及财务工作情况】2012年门急

诊68049人次，与去年同期相比增长18.2%，完成健康体检4662人次，住院病人治愈好转率91.1%，病死率0.9%，平均病房周转次数32，出院者平均住院日9，实际病床使用率64.5%；全院总收入2628.4万元，与去年同期相比增长18.8%，2012年1-11月累计财政补助收入为26,108,000.00元。较上年增加了6,876,264.00元，增幅26%。增幅原因是2012年增加了4，650,000.00元的设备款和房租收入所至。1-11月医疗收入为：17,046,708.38元，较上年增加了4,369,305.18元，增幅25%。1-11月药品收入为：5,129,887.72元，较上年增加了311,113.08元，增幅6%。1-11月其他收入为：1,759,430.55元，较上年减少了220,608.69元，减少12%。其主要原因是2012年的房租收入不在其中所至。2012年1-11月累计医疗支出为12,009,217.83元，较上年增加了1,644,655.35元，增幅13.6%。1-11月累计药品支出为4,998,042.79元，较上年增加了692,785.19元，增幅13.8%。1-11月累计管理费用支出为25,668,702.32元，较上年增加了1，997,459.48元，增幅13.8%。1-11月累计药品支出为：4,998,042.79元，较上年增加了692,785.19元，增幅0.7%。2012年1-11月总收入为50，044,026.65元，与去年同期相比（2011年1-11月总收入为38,709，953.08）总收入增加了11,334,073.57元，增幅达22.6%。2012年1-11月总支出为42,675,962.94元与去年同期相比（2011年1-11月总支出为38,341,062.92）总支出增加了4,334,900.02元，增幅达10%。

那曲地区藏医院工作

【年度综述】2012年，那曲地区藏医院门诊接诊总数预计达29575人次，完成率98.6%；住院病人950人次，完成率101.3%；B超1974人次，完成率80.9%；检验6227人次，完成率110.2%；放射1022人次，完成率51.10%；胃镜71人次，完成率35.5%；心电理疗2138人次，完成率142.5%；藏医外治1627人次，完成率162.7%；业务收入达到733万元。两个社区医疗服务点的经济指标完成情况良好。

【生产指标完成情况】2012年药厂药品产量达到20099.7kg，产值约1千多万元，营销额达384万元左右。

【积极配合地委行署中心工作，为基层群众送温暖】地区藏医院积极响应自治区党委和地委的决策部署，为开展创先争优、强基础惠民生活动中，院驻聂荣县白雄乡5个村的工作队和索县驻村点，第一批工作队进驻一年来，得到了当地群众的认可，为下一批驻村开展工作做了很好的铺垫，对第二批工作队共16名人员用专项资金购买了从人员最基本的生活用具到相应的办公设备，医院共拿出价值10万多元的成品藏药广泛开展免费医疗巡诊活动，截止目前共诊治患者600余人。

那曲地区人力资源和社会保障工作

【以拓宽就业渠道为手段，进一步稳定和扩大就业】全年办理城镇失业登记2477人次,办理高校毕业生求职登记70名，累计办理高校毕业生求职登记185人，实现就业再就业1969人，完成全年目标任务的109.4%；职业介绍1504人次，完成全年目标任务的124%；职业技能培训6924人，完成全年目标任务的129%；高校毕业生就业见习70名，完成全年目标任务的70%，城镇登记失业率为2.6%；培训农牧民6020人，完成全年目标任务的125%；培训工种达30余个，实现转移就业1203人，培训后就业率达67%；自谋职业200余人，培训面涉及11个县，转移就业率达到78%，实现月收入达1500元以上。实现农牧民转移就业3.01万人次，完成全年目标任务97.1%，实现转移就业收入达6600万元。及时足额核拨1710名公益性岗位各项社会保险和补贴，落实高校毕业生参加公益性岗位每月600元生活补贴，及时核拨职业技能培训和职业介绍两项经费，并对涉及就业的各项资金进行清理核查，确保了就业再就业资金的有效利用。

【以保障改善民生为目标，各项保障功能惠及城乡】一是医疗保险工作扎实推进。核定城镇职工医疗保险26685人，征收保险金6334万元，同比往年分别增加8.06%、9.98%；核定城镇居民基本医疗保险24844人，征收保险金729万元、同比往年分别增加7.18%、11.36%。二是养老、工伤、生育保险核定征缴有序推进。核定养老保险6550人，核定养老保险6040万元，实际征收5250万元；核定工伤保险12082人，核定工伤保险3352万元，实际征收294万元；核定生育保险17658人，核定生育保险484万元，实际征收330万元，均比去年有较大幅度增加。三是城乡居民养老保险稳妥快速推进。2012年新农保参保人数131988人、征收保险金1415万元，兑现已满60周岁群众31014人的基础养老金3350万元，发放率100%；城镇居民养老保险参保人数13363、征收保险金159万元，支付已满60周岁1383人的养老金199.21万元，发放率100%；寺庙僧尼养老保险参保人数3518人、征收保险金42万元，已满60周岁285人的养老金41万元，发放率100%。四是失业保险调稳作用明显增强。加大对失业保险相关政策宣传和征缴核定力度，全年参保单位337家、11264人，核定金额1800万元，征收保险金1700万元，同比往年增加9.03%。同时贯彻落实失业保险扶持优惠政策，全年向11个县核拨就业再就业补助资金55万元，充分发挥其促进就业的功效，为维护社会稳定，推进企业改革作出了贡献。五是基金监管更加有力。建立健全社保基金管理、保密、安全内部控制制度，明确基金征缴、数据复核、待遇核定、支付等各个环节的内部监督审批程序，做到按制度办事，用制度管人。加强银行基金账户管理，规范基金收支工作流程，强化和规范社会保险稽核手段，加强风险控制，完善社会保险基金预算管理，社会保险基金监管不断得到加强，有效杜绝了违规挤占挪用基金现象发生。

【以调整劳动关系为重点，进一步构建和谐劳动人事关系】结合“春暖行动”、“整治非法用工、打击违法犯罪专项行动”，深入开展了法律法规政策宣传，先后上街设立咨询点10次、走进用工企业法规讲解63家、深入建筑工地劳动维权宣传48次，发放劳动者维权手册4520本、宣传资料2万余份。先后检查用工单位198家，涉及劳动者6388人，为农牧民工追讨工资828万元。受理各类劳动争议案件209件，涉及劳动者2160人，结案209件，结案率为100%。接待劳动者来访120人次，涉及劳动者270人，来信来访数比去年同期下降了9.5%。督促150家单位与劳动者补签或继签劳动合同3897份。接受工伤各类咨询20人次，受理工伤认定申请并认定工伤12件，行政复议案件2件。

那曲县

【**年度综述**】2012年，全县国民生产总值达86634.56万元，同比增长11%。其中：第一产业完成22003.71万元，同比增长4%；第二产业完成19063.71万元，同比增长8%；第三产业完成45567.14万元，同比增长15%。财政总收入达41794万元，同比增长32.08%，其中本级财政收入达2483万元，同比增长50.94%，争取转移支付2600多万元。农牧民人均收入预计达5691.24元，同比增长14.84%，其中现金收入4268.43元，同比增长14.84%。

【**牧业生产稳步发展**】一是按照“以草定畜、增草增畜、草畜平衡”的原则，加大牲畜出栏力度，调整牲畜养殖结构，减少草场承载压力，提高牲畜产值，全年牲畜累计出栏32.38万头（只、匹），出栏率达到36.9%，存栏78.51万头（只、匹），牲畜结构得到进一步的调整。二是不断强化牲畜重大疫情防控工作，牲畜免疫密度达到100%，幼畜存活率达到91.6%，成畜死亡率控制在1.04%以内。涉农保险得到有效推广，全县投保122万元，其中农牧民自筹资金41万元，县财政配套81万元。三是草场承包细化工作得到进一步加强，完善了134个建制村草场承包细化工作，草原生态保护补助奖励机制顺利通过自治区验收，每户500元的生产生活补贴以及12个乡镇2564万的草畜平衡奖已全部兑现到牧户手中。四是以特色牧业为突破口，把发展牧民经济合作组织纳入社会主义新农村建设的重要内容，统一规划部署，统一组织实施，切实加强指导协调，从培训、扶持、自立、发展四个环节不断帮助农牧民经济发展壮大，有力的促进了农牧民经济合作组织的健康发展。目前全县农牧民经济合作组织已达到88家，其中注册登记的有85家。

【**项目建设顺利推进**】积极争取项目，落实各类固定资产投资2.27亿元，开工建设了乡村道路、便民警务站、法院办公用房、乡镇政权机关业务用房、乡镇文化站、寺管会办公、生活用房、杭嘉小区、乡镇党员活动中心、那曲县敬老院和面上扶贫等一批涉及群众切身利益和事关经济发展的重大项目。全面建立了那曲县2013年项目库，共储备了7大类145个项目，总投资达14.98亿元。

【**经济发展活力进一步提升**】按照“完善基建、建立纽带、特色发展、整体推进”的思路，坚持城区与牧区整体推进战略，不断加快乡镇建设，建立以城区为中心，各乡镇为支点，联系广大牧区的经济发展新模式，在全县范围内逐步建立了以特色牧业、物流业、服务业等相关产业为支柱的乡镇经济发展带，形成了多点拉动、整体推进的经济发展格局。进一步加强了招商引资工作组织领导，完善了招商引资工作方案，建立了招商引资工作协调机制。通过“走出去，引进来”的方式，引进公司两家，意向投资2740万元。实施“万村千乡”工程18户。家电家具下乡活动，共出售下乡产品15874件，兑现补贴1055.71万元，经济发展活力得到了进一步提升。

嘉黎县

【**年度综述**】2012年嘉黎县国内生产总值完成34350万元，增速为11%。地方财政收入2907万元，同比增长13%。全社会固定资产计划投资71420.11万元，实际完成投资45931万元，比上年增长159.33%；社会消费品零售总额预计达到10437.5万元，同比增长6%；农牧民人均纯收入达到6430元，同比增长12%。

【**突出抓好“三农”工作，新农村建设步伐加快**】一是农牧业经济保持平稳发展。2012年，农作物总播种面积5120.4亩，（其中东小麦播种面积1009.95亩，青稞播种面积3114.9亩，豆类播种面积8.25亩，蔬菜播种面积121.5亩，饲料播种面积745.65亩）。全县共实现牲畜出栏69326头（只）、上市30142头（只）,其中牛出栏49738头，上市20611头，绵羊出栏10256只、上市4470只，山羊出栏6317只、上市3306，猪出栏2074头，上市879头。

【**农牧民生产生活条件持续改善**】农牧民牧民定居工程及配套设施项目总投资1649万元，其中国家投资833万元，群众自筹816万元。主要建设内容：新建棚圈130200平方米，贮草棚8680平方米，饮水井87眼。

【**突出抓好项目建设工作，增强经济社会发展后劲**】全县共实施项目70个，新建57个，续建13个，总投资69783.14万元，完成投资44294.59万元，比去年增长211.42%。项目工作取得了显著成效，有力地推动了全县经济社会的跨越式发展。内容涉及教育、交通、城镇基础设施、卫生、文化等方面，主要项目包括那嘉油路，综合办公楼工程，卫生服务中心改扩建，青少年活动中心等。在加强项目争取工作的同时，不断强化项目服务工作，执行重大项目定期汇报制度，及时研究解决项目推进中遇到工程用电、劳务纠纷、群企矛盾等问题，从资金、政策、人力等方面向重点项目倾斜，想方设法，多管齐下，各有关单位对项目建设中遇到的实际问题，采取一事一议、特事特办的方法，用最快的程序、最高的效率、最好的服务，加快推进重大项目建设;着力规范建设领域行为，完善《嘉黎县项目管理办法》，出台《嘉黎县项目监察暂行办法》，严格项目招标、建设、验收关口。坚持例行的月检查通报制度，及时查处整改工程建设中存在的质量问题。通过加强组织领导，加大前期投入，注重协调沟通，坚持科学谋划，重视和加强了项目前期工作，提升了项目落地的效率、质量和水平。

【突出抓好产业培育工作，夯实经济社会发展基础】始终坚持把产业培育作为经济社会发展的重要抓手，强化产业培育工作。1.以开发娘亚牛和藏猪为重点，为了进一步提升“娘亚”牛产业的规模化和集约化程度，已完成投资534.58万元（其中国家投资325万元）措多乡“娘亚”牦牛种畜场建设项目，完成牦牛组群200头，届时将带动周边农牧民群众119户874人增收致富，同时可进一步提升娘亚牛品牌的知名度和影响力。2.牦牛育肥基地建设项目。为了加快牲畜种群的周转速度，增加农牧民群众的现金收入，以措多、夏玛为中心的牦牛育肥带建设项目的投入使用，将带动农牧民208户1276人，实现人均增收500元。根据特色产业项目发展资金滚动管理的要求，牦牛育肥周转金在县农牧局的管理下，由牦牛育肥经济合作组织统一运作，完成第一批育肥以后转入下一批作为育肥牦牛引进周转金。3.牦牛育肥基地的改扩建项目。此项目在2007年牦牛育肥的基础上进行实施，该项目总投资333万元，国家投资174万元，占总投资的52.25%；群众自筹159万元，占总投资的47.75%。目前，新增出栏育肥牦牛1100头，有效加快了原年850头育肥牦牛的出栏目标，年正常出栏牦牛达1950头。加强了种畜场和牦牛育肥基地建设，多次对娘亚牛进行科学的肉质检测，为下一步的产业化规模化发展奠定了基础。藏猪在全县畜牧业的比重逐步提高，藏猪存栏量逐步增加，青钢菌、松茸等林下资源也得到一定程度的开发。坚持保护与开发并重的原则，以“群众增收、地方发展、企业增效”为目的，不断规范矿业开发工作。

【突出抓好惠民利民工程，保障和改善民生】大力实施扶贫（农发）工程，累计实施项目15个，总投资1544万元。项目覆盖了全县7个乡（镇）的51个贫困村，占全县总行政村的42%。有效做好了“两项制度”衔接工作，完善了贫困户建档工作，加大扶贫开发定点帮扶力度，完成脱贫570户2460人，控制返贫24户94人。加大师资队伍建设，小学、初中新任教师学历合格率达100%，教学质量稳步提高，学生人数持续上升，小学入学率达99.02%，初中入学率达93%，小学及初中毕业率均达100%，15—50周岁人口全部脱盲。实施了措多乡线路延伸工程，解决措多乡587户、2951人的生活生产用电问题。实施县城供电管网改造工程，解决县城、阿扎镇、嘉黎镇641户、3518人的生活生产用电问题。扶贫农发项目总投资达到1125万元，减少贫困人口233户、1088人。123个村级活动场所设备配备到位。行政村通信覆盖率达到95%。

加大对县乡两级医务人员的培养，提高赤脚医生的工资待遇。为进一步扩大赤脚医生人员的队伍，使其能更好的发挥作用，提高基层卫生发展的整体水平。根据医改文件精神的要求，对122个村级卫生室村医人数已配备齐全（一个村2名村医，共244名），为改善他们的生活条件水平，根据藏财社字【2009】26号文件精神，对新增赤脚医生人员126名进行工资补发，其补发标准为200元每人每月。

强农惠民政策落实力度进一步加大。结合实际，城乡医疗救助标准提高，五大保险覆盖面进一步扩大。60岁以上新型农村养老保险基本实现全覆盖。严格贯彻劳动保障法，建立拖欠农民工工资保证金制度，调处劳资纠纷15起145人次，追讨民工工资135万元。两项制度衔接工作稳步推进，城乡低保基本做到“动态管理、应保尽保”，五大保险面进一步扩大，低收入群体参保、续保缴费问题得到解决。退耕还林补助、野生动物肇事补偿、良种补贴、占地补偿等资金及时兑现落实。各项社会事业协调发展。学前教育加快发展。城镇低保标准由原来的370元提高到400元，城镇居民享受低保375人，全年农牧区个人集资覆盖率达到96%，医疗补助标准提高到每年300元，麻疹、水痘、风疹、手足口病等疾病防治扎实有效，麻疹接种率达到97.4%。

广播电视覆盖率达100%，行政村覆盖率达100%，自然村覆盖率达76%。加快了“村村通”工程建设步伐，全县“户户通”广播电视覆盖率达51%，全县所有寺庙及拉康“舍舍通”广播电视覆盖率达100%。全年共放映电影达2235场（次），观看人数达51002人次。

【突出抓好各项专题活动，党的执政能力不断提高】在加强基层基础建设暨中国特色社会主义主题教育“回头看”活动中，累计组派22个工作组驻乡、驻寺、驻校开展工作，安排36.4万元专项资金为民办实事、办好事，县、乡、村三级共组织集中宣讲607场次，组织群众观看爱国主义电教片473余场次，开展法制宣传120余次，邀请“三老”人员现身说教112余次，群众受教育面达到98.3%；各工作组共为群众办实事、做好事、解难事48余起；妥善调处和解决各类矛盾纠纷97件，各乡镇累计发展农牧民党员48名，发展农牧民入党积极分子41人，发展团员572名，调整和充实民管会班子1个。在创先争优强基础惠民生活动中，共投入资金200多万元，抽调320人组成83个驻村工作队，深入各村开展强基惠民活动，基本摸清了各行政村基本情况。在创先争优活动中，共结成党支部帮扶对子30对，结成联户帮扶对子127个。

【突出抓好援藏帮扶工程，援藏工作向纵深发展】第六批援藏干部2012年计划投入3300多万元，实施六大类20个项目，已开工项目4个，总投资1500多万元。自治区红十字会和浙江台州市专家组专家组，对嘉黎县300名白内障患者进行检查，并对37例符合条件的白内障患者在县卫生服务中心进行免费复明手术，手术成功率达100%，复明率100%，满意率100%。

比如县

【**年度综述**】2012年，全县生产总值达到51983.1万元，增速10.4%。其中一产业增加值16498.1万元，增速3.0%；二产增加值11682万元，增速15.3%；三产增加值23803万元，增速8.9%。财政收入完成740万元，农牧民人均纯收入达到7246.69元。

【**不断加强农牧业基础地位，推动一产上水平**】2012年，全县完成种植面积24302.06亩，其中粮食种植面积19007.7亩，豆类种植3157.8亩，蔬菜种植面积1397.66亩，其它播种738.9亩。幼畜成活率为97.1%；大畜死亡率0.53%。全面完成春季和秋季疫苗接种工作，并建立档案记录，免疫接种率达到100%。

推动一产上水平方面。一是发挥土地优势，进行农牧业内部结构调整，发展“精、细、优、特”农牧产品和农牧产品加工业。在“两牛”“两田”“两化”思路的基础上初步培育形成牧草、蔬菜、养殖几大支柱。二是继续探索和发展农牧民专业合作经济组织，提高农牧民组织化程度，引导农牧民进市场。政府出台相关政策，对现有的58家农牧民专业合作经济组织进行引导和规范，从资金、人才等方面加大扶持力度，培育出夏曲镇奶制品农牧民合作经济组织等3个示范点。三是实施品牌战略，提高农牧产品的市场竞争力。注重虫草原产地保护，积极开展比如虫草商标注册工作；加快比如人参果、贝母等特产的品牌保护注册工作，加大宣传力度，提高知名度和市场竞争力。四是扎实开展草场承包和草原生态奖励补助机制工作，突出抓好组织领导、政策宣传、群众发动、骨干培训、实地测绘、档案管理等关键环节，确保了工作的有序开展。草场承包工作已经通过地区和自治区验收。政府投入30多万元推进草原生态奖补机制工作，目前正待迎接自治区验收。

【**突出资源优势，在二产抓重点方面寻求突破**】一是积极推进能源建设。针对全县7座电站绝大多数不能正常生产的情况，先后组织专家对扎拉、达塘、羊秀、夏曲卡和吉前电站进行全面检修，积极争取维修项目；强化电厂管理，全面完成县城城网一期改造项目；主动配合藏中电网延伸项目，积极推进，力争尽快从根本上解决比如绝大部分群众用电难的问题；认真做好金太阳工程和光明村工程户用发放工作，确保无电地区农牧民群众的日常用电需求。二是依托资源优势推动产业结构调整，摆脱经济发展过度依赖虫草收入的现象。利用丰富的石材资源和砂石资源，积极申报建设比如镇砂石厂项目，促进建筑建材业顺利起步、健康发展。利用水资源普查的有利时机，加快筛选能够作为矿泉水的水源。三是利用技术优势发展加工业。鼓励以其达村糌粑加工等专业合作组织发展，在原产地加工上下功夫，加强商标保护，扩大生产规模，龙头企业建设积极推进。

【**依托区位优势和资源优势，促进三产大发展**】一是依托比如是那曲到昌都的重要交通枢纽的区位优势，充分利用人流、物流、资金流大的特点，把区位优势、资源优势转化为经济优势。二是依托丰富的文化资源和景观资源，加快旅游规划工作，为旅游业发展奠定基础。三是加快商贸市场建设，筑巢引凤，促进商贸、餐饮、休闲、娱乐业发展。

【**抓项目，解瓶颈，努力改善基础条件**】针对经济基础相对薄弱，自我积累、自我发展的能力不强，发展主要靠项目带动的客观现实，始终把抓发展的着力点放在项目的引进和建设上，牢固树立抓项目就是抓发展的理念，把抓项目作为当前经济工作的重中之重。

【**抓规划，促安居，着力推进新农村建设上水平**】抓好县城规划。正式启动县城总规修编和控制性详规的编制工作，目前县城总归修编已经获得自治区审批，县城控制性详规编制已经通过部门会审，正在进一步完善中。通过规划构建比如县城建设的主体框架，提升城市品位，完善城市功能，为今后的城镇建设奠定基础。

抓好乡镇规划。为进一步推进各乡镇有序建设、依法管理，从2012年起，对夏曲镇、比如镇以外的8个乡镇进行规划。目前白嘎乡、香曲乡建设规划已经进行了第一次交换意见。乡镇三化建设顺利推进，经过建设、发改等部门综合调研，结合“三化”建设的实际，按照需要与可能、先急后缓的原则积极推进，政府去今两年共安排700多万元用于乡镇基础设施建设，努力推动“三化”建设上台阶。

抓好村居规划。充分考虑自然环境、文化习俗和成本差异等因素，从建设理念、规划要求、设计标准等方面加强引导和服务，树立典型，引领示范。全年实施安居工程建设项目1638户，总投资2474万元；实施人居环境建设和环境综合整治任务为14个行政村，总投资1464万元。

【**抓服务，惠民生，推动社会事业协调发展**】教育、卫生、文化事业蓬勃发展。始终坚持教育优先发展战略，不断完善教育设施，改善办学条件，加强三支队伍建设，教学质量不断提高。不断完善控辍保学措施，适龄儿童入学率、升学率、巩固率不断提高，小学适龄在校生6710人，入学率达到99.45%，中学在校生3099人，入学率达到96.68%。切实抓好乡村医疗基础设施建设，进一步深化医药卫生体制改革，加强医疗卫生队伍建设，规范完善新型农牧区合作医疗制度，逐步扩大城镇医疗保险覆盖面，力争使新型农牧区合作医疗覆盖率达100%。建立完善重大疾病防控体系，提高突发公共卫生事件应急处置能力，加强食品药品安全教育及市场监管，保障群众健康素质。人口及育龄妇女信息采集、地方病和传染病防治等工作顺利开展。“降消”政策和妇幼保健工作得到认真落实，计生服务工作不断强化，人口素质得到提升。文化部门目前已为50个村配备了图书、书架和桌椅；另125个行政村配备了图书。县财政3年预算投资90万元用于村级文化室相关配套设施建设，充分发挥村文化室作用。组建民间文化艺术团，积极开展文化展演，丰富了群众性精神文明创建活动，激发群众参与文化活动的热情。在刚刚举行的全区民间文艺调演中我县民间文化艺术团获得此次调演晚会金奖。继续实施广播电视“村村通”工程、“西新工程”和“2131”工程。全面开展那若自治区级风景名胜区规划工作。

建立健全社会保障体系。高度重视就业再就业工作，认真做好高校毕业生、退伍军人、残疾人的就业工作，积极开发并购买公益岗位26个，解决零就业家庭、“3545”人员的就业困难。加强劳动合同管理，落实国家对农民工的相关政策，依法维护劳动者权益。建立健全6大保险制度，扩大社会保险覆盖率，提升统筹层次，提高保障水平。大力推进新型农村社会养老保险试点工作，力争实现全覆盖。加快城乡救助体系建设，妥善安排好五保户、困难户、优抚户和受灾群众的基本生活。完善城乡低保制度，建立动态管理机制，做到了应保尽保。加大扶贫开发工作力度，加强扶贫项目建设，加快保障性住房建设，切实保证生活困难群体的生产生活。

做好特定人群的服务与管理工作。认真做好农民工、流动人口、寺庙僧尼及流散僧尼的服务与管理工作，加强计生服务与管理，做好工商服务与管理，加强水电供应和服务，尽量满足干部职工和农牧民群众的生产生活需求。

抓好对老干部的服务工作。老干部是我县经济建设和社会发展的宝贵财富，曾经为比如的发展与稳定作出积极的贡献，在积极组织老干部发挥余热参与比如经济社会建设的同时，创造条件帮助老干部外出考察、休养，真正实现老有所乐。从去年开始，每年县级财政拿出20万元用于老干部在区内外的考察修养，受到了老干部的好评。

不断提高落实惠民政策的服务水平。在落实合作医疗报销、良种补贴、草原生态保护补助奖励机制、退耕还林、野生动肇事补偿、牲畜出栏补贴等强农惠民政策时，进一步完善了措施，使服务更加到位、操作更加简便、效果更加明显。

【抓特色，添活力，不断彰显县域经济的个性】大力发展特色农牧业。重点发展茶曲人参果、夏曲肉奶制品、扎拉乡奶牛养殖和比如镇青稞食品加工业和大棚蔬菜种植，积极开展藏香猪养殖试点，突出抓好农畜产品加工，在形成规模、创出品牌方面迈出新步伐。

做大做强虫草业。切实维护好采集秩序，加强虫草市场监管，保护合法交易。全县虫草产量预计达到1.3万斤，产量比去年略有降低，但价格有所提高，农牧民增收未受到大的影响。

加快发展旅游业。紧紧抓住比如文化内涵丰富、特色旅游景点众多、进藏游客逐年增加等有利条件，加强白嘎那若、香曲康夏生态旅游区，良曲帕拉金塔、茶曲骷髅墙宗教文化旅游区，达布尔谐、丁嘎热巴文化艺术旅游区建设，积极申报旅游项目。

【抓管理，保稳定，稳步推进平安比如建设】抓好社会管理。认真落实区、地安排部署，充分利用创先争优强基础惠民生、加强基层建设年、加强创新寺庙管理这三个载体，狠抓综治工作，以综治工作成果促进稳定。加强维稳处突能力建设和机制建设，加强安全人民防线建设，实施县城治安防控体系建设。做好来信来访和矛盾纠纷排查调处工作，严格落实“月报告”制度，及时解决人民群众关心的热点、难点问题，将不稳定、不安全、不和谐因素消除在萌芽状态。抓好“六五”普法教育，不断提高公务员依法行政和群众依法办事的能力。

抓好干部队伍建设与管理。加强干部管理和培训，促使干部职工的精神面貌有大改变，班子成员、部门领导的理论水平和实际工作能力大有提高。重视年轻干部的培训培养工作，成功举办县乡文秘人员培训。

抓好安全生产管理。狠抓安全生产工作，认真落实安全生产责任制，完善安全生产措施，把常态管理和专项整治相结合，抓好交通运输、危险化学品、食品药品、建筑施工、烟花爆竹、消防等领域的安全整治工作，消除隐患，坚决杜绝重特大安全生产事故发生，切实维护了人民群众生命财产安全。

抓好城市管理。不断加强城镇土地的使用管理，坚决打击非法买卖土地、浪费资源等违法违规行为和乱占农田、耕地的现象。细化工作措施，加强日常管理，投资36万元加强路灯建设，基本实现让城市靓起来、让路灯亮起来的目标。

加强政策性资金管理和使用。拓宽财税增收渠道，强化财税金融工作。强化财政监管，增强预算刚性，规范财经秩序，努力增收节支。严格执行“收支两条线”制度，实行罚没收支分离、票款分离。开展机关事业单位“小金库”清查工作，加大治理力度。金融部门不断加大吸收社会资金力度，增强信贷资金供给能力，加大农牧区小额信贷投放力度。认真落实“乡财县管乡用”制度，规范乡镇收费性资金的监管，严防腐败现象发生。

聂荣县

【年度综述】2012年，全县生产总值完成4.16亿余元，同比增长31.63%。其中，第一产业完成6680.12万元，同比增长4.43%，第二产业预计完成8798.07万元，同比下降22.28%，第三产业预计完成2.61亿余元，同比增长88.01%。财政收入完成581万元，同比增长15%。税收收入完成583.37万元，同比增长27.4%。

【立足纯牧业县的实际，巩固牧业基础地位】2012年，全县牲畜存栏达到305979头（只、匹），其中牛193797头，绵羊84010只，山羊24571只，马3601匹。牲畜已生仔畜71713头（只、匹），成活63440头（只、匹），成活率为88.46%。死亡8164头（只、匹），死亡率为2.38%。畜产品商品率为61.41%，肉产量8698.01吨、奶产量4878吨、绒毛产量491吨；二是扎实开展草原生态保护奖励机制工作。2011年全县补助奖励资金为5734.75万元，其中禁牧补助为1020万元、草畜平衡奖励为2042.11万元、牧民生产性

补贴为329.15万元、管护员补助为738.72万元、牧草良种为7.4万元、畜牧良种115万元。2012年全县共召开县、乡、村级会议2983次，共发放宣传单43332余份，接受政策宣传人数达42346余人次，通过宣传使广大干部群众对补奖政策有了比较透彻的了解。完成了170万亩的禁牧任务，对296块禁牧点进行定位制图，制作了乡镇级的地图，并以80.01分的成绩通过了自治区对我县2011年草补工作验收；三是认真做好薪柴替代物资发放工作。2012年1月份对6583户的薪柴替代物资进行了采购，4月底完成了1207户的煤炭、1906户的家用太阳能照明灯、1782户的煤气灶（罐）、1433户的家用铁炉的发放工作，并把85户建设玻璃暖廊的薪柴替代资金和170户的液化气加气单发放给牧户；四是认真实施查吾拉牛扩繁场续建项目，目前已完成了对项目的仪器设备、人工种草、饲料采购、牲畜佩戴耳标和繁育工作。完成了2011年退牧还草项目网围栏和草籽的招标工作。

【**着眼于防患于未然，防抗灾能力取得新成效**】目前共储备燃料347.39万袋，粮食690.8万斤，干饲草料4593.44吨，各类防寒衣物2.33万件，储备了22.5万元的人、兽药品。今年4月中旬至5月中旬，全县因雪灾死亡牲畜22583头（只），其中牛死亡6784头、绵羊死亡12643只、山羊死亡3156只，死亡率为6.7%。

【**突出基础设施建设，城乡面貌取得新进展**】一是各项新建项目有条不紊。投资951.94余万元，为六座寺管会新建了业务用房、周转房、派出所。目前丁俄崩贡寺已完成总工程量的90%，其它各寺庙已完成总工程量的95%。投资849.62万元，实施了县城防洪堤工程，防洪堤全长2.704公里，防洪建筑物14座，目前已完成工程量的80%。投资120.32余万元，修建了4个便民警务站，该工程已投入使用。投资195万元，分别在查当乡完小、当木江乡完小、下曲乡完小教职工周转房改扩建项目建设，目前已完成总工程量的70%。投资102万元在尼玛乡小学实施了食堂建设，目前已完成总工程量的45%。投资106万元在尼玛乡实施了D级危房改造工程，该工程已竣工待验收。投资124.98万元实施了职教中心实训基地项目，目前已完成总工程量的45%。投资196万元，修建了擦卡河桥和巴卓玛河桥。保障性住房项目各项前期准备工作正在有序进行；二是扎实推进各项续建项目。投资1485.79万元的聂荣县卫生服务中心改扩建工程，总建筑面积为3043平方米，目前已完成总工程量的90%。投资440万元的聂荣县青少年校外活动中心，建筑面积为1751平方米，目前已完成总工程量的95%。县直干部职工周转房即将竣工；三是认真实施交通、水利等各类基础设施项目建设。投资565万元，完成了下那公路的修建，该公路总里程31.6公里。投入311余万元，在尼玛乡、色庆乡、查当乡、下曲乡、桑荣乡、白雄乡的9个行政村修建了7条通村公路和2座独立桥，完成了对县境内501公里公路的养护工作。总投资644万元，实施了农村安全饮水工程建设，目前已完成10个乡镇的91眼保暖井建设，完成牧场1眼保暖井建设。投资39.5万元，分别在丁俄崩贡寺、昌都寺实施了管道饮水工程和机电井工程，现已投入使用。完成3520套金太阳工程设施下发，有效改善了我县未通电户的照明条件及生活质量；四是加强项目监督管理，切实发挥项目应有的效益。严格落实项目建设“五制”，保证项目建设规范有序，坚决杜绝不正之风；切实加强工程监督，项目实施过程中，凡项目实施点在乡镇的，委托乡（镇）党委、政府进行项目监督，同时，发改、住建等部门组织人员深入施工现场，对重点环节进行有效监督，发现问题及时责令整改，确保了工程建设质量。

【**着力保障和改善民生，各族群众得到更多实惠**】不折不扣地落实各项惠民政策。及时落实了各类专项资金229.43余万元，兑现了城乡最低保障对象前三季度低保资金380.04万元。认真做好城乡大病医疗救助工作，解决医疗救助资金63.53万元。为244名“五保户”兑现了供养经费43.8万元，发放了2012年寿星老人健康补助资金7.26万元。认真落实职工住房公积金发放工作，共发放职工住房公积金贷款560万元。完成了对全县农牧民的相关信息的采集和整理工作，建立了准确完整的人口基本信息库，积极宣传和动员广大牧民群众参保。截止目前，45岁以上参加新农保的人数达到4660人，参保率达79%以上，完成了全县60岁以上符合领取基础养老金条件2434人的发放工作，共发放132.7626万元。全县寺庙僧尼273人参加了城镇居民养老保险，参保率达到100%，为17名60岁以上僧人发放了僧尼基础养老金1.2万元。

狠抓扶贫开发工作。新争取聂荣镇整乡推进项目4个，面上扶贫5个，共争取各类项目资金达696万元；认真实施续建项目。投资255万元，在白雄乡、下曲乡、当木江乡、尼玛乡、查当乡、索雄乡、桑荣乡实施的牦牛借畜还畜项目。投资244万元，在当木江乡、索雄乡、白雄乡查当乡、永曲乡、桑荣乡实施的牧区能源项目；投资271万元，在当木江乡实施人畜简易桥项目；投资387万元，分别在永曲乡、查当乡、白雄乡实施了牦牛借畜还畜项目，在下曲乡、尼玛乡实施了蔬菜温室项目和拖拉机到户项目。稳妥推进“两项制度”有效衔接试点工作。按照“试点先行，总结经验，全面铺开”的方法，求真务实、协调推进。目前已完成了3008户、11963人的人口对象识别登记和信息录入工作，全县贫困农户信息档案系统初步建立，动态衔接管理、分类衔接帮扶逐步实现，为实现帮扶到户、扶贫到人奠定了坚实基础。

安多县

【**年度综述**】2012年，全县GDP实现5.26亿元,同比增长12.02%。其中，第一产业完成8875.15万元,同比增长4.29%；第二产业完成6901.41万元，同比增长11.73%；第三产业完成3.68亿元，同比增长14.11%；农牧民人均纯收入达到5260元，同比增长

13.05%；牧业生产总值实现1.01亿元，同比增长6.5%；公共财政预算收入完成1744万元，增长12%；税收收入完成1157.61万元，连续两年突破千万元大关。

【新农村建设迈出新步伐，群众生产生活条件持续改善】2012年共投入资金1980万元，实施了农牧民安居工程和抗震加固990户。惠及8245人的农村饮水安全工程全面完成。认真开展全国第一次水利普查工作，并通过自治区验收。完成14个点的人居环境和环境综合整治工程。安居示范村建设开局良好，自项目启动以来，在没有其他资金来源的情况下，安多县不等、不靠、不要，共整合资金263.86万元，将示范村建设与经济合作组织结合在一起，建成了富有安多特色的安居示范村，形成了安居与乐业融入一体的新模式。目前，受益的40户230多人已经全部顺利入住新房。大力推进水、电、路、讯、气、广播电视、邮政和“优美环境”八到农家工程，积极推广碘盐，碘盐覆盖率达到100%。

【强农惠农富农，牧区面貌显著改善】1、高度重视牧业专合组织建设，促进牧民增收。积极鼓励和引导牧户参与农牧民专业合作经济组织，并加大了对贫困户的吸纳力度。截止目前，共发展、培育、整合专合组织18家，主要经营范围包括奶制品加工、畜产品销售等，固定资产达到5638万元，入社牧户1483户4304人。全年累计实现销售收入400.2万元，纯收入达到310.5万元，入社牧民人均增收720.2元。

2、重点抓防抗灾体系建设，不断巩固牧业基础地位。按照“减灾就是增收，减损就是增产”的思想，高度重视防抗灾工作，做好做细各项工作措施。

3、狠抓草原生态保护补助奖励工作。一是积极开展草场承包细化到户工作。通过GPS定位等措施，强化草场承包细化到户落实工作，为开展补奖机制工作奠定了良好的基础。二是准确把握政策导向、举办专题培训班。我县严格按照区、地两级实施方案内容，举办专题培训班，确保补奖机制的每一环节都保质保量进行。三是足额兑现资金。在上级资金到位后，及时组织、足额兑现补奖资金1.04亿元。四是扎实推进补奖机制工作。3月底—4月10日，对全县十三个乡（镇）以交叉验收方式开展了补奖机制的县级验收工作，并于9月通过了自治区验收。

4、提高生态安全保障建设，强化可持续发展能力。建设并利用垃圾填埋场，减少县城“白色污染”。加大草原沙化、退化综合治理和减畜养草力度，继续抓好退牧还草、水土保持等重点生态建设工程。高度重视交通、能源、水利、资源开发、农牧民安居工程等项目建设中的生态保护工作。加强保护野生动物资源，实现人与自然的和谐发展。认真严厉打击偷猎、盗猎等违法犯罪活动。

【投资规模持续扩大，重点项目建设进展顺利】2012年，全县共实施国家投资项目53项，总投资2.49亿元，同比增长25%。玛曲线公路、多永线公路、帮爱乡公路、县城100套职工周转房等重点工程项目全部完工并交付使用。新实施的帕那镇整乡推进项目、滩堆乡整乡推进项目、农发项目、雁石坪镇产业化项目、面上扶贫等5个扶贫项目进展顺利。县敬老院改扩建项目顺利完工，截止目前，已有16名五保老人入住敬老院，实现了老有所养、老有所居。总投资723.42万元的县城区段防洪堤二期工程顺利完工。整乡推进项目和安居示范村建设项目顺利推进。共争取到创先争优强基惠民活动“短、平、快”项目15个，落实资金670万元。项目覆盖13个乡（镇），主要包括道路、桥梁、蔬菜大棚等，截止目前，所有项目均已发挥效益。

【改革开放步伐加快，发展活力进一步增强】一年来非公有制经济得到长足发展。一是结合农村村容村貌试点整治工作完成了9家“万村千乡市场工程”农家店挂牌和店铺改造工作，并不定期的对全县已建成的农家店进行了检查，确保了已建农家店的规范运营。二是鼓励、引导群众参与技术服务、市场经营等，并加大培训力度，切实增加群众增收渠道。经政府研究，从县财政支出15万元对农贸市场阳光棚进行了维修，同时将房屋和台面月租金分别调低了100元和50元，增强了农贸市场的经济活力；三是认真开展家电、家具、汽车、摩托车“四下乡”工作，兑现下乡补贴资金448.93万元。县邮政储蓄营业所自成立以来通过自身不断努力，截至去年年底存款余额达800余万元，县农行加大了涉农小额贷款力度，2012年年末存款余额4.91亿元，贷款余额4.45亿元，县域经济发展活力进一步增强。四是非公有制经济改革开放进一步加强。

【社会事业协调发展，基本公共服务更加完善】教育事业迈上新台阶。截止目前，全县共有学校18所，在校生7312人，教职工396人。学前教育入园率16.4%，小学入学率99.41%，小学升学率为100%，初中入学率96.65%，完成职业教育980人。全年共兑现各类教育资金2388.6万元，投入866.85万元改善各学校硬件方面的基础设施，进一步改善办学条件。

文化广电事业蓬勃发展。一是以文化惠民为主任务、全面推动文化主阵地建设，在全地率先完成县级新华书店建设和全县通电寺庙“舍舍通”工作。“农家书屋”覆盖率达到100%。初步通过了《安多县旅游发展总体规划》。二是认真组织参加大型文艺活动。成功举办安多县第二届格拉丹东—长江源旅游赛马艺术节，组织180名演员参加地区“激情广场”演出任务，精心组织开展了“3·28”百万农奴解放纪念日等重大文艺慰问演出活动。三是认真开展了非物质文化遗产保护、古籍普查工作。

医疗卫生工作有了新进步。一是加强卫生执法工作，认真贯彻落实食品安全专项整治工作。二是加强培训，开展了乡村医生培训，对78名乡村医生进行了考试，成绩合格的乡村医生发放了资格证书，考试合格率达100%。三是落实责任制，县政府组织食品安全领导小组18家成员单位与各餐饮单位之间签订了《餐饮服务食品安全承诺书》。

加强社会保障，扶贫救助工作成效明显。落实城镇医疗保险1760人，共收取保险金696.49万元，城镇居民社会养老、工伤、生育、失业保险收缴、上缴率均达100%，新农保参保人数5778人，享受人数2399人，落实资金129.8万元，居民参保人数485人，享受人数142人，寺庙参保人数215人，城镇居民保险落实30.7万元，新农保城镇居民共缴纳24万元。共发放农村低保金和补助金达332.3万元，发放城镇低保金和补助金241.6万元，发放五保户供养金27.2万元。并投资337万元实施了县级抗灾储备库、县社会福利中心、雁石坪敬老院及县敬老院改扩建4个项目。保障性住房建设稳步推进，完成建设廉租房60套和干部职工周转房100套。2012年，共实施扶贫项目9个，其中包括2011年续建扶贫项目4个，2012年共投资2163万元新建5个项目。目前2012年面上扶贫项目已实施完毕。

【受援工作成效显著】第六批援藏资金累计达1752万元，其中项目资金1385万元，主要用于青藏公路综合服务区建设、牧民安居工程建设、县党政综合楼（含县文化宫）维修改造、县旅游综合服务楼建设等一批项目实施。此外，多方争取沈阳各单位的有力支持，物资、资金合计367万元。同时，援藏项目与招商项目相结合，争取住建部援藏资金做“唐古拉山-怒江源景区规划”工作取得了突破性进展。

申扎县

【年度综述】全县国内生产总值达到26018.30万元，增长10.24%。第一产达5062.98万元，增长4%。第二产达2464.41万元，增长10.85%（其中工业达48.26万元，增长4%；建筑业达2416.15万元，增长11%）。第三产达18490.91万元，增长12%。全年财政收入达657万元。牧业总产值达6232.58万元，增长6%。牧民人均纯收入达4023.58元，同比增长15.62%。税收完成750万元。金融机构存贷余额分别达26300万元和8162万元。

【畜牧业发展顺利推进】一是牧业生产健康发展。年底各类牲畜存栏数达到62.81万头（只、匹）。全县预计出栏总数为26.45万头（只、匹），预计出栏率将达到38%。加强接羔育幼工作和疫病巡回防控与整治力度，幼畜成活199597头（只、匹），成活率达到86.54%，与去年同期相比降低了3.69个百分比。死亡牲畜17534（头、只）匹，各类大畜死亡率为2.69%，与去年同期相比降低了0.38个百分比。二是草原生态保护补助奖励机制工作成绩显著。专门组织县级人员培训次数53次，参训人数达2420人次。组织八个乡（镇）培训93次参训人数达2319人次，村级培训次数393次，参训达11270人次。印发测试卷藏、汉版5000多份。发放宣传单11420余份，覆盖面100%。截至目前，兑现3516户牧民综合补贴资金175.8万元，开展牦牛良种推广150头，牲畜良种补贴资金37.5万元，共计213.3万元。落实2011年草原生态保护补助奖励机制奖励补助资金3450万元（注：不包括草原监督员工资379万元），已经兑现到牧户手中。三是防减灾工作不断完善。目前，全县8个乡（镇）共有防抗灾领导小组9个，转牧草场调剂小组71个，突击队152个参加人数1135人。群众饲草料储备342.05万斤，群众口粮储备541.58万公斤，人均储备粮食295.62公斤，燃料储备949729袋,户均储备244袋，乡粮站存粮20.6万公斤，县政府防抗灾粮食储备106万斤，帐篷140顶。现有库存颗粒饲料有26万斤，粮食能够持续保证群众12.6个月。储备人用药品6万余元，兽药品17万元（含已下发给各乡镇7万元的抗灾兽药）。四是疫病防治、结构调整成效明显。全面完成66万头（只）牲畜“W”病疫苗的注射任务，确保了注苗免疫密度达到100%，全年共组织下乡巡医诊治 26人次，巡医治疗356次，无偿下发药品价值约为5万余元。县种畜场不断探索、改革创新，在优良种畜的保种、选育和推广工作中，充分发挥种畜场作用，2012年继续选育300只种畜（其中200只绵羊，100只山羊），推广到部分专业合作经济组织和部分村中，不断优化种畜，为逐步改善全县畜群结构，家畜优良品种的孕育起到了积极作用，通过改良为群众创收10万元。大力实施退牧还草、牦牛短期育肥基地等项目，进一步提升科技对牧业的贡献率，积极开展草原“三灭”、人工种草、禁牧休牧等工作，推动牧业转型升级。五是特色产业开发顺利。立足资源优势，加大绒山羊、斑头雁养殖、矿产业、藏药等特色产业的开发力度。其中藏药开发工作成效显著，截至目前，县藏药厂共生产和加工藏药29种，产量达4175.5斤，销售量达2350.6斤，销售额127万余元。七是专合组织建设有序推进。在积极探索股份合作适度规模经营和巩固和发展互助合作规模经营这两条发展道路上。继续按照“民办、民管、民受益”的原则，积极发展培育壮大专合组织，以培育发展2—3家专合组织为目标，共酝酿培育专业合作组织6家，全县专合组织达到16家，以注册登记1家专合组织为目标，在工商部门的大力支持下，成功登记2家（下过乡4村、买巴乡2村），全县在工商注册的专合组织达10家。固定资产合计402.22万元，流动资金89.8万元，注册资金达到288.87万元。参加人数3585人，参与户数760户。2012年底总收入预计达到3162.56万元，现金收入预计为1243.50万元。通过进一步的培育发展，群众对专业经济合作组织认识进一步加深，对发展农牧民专业经济合作组织积极性明显提高，为我县牧业走向产业化道路奠定了良好的基础。

【新牧区建设提档升质】一是继续实施安居工程和人居环境综合整治工程。2012年新建387户农牧民安居工程建设任务，其中贫困户安居房58户，民房改造329户。建设点分布在8个乡镇49个行政村,总建筑面积为26544平方米（不包括院子），结构类型为土木结构,受益人数2007人，基本完工。14个行政村作为全区农村人居环境建设和环境综合整治工作实施村，需要实施的各项工程，14个村均已全部完工，且通过县基建领导小组的验收，评为合格工程。完成2011年卡乡二村扶贫定居危房15户搬迁项目。积极落实“万村千乡市场工程”。为了扩大受益范围，尽快启动农家店经营，主动与顺康商贸公司协商并达成协议，为2011年新增12个人居环境村配送了牌子、货架、商品等总价值3.8万元。同时公司帮助建设2010年村级农家店，落实10个农家店前期启动补助资金2万元。落实“万村千乡市场工程”农家店村级15个、乡级6个、县级1个。家电家具下乡惠民政策第二本购物簿已发放到位3882户。二是小康示范新村建设扎实推进。率先启动开工雄梅镇一村小康示范新村建设项目，新建36户，总建筑面积达到3295.28m²。总投资达1777.61万元，完成主体工程的90%，预计明年7月份可全部入住。三是牧区通达能力进一步提高。积极实施雄贡、马布、卡广乡村公路建设。马布线公路工程和雄贡线公路工程全长分别为该22.00公里（含支线）和34.20公里，项目总投资分别为281.9062万元和496.0929万元。卡广线公路工程全长46.795公里（含支线），项目总投资为1090.2734万元。卡广线公路工程正在施工中，已完成约总工程量的85%，将于明年竣工验收。公路养护取得实效。投入273.87万元，认真做好通乡公路、通村公路、抢险保通、公路中修等工作，并在全地区公路养护工作中排名第一。四是加快推进水利、电力建设。2012年安全饮水项目总投资665.95万元，新建保暖井128眼，机井1眼，目前已完成工程总量的90.6%，解决10626人的安全饮水问题。五是加快实施整乡推进工作。为使“2013-2015年申扎镇、卡乡整乡推进”工作有序开展，结合整乡推进乡（镇）的实际，协调相关乡（镇）完成了“2013-2015年整乡推进”扶贫规划的编写，申扎镇上报8个项目，项目总投资518.69万元，其中国家投资474.39万元，卡乡上报8个项目，项目总投资510.62万元，其中国家投资468.36万元，顺利通过地区、自治区审查。2012年雄梅镇“整乡推进”项目实施中，部门整合投入就达760余万元。六是农村宅基地确权登记发证工作取得进展。全县宅基地确权登记工作面积约为172.13公顷。在与西藏地勘局地热地质大队签订合同后，已完成申扎镇、买巴乡、巴扎乡三个乡镇初步的基础建设和住户的实地测量、权属界定等工作；《土地利用总体规划》编制工作，与西藏地勘局第二地质大队测绘院签订合同后，目前已完成基础资料收集和实地调查工作，形成了规划修编前期研究成果，完成规划大纲编制和县、乡规划编制工作。

【项目工作扎实有效】全县大力实施投资拉动战略，重点实施了小康示范新村、安居工程、人居环境与环境综合整治工程、县城农贸市场、部分乡镇政权机关业务用房、乡镇派出所和综合文化站以及扎西南路等项目建设。新建项目50项，总投资约1.93亿元；强基惠民“短平快”项目25项，投资390万元。投资228.98万元实施棚户区改造项目，道路改造工程1433.29米、给水工程1676米、排水工程1570米及附属配套设施，全部完工并通过初验，现已投入使用；投资321.8092万元农贸市场，建筑面积1973.34平方米，完成总工程量80%。投资326.386万元廉租房项目，建筑面积1891.936平方米。目前完成总工程量93%。

【民生工作稳步开展】一是认真落保障性资金。落实医疗救助资金47.01万元，受益群众达3776人次，五保户供养资金19.52万元，受益群众63人，城乡低保资金345.87万元，受益人数达3136人，发放困难群众一次性生活补助资金78.94万元。开展“捐资助孤”活动，落实孤儿生活补助资金24.34万元，落实优待优抚及抚恤资金71.02万元，落实各类自然灾害救助资金83.51万元，落实涉农商业保险赔付资金353.51万元，落实2006—2009年野生动物肇事补偿资金219.27万元和2012年度地、县两级财政承担资金74.21万元。二是均衡发展教育，促进集中办学进程。抓均衡发展，大力发展学前教育。县幼儿园扩大幼儿招收规模，实行学前三年办学模式。全县共有11个学前班在园幼儿270人。全县学前一年入园率达到70.01%，受教育面100%，小学适龄儿童入学率达到99.62%；初中毛入学率达到109.63%。合理调整学校布局，改善学校办学条件，争取项目资金投入达1557.2557万元，项目涉及学校食堂、职工周转房和附属设施建设。县第二完小正式开班。三是卫生医疗工作成效显著。参合率达99.97%。在继续畅通“四家医院”的绿色通道的基础上，新增那曲地区人民医院，绿色通道达“五家医院”，进一步缓解了广大牧民群众看病难、看病贵问题。通过中华慈善总会的热心帮助，先后两批完成了18名先天性心脏病的手术治疗工作，目前恢复情况良好。完成82名白内障患者的手术治疗。开展农牧民健康体检2次，体检人数8702人次，完成率达95.4%，为全县70名僧尼完成健康体检2次，体检覆盖面达到100%。上海八五医院继续加大援藏力度，医疗组派专家来我县指导、培训，医务人员技术水平进一步提高。为县人民医院捐赠价值12万元的医疗设备和10万元的援藏经费。县卫生系统深入开展“三下乡”活动，行程780余公里，看病人数953人，免费发放药品89类、总价值达15200元。扩大加碘食用盐覆盖面，为群众配送88吨食用碘盐，群众覆盖面达到98%以上。四是继续做好就业和再就业工作。2012年，城镇新增就业84人，城镇登记失业率控制在3%以内，完成全年任务的102%。就业再就业培训45人，农牧区转移就业培训70人，完成全年任务的107%，开发再就业岗位42个，完成全年任务的53%，牧区劳动力转移就业2204余人次，完成全年任务的100.5%。并组织30名农牧民参加了那曲地区农牧民驾驶培训。开展实用技能培训，共培训农牧民青年51人。向外输出就业16人，并进行了专业技能培训。五是各类保险覆盖面进一步扩大。全县新型农村社会养老保险参保人数达6120人，新增参保人员3031人，参保率达到63%，征缴新农保基本保费47万余元，发放2012年60周岁以上人员新农保基础养老金170.32万元；城镇居民养老保险参保人数123人，征缴城镇居民养老保险基本保费5.69万元，发放基础养老金7.34万元；寺庙僧尼城镇居民养老保险参保率达到100%，发放基础养老金1.87万元；基本医疗参保人数达到2212人，达到100%。

索县

【**年度综述**】2012年全县生产总值实现4.7亿元；三次产业比例调整优化为19：23：58；社会固定资产投资累计完成3.58亿元；地方财政收入达到1136万元，社会消费品零售总额累计达到12728.3万元；农牧民人均纯收入达4566.79元，在那曲11个县区中处于中等偏下水平。

【**农牧产业稳步提升，牧区经济发展良好**】通过加大扶持力度，以奖代补设立专项奖励基金，先后扶持全县具有规模性、带动性、示范性的农牧民专业合作经济组织38家，注册资金约1901万元，有效地带动索县农牧业的快速发展。完成10个乡（镇）124个行政村（居），7580户，628.89万亩草原承包工作，并顺利通过自治区落实和完善草场承包经营责任制检查验收组的验收。农牧业综合生产能力稳步发展，全县粮食产量达6448吨。畜群结构中牛:羊:马比例优化到74:22:4。虫草产量达2800公斤。培训农牧民236人次，组织劳务输出5731人次，实现劳务收入1101万元。坚决杜绝无“四证一卡”的禽类产品流通，强化免疫卡制度和兽医人员包村制度，免疫率达到100%。

【**项目建设快速推进，发展后劲持续增强**】2012年全县开复工项目共123项，其中复工30项，新开工93项，总投资4.98亿元，完成投资3.58亿元。农牧区基础设施得到改善，2012年新修农村公路346.8公里（其中群众自筹资金修路183.8公里），8座吊桥；新建饮水工程19处，解决3773人饮水不安全问题。新建县完小、嘎美小学、县生态园、藏医院、西昌防洪堤、重点区域造林等项目。完成藏中电网、光伏电站、烈士陵园、县第二小学等项目调研、选址、测量等工作。援藏力度进一步加大，基本实现了“三倾斜、两转变”，总投资5262万元的7个援藏项目立项并开工建设，完成投资3341万元。根据群众意愿，对地区强基惠民活动分配的1000万元，用于解决44个“短、平、快”项目，完成投资564.1万元。发放“金太阳”户用太阳能系统7599套。

【**新农村建设稳步推进**】2012年国家投资1896.25万元，群众自筹5925万元，完成安居工程1185户，使6518人搬进了安全适用的住房。

【**民生质量有效提升**】新型农村社会养老保险参保7074人，参保率达到34.8%，发放养老金196.9万元。新农合参保人数43094人，参合率达到94%。城镇职工和居民医疗保险参保3023人，参保率达85%以上。社会集中供养率不断提高，集中供养46人，供养率达13.2%，发放农村低保5636人438.69万元，基本实现了应保尽保。发放城镇低保179人72.8万元，开展城乡医疗救助53人48万元，救济特困群众1620人18.5万元，开展三大节日慰问11万元，困难群众的生产生活得到基本保障。依法办理结婚登记522对。积极开展就业培训242人，公开招录公益性岗位29人，确保失业率控制在4%以下。积极维护农民工权益，依法调处劳资纠纷12起。

【**社会事业协调发展**】一是教育事业持续发展，迈入巩固提高新阶段，小学适龄儿童入学率达到98.98%，初中入学率达91%，考入内地西藏班学生21名。完善“三包”资金管理，下拨“三包”经费562万元，拨付学生营养改善款101万元。鼓励教师参加学历提高教育，组织开展骨干教师培训16人。积极发放2011—2012学年中央专项彩票公益金“励耕计划”资助金25万元。资助家庭困难学生120名，发放资助金15万元。走访慰问贫困教师、退休教师、退养教师，发放慰问金7.75万元。二是卫生事业健康发展，医疗服务体系得到完善，农牧区新型合作医疗参保人达40036人，参合率为98%，大病统筹报销1778人641万元。基层卫生队伍得到加强，选派2名医生到北京306医院进修，110名医务人员得到培训，公开招录乡村医生214名。努力完成居民健康体检工作，全民健康体检46388人，建档46388份（含寺庙僧尼942人）。0–18周岁先天性心脏病筛查人数14392人，疑似病例79人，确诊治疗3例。组织开展“四下乡”活动，发放宣传资料1500余份，现场免费诊疗650余人，发放药品价值2万余元。认真开展计生工作，妇科疾病普查达1200余人。食品药品安全工作得到加强，开展检查20余次，查处销毁“三无”食品40余种，价值2万余元。三是文化事业蓬勃发展，群众文化生活明显丰富。搭建文艺平台，审查评选成立了34个乡村业余文艺演出队，组织开展“歌唱祖国、喜迎十八大”等各类文艺汇演123场次。为124个行政村的牧家书屋、50个寺庙书屋配发了书籍。完成1个五星级牧家书屋、5个三星级牧家书屋、1个示范寺庙书屋的评选上报工作。完成九个乡镇文化站和35个农家书屋、10个寺庙书屋设备发放和文化综合楼的招标维修工作。完成10个乡（镇）古籍普查工作，并建立古籍档案。申报和纳入9个不可移动县级文物保护单位，组织申报嘎木乡“直恰”、赞丹寺“帮松节”、嘎加寺“面具舞”非物质文化遗产。新华书店出售书籍金额达16231元。开展索县藏语文社会用字整改工作，规范了全县藏语文社会用字。四是广电通讯事业飞速发展，县城有线电视光纤转换顺利完成。短波实验台建成并投入使用。通讯覆盖面扩大，年度内新建电信基站4座，新建移动基站1座，全县实现移动光纤接入。宽带、电话、手机用户达到3.5万人。五是扶贫工作稳步推进，完成“两项衔接”工作，人均收入低于2300元贫困户4903户，贫困人口数24614人，分别比2011年减少735户3692人。扶贫续建项目21个，投资3939.94万元，新建项目24个，投资1364万元；热瓦、嘎木等五乡“2013—2015年整乡推进项目”顺利通过自治区审核。六是生态建设扎实有效，积极实施退耕还林补植工作，补植补造退耕还林地2000亩2万余株。森林生态效益补偿基金项目工作得到加强，完成管护面积274.8万余亩，招聘培训专职护林人员1468人。完成植树造林1631亩，义务植树9000余株，栽种各类苗木85900株，安装围栏设施20105米。完成北京杨、藏川杨育苗6亩2万株。积极配合开展森林资源二类调查工作，调查结果被自治区评定为“优”。认真开展环境保护宣传教育，发放宣传资料2000余份。对县城周边垃圾进行进行集中填埋，填埋量达500多吨。积极签订环境保护目标责任书，加大建设项目进行环境影响评估，出具环境保护审批意见6件，农牧民群众生产生活环境得到有效改善。

【社会局势实现新和谐】年累计安排维稳专项资金966万元，新建8个便民警务站，5个乡镇派出所及14座寺管会等项目。打赢了春节藏历新年、“3·10”、“3·14”、“西藏百万农奴解放纪念日”、党的十八大等维稳攻坚战，有效挤压了达赖集团的在我县的活动空间。二是民族宗教工作不断深化。寺庙管理创新不断加强，以“六建”为核心实现了干部驻寺常态化，完成50处宗教活动场所“六建”工作。为779名僧人建立了僧人档案，家访谈心率达96%。3座寺庙、5座拉康实现通电，4座寺庙实现季节性通水，50处宗教活动场所拥有寺庙书屋，11座寺庙实现道路通车，3座寺庙、5处拉康安装“寺寺通”198套，“九有”工程进展顺利。为787名寺庙僧尼办理了医疗保险，609人参加了养老保险，5人参加了低保，34名60岁以上老僧人领到了城镇居民社会养老保险金。寺庙僧尼法制意识和“五个意识”得到加强。依法管理宗教事务，规范管理重大宗教活动和跨地域宗教活动，确保了宗教领域稳定。三是社会管理扎实推进。创先争优强基惠民活动不断加强，干部驻村工作成效显著，确保了农牧区稳定。加大社会治安综合治理力度，严密防范和依法打击了各类违法犯罪活动。流动人口服务与管理得到加强，重点人员的教育、引导、转化得到加强，扫黄打非工作得到加强，社会文化环境不断净化。狠抓安全生产，高度重视道路交通、食品药品、消防等重点领域的安全防范工作，深化专项整治，保障了人民群众的生命财产安全。不断强化散装成品油的销售、运输和售后跟踪管理，完善实名制登记。妥善处理人民内部矛盾，高度重视信访工作，不断完善了社会矛盾纠纷调处和社会利益协调机制

班戈县

【年度综述】2012年全县地区生产总值预计完成43968.96万元、同比增长19.55%。其中，第一产业完成11680.41万元、同比增加4%；第二产业完成12008.91万元，同比增加29.65%；第三产业完成20279.64万元，同比增加23.14%。财政收入实际完成841万元，人均收入实现4776元。

【项目建设取得重大突破，投资拉动作用明显。】抢抓机遇，突出投资拉动对经济发展的促进作用，推动县域经济发展。2012年，班戈县固定资产投资继续增长，重点加大了城镇基础设施、畜牧、能源、通讯、交通、教育、文化方面建设的投资力度。相继建成了班戈县法院、检察院、公安局、农贸市场、藏医院、卫生服务中心、妇幼计生站、给排水、乡镇兽防站、卫生站、乡级政权建设、班纳公路、姆主公路、文化活动中心、物价基础设施、藏中电网延伸至我县、301省道至德保桥公路、廉租房、班戈县中学、小学、部分学校规范化建设等工程。项目工程实行规范化管理，推行了项目法人负责制度、招投标制度、资金专项管理制度、质量监理制度、跟踪检查管理制度、统计报告等一系列科学管理制度。项目效益显著，有力缓解了制约我县经济社会发展的交通和能源“瓶颈”，有效改善了班戈县基础设施条件简陋的落后面貌，优化了投资和发展环境，为扩大开放，推进改革，注入了活力；为招商引资，发挥那曲地区西部交通枢纽作用和将普保镇建设成为那曲西部重镇奠定了基础。

【基层政权建设进一步加强】基础不牢，地动山摇。把加强基层政权建设作为巩固党执政地位的重要工作抓紧抓好，实施了乡级政权建设、村党支部会议室、购买办公设备等项目；实施了80个村级文化活动室建设，总建筑面积达12400平方米，为每村购置了办公设备，硬化村级道路4200平方米；中国石化集团公司投资修（改）建了10个村级文化活动室。同时完成46个农家书屋的建设任务；投资为各乡镇修建了食堂、围墙、国旗台和蔬菜大棚，改扩建了办公场所，购置了统一的门牌和办公设备等，部分乡镇自筹资金改善办公条件，完善了乡镇“三化”建设。

【旅游产业开始起步】目前，班戈县的旅游资源优势尚未完全转化为经济优势。根据实际，已组织完成了全县旅游资源的普查工作和对纳木措北部旅游景点、藏北婚俗、“班戈谐钦”及传统赛马等资源进行了收集整理工作。目前，藏文版解说已形成。多方争取资金，加大旅游资源开发项目的申报力度，纳木措已被国务院授予国家级风景名胜区，纳木措国家公园初步规划。积极联系协调有关部门，完成了对该景区的开发、规划和设计工作。加大了对藏北民俗、探险旅游等其它旅游景点的规划和设计工作，力争项目早建设，尽早发挥作用，努力使资源优势转化为经济优势。2012年，班戈县申报实施了《班戈县纳木措环湖旅游景区（北岸）基础设施建设项目》、青龙乡东噶村（4村）境内投资建设的《自驾车营地建设项目》。目前圣象天门景区修建游步道、停车场、观景台、休息室（含供氧室）、旅游厕所等相关配套设施。

【教育体育事业取得突破性发展】“普六”、“普九”顺利通过了国家检查验收。办学条件进一步改善，职业教育、学前教育不断完善，师资队伍不断壮大。截止2012年10月，全县适龄儿童入学率达到99.25%，初中生

入学率达到92.09%，中小学升学率达到100%。小学适龄儿童入学率99.25%，与2011年同比增长了0.04个百分点；初中入学率92.09%，与2011年同比增长了1.78个百分点；15周岁人口小学教育完成率为98.58%，与2011年同比增长了4.94个百分点；17周岁人口初中教育完成率为49.09%，与去年同步增长了21.96个百分点；15周岁人口中扫盲率达到100%；15-50周岁人口中文盲率为1.98%，与2011年同比降低了0.38个百分点。另外，中国石化集团公司援建我县总投资达4千万元的中石化小学现已竣工验收并投入使用。

【文广事业蓬勃发展】加大文化工作力度，组建扩充了县民族艺术团，文化下乡和群众性文化活动广泛开展。我县成功申报了2个国家级非物质文化遗产和3个自治区级非物质文化遗产，国家级和自治区级非物质文化遗产传承人分别为2名和5名。“班戈谐钦”多次参加那曲地区恰青赛马艺术节和各类演出活动，受到了中央领导和社会各界的广泛好评，进一步提升了班戈县优秀文化产品的知名度和影响力。投资修建了总面积达900多平方米的县文化活动中心，成功举办了第三届纳木措民俗风情文化艺术节，46个农家书屋和1个寺庙书屋的建设工作正在进行。在西藏和平解放60周年之际，向广大牧民群众发放了一批优秀文化产品。加大“扫黄打非”工作力度，巩固意识形态领域的安全。“西新工程”、“电视村村通”工程顺利实施。目前，县城广播、电视覆盖率分别达到90.13%和90.4%。

【卫生事业取得新成就】新型农村合作医疗制度进一步健全，覆盖率达100%。传染病、地方病防控工作逐步加强。通过与自治区人民医院、第二人民医院、西藏军区总医院协商，开通了就医绿色通道，方便群众就医，有效缓解困难群众看病难的问题。“一孩、双女”户困难家庭扶助制度全面落实，妇女儿童、老龄和残疾人工作得到加强。加强人口与计划生育工作。

【受援工作成绩斐然】中国石化集团公司继续坚持人才援藏、资金援藏、技术援藏和输血与造血功能相结合，加大了对班戈县的援助力度。实施了以安居工程、班戈县中石化小学、照明工程等惠及民生的项目54个，培训各类人才1200多人次，极大地改善了班戈县基础设施条件和自我发展能力，广大牧民群众从援藏工作中得到了实实在在的好处，深深感受到了社会主义制度的无比优越和祖国大家庭的温暖。

【精神文明建设取得丰硕成果】坚持把意识形态领域作为反分裂斗争的主战场，把治理达赖集团祸藏乱教在人民群众思想上造成的混乱，破除封建农奴制思想残余、陈规陋习和宗教消极影响对人民群众的思想束缚，作为精神文明建设的出发点和落脚点，大力宣传了党的路线方针政策，深入开展了马克思主义“四观”、“两论”教育、学习实践科学发展观、中国特色社会主义主题教育暨加强基层建设年和创先争优强基惠民活动，进一步唱响时代主旋律。广泛开展群众性精神文明创建活动和科技、文化、卫生下乡活动，丰富了群众的精神文化生活，军警民团结进一步加强。

【加强牧业基础设施建设，夯实牧业发展基础】牧业是牧民群众赖以生存的物质基础。为了提高牧业发展能力，国家在班戈县投资实施了退牧还草工程、游牧民定居工程、特色产业等牧业基本建设项目16个。落实薪柴替代补助资金1580.5万元。加快草原生态建设步伐，投资实施退牧还草工程320万亩。加大草原“三害”治理和疫病防治工作力度，不断夯实牧业发展基础。

【建设以安居乐业为突破口的社会主义新农村建设，努力提高牧民群众的生产生活水平】根据社会主义新农村建设要求，认真组织实施了以安居乐业为突破口的社会主义新农村建设，投资完成了5458户农牧民安居工程建设任务，受益人口达25000余人；投资修建廉租房和周转房29554.58平方米；修建了350眼人畜饮水井和4处管道饮水工程；投资围绕村公共设施建设、环境整治等，实施了16个村的人居环境综合整治十项工程；中国石化集团公司投资实施了2140户太阳能照明工程；有力改善了牧民群众的生产生活条件，提高了牧民群众的生活质量。

【扶贫工作硕果累累】2012年，班戈县实施了整乡推进项目、劳动力转移项目、特色产业项目等共计36个；加强农村最低保障和扶贫开发政策的衔接，开展“十二五”期间扶贫开发工作；按照要求，对全县人均收入低于1700元的低收入群众3749户14471人建立基本情况档案并录入电子系统，为我县做好“十二五”期间的扶贫开发工作奠定了坚实的基础；定点帮扶成效明显，对口帮扶单位共落实帮扶资金1800多万元，有力地加快了受帮扶村贫困群众脱贫致富的步伐。

巴青县

【年度综述】2012年，全县实现生产总值53516.51万元，同比增长14.64%，其中：第一产业11721.25万元；第二产业10982.62万元；第三产业30812.64万元；一般预算收入完成594万元，同比增长13.36%。

【农牧民生产生活水平显著提高】2012年，农牧民人均纯收入预计达5670.25元，同比增长19.05%。全县肉类产量达5901吨；奶产量达2258吨；毛绒产量达151.13吨；牲畜暖季累计出栏8877头（只），上市7348头（只）。青稞产量达9.16万公斤，园根产量达6.37万公斤。实现虫草现金收入5634.38万元。农牧民经济合作组织实现收入320万元。农牧民劳务输出4125人次，实现收入553.79万元。认真开展草原生态保护补助奖励机制制工作，实际应向群众兑现奖补资金3108.4万元，资金很快就能兑现到每个牧户手中。兑现2011年草原生态保护补助奖励机制牧民生产资料综合补贴资金341.45万元。兑现农业机械购置补贴资金50万元。积极开展今冬明春防抗灾储备工作，投入防抗灾专项准备金380万元，储备粮食100万余公斤。积极鼓励农牧民参加涉农性商业保险，已下达保险金544余万元，预计全年挽回经济损失1000余万元。完成1464.40万元的14个村的人居环境建设。完成投资13420.10万元的1235套安居工程建设任务。

【基础设施条件明显改善】2012年，共争取项目建设104项，总投资39478.52万元，其中新建项目84项，总投资34356.92万元；续建项目10项，总投资4001.46万元。新增公路里程约285.37公里。完成总投资691万元的农村安全饮水工程，解决了6111名牧民群众、539名农村学校师生饮水安全问题。投资905万元，实施高口、雅安、满塔乡级电站线路延伸工程，解决406户、0.21万无电人口的通电问题。

【社会事业快速发展】教育事业迈入巩固提高阶段。全县中学巩固率达98.89%，入学率达92.68%，小学巩固率达99.51%，入学率达99.19%，15-50周岁人脱盲率达98.76%。教学质量和水平明显提高，中考成绩名列全地区第一。

公共卫生服务水平显著提高。积极开展食品药品安全检查工作，确保全县食品药品市场安全。积极开展计生工作，完成人口信息采集、录入工作18321人/次，完成“三项扶助”政策对象的年审和核查工作，兑现扶助资金25.06万。提供免费计划生育、优生优育各类技术服务3000余人/次，兑现技术服务费13.16万元。积极开展疫苗接种工作，保质、保量完成全年接种任务，有效预防疾病发生。完成全民健康体检建档工作26528人，完成僧尼体检464人。完成先天性心脏病筛查救治工作，共筛查儿童9069人，查出疑似患者364人，确诊患者24人，送往内地开展免费救治16人，治愈16人。开展白内障复明工程，免费筛查白内障患者300余人，开展免费白内障复明手术54人。积极推广新农合制度，解决困难群众就医难问题，全县参合人数达42669人。

积极开展城乡低保、救助等工作。全年兑现农村低保资金448.86万元，惠及牧户946户、5249人。兑现城镇低保资金91.91万元，惠及群众100户、222人。积极开展城乡医疗救助工作，累计实施报销群众达41人次、49.80万元。兑现五保供养资金66.05万元，惠及五保老人219人。累计发放80岁以上“寿星老人”补贴348人、11.92万元；落实孤儿生活保障41人次；接收退伍军人5人，上报安置2人，兑现军人优待金1.35万元。积极开展临时救助工作，累计接待流浪乞讨人员15人，解决救助资金3750元；接待临时救助的人员19人，发放救助金2.15万元；

文化工作成绩突出。一是进一步夯实文化基础设施建设。投入69.90万元用于基础文化设施建设和购置相关配套设备。目前，全县已建成一个县级综合文化活动中心、9个乡镇文化站、154个村级活动场、156家牧家书屋、16家寺庙（日追）书屋、1处文化信息资源共享工程。二是积极开展群众文化活动，丰富群众文化生活。成功举办了巴青县2012年霍尔文化暨魅力虫草艺术节和本塔乡赛马节。举办文化、科技、卫生“三下乡”活动和送书、送科技、送信息活动12余场次，开展演讲比赛、文艺演出等群众性文化活动80余场次，极大丰富了农牧民群众的精神文化生活。开展文物保护工作，对巴青县5座寺庙、1座日追及10余户藏民家进行了实地古籍普查，开展寺庙古籍登记造册88函，私人收藏造册200函。大力实施广播电视村村通、户户通和广播电视进寺庙工程。全县牧民广播电视综合人口覆盖率分别达到91.3%、93.01%。开展了已通电3座寺庙、199间“舍舍通”建设和未通电的13座寺庙、日追“寺寺通”建设，同时为16处宗教活动场所配发了24套集体收看用卫星接收设备。稳步推进电影“2131”工程，累计播放电影2500余场次，其中数字电影680余场次，观众达69570人次，放映各种爱国影片600部。加大新闻播出力度，做好“十八大”新闻宣传报道。

【城镇规划工作有序进行】投入429万元，实施县城及10个乡镇规划。目前县城中城区、东城区、西城区及10个乡镇规划初稿已经完成，土地执法进一步规范，非法乱占、乱建现象得到了遏制。规划如果能够顺利实施，将极大地缓解我县发展建设土地紧缺问题，促进我县城镇持续发展。完成全县156个行政村、6851户群众的宅基地确权登记工作。

加强生态环保建设。圆满完成重点生态公益林建设工程，开展重点区域造林798亩，成活率达60%以上，兑现造林资金82万。县财政投入20万元对县城垃圾进行面上集中清理，后又投入10万元对拉西镇各垃圾死角进行了清理，还定期安排干部职工在317国道沿线捡拾垃圾。投入60余万元修建了公共厕所等基础设施，投入40万元分两批添置了垃圾箱等环卫设备。县城环境治理工作成效显著，脏乱差情况得到了一定的缓解。投资600万元，实施巴青县县城街路硬化项目工程，对人行街进行硬化美化，安装太阳能路灯、沿街路口护栏，同时对行车道进行修补，使县城街道变得更加宽敞、整洁、明亮。

【领导名录】

县委书记：扎西次仁

县　　长：肖烟

尼玛县

【年度综述】2012年，尼玛县生产总值完成38287.10万元，同比2011年增长8.20%；其中第一产业完成9091.00万元，同比2011年增长21.66%；第二产业完成6340.10万元，同比2011年增长2.25%；，第三产业完成22856.00万元，同比2011年增长17%。农牧民人均纯收入预计实现5725.98元，同比2011年增长17%。财政完成本级组织收入902多万元。2012年度，全县牲畜存栏数1007886（头、只、匹），全县牧业总产值达1300多万元。

【全力加强项目工作，牧区基础建设得到加强】2012年，全县共计实施建设项目39项，涉及基础设施、能源、

水利、卫生、社会事业等多个方面，总投资3.9亿元，已完成投资3.34亿元。县城防洪堤、干部职工周转房、乡镇机关业务用房和乡镇文化站等项目相继开工建设。争取援藏投资2970余万元，实施了嘎青村小康示范新村等一批重要项目。无电地区电力覆盖项目顺利实施，牧区电力覆盖面实现100%。顺利完成了荣藏等5条通村道路建设和所有未实施通村公路的项目前期工作。

【切实加强三牧工作，农牧业生产实现稳增长】全县农牧业生产总值3392.78万元，牲畜存栏达到1158701只（绵羊单位），出栏率38%。安排150万元专项扶持资金，加大牧民经济合作组织和微型企业的扶持力度，去年完成注册16家，落实帮扶资金19万元。为14个乡镇安排技能培训资金30万元。完成劳务输出2449人次，实现收入818.33万元，人均增收3341元。国家投资4323.39万元实施的退牧还草、人工种草、鼠虫害治理、高寒棚圈等项目得到较好落实，牧业基础设施建设得到加强。落实县级防抗灾金100余万元，加大抗灾物资储备力度。

【狠抓新农村建设，群众生产生活条件持续改善】实施农牧民安居工程和抗震加固1225户、受益人口4410人。建成农村饮水安全工程129个（点），完成3个乡（镇）14个行政村的人居环境综合整治工作。总投资960万元的申亚乡嘎青村32户小康示范新村建设进展顺利。

【加大招商引资力度，经济发展活力进一步增强】受援工作成效显著，中海油紧密结合尼玛县的实际情况，以项目建设为主线，去年共实施援藏项目7项，总投资2970万元。招商引资工作力度不断加强，成功引进尼玛县高原生态畜产品有限公司正式在我县注册成立，注册资金1000万元；引进西藏康桑商贸有限公司投资1900万元，新建三星级旅游宾馆，将有效促进尼玛县文化旅游发展。

【高度重视环保工作，生态保护政策得到全面落实】大力抓好草原生态保护补助奖励机制工作，顺利完成了2356万亩草场承包到户工作和1570万亩草场的禁牧工作。2011年草补工作顺利通过区、地验收，落实各类补助资金10606.65万元，落实率达到100%，人均提高现金收入3000余元。昂孜措—马尔下措湿地保护与恢复工程项目进展顺利。当惹雍措圣湖成功列入国家级湿地公园。县城垃圾填埋场项目前期工作已经完成。

【大力抓好维稳工作，社会局势保持持续稳定】城镇网格化管理有序推进，全县4个便民警务站、1个公安检查站和2个乡公安检查活动板房建成并投入使用。加强和创新寺庙管理工作，“六建”、“六个一”、“九有”等一系列利寺惠僧政策较好落实，全年选出区、地、县三级和谐模范寺庙8座、爱国守法先进僧尼168人，优秀驻寺干部3人。强基惠民活动扎实开展，圆满完成第一批驻村工作任务，第二批驻村工作队已全部进点开展工作，全年排解各类社会矛盾纠纷895件（起），建立健全维稳工作长效机制378条。

【加强制度建设，进一步规范政府自身行为】完善了《尼玛县政府采购管理办法（试行）》、《尼玛县政府采购监督管理办法（试行）》、《尼玛县医疗药品和耗材采购监督管理办法》以及《尼玛县教育“三包”经费监督管理办法》等制度，制定了《尼玛县政府车辆管理暂行办法》、《尼玛县机关事业单位财务管理办法》、《尼玛县党政机关公务用车配备使用管理规定（暂行）》，积极形成用制度管人、按制度办事的良好氛围。

双湖县

【经济发展方面】2012年底，全县共完成国民生产总值2.8亿元，其中：第一产业完成5419万元；第二产业完成4312.8万元；第三产业完成18300元。财政收入完成1413万元；牧民人均收入达到5998元;全年共完成固定投资10472万元。

【三牧工作】2012年，全县牧业总户数2539户，牧业总人口11394人。牲畜存栏总数为44.1万头（只）。产业结构进一步优化。

小康示范新村建设进展顺利。2012年，在措折罗玛镇实施小康示范新村建设20户，建设投资780万元。严格按照“搬得来、留得住、富得起、组织得了”的目标，形成区、乡（镇）党政主要负责同志亲自主抓、乡（镇）分管干部与项目主管部门具体抓、项目监理方总监管、各乡（镇）安排的蹲点负责人协助实地监管的工作格局，下大力气抓好小康示范新村项目。9月份该项目已开工建设。

人居环境项目建设取得成效。14个村的硬化路、村活动场所已竣工。垃圾填埋场、旱厕、每户围墙、太阳能路灯安装等正在建设当中，每村室内健身器材已采购完成。

草原生态保护奖励补助机制工作成效显著。兑现牧民生产资料综合补贴资金115.15万元，牲畜良种补贴资金40万元。天然草原监督员投入工作，禁牧区上图工作完成，顺利通过自治区验收，后续工作仍在认真开展。

防抗灾工作措施得力。2012年春季以来，全县七个乡（镇）、31个行政村不同程度出现大风、降雪、冰冻天气。截止5月24日，因雪灾死亡牲畜总数达42809头（只、匹），其中绵羊成畜13081只、幼畜16640只；山羊成畜5783只、幼畜6838只；牛成畜194头、幼畜247头；马成畜15匹、幼畜11匹；没有人员伤亡。灾害发生后，及时启动应急预案，调拨整合资金提前备置的应急饲料，采取各种措施及时应对，有效地降低了因灾损失。下半年措折罗玛镇湖水决口灾情发生后，县级干部带队现场指挥抗灾救灾工作，切实保障了受灾区域牧民群众生命财产安全。

按照“乡不漏村、村不漏户、户不漏畜、畜不漏针、针不漏量”的原则，秋季强制免疫工作严格到位，免疫密度持续保持100%。下半年野生动

物不明原因死亡事件发生后，及时组织兽防、防疫、卫生、农牧、林业等部门，前往疫情点现场开展防疫、无害化处理等工作，并加大宣传力度，防止牧民前往疫情点周围放牧，有效抑制了疫情扩散。

2012年安居工程任务为260户，总投资915.2万元，其中国家投资265.2万元，援藏投资200万元，抗震加固资金130万元，区财政配套111.8万元，群众自筹资金208万元。项目实施过程中，为了实施好安居工程项目，区政府要求各乡（镇）必须要安排一名懂行的负责人，全程蹲点巡回监管，确保了工程质量不出任何问题。

【工程项目方面】棚圈、人畜简易桥、扶贫商店等基础设施建设项目完成60%以上，全区保暖井工程进展顺利，基本完成42眼；文化活动中心、财政核算中心、乡镇派出所等项目基本完工；乡村道路建设项目协德乡-南错镇公路、协德乡-嘎措乡公路、巴岭乡-4村公路、措强乡-3村公路等四条公路全程335公里前期实地测量工作完成；雅曲乡3村公路、普若岗日冰川公路、藏果藏布桥梁等新建、续建项目顺利开工。

【民生保障、教育事业方面】民政部门认真落实医疗救助资金及孤儿、五保户生活保障资金，所有资金均及时兑现，截至目前，共落实各类资金400余万元；区卫生局、人社局认真开展医疗保险工作，确保该报销的全部及时报销；牧民健康档案整理工作基本完成，村级卫生人员培训工作完成，计划生育服务和妇科病调查等多方面工作正在开展。为了提高牧区儿童先天性心脏病医疗保障水平，区委、区政府积极支持卫生部门工作，先后筛选2000余名适龄儿童，确诊先心病儿童36名并以全部在自治区军区总医院接受手术治疗。牧民就医“绿色通道”继续推进，有效保障了牧民看病就医。区交通局根据农村公路实际情况，将养护重点放在主干道上，制定了切实可行的全年养护计划，并积极组织人力、物力开展维护工作，预计全年投入养护经费580万元。教育工作成绩良好，学生入学率、升学率等均有所提高；各学校建设工程进入紧张施工阶段，学校规范化建设逐步实现；教育“三包”政策落实到位，“三包”经费使用合理合法，采购工作切实按照程序实施，保障了学生学习生活。

【安全生产方面】由区委、区政府主要领导带队，区安监局、公安局、人社局、发改委、住建局等相关单位组成的施工点安全检查组，不定期地对双湖在建设项目的工程质量、进度、安全隐患、拖欠民工工资等情况进行了检查，确保了按工程质量，排除了隐患，保证全年不发生任何安全生产事故。

【文化事业大发展】预算资金70余万元，在7个乡镇和16个行政村成立了业余文艺队。目前共有24个业余文艺团体，充分挖掘了牧民群众的特色文艺文化，演出场次近百，受到了广大群众的欢迎和好评，取得了良好的社会反响。

旅游业发展势头良好。普若岗日冰川景点旅游线路正在加紧施工，旅游规划工作正在开展，宣传力度逐步加大。8月份，我区成功举办了“双湖特别区庆祝中石油援藏十周年暨可可西里文化艺术节”，有效宣传了双湖区的特色风土人情和景观。

【其他方面工作】林业部门采取多种有效措施，认真组织人员开展保护区巡逻工作，全年未发生偷猎、盗猎事件，野生动物肇事补偿统计工作认真细致，按时完成了统计与资金兑现工作。广电部门认真开展新闻信息采集报送、广播电视节目播放、流动电影放映等工作，全年共报送新闻100余条，电影放映上千场次，并实现全年安全播放无事故。扶贫工作措施得力，进展良好，牧民收入明显提高。

【维护社会稳定方面】2012年，双湖坚决贯彻执行党中央关于涉藏维稳工作的一系列方针政策，以保持“三不出”为工作目标，切实强化各项措施的落实。各乡（镇）、各部门继续开展巡逻防控，切实强化重点部位的值守，贯彻落实24小时值班带班制度；严格按照“三逢必查”工作要求，对进入该区的人员及车辆进行盘查；加强宗教领域和社会治安、流动人口管理工作；认真开展法制宣传活动和各类专项整治工作；加大矛盾纠纷排除调解力度，加强重点人员、重点区域监管力度，确保了社会局势的持续稳定。

【领导名录】

书记：南培

区长：罗布松拉

阿里地区

阿里地区

【年度综述】2012年全地区生产总值预计达到24.5亿元，同比增长15%；地方财政收入预计完成1.34亿元，同比增长15%；农牧民人均纯收入预计达到4977元，同比增长19%；固定资产投资预计完成24.3亿元，同比增长49.44%。

【突出抓好稳定】地委、行署把“迎接十八大、保障十八大”作为全年维稳主线，认真落实抓早抓小抓快抓好的要求，严肃纪律，查漏补缺，狠抓落实。重点抓了参加“法会”回流人员教育管控、加强和创新寺庙管理、网格化管理社会面、强化边境一线管控、严管地区和南疆以及相邻兄弟地区边界、加强对重点宗教活动和重点人员的管理，加强基层政权建设，顺利成立楚鲁松杰乡，巩固乡镇派出所建设，按照“管好源头、控住中间、看死终端”的原则，管好零售汽（柴）油及其他易燃易爆危化品，积极主动化解各类社会矛盾和经济纠纷，支持配合南疆军区顺利完成部队驻训维稳任务。2012年，地区继续保持了和谐稳定的社会局势，全面做到了“三不出”。

【围绕发展，重点抓5个方面工作】一是狠抓思想解放。从地区发展需要和干部队伍实际出发，积极推动干部解放思想、更新观念，要求干部树立不甘落后、主动发展意识，克服“等靠要”思想和“庸懒散”作风。4月，地委选派地、县、乡、村四级共70名干部，分赴8个省区24个市参观学习，并召开地区干部大会进行总结交流，带动了地区干部解放思想、转变观念。5月，地委邀请中国社科院区域经济学专家魏后凯教授为全地区党员干部作了区域经济与阿里发展的报告，帮助广大党员干部深刻认识阿里面临的形势，深刻思考阿里发展方向。二是强化科学发展。为增强发展的科学性、持续性，避免盲目性、随意性，地委行署委托中国社科院帮助我地区制定2013年至2020年经济社会发展规划，围绕地区“十二五”规划，制定农牧业发展规划、城乡基础设施建设规划、土地利用总规划等一系列专项规划。三是推进重点产业。地委行署经过多方协调、争取，获得“中国绒山羊之乡”称号，为阿里掌握绒山羊产业发展主动权，特别是掌握绒山羊养殖、山羊绒定价、羊绒制品加工等方面的主动权创造了条件，地区和内地合作设立的羊绒加工企业已开始试生产；立足优势矿产资源，积极支持重点矿产企业发展；着力发展旅游业，基础设施得到改善，旅游接待能力有了提高。四是推进项目建设。协调、督促能源、交通、水利等重点项目按计划实施或提前实施，进一步改善基础设施建设滞后的现状。五是落实发展要求。根据区党委“三破三立”、“五放”的要求，结合阿里实际，制定推动非公经济发展办法和招商引资办法，成立工作机构，安排工作力量，推动非公经济发展。2012年非公经济占市场主体的比例达到了92.6%，比去年提高了7.2个百分点。

【着力改善民生】一是建好保障房。2012年共投资9387.2万元，修建2848套农牧民安居房；投资836.8万元，完成8个行政村人居环境建设、建设保障性住房494套；革吉县文布当桑乡地震灾后重建全面如期完成；投资4000万在噶尔县边境一线建成典角“边境示范村”。二是发展社会事业。全面落实区党委提出的“民生十件事”，不断加大教育、医疗、文化、卫生、就业等工作力度，改善农牧民群众生产生活条件。完成了全地区干部职工、农牧民和僧尼的免费体检工作，农牧区新型合作医疗制度参合率达100%。完成2000户数字电视入户，“户户通”入户率达到95%，寺庙“寺寺通”和僧尼“舍舍通”达到100%。完成27座乡镇综合文化站建设。就业安置1000人，城镇登记失业率控制在2.5%以内。

【改善干部保健工作】针对地区海拔高、条件苦、干部保健水平薄弱的现状，地委高度重视并力所能及采取措施，建立干部保健委员会，设立干部保健科，配备专职人员，制定地区干部统一体检办法，逐步建立干部健康数据库。2012年地委主要领导带头在地区人民医院进行体检，地区共有2930名干部职工在地区进行集中体检。地委在权限范围内，加大高低海拔县份干部交流力度，2012年从高海拔县调整13名干部到地直和较低海拔县工作，同时从地区和较低海拔县调整到高海拔县13名干部。

阿里地区
纪检（监察工作）

【业务工作】一是强监督、重执行，确保中央、区党委、阿里地委重大决策部署掷地有声。先后对各县各部门贯彻落实中央第五次西藏工作座谈会精神、学习宣传贯彻党的十八大精神及转变经济发展方式、加快水利改革发展等重大决策部署进行了专项监督检查，发现并纠正问题23个；对各县各部门严明政治纪律、维护社会稳定工作进行了重点检查，并对20家工作落实不到位的单位和11个不在岗的驻村工作队进行了通报批评和限期整改，确保了中央、自治区、地区重大决策部署的有效落实；同时，会同组织部门对县、乡（镇）两级人大、政府、政协换届选举进行了全程监督，有效防止了选人用人上的不正之风，促进了换届选举风清气正。二是完善制度抓预防、强化措施抓查处，努力提高了反腐倡廉工作水平。积极开展对惩防体系建设的督导，查漏补缺，基本建立起了惩防并举的工作体系。切实严惩腐败，受理群众信访举报28件，初核案件37件，立案调查9件，给予党纪政纪处分12人，挽回经济损失19.56万元。积极推进廉政文化“六进”工作，对党员领导干部进行廉政培训达2350人次，大力营造了“以贪为耻、以廉为荣”的良好社会风尚；组织召开各类警示教育会议7次，受警示教育干部达25090人次。加强反腐倡廉制度建设和改革创新，建立健全各项规章制度289个。认真开展卫生系统民主评议政风行风工作，切实加强执法监察和纠风工作。加强村集体“三资”监管，认真开展“四议两公开一监督”工作，推进了基层党风廉政建设。三是强学习、转作风，不断加强了纪检监察机关自身建设。针对纪检监察干部政治素质和业务工作能力参差不齐的状况，采取集中培训、开办业务培训班、跟班见习、挂职锻炼等方式，加大了学习培训力度，逐步提高了纪检监察干部的政治素质和工作能力。针对组织建设中存在的问题，强化了班子建设，加强了干部队伍建设，配齐了36个乡（镇）纪委书记，对13个地直单位纪检组实行了统一管理。狠抓转变，建立完善了相应的内部管理制度和纪检监察干部行为规范，加强了对干部的教育、监督、管理，推行了绩效管理，促进了各级纪检监察机关思想作风、工作作风、领导作风的明显好转，为履行好纪检监察各项工作职责提供了坚实保障。

【**专项工作**】一是切实深化“三项治理”，解决突出问题。切实加强工程建设领域突出问题专项治理，参与并排查工程项目206个，发现并整改问题58个；扎实推进党政机关公务用车专项治理，清理并处理超编公务用车57辆，公开拍卖超标车15辆；继续深化“小金库”治理，排查并责令限期整改财政财务管理问题7个。二是积极发挥牵头抓总作用，扎实推进强基惠民活动。我地区各级纪检监察机关积极发挥牵头抓总和组织协调作用，深化认识，理清思路定措施，积极争取资金、项目，强化组织协调和督促指导，抓好管理服务，顺利完成第一、二批驻村工作队的轮换，为驻村工作队开展强基惠民活动创造了条件。在此基础上，各驻村工作队围绕“六项任务”，加强基层组织建设，抓牢农牧区社会稳定，深入开展感恩教育，积极帮助村（居）理清发展思路、发展村集体经济、改善农牧区基础设施条件，积极为农牧民群众办好事、实事，使基层组织得到进一步强化、广大农牧民群众得到更多实惠，帮助推荐选用村党支部书记139人、村委会主任186人、村“两委”班子成员411人、后备干部355人，培养积极分子726人、发展农牧区党员466人、团员882人，建立健全规章制度1486条；帮助驻在村理清发展思路377次，找准发展路子598条，发展壮大农牧区各类经济实体182个，申报项目300余个、资金1.6亿余元，落实“短平快”项目78个、资金2317万元；排查解决群众关心的问题960个，为群众办好事实事2211件、资金1028万元，看望慰问弱势群体1370次4.48万人，发放慰问金和物资折合人民币340万元。通过开展强基惠民活动，地区700余名党员干部接受了基层锻炼，密切了党群干群关系，培养积蓄了一批基层工作经验丰富、作风过硬、素质较高、能力较强的优秀人才。

阿里地区组织工作

【**重能力，优结构，领导班子得到新加强**】2012年，各级党委（党组）集中学习250多场次，组织366名县处级领导干部进行了理论知识考试，地委主要领导作了关于加强领导班子思想政治建设专题辅导报告一场，并根据实际制定了《中共阿里地区委员会关于加强领导班子思想政治建设的意见》。

【**能力素质进一步加强**】2012年，地委组织了70名地、县、乡、村四级党政正职和发展稳定重要部门主要领导赴内地参观学习；调训干部83名，选派135名干部到河北、陕西两省挂职学习；地委党校共举办主体班次5期和短期班次18期，培训961人；各县委党校举办乡(镇)党委副书记等培训班20期；为“西部之光”研修学者确定3名推荐人选。

【**结构功能进一步优化**】紧紧抓住县乡人大、政府、地县政协换届这一重点工作，加强工作指导，严格程序流程，严肃换届纪律，确保换届风清气正、紧张有序。并以此为依托，科学制定换届人事方案，着力完善班子结构，增强班子整体功能，注重年龄、性别、民族、学历、党派的合理搭配。年换届共提拔县级干部47名，其中35岁以下4名、妇女干部5名、少数民族干部37名、大专以上学历23名；提拔科级干部180名，其中妇女干部40名、少数民族干部138名、大专以上学历172名；按照区党委的要求，全地区36个乡镇党政正职全部）级干部111名。

【**突出重点，配强关键岗位**】坚持好中选优、优中选强，从地直选拔一名优秀干部到改则县担任县委书记，从县直单位选派10名优秀年轻科级干部任乡镇党政正职，提拔21名优秀干部任乡镇正职。同时，将17名基层工作经验丰富、熟悉民族宗教事务、能力强、素质高的干部提拔到县级统战民宗和公安政法领导岗位。

【**从严管理，培树干部形象**】坚持“教育预防、加强管理、严格监督、转变作风”的原则，积极做好干部的监督管理工作。对390名干部进行谈心谈话，对9名正县级领导干部进行离任经济审计。

【**组织覆盖逐步扩大**】按照凡有3名以上正式党员都要建立党小组，有7名以上正式党员要成立党支部的要求，加大在学校、国有企业、非公经济组织、村民小组、农牧民专业经济合作社、各类协会以及外出务工经商人员相对集中地建立党组织工作。2012

年，凡是符合成立党组织条件的组建率达到100%，建立创先争优强基惠民驻村工作队临时党支部97个、寺庙管理委员会临时党支部17个、临时党小组14个。

【政策待遇落实到位】认真做好“三老”人员及党内激励关怀帮扶工作，积极发放“三老”人员生活补助。以“三大节日”等重大节日为契机，集中开展走访慰问“三老人员”、优秀共产党员和生活困难党员活动。共投入慰问资金42万元，走访慰问853人次，慰问基层党组织18个。做好从优秀村（居）党支部书记中选拔乡镇公务员工作，选拔巴桑等7名同志为乡镇公务员。

【重调研，推机改，机构编制取得新成效】突出服务经济建设这一中心，把握政府机构改革这一重点，强化机构编制管理创新，为全地区发展稳定提供了良好的体制和机制支撑。一是抓机构改革。严格按照自治区的要求部署，结合实际，及时下发了《关于在乡镇机构改革中进一步加强乡镇组织和政权建设的实施方案》,督导各县按照方案要求有效实施。二是抓科学调配。在对各县各乡镇和各部门机构设置和编制配备进行深入调研基础上，为地直、县直各部门增设5个内设机构，对地直、县直部门4个内设机构进行升级，合理分配了第二批增加的政法专项编制和第一批增加的乡镇事业编制，拟定了地（县）直单位增加200名事业编制的分配方案。三是清理规范。根据自治区《关于开展事业单位清理规范工作的通知》精神，按照事业单位清理规范工作的原则、范围、内容、方法步骤对地直和县直各事业单位进行了严格审核，对发现的问题提出了整改措施，并将清理规范情况及时上报自治区编办。

阿里地区 宣传思想工作

【新闻宣传工作开创新局面】以“三大媒体”建设为抓手，不断壮大主流思想舆论。一是《阿里报》实现了“三个转变”。即：从半月报到周报的转变；从只有汉文报到藏汉文报同步出刊的转变；从四开小报到对开大报的转变，从十八大召开之后正式改版。二是阿里电视台实现了“三个突破”。新闻稿件的采编量有了新突破，2012年《阿里新闻》播出汉语新闻2216条，同比增长12%，译播藏语新闻476条，同比增长22%；新闻稿件采用量有了新突破，上送西藏电视台汉语新闻445条，播出340条，播出率为76%，中央电视台播出2条，《阿里网》采用762条；《阿里新闻》调改有了新突破，对领导活动、会议报道进行改革，优化内容。同时阿里电视台还增设了2个频道，即：《阿里资讯》频道和《阿里藏语频道》，噶尔县电视台正式组建，实现七县电视台全覆盖。三是阿里网实现“三个稳定”。在百度搜索中的排名由去年的第二到今年稳居第一；运行安全稳定，新闻更新及时准确，实现了“零事故”；稿件更新数量上稳中有升，全年阿里网、阿里地委子网编辑上传各类新闻2534条。四是重大活动和主题宣传亮点纷呈。全力做好措勤县特大雪灾的新闻报道和舆论引导工作，及时采编《措勤抗雪灾记》新闻稿并进行集中宣传报道，仅网上点击率达15万次；先后派出25名记者，行程5万余公里，全力做好我地区干部赴内地参观考察、全区人工种草现场会、典角村安居工程竣工及入住仪式、文布当桑乡灾后重建新居入住仪式、楚鲁松杰撤村建乡等重大活动的新闻报道工作，制作专题片《世界屋脊建绿洲》，时长30分钟。开辟“创先争优强基惠民活动”、“建设爱国创业团结文明的高原边疆和谐阿里”、“基层组织建设年活动”等专栏，开展“我为党旗添光彩”征文活动，刊登刊播稿件、理论文章、标语口号等300余篇。

【文化广电基础设施建设得到新加强】投资12万元，在狮泉河镇及各县城建成10个阅报栏；投资2419万元，建成27座乡镇综合文化站；投资102万元，建成51座寺庙书屋，实现基层文化阵地全覆盖。投资150万元，建成“阿里地区文化信息资源共享工程地支中心”并投入使用；投资442.76万元，建成科迦寺周边环境整治和给排水治理工程；完成七县及一个口岸新华书店、地区群艺馆、地区博物馆等项目的前期工作；古格王国都城遗址文物本体维修工程和壁画保护工程正在实施中。建成狮泉河镇有线数字前端，完成2000户数字电视入户工作；发放安装17973套“户户通”直播卫星接收设备，发放安装334套“寺寺通”直播卫星接收器并配套电视，“户户通”和“寺寺通”覆盖率分别达到96%和100%。完成阿里人民广播电台、革吉县广电中心项目前期工作；投资3000万元的影剧院工程正在实施中。

【基层文化阵地运行管理得到加强】加强对县文化活动中心、乡镇文化站、农（牧）家书屋、寺庙书屋的管理，督促落实保障经费20余万元，配备专兼职管理人员190余人；为农牧家书屋和寺庙书屋配送报刊图书455种、84966册，配送音像制品29种、2985张；制定基层文化阵地管理制度，组织开展各类文化活动2832场次，参与群众达32万人次。

【文化产品供给不断加大】落实藏文报刊“三入”工作，赠阅发放阿里报藏文版40期，61120余份，覆盖面达到98%。象雄艺术团和各县民间艺术团全年完成演出218场次，观众276780人次；普兰县科迦村藏戏演出队参加2场自治区雪顿节藏戏演出，荣获三等奖；噶尔、札达两县民间艺术团参加自治区民间艺术团调演，荣获金奖、创作奖和组织奖；札达“宣”舞和普兰县细德村“果孜”舞被列为国家级非物质文化遗产并在拉萨展演，引起了社会各界的高度关注和一致好评，向区内外有力地宣传介绍了阿里特色文化。地区电影公司及43支基层电影放映队活跃在基层放映一线，放映电影24640场次，观众达197605人次。地区新华书店开设“阿里题材专柜”，上架“阿里题材”图书18种，售出500余册；完成教材发售80余吨，购销图书6000余种、318380册，在实现32万元销售收入的同时满足了群众的阅读需求。

【基层文艺演出队伍得到加强】积极协调地县两级政府和财政部门，解决了革吉、改则、措勤、日土四县民间艺术团因经费不足而无法组建的问题，实现了七县民间艺术团的全覆盖。

【文化市场执法力度不断加大】全年共明察暗访各类文化市场经营主体240余次，联合地县两级公安处、工商局、扫黄打非办等单位集中执法检查580余次，查缴非法卫星接收器40套，政治性非法光碟80张，淫秽色情光盘360张，盗版光碟670张，政治性非法书刊70册，盗版书刊200册，影射性非法出版物160册，删除有害歌曲350首，进一步清理整顿了文化市场，确保了文化市场绝对安全。

阿里地区统一战线工作

【加强党外代表人士队伍建设】按照中央关于加强新形势下党外代表人士队伍建设的意见要求，坚持党管干部原则，坚持德才兼备、以德为先的用人标准，以不断增强党外代表人士的代表性为重点，以广交、深交党外朋友为基础，以加强政治培训和实践锻炼为途径，以提高素质、发挥作用为目标，进一步做好党外代表人士发现、培养、使用、管理工作。注重掌握党外人士的思想动态，有针对性的开展思想政治工作。深入开展以“爱国、团结、进步”为主题以“四增强、四热爱”为主要内容的形势教育，增强了党外代表人士反对分裂、维护稳定的自觉性、主动性和坚定性。结合县乡人大及地县政协、地区工商联、佛协换届工作实际，做好党外干部的推荐工作。采取党外人士现场宣讲、揭批达赖集团的方式，加强对党外人士思想政治素质的考察了解。在2012年的换届工作中，各县人大班子配备党外干部1名，各县政府班子配备党外干部2名，各县政协班子配备党外干部7名，地区工商联班子配备党外干部1名，进一步优化了班子结构，巩固和壮大了爱国统一战线力量。

【加强新形势下民族宗教工作】认真落实党的民族政策和宗教工作基本方针，深入开展“3月份民族团结宣传教育月”活动，广泛开展民族团结进步创建活动。牢牢把握“两条底线”，认真落实“划清两个界限、尽到一个责任”的政策原则和工作要求，教育引导宗教界人士公开揭批达赖，深入开展反分裂斗争。协调地区民宗局认真开展集中清理整顿社会流动从事宗教活动人员工作。在全地区寺庙僧尼中深入开展了“揭批达赖、促进团结、维护稳定”主题教育活动和以弘扬历代高僧大德“爱国爱教、遵规守法、弃恶扬善、崇尚和谐、祈求和平”为主题的法制宣传教育活动。

【积极做好境外藏胞工作】认真贯彻落实自治区藏胞工作会议精神和郝鹏常务副书记、公保扎西常委关于做好藏胞工作的重要讲话精神，坚持“爱国一家，爱国不分先后”的政策和“区别对待、个案办理”的原则，转变接待方式，严格审批管理，加强调研联络协调，发挥外部资源潜力，切实推进境外藏胞工作。注重加强与归国藏胞的联系、走访、慰问工作，经常性了解其思想动态。引导归国藏胞在维护稳定、促进发展方面发挥积极作用。按照自治区藏胞办的要求，加强回国藏胞归属管理。

【加强和创新寺庙管理】制定完善一系列维稳工作机制，细化工作措施，明确相关责任。扎实推进寺庙“六建”、“六个一”活动和“九有”工程建设，进一步明确寺管会（特派员）管理职能。积极实施关爱僧尼生活行动，将寺庙僧舍改造纳入安居工程建设统一规划，为僧尼解决居住难题。2012年已建成79套僧尼安居房，在编僧尼“两保一低”工作全面落实，将75座寺庙（拉康）在编僧尼全部纳入农村低保，为在编僧尼进行免费体检，建立僧尼健康档案。寺庙通水、通路项目全部立项，正逐步实施，电视进僧舍工程全部兑现，有僧人寺庙（拉康）的寺庙书屋全部投入使用，15个寺管会业务用房已建成投入使用。积极开展和谐模范寺庙、爱国守法先进僧尼评选表彰活动。

【认真做好政协、佛协和工商联换届工作】研究提出《中共阿里地委组织部、中共阿里地委统战部关于阿里地区政协换届工作实施方案》、中共阿里地委统战部《关于地区佛协换届工作方案》、《关于地区工商联换届工作方案》，组织实施了地区政协、佛协、工商联换届工作，协调指导做好东三县政协组建相关工作。结合地区工商联换届，成立了非公经济党工委和地区商会，为下步开展工作打下了良好基础。

阿里地区党校（行政学院）工作

【抓学习，切实提高政策理论水平】思想是行动的先导，理论是实践的指南。坚持以马克思主义中国化最新成果武装头脑、引领实践，深入学习贯彻中央、自治区、地区重要会议和文件精神，切实把会议和文件精神贯穿干部教育培训始终，落到实处。并且，根据形势任务的要求，及时将中央、自治区、地区重要会议和文件精神作为教学内容，使教学内容与时俱进，切实增强了培训的针对性和实效性。

【抓培训，切实发挥好职能作用】2012年，按照“大规模培训干部、大幅度提高干部素质”的要求，认真开展干部培训工作，较圆满地完成了各项培训任务。据统计，全年举办了23期培训班，培训各级各类干部991人（次），比2011年增加43.8%。并且，选派教师到各县、地直单位作专题辅导28场（次），聆听人数达1500多人（次）。

【抓质量，切实提高教学水平】按照地委书记万超歧提出的干部培训“要实、要管用”的要求,积极深化教学改革，突出党校特色，突出阿里特色，努力使教学内容广而深、特而精、新而实，切实增强培训的针对性和实效性。同时，积极采用现代化教学手段，大力推广研究式、案例式、模拟式、体验式等教学方法，充分调动“教”和“学”两个方面的积极性，切实增强培训效果。另外，坚持开放办学，加强与宝鸡文理学院、自治区委党校等的联系与合作，不断提高教学质量。

【抓科研，切实增强科研能力】按照“四服务”原则，大力实施科研兴校战略，积极推进教学科研一体化，努力实现科研成果进课堂、进期刊。一方面，努力办好《阿里新视界》。突出思想性与针对性，注重理论价值与实践价值，努力使《阿里新视界》成为广大党政干部探讨理论与实际问题、交流工作经验的重要平台，反映党校干部教育培训工作的重要载体。另一方面，注重研究理论与实践问题。紧密围绕地委、行署中心工作，广泛研讨理论和实践问题，深入研究社会热点、难点问题，积极申报了《阿里科迦村“男人节”的起源与传承》、《对口支援与提升自我发展能力研究》两个自治区级的科研课题。并且，教研人员在《阿里报》、《西藏发展论坛》、《新西藏》等刊物上发表论文6篇。

【抓建设，切实改善办学条件】为改善办学条件，积极争取了改扩建项目，总投资850.7万元，已顺利开工建设。同时，积极向行署争取信息化建设资金26.22万元，建成了两间多媒体教室、电子阅览室和校园智能广播系统，使信息化建设水平迈上了新台阶。

【抓成效，切实开展好“强基惠民”活动】按照《中共西藏自治区委员会关于深入开展创先争优强基础惠民生活动的意见》和《中共阿里地委关于深入开展创先争优强基础惠民生活动的实施方案》的要求，地委党校、地区粮食局切实把“强基惠民”活动作为一项重要工作来抓，明确目标任务，在“建强基层组织、做好维稳工作、寻找致富门路、进行感恩教育、办实事解难事”上狠下功夫，扎实深入开展各项工作。活动开展以来，认真搞好摸底调查，全面了解和掌握了改则县物玛乡本松村经济社会发展情况，建立户籍档案，并结合实际制定了发展规划。2012年，不仅帮助该村筹集资金74.02万元建立了惠民合作社，还积极申报项目10个，涉及资金340万元，已落实资金27万元。此外，还积极为农牧民群众办实事、解难事，累计为该村购置办公设备、捐赠粮食等64.7万元。

阿里地区人大工委工作

【人大监督工作成效显著】2012年开展了5次执法检查，5次专题调研，2次法律修改意见征求工作；听取5次阿里地区行署专项工作汇报，进一步推动法律法规在全地区的贯彻实施和民主法治进程。一是加强对重大经济事项的监督。集中力量、精心组织自治区人大代表深入基层和相关职能部门，认真开展经济发展专题检查，如城镇保障性住房建设和管理情况调研、“十二五”规划226项目建设情况检查，深化农牧区改革、就业和再就业情况专题调研等，向阿里地区行署和有关部门提出了加强重点项目监督、强化项目后期管理、推进农牧区改革等方面建议10条，切实推动中央、区党委、地委决策部署的全面贯彻落实。二是加强对民生问题的监督。组织阿里地区行署、各县人大常委会以及阿里地区行署相关职能部门，开展《食品安全法》、《残疾人保障法》、《西藏自治区实施中华人民共和国残疾人保障法办法》、《道路交通安全法》、《西藏自治区实施道路交通安全条例》、《农业法》等多部关注民生法律法规实施情况执法检查，对阿里地区“十二五”以来扶贫开发工作情况进行专题调研，督促相关部门改进工作，提高工作效率，切实实现好、发展好、维护好人民群众根本利益。三是加强对社会管理工作监督。组织人大代表和人大地工委委员听取地区行署关于依法管理宗教事务情况汇报，建议阿里地区行署和相关职能部门要加强普法宣传工作，营造良好执法环境；以社会管理为突破口，增强依法管理宗教事务的主动性、实效性；加大内部管理力度，推动政府各项管理延伸到基层；注重制定新思路，整体推进宗教事务管理。四是加强对生态环境保护与建设的监督。扎实配合自治区人大常委会开展“中华环保世纪行--西藏行”活动，加大对阿里地区重点区域、特殊行业、重点建设项目环境保护工作的监督，督促阿里地区各级人民政府对突出问题实行挂牌督办，城镇饮水水源得到有效保护，禁止白色污染成果得到有力巩固，环境整治成效明显，生态环境保护与建设工作逐步得到加强。

【人大代表工作有新起色】一是加强代表培训和履职锻炼，发挥代表作用。组织1名自治区农牧民代表，2名县乡级农牧民代表参加自治区人大在内地举办的学习考察，增长见识，提高能力；邀请20余人次自治区人大代表参加阿里地区重要会议、座谈会、行业行风评议会、执法检查等活动，扩大代表对有关工作的参与，拓宽代表知情知政渠道；为代表充分履职创造条件。二是尽心尽力完成自治区九届人大五次会议期间阿里人大代表团各项服务工作。始终牢固树立代表服务意识，以最优质的服务，扎实做好代表会议期间的后勤保障、材料简报、意见建议递交等工作。组织代表向大会递交意见、建议40件，较全面地反映了人民群众的真实意愿，为全区特别是阿里地区的经济社会又好又快发展建好言献好策。三是指导各县人大做好闭会期间代表意见、建议办理工作，提高办结率，让代表满意、让群众满意。

【人大换届选举工作圆满完成】按照人大换届选举工作安排部署和地委关于“要求换届选举工作一定要充分发扬民主，严格依法办事，强调程序就是政治，各级人大换届选举工作要坚持依法办事，做到严谨、细致、深入、实在”的指示精神，人大阿里地工委提前安排部署，精心组织，强化督促检查指导，顺利选举出自治区、县、乡人大代表2052名，其中自治区人大代表26名、县级人大代表602名、乡级人大代表1424名；选举出国家领导人员447名，其中县级机关国家领导人员214名，乡级机关国家领导人员233名；选举出人大常委会组成人员107名。经过人大换届选举，达到进一步巩固党的领导地位、增强党的执政能力、依法保障人民当家作主、加强基层政权建设、团结动员全地区各族人民大力推进科学发展、跨越式发展和长治久安的预期目标。人大换届选举工作中，人大阿里地工委一是依法设立换届选举工作机构和科学合理制定《阿里地区县乡两级人大换届选举工作实施意见》。及时成立以地委书记为组长，人大地工委领导和地委组织部负责人为副组长，地区纪委、组织、宣传、统战、财政等部门主要领导为成员的阿里地区县乡人大换届选举工作领导小组及办公室，形成纵横有序、责任明确的工作网络和运作机制，加强对选举工作的领导。在深入调研的基础上，结合地区实际，科学合理制定《阿里地区县乡两级人大换届选举工作实施意见》并上报地委，经地委批转全地区，成为换届选举工作重要指导文件，确保了人大换届选举工作始终沿着正确的轨道运行。二是大力宣传、造强声势。立足实际，整合宣传资源，采取电视、报纸、网络媒体，以灵活多样的方式，广泛地宣传换届选举工作。在地区电视台、阿里网等媒体上开辟县乡人大换届选举工作专栏，集中滚动报道；发放《西藏自治区市县乡人大换届选举工作手册》和《西藏自治区市县乡人大换届选举知识问答》1000本；与噶尔县人大常委会制作悬挂横幅20条，全方位宣传换届选举的目的意义、方法要求、程序步骤、参与途径，使换届选举工作家喻户晓、深入人心。三是做好人大换届选举工作骨干培训。采取以会代训的形式，对30名各县人大换届选举工作相关人员进行专门业务培训，提高做好人大换届选举工作能力和素质，保证人大换届选举工作扎实有效开展。四是加强调研和业务指导。人大阿里地工委自行组织或联合有关部门先后下派6批次15个工作组，深入7个县，23个乡镇以及有关村组，对人大换届选举工作进行调研、指导、督促，检查，确保人大换届选举工作依法、平稳、有序圆满完成。五是认真做好人大换届选举工作的总结和数据统计工作，为今后人大换届选举工作提供经验参考。

阿里地区行署办公室工作

【办文工作】办文在实行阅件与办件分开、文件与资料分开、急件与平件分开、文书与档案分开的同时，根据党中央、国务院新颁布的《党政机关公文处理工作条例》（中办发〔2012〕14号）对公文处理作了进一步改进，加快了办文速度，提高了办文质量。一是综合性文稿草拟质量有了新提高，对综合性文稿全部实行了集体议定主题、确定文稿提纲、专人草拟文稿、共同修改审定等办法，文稿质量较以前有了明显提高。二是行文要求简明扼要、言简意赅，坚决杜绝长篇大论。三是加强了文件的审核把关和领导签发关，所有从办公室编发出去的文件、材料都实行专人起草，科室负责人核稿修改，此基础上分管秘书长严格审核把关。四是严格收发、阅办和归档，做到严格文件管理，快速传递和反馈领导批示。五是急件急办，请示必复。对要求办理的文件分轻重缓急，做到急件急办，重要件立呈领导请示，做到请示必复。据统计，共印制各类文件490余号，收电报370余份，发电报360余份，传阅文件2560余份，打印装订文件20030余份。

【办会工作】行办本着精简、高效原则，严格控制会议数量规模、规格，努力提高会议质量。一是主动提前做好各种会前协调工作和准备工作。二是认真做好各种会议的会场布置和其他会务工作。三是认真确定会议名称、时间、地点、与会范围、议程等。四是认真做好会议纪录，努力做到准确无误。截至目前，办会251场次，会议签到230场次。五是精心筹备，圆满完成了全区人工种草现场会。为切实搞好全区人工种草现场会，我办全体工作人员昼夜奋战，加班加点，加强领导，周密部署，细化方案，落实责任，全力以赴做好了会议各项服务保障工作。1、建立机构，统筹安排。为加强现场会各项工作的统筹协调和组织领导，我们制定了《全区人工种草现场会总体方案》、《全区人工种草现场会后勤保障方案》、《全区人工种草会议筹备方案》、《全区人工种草接待工作细化方案》等下发给各县各单位，成立了全区人工种草现场会筹备领导小组，下设七个工作小组，密切配合，分工协作，切实做好了会议各项准备工作。2、广泛宣传，营造氛围。制定宣传方案，有计划、有步骤开展好宣传报道工作。在昆莎机场、象雄大酒店、地委会堂、各县等与会人员到达的地方悬挂横幅20余条、张贴标语百余条，此外，还制作了大量板报、宣传栏等。3、严格要求，保障到位。认真做好了大会文件及有关材料的起草、收集、送审、校对、印制和分发。制作了《全区人工种草现场会材料汇编》印发给与会人员。做好了与会人员的食宿安排，对大会驻地和会场进行了精心布置，协调各部门对会议驻地、会场的安全保卫、交通管理、交通安全等工作进行了周密部署，确保万无一失。

【督查督办工作】一是围绕地委、行署确定的重要任务和重点工作以及行署重要决议事项，有效开展了督促检查，做到了“事事有回应、件件有着落”。截至目前，下发《行署督办事项通知单》34期，电话督办催办事项103次，下发阿里政务督查通报3期，阿里督查专报32期。二是督查督办行署会议纪要及领导指示批示落实情况。收集整理各县完成行署专员办公会议决定事项落实情况督办92件。办理地区人大代表建议、政协委员提案74份，已办结36份，正在办理38份。

【信息工作】一是为领导决策提供依据意识增强。紧紧围绕全地区中心工

作，抓住重点、热点、难点以及领导的关注点，组织专题性、针对性调研，搜集、筛选和整理出有参考价值的信息及时提供给地委、行署领导并上报自治区人民政府办公厅，为地委、行署领导及自治区政府宏观决策提供可靠的依据。二是为领导提供信息意识增强。全年向自治区人民政府办公厅上报各类信息450余条，编发《政务信息摘要》19期。三是实行信息采用情况通报制度，对各县各单位的信息报送进行量化考核，激发了信息报送的积极性和主动性。

【政务公开工作】行办始终把政务公开、提高行政水平作为反腐治源、建设勤政廉洁政府的重要措施和环节，加强组织领导，创新方式方法，科学民主决策，加大政务公开力度。一是成立政务公开领导小组及办公室，制定印发了《阿里地区关于深化政务公开的实施意见》，进一步规范和完善政务公开内容、形式和工作机制。二是凡是涉及群众切身利益的重要改革方案，重大决策措施，都先征求群众和相关部门的意见，形成初步方案再经专员办公会议集体讨论决定。三是严格执行《政府信息公开条例》，主动公开管理规范和发展计划、与公众密切相关的扶贫、优抚、教育、社会保障、劳动就业、社会捐赠、工程招投标、政府采购项目、政府机构和人事调整与招录信息等。四是把政务公开工作与行政审批制度改革有机结合起来，认真对阿里地区现有行政审批项目进行了全面清理，编制了行政审批目录并上报自治区。

【法制工作】一是把“五五”普法依法治理工作纳入重要议事日程，按照地区普法规划的总体部署和要求，认真贯彻落实普法工作实施方案，成立了普法工作领导小组，切实履行法制宣传职能。二是积极配合地区普法办等有关部门，在全地区开展了行政执法宣传和法律法规咨询，加大了行政执法力度，促进了政府依法行政工作的顺利开展。三是配合人大办对各行政执法部门进行执法检查和监督，纠正了市场运作中的不法行为。在今年普法宣传月、安全生产月和法制宣传日期间，面向社会广泛开展了法律法规宣传、咨询活动，接受法律法规咨询300余人次。

【后勤保障工作】一是按照“理好财、生好财、用好财”的“三财”工作要求和“四个把握”、“三个意识”、“做到一个确保”的安全行车要求，切实加强了财务、车辆及驾驶员管理工作，及时添置了必要的办公设备，为行署和行办干部职工工作生活提供了强有力的后勤保障，保证了各项工作有序、高效运转。截至目前，车辆行程达80多万公里，安全率达99%，未发生驾驶员违反交通规则的行为，车辆完好率100%，出勤率98%。二是加强了油料供应、车辆检修工作，既保证了车辆安全，又节省了开支。三是加强食堂后勤保障工作，确保了干部职工饮食安全。四是行署办公大楼、周转房铺设供暖管道，安装供暖设施，进一步改善了行署和行办干部职工工作、生活环境。五是为绿化、美化、亮化办公环境，在办公楼层摆放各种鲜花，树立了行署良好形象。

【接待工作】根据阿里地委、行署领导指示精神，严格按照《阿里地区行署接待工作规则》各项条款，本着“热情、细心、节俭、有礼、有度、周到”的原则，精心制定接待方案，密切配合，团结协作，确保了工作组在阿期间顺心舒心，圆满完成了各级各类工作组接待任务。截止目前，共接待各级各类工作组678批3243人次；安排宴请632桌5123人次。

【保密工作】认真贯彻落实各级保密工作规定，积极应对新形势下保密工作新情况、新问题，确保了无泄密事件发生。一是继续实行严格的保密工作领导责任制，签订了保密工作责任书，落实了重点涉密处室和涉密人员的责任。二是认真组织全体干部职工学习有关保密工作方针政策，切实增强了干部职工的保密意识。三是抓好关键环节，加强各涉密要害处室的管理，定期组织检查指导，安装配备了监控器、密码文件柜，设专人取送机要文件，做到人防、技防和物防密切结合。四是加强涉密会议、公文传递、密件收办等公务活动中的保密工作。五是加强了计算机系统保密、涉密存储介质、手机使用的保密管理，对各处室涉密计算机、移动存储介质进行登记，上网的非涉密计算机均配置了刻录光驱。六是加强了文秘人员和驾驶人员等领导身边工作人员的保密管理。七是加强了对行署系统各单位涉密文件管理工作，为各单位收发人员办发了涉密文件领取工作证，严格执行了收发人员身份认证制度。八是建立健全了文秘人员保密制度、定密制度、涉密会议制度以及机要、档案、收发、打字人员保密制度等制度。

【应急管理工作】一是建立健全应急信息管理和报送机制，及时启动应急响应，有效应对各类突发事件。2012年，地区多次发生强降雪、地震灾害和交通事故以及狮泉河镇自来水污染事故，特别是年初强降雪灾害，给农牧业生产和交通造成严重损失，给群众生产生活带来极大影响。面对严重的自然灾害，地委、行署高度重视，采取多种有效措施，千方百计把灾害损失降到最低程度。应急办积极参与应急处置工作，共接报突发事件信息36件，其中自然灾害类31件、事故灾难类1件、公共卫生类4件，上报自治区应急办信息25件，各类突发事件信息均实现及时、准确上报。二是对各县、各部门上报的突发事件信息、应急管理工作信息，通过《应急专报信息》形式报送相关地区领导阅批，按照领导指示精神及时上报自治区应急办。三是建立信息汇总机制，坚持每月对各县、各部门信息报送情况及批示情况进行汇总、建档，将各类突发事件相关内容及处置情况以《突发事件大事记》形式记录并分送相关行署领导。四是建立办公室内部信息处理机制，拟定印发了《突发事件信息处理办法》，明确办公室内部工作人员处理信息的方式、要求及责任等，进一步规范办公室内部处理突发事件信息的工作程序。五是不断强化应急值守等基础工作。应急办及总值班室坚持24小时应急值守，共办理灾情报告31件、突发事件信息5件。总值班室坚持每天下午向自治区汇报当日应急值守工作和突发事件发生处置情况。对涉及应急管理工作的各类文件、应急预案、专项资料等进行分类归档，建立了内容完整、分类清晰的资料档案。六是加强应急预案建设，应急预案体系逐步完善。充分发挥预案在预防和应对突发公共事件中的重要作用，切实加强应急预案的编制、修订和完善工作，逐步形成相互衔接、完整配套的应急预案体系。今年完成了《阿里地区今冬明春风雪灾害突发事件应急预案》、《阿里地区防汛抗旱灾害应急预案》的编制上报工作。七是认真完成了阿里地区“十一五”时期突发公共事件应急体系建设情况暨“十二五”时期突发公共事件应急体系建设目标任务、重要建设项目和政策措施建议报告编写上报工作、地区年度突发事件应对工作总结评估和地区应急预案体系建设情况调查统计上报工作等。

阿里地区民族宗教工作

【完成社会流动从事宗教活动人员的清理整顿工作】在强有力的组织领导和健全的工作机制下，完成了阿里地区社会流动从事宗教活动人员的清理整顿工作。

【举办寺庙管委会干部队伍培训】2012年12月14日至18日举办了阿里地区寺庙管委会干部（特派员）学习培训班。

【切实落实重大决策部署】一是寺庙僧尼住房改造纳入安居工程项目建设；二是将我地区203名僧尼全部纳入医保和养老保险范畴（37名僧尼参加了低保）；三是召开寺庙“九有”工程建设进行了安排部署，明确了责任和项目建设的期限；四是寺庙“六个一”活动常抓不懈，趋于制度化。

【足额完成少数民族发展资金项目落实工作】2012年，阿里地区少数民族发展资金（兴边富民行动）项目68个，投入资金2814万元，项目资金已全部落实到位。2012年兴边富民项目中，农牧民劳务投入5689人次，农牧民实际增收256万元。

【认真落实扶贫联系点帮扶工作】通过各种渠道筹措20万作为办实事项目资金。同时衔接有关部门投入办实事、解难事项目资金178万元

【加强寺庙爱国主义教育、寺庙法制宣传教育工作】2012年起，“六五”普法期间每年6月1日至30日定为阿里地区“宗教政策法规学习月”。阿里地区75座寺庙（拉康）、203名僧尼基本达到了“僧尼法制意识全面增强、认识水平明显提高，寺庙管理更加科学规范、突出问题得到有效解决”的预期目标。

【完成民族团结进步创建工作】2012年9月，在全地区范围内开展了民族团结知识竞赛，同时开展评选“第七次民族团结进步‘先进集体’和‘先进个人’”人选推荐工作。共表彰地区级15个先进集体和20名先进个人。

【胜利召开阿里地区佛协理事会】2012年9月12日，我局召开了阿里地区第七届一次理事会议，会议选举产生了第七届一次理事会名誉会长、会长、副会长、秘书长、常务理事、理事人选。

阿里地区扶贫（农发）工作

【年度综述】2012年，全地区实施扶贫农发各类项目204个，落实国家财政扶贫资金和农发资金13143.78万元，其中：落实扶贫开发项目201个，落实资金11737.78万元（包括贫困户安居工程补助资金3102.5万元）；落实农业综合开发土地治理项目和农业产业化经营项目3个，落实资金1406万元。通过两大开发，农牧业基础设施建设得到加强，农牧民群众的生产生活条件得到逐步改善，农牧区面貌发生了明显变化，实现了全地区1689户5710人稳定脱贫。

【扎实推动创先争优强基惠民活动的开展】活动开展以来，多方筹措资金，投入280多万元，为革吉县亚热乡却藏村组建了牧民创收队、建设了牦牛育肥基地、小型家庭旅馆、修建了乡村公路、为贫困户添置牲畜等，通过“短、平、快”项目的带动，活动取得预期成效。

【完成“两项制度”系统审核工作】严格执行“两项制度”衔接的标准、方法、程序和建档立卡要求，通过积极争取“强基惠民”驻村工作队的支持，完成全地区2011年低收入人口共8345户28494人（其中：扶贫户和扶贫低保户5817户21381人）的补充认定工作，并通过了自治区扶贫办的审核，顺利上报国务院扶贫办。

【到户帮扶工作成效明显】2012年，共争取到面上扶贫开发项目127个，完成国家投资5878万元。共修建乡村公路（转场公路）126公里，解决了部分群众行路难问题，修建水渠37公里、温室41座、水塘（水池）6座、农桥6座、防洪坝2座，人畜饮水打井22眼，建设牲畜棚圈1271套，建设农家店4家，便民商店6个，为贫困户添置牲畜1.5万只，购置拖拉机198台，实施中低产田改造6710亩，完成人工种草1.07万亩，通过大力实施进村入户项目，全面改善了贫困群众的生产生活条件，加快了脱贫致富步伐。

【整乡推进工作实现新突破】2012年，全地区实施整乡推进扶贫乡镇10个，实施项目54个，完成国家投资2441万元。贫困户借畜还畜1.2万只、购置拖拉机103台，修建牲畜棚圈760套、温室8座、人畜饮水井61眼，实施人工种草0.48万亩，新修水渠14.8公里、蓄水池2座、防洪坝1座、乡村公路10公里，建设扶贫旅馆1家，扶持便民商店13个。整乡推进项目的实施，使10个乡镇2090户7435人受益，整乡推进扶贫工作取实现新突破。

阿里地区藏语文（编译）工作

【积极开展“创先争优强基惠民”活动】按照区党委、地委、关于开展强基惠民活动的一系列决策部署，阿里地区编译局和地区药监局联合组成的驻确登村工作队，及时驻村、迅速行动、深入牧区、扎根村组、坚守岗位，努力为群众办实事、做好事、解难事，做到创先争优强基惠民活动中创先进争优秀，努力打好宣传群众这个基础，抓住为群众办实事这个关键，紧扣发展与稳定这个根本，突出强化基层党组织战斗堡垒作用这个保障，创造性地开展工作，驻村工作取得了可喜成绩。

【积极创办经济实体、畜种改良，增加群众的收入】争取资金10万余元，进行了确登村的绵山羊品种改良，增加了该村山羊绒、肉产量的提高，有效增加了该村群众收入。

【争取水利工程，解决牲畜饮水】到目前确登村政府投资打的已有11眼井，是人畜饮水投资较多的一个行政村，但是由于居住分散，转场次数多等原因现有的水井远远不能满足人畜饮水需求，7眼井已无法正常供水，有的年久失修坍塌，有的季节原因水位不稳定等，50户、300人近1万只牲畜的饮水问题依然存在着较大的困难。为了使效能性的解决人畜饮水问题和更好的使用草场资源。我工作队通过与上级相关部门协调、论证后争取到了两眼水井，有效缓解了当地群众的人畜饮水困难。

【注重轻重缓急，针对更多项目进一步调研、论证】经过实地调研，驻村本年度向扶贫办争取了一个确登村民急需解决的通往农业点的河流架桥项目，总投资100万元，2013年可以施工。

【帮助村“两委”解决突出问题，拓宽群众增收渠道】结合本村草场归户工作，积极协助村“两委”，解决草场划分工作中存在的各种矛盾，做到了草畜平衡、缓解纠纷，巩固和进一步深化全村四季草场承包到户，起到了关键性作用。考虑到草场载畜量有限，草、畜矛盾突出，仅靠畜牧业加快增收致富步伐较为困难，就积极鼓励富余劳动力外出劳务创收，投入第三产业。

【帮助村“两委”理清思路，健全制度】以加强村“两委”班子建设作为工作重点，采取多种形式，深入了解现有村“两委”班子，帮助和指导发挥村级各级组织作用，提出符合科学发展的工作思路，建立健全《村规民约》等六项制度，使之成为长效机制。

【帮助新班子做好“两委”工作】为巩固和深化换届选举工作和确保选举工作得到实质性成效，帮助新任的村两委班子开展村务工作，工作队积极协助村“两委”做好确登村改革、稳定、发展中的各项工作，着力推进确登村新农村建设事业中的大发展。

阿里地区工会工作

【帮扶工作形成长效机制】春送岗位、夏送清凉、秋送助学、冬送温暖成为工会工作“品牌”。2012年，在地委、行署的高度重视和自治区总工会资金倾斜下，我们以满足困难职工及农民工生活、医疗、子女就学、住房、疗养、培训、就业等方面的需求和关爱劳模为己任，最大限度地为其提供全方位、多层次的帮助，2012年共帮扶救助1106人（次），投入资金127.9万元。

【加强自身建设“三抓”有特色】一抓“堡垒作用”，在开展“基层组织建设年”活动中,工会机关党支部深化运行了“阳光党务”，进一步加强领导，不断规范和完善党支部各项规章制度、工作程序和管理措施，做到党建工作有人抓、有人管、有人落实，有人监督，切实发挥基层党组织战斗堡垒作用和党员先进模范作用。并荣获了“2012年地直机关党建工作先进党支部”荣誉称号。二抓“固本强基”,以创建学习型、维权型、创新型、服务型、廉洁型“五型工会”为载体加强自身建设的举措成效明显，尤其是在工会财务规范化建设考核验收中，得到了全区最高分，受到了区总工会的表彰。三抓“面心实”活动,在深入开展“面对面、心贴心、实打实服务职工在基层”活动中,发动各级工会干部约谈企业主,促进劳动关系和谐稳定和互利双赢；发动工会干部“牵手行动”,真心帮扶困难职工；发动工会干部进企业下工地,与一线职工面对面、心贴心交流,畅通“心”路。区总工会副主席王登皋来阿进行专题调研,给予了高度评价。

【强基惠民活动得到群众广泛好评】自开展创先争优强基惠民活动以来，工会派驻工作队紧紧围绕六项任务创新开展驻村工作，为基层群众出实招、办实事、某实惠。驻村队帮助村“两委”开展的“说与落实”大讨论和“争做勤劳的边山人民”活动以及设立的“三项基金”等举措得到了地委万超岐书记的肯定和当地群众的广泛拥护。

共青团阿里地区委员会工作

【强化青少年爱国主义教育】2012年，全地区各级团组织开展爱国主义专题教育30余场次，覆盖青少年2650余人次。

【加强未成年人思想道德建设】全面落实团区委《关于在全区广泛开展青少年基本道德规范教育实践活动的通知》（藏团办[2012]11号文件）精神，在基层团组织和少先队组织中开展了主题团日、主题队日活动，在青年志愿者中开展了基本道德品格实践活动，在青年文明号集体中开展了“诚实守信，从我做起”主题活动，帮助青少年树立良好道德规范，引导青少年固守道德底线、坚持高尚品行，在推动解决道德领域突出问题、营造良好社会风气中发挥了积极作用。

【强化青少年分类引导工作】紧紧围绕团区委《关于继续深入推进全区四类青年群体分类引导工作的通知》（藏团字[2012]20号文件）精神，以四类青年群体《思想引导大纲》的转化和运用为抓手，扎实开展了青少年分类引导工作。上半年共完成日土县、改则县、普兰县3个县级团委，以及恒远公司、金宇公司、百益公司3个非公企业团支部的《大纲》转化工作。

围绕建团90周年开展青少年思想引领工作。为隆重纪念中国共青团建团90周年暨西藏共青团成立60周年，5月4日团地委召开了纪念中国共青团建团90周年暨西藏共青团成立60周年大会，地委、地区人大工委、地区行署、地区政协有关领导出席，全地区各界各族青年代表100余人参加大会。会议总结回顾了中国共青团和西藏共青团所走过的光辉历程，总结了阿里共青团对阿里经济发展和社会稳定所做出的积极贡献，隆重表彰了“优秀共青团员、优秀共青团干部、先进团组织、先进青年文明号集体”等50个单位和个人。通过开展建团90周年庆祝活动，引导广大青少年牢记团的历史、不断增强对团的认同感和归属感。

【深入开展少先队工作】一是结合当前少先队辅导员队伍建设和基层少先队工作实际，提出了关于加强阿里地区少先队辅导员队伍建设的意见实施意见。二是结合学校实际，有计划、有目的地组织开展爱国主义教育，坚持升降旗制度，深入开展“民族精神代代传”、“雏鹰争章”活动等，使广大少先队员在活动中受到教育，得到培养。

【广泛开展核心价值观教育实践活动】为深入开展核心价值观教育实践活动，积极培育和弘扬“爱国、团结、和谐、发展、文明”的核心价值观和建设爱国、创业、团结文明高原边疆和谐阿里，引导广大团员青年进一步坚定政治方向，强化宗旨意识，端正价值取向。在全地区开展了“践行社会主义核心价值观、喜迎党的十八大”主题演讲比赛活动。

不断深化青年文明号创建。进一步深化青年文明号创建工作，加强了对青年文明号的管理，有针对性地指导青年文明号开展工作。广大青年文明号集体充分发挥先锋模范作用，贴近基层群众需要、贴近青少年实际，以“走近基层、奉献爱心、服务社会”为主题，深入基层农牧区广泛开展献爱心活动。

阿里地区妇联工作

【着力提高妇女参政水平】认真落实保障妇女政治权利的政策措施，积极引导推动妇女干部平等参与政务活动和社会事务管理。高度重视培养妇女人才，积极争取逐步增加党政领导班子女干部数量，逐步增加人大女代表、政协女委员的比例，提高妇女参与决策管理水平，保障妇女广泛直接行使民主权利。

【着力促进妇女就业创业】认真贯彻就业促进法，落实支持妇女就业创业各项优惠政策，切实保障妇女平等参与经济建设。要针对妇女就业创业的特点，继续加大妇女技能培训，使农牧区女劳动力能够普遍接受1至2项实用技术培训，不断提高广大妇女的生产技能和就业能力。认真开展好城乡妇女小额担保财政贴息贷款试点工作，努力扩大覆盖面，大力支持农牧区妇女勤劳致富。

【着力提升妇女儿童受教育水平】全面落实教育优先发展战略和性别平等原则，充分保障妇女儿童受教育权利。加大对农牧区教育支持力度，促进基础教育均衡发展。大力发展特殊教育，保障残疾儿童接受义务教育的权利。大力发展职业教育，努力使主要劳动年龄人口中女性平均受教育年限达到全区平均水平。

【着力保障妇女儿童健康】加快各级妇幼保健机构的基础设施和人才队伍建设，完善基层妇幼卫生服务体系，提高基本医疗卫生保健服务水平。实施母婴健康工程，逐步提高孕产妇住院分娩率，降低孕产妇死亡率、婴儿和5岁以下儿童死亡率。建立妇女常见病定期筛查制度，预防和遏制艾滋病和性病传播，提高妇女“两癌”早诊早治率、降低死亡率。落实新生儿出生缺陷三级防治措施，逐步降低出生缺陷发生率；改善儿童营养状况，保障儿童食品、用品安全，全面提高儿童身体素质。加大心理咨询辅导和干预力度，提高妇女儿童精神疾病治疗和康复服务水平。

【着力保障妇女儿童民生】建立健全统筹城乡、惠及全民、功能完善的社会保障体系，确保城乡妇女普遍享有生育保险、养老保险、医疗保险、各企业保险和工伤保险。推动儿童福利由补缺型向适度普惠型转变，提高儿童基本医疗保障水平，建立流动、留守儿童服务机制。大力推进农牧区基层文化、体育等公共服务体系建设，积极开展丰富多彩、健康向上的文化活动，丰富妇女儿童精神文化生活。

【着力解决侵害妇女儿童合法权益的突出问题】认真宣传贯彻《妇女权益保障法》、《未成年人保护法》等法律法规，不断增强妇女儿童自身维权的意识和能力。加大执法力度，严厉打击违反女工劳动保护规定、拐卖妇女儿童、胁迫儿童乞讨等违法犯罪行为，依法维护妇女儿童合法权益。开展平安家庭创建活动，预防和制止家庭暴力现象，保护妇女儿童人身权利。加强妇女儿童维权工作者和社会工作者队伍建设，健全社会化维权网络，依法为妇女儿童提供法律援助。

阿里地区审判工作

【审判执行工作】2012年，地区两级法院共受理各类案件750件（含诉前调解案件146件、来信来访案件）。其中受理刑事、民商事、行政、执行案件共427件，审执结422件，未结5件，综合结案率98.8%，比去年同期上升0.1%。其中，受理刑事案件88件121人（含减刑2件2人、刑事再审3件、申诉7件），结案88件121人，结案率100%，与去年同比增加1.48%；受理民商事案件297件，审结295件，未结2件，结案率99.3%，比去年同期上升0.1%，受案标的总额1036.56万元；受理行政案件1件，已结；受理执行案件41件，执结38件，未结3件，执结率92%，执结标的278.037万元。受理来信来访177件291人次。落实司法关怀，对经济确有困难的当事人减、免、缓交诉讼费35637元。

【基础建设工作】围绕全面落实好我地法院"十二五"规划项目和第三次全国法院援藏工作座谈会确定的援藏计划，一是两级法院层层成立工作班子，上下负责、共同努力、主动跑办、加大协调，全面加快法院"十二五"项目的审批步伐，确保"十二五"项目早落地、早建设、早见效。2012年年，中院、噶尔县、改则县法院审判业务用房、应急备勤房项目、革吉县法院"三小温馨"工程项目、中院科技法庭维修、羁押室改扩建等已竣工。我院"二小温馨"工程和普兰县法院巴嘎乡人民法庭项目开工。二是加大协调沟通，积极争取援藏资金。按照全国法院第三次援藏工作座谈会和今年在林芝召开的全国法院援藏经验交流会要求，加大汇报协调衔接工作，积极争取项目资金，按照上级法院及有关部门要求，不断加强受援项目的申报、衔接等工作，未实施的六县法院"三小温馨"工程前期工作已基本就绪。

阿里地区检察工作

【法制宣传】组织两级院干警在地区和七县开展了"反渎职侵权、反贪污贿赂、预防职务犯罪"万里行大型宣传活动，先后开展各类法制宣传23次，警示教育活动13次，法制教育进校园活动6次，近万名干部职工、广大群众和学生受到了教育。其中，专门筹资8万元在狮泉河镇和七县及所属沿途乡村开展了"强基惠民、送法下乡"法制宣传万里行系列活动。

【打击刑事犯罪】两级院共受理提请批准逮捕案件89人，批准逮捕70人，不批准逮捕19人。受理移送起诉案件113人，起诉111人，不诉2人。纠正公安机关程序违法1次，发出纠正违法通知书1份。综合分析，侵害公民人身权利、民主权利罪，侵犯财产罪，破坏环境资源保护罪仍是我地区主要犯罪形式。噶尔、改则两县仍是全地区发案率最高的城镇，刑事案件受案率占54.5%。外来务工人员、流动人员仍是我地区涉案主要人员。

【职务犯罪工作】两级院共初查渎职侵权案件2件4人，立案1件3人。共开展预防调查10次，开展工程建设领域预防调研1次，开展安居工程领域专项预防4次，开展新农村合作医疗专项预防5次。参与监督现场开标4次，对97个单位126名个人进行了行贿犯罪档案查询，调研编写了《2011年至2012年度阿里地区惩治和预防职务犯罪年度综合报告》。

【控告监所检察】两级院共开展监管场所各类检查385次，共审查假释裁定、审查暂予监外执行、缓刑裁定45件45人，提出口头纠正意见4次。成立了阿里分院派驻地区看守所、劳教所监所检察室，制定了派驻检察室工作制度。两级院集中清理和及时处理各类涉法涉诉案件，分院控申处共受理案件线索4件4人。

【规范化建设】结合检察工作实际，形成涉及检察业务、队伍、保障和规范化建设调研题目104个。分解细化各部门全年工作任务，制定下发了《2012年阿里分院县级目标考核、全区分市院考核责任分解措施》，《阿里基层检察院考核责任表》。结合创先争优活动完善了《阿里分院通过司法考试人员奖励办法》、《阿里分院党建工作制度》等涉及队伍建设的各项制度13项。

【受援工作】认真落实各项受援任务，选派7名干警到对口五省区援藏省市院参加岗位实践锻炼。接待内地援藏省区院考察组6批39人，召开了援藏工作座谈会和捐赠仪式，落实援藏资金。进一步完善受援工作机制，制定了《阿里检察机关受援资金项目管理办法》、《援藏省区院短期赴藏帮助工作援藏干部管理办法》、《阿里检察机关赴援藏省区院挂职锻炼管理办法》共3项工作机制。

阿里地区司法工作

【法律服务工作】1、法律援助工作快速发展。法律援助中心加强为弱势群体和农民工工资拖欠问题的法律援助。2012年共提供各种法律援助服务103件，民事诉讼代理案件16件，民事非诉讼调解11件，刑事辩护17件，代书16件，法律咨询65件，并深入实际开展了法律援助调研工作，社会效益日益明显。2、公证工作水平不断提高。公证业务不断拓宽服务领域，全力规范办证程序，努力提高公证质量和队伍整体素质，切实提升我地区公证品位。截至去年底，我地区公证处共办理各类公证事项243件，其中国内国事公证172件、经济公证60件，其他11件，公证涉及财产标额达1200多万元。3、律师工作健康发展。律师事务所共办理各类案件45件，其中法律援助4件，刑事3件，民事3件，法律咨询30件，代书5件，律师办案服务市场经济能力进一步提高。

【人民调解安置帮教】2012年，我地区有基层人民司法助理员8人，调解员270名，调委会主任66人（多数兼职）。共受理各类纠纷153起。调解成功141起，调解成功率99%，从纠纷情况的数字来看，婚姻纠纷呈上升趋势，是新时期纠纷的一个新特征。我地区刑释解教人员28人，其中阿里看守所16人，阿里劳教所5人，改则县2人，革吉县1人，普兰县1人，措勤县1人，日土县1人，札达县1人。帮教率

为100%；安置率为85%。

【劳教工作】劳教工作认真贯彻“首要标准”，本着“教育、改造、挽救”的方针，狠抓教育改造质量和生活卫生，教育质量和生活保障不断提高。全年未发生任何所内作案和安全事故，无性病患者、无吸毒人员、无流感疑似病例。连续12年实现“四无”劳教工作目标。

【基层基础建设】根据我地区“十二五”规划，已列入我地区“十二五”规划建设项目的有司法处业务用房建设项目，建筑面积为2816平方米，以及附属设施，总投资为845万元；各县司法局业务用房建设项目每县司法局建筑面积338平方米，以及附属设施，每县司法局建设投资为101万元；20个乡镇司法所建设项目每个乡镇司法所建筑面积为160平方米，以及附属设施，每个乡镇司法所建设投资为29万元；阿里劳教所改扩建项目建筑面积4732平方米，以及附属设施，总投资为1387万元。

阿里公安边防支队工作

【年度综述】2012年，阿里公安边防支队在西藏边防总队党委、阿里地委行署的正确领导下，以支队第二次党代会为新起点，全面投入到边境防控和和谐阿里建设中。圆满完成了“十八大”安保和边境封控任务，深化了“爱民固边”战略层次，为公安边防工作和部队全面建设迈出新步伐提供了源源不断的动力。

【全力以赴抓安保】支队在以打赢十八大安保战役为中心的全年维稳工作中，阿里边防支队按照总队党委和阿里维稳联合指挥部的统一部署，严格落实自治区“维稳意识再强化、维稳机制再健全、维稳责任再落实”和总队“四不松”、“两不减”的要求，制定了《阿里公安边防支队2012年边境防控工作方案》等30余个方案预案，组织官兵23413人次，分批次在重点山口要道驻点执勤，先后向阿里地委行署汇报工作35次，与驻地维稳力量召开联席会议31次，与12个村委会、8个解放军边防连建立了“十户联防、十店联防”及联勤踏查机制，与军分区各一线边防连、国保部门、各警种部队开展拉动演练60余次，全力以赴投入以打赢十八大安保战役为中心的各项边境防控工作中，实现了维稳工作“三不出”目标，夺取了全年边境防控工作的全面胜利。

【全力以赴抓稳定】支队坚持以打击整治专项行动作为维护边境稳定、提升打击犯罪能力的重要举措，坚持“不漏一个村庄、不漏一个牧场、不漏一户一个人”，始终把点、面结合的立体化管控作为重中之重，重点突出对“邻省藏区”、“康区籍”、新疆籍、寺庙僧侣（游僧）等重点人员的查验管控，防止不法分子及爆炸品、反宣品等流入流出腹心地区制造事端。2012年内，支队共检查进出边境管理区人员212531人（次），车辆75080台（次），先后收缴火药枪3支、导火线80米、电雷管304枚、子弹187发、炸药15.03公斤、“四零”发射管5根、匕首20把、藏羚羊头1个，排查列管重点人员13人，排查矛盾纠纷4起，解决4起，检查整改各类安全隐患75处。对寺庙僧尼开展爱国主义教育106次，谈心交流213人次，为寺庙僧尼解决困难、办实事21次。目前，辖区53座寺庙及90名僧尼管控状态安全稳定，未发生任何违法违纪案件。

【全力以赴抓防线】严格落实自治区“一乡一所、一村一警、一寺一警”要求，支队军政主官多次实地踏查、科学研判，安排常委蹲点帮扶等多种形式顺利完成了丁嘎-柏林拉、香孜、托林镇、萨让四个新建单位的组建进驻和底雅、曲松两个单位的挂牌成立及楚鲁松杰边防派出所筹建前期调研工作，加强了边境管理区的防控，消除了边境管控薄弱区域和失控漏管点。

【全力以赴抓合作】根据部局“认真总结和巩固边防对外执法合作经验，进一步完善边防对外三级联系合作机制”的工作部署，密切与尼泊尔警方警务合作机制、加大与新疆和田、喀什边防支队视频会商，与公安国保、安全部门及解放军边防部队开展情报交流、联合办案和边境巡逻。“边对边、点对点、警对警”直通式的警务合作机制基本建立。

阿里地区发展和改革工作

【狠抓责任目标落实，全力完成主要经济指标】2012年，全地区生产总值预计完成24.5亿元，同比增长15%；全社会固定资产投资预计完成24亿元，同比增长49.8%；社会消费品零售总额预计完成5.76亿元，同比增长14.74%；城镇居民人均可支配收入预计为22140元，同比增长1.1%；农牧民人均纯收入预计为5060元，同比增长21%。

【认真编制计划方案，强化经济运行监测】以《西藏自治区2012年重点项目建设项目计划》（讨论稿）和《西藏自治区2012年前期工作计划》为基础，结合地区实际，起草《阿里地区2012年重点项目建设实施方案》和《阿里地区2012年前期工作计划》，确保了合理有序的推进年度项目建设。为抓好全地区2013年中央预算内投资计划编报工作，及时统筹安排，与地区各相关单位和上级主管厅局进行沟通衔接确定2013年投资项目，并根据报来的2013年投资计划和《“十二五”支持西藏经济社会发展建设项目规划方案》，制定了《阿里地区2013年中央预算内基本建设项目投资计划表》。积极开展调查研究，按季度写出国民经济和社会发展监测、预测分析材料，工作简报，指出经济社会发展中存在的主要问题，进一步提出全面推进经济社会发展的主要工作措施，为地委、行署决策当好参谋和助手。截止目前，经济信息上报达到了160余条。

【抓实项目前期】在全区226个项目

中，涉及阿里地区项目119个，规划投资122亿元，全部申请国家、企业及自治区解决。截止目前，已有57个项目开工建设，占全部规划的项目的47.89%，落实投资43.24亿元。其中：保障和改善民生项目32个，落实投资18.58亿元；加强基础设施项目5个，落实投资20.36亿元；特色优势产业项目1个，落实资金0.06亿元；加强生态环境保护项目8个，落实资金1.84亿元；加强基层政权和社会管理能力建设项目11个，落实资金2.4亿元。结合《预算内基本建设投资项目概算调整管理暂行办法》等相关文件精神，协同地区住建、国土等相关部门先后对总投资在500万元以下的49个政府性投资项目完成了可研和初设概算评审；根据《西藏自治区2011年清单计价定额》，完成了建设单位送审的93项新建、改建及扩建工程的造价评审，审减资金近399.52万元；完成札达县什布奇边贸市场等40项招投标工程的限价测算，投资金额达21456.12万元；根据评审结果，完成了2012年周转房、公租房等78个建设项目的可研、概算审批。

【抓细项目管理】依据《阿里地区政府性投资项目建设管理暂行规定》，严格执行“五制”要求，特别是针对招投标工作中社会反映的突出问题，制订了《阿里地区政府性投资项目招投标实施细则》。截止目前，完成招标项目53个，中标价4.7亿元。同时，按照自治区重点项目工作会议的要求，积极组织人员定期或不定期对中央投资和自治区预算内投资项目决策程序、项目组织管理等方面进行稽查。另外，2012年把乡镇政权机关业务用房建设作为一个试点，从招投标到竣工决算的相关工作交由各县人民政府，由各县人民政府严格按照《阿里地区政府性投资建设项目管理暂行办法》（阿行发【2012】5号）实施，通过这一试点后，下一步将总结经验、吸取教训，在条件成熟的情况下逐步将项目资金、管理下放到县。

【搞好援藏项目】2012年，援藏两省及“三大公司”援藏计划项目共53个，总投资近2.4亿元；截止目前，援藏资金到位2.05亿元，完成投资1.85亿元。

【抓好沟通协调】为确保农牧、交通、水利、住建等部门的项目尽早开工，主动配合相关部门抓好项目的落实。特别是为了解决狮泉河镇的供电问题，多次与国电龙源公司协调，狮泉河镇10MWP光伏电站建设项目已于6月28日开工建设，项目总投资49926万元，建筑面积2.7万平方米，计划今年投入运行2-5MWP。在5月份陪同相关专家对阿青电站进行了实地勘察，预计12月份完成预可研。

【项目建设成效明显】在2012年实施的2011年以工代赈项目共计13个，总投资1348万元，先后于5月份开工建设，目前项目已全部竣工验收并交付使用，在项目实施工程中我委积极组织当地农牧民群众参与投劳，解决了农牧民群众生产生活中的一些实际困难，通过以工代赈项目的实施农牧民群众创收达到了223万元，超额完成了年初计划（158万元）。

【资金争取成效明显】努力争取到2012年以工代赈项目资金1451万元，受资金到位晚、施工黄金期已过等因素的影响，目前已完成项目的现场踏勘及前期审批工作，待明年施工期到来时督促各单位尽快实施。按照自治区的要求，建立了“十二五”期间的以工代赈项目库，提前做好项目的前期工作，现已报送2013年项目32个，总投资3567万元，力争在年底前完成所有前期委托工作。

【项目监管成效明显】按照政府投资项目管理办法规范管理以工代赈项目，认真落实群众的知情权、参与权、监督权，严格落实以工代赈劳务报酬政策，有效提升了以工代赈项目工程的投资效益。

【切实加强物价监管，努力确保市场价格稳定】2012年，先后出动检查人员60多人次，对辖区服务性经营场所实行明码标价、诚信经营情况进行巡查。公布物价信息和投诉电话，坚持做好“12358”电话24小时值班制度，拓宽群众投诉渠道，及时查处举报案件。认真做好赃物价格评估工作，受公、检、法委托，先后对18起刑事案件的涉案赃物进行了价格评估，估价金额为11.3万多元，为公检法及时结案提供了合法、可靠依据。进一步规范了行业的收费行为，开展了行政事业性收费验审工作，截止目前，先后对2011年的42个行政、事业性收费单位进行了年审，对23个事业、企业收费行为进行了检查整治。

阿里地区商务工作

【“万村千乡”农家店建设力度加大，农牧区消费环境得到改善】一是加强对“万村千乡”市场工程承办企业的监管，扩大宣传力度，提高农家店建设质量和存活率。为认真落实区商务厅“万村千乡”市场工程全交由承办企业实施、补贴资金全部兑现给承办企业的精神，及时召开承办企业座谈会，对工作进行安排部署，对县级配送中心、乡镇商贸中心、县级直营店、乡级农家店建设指标进行分解。以地委党校村（居）“两委”班子培训为契机，进行“万村千乡”政策讲解、业务知识培训，为推进农牧区市场建设、搞活农牧区商品流通打下坚实的基础。二是积极协助承办企业做好农家店选点及建设工作。先后派出人员帮助三家承办企业奔赴七县，乡村开展了100家农家店选点及建设工作，并监督承办企业与农家店签订了供货协议；升级和改造20家“一网多用”农家店试点；对2010年新建的69家农家店进行了验收，以确保农家店补贴资金及时发放到位。三是做好商品配送中心建设及初验工作。联合地区财政局完成了革吉县商品配送中心（先施承建）的初验，为承办企业争取补贴资金55万元；投资280万元的措勤县商品配送中心（百益承建）已于2012年9月竣工投入运营，为措勤县居高不下的商品价格起到了重要平抑作用；投资120万元的噶尔县商品配送中心项目正在实施中。四是做好乡镇商贸中心调研及建设工作。按照自治区商务厅乡镇商贸中心建设标准和要求，在与配送企业多次协商下，组织配送企业负责人到各县、乡进行了调研。2012年百益超市投资50万元，在噶尔县门士乡建设乡镇商贸中心，并与该乡有一定实力的农家店签订了合作协议，该项目将在明年完工。

【口岸规划编制工作取得明显成效，口岸、边贸等基础建设有序推进】一是普兰口岸规划编制工作按期完成。2012年9月，西藏自治区普兰口岸发展规划（2011—2020年）编制工作按期完成，并通过了西藏自治区人民政府审批。以普兰口岸建设为契机，落实了普兰口岸联检楼综合改造升级项目、完成了斜尔瓦国门建设土地选址工作。二是加快边贸项目建设。为完善边贸市场建设，促进地区边贸发展，实现兴边富民，2012年协调落实资金390万元，加强札达县什布奇边贸市场通路和规划建设、挖基等工作，该项目将在明年建成投入运营。做好札达县楚鲁松杰、甲尼玛、萨让，噶尔县典角、普兰县拉孜拉等边贸市场项目申报工作，地区发改委已立项，规划、环评等前期准备工作已完成。札达楚鲁松杰、噶尔典角边贸市场通过自治区商务厅、发改委的认可列为2013年建设项目。

【加大碘盐调运投放力度，实现农牧区碘盐配送全覆盖】9月，在全区率先完成了424吨碘盐配送任务，实现农牧民价格补贴212万元。此项工作得到了上级部门的充分肯定，阿里地区盐业分公司被上级部门评为碘盐推广先进集体，嘎永等14名同志被评为先进个人。

【市场监测和整规工作加强，消费环境进一步优化】一是认真做好生活必需品市场监测与网报工作。二是加强成品油（液化气）市场整治和市场准入工作，认真开展了成品油市场专项整治后续落实整改工作，对日土县城新建加油站进行了重新申报、对革吉县加油站进行了规划改造、对改则县飞天加油站进行了迁建验收、对日土县东汝乡西藏国能矿业发展有限公司矿点修建自用油库进行了上报、对普兰县新建民营液化气法人变更进行了初建上报；做好成品油（液化气）市场运行监测、统计工作，截止12月底我地区成品油经营企业购进汽油2373吨，销售汽油2100吨；购进柴油5639吨，销售柴油5180吨；民用液化气购进782吨，销售651吨；工业用气（主要是出租汽车加气）购进415吨，销售315吨。三是以标准化为抓手，加强屠宰行业规范化建设和管理。向行署上报了《关于批转阿里地区生猪定点屠宰资格审核清理工作实施方案》，向噶尔县生猪屠宰场下发了《关于进一步加强生猪屠宰场管理的通知》，深入开展了打击私屠滥宰和病死猪病害猪肉非法交易等违法活动，规范企业的经营行为。2012年全地区屠宰生猪5200头，向市场投放猪肉468吨。

阿里地区财政工作

【年度综述】2012年，全地区财政总财力达到24.6亿元。一般预算收入1.6亿元，同比增加3100万元，增长24.12%；一般预算支出24.6亿元，完成预算的129.15%，同比增加7.39亿元，增长42.83%。

【充分发挥财政职能，保障能力逐步提高】2012年全地区农业综合开发、科技、教育、医疗卫生和公共安全支出分别达到4.94亿元、895万元、2.6亿元、1.24亿元和1.78亿元，比2011年分别增长97.6%、12%、12%、12%和12%。有力地支持了各项社会事业发展。

【进一步完善财政体制机制，财政改革取得新成效】2012年，地区顺利实现会计集中核算向国库集中支付转轨，提高了资金的使用效益和工作效率。政府采购范围不断拓宽，采购规模2012年达到2406.56万元，节约83.2万元。“收支两条线”管理切实加强，以票据管理为源头，清理单位账户为关键，财政专户管理为重点的预算外资金管理办法效果明显。乡镇财政体制顺利实施，“乡镇财政所（室）”整体推进，乡（镇）级财政管理逐步规范。

【坚持以人为本，民生工程稳步实施】2012年，全地区新农村建设筹集资金约9761.8万元，保证了各项民生工程整体推进。农村低保、五保、“三老”人员补助资金全部按标准兑现；新型农村合作医疗和城镇居民医疗保险制度顺利实施，1432名农村和城镇居民从中受益；城乡医疗救助稳步开展，1496名传染病人和困难群众得到救助;全地区“三包”经费全面落实，近17000名学生享受到国家优惠政策；完善城乡卫生服务体系的工程项目正逐步建设。帮助人民群众解决了生活难、看病难、上学难等实际问题。

【落实财政支农惠农政策，扶持“三农”发展】2012年，地区财政加大投入、完善政策、进一步改善了农牧民生产生活条件，促进了农牧民增收。加快实施农牧民安居工程，统筹安排我地区配套资金9025万元。带动民间资金3500万元，完了成2848户农牧民安居工程建设项目；加大村级组织活动场所建设力度，巩固基层政权建设，落实资金6902万元，完成7县综合场所建设；“一产上水平”安排农牧业特色产业发展资金556万元，支持了8个特色产业项目；安排农业综合开发1406万元资金，帮助农牧民群众解决实际困难，解决了2229农村人口的安全饮水等难题；及时足额兑现财政涉农补贴资金，发放粮补、良种补贴等各项财政补贴农民资金72.54万元；加大农牧技能培训，安排专项资金331.1万元，完成培训2000余人次。

【服务发展大局，促进经济又好又快发展】一是在财力十分紧张的情况下多方筹措资金，支持生产建设。2012年全地区财政累计拨付80910万元用于全地区基础设施建设。二是争取资金，争取项目，增加投资需求。配合发改委等部门争取资金80万元，建设乡镇卫生。三是积极支持农牧、林

业发展项目。争取支农资金44318万元，林业建设资金2279万元。四是努力改善办学条件，争取农村中小学危房改造资金800万元。

阿里地区税务工作

【组织收入稳步增长】2012年，全地区国税系统齐心协力、攻坚克难，共组织入库各项收入1.6亿元，同比增长6%，增收943万元，完成区局考核指标的107%，税收收入的稳步增长，对地方经济发展的支撑力实现新突破。

【依法治税全面推进】一是针对新出台的税收法律法规，认真组织干部学习的同时，积极向纳税人开展宣传，确保新税法稳步推行。二是深入贯彻依法行政实施纲要，强化税收执法监督和执法监察工作，促使税收征管机制不断完善和税收法治环境的持续好转。三是加大案件查处力度。2012年，稽查部门共检查纳税户6户，查补入库税款、滞纳金及罚款合计57.32万元，维护了税法的严肃性。同时以一年一度的“税收宣传月”和“六五”普法教育为契机，大力开展日常宣传和集中宣传，积极营造依法治税和诚信纳税的良好社会氛围。

【纳税服务不断优化】一是加大宣传频率，以综治宣传月、税收宣传月等法制宣传活动为契机，丰富宣传内容，创新宣传方式，扩大宣传覆盖面。二是拓宽宣传渠道，在日常管理和服务中，充分利用手机短信、LED显示屏以及电视报刊等新闻媒介，做好政策的公告、公开和宣传。三是减轻纳税人办税负担。通过采取理顺机构设置、明晰部门职责、依法简并办税流程、大力推行“一窗式”服务等举措，极大的节约了纳税人的办税时间。四是不断改进和优化办税环境。2012年，在地区财政局的协助下，投资近百万元对地区局办税服务厅进行标准化改造，改造后，办税大厅增设了导税服务、排队叫号、等候休息区、表单填写区、资料取阅区、停车场等多项功能，新添了LED显示屏，做好即时宣传工作。

【税收征管不断加强】一是做好纳税申报管理工作。加大了对零申报、少申报、异常申报纳税人的监督检查，及时解决纳税人在纳税申报中出现的问题。大力推广多元化申报纳税方式，特别是积极推进电话报税和POS机刷卡申报纳税。二是强化信息管税。截止2012年底共推广税控机300台。通过票表比对，提取纳税申报异常数据240余条，开展了有针对性的日常检查，有效地防止了税款流失，信息管税能力也有了新的提高。三是加强税收核定管理，完善核定征收办法，深入开展了税源调查，确保核定征收质量。四是突出抓好收入分析预测。在做好年度收入预测的同时，着力加强月收入预测，积极开展分区域、分行业、分税种收入情况分析，进一步掌握组织收入工作的主动权，促进了税收收入的持续、快速和均衡增长。

【信息化建设日趋完善】2012年，全地区税务系统投入大量资金用于信息化建设，新增各类设备百余台，税务干部应用现代化技术进行管理的能力得到全面加强。财务管理、公文处理、人事管理、公路内河货物运输发票管理以及车购税管理等系统软件全面推广应用，综合征管系统稳步运行。同时顺利完成了金税三期工程广域网项目新设备的验收工作及办公楼、职工宿舍楼宽带专线安装运行工作。

【狠抓特色产业开发，促进农牧民增收】2012年，全地区实施劳动力转移项目5个，完成国家投资256万元，项目主要包括洗车厂建设、牧民创收队建设、民族手工艺品加工厂建设和生态园建设，通过大力实施特色产业扶贫，调整和优化了产业结构，带动了项目区经济社会发展，增强了农牧区自我“造血”功能和自我发展能力，增加了贫困农牧民群众的现金收入，促进了农牧区经济发展。

【贫困户安居工程建设任务深入推进】全年共完成1241户贫困户安居住房建设任务，完成国家投资3102.5万元，通过采取有效措施，高标准、高质量完成了建设任务，使1241户贫困户住上安全、实用的房屋。

【农业综合开发扎实有效推进】2012年，实施农业综合开发土地治理项目2个，完成国家投资1289万元，修建溢流坝2座、水渠20.53公里、机耕道（牧道）8公里、渠系建筑物26座、棚圈160座，客土改良0.25万亩，草场改良7万亩，完成人工种草0.25万亩，培训农牧民3000人次，购置农机具121台（套、部）。通过土地治理项目的实施，项目区新增灌溉面积0.2万亩，新增农机总动力0.02万千瓦，年新增干草396万公斤，项目区新增种植业总产值75万元，项目区农牧民收入增加总额60万元；实施农业产业化项目1个，完成国家投资117万元，修建羊舍50套、牧工住房10套、草场围栏0.2万亩、抓绒场所4处，项目建成后带动养殖户100户，年可生产紫绒山羊1000只。

【农牧民增收任务超额完成】根据年初确定的农牧民参与工程建设增收任务，在项目实施过程中，把60%以上扶贫农发项目交由当地农牧民组织实施，同时，积极组织和引导项目区群众参与扶贫农发项目建设，动员和组织当地群众投劳创收，全年，农牧民参与扶贫农发项目建设共创收680万元，超额完成年初计划198万元，实现1689户5710人稳定脱贫。

中国人民银行阿里地区中心支行工作

【征信管理】一是依法做好企业和个人信用报告查询工作，规范业务流程，并搞好异议处理工作。二是按规定开展贷款卡年审工作。通过阿里地区电视台播放贷款卡年审通知，明确了贷款卡的年审流程和具体要求，确保贷款卡年审工作有效开展。三是继续做好中小企业信用信息建档工作，不断更新和完善中小企业信用信息档案。新成立的中小企业（法人）一般都已直接办理了贷款卡。四是开展好"征信知识宣传周"和"信用记录关爱日"活动，确保征信宣传有所成效。加大与教育部门和学校的协调联系，通过选拔"校园征信知识宣传员"，争取建立起校园征信宣传的长效机制。结合西藏各地特色节日以及"和平解放60周年"庆祝活动等开展宣传。2012年，共开展集中征信宣传1次，发放摆放宣传资料4500余份，悬挂横幅6幅，接受公众咨询30余人次。直接向280余户农牧户宣传征信知识。

【外管工作】2012年，国家外汇管理局阿里地区中心支局重业务，谋全局，拓发展。一是认真贯彻落实国家赋予西藏的一系列优惠外汇管理政策，全面提升外汇政策执行力度，做好国家新制定的外汇政策的宣传解释工作，全面维护外汇市场稳定；二是有效维护外汇政策的严肃性，结合我地区实际，重点检查银行执行外汇管理相关政策和内控制度建设情况。本年度中心支局重点对农业银行股份有限公司阿里分行和普兰县支行两个外汇业务指定银行外汇政策执行情况进行了一次全面检查，对检查出的问题提出了切实可行的整改意见，对政策把握不准的及时进行指导；三是加大口岸外汇资金流出入的监督检查，及时掌握资金流向的总体情况，组织专门工作组对普兰口岸和部分传统边贸点进行前期摸底调查工作,对外汇资金流出入情况进行了初步监测，为后期深度监测打下了良好基础；四是探索贸易投资便利化新举措，向分局积极建言献策，为全地区涉外经济发展营造良好的外部环境；五是严格按照总分局的统一安排部署，深入推进服务贸易外汇管理改革，不断提升外汇管理水平和质量，积极支持阿里地区服务贸易发展。

【国库工作】截止2012年12月底累计完成各级预算收入15953.84万元（不含调拨资金）；办理预算支出224732.56万元；年底库存为43354.49万元；办理各项退库537030.10元，其中中央退库130160.99元，地方退库406869.11元。业务工作中未发生任何差错事故，实现了收入、支出"零在途"，基础核算"零差错"，为国库事业和地方经济的持续、稳定、高速发展做出了积极的贡献。

【反假币】2012年，全辖共收缴假人民币11070元，121张，假人民币收缴、没收量总体比2011年大幅下降，分别下降了41%、44%。收缴的假人民币券别主要集中在百元、五十元，分别占收缴总数的82%和16%。呈现出假币收缴量大幅度递减，反假货币工作取得了阶段性成效，人民币流通秩序得到了明显改善，切实维护了人民群众的切身利益。

【反洗钱】一是对地区金融机构开展反洗钱现场检查，并督促其对不合规现象进行立刻整改。二是严格执行反洗钱规定，强化反洗钱非现场监管的力度与要求，并对报送的要素、标准、模式进行了严格的界定，督促辖区金融机构按照《金融机构大额交易和可疑交易报告管理办法》等规定及时报送特别可疑交易，并对所报送的特别可疑交易甄别分析。三是按照反洗钱培训要求，建立了反洗钱现场检查资料保管登记制度、完善了日常特别可疑交易资料保管规定制度，规范了反洗钱整理保存体系。四是通过加强培训、沟通协调、完善机制、落实规定、严格监管等步骤，进一步提升阿里地区账户管理的制度化、规范化、标准化水平，切实防范账户管理反洗钱漏洞。

阿里地区
国有资产监管工作

【年度综述】2012年，全地区国有企业资产总额19021万元、净资产10923万元；实现营业收入11344万元，利润总额78万元、上缴税金294.2万元。其中，阿里地区国资委五家监管企业资产总额10186万元，负债总额委3170万元，所有者权益总额7016万元，资产负债率31.1%；实现营业收入4294万元、利润总额172.3万元、上缴税金223.7万元。五家监管企业从业人员128人，年人均工资29224.81元。

【制度体系不断完善】按照自治区国资委的文件精神和相关要求，为进一步规范国资监管工作，起草了五个管理办法：即：《阿里地区国资委监管企业重大事项管理暂行办法》、《阿里地区监管企业国有资产管理暂行办法》、《阿里地区国资委监管企业负责人任期经营业绩考核暂行办法》、《阿里地区国资委监管企业负责人管理暂行办法》、《阿里地区国资委监管企业负责人年度经营业绩考核暂行办法》。建立"强激励、硬约束"机制，不断提高考核导向性、精准性；开展企业对标工作，进一步强化科学发展、和谐发展理念。

【做好企业经营业绩考核工作】为建立健全对监管企业及负责人的激励机制，认真做好企业经营业绩考核工作，今年从营业收入、营业成本、利润总额三个方面下达企业经营业绩指标（每年递增10%），用以加强国有资产保值增值责任落实。已和五家监管国有企业签订了经营业绩考核责任书。

【严格程序，规范操作，进一步加强国有产权管理】企业资产报废、转让工作政策性强，时效性明显，我委严格遵守国务院国资委关于企业国有资产管理的规定和《国有产权转让管理暂行办法》，在企业改制中，严格进行资产评估和财务审计，对有产权转让意向的都进行严格监督和管理。在企业重大事项的决策上，坚持集体讨论，共同研究，在具体实施过程中，做到了依法公正、透明有序，有效地防止了国有资产的流失。结合地区实际情况，在报废程序、审核、认定处置等方面严格把关，层层落实责任，严格界定评估办法的实施，完善批准制度，确定规范操作。进一步做好国有产权登记、界定及规范处置等管理工作。

【财务监督继续强化】加强财务动态

监测，实施财务动态问讯制度，每月编制《财务快报》，及时掌握国有资产分布和营运状况，加强财务监督，下发了《关于加强财务工作的通知》，为更好地履行出资人职责、加强国资监管提供了决策依据。

【加强企业经理管理工作】做好监管企业领导班子副总经理考核任命工作。按照规范企业领导人员日常管理、优化班子结构、加强履职考核、提高素质的思路，规范企业领导人员选人用人制度，2012年开展了对2家国有企业副总经理的考核任命工作。目前，聘任已正式下文。

阿里地区
工业和信息化工作

【强化项目建设】抓好了自治区扶持资金项目监管、验收等工作，强化对阿里地区羊绒分疏厂建设、岗仁波齐矿泉水厂改扩建项目等11个项目进行跟踪服务，对8家企业在验收资金使用、项目进度的基础上，积极协调了2011年已下达11个项目剩余20%资金的申报工作。建立了民族手工业项目建设进度表，对3家民族手工业产品开发项目进行监测，督促项目尽快落成。做好“十二五”重点项目。地区“十二五”重点项目2项，阿里地区旅游工艺产品开发打捆项目（含3个小项）、岗仁波齐年产3万吨矿泉水技术改造项目。旅游工艺产品开发打捆项目已完成投入374.8万元，购置了设施设备，已初步投入运营。岗仁波齐年产3万吨矿泉水技术改造项目已实际投入资金665万元，项目完成场地平整及相关安评、环评等工作，完成了设备选型及预定工作。

【强化园区建设】结合阿里地区工业经济发展实际，按照产业园区化、集中化、特色化的目标，确立了以工业集中区（物流中心）为主要载体引领工业经济发展的产业格局。制定了《狮泉河生态园区发展规划》，着力完善要素保障、功能配套、控制性详规和区域规划环评等体系，促进阿里地区推行新型工业化建设；做好了工业集中区选址工作。申报了改则县鑫隆乡镇企业（民族手工艺厂）扩建改造项目等援藏项目，9月与陕西、河北签订了《对口支援阿里地区工业和信息化工作协议》，为推动阿里地区战略性支撑产业发展，提升行业管理水平提供了支持。

【强化节能降耗】一是加大节能宣传。组织电信分公司、移动分公司、联通公司、外贸公司、藏酿传说青稞酒厂、高争水泥厂等企业积极开展“节能低碳、绿色发展”和“珍惜生命之源、人人节水护水”主题活动，共向群众发放宣传册700余份，展示宣传板3个，发放宣传海报20余份；发送节能公益短信26000条。二是强化重点耗能企业、特别是重点监控企业的节能监管，推进节能技术的研发和成果转化，加快节能技术产品推广应用。2012年开展了工业和信息化系统环境保护和污染减排自查整改工作，对岗仁波齐矿泉水厂过滤设备、净化设备等进行检测，实施矿泉水生产线二期改扩建项目，推进企业技术创新；对藏酿传说青稞酒厂生产线设备进行检查，取消了锅炉取暖发酵过程，利用太阳能厂房发酵，促进了清洁生产；对高争水泥厂水泥生产线运行情况进行检测，推进企业做好尘灰回收，减少污染排放。

【强化企业管理】以“服务企业，助力成长”为主题，大力实施“中小企业成长”工程。认真组织自治区中小企业发展专项资金项目申报工作，申报了具有地方特色和比较优势的产业项目26项。按照“储备一批、管好一批”的原则，储备中小企业项目20余项。

【强化监测调度】一是做好经济运行分析预测，对地区外贸公司等企业进行监测，分析研究工业企业运行数据；开展了高争水泥厂、三元预制厂等原材料企业生产情况统计分析工作；做好电信、移动、联通三大通讯企业，电力公司、高争水泥厂等重点企业“一套表”联网直报工作统计数据质量工作，强化了企业生产效益、运行情况的监测。二是加强工业行业安全生产监管，开展了整治虚假违法广告专项行动；加强食品行业管理，集中治理食品安全违法违规行为，突出抓好重点领域、重点行业和重点产品的专项整治；联合质监、安监等部门开展了石油库安全检查，强化了企业安全生产、应急处突能力；“十一”期间、十八大召开前期对高争民爆公司阿里销售处的炸药、雷管等仓库进行了安全检查。三是强化企业服务。2012年开展了工程建设领域突出问题专项治理工作，对地区医药行业、食品行业负责人开展培训，强化了企业管理人经营服务理念。

【培育特色产业】1.加快发展民族手工业。2012年开展了民族手工艺大师的评审工作，保护和传承地方特色产业发展。申报改则县鑫隆乡镇企业（民族手工艺厂）改扩建项目、革吉县藏式地毯厂手工业产品开发项目、措勤县民族手工业产品开发项目等已列为“十二五”时期重点建设项目，项目总投资1200万元。全地区2012年民族手工业实现销售收入145.4万元（预计数），对经济发展起到了一定的辅助作用。2.加快发展绿色食（饮）品业。培育岗仁波齐矿泉水、藏酿传说青稞白酒、阿斯妮羊绒等品牌，支持企业在品牌创建上实现突破。2012年对2家重点绿色食（饮）品企业进行了调研，岗仁波齐矿泉水厂年产销量500吨左右，实现利润400万元以上；藏酿青稞酒业有限公司年创造经济效益200—280万元，对带动地方经济发展效益明显。3.加快矿产资源开发。2012年完成了改则县麻米乡茶措村麻米错盐湖矿区硼锂矿开采项目、措勤县住浪铜矿兴建500T/d选矿厂项目等4家企业的预核准工作，有效促进了矿产企业发展。

【推进信息基础建设】推进农牧区信息化平台建设工作，开展了普兰县、噶尔县16个行政村（居）信息化试点工作，为推进农牧区信息化建设工程奠定了基础。加强项目信息公开工作，制定了《阿里地区工程建设领域项目信息公开和诚信体系建设工作实施方案》，依托政府门户网站，链接和整合相关部门信息。开展了县级办公自动化和乡级视频会议系统7县的培训工作，培训人员100人。

阿里地区
统计调查工作

【制定规划，狠抓落实，确保统计分析信息的数量和质量】2012年，局队共撰写统计分析39期、统计简报期25期。其中《价格指数你忽悠了谁》（2012年第19期）被阿里地委书记万超岐和自治区统计局局长刘柏呈分别作出重要批示。

【扎实推进“企业一套表”工作】阿里地区企业“一套表”联网直报工作涉及13家三上企业，其中资质内建筑业8家、限额以上批发零售业3家、规模以上工业2家，为扎实做好企业“一套表”联网直报工作，局队于4月份对13家企业统计负责人员进行了为期1周的专业培训，针对企业“一套表”联网直报工作所面临的问题及解决方案进行了详细的讲解；另外严格按照自治区统计局要求，每半月按时向区统计局法规制度处上报企业“一套表”联网直报开展过程中的具体情况，阿里地区企业“一套表”联网直报工作开展顺利；坚持一手抓“企业一套表”、一手抓常规报表，实现了两兼顾、双衔接，在6月底前成功实现向“企业一套表”并轨。

【认真做好人口普查后续工作和第三次经济普查的前期准备工作】充分开发利用好2010年人口普查资料，不但可以对人口与经济社会、人口与资源环境进行战略性、宏观性和政策性研究，为政府科学决策提供依据，而且还将最大限度地发挥人口普查的社会效益，提高人们的人口意识、人均意识和可持续发展意识，实现规划未来、造福人民的目的。按照人口普查工作规定的程序、标准和期限，局队认真组织实施好数据处理、发布主要数据公报、编印普查主要数据和详细汇总数据资料，并积极开展普查资料的开发应用，对普查数据进行及时、全面、有效地分析研究，及时向社会展示普查成果，确保阿里普查成果有效服务于阿里经济社会发展。8月底，撰写了《人口、资源与环境的可持续发展》、《近年来人口流动的趋势与人口管理面临的新问题》等12篇人口普查专题分析资料。同时，积极做好第三次全国经济普查的准备工作，着手研究符合阿里实际的普查方案，提前做好相应的技术支持工作。

【全面完成各项常规统计调查工作】局队共组织开展了村（居）委会基本情况统计、组织满意度调查、纳税人调查、“三上”企业调查、重点耗能企业能源消费情况调查、七县农牧业第一季度及半年统计报表、七县贸易调查、七县成品油调查、群众安全感调查、农民工和畜禽监测及农村劳动力抽样调查等诸多社会调查工作。

【积极推行手机采价新模式和城乡住户调查一体化】根据西藏自治区统计局《关于进一步加强流通消费价格调查工作的通知》要求，为提高市场价格调查水平和质量，加大协调力度，6月份聘请了三名采价员，并与之签订相关协议，职责安排到人，采价点合理分配，手持采价工作已全面顺利开展。根据西藏自治区统计局、调查总队《关于做好城乡住户调查一体化改革工作的通知》精神，局、队于8月28日成立城乡住户调查一体化领导小组，严格按照国家城乡住户调查一体化改革方案要求，开展了统一样本抽选、人员培训、摸底调查、辅助调查员选聘和宣传动员等工作，认真做好农牧民收入口径变化后有关数据的调整和衔接工作，确保城乡住户调查一体化工作的顺利推进。

【扎实做好强基础惠民生活动】坚决抓好“强基惠民”活动的“五项”主要任务，落实好《驻村工作队工作指南》的各项要求，推动“强基惠民”活动向纵深发展，尤其是维稳宣传、建强基层、引导村民致富、解决村民实际问题等各个方面展开更广泛更深入细致的工作，截止目前局队为革吉县革吉镇康巴列村购买东风车一辆、联系安排培训驾驶员一名、配齐支部办公及会议设施、发放粮食和慰问金等共计投入资金二十多万元；规划18万元的安居房建设工程第一期已经顺利竣工，争取让困难老百姓早日住上新房。

阿里地区
质量技术监督工作

【抓质量，质量监管水平全面提升】一是深入到地区各生产加工企业进行检查，引导企业开展内部质量控制和加强自检工作。二是按计划完成了工业产品抽样送检工作，共抽查样品75个，不合格8个，合格率为90%。对检查结果不符合的产品，下达了整改通知书，要求企业查找不合格原因，消除不合格因素，确保产品质量。三是集中开展了与群众生活息息相关的产品专项整治，主要开展了家电、电线电缆、装饰装修材料、汽车配件和儿童玩具产品的专项整治，净化了狮泉河镇日用消费品市场。四是加强机动车安检机构专项检查。要求安检机构做好实验室内审工作，及时上报检测线的换证申请，妥善处置用户的申诉，实事求是的出具检测报告，及时申请计量器具定期检定，确保仪器设备的准确度和检测结果的有效性。五是加强质量档案更新。对全地区生产加工企业进行了全面摸底，对10人以上的企业建立了电子档案。六是开展企业质量等级评定。

【加强食品监管力度，确保食品质量安全】一是加大食品质量安全宣传，广泛宣传食品质量安全，引导群众增强食品安全意识，自觉投诉举报食品生产销售违法行为。二是重点开展了食品添加剂、纯净水、餐巾纸和儿童食品专项检查。三是完善食品添加剂备案制度。按月向食品生产加工小作坊发放了《食品添加剂使用备案登记表》，督促企业建立食品添加剂进货台帐和使用台帐，对添加剂的进货时间、数量、生产日期、合格证书编号以及添加剂使用时间、添加量、使用

人员等内容进行详细记录，并要求企业能够提供所用食品添加剂生产厂家的营业执照、卫生许可证、生产许可证或相关的产品质量证明材料的复印件，切实把好食品添加剂的“源头关”和“使用关”。四是对已获食品生产许可证企业进行清查。对照《食品生产许可证审查通则（2010版）》和对应的食品生产许可细则，对神山矿泉水厂水源地保护、生产过程控制、产品出厂检验、食品添加及使用情况进行了核查。核查发现，该企业各项条件均符合审查细则要求，达到了持续生产的要求。五是累计巡查小作坊95余次。在此基础上对企业、小作坊的进货记录、生产记录、添加剂使用记录和销售记录进行了整理，不断完善了食品生产企业、小作坊的质量档案，随时掌握企业、小作坊的生产及产品质量信息。六是以监督抽查、风险监测为手段，督促企业不断提高产品质量。

【狠抓特种设备安全监察】一是宣贯特种设备法律法规，提高安全意识。二是认真开展节日期间和阿里地区的重要（大）活动期间的特种设备安全大检查及日常的巡查工作。三是签订特种设备安全责任书，提高特种设备使用单位的责任意识。四是邀请青海省特检所赴阿对全地区部分待检的储气罐、残液罐、压力管道、安全阀、压力表和温度表进行检验检测，确保各气站特种设备安全运行。五是对各特种设备使用单位及特种设备作业人员持证作业进行了专项整治，邀请陕西省锅检所专家赴阿里对我局特种设备监察人员及地区重点特种设备使用单位的负责人进行了特种设备相关知识培训，通过培训，使我局特种设备安全监察人员及使用单位理论水平得到提高，实际操作能力得到增强。

【开展专项执法打假】以打击侵犯知识产权和制售假冒伪劣产品“双打”专项行动为契机，先后共出动执法人员90人次，车辆42台次，对食品、农资、建材、汽车配件、酒类产品、化妆品和强制性认证产品进行了专项检查，并对监督抽查不合格项目进行了后处理。罚没物品累计货值7010.5元。

阿里地区安全生产监管工作

【落实安全生产责任】一是建立健全地、县、乡（镇）、企业四级安全生产管理网络体系，明确主要负责人是安全生产第一责任人，纳入年度工作实绩进行考核，实行地级领导包县、县级领导包乡（镇）、部门领导包企业、乡镇领导包村组、学校的安全生产“四包”责任制，做到领导、措施、责任三落实，形成了上下联动、左右沟通、齐抓共管的良好局面；二是建立健全安全生产监管工作运行机制，建立健全责任落实、运行保障、风险保障、应急救援、协调配合“五大机制”，推行重点监管部门联席会议制度、重大安全问题协商协调制度、联合办公制度“三大制度”，制定完善安全生产责任、执法监督、安全管理、应急救援“四大体系”，使安全生产工作在健康有序的轨道上运行，实现了安全生产监管工作的规范化、制度化；三是建立健全安全生产目标考评机制。年初，行署与各县、地区安委会相关成员单位，各县、地区相关部门与各乡（镇）、隶属本行业主管业务部门层层签订了安全生产责任状，部分县还与农牧民车主和驾驶员签订车辆安全行驶责任书。

【安全生产督查】始终坚持“以人为本、安全第一、预防为主、综合治理”的工作方针，在“重基层、打基础、强监管、抓重点、严整治、广宣传”上下功夫，在业务工作中突出一个“实”字，在热潮工作中坚持一个“严”字，在综合监管上形成一个“合”字，在具体服务上彰显一个“优”字，在加强日常检查的同时，认真组织各县、地区安委会成员单位在全国“两会”前夕、重大活动和节日期间，开展全地区性的安全生产大检查，以非煤矿山、危险化学品、消防、建筑施工、公共聚集场所、商贸和旅游为重点，进行全面督查，有效地预防和遏制安全生产事故的发生，为保障人民生命、财产安全，促进经济发展，保持社会稳定，构建和谐阿里创造了良好的环境。

【安全生产宣传】一是以3月综治月、6月安全生产宣传月等活动为契机，利用展板、宣传车、标语、广播、电视、印发资料等形式，大力开展道路交通、消防、危化品、旅游、矿业、建筑施工等各类行业的安全宣传；二是强化教育引导。引导各级、各部门要树立科学发展、安全发展、和谐发展的理念；教育各企业老板要树立“安全第一、预防为主”的理念，正确处理好发展、发财与安全生产的关系；教育广大群众要树立“生命至上、安全为天”的理念，做到时时讲安全，事事讲安全，人人讲安全，努力提升全社会关注安全、关爱生命的安全意识；三是加强安全培训。2011年，共组织200余人参加危化、非煤矿山、特种作业等不同类型从业人员的安全生产岗前培训；2009年、2010年2次由各县人民政府及地区有关行业主管部门牵头，公安、农牧、安监、宣传等部门参与，对农牧区摩托车和农用拖拉机进行专门调查摸底，对操作人员以乡（镇）为单位专门进行安全宣传教育培训，共培训120多场次，受培训教育人数达8120余人次，教育培训覆盖面达95%以上。

【安全生产整治】一是在源头控制上，严格安全生产许可证制度，狠抓新建、改扩建项目“三同时”制度的落实，组织人员对全地区所有探采矿企业、砂石料和预制加工生产企业、危化行业、建筑施工企业的安全生产许可情况进行了全面清理；二是在监控措施上，坚持常规检查与重点检查结合，综合检查与专项检查结合，平时检查与年终考核结合，明查与暗访结合“四个结合”的原则，以开展“三百一打”，即:“百日安全生产”、“安全生产百日督查”、“交通百日督查”、“打非治违”等活动为载体，突出抓好道路交通、矿山企业、建筑施工、危化行业的安全整治，并结合阿里季节和生产经营特点，制定了“阿里地区生产旺季保平安百日行动方案”。

阿里地区农牧工作

【坚持把项目建设作为主要抓手，大力争取资金投入】2012年共实施32个项目，落实资金1.58亿元，其中，国家投资1.25亿元，劳务投入0.33亿元。进一步夯实了牧业发展基础。

【坚持把结构调整作为中心工作，种养结构逐步优化】全地区农作物播种面积为10.49万亩，粮食总产量5235吨，油菜产量198.1吨，蔬菜产量2139吨。农畜产品商品率达67%。年末牲畜存栏265万头(只、匹)，白绒山羊饲养比例达54%，规模达144万只，优质绒山羊达35万只。

【坚持把科技作为农牧业发展的支撑，科技成果逐步显露】运用测土配方施肥、改良种子等增产技术进行种植试验，在札达县卡孜波林村试验推广青稞单产达512斤/亩，单产提高200斤/亩。绒山羊选育推广工作进一步深入。全年培训科技明白人和带头人达1500多人。深入实施草原畜牧业，大力推广人工种草科技，8月16日至19日，西藏牧区人工种草现场会在我地区召开。与会代表先后深入普兰县霍尔乡人工种草基地、噶尔县昆沙乡人工种草与奶牛养殖示范园区、地区草原站农牧科研试验基地、日土县白绒山羊原种场和绒山羊示范户进行了实地参观考察。对阿里地区人工种草工作给予一致认同和赞许，共同总结和交流了阿里地区高寒牧区人工种草的先进技术和经验。

【坚持落实动物疫病防治作工作，牧业生产保持平稳】春秋疫病防控工作得到落实，各类牲畜疫苗注射密度和重大动物疫病免疫注射密度达100%，坚持疫情报告制度，密切关注疫情动态，确保了全年未发生重大动物疫情。积极开展产地检疫和市场检疫工作，确保了农畜产品安全。

【坚持农牧区改革，草场承包、草补机制得到落实】草场承包和草补奖工作于2012年10月份全面通过验收。全地区牧民群众享受草补奖资金2.65亿元，人均享受现金补助3853元。

【坚持把增收工作作为首要任务，群众收入稳步增长】强化政策落实，合作、联户经营模式初具规模。全地区专业经济合作组织已发展到102个，其中新增25个，资产达6368.3万元，涉及户数8619户27538人。生产综合补贴、牧草良种补贴、牲畜良种补贴、粮食直补和农资综合等强农惠农政策得到全面落实。劳务创收渠道进一步拓宽，增收项目深入实施，全年劳务输出5.5万人次，实现创收8590万元。

【深挖特色内涵，积极推进农牧业品牌建设】《西藏绒山羊型》地方标准通过终审，西藏阿里《中国绒山羊特产之乡》冠名工作顺利完成。札达县大棚蔬菜瓜果主产区、普兰县粮油主产区建设力度不断加大，普兰县白糌粑、清油，札达“藏杏酒”等土特产包装上市相关工作已经取得实质性进展。

阿里地区林业工作

【林业生态保护与建设项目工作基本情况】1、完成了扎日南木措湿地自然保护区的评审工作，计划投资2965.67万元；2、完成了洞措湿地自然保护区的评审工作，计划投资2418.95万元；3、完成了班公错湿地自然保护区湿地保护与恢复工程的所有前期工作，自治区发改委已下达项目概算批复，投资额度为2839万元；4、完成了改则县野生动物疫源疫病监测站建设项目的《实施方案》编制等前期工作，已下达项目建设资金90万元；5、协调落实了玛旁雍错湿地自然保护区补助资金450万元；6、协调落实了玛旁雍错湿地自然保护区湿地保护与恢复工程建设项目预备费139万元；7、完成了羌塘国家级自然保护区第三期基础设施建设项目可研报告的修改完善以及相关附件手续，计划工程总投资2997.94万元。以上立项投资概算及已到位项目资金合计11900.56万元。

【兴林富民方面工作情况】1、农牧民群众参与重点公益林管护的人员增加到1154人，每年为管护人员发放管护费3863.66万元；2、2012年度共兑现野生动物肇事补偿资金231.7万元；3、2012年度造林绿化项目总投资2024.58万元，农牧民投劳增收120万元左右；4、组织农牧民群众大力开展退耕地块补植补造及后续产业的开发，共兑现补助款119万元。

【城乡绿化方面工作情况】2012年度，累计完成工程造林项目4个，总投资2762万元，实际完成投资1566万元。1、重点区域生态公益林项目完成投资670.58万元，造林3645亩；2、生态安全屏障保护建设工程（续建项目），完成总投资1461万元；3、退耕还林配套荒山荒地及封山育林项目，完成投资250万元，造林2000亩，封育4000亩；4、农业综合开发林业生态示范项目完成投资221万元，造林3500亩，其中经济林500亩。义务植树方面：1、完成义务植树造林2600亩，其中：治沙工地新造林1500亩、城市街道补植补造500亩、西四县义务植树600亩，共计造林22.897万株，参与义务植树人员达3万余人次。2、义务植树时，中心苗圃出圃当地树苗9.197万株。

【野生动物保护方面工作情况】1、全年地、县两级森林公安共进行大小巡护35次，累计出动车辆31台次，出动人员77人次，破获盗猎野生动物资源案件6起，抓获犯罪嫌疑人13人。收缴藏羚羊皮张146张、头角137只、狼皮3张、铁夹子20套、小口径步枪1支、子弹755发，没收作案交通工具---摩托车10辆、金陵皮卡1辆、刀具10把、56式普通弹5发、54式手枪子弹4发；2、确定了专人负责野生动物疫源疫病监测、生态环境监测和本底资源数据采集、统计、汇总、整理工作，全年没有疫情发生；3、举办了由各县林业、财政等相关工作人员参加的阿里

地区首届野生动物肇事补偿培训班，培训人员25人；4、全年发放藏汉文宣传材料760余份，宣传画876份，宣传册564册，书籍324本；5、成功举办了西藏、青海、新疆三省四大自然保护区（羌塘、三江源、可可西里、阿尔金山）协作会议。三省四大保护区领导莅临阿里，共同探讨可自然保护区管理经验。

【林政资源管理方面工作情况】阿里地区已纳入中央财政森林生态效益补偿基金项目的国家重点公益林和地方公益林面积为1287.88万亩，农牧民管护员管护经费达到3863.66万元。1、协调中南院专家完成了《县级林地保护利用规划》的编制工作；2、顺利通过了国家、自治区对我地区2004—2011年度中央财政森林生态效益补偿基金审计；3、为全地区22名林业行政执法人员颁发了林业行政执法证。

【创先争优强基础惠民生活动情况】1、争取到布孜村小小型农业开发项目，贫困户添置牲畜、修井、修羊圈、残疾人补助等项目，累计投入资金137万元；2、为布孜村贫困群众解决粮食2吨，精饲料2吨，防寒衣物、鞋子100多件套。帮助三名因病致贫的群众到地区、拉萨等地治疗，已经完全康复；3、举办为期30天的拖拉机、摩托车维修培训班，累计培训学员16名，帮助布孜村维修拖拉机、摩托车60台。

阿里地区水利工作

【突出投资争取，确保项目资金到位】2012年，共到位资金1.43亿多元，涉及项目30多个。其中：重点灌区改造与节水增效工程资金2643万元，小型农田水利重点县资金2000万元，其它资金1719万元，2012年饮水安全工程资金3659万元，中小河流治理工程资金2917万元，城市防洪工程资金1271万元，水土保持项目建设资金125万元。按照年初与行署签订的目标责任书，2012年水利要完成投资0.8亿元，力争达到0.9亿元以上。据统计，年内共完成水利投资1.12亿元，超额完成了年初预定目标。

【突出基础扎实，确保前期工作到位】一是聘请区内外6家设计单位帮助开展前期工作；二是选派2-5人长驻拉萨与相关职能部门协调落实审批手续。目前，共开展前期任务95项，涉及能源点建设，局域网延伸、重点灌区与节水增效、饲草料地建设、中小河流域治理、饮水安全等方面。其中：11项已经取得概算批复，部分项目已经开工建设；已经审查待批复概算项目19个，已完成设计报告送审稿31项，部分已经提交审查待批复，其余34项设计方案正在编制中。另外，按照全区牧区人工种草现场会的要求和区水利厅、地区行署座谈会的精神，新增5个万亩灌区项目，目前正在编制可行性研究报告。

【突出民生改善，确保专项行动到位】饮水安全方面：2011年农村饮水安全项目1912万元投资全部完成，解决了15200人和1320名农村师生的饮水问题；2012年农村饮水安全资金2229万元已经下拨各县，将解决17280名农牧民群众和2382名农村学生的饮水不安全问题，目前已完成86%的工程量；投资1430.72万元的寺庙饮水安全工程已经开工，将建设项目点48处，解决210名僧尼和寺庙管理人员的饮水问题。能源建设方面：投资7570万元的措勤水电站已完成80%的工程量，预计2013年8月份可试运行发电，可新增和改善5620人的用电问题；改则水电站设计变更工程已全面完成；投资997.49万元的噶尔县3座小水电站维修改造工程顺利进行，预计2013年5月底可投产发电；普兰二级水电站已经区发改委立项，初步设计报告已审查，相关前置条件全部审查部分已批复，预计2013年5月开工建设；措勤、改则、革吉3县线路延伸工程初步设计已审查待批复，其它3县线路延伸工程设计报告编制完成待审查。农田保灌方面：普兰县赤德灌区、札达县香孜灌区等一批重点灌区改造与节水增效工程顺利完工，可新增和改善控灌面积1.35万亩；投资4800万元的革吉、噶尔两县小型农田水利重点县项目顺利完工，建设项目点16个，新增和改善控灌面积2.5万亩；措勤县小型农田水利重点县实施方案已送区财政厅审批；改则、日土两县小型农田水利重点县实施方案正在抓紧编制，札达、普兰两县小型农田水利重点县的前期工作已经启动。地区预算内配套小农资金142.14万元全部完成，实施项目点19处，有力地保证了春耕春播工作；普兰县巴嘎乡格列饲草料地灌溉工程投资170万元，已全部实施。防洪保安方面：加快中小河流域治理工作，逐步完善城乡防洪减灾体系。革吉县城区段防洪工程顺利完成，改则县与普兰县城区段防洪工程正在进行开工准备工作，普兰赤德沟等4个中小河流堤防顺利实施，年内新增3级堤防3公里，中小河流堤防7.5公里。投资340万的公益性水利工程维修工作全部完成。

【突出以人为本，确保防汛抗旱措施到位】一是组织领导到位。健全和完善行政首长负责制，及时充实和调整了地县防汛抗旱指挥部成员和指挥长，明确职能职责。二是防汛预案到位。组织人员对地区防汛抢险预案进行了修订完善，并报行署批准下发。三是排查整治到位。在汛期来临前，开展3次安全大检查，对防汛重点环节、重要部位、关键区域进行安全检查和治理，着力消除隐患。四是能力建设到位。以完善防洪减灾体系为目标，以加快防洪工程和山洪灾害防治非工程措施建设为抓手，努力提高防御抗灾能力。七县山洪灾害防治非工程措施实施方案已经通过区水利审查，项目总投资3900万。五是防汛物资到位。储备和采购防汛抗旱物资30万元。六是信息反馈到位。加强防汛值班和雨情、水情会商及灾情旱情统计上报工作，统计上报旱涝灾情损失达3000多万元。七是抗旱减灾到位。着力解决农牧民群众因旱饮水困难，积极开辟抗旱水源，加强水资源调度管理，把旱灾损失降到最低。

阿里地区交通运输工作

【公路建设】2012年阿里地区交通运输局争取项目40个，争取资金19.21亿元，超地区年初下达计划4.21亿元，完成投资11.1亿元。新铺油路267公里，新建四级砂石路627公里，全地区公路通车里程突破10000公里。

【公路养护】一是公路通行能力稳步提高，截止去年底，阿里地区公路通车里程10039公里，其中：沥青路面1147公里，四级砂石路面6262公里，100%的乡镇和96%的建制村通公路。二是公路养护水平不断提高，目前，阿里地区公路列养里程9640公里，其中国道219线893公里，省道1110公里，农村公路7310公里，我局养护国省干线砂土路好路率54%，农村公路县、乡、村公路好路率32%、32%、25%。

【运输管理】一是积极发展农村客运。截止2012年年底已开通5辆农村客运班车，为阿里地区农村客运市场在稳定中发展打下了良好的基础。二是城乡道路运输能力得到提高。2012年末阿里地区民用运输汽车保有量2252辆，其中营运客车182辆（出租车120辆，客车59辆，旅游车3辆），营运货车2070辆；公路客运线路达15条；2012年阿里地区客运量4.83万人，客运周转量6893.3万人公里；货运周转量31.31万吨公里，货运量36385.26万吨。

【安全生产、应急保通】2012年，地区交通运输系统举办公路法律、法规宣传2次，全年发放各类宣传资料11200册，投入执法人员1500余人次，查处超限超载及各类违章车辆167辆，收取公路赔（补偿）费1.315万元。经过整治，“双超”现象得到有效控制，因超载引发的交通安全事故明显减少，道路运输市场秩序进一步好转，路产路权得到有效保护。

【服务民生】2012年阿里地区交通建设和公路养护为农牧民创收2500万元。在“强基础、惠民生”活动中，驻村工作队多渠道筹措资金223万元，为森多村做了森多村两处转场公路、森多村村民办事活动场所及村招待所、森多村民族手工业厂厂房建设等实实在在的工作。

阿里地区邮政工作

【年度综述】2012年，邮政业务收入累计完成1115.79万元，完成年度预算目标的101.4%，同比增长12.8%，净增126.31万元。其中，邮务类业务收入完成476.24万元，完成年度预算目标的102.9%，同比增长16.9%；代理速递物流类业务收入完成170.86万元，完成年度预算目标的96.5%，同比增长8.7%；代理金融类业务收入完成398.96万元，完成年度预算目标的102.3%，同比增长6.7%。

【经营措施】函件业务方面：完成邮资封片卡系统、电子化支局系统、量收系统三个系统的对接及升级,补录定制型贺卡41300枚，实现业务收入235200元；通过客户回访沟通，为地区人民银行制作纪念币装帧册150本，为地区部分单位制作普通信封、机要信封、信笺纸、红头等办公用品，为地区工会办事处制作旅游证明、旅游指南宣传册各1000枚，实现业务收入102400元；与地区新华书店达成教材配送协议，通过印刷品寄递方式将教材配送到各县中小学，实现收入3万元；积极宣传DM中邮专送广告业务，与地区蜀缘宾馆达成制作协议，印制DM单5000份，实现收入4000元；对农行、人寿保险账单项目的接收、收寄、过邮资机、回收处理等工作，确保各类账单邮递工作的顺利运行，实现业务收入6000余元；获知景点门票告罄的反馈信息后，及时与扎达县旅游局负责人联系，认真倾听客户对门票的设计要求，对原设计样稿进行修改，成功加印景点门票5000枚，并及时交付扎达县旅游局；日土县邮政局充分发挥人脉资源优势，积极开发大客户定制型贺卡，已成功定制县组织部等11家单位的定制型贺卡，实现业务收入约16300元左右。

【企业管理】规范劳动用工，加强岗位考核。为全面提高职工的职业技能，出台了《阿里地区邮政局2012年职工培训计划方案》，全局职工参加各种培训33次，其中参加区外培训9次，参培人员19人；参加二次培训3次，参培人员36人，集中培训3次，参培人员46人；参加网上培训18次，参培人员140人。在“数据库商函上岗资格考试”中，客户中心的2名同志顺利通过这次考试。加大了成本支出管理，进一步加强了业务成本管理、业务开支请示审批制度的执行力度，尤其严格控制非生产性开支，将好钢用在刀刃上，严格控制各类成本提供了保障。邮运分局安全行驶86.5万公里，每车（人）平均行驶6.7万公里，全年邮运班期完成521趟。

【乡邮通信】阿里地区共有30个乡、七个镇，设县级以上邮政服务网点9个，乡级自办服务网点4处，占乡镇总数的13.8%，平均每个网点的服务面积近2.7万平方公里。其余乡镇均通过委代办方式开展邮政服务工作。

阿里地区住房城乡建设工作

【推进保障房建设步伐】2012年，自治区下达阿里地区第一批保障房目标任务为廉租房108套，干部职工周转住房236套，公共租赁住房150套。目前，周转房和廉租房已经竣工验收。公租房因配套资金到位晚，开工较晚，预计明年竣工交付使用。2012年的第二批394套周转房建设项目，根据自治区下达的建设计划，目前正在组织各县进行前期工作，待资金到位后立即组织招投标。

【全面落实租赁住房补贴政策】根据《西藏自治区城镇低收入家庭租赁住房补贴管理办法的通知》要求，阿里地区对2人户和1人户的地区城镇低收入家庭实施了租赁住房补贴办法。2011-2012年度执行标准为每人每月补助255元。2011年度，租赁补贴享受人员为270户387人，共发放补贴资金118.422万元。2012年度住房补贴发放计划已得到批复，正在协调地、县财政予以落实，待自治区资金到位后组织发放。

【完成公有房屋复核上报】为全面掌握我地区公有房屋总量、结构、权属和使用情况等信息资料，建立完善数据库，根据自治区要求，我局与地区各部门和各县紧密配合，通力协作，公有房屋的复核上报工作正在紧张有序进行。

【突出抓好保障房后续管理工作】为了进一步强化保障房的使用监督，我局联合地区工会等相关部门对保障房入住情况进行了全面清查，对不符合入住条件的进行了清退。建立健全保障房动态管理和腾退制度，积极探索保障房建设管理机制。

【住房公积金工作稳步推进】住房公积金开展业务以来，截止10月底，累计归集住房公积金51185.67万元，累计提取住房公积金22551.27万元，累计发放贷款435笔10108.47万元，累计贷款余额6667.25万元。

【建筑行业管理工作】1、加强招投标市场监督管理。按照“公平、公开、公正”和“诚信、择优”的原则，继续加强对建设工程招标投标的监督管理，不断完善各项规章制度。每月月底，向自治区招标办上报招标统计表，截止目前，已顺利完成招标项目54个，中标价总额为32228.84万元。2、规范建设工程执法程序。严格执行网上投标备案制度，通过网上申报、提供备案登记证，经审核后，方可进行招投标活动。凡不能满足施工许可证条件的施工单位，一律不予发放施工许可证。截止目前，发放施工许可证72个，审查办理商品混凝土和预制构件生产企业资质1家。3、加强监督力度，确保工程质量。在与各施工、监理单位签订2012年度安全生产管理目标责任书的基础上，继续深入开展“安全生产年”活动，以预防为主、加强监管、落实责任为重点，强化建筑工程质量安全监管制度建设，深入开展质量安全专项治理，全面提升建筑工程质量安全管理水平，积极开展建筑起重机械备案管理工作，已对在建项目施工现场的12台塔吊进行了检测。4、维护农牧民工合法权益，确保社会和谐稳定。为了切实维护企业和农牧民工合法权益，促进社会和谐稳定，有效预防因工程合同纠纷和拖欠农牧民工工资引发的恶性事件，我局严格按照工程项目“谁总承包、谁负总责”和“谁用工、谁负责”的原则，提前抓好预防工作，确保不出问题。在《阿里地区建设领域民工工资保证金制度》实施的基础上，结合阿里地区实际，增加了《建设领域防止和处理拖欠民工工资管理暂行办法》，以上两项制度的建立实施，有效地从源头上预防了施工单位拖欠民工工资等情况的发生，确保农民工利益不受侵害，确保了建筑市场秩序稳定。

【规划编制进展情况】各县29个乡总体规划的编制工作已经启动，部分乡总体规划的地形测量、地勘等前期工作已经完成，正在做文本部分。因狮泉河镇城区的不断发展，狮泉河镇控制性详细规划和狮泉河镇总体规划的修编工作已经启动，由四川省城乡规划设计研究院和阿里地区建筑勘察规划设计院共同负责，其余六县县城总体规划已经编制完成，正在组织审批。普兰、札达、日土县控制性详细规划和噶尔县门士乡、普兰县霍尔乡总体规划编制工作拟由中国城市规划设计院完成，正在积极沟通协调。

【勘察设计工作】截止2012年底，设计院共完成项目方案68个，概算138个，初步设计56个，地质勘查80个，施工图82个，与其他设计院合作项目21个。同时，加强与革吉县联系协调，积极派出技术人员参加文布当桑乡灾后重建规划工作，确保工作稳步推进。

阿里地区旅游工作

【项目建设】一是“十二五”项目建设情况。“十二五”项目共三大类，5个项目，暂涉资金6040万元。其中阿里地区“象雄文化旅游节”赛马场旅游设施（150万元）、阿里地区自驾车营地建设（330万元），已完成前置审批手续。门士至穹窿银城岔路口到芝达布日寺景区旅游专线（400万元）3个项目前置审批手续已完成，并已上报自治区发改委等待资金批复下达。阿里地区穹窿银城旅游道路建设（1500万元）、阿里地区班公湖环线旅游景点（3660万元）项目处于可研报告编制阶段，力争年内完成项目设计。二是地方旅游发展专项资金项目：2012年国家\地方旅游发展资金\基金项目共争取到3个项目，涉及资金540万元。现已计划开展施工图设计工作，明年将开工建设。2013年国家\地方旅游发展资金\基金项目暂涉3个，总投资1440万元，目前正在审批阶段。三是各级规划工作。2012年5月，噶尔、日土、普兰三县旅游总体规划在自治区通过终评。改则、措勤、革吉三县旅游规划及地区旅游总规已于3—4月陆续提交初稿，目前东三县县规和地区旅游总规初稿已修改完成。

【景区建设】2012年，成功申报国家A级景区7处，全地区A级景区达到7处，其中4A级1处，3A级6处，实现了我地区A级景区零的突破；新增星级饭店2家，达到3家，家庭旅馆63家，新增度假村3处。产业规模持续扩大，接待能力显著增强，“藏西秘境·天上阿里”旅游品牌影响力、竞争力持续提升。

【宣传推介】确定了2012年“走近神山圣湖·感悟多彩藏西”旅游宣传主题，进一步加大了宣传促销力度，积极跟进阿里旅游地图等相关旅游宣传品的制作工作，积极开展5.19中国旅游日宣传工作，在全地区营造关注旅游、参与旅游、支持旅游、推动旅游的良好氛围。组织参加了由自治区旅游局牵头的系列国内旅游展览会（交易会），重点策划推出了“藏族佳丽评选”等活动。协调北京七家主流媒体赴阿踩点，并在《人民日报》、《西藏旅游杂志》、《红旗杂志》等权威报刊杂志广泛宣传阿里及阿里旅游发展现状。成功协调北京中青旅组织高端旅游团赴阿踩点旅游，积极在央视开展旅游宣传工作，在央视一套及新闻频道的朝闻天下和新闻30分前播放10秒钟的阿里旅游宣传广告，为阿里旅游宣传从初级宣传向高端宣传迈出了坚实的一步,进一步扩大了阿里地区旅游产品营销推介的深度和广度，拓展了宣传市场。

【旅游管理】全年共对2800辆旅游车，53名导游进行检查（其中查处黑导7个、黑车5辆、违规搭载车辆15辆）；高度关注舆情动态，形成了信息灵、启动早、反应快的处突应急机制，旅游突发公共事件得到及时有效解决和控制。

【农牧民增收】高度重视创先争优强基础惠民生工作，编制乡村旅游精品线路规划，为旅游沿线农牧民吃上旅游饭超前谋划部署；组织农牧民参与旅游服务，全地区参与旅游服务的农牧民4000余人，人均创收3250元，旅游惠民取得全面成效。

【旅游企业管理】西藏旅游股份有限公司和珠峰集团分别在普兰县神山圣湖景区、札达县土林景区的旅游设施建设项目投资，且已进入全面建设阶段，为加大督促两大企业的落实投资计划步伐，加大景区投资建设力度，确保设施建设质量。并将两大企业投资建设项目纳入地区旅游项目评估领导小组工作内容中，确保百姓靠旅游增收、靠旅游致富。

阿里地区气象工作

【管理到位，基础业务运行良好】2012年，全局地面观测错情率为0.0‰；辐射观测错情率为0.0‰；小球测风观测错情率为0.0‰，平均施放高度为2705.3米；通信传输率为99.8%；无人值守自动气象站维护到位，运行良好。年内共有9人次收获“百班无错情”奖；1人收获自治区首届气象行业综合气象观测业务技能竞赛个人全能第二名；地区气象局在自治区首届气象行业综合气象观测业务技能竞赛中斩获团体第二名的好成绩。

【切实加强气象灾害监测预报预警和应对防范工作】一是高度重视决策气象服务。2012年，共向阿里地委、行署呈送重要天气报告9期，呈送积雪、生态监测、草原防火监测信息19期，为各级领导提供重要天气信息、情报、预报手机短信1.3万余条（次）。二是积极搞好公众气象服务。全年共向社会各界印发年预报、季预报、月预报、旬预报、气候分析、雨情预报等700多份；同时积极主动向社会各界发布了春节、藏历新年、雪顿节、国庆节等重要时节的专题预报9期。三是加强灾害监测预报预警工作。2月7日至8日，阿里南部遭受了暴风雪侵袭，并在一定范围内造成严重灾害。根据天气特点，及时向地方政府及相关部门报送了《重要天气报告》、《天气实况汇报》，为地方政府抗灾决策提供了科学依据。自3月份起，阿里地区出现大范围的干旱，对春耕春播造成巨大影响。于5月10发布了《阿里南部普兰中旱持续》气象服务信息，于5月17日发布了《阿里南部普兰出现重旱》气象服务信息，并通过手机短信向有关人员发送春耕春播气象信息500余条，全力为当地农牧业生产保驾护航受好评。同时，于2012年1月9日发布了道路结冰黄色预警信号，于2012年2月13日发布了暴雪橙色预警信号，为道路交通及农牧业生产安全提供了气象防范信息。四是开拓专题气象服务和为农气象服务新局面。年内向新疆军区某部队提供国防专题气象服务专报250期。同时，结合阿里地区农时、农事特点，制作发布了农业气象服务专报。

【基础设施项目建设及气象现代化建设工作进展顺利】一是基础设施建设项目。根据自治区气象局的“十二五”项目建设批复，对地区气象局大院进行综合改善，完成了新建综合业务楼项目主体工程，其它附属工程也都进展顺利。改则县局安全饮水工程建成并投入使用。完成了改则县局基础设施建设改善项目前期准备工作。二是气象现代化建设。在上级部门的指导下，完成了察布等5个区域加密观测站的建设，且均按期投入业务运行。办理齐备了站点建设用地手续，落实了看护工作。

【有序推进气象依法行政，加强社会管理职能】1.人工影响天气工作。一是从弹药管理、设备年检、作业流程规范等入手，加强人影工作安全，年内无任何人影工作安全事故发生。二是积极把握有利时机开展作业。年内开展防雹作业9次，保护耕地面积2万多亩；开展增雨作业3次，累计降雨量11.4毫米，累计作业影响面积约65平方公里。2.防雷减灾工作。年内共审核基建工程防雷设施设计图纸153套。完成了对地区易燃易爆场所和一般建（构）筑物的防雷装置安全检测工作。防雷工程施工严格遵守国家有关标准，无劳动纠纷发生，也无施工安全责任事故发生。3.行政办公。严格执行公文处理有关规定，提高公文质量、效率；积极运行气象综合管理信息系统；分解细化目标管理任务，加强内部管理；继续加强信息报送及宣传工作；做好上传下达工作，督查督办工作落实较好；利用3·23气象日、5.12防灾减灾日、科技周等，积极向社会各界宣传气象科普和气象法律法规；继续加强单位综合治理工作，未发生任何治安和刑事案件。

阿里地区防震减灾工作

【积极贯彻实施《防震减灾法》】新修订的《中华人民共和国防震减灾法》是我国地震工作的一部重要大法，地震工作的开展必须以《防震减灾法》为准绳。我们贯彻落实好《防震减灾法》，做好《防震减灾法》的宣传，坚决做到知法、懂法，在工作中依法行政，坚决做到有法必依，违法必究，把它作为维护社会稳定、促进经济发展、保障民生，促进社会和

谐的重要工作来抓紧、抓好、抓实。

【防震减灾知识宣传情况】为进一步提高地区防震减灾意识，推动全民防震减灾知识的普及，增强全社会防震减灾意识，提高避震避灾互救自救能力，最大限度地避免和减轻灾害损失，确保人民群众生命财产安全，我局工作人员很少，将防震减灾知识集中在"5·12防灾减灾日"宣传活动日开展咨询服务、资料发放、地震和防震减灾的科普知识宣传。在活动的开展过程中，我们紧紧抓住"关注生命安全，加强防灾减灾"的宣传主题，牢固树立"宁可千日不震，不可一日不防"的防震理念。结合防震救灾的宣传活动周的开展，我们采用群众喜闻乐见的内容知识，贴近群众、贴近生活，走向社会，将法律法规和防震救灾的政策宣传到大街小、宣传到学校，达到家户喻晓。活动的开展取得了良好的社会效果，深受广大群众赞同。活动期间共发放宣传单7363份，宣传册（藏汉文）3246本，制作展版43个。

【地震监测预报工作开展情况】阿里地区是一个地震高发多发地震学区域。2012年2月17日在革吉县文布当乡夏玛村、盐湖乡羌麦村交界处发生5.2级地震；3月3日改则县察布乡玛姆卓村发生3.8级地震；3月7日在日土县东汝乡阿汝村野牦牛沟北部发生3.7级地震；4月10日在日土县东汝乡阿汝村恰贡措发生4.8级地震和3.9级余震；6月24在日土县东汝乡阿汝村野牦牛沟北部松西村南发生4.7级地震。灾情发生后，局主要领导和地震监测预报值班人员准确地确定地震发生的震中心地点，立即向地委、行署主要领导和地震主管领导进行详细汇报地震发生的基本情况及有可能造成的地震灾害，同时向地震发生地点的县委、县政府主要领导及乡领导具体说明发生地震的地点和具体灾害情况。及时地将发生地震的情况形成公告向地委、行署汇报地震详情。与行署同相关部门组成地震灾情工作组赶赴地震中心现场进行实地调查和核实，将地震灾害真实情况、救灾重建家园的方案汇报给地委、行署。由于领导重视，加之地震局工作措施得力、组织到位，坚持"地震就是命令"和"生命第一"的工作方针，地震的发生没有造成人员死亡及牲畜的重大伤亡灾害事故。

【地震安全设防审批工作开展情况】2012年，在地委、行署的大力关心支持下，我们根据《西藏自治区地震安全性评价收费管理办法》将地震安全设防纳入全地区建设工程监管审批程序，到目前，共办理审批建设工程项目57个。

【扶贫工作开展情况】2012年，在噶尔县、昆莎乡党委和政府的领导下，该局定点扶贫工作联系点——昆莎乡噶尔新村，扶贫帮困工作顺利开展。同地区编译局的共同努力，截止到2012年底，共为噶尔新村争取了20万元的资金进行沙棘苗圃基地建设。以及正在积极争取的9公里简易公路建设资金18万元，温室建设资金12万元。

阿里地区
环境保护工作

【环境综合整治成效明显】行署高度重视地区环境质量，于2012年4月下发了《阿里地区2012年环境综合整治工作方案》，地县两级环境保护机构严格按照方案要求，期间集中开展了清除垃圾活动，全面整治了阿里地区县、乡、村和交通沿线、旅游景区的"脏、乱、差"现象；同时加大了日常环境保护宣传工作力度，地、行两办联合印发了《阿里地区日常环境整治宣传方案》。开工建设了狮泉河镇、普兰县孔雀河、日土县集中式饮用水源保护区内各项环境保护设施，消除了饮用水源环境安全隐患。采取宣传、禁用、推广替代品等措施，努力控制"白色污染"，阿里地区"禁白工作"实现新的突破。申报了农村环境综合整治村55个。

【污染防治工作得到加强】一是主要污染物总量控制制度全面落实。根据自治区核定的阿里地区污染物总量控制目标，核算了我地区七个县的总量控制目标，地区行署与各县签定了《"十二五"主要污染物总量减排目标责任书》，使各县树立了污染减排概念，为下一步阿里地区开展总量控制和污染减排工作奠定基础。二是重金属污染防治工作取得实效。以督促措勤县住浪多铜矿 开采区废水治理项目为重点，强化矿山开采企业重金属污染防治，确保了全年阿里地区未发生一起重金属污染事故。三是加大了污染防治设施建设项目监管力度。加强对地区医疗废物处置中心项目建设，普兰县、札达县城镇生活垃圾卫生填埋场项目建设监管，适时了解建设情况，督促尽快投入使用。四是加强固体废物环境监管。在充分调查基础上，加大对再生利用物资回收企业、废品回收个体商户及电子废物产生单位的执法力度，督促企业正确处置废旧电池；强化医疗废物的管理工作，对全年产生的 3 吨医疗废物施行医疗单位自行分类、分级处置，采用焚烧、填埋、毁形等方式进行处理，有效防止了医疗废物对环境的污染。

【环评审批工作不断强化】一是建立了环境影响评价审查专家库，引进环境影响评价公司入驻阿里，提高了地区环境影响评价技术水平，确保了环评审批工作的公平、公正、公开。二是科学组织专家对环境影响评价表进行技术评审，严格按照环评文件涉及的行业、专业，针对性的选聘专家进行评审，确保了环评文件的编写质量和水平。三是加强项目对接，积极为地区重点项目的建设提出有创新性的思路和办法，开辟环评"快速通道"，做到了项目环评一周内完成，为地区经济发展作出了有力贡献。四是深入现场调查，全面了解项目周边环境状况，确保项目选址合理性，并针对性的出具审批意见。五是认真贯彻落实《环评法》，对达不到环保要求项目，果断实行限批。

【环境监管工作力度加大】一是认真开展矿山环境监管。对全地区34家矿山企业、132个矿点建立了跟踪调查表。对西藏圣拓矿业开发有限公司等10家矿业企业环境影响评价和“三同时”制度执行情况进行了全面检查。对存在问题的住浪铜多矿实施了罚款3万元的行政处罚，对哈姆曲锑矿下发了整改通知。二是积极开展重点建设项目环保监理工作。对措勤县水电站、革吉县至狮泉河公路等开工的17个重点项目环评和“三同时”制度执行情况进行监理，确保了草场、植被、便道的恢复和建筑垃圾、生活污水、生活垃圾的安全处理。三是加大对国控源、重点源、交通干线和旅游景区的执法检查和整治力度，累计出动执法人员79人次，监察各类企业13家，下发整改通知3份。四是在噶尔县初步开展排污费征收工作，全年共征缴排污费16万元。

【环境执法监察深入开展】先后开展了环境监察专项稽查工作、“打击违法排污企业保障群众身心健康”环保专项行动、安全百日大检查活动、禁白活动、城乡环境综合整治等活动，组成包括监察、污防、生态等科室负责人的检查组到七县围绕今年的十三项重点工作进行了督促检查。认真做好环境信访工作，全年共接到4起环境污染纠纷事件，处理4起，办结率100%；收到地区政协委员提案4件，办理3件，转办1件，办结率100%。

阿里地区科技工作

【实施特色优势产业发展项目成效显著】一是继续实施了《日土县白绒山羊本品种选育推广与产业化开发绩效考评》、札达、普兰两县《无公害蔬菜规模化种植示范》、《噶尔县高产奶牛养殖与优质牧草配套种植示范》等4个国家科技富民强县专项行动计划项目，共投入资金578万元。通过该项目的实施进一步推动了绒山羊本品种选育规模，提高了良种比例以及品质产量。2012年在提升一产方面，围绕“中国绒山羊之乡”这一区域优势，大力发展绒山羊特色优势产业，取得了良好的经济效益。如日土县白绒山羊和措勤县紫绒山羊养殖在人工授精生物技术支撑下、在大面积推广养殖过程中，始终保持物种纯正性，从而保持优质羊绒的附加值，羊绒收入就分别占两县农牧民人均纯收入的70%和60%左右，绒山羊养殖已成为两县可持续发展的战略支撑产业。《噶尔县高产奶牛养殖与优质牧草配套种植示范》项目的实施，有力地推动了阿里地区人工种草的积极性，提高了种草技能。二是启动实施了《革吉县白绒山羊本品种选育推广与产业化开发》、《措勤县紫绒山羊本品种选育推广绩效考评奖励》、《日土县绒山羊选育冻精站建设》、《噶尔县扎西岗乡高寒区域人工种植优质牧草》、《阿里地区喷灌式高效日光温室试验示范》等5个国家富民强县项目、自治区重点科研项目和地区应用技术研究与开发项目，共投入608万元。同时还对30万以上6个国家、自治区级重大、重点科研项目进行了专项审计，为全面验收奠定了基础。

【科技惠民工程深入推进】一是根据自治区无电地区电力建设规划，地区科技局协助自治区科技厅投资1.87亿元，实施阿里地区无电地区电力建设项目，一次性解决全地区无电地区群众生活用电问题，完成了270w太阳能户用系统16151套的发放工作，其中，无电农牧民15841套，寺庙198套，便民警务站112套，新建和改扩建光伏电站15座，装机容量625.44KW，可覆盖936户农牧民，总装机容量4929.51KW，解决项目区约8.98万无电人口的生活用电问题，极大地提高和改善了农牧民生产生活条件。二是积极响应自治区“创先争优强基础惠民生活动”，围绕农牧民群众拓宽致富门路，改善民生状况，提高科技致富能力，以驻村工作队为依托，组织实施“强基惠民送科技行动”，地区科技局积极争取区科技厅项目资金216万元，在全地区12个行政村组织实施科技惠民项目，进一步拓宽了科技进村入户渠道，将产生良好的社会经济效益。

【科技特派员工作健康有序发展】全地区现有科技特派员257名，其中农牧民科技特派员178名。普兰、日土、革吉等县科技特派员还积极开展跨乡、跨村技术服务，无偿提供菜种菜苗、树种树苗等生产要素。

【科技援藏工作纵向发展】根据中央第五次西藏工作座谈会精神，科技援藏工作在陕西、河北两省科技厅的高度重视和大力支持下，把科技援阿工作纳入两省科技厅的重要议事日程，与全省科技工作同安排，同部署，以政治责任感和兄弟般的友亲，从阿里地区科技工作实际出发，重点围绕高原特色产业，藏医药、新能源、基础平台建设、人才队伍建设等方面给予了无私援助，取得了良好的社会经济效益。

阿里地区教育（体育）工作

【教育投入持续增加，办学条件进一步改善】教育经费保障机制不断健全，投入不断增长。积极争取自治区和地区对教育的投入，不断提高经费保障水平。一是2012年共开工建设新下达基建项目11个（子项目41个），总投资6360万元；新开工2011年下达未开工基建项目5个（子项目9个），总投资2130万元。其中2012年新下达基建项目中，地方预算内学前教育项目1个，总投资130万元；农村义务教育薄弱学校改造项目1个（用于偿还D级危房建设资金），总投资216万元；澡堂建设项目4个，总投资375万元；农村义务教育薄弱学校改造项目8个，总投资514万元；农村学校教师周转宿舍项目8个，总投资1145万元；农村学前教育推进项目4个，总投资840万元；幼儿园维修改造项目4个，总投资200万元；农村初中校舍改造工程项目2个，总投资800万元；乡镇学校暖廊建设项目（七县各学校），总投资740万元；地区双语师资培训基地项目1个，总投资1000万元；雪碳工程项目1个，总投资400万元（不含援藏资金）。由于施工期短，2012年新下达基建项目开工率为100%，完工率仅为27.3%。二是2011年下达基建项目中，教师周转房项目5个，总投资500万元；农村学前教育推进工程项目1个，总投资185万元；农村义务教育薄弱学校改造工程项目1个，总投资305万元；农村初中校舍改造工程2个，总投资740万元；改善办学条件专项经费项目1个，总投资400万元。开工率达100%，完工率57.1%。三是2012年复工的2011年项目2个，总投资2100万元（不含援藏投资800万元），其中青少年活动中心3个，总投资900万元（不含各级配套资金）；义务教育薄弱学校改造经费1200万元，2012年复工率达100%。

【巩固提高义务教育，基本实现均衡发展】全地区小学在校生人数达到10463人，小学适龄儿童入学率达到了98.82%；初中在校生人数达到4824人，初中入学率达到94.75%；幼儿园在园人数1222人，入园率达到了23.67%；区内外高中、职业技术学校在校生人数1873人，高中阶段毛入学率达到38%，学前教育和高中教育得到进一步的重视和发展，学前教育已按照“先城镇、后农牧区”的发展思路，正逐步实施乡村小学附设幼儿园的办学模式。

【职业教育发展形势喜人，有力地为社会经济发展培养人才】地区职业技术学校自2009年在地区挂牌成立以来，经过多方努力，已于2012年10月1日搬迁至新校区正式开学。目前，地区职业技术学校开设了畜牧与兽医、旅游与酒店管理、民族工艺美术（主要趋向唐卡绘制方向）三个专业，即将开设烹饪和现代农业两个专业；共有教师15人，临时工12人，在校生118人。所设专业的实训设备项目已申报完毕，上级部门共下达资金937.87万元的设备采购专项资金。由于我地区职业教育刚刚起步，办学经验不足，经过与自治区高职学院的多次磋商，于8月签订了合作办学协议，实现了对口师资培训，专业技术人员下派，学生学历对口提升等办学模式。并与西藏旅游股份有限公司签订了旅游与酒店管理毕业生的就业协议。

【各项惠民政策执行到位，民生工作显著改善】一是我局起草出台了《阿里地区巩固提高“两基”成果奖励实施办法（暂行）》，目前排名工作已完成，奖励资金100万元正在兑现中。二是落实了乡村教师每月300元的特殊补贴，充分调动教职员工的积极性。三是出台了《阿里地区关于内地西藏初、高中班农牧民及城镇贫困家庭子女进出藏路费补助暂行办法》，四是完成了18名特困教职工每人10000元的申报救助工作和阴法唐基金会资助困难教师的申报工作。五是从今年秋季开始“三包”经费再次提高到2600元的标准。六是全面实施西部农村义务教育学校学生营养改善计划，国家给每生每天补助3元，每年按照200天计算，补助经费纳入教育“三包”经费统筹使用。七是地区中学和地区职业技术学校的临时工和公益性岗位人员工作量大、工资待遇低、付出和收入不均衡，影响其工作积极性。

阿里地区卫生（人口计生）工作

【卫生工作全面推进，医改工作卓有成效】1、农牧区医疗制度持续健康发展，扩大受益覆盖面。全地区参加农牧区医疗制度的农牧民77577人，参合率100%，受益覆盖率100%，对农牧区医疗制度补偿资金2295.72万元，医疗基金支出总额为1758.52万元，其中大病统筹基金支出962.61万元、家庭帐户基金649.25万元，孕产妇分娩住院补偿基金146.66万元。因大病住院治疗的农牧民患者享受阿里地区特定的大额医疗保险赔偿68人，赔付金额842149元。享受自治区推广的大病补充医疗保险人数3人，赔付金额82760元。2、基本药物制度有效实施。全地区7所县卫生服务中心，37所乡镇卫生院、135所行政村卫生室和地直各医疗卫生机构实现了基本药物制度全覆盖，药品零差率销售，真正使农牧民群众得到了看得见、摸得着的实惠。3、基层医疗卫生服务体系逐步健全。投资3680万元实施了“三县二乡”改扩建项目，其中日土、革吉、噶尔三个县卫生服务中心改扩建项目和日土县热邦乡卫生院改扩建项目已竣工并通过验收投入使用，札达县达巴乡卫生院改扩建项目前期工作已完成，将于2012年开工建设。4、基本公共卫生服务项目扎实推进。建立居民健康档案、健康教育、预防接种、传染病防治、儿童、孕产妇、老年人保健、慢性病管理、重性精神病管理等基本公共卫生服务项目得到落实，全地区城乡居民建档率达99.24%。重大妇幼公共卫生服务项目有效实施，全年增服叶酸人数为234人。

【疾病预防控制工作显著，公共卫生事件处置有力】狮泉河镇城镇儿童计划免疫接种率99.16%，强化免疫接种率100%。全地区共报告传染病2类7种，共计103例，总发病率为107.86/十万，发病数与同期相比下降29.17%。及时处置甲肝、麻疹等相关疫情，对革吉、改则等6县鼠疫疫区进行了鼠防监测和预防工作，将鼠间鼠疫完全遏制在动物间，杜绝了人间鼠疫的发生，为广大人民群众的生命健康起到了保驾护航的作用。

【妇幼保健各项工作成效显著】积极开展“降消”项目，新生儿破伤风发病率控制在0，孕产妇总人数为1596人，活产人数为1559人；孕产妇住院分娩人数为1237人，住院分娩占活产人数的80.2%，同比增长0.2个百分点；高危产妇人数为153人，高危住院分娩人数为152人，住院率达99%。全地区孕产妇死亡人数5人，死亡率占活产人数的324.3/10万，同比下降77.3个百分点；婴儿死亡人数37人，死亡人数占活产人数的23.9‰。

【计划生育工作有序开展】奖励农牧区“一孩、双女”户困难家庭奖励扶助制度扶助对象1020人，扶助资金每人每年960元，总计扶助资金97.92万元；独生子女伤残死亡家庭扶助制度人数191人，扶助资金28.75万元，已全部兑现。

【流动人口管理制度不断完善】一是完善流动人口计划生育工作建设，推进我地区形成流动人口计划生育工作“一盘棋”格局。二是建立流动人口计划生育综合管理机制，把流动人口计划生育服务管理纳入社会治安综合治理重要工作内容。三是建立流动人口计划生育“双向管理”机制，与流入较多的户籍地人口计生部门签订流动人口计划生育“双向管理”协议书。全年定期对流动人口妇女进行“三查（查病、查环、查孕），一核（核查《流动人口婚育证明》）”共1697人次。

【卫生监督执法工作不断加强】依法对食品药品、公共场所、医疗市场等方面实施卫生监督执法工作，对促进我地区经济社会发展和人民群众健康起到了积极的作用。

【弘扬民族医药，加快藏医药人才发展】在贯彻“藏西医并重”方针的同时，坚持把发展藏医药事业作为卫生工作的战略重点。把地区藏医院、措勤县、改则县、扎达县革吉县卫生服务中心藏医科列为基层常见病多发病藏医药适宜技术推广单位，共投入250万元。积极开展乡镇卫生院藏医适宜技术推广技术骨干人员培训，全年共培养20名藏医类全科医生。

【基层医疗卫生服务能力不断提高】2012年阿里地区累计培训卫生专业及管理人员489人次，人员再训率在67%以上，卫生队伍综合素质得到了较大的提高。

【医疗卫生机构的监督检查力度不断加大】一是狠抓医疗质量，确保了医疗安全，重点查找了医疗质量管理漏洞和薄弱环节。二是各级医疗机构在药品价格上都执行零差率销售。

【卫生援藏深入开展】与陕西省15所医院签订了陕西与阿里卫生系统“一对一”对口帮扶协议，组织七县及地区人民医院相关人员赴陕西进行了协调考察工作。四是红十字会各项工作稳步推进。筹集资金317.06万元。用于“爱的摇篮·母婴计划”、“爱里的心”（先心病救治项目）、“光明与梦想”（白内障复明工程），同时开展开展送温暖活动，为七县小学生捐赠棉衣5645件。

阿里地区人力资源和社会保障工作

【就业再就业工作稳中有升】全地区实现就业再就业1002人，城镇登记失业率控制在3%以内。举办培训班32期，培训各类人员1310人，其中：农牧民转移就业培训23期880人，城镇失业人员培训9期430人，培训合格率91%，就业率65%，农牧区富余劳动力转移就业11061人次，3680人。转移就业收入达到3180万元。开展职业介绍1402人次，介绍成功739人。

【社会保险体系建设不断完善】社会保险覆盖面不断扩大。征收企业职工养老保险金1916万元，共为342名参保的人员足额支付养老金1154万元，养老保险各项待遇按时足额发放率、社会化发放率均达到100%。到2012年底，全地区各类社会保险参保人数达到90925人次。其中：企业职工基本养老保险2531人、城镇居民社会养老保险1302人（含寺庙僧尼215人）、城镇职工基本医疗保险11243人、城镇居民基本医疗保险6996人（含寺庙僧尼202人）、失业保险4560人、工伤保险2589人、生育保险9727人、新农保51977人。待遇水平稳步提高。按照人社厅的部署，连续8次调整企业退休人员基本养老金，调整后月人均养老金达3065元。新农保月基础养老金由55元调整到105元。城镇居民月基础养老金标准达到120元。城镇职工医保政策范围内住院费用支付比例达到100%。城镇居民医保政府补助标准提高到360元，年度最高支付限额提高到14万元，政策范围内住院费用支付比例达到85%以上。

【劳动关系和谐稳定】开展“双拖欠”工作清查工作，全年共检查41家单位，涉及1161人，劳动合同签订率达到90%以上，受理劳资纠纷30件，调处28件，两件转交法院受理，涉及人员294人，为劳动者追讨工资533.81万元。监督各单位新签、续签公益性岗位用工合同、劳务合同共计990份。设立劳动者维权公告牌48块，监督15家建筑企业预留民工工资保证金728万元，有效遏制拖欠农牧民工工资事件发生。劳动仲裁调解结案率达到90%以上。

【“人才优先”战略深入实施】累计参加公开招录考试人员408人次，共设17考场。招聘284名辅警员充实到地区各便民服务站工作，其中男性284名，女性10名。顺利完成2012年公开招考乡镇公务员、基层人民警察、事业单位工作人员、专业技术人员，共计分配637人到相应岗位工作。

【项目工作有序推进】改则县二级人力资源和社会保障服务中心项目前期工作全部完成。普兰、革吉、札达三县的县级人力资源和社会保障服务中心列入2013年中央预算内投资计划项目。在8月份召开的全国人社系统援藏工作会议上，积极对口支援的河北、陕西两省人社部门沟通协调，签订对口支援西藏工作协议书，两省将在推动我地区人力资源社会保障基础能力建设的9个项目上予以对口支援。

噶尔县

【年度综述】2012年，全县实现生产总值1.7亿元，同比增长16%；县级财政收入完成2700多万元，同比增长25.1%；农牧民人均纯收入为5360.5元，同比增长19.1%；全社会固定资产投资完成2.09亿元，同比增长39.3%；劳务输出创收1413万元，同比增长0.9%；牲畜出栏率为43.7%，粮食总产量达到707.3吨，农畜产品综合商品率为69.2%；全县社会消费品零售总额达6405.7万元，同比增长35.7%；居民消费价格控制在全地区平均水平以内；城镇登记失业率控制在3%以内。

【民生得到进一步保障和改善】教育方面：2012年县幼儿园入园人数217人，入园率达37.54%；小学入学人数1313人，入学率达100%；初中入学人数661人，入学率达98.68%；高中在校生626人，入学率为93.7%；落实本级财政收入20%支教资金500余万元，实施了各学校校舍的维修、改扩建和教师周转房的新建等建设项目；出台《噶尔县人民政府关于提高教育教学质量的实施方案》、《噶尔县教师聘任制实施方案》以及《噶尔县人民政府关于巩固“控辍保学”工作成果、规范适龄儿童少年入学制度的决定》，强化师资力量，狠抓“控辍保学”，进一步提高教育教学质量，办人民满意的教育。科技方面：加强人工种草、奶牛养殖等农牧业实用科学技术推广应用，切实发挥21名科技特派员应有作用。文化方面：县文化活动中心已建成面向全县干部职工和群众开放。5个乡镇文化站、12个行政村的农（牧）家书屋和四寺一康的书屋建成使用。抓好县民间艺术团人员管理和节目排练指导工作，在自治区民间文艺汇演中取得了第三名的好成绩。县电视转播台正式开播。县文化市场综合执法大队等相关单位组成联合执法小组，多次对狮泉河镇的文化市场开展联合专项检查，有效净化了我县文化市场。卫生方面：恢复县卫生服务中心，并完成改扩建任务。2012年农牧区医疗补助提高到每人每年300元，农牧民群众个人筹资提高到每人每年20元。农牧区医疗制度（年初人口的）覆盖率达100%，群众参保率达100%，巩固率达100%。完成驻寺、驻村人员体检工作，做好了全县人口信息收集、登记、建档工作。开展了四乡一镇群众免费健康体检工作，农牧民健康档案建档率达到98%以上，计划免疫完成率达100%。开展巡回医疗20多次，为4000多名城镇居民提供免费义诊、政策宣传、健康知识讲解、疫苗接种等医疗卫生服务，为100余名农牧区住院分娩孕产妇兑现补助资金约2万元，为55名农牧区生育妇女免费补服了叶酸，为农牧民报销住院费用32万余元，为13名儿童开展了先心病救治手术，为7名贫困白内障患者开展了复明手术，为200余名服务行业人员和农民工抽血检验做好艾滋病防控工作，乙肝等疫苗补种率达到100%。社会保障方面：各项社会保险基金征缴率为100%。新型农村社会养老保险参保4067人，征缴保险金36.54万元；城镇居民养老保险参保470人，征缴保险金7.62万元。落实了全县干部职工、公益性岗位人员和僧尼意外伤害保险制度。全面落实涉农保险政策。实现城镇失业人员就业147人，主要安置在保安、保洁、后勤、餐饮服务等公益性岗位。城镇登记失业率控制在3%以内。

【安居工程建设方面实现新突破】严格按照《噶尔县2011—2013年安居工程建设实施方案》，以整乡推进的方式实施农牧民安居工程，主要在门士乡门士村和索多村建设205户安居房，其中索多村158户、门士村47户。县上加大安居工程质量和进度督导检查，明确县、乡、村、组各自职责，组织工作组入乡进村，逐户检查安居工程质量和进度。目前已全部完工，并顺利通过乡、县、地区的验收，合格率为100%。投资2300多万元（援藏700万元、边境专项转移支付1200万元、发改委投资380万元）的典角边境示范村项目一期工程于去年7月26日开工建设，2012年10月1日举行了竣工典礼暨农牧民入住新居仪式，并其建成“西藏一流、阿里第一”的民心工程、德政工程、精品工程和旗帜工程。同时狠抓了扎西岗村、噶尔新村和加木村村容村貌整治工作和村级绿化美化亮化工作。

【项目建设取得重大进展】全面实施项目带动战略，一是成立了由政府县长为组长的项目工作领导小组，指导协调项目各项工作有序有效开展。二是严格执行有关政策和规定，在用好、用足政策上下功夫，县上派1名县级领导和1名科级干部在拉萨跑办争取落实项目，重点抓好列入地区“十二五”规划的交通、能源、水利、教育、文化、卫生、市政建设等项目的前期、落地和实施工作。2012年实现了一乡一镇通柏油路，一个寺庙和两个旅游景区通水泥路的目标。三是严格按规定管理和使用项目资金，未出现项目资金挪用、挤占等不良现象。四是分管领导和责任部门定期对项目的质量、安全等进行督查。五是项目监理单位认真履行职责，确保每个项目的质量和安全。六是项目受益乡（镇）、部门和群众认真按照规定管护好每个项目，确保项目发挥长期效益。全年完成项目113个，其中发改委项目4个，总投资1108.9万元；水利项目24个，总投资4390.07万元；财政项目3个，总投资782万元；卫生项目2个，总投资788万元；教育项目8个，总投资539.778万元；农牧项目3个，总投资380万元；公检法项目1个，总投资853万元；民宗项目13个，总投资481万元；交通项目11个，总投资4297.09万元；城建项目2个，总投资1687.07万元；文化项目2个，总投资493万元；以工代赈项目2个，总投资238.7万元；驻村工作队争取项目18个，总投资656.2万元；扶贫项目14个，总投资801.36万元；招商引资项目1个，总投资1000万元；旅游项目1个，总投资763万元；民政项目1个，总投资200万元；其它项目3个，总投资1401.2万元。项目投资对县域经济的带动作用日趋明显，2012年全社会固定资产投资完成20860.36万元。

【和谐稳定工作取得新成效】一是严格落实维稳责任。实行维稳工作党政一把手责任制，县、乡（镇）均成立维稳专班，层层落实维稳工作责任制。建立县级领导包乡、科级领导包村机制，明确各自责任，敏感日期间特别是在边境地区、各寺庙由包乡领导亲自带队指导维稳工作，确保维稳责任落到实处。二是切实加强和创新社会管理。认真贯彻《噶尔县关于进一步加强和创新社会管理工作的实施意见》，切实落实“2+1”（即“1个驻村干部、1个大学生村官+1个治安中心户长”）基层维稳工作机制。结合噶尔县社会管理综合治理工作的特殊性，深入开展“抓好服务、强化管理、排查隐患、化解矛盾、确保稳定”综治主题活动，制定了“四先四早四在前”矛盾纠纷调解机制和“五强化五确保”基层维稳机制。充分发挥8个便民警务站在维稳防控工作中的重要作用，全力抓好“爱民、为民、便民、利民、安民”各项措施的落实，搭建了便民服务、维护稳定、构建和谐的良好平台。每月召开四次军地联席会议，安排部署各个时期维稳工作，切实抓了对重点部位、重点领域、重点人员的管控。完善《噶尔县处置突发性事件应急机制》，在边境一线、各重点部位、地段设立卡点6个，组织1200人次民兵分驻各卡点，派出公安民警200人次。县应急分队抽调成员30人，组织民兵训练达1000余人次，组织综合性防控演练2次。三是切实抓好信访工作。认真贯彻落实国家、自治区、地区对信访工作的总要求，充实信访工作领导小组，制定《噶尔县关于深入推进领导干部接待群众来访的实施办法》和《噶尔县领导干部接访下访活动实施方案》，按照“属地管理”原则，切实加强信访工作，及时研究解决缠访、闹访、劳资纠纷等问题，目前噶尔县未发生越级上访事件。四是切实抓好安全工作。认真贯彻落实全国、自治区、地区安委会关于开展好安全生产年活动和安全生产“三项行动”指示精神，召开年度安全生产工作会议，与各乡（镇）、驻狮泉河镇各单位逐一签订安全生产目标管理责任书。严格按照安全生产目标管理责任书要求，结合实际制定《噶尔县2012年安全形势大检查实施方案》，开展“打非治违”专项行动和迎接党的十八大道路交通百日大整治行动，加强对道路交通、建筑施工、旅游、消防、矿山等的安全监管。制定并下发《噶尔县人民政府关于消防安全“网格化”管理工作实施意见》，对消防安全重点单位开展消防安全培训，对人员密集场所组织开展消防安全应急疏散演练，大力提升社会单位消防安全“四个能力”。五是切实抓好民族宗教工作。切实发挥2个寺管会和3个寺庙特派员机构作用，派遣25名干部常驻寺庙开展工作，切实维护寺庙安全稳定。切实抓好寺庙“六建”、“六个一”和“九有”工作，全面落实了僧尼低保、养老、医疗、生活补助等政策待遇。扎实开展平安和谐模范寺庙、爱国守法先进僧尼评选活动，表彰了3个模范集体和5名先进个人。召开2012年度民族团结进步创总结暨表彰大会，表彰了5个民族团结进步模范集体和14名模范个人。在农牧区、社区、机关、学校、企业、寺庙深入持久开展反分裂斗争和民族团结进步教育，广泛开展“揭批达赖、促进团结、维护稳定”主题教育活动，取得了明显成效。

【领导名录】
县委书记：程文杰
县　　长：索朗次仁
人大主任：阿旺顿珠
政协主席：旦增次仁

普兰县

【年度综述】2012年，全县生产总值完成14726.2万元（以地区统计局指标为基准），同比增长16%。其中，第一产业完成4417.37万元，同比增长8.41%，第二产业完成1432.08万元，比上年同期增长略高，第三产业完成8876.75万元，同比增长11.02%。县财政收入1052万元，同比增长88.19%。农牧民人均收入达到4776.71元，同比增长15%，其中现金收入60%以上，经济社会保持平稳较快发展。

【农牧业稳步发展，农牧经济边际效益显露】在确保粮食安全，特别是保障青稞安全生产的基础上，积极调整农牧业结构，加快发展农牧特色产业。全年粮食产量2634.08吨，农作物播种面积16551.73亩(青稞7628.4亩、人工种草7000亩)，调整种植豌豆、马铃薯、油菜、蔬菜等经济作物1923.33亩，深挖农牧资源，培育了一批“菜农”，走出了一条群众依靠土地致富特色鲜明的路子。年末，牲畜存栏13万头（只/匹），与上年相比下降3%。优良畜种换进、调入786头（只、匹）。重大动物疫病监测及疫苗注射100%，成畜死亡率控制在1%，幼畜成活率94%。畜产品面向市场全面放开，乡镇以组织引导为主，放开不放手，确保群众能够在市场中受益，又保护了群众的利益不被不发分子侵占，维护了牧区的经济秩序。全年牲畜出栏率35%，比上年提高了1.6个百分点，绵羊毛产量62.22吨、山羊绒产量8.81吨，畜产品销售总收入472.27万元，同比增长44.2%。农畜产品综合商品率61%。坚持注重特色和规模并重，大力发展特色产业，岗莎牦牛运输队、吉让预制厂、多油农牧民施工队、曲龙组蔬菜种植协会、西德白糌粑加工厂等农合经济组织创收576万元，在实现劳动力转移和促进增收上作用明显。并在总结成功经验和充分调研的基础上，发展了岗莎村、多油村、科迦村砂石料厂和赤德村济民暖家等四个合作组织。加大了科技投入力度，配套78.3万元用于支持科技事业的发展。完成农牧民科技、建筑、驾驶、机械维修和餐饮等技能培训2279人次，科技支农力度持续加大，成效显著。

【内外贸均衡发展，商贸经济繁荣活跃】围绕口岸建设，加快搞活内外贸经济，推动普兰繁荣发展。《普兰口岸规划（2011—2020年）》通过自治区人民政府评审并开始组织实施，斜尔瓦监护中队、普兰联检楼升级改造等一批口岸建设项目动工建设。围绕《规划》提出的“一核心四通道多节点”的开放格局，提升中心城镇功能，推进国际市场建设，推动边民互市贸易快速发展，普兰口岸由逐步发展转向加快发展。截止11月底，普兰县进出口总额达到5000多万元（大宗货物进出口总额903.5万元，小额互市贸易总额4000多万元），同比增长20%，对外贸易十分活跃。同时，加快行政审批制度改革，建成就业、社会保障、流动人口管理、计生、信访、办证等一站式便民服务窗口。优化了发展环境，推动非公经济健康发展。建成“万村千乡市场工程”农家店28家，进一步搞活了农牧区的流通体系。积极落实“家电家具下乡产品”等扩大内需政策，仅在10月29日至11月1日四天的时间里集中销售家电家具269万元，户均消费1235元。全

年，物价保持稳定，社会消费品零售总额完成3085.08万元，同比增长6.8%。

【旅游业快速发展，旅游经济初具规模】下大力气把旅游业建成惠民的主导产业。完成仁贡村和帮仁村旅游初步规划并上报。积极引进西藏旅游股份有限公司投资普兰县旅游产业，普兰县城、塔尔钦国际大酒店和圣湖环湖路等项目开工建设，旅游基础设施和发展环境显著改善。全年接待国内外游客21896人（国外游客8451人、国内游客13445人），实现旅游总收入1660万元（其中门票收入170万元、牦牛运输队创收380万元、宾馆和旅游商店等收入1110万元）。重视景区安全和环境，开展了旅游行业、旅游市场和旅游服务规范整顿等工作。对巴嘎、霍尔800名旅游从业人员以及15名旅游工作人员集中开展技能培训，全年旅游业参与人员1763人，其中农牧民群众占88.2%，旅游业从业人员大幅提升，带动其他产业发展效果明显。

【项目建设稳步推进，项目拉动效益明显】十二五规划项目顺利实施。完成了普兰县城总体规划，制定了塔尔钦精品小城镇规划（该规划有望月底完成，明年实施）。2012年建设项目32个，总投资1.9亿元，涵盖了农林牧水、道路市政、维稳外事和抗灾储存等方面。孔雀河防洪堤景观建设、玛旁雍措湿地恢复与保护、县（乡）政权机关综合业务用房和保障性住房等大项目的投资拉动效益明显，基础设施滞后的“瓶颈制约”得到有效缓解。在项目建设过程中，重视项目管理，重视治理工程建设领域中的突出问题。同时，完善了项目建设责任制和重点项目调度例会制度，执行重点建设项目月报和督查制度，确保项目质量安全，按期完工，最大限度发挥出项目效益。

【落实惠农政策】以强基惠民活动为契机，加大强农惠农政策宣传力度，真正让群众了解惠从何来、惠在何处。全年，落实各类强农惠农资金5726.37万元，其中直接补贴类兑现资金2071.2万元，间接补贴类兑现资金578.85万元，支持发展类兑现资金2980.32万元，保障类兑现资金96万元。全年发放41户70人城市低保金、一次性购物券及联动机制补贴24.91万元（其中县级配套4.21万元）。发放466户1358人农村低保金、一次性购物券及联动机制补贴113.25万元（其中县级配套9.91万元）。发放20户21人五保供养金5.26万元。发放69名寿星老人补助金2.17万元。建立了低保回访制度，将5户符合城市低保和57户符合农村低保标准的纳入到城乡低保户中。43名寺庙僧人全部参加了医疗保险和养老保险。新型农村社会养老保险参保人数4395人，缴纳保险金40万元，征缴率93%。城镇居民社会养老保险参保人数87人，缴纳保险金2.05万元，征缴率100%。城镇失业人员再就业160人，其中政府购买公益性岗位40人，城镇登记失业率控制在3%。完成了农村最低生活保障制度和扶贫开发政策即“两项制度”衔接工作。完成了1450元至2300元扶贫户身份识别工作。投资1345万元的扶贫农发项目和1064万元的兴边富民项目顺利实施，群众生产生活条件显著改善。配套11.18万元扶贫开发专项资金，全年实现脱贫64户274人，返贫率控制在4%以内。落实防抗灾经费27.95万元，储备防抗灾饲草料1720吨，社会保障救助体系更加健全完善。

【保护高原生态】始终坚持统筹生态保护和经济社会协调科学发展。县委、政府从“以草安民固边”战略高度出发，通盘考虑“保护生态、群众增收和巩固边防”的三项效益，组织成立强有力的工作队，扎实推进“草包”、“草补”工作。5月底，通过了自治区级“草包”、“草补”验收，完成草场承包到户或联户945.58万亩，涉及归户群众1709户7689人，2012年实际向农牧民发放补助奖励资金1742万元（除未到位的76.6万元的草场监督员工资，其余已全部发放完毕），户均10193元、人均2266元，群众十分满意，戍边意识明显增强。投资2775万元实施退牧还草95万亩。成功举办了全区牧区人工种草现场会。在赤德、多油、西德和科迦四个作业区投资242万元实施工程造林1032亩25.8万株，成活率达92%以上。投资125万元实施防沙治沙工程。截止目前，已建成重点保护公益林2958825亩。试点推行林权改革取得成效，配备专业护林员550人，发放护林员工资781万元，办理发放林权证69户。开展了《森林法》和《野生动物保护法》宣传普及教育，加大了野外巡逻力度，加强对高原森林生态系统和原生植被保护。县政府投入96万元（占2011年旅游门票收入的56%）用于环境卫生整治。开展了“迎十八大”环境治理和神山圣湖景区环境专项治理工作。衔接西藏旅游股份有限公司布设了环山游步道垃圾处理系统，建成塔尔钦垃圾填埋场。规范土地管理和使用，与各乡镇、各行政村层层签订了《基本农田保护责任书》，保护基本农田面积不低于7609.5亩。

【边防和社会持续稳定】坚决执行地委、行署的维稳指示精神，落实“党政军警民联防联控，点线面结合”的科学维稳要求，采取抓基础，教育群众，发动群众反分裂反达赖;抓重点，加强对寺庙僧尼的教育、管控；抓骨干，充分发挥解放军、武警、公安民警、民兵和联防队员的作用，抓关键，想尽千方百计，不惜一切代价，搜集情报信息的维稳措施，维护了普兰持续稳定。圆满完成了三大节日、2·8、3·10、3·14、“3·28”、塔尔钦佛事活动和党的十八大期间以及接送印度16批官方香客796人的安保任务，营造了安居乐业和谐的社会环境。

【维稳专项工作顺利推进】扎实推进“网格化管理”，出资46万元建成2个便民警务站。出资42万元修建了马攸木和多油嘎入永久性交通限速检查站。自筹资金768万元，建设了普兰县官方会晤中心和塔尔钦维稳综合指挥中心。开展了“打击严重刑事犯罪和整治社会治安突出问题”专项行动，开展了安全隐患排查整治和治爆缉枪行动。狠抓了参加“法会”回流人员的教育管控工作。强化重点涉稳人员管控，制定了《普兰县涉稳重点人员管控工作实施细则》，成立涉稳重点人员管控工作领导小组，建立完善了涉稳重点人员数据库，做到对涉稳重点人员底数清、情况明、管控严。狠抓成品油市场管理，实行购油实名制登记制度，切实从源头上防范自焚事件发生。成立了科迦寺、绕湖、沿边和环山四个寺庙管理委员会，扎实开展“六建”、“六个一”和“九有”活动，寺庙安全稳定。深入开展了矛盾排查化解工作，成功解决了巴嘎乡岗莎村和革吉县芝热寺的用地纠纷，巴嘎乡岗莎村三组（曲欧、玛措）、雄巴村三组（曲西组）与噶尔县门士乡门士村四组的草场纠纷，吉让居委会和多油村开采砂石料的纠纷，赤德防洪堤承建方占用群众青稞水磨房水渠的纠纷，全年未发生越级上访和涉法涉诉案件。紧密结合普兰地处三国交界的实际，健全完善了情报信息研判制度和奖励机制，以及与尼方会晤合作机制。通过开展物资援助尼泊尔和与普兰周边县的经济合作，建立互信友好关系。同时，加强双边警务合作，就共同打击非法出入境、走私、贩毒、“闯关”、“挺进”活动和边民管理达成共识，形成会议纪要，建立长效机制。

札达县

【年度综述】2012年，全县地方生产总值1.05亿元，同比增长1.8%；财政一般预算收入1.6亿元、本级财政收入653万元，同比增长23.08%和16.4%；完成固定资产投资1.6747亿元，同比增长100%；农牧民人均纯收入4301元（若包括各类政策性补助实际达到7869.09元），同比增长15%；社会消费品零售总额1038万元，同比增长10.31%；边贸进出口总额80万元；金融机构存款2.5亿元、贷款3100万元，同比增长12%和41%。

【调结构、增效益】全年农作物播种面积7541.4亩，其中粮食作物5736亩、经济作物816.4亩、饲草料989亩，粮经饲种植比例进一步调至76：11：13，完成人工种草14000亩，预计农业产值205万元；年末牲畜存栏量控制在了12.4万头（只、匹）以内，完成减畜折合绵羊单位9.64万个，预计牧业产值5784万元。大力推进草原生态补助奖励机制，完成草场承包到户，已兑现补贴奖励资金2148万元，同时兑现公益林补助资金1301.09万元。

【督促敲定项目早开工】全年开工建设年初敲定项目116个，总投资17048万元。援藏投资方面，实施项目5个总投资3876.45万元，完成投资3271.45万元，其中投资1850万元的县维稳指挥中心完工90%、投资1200万元的县城供水工程完工75%，投资700万元的县技能培训中心附属工程、投资64.28万元的园林建设、投资62.17万元的小区硬化完工100%。国家投资方面，实施项目111个总投资13171.55万元，完成投资13065.906万元，其中投资1189万元的各乡（镇）业务用房完工95%，投资461.94万元的县财政局业务用房及周转房完工90%，其他涵盖安全饮水、道路交通、农牧业生产、能源、特色产业等109个大小项目完工100%。同时，顺利建成总投资430万元的青少年活动中心续建项目，完成投资172万元。

【争取拟建项目早落地】通过积极跑厅进局衔接落实，加大招商引资力度，全年争取到拟在札实施项目11个，总投资4572万元。国家投资方面，全年开工建设项目6个，总投资238万元，完成投资142.2万元，包括投资23万元的托林居委会蔬菜基地业务用房、投资10万元的东嘎新建桥梁、投资33万元的达巴村兴边富民项目、投资50万元的达巴村25套发电设备、投资62万元的香孜乡饮水工程、投资60万元的底雅村水渠扩建；其余总投资334万元的4个项目，由于到位时间相对较晚，受季节影响未能及时开工，待明年进入施工期后迅速开建，包括投资196万元的县档案馆项目、投资103万元的玛朗组人畜饮水工程、投资11万元的波林组会议室设备补助、投资24万元的色贡组经济林建设。招商引资方面，引进江苏南京私营企业1家，投资4000万元建设一座庄园式宾馆，该项目明年正式开工。

【坚决打赢维稳攻坚战役】认真执行“点线面结合、党政军警民联防”机制。一是看好“点”。选派24名机关干部、13名公安民警进驻1个寺庙管委会和9个专职管理特派员机构，加快推进寺庙管理创新。二是封控“线”。以防偷渡为重点，设立5个一线执勤点，加大对重要通道的执勤巡逻，有效构筑千里边防的钢铁长城。三是管住“面”。在县城新建2个便民警务站，在乡村组建群防群治队伍；加强武装巡逻和处突准备，形成强大威慑。

【狠抓社会管理综合治理】深入开展打击整治专项行动，清查收缴各类违禁物品，净化治安环境。加强外来流动人口管理，做到底数清、情况明。持续开展交通卫生消防大检查，保障群众生命财产安全。积极排查调处人民内部矛盾，最大限度减少不和谐因素。认真落实教育系统维稳措施，实现校园稳定。正确引导社会舆论热点，统一干群思想，营造喜庆祥和、和谐稳定的氛围。

【健全完善维稳长效机制】一是建立维稳专班。坚持维稳工作机制化，明确专人牵头抓总、部门各司其职，实现责任到人。二是实行分包体制。坚持一竿子插到底，县级干部、乡（镇）干部分别下包一级、层层抓落实。三是执行值班制度。坚持维稳不分昼夜，各乡（镇）各单位每天24小时都岗上有人、人在岗上。四是严格干部管理。坚持一切服从服务于稳定，严控外出人员，始终保持较高在岗率。

【旅游发展方兴未艾】投资326.1万元打造精品民俗村，投资20万元完善旅游标识导引系统，投资348.36万元维修古格王国遗址，投资77.02万元兴建托林广场休憩长廊；投资143.12万元造林638.5亩、植树9.91万株。全年共接待国内外游客7088人次，门票收入140万元，旅游总收入669.7万元；接待上级工作组266批次7513人，其中省军级领导29人，最高峰日接待工作组9批次137人。教育引导群众支持旅游、参与旅游、受益旅游，全年新增家庭旅馆5户，累计达到30户，从业人员120名，拥有床位485张，全年共接待国内外游客1230人次，实现创收55万元。同时，县委、县政府落实家庭旅馆星级评比办法，对符合条件的5户金星、9户银星、16户铜星家庭旅馆进行授牌和奖励，按类别每户兑现奖金1.2万元、8000元和5000元。

【蔬菜种植蓬勃兴起】在援藏项目、资金、技术的有力支撑下，在国家资金的大力支持下，坚持把发展蔬菜温室大棚作为转变干群思想观念、打造藏家“绿色餐桌”、谋划产业化经营的革命性工程来强力推进。2012年投资164万元，新建高效温室大棚11座，全县累计建成温室大棚79座，年产28类53个品种的瓜果蔬菜33.5万斤，实现收入134万元，蔬菜大棚发展规模日益壮大。县委、县政府审时度势，以点带面，努力把“盆景”变成“绿洲”，及时把蔬菜种植向全县铺开推广，发挥蔬菜种植的最大经济和社会效益。全年先后举办蔬菜种植培训班3次，培训各乡（镇）致富带头人、科技明白人864人次。

【勤办教育，筑民生之基】发挥20万元教育发展基金作用，引导社会资金投入教育，全面提高教学水平。按照《小中考成绩突出学生、优秀教师和班主任奖励及贫困大学生救助暂行办法》，为28名师生兑现奖金4.4万元。投资430万元建成青少年活动中心。

【扩大就业，固民生之本】一方面，县政府通过购买公益性岗位，使41名就业困难人员实现就业。同时，落实文物看管员、护林员等制度，使1303名人员实现就业。另一方面，加强创业带动就业，组建2支农牧民施工队，全年培训青壮年农牧民6期2400人次，劳务输出19200人次，实现创收867.356万元。

【巡回义诊，保民生之康】持续加大对边远村组患病群众的诊疗力度，全年组织开展巡回义诊活动14次，诊治患者19740人次。落实农牧民、干部职工和寺庙僧尼体检制度，努力为人民健康撑起一把“保护伞”。邀请陕西西安第四人民医院眼科医疗队深入札达，义诊300多人次，开展白内障复明手术57例。

【强化保障，解民生之忧】广泛开展社会救助，全面落实低保、救助、供养、补助政策。全年为“两个低保”共477户1057人发放90.26万元，为“六个救助”共2219人发放53.05万元，为“一个供养”共33人发放7.92万元，为“四个补助”共108人发放14.648万元。

【扎实推进理论武装工作】年初下发《2012年度县委中心组理论学习计划》、《2012年度全县干部政治理论学习安排意见》。县委中心组成员发挥表率作用，深入学习贯彻十七届五中、六中全会和胡锦涛同志“七一”重要讲话精神，有力提升了理论素养和行政能力。

【扎实推进领导班子建设】认真开展县乡村集中换届选举，“5个严禁、17个不准、5个一律”得到坚决执行。全面推行考察预告、任前公示、廉政谈话、任职试用期以及“一报告两评议”制度。结合乡（镇）党委换届，全年共调整干部4次，涉及145人，提拔105人。

【扎实推进民主政治建设】县委坚持统揽全局、协调各方，全力支持人大、政协、人武和工青妇依照法律和各自章程开展工作。坚持民主集中制原则，健全完善县委常委会议事规则和县政府工作规则，凡属重大项目建设、重要干部任免、大额资金使用等，均由党政班子集体研究决定，加强了决策的科学性。

【扎实推进基层政权建设】按照2012年7月3日自治区人民政府关于“撤销楚鲁松杰村，设立楚鲁松杰乡”的指示精神，9月28日挂牌成了楚鲁松杰乡，配齐配强了乡党政领导班子，选举产生了第一届村“两委”班子，楚鲁松杰乡的成立，使最边远村组实现便捷有效管理。当前，配合地区相关单位基本完成楚鲁松杰乡政权建设基础工作，有关材料已上报行署。

【扎实推进党风廉政建设】在地区七县中率先实行重点县直单位设立纪检特派员制度。加强警示教育，健全了廉政培训、考试、谈话、承诺、宣誓、档案“六廉联动机制”。深入开展专项治理，增强领导干部遵守“8个禁止、52个不准”的自觉性，营造出风清气正的浓厚氛围。

【领导名录】
县委书记：马庆林
县　　长：次仁扎西

日土县

【年度综述】2012年，日土县国民生产总值完成1.85亿元，同比增长12%；财政收入达到1140万元，同比增长42.86%；农作物播种总面积15779亩，同比增长1%；牲畜出栏14.8万（头、只、匹），出栏率36.9%，山羊绒产量76.5吨，同比降低37.3%；社会消费品零售总额5194万元；农牧民人均纯收入升至5320.8元，同比增长15.8%；参加各类劳务创收的农牧民4157人次，创收资金739万元，同比增长12.65%；个体工商户发展到434户，从业人员627人，注册资金总计845.45万元，实现税收12.08万元。

【以项目建设为驱动，全面拉动经济快速发展】全年投资9234万元实施大型项目10个，自筹和争取项目资金2043万元为群众办好了“十二件实事”。

【“三农”工作取得新成就】全年粮食作物播种面积4933亩，经济作物播种面积401亩，粮食产量达到948.3吨；日松乡、热帮乡、日土镇白绒山羊产业得到很好发展，东汝乡、多玛乡大畜养殖规模进一步扩大，原种场种羊繁殖能力与推广力度显著增强，绒山羊乡村选育点发展到9个，科技示范户增加到408户。全年向群众兑现农机购置补贴资金50万元，生态效益补偿金993万元，草补资金3400万元；投资扶贫项目资金439.06万元实施了低产田改造、防洪堤坝建设、农机维修站建设等9个扶贫开发项目，带动112户群众脱贫；组织4157人次农牧民参与劳务创收，实现创收739万元。

【基础设施逐步完善，城乡面貌变化明显】投入城市建设资金5295万元，大力整治县容县貌，完善城市功能，推进“净化、亮化、美化”工程。投资300万元在城区新增移动垃圾桶65个，固定垃圾箱58个，新建垃圾池3个（总量达到15个），安装太阳能路灯271盏；大范围开展乡村文明建设活动，村容村貌不断改善，群众素质全面提升。

【二、三产业发展迅猛】（一）持续加大招商引资力度，广泛吸引公司企业落户日土，招商引资综合实力显著提升。全县大中型企业发展到10家，投资总额达到3亿多元。西藏石材厂投资400万元新建的德汝石材加工厂年销售额达到200余万元；鑫发肉联厂年均加工销售绵羊1万只，营业额超过400万元，西藏国能矿业开发有限责任公司前期建设顺利推进，累计投资达到4亿元。（二）实施旅游强县战略，加快景区景点开发建设步伐。以“日土旅游提升年”活动为载体，为德汝度假村添置帐篷6顶，鼓励和引导农牧民开设具有浓郁民族风格的家庭旅馆9家；完成投资788.73万元的旅游服务中心建设项目主体工程；成功启动总投资383.3万元的多玛自驾游服务站；开展旅游从业人员技能培训10余次，受益群众300多人，选派农牧民到内地考察实习100人次；制作发放旅游指南2万册、宣传画册5000册；派遣40名农牧民演职人员赴拉萨市进行为期一个月的表演技能培训；实现旅游从业人数从100人到200人的发展，全年游客接待量达到2.4万人次，实现旅游收入240万元。（三）都木契列边贸点开放工作顺利完成。都木契列边贸点开放期间，主要参与的单位有8家，县级领导6人，一般性干部职工50余人；参加商品交易活动的我方商户有29户，印方人员1590人次；累计成交商品价值达到296万元（出口商品价值251万元，进口商品价值45万元），实现贸易顺差206万元，成功带动和帮助日松乡甲岗村29户79名农牧民群众盈利62万余元。

【社会事业全面进步】（一）科教文卫方面。争取项目8个，投入资金1558.9万元，用于学校澡堂、宿舍、供暖等基础设施建设；落实学校教学质量考核奖励资金10万元和乡村教师每人每月300元补贴。“2131”和“村村通”工程建设力度进一步加大，广播、电视覆盖率分别达到90%和96%，全县单收站发展到107座，农牧区“户户通”工程发展到2323座；成功申报2000万元的日土宗遗址文物保护项目。开展牧区巡诊6次，巡诊人数达到3254人，组织县直医疗单位开展大型义诊活动3次，累计义诊咨询786人次，实施药物零差率补助11万元；争取到卫生事业建设项目和政策性投入资金1290.8万元。（二）社会保障方面。新农合参合人数7822人，参合率达99%；完成8377人次的补偿，补助金额124.33万元；新农保参保缴费总人数4043人，参保率93%，缴费44万元，向60周岁以上农牧人口发放养老金60.05万元；解决劳务纠纷6起，追回农民工工资20.77万元。城镇居民参保缴费22人，缴费4100元，发放养老金2.88万元。（三）其它方面。发放农村低保金86.51万元，城市低保金14.99万元；支付五保户供养金9.6万元；发放因公伤残及病故军人遗属抚恤事业费3.56万元。完成植树30万余株，造林874亩，群众创收60余万元；出台了《日土县落实中央财政森林生态效益补偿基金管理办法》（暂行），完成森林生态效益建设331万亩，投入资金240余万元进行封山育林，实现“生态增效群众增收”目标。投资202万元，解决1680人、53981（头、只、匹）牲畜饮水安全问题；投资62.43万元，完成伦珠曲典寺饮水安全工程；投资909.27万元开展了5条河道整治工作；投资1280万元，实施县城中低压配套线路改造升级项目（前期准备已完成，于2012年实施）。投资252.62万元完成1166公里、16条县乡道养护及570公里、19条村道维修；投资756.5万元，完成1条通村道路、2座桥梁、1个盖板涵建设，兑现水毁赔付资金15万余元。9月家电家具集中展销会销售产品872台（件），销售总额为62.39万元，兑付补贴资金11.92万元；发放碘盐43吨。

【基层基础不断夯实，社会稳定工作取得新成就】全年召开县级维稳工作专题会议10余次，对寺庙、重点区域、重点路段、重点人员采取严密措施进行有效管控，各单位、卡点实行24小时值班制度和每日报平安制度，进出本县人员和物资一律严格盘查登记；深入农牧区、学校、寺庙开展法制宣传教育工作12次，及时化解社会矛盾纠纷40起；寺管会常驻寺庙开展平安寺院创建、法制宣传教育活动，县委、政府先后为寺管会、寺庙和寺庙僧人办好事实事12件，全年全县实现“三不出”和“三无”目标；此外2012年5月日土县公安局荣获“全国优秀公安局”荣誉称号。

革吉县

【年度综述】2012年，全县国民生产总值完成1.97亿元，同比增长13%；财政收入完成1527万元，同比增长16%；社会消费品零售总额达到3433万元；全社会固定资产投资达到2.53亿元；农牧民人均纯收入达4706.8元，同比增长15%；税收收入达到2225万元；邮政、电信和移动营业额分别达到51万元、230万元和500万元；银行存款余额达到2.88亿，贷款金额达到0.38亿，其中农牧民贷款0.26亿。

【产业发展实现新突破】全年实现产值6938.9万元。充分发挥国有粮食企业优势，全年销售粮食产量220吨，调入130吨；狠抓绒山羊产业建设，收购羊绒72.6吨，羊毛255.2吨，绒山羊产业富民效果明显。采取多种举措，切实加大牲畜出栏力度，出栏率达39.1%，农畜产品综合商品率达69.3%；继续狠抓以特色矿业、民族手工业为重点的第二产业，全年调运硼镁矿5万多吨，发电量突破80万千瓦时，供水量达10万立方米，二产实现产值3014.5万

元；严格按照自治区、地区大力发展第三产业的要求，以旅游业、服务业为引导的第三产业快速发展，全年接待旅游人数8237人次，实现收入660.7万元，实现产值9824.6万元。

【项目建设工作取得新成绩】千方百计争取国家投资，努力扩大社会固定投资，着力加强基础设施建设。全年落实投资资金1.86亿元，完成投资项目49个，其中援藏资金841万元，完成项目3个。重点加强公路养护管理，认真实施农村公路项目，扩大牧区公路覆盖面，全县交通运输通畅的局面逐步形成。10月份，革狮公路建成通车，极大程度改善了干部群众的出行，推动了交通货运量大幅度增长，对县域经济发展起到强有力的辐射作用。

【群众生产生活有了新改善】革吉县把改善农牧民生产生活条件，增加农牧民现金收入作为经济社会发展的首要任务。一是认真做好草场承包工作。共承包草场4784.8万亩，人工种草9000亩，兑现农牧民综合生产资料补贴3539户175.95万元，草场承包到户率达100%；二是草原生态保护奖励补助机制深入实施。兑现草补资金6453.7万元，农牧民人均享受现金补助4397元，群众现金收入大幅度增加；三是"强基惠民"活动成效明显。集中驻村扎实开展各项工作，全年组建驻村工作队19个，下派党员干部76名，为群众办实事30多件，发放慰问金88多万元，群众宣传面达到100%。投资269万元，建设完成创先争优强基惠民"短平快"项目10个，帮助群众改善了生产生活环境；四是逐步扩大社会保障范围。全年新农保参保人数达3293人，兑现养老金68.4万元，兑现率达到100%，各项社保基金征缴率达100%。兑现城镇低保资金30.3万元，农村低保资金84.2万元，全县52户109人享受到了城乡最低生活保障政策。落实城镇低保职工住房补贴39户、54人，共补贴资金1458万元。积极开展干部职工人身保险工作，参保人数达877人次，资金达43.5万元。大力落实就业再就业政策。实现就业85人，城镇登记失业率控制在3%以内；五是积极改善群众居住环境。"八到农家"工程深入实施，19个行政村基础设施配套逐步齐全，环境质量明显改善，村容村貌有了大的改观。落实资金970万元，解决462户牧民群众安居问题。积极开展保障性住房工作，完成保障性住房100套；六是农牧民经济合作组织增收效果明显。

【各项社会事业迈出新步伐】一是教育投入力度加大。2012年，在县级财政20%的资金，支持教育事业的基础上，政府另行投入54.9万元改善办学条件，强化师资队伍建设。安排专项资金10万元，专门资助牧区贫困家庭学生，解决他们到内地的路费、学费和生活费。投资562万元实施盐湖乡小学改扩建工程，投资援藏资金800万元实施亚热乡小学改扩建工程，进一步改善办学环境。全面贯彻"以县为主、乡镇负责、学校实施"的义务教育管理体制，出台了《革吉县困难学生救助办法》、《革吉县教职工规章制度》及《革吉县中小学教学质量奖惩办法》等一系列政策措施。大力实施教育"两基"攻坚一把手工程，"两基"攻坚巩固工作取得明显成绩；二是扎实开展卫生工作。安排专项资金10万元，作为城乡困难群众治病路费救助金。投入资金20万元，完成了牧民群众、寺庙僧尼、乡（镇）和县直各部门干部职工及村委班子成员的健康体检工作，并建立健康档案。完善农牧民大额医疗保险机制，确保牧民群众看得起病、看好病。落实阿里地区降消项目细则，对牧区住院分娩的产妇按照100%比例进行报销，全年住院分娩人数79人次，报销金额1659万元，补助资金0.82万元。2012年，全县母婴死亡率下降8.2‰，补助一孩双女户141人10.1万元，培训乡村医生4次，培训人数220人次。全县医生技术水平、服务水平和业务能力进一步提高，全县医疗环境明显改观；三是狠抓文化事业发展。建立健全县城文化宣传栏，积极开展"送文化下乡"、"激情周末"广场等文化活动，加大"职工之家"活动场所免费开放力度，不断丰富广大干部群众的业余文化生活。认真编辑"革吉报"、"那布之窗"文艺周刊，开通政府门户网站、办公自动化界面，进一步提高全县信息化程度。投资200万元资金将全县旧电视广播系统改造为数字广播系统。安排资金10万元用于文艺精品评选表彰和优秀人才培养；四是加大科技推广。全县23名科技特派员深入牧区开展实用技术活动，确保牧民群众在科技中受益。安排资金8万元用于科技事业发展和科研奖励，创新农牧业科技推广服务机制进一步加快。

【生态环境发生新变化】狠抓城镇"绿化、美化、亮化"工作，筹集资金608万元，植树造林1.2万多棵，成活率达到78%以上，县容县貌有了新的改观。投入专项资金50多万元，加大了城市卫生管理力度，实行"门前三包"制度（包卫生、包治安、包绿化），整治了县城内乱摆摊、乱停放违章违规行为，生态环境得到有效保护。为全面打造环境优美，文明整洁的城镇形象，投资9.2万元，更换县城门面牌126户，进一步提升了城市品牌建设。大力实施草补机制，年末牲畜存栏控制数在56.6万头（只、匹），同比减少4.4%，草畜矛盾得到有效缓解。

【和谐社会建设再谱新篇章】紧紧围绕平安建设的要求，始终坚持"稳定压倒一切"和"打防结合、预防为主、专群结合、依靠群众"的方针，以维护革吉县社会局势稳定为首要前提，坚持周密部署，完善机制，狠抓落实，实现了"三不出"和"三无"的工作目标。进一步加强社会治安综合治理，及时排查和处理各类矛盾纠纷，切实做到各种矛盾化解在基层。深入开展寺庙爱国主义教育和法制宣传教育，扎实推进寺庙"六建"、"六个一"、"九有"工程，寺庙通路率达95%，通水率达95%，广播电视和寺庙书屋实现全覆盖。狠抓安全生产工作，广大人民群众的生命财产安全和食品安全得到有效保护。高度重视信访工作，严格按照"属地管理、分级负责"原则，受理群众来访12（批）件，45人次，办结率95%，群众满意率大幅度提高。

【领导名录】
县委书记：张学营
县　　长：扎西措姆
人大主任：洛桑多吉
政协主席：才旺罗杰

改则县

【年度综述】2012年，全年实现生产总值3.32亿元，同比增长19.1%。其中：第一产业产值1.5亿元，同比增长1.4%；第二产业产值3974万元，同比增长28.6%；第三产业产值1.4亿万元，同比增长42.4%；产业结构得到优化，三次产业结构调整为45：12：43。社会固定资产投资完成1.46亿元；社会消费品零售总额达到5786万元；财政收入达到1007万元，各类税收达812万元；全年实现劳务输出创收1688万元；农牧人均纯收入为5415元，同比增长31.3%。全年接待游客4670人次，实现旅游创收373.29万元。

【突出牧业发展优势】2012年末存栏头数为69.6万头，牲畜出栏率达39.8%；农牧业总产值达到1.9亿元；农畜产品综合商品率达65.3%；肉类总产量5415.6吨，奶类总产量2570吨，各类皮张总产量28.3万张。

【加快基础设施建设】紧紧围绕“投资出项目，项目带建设，建设促发展”的发展理念，加强管理，以发挥最大的项目效益，来推动经济的发展。一是投入40万元用作项目前期经费，完成“十二五”、“十三五”项目储备库建设和2013-2014年援藏项目筛选工作。投资4200万元完成2011-2012年援建项目13个。开复工项目共23个，总投资1.09亿元，完成总投资额86%。上述项目中，个别项目因开工较晚需跨年完工外，大部分项目已完工。二是扎实做好项目申报工作，截至当前已完成项目申报5个，计划投资3100万元，正在申报的项目共13个，计划投资4445.59万元，项目涉及市政建设、牧区基础设施改善、社会事业建设等多个方面。完成周转房建设32套，并完成了改则县农牧民文化中心建设。三是积极争取项目，结合我县实情不断完善充实县项目库，政府各部门要积极争取相关项目，加强项目跟踪管理，确保项目落实到县。

【全面落实保障和改善民生工作】教育事业不断提高。“两基”工作得到巩固提高，2012年下学年，全县6周岁儿童一年制入园率达94.8%；适龄儿童入学率为99.5%，初级中学入学率为99.13%，初中、小学辍学率为0，全县文盲率为1.45%。在9月份“两基”工作通过地区复查。按照上级要求“三包”经费标准，严格落实设立专户、专人管理，资金做到了专款专用，按时、足额发放，全年三包经费兑现1092万元，兑现100%，实施农村义务教育营养餐改善计划惠及1402人。

卫生服务条件不断改善。全年未发生大型流行性疾病和重大公共突发卫生事件。全县牧民参合继续保持在100%，各项医疗救助、补助及时兑现。先心病救治工作扎实开展，先心病普查工作已于9月份全部完成，筛查出先心病儿童24名。实现医疗救助70.8万元。

文化事业建设不断加强。坚持以构建完善公共文化服务体系和文化广播事业体系两大任务为目标，大力推进精神文明和文化事业建设。广播电视“村村通”、“户户通”工程全面实施，全年发放卫星接收器2000余套。完成六个乡镇的文化站建设、4座寺庙书屋的建设任务。县财政投入10万元的民间艺术团组建资金，目前艺术团演员初步筛选工作，成功举办春节晚会，庆“3.28”等大型文艺演出，取得较好的效果。

社保工作深入开展。一是“两项制度”统计建档工作全部完成。按照2300元的贫困线标准，共有4831户20257人在贫困线以下，其中扶贫户1484户5769人，扶贫低保户680户2981人，五保户87户108人，低保户585户1784人。在社保工作严格执行“应保尽报、该退则退”的动态管理。全县已纳入农村低保对象517户3537人，城镇低保对象107户（249人），各项补贴、补助及时发放到位。二是新型农村养老保险深入推进。县参保人数为11717人，征缴保费约113.86万元，征缴率在97%以上；城镇居民社会养老保险参保169人，征缴保费2.75万元，征缴率为96%。三是认真做好就业再就业工作。严格按照程序报批，积极早报岗位就业名额，为更多城镇居民提供就业机会，全年新增公益性岗位52个、城镇就业125人，城镇登记失业率控制在2.5%。积极做好就业和再就业工作，不断创新就业思路，拓宽就业途径，帮助实现临时就业720人。

措勤县

【年度综述】2012年，全县生产总值完成1.7亿元，同比2011年增长19.3%；全社会固定资产投资1.5亿元，同比2011年增长22%；财政收入775万元，同比2011年增长19.8%；社会消费品零售总额完成5556万元，同比2011年增长23.35%；实现劳务创收1315万元，同比2011年增长1.15%；全县人均收入达5155元，同比2011年增长35%。

【畜牧业增产增效】注重调整优化牲畜结构，加强接羔育幼、防抗灾、疫情防控等公共服务管理工作，促进了牧业健康有序发展。一是牲畜繁育工作扎实到位，完成幼畜繁殖151543头（只、匹），成活率达73%。二是控制成畜死亡工作扎实到位，全年成畜死亡21491头（只、匹），死亡率控制在4.39%。三是提高畜产品经济效益工作扎实到位，全年畜产品综合商品率达63%。四是加大牲畜出栏和控制存栏等工作扎实到位，预计完成牲畜出栏171107头（只、匹），出栏率达34.9%；年末牲畜存栏47万头（只、匹），存栏牲畜比上年减少2万头（只、匹）。五是重大动物疫病防控工作扎实到位，按照“五不漏”的工作原则，积极开展重大动物疫情集中免疫接种工作，向各乡镇发放O型、亚洲1型疫苗227件25瓶，注射免疫1171603头（只）；“小反刍兽疫”疫

苗注射共注射13917只；“五号病”免疫密度达到100%。六是畜产品收购工作扎实到位，全年完成山羊绒收购40.49吨，完成绵羊毛收购270.01吨，完成山羊毛收购15.17吨，完成牛绒收购0.54吨。七是人工种草工作扎实到位，注重有效整合农牧、农发、科技等渠道的资金约27万元，从拉萨调运草种籽30余吨，完成人工种草补播面积1.5万亩。

【**城乡面貌显著变化**】2012年，共争取各类项目67个，项目总投资达1.76亿元；实际组织实施各类项目62个，完成固定资产投资1.59亿元。有序推进和衔接了县级水电站、206省道“黑化”、县城集中供暖、县城电网改造升级等重点建设项目，完成了乡镇政权机关业务用房、曲洛乡派出所以及旅游、国土、寺管会等行政性项目，落实了周转房、廉住房、安居工程等保障性住房建设，强力推进了安全饮水、乡村道路建设、乡镇文化站、村容村貌整治等“八到农家”工程建设项目以及各类扶贫建设项目，城乡建设取得了实质性成效。

【**特色产业培育良好**】全年发展紫绒山羊养殖示范户417户，紫绒山羊养殖规模达18万只；全年累计销售“金紫绒”羊绒制品1204件，实现销售额175.72万元；着重抓了夏岗江风干牛肉产品形状及包装的规范建设，实现销售12万元；着重抓了藏香厂和雪鸡养殖等特色项目建设，截止年底，藏香生产和雪鸡养殖已初具规模;全年接待各类游客6185人次，实现旅游收入494.8万元。

【**群众增收持续攀升**】始终坚持把促进牧民增收、改善牧民群众生产生活条件作为首要任务，狠抓牧民增收工作，2012年全县牧民群众人均纯收入达5155元，同比2011年增长35%；牧民人均现金收入达3093元，占到牧民人均纯收入的60%。一是坚持把发展经济作为根本，注重产业结构调整，促进牧业稳产增收。把提高牧业的综合效益作为促进牧民增收的切入点，调整优化畜群畜种结构，淘汰落后畜群畜种，提高单位品质；推动牧业经营方式改革，实现了草场承包全覆盖，推动产业化、规模化经营，截至目前，成立各类牧民专业合作经济组织共24个，固定资产投资达1216.65万元，实现就业1338人，每年实现创收约342.9万元；提高牧业综合效益，牧区经济总收入达5569万元，有利地促进了牧民在牧业中实现增收。二是积极落实各项补贴补助政策和强农惠农政策，促进政策落实增收。严格落实各类支农惠农政策，大力推动“万村千乡市场”工程建设和家电家具下乡等扩大内需的政策措施，使广大牧民群众从中受益，享受到国家直补、地区补贴的优惠；完成了2011年度野生动物肇事损失统计、汇总、上报等一系列工作，兑现野生动物补偿资金70.294万元；全县共计实现就业再就业141人，其中公益性岗位40个，城镇失业率控制在2.9%以内。三是坚持把产业开发与牧民增收有机统一起来，二产方面注重吸引就业，三产方面抓住文化旅游开发的有利机遇，让一部分群众吃上“旅游饭”，促进发展新型产业增收。2012年共接待各类游客6185人次，实现旅游消费494.8万元。四是做精做强劳务经济，注重发挥项目“引擎”作用，2012年共安排和落实增收项目21个，主要包括市政建筑、交通养护、水利、农发、采石、安居工程等建设项目，完成劳务输出3876人次，机械输出971辆次，实现劳务输出创收1315万元，同比2011年增长1.15%。五是兑现2011年草原生态保护补助奖励机制资金3335.901万元，其中：禁牧补助资金2160万元，草畜平衡奖励614.791万元，牧民群众生产性补贴147.15万元，草原生态监测5万元，牧草补贴10.9万元，草原监督人员补助318.06万元，牲畜良种补贴80万元。

【**社会事业统筹发展**】2012年，全力巩固提升“两基”成果，实现幼儿园入园人数68人，入园率达27.63%，小学、初中入学率分别达到99.49%、99.5%，辍学率均为0。牧家书屋实现了全覆盖，全县牧民群众参与合作医疗12999人，参合率达100%。完成脱贫281户，返贫率控制在3.56%。完成夏秋草场承包到户286.05万亩，占可利用草场的13.2%。严格落实了“一个供养、两个低保、三个补助、七个救助”的社保政策，共兑现各类救助资金约560万元。在“2·8”特大雪灾抗救灾工作中，抢险保通400余公里，共发放救灾衣物9795件（套、顶、双），发放口粮64.38吨，发放牲畜饲草料170吨，落实救灾资金76.32万元，落实“2·8”特大雪灾牲畜死亡赔付资金337.5万元。2012年，及时足额向广大牧民群众配送碘盐72吨，碘盐覆盖率达99%。认真贯彻落实“十二五”扶贫攻坚工作计划，充分利用开展创先争优强基惠民活动的有利机遇，抓住对口帮扶联系单位帮扶联系村的有利时机，大力组织开展扶贫攻坚工作，完成脱贫281户，平均每村完成13户左右，返贫户为115户，返贫率为3.56%。坚持贯彻落实国家土地管理有关政策法规，加强工程建设领域土地管理，全年共划拨建设用地66宗、出让土地2宗，私人建房3宗，供地面积为259188平方米，确保了全县各项用地需要。

【**环保工作扎实推进**】2012年，在配强县环保局班子的基础上，强化环保工作，为营造良好的城乡居住环境奠定了坚实的基础。一是加强重点建设项目环境监管工作，建立健全了重点建设项目开工环境评估制度，加大了对重点建设项目环境检查和管理工作力度，开展重点建设项目环境检查评估11次，其中协助地区审核6次，环保“三同时”验收项目5个，环评执行率和“三同时”验收率达100%。二是加大对扎日南木措等旅游景点的环境保护宣传，发放各类环保宣传册1200余份，张贴标语10余条，提高了游客保护环境的意识，促进了旅游景点环境优美。三是继续实施城乡环境卫生综合整治工作，动员全县干部群众，加大重点区域“脏、乱、差”清理整治，坚持不懈地抓好卫生清扫工作，建立健全卫生管理长效机制，全面促进了城乡环境卫生的改善，营造了良好的发展环境。

林芝地区

林芝地区

【年度综述】2012年，全地区生产总值完成72.39亿元，增长12%；固定资产投资完成75.29亿元，增长23.6%；财政收入完成5.66亿元，增长17.9%；农牧民人均纯收入达到7498元，增长16.6%，其中现金收入达到6326元，增长16.4%。

【千方百计争取项目，加大投资，增强经济发展实力】林芝机场停机坪改扩建全面完成，墨脱公路、然察油路等续建项目加快推进；国道318线102滑坡群和通麦至105道班路段整治、八一大桥、朗县至加查油路等项目开工建设，以航空、公路为一体的交通运输网络初步形成；拉林铁路预可研获得审批。波堆、沙堆、甘登电站等无电地区电力建设项目顺利实施，日东、亚让、果达电站开工建设。建成米林羌纳、墨脱地东等6个灌区工程；开工建设八一镇开发区防洪堤、波密多吉防洪堤、察隅江洪曲治理等20个水利项目。八一镇总体规划修编工作扎实推进，投资6181.7万元征收永久片区土地7321亩；投资609万元的广福大道市政景观亮化工程全面完工；八一镇老城区给水管网改造、香港路片区基础设施等一批市政项目全面实施；老地委、行署、政协大院拆迁安置工作推进顺利。

以“八到农家”为重点，大力改善农牧区基础设施，建成47个小康示范村，完成5083户农牧民安居工程，实施113个行政村人居环境建设和环境综合整治工程，解决1.6万人安全饮水和1.05万人用电问题。农牧区转移人口居民化有序推进，城镇化率提高到32%。察隅、墨脱经济社会发展进一步加快，与腹心县差距逐步缩小。

【坚定不移围绕特色，调整结构，提升经济发展质量】全面启动质量兴地工作，大力实施主导产业和主培产业“1+1”工程，发展特色产业乡（镇）1个、专业村4个，建成藏猪藏鸡、优质水果、野生天麻种植等一批特色农畜产品基地，项目区受益人口达4.58万人，人均增收1238元。开通林芝至重庆、林芝至拉萨往返航线，启动运行地区游客中心，4家宾馆酒店被评为四星级酒店，成功举办桃花节、黄牡丹节、大峡谷文化旅游节等各类节庆活动，全年接待国内外游客227万人（次），实现旅游总收入18亿元，同比分别增长23.8%、26.2%。主动加强与华能、国电、大唐、长江三峡集团合作力度，推动水能资源有序开发；雪卡、老虎嘴电站安全运行，多布电站准备工程建设加速推进。全地区装机容量达17.8万千瓦，全年完成发电量5.05亿千瓦小时。以基地建设为依托，种植各类藏药材3500余亩，生产中成药685.7吨，同比增长7.5%；以藏药材深加工为重点，开发藏天康、藏天安、高原舒胶囊等保健产品。

【积极主动深化改革，扩大开放，增添经济发展动力】认真做好落实草场承包及草原生态保护补助奖励机制各项工作，兑现各类补助资金1925.2万元。国有资产实现保值增值，营业性收入达5427万元，同比增长9.4%。推进行政管理体制改革，减少行政审批事项368件。加大招商引资力度，引进河南雏鹰、清华紫光等大型企业入驻林芝，林芝三峡雅江宾馆项目前期工作全面完成，江南桂湖国际酒店加快建设，全年招商引资到位资金达23.4亿元。非公有制经济发展壮大，占地区市场主体的96.9%，上交税收4亿元，占地区税收的84.6%。提高金融管理和服务水平，中国工商银行林芝分行挂牌成立，金融机构存款余额达120亿元，贷款余额达22亿元。社会消费日益活跃，全年社会消费品零售总额预计实现17.8亿元，同比增长19.1%。居民消费价格指数控制在3.8%预期目标之内。

【全力保障改善民生，惠民利民，社会事业全面进步】优先发展教育各项惠民政策得到认真落实，五项教育改革发展试点工作顺利推进，“两基”成果进一步巩固提高；国家二类城市语言文字工作顺利通过评估验收，藏汉双语使用进一步规范。医疗体制改革各项任务顺利实施，地区中心血站建成使用，首家综合性民营医院（林芝济民医院）建成营业，人民医院医技楼、疾控中心实验楼开工建设，4个县医院标准化和各县藏医院专病建设项目全面实施；提前一年完成儿童先心病筛查救治工作；加强日常监管工作力度，全年未发生食品安全事故；继地委、行署驻地荣获自治区级卫生城市称号后，八一镇又通过自治区级卫生镇评估验收。加快国家公共文化服务体系示范区创建步伐，建成41个乡（镇）综合文化站，成为全区首个乡（镇）文化站全覆盖地区。全面实施积极的就业政策，城镇登记失业率控制在2.5%以内；转移农牧区剩余劳动力4.22万人（次）。保障性住房建设扎实推进，投资9301.9万元，开工建设684套；新型农村社会养老保险实现全覆盖，投资174.9万元为11.43万农牧民群众办理人身意外伤害保险。实施扶贫农发项目201个，1.5万农牧民群众直接受益，8603人实现脱贫。

正确处理发展和保护的关系，加快生态地区建设。落实投资2.99亿元，实施重点区域生态公益林和高原生态屏障建设、防沙治沙和退耕还林等林业生态项目，完成工程造林及封山育林35.37万亩；兑现生态效益补偿金1.34亿元，人均增收1069元。全年未发生较大森林火灾。狠抓园林绿化，八一镇新增绿化面积29万平方米，人均绿地面积38平方米。大力开展生态创建，33个行政村获自治区生态村称号。

【全力以赴维护稳定，反对分裂，推进平安林芝建设】投资2080万元，建成并启用52个便民警务站，群众安全感进一步增强；投资1000万元，实施寺庙“9+6”工程；关心关爱寺庙僧尼，医疗、养老参保率分别达到99.5%和95.8%。狠抓安全生产，安全生产事故起数同比下降39%，死亡人数控制在自治区下达指标范围内。加强人防建设，提升防空救灾能力。加强国防和军队建设，积极开展双拥共建，军政军民团结更加紧密。

林芝地区纪检（监察）工作

【加强监督检查，确保中央方针政策和区党委、地委决策部署落到实处】各级纪检监察机关围绕地委、行署的工作大局，围绕“三重一大”，突出重点，加大了监督检查力度。一是加强了对党的十七届五中、六中全会、中央第五次西藏工作座谈会和自治区第八次党代会精神贯彻落实情况的监督检查；二是加强了对全区经济工作会议和地区工作会议精神贯彻落实情况的监督检查，重点加强了对小康示范村建设、农牧民安居工程建设、农村人居环境建设和环境综合整治等工作落实情况的监督检查。三是配合自治区加快水利改革发展综合监督检查组，对朗县、米林、工布江达三县加快水利改革发展工作进行了监督检查；四是对全地区52个便民警务站的建成投入使用情况进行了全面监督检查。确保了林芝地区规划的52个便民警务站全部按时建成并投入使用。五是加强效能建设，起草了《林芝地区行政效能投诉工作规则》，在地区电视台、林芝报播报、刊登了行政效能投诉公告，公布了投诉电话。并组成2个明察暗访组，深入20个地直部门、19家茶楼开展了以“转作风、提效能、促发展”为主要内容的明察暗访活动。针对检查中发现的问题，及时召开明察暗访情况通报会，要求存在问题的单位制定整改措施，进一步转变工作作风，规范从政行为。六是认真贯彻落实《领导干部在维护稳定工作中失职渎职行为责任追究暂行规定》，采取明察暗访等形式，加强对中央、区党委和地委关于开展反分裂斗争、维护社会稳定决策部署贯彻落实情况的监督检查，特别是对驻村、驻寺工作组维稳在岗和地直单位维稳值班带班情况进行了多次督促检查，要求各级党政组织自觉担负起严明政治纪律的第一责任，教育引导广大党员干部自觉维护和严格遵守党的政治纪律，在大是大非面前旗帜鲜明、立场坚定、斗争坚决，切实做到了“十个决不允许”。七是加强对各级党政组织和党员干部维护和执行政治纪律情况的监督检查，准确掌握党员干部的思想动向，进一步维护了党的政治纪律，提高了广大党员和干部职工执行党的政治纪律的自觉性。

【认真落实《工作规划》和《实施办法》，推进惩治和预防腐败体系建设】全面落实党风廉政建设责任制，切实抓好中共中央、国务院新修订的《关于实行党风廉政建设责任制的规定》的学习贯彻落实工作。对全地区73个单位2010–2011年贯彻落实党风廉政建设责任制情况进行了通报，签订了新一轮党风廉政建设责任书。认真落实《工作规划》和《实施办法》，把2012年反腐倡廉暨落实《工作规划》年度工作重点，分解为四个方面60项任务，明确了各牵头单位和协办单位的工作职责，并抓好了督促检查工作。认真落实《关于领导干部报告个人有关事项的规定》和《关于对配偶子女均已移居国(境)外的国家工作人员加强管理的暂行规定》，482名领导干部按规定报告了个人有关事项，450名党员领导干部进行了述职述廉，对554份县级干部廉政档案进行了整理。认真开展《农村基层干部廉洁履行职责若干规定（试行）》贯彻落实情况专项检查，通过听取汇报、召开座谈会、查阅文件、账目等，对农牧区学习贯彻《规定》、基层干部履职状况、建立健全相关配套制度措施情况进行了认真督查，深入推进《规定》的贯彻落实。进一步完善了党风廉政建设报告制度和责任追究、民主评议、考核、诫勉谈话等各项配套制度，切实抓好“三谈两述”制度的贯彻执行，2012年任前廉政谈话71人次，诫勉谈话12人，述职述廉53人，同地直部门负责人谈话18人次。推进行政效能监察工作的制度化、规范化建设。结合地区实际，先后起草了《林芝地区行政效能监察暂行办法》、《林芝地区行政效能投诉工作规则（暂行）》、《林芝地区机关工作人员效能告诫暂行办法》等效能监察规范性文件，制作了涉及效能监察统计、效能投诉受理、转办、督办、领导审批、现场检查、立项、结项等文件样本，为实现工作规范化、制度化和程序化奠定了基础。严格控制公务消费，认真贯彻落实中央、自治区和地区的有关规定，带头厉行节约，反对奢侈浪费。进一步规范和改革公务接待制度，严格控制公务接待费用支出。严格执行《国有企业领导人员廉洁从业若干规定》，认真落实国有企业领导人员廉洁自律“七项要求”。深入推进政务公开、厂务公开和村务公开，各县和地（中、区）直行政事业单位公开率分别达到96.7%和100%，公用事业单位公开办事制度普遍实行。

【加大案件查办，保持惩治腐败的强劲势头】2012年，全地区各级纪检监察机关共受理信访举报54件（次），其中区纪委转办14件，初核42件，立案3件，了结42件，正在办理11件，暂存1件，结案1件（上年遗留）。给予党政纪处分14人。其中，开除党籍、开除公职4人，开除党籍、撤职处分1人，党内严重警告、行政降级处分1人，党内严重警告处分1人，党内警告处分3人；给予行政记大过处分1人、行政记过处分3人，收缴违纪金487余万元。

林芝地区组织工作

【紧扣主题，创先争优活动取得新佳绩】认真做好创先争优先进典型的总结宣传工作，向全国推荐创先争优先

进基层党组织2个、优秀共产党员1名、先进县委1个；向自治区推荐创先争优先进基层党组织6个、优秀共产党员3名、先进单位4个。圆满完成地区庆祝建党91周年暨创先争优活动表彰大会，共表彰先进基层党组织50个、优秀共产党员51名、先进单位20个。督促指导各县、各单位建立健全创先争优长效机制，建立了基层抓创先争优活动“四项基本工作制度”。

【抓住关键，基层组织建设年活动扎实推进】组织开展了基层党组织分类定级工作，全地区1024个基层支部中，134个被评为先进党组织，784个被评为一般党组织，106个被评为后进党组织。在分类定级的基础上，大力开展整改提高、晋位升级工作，精心制定整改方案，明确具体整改措施，先进党组织增加了386个，94个后进党组织得到转化升级。进一步健全基层组织，理顺工作关系，全年共新组建党支部116个，派出党建指导员134名，理顺35个基层党组织关系。

【完善配套，基层组织活力进一步增强】制定了2012年党建工作思路和地区基层党建工作规划，与各县委、地直机关工委签订了2012—2014年党建目标责任书。结合林芝地区实际，制定了《林芝地区2013—2015年发展农牧民党员工作规划》，专门召开了发展农牧民党员工作会议，制定印发了《关于在全地区基层党组织中开展党员双育工程的通知》。着力加强村级班子建设，集中下派89名干部到维稳形势复杂、经济发展薄弱、班子软弱涣散、村务党务管理混乱的村（居）任党支部书记，地县财政共拿出689.11万元，主要用于下派干部为群众办实事。大力培训村干部，共拿出150多万元，组织120名村支部书记和30名大学生村官到广东参观学习，选派110名村支部书记和50名大学生村官到区、地党校集中培训，进一步开阔视野，提高能力。首次从表现优秀的村支部书记和村主任中考录了10人为乡镇公务员，进一步激发了村干部工作热情。广泛开展“三大节日”期间慰问“三老”人员和贫困党员工作，全地区共慰问“三老”人员、贫困党员1997人，发放慰问金73.71万元。于2012年底顺利完成全地区远程教育站点建设任务，全地区已建站点570个，远程教育站点覆盖率达到100%。

【以提升服务水平为目标，统筹推进组织编制和老干部等各项工作】一是突出选任公信度，干部人事制度改革不断深化。二是突出服务高水平，援藏干部管理服务工作不断提升。三是突出培训针对性，干部教育培训工作不断拓展。四是突出管理日常化，公务员工作不断强化。五是突出工作开创性，人才工作机制不断完善。六是突出程序规范性，机构编制管理工作不断加强。七是突出落实两项待遇，老干部工作服务水平不断提高。

林芝地区
宣传思想工作

【抓主线，着力做好迎接学习贯彻党的十八大宣传工作】把迎接和学习宣传贯彻党的十八大作为全年工作的主线，及早谋划部署，精心组织实施，有计划有步骤地推动学习宣传活动掀起高潮。

【抓重点，着力壮大积极健康的主流思想舆论】理论武装积极推进。2012年，地委理论学习中心组共集中学习14次，其中邀请专家教授讲课5次；编辑出版下发了《中国共产党成立90周年、西藏和平解放60周年、林芝地区恢复成立25周年献礼书籍<理论思考实践探索>》2000册；以电视电话会议的形式，举办了林芝地区“喜迎十八大，学习胡锦涛‘7·23’重要讲话精神和李长春在西藏视察时重要讲话精神，深入开展以‘爱国、团结、和谐、发展、文明’为主题的核心价值观教育，着力弘扬‘老西藏精神’理论研讨会”，对13名优秀理论文章作者进行了表彰；召开了庆祝西藏百万农奴解放纪念日设立三周年座谈会；举办了学习阅读《百万农奴站起来》心得体会交流会；投入7万元，在八一镇21个便民警务站和4个派出所设立了“建设学习型社会便民警务站图书漂流服务点”；向自治区推荐了地区宣讲人才库和基层宣讲队伍；除配合自治区赴林芝宣讲团开展各项工作外，还及时协调组织了地区党的十八大精神宣讲团赴县、乡（镇、街道、社区）开展宣讲工作。

舆论引导扎实有效。2012年，地区主要新闻媒体刊发、转载揭批达赖的各类文章评论70余篇。在自治区和地县级新闻媒体上大力宣传王建同志和察隅县县委书记郑新强同志的先进事迹，协助区党委宣传部组织了“布达拉宫模范消防大队先进事迹巡回报告会。

文明创建活动蓬勃开展。开展义诊500余人次，发放药品价值7000余元，发放各类宣传资料、光碟2600余册（张），咨询人数达400余人；开展“学习雷锋、做美德少年”网上签名寄语活动、“向国旗敬礼、做有道德的人”网上签名寄语、“喜迎十八大”网络传播以及“网上祭英烈”活动；组织评选推荐第三届自治区道德模范工作；组织开展了“童心向党”歌咏活动；开展评选推荐自治区首届“格桑梅朵杯·美德少年”工作；成功举办“自治区道德模范”巡讲活动。

涉藏舆论斗争的主动权有效加强。为进一步拓展外宣领域，创新方法手段，完善体制机制，努力打造全方位、多层次、宽领域的大外宣新格局，一是认真做好外宣采访点的收集，抓好外宣品的制作。二是认真做好林芝地区外宣基础设施及信息化工程和米林县南伊外宣点项目的前期工作。三是认真编辑、编发手机新闻。林芝新闻手机报于2012年1月1日正式启动以来，已编发新闻300多条。四是加大网络对外宣传力度，借助外力宣传林芝。组织召开了4场新闻发布会；地区共接待了中国国际广播电台、立陶宛学者记者团、“我眼中的西藏”采访组、巴西记者团、中央电视台外语频道等6个批次约30人的新闻记者在我地区的采访工作。

【抓阵地，着力有效维护意识形态安

全和文化安全】全地区共开展各项执法检查4227家次，出动执法人员2339人次，出动车辆207台次，查缴非法销售和安装卫星电视地面接收设施39套；收缴政治性非法光碟241张，收缴各类盗版、淫秽色情光碟2035张。

【抓特色，文艺文化活动繁荣发展】一是2012年林芝地区入选国家公共文化服务体系建设示范区，加快了公共文化设施网络建设、公共文化服务产品供给、非物质文化遗产项目生产性保护、新农村新文化示范村创建等项目的实施步伐。二是积极开展送文化文艺下乡等文化活动。利用元旦、春节、藏历新年、“3·28”百万农奴解放纪念日等节庆活动，组织文艺工作者老年文艺队、驻地部队以及各县开展了新年“趣味游园活动”、军警民联欢会、舞龙舞狮、文艺汇演等活动。其中波密县举办的“3·28”百万农奴解放纪念日“民心向党、歌颂党恩”文体活动，活动规模之大，持续时间之长，群众反响之好，均成为波密历史之最。林芝地区朗县金东乡的原生态歌舞节目《玉湖蓝莲》代表林芝地区参加了2012年自治区电视藏历水龙年晚会，受到广大观众和专家的好评。三是认真开展特色广场活动。地、县结合地域文化特色，开展锅庄、拔河、赛马、赛歌、迎藏历新年团拜会等传统文体节庆活动，极大地丰富了群众文化活动内容，据统计，全地区共有文化广场47个，2012年共开展各类广场活动5890场次，参与人员29.4万余人次，观众达176万余人次。四是开展送书送电影活动。地、县文化广电局积极组织开展全地区文化生活的送戏、送书、送优秀影片下乡活动。全年共送文艺节目下乡61场次，参与演出人员达2500余人次，观众人数达38000余人次；送图书下乡3000余册；送音乐光碟《工布民歌》280余张；精心挑选《康定情歌》、《高原如梦》、《先遣连》等一批藏、汉语优秀国产电影在学校、寺庙、农牧区展映196场，观影观众33000余人次。五是做大文化产业。全力打造具有林芝特色的优势产业。重点抓好对传统文化的挖掘、保护和开发，积极发展较少民族和□人文化博物馆旅游、生态文化旅游；加大对文艺创作扶持与奖励力度，加强对各门类文艺创作生产的引导。六是大力推进“新农村、新文化”示范村创建工作，认真落实五大文化惠民工程，大力推进先进文化进寺庙工程。

林芝地区统一战线工作

【积极开展统战人士思想政治工作】坚持用“同心”思想凝聚共识，在主动与各族各界代表人士进行经常性、广泛性接触的同时，以“三大节日”为契机，积极开展走访慰问活动，召开统战人士“新春茶话会”，主动为他们送去党和政府的关怀。2012年，全地区共走访慰问各族各界统战人士80余人次，发放慰问金60多万元。

【切实加强党外代表人士队伍建设】2012年，共向地委组织部考察推荐5名表现较为突出的党外干部。同时，按要求做好政协人事安排工作。向政协林芝地区第七届委员会推荐党外常委16名、党外委员78名，向政协西藏自治区第十届委员会推荐常委3名（其中党外2名）、党外委员18名。

【扎实开展境外藏胞工作】及时传达学习全区境外藏胞工作会议和《关于颁布〈境外藏胞回国审批接待管理办法（试行）〉的通知》（藏统发〔2012〕72号）精神，积极开展境外藏胞工作调研，认真做好境外藏胞回国探访审批、接待、管理工作，严防达赖集团利用藏胞回国探访派遣人员进行渗透破坏活动。

【扎实推进“九有”工程】发放四位领袖像93幅，发放四位领袖像缩小版445幅，发放国旗93面。及时对寺庙通路、通水、通电、通广播电视情况进行摸底，对有条件且没有通路、通水、通电、通广播电视的寺庙进行统一规划，分批分期解决。目前，全地区93座寺庙通路80座、通电74座、通水49座、通讯68座，已实现领袖像、国旗、报纸、书屋、广播电视全覆盖。完成80个寺庙电影放映点覆盖任务，向寺庙发放电视机581台、卫星设备468套和部分图书等。各县积极协调文广部门，把寺庙报纸、文化书屋纳入基层文化建设范畴，为寺庙统一征订人民日报、西藏日报、《新西藏》等报刊藏文版。林芝报社免费向寺庙赠送《林芝报》藏文版。部分县还组织放映队，每月到辖区寺庙巡回放映一场爱国主义教育题材电影。

【着力实施“九+六”工程】在实施好“九有”工程基础上，地委、行署又结合实际，由地区财政拨付1000万元资金，帮助每个寺庙修建一个澡堂、一个温室大棚、一个国旗台、一个图书阅览室、一个固定垃圾池、一个厕所（简称“九+六”工程），并要求2013年上半年全面完成。为把有限的资金使用在刀刃上，制定细化工程实施方案和项目资金使用方案，下发《关于认真做好“九+六”工程项目资金使用的通知》等多个文件。此项工程正在紧张实施中，林芝县已完成项目的70%，米林县已完成项目的55%，察隅县已完成项目的50%，其余各县准备工作均已完成，正陆续开工建设。与此同时，各县还结合自身实际，累计筹措资金900余万元，维修僧舍，着力改善僧尼生活条件。

【全面开展僧尼“两保一低”工作】积极开展僧尼全员参加医疗保险、养老保险工作，实现了全覆盖。对被自治区评为和谐模范寺庙的在编僧尼和被授予爱国守法先进称号的僧尼，由政府全部给予补贴、免费参加“两险”；对被地、县评为和谐模范寺庙和爱国守法先进僧尼的分别按50%、25%的比例给予“两险”补贴。在全区率先建立财政补贴制度，将寺庙僧尼全部纳入养老保险范畴，每年地、县两级财政（分别承担50%）以最低缴费档次100元予以全额补贴。截至目前，全地区417名在编僧尼全部参加医疗保险、养老保险。为真情关怀、真诚关爱广大僧尼，各县采取不同方式，为所有在编僧尼全部进行免费体检，建立僧尼健康档案（卡），从根本上解除僧尼的后顾之忧。严格落实有关低保政策，地县统战部门主动协调民政、人社等部门，将符合要求的僧尼全部纳入社会保障范围，与农牧民同等对待。

林芝地区政法工作

【狠抓综治目标管理措施的落实，社会管理创新综合试点工作取得明显成效】注重民生服务保障，在强农惠民上取得新进展。注重社会和谐稳定，在寺庙管理上取得新进展。注重信息化建设的主导地位，在提升科学化管理水平上取得新进展。

【切实加强社会矛盾化解工作，有效遏制和防止重特大群体性事件的发生】一是召开地区综治办主任会议安排部署矛盾纠纷排查调处工作，通报了《林芝地区社会管理综合治理委员会关于当前各县面临社情隐患的通报》（林地综治委〔2012〕1号文件），要求各县综治办要高度重视矛盾纠纷排查化解工作，把《通报》的社情隐患一一作为督办案件，加大排查力度，严格执行“一个问题、一名领导、一套班子、一个方案、一抓到底”的工作责任制，对基本情况、基本数据和基本信息切实做到底数清、情况明，并将调处情况及时上报地区综治办。同时还要求各县综治办要从严落实《林芝地区重大事项社会稳定风险评估化解制度》，全面推广重点行业、重点领域和重大事项社会稳定风险评估机制。二是制定出台《社会矛盾纠纷排查“零报告”和责任追究实施办法》。为全力推进平安林芝建设，凸显大调解机制在维护社会稳定中的特殊功能，强化以排查零报告和责任追究制度为核心的大调解工作责任体系，建设从源头上把握社会矛盾纠纷的规律性，掌握化解工作的主动权，林芝地区社会管理综合治理委员会起草了《林芝地区社会矛盾纠纷排查“零报告”和责任追究实施办法》，并经报请地委、行署研究通过，以地委办、行署办和地区纪委名义下发全地区实施。三是在下发《林芝地区社会治安综合治理委员会关于当前各县面临社情隐患的通报》的基础上，加大对各县社情隐患排查调处工作的督促检查力度，对《通报》内容进行跟踪督察督办。通过全地区各级各部门的共同努力，全年未发生大规模的矛盾纠纷和群体性事件，总体局势稳定。

【切实加大了舆论宣传教育工作力度，认真组织开展了反邪教警示教育活动】一是通过3月份综治宣传月、6月份综治宣传周和“9·16”平安宣传日活动，组织地区防范和处理邪教问题领导小组各成员单位，采取向过往群众发放宣传资料，组织宣传车辆在八一城区内及城市周边地区和318国道沿线进行宣传，将《反邪教警示教育》宣传图片在人口稠密的集贸市场进行张贴。同时，在各敏感期来临前，组织相关部门深入到党政机关、企事业单位、学校街道、社区充分利用《邪教为害作乱事例选编》中的有关案例和《反邪教法制读本》等相关的宣传资料，积极开展“家庭拒绝邪教”、“学校拒绝邪教”、“地区拒绝邪教”、“单位拒绝邪教”、“社区拒绝邪教”活动。通过宣传教育活动，使广大干部群众进一步认清了“法轮功”等邪教组织反人类、反政府、反科学、反社会的本质，进一步增强了广大干部群众积极参与反对邪教的自觉性、主动性，为反邪教工作创造了良好的舆论氛围，收到了很好的社会效果。二是根据《自治区610办公室关于开展“家庭拒绝邪教”活动的通知》要求，地、县两级610办公室在全地区范围内积极开展了“家庭拒绝邪教”活动。2012上半年地区610办公室制作发放了“家庭拒绝邪教承诺卡”，各县均开展了签订承诺卡活动，截止目前，共签订“家庭拒绝邪教承诺卡”14058份，签订率达97%。

【不断完善执法监督信访工作，坚持公正办案，确保执法为民】整合各方力量和社会资源，全力办结涉法涉诉信访案件。全力开展司法救助工作，切实解决了当事人的实际困难。

林芝地区党校（行政学院）工作

【干部培训工作，取得实际效果】根据2012年干部培训规划，地委党校共举办了10个主题班次，培训学员455人。即：公务员初任班两期（100人）、中高级专业技术干部思想政治建设专题培训班（40人）、乡镇党委副书记培训班（40人）、公务员任职培训班（40人）、中青年干部理论学习班（40人）、乡镇副乡（镇）长培训班（40人）、村党支部书记培训班（50人）、共青团干部学习贯彻十八大精神研讨班（50人）等。

【围绕现实问题，提高科研水平】2012年，党校科研围绕地区社会稳定和经济文化发展深入研究，共撰写科研论文20余篇。在以“社会主义核心价值观”、“弘扬老西藏精神”为主题的理论研讨活动中，地委党校教师撰写的科研论文分别在自治区和地区理论研讨会上获奖。

【发挥宣讲优势，服务中心工作】深入基层，送教上门。5月，由校领导带队，开展了送教上门宣讲活动。分别在米林、工布江达、林芝等县及所辖乡镇进行。授课涉及12个乡镇，听课人数累计达500多人。在此项活动中，授课教师精心选题，充分备课，紧紧围绕基层党员干部工作需求，分别就党建、公务礼仪、应急管理、四观两论、文化旅游发展等进行了专题讲授，受到了广大基层党员干部的一致好评。

围绕主题，开展宣讲。在党的十八次全国代表大会召开后，作为宣传党的理论和方针政策的主阵地，党校积极投入到学习贯彻十八大精神的工作中。全体干部职工紧紧围绕十八大，开展了一系列学习宣讲工作，通过全校自身不断深入学习，派出了部分骨干教师，深入机关、企事业、基

层等地方宣讲十八大精神，掀起了地区学习贯彻十八大的热潮，充分发挥了党校作为党的理论宣传主阵地的作用。

【适应工作需要，完善阵地建设】硬件设施建设。一是为适应在新形势下大规模培训干部的工作需要，林芝地委党校的基础设施比较薄弱，如没有学员食堂，培训期间学员就餐问题不能妥善解决，原有学员公寓设计不能适应现在需求等问题。校委班子通过向区、地发改委多次申报，党校改扩建工程项目于6月得到批准建设。改扩建工程项目总投资500万元，包括两个项目：新建学员食堂一，占地面积852.6，新建学员公寓一幢，占地面积1343.92。目前改扩建工程项目已开工建设，计划2013年9月竣工。二是为进一步加强自治区党校对学校的业务指导和帮助，提高教学质量，提升办学水平，学校加入了自治区党校系统的数字资源远程VPN共享工程虚拟专用网，弥补了远程网络资源的不足。

师资队伍建设。一是为了不断提升教师自身水平，更好地服务干部培训工作。先后选派了两名青年教师赴中央党校就读研究生；二是充分利用外聘人才库优势，分别邀请了广东省委党校、自治区党校等党校系统的教授和学者到校授课；三是鉴于学校师资紧缺，加上派出驻村工作队，为弥补学校学科建设不足，部分学科教师空白的现状，充分发挥地区人才库优势，在各主体班次授课过程中，邀请了地区部分党政主要领导、企事业单位专业技术人才，到校做专题讲座。

林芝地区人大工委工作

【扎实开展地区县乡人大换届选举工作】认真开展换届督导、确保依法实施选举。工委在整个换届选举过程中分阶段、分批对各县、各乡镇的换届选举工作进行了全面督导检查，指导各县依法开展选民登记、选区划分、代表候选人推荐、代表选举、召开县乡新一届人大一次会议等工作。以两位副主任为组长的两个督导组深入到除墨脱县以外的六县及各乡（镇）实地检查县乡人大换届选举工作开展情况，及时发现存在的问题并加以解决，确保了林芝地区各县人大换届选举工作的依法有序开展。工委主要领导专题听取了部分县人大主任对换届选举工作情况的汇报并指出了应注意的问题，提出了具体要求。至7月份，各县县乡两级新一届人民代表大会先后依法顺利召开并圆满结束。七县在县乡两级人大换届选举过程中没有出现违法违规现象，由地委、各县委推荐的县乡人大、县乡政府、县法检两院干部均高票当选。此次地区县乡人大换届共选举产生县级人大代表669名，乡级人大代表1984名，各县新一届人大常委会组成人员127名，其中主任7名、副主任26名、委员94名；县政府领导人69名，其中县长7名、副县长62名；县法院院长7名；县检察院检察长7名。乡(镇）新一届人大主席54名、人大专职副主席51名、乡镇长54名、副乡镇长107名。

认真做好林芝地区的区十届人大代表名额分配和选举工作。根据自治区人大常委会办公厅关于做好自治区十届人大代表选举工作有关要求，工委结合地区实情、多次召开专题会议研究林芝地区的自治区十届人大代表名额分配方案，并报经地委、区人大常委会审查同意后，指导各县严格按照《选举法》有关规定及选举方案要求依法选举产生了自治区十届人大代表。

加强人大业务指导，努力提升履职能力。为提高地区各县新一届县乡人大干部工作的整体水平，增强县乡人大干部和新当选的县乡人大代表履职能力，工委领导定期、不定期地深入到县、乡进行工作调研，指导县、乡人大工作并协助解决工作中存在的困难和问题。经地委批准和认真筹备，10月，召开了基层人大干部培训会议。七县（54个乡镇）的部分人大干部、行署法制办、地区发改委、财政局等100多名同志参加了培训会议。培训会邀请了自治区人大常委会财经委员会、法制委员会备案审查处的领导分别就“如何做好财政预决算审查和监督工作”、“如何开展好规范性文件备案审查工作”进行专题辅导。工委的同志也分别就新一届县乡人大代表如何做好监督工作，以及县人大常委会、乡镇人大主席团如何做好代表工作、如何做好代表议案、建议、意见工作进行了授课。通过集中学习、分组讨论，进一步提高了基层人大干部的理论水平和业务能力，提高了新当选人大代表的履职能力。各县人大常委会分别交流了工作经验，对推动提高各县乡人大工作起到了积极作用。

【依法开展监督工作，切实增强监督实效】依法开好委员会会议。严格按照监督法和人大工委工作条例的规定，切实履行监督职能，按期召开了四次工委委员会会议。每次会议均邀请部分地区的自治区九届人大代表到会，听取行署有关部门和两院工作报告。2012年，围绕实现地区经济跨越式发展和维护社会稳定工作中的重大问题，听取了地区发改委2011年地区国民经济社会发展计划执行情况和2012年地区国民经济社会发展计划安排情况、地区财政局2011年财政决算和2012年财政预算情况报告、地区创卫办关于“创建自治区级卫生文明城市”工作情况报告、地区国土资源局关于土地征用工作情况报告、地区综治办关于地区社会管理综合治理工作情况报告、地区食品药品监督管理局关于地区食品药品监督管理工作开展情况报告、财政局《关于地区2012年财政预算变更情况报告》、发改委《关于地区上半年国民经济运行情况报告》；文广局《关于推进地区文化大发展大繁荣工作情况报告》、教育局《关于地区迎国检教育成果巩固情况报告》、《地区中级法院2012年工作开展情况报告》、《地区检察分院2012工作开展情况报告》、地区交通局《关于乡村道路建设工作的情况报告》。工委领导和与会的各位区人大代表以对党和人民高度负责的态度，提出了许多改进工作的意见和建议，同时也收到了良好的监督效果。

深入开展调查研究、提高监督质

量。针对地区社会管理综合治理、地区乡村道路建设工作中群众关心的热点、难点问题分别进行了专题调研。通过深入的专题调研，全面了解了存在的问题和不足，为行署有关部门改进工作提出了意见和建议，为地委科学决策提供了翔实依据。

认真开展执法检查。根据林芝地区经济发展过程中凸显出的问题，工委领导带领由部分区人大代表参加的实施《土地管理法》执法检查组，深入米林、林芝、波密三县的乡镇开展执法检查。通过走访了解、听取情况汇报、实地查看、查阅相关资料、召开座谈会等方式对林芝地区贯彻实施《土地管理法》情况进行了认真检查。共查看土地开发、整理、建设用地20多处，查阅档案资料12次，召开座谈会7次、听取汇报3次，全面掌握了林芝地区在贯彻落实《土地管理法》过程中取得的成绩和存在的问题，向行署提出了改进落实《土地管理法》的工作建议。

切实抓好信访工作。信访工作，既是化解社会矛盾、督促有关方面解决问题的有效手段，又是人大开展监督工作的重要方式。2012年，工委高度重视来信来访工作。一是继续按照"分级负责、归口管理"的原则和实现四个百分之百的工作目标，认真开展了群众的来信来访工作；二是坚持人大工委领导接访制度，重要信访案件由工委领导和分管秘书长亲自接访，并直接督办，保证了办理效果；三是积极与地区中法、地区信访局一道对有关信访案件进行调解。2012年，人大林芝地区工委共接待来信来访4（件）9人次，主要涉及不服法院判决、资产纠纷等方面的问题。目前，通过各方协调沟通，问题均得到了较妥善的处理。

林芝地区外事工作

【突出能力建设，不断增强地区外事工作发展后劲】加快外事基础设施建设，进一步改善外事工作条件。年初，开展了地区"十二五"外事项目编报工作，已建立起了地区外事基础设施建设项目库。林芝地区外事活动综合业务用房项目作为自治区"十二五"第一批重点项目已经批准先行启动，积极与发改、住建、国土、环保等部门沟通联系并落实责任制，指定专人负责，做好前期各项工作，目前外事活动综合业务用房主体部分已全部完成，给排水和用电接入工作正在与相关单位积极沟通协调中。

积极争取援藏省市对口支持力度，进一步明确外事工作思路。2012年，广东省多地市外办来林探望援藏干部暨开展考察交流活动，就如何借助广东外事对口支持平台，提供智力支持和资源共享等事项进行了探讨并达成共识，进一步明确了今后一段时期内的工作思路。

【做好礼宾接待，提升地区对外形象】协助配合地委、行署及上级业务部门做好相关接待工作，2012年，主要接待了尼泊尔驻拉萨总领事巴道和澳门特别行政区审计长何永安先生一行等重要涉外团组6批39人次。接待工作中，本着"友好对待、多做工作"的原则，制定周密接待方案上报行署研定并落实，积极协调地区相关部门，做好外事接待指导工作，让来访人员在短时间的参观访问中亲身到感受西藏民主改革，尤其是改革开放以来林芝地区社会经济建设取得的巨大成就。

【严格因公出国（境）管理，确保地区"走出去"成效】2012年，共办理因公出访13批16人次，出访英国、澳大利亚等国家和港澳地区，涉及技术培训、司法培训、青少年交流等内容。按照自治区因公出国（境）外事专办员业务培训会议精神，进一步规范了地区因公出国办理程序，充实完善了《林芝地区因公出国（境）工作指南》，细化了邀请函、请示件、政审、出国审批表格填写、出访人员照片、专办人员办理要求等具体内容，确保服务对象对办理因公出国（境）手续的清晰明了。

【不断强化涉外应急处突工作，服务地区维稳工作大局】作为地区维稳一线成员单位，认真做好日常调研和信息情报收集工作，积极探索和把握新形势下地区涉外应突工作的新规律和新模式，进一步增强地区涉外应突工作的针对性、前瞻性和敏感性。积极主动加强与公安、机场、旅游及各边境县等涉外涉边部门的沟通联系，及时了解和掌握各类涉外突发事件和边境（界）动态，时刻保持高度警惕，确保不出任何纰漏和闪失，以部门稳定推进地区整体形势持续稳定。2012年林芝地区未发生一起涉外突发性事件。

【继续加强涉外项目归口管理工作，确保"为我所用"】按照"统一领导、归口管理、分级负责、协调配合"的原则，加强了对境外非政府组织在林芝活动的外事归口管理，特别是注重加强项目实施后的跟踪管理工作，及时向行署和上级部门报告有关情况，确保在林芝地区的非政府组织项目能够真正做到"政治无害"、"为我所用"。

林芝地区民族宗教工作

【积极推进寺庙"六建"工作】一是全地区共建立寺庙管理委员会7个（县级2个：朗县巴尔曲德寺管委会、工布江达拉如寺管委会；正科级5个：工布江达日嘎寺管委会、林芝县喇嘛岭寺管委会、波密县多东寺管委会、倾多寺管委会、察隅县扎通日追管委会）。设专职管理特派员办公室86个，归口同级统战部门管理；二是管理队伍基本建立。共选派了优秀党员干部、公安民警277人进驻寺庙开展工作（林芝县45人、米林县48人、朗县20人、工布江达71人、波密县47人、察隅县17人、墨脱县29人），建立了寺庙管理机构和领导班子，各县统战部设立了宗教领导小组办公室，从县直单位和各乡镇选调了工作能力强的干部充实到宗教领导小组办公室，确保了各项工作正常开展。三是成立寺管会党支部6个（巴尔曲德寺管委会党支部、拉如寺管委会党支部、喇嘛岭寺管委会党支部、日嘎寺管委会党支部、扎通日追管委会党支部、塔巴寺专职管理特派员党支部）。四是制度建设进展顺利。五是巴尔曲德寺、拉如寺、喇嘛岭寺、日嘎寺、扎通日追、多东寺、倾多寺7个寺庙管理委员会综合服务用房的项目规划、选址和前置手续已经完成，管委会综合业务用房建设工作全面启动，国家共核拨专项资金853万元。86个寺庙专职管理特派员办公室和驻寺民警的综合业务用房建设方案、工程概算、项目选址已基本完成，拟建总面积为28380平方米，投入估算总价为74906000元，平均每个专职管理特派员办公室综合业务用房（含警务用房）面积330平方米，平均造价约2640元每平方米，项目建设方案已通过地、县相关部门初评，正向自治区相关主管部门申报审批。

【深入开展“六个一”活动】277名派驻干部分别与1至3名僧尼接了对子，成了朋友。在对僧尼家庭进行家访的工作中，各县都进一步完善了僧尼信息登记表，制作了僧尼及家属联系卡、建立了僧尼个人档案。截止3月，工布江达县、米林县、朗县、林芝县、波密县等为僧尼个人及家庭解决生产生活上的实际困难近50件。

【全面落实寺庙“九有”工程】统一发放了四位领袖像93幅，给每位僧尼发放四位领袖像缩小版494幅，发放国旗93面，各县组织放映队，每月到辖区所有寺庙巡回放映一场爱国主义教育题材的电影。各县积极协调文广部门，把寺庙报纸、书屋纳入基层文化建设，为寺庙统一征订了人民日报和西藏日报。3月27日举行了“文化设备进寺庙”设备配送仪式，给寺庙发放了电视机、图书等（米林县、工布江达县、波密县、墨脱县等21个寺庙发放直播了卫星设备50套，电视机41台）。

【落实僧尼参加“两险”工作情况】在编持证僧尼406人中404人参加了医疗保险，参保率达到99.5%（朗县甘丹热登寺赤来伦珠活佛目前在自治区佛协工作，属于公务员，因此未参加僧尼社保，朗县巴尔曲德寺当曲活佛因年幼，未满足参保条件）；406人中，已经参加养老保险的有389名，参保率达到95.8%（未参加养老保险的17人中工布江达县12名僧尼为低保护，另有朗县3名僧尼因未到参保年限）。

【积极开展寺庙僧舍维修工作】行署安排122.88万元，同时由县级财政配套81.92万元，维修16个宗教活动场所的33个僧舍、新建51个僧舍，该项目已于4月全部完成。

【认真开展清理整顿社会流动从事宗教活动人员工作】登记备案的115名社会流动从事宗教活动人员中，户籍在本辖区的共计84人（其中从教职业为俄巴的有43人、阿觉有41人），跨省人员3人、跨地人员26人、跨县人员2人。

【认真开展跨省区学经回流人员集中教育管控工作】全地区目前共有外出学经人员194人（其中到区外128人、到其他地区41人、到县外24人、1个无固定寺庙），截至2012年10月15日已返回59人（其中区外54人、区内2人、县外3人）。

外出学经人员中持宗教教职人员证2人（波密县、自动离寺，宗教职业证已收回），女性16人（其中墨脱县6名、朗县5名、波密县1名、工布江达县2名、察隅县2名）。

【2012年寺庙维修补助资金落实到位】2012年，争取到寺庙维修补助资金98万元，其中林芝县达孜寺5万元、察隅县通庆寺6万元、工布江达县拉如寺6万元及扎西曲林寺81万元，目前所有资金已全部落实到位，寺庙维修工作正在进行中，预计在12月份前全部投入使用。

林芝地区 扶贫（农发）工作

【年度综述】2012年，落实扶贫农发项目190个，完成投资16750万元，同比增长52.3%，大幅超额完成了年初计划任务。

【扶贫开发扎实推进】2012年，共争取扶贫开发项目172个，完成总投资13917万元，完成国家投资12251万元，扶贫项目直接带动7县45个乡镇204个村3571户14979人直接受益。

【农业综合开发再上新水平】2012年，共争取农业综合开发项目7个，总投资2533万元，国家投资1749万元。其中：实施土地治理2个，总投资1193万元，国家投资1079万元；实施产业化项目5个，总投资1340万元，国家投资670万元。农发项目直接带动5县7个乡镇17行政村1261户5467人直接受益。

【基层建设年和创先争优强基础惠民生活动扎实推进】抽调6名干部参加强基惠民工作，驻村工作队累计走访群众232户928人次，召开党员大会15次，召开支部会议15次，召开党小组会议12次，召开座谈会30多次，讲座6次，文体活动8次，约谈209人，落实项目资金72.8万元，正在争取项目资金52万元。2012年，该办被林芝地区授予先进驻村（居）工作队称号、被波密县授予西藏自治区强基惠民活动2011-2012年度优秀组织单位称号。

【地区财政（援藏）专项扶贫开发资金落实情况】落实专项扶贫开发资金300万元，在7县安排11个项目，并已下达项目任务书。

【定点扶贫工作全面展开】协同地委、行署制定印发了“十二五”定点扶贫规划，安排全地区77个地（中、区）直单位进行帮扶，同时将7个区（中）直单位和广东、福建2支援藏工作队列入定点帮扶单位行列，至此定点帮扶范围进一步扩大，帮扶队伍也进一步壮大，实现了定点帮扶全覆盖。

【项目前期工作扎实开展】截至目前，已编制上报2013年第一批扶贫农发项目61个，总投资4628.9万元。一是农业综合开发项目4个，总投资1578.9万元，其中土地治理项目2个，总投资1338.9万元；产业化项目2个，总投资240万元；二是扶贫开发项目57个，总投资3050万元，其中：第一批面上扶贫项目53个，总投资2400万元；整乡推进项目4个，总投资650万元。

【两项制度"衔接工作扎实推进】对2300元以下的"四类"低收入群体建立了纸质、电子信息档案。截至目前，在7县54个乡镇489个村居委会中，共识别出四类低收入口27907人，其中扶贫对象人口为24731人，目前占地区农牧区总人口的24%。我们计划从2012年开始到2015年，将农村家庭年人均纯收入2300元以下的扶贫对象比例降至农牧区总人口的12%以下。

【规划编制工作更扎实】一是完成了"十二五"扶贫开发规划。"十二五"扶贫对象为年人均纯收入低于2300元的农牧区贫困人口。"十二五"规划项目439个，投资总规模为5.71亿元，分为贫困户安居工程、整乡推进、"两类村"扶贫、贫困乡村基础设施建设、产业扶贫、劳动力转移和扶贫培训等八大类；二是完成了地区"十二五"农业综合开发规划。规划了四个总体目标，分为土地治理和产业开发两大类，规划项目41个，总投资概算1.75亿元，其中：土地治理项目总投资12300万元，产业化项目总投资5200万元，分布在波密、米林、工布江达、林芝、察隅和朗县6个县；三是墨脱扶贫专项规划工作进展顺利。国务院扶贫办、中国农科院编制的墨脱县扶贫开发专项规划已出结果，目前正在根据评审要求进行修改完善，《墨脱县2012-2020年专项扶贫规划》拟投入资金33.58亿元，项目资金全部由国家各部委承担。

林芝地区政协工作

【以议政建言助推发展】2012年，在政协委员和政协各参加单位的共同努力下，形成了一批助推经济社会发展具有前瞻性、综合性、全局性的意见建议。委员提交自治区政协大会发言2篇，提交地区全委会发言7篇，提案立案64件，内容涉及地区工作方方面面。这些意见建议在地委、行署高度重视下，及时责成有关部门办理落实，有的意见建议迅速转化为政策措施，有的被职能部门直接采纳，产生了良好的经济和社会效益。召开提案办理答复会，对办理情况进行面对面答复和解释，维护了委员的知情权、参与权、表达权和监督权，提高了委员履职的积极性。坚持主席督办重点提案，加强和提案承办部门与提案人的联系，进一步提高办理质量，发挥了提案在推动经济发展中的重要作用。

【以视察调研助推发展】一是开展专题视察，就米朗公路和墨脱公路建设情况、林芝机场周边植被恢复情况等开展专题视察，形成了《米朗、扎墨公路视察报告》、《关于林芝机场边坡植被恢复的建议》。二是开展专题调研，加强生态环境保护、强农惠农政策落实情况等开展专题调研，形成了3份调研报告。三是开展联合调研，积极配合自治区政协调研组就强基惠民、驻村工作等进行调研，形成了联合调研报告，并召开专题协商会，听取了地区强基惠民办的工作汇报，取得了一定的成效。

【以民主监督助推发展】以坚持突出基层政协民主监督为重点，紧紧围绕党和政府关注的重大项目进展等情况，就八一防洪坝、福建重点援藏项目、强基惠民、城市拆迁、生态环境保护、来信来访等问题，开展视察督办，针对发现的问题和不足提出意见建议，多方协调解决了一系列实际问题，为经济社会发展减少了阻力，增加了动力。受职能部门的邀请，各级政协组织共选派10名政协委员担任公、检、法、司和民主评议政风行风监督员，认真履行了民主监督职能。

【以增强民族凝聚力助推发展】民族团结涉及全局、至关重要。常委会全面贯彻落实党的民族政策，始终坚持各民族共同团结奋斗、共同繁荣发展的主题，不断推动民族团结走向深入。深入开展爱国主义和民族团结教育，积极引导委员和界别群众牢固树立"三个离不开"思想，充分认识加强民族团结的重要性，切实明白团结稳定是福、分裂动乱是祸的道理，自觉珍视、维护和加强民族团结，大力推动各民族和睦相处、和衷共济、和谐发展，不断增强伟大祖国的向心力、中华民族的凝聚力。组织专门力量，深入人口较少民族地区开展调研，提出了加快人口较少民族地区发展和边境地区农牧民加快发展的意见建议，为促进各民族共同团结奋斗、共同繁荣发展贡献了智慧和力量。

林芝地区妇联工作

【围绕中心，全力推进城乡妇女创业创新】坚持以开展创先争优强基惠民活动为契机，以推动城乡妇女就业创业、激发创新为着力点，强化服务，多措并举，发挥广大妇女的创造活力。深化"双学双比"活动。为农牧区妇女搭建学习平台，提升创业技能，制定《2012年全地区农牧民妇女培训方案》，投入培训资金20多万元，组织妇女参加各类培训。9月举行林芝地区村（居）妇代会主任培训班，7县妇联主席和43个村（居）妇代会主任参加培训。各县妇联举行各类培训班36期，培训农牧区妇女2000多人次。投入1万元用于察隅县上察隅镇松林村妇女实用技术培训。助推妇女就业。加强与地区人力资源和社会保障局、地区工会等部门联系合作，广泛开展就业信息发布、就业专场招聘等活动。层层开展"春风行动"，对进城务工妇女、失业妇女和城镇零就业家庭提供政策咨询、就业帮助，引导妇女实现就业。抓好妇女小额信贷工作，成立组织机构，调查摸底，大力宣传引导，明确工作职责，确定工作步骤，细化操作规程，帮助指导妇女用好优惠政策。深化"巾帼建功"活动。大力开展岗位建功活动，激励广大妇女创先争优，岗位建功、岗位成才。开展"巾帼示范村"创建活

动，按照“双培双带”的要求，实施农村女能人、致富女带头人培训计划，开展巾帼扶贫行动。命名地区第二幼儿园等11个单位为地区级“巾帼文明岗”，林芝县八一镇巴吉村等7个村为地区级“巾帼示范村。7月举行林芝地区“巾帼志愿服务队”成立暨启动仪式，成立林芝地区首批375名巾帼志愿者和6个巾帼志愿服务队。深化“五好文明家庭”活动。在载体上抓融合、在资源上抓整合、在工作上抓联合，开展各类主题显明、内容丰富、形式多样的创建活动，大力表彰宣传家庭文化、家庭教育、家庭环保等方面的先进典型，坚持与“平安家庭”、“和谐进万家”创建活动相结合，以家庭和谐促进社会稳定。

【深化内涵，提升妇联工作社会影响力】“三大节日”慰问活动真情关爱。“三八”、“六一”纪念活动丰富多彩。“春雷女童”救助工程深入开展。

【关注民生，切实维护妇女儿童合法权益】构建社会化维权格局。坚持以解决妇女儿童突出权益问题为切入点，参与社会管理创新，逐步构建社会化维权格局。联合地直部门在厦门广场启动2012年“三八”维权周宣传活动。活动设立咨询点10个，悬挂宣传横幅6条，发放《妇女权益保障法》、《婚姻法》、《未成年人保护法》、《劳动法》、《妇幼卫生知识》等各类宣传资料15000多份，各类药品价值6500多元，接受咨询50多人次。各县妇联相应开展“三八”维权周宣传活动，发放宣传资料5000多份，接受咨询100多人次，各类药品价值10000多元。地、县两妇联利用“3·8”、“5·1”、“安全生产月”等宣传活动，组织开展宣传活动40余次，发放资料9720余份。发挥“12338”妇女维权服务热线的作用，为广大妇女解惑答疑，宣传法律法规，维护妇女儿童合法权益。

关注女性健康。“三八”期间，广东省第六批援藏工作队联合地区妇联、妇幼保健院举办《关爱女性、关注女性健康、庆“三八”妇女节义诊体检》主题活动。活动为荣获全国三八红旗手和地区三八红旗手的22名妇女免费体检，总计价值13200元。举办“畅享美丽、健康人生”健康养生大讲堂。地、中（区）、直各单位妇委会、女工委组织300多名妇女参加听讲，发放近3万元物品。

【整合资源，优化妇女儿童发展环境】做好新《两规》编制工作。根据自治区妇女儿童发展规划，结合实际编制《林芝地区妇女发展规划（2011-2015年）》、《林芝地区儿童发展规划（2011-2015年）》，并下发各县。召开地区第三次妇女儿童工作会议。会议实事求是地总结了过去十年林芝地区妇女儿童事业发展取得的成绩，安排部署了“十二五”时期妇女儿童工作各项任务，表彰了先进集体和先进个人代表。加强新《两规》宣传，营造良好的社会环境。今年行署妇儿工委、米林县妇儿工委、波密县妇儿工委荣获自治区《两纲》实施十年先进集体称号。

协调争取落实妇女工作经费，按照全地区总人口的半数每人每年1元的标准于2013年纳入财政预算。

关爱贫困妇女。通过自治区妇联争取到全国妇女发展基金会“贫困母亲两癌救助专项基金”11万元，对波密县、朗县11名农村贫困妇女“两癌”患者每人救助1万元，最大限度地解决了“两癌”贫困患病妇女的困难。进一步加大贫困妇女“两癌”信息采集工作，建立“两癌”贫困妇女信息库。开展“母亲邮包”公益项目活动，深入调查了解，准确掌握贫困母亲信息，建立并上报“母亲邮包”公益项目采集名址。

加强未成年人思想道德建设。关心关爱留守妇女、儿童，大力协调家庭、社会、学校“三结合”教育资源，加强家长学校的建设，构筑和完善未成年人教育网络。争取3万元资金，在边境乡建“儿童之家”1个。

林芝地区审判工作

【年度综述】2012年，两级法院共受理各类案件606件，审、执结案493件，综合结案率81.4%。2011年同期，两级法院共受理各类诉讼类案件606件，审、执结449件，综合结案率为74.09%。较2011年同期，本年度两级法院综合结案率提高7.31%。

【刑事案件】2012年，两级法院受理各类刑事一审案件92件156人，（其中2件为2011年转结），审结78件128人，未结14件28人。在已结案件中，非法持有、私藏枪支、弹药罪1件2人，交通肇事罪10件10人；故意杀人罪1件1人，故意伤害罪12件12人；抢劫罪4件6人，盗窃罪31件54人，诈骗罪2件2人，抢夺罪2件2人；妨害公务罪1件14人，伪造、变造、买卖国家公文、证件、印章罪1件2人，寻衅滋事罪1件3人，非法收购、运输、出售珍贵、濒危野生动物、珍贵、濒危野生动物制品罪1件1人，盗伐林木罪4件11人，非法收购、运输盗伐、滥伐的林木罪1件1人，非法采伐、毁坏国家重点保护植物罪1件1人，走私、贩卖、运输、制造毒品罪2件2人，非法持有毒品罪1件1人，强迫卖淫罪1件2人；行贿罪1件1人。

受理刑事二审案件8件，审结8件。其中维持原判6件，改判2件（因错误适用法律改判）。受理减刑、假释案件119件119人，均审结。

2011年同期，两级法院共受理刑事一审案件86件123人，审结78件115人；受理刑事二审案件15件26人，审结14件25人；受理减刑、假释案件119件119人，均审结。根据案件数据反映，案件总体数量未发生明显变化，案件审结率也保持在92%左右。就单一案件种类来看，盗窃案件、故意伤害案件和交通肇事案件依然为发案率最高的三类案件。

【民事案件】两级法院受理各类民商事一审案件239件，审结207件，未结31件，结案标的2541.2868万元，结案率86.6%。已结案件中，离婚36件，解除非法同居关系1件，抚养、扶养关系纠纷2件，抚育费纠纷5件，扶养费纠纷2件，分家析产12件，其它婚姻家庭纠纷2件，其它继承纠纷1件；其它买卖合同纠纷16件，民间借贷纠纷14件，其它借款合同纠纷3件，租赁合同纠纷18件，建设工程设计合同2件，建设工程施工合同纠纷2件，其它建设工程合同纠纷2件，承揽合同纠纷5件，货运合同纠纷18件，多式联运合同1件，担保合同3件，保险合同1件，劳动合同1件，劳务合同纠纷10件，其它合同纠纷21件；财产权属纠纷1件，财产损害赔偿3件，其他所有权与所有权相关权利纠纷案件2件，道路交通事故人身损害赔偿8件，其它人身损害赔偿13件，雇佣人损害赔偿1件，适用特别程序案件1件。以上已审结案件中，撤诉37件，调解119件，调撤率为75.4%。

受理民商事二审案件42件，审结26件。以上审结案件中，调解13件，撤诉2件，调撤率为57.7%。

2011年同期，两级法院共审理民商事一审案件231件，审结195件，未结36件，结案标的2658.07万元，结案率84.4%；较2011年同期，本年度案件总体数量未发生明显变化，结案率提高2.2%。民商事二审案件较2011年同期增加3件，数量未发生明显变化。就单一案件类型而言，依然为合同纠纷案件所占比例最高，共165件，占民商事案件总数的60.4%。

【行政案件】两级法院共受理行政一审案件2件，审结1件；行政二审案件2件，审结2件。已审结二审行政案件中，撤诉2件。

2011年同期，两级法院共受理行政一审案件3件，已结2件，无行政二审案件。行政案件数量依然保持较低水平。

【执行案件】两级法院受理执行案件102件，执结51件，未结51件，结案率50%。已执结案件中，自动履行20件，和解21件，强制执行5件，终结执行2件，其它方式执结3件。执结标的739.9万元。

2011年同期，两级法院共受理执行案件111件，已执结62件，未结49件，结案率55.9%，执行标的378.9312万元。

【减刑假释案件】共受理减刑假释案件119件，其中减刑119人，无假释人员。与2011年同期相比，无变化。在这些案件的办理中，承办法官坚持书面审查与实地调查相结合，采取了对拟减刑人员在服刑场所进行公示，走访服刑人员等方式，促进减刑、假释工作的公开透明。

【审判监督工作】中级法院审监庭根据案件评查工作的安排，对已移交的24件案件进行了评查，对案件评查过程中出现的普遍问题进行了总结归纳，并反馈给党组和案件承办人，以更有效促进审判质量的提升。为促进基层法院审监工作的开展，中级法院审监庭不断强化对基层法院审监工作的指导，有问必答。

【立案信访工作】2012年共接待来信、来访2件，均已答复，接待法律咨询57人次。为当事人减、缓、免交诉讼费4.27万元，并对撤诉、调解的案件依照法律规定减半收取诉讼费；从引导诉讼、热情服务、便民利民出发，全面推进立案规范用语。在立案大厅显著位置悬挂着各类案件审判（执行）流程管理示意图、收费标准、速裁工作细则、人民法院审理案件期限规定以及立案窗口服务规范用于等。在柜台前放置了“诉讼指导”、“诉讼风险须知”等材料，为困难职工、外来务工人员、残疾人等社会弱势群体开辟绿色诉讼通道，设有便民箱，备有常用的药品和笔、纸、座椅等办公用具，配置了饮水机等，方便群众的需要。通过建立健全服务设施，努力打造“情系百姓，方便诉讼”的服务品牌。2012年3月1日，林芝地区政法系统主题教育实践活动办公室授予中级法院立案庭“阳光窗口”荣誉称号。

经排查，涉及林芝地区两级法院处理的涉诉信访案件1件，涉及信访隐患8件，已消除信访隐患1件。其中重点涉诉信访案件2件，中院立案庭已督促受案承办单位和承办人负责加强对当事人的释法教育、案外调解、情绪化解和稳控工作，并每周将案件进展情况报中级法院立案庭。上述2件涉诉信访预案已上报区高法。无重大影响稳定的信访案件和信访特困当事人救助情况。未受理申诉案件和申请再审案件。

【司法便民利民措施落实情况】车载流动法庭情况。2012年，林芝地区所辖七县法院“车载流动法庭”运行良好，受到当地干部群众的一致好评，被认为是展示人民法院为人民、人民法官为人民、便民、利民的最佳平台之一。与各派出法庭形成了全面覆盖、深入最基层的结构特点。在排查调处矛盾纠纷、稳定最基层和宣传法律知识、展示党员队伍和法官队伍良好形象方面发挥着不可替代的作用。全年，各“车载流动法庭”共调处各类矛盾纠纷74件，开展法制宣传24次（未计入综治宣传），覆盖干部群众16500余人。

为进一步推进诉讼便民利民工作，各县法院还积极利用现有条件开展工作，如林芝县法院设立诉前便民调解办公室，每周二、四均选派业务骨干到县公安局110指挥中心跟班，以及时发现和处理矛盾纠纷，并利用这一期间，对前来办事的群众辅以法律指导和解答，尽力诉前调处纠纷，减轻当事人诉累，上半年，该办公室共有效化解矛盾纠纷36件。

林芝地区检察工作

【实现两个转变，激发士气，确保检察工作任务顺利完成】变压力为动力，创先争优。签订工作目标责任书，奖罚分明。以《内部通报》形式，进一步加强和规范统计工作。

变被动为主动，先行先改。召开目标责任书督促检查暨查办专项职务犯罪工作会议，各县院、分院各部门就2012年上半年目标责任书完成情况进行汇报。陈宏东检察长分析了当前存在的问题，并对下半年工作进行了详细部署和强调。会议督促了工作，找准了问题，明确了思路，保证检察工作整体推进。

【立足本职，突出四个角色，全力维护林芝社会和谐稳定】社会和谐稳定的捍卫者。严厉打击各类严重刑事犯罪。1至10月，两级检察机关共受理公安机关提请批准逮捕104件184人。经审查，批准逮捕94件164人，不（予）批捕10件20人。受理各类审查移送起诉案件120件221人，经审查，依法提起公诉100件172人，不起诉9件9人。结合打击整治专项行动，批捕和起诉了一大批严重影响社会管理秩序以及危害人民群众人身、财产安全的犯罪分子，努力维护社会稳定。加强惩治和预防职务犯罪力度。1至10月，共受理贪污贿赂案件线索3件3人；在林芝地区社会影响较大的高某涉嫌贪污、受贿、巨额财产来源不明一案一审判决，山南地区中级人民法院开庭审理后，采纳了检察机关指控的犯罪事实和证据；侦查终结案件1件1人。受理渎职侵权案件线索3件，初查2件2人，立案侦查1件，与去年同期相比持平。由分院反渎局承办的原林芝地区察隅县林业局局长谢某滥用职权一案，被评为全国检察机关反渎职侵权部门第二届“三十届精品案件”之一。查办农牧区合作医疗领域职务犯罪专项工作和查办农牧民安居工程领域职务犯罪专项工作有序开展。同时，立足检察职能，建立健全职务犯罪侦防一体化机制，综合运用预防调研、预防咨询、预防检察建议等措施，深入开展警示宣传教育和个案预防。加强社会矛盾化解。坚持把执法办案与化解矛盾纠纷结合，共受理控告举报案件线索3件3人，受理申诉案件6件。突出做好重大节日及敏感节点的信访矛盾纠纷排查工作。积极畅通信访渠道，依法妥善处理群众的合理诉求，积极推行检察长约访和涉检案件首办责任制度，实现了涉检信访“零越级”上访目标。严厉打击涉林刑事案件。共受理提捕涉林刑事案件7件13人，已批捕5件11人。移送起诉2件3人，法院均已作出有罪判决。提前介入涉林案件2件次。加强检务协作，提高跨区域打击犯罪能力。与云南省怒江州检察院签订了《检务协作框架协议》，实现了检务资源共享。协议的签订，既能有效、便利、快捷地传递信息，又能实现高效协调、优势互补、互援互助，对推动两地检察机关全方位、多形式的协作奠定了基础。

强化法律监督的引领者。强化刑事诉讼监督。加强刑事审判监督。强化刑罚执行和监管活动的监督。进一步加强和改进民事行政检察工作。

检察队伍建设的促进者。思想教育不断深化。班子建设和能力建设不断加强。此外，认真完善工作目标考核及考评机制，狠抓纪律作风建设和自身反腐倡廉建设。

检务保障的服务者。信息、统计等日常政务工作有序开展。进一步加强行政事务、检察统计、信息简报等工作。不断完善案件卷宗、档案、密级文件、涉密信息的日常保密工作，无任何泄密事件的发生。加强后勤服务保障和信息化工作。建成网上即时通讯工具“助讯通”信息快速发布系统，推动了无纸化办公进程。

林芝地区公安工作

【有力打击刑事犯罪活动，重特大案件得到有效遏制】各级刑侦部门认真组织开展了“打击整治”、“命案侦破”、“两抢一盗”、“打黑除恶”、“打击多发性侵财犯罪”、“打击拐卖妇女儿童”等一系列专项行动，成功侦破了“4·10 ”抢劫杀人案、“4·17”等系列撬盗保险柜案、“5·07”系列诈骗案件、“5·09”扰乱社秩序寻衅滋事案、“6·25”组织介绍容留妇女卖淫案等一大批重特大刑事案件，抓获了一大批犯罪嫌疑人。1至10月份，全地区共立各类刑事案件154起，破147起（破现案124起，积案10起，隐案13起），总破案率为95.4%，现案破案率为80.5%；立重、特大案件60起，破53起（其中现案38起，积案8起，隐案7起），破案率为88.3%，现案破案率为63%；抓获犯罪嫌疑人193人；打掉团伙20个87人涉案44起；财物损失2583420余元；挽回经济损失89.1万余元；抓获网上在逃人员24人，解救妇女4人。与去年同期立158起，破136起，破案率为86.1%相比，发案数下降4起，破案绝对数增加11起，破案率上升了9.3个百分点。刑事案件造成13人死亡，37人受伤。

【健全完善治安防控体系，社会治安秩序得到有力维护】一是治安防控体系进一步健全。一方面，继续把基层基础建设置于战略地位来抓，着力深化便民警务站建设，全地区52个便民警务站已全部建成并投入使用，1380万余元的警用车辆、防护装备、通信工具、办公设备以及个人执法勤务等装备配发到位。各级便民警务站自组建以来，共接处警3889起，服务群众26047次，受理群众求助7311次，盘查人员120188人，盘查车辆22015辆，盘查物品26633件，开展法制宣传5486次，发放宣传资料74392份；另一方面，发展壮大辅警队伍，新增辅警520人，全部服务于各级便民警务站；视频监控系统大力推进，全地区新建监控点位306个，设备安装现已完成287个，安装率达93.8%。辖区7个看守所现已安装完成视频监控点位6个。林芝县21个便民警务站视频监控系统已全部完成图像上传对接。其他6县便民警务站视频监控系统建设正在加紧落实之中；其次，努力做好应急通信保障工作，从350M无线通信、公安信息网络通信到视频图像通信、无线移动图传通信各方面，全方位开展了应急通信保障。二是各项管理职能明显加强。在加强防控体系建设的同时，以三月敏感期及当前迎接党的十八大顺利召开公安维稳工作为重点，全面加强危爆毒物品管理；以严防特大交通事故为重点，全面加强道路交通管理；以预防火灾事故为重点，全面加强消防监督管理；以落实“三防”为重点，不断加强内部单位安全防范。各职能部门坚持管防结合，以管促防，以管强稳，杜绝了因管理不严造成的重大责任事故的发生。

2012年，全地区共受理治安案件229起，查处206起，查处率为90%，查处违法人员426人；与去年同期相比，增加4起，上升率为0.17%。共发生人员伤亡道路交通事故28起，死亡40人，受伤49人，直接经济损失329600万元。与2011年同期 43起相比，交通事故下降34.9%，死亡人数上升29%，受伤人数下降14%，直接经济损失上升81.6%；共受理交通违法行为

4744起，处理违法人员2009人。与去年同期相比，交通违法行为下降）1120起，违法人员减少1120人；共发生火灾起数13起，死亡0人，受伤0人，直接财产损失367974元，过火面积1141.4平方米，受灾户数6户，受灾人数4人。与2011年同期相比，火灾起数下降261%，死亡人数下降200%，直接财产损失下降761%。

【深入开展打击整治专项行动，社会综合秩序得到有力提升】自4月28日开展打击整治专项行动以来，全地区各级公安机共立刑事案件立97起，破87起，破案率90%；与上年同期立99起，破79起，破案率为80%相比，立案数减少2起，发案率下降2%，破案率上升10%。共抓获刑事犯罪嫌疑人131人，提请逮捕67人，批准逮捕62人，批捕率93%，涉案财物损失总价值2009620余元。共打掉各类犯罪团伙13个，抓获犯罪嫌疑人55名（其中打掉涉黑涉恶团伙1个、抓获犯罪嫌疑人9名）；共受理治安案件143起，查处122起，查处率为85%，查处违法人员288人；共查处交通违法行为813起，处理违法人员320人，发生人员伤亡道路交通事故17起，死亡26人，受伤人，直接经济损失24.65万元；共发生火灾事故7起，无人员伤亡，过火面积836.8平方米，直接经济损失35.6万元，受灾4户。深入开展了治爆缉枪专项行动，共收缴各类枪支70支、各类子弹961发、雷管214枚、炸药122.37公斤、导火索109.46米。加强了流动人口的管理，排查流动人员7553人次，清查四省藏区人员497人，劝返四省藏区证照不齐人员227人，遣返四省藏区“四无”人员24人。强化了治安乱点的排查整治，共检查学校、幼儿园32所次，发现并整改校园内部安全隐患7处；走访医院27家次，排查整改医疗机构内部安全隐患2处；排查印刷复印店43家次，整改隐患8处；排查涉枪涉爆单位51家次，整改隐患3处；对28家施工单位9处安全隐患进行了现场督改；深入虫草采挖区域22处次、虫草交易场所13处次，及时调处纠纷3起；共收缴非法出版物9件，各类反宣传品304件，处理涉案人员14人；消防部门检查社会单位2573家次，发放宣传资料1200余份，发现火灾隐患4182余处，督促整改火灾隐患或违法行为4092处，下发责令整改通知书1325份，责令“三停”单位24家。进一步加大了散装出售成品油的查办力度，共没收非法储存、销售汽油（柴油、机油）9698升，对3名当事人依法进行了处理。加强了重点人员的管控，全地区各级国保部门全面摸排长期纳入工作视线动态掌控的重点人员84人，其中危安刑释解教人员7人，“3·14”事件非罪处理人员28人，寺庙清退人员2人，其他重点人员47人；按照“撤一批、升一批、消化一批”的管控工作要求，经教育撤控重点人员15人；全地区清查流动从事宗教活动人员116人，录入“701”数据库116人，劝返27人；截止目前，对41名摸排出的在其他藏区学经返回人员，国保部门严格按照“回来一个、教育一个”的工作要求，积极落实了集中教育培训措施。强化边境巡逻盘查，开展边境巡逻防控200余次，出动警力1600人次、车辆400余台次，检查过往人员1.3万余人次，过往车辆1494台次，查获违禁物品19件，搜集各类情报信息48条。

林芝地区司法行政工作

【全力抓好普法工作】据统计，2012年地区各级普法机构先后深入到全地区机关、单位40多个部门，54个乡镇489个村，3570户群众，76所学校，举办大小各类法制讲座127场，受教育群众达15600余人次，发放藏汉文法制宣传资料3000余本，发放宣传单21000余张，张贴标语、宣传画1400余张，悬挂横（竖）幅140余条，播放法制宣传节目130余小时，树立各类宣传牌36块，设立咨询台120余台次，咨询人员达1320余人次，解决纠纷21起，出动车辆125余台次，出动人员1700余人次。

【全力抓好安置帮教工作】2012年，全地区共有刑释解教人员136名，地区建立健全了帮教领导小组58个，配备了帮教人员118人。一是建立健全了136名刑释解教人员的档案，做到了一人一档。二是开展了法律法规和政策的宣传教育活动，共45场次，受教育的刑释解教人员达276人次。三是对刑释解教等重点帮教对象，实行“一对一”的帮教。四是进行技能培训。察隅县司法局在县人社局的协助下，对刑释解教人员开展了劳动技术培训。主要是民族手工业编织、摩托车的简易修理两项，增强了刑释解教人员的就业能力，林芝县司法局同林芝八一汽修负责人签订了《林芝县安置帮教点协议书》。五是鉴于9名刑释解教人员刚走出监狱、劳教所生活无着落的情况，波密、墨脱、朗县三县司法局在经费十分紧张的情况下，挤出资金45000元，帮助刑释解教人员解决了安置费，为他们顺利回归奠定基础。六是在元旦春节、藏历年重大节日时期，采取逐户走访的办法，帮助刑释解教人员解决实际困难，为他们送去面粉、大米、棉被、砖茶和救济金共折人民币15200元。

目前，通过采取回乡安置、鼓励自谋职业、解决公益性岗位、过度性安置、就业扶持、建立安置帮教实体等多种办法，共安置刑释解教人员136人，帮教安置率为100%，脱管失控率为零，无1人重新违法犯罪。

【全力抓好人民调解工作】一是积极引导广大律师、公证员、基层法律服务工作者提供更加优质高效的法律服务。尼洋律师事务所办理各类案件36件，代写法律文书23件，解答法律咨询76件，担任常年法律顾问5家。办理公证案件共342件。其中：法人委托书32件、公民委托书260件、各类协议书10件、继承权公证7件、文书上的签名7件、文本相符4件。二是加强律师监督管理。对尼洋律师事务所进行年度考核检查，完成了对律师事务所上一年度执业和管理情况的审查和律师执业年度考核结果进行备案审查，并上报区司法厅。三是加强公证指导监督。开展了2011年度公证员考核工作，加强司法行政机关对公证员执业活动的监督、管理、客观、全面、准确地评价公证员上一年度工作情况，并上报区司法厅。

【全力抓好法律援助工作】2012年，全地区法律援助中心共受理各类案件22件（均已结案）。其中民事案件10件（地区法援中心2件，县法援中心8件）；刑事案件12件（地区法援中心刑事指定案件7件，县法援中心刑事指定案件5件），已全部录入中国法律援助管理信息系统。挽回经济损失25余万元，接待解答法律咨询160人次，代文书50余份。切实抓好法律援助借贷服务大厅建设。

【全力抓好各县司法局改扩建和乡镇司法所建设项目申报工作】积极申报2013年计划建设7县司法局的改扩建和15个司法所建设项目。目前，7县司法局的改扩建和15个司法所建设项目可研报告、建设规划、环评等前期各项准备工作已完成并上报区司法厅。地区司法处办公楼改扩建项目正在申报之中。

林芝地区人民防空工作

【在党建方面下功夫，促进人防事业发展】一是加强基层组织建设、发挥支部战斗堡垒作用。二是抓党风廉政建设、提高机关工作效能。三是注重培训、提高干部职工业务水平。

【在准军事化建设方面下功夫、提升防空救灾能力】一是有计划、有步骤地组织体能和技能训练，开展岗位练兵，使干部职工逐渐养成良好的组织纪律观念和工作作风，自觉遵章守纪，树立起行动统一、步调一致的团队意识，提高了组织指挥和快速反应能力。二是以争创文明机关为载体，整肃办公秩序、优化办公环境，树立了良好的机关形象。三是提升团队凝聚力和战斗力，全办干部职工齐心协力、团结一致，凝聚力、向心力进一步加强。

【在人防工程建设上下功夫，全面加强人防基础设施】一是确保应急指挥中心施工顺利。二是狠抓基本指挥所建设。三是积极参加城镇建设规划。

【在通信建设方面下功夫，提升人防应急指挥能力】林芝地区现有通信警报10台，购置年代久远、技术指标较低、零配件老化。聘请相关专家、技术人员对现有警报器进行了全面维护与保养，与安放单位重新签订了看护责任书，明确了相关单位、人员的权利和责任，保证了所有警报处于良好的备战状态，完好率达100%。9月18日，在八一镇组织实施了防空警报试鸣工作，警报参试率、鸣响率均达100%。为迅速提升应急指挥能力，于年初向国家人防办申报信息指挥建设项目1个，总投资200万元，资金已全部到位，为打造现代化人防信息指挥平台创造了条件。

【在宣传教育方面下功夫，强化人民群众防空救灾意识】一是多形式大力开展宣传。二是开展人防知识“四进”活动。

【在保密工作上下功夫，杜绝发生失泄密事件】作为涉密部门，一直重视保密工作，进一步规范了涉密文件及存储介质管理，派专人负责涉密文件接送与办理，对涉密文件进行详细登记并建立电子及纸质档案，对接触密件人员进行相应记录，涉密人员每次接触密件后本人亦需签字认可。密件办理完毕，按收发顺序存放于专用密码保险柜。存放期间，因工作需要借阅，须分管领导批准，由机要人员陪同在专门地方、在规定时间内、阅读规定内容。对涉密电脑、涉密移动存储介质进行了标注、登记、备案，并指定专人管理、按规定使用，严禁非涉密人员接触。对涉密工程建设，严格按照涉密管理程序开展相关工作，与承建方签订了保密责任书，有效强化了施工单位保密责任。

林芝地区发展和改革工作

【年度综述】2012年，林芝地区全年完成生产总值72.39亿元，可比增长12%；固定资产投资完成75.29亿元，同比增长23.6%；财政收入预计完成24.4亿元，同比增长108.2%；农牧民人均纯收入7498元，同比增长16.6%。

【抓规划，谋全局，以规划描绘经济社会发展新蓝图】充分发挥对经济宏观调控的职能作用，坚持规划先行，扎实开展规划工作，从是否符合国家、自治区有关政策和投资导向；是否符合地区产业布局；是否符合地区“十二五”经济社会发展总体要求；是否与地区“十二五”总体规划指标一致等四个方面完善了符合地区实际经济社会发展的规划体系。完成了教育、水利、农牧等19个行业规划的衔接工作。开展了地区“十二五”规划汇编工作，纳入地区总体规划、7县规划和19个“十二五”行业规划，共27个规划。

【抓项目，强落实，以大项目带动经济大发展】完成了地区“十二五”规划项目的衔接工作。调整了2012年国家投资重点项目建设计划。编报了2013年中央预算内投资计划。加大督促重点项目投资落实的工作力度。认真贯彻执行《自治区规划内政府投资项目下放审批权限管理暂行办法》。按时完成重点项目各类统计工作。

【抓“三农”，促增收，以惠农项目实现农牧民收入新突破】一是衔接梳理“十二五”规划农口项目。二是完成了2012年国家投资农牧林水重点项目计划编制。三是积极开展2012年、2013年农牧林水、“以工代赈”、人口较少民族基础设施项目的编制工作。四是2012年农口项目到位资金情况良好。五是积极开展农牧区人居环境综合整治和小康示范村建设。六是积极开展地区墨脱工作领导小组办公室和地区察隅工作领导小组办公室工作。

【抓产业，争投资，以特色产业增强发展能力】加快发展旅游业。积极开展水电能源开发。重点突出特色农牧业。大力发展藏药业。

【抓民生，促和谐，以民生工程助推

社会事业发展】优先发展教育事业。加快发展医疗卫生事业。繁荣发展文化事业。加快社会保障公共服务体系建设。扎实做好粮食流通、储备工作，确保粮食安全。

【抓改革，搞开放，坚定不移促进经济发展活力】扎实推进医改工作。积极进行招商引资。坚持农牧区"三个长期不变"的基本政策不动摇，全面推进集体林权制度改革，落实草场承包经营责任制。

【重监管，稳物价，确保市场物价基本平稳】切实履行"定规则"的职能，加强重要商品、服务价格和"热点"价格的监管。整治市场价格秩序，营造规范有序的价格环境。认真做好价格鉴定、认证、评估、咨询等工作。

【抓生态，力减排，以新措施保护碧水蓝天】一是开展了节能工作，加大环保和生态保护的宣传力度，广泛调动了各行各业、全体公民自觉节约资源、保护环境的责任意识。上报了2012年全地区节能工作进展情况和节能目标完成情况自查报告，上报了林芝地区资源消耗统计数据和联络员。二是为建立健全节能减排目标责任评价、考核和奖惩制度，强化责任主体环保意识，将节能减排任务纳入日常工作，转发了《西藏自治区节能目标责任评价考核暂行办法》，要求各部门认真开展节能工作。三是开展固定资产节能审查备案登记工作。根据《西藏自治区固定资产投资项目节能评估和审查暂行办法》，我地区开展了固定资产节能评估和审查工作，目前审核上报自治区的节能评估备案的项目82项，地区审查的项目395项。

【抓受援，助发展，援藏项目进展顺利】根据林行办[2011]111号文件精神，进一步规范援藏项目的管理程序，加强了对各县、各场、地直各部门项目的审批，截至目前共审批了项目35个，总投资1.35亿元。2012年，召开三次援藏工作会议，积极解决项目建设过程中存在的问题，确保了受援项目的良性发展。预计全年两省援藏投资预计完成9亿元，其中：广东省预计完成7亿元，福建省预计完成援藏资金2亿元。按月为自治区发展改革委《授藏会刊》报送援藏工作情况简报。

林芝地区商务工作

【年度综述】2012年社会消费品零售总额完成18.21亿元，同比增长18.9%；全年招商引资到位资金为23.73亿元，同比增长43.1%，；全年外贸进出口总额完成90.24万美元，同比增长20%；全年建设259家万村千乡农家店、4个乡镇商贸中心、2个商品配送中心。

【全力推进"万村千乡市场工程"工作】一是通过分解下达目标任务、严格落实布点原则、规范建设标准等，促进"万村千乡市场工程"农家店建设工作深入推进。二是做好农家店整改工作。三是做好农家店验收工作。7月16日－8月8日期间，由地区商务局、财政局组成联合工作组对全地区六县（除墨脱县外）2006年以来所建设农家店进行了检查验收。

【家电家具下乡"工作不断加强】目前，全地区共有登记备案家电家具下乡产品销售网点41家（家电下乡产品销售企业33家，家具下乡产品销售企业8家）。全地区家电家具下乡产品销售10662件（台），同比增长49%，实现销售额2632.619万元，同比增长71%，兑付补贴资金280.1997万元，同比增长5%。

【农牧区碘盐推广工作稳步推进】按照农牧民人均5.5公斤标准向各县商务局安排7401515公斤碘盐配送任务。全年全地区销售碘盐1221.3915吨，其中：精制碘盐销售474吨，与去年持平；农牧区碘盐配送完成747.3915吨，同比增长1.89%，完成计划的100.98%。

【加强项目申报争取力度】目前，已申报2013年中央预算内投资项目18个，总投资6404.2万元。同时，加强对2012年建设的4个项目的跟踪服务工作，目前林芝地区农产品批发市场、米林县农畜产品交易市场，林芝地区居民生活必需品分拨中心、林芝地区农产品冷藏库全面开工，总投资1720万元，其中：国家投资870万元，企业自筹850万元。

【做好生猪定点屠宰管理工作】全年八一镇生猪屠宰累计达17360头，同比增长1.65%;其中内地生猪屠宰量10340头，同比下降11.59%；当地生猪屠宰量7017头，同比增长30.45%。八一镇病害猪无害化处理累计142头，同比下降11.25%，根据规定对病害猪肉进行了销毁处理。

【积极开展食盐专项整治】积极配合自治区联合检查组对盐业市场专项检查，出动执法人员110余人次，共查处非法碘盐和工业盐1734斤。

【加大酒类流通市场的监管力度】继续做好《酒类流通管理条例》、《酒类流通管理办法》的宣传工作，建立健全酒类流通企业备案登记和建档，目前，已对576家酒类经营者进行了备案登记。

【加大经营特种行业的监管】全年全地区加油站销售量45254.41吨，同比增长9.37%。液化气累计销售量1822.68吨，同比增长20.49%；全地区再生资源回收量约3700吨，销售量约3100吨，销售额约1800万元。

林芝地区财政工作

【财政收支预算执行情况】2012年，全地区财政总收入为592,609万元，同比增加124,432万元，增长26.58%。财政总支出588，990万元，同比增加124，432万元，增长26.79%。收支相抵，年终结余3,619万元，实现了收支平衡，略有节余。

财政总收入中，上级补助收入345,064万元，占总收入的58.23%；公共财政预算收入243，926万元（含地区及县级招商引资企业缴纳的税款），为预算的567.52%，比上年增加126，731万元，增长108.14%，占总收入的41.16%;上年结余收入3，619万元，占总收入的0.61%。剔除不可比特殊因素，上级补助收入284,451万元，占总收入的82.44%；公共财政预算收入56,640万元，占总收入的16.42%；上年结余收入3，619万元，占总收入的1.14%。

公共财政预算收入中，税收完成230，764万元，比上年增加126,430万元，增长121.18%；非税收入完成13,162万元，比上年增加301万元，增长2.34%。地区级完成177,926万元，为预算的917.76%，比上年增加82,526万元，增长86.51%；县级完成66,000万元，为预算的279.73%，比上年增加44,205万元，增长202.82%。剔除不可比特殊因素，同口径比较，全地区公共财政预算收入完成56,600万元，比上年增加8,600万元，增长17.9%。

全地区公共财政预算支出完成588,990万元，为预算的198.28%，比上年同期增加124,432万元，增长26.79%。其中：地区级完成272，186万元，为预算的255.2%，比上年减少19，987万元，下降6.84%（下降原因为2012年中央扣减地市级招商引资企业上缴的所得税返还款）；县级完成316，804万元，为预算的166.40%，比上年增加144,419万元，增长83.78%。剔除不可比特殊因素，全地区公共财政预算支出341,091万元，同比增加81，906万元，增长31.60%。

政府性基金预算收入完成7，886万元，比上年同期减少1,197万元，下降13.18%；政府性基金预算支出完成20,358万元，比上年同期增加16，032万元，增长370.6%。

【积极支持经济发展】加大财政基建项目投入。按照地委、行署的决策部署，研究提出了12.5亿元财政专项资金项目投资安排，用于“十二五”期间扶持墨脱、察隅等经济社会发展相对滞后的县及地区基础设施、民生项目、维护稳定、产业项目建设和财源增植等。狠抓中央、自治区预算内财政基建项目资金的跟踪落实，全年财政性基建项目支出91，183万元（其中：中央安排投资81，155万元、自治区安排投资8，266万元、本级财政安排投资1，762万元），主要用于农村公路、农田水利、教育、城市基础设施、保障性住房、便民警务站等建设项目，基础设施条件进一步改善，稳定了投资对经济增长的拉动作用。加大旅游业投入，落实旅游发展和宣传促销专项资金1，390万元，比上年增长1倍，提高了林芝旅游品牌的知名度。落实资金100万元支持招商引资工作，招商引资成为税收增长的主动力，截止2012年底，在林芝地区（包括各县）办理税务登记的招商引资企业41家，完成税收50.81亿元，税收贡献率91.88%。落实资金19亿多元对奇正藏药、百盛药业、林新豪时、林芝景傲等纳税大户和招商引资项目给予扶持。落实资金5,758万元（其中本级投入1,000万元），支持国有企业和非公有制经济发展。

【积极支持社会主义新农村建设】投入安居工程财政建设资金13,060.3万元（其中:自治区安排资金10,162.2万元、本级财政安排2，898.1万元），完成5106户农牧民安居工程。投入地区113个村的农村人居环境建设和环境综合整治财政资金11,720.46万元（自治区补助7，911.94万元、地区配套3，808.52万元）。落实种粮农民直补和农资综合补贴资金1,149.88万元；草原生态保护奖励补助资金1,925.2万元；草原生态保护补助奖励牧民生产资料综合补贴67.55万元(纯牧户1351户，每户500元)；农机购置补贴资金914万元（其中:自治区补贴800万元、地区补贴114万元）；森林生态效益补偿基金（管护费）1,385.64万元。地区本级投入支农资金1,300万元、农牧业特色产业资金1,000万元、扶贫开发资金300万元。落实小农水重点县建设资金1,024万元；落实自治区安排的财政扶贫发展资金（含兴边富民、以工代赈、劳动力转移等）7,120.76万元，用于全地区189个项目建设；落实5个溜索改吊桥扶贫项目资金1,284万元；投入涉农(农牧民种植、养殖、住房)保险保费1，641.27万元、农用机动车保费135.79万元、能繁母猪保费250.45万元，其中地区本级落实涉农保险配套20%资金175.8万元。2012年全地区农林水事务支出60,465万元，同比增加17,312万元，增长40.12%。

【积极支持改善民生福祉和社会事业发展】大力支持社会保障事业发展。大力支持教育、科技、文化、卫生社会事业发展，着力提高公共服务水平。

【积极支持保障社会和谐稳定】投入52个便民警务站建设及装备资金1，383.88万元(自治区投入674.1万元、本级财政投入709.78万元)。投入加强和创新寺庙管理资金1，148.3万元，投入寺庙建设资金1，000万元，用于在自治区对寺庙“九有”建设的基础上地区再增加“六有”的配套基础设施建设。投入强基惠民活动专项补助资金3,963万元。全年公共安全支出29,294万元，比上年增加9,891万元，增长50.97%。

【积极推进财政管理改革】进一步完善和细化部门预算编制，定员定额标准体系进一步健全，将自治区财政已确定的各项补助和提前告知财力全额列入预算，增强了财政调控能力。推进了公用经费改革，根据地区财力，较大幅度提高了地直部门公用经费标准，人均达到16,000元，提高了1倍，年中要求追加公用经费的现象明显减少。继续完善财政国库管理制度，加强资金审核，规范资金拨付程序，预算内资金、财政专户资金已全部纳入财政支付大平台，提高了资金使用效率、透明度和安全性。加强财政专户清理整顿工作，地区本级财政专户从33个精简到4个，各县财政专户从141个精简到每县2个。认真执行以公开招投标为主的政府采购制度，全年完成政府采购6,804万元，节约450万元。加大投资评审力度，2012完成财政投资（援藏投资）概算审核项目142个、竣工决算评审项目36个，共178个，送审资金110,817.25万元，审定资金105,758.66万元，审减5,058.59万元，审减率4.56%。

加强“三公经费”管理，加大公车治理，研究制定了《林芝地区在职地级领导干部公务车辆管理办法》、《林芝地区车辆定编方案》和《林芝地区本级行政事业单位公务用车管理办法》，查出5辆超编车，已通过公开拍卖予以处理，拍卖所得226.2万元上缴国库。严格按照财务规章制度，认真审核会议经费、公务接待经费、因公出国（境）经费，有效控制了不合规、不必要、超标准的开支。

林芝地区税务工作

【大力组织税收收入】截止2012年11月15日，林芝地区国税系统共组织税收收入547162万元，同比增收304195万元，增长129.17%，完成年度计划的1375%。从税源结构统计，除招商引资企业税收继续增长外，常态税收也呈全面大幅增长趋势。剔除一次性增收因素收入503713万元，其他税收共组织入库43449万元。其中医药制造业（奇正藏药）和医药销售业（百盛药业）分别完成税收6899万元和3573万元，同比分别增长38.2%和355.74%；森工业入库税收2417万元，同比增长13.26%；批发及零售业入库税收5774万元，同比增长62.65%。2012全年预计完成税收551123万元。

【扎实做好税收征管】2012年，全地区共计推广应用税控收款机1212户1244台，基本实现了纳税户全覆盖、登记户覆盖面为19.4%，税控收款机已经推广运用到了各行各业；做好了企业所得税汇算清缴工作，全地区92户纳税人补缴企业所得税7021万元；开展了年所得12万元以上个人所得税自行申报纳税工作，全地区304人进行了申报，应纳税额1760万元。

加大了税务稽查力度，前几个月稽查工作成效显著。稽查部门充分发挥打击涉税违法行为、整顿税收秩序、规范征管行为、防范执法风险等方面的积极作用，通过科学选案、合理计划，重点开展了对房地产企业的税收专项检查，并通过检查对该行业进行了规范。同时，认真做好了烟草行业的税收检查、高收入行业个人所得税的税收检查，加大了涉税举报案件、利用假发票违法犯罪案件以及违规使用发票行为的查处力度，共立案检查纳税户16户，查补入库税款、滞纳金、罚款共计222万元，加收滞纳金11.67万元，实施罚款36.99万元，已全部入库。

【全面落实税收政策】深入贯彻支持特色产业升级、促进旅游业和新兴产业发展以及下岗人员再就业、退转军人自谋职业、农资生产经营企业、林产品初加工企业、小型微利企业税收优惠政策，累计为各类企业减免税款超过1000万元。继续落实结构性减税政策，做好增值税固定资产进项税额抵扣以及企业所得税税前扣除项目的审批工作，设立纳税人减免税台账，对纳税人减免税情况实施动态管理。深入贯彻陈全国书记讲话精神，严格落实《西藏自治区人民政府关于调整我区推进非公有制经济跨越式发展有关税收政策的通知》，在规定时间内保证了增值税、营业税纳税人起征点由5000元提高到20000元这项政策的全面落实，全地区5483户个体工商户中，有4911户享受到了此项税收减免措施，免税范围达到90%，年免征税款1269.6万元。

【继续优化纳税服务】深入开展了第21个全国税收宣传月活动，采取集中宣传和分阶段单项宣传相结合的方式，通过税法进企业、进机关、进校园、进景区等渠道，利用税法咨询点、办税服务厅、电视、报纸、网络、短信等载体，建设户外LED显示屏、租用大型广告牌，常态宣传税收政策以及纳税人权益保护知识、办税流程、监督举报电话等，让纳税人有更多的渠道了解税收知识；通过召开“税收遵从与企业发展”座谈会、聘请税务师给企业财务人员授课、开展社会满意度问卷调查等方式，大力征求社会各界以及纳税人对税收工作的意见建议；不断扩大财税库银横向联网电子扣税覆盖面，将条件成熟的企业逐户纳入电子扣税范围，目前已推广横向联网企业户数达71户，涵盖了中、农、建三家商业银行，累计实施电子扣税765笔、41.96亿元；增加办税服务厅刷卡缴税的POS机数量，减少纳税人大量携带现金的安全隐患；调整充实窗口人员，强化办税人员的业务培训和职业道德教育，提升办税人员办税质量和效率，缩短纳税人等候时间；认真贯彻执法责任追究和岗位责任追究办法，对责任心不强、办事效率低、服务态度差的干部进行责任追究，实施行政处理和经济处罚。

林芝地区国资监管工作

【监管企业生产经营情况】2012年，国资委监管企业共实现营业收入5427万元，比去年同期相比增长9.42%，盈亏相抵后盈利25万元(去年同期亏损113.24万元)；拥有资产总额32052万元，负债总额8113万元，同比下降2.22%；上缴税金333万元，职工年人均收入3.14万元。交通运输企业完成客运量17万人次，客运周转量为7022万人/公里；自来水公司完成供水量670万吨，售水量完成560万吨；旅游行业接待人数26254人，接待游客44303人次。

【加快国有企业改革步伐，扩大改制成果】一是地区运输公司改制工作。二是厦林路桥公司改制工作。三是继续做好已改制企业的后续工作。

【不断创新监管措施，切实履行国资监管职能】一是认真做好2011年度企业财务决算报表的财务审计工作。二是顺利完成监管企业负责人经营业绩考核工作，并兑现企业负责人绩效薪酬。三是进一步健全企业负责人激励约束机制。四是强化企业负责人管理。

【坚持服务与监管并重，积极为企业协调解决实际困难】一是为减轻企业负担，加快企业发展速度，增强企业活力，帮助国有企业争取国有企业城镇土地使用税财政补贴资金，行署已批准对国有企业予以扶持，各监管企

业已开始向相关单位申请该扶持资金。二是积极协调国有企业划拨土地变更出让土地事宜。为深化国有企业改革，壮大企业资本，依据《关于我区国有企业改革中国有划拨土地作价出资问题的通知》（藏财企字〔2011〕105号文件）精神，积极联系相关中介机构，对各企业土地进行了测量和评估，目前各企业已开展办理相关手续。三是积极争取国有企业改革发展资金。为鼓励企业发展壮大，增强企业发展后劲，会同地区财政局筛选了一批企业发展项目，并通过积极协调行署及地区财政局争取到国有企业发展改革资金762万元。目前，各企业正在积极筹集自筹项目资金。

林芝地区
工业和信息化工作

【年度综述】林芝地区各类型工业企业生产状况良好，规模以上轻工业完成20826.5万元，可比增长14.2%，占总产值比重74%；规模以上重工业完成7419.1万元，可比增长34.6%，占比重26%。规模以上国有工业企业累计完成现价产值7419.1万元，可比增长34.6%。林芝地区规模以上工业企业发电量为31975.31万千瓦小时，比去年同期增长74%；中成药685.7吨，比去年同期增长7.5%。

【调研工作扎实开展】走访了地区以及林芝县、米林县、工布江达县、波密县、察隅县共50家工业企业和6家民族手工业加工作坊，召开座谈会12次，在此基础上建立企业档案58个，储备发展项目65个，为各项工作开展奠定了良好的基础。

【扎实做好运行监测工作】建立了比较完善的运行（工业经济）监测机制，按季度统计林芝地区工业生产情况，撰写运行监测报告，努力为地委行署决策提供服务。

【企业扶持工作扎实开展】一是成功为波密县嘎瓦龙林业有限责任公司申报了特色农畜产品加工项目，绿色产品加工生产线工程（企业投资2280万元，中央预算内投资146万元）。二是为加强与奇正藏药、西藏和藤医药的合作，研发藏药新品。积极指导和帮助和藤医药与米林县签订1000亩租用土地协议，用于天麻基地建设。奇正藏药浴近期将开始营业（目前已开始试营业）。积极同国资委、卫生局、藏医院召开会议，进行座谈，研究林芝宇拓藏药有限公司发展问题。三是认真组织2012年度全区中小企业（非公有制企业）发展专项资金项目申报工作。协同地区财政局先后多次召开专题会议，对林芝地区以及各县申报企业进行审核，选出了符合条件的28家企业，申报资金6700余万元。

【对口帮扶工作扎实推进】一方面成功争取到广东援藏资金65万元；在9月份召开的全国工信系统援藏工作会议中成功为林芝地区工信系统争取到交通工具及办公设备。另一方面为深入贯彻落实中央第五次西藏工作座谈会精神，为林芝地区培育发展特色优势产业，加快工业发展，提升信息化水平，推动资源优势转化为经济优势，不断增强自我发展能力，按照中央关于“分片负责、对口支援、定期轮换”的对口援藏方式，我局主要领导就开展工信系统对口援藏工作，主动奔赴广东、福建，积极同广东省经信委、福建省经贸委协商，主要从以下四方面签订了协议。一是以产业援藏为重点，帮助培育具有地方特色和比较优势的战略性支撑产业。二是以园区建设为重要抓手，帮助提升西藏工业发展的质量和效益。三是以能力建设为支撑，帮助提高西藏工业和信息化行业管理水平。四是建立长效机制，深入推进对口援藏工作。第三方面多方协调，积极争取中小企业服务平台和信息安全保障服务平台项目资金480万元。目前，该项目已通过初审，预计将于2012年年底实施。

【扎实做好行业规划】利用自身力量，完成了《地区工业和信息化“十二五”规划》、《林芝地区非公有制经济发展中长期规划（2011-2020）》，确定了林芝工业和信息化发展以及非公有制经济发展目标和步骤。

【信息化工作扎实推进】一是举办了林芝地区农村综合信息服务站建设（二期）工程信息员培训。为林芝地区农村综合信息服务站建设（二期）工程50个行政村配备了电脑、打印机、纸张、硒鼓、无线网卡等总价值达48万余元的设备。二是积极配合相关部门统计、检查了我地区重点领域网络信息安全，全面掌握了林芝地区重要网络于信息系统基本情况，预防了信息安全事件的发生。

【办公楼项目建设顺利完成】地区财政解决612.84万元办公楼项目建设资金。已完成办公楼主体建设以及室内装饰，通水、通电、门卫室、围墙及室外场地平整、绿化等附属工程，已于8月31日投入使用。同时，在局领导的积极协调和努力争取下，广东省中山市华盛家具制造有限公司捐助了办公家具，使办公条件得到全面改善。

【积极推进工业行业招商工作】9月中旬，同西藏自治区代表团一同参加了在广州举行的第九届中国国际中小企业博览会。一方面主动配合自治区代表团做好了中博会布展和业务接洽等相关工作。另一方面携带了一批林芝地区工业行业招商项目到广东进行推介期间共发放宣传及项目推介册2000余份。

【积极开展创先争优，强基惠民活动】为驻村联系点米林县卧龙镇普龙村办好事，做实事。成功争取到人居环境改造项目、温室大棚项目、黑木耳种植项目、核桃林种植项目、微型水电站建设项目，新建农村教学点项目，共计资金350余万元，得到该村以珞巴族为主的农牧民群众交口称赞。

林芝地区审计工作

【审计工作情况】2012年1-9月份共对16个单位开展相关审计工作，查出违纪违规资金11，634万元，其中:虚列支出7005万元，应缴未缴财政收入86万元，滞留专项资金863万元，未到位的配套资金334万元，欠缴社会保险基金2894万元，虚增财政收入388万元，挤占专项资金17万元，挪用专项资金18万元，其他资金29万元。审计决定处理资金9263万元，其中：归还原资金渠道5055万元，上缴地区国库53万元，上缴县国库33万元，调帐处理878万元，应缴纳其他资金516万元，其他2728万元，并向被审计单位提出审计建议37条，向地委、行署和上级业务部门提交审计信息、综合审计报告170余篇。

【主要做法】一是围绕促进财政增收节支，全面开展预算执行审计。二是围绕促进领导干部依法履职，深入开展经济责任审计。三是围绕促进部门规范管理，持续开展行政事业和企业审计。四是围绕促进惠民政策落实，有序开展专项审计。

【主要措施】一是抓好班子建设和队伍建设，提高整体素质。二是抓好业务建设，提高审计质量。三是抓好党风廉政建设，确保廉洁审计。四是抓好绩效建设，推进审计发展。五是抓好学教活动建设，建设服务机关。六是抓好维护社会稳定，确保局势安全。

林芝地区
统计调查工作

【扎实做好各类常规统计年报定报工作】坚持以数据质量为中心，认真贯彻落实统计调查制度和上级业务部门要求，加强了对常规统计报表工作的组织、协调、督查力度，高效高质完成了地区农业、工业、交通运输、人口、劳动就业、工资、建筑业、固定资产投资、房地产业、消费、物价、贸易、能源、农民工监测、畜禽监测、农村和城镇住户调查、部分服务业调查、企业景气调查、非制造业采购经理调查、国民经济核算等2011年度年报和2012年定期报表。

【认真做好林芝地区第六次人口普查后续工作】及时更新数据开发程序，对全地区47656张普查短表、5421张长表、411张死亡表进行了全面审核与汇总，共生成汇总表270张，为下一步分析、评估、使用普查数据奠定了坚实的基础。根据区人普办统一部署，对地区普查纸质原始表进行认真清理、登记造册，并运送到拉萨，在区局统一指定销毁地点进行销毁，确保普查个人信息、资料的保密性。结合地区实际，积极制定了《第六次人口普查资料开发利用方案》，形成了有分管领导牵头、科室具体承担的7个普查资料研究开发课题组，并积极与农牧学院沟通联系，邀请专业学者一起参与普查资料的深入开发利用。

【圆满完成各类专项调查工作】一是认真开展2012年度组织工作满意度民意调查。全局、队共同动员，分5个工作组深入各县、各单位，按时按质按量完成了调查并上报区局。二是深入开展车辆能源调查。严格按照车辆分类，对林芝地区抽中的55辆车辆样本，逐一找到车主面对面访问调查。认真分析车辆行驶里程、加油费用，为林芝地区的节能减排工作提供了有力的决策依据。三是高质量地完成了妇女儿童状况统计工作。5月份，局、队到成员单位收集整理妇女儿童状况统计的有关数据，撰写监测评估报告，为地区全面落实妇女儿童发展纲要提供了决策依据，被地区妇儿会评为先进集体。四是积极开展党风廉政建设民意调查。对林芝县10个行政村、2个社区，共200户（其中：城镇100户，农村100户）18-65周岁的城乡居民进行入户面对面访问，取得调查对象的支持和配合，并认真做好问卷填写指导，对问卷进行现场审核，发现问题，当场改正，保证了问卷调查质量。五是认真开展纳税人满意度调查。在时间紧任务重的情况下，干部职工过放弃周末休息时间，分3个组对地区及林芝县130家纳税人分类别进行了上门调查，其中增值税一般纳税人10家，非增值税一般纳税人60家，个体工商户纳税人60家。六是认真组织群众安全感调查。按照自治区统一部署，对地区抽选的3个县3个村200份问卷进行了入户调查，并及时汇总整理上报。七是积极开展人口变动抽样调查工作。深入抽选的3个县3个村进行人口变动抽样登记调查，采用科学统计方法，合理测算人口出生率、死亡率、自然增长率，为测算截止2012年全地区人口数奠定坚实基础。2012年全地区人口数有望突破20万。

【统计服务水平明显提升】1.统计人员服务意识明显增强。制定了《统计信息报送奖惩制度》，要求各科室一方面加强对数据的分析、透过数据提出好的建议，提高统计信息质量；另一方面加强对统计工作动态的展示，及时反映数据产生过程，力争全面提高统计知晓度。2.统计服务力度进一步加大。一是召开了“2011年林芝地区主要经济指标完成情况新闻发布会”和“2012上半年林芝地区经济运行情况新闻发布会”，增加了统计的公开度和透明度；二是及时向社会发布了《林芝地区2011年经济与社会发展统计公报》，编印了2011年度、2012年季度《林芝地区主要经济指标统计手册》，实现了统计资源和成果与民共享、服务社会；三是编印了《2000—2011年领导干部手册》，及时反映地区十年来的经济社会发展成就，并方便领导随时查阅；四是加大地区经济运行监测，形成书面材料上报地委、行署，为领导科学决策提供了重要参考依据，得到了地委、行署的充分肯定；五是继续做好统计信息报送，截止目前共编写《统计信息》109期，被地委、行署和区局、总队大量采用，较好地发挥了统计信息工作服务领导、服务社会的作用。

林芝地区
工商行政管理工作

【围绕中心，服务大局，着力发挥职能作用，努力促进地区经济平稳较快发展】市场主体稳步壮大。2012年，林芝地区各类市场主体总量已达

10026户，从业人员33665人，注册资本（金）达到33.117914亿元，同比分别增长7.853%，24.15%，21.51%。非公有制经济市场主体占全地区市场主体的96.96%。其中：个体工商户实有9043户，从业人员24285人，申报资金4.099425亿元；内资企业注册户数304户，注册资本（金）7.1207亿元；私营企业549户，雇工人数6609人，注册资本（金）20.770431亿元；农民专业合作社130户，成员共计2771人，出资总额1.127358亿元。

扎实推进商标品牌战略建设。一是及时报送"嘎玛"文字及图形商标的著名商标续展材料。二是积极宣传动员指导有关企业、组织参加第七批著名商标认定工作。三是全力配合区工商局做好奇正藏药厂中国驰名商标申报工作；2012年，林芝地区共有有效注册商标388件，包括地理标志商标3件（"林芝松茸"、"波密天麻"、"墨脱石锅"）占全自治区地理标志商标的75%、自治区著名商标2件（奇正藏药厂的"宇拓·元丹贡布"、米林嘎玛农场"嘎玛"）。

【依法履行职能，加大监管力度，努力营造公平公正、规范有序的市场环境】深入扎实开展整顿、规范市场经济秩序工作，增强监管执法力度，为营造良好发展市场环境、促进和谐社会建设发挥了重要作用。截至10月底，共查处各类违法违章案件345件，案值163.25万元，罚款金额4.02万元。

强化市场主体准入监管。全地区应参加2011年度检验的各类企业共735户，截止10月底，实际参加年检的企业有602户，参检率82%，合格率100%。私营有限公司共437户、其中有限公司378户；私营有限公司分公司56户。年检中注销3户。全地区应参加验照的个体工商户8489户，实际验照7555户，验照率89%、合格率达100%。坚持不懈地开展无照经营专项整治工作。立案查处无照经营案件40件，案值48.86万元，罚没金额1.72万元。

高度重视食品安全监管工作，多管齐下，严厉打击各种食品安全违法违规行为。成立了地区工商局流通环节食品安全监管工作领导小组及，制定《林芝地区2012年流通环节食品安全监管工作计划》、《林芝地区2012年流通环节食品检测工作计划》，与各县局签订《林芝地区流通环节食品安全监管目标责任书》，细化了责任，明确了目标，落实了安全责任。

突出重点，创新监管，继续着力抓好农牧区食品市场监管工作，重点开展乳制品市场、食品添加剂、食用油市场、调味品市场、酒类市场专项检查。

发挥优势，落实监管，继续着力强化流通环节食品质量抽样检验和快速检测工作。

全面加强市场监管，着力维护市场秩序取得新成效。强化行政执法，保护商标专用权。广告市场监管深入推进。强化协调配合，各类市场监管水平明显提升。

继续着力加强打击传销和规范直销工作。高度重视，迅速部署。制定并请地区行署批转了《林芝地区行署办公室关于印发打击传销应急处置预案的通知》及《林芝地区2012年打击传销和禁止参与传销工作方案》，对做好2012年全地区打击传销和禁止参与传销工作进行周密部署，明确工作任务和责任。进一步开展打击传销宣传教育工作。积极开展创建"无传销示范点"工作。

【突出消费维权，促进和谐稳定，切实维护经营者和消费者合法权益】逐步完善12315受理、转办、反馈、督办工作机制。确保及时处理消费者申诉，依法查处侵害消费者权益案件，力争做到"事事有着落，件件有回音"。切实推进"五进"工作进程。切实提高工商机关执法为民、服务为民的良好形象。切实做好消费投诉举报情况分析。

林芝地区质量技术监督工作

【产品质量监督工作有效开展】扎实做好质量监管基础性工作，为全地区38家生产加工企业、186家小作坊建立了质量档案，基本实现企业质量状况动态监管。围绕食品和高原特色产品，加大监督抽查和企业巡查力度，保证了重点产品的质量，监督抽查工作逐步实现制度化、规范化、科学化。共组织对食品、建材、成品油、服装、验配眼镜、低压电器、水泥预制构件等产品进行质量监督抽查，共抽检样品132个，合格样品125个，抽检实物合格率为95.5%，同比提高了7个百分点。严格生产许可证管理，注销了了2家食品生产许可证，全地区共有3家企业的3个产品获得工业产品生产许可证，13家企业的15种食品获得食品生产许可证。紧紧围绕食品、农资、建材、家电家具等重点产品和群众反映突出的质量安全问题，深入开展专项整治和打假治劣，检查单位728家(次)(其中：检查生产企业91家次)，查处案件8起（其中：立案查处2起，当场处罚6起），处罚金额0.48万元，进一步规范了市场经济秩序。进一步完善12365投诉举报工作，接到上级移送、来人来访、电话、信函等投诉举报后，均由专人及时受理。

【食品安全监管工作取得新进展】一是建章立制，制定方案，保障食品安全监管工作顺利开展。二是加强巡查，挖掘隐患，杜绝食品生产安全事故。三是严格核查，突出重点，加强取证企业的证后监管。四是管帮结合，加强引导，努力帮助有发展潜力的企业获得食品生产许可证，促进林芝地区食品工业的发展。

【特种设备安全监察稳步开展】一是明确安全责任，签订安全责任书。林芝地区重大危险源单位全部签订了安全责任书，其他的使用单位近90%签定订了责任书。二是认真开展各类专项整治活动。在专项行动中，全局共出动监察人员106人次，检查单位51家次，检查设备97台次，开出特种设备安全监察指令书13份，查出隐患21处，目前已督促落实整改20处，落实整改计划1处。三是强化检测检验，夯实监察基础。钢瓶检测成效显著，检验率达到90%以上。不断加强在用设备检验，努力提高特种设备定期检验率，综合检验率达92%以上。

【标准化和计量工作不断加强】一是地方标准制修订工作。围绕服务地方重点产业、特色产业为目标，现已申报高原核桃、墨脱石锅、旅游饭店等3个地方标准制定计划项目。二是地理标志产品保护工作，将松茸、藏猪、天麻和高原优质水果等4类产品纳入申报资源库，并确定了松茸、藏猪为第一批申报项目。三是企业标准备案工作，共对18家企业的29类产品进行了产品标准登记备案，备案率100%。继续深入开展消灭无标生产工作，对22家工业、食品小作坊发放各类标准48份。四是农业标准化工作，协助区局制定了《西藏中、小型集约化养猪场建设标准》、《西藏集约化生猪饲养管理标准》等核心标准，完善了部分工作制度，编制了通俗化生产技术资料，对40户农户、200余人次开展了生产技术培训。五是服务业标准化工作，以旅游服务业为重点，加大对相关企业的宣传力度，申报国家级服务业标准化试点项目1个。六是计量监管工作，对加油站、液化气站、超市、集贸市场、旅游产品市场等涉及民生的重点领域、重点场所在用计量器具、定量包装商品、过度包装商品加强监管，切实维护市场秩序，保障消费者权益。

【实验室工作有序开展】从5月开始，承担了林芝地区和昌都地区两个地区的食品的部分监督检验及风险监测检验任务。一是搞好检验工作，严把食品质量关，共检验食品近200批次，检验合格率为95.0%。二是每月做好食品的产品质量情况分析报告，对食品质量存在的问题开展细致的分析，并提出合理的建议。三是抓好计量器具的检定率，确保实现市场公平、公正。前三季度共检加油机127台次，地磅5台次，天平等131台次，压力机7台次。

【受援工作成果显著】福建省质监局援助的建设安防系统建设和信息化建设等项目资金150万元已经到位，这将提升我局维稳能力和服务地方经济社会发展能力。福建省质监局于7月8日派出以党组成员、纪检组长陈春禹为组长的考察组到林芝考察援藏事宜，进一步研究部署对口支援工作。

林芝地区安全生产监管工作

【安全生产指标控制情况】1-9月份全地区共发生各类安全生产事故38起，死亡人数42人，受伤43人，直接经济损失590184元，与去年同期相比事故起数减少26起、下降40.6%；死亡人数相比增加16人、上升61.5%；受伤人数减少11人、下降20.4%；直接经济损失减少2548920元、下降81.2%。死亡人数占自治区安委会下达给林芝地区全年安全生产控制指标（57人）的73.68%。

道路交通方面 1-9月份全地区共发生道路交通事故26起、死亡38人、受伤43人、直接经济损失294600元。与去年同期相比事故起数减少13起、下降33.3%；死亡人数相比增加14人、上升58.3%；受伤人数减少11人、下降20.37%；直接经济损失增加134300元、上升83.8%。

火灾方面 1-9月份全地区共发生火灾事故11起，无人员伤亡，直接经济损失295584元。与去年同期相比减少7起、下降38.89%；死亡人数相比减少2人，下降200%；直接经济损失减少2127629元、下降87.8%。

水上交通方面 1-9月份全地区共发生水上交通事故1起，死亡4人。与去年同期相比事故起数增加1起，死亡人数增加4人。

工矿商贸方面 1-9月份全地区未发生工矿商贸事故。

【深入排查，专项整治】6月25日全区道路交通安全专项整治电视电话会议召开后，积极组织地区各级公安交警部门、交通运输管理部门大力开展道路交通“双下降”专项整治、交通安全严打整治和道路交通“打非治违”、“客运安全年”以及文明交通示范路创建工作。由行署副专员、地区安委会主任达瓦同志带队，地区安监局、住建局、海事局、交通综合执法支队、消防支队、交警支队等部门负责人组成工作组，对七县的道路交通、宾馆饭店、建筑工地及加油站、气站等进行了2次拉网式检查。

自整治工作开展以来，地区共投入警力1357人次，警车805辆次，流动检查点219个（次），检查车辆29201台次，依法排查129941人次。依法查处各类交通违法行为442起，其中未取得机动车驾驶证、未悬挂机动车号牌4起，强行占道6起，无牌无证车辆256起，未携带机动车驾驶证、行驶证67起，使用假驾驶证1起，超员、超速25起，超载1起，乱停乱放4起，逆向行驶4起，随意调头1起，闯红灯1起，饮酒驾驶2起，醉酒驾驶2起，未检查摩托车2辆，其他50起。

截至目前，全地区安全生产执法行动中，共查处各类非法违法行为84起，其中：处罚和纠正非法建设、生产、经营行为29起，违法违规进行项目建设行为8起，未进行安全培训无证上岗2起，其它非法违法行为13起，全地区开展隐患排查治理的生产经营单位12家，共排查治理各类隐患32项，已整改32项，整改率为100%。

林芝地区农牧工作

【主要经济指标任务完成情况】种植业发展势头强劲。2012年，全地区完成农作物播种面积32.1万亩，比上年减少0.48万亩。其中：粮食作物面积23.91万亩，经济作物面积6.3万亩，饲草料作物面积1.89万亩。粮食产量达8.02万吨（其中青稞达1.83万吨），比上年增长0.08万吨；油菜产量达0.41万吨，比上年增长0.01万吨；蔬菜产量达2.89万吨，比上年增长0.01万吨。

畜牧业生产态势良好。全地区牲畜存栏72万头（只、匹），比上年减少2万头（只、匹）；出栏21.6万头（只），出栏率达到30%，比去年略有减少。新生仔畜20.69万头（只、匹），成活率97%。肉类总产量1.42万

吨、奶产量3.1万吨、禽肉产量280吨，与去年比略有增长；禽蛋产量420吨，与去年基本持平。藏猪养殖规模为40万头，藏鸡50万只，基本保持在去年存栏及出栏数。

乡镇企业运行平稳。全年乡镇企业总产值达到3.11亿元，比去年增加1100万元，增幅为3.54%；完成多种经营收入5.91亿元，与去年基本持平；完成劳务输出人数7.2万余人次，完成劳务输出收入1.728亿元，分别比去年增长3.2%和8%。从总体上看，全地区乡镇企业和各种指标发展平稳。

【农业科技工作扎实开展】一是积极落实了良种繁育基地建设工作。2012年在波密县、察隅县、林芝县三个粮食主产县共建立良种繁育基地面积8643亩，目前种子田已全部收割，并通过自治区农牧厅验收。二是积极做好农业标准化及高产创建工作。共落实高产创建示范面积6万亩，涉及作物种类包括小麦、青稞、玉米、水稻，主要分布在林芝县、波密县和察隅县，目前作物长势良好。三是继续抓好测土配方施肥示范基地工作。2012年共建立测土配方施肥“3414”试验9个，其中波密县4个、察隅县5个。

【结构调整工作力度加大】加大种植业结构调整力度，粮、经、饲比例调整为62:20:18。一是在林芝、米林、波密、察隅、墨脱等区域发展饲草料种植。种植饲草1.89万亩，比上年增加0.6万亩；二是大力发展标准化蔬菜种植。2012年蔬菜种植面积达到2.8万亩，其中保护面积1.07万亩，比上年增加0.04万亩。在全地区七个县建立蔬菜标准化生产示范基地5000亩；在林芝、米林、波密三县分别建立无公害农蔬菜生产示范基地50亩；三是继续抓好野生药材基地建设。在工布江达、米林、波密累计种植各类藏药材3500余亩，其中丹参2800亩、天麻600亩、草红花等其它藏药材100亩；四是继续抓好朗县、察隅、易贡辣椒种植基地，辣椒种植面积1200亩；五是在察隅及察隅农场种植花生2850亩；六是围绕高原绿色生态水果产业，继续抓好米林农场、林芝、米林、朗县优质水果基地建设。优质水果基地种植面积已达到2.3万亩。

【农牧业项目进展良好】2012年地区农牧局共上报10类29项农牧业基本建设项目，总投资5560万元，其中国家投资5310万元，地方配套250万元。

【动物防疫工作及时到位】加大防疫工作力度。及时将自治区下发林芝地区的口蹄疫、猪蓝耳病、猪瘟、禽流感等各类疫苗调拨下发到各县，并要求各县按照“政府保密度，防疫员保质量”的原则，组织专业技术人员，开展了春秋季疫苗注射工作，全地区应免畜禽免疫率均达99.89%。动物防疫体系建设进一步得到完善。全地区县乡两级动物防疫体系仪器设备已全部配备到位。地区动物检疫申报点已完成10个。

【食品安全工作逐步加强】2012年屠宰检疫猪17582头，牛1017头，羊1235只；禽类屠宰检疫58455只，病害处理猪112头，禽类9只；检疫动物产品66.48吨，其中：冻杂24.58吨、冻肉25.36吨、水产品13.41吨、腊制品3.13吨，禽蛋检疫316.13吨，检疫活畜1.95万（头、只），检疫活禽18.67万羽。

【草场承包及草原生态保护补助奖励机制顺利实施】林芝地区草场承包和草原生态保护补助奖励机制共涉及7个县、54个乡镇，惠及农牧户26199户、127599人。共完成承包草场面积2876.2551万亩，占可利用草场面积的100%。全地区只有工布江达县实施禁牧草场面积65万亩，其他县暂未进行禁牧工作。

【虫草采集管理工作有序进行】2012年，林芝地区共办理发放虫草采集证21673本，采集点数量为260个，出动工作组143个，工作组人数为935人。虫草采集期间，排查消除纠纷隐患3起，清山巡逻及劝退无证人员8472人；全地区发生矛盾纠纷10起，所有纠纷案件均得到了成功调处和妥善处理，有效维护了社会局势稳定，保护了群众的合法权益。2012年全地区虫草产量为3.7175吨，比去年下降0.0225吨，为群众创收2.166亿元，比去年增0.106亿元。

【支农惠农政策有效落实】2012年已落实农药补贴资金198.7万元（其中：自治区承担102.89万元、地区承担65.86万元、各县承担29.95万元）；落实第一批农机购置补贴资金1024万元（其中：国家补贴资金800万元、地区补贴资金112万元，各县补贴资金112万元），购置各类农机具1577台（套）；第二批农机购置补贴资金300万元已下达到林芝地区，目前正在制定相关实施方案。粮食直补、良种补贴、农资综合补贴等在统计核算中，预计年底前兑现落实。2012年林芝地区计划内化肥指标为3600吨；为减轻农牧民负担，地区从支农资金中调拨60万元，对各县指标外缺口化肥1000吨给予补贴，每吨补贴600元；除国家、自治区各项补贴政策以外，地区还加大了农资补贴比例，主要对产业结构、农膜、化肥、种子等农用物资进行扶持和补贴。

林芝地区林业工作

【大力开展营造林工作】加快造林步伐，促进生态建设。2012年，坚持项目带动，加快造林步伐。全地区林业工程生态造林及封育面积35.05万亩，年初各项造林任务全部完成。其中：义务植树造林任务2000亩，实际完成义务植树造林12862亩；重点区域造林绿化工程41239.2亩，高原生态屏障建设项目防护林任务2.88万亩，防沙治沙工程封育4.5万亩，退耕还林配套荒山荒地造林2.8万亩，迹地更新7800亩，森林抚育19万亩，义务植树54万株。

【开展森林防火和病虫灾害防治工作】坚持防控结合，保护森林资源。2012年，全地区共发生森林火灾4起，均为一般森林火灾，森林过火面积81.8亩，森林受害面积23.1亩。与去年同期相比，森林火灾次数增加了2次，过火面积增加了72.8亩，森林受害面积增加了9.5亩。

2012年，与森警支队联合，以“千里防火大宣传”等活动为载体，先后开展了各类大规模的森防宣传活动34次，累计出动宣传人员700余人次，宣传车辆300余台次，发放防火宣传扑克、宣传册、挂图、宣传帽、宣传单等4万余份，宣传面达到了95%以上。2012全地区新购置水枪600支、水泵2台、油锯28台、砍刀400把、水桶800个、铁锹860个，价值60余万元。

加强了病虫灾害防治，促进森林恢复。3月中下旬，在林芝县、米林县两县再次发生高山栎虫灾。及时制订了生物药剂防治措施，除治面积达5000亩。目前，防治过的高山栎大部分得到以恢复，防治效果良好，

【始终强化林政管理】一是加强木材供应。二是强化林地管理。三是认真开展森林生态效益补偿。四是协助配合国家林业局中南院开展了森林资源二类调查。五是严厉打击破坏森林资源行为。

【加大项目工作力度】按照“实施一批、审报一批、规划一批、验收一批”的项目工作思路，实施项目建设带动林业生态建设发展战略，在“要”字上下功夫，在“好”字上做文章，保证了林业发展后劲十足。

实施了一批项目。2012年实施的林业项目10余个，总投资达14907万元，加上森林生态效益补偿年度资金，2012年林业总投资达2.83亿元。

争取了一批新项目。朗县等三县防沙治工程、朗县巩固退耕还林成果工程等10个项目资金年底前有望到位，2013年将开始实施。新争取的林芝强嘎果园观光园建设项目、比日神山森林防火通道与隔离带工程等4个项目也正在编制实施方案。

验收了一批项目。藏东南防沙治沙工程通过国家林业局验收，西藏工布自然保护区建设工程项目审计等验收前的各项工作全部完成，正待最终验收。年度重点区域造林工程、退耕还林配套荒山荒地造林工程、森林抚育项目等6个项目通过自治区林业局验收。

【林升公司经营发展情况】2012年林升公司在“一业为主、多种经营”发展总体思路指导下，再次取得重大突破。公司控股的西藏林升华达木业有限公司、参股的西藏工布乳业有限公司以及控股公司西藏巅峰旅游开发的措木及日景区相继开业，解决了部分富余职工的就业，拓展企业生存与发展空间。1-3季度，林升公司实现收入3469万元，实现利润504万元，上缴税金1368万元。

林芝地区水利工作

【年度综述】2012年，共落实水利投资4.16亿元（其中计划内3.94亿元，计划外2200万元），同比增长137.7%；农村安全饮水通水率89%，同比增长12.3%；农村通电率达到92%，同比增长7.1%；新增有效灌溉面积2.15万亩，有效灌溉率达66.7%；新建堤防17.8公里；水土流失综合治理621公顷。

【水利项目有序推进】2012年共落实水利项目20项，总投资4.16亿元，至目前米林县巴嘎河治理、察隅日东电站、2012年农村饮水安全、八一镇开发区防洪工程、波密多吉堤防工程、林芝地区七县微型电站、察隅县江洪曲治理工程、墨脱县山洪灾害非工程措施、米林县城区防洪二期工程、朗县拉多河流域水土流失重点治理工程、米林县和察隅县小型农田水利重点县建设等12个项目先后开工建设。

【防汛抗旱工作进一步巩固】在汛前，大力开展堤防加固和建设工作，投资179万元的八一镇防洪堤维修及除险加固工程已完工；投资3295.05万元的工布江达、米林、林芝、察隅、朗县、波密山洪灾害非工程措施建设已完工，全地区防灾减灾预警体系初步建立；投资910万元的朗县城区雅江段防洪堤工程正在积极实施；米林县巴嘎河治理工程、波密多吉防洪堤、察隅江洪曲治理工程正在加快建设，续建项目察隅县防洪堤、朗县拉多防洪堤、工布江达县金达镇防洪堤相继完工，2012年新增防洪堤17.8公里，重要城镇抵御自然灾害的能力进一步增强。积极向水利厅争取察隅、墨脱县灾后重建资金700余万元，铁丝40吨，铅丝笼40圈。由广东省投资500万元对口援建的林芝地区防汛抗旱物资储备中心已开工建设。

【农村通水通电明显改善】2012年建成农村饮水安全工程135处，总投资1986万元，共解决了1.6万人的农村饮水安全问题，截至目前全地区已有11.37万农牧民群众喝上了干净卫生的自来水。工布江达甲热灌区工程、朗县江北仲温塘灌区工程、墨脱县当木荣灌区工程、墨脱县果果塘灌区工程正在全力建设；米林立地、米林羌纳、墨脱地东等6个灌区工程相继完工，新增有效灌溉面积2.15万亩，至2012年底全地区有效灌溉面积18.2万亩，有效灌溉率达66.7%。工程总投资5226.79万元的朗县局域网工程已完工。至年底全地区乡镇通电率达到100%，行政村通电率达到92%。

【建设管理得到继续加强】2012年共落实水利项目20个，总投资4.16亿元，至年底预计完成投资2.4亿元，目前察隅日东电站等14个项目相继竣工。2012年续建水利项目包括7大类20个子项，结转年度投资1.2亿元，经过积极建设，共完成投资1.05亿元，朗县局域网、墨脱县地东灌区等水利项目相继完工并投入使用。

【河道采砂秩序有效规范】全地区河道采砂专项整治活动期间共出动人员20余人次，出动车辆12台次，检查清理采砂点2个。

【援藏力度不断加大】由广东省水利厅援建投资29万元的林芝地区水利局办公网络及安全监控改造项目和53万元项目评审中心修缮工程已完工，由广东省第六批援藏工作队援建投资500万元的防汛物资储备中心已开工建设。

【水利普查基本完成】全地区水利普查工作进展顺利，普查成果汇总工作全面完成，并接受了自治区水利普查办的检查验收，普查数据已上报全国水利普查办。

林芝地区交通运输工作

【年度综述】2012年，林芝地区共实施交通项目71个，总投资363118.72万元，完成投资96927万元。其中续建项目21个，建设里程333.62公里，投资149576.21万元，2012年完成投资48637万元；新建项目50个，建设里程365.51公里，投资213542.51万元，2012年完成投资48290万元。2012年实现455个行政村、39个乡镇通公路，通达率分别达到93.04%和72.2%。

【续建项目】续建农村公路项目。2012年农村公路续建项目17个，总投资22876.3万。除墨脱帮辛公路、朗县登木油路外续建项目计划年底全部完工，完成投资12133万元。
续建边防公路。墨脱背崩公路、察隅洞穷至呷枪水毁工程2个项目，总投资12199.91万元。洞呷公路已完工，背崩公路计划年底完成主体工程。完成投资5000万元。
厅直管续建项目。厅直管续建项目2个，朗县至加查油路，投资4.6亿元，林芝境内段2012年完成投资8000万元;然察油路，投资6.85亿元，2012年计划完成投资23504万元。

【新建项目】2012年新建项目50个，新、改建公路365.51公里，投资21.35亿元，完成投资48290万元。其中农村（寺庙）公路新、改建沥青（水泥）路面119公里，新、改建砂石路100.45公里；边防公路改建7.07公里；厅直管项目改建、整治138.99公里。

【狠抓管理，切实提高公路养护水平】一是养护生产工作扎实开展。二是公路水(雪)毁抢险保通顺利进行。三是公路养护工程进展顺利。四是全区公路互检工作顺利完成。

【加强整治，路政工作有新突破】截止目前，共清除路障30余处，纠正各类路政违章18件，严格控制公路两侧建筑红线20件。共发生路政案件9起，破案9起，结案9起，案件查处率、破案率均达100%，收取公路赔偿费23670元，占用费10050元。继续坚持立体治超工作方针，按照“立足源头、依法严管、标本兼治、长效治理”的治理原则，扎实开展治超工作，取得明显成效。1—10月共检测车辆3778台次，“绿色通道”放行鲜活农产品运输车辆21台次。检查超限超载车辆886台次，对3台次车辆实施了卸载，卸载质量3吨，大件运输办理63台次，收取补偿费118513.2元。

【强化监管，保障运输市场协调运转】2012年12月，根据自治区人民政府及自治区交通运输厅的相关规定，林芝地区交通运输管理局（林芝地方海事局）实行属地管理原则，交由林芝地区交通运输局管理，成为林芝地区交通运输管理下属分局。

春运客流量情况方面：2012年春运从1月8日起至3月2日，共55天，期间公路运输共完成客运量：61128人次，客运班车发班次数达：5594台次，其中出藏：43台次，出藏人数：635人次，未发生一起旅客滞留情况，客运班线车辆未发生一起交通死亡事故。

站场管理方面：认真监督和检查地区客运站落实安全生产责任制，对所有进站发车的车辆实行发车前的安全例检制度，并监督检查运管局为地区客运站配备的行包安检仪使用情况，要求配备专职安检员对车辆进行检查登记。严禁危险、易燃品带上客运车辆。

驾培市场管理方面：加强从业人员培训与管理，在办理从业资格证方面，2012年共举办了7期驾驶员从业资格证培训班，参加人数共计891人，其中692人经考核拿到了驾驶员从业资格证，合格率达78%。继续加强对汽车驾校的监管工作。所有汽车驾驶学校的教练员持从业资格证（教练员资格证）进行上课，驾培市场秩序进一步规范化；加强培训质量监管，督促驾校落实培训学时制，督促驾校不断改善教学设施。使驾培市场走上了良好的发展道路。

安全监管方面：一是进一步落实承运责任险，客运车辆、危货车辆投保率达100%；二是督促客运车辆、危货车辆安装GPS卫星定位系统，截止2012年底，全地区已安装GPS的客运车辆达到了453台。通过GPS监控平台，各公司严格监控超速超载等违章行为，有效加强了从业人员安全管理，大大降低了人为原因发生行车责任事故的概率；三是督促隐患企业整改。通过追踪监督检查整改，存在安全隐患的单位健全了安全管理制度，加强了从业人员教育培训，完善了安全管理设施、设备；四是严格执行运管局《关于客运班线停班复班及车辆更新的有关规定》的文件精神，对班线运输客车的更新从严把关，对出租汽车客运实行报废一台，更新一台，更新车辆档次高于原报废车辆档次的原则，确保了客运市场稳定、健康地发展。

林芝地区邮政工作

【年度综述】截止10月份，业务收入完成2596.53万元，同比增长18.84%。其中，邮务类业务收入完成954.02万元，同比增长24.86%；代理金融类业务收入完成1061.86万元，同比增长6.14%；代理速递物流类业务收入完成816.6万元，同比增长14.4%。1–10月份，成本费用完成4359.64万元，同比增长9.2%。

【邮务类业务】1.函件业务。继续将景点门票邮资明信片业务作为函件业务发展的重点，作为长效业务进行开发，在开发的同时注重维护，与各合作单位确定了长期的合作关系。2.包件业务。在全地区范围内开展了“爱心包裹”公益捐赠活动，截至10月31日捐赠单738笔，募集款额达7.56万元。于11月1日，提前启动军营包裹收寄工作，为下一步军营包裹收寄工作全面展开奠定坚实的基础。3.报刊业务。成立了报刊收订领导小组，分析市场，明确总体思路、发展目标、市场经营策略和宣传收订营销方式，积极争取党政部门的支持，全力开展了2013年报刊大收订工作。4.集邮业务。消减集邮库存，严格控制新增库存，盘活减少邮品库存积压，实现库存良性运转。同时加大开发力度，以开发画册、礼品、纪念品为重点，抓住政府、学校、企事业单位在形象宣传、庆祝活动等方面的文化需求，加强与客户的沟通，集邮业务取得了一定的成绩；在党的十八大开幕之日开展了《中国共产党第十八次全国代表大会》纪念邮票首发式活动，受到了“邮迷”们的好评。5.电子商务及代理信息业务。一是组织开展了航空机票营销活动，截止10月31日全地区出票7963张，实现收入30.26万元；二是营业部积极与地区电信公司沟通协商，实现了单位公免电话缴费功能；三是加强短信加办力度，速递短信加办率为97.95%，储蓄短信及汇兑短信加办率未达到预定的指标；四是扩大邮乐卡销售规模，截止10月31日，实现邮乐卡销售额33.17万元。6.机要业务。针对组织机构、安全质量管理和服务纪律、设施设备、机要队伍建设、机要通信场所建设管理方面进行自检，确保了地区机要通信质量安全和畅通。

【代理金融类业务】1.开办了米林县局、工布江达县局烟草电子结算业务，在促进余额发展的同时，弥补了烟草商务汇款收入的损失。2.在全地区范围内开展了行规行约贯彻落实自查工作，确保了各项规章制度落实到位，防范和控制了各项业务经营风险和不正当竞争行为，从而让客户真正体验到以客户为中心的服务。3.制定并印发了《2012年林芝邮政资金安全专项整治活动方案》，为有效防范和化解业务操作风险、提升邮政金融资金案件防控能力提供了有力的保障。4、开展金融知识宣传活动，向广大群众普及了邮政储汇金融知识，提升了邮政储蓄的品牌形象和社会影响力。

【代理速递物流类业务】1.加强了物流零担运输物业及分销业务的宣传销售工作，并从社会上招聘了具备一定销售经验的销售员，从销售利润中给予薪酬支付，加大了分销业务的营销力度。2.深入分析市场需求、市场结构和竞争对手，在充分总结2011年“思乡”月营销活动成功经验的基础上，各业务部门全力协作，打造新的亮点和增长点，扩大项目运作规模和效益，全力做好了“思乡”月专项营销活动。

林芝地区
国土资源工作

【严格落实耕地保护制度】地、县、乡（镇）、村层层签订耕地保护目标责任书，设立了基本农田保护标志，基本农田面积落实到了每个地块。在明确耕地保护责任制目标任务的基础上，狠抓落实耕地责任制工作的动态巡查、监督检查、考评考核工作，促进了耕地保护共同责任的落实，确保了基本农田的稳定。

【大力实施土地开发整理】认真组织实施波密县索通村、朗县扎西塘村两个土地开发整理项目；完成对林芝县布久乡杰麦村、米林县本夏村、工布江达县东玛村三个土地开发展整理项目的自治区验收；工布江达县结地岗村，米林县丹娘乡白拉村、朗县登木乡森木村已被列入自治区2012年土地整治项目立项计划，目前，涉及项目的三县已在开展前期工作。2012年，地区七县按照《耕地占补平衡考核办法》，积极履行占补平衡义务，通过委托补充、自行补充等方式，补充耕地486亩，确保了全地区耕地占补平衡。

【积极提供用地保障】上报了华能集团项目建设等27个用地报件，总用地面积4386.25亩。其中占用耕地123.7亩，草地1965.34亩，林地1343.86亩，建设用地940.13亩，未利用地13.22亩。批次建设项目用地占地1179.86亩，单独选址建设项目用地3206.39亩。对229个建设项目进行了用地初审，提出了项目的选址、用地费用等意见，保障建设项目的立项、落地；地区规划区内供应土地58宗，面积463.95亩，出让金1.11亿元。其中挂牌6宗，面积338.10亩，出让金1.02亿元.作价出资1宗，面积131.85亩，作价出资额为8880.09万。

【认真开展征地工作】积极做好华能水电开发基地项目建设用地的征地报批工作，征收土地位于八一二桥西端南粤大道北侧，防洪提以西，面积为309.4亩，10月份已获准自治区人民政府进行农用地转用手续。完成了永久片区预征收工作。涉及八一镇巴结村、永久村和布久乡结麦村7321.33亩集体土地，现已完成土地权属调查和地上附着物的调查，并对补偿金额和地上附着物进行了公示，与预征地的村委会和村民达成预征地补偿协议。征地补偿费共计6181.68万元，其中巴结村集体土地补偿费为295.86万元，地上附作物补偿费为17.31万元；玉米自然村集体土地补偿费为37.22万元；永久村和结麦村集体土地补偿费为5267.74万元；永久村地上附着物补偿费为221.42万元；结麦村地上附着物补偿费为142.13万元；预留在预征地补偿兑现过程中不可预见的费用200万元。《八一镇永久片区征地补偿方案》已经地委、行署办公会议研究通过。

【深入开展土地登记工作】全年共受理土地登记915宗，面积2374.63亩。其中：初始登记86宗，面积1066.31亩；变更登记473宗，面积545.94亩；注销登记113宗，面积303.78亩；受理他项登记243宗，面积458.6亩。办理划拨国有建设用地使用权24宗，面积951.64亩；出让国有建设用地使用权535宗，面积660.19亩。

全年办理转让441宗，转让金达6727.14万元;办理他项权利证243宗，抵押额达76999.84万元，贷款额达28319.57万元。

【有序推进集体土地确权登记发证工作】2012年，林芝县、工布江达县、墨脱县、米林县、波密县农村集体土地确权登记发证工作已通过自治区的验收，评定等级均为优秀，察隅县、朗县工作进展顺利，已进行收尾工作。

【妥善处置闲置用地】对八一镇范围内划拨、出让供应的建设用地进行了全面排查，对未能按期动工建设的15宗用地（面积253.73亩）的单位及个人下发了建设用地批后监管执法通知书，督促其及时开工建设；对按时动竣工的国电西藏尼洋河流域水电开发公司等5家单位或个人退还建设履约保证金138.43万元。为了防止土地闲置，共收取了4宗土地的履约保证金754.1万元，建立了批后监管制度，共移交监管土地6宗，对土地的开发、建设使用情况进行了全程监管。

【有序推进卫片检查工作】对下发的52个疑似图斑进行了认真核查。通过核查，除7宗军事用地外，土地图斑有45个，其中违法用地图斑有43个，涉及新增建设用地2550.85亩（其中耕地605亩），违法用地2419.4亩（其中耕地560.33亩）。行署已对违法用地问题较为突出，在土地管理工作中出现的未报先用、未批先建，不按规定履行用地报批手续的违法违规行为的工布江达、察隅、墨脱县人民政府在全地区范围内通报批评。同时，对未批先建项目及时组件上报。目前，已上报违法整改报件18个，违法用地总面积2045.574亩，耕地142.37亩，草地1288.4亩，林地159.074亩，建设用地233.4亩，未利用地12.6亩。

【夯实土地管理基础工作】对地区土地利用总体规划进行了最后修订，部署了各县土地利用总体规划编制工作，目前各县已落实了编制经费，并选定了规划编制队伍，前期准备工作已全部就序。八一镇土地定级与基准地价更新工作顺利实施，新的基准地价已于是2012年6月15日正式实施。

【强化措施，切实做好矿政管理工作】2012年，共年检33家矿业权单位，其中3家采矿权、30家探矿权，共征收矿产资源补偿费58.44万元。深入开展矿山安全生产、环境保护等方面巡查工作，共巡查矿山7个点。

【履行职责，切实做好地质灾害防治工作】一是提早安排地质灾害防治避险工作。二是全面开展地质灾害巡查。三是组织实施地灾治理项目。四是扎实开展了地质灾害群测群防体系建设和“十有县”建设工作。五是开展汛期地质灾害气象预警预报工作。

林芝地区
住房城乡建设工作

【重点建设项目进展顺利】2012年，林芝地区重点开展市政项目的建设，不断提高城市品位。林芝地区八一镇污水处理及收集系统工程估算总投资约1.7241亿元，厂址选址为八一镇娘乳岗南坡，征地面积约为118亩，建设内容和规模为：新建污水处理厂一座，日处理污水1.5万立方米；新建DN300–DN1200钢筋混凝土污水管网36.865公里，日排放污水设计规模2.2万立方米。11月8日—10日，国家发改委委托中国国际咨询公司组织相关专家，在林芝对八一镇污水处理及收集系统工程可行性研究报告进行现场评审。完成地区财政借支建设的八一镇污水处理及收集系统工程–福清河南、福清河北路、广州大道北段道路污水管网铺设工程任务，累计完成形象总工程量进度的100%。

林芝地区八一镇老城区给水管网改造工程总投资为6341万元，建设内容为:给水管网改造为68.121公里，其中主干管网26.111公里，支管网42.01公里，并修复原有道路等配套设施。目前已完成八一镇老城区给水管网改造工程第一阶段毛纺厂片区给水管网管道铺设全部工程量，累计完成形象总工程量进度的100%。

林芝地区八一镇香港路片区基础设施建设工程总投资为2899.61万元，建设内容为:路面改造8639.03平方米，街景改造11607.54平方米，给排水工程3189.72米，并建设变配电间、电力、电信、路灯、景观、绿环等配套设施，配置变压器、开关柜、屏设备等。

林芝地区八一镇“工布映像”基础设施建设工程总投资为2899.61万元，建设内容为：路面面积10438.89平方米，停车场5156.74平方米，步行街16387.09平方米，给水工程1.90公里，排水工程3.12公里，并建设电力、电信、路灯、景观、绿环等配套设施，配置变压器等设备。自治区发改委已经下达《关于林芝地区八一镇“工布映像”基础设施建设工程初步设计概算的批复》（藏发改基建【2011】1184号）文件，目前已开工建设。

【工程监管力度不断加强】2012年，全地区登记在册的各类建筑企业已217家，其中：农牧民劳务分包施工队33家，本地注册的三级建筑施工企业18家，二级建筑施工企业14家，区内到我地区登记的建筑施工企业51家，登记的区外建筑施工企业27家，工程监理企业31家，工程招标代理公司40家，建筑工程设计公司3家。2012年，已报建的工程建设项目已达36个，依法对36个建设项目办理了建设工程施工许可证，工程项目总投资32362.63万元，总建筑面积112307.9平方米。2012年对地区建设工程实施监督率达98%以上，工程竣工一次性合格率达100%。

【住房公积金的归集管理】2012年，全地区归集住房公积金16110.91万元，支取公积金6434.38万元，归集余额为56583.41万元，归集余额比2011年多了一亿多元，同比增长25%左右。2012年林芝地区住房公积金贷款指标为7000万元，共发放公积金贷款5154万元，回收贷款3598.91万元。住房公积金贷款余额为17181.11万元。

【民生保障工程持续进行】2012年，自治区下达给林芝地区周转房建设任务为664套，廉租房建设任务为20套，总建筑面积41846平方米，总投资9301.9万元。截止年底，已完成投资约2325万元。2012年664套周转房建设项目：其中第一批162套周转房，第二批452套；建设规模为38180平方米；项目总投资8917.96万元；目前林芝县正在进行基础开挖工程，波密县、米林县、朗县、察隅县、工布江达县、墨脱县正在进行主体工程。2012年20套廉租房建设项目建在墨脱县，建筑面积1200平方米，总投资383.94万元，目前正在进行主体工程。

林芝地区旅游工作

【年度综述】接待国内外游客227万人次，同比增长24.7%，完成全年指标的103.2%；提前三月完成年度收入指标，全年实现旅游收入18亿元，同比增长35.3%，完成全年指标的112.5%，占全地区国民生产总值的24.3%。

【节庆旅游持续发酵】第十届林芝县桃花节、第六届米林县黄牡丹旅游文化节、第二届松茸美食节、第八届雅鲁藏布大峡谷文化旅游节等节庆共接待区内外游客18万人次，实现旅游收入6471万元，分别同比增长36.5%和38.8%。雅鲁藏布大峡谷文化旅游节已经成为林芝地区宣传推介的黄金名片和冬季旅游的发动引擎。

【基础设施持续改善】全年共开展旅游基本建设项目15个，完成国家投资3564万元。全地区旅游航线增至3条，旅游专线公路达到7条，开辟了全区首条雅江水上环线和3个高原漂流项目，建成了全区首个自驾游营地，兴建了10个游客服务中心、1个旅游产品研发基地和2个旅游产品销售基地，基本形成了由林芝进拉萨出、拉萨进林芝出或川藏线进青藏线出的进藏旅游路线图。

【客源市场持续拓展】全年先后在全国9个城市举办了9场林芝旅游推介会，组团参加了国内5个重要旅游交易会，开展了广客首发专列团活动，邀请了全国26家媒体、17家旅行商赴林芝踩线报道。截止目前，已在全国设立了32个林芝旅游咨询处，与全国7个旅游发达地市和2个航空公司签订了合作框架协议。客源市场拓展到川滇渝、珠三角、长三角、华东华北等国内大部分地区。

【行业规模持续增大】全年新增宾馆饭店27家，新增农牧民家庭旅馆18家，宾馆饭店总数达到226家，客房7895间、总床位14981张。其中，四星级酒店达到3家，三星级酒店达到11家、二星级酒店达到21家。农牧民家庭旅馆达到213家，直接参与旅游服务的农牧民达到680多户2400余人，人均增收4400元。全地区旅游直接从业人员达到8100余人，带动社会就业3.5万余人。

【资源挖掘持续深入】全年新开景区点2个，对外运营景区达到23个。国家A级景区达到7个，其中4A级景区4个，3A级3个。巴松错和大峡谷入口景区全面启动5A级景区创建工程。鲁朗、南伊、米堆等重要景区建设步伐明显加快，游客中心即将在明年投入运行。墨脱、察隅、朗县等偏远县旅游开发进入启动阶段。全地区8家旅游开发企业累计投入景区开发资金6.24亿元。

【市场环境持续好转】全年先后8批次组成专项检查组深入旅游行业各个领域开展安全生产、市场环境、“清剿火患”等专项检查，2次由地区行署分管领导带队，组织相关部门深入对外运营景区开展评估检查。全年旅游系统未发生一起政治事件和维稳事件，旅游投诉案件同比下降25%，旅游投诉办结率、纠纷协调率、救援救助率均达到100%，游客满意度达到96%以上。

林芝地区防震减灾工作

【认真做好建设工程地震安全性评价及抗震设防要求管理工作】认真贯彻落实《地震安全性评价管理条例》和地委、行署关于进一步加强防震减灾工作的意见，积极与有关部门沟通联系，不断加强和规范建设工程抗震设防要求管理工作，以提高新建、改建和扩建工程的抗震设防能力。

【加大防震减灾法规和地震常识宣传力度，切实提高公众的防震减灾意识】为使社会公众科学的认识地震，了解地震，提高对地震谣言和谣传的鉴别能力，增强防震、避震知识及自救、互救和逃生的能力。在防灾减灾宣传周、科技活动周和安全生产月期间，开展了形式多样、丰富多彩的《中华人民共和国防震减灾法》和防震减灾科普知识宣传活动。展出地震灾害图片展板4块，发放《防震减灾科普知识宣传》400本，解答群众咨询200余人次。

由韩飞书记带队的防震减灾知识宣传组在厦门广场参加军警民双拥服务一条街活动。宣传组向过往群众讲解了防震减灾知识以及防震减灾法基本常识，并向过往群众发放了《防震减灾知识读本》300余本；

受地区武警森林支队邀请，地区地震局韩飞书记前往林芝地区武警森林支队驻地为全地区武警森林支队官兵开展了一场以“地震属一种常见的自然灾害，可防可控”为主题的抗震救灾知识讲座，指导武警森林支队官兵进行防震减灾应急疏散演练；

受林芝地区第一中学（二高）邀请，在学校开展防震减灾知识讲座，并指导学校师生进行防震减灾紧急疏散演练。林芝地区第一中学（二高）约3000人参加了此次紧急疏散演练活动。

受西藏电力有限公司巴河发电分公司邀请，地区地震局韩飞书记前往巴河发电分公司为公司职工了解地震知识，讲解防震减灾自救互救常识；

在地区行署副专员赵树明同志带领下，地震局党组书记、局长韩飞同志配合地区教育局、地区公安处、地区消防支队、地区法制办等单位，针对地直九所学校，开展了为期两天的以“学生安全”为主题的专项检查工作。检查过程中发现除地区文武学校

（私立）和两所幼儿园外，其余各学校均已开展紧急避险应急疏散演练活动，各校学生对避震、防火知识均掌握较好。在检查过程中，发现学校内不按消防规定，在教室窗口疏散要道处安装防盗钢筋的，要求学校将多数防盗钢筋予以拆除。这次安全检查共检查九所学校，指导4000多人开展应急疏散演练，同时，拆除防盗窗500多扇，打通70余道应急通道门。

【围绕中心工作、认真履职尽责，确保人民生命财产安全】对辖区内新建校舍、小区的建筑物都进行了抗震能力评估，不断对施工甲乙双方进行了《防震减灾法》宣传，努力使他们养成项目安评的习惯，为确保全地区人民的生命财产安全奠定了基础。

为使林芝地区各项事业达到优势发展的目的，切实开展好林芝地区防震减灾工作及应急救援活动，经林芝地区地委、行署召开办公会议研究决定后，为藏东南监测中心划拨10亩建设用地，并要求地区地震局与藏东监测中心合署办公，经有关专业人员测绘后，现已将藏东南监测中心建设用地勘测划定，该建设项目将在明年开工建设。由广东省援建的林芝地区地震应急救援中心项目已批准获建，目前，该项目正在前期准备中。

在广东、西藏两省区的关心重视和林芝地区地委、行署的正确领导下，集林芝地区防震减灾指挥中心、指挥救援人员待命中心、领导专家会商中心和林芝地震局办公场所为一体的林芝地区地震应急救援中心项目，目前该项目已进入施工阶段，在2013年10分完工。

林芝地区
环境保护工作

【预防为主、防治结合，着力落实污染防治措施】坚持把污染防治作为环保工作的重要抓手，谨慎行使审批权力，加强日常监督管理，切实维护生态环境安全。一是认真落实《西藏自治区“十二五”主要污染物总量控制目标责任书》有关要求，行署与各县签订了责任书，并编制2012年主要污染物减排计划报自治区批准。对重点领域企业督查其落实减排任务；二是严格控制污染物排放总量，已逐步推行排污许可证制度；三是严格执行项目建设环保第一审批制度。对新建、改扩建项目严格开展环境影响评价和执行“三同时”制度，2012年，共计审核餐饮单位215家，审批建设项目333个，其中：登记表项目325个，报告表项目8个，共涉及资金147223.05万元，协助自治区环保厅审核报告书及报告表项目，出具执行标准函49份，预审意见函30份；四是狠抓重金属污染防治工作，重点加强了重点城镇生活垃圾、医疗机构和医废处置单位的环境监管，顺利完成全地区固体废物（含危险品废物）摸底调查和申报登记工作；五是实施辐射安全许可证制度，对涉源及射线装置单位进行摸底清查。目前，我地区共有17家射线单位，37台射线装置，共14家符合法定条件，其余3家正在办理；六是建立健全矿山归档制度，督促矿山企业建立健全环境污染事故应急预案，落实各项环境污染防范措施。目前，林芝地区辖区内有51个矿产资源勘查点、开采企业3家、探矿企业22家。

【科学监测、标本兼治，不断夯实环保工作基础】10月10日起，正式启动对墨脱县的环境空气、噪声、水质监测工作。目前，林芝地区已形成了覆盖全地区的环境监测网络。一是对环境监测站实验室进行改造；二是开展空气常规监测，取得空气自动监测数据891个，空气达优的天数为358天，达优率为98%；三是编制林芝地区水环境功能区划和开展地表水监测，完成林芝地区两条主要河流（雅鲁藏布江、尼洋河）和八一镇一水厂和二水厂的水质监测，并将监测项目由16项增加至22项，获得有效数据364个，均符合《地表水环境质量标准》相关标准限值要求；四是编制八一镇声环境功能区划和开展声环境监测，积极配合创卫工作，对八一镇噪声功能区进行了网格布点和监测，按照400×400米的网格在八一镇布设63个有效网格，对八一镇三条主要交通干道（滨河大道、八一路、双拥路）20个路段交通噪声及11个大型娱乐场所噪声进行了监测，获得有效监测数据1099个，均达到环境噪声限值要求；五是新增八一镇大气降水和降尘监测，分别为7项监测项目和1个监测指标，获得大气降水监测数据273个，八一镇降水无酸雨；六是首次对巴松措湖心岛、巴松措东区水质监测断面进行了选点和监测，获得水质监测数据32个；七是结合创建生态地区，完成林芝、米林、工布江达3县、144个村水、声、气监测工作，获得监测数据空气72个、噪声336个，水质2621个；八是由国家投资的米瑞水质自动监测站已完成设备的安装、调试工作，已进入试运行阶段。

【以人为本、严格执法，有效保障人民群众环境权益】2012年，环境执法共出动240余人次。排查污染源50个，发现环境违法行为13起，查处13起；群众举报环境违法行为22起，查处22起；对环境违法行为实施行政处罚1起，罚款5万元；责令改正环境违法行为17起，完成整改4家，正在整改13家；关闭选矿厂1家。上报业务情况26份，下发各类通知17份。一是深入开展环保专项行动。检查矿山企业25家，涉及矿点51个，查处违法行为3起，约谈企业负责人5人。检查水源地11个，查处违法建设项目2个，约谈企业负责4人。配合自治区环保厅对其中1个违法项目进行了行政处罚。检查重点建设项目6个，行政处罚1家。检查旅游景区（点）12个，查处未批先建项目3个。二是开展环境安全百日大检查活动。出动执法人员99人次，排查油气等环境风险企业31家，发现环境安全隐患5起，责令改正违法行为5起，完成整改2家，正在整改3家；三是首次开展环境监察专项稽查活动。稽查县环保局2个，查阅污染源现场检查记录8份，发现不规范记录8份。其它5县开展了自查；四是完成了林芝地区应急预案体系建设情况调查报告。各县环保部门、重点企业环境应急预案，应急工作机制，应急物资储备得到加强；五是严格排污费征收。全年共征收排污费100余万元；六是开展日常执法检查。检查80余次，出动执法人员230余次，查处环境违法行为4起；七是加强环境信访工作。共接群众环境信访22起，其中电话举报20起，来人来访2人次，处理率100%，结案率98%。林芝地区环保局12369环保热线荣获环保部："为民服务，创先争优优质服务窗口"称号；八是配合相关部门开展"打非治违"、食品安全、环境宣传等工作。

林芝地区科技工作

【科技项目取得成效】落实科技经费达1000余万元，比2011年增加30%，地区财政安排科技经费200万元，与2011年持平，七县财政安排科技经费达230余万元，比2011年增加15%。实施科技部富民强县项目"朗县核桃高产栽培与产业化开发"和成果转化项目"设施桃优选品种在林芝地区的种植与示范"共2个，实施自治区重点科技项目"林芝地区尼洋河流域可持续发展实验区3个后续项目，实施区科技厅下达的"强基惠民"科技专项8个和科技特派员创业大户项目2个，实施自治区科协科普示范基地奖励项目1个。安排地区级重点科技项目共16个。

全区第一个实验区项目--尼洋河流域可持续发展实验区《总体规划》获行署通过并报区科技厅审定同意，编写完成《国家级实验区建设规划（2012-2015年）》，报区科技厅审定并报科技部待批。

【特色产业有科技亮点】开展天麻种植技术指导、培训达10余期，免费提供蜜环菌近5万瓶，受益的农牧民群众达1500余人次、500余户，培养天麻种植能手和科技特派员近40人。在天麻种植大县的波密，县科技局举办天麻种植培训5期，共培训种植户980户、1189人次，举办2次大型天麻种植现场交流会，近2000余人参与，规模空前，反响强烈。借助天麻繁育基地的辐射和示范作用，带动全地区农牧民群众种植天麻达500余亩、3000余户，比2011年增加近10%，总产量达100余万斤，收入达3500余万元，户均增收1.1万余元，比2011年增加近2000元。

"米林县黑木耳袋料栽培技术示范与产业化开发"项目稳步推进，培育黑木耳二级菌种4000多袋，指导米林县建设黑木耳三级菌种厂并生产黑木耳三级菌种25万袋，带动农牧民群众种植黑木耳30余亩，实现收入近100万元。

与广东省农科院微生物研究所合作，驯化当地野生食用菌取得成功，分离菌株200余株，制作标本130多个，试种灵芝新品种8000袋、当地野生灵芝15000袋取得成功，初步建立了西藏林芝地区食药用菌种质资源库。与广东省农科院花卉所合作，引进名贵花卉蝴蝶兰17个品种1万余盆在当地试验栽培取得成功，并赴察隅、波密等地调查、筛选当地名贵花卉品种5个，进行培育。

【科技特派员成为传播和推广科学技术的生力军】2012年，全地区共有科技特派员435人，其中农牧民科技特派员386人，占到89%。2011年和2012年共新增农牧民科技特派员195人，达到386人；共申报科技特派员项目6项，获批2项：优质油菜种植与加工和黑山羊养殖技术推广。2012年有186名特派员参加天麻、木耳和灵芝种植培训，掌握一技之长，提高依靠科技致富能力。通过示范带动，有的已成为"天麻种植大户"、"木耳种植大户"和科技致富带头人。科技特派员创办企业达5个，实施创业项目项目累计27个，参与农户5000余户，增收4000余元。

【科普工作扎实开展】中国科协赠朗县科技局（科协）1台科普大篷车及配套设备，全地区新增3个基层科普站。开展科普宣传活动达15次，赠送科普书籍12300多册、科技宣传资料23500余份，科技咨询1500余人次，举办科技图片、模型展板520余米，参与人数达23800余人次。地（县）科技局培训农牧民达1万余人次，一批农牧业实用技术推广到千家万户、田间地头。

开展"中学生科学营活动"，8名高中生和全区共60名学生赴上海、北京参加为期一周的科学营活动；邀请中科院科学家和专家15人次来林芝地区开展"中国科协国际科技组织任职科学家赴藏公开讲座"、"大手拉小手--科普报告会"、"科普大篷车进校园"等活动，林芝地区有近700名大、中学生参加。

【推进科技受援工作】在林芝地区科技局援藏干部的努力下，2012年广东省第六批援藏工作队安排200万元经费用于天麻繁育基地扩建项目，建设实验楼并已完工投入使用；安排200万元建设高效温棚建设，项目建设已启动。建立了林芝地区食药用菌科研基地、花卉资源研发中心，食用菌驯化、名贵花卉引进示范取得阶段性成效。在广东举办木耳（花卉）栽培技术培训班2期，林芝地区基层技术人员和科技特派员16人参加培训。

福建省果树研究所援助"林芝地区果树优良品种引进栽培与生态果园综合开发利用"项目，开展野外高桩嫁接，培训40余名懂技术、会经营的农村科技带头人。与厦门市科技局合作"鸡蛋参单倍体和多倍体组织培育、分离人工制种"项目，工作进展顺利，开展野外驯化。

林芝地区教育（体育）工作

【全面抓好"两基"国检成果巩固提高工作】截至2012年秋季学期，全地区共有各级各类学校113所，其中地区职校1所、普通高中2所、初中8所、小学65所（含民办小学1所）、教学点11个、幼儿园24所（含民办幼儿园4所）、军民共建小学2所。全地区共有在校生37834人，教职工3003人。各县小学生到位率为98%以上，初中生到位率为95%以上，高中阶段学生到位率为82.9%。

【切实做好教育试点改革及高中办学水平评估工作】地区林芝县、米林

县、波密县、地区职校、地区二小和林芝县中学分别被自治区确定为：义务教育均衡发展改革、学前“双语”教育改革、县域教育综合改革、中等职业教育改革、推进素质教育改革的试点单位。地区一中经过精心筹备，于10月27日迎来了自治区普通高中办学水平评估工作组，经过两天的评估工作，专家组为地区一中打出了97.6分的高分，给予地区一中教育教学工作高度评价。

【**大力促进职业教育发展**】积极实施职业专业建设工程。申报了两个2012年度自治区财政支持的县级职教中心实训基地建设项目，分别是察隅县职教中心特色种植、养殖专业和米林县职教中心汽车应用与维修专业建设项目，申请项目资金分别为310.98万元、296.68万元。加强职业师资力量建设，组织地区职业技术学校、各县职教中心负责人共13人赴内地考察学习；安排了7名职业技术学校教师及20名县职教中心教师，参加7月至10月的2012年度职业学校骨干教师省（自治区）级培训。加强内地中职办学生管理和接送工作，地区派出4名联络员分段分批接送林芝籍中职班学生1136人次，确保了学生的路途安全。积极组织参加自治区职业技能大赛，地区职业校及米林县、波密县职教中心代表地区荣获了多个奖项。

【**积极落实教育惠民政策**】一是全面实施农牧区义务教育学生营养改善工作。从2012年3月份开始正式实施了农牧区义务教育学生营养改善计划，按照每学期100天，每天3元标准发放。目前，已安排2012年学生营养改善计划专项资金1014.7万元，已有2.2万多名农牧区义务教育阶段学生享受到了这项惠民政策，此项资金已纳入各校“三包”经费统筹管理。二是认真落实“三包”政策。各级各部门积极落实“三包”政策、“三包”经费都能及时、足额拨付到位。2012年，共安排“三包”资金8189.9万元。秋季的“三包”标准在现行基础上再次提高，初中和小学每生每年“三包”经费从2200元提高到2400元，边境线学生从2400元提高到2600元。三是积极落实学生资助、救济政策。通过国家、社会、个人等筹集的助教助学金达到了225.94万元，帮助困难师生712人次。在招生考试方面，对农牧民子女一律免收报名考务费用，对边境县农牧民子女和人口较少民族如门巴、珞巴和僜人实行了考试加分等优惠政策。同时充分发挥教育工会的作用，帮助困难教职工21人，补助资金19.3万元；争取资金建设职工之家8个，投入经费78万元；组织地区310多名女教职工进行体检，补助资金15万元。

【**教育援藏成效显著**】一是成立了“闽藏育才工程”和“粤藏育才基金”。广东和福建方面总共投入资金460多万元用于资助贫困师生和开展培训工作。二是“送培进藏”工作成效显著。通过援藏渠道，邀请广东、福建教育专家进藏交流培训，目前累计培训教师近3000人次。通过采取“请进来、送出去”的办法，多批次组织地区教职工和行政管理人员前往广东、福建参观考察，开阔视野，增长见识。三是援藏项目加快落实。在广东、福建援藏工作队的大力协调支持下，地区实验学校运动场、波密县中学运动场、地区第二幼儿园综合楼等项目相继落成投入使用，察隅县上察隅小学、下察隅小学、察瓦龙小学等援藏项目进展顺利，察隅县完小教学楼项目已竣工投入使用，总共投入援藏资金2392万元。

【**扎实做好各类招生考试工作**】截止9月底，组织开展了高等教育自学考试、全国计算机等级考试、全国硕士研究生考试、普通高等院校招生考试、普通中专（高中）招生考试、西藏内地班招生考试等等，参加人数达8890人次。2012年，高考报名1733人，比去年增加161人，录取1162人。我地区高中阶段招生规模进一步扩大，地区一中完成招生707人，在校生规模达到2408人；地区二高完成招生735人，在校生规模达到1917人。

【**体育事业深入发展**】认真组织8月8日全民健身日系列活动。组织120名运动员和教练员参加了全区第十届中学生运动会，并打破了4项纪录，获得了团体第三的成绩；派出12人参加了8月8日在拉萨举办的全区太极拳比赛，获得了男子团体三等奖和女子团体组织奖；举办了全国科学健身指导（林芝站）系列活动；举办了为期9天的第十届“尼洋河杯”暨首届“体彩杯”足球补赛，来自全地区7个县的10支队伍参加了比赛。各类体育协会进一步发展壮大。2012年新成立了篮球、足球和汽车运动户外救援3个协会。体彩事业发展顺利。目前林芝地区共有体育彩票销售网店28个，其中墨脱县销售网店于8月25日成立，接下来还将增设5个销售网点。

林芝地区
广播影视工作

【**项目建设有序推进**】2012年，总投资3593万元的41个乡镇综合文化站建设项目和投资715万元的朗县冲康庄园保护维修工程，已全部开工建设，41个乡镇综合文化站建设项目预计年底全部完工，届时林芝地区将成为全区首个乡镇文化站全覆盖的地区。藏东南文化博物馆改造工作进展顺利，道路建设及相关配套设施的建设和室内改造工作全部完成，朗县、米林、察隅、墨脱4县广播影视中心，林芝、朗县、察隅、墨脱4县新华书店，已完成所有前期工作，进入开工准备阶段。地区群艺馆、图书馆、广播电台、电视台，波密、米林、林芝、工布江达4县民间艺术团排练场所建设项目前期工作有序推进；地区有线广播电视数字化建设进展顺利，正在开展有线数字电视机房分前端建设和自办新闻节目数字化传输系统整体改造工作。

【**积极开展送文化文艺下乡和文化活动**】举办了“爱我林芝、歌唱林芝、繁荣林芝”歌舞比赛（农牧民组），比赛历时4天，开展文艺演出4场，观众累计近9000人次，期间举办了文化论坛、书画展等一系列文化活动，受益群众累计达1.2万人次。全地区开展节庆类文化活动、文艺下乡等700余场次，参与人员20万余人次。全地区已开展群众文化活动的广场达43个，其中乡村群众文化活动广场33个，全年开展活动3000余场次，参加人数达55余万人次。

【参加区内外重大文化活动演出】1月30日至2月5日，地区艺术团演员随中央统战部领导和自治区统战领导，赴尼泊尔慰问演出团，圆满完成对尼泊尔为期6天的藏历新年藏胞慰问演出任务，开展慰问演出3场，观众约1600余人；2012年自治区电视藏历水龙年晚会，朗县金东乡的原生态歌舞节目《玉湖蓝莲》代表林芝地区参加表演，得到广大观众和专家的好评；3月8日晚9：30，中央电视台综艺频道节目宣传播放了《玉湖蓝莲》，整个节目用时4时50分。5月份，以林芝地区为主办方的西藏自治区代表团参加了第八届中国（深圳）国际文化产业博览交易会，签定了7.78亿元的意向性协议，其中林芝地区3.38亿元。

【“三馆一站”免费开放成效显著】全地区到阅览室人数达6284余人次，借阅书刊9800余册（本），其中地区图书馆累计免费开放2500小时，办理借阅证119个，流通人次为5314人次。为扩大免费开放范围，在地区所在地八一镇辖区内的21个便民警务站和4个派出所设立了图书漂流服务点，每个站配备了警务、政治、经济、文化用书，同时还配套了藏汉文工具书，极大方便了民警及社会各界人士就近读书。

【积极开展广播影视进寺庙等民生工作】认真实施“户户通工程”，完成1854套直播卫星设备的调拨、发放、安装、调试工作；大力实施“舍舍通”建设，完成了37座寺庙117间僧舍广播电视直播卫星设备发放、安装调试、登记造册和资产移交等工作，积极做好中宣部、国家广电总局赠送的1134套便携式太阳能直播卫星一体机和29套太阳能数字广播接收设备的发放工作，目前正在开展安装、调试，预计十八大将完成安装调试工作。林芝县率先完成7个乡（镇）、67个行政村、134个自然村的3669户、1.7万余人和15座寺庙67间僧舍的户户通、舍舍通工作，成为全区首个全覆盖的县。

林芝地区卫生（人口计生）工作

【农牧区医疗制度落实工作扎实推进】2012年，以免费医疗为基础，家庭账户、大病统筹和医疗救助相结合的农牧区医疗制度覆盖率达100%。全年免费医疗经费人均达到300元，大病补偿最高限额6万元，到位资金3926.1万元，到位率达100%。农牧民个人筹资人数128454人，人均筹资20元，共筹资256.91万元，农牧民个人筹资率98.15%，2012年农牧区医疗制度收益人口达31.5万人次。同时，实施了农牧民大病医疗保险，最高补偿达7万元。

【切实加强疾病预防和控制工作】2012年，全地区共报告法定报告传染病775例（死亡1例肺结核），报告发病率432.71/10万，与去年同期相比上升56.25%（2012年手足口、腮腺炎疫情比去年有所增加）。突发公共卫生事件15起，总发病人数411人，波及3452人。

【基层基本公共卫生服务工作有序推进】完成2021名15岁以下的儿童免费注射乙肝疫苗，为560名妇女进行了宫颈癌检查，为1777名农牧民孕产妇住院分娩发放了补助。并实施了孕产妇和新生儿商业保险，最高补偿金额3万元，2012年共兑现48人，补偿金额17.28万元。截止目前，全地区年门诊人数达31.3余万人次、住院6600余人次，急危重病人抢救成功率达80%以上，住院病人治愈率达85%以上，好转率96%以上，病床使用率在70%以上。

【积极开展妇幼保健工作】2012年全地区孕产妇死亡率217.628/10万比2011年的203/10万上升14.628/10；婴儿死亡率23.58‰比2011年的30‰下降6.42‰，住院分娩率60.14%比2011年的62%下降1.86%。

【顺利完成了僧尼体检、海拔4000米以上驻村工作队体检工作，加快推进儿童先心病医疗救治工作和城乡居民健康体检工作】全地区城乡居民免费健康体检累计完成160085人，体检率94.8%；完成儿童先心病筛查43273人，完成97.2%，疑似953人，确诊病例53例，目前完成手术22例，其余年底前完成手术（2012年11月19日送往广东省进行免费手术21例）。

【狠抓基础设施建设，着力提高卫生服务能力】已争取卫生基础设施建设项目投资7313万元，其中：争取国家资金4641万元（即地区人民医院医技楼建设项目已下达投资2080万元，该项目已开工建设；5个乡镇卫生院建设项目已下达投资465万元；察隅县急救站、朗县急救站建设项目已下达投资253万元；地区7个县级卫生监督所项目已下达投资293万元、地区人民医院设备购置650万元、地区血站设备购置100万元、地区藏医院设备购置400万元，察隅县、工布江达县400万元）。继续实施了4个县医院标准化建设和7个县藏医院专病建设。

【全面加强农村藏医药工作】争取并下达了地区藏医院设备购置400万元、察隅、工布江达县400万元资金。积极开展了支援农村工程，先后3次选派藏医医疗人员到自治区藏医院等兄弟医院进修和藏医全科医师转岗培训，对基层藏医技术人员进行了短期培训，培训人次达45人。完成了地区藏医院制剂中心净化工程和设备调试工作和81个藏药制剂品种申报工作，制剂认证已上报自治区药监局。

【卫生援藏工作取得丰硕成果】广东、福建两省落实援藏资金2672万元（其中：广东援藏资金2122万元，其中：地区疾控中心实验楼1520万元，鼠疫应急演练22万元，疾控中心办公设备15万元，地区人民医院重症监护

室设备及病房改造150万元，口腔设备160万元，地区妇幼保健院出生缺陷二级预防项目及购置B超、高档彩超多普勒超声诊断设备以及院内附属设施建设资金255万元，福建地区血站550万元），近68名领导和专家到林芝地区检查指导医疗卫生和人口计生工作。为地直医疗卫生单位组派援藏医疗队16人，医疗队传、帮、带、教培养了近30名卫生技术人员。

【认真开展了人口和计划生育工作】一是认真落实农牧区“一孩、双女”户困难家庭扶助政策，截止到2012年9月份共有1787人享受这项扶助政策，扶助资金达171.552万元。二是认真落实特殊子女家庭特别扶助政策。2008年西藏自治区“特殊子女家庭特别扶助制度”政策实施到2012年林芝地区享受“特殊子女家庭特别扶助制度”政策有266人，扶助资金达41.772万元。三是林芝地区林芝县推进“创建幸福家庭”试点活动。自治区人口计生委于4月份共投入40万元贫困母亲救助基金（三年无息贷款资金），分别在“林芝县百巴镇章巴村藏家乐扩建”、“更章门巴民族乡大峡谷藏香厂企业技术改造”设立两个项目点，更张藏香厂（20万元），安排9户贫困母亲家庭劳力，共为贫困母亲发放工资48300元。百巴镇章巴村项目（20万元），目前，农家乐共安排16户贫困母亲家庭劳力，共为贫困母亲发放工资127800元。同时，林芝县共完成免费孕前优生健康检查684人。

林芝地区民政工作

【城乡低保和社会救助工作稳步推进】2012年，共为全地区3374名城镇低保对象发放低保资金663.07万元，为8240名农村低保对象发放低保资金639.884万元；开展城乡特困群众医疗救助1058人，落实救助资金402.44万元；1314户、1410人的五保对象全部纳入了供养范围，年供养标准达到人均2400元，发放资金338.4万元；2012年全地区共对因病、因灾造成生活困难的6200余人次实施了临时救助，支出资金143.4万余元，其中，救助流浪乞讨人员345人，支出资金10.35万元。

【抗救灾工作成效显著】强化救灾物资储备工作，积极协调自治区民政厅将中央代储物资存放点延伸至各县。2012年，林芝地区已建成地区级救灾物资储备库1个，项目总建筑面积2119平方米，项目主体总投资399.772957万元；已建成县级救灾物资储备4个（160万元/个），分别为波密县、察隅县、朗县、米林县救灾物资储备库，项目总投资640万元。另外，总投资320万元的工布江达县和墨脱县救灾物资储备库项目正在实施中，预计2013年底可建成并投入使用。截止目前，全地区各级存储帐篷5347顶、粮食37.25万斤，衣物10780套（件）、被褥29530床、鞋子7905双、茶叶3260条、食盐20300斤、发电机80台、海事电话8部。

指导各县民政部门组织力量，开展细致的调查摸底，编制灾民救助台账，2012年，共安排各类救灾资金2123万元，其中冬春救灾资金1685万元，救灾物资采购资金120万元；各县财政安排救灾资金318万元。安排使用救灾帐篷153顶，棉被1541床、临时口粮164万斤。

【双拥共建及优抚安置工作取得新成效】2012年，接收2011年冬季退役士兵69人，上报农牧区籍符合安置人员18人，接收军队退休人员1人，新接收部队伤残军人档案7人。慰问走访部队130个、慰问优抚对象306人，召开座谈会 41次，举办军民座谈会10场次，地县两级共落实慰问经费76万余元。驻军部队和地方单位、学校结成260个军民共建单位，涌现出了“全国医院文化建设先进单位”1个（115医院）。

【各项民政业务工作扎实推进】积极推进林芝地区撤地设市工作，主动与自治区民政厅汇报衔接，得到自治区人民政府的大力支持并上报国务院，跟进督促落实征得国家民政部、国家民委对林芝撤地设立地级市工作的认可态度；扎实开展第二次地名普查工作，实地踏勘地名信息12400条，墨脱、朗县、米林、察隅四个边境县地名普查工作基本完成；以八一镇为重点开展了社会管理服务创新改革试点工作，配合综治部门初步建立了双拥路、白玛岗两个社区服务机构；完成了22个注册登记、2个备案的社团组织的年检工作；在全地区范围内开展领导干部助孤捐款活动，募集善款551.79万元；重点对工布江达县与那曲嘉黎县交汇界桩进行了实地认点，对林芝县、米林县、工布江达县三县边界争议区进行了实地指界；2012年共办理老年优待证和寿星老人证432份、收养登记11份、婚姻登记证1524对、提供公共殡葬墓穴5穴、处理公安机关认定的无名尸4具。2012年，完成福彩销售额3100余万元。

【重点项目进展顺利】2012年到位资金共计1491万元。其中，墨脱县社会福利院项目（200万元）、林芝县米瑞乡（经自治区民政厅批复调整为更张乡）敬老院（批复资金54万元）已完工；波密县扎木社区服务站项目（投资50万元）、墨脱县墨脱镇敬老院项目（实际批复到位资金67万元）；工布江达县救灾物资储备库项目（投资160万元）、米林县救灾物资储备库项目（投资160万元）资金已到位。援藏投资800万元的地区养老院项目已进入招投标阶段，目前已开工建设。中央预算内总投资1086万元的林芝地区20个乡镇救灾物资储备库项目前期工作已全部完成；中央预算内投资704万元的波密县扎木镇社区服务中心项目、工布江达县果林卡社区服务站、墨脱县达木乡敬老院、墨脱县格当乡敬老院、察隅县上察隅镇敬老院、米林县米林镇敬老院、波密县倾多镇敬老院、工布江达县加兴乡敬老院前期工作已全部完成；中央预算内总投资1740万元的林芝地区老年人护理院项目各项前期手续已基本完成。

林芝地区人力资源和社会保障工作

【实施积极的就业再就业政策，就业局势保持基本稳定】坚持以增加就业岗位、降低城镇登记失业率、彻底消除“零就业”家庭为目标，创新措施，加大力度，就业再就业工作取得明显成效。2012年，开发就业岗位2329个，同比增长1%；实现就业再就业2251人，同比增长17%，城镇登记失业率控制在2.5%以内；实现农牧民转移就业4.22万人次，3.05万人，同比增长1%；共开展农牧民和就业再就业培训班57期，培训人数3581人，同比增长10%，合格率达98%，培训就业率达70%；举办创业培训2期，共培训48人，合格率达77%；开展职业指导3204人次，同比增长10%，职业介绍2780人次，同比增长1%，介绍成功就业2014人次，同比增长6%；组织开展1105人参加了职业技能鉴定，同比增长39%；兑现发放失业保险补贴32家单位3718人共计490万元；新增林芝地区毛纺厂、广中旅林芝生态旅行社2家高校毕业生就业见习基地，目前全地区高校毕业生就业见习基地达到7家；共组织11名高校毕业生参加就业见习，兑现高校毕业生发放见习补贴28500元；为781名失业人员发放《就业和失业登记证》；政府购买公益性岗位工作圆满完成，目前460名人员已全部上岗；确定了15家国企和私企作为地区监测企业，通过对这15家企业的科学监测来分析判断林芝地区就业失业形势；成功举办了“2012年广东企业西藏高校毕业生专场招聘会”，23家广东企业和17家广东在藏企业进行现场招聘，提供岗位5000多个，来现场求职的高校毕业生多达2000多人，目前已有16名毕业生到广东企业就业或见习。

【统筹城乡社会保障体系，社会保障水平持续提升】坚持“广覆盖、多层次、保基本、可持续”的方针，加强基金征缴和监管，社会保险面进一步扩大。2012年，城镇职工养老保险参保人数达9415人，同比增加835人，增长10%，征缴养老保险费5900万元，同比增加109万元，增长0.15%，支出7159万元，同比增加1083.4万元，增长18%；新农保参保人数达76900人，同比增加16415人，增长27%，养老保险总收入2170万元，同比增加596万元，增长47%，支出1224万元，同比增加484万元，增长40%；城镇居民养老保险参保人数达2250人（含僧尼），养老保险总收入427万元，支出83万元（2012年实施，2011年无对比数据）；城镇职工医疗保险参保人数达21834人，同比增加733人，增长3.5%，医疗保险费收入8079万元，同比增加345万元，增长4.5%，另外利息收入116万元；待遇支出6376万元（其中：统筹基金支出3090万元、个人账户支出3286万元），同比增加848万元，增长1.2%；城镇居民医疗保险参保人数为12227人，同比增加1351人，增长12.4%，城镇居民医疗保险费收入561万元（其中：个人缴费收入50万元、各级财政补助收入511万元），同比增加136万元，增长32%，另外利息收入1万元，待遇支出465万元（其中：统筹基金支出295万元、家庭账户支出170万元），同比增加39万元，增长9.2%；工伤保险参保人数为10554人，同比增加322人，增长3%，工伤保险费收入278万元，同比增加6万元，增长0.02%，另外自治区老工伤财政补贴25万元、利息收入3万元；生育保险参保人数为16378人，同比增加421人，增长2.6%，保险费收入为300万元，同比增加3万元，增长1%，另外利息收入3万元，待遇支出252万元，同比增加57万元，增长29%。

同时，为2369名退休工人调整了工资待遇，人均增资276元，人均养老金达到2370元；春节、藏历年期间慰问退休工人，发放一次性生活补贴和慰问费311.16万元；配合审计部门完成了对2011年度城镇职工养老保险和新农保基金的审计工作，未发现基金问题；查处医疗保险虚假报销发票8起，涉及金额达483922.74元，其中拒付279370.11元，其余204552.63元中属统筹基金支付的数额为172764.53元已经全部追回入账；开通了2家医院和4家零售药店的即时刷卡结算业务。

【维护劳动者合法权益，劳动关系和谐稳定】认真贯彻落实中央和自治区有关工资政策，准确把握政策界限，对行政机关及事业单位人员工资进行合理管理。大力推进劳动合同签订和鉴定工作，加大劳动保障监察执法力度，加强劳动人事争议调解仲裁工作，劳动关系保持和谐稳定。

林芝县

【年度综述】2012年，全县国内生产总值达到40.63亿元，比增29.24%；一、二、三产增加值分别达到13003万元、125805万元、267525万元，比增30.95%、3.18%、46.56%；财政收入达到5888万元，比增15.11%；农村经济总收入达到2.75亿元，比增25.10%；农牧民人均纯收入达到9012元，比增19.76%，其中，现金收入达到6301元，比增12.92%；税收达到10039.85万元，比增54.99%。各项主要经济指标增长均保持在两位数，绝大多数指标增幅超过20%，特别是税收首次突破亿元大关，取得这样的成绩实属不易。

【增强发展后劲，农牧业产业化程度提高】一是农牧业发展保持良好势头。林芝县农作物总播种面积为4.31万亩（其中玉米播种面积为7800亩，蔬菜播种面积为7200亩，油菜播种面积为7000亩，均与上年持平）；全县牲畜总存栏11.2万头（其中大牲畜5.6万头，小牲畜5.56万头），同比增长2%；牲畜出栏2.9万头，出栏率为26.5%；全县存栏藏鸡12万只，藏猪4.3万头，分别比去年同期增长5%、1.1%。二是积极落实各项惠农政策。2012年林芝县共兑现粮食、农资综合补贴83.76万元；落实农机购置专项补贴资金128万元，购置农机具304台套。三是争取项目投资，切实提高农牧业发展后劲。截至目前林芝县已争取到位项目16个，计划总投资2254万元，涉及在全县范围内新建温室大棚100座，无公害蔬菜种植面积500亩。其中在八一镇加当嘎村新建温室大棚25座，打造了林芝县首个无公害产地认证的蔬菜生产基地；在老排龙新发展30-50亩黑木耳种植基地，在原有5.7万根菌棒的基础上新增2万根；在拉月村充分利用已建成的加工厂开展初加工销售农产品，切实提高产品附加值。

【坚持生态建设和保护并行，林业建设得到加强】一是继续重点开展营造林工作，切实抓好造林项目的实施和后续管理。林芝县正实施总面积为10414.5亩、总投资约为1197.7万元的重点区域造林项目，目前已兑现造林费约575.2万元；同时加快实施面积为7500亩、投入资金407.6万元的防护林项目（范围覆盖林芝镇、八一镇、布久乡、更章乡），其中国家投资339.2万元，占总投资的83%，群众投劳折资68.4万元，占总投资的16.78%。二是森林防火工作得到加强。根据森林防火工作需要，林芝县森防指挥部制定了县级领导干部包片负责制度和林业工作站林区巡逻制度，确保每一片林区有人负责、有人巡逻检查；另外组建了400人的森防突击大队，25名责任心强的村民组成生态监管员队伍，还在村民中选拔了1509名青壮年建立了森林管护人员队伍，开通了12119森防报警电话，通过各项举措加强了森防检查和火源管理，截至目前林芝县无重大火灾发生。三是生态建设与保护有序推进。林芝县继续加强总投资为194.22万元的巩固退耕还林成果补植补造工作（其中国家投入24.58万元、群众自筹和投劳折资169.64万元），截至目前共补植补造4916.2亩（其中生态林补植894.4亩、补造3223.2亩，经济林补植146.1亩、补造652.5亩）；另外继续实施总面积为1500亩、总投资为278.6万元的防沙治沙工程（其中布久乡孜热村1239亩、米瑞乡娘俄村3846亩、夏尔觉村9915亩），有效地改善了林芝县生态环境。

【着力于打造精品项目，旅游业迅猛发展】一是旅游产业发展态势良好。林芝县旅游知名度越来越高，受到越来越多区内外游客的欢迎，与旅游业相关的农牧民和景区（点）收入增长迅速。2012年林芝县各景区（点）接待游客83.47万人次、同比增长28%，景区门票收入3137.36万元、同比增长30%，农牧民收入830万元、同比增长22%，旅游总收入4.3亿元、同比增长30%。二是打开旅游发展思路，大力开展旅游宣传促销。林芝县以报刊、网络、电视台等媒体为载体开展旅游宣传促销，举办了以“相约林芝，寻访中国最美的春天”为主题的林芝第十届桃花文化旅游节，吸引中央电视台（CCTV-7）、广东卫视、西藏卫视等70余家区内外新闻媒体对开幕式及各项活动比赛进行现场报道，同时吸引近1万人参加了开幕式及节会活动，打响了林芝“生态旅游”品牌，提高了林芝的知名度。三是继续改善旅游基础设施，引进资金重点打造旅游精品项目。林芝县积极整合吸引各方资金，努力改善各旅游景点的设施环境，计划新建旅游基础设施项目15个，目前已建成项目11个，共落实项目资金1515.15万元；四是引进资金重点打造旅游精品项目。围绕使“林芝县成为西藏自治区最佳旅游示范县、全国旅游强县和重要的世界旅游目的地”的发展思路，林芝县正积极打造“一镇一线”旅游精品项目。

【搭桥梁抓交流，援藏领域硕果累累】一是突出重点抓产业，旅游经济蒸蒸日上。林芝县根据将旅游业培育成支柱产业的发展战略，将援藏2.2亿资金的大部分进行启动。特别是作为广东第六批援藏重点项目的鲁朗国际旅游小镇，受到了粤藏两省区领导的高度重视。该项目投入援藏资金1.15亿元，带动社会资金投入近20亿元。二是积极争取社会各界资金投入。林芝县援藏工作组注重加强与社会各界的协调沟通，争取更多力量支持林芝县发展。截至目前共收到各地捐赠资金2400多万元，主要用于发展林芝县社会事业，包括1150万元建设学校、338万元新建县有线电视台、200万元建设流动人口服务中心等。三是加强对外交流，提升当地干部素质。林芝县援藏工作组积极开展干部对口学习交流，截至目前东莞市共派出5批20多人次优秀干部到林芝县开展指导帮带工作，林芝县派出7名干部到东莞市交流学习；另外组织了林芝县100多名中层干部和全县67名村支部书记到广东、东莞等省市参观考察，使广大干部开阔眼界，增长见识，提高水平。

【扎实推进平安创建，社会局势和谐稳定】一是旗帜鲜明地开展反分裂斗争，维护社会稳定。在敏感时段和节庆期间，加强军警民联防联控、严密掌控社会局势，特别是强化了全县15座寺庙（拉康）和66名在编僧尼的管控，确保了宗教活动依法有序开展；建立和完善了治安防控体系，全县共建立群防群治队伍74支，成员1095人，并且全县民警实行24小时值班备勤，确保了各项维稳工作的有序开展。二是加强便民警务站建设工作，做到便民利民安民。林芝县目前现已建成21个便民警务站，从现有警力中抽调100余名警力到警务站的同时，后期又通过考核招聘210名治安辅警员充实到了便民警务站，通过认真履行七项职能做到便民警务站网格化管理没有盲区、便民服务没有距离。三是加强社会管理创新工作。林芝县积极借鉴相关经验，制定出了在八一城区实行“1+4”式管理创新模式和推行“一站四化”服务模式。社会管理创新综合试点工作开展以来，在县委、政府的高度重视下，以社区服务为重点，城区“网格化”管理为目标，积极推进社区公共服务“网络化、信息化、民主化、社会化”建设。

工布江达县

【年度综述】2012年，全县生产总值完成9.35亿元，比增25.6%；财政收入3.758亿元，比增695%；固定资产投资完成7.34亿元，比增18.7%；农牧民人均纯收入达7981元，比增18.8%；现金收入完成5549元，比增15%。先后荣获全国“新型农村和城镇居民社会养老保险工作先进单位”、全区“扶贫开发先进集体”、地区“安全生产先进县”等国家、区、地50项荣誉称号，保障性住房建设、宅基地确权登记等多项工作得到上级的充分肯定。

【科学推动产业建设，自我发展能力不断增强】农牧特色产业初具规模。2012年，全县藏香猪养殖规模达到12.66万头、牦牛养殖规模达到10.33万头、蔬菜大棚达到590座、种植面积达到205亩，318国道、巴错公路沿线发展油菜观光带8000亩，产量达760吨；销售加工藏香猪肉800吨、牦牛肉1100吨、菜籽油200吨、菌类产品19吨；建设了6个特色产业专业乡镇、22个特色产业专业村，特色产业的发展辐射带动了全县75%以上的农牧民群众（2900余户），实现增收2320万元。矿产业发展加快。完成了9个公益性地质勘查项目，21个商业性勘察项目有序进行，完成白银集团资源核查工作，新引进云南驰宏锌锗股份有限公司整合鑫湖矿权，完成5家企业在我县落户注签；完成了亚桂拉60万吨选矿厂建设的前期工作，金达、松多两个矿业管理服务站作用充分发挥，全县矿产业产值1235万元，财税收入达285.9万元，带动群众增收587万元。水电业有效推进。圆满完成第一次全国水利普查，积极做好尼洋河流域综合开发项目的争取、立项，仲莎乡巴朗曲流域水电开发项目获地区行署批准。全年共投入水利、电力建设资金1899万元，重点实施了10个点的人饮工程、剩余户通电工程，全县99%的自然村通电，82%的自然村通水。生态旅游业强劲发展。全年投资1418.1万元，继续加强巴松措、秀巴、太昭、中流砥柱等旅游景区基础设施建设，建设了仲措、新措两个游客接待点，开辟了新措旅游新专线，结束了一桥一岛的巴松措旅游模式。建设国道沿线5个中小旅游景区（点）和民俗村寨，阿沛民俗演艺厅建成投入运营，引导940户农牧民群众参与旅游服务，户均旅游增收7300元。2012年，全县共接待游客48.6万人次，比增155%；旅游总收入4056.5万元，比增34.3%。文化产业发展喜人。制作了工布江达县文化旅游形象宣传片、主题歌曲，成立了县级民间艺术团，组建了11个村级民俗表演队，开展各类演出68场，乡镇民俗文化节活动开展有声有色。3个自治区级文物保护单位挂牌，错高古村落“国家级历史文化名村”申报成功，错高梗舞、结地岗曲锅被列入自治区非物质文化遗产目录。

【不断完善基础设施，城乡面貌显著改善】投资2.4亿元，实施了甲热灌区、乡镇政权机关业务用房等53个重点建设项目，完成了17个村的人居环境综合整治工程，深入开展500户新增户和100户困难户安居工程建设，新建了8个自然村村部，大力推进“九到农家”工程。目前，全县79个建制村和38个自然村建设了村部，79个建制村全部通广播、电视、水、电、路，59条村级道路进行了硬化，74个村通了电话，移动信号覆盖全县91%的区域。建设县城滨河路、泉州公园、县游客服务中心等一批城市亮点工程，多方争取资金2000万元，启动松多集镇整治改造工程，县城功能不断完善，城镇品位不断提升。

【不断增加群众收入，群众生活水平不断提高】2012年，为群众兑现各类补贴7928.72万元，组织开展农牧民科技培训8500余人次，组织群众劳务输出7900人次，农牧民人均纯收入迈上7000元新台阶。

【深入推进改革开放，经济发展活力不断增强】进一步规范城乡土地管理，完成农村宅基地确权登记工作，成立全区首支渔政执法大队；大力开展金融惠农支农活动，为农牧民发放贷款7005万元；不断优化投资软环境，积极参加“厦洽会”、“林洽会”，全年完成招商引资项目24个，投资总额3.5亿元；有效构建总部经济，成功引进中国平安江南公司、中国生命人寿公司等18家企业集团入驻，落户企业新增缴纳税收8.68亿元，同比增长42倍，本级可用资金增加5.6亿元；全面落实鼓励支持非公有制经济发展的各项政策措施，帮助中小企业盘活资金，2012年，净增企业1家，净增个体工商户36家，净增注册资金1083万元。

【扎实推进生态建设，生态环境持续良好】全面完成森林资源二类调查工作，完成植树造林3万余亩，全县森林覆盖率达到26.96%；工布自然保护区建设、中央森林生态补偿金、红杉良种采种繁育基地建设等项目稳步实施，完成投资和发放补偿金共1629万元，落实野生动物肇事补偿金524.83万元；全面实施草原生态保护补助奖励机制，兑现补偿资金1153.43万元；规划环评和项目环评不断加强，资源开发环境监管和环境监测能力显著提高，51个“生态村”创建工作通过自治区验收，成功申报国家级“西部地区生态文明试点县”，加强环境卫生和城市管理，树立了林芝地区“西大门”、“生态旅游名县”的良好形象。

【加快发展社会各项事业，各族群众得到更多实惠】投资4539万元，实施了县中、小学改扩建，建设7所村级幼儿园。2012年，中、小学入学率达到99%以上，小学内地西藏初中班录取34人，中考录取256人，其中内地西藏高中、重点高中录取61人，创历史最高水平。文化事业进一步发展。大力实施各类文化惠民工程，建设了9个乡镇文化站、79个农家书屋、20座寺庙书屋，新创建3个“新农村、新文化”示范村；为乡镇综合文化站接入光纤，建设广播电视机站107座，广播电视覆盖率分别达98.42%和99.1%，完成了由“村村通”向“户户通”、“长期通”过渡，150个僧舍安装了直播卫星设备，实现了寺庙“舍舍通”。医疗卫生服务进一步改善。农牧区医疗制度政府补贴由之前的260元提高至300元，农牧民个人筹资率达98%，为1293人报销医疗费用322.6万元；对县卫生监督楼进行了改造，全面完成“一村一卫生室”“一村配备两名村医”工作；继续加强妇幼保健、优生优育工作，全县孕产妇住院分娩率74.4%，较2011年上升9.6%，婴幼儿死亡率13.8‰，较2011年下降29.2‰；为289户“一孩双女”户发放补助金27.74万元，为69人发放“西藏特殊子女”家庭特别扶助金10.69万元，完成首批12名先心病儿童的救治工作和城乡居民、在编僧尼健康体检。就业和社会保障能力进一步增强。城镇登记失业率控制在3%以内，城镇低保保障标准从350元提高到390元，农村低保标准从1480元提高到1630元，五保户供养标准从2200元提高到2400元。2012年，共落实城镇低保金83.97万元、农村低保金54.22万元、五保户供养金52.08万元。县社会福利院正式启用，建设20套廉租房，32套干部职工周转房；为17名贫困学生发放救助金14.6万元，为104名城乡居民发放救助医疗资金68.5万元，为96名困难群众发放临时救助金50.24万元。

米林县

【年度综述】2012年，全县完成生产总值8.42亿元，同比增长16.2%；财政收入实现4343万元，同比增长17.9%；农牧民人均纯收入达到8747元，同比增长15.8%，其中：现金收入达到6895元，同比增长19.8%。全年新增“万元村”6个。全年完成固定资产投资8.17亿元（不包括机场投资），其中：国家投资完成2.2亿元，社会投资5.27亿元，援藏投资0.7亿元（包括扶持资金和物资），同比增长47.86%。2012年，全社会消费品零售总额达到1.05亿元，同比增长15.1%。

【深入推进社会主义新农村建设】完善农牧区基础设施。投入资金6300余万元，帮扶资金300万元，实施了“八到农家”工程，改善贫困边远村的水、电、路、广播、电视、电话等基础设施。投入补助资金1584.2万元，完成738户安居工程。整合资金480万元，实施了阿拉塘整村搬迁工程。深入推进小康示范村建设和人居环境综合整治工程。投入援藏资金2800万元，建设8个小康示范村，目前已基本完工。投入资金2085万元实施了16个村的人居环境综合整治。在小康示范村和人居环境整治村建设中，引导群众投工投劳增收276万元。积极开展“万村千乡市场工程”，新发展农家店25家，已累计发展110家，实现了全部行政村都有农家店。共登记备案80家食盐销售零售网点覆盖率达到100%。

【大力实施科教兴国战略】投入财政资金240万元，加大对科普知识宣传的支持力度，结合现代远程教育、大学生村官工作制度、下派干部到村（居）任职和“四下乡”活动，广泛宣传农业技术、创业就业技能等知识，取得了良好效果。加强科普带头人的培养和培训，全年共举办培训班43期，培训农牧民4300人次。优先发展教育，全年完成教育事业发展支出4402万元，同比增加1167万元，增长36.1%。发放教育基金21万元，扶持鼓励品学兼优学生上学。以继续深化“两基”工作，巩固提高“两基”成果为重点，继续按照七大类指标要求，层层签订《控辍保学目标责任书》，实施乡镇一把手劝学负责制度，实现了控辍保学工作一级抓一级，层层抓落实的良好局面。全县小学适龄儿童入学率99.75%，巩固率100%；初中入学率98 %，巩固率100%。不断优化办学条件，配齐配强教育教研人员，小学、初中教师学历合格率均达到了100%。构建了涵盖学前教育、义务教育和职业教育的教育体系，有效提升了教育发展水平。

【促进文化大发展大繁荣】投入资金1100余万元，建成了8个乡镇综合文化站、广播影视中心楼等项目。完成了67个村（居）的“农家书屋”和4个“寺庙书屋”建设，建成17个村的信息资源共享工程基层服务点。大力实施“户户通”工程，累计安装“户户通”设备3430套，乡镇文化站、电影放映队、村文化室覆盖率均达100%，城乡广播、电视覆盖率均达100%。积极开展新农村新文化示范村创建工作，建成了南伊乡才召村等8个新农村新文化示范村。加大文化遗产申报保护力度，成功申报国家级非遗项目2个，自治区级6个。开展了第二届文物安全知识培训，代表林芝地区参加了自治区首届“非物质文化宣传日”。加强文化市场经营单位、图书、音响制品的藏语文用字检查和管理，进一步规范了藏语文社会用字。全面开展“扫黄打非”和查封查缴非法政治性出版工作，有效保护文化市场健康发展。积极开展广场文化活动，并通过驻村工作队逐步向农牧区发展，丰富来了广大农牧民群众的精神文化生活。

【完善医疗卫生体系】进一步健全完善了突发公共卫生事件监测预警系统和应急预案，重大突发公共卫生事件得到有效预防。加强卫生基础设施建设，投入资金1000万元建设的县卫生服务中心已基本完工，完成了卧龙镇、羌纳乡、派镇、里龙乡四个乡镇的卫生院改扩建工作，投入10万元为村卫生室补充了冰箱、卫生床等设备。加强卫生医疗队伍建设，为全县66个行政村配备，积极联系厦门援藏医疗队、解放军101援藏医疗队来米林县开展业务援藏工作，组织各乡镇11名医疗人员前往厦门参观学习。大力推进农牧区新型合作医疗，覆盖率达到100%，参合率达98.5%。不断加大重大传染病和地方病的防治工作，开展防鼠疫演练，提升处置突发疫情的能力。认真开展免疫规划单苗接种和疫苗查漏补种工作，完成了农牧民群众和流动人口0-3周岁儿童的乙肝疫苗、甲肝疫苗等10种国家免疫疫苗接种工作，疫苗接种率达98%以上。大力实施“新农村新家庭—人口健康促进项目”和“育龄妇女健康促进工程”，累计完成农牧区妇女两癌筛查和城乡居民健康体检人数19403人，建立城乡居民健康档案19403份，筛查0-18岁儿童先天性心脏病患儿9例，现已将7名患者送区外治疗。

【健全社会保障体系】争取资金1357万元，建成了108套廉租房、周转房和3个敬老院。推进零就业家庭和困难群体的就业帮扶工作，培训城镇失业人员96人，2012年帮助“零就业家庭”8户8人成功就业，实现了动态消零。全县城镇失业人员就业再就业131人，城镇登记失业率低于3%。积极开展农牧民转移就业培训，培训农牧民群众310人，转移就业农牧民劳动力6350人。坚持扩大保险覆盖面和规范资金管理并举，参加城镇职工养老保险325人、职工医疗保险1651人、城镇居民医疗保险880人、生育保险1392人、工伤保险750人、新型农村养老保险10173人、失业保险590人、城镇居民养老保险355人。年初，由政府出资为全县11928名0-65周岁的农牧民群众购买了人身意外伤害保险。认真落实各项惠民政策，全年发放各种涉农补贴4124.47万元。积极做好家电家俱下乡工作，全年销售家电家俱下乡产品2153件，实现销售额513.32万元，发放购置补贴110.58万元。切实加大困难群众救助力度，全年共发放冬令春荒救济粮20万斤，救助困难群众80户296人，解决临时救助资金12万元；增加储备帐篷、衣物、床垫等救灾物资27万元，切实保障了全县受灾困难群众的基本生活。

【加强生态环境保护】大力开展植树造林，全年投入资金1820万元，完成重点区域造林1164.4亩、春季植树造林9500亩、防沙治沙39600亩、防护林体系5703亩，植树造林每亩成活率达到88%以上。严格落实林业全面禁伐制度，集中力量打击盗伐、无证非法运输木材、无证开设非法带锯等违法行为。严格落实生态效益补偿金，截至11月份兑现生态效益补偿金共计2290万元。扎实推进节能减排，大力提倡节能办公，从办公用电、用纸、用车等方面严格控制。深入实施薪材替代工程，引导农牧民群众大力使用太阳能、沼气等清洁能源，减少对树木的砍伐使用。

墨脱县

【年度综述】2012年，全县实现国内生产总值25998万元，同比增长31.3%；全社会固定资产投资达到58380万元，其中：国家投资完成45200万元(含扎墨公路投资2.4亿元)，社会投资完成9000万元，援藏投资完成4180万元，同比增长114.5%；全社会消费品零售总额达到2053万元，同比增长15.01%；农牧民人均纯收入实现4875元，同比增长17.2%；本级财政收入达到8073万元，其中总部经济税收7535万元，同比增长489.3%；2012年招商引资企业缴纳税收1.38亿元，同比增长452%；建设项目共有77项，其中续建项目有：投资1668万元的县卫生服务中心、投资10400万元的背崩国防公路、2011年投资1480万元的16个行政村农村人居环境建设、投资1586万元的帮辛公路等21个。新建项目有：投资720万元德兴公路硬化、投资783万元的县城环境整治、投资513万元的东布路和金珠路立面改造、2012年投资1993万元的16个行政村人居环境建设、投资1000万元政法干警周转房等56个项目。

【道路交通蓬勃发展】2012年，完成了投资858.08万元格当乡通村公路3条、投资2091万元的德兴乡通村公路3条已全面实现通车。在建道路项目共2项，分别为投资1586万元的帮辛公路、投资10400万元的背崩国防公路，其中帮辛公路目前完成毛路工程约83%，有望在2013年上半年实现粗通；背崩国防公路路基基本成型。截止年底，全县公路里程达268.64公里，其中：县道117公里（墨脱县境内89.2公里）、乡道103.05公里、村道48.59公里。墨脱县5个乡镇、19个行政村实现全面通车，农村公路里程增加25公里，公路通乡率达62.5%、通村率达41.3%，通村率比2011年底提高13%。

【农牧特色产业取得新进展】合理利用本地气候优势，重点发展优质特色农牧业产品，投资132万元在原有香蕉种植面积1211亩基础上，新种香蕉521余亩，新增26471株；投资74万元开发蜜柚种植基地149余亩，种植种苗12000余株；引进枇杷种苗1000株；投资68.73万元建设集茶叶生产与生态旅游观光于一体的高标准有机茶园70亩，种植茶苗36万株；订做投资71万元的香蕉、石锅、红米等产品包装盒；全年注册德兴乡农副产品专业合作社、帮辛乡石锅专业合作社、墨脱镇资源开发农牧民专业合作社和背崩乡加巴热专业合作社，组建巴日村、墨脱村等4个农牧民施工队。投资80余万元从墨脱镇、背崩乡、德兴乡筛选有一定文化基础、致富积极性高的29名年轻农牧民到四川青神县学习竹编生产与加工技术；投资20万元，邀请漳州市7名农牧专家到墨脱举办为期4天的茶叶、香蕉栽培、病虫害防治、管护技术等科目的培训班，近百名农技人员和群众受益。投资28万元组织县内各种农牧实用技术培训7期，参训人数达597人次，为加快农牧业特色产业发展奠定了坚实的科技基础。

【生态旅游创新高】为加快全县旅游景区和旅游线路的规划设计和旅游基础设施的建设，在林芝地区旅游局大力支持和帮助下，完成墨脱县旅游发展总体规划、派镇至背崩徒步游、波密至墨脱自驾游两条旅游路线的基础设施等发展规划的编制；成功申报扎墨公路沿线六处光景台（100K、100K-108K、108K、110K、113K、县城附近）、投资532万元的K80游客集散中心、投资552万元的背崩乡游客集散中心、投资300万元的拉格服务站、投资300万元的汗密服务站、投资35万元的加热萨村农家乐及投资40万元的农牧民家庭旅馆(背崩25万元，德兴乡15万元)等8个旅游项目建设；完成投资654万元的仁青崩景区测量、设计等前期工作；完成了投资198万元的松林口游客集散中心建设；成立投资100万元的西藏林芝墨脱莲花圣地旅游开发有限公司；投资100万元的墨脱村农家乐项目正在实施当中；完成制作徒步游客纪念证书2万册。全年共接待游客3910人，同比增长87.89%，旅游创收423.94万元，增加农牧民群众现金收入约283万元。

【农村基础建设不断完善】为加强农业基础设施建设，增强农业综合生产能力。投资110万元的墨脱村蔬菜大棚二期工程共6栋，面积近6亩，平均每天能为市场提供新鲜蔬菜300斤以上，为当地菜农每日创收1000元（全年6户菜农，总收入达30余万元）；墨脱县草场承包及补奖工作于2012年7月中旬顺利通过区、地两级的验收，全县草场面积12.48万亩，做到草畜平衡，全县农牧民全部进入草场承包及补奖范围，每年可获得补助及奖励20.3万元，切实为墨脱县农牧民群众增加了现金收入。

【文化事业得到纵深发展】为加快城乡文化基础设施建设，投资60万元的墨脱县新华书店网点工程项目已开工建设；投资370万元的县广播影视中心处于施工建设阶段；投资887.8万元的

8个乡镇文化站建设项目已进入实质施工阶段；投资245万元完成了好日子莲花广场改扩建工程及大型LED显示屏的安装，现已投入使用；投资284万元完成了县文化活动中心、健身房、多功能会议厅等内部装修和设施配备，这不仅丰富了广大干部群众业余生活，也为农牧民群众提高文化素质搭建了必要平台；投资39.8万元出版11本《峡谷流风》系列丛书；协助中央电视台在墨脱县境内的采访拍摄工作，使其成功完成《北纬30° 中国行》；在漳州市电视台的无私帮助和县电视台共同努力下，投资45余万元的墨脱自办节目于2012年12月28日晚8点正式开播，结束了以往墨脱县无电视自办节目空缺的历史。

波密县

【年度综述】2012年，全县生产总值完成104300万元，同比增长12.9%；财政收入完成4898万元，同比增长15%；农牧民人均纯收入达8322元，同比增长16.7%。波密县荣获“全国科普示范县（2011-2015）”、“全国科技进步先进县”等国家级荣誉。

【围绕项目建设做文章，全力破除发展瓶颈】交通运输方面，玉倾油路、栋曲桥、松绕桥、玉沙桥建成通车，建成了多东寺、成色寺、穷本拉康、宗来日追及桑登、扎木、纳玉、麦差等寺庙道路及村道硬化工程，多松油路顺利开工；特别是投资15.7亿元的国道318线102至105段整治项目启动实施，加快解决制约波密发展的交通瓶颈。水利能源基础设施逐步改善，波堆电站建设取得重大进展，修建灌溉水渠45条，总长98.7公里，渠系建筑物208处；投资2450万元建成无电地区微型水电站19座。大力推进城镇化建设，加快建设古乡、扎木镇、玉普乡等乡镇基层政权项目、县城主街道线路入地项目。新建干部职工周转房48套、建成统战民宗办公大楼、特警大队综合业务用楼、救灾物资储备库；完成安居工程569户建设任务，建成7个小康示范村和16个农村人居环境综合整治村，城乡面貌焕然一新。全县84个村通水率达89.3%、通电率达70.2%、通路率达98.8%、通邮率达86%、移动信号覆盖率达85.7%、广播电视覆盖率达100%，基本实现了乡乡通光缆。

【围绕特色产业做文章，全力增强造血功能】始终按照“提升一产、壮大二产、做强三产”的战略部署，着力建设特色优势产业，邀请华南理工大学专家组编制完成了《波密县产业发展规划（2012-2032）》，建立全区藏东南首个产业发展园区，建成藏丹参、灵芝菌等药材（GAP）规范种植基地，加快藏医药产业发展，与广州医药集团有限公司签订了战略合作发展协议，成立了西藏林芝广药发展有限公司并引进入园。建成藏丹参培育基地1个，推广种植面积1000亩，做大做强天麻产业，波密天麻通过国家地理产品标志认证，引进西藏怡诚发展有限公司成立了波密天麻研究中心，开发了藏天安、藏天康、高原舒等天麻系列产品，天麻种植面积突破9.3万平方米，带动群众增收6000多万元；灵芝菌培育突破3万袋，开发出高端保健品藏灵芝孢子油胶囊产品；推广种植柴胡80亩。大力发展生态旅游业，成立首家“西藏波密县岗巴农村旅游专业合作社”；发放特色产业无息贷款100多万元，扶持发展“农家乐”25家。全年累计接待游客15万余人次，实现旅游相关收入4233万元，分别同比增长34%和18%。农牧业生产持续稳定，全年粮油总产量达1.74万吨，牲畜存栏11.5万余头（只、匹），成功防控牲畜口蹄疫疫情。

【围绕社会事业做文章，全力推进民生改善】2012年及时落实各项强农惠农富农政策，兑现资金6261.8万元。实施更加积极的就业政策，实现城镇新增就业169人，城镇失业率2.9%。举办了柴胡种植、易贡藏刀加工、装载机挖掘机、四川旅游服务人才等10期培训，投入培训经费73万余元，培训人数570余人。积极推动五大保险八大险种扩面工作，参保人数达21967人，缴纳保险费1441.6万元。全面推进教育兴县战略，完成10所学校D级危房改造工程，落实“三包”经费1004.7万元，初中毛入学率和小学适龄儿童入学率达100%，巩固率达98%以上。健全完善社会救助体系，落实城乡低保、五保、城乡医疗救助、临时救济等各项社会救助金649万元。组建了波密县民间艺术团，参加林芝第五届“爱我林芝、歌唱林芝、繁荣林芝”农牧民歌曲比赛，取得了优异成绩，拍摄了宣传片《科学发展辉煌五年》，出版发行《雪域江南--冰川之乡》、《帕隆河畔--惊涛文集》及《波密波卓》DVD。农牧区医疗制度实现全覆盖。认真开展城乡居民、僧人免费体检和“先心病”儿童筛选、救治工作，组织14名确诊患儿送往广东进行康复治疗。农村宅基地确权登记通过自治区验收。

【围绕生态保护做文章，全力打造大美波密】始终坚持以建设生态安全屏障为目标，大力实施“生态立县”战略，完成退耕还林2060.8亩、重点区域造林1093.5亩、迹地更新2000亩、义务植树1.5万株，实施防护林体系建设1万亩、中幼林抚育5万亩；在倾多、八盖实施退耕还林工程，荒地造林9000亩、封山育林1.5万亩。兑现生态公益林管护资金1736万元。草场承包与草原生态保护补助奖励机制工作顺利通过自治区终验，补奖资金实现到户“一折通”，兑现资金662万元。发展沼气等可再生能源建设375户。积极开展生态乡镇、村创建工作，完成8个乡镇80%以上行政村生态村申报工作。强化执法监督，加强执法宣传，开展“林业严打”系列专项执法行动18次，查处各类森林行政案件19起，挽回经济损失70余万元。加大森林防火力度，积极克服“1·23”森林火灾不利影响，投入60万元购买森防器械，为森防工作提供了物资保障。加强环境综合整治，深入开展“波密县环境日”活动，加大对玉普沙拢弄锌矿山环境治理力度，矿山公路周边植被基本恢复；建成国道沿线垃圾池5个，配备垃圾车5辆；建成县城水源地保护项目。

【围绕招商引资做文章，全力促进改革开放】落实援藏投资1.32亿元，建成了中学运动场、扎木路主街道特色化改造、群艺馆、游客服务中心等一大批援藏项目。大力实施“走出去、请进来”战略，成功引进林芝藏金科技发展有限公司、林芝易谷科技咨询有限公司、林芝嘉创投资顾问有限公司、林芝天元管理有限责任公司等4家总部经济。成功组团参加了“广博会”、“厦洽会”、“林洽会”等区内外各类推介活动，完成招商引资1.67亿元，民间投资7320万元。非公有制经济快速发展，个体工商户1411户，从业人员2082人，注册资金1.04亿元；登记注册企业24家，从业人员235人，注册资金2660万元。

【围绕社会局势做文章，全力保障和谐稳定】以林芝地区社会管理创新试点县为动力，积极探索、大胆创新，在全县乡镇和村设立了综治维稳工作中心站，组建村级综治协管员队伍，建立健全矛盾纠纷调解机制。健全区域联防联控和维稳协作机制，建立全区首个“中心户长”管理制度。完成了110指挥中心增容扩建工程，69个监控点位全部接入指挥中心，实现了“全时、全方位、全天候”的天网布控格局。建成6个便民警务站，完善玉普一级公安检查站和乡镇派出所工作，实现警力全覆盖、社会治安网格化管理。依法管控寺庙和僧尼，寺庙“六建”、“六个一”和“九有”工作扎实推进，寺庙管理长效机制建设取得重大进展。创新实施流动人口片区“居住证”、建立村民维稳档案、建设县乡村三级应急队伍。

察隅县

【年度综述】2012年，全县国内生产总值达到4.41亿元，同比增长12.5%；财政收入完成2170万元，同比增长15%；农牧民人均纯收入完成5109元，同比增长16.1%；全社会固定资产投资完成7.3452亿元，同比增长51.76%。

【新农村建设着力推进】2012年，察隅县继续把小康示范村建设、农村人居环境综合整治和安居工程建设作为新农村建设的重点，狠抓各项工作落实。一是抓紧实施小康示范村建设。2011年，察隅县启动实施了沙玛、塔玛等8个小康示范村建设项目，总投资达3630万元。目前，察隅县8个小康示范村已全部建设完工，待地区验收。二是扎实推进农村人居环境综合整治，促进农牧民群众家容家貌改善。2012年，察隅县将人居环境综合整治与家容家貌整治结合起来共同实施，年内将完成16个村的人居环境综合整治。目前，在各驻村工作队的组织下，各乡镇纳入人居环境综合整治的村进展顺利，预计将于年底全部完工。三是安居工程建设顺利推进。2012年察隅县实施安居工程总户数664户，其中剩余户392户，新增户158户。1–9月份，察隅县安居工程共完成118户，在建157户，近期开工85户，备材备料304户，将于年底全部完工。四是县政府根据察隅县新农村建设实际，研究制定了“两村”（较为落后的村和条件较好的重点村）建设实施方案，进一步提升全县新农村建设品质。对于部分因地质灾害搬迁或自然条件艰苦，基础设施等较为落后的京都村、沙玛村、扎拉村阿森组、桑久村加达组、桑久村珠巴组、觉不如6个村（组）实行重点建设，除强化基础设施建设外，每户投入7—9万元进行房屋升级改造和家容家貌整治，彻底改善落后面貌；为真正将地区财政支持资金向民生倾斜，进一步打造典型示范，达到以点带面的效果，对罗马村、龙古村、新村等9个条件较好的行政村，计划投资3000余万元进一步强化村内基础设施建设，力争每个乡镇至少打造1个新农村建设示范村，提高全县农牧民群众投身新农村建设的积极性。目前，示范村建设实施方案正在拟定中。

【项目建设扎实推进】2012年，按照区、地要求，牢固树立“抓项目就是抓经济、保增长，抓项目就是抓发展、促跨越，抓项目就是抓后劲、管长远”的项目建设理念，狠抓项目建设。一是认真谋划，积极争取项目。集中力量、集中精力，加大项目前期工作投入力度，深入细致地做好项目的前期工作。2012年，察隅县41个新建项目（总投资11559.1万元）已陆续开工建设。1–9月份完成投资7404.15万元。察隅县城区段防洪堤工程、察瓦龙乡政府驻地供水工程等24个新建项目已完工。日东水电站工程完成总工程量的40.5%，察隅县扎通日追寺寺庙管委会业务用房已完成总工程量的78.3%，察隅县察瓦龙乡瓦布教学点幼儿园等4个教学点幼儿园项目完成工程量的40%。二是扎实抓好续建项目管理。采取集中督导、现场协调等方式，及时协调解决项目建设过程中遇到的困难和问题，确保施工进度，力争早建成、早见效。1–9月份，续建项目完成投资17789万元。察隅县灌区嘎腰干渠、瓦布村至察瓦龙乡公路2个续建项目已完工，察隅县然察公路整治改建工程完成总工程量的74.5%，溜索改吊桥、古拉乡沙堆电站线路延伸工程将于近期完工。三是察隅县第六批援藏工作组按照援藏项目向基层和农牧区倾斜的要求，牢牢抓住提高公共服务水平，提高农牧民生活质量，积极推进援藏项目工作，制定了《2011–2013年对口支援西藏经济社会发展规划项目》，初步确定了3年计划支持察隅县建设31个项目，资金21276.1万元；初步确定了5年支持察隅县建设55个项目，资金42635.2万元。目前，所有援藏项目建设进展顺利。四是本级财政项目进展顺利。根据地委、行署联席会议纪要〔2012〕2号文件精神，今明两年安排1.2亿元地区财政资金支持察隅县发展，察隅县积极加强与地区相关部门的沟通、协调，做好地区财政支持项目的各项前期工作。目前，县城和集镇建设规划、乡镇机关干部工作生活条件改善工程等第一批10个项目（总投资4566.08万元）通过地区发改委评审中心评审，5个项目已经开工建设，5个项目待地区下达批复后实施；第二批9个项目（总投资2290.41万元）完成初步设计和规划，已送地区待审；8月23日地区召开察隅工作领导小组第三次全体会议，确定了第三批项目盘子，4大类21个项目，总投资5602万元。目前，正在开展第三批项目的前期工作，计划2013年开工。

【农牧业生产积极推进】一是早计划、早安排、早动手，各项农用物资及技术措施全部到位，农牧业生产卓

有成效。前三季度，全县共调运种子46964公斤，各类农药36吨，化肥200余吨。春播面积达2.63万亩，粮食作物播种面积达2.48万亩、蔬菜面积1000亩，良种推广面积2万余亩，覆盖率达80%以上。二是在抓好传统农业的基础上，狠抓花生、核桃、油桐、辣椒等特色产业基地建设。在上察隅镇体育村、米古村扩种花生550亩，竹瓦根镇雄久村新建花生基地100亩；在上察隅镇松古村扩种辣椒100亩；推广并种植藏药材135亩；在上下察隅种植油桐750亩；竹瓦根镇扎拉村、控档村65座，察瓦龙乡松塔村10座蔬菜大棚正在筹建中。三是抓好防抗灾准备工作。调整充实了防抗灾指挥领导小组，进一步完善了《察隅县灾害突发事件应急预案》，明确了防抗灾工作各项任务，积极落实防抗灾物资储备工作。截止目前，调运并储备防抗灾饲草料45吨，群众自筹饲草料100多吨，投资18万元购置了抗灾保畜药品。同时，积极指导农牧民群众做好农牧业防抗灾各项准备工作。四是畜牧业防疫工作全面完成。全县共计免疫各类畜禽172613头（只），应免畜禽的免疫率达到100%。

【全力做好抢险救灾工作】6月份以来，察隅县境内出现大范围、持续降水天气，局部出现大到暴雨，造成了重大经济损失，给全县群众正常的生产生活带来极大的困难。2012年，全县省道、县道、乡村道84.8公里，大小桥梁16座，水渠12510米，4座电站，60间房屋，农田922亩受到严重损毁，死亡牲畜85头，无人员伤亡。灾情发生后，县委、政府高度重视，及时上报灾情，根据区、地领导批示精神，察隅县积极组织开展抢险救灾工作。目前，群众生产生活基本恢复正常。

【教育事业发展不断进步】一是继续巩固“两基”攻坚成果，认真做好了中小学开学各项工作，实现了“教师、学生、教学设备”三到位，中学生毛入学率达103%，小学入学率达99.7%；二是严格落实三包经费，2012年，已发放“三包”经费1124.7万元。三是扎实开展好2012年内地西藏班及中考考试工作，达到了考风考纪良好，察隅县共有9名学生被录取到西藏内地班；四是2012年察隅县教育系统国家投资、援藏项目已立项14个，总投资2562万元。目前，4个村级学前教育等9个项目已开工建设。五是为进一步鼓励支持我县贫困、孤残、烈士家庭、僜人等人口较少民族、边境村的大学生顺利完成学业，县政府研究制定了《察隅县大学生助学基金管理实施细则》，助学基金由县级财政安排专项预算资金、援藏资金及部分社会捐助资金组成。8月首批188名大学生（其中123名大学新生）得到资助，发放助学金38.2万元。

【卫生事业稳步推进】2012年，察隅县农牧区家庭帐户建立率达100%，医疗制度筹集率为98.7%（23481人）。前三季度，大病统筹基金报销609人次253.4万元，住院分娩报销127人次36.46万元，住院分娩救助1.79万元，住院分娩奖励6350元。兑现了2011年农牧民“一孩双女户”奖励扶助20.016万元，兑现了2011年的农牧民特殊子女奖励扶助4.968万元，享受计划生育技术服务130人，报销金额5.6万元；率先启动儿童先天性心脏病救治工作，通过援藏队的努力，已有2名先天性心脏病患儿得到治愈。目前察隅县已完成1500多儿童的初步筛查工作，发现疑似先天性心脏病患儿20例，地区内地专家确诊10例，计划于11月中旬送往内地进行免费医疗救治。

【文化事业健康发展】一是农村文化建设力度进一步加大，一大批乡镇、村文化室建成并投入使用。广播电视进入千家万户。全县共完成“村村通”单收站114个，“村村通”收转站41座，广播覆盖率达80.5%，电视覆盖率达92.6%，有线电视通村率6.1%、入户率9.6%，城乡群众文化生活得到了丰富和提高。公路沿线村已经全部享受国家援助，可户户收看卫星电视。年初国家广电总局向察隅县配发121套最新的卫星电视接收设备，现已全部发放到群众手中，广播电视“村村通”正向“户户通”过渡。二是以“庆祝百万农奴解放纪念日”等重大纪念日为契机，结合“创先争优强基惠民”活动，深入农牧区，进村入户开展宣讲活动累计100余场（次），发放藏文宣传册600余册，汉文800余册，受教育人员达2万余人次。

【继续健全和完善社会保障体系】认真开展《劳动法》执法检查，共签订劳动合同115份，在专项检查整治中对未签订劳动用工合同的3户用人单位强制要求签订劳动用工合同，前三季度未发现拖欠工资等情况；扎实开展农牧民技能培训，实现新增就业79人，城镇登记失业率控制在3.0%左右，就业形势保持基本稳定。实现农牧民劳动力转移就业6950人次、4540人，实现转移收入970万元。

朗县

【年度综述】2012年，全县国内生产总值首次突破3亿元，达到3.341亿元，同比增长16%。财政收入首次突破1千万元，达到1005万元，同比增长32.4%。乡镇企业产值2212万元，同比增长17.7%。多种经营收入8654万元，同比增长21.5%。农牧民人均纯收入7571元，同比增长15%，其中现金收入5200元，同比增长23%。

【持之以恒强产业，特色产业势头良好】根据“优势区域优先发展，科学发展”的要求，逐步加快产业发展步伐，增强市场竞争力，产业经济效益逐步凸显。

传统农牧业稳中有升。立足传统，落实措施，强化管理，调整结构，夯实农牧区发展基础。2012年，全县实现粮油总产量6527吨，粮经饲比值为67:26:7。畜禽免疫密度达100%。牲畜出栏率29%。草场承包及草原生态保护补助奖励机制全面实施，兑现补助金274.94万元。虫草总产量2350斤，总收入达7050万元。

“两椒两桃”规模初具。大力发展以核桃主导、辣椒主培，兼顾发展藏冬桃、花椒的特色农林业，“两椒两桃”发展逐步步入了规模化、产业化之路。2012年，全县新增经济林木3000亩，总面积达23143亩，实现总产值1182万元。新增辣椒种植面积360亩，总面积达1920亩，同比增长23.08%，辣椒产量达480万斤，实现产值960万元。

实体经济起步壮大。一是挂牌成立了县工商联，服务指导作用增强。二是农牧民经济合作组织集约化、规模化、商品化态势逐渐显现。全年，7家农牧民经济合作组织实现利润60万元，带动1104户群众创收38万元。三是龙头企业培育步伐加快。成功注册洞嘎辣椒“朗敦红”商标，QS认证已获批准，朗县核桃地理标识认证已获批准，金东玉石加工厂完成搬迁，投入生产。

景区开发正在启动。“西藏朗县·光明吉祥”主题特装馆首次亮相“5·18”海交会。金东藏玉、金东藏纸、巴尔曲德寺藏香等旅游纪念品的研发生产顺利，巴尔曲德寺、烈山景区停车场等一批旅游项目建成投入使用。全年49760人次参与旅游经营活动，接待游客10212人次，首次突破万人次，旅游总收入达204万元。

【聚精会神搞建设，发展后劲不断增强】项目投资实现新突破。全年固定资产投资突破3亿元大关，达到3.39亿元，同比增长51.7%。续建、新建项目75项，其中：续建项目10项，完成投资6541.93万元；新建项目65项，完成投资10717.8万元。县城垃圾填埋场、第一批72套干部职工周转房交付使用。完成县局域网工程建设，县110KV输变电线路开工建设，并提前接入藏中电网，乡镇通电率100%、行政村通电率100%、自然村通电率100%，朗县电力极度匮乏的问题得到彻底解决，一跃成为全区电力覆盖率最高的县。贡字荣电站升级改造取得突破性进展，初步形成了较为可行的升级改造方案。朗加油路朗县段完成投资1.31亿元，完成路基工程32.6公里。扎西塘土地整治项目通过自验。县游客服务中心主体工程通过验收。县城总体规划“一城四片区”构想通过自治区评审。

招商引资实现新突破。成功参加各种招商引资活动，宣传推介巴尔曲德寺藏香、朗县核桃藏冬桃种植基地建设等15个项目。完成招商引资项目17个，总投资8045万元。总部经济项目落地朗县取得历史性突破，成功注册林芝瑞祥实业投资有限公司等7家公司，累计注册资金达6540万元。

受援工作扎实推进。福州市第六批援藏队按照既定的援藏工作思路和项目盘子，积极作为、推动工作，全力建设五大工程，圆满完成援藏投资计划。游客服务中心、小康示范村等18个推动我县经济社会发展的援藏项目总投资6684.2万元，2012年完成投资2875万元。

【千方百计惠民生，社会事业全面进步】以保障和改善民生为根本出发点和落脚点，大力推进民生工程，社会事业全面发展。

科技服务力度加大。一是深入开展农牧科技实用技术培训、科技“三下乡”等科普宣传活动，普及科普知识。全年共举办科普宣传、科技培训活动5场次，培训农牧民4456人次。二是全力培养新增科技特派员，壮大科技力量，加强科技队伍建设。三是落实科技配套资金192万元，提升农牧科技服务能力，全县科技服务体系建设逐步完善。

教育事业稳步发展。一是以项目建设改善办学条件，实施青少年活动中心、县小学台江楼等15个项目，总投资3505.1万元。二是以教学创新提升教育水平，探索试行“说--授--评”的教学模式，丰富教学研究活动。三是以文体活动丰富校园内涵，开展了歌咏、书法、冬季长跑等比赛，全面推进“阳光体育锻炼一小时”活动。四是以扎实工作巩固“两基”成果，小学入学率99.5%，巩固率100%，初中毛入学率102.32%，巩固率99.08%；小学生升学率100%，初中生升学率52%。五是以人才培养提高教育质量，小学毕业生考入内地西藏初中班的学生数达到12人，县中学职教班新增学员26名，输送社会实用型人才54人。

文化事业蓬勃发展。一是文化“十个一”工作基本完成，原生态舞蹈《玉湖蓝莲》在2012年藏晚及区内各类大型活动中演出，反响良好。民间艺术团在全县汇演多次，深受农牧民群众喜爱。二是广播电视村村通、农村电影放映、寺庙书屋等文化惠民工程顺利推进，寺庙书屋和广播电视“舍舍通”实现全覆盖。三是文物保护工作有效推进，冲康庄园维修及民俗文物征集工作启动，完成列山景区前期考古调查，成功申报金东藏纸为自治区级非物质文化遗产。四是群众性文化活动深入开展，累计举办文艺演出120场，演出《舞动光明吉祥新朗县》等节目171个，观众达21300余人次。

卫生事业健康发展。农牧区医疗制度实现全覆盖，个人筹资率达98%，大病统筹报销金额由8000元提高到60000元。各单苗平均接种率达96.3%。鼠疫、肺结核、乙肝等传染病防治工作有效开展，全年无甲类传染病和重大传染病发生。完成儿童先心病筛查4014人，确诊6例，已赴闽完成治疗。居民健康体检14887人，覆盖率达97.25%。卫生监督执法工作不断加强，食品药品市场秩序和经营行为明显规范。

社会保障有序推进。全年开发就业再就业岗位88个，培训就业再就业人员和农牧民共计320人次，城镇登记失业率控制在3.0%以内。转移农牧区劳动力41491人次，劳务收入2198万元。五大社会保险征缴率达100%，寺庙僧尼养老、医疗保险实现全覆盖。发放城镇农村低保五保金138.92万元。救助各类弱势群体133人，发放救助金34.56万元。发放风灾、房屋救灾等款项46.07万元。兑现种粮直补、农资综合补贴、能繁母猪补贴、退耕还林补贴等各项强农惠民资金1572.97万元。加强产业、养殖、基建、地改等领域扶贫力度，235户806人实现脱贫。

城乡面貌焕然一新。完成7个小康示范村建设任务，投资2800万元。完成16个人居环境建设和环境综合整治村项目改水改厕、围墙改造、美化绿化、给排水、村文化室建设等“九项内容”。完成安居工程建设任务553户，修建避震室72户，兑现安居补助资金581万元。

国家发改委副主任杜鹰在白朗调研

自治区主席洛桑江村在白朗县视察工作

自治区人大常委会副主任次仁在白朗县现代农业科技示范园调研

县长贵桑和手工妇女在一起

白朗县政协成立大会

举行珠峰农机公司白朗县作业公司奠基暨捐赠仪式

智能化温室内部

珠峰农机公司白朗作业公司

2012年4月25日，日喀则地委书记丹增朗杰在拉孜县调研

县委书记顾耀明

县长欧珠罗布

第二届后藏物资交流会拉孜交易会开幕式现场

政协拉孜县第一届委员会第一次会

县领导慰问节日期间值班民警

社会各界为扶贫开发专项资金捐款

第六批援藏投资改造后的县城老中尼路

拉孜藏刀研发销售中心

享誉全区的拉孜西瓜

锡钦温泉度假村外景

自治区政协副主席白玛朗杰在昂仁县调研

地委书记丹增朗杰在昂仁县视察嘎日选矿厂

行署专员张洪波在昂仁县视察工作

地委副书记张宁波在昂仁县阿木雄乡调研

地区政协副主席多吉莅临昂仁县调研

安多县干部职工集体观看十八大开幕式

安多县牧民群众隆重庆祝“3·28”百万农牧解放纪念日

安多县第二届格拉丹东长江源旅游赛马艺术节

安多县党政综合办公大楼

措那湖风光

比如县庆祝“3·28”百万农奴解放纪念日，自治区领导洛桑江村、嘎玛、张培中等出席仪式

自治区领导出席比如县社会福利院项目奠基仪式

区地领导在比如县指导工作

县委书记黄云素在茶曲乡调研

县长杨赤卫走村入户调研

比如风光

时任那曲地区行署专员马相村视察申扎县下过乡三村合作经济组织

县委书记李富忠

县长龙措

草原生态保护补助奖励机制资金兑现

申扎县民间艺术团下乡演出

申扎县第二完全小学建成正式开班

小康示范新村奠基

申扎产藏药

自治区主席白玛赤林深入索县检查指导工作

自治区党委副书记、常务副主席吴英杰莅临索县检查指导工作

县委书记嘎松美郎

县长李红伟深入赤多乡检查工程建设情况

索县召开十八大消防安全保卫工作动员部署会议

索县召开创先争优强基惠民活动表彰大会

区委书记南培

区长罗布松拉

双湖县庆祝中石油援藏十周年暨首届可可西里文化艺术节隆重开幕

双湖县草原生态工作资金兑现仪式

卤虫卵捕捞现场

双湖风光

珍贵保护动物--黑颈鹤

棕熊

阿里地区公安边防支队

公安部边防管理局李乐民政委视察阿里边防支队一线执勤部队

公安部边防管理局武冬立实地查验部队业务工作

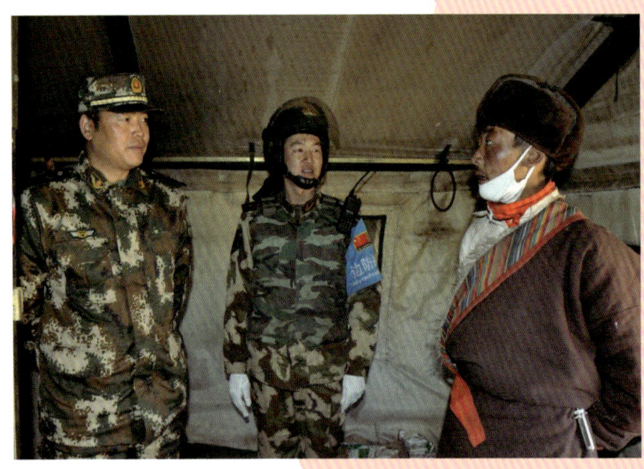

阿里边防支队张承涛政委深入一线执勤点检查指导工作

阿里边防支队孙志强支队长慰问基层一线官兵

阿里边防支队“萨嘎达瓦”宗教活动参战官兵合影

阿里边防支队深入牧区开展送医送药

自治区领导出席全区牧区人工种草现场会

地区行署专员白玛旺堆检查索多驻村工作队工作开展情况

县长索朗次仁和地委宣传部部长平措旦增给古如江寺带去生活慰问品

县委书记程文杰在全县工作会议上的讲话

县委书记程文杰在拆迁现场拾取建设垃圾

县长索朗次仁检查下左左村种草示范点

县长索朗次仁慰问受灾群众

噶尔县民间艺术团赴扎西岗边防连慰问演出

地区行署副专员王彪在普兰县开展调研工作

县委、政府领导庆祝建党62周年

县长卫东

县长卫东现场指挥佛事活动

县长卫东宣布阿里地区第五届象雄文化旅游节暨普兰站口岸物交会开幕

普兰县召开党的群众路线教育实践活动动员大会

全县各族干群参加物交会

普兰县“中国梦·我心中的祖国”活动作品颁奖仪式

地委副书记、行署专员白玛旺堆莅临日土县检查指导维稳工作

县长罗庆伍主持召开日土县三大节日慰问环卫工人座谈会

日土县2012年项目集中开工典礼仪式

敏感月期间日土县开展声势浩大的武装徒步巡逻

2012年西藏自治区牧区人工种草现场会在日土县隆重召开

日土县迎宾大道

正在施工建设当中的援藏项目—日土维稳指挥中心

日土县白绒山羊养殖示范户

地委副书记、行署专员白玛旺堆在革吉县调研

县长扎西措姆陪同自治区副主席多托调研农牧民群众生产生活情况

县委书记张学营，县长扎西措姆视察人工种草基地

县长扎西措姆视察白绒山羊培育基地

安居工程

修建县城环城公路

新建的亚热乡小学（援藏）

温室大棚

自治区党委副书记、人大常委会主任向巴平措等领导赴措勤县灾后重建、维稳等工作进行实地检查

地委书记万超岐莅临曲洛乡赤玛村风干牛肉厂指导工作

县水电站

县完小举行六一儿童节文艺汇演

扎日南木措鸟岛——海鸥

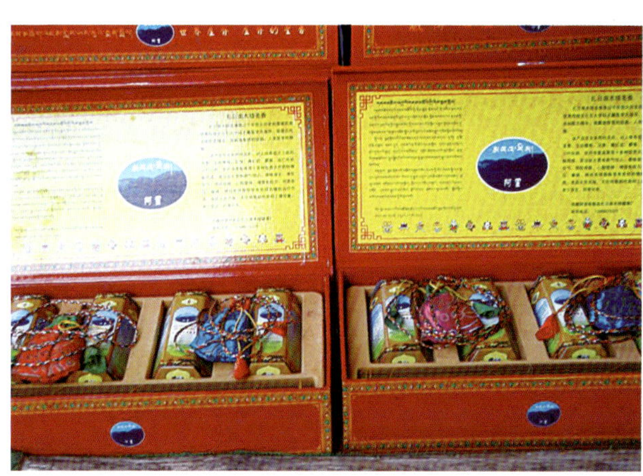
扎日南木措圣香

2012年7月17日，中共中央政治局常委李长春在林芝地区林芝县鲁朗镇扎西岗村受到了当地群众的热烈欢迎

广东重点援藏项目林芝鲁朗国际旅游小镇昨天奠基开工，广东省省长朱小丹和西藏自治区主席白玛赤林出席开工仪式

县委书记彭裕殿

县长才佳

鸟瞰八一镇

农牧民欢度工布新年

林芝县广播电视进寺庙电视机发放仪式

当地村民表演工布响箭

林芝桃花文化旅游节

玉米收割

林芝县布久乡喇嘛岭寺风光

林芝县鲁朗镇田园风光

温室大棚蔬菜种植

自治区党委书记陈全国考察江达乡太昭村旅游发展情况

地委书记赵世军调研巴河镇雪卡村驻村工作

工布江达县召开第十一届人民代表大会第一次会议

工布江达县2012年重点项目开工仪式

小康示范村建设——叮当村

县城滨河路及泉州公园

县城全景

米林县第十一届人民大会大会第一次会议

米林县副县长旦真与河南雏鹰集团董事长侯建芳在丹娘乡政府会议室进行合作洽谈

米林县举行2012年文化、科技、卫生、法律“四下乡”集中活动

米林县举行中国中小企业大讲堂活动，提高干部管理水平

西藏米林县第六届黄牡丹旅游文化节捐赠仪式

米林县羌纳乡岗嘎村夜校揭牌仪式

米林县南伊乡才召村珞巴群众在新建成的农家书屋翻阅书籍

米林县扎绕乡彩门村整体搬迁工程（援藏项目）

广东省常务副省长肖志恒，西藏自治区党委常委、常务副主席秦宜智等粤藏两省区领导视察波密基层党建工作

自治区副主席丁业现视察波密藏丹参种植情况

县长达瓦在康玉乡调研

波密县“两基”迎“国检”工作总结表彰暨2012年教育工作会议

波密县2012年工作会议

第二批驻村工作队出发仪式

节日慰问武警交通二支队

群众文化活动

藏灵芝特色产业

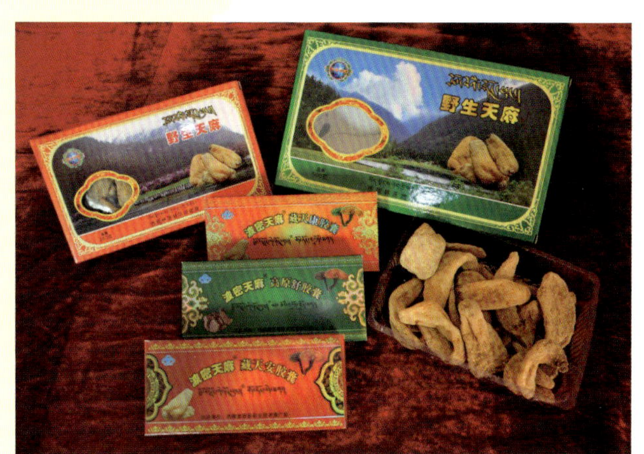

野生天麻产品

新农村建设

县城全景

林芝地委书记赵世军在墨脱县调研

西藏军区总医院到墨脱县巡诊

墨脱干部群众欢送第六批援藏干部

果果塘蛇形大拐弯

墨脱特产柠檬

正在建设的墨脱县城

墨脱新村

自治区副主席丁业现在察隅县检查指导工作

县委书记郑新强七一前夕看望慰问老党员

县长扎西平措赴察瓦龙乡调研

街面民俗特色化改造

僜家古曲

鸡爪谷

县城全景

第七篇 政府2012年大事记

一月

1日

自治区党委书记陈全国在拉萨市调研城市供暖问题，自治区常务副主席吴英杰，自治区副主席多吉泽仁，自治区政府党组成员、区发改委主任金世询等领导陪同调研。

4日

自治区召开全区政法维稳综治工作电视电话会议，自治区党委书记陈全国，自治区党委副书记、政法委书记郝鹏出席会议并讲话。自治区主席白玛赤林，自治区常务副主席吴英杰出席会议，自治区常务副主席洛桑江村主持会议。

◆自治区主席白玛赤林主持召开政府2012年第一次常务会议。会议审计并原则通过了《关于西藏自治区承担部分国家储备商品企业有关免退税政策的请示》，会议还审议了《关于呈请审议<中共西藏自治区委员会、西藏自治区人民政府贯彻中国农村扶贫开发纲要(2011-2020年)实施办法及调整扶贫标准建议方案>的请示》。自治区常务副主席吴英杰、秦宜智，自治区副主席宫蒲光、德吉、多托、格桑次仁、董明俊、丁业现，自治区政府党组成员、区发展改革委主任金世询，自治区政府党组成员、秘书长高扬出席会议。

◆全区政法系统加强政法文化建设文艺汇报演出在拉萨举行，自治区常务副主席洛桑江村观看演出。

◆全区商务工作会议在拉萨召开，自治区常务副主席秦宜智出席会议并讲话。

◆全区粮食流通工作会议在拉萨召开，自治区副主席宫蒲光出席会议并讲话。

◆全区工业和信息化工作暨重点项目工作会议在拉萨召开，自治区副主席董明俊出席会议并讲话。

5日

全区人力资源和社会保障工作会议在拉萨召开，自治区常务副主席吴英杰出席会议并讲话。

◆全区检察长电视电话会议召开，自治区常务副主席洛桑江村出席拉萨主会场会议并讲话。

◆全区环境保护工作会议在拉萨召开，自治区副主席宫蒲光出席会议并讲话。

◆自治区安全生产工作委员会召开2012年第一次全体会议，自治区副主席宫蒲光出席会议并讲话。

◆全国公安机关整治非法集资专项行动推进会电视电话会议在北京举行，自治区副主席多托出席西藏分会场会议。

6日

自治区党委、政府和西藏军区在拉萨隆重召开自治区第十次双拥模范城(县)命名和表彰大会，自治区党委书记、西藏军区党委第一书记、自治区双拥工作领导小组组长陈全国出席会议并讲话，自治区党委副书记、自治区主席白玛赤林宣读了自治区人民政府、西藏军区《关于授予拉萨市等37个市县双拥模范城(县)荣誉称号的决定》，西藏军区政委郎友良宣读了《关于表彰爱国拥军模范单位、拥政爱民模范单位的决定》和《关于表彰爱国拥军模范、拥政爱民模范的决定》，自治区领导郝鹏、吴英杰、杨金山、尹德明、公保扎西、秦宜智、齐扎拉、邓小刚出席，会议由洛桑江村主持。

◆中国人寿西藏分公司2012年工作会议在拉萨召开，自治区副主席多托出席会议并讲话。

◆自治区总工会召开西藏工会送温暖活动20周年、帮扶中心建设10周年座谈暨表彰大会，自治区副主席董明俊出席会议并讲话。

◆2012年全国春运电视电话会议在京召开，自治区副主席董明俊出席西藏分会场会议并讲话。

7日

自治区实施“天平基层基础工程”表彰大会在拉萨举行，自治区常务副主席洛桑江村出席会议并讲话。

◆武警西藏公安边防总队召开干部任职命令大会，自治区副主席董明俊出席。

◆武警西藏总队举行2011年度表

彰大会，自治区副主席李昭出席会议并讲话。

9日

自治区九届人大五次会议在拉萨隆重开幕，会议由大会执行主席、主席团常务主席向巴平措主持，自治区主席白玛赤林作政府工作报告。

10日

全区税务工作会议在拉萨召开，自治区副主席宫蒲光出席会议并讲话。

◆拉萨市公安系统开展“110宣传日”活动，自治区副主席李昭前往现场察看宣传情况并亲切慰问参加活动的警务工作者。

12日

自治区气象局召开全区气象局长会议，自治区副主席格桑次仁出席会议并讲话。

13日

全国安全生产工作电视电话会议召开，自治区副主席宫蒲光出席西藏分会场会议。

14日

2012年全区卫生工作会议在拉萨召开，自治区副主席德吉出席并讲话。

15日

全区邮政工作会议在拉萨召开，自治区常务副主席秦宜智出席会议并讲话。

◆西藏电力有限公司第二届三次职工代表大会暨2012年工作会议在拉萨召开，自治区副主席丁业现出席会议并讲话。

16日

全区质量技术监督工作会议在拉萨召开，自治区常务副主席秦宜智出席会议并讲话。

◆全区扶贫农发专业会议在拉萨召开，自治区副主席格桑次仁出席会议并讲话。

◆全区国有资产监督管理工作会议在拉萨召开，自治区副主席丁业现出席会议并讲话。

17日

自治区常务副主席秦宜智亲切看望慰问了拉日铁路建设者、向他们致以节日的祝福和诚挚的问候。

◆全区安全生产工作电视电话会议在拉萨召开，自治区副主席宫蒲光出席并讲话。

◆2012年全区通信管理工作会议在拉萨召开，自治区副主席董明俊出席会议并讲话。

◆西藏公安消防总队召开党委二届二次全委(扩大)会议暨表彰大会，自治区副主席李昭出席会议并讲话。

◆自治区残疾人士2012年迎新春团拜会在拉萨举行，自治区副主席丁业现出席并致辞。

18日

邮储银行西藏分行工作会议在拉萨召开，自治区副主席多吉泽仁出席会议并讲话。

◆自治区副主席宫蒲光率领由政府办公厅、安监、公安、运管、质监、工商、消防等部门组成的安全生产检查组，在拉萨市开展了春节、藏历新年前的安全生产大检查。

◆自治区农牧工作会议在拉萨召开，自治区副主席格桑次仁出席会议并讲话。

◆全区司法行政工作会议在拉萨召开，自治区副主席李昭出席会议并讲话。

◆自治区副主席丁业现在有关部门负责人陪同下，前往青藏联网工程拉萨换流站和西藏电力有限公司调度中心，检查指导工作，了解目前发、供电情况，看望慰问电力系统一线干部职工。

19日

自治区在拉萨隆重举行2012年春节、藏历新年团拜会，自治区党政军警领导与各族各界人士欢聚一堂。自治区党委书记、西藏军区党委第一书记陈全国，全国政协副主席、自治区政协主席帕巴拉·格列朗杰和自治区领导吴英杰、洛桑江村、尹德明、公保扎西、秦宜智、齐扎拉、邓小刚、董云虎出席团拜会。自治区主席白玛赤林，自治区党委常委、西藏军区司令员杨金山在团拜会上致辞。自治区党委副书记、政法委书记郝鹏主持团拜会。

◆自治区常务副主席吴英杰前往自治区统计局调研。

◆国家开发银行西藏分行2012年度工作会议在拉萨召开，自治区副主席多吉泽仁出席会议并讲话。

◆自治区副主席德吉率相关部门负责人对拉萨市食品市场进行集中检查。

◆区政府办公厅召开2011年度总结表彰大会，对2011年工作进行总结，安排部署今年工作，区政府党组成员、秘书长高扬出席会议并讲话。

20日

自治区主席白玛赤林深入山南地区扎囊县、乃东县、贡嘎县，亲切看望慰问各族干部群众和解放军指战员、武警官兵，代表自治区党委、政府和自治区慰问总团，向他们致以节日的问候和新春的祝福。

◆自治区政府办公厅举行2012年春节、藏历新年团拜会，自治区主席白玛赤林出席并讲话，自治区常务副主席吴英杰、洛桑江村，自治区副主席多吉泽仁、德吉、格桑次仁和自治区原副主席洛桑顿珠、加保、群培、次仁卓嘎出席团拜会，自治区政府党组成员、秘书长高扬代表自治区政府办公厅致辞。

◆自治区常务副主席吴英杰代表自治区党委、政府和陈全国书记、白玛赤林主席在拉萨市看望慰问了部分“三老”人员、专家学者、知识分子和驻村工作队，给他们送去自治区党委、政府的亲切关怀和新春问候。

◆自治区党委、政府部署近期维稳工作电视电话会议召开，自治区常务副主席洛桑江村出席会议并讲话。

◆自治区常务副主席洛桑江村前往西藏儿童福利院，亲切看望慰问孤残儿童和学校教职员工。

◆自治区副主席德吉前往曲水县自治区江曲麻风康复医院，亲切看望慰问麻风病患者和医务人员。

◆自治区副主席格桑次仁前往自治区残疾人康复中心、远大集团公司

水泥厂，看望慰问了部分贫困残疾人和农民工代表，向他们致以节日的祝福并送去慰问金。

22日

自治区党委、政府在区党政大院隆重举行领袖像揭幕暨升国旗仪式，自治区党委书记陈全国、自治区主席白玛赤林为领袖像揭幕，白玛赤林讲话，自治区常务副主席吴英杰主持。全国政协副主席，自治区政协主席帕巴拉·格列朗杰以及自治区领导郎友良、洛桑江村、齐扎拉、邓小刚、董云虎出席。

◆自治区常务副主席洛桑江村看望慰问了除夕夜里依然坚守岗位的公安民警和武警执勤官兵，与大家共贺新春，自治区副主席李昭一同看望慰问。

◆自治区常务副主席洛桑江村在自治区民政厅和拉萨市有关负责人的陪同下前往城关区福利院，亲切看望慰问“五保”老人并与他们共度新春佳节。

23日

自治区党委书记陈全国，自治区主席白玛赤林前往拉萨市公德林街道幸福社区，看望慰问坚守岗位的干部职工和基层群众。自治区领导吴英杰、齐扎拉、邓小刚参加活动。

◆自治区主席白玛赤林在拉萨看望慰问节日期间坚守岗位的交警和环卫工人，自治区党委常委、拉萨市委书记齐扎拉，自治区副主席李昭一同前往。

24日

自治区常务副主席洛桑江村在拉萨市区检查值班执勤备勤情况。

25日

自治区主席白玛赤林看望节日期间坚守岗位的公安民警。

◆自治区举行欢送仪式，欢送我区第五批20名先天性心脏病患儿赴京接受免费治疗，自治区主席白玛赤林出席欢送仪式并为患儿及家长赠送慰问金，自治区副主席德吉出席欢送仪式并讲话。

◆自治区常务副主席洛桑江村在区党委政法委、区党委统战部、拉萨市委有关负责同志的陪同下，突击检查了哲蚌寺等寺庙节日期间值班带班情况，并向节日期间坚守工作岗位的干部职工致以新春的祝福。

26日

全区维稳工作视频会议在拉萨召开，自治区主席白玛赤林出席主会场会议并作重要讲话，自治区常务副主席洛桑江村主持会议并就做好我区维稳防控工作作出安排部署，自治区副主席多吉泽仁、李昭出席主会场会议。

◆自治区主席白玛赤林深入拉萨市老城区维稳工作一线，对各单位和执勤部队维稳防控工作措施落实情况进行突击检查，并看望了节日期间坚守工作岗位的公安民警、武警官兵、基层干部群众和治保人员，自治区副主席李昭等领导陪同检查。

◆自治区常务副主席吴英杰深入那曲地区安多县，对沿途各公安检查站、武警护路队、各乡(镇)村委会和驻村工作队开展检查督导工作。

27日

自治区主席白玛赤林在拉萨亲切看望了节日期间仍坚守岗位的公安消防官兵，并检查了重点场所的消防安全工作。

◆自治区常务副主席吴英杰深入那曲地区巴青县、索县、比如县，对三县维稳重点区域和目标，乡(镇)、村、驻村工作队、寺管会春节期间工作情况进行暗访，检查督导部署三县维稳工作，看望慰问干部群众。

27-28日

自治区副主席多托深入山南地区泽当镇便民警务站，就警务站建设工作进行调研。

28日

自治区主席白玛赤林前往哲蚌寺，看望慰问哲蚌寺寺庙管理委员会成员、驻寺工作组工作人员和当巴派出所执勤民警，自治区常务副主席洛桑江村、自治区副主席多吉泽仁陪同看望慰问。

29日

自治区常务副主席吴英杰前往那曲地区聂荣县，对聂荣县维稳重点区域和目标，乡(镇)、村、驻村工作队工作情况进行检查督导和暗访，亲切看望慰问基层各族干部群众。

◆自治区维稳指挥部2012年第二次全体会议召开，自治区常务副主席洛桑江村主持会议并讲话。

30日

自治区主席白玛赤林考察调研我区民营企业发展情况及非公有制经济各项扶持政策的落实情况。

◆自治区常务副主席吴英杰深入那曲地区维稳工作一线，对维稳指挥部、公安指挥中心等单位的维稳防控工作情况进行检查督促，看望了坚守在工作岗位上的公安民警、武警官兵、基层干部群众、治保人员和寺庙管委会人员。

◆全区民政工作电视电话会议召开，会议安排部署全区2012年民政工作任务，自治区常务副主席洛桑江村出席拉萨主会场会议并讲话。

31日

自治区副主席德吉在有关部门负责人的陪同下，视察了拉萨市城关区八廓街和扎细街道社区卫生服务中心运行情况，并听取了有关汇报。

二月

3日

全区统计调查工作会议在拉萨召开，自治区常务副主席吴英杰出席会议并讲话。

◆全区民族宗教系统年度工作会议在拉萨召开，自治区常务副主席洛桑江村出席会议并讲话。

◆自治区副主席德吉在相关部门负责人的陪同下，前往贡嘎县甲竹林居委会，看望慰问贫困户、孤寡老人、孤儿及驻村工作队队员。

4日

自治区维护稳定工作领导小组和

指挥部举行2012年第3次全体会议，安排部署当前和今后一个时期全区维稳工作，自治区常务副主席洛桑江村出席并讲话。

◆山南地区首届藏历新年晚会《和谐雅碧》在雅碧剧院成功演出并完成录制，自治区副主席多托与山南地区各族各界干部群众一同观看文艺晚会。

◆自治区副主席格桑次仁深入谢通门县检查指导基层乡镇创先争优强基惠民活动的开展情况。

5日

自治区党委副书记、政法委书记郝鹏前往武警西藏总队检查指导战备执勤工作，自治区副主席李昭陪同。

6日

建行西藏区分行召开2012年工作会议，自治区副主席多吉泽仁出席会议并讲话。

◆全国“十二五”广播电视村村通工作电视电话会议在京召开，自治区副主席多吉泽仁出席西藏分会场会议并讲话。

◆自治区副主席李昭带队深入拉萨市区督导清剿火患战役“零点行动”。

1月24日至2月7日

自治区副主席格桑次仁率队深入日喀则地区检查指导工作。

7日

自治区党委书记陈全国，自治区主席白玛赤林，自治区常务副主席秦宜智等欢送尹德明同志。

◆拉萨地区金融系统召开中层以上干部大会，传达全国金融工作会议精神，自治区副主席多吉泽仁出席会议并讲话。

8日

全区商务经济发展能力建设培训会在拉萨开班，自治区常务副主席秦宜智出席并致辞。

7日至9日

自治区副主席宫蒲光率自治区慰问团在日喀则开展慰问。

◆自治区副主席丁业现在林芝地区督导检查维稳工作。

9日

全区农行工作会议在拉萨召开，自治区副主席多吉泽仁出席并讲话。

◆自治区副主席多吉泽仁在拉萨会见了中国农业发展银行人力资源部副总经理杨志文率领的工作组一行，并就中国农业发展银行西藏分行筹建工作进行了交流。

◆自治区总工会八届五次全委(扩大)会议在拉萨召开，自治区副主席董明俊出席并讲话。

10日

全区工商行政管理工作会议在拉萨召开，自治区常务副主席秦宜智出席会议并讲话。

◆区中直单位离退休老同志、老工伤人员藏历新年团拜会举行，自治区常务副主席秦宜智出席并致辞。

◆全国找矿突破战略行动动员部署电视电话会议召开，自治区副主席多吉泽仁出席西藏分会场会议。

◆荣获“全国科普惠农兴村”计划先进单位、个人表彰会暨区科协五届三次常委扩大会议在拉萨召开，自治区副主席孟德利出席会议并为获奖者颁奖。

12日

自治区党委副书记郝鹏视察抗雪救灾应急保障工作，自治区常务副主席秦宜智，自治区党委常委、秘书长邓小刚一同视察。

13日

自治区常务副主席秦宜智先后来到区民政厅救灾物资仓库和自治区抗灾办救灾物资仓库，检查指导抗雪救灾物资储备及调运情况。自治区政府党组成员、秘书长高扬陪同。

◆自治区赴日喀则强暴风雪灾害抢险救灾工作组在日喀则召开灾情通报会，自治区副主席宫蒲光出席并讲话。

14日

自治区副主席宫蒲光率领自治区维稳指导工作组，在日喀则看望慰问一线公安民警。

◆全区高校和各地市教育局负责人工作座谈会在拉萨召开，自治区副主席孟德利出席座谈会并讲话。

◆全区新闻出版工作电视电话会议在拉萨召开，自治区副主席多托出席拉萨主会场会议并讲话。

◆自治区副主席董明俊专程来到西藏高争民爆物资有限公司、拉萨经济技术开发区、西藏娃哈哈食品有限公司、自治区藏药厂、拉萨啤酒有限责任公司及西藏高原之宝进行调研。

15日

人保财险西藏分公司2012年工作会议在拉萨召开，自治区副主席甲热▪洛桑丹增出席会议并讲话。

◆自治区副主席宫蒲光率队在日喀则检查指导工作。

◆全区广播影视工作电视电话会议在拉萨召开，自治区副主席多托出席会议并讲话。

16日

全区文物工作会议在拉萨召开，自治区副主席甲热▪洛桑丹增出席会议并讲话。

17日

团区委开展“春风送暖”三下乡主题实践活动，自治区副主席甲热▪洛桑丹增出席启动仪式并讲话。

◆我区共青团系统开展慰问寒假留校大学生活动，自治区副主席甲热▪洛桑丹增出席活动。

◆全区离退休干部藏历新年茶话会在拉萨举行，自治区副主席董明俊出席茶话会并致辞。

18日

自治区政府办公厅举行藏历新年团拜会，自治区主席白玛赤林出席并讲话，自治区常务副主席秦宜智，自治区副主席甲热·洛桑丹增、宫蒲光、孟德利、格桑次仁，自治区政府党组成员金世询、高扬出席。

19日

自治区人民政府召开专题会议，听取日喀则、阿里地区强暴风雪灾害抢险救灾工作汇报，就下一步救灾工作作出安排部署。自治区主席白玛赤林作重要讲话，自治区常务副主席秦宜智，自治区副主席宫蒲光、格桑次仁，自治区政府党组成员、秘书长高扬出席。

◆自治区主席白玛赤林深入拉萨市冲赛康市场、自治区盐业公司、西藏朗赛茶厂，实地了解我区市场物价和商品供应情况，听取商家和群众意见。自治区常务副主席秦宜智，自治区政府党组成员、秘书长高扬陪同检查。

20日

自治区主席白玛赤林前往自治区公安厅指挥中心，看望慰问值班工作人员，自治区副主席宫蒲光、孟德利、李昭、丁业现，自治区政府党组成员、秘书长高扬等陪同看望。

◆自治区人民政府与中国电力建设集团有限公司举行座谈会并签署战略合作协议，自治区主席白玛赤林，中国电力建设集团有限公司董事长、党委副书记范集湘在座谈会上讲话并共同签署协议。中国电力建设集团有限公司党委书记、副董事长晏志勇，自治区副主席丁业现，自治区政府党组成员、区发展改革委主任金世询出席，自治区政府党组成员、秘书长高扬主持座谈会和签字仪式。

◆自治区主席白玛赤林前往拉萨市纳金乡塔玛村贡布堂、纳金乡藏热社区廉租房，看望慰问部分贫困户、老党员，与大家一道喜迎藏历新年。

◆西藏驻京办、中国藏学研究中心联合举办藏历水龙新年茶话会、自治区常务副主席吴英杰出席。

◆西藏出入境检验检疫局工作会议在拉萨召开，自治区常务副主席秦宜智出席会议并讲话。

◆全区烟草工作会议暨纪检监察工作会议在拉萨召开，自治区常务副主席秦宜智出席会议并讲话。

◆自治区副主席董明俊到拉萨西郊客运站、拉萨火车站看望慰问干部职工、公安民警。

21日

区党委副书记、自治区人大常委会主任向巴平措和自治区主席白玛赤林在拉萨会见武警部队司令员王建平一行，自治区常务副主席吴英杰一同会见。

22日

自治区主席白玛赤林，自治区常务副主席吴英杰来到拉萨市城关区蔡公堂乡白定村，与乡亲们一同欢度藏历新年，并代表自治区党委、政府，代表区党委书记陈全国，向全区各族群众致以新春的祝福。

◆自治区副主席董明俊专程前往中国电信西藏分公司、中国联通西藏分公司、中国移动西藏分公司，看望藏历新年期间坚守岗位的值班人员，视察业务运营情况。

23日

由拉萨市委、市政府举办的幸福拉萨规范舞群众性文化活动启动仪式在布达拉宫广场隆重举行，自治区领导向巴平措、白玛赤林、郝鹏、吴英杰、金书波、秦宜智、齐扎拉、邓小刚、董云虎出席启动仪式。出席活动的自治区领导还有宋善礼、甲热·洛桑丹增、多吉泽仁、孟德利、德吉、格桑次仁、董明俊、刘庆慧、卫晋、汪象华、金世询、高扬。

25日

我区举行欢送全国“两会”代表委员座谈会，自治区常务副主席吴英杰主持座谈会并讲话，自治区副主席多吉泽仁向代表委员简要介绍了2011年我区经济社会发展情况及2012年工作安排。

26日

自治区常务副主席洛桑江村率领相关部门负责同志到那曲地区调研。

27日

自治区主席白玛赤林主持召开政府2012年第三次常务会议，研究我区企业兼并重组各项政策措施等。自治区常务副主席吴英杰、秦宜智，自治区副主席多吉泽仁、孟德利、德吉、格桑次仁、董明俊、李昭，自治区政府党组成员金世询、高扬出席会议。

28日

全区创先争优强基惠民加快农村水利建设专项行动启动仪式电视电话会议在拉萨召开，自治区常务副主席吴英杰出席并讲话，自治区副主席格桑次仁出席会议。

◆西藏自治区供销合作社挂牌仪式在拉萨举行，自治区常务副主席秦宜智出席仪式并致辞。

28日至29日

西藏公安边防总队党委二届五次全体(扩大)会议在拉萨召开，自治区副主席李昭出席会议并讲话。

三月

1日

自治区党委、政府召开全区维护社会稳定工作电视电话会议，区党委副书记、区党委政法委书记郝鹏出席拉萨主会场会议并讲话，自治区常务副主席吴英杰主持会议，自治区常务副主席洛桑江村、秦宜智等出席主分会场会议。

2日

中央企业援藏工作座谈会在京召开，国务院国资委主任、党委书记王勇，自治区党委书记陈全国讲话，自治区主席白玛赤林介绍了西藏经济社会发展情况，双方签署战略合作备忘录。自治区副主席丁业现，自治区政府党组成员金世询、高扬等出席会议。

◆全区外事工作会议在拉萨召开，自治区常务副主席吴英杰出席会议并讲话。

3日

十一届全国人大五次会议西藏代表团成立，推选陈全国为代表团团长，向巴平措、白玛赤林为代表团副团长。

◆自治区党委、政府在北京举行西藏经济社会发展联谊会，帕巴拉·格列朗杰、陈奎元等出席，热地、陈全国讲话，自治区主席白玛赤林主持。

◆武警西藏总队在拉萨举行反恐特战训练汇报表演，自治区常务副主席吴英杰观摩表演。

4–5日

自治区常务副主席洛桑江村深入那曲地区督导检查维稳各项工作，并听取那曲地委、行署维稳工作汇报。

5日

十一届全国人大五次会议西藏代表团举行全体会议，认真审议温家宝总理代表国务院所作的政府工作报告，自治区主席白玛赤林出席会议。

◆我区铁路护路联防工作会议在那曲召开，自治区常务副主席洛桑江村出席会议并讲话。

◆全区林业工作座谈会在拉萨召开，自治区副主席格桑次仁出席会议并讲话。

6日

自治区常务副主席吴英杰再次主持召开拉萨市城市供暖工程建设工作领导小组会议，听取上一阶段各项工作进展情况，安排部署下一阶段工作。区党委常委、拉萨市委书记齐扎拉，自治区副主席宫蒲光出席会议。

◆自治区常务副主席洛桑江村深入那曲地区比如县夏曲镇、恰则乡、达塘乡、茶曲乡、良曲乡和比如镇，督导检查比如县各乡镇维护稳定各项工作。

◆自治区农牧科学院博士后科研工作站揭牌仪式在拉萨举行，自治区副主席格桑次仁出席仪式并讲话。

◆自治区农科院2011年度工作总结表彰大会在拉萨举行，自治区副主席格桑次仁出席会议并讲话。

2月29日—3月7日

自治区常务副主席秦宜智在林芝地区督导检查维稳工作，传达区党委近期关于维稳工作重要指示精神，看望慰问维稳一线干部职工。

7日

自治区常务副主席吴英杰在自治区党委常委、拉萨市委书记齐扎拉和自治区政府党组成员、秘书长高扬的陪同下，前往林周县旁多水利枢纽工程工地视察。

◆2012年全区教育招生考试工作会议在拉萨召开，自治区副主席孟德利出席会议并讲话。

◆全区地市人口计生委主任座谈会在拉萨召开，自治区副主席德吉出席座谈会并讲话。

8日

自治区主席白玛赤林接受新华社、中国日报社、《中国西藏》杂志社、中国新闻社等新闻媒体的联合采访。

◆全区维护稳定工作视频会议召开，会议就当前维稳工作进行了安排部署。自治区党委副书记、政法委书记郝鹏出席会议并讲话，自治区常务副主席吴英杰主持会议，自治区常务副主席洛桑江村、秦宜智等分别出席主分会场会议。

◆区地勘局举办首届书法摄影奇石展，自治区副主席多吉泽仁出席仪式并剪彩。

◆山南地区举行了便民警务站警用装备发放仪式，自治区副主席多托出席仪式，并在仪式后察看了山南地区德吉小区便民警务站。

7–9日

自治区常务副主席洛桑江村看望比如县宗教界爱国人士，出席全区维护稳定工作视频会议那曲分会场会议，并召开会议就近期维稳工作做出进一步指示。

9日

我区消防部队举行灭火应急救援综合演习，自治区常务副主席吴英杰观摩演习。

10日

自治区领导郝鹏、吴英杰等出席了军警民共创拉萨国家环保模范城市行动启动仪式。

12–13日

自治区常务副主席吴英杰在拉萨主持召开了自治区高校毕业生就业制度改革协调工作领导小组会议，自治区副主席孟德利出席会议。

13日

自治区常务副主席洛桑江村一行到那曲地区比如县孤儿福利院、比如县完全小学、县武警备勤中队，亲切看望慰问广大师生和执勤官兵。

◆自治区副主席多托一行深入山南地区扎囊县桑耶镇督导检查维稳工作，看望慰问干部职工。

14日

自治区副主席德吉视察我区消费市场安全情况。

15日

自治区常务副主席吴英杰在拉萨会见尼泊尔联邦民主共和国新任驻拉萨总领事哈里·普拉萨德·巴道，双方进行了亲切友好的座谈。

◆自治区副主席格桑次仁在有关部门的陪同下，检查了拉萨市春耕备耕开展情况。

16日

拉萨市荣获“全国双拥模范城”荣誉称号庆祝仪式在布达拉宫广场举行，自治区党委副书记、政法委书记郝鹏与西藏军区政委郎友良共同为“全国双拥模范城”揭牌。自治区常务副主席吴英杰出席并讲话，自治区常务副主席秦宜智出席庆祝仪式。

◆全区交通运输工作会议在拉萨召开，自治区常务副主席秦宜智出席会议并讲话。

◆我区残疾就业困难人员专场招聘会启动仪式在拉萨举行，自治区副主席德吉出席启动项先弋并讲话。

16–17日

自治区维稳指挥部会议和自治区维稳工作视频会议分别召开，自治区党委副书记、政法委书记、自治区维稳指挥部总指挥郝鹏讲话，自治区常务副主席吴英杰主持会议并传达陈全国书记关于进一步做好全区维稳工作重要批示精神，自治区常务副主席洛桑江村、秦宜智等出席主分会场会议。

17日

山南地区综治宣传月集中宣传日活动在泽当镇举行，自治区副主席多托视察活动开展情况。

◆山南地区举行万名干部宣誓承诺签名活动，自治区副主席多托出席。

19日

自治区召开全区重点项目工作会议，自治区常务副主席吴英杰出席并讲话，自治区政府党组成员金世询安排部署了今年重点项目工作。

20日

2012年全国整治违法排污企业保障群众健康环保专项行动电视电话会议召开，自治区副主席董明俊出席西藏分会场会议并讲话。

22日

自治区主席白玛赤林主持召开政府2012年第一次全体会议，深入学习全面贯彻落实胡锦涛总书记在参加十一届全国人大五次会议西藏代表团审议时的重要讲话精神，以及陈全国书记在西藏代表团传达学习胡锦涛总书记重要讲话时的讲话精神，安排部署近期工作。自治区常务副主席吴英杰、秦宜智，自治区副主席多吉泽仁、孟德利、董明俊、李昭，自治区政府党组成员金世询、高扬出席会议。

◆自治区主席白玛赤林主持召开政府2012年第四次常务会议，审议并原则通过《西藏自治区互联网用户真实身份登记管理(暂行)办法》，会议还审议通过了《关于呈报(西藏自治区“十二五”时期农牧业和农村经济发展规划>的请示》等。自治区常务副主席吴英杰、秦宜智，自治区副主席多吉泽仁、孟德利、董明俊、李昭，自治区政府党组成员金世询、高扬出席会议。

◆自治区常务副主席洛桑江村在那曲地区比如县主持召开那曲地区交通工作专题会议。

23日

自治区常务副主席吴英杰前往墨竹工卡县各矿区，对甲玛华泰龙矿区、甲玛巨龙矿区、尼玛江热乡天仁矿区进行了深入考察，自治区政府党组成员金世询陪同。

24日

◆自治区常务副主席吴英杰深入拉萨市墨竹工卡县，围绕我区加强和创新寺庙管理以及创先争优强基惠民驻村工作开展情况进行调研。自治区政府党组成员金世询陪同。

◆自治区常务副主席洛桑江村深入那曲地区比如县看望慰问自治区驻村工作队队员、村“两委”班子成员，并听取茶曲乡和达塘乡近期维稳工作汇报。

◆拉萨海关召开2012年关区工作会议，自治区常务副主席秦宜智出席会议并讲话。

25日

自治区常务副主席吴英杰召开自治区重点项目建设领导小组会议，传达学习和安排部署贯彻落实陈全国书记重要批示精神，自治区政府党组成员金世询主持会议。

26日

国务院召开第五次廉政工作电视电话会议，自治区主席白玛赤林出席西藏分会场会议并讲话，自治区常务副主席吴英杰、秦宜智，自治区副主席甲热·洛桑丹增、多吉泽仁、孟德利、李昭，自治区政府党组成员金世询、高扬出席拉萨分会场会议。自治区副主席董明俊主持拉萨分会场会议，自治区常务副主席洛桑江村，自治区副主席宫蒲光、多托、丁业现分别出席那曲、日喀则、山南、林芝分会场会议。

◆中国银行“长城福农卡暨助农小额取款业务”启动仪式在拉萨举行，自治区副主席多吉泽仁出席发卡仪式并讲话。

◆林芝地区召开文化和旅游工作会议，自治区副主席丁业现出席并讲话。

27日

自治区主席白玛赤林专程前往正在建设的自治区自然科学博物馆、拉萨圣地天堂洲际大饭店等重点项目工程施工现场，考察工程施工进度和建设情况。自治区党委常委、拉萨市委书记齐扎拉，自治区副主席孟德利，自治区政府党组成员、秘书长高扬陪同考察。

◆自治区常务副主席吴英杰主持召开自治区政府专题会议，传达学习和贯彻落实陈全国书记、白玛赤林主席关于做好就业工作的重要批示精神，自治区副主席孟德利出席会议。

28日

西藏各族各界群众在布达拉宫广场隆重举行西藏百万农奴解放纪念日“升国旗·唱国歌”仪式。自治区领导白玛赤林、郝鹏、吴英杰、郎友良、公保扎西、秦宜智、邓小刚、董云虎等出席，自治区党委常委、拉萨市委书记齐扎拉讲话。

◆山南地区首届“感动山南十大人物”颁奖晚会在雅砻剧院隆重举行，自治区副主席多托出席颁奖晚会。

29日

自治区主席白玛赤林在林芝地区考察自治区创先争优强基惠民活动工作情况，看望慰问驻村工作队队员，自治区政府党组成员、秘书长高扬陪同前往。

◆哲蚌寺召开庆祝西藏百万农奴解放纪念日座谈会，自治区副主席多吉泽仁出席。

◆山南地区举行泽当污水处理厂及配套管网工程开工典礼，自治区副主席多托出席。

16-30日

自治区副主席宫蒲光带领自治区维稳督导组深入日喀则地区，检查指导维稳工作，看望慰问坚守一线的执勤官兵，驻村、驻寺干部和基层干部群众。

30日

林芝鲁朗国际旅游小镇在鲁朗镇正式开工建设，自治区主席白玛赤林，广东省委副书记、省长朱小丹等出席奠基暨开工仪式。广东省委常委、副省长徐少华，自治区副主席丁业现，广东省政府秘书长唐豪，自治区政府党组成员、秘书长高扬出席开工仪式。

◆全区体育工作会议在拉萨召开，自治区副主席甲热·洛桑丹增出席会议。

30-31日

自治区领导与广东省政府代表团共同考察林芝地区对口援藏工作并举行座谈，听取易贡茶场发展和受援工作情况汇报，就进一步做好对口援藏工作交换意见。自治区主席白玛赤林，广东省委副书记、省长朱小丹出席座谈会并讲话。广东省委常委、副省长徐少华，自治区副主席丁业现，广东省政府秘书长唐豪，自治区政府党组成员、秘书长高扬出席。

31日

自治区常务副主席吴英杰专程前往拉萨市部分非公有制企业，考察调研非公有制经济发展情况，自治区各项扶持政策落实情况及就业再就业政策落实情况。自治区政府党组成员、区发展改革委主任金世询陪同调研。

四月

1日

林芝第十届桃花文化旅游节开幕，自治区党委副书记、自治区主席白玛赤林，自治区副主席丁业现，广东省政协副主席王殉章，自治区政府党组成员、秘书长高扬出席开幕式。

◆全区维护稳定工作视频会议召开，自治区常务副主席吴英杰主持会议并传达陈全国书记重要批示精神，自治区常务副主席洛桑江村出席会议。

◆自治区森林防火指挥部召开全区重点林区森林防火工作视频会议，自治区副主席格桑次仁出席会议并讲话。

2日

自治区常务副主席洛桑江村深入那曲地区比如县羊秀乡申扎村、白嘎乡西江村检查指导工作，亲切看望广大驻村驻寺干部、老党员、老干部、宗教界爱国人士。

3日

拉萨市城市供暖工程建设工作领导小组召开会议，自治区常务副主席吴英杰出席会议并讲话，自治区副主席宫蒲光，自治区政府党组成员、区发展改革委主任金世询出席会议。

5日

自治区行政审批制度改革领导小组召开会议，自治区主席白玛赤林主持并讲话。自治区常务副主席吴英杰，自治区副主席宫蒲光，自治区政府党组成员、区发展改革委主任金世询，自治区政府党组成员、秘书长高扬出席会议。

◆中国东西部合作与投资贸易洽谈会在西安隆重开幕，自治区常务副主席秦宜智出席开幕式。

◆全区春季农牧业生产电视电话会议在拉萨召开，自治区副主席格桑次仁出席会议并讲话。

6日

自治区旅游产业发展协调委员会召开第三次会议，自治区主席白玛赤林出席会议并讲话。自治区副主席丁业现主持会议，自治区政府党组成员、区发展改革委主任金世询出席。

◆自治区儿童先天性心脏病医疗救治动员大会在拉萨召开，自治区副主席甲热·洛桑丹增出席并讲话。

◆我区启动“全国第二十一个税收宣传月”活动，自治区副主席宫蒲光出席启动仪式并讲话。

7日

我区开展“创建幸福家庭”活动试点工作暨林芝地区“免费孕前优生健康检查项目”启动，自治区副主席德吉出席启动仪式并讲话。

◆全区科协系统基层干部培训班欢送座谈会在拉萨召开，自治区副主席孟德利出席并讲话。

8日

中国平安财产保险股份有限公司西藏分公司在拉萨举行成立五周年庆祝活动，自治区副主席多吉泽仁出席并讲话。

9日

区直国有粮食企业改革工作会议在拉萨召开，自治区副主席宫蒲光出席会议并讲话。

◆全区森林资源连续清查总结表彰暨二类调查启动大会在拉萨召开，自治区副主席格桑次仁出席会议并讲话。

◆拉萨地区高校应届毕业生就业工作座谈会在拉萨召开，自治区副主席孟德利出席并讲话。

10日

自治区农村饮水安全工程开工典礼在拉萨市举行，自治区副主席格桑次仁出席典礼并为工程奠基。

◆农行西藏分行在拉萨市堆龙德庆县举行银行卡助农取款服务启动仪式，自治区副主席多吉泽仁出席并讲话。

◆自治区副主席宫蒲光对区直机关行政事业单位周转房一期、二期工程建设进展情况进行了视察调研。

11日

自治区主席白玛赤林主持召开政府2012年第五次常务会议，决定扩大农村低保对象范围，并对政府近期工作进行了安排部署。自治区常务副主席吴英杰、秦宜智，自治区副主席多吉泽仁、宫蒲光、孟德利、德吉、格桑次仁、董明俊、丁业现，自治区政府党组成员、区发展改革委主任金世询，自治区政府党组成员、秘书长高扬出席会议。

◆自治区常务副主席秦宜智与东方航空集团公司赴藏考察团一行座

谈，双方就进一步加强交流合作，推进我区民航事业发展交换了意见。

◆全区乡镇综合文化站建设项目开工仪式在日喀则市举行，自治区副主席多托出席开工仪式，并为项目奠基。

12日

日喀则地区“9·18”地震灾区恢复重建开工典礼在亚东县上亚东乡举行，自治区常务副主席吴英杰为项目开工奠基并讲话，自治区政府党组成员、区发展改革委主任金世询出席开工典礼。

◆自治区人民政府“清剿火患”战役总结表彰电视电话会议在拉萨召开，自治区常务副主席洛桑江村出席会议并讲话。

◆自治区副主席多吉泽仁在拉萨会见中国银联副总裁李凌一行。

13日

自治区常务副主席吴英杰在自治区政府党组成员、区发改委主任金世询的陪同下前往日喀则地区聂拉木县和樟木口岸调研。

◆自治区常务副主席吴英杰在日喀则地区萨迎县扯休乡吉雄村和日喀则市纳唐寺进行调研，自治区政府党组成员、区发展改革委主任金世询陪同。

◆2012年全国纠风工作电视电话会议在北京召开，自治区副主席宫蒲光出席西藏分会场会议。

15日

西藏会展中心奠基仪式在拉萨隆重举行，自治区常务副主席秦宜智出席奠基仪式。

◆林芝机场站坪扩建工程正式开工建设，自治区副主席丁业现出席开工仪式并宣布工程开工。

16日

全国森林草原防火工作电视电话会议在京召开，自治区副主席董明俊出席西藏分会场会议并讲话。

17日

“2012年春风春暖行动启动仪式暨拉萨地区第十九期人力资源洽谈会”在拉萨举办。自治区常务副主席吴英杰出席启动仪式并讲话。

◆全国集中开展安全生产领域“打非治违”专项行动电视电话会议在京召开，自治区副主席宫蒲光出席西藏分会场会议并讲话。

18日

自治区常务副主席秦宜智与铁道部专家组座谈。自治区副主席丁业现，自治区政府党组成员金世询出席。

19日

自治区主席白玛赤林主持召开政府第六次常务会议，研究审议自治区人民政府2012年度地方性法规、政府规章项目制定计划。自治区常务副主席吴英杰、秦宜智，自治区副主席多吉泽仁、宫蒲光、孟德利、多托、董明俊、丁业现，自治区政府党组成员、区发展改革委主任金世询，自治区政府党组成员、秘书长高扬出席会议。

20日

自治区人力资源和社会保障厅在拉萨举办第三届全区技术能手表彰大会，自治区常务副主席吴英杰出席会议并讲话。

◆自治区安全生产工作委员会召开2012年第二次全体会议，自治区副主席宫蒲光出席并讲话。

◆自治区保障性住房建设管理领导小组召开2012年第一次全体会议，自治区副主席宫蒲光出席会议并讲话。

◆为迎接“4·26”世界知识产权日，我区以“拒绝盗版，助力创新”为主题的“绿书签行动2012”系列宣传活动在拉萨启动。自治区副主席多托出席启动仪式并讲话。

21日

2012年西藏高校毕业生第一批公开考录笔试举行，自治区常务副主席吴英杰前往考点巡视考试情况，自治区副主席孟德利陪同。

◆自治区常务副主席吴英杰与国家节能目标责任赴藏考核组一行在拉萨座谈。

22日

我区开展“世界地球日”宣传活动，自治区副主席多吉泽仁视察宣传活动。

◆自治区政府与长江三峡集团赴藏工作组一行举行座谈，自治区副主席丁业现参加座谈会并讲话。

23日

自治区常务副主席吴英杰主持召开自治区人民政府第7次会常务会议，研究审议《西藏自治区人民政府贯彻落实国务院关于加强地质灾害防治工作决定的实施意见》。自治区副主席多吉泽仁、宫蒲光、孟德利、德吉、多托、格桑次仁、董明俊、丁业现，自治区政府党组成员、区发展改革委主任金世询，自治区政府党组成员、秘书长高扬出席会议。

24日

自治区党委书记陈全国在拉萨会见了尼泊尔新任驻拉萨总领事哈里·普拉萨德·巴道一行，自治区常务副主席吴英杰一同会见。

◆自治区常务副主席吴英杰主持召开自治区人民政府第2次全体会议，研究审议《2012年一季度全区经济运行分析及下一步经济工作建议》，自治区副主席多吉泽仁、宫蒲光、孟德利、德吉、格桑次仁、董明俊、丁业现，自治区政府党组成员、区发展改革委主任金世询，自治区政府党组成员、秘书长高扬出席会议。

◆自治区与全国同步开展2012年侵权盗版制品及各类非法出版物集中销毁活动，自治区副主席多托主持。

◆自治区安委会召开专题会议，自治区副主席宫蒲光出席会议并讲话。

25日

自治区政府办公厅召开干部职工大会，自治区常务副主席吴英杰出席会议并讲话，自治区政府党组成员、秘书长高扬主持会议。

◆由自治区总工会组织面向企业服务职工在基层“送温暖、送文化、送法律、送政策、送医送药”进企业活动月启动仪式在中铁十二局集团铁路养护工程有限公司举行，自治区副主席董明俊出席启动仪式。

◆自治区地勘局在拉萨召开2012年地质经济工作会，自治区副主席多吉泽仁出席会议并讲话。

◆全区2012年一季度金融运行分析会在拉萨召开，自治区副主席多吉泽仁出席会议并讲话。

◆全区残疾人事业会议在拉萨召开，自治区副主席德吉出席会议并讲话。

◆西藏农家书屋、寺庙书屋实现全覆盖现场总结大会举行，自治区副主席多托出席现场总结大会。

◆自治区副主席丁业现前往布达拉宫、贡嘎机场、拉萨火车站及部分星级酒店等，检查我区旅游市场运行情况。

26日

国务院召开2012年全国军队转业干部安置工作电视电话会议，自治区常务副主席吴英杰出席西藏分会场会议。

◆自治区广播影视进寺庙工作领导小组召开第二次会议，自治区副主席多托出席会议。

27日

研究无电地区电力建设专题会议在拉萨召开，自治区副主席丁业现主持会议。

26日至28日

自治区副主席格桑次仁率队深入日喀则地区南木林县、白朗县、江孜县及日喀则市，就春季农牧业生产工作进行调研。

28日

拉萨市供暖试点工程项目正式开工建设，自治区党委书记陈全国宣布工程开工，自治区常务副主席吴英杰在开工典礼上讲话，自治区副主席宫蒲光出席。

五月

2日

自治区人民医院举行新门诊楼启用仪式，自治区副主席德吉出席并讲话。

3日

全区领导干部助孤捐款活动在拉萨启动，自治区领导陈全国、向巴平措、白玛赤林、郝鹏、吴英杰等带头捐款。

◆庆祝西藏军区成立60周年文艺晚会在拉萨举行，自治区党委书记陈全国，自治区常务副主席吴英杰、洛桑江村等领导与驻藏部队官兵一同观看演出。

◆自治区副主席宫蒲光对我区部分建筑工程安全生产情况开展了“打非治违”专项检查。

◆自治区召开全区工程建设领域项目信息公开和诚信体系建设工作视频会议，自治区副主席董明俊出席会议并讲话。

4日

格尔木藏青工业园区筹备协调小组召开会议，自治区常务副主席吴英杰出席会议并讲话。自治区副主席董明俊主持会议。

◆中国共青团建团90周年暨西藏共青团成立60周年纪念大会在拉萨举行，自治区常务副主席吴英杰出席大会并宣读自治区党委书记陈全国致西藏共青团成立60周年的贺信。

◆全区水文工作会议在拉萨召开，自治区副主席格桑次仁出席会议并讲话。

◆自治区政府办公厅深入开展学习雷锋活动和基层组织建设年活动动员会在拉萨召开，自治区政府党组成员、秘书长高扬出席并讲话。

8日

自治区副主席多吉泽仁看望慰问尼木县、堆龙德庆县驻村工作队。

◆自治区副主席多吉泽仁在尼木铜业和堆龙德庆县乃琼镇加木村就矿产开发和土地资源整治工作进行调研。

◆自治区副主席宫蒲光在林芝地区八一镇会见国家安监总局副局长孙华山一行。

◆自治区副主席德吉在拉萨会见山东省青岛市人口计生委赴藏考察组一行。

◆自治区副主席丁业现与国电集团赴藏考察组在多布水电站考察指导工作。

9日

支援西藏安全监管系统工作座谈会在林芝召开，自治区党委书记陈全国、自治区主席白玛赤林致信祝贺。国家安监总局副局长孙华山、自治区副主席宫蒲光出席会议并讲话。

◆全区民族团结进步模范表彰大会在拉萨召开，自治区主席白玛赤林在会上发表重要讲话，自治区常务副主席吴英杰主持会议，自治区常务副主席洛桑江村、秦宜智出席。

◆第三批全国民族团结进步教育基地—西藏博物馆举行揭牌仪式，自治区常务副主席洛桑江村，自治区副主席多托出席。

◆中行西藏分行中银广场营业办公楼开工奠基仪式隆重举行，自治区副主席多吉泽仁出席开工典礼。

10日

自治区主席白玛赤林主持召开政府第八次常务会议，研究制定《西藏自治区行政审批目录管理办法》。自治区常务副主席吴英杰、洛桑江村、秦宜智，自治区副主席多吉泽仁、德吉、多托、格桑次仁、李昭、丁业现，自治区政府党组成员、区发展改革委主任金世洵，自治区政府党组成员、秘书长高扬出席。

◆龙源西藏羊八井20兆瓦光伏电站正式投产发电，自治区常务副主席吴英杰，中国国电集团公司副总经理、党组成员杨海滨，自治区副主席丁业现出席投产仪式。

◆庆祝西藏人民海关建立50周年大会在拉萨隆重举行，自治区常务副主席秦宜智出席并讲话。

11日

全区藏传佛教寺庙深入开展法制宣传主题教育活动启动，自治区主席白玛赤林出席动员大会并讲话，自治区常务副主席吴英杰、秦宜智出席，自治区常务副主席洛桑江村主持动员大会。

◆自治区深化医药卫生体制改革领导小组召开会议，自治区常务副主席吴英杰出席会议并讲话，自治区副主席德吉主持会议，自治区政府党组成员、区发展改革委主任金世询出席。

◆自治区国防动员委员会各办公室主任会议在拉萨召开，自治区常务副主席洛桑江村出席并讲话。

◆全区学习扎西平措同志先进事迹座谈会在拉萨召开，自治区常务副主席秦宜智，自治区政府党组成员、秘书长高扬出席。

13日

2012年西南区域气象中心局长联席会议在林芝召开，自治区副主席格桑次仁出席会议并致辞。

14日

自治区常务副主席吴英杰赴西藏佛学院、木如印经院调研。

◆全国道德领域突出问题专项教育和治理活动视讯会议在京召开，自治区副主席多托出席西藏分会场会议并讲话。

15日

自治区国有企业改革工作领导小组召开第三次全体会议，自治区常务副主席吴英杰出席会议并讲话。自治区副主席丁业现主持会议。

◆自治区副主席多吉泽仁在南木林县看望慰问驻村工作队。

◆全区打击整治专项行动暨公安基层建设推进部署视频会议召开，自治区副主席李昭出席。

◆西藏自治区反恐怖工作专题汇报会在拉萨召开，自治区副主席李昭主持。

15日—16日

自治区副主席多吉泽仁在日喀则考察调研金融工作。

16日

2012年西藏百名先心病儿童赴京接受免费救治和药品捐赠仪式在拉萨举行，自治区副主席甲热·洛桑丹增出席并讲话。

15日—17日

自治区副主席多吉泽仁在日喀则地区考察调研国土资源规划管理工作。

17日

自治区常务副主席吴英杰赴自治区财政厅进行专题调研。

12日—18日

自治区主席白玛赤林深入昌都地区边坝、洛隆、八宿、察雅、类乌齐、丁青、昌都等县调研。自治区政府党组成员、区发展改革委主任金世询，自治区政府党组成员、秘书长高扬陪同调研。

18日

国道317线丁青县过境公路整治改建工程开工，自治区主席白玛赤林，自治区政府党组成员、区发展改革委主任金世询，自治区政府党组成员、秘书长高扬出席开工仪式并为工程奠基。

◆全区找矿突破战略行动指挥部召开第一次全体会议，自治区常务副主席吴英杰出席并讲话。

◆自治区维护稳定工作领导小组和维护稳定工作指挥部召开全体会议，自治区常务副主席洛桑江村出席。

◆自治区副主席多托就我区公共文化设施免费开放情况进行调研。

19日

全国卫生专业技术资格考试西藏考区如期举行，自治区副主席德吉赴拉萨市考点巡考。

◆自治区副主席德吉对堆龙德庆县开展农牧民健康体检和自治区佛学院开展僧人健康体检工作进行检查指导。

◆区旅游系统开展“中国旅游日”宣传活动，自治区副主席多托出席拉萨活动现场。

21日

全区“创先争优强基础生态惠民行动”启动仪式电视电话会议在拉萨召开，自治区副主席格桑次仁主持。

22日

西藏首家地方性法人银行—西藏银行股份有限公司正式开业营运，白玛赤林、吴英杰等领导出席，自治区副主席多吉泽仁主持。

◆自治区常务副主席吴英杰主持召开我区2012年高校毕业生就业工作领导小组会议。

◆自治区副主席德吉视察了自治区第三人民医院和自治区藏医院建设情况，并听取相关汇报。

23日

自治区主席白玛赤林在拉萨会见兰州军区政委李长才上将，新疆军区副司令员来策义少将一行。

◆自治区质量工作领导小组第一次全体会议在拉萨召开，自治区常务副主席秦宜智出席并讲话。

◆拉萨市召开第六次双拥工作总结暨表彰大会，自治区副主席甲热·洛桑丹增出席。

◆西藏危险废物处置中心奠基仪式在拉萨举行，自治区副主席甲热·洛桑丹增出席仪式。

24日

自治区召开第三次全区妇女儿童工作会议，自治区主席白玛赤林出席并讲话，自治区副主席德吉作工作报告。

◆全国政府信息公开工作电视电话会议在京召开，自治区副主席董明俊出席西藏分会场会议。

24日—25日

全区第一次金融工作会议在拉萨召开，自治区主席白玛赤林出席并作重要讲话。自治区常务副主席秦宜智，自治区副主席德吉、多托等出席会议，自治区副主席多吉泽仁主持会议，自治区政府党组成员、秘书长高扬在会上宣读了自治区人民政府《关于表彰全区金融工作先进集体和先进个人的决定》。

25日

自治区政府党组理论学习中心组召开学习会，自治区主席白玛赤林讲话，自治区常务副主席吴英杰、秦宜智，自治区副主席德吉、多托、董明俊，自治区政府党组成员、区发展改革委主任金世洵、自治区政府党组成员、秘书长高扬出席。

◆西藏土地矿权交易和资源储量评审中心举行揭牌仪式，自治区副主席多吉泽仁出席仪式并揭牌。

◆全区农行金融服务“三农”工作会议在拉萨召开，自治区副主席多吉泽仁出席并讲话。

26日

全区非公企业已建工会工作经验交流暨表彰会议在拉萨召开，自治区副主席董明俊出席。

27日

自治区主席白玛赤林专程前往山南地区琼结县，看望慰问自治区强基惠民活动驻村工作队队员。自治区政府党组成员、秘书长高扬陪同。

◆自治区副主席董明俊会见青海省副省长王令浚率领的考察团一行并座谈。

30日

自治区主席白玛赤林到拉萨市城关区第三幼儿园、海萨小学、中国拉萨SOS儿童村，亲切看望少年儿童，与少年儿童共庆“六一”。自治区副主席孟德利，自治区政府党组成员、秘书长高扬陪同。

◆通报全区2010年度土地卫片执法检查违法用地整改查处工作情况电视电话会议在拉萨召开，自治区副主席多吉泽仁出席并讲话。

31日

自治区主席白玛赤林主持召开政府第九次常务会议，研究制定加快农业机械化发展的各项政策措施。自治区副主席甲热·洛桑丹增，多吉泽仁、孟德利、德吉、多托、董明俊、李昭，自治区政府党组成员、秘书长高扬出席会议。

六月

1日

中国少年先锋队西藏自治区第五次代表大会在拉萨隆重召开，向巴平措、白玛赤林、杨金山、金书波、齐扎拉、邓小刚、董云虎等自治区领导出席大会开幕式。郝鹏致祝词。

◆国家能源局和西藏自治区人民政府在京召开“十二五”电力援藏工作会议，研究部署“十二五”时期电力援藏工作。区党委副书记、自治区常务副主席吴英杰，国家能源局副局长刘琦出席会议并讲话。

◆自治区副主席策明俊在拉萨会见了山东省副省长贾万志率领的赴藏考察团一行。

2日

中国少年先锋队西藏自治区第五次代表大会圆满完成各项议程，在拉萨闭幕。自治区副主席多托亲切接见了新当选的西藏自治区少工委主任、副主任及少先队委员。

3日

自治区党委副书记、自治区主席白玛赤林，自治区党委常务副书记郝鹏前往大昭寺广场、八廓街、布达拉宫广场，看望慰问执勤官兵、公安民警和治安联防队员，考察“萨嘎达瓦”宗教活动期间维稳和安防措施落实情况。

◆自治区副主席宫蒲光在自治区政府办公厅、公安厅、商务厅、工商局、质监局、安监局、西藏公安消防总队和拉萨市政府等有关部门负责同志的陪同下，先后到中石油公德林加油站、西农正兴液化气公司、石油西藏销售公司、中石化娘热路加油站检查指导工作。

4日

教育部领导视频检查2012年各地高考准备情况工作会议在京召开。自治区副主席孟德利出席西藏分会场会议并讲话。

◆我区在拉萨召开全区城乡居民和在编僧尼免费健康体检工作电视电话会议。自治区副主席德吉出席会议并讲话。

5日

全区民兵工作会议在拉萨召开。自治区党委副书记、自治区主席白玛赤林，自治区党委常委、西藏军区司令员杨金山出席会议并讲话。

◆自治区副主席多托前往自治区群艺馆，实地检首届西藏非遗保护成果展筹备情况。

6日

自治区爱国主义教育基地暨西藏军区军史馆正式开馆，向巴平措、白玛赤林、杨金山、郎友良、公保扎西、秦宜智、齐扎拉、邓小刚出席开馆仪式并剪彩。

◆西藏高原之宝乳业□中国国家举重队专用乳品签约仪式6月6日在京隆重举行。自治区党委副书记、自治区常务副主席吴英杰出席签约仪式。

7日

自治区人民政府与中国民航举行跨越式发展座谈会，共商西藏民航发展大计，签署《关于促进西藏民航跨越式发展的会谈纪要》。自治区党委副书记、自治区主席白玛赤林，中国民用航空局党组副书记、副局长李军出席会议并讲话。

◆拉萨市人民政府与中国东方航空股份有限公司共同推进拉萨航空运输事业发展战略合作(框架)协议签字仪式在拉萨饭店举行。自治区党委常委、自治区常务副主席秦宜智出席签字仪式。

8日

自治区领导率区、市有关部门相关负责人前往色拉寺视察文物保护维修工程，并召开现场办公会。自治区副主席、西藏“十一五”重点文物保护维修协调领导小组副组长甲热·洛桑丹增等领导实地察看了维修工程进展情况，听取了有关部门的工作汇报。

◆2012年全国电力迎峰度夏电视电话会议在北京召开。自治区副主席董明俊出席西藏分会场会议并讲话。

9日

自治区副主席宫蒲光在拉萨考察调研环保工作，并听取了自治区环境保护厅有关领导同志关于我区环保工作的情况汇报，对近年来我区环保工作取得的成绩给予了充分肯定。

◆自治区副主席多托在西藏人民会堂审查了我区参加第四届全国少数民族文艺会演参演剧目《金色家园》，并对剧目提出修改意见。

◆自治区副主席格桑次仁率自治区相关部门负责人深入墨脱县就农牧业生产发展等工作开展情况进行了调研。

10日

由自治区文化厅主办、自治区群艺馆承办的以“保护传承、合理利用”为主题的首届西藏非物质文化遗产保护成果大会在拉萨开幕。自治区副主席多托出席并讲话。

◆自治区安全生产月组委会在拉萨举行“安全生产月”活动启动仪式。自治区人大常委会副主任新杂□单增曲扎，自治区副主席宫蒲光，自治区政协副主席、区民宗委主任洛桑久美出席启动仪式。宫蒲光宣布“安全生产月”活动正式启动。

11日

自治区副主席甲热·洛桑丹增率区、市有关部门负责人前往热振寺视察文物维修工程。

◆我区启动以“节能低碳、绿色发展”为主题的2012年全国节能宣传周活动。自治区副主席董明俊视察并讲话。

13日

自治区党委副书记、自治区主席白玛赤林在拉萨亲切会见了中央纪委驻安全监管总局纪检组组长赵惠令率领的中央加快转变经济发展方式第十检查组一行。自治区党委常委、区纪委书记金书波，自治区党委常委、自治区常务副主席秦宜智陪同会见。

◆13日上午，自治区党委副书记、自治区主席白玛赤林在中国科学院青藏高原研究所拉萨部考察。自治区副主席格桑次仁，自治区政府党组成员、秘书长高扬陪同考察。

◆自治区党委副书记、自治区主席白玛赤林在自治区农牧科学院考察我区农牧科技工作情况。自治区副主席格桑次仁，自治区政府党组成员、秘书长高扬陪同考察。

◆第四届全国少数民族文艺会演西藏代表团工作协调会议在北京召开。自治区党委常委、自治区常务副主席洛桑江村出席会议并讲话。

◆自治区副主席甲热·洛桑丹增前往布达拉宫、罗布林卡等地视察文物保护和消防安全工作，亲切慰问消防官兵。

14日

自治区组团参加第七届全国农运会相关事宜协调会在拉萨召开。自治区副主席甲热·洛桑丹增主持会议并讲话，自治区副主席格桑次仁出席会议。

◆自治区副主席孟德利前往自治区教育考试院，就我区2012年普通高考网上评卷工作进行视察。

◆自治区卫生厅、自治区红十字会等单位在拉萨联合举办第九个“世界献血日”庆祝活动。自治区副主席德吉出席并讲话。

15日

自治区党委副书记、自治区主席白玛赤林在西藏群众艺术馆，考察首届西藏非物质文化遗产保护成果大展。自治区党委常委、宣传部长董云虎，自治区副主席多吉泽仁，自治区政府党组成员、秘书长高扬陪同考察。

17日

自治区党委秘书长、区直机关工委书记王瑞连，自治区政府党组成员、秘书长高扬带领区党委办公厅、政府办公厅部分干部前往拉萨市救助站，看望慰问救助站工作人员和警务室执勤民警。

18日

自治区党委副书记、自治区主席白玛赤林主持召开政府第十次常务会议，审议通过《西藏自治区非公有制经济中长期发展指导性规划纲要(2011—2020)》等。自治区党委常委、自治区常务副主席秦宜智，自治区副主席甲热·洛桑丹增、多吉泽仁、孟德利、德吉、董明俊、丁业现，自治区政府党组成员、自治区发展改革委主任金世询，自治区政府党组成员、秘书长高扬出席会议。

19日

自治区党委、政府与中央加快转变经济发展方式第十检查组举行座谈会。自治区党委副书记、自治区主席白玛赤林，中央纪委驻安全监管总局纪检组组长赵惠令在会上讲话。自治区党委常委、纪委书记金书波主持会议。自治区党委常委、自治区常务副主席秦宜智在会上代表自治区党委、政府汇报了我区贯彻落实中央加快转变经济发展方式重大战略决策情况。自治区副主席宫蒲光，自治区政府党组成员、发展改革委主任金世询，自治区政府党组成员、秘书长高扬出席会议。

◆中央纪委驻安全监管总局纪检组组长、国务院安委会办公室第六督导调研组组长赵惠令一行来到自治区安全监管局督导检查有关工作，并与自治区安委会、有关部门进行座谈。自治区副主席、自治区安委会主任宫蒲光出席座谈会并讲话。

◆ 拉萨海关和西藏出入境检验检疫局《关于加强关检合作的备忘录》签署仪式在拉萨举行。自治区党委常委、自治区常务副主席秦宜钾出席并讲话。

21日

自治区党委副书记、自治区主席白玛赤林主持召开2012年政府第三次全体会议，通报自治区领导在京衔接项目有关情况，安排部署下一步工作。自治区党委副书记、自治区常务副书记吴英杰，自治区党委常委、自治区常务副主席洛桑江村，自治区副主席宫蒲光、孟德利、德吉、丁业现，自治区政府党组成员、发展改革委主任金世询，自治区政府党组成员、秘书长高扬出席会议。

23日

自治区党委副书记、自治区常务副主席吴英杰在拉萨看望了节日(端午节)加班的自治区人力资源和社会保障厅、自治区公务员局工作人员及布达拉宫广场、大昭寺广场两地安检站与便民警务站的执勤官兵公安武警。自治区党委常委、拉萨市委书记齐扎拉陪同看望。

24日

拉萨市召开加强和创新社会管理实践与研究交流研讨会。自治区党委常委、拉萨市委书记齐扎拉出席并致辞，自治区副主席、区公安厅党委书记、厅长李昭出席会议，自治区政协副主席、区社科院院长白玛朗杰主持开幕大会。

◆23日和24日，带着自治区党委、政府的亲切问候，自治区政府党组成员、秘书长高扬率慰问组分别到山南地区琼结县和日喀则地区南木林县，看望慰问自治区政府办公厅强基惠民驻村工作队的全体队员，并与驻村工作队就深入学习自治区领导关于强基惠民活动的重要指示精神进行交流座谈。

25日

为深入开展政府办公厅机关基层组织建设年活动，隆重纪念中国共产党成立91周年，喜迎十八大，自治区政府办公厅党员代表参观了西藏军区军史馆。自治区党委副书记、自治区常务副主席吴英杰以一名普通党员的身份，和大家一同参观了军史馆。西藏军区副政委张仕品，自治区政府党组成员、秘书长高扬陪同考察。

◆全区道路交通安全电视电话会议召开。自治区副主席宫蒲光在拉萨主会场出席会议并讲话。

26日

中共西藏自治区第八届委员会第二次全体会议在拉萨召开。自治区党委书记陈全国作重要讲话。自治区领导向巴平措、白玛赤林、郝鹏、吴英杰、洛桑江村、金书波、公保扎西、秦宜智、齐扎拉、邓小刚、罗布顿珠、董云虎、梁田庚出席。

◆近日，自治区副主席多托带领调研组深入阿里地区措勤、改则、革吉、日土、噶尔、扎达、普兰等县，就基层文化建设、广播电影电视、新闻出版发展等情况进行实地调研，并与阿里地区行署进行座谈。

28日

中共中央组织部、人力资源和社会保障部及国家公务员局决定追授扎西平措同志全国“人民满意的公务员”荣誉称号。上午，追授扎西平措同志“人民满意的公务员”荣誉称号颁奖会在拉萨召开。自治区党委副书记、自治区常务副主席吴英杰出席会议并讲话。

◆自治区党委常委、自治区常务副主席秦宜智，自治区副主席多吉泽仁在拉萨与赴藏调研的武警交通指挥部副主任刘根水将军一行座谈。

◆中国植物保护学会2012年工作会议暨十届七次常务理事会在拉萨召开。自治区副主席格桑次仁出席开幕式并讲话。

◆区党委副书记、自治区常务副主席吴英杰在拉萨会见了国家财政部监督检查局局长吴奇修率领的国家财政部监督检查局赴藏调研组一行。

◆自治区哲学社会科学界联合会第一次代表大会在拉萨闭幕。自治区党委常委、宣传部长董云虎出席并讲话。自治区领导宋善礼、孟德利、白玛朗杰出席。

◆自治区藏药审评认证中心在拉萨正式挂牌成立。自治区副主席德吉出席仪式并讲话。

29日

上午，自治区争先创优强基础惠民生活动先进事迹报告会在拉萨隆重举行。自治区党委副书记、自治区常务副主席吴英杰出席并讲话。自治区领导洛桑江村、公保扎西、齐扎拉、邓小刚、董云虎、梁田庚出席会议。

七月

1日

在中国共产党成立91周年前夕，全区创先争优表彰大会于6月30日上午在拉萨隆重召开。自治区党委书记陈全国，自治区党委副书记、自治区人大常委会主任向巴平措，自治区党委副书记、自治区主席白玛赤林出席表彰大会并向受表彰的全区创先争优先进基层党组织、优秀共产党员和创先争优先进单位代表颁奖。自治区党委常务副书记、区党委党的建设工作领导小组组长郝鹏在表彰大会上讲话。自治区党委副书记、自治区常务副主席吴英杰主持大会。自治区党委常委、组织部长、区党委党的建设工作领导小组副组长梁田庚宣读了《中共西藏自治区委员会关于表彰2010—2012年全区创先争优先进基层党组织、优秀共产党员和创先争优先进单位的决定》。

◆自治区政府办公厅召开“欢庆七一、喜迎十八大”主题党员大会，庆祝中国共产党成立91周年。自治区政府党组成员、秘书长高扬出席会议并讲话。

2日

中国石油西藏销售公司成立50周年暨创先争优表彰大会在拉萨举行。自治区人大常委会副主任周春来、自治区政协副主席刘庆慧出席会议，自治区副主席格桑次仁讲话。

3日

自治区党委副书记、自治区主席白玛赤林主持召开政府第十一次常务会议，审议相关行业“十二五”规划。区党委副书记、自治区常务副主席吴英杰，区党委常委、自治区常务副主席洛桑江村，自治区副主席甲热·洛桑丹增、多吉泽仁、孟德利、德吉、多托、格桑次仁、李昭，自治区政府党组成员、区发改委主任金世洵，自治区政府党组成员、秘书长高扬出席会议。

◆全国运动员文化教育和运动员保障工作电视电话会议在北京召开。自治区副主席甲热·洛桑丹增出席西藏分会场会议并讲话。7月1日至3日，自治区副主席宫蒲光在阿里地区就保障性住房建设进度、工程质量、管理、入住等情况进行实地视察调研。

◆7月1日至3日，人力资源和社会保障部副部长、国家公务员局党组书记杨士秋一行工作组深入阿里地区普兰、札达、噶尔、日土等县，考察指导《公务员法》贯彻落实情况。自治区副主席董明俊陪同考察。

◆国家电网西藏电力有限公司在山南地区隆子县日当镇隆重举行山南农网改造升级暨110千伏日当输变电工程开工仪式。自治区副主席丁业现出席仪式并讲话。

4日

区维稳指挥部召开专题会议部署近期维稳工作。区党委常委、自治区常务副主席、区维稳指挥部常务副指挥洛桑江村主持会议并讲话。区党委常委、拉萨市委书记、区维稳指挥部副指挥齐扎拉出席会议。

◆自治区副主席格桑次仁在拉萨会见中尼经贸协调委员会尼泊尔代表团一行。

5日

区党委常委、自治区常务副主席、区维稳指挥部常务副指挥洛桑江村检查拉萨市维稳防控工作。区党委常委、拉萨市委书记、区维稳指挥部副指挥齐扎拉陪同检查。

◆自治区古籍保护工作领导小组召开专题会。自治区副主席多托主持会议并讲话。

6日

国道318线川藏公路102滑坡群、通麦至105道班段整治改建工程在波密县通麦乡正式举行。自治区党委常委、自治区常务副主席秦宜智出席开工典礼并讲话。

◆自治区副主席宫蒲光在拉萨调研区直行政事业单位周转房工程建设情况。

7日

在全国科技创新大会第一次全体会议结束后，自治区党委书记陈全国在西藏分会场就贯彻落实会议精神进行了安排部署。区党委副书记、自治区主席白玛赤林参加北京主会场会议。

◆我区在拉萨火车站举行欢送先天心病患儿赴广州治疗仪式。自治区副主席德吉参加仪式为孩子们和家长陪护送行并讲话。

8日

自治区副主席丁业现在拉萨会见了以天津市副市长张俊芳率领的天津市赴藏代表团一行。

9日

全区公安机关强化公安基础加强社会防控工作会议在拉萨召开。区党委常委、自治区副主席、区党委政法委副书记、公安厅党委书记、厅长李昭参加会议。

◆自治区副主席丁业现在拉萨会见了由东风汽车公司党委委员、纪委书记马良杰带领的东风汽车公司赴藏考察团一行。

◆自治区党委副书记、自治区常务副主席吴英杰先后来到西藏天知生物科技开发有限公司、西藏帮锦美朵工贸有限公司、西藏高争民爆物资有限公司、高争股份有限公司，就企业贯彻落实区党委八届二次全委会精神，企业党建工作及企业生产经营情况进行调研。

◆自治区政府召开会议，专题研究全区金融工作会议精神任务分解落实情况。自治区副主任多吉泽仁出席会议并讲话。

◆自治区副主席多托在拉萨会见了前来我区访问的立陶宛学者记者代表团一行。

11日

自治区政府办公厅组织离退休老同志开展游园活动。自治区政府党组成员、秘书长高扬及自治区老领导江措、泽仁桑珠、洛桑顿珠、多吉、群培、向阳、顿珠、次仁卓嘎参加游园活动。

◆自治区防汛抗旱指挥部第二次成员单位全体会议在拉萨召开。自治区副主席、区防汛抗旱指挥长格桑次仁出席并讲话。

12日

自治区党委副书记、自治区常务副主席吴英杰在拉萨主持召开拉萨市城市供暖工程建设工作领导小组会议。区党委常委、拉萨市委书记齐扎拉，自治区副主席宫蒲光，自治区政府党组成员、发展改革委主任金世询出席会议。

◆9日至12日，区党委常委、自治区常务副主席秦宜智率领自治区政府调研组，就昌都经济社会发展、民生改善等情况进行实地调研，并与昌都地委行署进行座谈。

◆自治区副主席多吉泽仁在自治区政府办公厅、西藏银监局相关负责同志陪同下，调研中国农业发展银行西藏自治区分行筹建工作。

◆自治区副主席格桑次仁在拉萨会见了澳大利亚国际农业研究中心主任尼克·奥斯汀一行。

◆我区在拉萨火车站为30名来自那曲聂荣、嘉黎两县赴京治疗先心病患儿送行。自治区副主席格桑次仁参加送行仪式并讲话。

13日

区党委副书记、自治区常务副主席吴英杰在拉萨亲切会见了国家广电总局副局长张巫民率领的国家广电总局调研组一行。

◆全区打击整治专项行动督导组工作汇报工作会在拉萨召开。自治区副主席，区党委政法委副书记，区公安厅党委书记、厅长李昭出席会议并讲话。

14日

自治区党委副书记、自治区主席白玛赤林主持召开政府2012年第四次全体会议，通报上半年经济运行情况，安排部署下半年经济工作。自治区党委副书记、自治区常务副主席吴英杰，自治区党委常委、自治区常务副主席洛桑江村，自治区副主席多吉泽仁、宫蒲光、孟德利、多托、格桑次仁、李昭、丁业现，自治区政府党组成员、区发展改革委主任金世询，自治区政府党组成员、秘书长高扬出席会议。

15日

“阳光灿烂的青藏高原—西藏自治区及四省藏区优秀摄影作品展”拉萨巡展拉开序幕，广厦西藏投资有限公司开业典礼也同时举行。全国政协外事委员会副主任韩方明出席开幕仪式，自治区副主席多托讲话并为广厦西藏投资公司揭牌。

◆全区中小河流治理暨山洪灾害防治县级非工程措施项目建设工作电视电话会议在拉萨召开。自治区副主席格桑次仁出席并讲话。16日

区党委副书记、自治区常务副主席全区找矿突破战略行动指挥部总指挥吴英杰在拉萨主持召开全区找矿突破战略行动指挥部第二次全体会议。

◆全区种植业工作现场会在拉萨召开。自治区副主席格桑次仁出席并讲话。

17日

自治区召开维护社会稳定工作电视电话会议，就贯彻落实好全国维护社会稳定工作电视电话会议精神进行安排部署。自治区领导向巴平措、白玛赤林、吴英杰、公保扎西、齐扎拉分别出席自治区主会场及林芝和拉萨分会场会议。郝鹏讲话，洛桑江村主持。

◆全区2012年上半年金融运行分析会在拉萨召开。自治区副主席多吉泽仁出席会议并讲话。

◆青藏铁路护路联防工作专题会在拉萨召开。自治区党委常委、自治区常务副主席、自治区青藏铁路联防领导小组组长洛桑江村出席会议并讲话。

18日

自治区副主席宫蒲光在全区地厅级领导干部学习贯彻胡锦涛总书记“五个继续着力”重要指示精神培训班上，作了题为《学习贯彻胡锦涛总书记“五个继续着力”重要指示精神，着力加强生态环境保护与建设》专题报告。

◆自治区副主席宫蒲光到西藏博达旅游汽车公司，国道318线602检查站突击检查道路交通安全工作。

◆自治区副主席宫蒲光在拉萨会见了宁夏回族自治区副主席姚爱心率领的赴藏代表团一行。

19日

自治区环境监察执法装备配发仪式在拉萨举行。自治区副主席宫蒲光出席仪式并讲话。

20日

自治区党委副书记、自治区主席白玛赤林在拉萨亲切会见了前来我区检查指导工作的财政部副部长张少春一行。自治区党委副书记、自治区常务副主席吴英杰，自治区副主席丁业现，自治区政府党组成员、秘书长高扬陪同。

◆自治区副主席宫蒲光在拉萨会见了乌克兰外长康斯坦丁·伊万诺维奇·格里先科一行。

◆全区重点项目管理培训班在拉萨开班。自治区政府党组成员、重点办主任、区发展改革委主任金世询出席开班仪式并讲话。

21日

7月17日至21日，中共中央政治局常委李长春来到雪域高原，亲切看望西藏各族干部群众，就贯彻党的十七届六中全会精神和中央第五次西藏工作座谈会精神，推进西藏跨越式发展和长治久安，加强民族团结进行考察调研。

◆自治区副主席李昭在拉萨会见了以尼泊尔内政部秘书拉纳为团长的尼泊尔内政部代表团一行。

◆自治区副主席多托在拉萨会见了前来我区参观访问的波兰记者团一行。

23日

西藏财政成立六十周年庆祝大会在拉萨隆重举行。区党委书记陈全国，区党委副书记、区人大常委会主任向巴平措，区党委副书记、自治区主席白玛赤林发来贺信，分别向60年来西藏地方财政事业取得的辉煌成就表示热烈祝贺，向全区财政系统广大干部职工表示亲切问候。区党委副书记、自治区常务副主席吴英杰出席庆祝大会并讲话。区党委常委、宣传部长董云虎出席会议。

◆国务院国资委政策法规局、财政部经济科学出版社向自治区政府国资委捐赠图书。自治区副主席丁业现等有关领导出席仪式。

24日

区党委副书记、自治区常务副主席吴英杰主持召开政府2012年第12次常务会议。决定调整学前补助、义务至高中教育阶段农牧民子女“三包”及城镇困难家庭子女助学金标准。区党委常委、自治区常务副主席洛桑江村，自治区副主席多吉泽仁、宫蒲光、孟德利、德吉、多托、李昭、丁业现，自治区政府党组成员、发改委主任金世询，自治区政府党组成员、秘书长高扬出席会议。

25日

区党委副书记、自治区常务副主席、自治区贯彻落实中央第五次西藏工作座谈会精神工作领导小组经济社会发展专项工作小组组长吴英杰主持召开专题会议，就各地市、各部门贯彻落实自治区关于《国务院办公厅关于印发支持西藏经济社会发展若干政策和重大项目意见的通知》的实施方案进行进一步安排部署。自治区政府党组成员、发展改革委主任、自治区贯彻落实中央第五次西藏工作座谈会精神工作领导小组经济社会发展专项工作小组副组长金世询出席会议。

◆自治区党委副书记、自治区常务副主席吴英杰在拉萨会见了全国妇联党组副书记、副主席、书记处书记孟晓驷率领的赴藏考察团一行。自治区副主席德吉陪同会见。

26日

为进一步落实《西藏自治区人民政府、四川省人民政府战略合作框架协议》，促进两省区共赢发展，西藏自治区与四川省跨区域交通项目和航空运输合作座谈会在拉萨举行。自治区党委副书记、自治区常务副主席吴英杰，四川省副省长王宁出席并讲话。自治区政府党组成员、秘书长高扬主持座谈会。

◆全区信访工作暨表彰电视电话会议在拉萨召开。区党委常委、自治区常务副主席洛桑江村出席会议并讲话。区党委常委、政法委书记邓小刚，自治区政府党组成员、秘书长高扬出席会议。区人大常委会副主任、秘书长赵正修主持会议。

◆自治区副主席多吉泽仁一行冒雨驱车先后前往墨竹工卡、达孜、城关、堆龙德庆四县(区)的矿区、金融等企业进行调研。

27日

西藏自治区人民政府与中国长江三峡集团公司能源经济领域合作协议签字仪式暨中国三峡集团西藏公司揭牌仪式在拉萨举行。自治区党委副书记、自治区常务副主席吴英杰，三峡集团董事长、党组书记曹广晶分别讲话并为中国三峡集团西藏公司揭牌。自治区副主席丁业现作情况介绍，自治区政府党组成员、发展改革委主任金世洵出席，自治区政府党组成员、秘书长高扬主持。

◆自治区副主席丁业现率区市政府、旅游、发展改革委、公安、工商、质监、物价等相关部门负责人对拉萨市旅游市场及旅游安全生产情况进行了大检查。

28日

山南地委、行署维稳工作汇报会在山南地区泽当镇召开。自治区党委常委、自治区常务副主席洛桑江村出席会议并讲话。

◆西藏公安消防总队基层基础建设暨党的十八大消防安全保卫工作推进现场会在山南地区泽当镇举行。自治区党委常委、自治区常务副主席洛桑江村出席会议并讲话。西藏公安消防总队政委琼色出席会议。

◆自治区副主席宫蒲光在拉萨会见了工业和信息化部党组成员、中央纪委驻部纪检组组长郭炎炎率领的赴藏调研组一行。

◆全区农村妇女“两癌”检查项目工作电视电话会议在北京召开。自治区副主席德吉出席西藏分会场会议。

31日

自治区分类推进事业单位改革工作领导小组召开第一次会议。自治区党委副书记、自治区常务副主席吴英杰出席会议并讲话，他强调，要全面准确把握中央文件精神，坚持走“中国特色、西藏特点”的改革路子，慎重稳妥、循序渐进地推进我区事业单位改革各项工作。自治区党委常委、组织部部长梁田庚主持会议。自治区政府党组成员、秘书长高扬出席会议。

◆自治区民族宗教工作座谈会在拉萨召开，传达学习胡锦涛总书记“7·23”重要讲话精神和李长春同志在藏考察调研期间有关民族宗教工作的一系列重要指示，研究分析当前民族宗教工作形势、安排部署下一步工作。自治区党委常委、自治区常务副主席洛桑江村主持，自治区政协副主席、区民宗委主任洛桑久美出席。

◆带着曾经在西藏工作过的热地、阴法唐、郭金龙等老领导、老同志的亲切关怀，十届全国人大环境与资源保护委员会主任委员、北京建藏援藏工作者协会会长毛如柏来到拉萨市城关区德吉孤儿院、城关区社会福利院、达孜县金叶敬老院开展慰问，并送去慰问金。自治区副主席宫蒲光陪同慰问。

◆区政府办公厅召开县处级以上干部大会，传达学习胡锦涛总书记“7·23”重要讲话精神。自治区政府党组成员、秘书长、政府办公厅党组书记高扬出席会议并讲话，自治区政府办公厅县处级以上干部50多人出席会议。

◆7月31日下午，区政府办公厅召开县处级以上干部大会，传达学习李长春同志在藏考察调研时重要讲话精神。自治区政府党组成员、秘书长高扬出席会议并作重要讲话，自治区政府办公厅县处级以上干部50余人出席会议。

八月

1日

自治区常务副主席吴英杰在拉萨亲切会见外交部副部长崔天凯一行。

◆自治区副主席宫蒲光陪同十届全国人大环境与资源保护委员会主任委员、北京建藏援藏工作者协会会长毛如柏前往拉萨市城关区的德吉孤儿院、城关区社会福利院、达孜县金叶敬老院开展慰问活动。

◆自治区副主席多吉泽仁陪同全国工商联副主席刘沧龙一行前往拉萨市墨竹工卡县考察天仁邦铺钼铜矿区建设情况。

◆自治区工商联与农行西藏分行在拉萨签署战略合作协议，自治区副主席多吉泽仁出现签约仪式。

2日

自治区与西藏特色优势产业发展战略研究课题组举行座谈。自治区党委副书记、自治区主席、自治区发展咨询委员会主任白玛赤林，全国副主任毛如柏出席会议讲话，自治区副主席宫蒲光出席，自治区政府党组成员、秘书长高扬主持。

◆自治区常务副主席吴英杰在拉萨与国务院安委办副主任、安全监管总局副局长杨元元率领的国家安监总局工作组进行座谈。自治区副主席宫蒲光主持座谈会。

3日

自治区召开牧区经济社会调研工作领导小组全体会议，自治区副主席格桑次仁出席会议并讲话。

4日

西藏地热（发电）工程研究中心揭牌仪式在拉萨举行，自治区副主席丁业现出席仪式。

5日

自治区副主席甲热·洛桑丹增在拉萨会见了前来我去参观访问的巴西记者团一行。

6日

自治区主席白玛赤林在拉萨会见了前来我区考察的文化部副部长赵少华，文化部副部长、国家文物局局长励小捷一行，自治区副主席甲热·洛桑丹增、多托，自治区政府党组成员、秘书长高扬陪同会见。

◆自治区人才工作协调小组召开会议，自治区常务副主席吴英杰出席会议。

◆自治区副主席格桑次仁在拉萨会见了神华集团副总经理韩建国带领的赴藏考察团一行。

7日

自治区党委书记陈全国，区党委副书记、自治区人大常委会主任向巴平措，区党委副书记、自治区主席白玛赤林，区党委常务副书记郝鹏，区党委副书记、自治区常务副主席吴英杰在拉萨会见了来我区出席中国农业发展银行西藏分行成立活动的中国农业发展银行行长郑晖一行。

◆由文化部、国家文物局主办的第四次全国文化文物援藏工作会议在拉萨召开，自治区常务副主席吴英杰，文化部党组副书记、副部长赵少华，文化部副部长、国家文物局局长励小捷出席会议并讲话。自治区副主席甲热·洛桑丹增、多托出席会议。

8日

中国农行发展银行西藏自治区分行成立，自治区党委书记陈全国，中国农业发展银行党委书记、行长郑晖为中国农业发展银行西藏自治区分行成立揭牌。自治区领导向巴平措、郝鹏、吴英杰、齐扎拉、赵正修、多吉泽仁、白玛才旺、张培中、汪象华、王瑞连、高扬出席揭牌仪式。自治区主席白玛赤林和中国农业发展银行党委书记、行长郑晖分别致辞。

◆我区举行2012“全民健身日”健身展示暨太极拳比赛，自治区副主席甲热·洛桑丹增出席活动。

◆自治区副主席多吉泽仁在拉萨会见了中国农业银行副行长蔡华相一行。

◆全区农业综合开发高标准建设示范工程现场会在山南举行，自治区副主席格桑次仁出席会议并讲话。

9日

中央人才工作协调小组在拉萨召开西藏人才工作座谈会，中组部副部长李智勇主持座谈会并讲话，中编办副主任吴知论出席，国家发展改革委副主任胡祖才代表与会的中央部门发言。自治区党委书记陈全国在座谈会上致辞，自治区领导向巴平措、白玛赤林、吴英杰、梁田庚、赵正修、孟德利、罗松多吉、张培中、琼色出席座谈会。自治区党委常务副书记郝鹏在会上介绍了西藏人才工作情况。

◆自治区常务副主席吴英杰在拉萨主持召开拉萨市城市供暖工程建设工作领导小组第五次会议。

◆2012年新一轮高效团队对口支援西藏大学年度例会在拉萨召开，自治区副主席孟德利出席会议并讲话。

◆山南雅砻文化大观源项目开工，自治区副主席德吉出席开工仪式。

10日

自治区党委书记陈全国，自治区主席白玛赤林在拉萨会见了中国民生银行董事长董文标，中国国电集团党组成员、纪检组组长郭瑞廷一行。

◆自治区副主席多吉泽仁在拉萨亲切会见了中国银行副行长王永利一行。

◆中央广播电视大学西藏学院成立十周年庆祝会暨国家开放大学西藏学院揭牌仪式在拉萨举行。自治区副主席孟德利出席仪式。

11日

藏中电网220千伏主网架暨墨竹工卡输变电工程开工建设，自治区副主席丁业现出席开工仪式。

13日

自治区党委书记陈全国、自治区主席白玛赤林在拉萨会见了中央组织部副部长、国家人力资源和社会保障部部长尹蔚民，国家人力资源和社会保障部副部长杨志明一行。自治区常务副主席秦宜智，自治区政府党组成员、秘书长高扬一同会见。

◆自治区人民政府与中国气象局签署《推进西藏气象事业跨越式发展合作协议》。自治区主席白玛赤林，中国气象局党组书记、局长郑国光分别代表自治区人民政府和中国气象局签署协议并讲话。自治区副主席格桑次仁，中国气象局党组成员、副局长矫海燕出席，自治区政府党组成员、秘书长高扬主持签字仪式。

14日

国家人力资源和社会保障部在拉萨召开全国人力资源和社会保障系统援藏工作座谈会，中央组织部副部长、国家人力资源和社会保障部部长尹蔚民讲话，国家人力资源和社会保障部副部长杨志明主持并讲话。自治区党委书记陈全国致辞，自治区主席白玛赤林，自治区常务副主席秦宜智，自治区政府党组成员、秘书长高扬出席座谈会。

◆自治区党委书记陈全国，自治区主席白玛赤林在拉萨会见了中国气象局党组书记、局长郑国光、副局长矫海燕一行，自治区党委常务副书记郝鹏，自治区副主席格桑次仁，区党委秘书长王瑞连，自治区政府党组成员、秘书长高扬参加会见。

◆自治区副主席德吉在拉萨会见了青岛市副市长栾新一行。

◆2012第七届拉萨纳木错国际徒步大会在布达拉宫广场启动，自治区副主席丁业现出席启动仪式。

15日

西藏江苏商会成立，自治区副主席宫蒲光出席庆典大会。

◆全区易制毒化学品管控工作暨专项整治行动动员部署会议在拉萨召开，自治区副主席李昭出席讲话。

16日

自治区党委书记陈全国，自治区主席白玛赤林在拉萨会见了中国科学院院长、党组书记白春礼院士一行。自治区副主席孟德利，自治区政府党组成员、秘书长高扬一同会见。

◆自治区政府与中国科学院赴藏考察组召开科技合作座谈会，自治区主席白玛赤林，中国科学院党组书记、院长白春礼出席会议并讲话，自治区副主席孟德利出席，自治区政府党组成员、秘书长高扬主持座谈会。

◆自治区常务副主席秦宜智在拉萨会见了商务部部长助理、党组成员俞建华率领的商务部赴藏调研组一行。

17日

自治区主席白玛赤林在拉萨会见了前来我区考察的复旦大学党委书记朱之文，武汉理工大学校长张清杰一行。自治区副主席丁业现，自治区政府党组成员、秘书长高扬陪同会见。

◆2012年中国拉萨雪顿节在布达拉宫广场盛大招募，自治区党务副主席洛桑江村宣布开幕。

18日

自治区政府与武汉理工大学赴藏工作组举行座谈，签署《西藏自治区人民政府、武汉理工大学全面合作框架协议》，自治区主席白玛赤林出席并讲话，自治区副主席丁业现，武汉理工大学校长张清杰分别代表自治区政府和武汉理工大学在协议上签字，自治区政府党组成员、秘书长高扬主持。

16—19日

全区牧区人工种草现场会在阿里地区召开，自治区副主席格桑次仁出席会议讲话。

20日

自治区党委书记陈全国、自治区主席白玛赤林在拉萨会见卫生部部长陈竺，自治区政府党组成员、秘书长高扬参加会见。

22日

自治区党委书记陈全国在拉萨会见了第十一世班禅额尔德尼·确吉杰布，自治区领导郝鹏、洛桑江村、公保扎西、齐扎拉、邓小刚、李昭、珠康·土登克珠、洛桑久美、萨龙·平拉、王瑞连一同会见。

◆全国卫生系统对口援藏工作座谈会在林芝召开，卫生部扶贫开发与对口支援工作领导小组组长、卫生部部长陈竺，自治区主席白玛赤林出席会议并讲话，卫生部副部长陈啸宏主持座谈会，自治区副主席德吉，自治区政府党组成员、秘书长高扬出席。

23日

自治区党委书记陈全国在拉萨会见上海市委常委、副市长艾宝俊一行，自治区副主席丁业现一同会见。

◆全国政协委员、中国佛教协会副会长班禅额尔德尼·确吉杰布，圆满结束在藏一个月的各项考察调研和佛事活动，自治区领导郝鹏、洛桑江村、公保扎西、新杂□单增曲扎、李昭、珠康·土登克珠、洛桑久美、萨龙□平拉等前往机场送行。

◆自治区常务副主席洛桑江村在拉萨会见工业和信息化部副部长刘利华一行。

◆武警森林部队驻西藏和云南、四川、甘肃藏区不对政治工作研讨会在拉萨召开，自治区副主席、武警西藏森林总队第一政委格桑次仁出席会议并讲话。

23—24日

全国粮食系统对口援藏工作会议在北京召开，自治区党委书记陈全国，自治区主席白玛赤林致信祝贺，国家粮食局党组书记、局长任正晓，自治区副主席宫蒲光出席会议并讲话。

24日

自治区党委常委、政法委书记邓小刚主持召开区党委政法委领导班子扩大会议，自治区副主席李昭参加会议。

25日

全国国土资源系统对口援藏工作座谈会在拉萨召开，国土资源部党组书记、部长、国家土地总督察徐绍史讲话，自治区党委书记陈全国致辞，自治区领导白玛赤林、郝鹏、　　多吉、白玛才旺、王瑞连、高扬出席。

◆2011年度国家科技进步奖特等奖一“青藏高原地质理论创新与找矿重大突破”奖金捐赠暨西藏大学地学优秀学生奖学基金揭牌仪式在拉萨举行，国土资源部部长、国家土地总督察徐绍史，自治区党委副书记、自治区主席白玛赤林出席捐赠仪式并共同为“西藏大学地学优秀学生奖学基金”揭牌，自治区副主席多吉泽仁，自治区政府党组成员、秘书长高扬出席，自治区副主席孟德利在仪式上讲话。

◆西藏公安边防总队举行新指挥中心落成典礼，自治区党委常务副书记郝鹏，公安部边防管理局局长武冬立出席并讲话，自治区领导洛桑江村、公保扎西、齐扎拉、邓小刚出席落成典礼。

◆自治区副主席甲热·洛桑丹增在拉萨会见联合国统计司司长张保罗一行。

25—26日

农业部部长韩长赋在拉萨调研，自治区副主席格桑次仁培同调研。

26日

自治区党委书记陈全国，自治区主席白玛赤林在拉萨会见国家农业部党组书记、部长韩长赋一行，自治区党委常务副书记郝鹏，自治区党委常委、组织部部长梁田庚，自治区副主席格桑次仁，自治区党委秘书长王瑞连，自治区政府党组成员、秘书长高扬一同会见。

◆国土资源部、自治区政府、中国铝业公司、四川宏达（集团）有限公司签署加速推进西藏多龙矿集区整装勘查合作框架协议。国土资源部部长、国家土地总督察徐绍史，自治区主席白玛赤林，自治区人大常委会副主任多吉，自治区政协副主席白玛才旺出席签字仪式。自治区政府党组成员、秘书长高扬宣读协议。自治区副主席多吉泽仁，国土资源部总工程师钟自然，中国铝业公司党组书记、总经理熊维平，四川宏达（集团）有限公司董事长杨骞分别在仪式上致辞，并代表各方在合作框架协议上签字。

◆区党委常委、政法委书记邓小刚主持召开去党委政法委员会全体会议，自治区副主席李昭参加会议。

◆日喀则地区第十届珠峰文化旅游节在该地区上海体育场隆重开幕，上海市委常委、副市长艾宝俊出席并致词，中央统战部秘书长兼办公厅主任安七一，自治区副主席丁业现出席。

◆国土资源部在拉萨召开青藏高原地质矿产调查与评价专项2012年工作会议。国土资源部党组书记、部长、国家土地总督察徐绍史，青海省委常委、常务副省长徐福顺，自治区副主席多吉泽仁在会上讲话，自治区主席白玛赤林，自治区政府党组成员、秘书长高扬出席会议。

27自

治区党委书记陈全国，自治区主席白玛赤林在拉萨会见中国保险业监督管理委员会党委书记、主席项俊波一行，自治区副主席多托，自治区政府党组成员、秘书长高扬一同会见。

◆自治区政府与中国保险监督管理委员会签署关于加快推进西藏跨越式发展和长治久安合作备忘录。自治区主席白玛赤林，中国保监会党委书记、主席项俊波，自治区副主席多托，自治区政府党组成员、，秘书长高扬出席签字仪式。

◆由中国科协青少年科技中心和西藏科协、自治区教育厅联合举办的2012年中国科协“大手拉小手科普报告西藏行”活动在拉萨启动，自治区副主席孟德利出席启动仪式。

◆自治区副主席德吉在拉萨亲切会见尼泊尔主流媒体考察团一行。

28日

国务院安委会在京召开全国交通安全电视电话会议，自治区副主席宫蒲光出席西藏分会场会议并讲话。

◆第十一次西部十二省区市档案工作研讨会在拉萨召开，自治区政府党组成员、秘书长高扬出席会议讲话。

29日

自治区党委副书记、区人大常委会主任向巴平措在拉萨亲切会见了国家旅游局党组书记、局长邵琪伟一行。自治区常务副主席吴英杰，自治区副主席丁业现，区政府党组成员、秘书长高扬一同会见。

◆我区开展测绘法宣传活动，自治区副主席多吉泽仁出席活动。

◆西藏银行干部职工周转房一期工程开工，自治区副主席多吉泽仁出席。

◆全国红军小学建设项目在我区启动。自治区副主席孟德利授旗授牌并讲话。

30日

全国旅游援藏工作座谈会在拉萨召开，国家旅游局局长邵琪伟，自治区常务副主席吴英杰，自治区副主席丁业现，自治区政府党组成员、秘书长高扬出席。

31日

自治区常务副主席吴英杰主持召开自治区政府2012年第14次常务会议，会议审议并通过了《关于实施城镇学前教育阶段公办学校免费教育、民办学校定额免费补助政策的请示》，会议还审议并原则通过了《西藏自治区“十二五”时期边境地区经济社会发展规划》、《关于调整我区最低工资标准的请示》、《西藏自治区人民政府关于推动找矿突破战略行动的实施意见》等。自治区常务副主席洛桑江村，自治区副主席甲热·洛桑丹增、多吉泽仁、宫蒲光、孟德利、德吉、多托、格桑次仁、董明俊、李昭、丁业现，自治区政府党组成员、去发展改革委主任金世洵，自治区政府党组成员、秘书长的高扬出席会议。

◆全区碘盐推广先进集团和先进个人表彰电视电话会议在拉萨召开，自治区常务副主席秦宜智出席并讲话，自治区副主席德吉宣读表彰决定。

◆拉林铁路预可研评估总结交流会在拉萨召开，自治区常务副主席秦宜智出席会议并讲话。自治区政府党组成员、发展改革委主任金世洵出席。

◆自治区公积金龙卡暨金融IC卡首发仪式在拉萨举行，自治区副主席宫蒲光出席首发仪式并现场揭卡。

◆自治区副主席宫蒲光率自治区相关部门负责同志前往堆龙德庆县，对交通安全执法工作情况进行现场督导检查。

◆西藏华钰矿业开发有限公司上市筹备会议在拉萨召开，自治区副主席多吉泽仁出席并讲话。

九月

2日

自治区党委常务副书记郝鹏会见了浙江省委常委、组织部部长蔡奇一行。自治区常务副主席秦宜智陪同会见。

3日

全国城乡居民大病保险工作电视电话会议召开。自治区副主席德吉出席西藏分会场会议。

◆大型公益助学活动助学金发放仪式在拉萨举行，自治区副主席多托出席。

3—5日

自治区副主席甲热·洛桑丹增一行前往拉萨、山南两地(市)，对文物保护维修工程进行检查调研。

4日

自治区举行汇报会，向中央西藏工作协调小组经济社会发展专项小组赴藏督促检查组汇报自治区党委、政府关于中央支持西藏经济社会发展各项政策措施的贯彻落实情况。自治区主席白玛赤林，国家发改委副主任杜鹰出席并讲话。区党委常务副书记郝鹏主持会议。区党委副书记、自治区常务副主席吴英杰代表自治区党委、政府作了关于中央支持西藏经济社会发展政策措施贯彻落实情况的汇报。自治区党委副书记、自治区人大常委会主任向巴平措，自治区党委常委、自治区常务副主席洛桑江村、秦宜智，自治区副主席多吉泽仁、德吉、多托、格桑次仁、董明俊，自治区党委秘书长王瑞连，自治区政府党组成员、区发改委主任金世询，自治区政府党组成员、秘书长高扬出席。

◆全国公安机关东西合作素质强警行动计划总结暨深化素质强警交流合作会议在拉萨召开。自治区副主席李昭出席会议。

5—7日

在自治区常务副主席吴英杰的陪同下，以国家发改委副主任杜鹰为组长的中央西藏工作协调小组经济社会发展专项小组赴藏督促检查组对日喀则地区进行了为期3天的调研。自治区政府党组成员、区发改委主任金世询陪同调研。

6日

学习贯彻胡锦涛总书记“7·23”重要讲话精神专题宣讲报告会在西藏人民会堂隆重举行。自治区领导向巴平措、白玛赤林、郝鹏、洛桑江村、公保扎西、秦宜智、齐扎拉、邓小刚、梁田庚出席，董云虎主持报告

会。多吉泽仁、德吉、董明俊、高扬等领导同志出席拉萨主会场会议。

◆自治区副主席甲热·洛桑丹增一行深入山南地区琼结县，走村人户、了解民情、解决困难，检查指导扶贫联系点的工作情况，看望慰问自治区政府办公厅创先争优强基惠民活动驻村工作队。

9日

自治区党委书记陈全国，自治区主席白玛赤林在拉萨会见了由国家发改委副主任、中央西藏工作协调小组经济社会发展组组长杜鹰率领的联合调研组一行。自治区常务副主席吴英杰，区党委秘书长王瑞连，自治区政府党组成员、发改委主任金世询，自治区政府党组成员、秘书长高扬一同会见。

8—10日

中央西藏工作协调小组经济社会发展专项小组赴山南检查指导工作，自治区副主席格桑次仁陪同。

10日

陈全国、向巴平措、白玛赤林、郝鹏、吴英杰等自治区领导分别到区内各学校走访慰问，亲切看望师生员工，实地考察学校工作，代表自治党委、政府向全区广大教师和教育工作者致以节日的祝贺和诚挚的问候。

11日

全区社会流动从事宗教活动人员集中清理整顿工作会议在拉萨召开，自治区常务副主席洛桑江村出席并讲话。

◆自治区副主席甲热·洛桑丹增率领工作组前往大昭寺，检查消防安防工作情况，召开现场办公会专题研究大昭寺消防安防工程事宜。

◆自治区副主席多吉泽仁在墨竹工卡县驱龙铜矿、达孜县青藏专项拉萨矿调项目组，就矿区和矿产勘探情况进行调研。

◆中国世界卫生组织技术合作项目“安全用药，健康你我”主题宣传周活动在拉萨启动。自治区副主席德吉出席启动仪式并讲话。

12日

自治区党委、政府召开全区经济形势通报电视电话会，自治区党委书记陈全国出席会议并讲话，自治区党委副书记、自治区人大常委会主任向巴平措主持，自治区党委副书记、自治区主席白玛赤林通报了今年以来的经济运行情况，并对下一步经济工作进行了安排部署。自治区领导郝鹏、吴英杰、洛桑江村、金书波、公保扎西、齐扎拉、邓小刚、董云虎、梁田庚出席。

◆自治区主席白玛赤林主持召开2012年政府第15次常务会议，审议并原则通过《西藏自治区“十二五”节能减排综合性工作实施方案》等。自治区常务副主席吴英杰，自治区副主席甲热·洛桑丹增、多吉泽仁、德吉、格桑次仁、董明俊，自治区政府党组成员、区发改委主任金世询，自治区政府党组成员、秘书长高扬出席会议。

◆全国征兵工作电视电话会议召开，自治区常务副主席洛桑江村出席西藏分会场会议。

◆那曲机场选址报告评审预备会在拉萨召开，自治区副主席格桑次仁出席会议并讲话。13日

自治区常务副主席吴英杰在拉萨视察了我区2012年高校毕业生第二批公开考录笔试考务工作。

◆自治区党委书记陈全国在拉萨会见了全国总工会副主席、书记处书记、党组副书记张鸣起一行。自治区副主席董俊明一同会见。

◆自治区第22个“民族团结月”各族各界座谈会在拉萨召开，自治区常务副主席洛桑江村出席并讲话。

◆自治区召开社会用字规范专题会，安排部署社会用字规范检查工作情况。自治区副主席甲热·洛桑丹增出席会议并讲话。◆全国农村危房改造工作电视电话会议召开。自治区副主席格桑次仁出席西藏分会场会议。

14日

西藏重点文物保护工程——甘丹寺文物保护维修工程开工。自治区主席白玛赤林，区党委常委、拉萨市委书记齐扎拉，自治区副主席甲热·洛桑丹增，自治区政府党组成员、区发改委主任金世询，自治区政府党组成员、秘书长高扬出席开工典礼并为工程剪彩。

◆自治区常务副主席吴英杰前往拉萨市当热路、各居民小区和自治区国土资源厅新办公大楼，就拉萨市集中供暖工程进展情况进行调研。

◆自治区副主席甲热·洛桑丹增前往拉萨市宇拓路、康昂东路等路段对社会用字规范情况进行检查。

15日

国道317线(黑昌公路)那曲至巴青段油路竣工通车仪式在那曲镇托古拉山口举行。自治区常务副主席吴英杰出席通车仪式并宣布竣工通车。

◆自治区政府与国务院安委会第十二督查组座谈。自治区主席白玛赤林，国务院安委会第十二督查组组长、全国总工会副主席、书记处书记、党组副书记张鸣起在座谈会上讲话，自治区副主席多吉泽仁出席。自治区政府党组成员、秘书长高扬主持。

◆我区广泛开展国防教育宣传活动，自治区常务副主席洛桑江村前往活动现场视察指导工作。

6日

我区开展“9·16平安西藏宣传日”0活动。自治区党委常务副书记、自治区社会管理综合治理委员会主任郝鹏专程来到各宣传点检查指导工作，亲切看望慰问工作人员。自治区常务副主席洛桑江村陪同检查。

◆自治区主席白玛赤林在拉萨会见了工业和信息化部部长苗圩一行。区党委常务副书记郝鹏，自治区常务副主席吴英杰，自治区副主席董明俊，区党委秘书长王瑞连，自治区政府党组成员、秘书长高扬陪同会见。

◆第七届全国农民运动会在历史文化名城河南南阳隆重开幕。开幕前夕，自治区副主席格桑次仁在运动员驻地看望慰问了我区运动员。

17日

全国工业和信息化系统援藏工作会议在拉萨召开。国家工业和信息化

部部长苗圩讲话，自治区党委书记陈全国致辞，自治区领导白玛赤林、郝鹏、吴英杰、赵正修、董明俊、白玛朗杰、王瑞连、高扬出席。

◆自治区常务副主席吴英杰在拉萨亲切会见了国务院侨务办公室副主任马儒沛等出席西藏外事机构成立60周年庆祝活动的国家有关部委领导同志。

◆西藏外事机构成立60周年庆祝大会暨自治区外事侨务办公室揭牌仪式在拉萨隆重举行。区党委书记陈全国，区党委副书记，自治区主席白玛赤林发来贺信。区党委副书记、自治区常务副主席吴英杰，国务院侨务办公室副主任马儒沛，外交部部长助理张明，中联部部长助理贺钧代表国家相关部委出席大会并为自治区外事侨务办公室揭牌。

18日

西藏华泰龙矿业开发有限公司甲玛二期扩建工程启动，工业和信息化部党组书记、部长苗圩，自治区主席白玛赤林出席启动仪式并讲话。区党委常委、拉萨市委书记齐扎拉，自治区政府党组成员、秘书长高扬出席，自治区副主席董明俊主持。

19日

自治区国防动员委员会装备动员办公室成立大会暨揭牌仪式在拉萨举行。自治区常务副主席、自治区国动委常务副主任洛桑江村，西藏军区副政委宋景原出席仪式并为自治区装备动员办公室揭牌。

20日

自治区党委书记陈全国到拉萨市就供暖项目建设情况进行调研。自治区常务副主席吴英杰，自治区党委常委、拉萨市委书记齐扎拉，自治区副主席宫蒲光，区党委秘书长王瑞连一同调研。

◆自治区主席白玛赤林在拉萨会见了前来我区考察的大唐集团公司董事长，党组书记刘顺达一行。自治区副主席丁业现，自治区政府党组成员、秘书长高扬陪同会见。

◆第三届“中国统计开放日”暨纪念新中国政府统计机构成立60周年宣传活动在拉萨开展。自治区常务副主席吴英杰前往宣传活动现场，亲切看望宣传点的统计工作人员，并向他们详细询问宣传活动开展情况。

◆自治区精神卫生防治中心奠基典礼在自治区第二人民医院举行。自治区副主席多托出席奠基典礼。

◆电视文艺晚会《雪域颂歌》领导小组审看了整台节目，并原则通过审查。自治区党委常委、宣传部部长董云虎出席并讲话，自治区副主席多托一同审看。

21日

自治区召开第二次全区环境保护大会。自治区主席白玛赤林出席会议并讲话。自治区常务副主席吴英杰主持会议。环境保护部党组成员、人事司司长何捷宣读国家环境保护部贺信，自治区副主席宫蒲光宣读区党委书记陈全国的贺信并作总结讲话，自治区政府党组成员、秘书长高扬宣读《关于表彰全区环境保护先进集体和先进工作者的决定》。

◆自治区召开全区信访工作专题会议，自治区常务副主席洛桑江村出席会议并讲话。

◆自治区创先争优强基础惠民生活动领导小组召开第四次会议，自治区党委常务副书记、自治区创先争优强基础惠民生活动领导小组组长郝鹏主持会议并讲话。洛桑江村、齐扎拉、邓小刚、梁田庚出席会议，金书波代表活动领导小组作了工作部署。

22日

《西藏自治区志·检察志》终审会议在拉萨召开，自治区常务副主席洛桑江村，自治区人民检察院检察长张培中出席会议并讲话。

◆拉萨市举行2012年“无车日”活动，自治区副主席宫蒲光出席活动并讲话。

23日

自治区党委书记陈全国到哲蚌寺进行调研。自治区党委常委、拉萨市委书记齐扎拉，自治区党委常委、政法委书记邓小刚，自治区副主席多吉泽仁，自治区政协副主席洛桑久美，区党委秘书长王瑞连一同调研。

◆自治区副主席宫蒲光在拉萨会见了中国铁建股份有限公司党委副书记、纪委书记齐晓飞等8家对口支援西藏住建厅中央企业负责人一行。

◆西藏自治区迎接党的十八大电视文艺晚会《雪域颂歌》在拉萨隆重上演。自治区党委书记陈全国，自治区党委副书记、自治区人大常委会主任向巴平措，自治区主席白玛赤林，自治区党委常务副书记郝鹏，自治区常务副主席吴英杰等与各族各界群众一同观看演出。观看晚会的领导同志还有:洛桑江村、金书波、齐扎拉、邓小刚、梁田庚、张跃平、桑顶·多吉帕姆·德庆曲珍、次仁、嘎玛、宋善礼、阿登、马如龙、多吉、宫蒲光、孟德利、多托、格桑次仁、丁业现、金世询、高扬等。

24日

自治区创先争优强基惠民活动英模人物先进事迹报告会在拉萨举行。自治区党委书记陈全国，自治区党委副书记、自治区人大常委会主任向巴平措，自治区主席白玛赤林，自治区党委常务副书记郝鹏等出席报告会并亲切会见了报告团成员。自治区领导洛桑江村、公保扎西、齐扎拉、邓小刚、梁田庚出席报告会，自治区党委常委、纪委书记金书波主持报告会。出席报告会的领导同志还有:孟德利、格桑次仁、李昭、丁业现、高扬等。

◆自治区党委书记陈全国，自治区主席白玛赤林在拉萨会见了中国侨联党组书记、主席林军，党组副书记、副主席董中原一行。区党委常委，区政协党组书记、副主席，区党委统战部部长公保扎西，区党委秘书长王瑞连，自治区政府党组成员、秘书长高扬一同会见。

◆对口支援自治区住房和城乡建设厅的8家中央企业负责人座谈会在拉萨召开。自治区副主席宫蒲光出席座谈会并讲话。

◆国家发展改革委专项稽察情况

通报暨汇报会在拉萨召开，自治区常务副主席吴英杰，国家发展改革委稽察办主任任树本出席会议。

25日

自治区应急流动医院交接仪式在拉萨举行。自治区副主席丁业现出席交接仪式并讲话，还向自治区人民医院授“西藏应急流动医院”队旗。

◆自治区党委、政府召开全区水利工作电视电话会议。自治区党委书记陈全国，自治区主席白玛赤林讲话。自治区党委副书记、自治区人大常委会主任向巴平措主持，自治区领导洛桑江村、金书波、齐扎拉、邓小刚、梁田庚、尼玛次仁、张跃平、宫蒲光、格桑次仁、巴桑顿珠、张培中、琼色、王瑞连、高扬出席。

24—26日

广东省委常委、常务副省长徐少华率领广东省政府代表团在林芝地区考察，自治区副主席甲热·洛桑丹增陪同考察。

25—26日

全区牧区工作会议在拉萨召开。区党委副书记、自治区人大常委会主任、区党委农村工作领导小组组长向巴平措出席会议并讲话，自治区副主席、区党委农村工作领导小组副组长格桑次仁主持会议并作总结讲话。自治区领导梁田庚、嘎玛、白玛朗杰、王瑞连、高扬出席。

26日

自治区主席白玛赤林在拉萨会见了前来我区考察的中国国电集团公司党组副书记、总经理朱永芃，中国国电集团公司党组成员、副总经理杨海滨、米树华一行。自治区副主席丁业现，自治区政府党组成员、秘书长高扬陪同会见。

◆西藏自治区归国华侨联合会挂牌成立，自治区主席白玛赤林，中国侨联党组书记、主席林军为西藏自治区归国华侨联合会揭牌。

◆自治区副主席宫蒲光率区安委会相关成员单位负责人，前往中石油725油库、雪域加气站堆龙店、拉萨西郊客运站等地检查安全生产工作。◆全区高校党风廉政建设工作会议在拉萨召开。自治区副主席孟德利出席会议并讲话。

27日

自治区副主席宫蒲光率领自治区粮食、工商、物价、质监等部门负责人，深入到拉萨大型超市、粮油批发门市部以及国家粮食储备库等地，对拉萨市节前粮油市场供应情况、价格水平等进行检查。

◆全国加强和改进最低生活保障工作电视电话会议在北京召开，自治区副主席孟德利出席西藏分会场会议。

28日

自治区在拉萨隆重举行庆祝中华人民共和国成立63周年招待会，陈全国、帕巴拉·格列朗杰、向巴平措、白玛赤林、吴英杰、列确、郎友良、金书波、公保扎西、秦宜智、齐扎拉、邓小刚、梁田庚、巴桑等领导同志与我区各族各界人士欢聚一堂，共庆新中国63华诞。自治区主席白玛赤林在招待会上致辞，自治区常务副主席吴英杰主持招待会。出席招待会的领导同志还有:尼玛次仁、张跃平、桑顶□多吉帕姆·德庆曲珍、次仁、嘎玛、周春来、宋善礼、赵正修、阿登、马如龙、甲热·洛桑丹增、宫蒲光、董明俊、李昭、丁业现、巴桑顿珠、珠康·土登克珠、白玛才旺、白玛朗杰、张培中、郭毅力、汪象华、高万海、琼色、王瑞连、高扬等。

◆区第二届金色朝霞少儿文艺电视晚会在拉萨演出。自治区副主席董明俊与中国文学艺术基金会、自治区宣传文化系统有关领导一同观看演出。29日

自治区基层就业和社会保障流动服务车辆交接仪式在拉萨举行。自治区常务副主席吴英杰出席交接仪式并授发钥匙。

◆自治区国庆暨十八大期间安全生产工作电视电话会议召开。自治区副主席宫蒲光出席拉萨主会场会议。

◆自治区副主席宫蒲光对拉萨市数字化城市管理工作进行调研。

◆自治区副主席丁业现率自治区政府办公厅和区旅游局、公安厅、工商局等相关部门负责人对拉萨旅游市场进行了大检查。

25—30日

第十三届中国西部国际博览会在成都举办，自治区常务副主席秦宜智率我区政府代表团参加博览会。

十月

1日

拉萨市“升国旗、吧国歌”仪式在布达拉宫广场隆重举行。陈全国、帕巴拉·格列朗杰、向巴平措、白玛赤林、吴英杰、杨金山、郎友良、洛桑江村、金书波、公保扎西、秦宜智、齐扎拉、梁田庚等自治区领导与各族各界群众一同参加仪式，共同庆祝中华人民共和国成立63周年。参加“升国旗、唱国歌”仪式的领导同志还有：尼玛次仁、张跃平、周春来、宋善礼、赵正修、马如龙、多吉、甲热·洛桑丹增、宫蒲光、孟德利、多托、格桑次仁、董明俊、李昭、丁业现、巴桑顿珠、珠康·土登克珠、策墨林·单增赤列、白玛才旺、白玛朗杰、郭毅力、汪象华、王瑞连、金世洵、高扬等，拉萨市委副书记、拉萨市市长多吉次珠主持仪式。

3日

自治区主席白玛赤林前往拉萨市墨竹工卡县境内的西藏巨龙铜业有限公司驱龙铜多金属矿区，考察矿区开发建设进展情况，看望慰问矿区工人。区党委常委、拉萨市委书记齐扎拉，自治区副主席董明俊，自治区政府党组成员、区发改委主任金世洵，自治区政府党组成员、秘书长高扬陪同考察。

4日

自治区党委书记陈全国，自治区主席白玛赤林来到自治区公安厅指挥中心，亲切看望节日期间坚守岗位的工作人员。

6日

自治区常务副主席吴英杰来到正在建设中的拉萨市纳金大桥、拉萨圣地天堂洲际大饭店等重点项目工程施工现场，亲切看望慰问节日期间仍在工作的工程建设者，考察工程施工进度和建设情况。自治区政府党组成员、区发展改革委主任金世洵陪同考察。

7日

区党委常务副书记郝鹏专程看望慰问了节日期间坚守岗位的执勤官兵和公安民警,洛桑江村、齐扎拉陪同看望慰问。

◆自治区维护稳定工作指挥部召开全体会议，就当前全区维稳工作进行安排部署。区党委常务副书记、自治区维护稳定工作指挥部总指挥郝鹏主持会议并讲话，洛桑江村、公保扎西、齐扎拉出席会议。

8日

自治区副主席甲热·洛桑丹增率领工作组，前往拉萨市城关区下密院、仓姑寺、小昭寺，视察文物抢救和维修保护工作情况。

9日

自治区党委书记陈全国来到拉萨市热木其居委会，亲切看望基层干部群众，并就加强和创新社会管理工作进行调研。自治区党委常委、拉萨市委书记齐扎拉，自治区副主席李昭陪同调研。

◆自治区主席白玛赤林在拉萨亲切会见广前来我区考察的中国华能集团公司总经理曹培玺一行。自治区副主席丁业现，自治区政府党组成员、区发展改革委主任金世洵，自治区政府党组成员、秘书长高扬陪同会见。

◆大型史诗音乐剧《文成公主》首演筹备工作进展情况汇报会在北京举行。区党委常委、宣传部部长董云虎出席会议并讲话，自治区副主席多托出席。

10日

我区2012年冬季征兵工作电视电话会议在拉萨召开。自治区常务副主席洛桑江村在会上讲话。

11日

大型史诗音乐剧《文成公主》在首都北京隆重上演，自治区主席白玛赤林观看了演出。

◆北京市委书记郭金龙在北京亲切会见了自治区主席白玛赤林一行，区党委常委、宣传部部长董云虎，自治区副主席多托，自治区政府党组成员、秘书长高扬参加会见。

◆自治区常务副主席吴英杰主持召开自治区人民政府第17次常务会议，会议决定，2013年“三大节日”(元旦、春节、藏历新年)期间，继续对全区特殊困难群体发放一次性生活补助，并在原有标准上提高100元。自治区常委副主席秦宜智，自治区副主席甲热·洛桑丹增、多吉泽仁、宫蒲光、孟德利、德吉、格桑次仁、董明俊、李昭、丁业现，自治区政府党组成员、区发展改革委主任金世洵出席会议。会议审议并原则通过了《西藏自治区道路水路运输管理体制改革方案》和《关于建设生态西藏的决定》。会议还研究了其他事项。

◆全区重点项目工作会议在拉萨召开，自治区常务副主席吴英杰出席会议并讲话。

11日

全区国家版图意识宣传教育“三进”活动协调指导小组联席会议在拉萨召开，自治区副主席多吉泽仁出席会议并讲话。

10—12日

自治区常务副主席洛桑江村深入那曲地区督导检查维稳各项工作。

12日

全区第三度金融运行分析会在拉萨召开，自治区副主席多吉泽仁出席并讲话。

◆那曲地区召开维稳工作电视电话会议，自治区常务副主席洛桑江村出席会议并讲话。

13日

自治区副主席董明俊在拉萨会见了泰国国家旅游局局长素拉蓬一行。

13—15日

自治区常务副主席洛桑江村一行前往那曲地区安多县、索县和巴青县，视察民'生工程建设、实地督导检查维稳各项工作开展落实情况。

15日

自治区党委、政府召开昌都工作会议。自治区党委书记陈全国讲话，自治区主席白玛赤林主持，自治区领导向巴平措、郝鹏、吴英杰、杨金山、郎友良、金书波、公保扎西、秦宜智、齐扎拉、罗布顿珠、梁田庚出席。出席会议的还有张跃平、甲热·洛桑丹增、多吉泽仁、宫蒲光、德吉、多托、格桑次仁、董明俊、李昭、丁业现、乔元忠、汪象华、高万海、高雨样、王瑞连、金世洵、高扬等。

16日

自治区召开金区维护社会稳定工作电视电话会议。自治区党委书记陈全国讲话，自治区主席玛赤林主持，自治区党委常务副书记郝鹏部署当前全区维稳工作。自治区领导向巴平措、吴英杰、杨金山、金书波、公保扎西、秦宜智、齐扎拉、罗布顿珠、董云虎、梁田庚出席。洛桑江村出席索县分会场会议。

◆全区人民防空会议在拉萨召开，自治区党委书记、两藏军区党委第一书记陈全国亲切接见与会代表，自治区主席白玛赤林出席会议并讲话。

17日

西藏国盛国有资产投资控股有限公司和西藏能源投资有限公司成立。自治区主席白玛赤林，自治区常务副主席吴英杰为公司揭牌，自治区副主席丁业现在揭牌仪式上致辞。自治区政府党组成员、区发展改革委主任金世洵出席揭牌仪式，自治区政府党组成员、秘书长高扬主持。

◆自治区政府党组成员、秘书长高扬主持揭牌仪式并宣读自治区政府关于组建西藏国盛国有资产投资控股有限公司和西藏桶源投资有限公司的批复。

◆自治区安委会第四次全体会议在拉萨召开。自治区副主席宫蒲光出席会议并讲话。

◆自治区副主席德吉来到区残疾人就业服务中心，视察区残疾人哈达编织就业扶贫基地，了解我区残疾人职业技能培训，就业工作等情况。

18日

自治区主席白玛赤林在拉萨亲切会见了前来我区访问的墨西哥驻华大使豪尔赫·瓜哈尔多，双方进行了亲切友好的会谈。自治区政府党组成员、秘书长高扬陪同会见。

◆自治区常务副主席吴英杰深入拉萨市基层社区和便民警务站，考察调研我区加强和创新社会管理工作。

◆拉萨市机动车尾气排放专项执法检杳活动启动仪式举行。自治区副主席宫蒲光出席议式并宣布启动。

◆自治区召开西藏人口就业咨询课题座谈会，自治区副主席德吉出席并讲话。

◆自治区广电局向西藏公安边防总队赠送263套、价值近70万元的广播电视接收设备和电视机。区党委常委、宣传部部长董云虎、自治区副主席多托、西藏公安边防总队总队长高万海出席赠送仪式。

◆迎接党的十八大献礼出版物仪式及优秀出版物展销活动在拉萨举行，自治区副主席多托出席首发仪式。

16—19日

自治区常务副主席洛桑江村深入那曲地区比如县督导检查维稳工作。

20日

东方博润投资有限公司李云飞董事长捐助西藏儿童先心病救治及白内障复明手术善款捐赠仪式在区卫生厅举行。自治区副主席德吉出席仪式并讲话。

22日

自治区主席白玛赤林来到尼木县铜业开发有限责任公司彭岗矿区，考察矿区开发建设情况，自治区政府党组成员，秘书长高扬陪间考察。

◆自治区党委常委副书记、自治区维稳工作指挥部总指挥郝鹏，自治党党委副书记、自治区常务副主席吴英杰就我区统战民宗部门落实全区维护社会稳定工作电视电话会议情况进行调研。

◆自治区党委常务副书记郝鹏，自治区常务副主席吴英杰前往西藏佛学院调研。

◆我区七地市邮政管理局集中授牌仪式在拉萨举行。自治区常务副主席秦宜智出席并讲话。

◆全区“决胜十八大维稳安保攻坚战”安全生产动员部署电视电话会议召开，自治副主席宫蒲光出席拉萨主会场会议并讲话。

23日

自治区主席白玛赤林主持召开政府第18次常务会议，安排部署政府近期工作。自治区常委副主席吴英杰、秦宜智,自治副主席甲热·洛桑丹增、宫蒲光、德吉、多托、格桑次仁、董明俊、李昭、丁业现，自治区政府党组成员、区发展改革委主任金世洵，自治区政府党组成员、秘书长高扬出席。

自治区维护稳定工作指挥部召开扩大会议，对下一阶段全区维稳工作进行再强调、再部署，自治区治党委常务副书记郝鹏，自治区常务副主席吴英杰出席会议并讲话，公保扎西、齐扎拉、董云虎出席会议。自治区领导张跃平、宫蒲光、多托、格桑次仁、董明俊、李昭、丁业现、刘庆慧、洛桑久美、张培中、宋景原、高万海、高雨祥、王瑞连、高扬等出席会议。

◆自治区主席白玛赤林会见了前来我区考察的神华集团公司党组成员、副总经理、中国神华能源公司总裁凌文一行。自治区副主席丁业现，自治区政府党组成员、秘书长高扬陪同会见。

自治区副主席甲热·洛桑丹增前往布达拉宫、罗布林卡，检查文物安全工作情况，部署维稳防控措施。

20—24日

区党娄常委、自治区常务副主席、自治区维稳指挥部常务副指挥洛桑江村在那曲镇塔恰拉姆居委会就加强与创新社会管理、推进城镇网格化管理建设进行指导检查，并在比如县和聂荣县督导检查维稳各项工作。

24日

自治区治副主席德吉来到自治区人民医院视察我区医疗卫生应急保障安全情况。

◆自治区治副主席丁业现率自治区维稳督导组在工布江达、林芝两县督导检查维稳工作。

25日

自治区创先争优强基础惠民生活动区（中）直机关第二批工作队队长培训班结业仪式在拉萨举行。区政府党组成员、秘书长高扬出席结业仪式。

◆自治区铁路部门贯彻落实全区维护社会稳定工作电视电话会议精神专题会在拉萨召开。自治区常务副主席秦宜智，自治区政府党组成员、自治区发展改革委主任金世洵出席并讲话。

◆自治区常务副主席洛桑江村一行前往嘉黎县突击检查县乡维稳工作。

◆自治区维稳督导组专项听取林芝地区维稳工作情况汇报，自治区副主席丁业现讲话。

24-26日

自治区副主席宫蒲光率自治区维稳督导组深入日喀则地区，检查指导维稳工作。

26日

自治区主席白玛赤林前往曲水县聂当工业园区帮锦镁朵工贸有限公司调研，自治区政府党组成员、秘书长高扬陪同调研。

◆自治区常务副主席吴英杰就我区公安系统维稳措施落实情况进行考察调研。

◆拉萨市党的十八大期间维稳工作和供暖入户试点工程动员大会召开。自治区常务副主席吴英杰出席会议并讲话。

◆“天鹰—2012”西藏交通应急

通信演习暨西藏交通移动应急通信指挥平台开通，交通运输部副部长冯正霖，区党委常委、自治区常务副主席秦宜智分别在北京和拉萨观看了演习的汇报演示。

自治区副主席德吉在区食品安全委员会相关成员单位负责人的陪同下前往菜市场、超市、食品加工点等重要地点检查我区农畜产品源头和食品生产加工，流通环节以及餐饮消费环节的食品市场安全情况。

◆林芝地区举行创建自治区卫生城市授牌命名仪式。自治区副主席丁业现代表自治区人民政府授予林芝地区“自治区卫生城市”牌匾并讲话。

◆自治区党委副书记、自治区维护稳定工作指挥部总指挥郝鹏，自治区常务副主席吴英杰听取我区公安系统维护安保措施落实情况汇报。

◆昌都地区召开维稳工作电视电话会议自治区副主席格桑次仁出席会议并讲话。

◆全区教育系统“喜迎十八大颂歌献给党”文艺晚会在拉萨举行，自治区副主席、自治区教工委书记孟德利出席。

◆自治区副主席多托到乃东县检查指导维稳各项工作开展情况。

◆自治区驻哲蚌寺督导组召开党的十八大期间哲蚌寺维护稳定工作动员大会。自治区副主席、驻哲蚌寺督导组组长多吉泽仁在会上讲话。□

◆山南地区举行党的十八大维稳安保誓师大会。自治区副主席多托出席。

27日

那曲县加强和创新社会管理暨城镇网格化管理启动仪式在那曲镇塔恰拉姆社区居委会举行。区党委常委、自治区常务副主席、自治区维稳指挥部常务副指挥长洛桑江村出席.并宜布那曲县加强和创新社会管理暨城镇网格化管理工作正式启动。

◆自治区常务副主席秦宜智前往武警西藏公安消防总队宣传点、拉萨市征兵办公室宣传点、自治区征兵办公室和军区通信二团宣传点、武警西藏公安边防总队宣传点、武警西藏总队宣传点、西藏大学宣传点视察我区冬季征兵宣传工作。

◆日喀则民族艺术团喜迎党的十八大献礼歌舞晚会《吉祥颂》首场演出在拉萨举行。自治区副主席甲热·洛桑丹增观看首演。

◆自治区副主席董明俊听取了阿里地区工作汇报，并就阿里地区进一步做好经济社会发展和维护社会稳定各项工作提出要求。

◆自治区副主席宫蒲光深入日喀则市相关企业和重点部门开展安全生产督导检查和环保专项检查。

27—28日

自治区副主席多托先后深入山南地区扎囊县桑耶镇和贡嘎县各乡镇、村，检查指导维稳、发展、民生、党建等各项工作。

28—29日

自治区副主席格桑次仁，深入昌都地区江达县，检查指导十八大期间的维稳工作。

29日

区商务厅等自治区10部门及中石油西藏销售分公司等5家企业维稳形势评估会在拉萨召开，自治区常务副主席秦宜智出席并讲话。

◆全区金融系统维稳工作会议在拉萨召开，自治区副主席多吉泽仁出席会议并讲话。□

◆藏中电网延伸至巴青、比如、嘉黎、索县农网建设工程开工仪式在那曲镇隆重举行。自治区常务副主席洛桑江村出席议式并讲话。

30日

◆武警西藏维稳部队隆重举行十八大安保誓师动员大会，自治区党委常务副书记，向治区维护稳定工作指挥部总指挥郝鹏出席并讲话，自治区领导吴英杰、齐扎拉、邓小刚、董云虎、梁田庚出席誓师动员大会。参加誓师动员大会的自治区领导还有李昭、宋景原、高雨祥、王瑞连、高扬等。

◆自治区常务副主席秦宜智前往建设中的西藏会展中心视察。

31日

自治区党委常务副书记郝鹏，自治区常务副主席吴英杰先后前往西藏人民广播电台、西藏电视台、西藏日报社、自治区群艺馆、考察我区宣传文化系统相关工作。

◆自治区常务副书记郝鹏，自治区常务副主席吴英杰等自治区领导前望西藏日报社调研。

◆自治区副主席德吉一行深入西藏大学老校区、拉萨市第三高级中学、拉萨市游乐园幼儿园检查食品安全工作。

十一月

1日

区党委常委、昌都地委书记罗布顿珠、自治区副主席格桑次仁带领昌都地委、行署领导和自治区维稳督导组成员分别来到昌都军分区、武警昌都支队、武警114师和便民警务站、看望部队官兵和干警，检查指导十八大期间的维稳安保工作。

◆自治区副主席德吉，视察了我区卫生重点工作建设进度及安全生产情况，并对近期维护社会稳定工作提出了要求。

2日

自治区党委副书记、自治区常务副主席吴英杰主持召开自治区政府2012年第19次常务会议，研究今年第三季度全区经济运行情况，部署下一步经济工作。

◆自治区副主席丁业现在林芝地区波密县会见了国家气象局副局长宇如聪率领的赴藏调研组一行。

◆自治区副主席宫蒲光带领自治区维稳督导组深入日喀则地区，督导维稳工作，看望一线执勤干警、官兵，并听取各县维稳工作情况汇报。

3日

自治区副主席董明俊在阿里督导检查边境一线维稳工作。亲切看望慰问部队官兵和驻村驻寺工作队和基层干部群众。

4日

自治区党委副书记、自治区常务

副主席吴英杰专程到贡嘎机场、拉萨火车站和机场高速路检查站，就党的十八大期间维稳安保工作措施落实情况进行检查督导。

◆自治区党委副书记、自治区常务副主席吴英杰到机场为我区出席党的十八大代表送行。

5日

自治区党委副书记、自治区常务副主席吴英杰主持召开党的十八大期间自治区维护稳定工作领导小组会。

◆自治区副主席甲热·洛桑丹增到自治区体育运动技术学校等单位，视察体育系统维稳安保工作。

◆林芝鲁朗国际旅游小镇总体规划在八一通过评审，自治区副主席丁业现出席并讲话。

6日

自治区党委副书记、自治区常务副主席吴英杰来到拉萨市纳金乡塔玛村就就业、医保、低保、“三包”经费落实情况进行调研。

◆自治区党委副书记、自治区常务副主席吴英杰出席西藏自然科学博物馆主体结构封顶仪式并讲话。

◆自治区副主席甲热·洛桑丹增到色拉寺督查维稳工作。

7日

党的十八大西藏代表团举行全体会议，会议推选陈全国为代表团团长、向巴平措、白玛赤林为代表团副团长、郝鹏为代表团秘书长。

◆自治区党委副书记、自治区常务副主席吴英杰在拉萨主持召开了党的十八大召开期间自治区维护稳定工作领导小组第二次会议。

◆自治区党委副书记、自治区常务副主席吴英杰前往拉萨市堆龙德庆县检查指导基层工作落实情况。

◆自治区党委副书记、自治区常务副主席吴英杰在拉萨会见了中央统战部七局副局长姚茂臣一行。

9日

自治区党委副书记、自治区常务副主席吴英杰专程来到拉萨市公安局110指挥中心，看望慰问坚守岗位的执勤人员，听取汇报对西藏当前维护稳定工作提出要求。

◆自治区党委副书记、自治区常务副主席吴英杰在视察“119”消防宣传活动时强调，做好各项消防安全工作，共创平安和谐社会环境。

10日

自治区党委副书记、自治区常务副主席吴英杰专程前往拉萨市达孜县甘丹寺和章多乡慰问调研。

◆自治区党委副书记、自治区常务副主席吴英杰在拉萨主持召开专题会议部署校园安全工作。

◆自治区党委副书记、自治区常务副主席吴英杰专程来到达孜县工业园区考察调研民营企业经济发展情况、自治区各项扶持政策落实情况等。自治区党委常委、宣传部部长董云虎陪同调研。

11日

自治区党委副书记、自治区常务副主席吴英杰主持召开视频会议，检查督导各地市维稳指挥部值班情况，听取各地市维稳工作汇报。自治区领导孟德利、李昭、洛桑久美、郭毅力、宋景原、高万海、高雨祥、王瑞连、高扬等出席会议。

12日

自治区党委副书记、自治区常务副主席吴英杰在拉萨主持召开视频会议，检查各地市在岗情况并慰问一线执勤人员。

◆自治区党委副书记、自治区常务副主席吴英杰到青藏联网工程拉萨换流站检查电力运行情况。区党委常委、宣传部长董云虎，自治区政府党组成员、秘书长高扬陪同。

◆自治区党委副书记、自治区常务副主席吴英杰到林周县看望慰问执勤人员。区党委常委、宣传部长董云虎，自治区政府党组成员、秘书长高扬陪同。

◆自治区副主席甲热·洛桑丹增督导检查拉萨重点文物保护单位消防安全情况。

13日

自治区党委副书记、自治区常务副主席吴英杰主持召开党的十八大期间自治区维护稳定工作领导小组第3次会议。

◆自治区副主席丁业现检查指导林芝地区旅游业发展。

14日

自治区党委副书记、自治区常务副主席吴英杰专程来到拉萨市师范高等专科学校和拉萨江苏中学。看望慰问师生，并考察调研师生学习贯彻党的十八精神和日常学习生活情况。自治区党委常委、政法委书记邓小刚、自治区副主席孟德利、自治区政府党组成员、秘书长高扬陪同。

◆自治区副主席丁业现与林芝各族群众共度工布新年。

15日

自治区党委副书记、自治区常务副主席吴英杰在拉萨主持召开视频会议，亲切慰问执班带班人员，广泛动员全区各族干部群众认真学习贯彻党的十八大精神，全面深入扎实地做好维护社会稳定各项工作。自治区党委常委、政法委书记邓小刚出席会议。

◆自治区副主席多托同山南党员领导干部集中收看了十八届中央政治局常委同中外记者见面会，聆听了习近平总书记的重要讲话。

◆自治区副主席甲热·洛桑丹增率领拉萨市消防安全督导检查组前往贡桑孜、夏扎大院、布旦康萨，检查拉萨老城区及重点文物保护单位消防安全措施落实情况。

16日

自治区党委副书记、自治区常务副主席吴英杰主持召开自治区政府2012年第20次常务会议。自治区副主席甲热·洛桑丹增、多吉泽仁、孟德利、德吉、李昭、自治区政府党组成员、发展改革委员会主任金世洵、自治区政府党组成员、秘书长高扬出席会议。

17日

自治区党委副书记、自治区常务副主席吴英杰来到昆仑能源西藏有限公司拉萨天然气站、各居民小区，就拉萨市集中供暖工程进展情况进行调研。自治区政府党组成员、发展改革委员会主任金世询、自治区政府党组成员、秘书长高扬陪同调研。

◆自治区副主席多托在琼结调研。

◆自治区副主席丁业现在林芝地区开展维稳和特色产业发展调研。

18日

自治区副主席宫蒲光在日喀则开展调研工作。

◆自治区副主席董明俊在噶尔县藏布居委会督导检查维稳工作。

19日

自治区与中石油签署天然气供应合作框架协议，自治区党委书记陈全国、中国石油天然气集团公司董事长、党组书记蒋洁敏、自治区党委常务副书记郝鹏，自治区党委常委、拉萨市委书记齐扎拉，自治区党委常委、组织部长梁田庚出席签约仪式。自治区党委副书记、自治区主席白玛赤林，中国石油天然气集团公司总经理周吉平体表双方签署协议。

◆自治区党委副书记、自治区常务副主席吴英杰到机场迎接我区出席党的十八大代表返回拉萨。

◆自治区党委副书记、自治区常务副主席吴英杰在区档案馆考察调研并看望慰问执勤武警官兵。

20日

自治区党委副书记、自治区常务副主席吴英杰主持召开区政府党组理论学习中心组学习会，区党委常委、自治区常务副主席秦宜智在会上传达党的十七届七中全会、党的十八大、习近平总书记在十八届一中全会上的重要讲话精神。自治区副主席多吉泽仁、孟德利、德吉，自治区政府党组成员、发展改革委员会主任金世询、自治区政府党组成员、秘书长高扬出席会议。

◆自治区副主席宫蒲光在江孜康马两县进行维稳督导。

◆自治区副主席丁业现在林芝金融系统督导调研。

21日

自治区副主席多吉泽仁出席华能西藏公司藏木电站银团贷款签约仪式并讲话。

◆自治区副主席丁业现在朗县督导调研维稳安保工作。

◆自治区政府党组成员、秘书长高扬主持区政办党组理论中心组举行十八大精神宣讲报告会并讲话。

22日

自治区党委书记陈全国、自治区党委副书记自治区主席白玛赤林与铁道部部长盛光祖、副部长胡亚东、陆东福、卢春房进行了座谈。

◆自治区副主席甲热·洛桑丹增出席了自治区召开的各族各界党外人士会议，传达学习党的十八大精神。

◆西藏大学农牧学院庆祝建院40周年，自治区副主席、区教工委书记孟德利在庆祝大会上讲话。自治区副主席丁业现出席。

23日

自治区党委常务副书记郝鹏专程来到拉萨市城关区雪社区居委会、雪新村便民警务站等地就城市网格化管理等社会管理创新工作进行调研。自治区党委副书记、自治区常务副主席吴英杰、自治区党委常委拉萨市委书记齐扎拉、自治区党委常委、政法委书记邓小刚一同调研。

◆自治区副主席多托出席山南地委理论学习中心组召开的专题学习会，传达学习党的十八大和十七届七中全会精神。

24日

大型主题文艺晚会《驻村之歌》在拉萨举行，自治区领导向巴平措、郝鹏、吴英杰、金书波、秦宜智、齐扎拉、邓小刚、董云虎、梁田庚等一同观看演出。

◆自治区副主席格桑次仁，听取昌都地区工作情况汇报。

26日

全区维护稳定工作视频会议召开，自治区党委副书记、自治区常务副主席吴英杰主持，自治区党委常务副书记郝鹏讲话。

◆自治区维稳督导组与昌都地委行署座谈区党委常委昌都地委书记罗布顿珠，自治区副主席格桑次仁出席并讲话。

◆自治区副主席丁业现在林芝安排部署林芝地区下一阶段维稳工作。

28日

驻藏部队举行迎送新老兵首航式，西藏军区司令员杨金山、自治区副主席董明俊出席并讲话。

◆区党委常委、拉萨市委书记齐扎拉赴楚布寺检查文物保护工作，自治区副主席甲热·洛桑丹增陪同。

◆全区餐饮服务食品安全快速检测设备配发暨培训仪式在拉萨举行，自治区副主席德吉出现并讲话。

◆武警西藏总队欢送退伍老兵，自治区副主席董明俊出席并讲话。

◆自治区与国家土地督察成都局土地督察工作联席会在拉萨召开，自治区副主席多吉泽仁出席并讲话。

◆自治区副主席宫蒲光在拉萨会见中储粮成都分公司总经理董春平一行。

29日

西藏公安边防总队欢送退伍老兵，自治区副主席丁业现，西藏公安边防总队总队长高万海出席并讲话。

30日

自治区党委副书记、自治区主席白玛赤林主持召开政府2012年第21次常务会议，安排部署近期政府工作。自治区党委副书记、自治区常务副主席吴英杰，区党委常委、自治区副主席秦宜智，自治区副主席甲热·洛桑丹增、多吉泽仁、宫蒲光、德吉、多托、董明俊、自治区政府党组成员、发展改革委员会主任金世询、自治区政府党组成员、秘书长高扬出席会议。

◆自治区召开重大疾病防治协调领导小组成员单位会议。自治区副主席德吉出席会议，并就我区做好艾滋病防治工作提出具体要求。

十二月

1日

自治区召开第一批驻村工作总结表彰暨第二批驻村工作动员大会。自治区党委书记陈全国出席会议并讲话，自治区副书记、自治区人大常委会主任向巴平措主持，自治区党委副书记、自治区主席白玛赤林宣读了《中共西藏自治区委员会西藏自治区人民政府关于表彰全区深入开展创先争优强基惠民活动第一批驻村(居)工作队、先进驻村(居)工作队员、优秀组织单位的决定》，自治区党委常务副书记、自治区创先争优强基惠民活动领导小组组长郝鹏对第一批驻村工作进行了总结，并对第二批驻村工作进行了安排部署。自治区领导吴英杰、郎友良、金书波、公保扎西、秦宜智、齐扎拉、董云虎、梁田庚出席拉萨主会场会议，罗布顿珠出席昌都分会场会议。

◆自治区党委政府向我区低收入群体发放惠民购物卡。自治区党委副书记、自治区主席白玛赤林出席，自治区党委副书记、自治区常务副主席吴英杰讲话。

◆自治区党委书记陈全国、自治区党委副书记、自治区主席白玛赤林、参加第25个世界艾滋病日宣传咨询活动。

◆全区欢庆十八大惠民生促消费活动启动。自治区党委常委、自治区常务副主席秦宜智出席启动仪式。

◆我区交通运输系统举行学习宣传十八大文艺演出。自治区党委常委、自治区常务副主席秦宜智观看演出。

◆西藏地勘局区域地质调查大队举行成立40周年庆祝大会。自治区副主席多吉泽仁讲话。

◆自治区副主席德吉看望慰问我区防艾一线工作者。

◆武警西藏总队欢迎首批新兵进藏。自治区副主席丁业现出席。

◆万名干部进农家宣讲十八大精神暨强基惠民第二批驻村工作队出发仪式在拉萨举行。自治区党委书记陈全国宣布工作队出发，自治区副书记、自治区人大常委会主任向巴平措主持，自治区党委副书记、自治区主席白玛赤林为工作队代表授旗，自治区党委常务副书记、自治区创先争优强基惠民活动领导小组组长郝鹏讲话。自治区领导吴英杰、郎友良、金书波、秦宜智、齐扎拉、董云虎出席。

3日

自治区国有企业改革领导小组第四次会议在拉萨召开。自治区国有企业改革领导小组组长、自治区党委副书记、自治区常务副主席吴英杰出席并讲话。自治区国有企业改革领导小组副组长、自治区副主席董明俊出席。自治区国有企业改革领导小组副组长、自治区副主席丁业现主持会议。

4日

全区县级环境监测执法业务用房项目启动。自治区党委副书记、自治区主席白玛赤林，区党委常委、拉萨市委书记齐扎拉，自治区政府党组成员、发展改革委员会主任金世询，自治区政府党组成员、秘书长高扬出席并为工程奠基。

◆全区重点宗教活动场所维修工程开工。区党委常委、自治区常务副主席洛桑江村宣布项目开工。自治区人大常委会副主任、驻色拉寺督导组组长尼玛次仁出席开工典礼，自治区政协副主席、区民宗委主任洛桑久美在开工典礼上讲话。

5日

拉萨市城市供暖工程开通运行。自治区党委书记陈全国，自治区副书记、自治区人大常委会主任向巴平措，自治区党委副书记、自治区主席白玛赤林，自治区党委副书记、自治区常务副主席吴英杰共同启动供暖通气按钮。自治区领导洛桑江村、金书波、公保扎西、秦宜智、董云虎出席，自治区党委常委、拉萨市委书记齐扎拉主持。

◆自治区副主席甲热·洛桑丹增会见俄罗斯记者团一行。

◆全区国家版图意识教育“进学校、进社区、进媒体”活动启动仪式在拉萨举行。自治区副主席多吉泽仁出席并讲话。

◆自治区全国中(藏)药资源普查工作启动电视电话会在拉萨召开。自治区副主席德吉出席并讲话。

6日

自治区文明委审查自治区热烈庆祝党的十八大胜利召开“同唱爱国团结歌，共树和谐文明风”歌咏晚会。自治区副主席、区文明委副主任多托出席并讲话。

◆国家电监会华中监管局西藏业务办揭牌仪式举行。自治区副主席丁业现、国家电监会副主席王野平出席仪式并揭牌。

7日

自治区党委副书记、自治区主席白玛赤林主持自治区政府党组理论学习中心组学习会，学习党的十八大精神。自治区党委副书记、自治区常务副主席吴英杰，区党委常委、自治区常务副主席洛桑江村、秦宜智，自治区副主席多吉泽仁、宫蒲光、德吉、多托、格桑次仁、董明俊，自治区政府党组成员、发展改革委员会主任金世询，自治区政府党组成员、秘书长高扬出席。

◆自治区食品药品检验所实验业务用房建设项目开工奠基仪式举行。自治区副主席德吉出席仪式并讲话。同时为建设项目破土奠基。

9日

第四届西藏旅游大使出炉，自治区副主席德吉出席并为冠军颁奖。

10日

全区义务教育均衡发展工作电视电话会议召开。自治区党委副书记、自治区主席白玛赤林出席会议并代表自治区政府与七地(市)签订《西藏自治区推进县域义务教育均衡发展目标责任书》。自治区党委副书记、自治区常务副主席吴英杰在会上讲话。

◆青藏联网工程安全稳定运行一周年座谈会在拉萨市林周县拉萨换流站召开。自治区副主席丁业现出席并讲话。

11日

自治区政府召开2012年第22次常务会议，自治区党委副书记、自治区主席白玛赤林主持。会议审议通过《关于印发<西藏自治区人民政府关于第六批取消和调整行政审批项目的决定>的请示》等。

◆区政府就《政府工作报告<征求意见稿>》征求工商界意见和建议。自治区党委常委、自治区副主席秦宜智主持会议并讲话。

◆区残疾人综合服务设施项目奠基仪式举行。自治区副主席德吉出席并讲话。

12日

学习宣传党的十八大精神大型歌咏晚会举行自治区领导郝鹏、洛桑江村、公保扎西、邓小刚、董云虎、梁田庚等观看晚会。

13日

自治区政府就《政府工作报告<征求意见稿>》征求民族宗教界人士和党外知识分子代表意见和建议。自治区党委常委、自治区常务副主席洛桑江村主持。自治区人大常委会副主任新杂·单增曲扎出席座谈会。

17日

自治区党委书记陈全国，自治区党委副书记、自治区主席白玛赤林与国家发改委副主任、国家能源局局长刘铁男等进行了座谈。

◆“西藏全员人口信息系统”上线仪式在北京举行。自治区副主席德吉出席并讲话。

◆区工商联(总商会)五届二次会议在拉萨举行。自治区副主席董明俊出席会议。

18日

区工商联(总商会)五届二次会议闭幕。自治区党委常委、区政协党组书记、副主席，区党委统战部部长、全区非公党工委书记公保扎西，出席并讲话，自治区副主席董明俊出席会议。

◆我区监所改造工程项目开工。自治区党委常委、区党委政法委书记邓小刚出席、自治区党委政法委副书记，区公安厅党委书记、厅长李昭讲话。自治区检察院党组书记、检察长张培中参加。

◆区工商联与西南产权交易所合作协议签字仪式举行。自治区副主席多吉泽仁出席。

◆中尼旅游联合协调委员会第六次会议举行。自治区副主席多托出席签字仪式。

◆全区审计工作会议在拉萨召开。自治区副主席董明俊出席。

◆自治区公安厅举行学习党的十八大精神歌咏比赛。自治区副主席，自治区党委政法委副书记，区公安厅党委书记、厅长李昭观看演出。

19日

自治区党委书记陈全国，自治区党委副书记、自治区主席白玛赤林与交通运输部部长杨传堂等进行了座谈。

◆自治区党委副书记、自治区常务副主席吴英杰主持召开政府第23次常务会

24日

全国审计工作电视电话会议召开。自治区党委副书记、自治区常务副主席吴英杰，自治区副主席董明俊出席西藏分会场会议。

28日

全区和谐模范寺庙爱国守法先进僧尼暨寺庙法制宣传主题教育活动总结表彰大会召开。自治区党委书记陈全国出席会议并讲话，自治区人大常委会主任向巴平措宣读中央统战部、国家宗教局的贺信，自治区主席白玛赤林主持会议，自治区党委常务副书记郝鹏宣读自治区党委、政府关于表彰和谐模范寺庙和爱国守法先进僧尼，先进寺庙管理委员会、优秀驻寺干部和宗教工作优秀干部，法制宣传主题教育活动先进集体和先进个人的决定。自治区领导吴英杰、洛桑江村、金书波、公保扎西、秦宜智、齐扎拉、邓小刚、董云虎出席。

29日

全区财政工作会议召开。自治区党委副书记、自治区主席白玛赤林出席会议并讲话。

30日

全区维护稳定工作会议在拉萨召开。自治区党委书记陈全国出席会议并讲话。自治区领导向巴平措、郝鹏、吴英杰、金书波、秦宜智、齐扎拉、董云虎等出席。罗布顿珠出席昌都分会场会议。

31日

全区消防工作电视电话会议召开，自治区副主席，区公安厅党委书记、厅长李昭出席。

第八篇 统计资料

全国各省市自治区国民经济主要指标

地区	国土面积及排位（万平方千米）		年末总人口（万人）	城镇居民人均总收入（元）	农村居民人均纯收入（元）	地区生产总值（亿元）	全社会固定资产投资（亿元）	社会消费品零售总额（亿元）
全　国	960		135404	26959.0	7916.6	576498.3	364835.1	210307.0
北　京	1.68	29	2069	41103.1	16475.7	17801.0	6064.15	7702.8
天　津	1.19	30	1413	32944.0	14025.5	12885.2	7913.26	3921.4
河　北	18.77	12	7288	21899.4	8081.4	26575.0	19104.63	9254.0
山　西	15.63	20	3611	22100.3	6356.6	12112.8	8584.85	4506.8
内蒙古	118.30	3	2490	24790.8	7611.3	15988.3	11732.22	4572.5
辽　宁	14.59	21	4389	25915.7	9383.7	24801.3	21535.37	9346.6
吉　林	18.74	13	2750	21659.6	8598.2	11937.8	9462.09	4772.9
黑龙江	45.46	6	3834	19367.8	8603.8	13691.6	9376.10	5491.0
上　海	0.63	31	2380	44754.5	17803.7	20101.3	5114.64	7412.3
江　苏	10.26	24	7920	32519.1	12202.0	54058.2	30427.25	18331.3
浙　江	10.18	25	5477	37994.8	14551.9	34606.3	17000.96	13588.3
安　徽	13.96	22	5988	23524.6	7160.5	17212.1	14902.31	5736.6
福　建	12.14	23	3748	30877.9	9967.2	19701.8	12165.64	7256.5
江　西	16.69	18	4504	21150.2	7829.4	12948.5	11388.92	4027.2
山　东	15.67	19	9685	28005.6	9446.5	50013.2	30319.76	19651.9
河　南	16.70	17	9406	21897.2	7524.9	29810.1	20870.16	10915.6
湖　北	18.59	14	5779	22903.9	7851.7	22250.2	15162.21	9562.5
湖　南	21.18	10	6639	22804.6	7440.2	22154.2	13966.26	7921.9
广　东	17.79	15	10594	34044.4	10542.8	57067.9	18248.04	22677.1
广　西	23.60	9	4682	23209.4	6077.5	13031.0	9345.18	4516.6
海　南	3.39	28	887	22809.9	7408.0	2855.3	2045.38	870.8
重　庆	8.24	26	2945	24811.0	7383.3	11459.0	8606.46	4033.7
四　川	48.50	5	8076	22328.3	7001.4	23849.8	16526.89	9268.6
贵　州	17.60	16	3484	20042.9	4753.0	6802.2	5304.93	2027.6
云　南	39.40	8	4659	23000.4	5416.5	10309.8	7553.51	3511.6
西　藏	122.84	2	308	20224.2	5719.4	695.6	709.98	254.6
陕　西	20.56	11	3753	22606.0	5762.5	14451.2	11705.83	4383.8
甘　肃	45.40	7	2578	18498.5	4506.7	5650.2	5040.53	1906.5
青　海	72.12	4	573	19746.6	5364.4	1884.5	1773.67	476.0
宁　夏	5.18	27	647	21902.2	6180.3	2326.6	2033.03	548.8
新　疆	165.00	1	2233	20194.6	6393.7	7466.3	5857.58	1858.6

行政区划（表一）

地区	市辖区	县级市	县	乡	民族乡	镇	街道	居民委员会	村民委员会
总计	1	1	72	543	9	140	10	209	5255
拉萨市	1		7	48		9	8	44	224
昌都地区			11	110	1	28		23	1119
山南地区			12	58	5	24		61	493
日喀则地区		1	17	174		27	2	30	1643
那曲地区			11	89		25		37	1153
阿里地区			7	30		7		7	134
林芝地区			7	34	3	20		7	489

行政区划（表二）

拉萨市	城关区 墨竹工卡县 达孜县 堆龙德庆县 曲水县 尼木县 当雄县 林周县
昌都地区	左贡县 芒康县 洛隆县 边坝县 昌都县 江达县 贡觉县 类乌齐县 丁青县 察雅县 八宿县
山南地区	乃东县 扎囊县 贡嘎县 桑日县 琼结县 洛扎县 加查县 隆子县 曲松县 措美县 错那县 浪卡子县
日喀则地区	日喀则市 南木林县 江孜县 定日县 萨迦县 拉孜县 昂仁县 谢通门县 白朗县 仁布县 康马县 定结县 仲巴县 亚东县 吉隆县 聂拉木县 萨嘎县 岗巴县
那曲地区	申扎县 班戈县 那曲县 聂荣县 安多县 嘉黎县 巴青县 比如县 索县 尼玛县 双湖县
阿里地区	普兰县 札达县 噶尔县 日土县 革吉县 改则县 措勤县
林芝地区	林芝县 米林县 朗县 工布江达县 波密县 察隅县 墨脱县

行政区划（表三）

分类	个数	县（市、区）名称
边境县		墨脱县 米林县 察隅县 朗县 洛扎县 隆子县 错那县 浪卡子县 定日县 康马县 定结县 仲巴县 亚东县 吉隆县 聂拉木县 萨嘎县 岗巴县 普兰县 札达县 噶尔县 日土县
农业县		城关区 墨竹工卡县 达孜县 堆龙德庆县 曲水县 尼木县 墨脱县 米林县 林芝县 波密县 察隅县 朗县 芒康县 左贡县 洛隆县 边坝县 乃东县 扎囊县 贡嘎县 桑日县 琼结县 洛扎县 加查县 隆子县 日喀则市 南木林县 江孜县 定日县 萨迦县 拉孜县 白朗县 仁布县 定结县 吉隆县 聂拉木县
牧业县		当雄县 仲巴县 萨嘎县 那曲县 嘉黎县 聂荣县 安多县 申扎县 班戈县 巴青县 尼玛县 双湖县 革吉县 改则县 措勤县
半农半牧县		林周县 工布江达县 昌都县 江达县 贡觉县 类乌齐县 丁青县 察雅县 八宿县 曲松县 措美县 错那县 浪卡子县 昂仁县 谢通门县 康马县 亚东县 岗巴县 比如县 索县 普兰县 札达县 噶尔县 日土县
“一江两河”开发县		城关区 墨竹工卡县 达孜县 堆龙德庆县 曲水县 尼木县 林周县 乃东县 扎囊县 贡嘎县 桑日县 琼结县 日喀则市 南木林县 江孜县 白朗县 拉孜县 谢通门县
粮食基地县		堆龙德庆县 林周县 波密县 芒康县 乃东县 扎囊县 贡嘎县 江孜县 白朗县 日喀则市 拉孜县

全区主要经济指标

指标名称	单位	2012年实际	增长率%
国内生产总值	亿元	701.03	11.8
第一产业	亿元	80.41	3.4
第二产业	亿元	241.65	14.4
第三产业	亿元	378.98	12.0
农林牧渔业总产值	亿元	117.95	4.0
粮食产量	万吨	94.89	1.2
肉类产量	万吨	28.95	4.6
规模以上工业增加值	亿元	42.8	15.1
发电量	亿千瓦小时	19.57	-9.6
全社会固定资产投资总额	亿元	710	29.3
地方财政一般预算收入	亿元	86.58	58.1
地方财政一般预算支出	亿元	905.3	19.4
本外币各项存款余额	亿元	2050.58	23.4
本外币各项贷款余额	亿元	663.76	62.4
社会消费品零售总额	亿元	249	16.6
货运总量	万吨	1144	9.6
客运总量	万人次	4052.76	2.9
进出口贸易总额	亿美元	34.2	152
出口总额	亿美元	33.55	183.6
进口总额	亿美元	0.69	-60.7
接待旅游人数	万人次	1058.4	21.7
旅游总收入	亿元	12.6	30.3
农牧民年人均纯收入	元	5719.4	16.6
城镇居民年人均可支配收入	元	18028	11.3

全区各地（市）国民经济主要指标及排位

地区	拉萨	昌都	山南	日喀则	那曲	阿里	林芝
地区生产总值（亿元）	260.04	89.75	73.07	115.24	65.16	25.63	72.39
排位	1	3	4	2	6	7	5
地方财政收入（亿元）	34.36	5.02	6.03	5.76	3.40	1.6	24.39
排位	1	5	3	4	6	7	2
地方财政支出（亿元）	106.90	61.16	49.20	78.90	54.38	24.64	58.90
排位	1	3	6	2	5	7	4
财政收入占地区生产总值比重（%）	13.2	5.6	8.3	5.0	5.2	6.2	33.7
地区生产总值增速%（按可比价格计算）	12.2	12.2	12	11.6	11.4	11.7	12
第一产业（亿元）（按当年价格计算）	10.78	17.61	4.76	24.45	11.45	4.31	7.05
第二产业（亿元）（按当年价格计算）	90.70	32.37	33.66	35.27	16.45	7.09	26.11
第三产业（亿元）（按当年价格计算）	158.56	39.77	34.65	55.52	37.26	14.23	39.23
规模以上工业企业总产值（万元）	582667	30523	128137	69669	3552	5608	52360
农林牧渔总值（万元）（按当年价格计算）	177096	277329	84261	329968	161468	56693	96452
全社会固定资产投资（万元）	2850534	882776	867186	933877	569103	243465	752881
排位	1	3	4	2	6	7	5
社会消费品零售总额（万元）	1245546	221994	255022	462304	119379	60114	182074
排位	1	4	3	2	6	7	5
各地区农牧民人均纯收入（元）	7082	4962	6056	5165	5586	5452	7498
城镇居民人均可支配收入（元）	19545	15593	17037	18075	18426	23077	16143

西部十二省（区、市）行政区划

省级行政区划名称	地级区划数	#地级市	县级区划数	#县级市	#市辖区	乡镇级区划数
全 国	333	285	2852	368	860	40446
西 藏	7	1	74	1	1	693
重 庆			38		19	1012
四 川	21	18	181	14	43	4660
贵 州	9	6	88	7	13	1518
云 南	16	8	129	11	13	1365
内蒙古	12	9	101	11	21	1010
广 西	14	14	109	7	34	1243
陕 西	10	10	107	3	24	1418
甘 肃	14	12	86	4	17	1345
青 海	8	1	43	2	4	396
宁 夏	5	5	22	2	9	237
新 疆	14	2	101	22	11	1026

西部十二省（区、市）主要经济指标

地区	地区生产总值（亿元）	年末总人口（万人）	国际旅游外汇收入（亿美元）	农林牧渔业总产值（亿元）	农林牧渔业总产值比上年增长（%）
全国	576498.3	135404		89453.0	4.9
西 藏	695.6	308	1.06	118.3	3.6
重 庆	11459.0	2945	11.68	1402.0	5.1
四 川	23849.8	8076	7.98	5433.1	4.5
贵 州	6802.2	3484	1.69	1436.6	9.3
云 南	10309.8	4659	19.47	2680.2	7.0
内蒙古	15988.3	2490	7.72	2449.3	5.7
广 西	13031.0	4682	12.79	3490.7	5.7
陕 西	14451.2	3753	15.97	2303.2	6.0
甘 肃	5650.2	2578	0.22	1358.2	6.4
青 海	1884.5	573	0.24	263.9	5.4
宁 夏	2326.6	647	0.05	385.1	6.0
新 疆	7466.3	2233	5.51	2275.7	7.4